Directeu...
Philippe ...

Co...
Philippe GLOAG...

Réda...
Pierr... ...

Rédaction
Florence BOUFFET, Benoît LUCCHINI,
Yves COUPRIE, Olivier PAGE,
Véronique de CHARDON, Amanda KERAVEL,
Isabelle AL SUBAIHI, Anne-Caroline DUMAS
et Carole FOUCAULT

LE GUIDE DU ROUTARD

1999/2000

BANLIEUES DE PARIS

Hachette

Hors-d'œuvre

Le G.D.R., ce n'est pas comme le bon vin, il vieillit mal. On ne veut pas pousser à la consommation, mais évitez de partir avec une édition ancienne. D'une année sur l'autre, les modifications atteignent et dépassent souvent les 40 %.

Chaque année, en juin ou juillet, de nombreux lecteurs se plaignent de voir certains de nos titres épuisés. À cette époque, en effet, nous n'effectuons aucune réimpression. Ces ouvrages risqueraient d'être encore en vente au moment de la publication de la nouvelle édition. Donc, si vous voulez nos guides, achetez-les dès leur parution. Voilà.

Nos ouvrages sont les guides touristiques de langue française le plus souvent révisés. Malgré notre souci de présenter des livres très réactualisés, nous ne pouvons être tenus pour responsables des adresses qui disparaissent accidentellement ou qui changent tout à coup de nature (nouveaux propriétaires, rénovations immobilières brutales, faillites, incendies...) Lorsque ce type d'incidents intervient en cours d'année, nous sollicitons bien sûr votre indulgence. En outre, un certain nombre de nos adresses se révèlent plus « fragiles » parce que justement plus sympa ! Elles réservent plus de surprises qu'un patron traditionnel dans une affaire sans saveur qui ronronne sans histoire.

Les tarifs mentionnés dans ce guide ne sont qu'indicatifs et en rien contractuels. Ici un menu aura augmenté de 10 F, là une chambre de 25 F. Il faut compter 5 mois entre le moment où notre enquêteur passe et la parution du G.D.R. *Grosso modo*, en tenant compte de l'inflation, de la température à Moscou et de l'âge du capitaine, les prix que nous donnons auront grimpé de 5 à 10 %. En France, les prix sont comme les petits oiseaux, ils sont libres, tant pour les hôtels que pour les restaurants.

Spécial copinage

– *Restaurant Perraudin* : 157, rue Saint-Jacques, 75005 Paris. ☎ 01-46-33-15-75. Fermé le samedi midi, le dimanche, le lundi midi et la 2e quinzaine d'août. À deux pas du Panthéon et du jardin du Luxembourg, il existe un petit restaurant de cuisine traditionnelle. Lieu de rencontre des éditeurs et des étudiants de la Sorbonne, où les recettes d'autrefois sont remises à l'honneur : gigot au gratin dauphinois, pintade aux lardons, pruneaux à l'armagnac. Sans prétention ni coup de bâton. D'ailleurs, c'est une cantine, à midi.

IMPORTANT : le 36-15, code ROUTARD, a fait peau neuve ! Pour vous aider à préparer votre voyage : présentation des nouveaux guides ; « Du côté de Celsius » pour savoir où partir, à quelle saison ; une boîte à idées pour toutes vos remarques et suggestions ; une messagerie pour échanger de bons plans entre routards.

Nouveau : notre rubrique « Bourse des vols » permet désormais d'obtenir en un clin d'œil tous les tarifs aériens (charters et vols réguliers). On y recense tous les tarifs de 80 voyagistes et 40 compagnies pour 400 destinations. Fini le parcours du combattant pour trouver son billet au meilleur prix ! Et notre rubrique « Docteur Routard ! » ! Vaccinations, protection contre le paludisme, adresses des centres de vaccination, conseils de santé, pays par pays.
Et toujours les promos de dernière minute, les voyages sur mesure, les dates de parution des *G.D.R.*, une information détaillée sur ROUTARD Assistance.

Le contenu des annonces publicitaires insérées dans ce guide n'engage en rien la responsabilité de l'éditeur.

TABLE DES MATIÈRES

LES YVELINES

LE VAL-D'OISE

LES GUIDES DU ROUTARD
1999-2000

(dates de parution sur le 36-15, code ROUTARD)

France

- Alpes **(printemps 99)**
- Alsace, Vosges
- Auvergne, Limousin
- Banlieues de Paris **(oct. 98)**
- Bourgogne, Franche-Comté
- Bretagne
- Châteaux de la Loire
- Corse
- Côte d'Azur **(printemps 99)**
- Hôtels et restos de France
- Junior à Paris et ses environs **(août 98)**
- Languedoc-Roussillon
- Le Marché du routard à Paris **(sept. 98)**
- Midi-Pyrénées
- Normandie
- Paris
- Paris exotique **(nov. 98)**
- Pays de la Loire
- Poitou-Charentes
- Provence **(printemps 99)**
- Restos et bistrots de Paris
- Sud-Ouest
- Tables et chambres
  à la campagne
- Week-ends autour de Paris

Amériques

- Brésil
- Canada Ouest et Ontario
- Chili, Argentine et île de Pâques
- Cuba
- États-Unis, côte Est
- États-Unis
  (côte Ouest et Rocheuses)
- Floride, Louisiane
- Guadeloupe
- Martinique, Dominique, Sainte-Lucie,
  Grenadines
- Mexique, Belize, Guatemala
- New York
- Pérou, Équateur, Bolivie
- Québec et Provinces maritimes

Asie

- Birmanie, Laos, Cambodge
- Inde du Nord, Népal, Tibet
- Inde du Sud, Ceylan
- Indonésie
- Israël
- Jordanie, Syrie, Yémen

- Malaisie, Singapour
- Thaïlande, Hong Kong, Macao
- Turquie
- Vietnam

Europe

- Allemagne
- Amsterdam
- Angleterre, pays de Galles
- Autriche
- Belgique
- Écosse
- Espagne du Nord et du Centre
- Espagne du Sud, Andalousie
- Finlande, Islande
- Grèce continentale **(printemps 99)**
- Hongrie, Roumanie, Bulgarie
- Îles grecques **(printemps 99)**
- Irlande
- Italie du Nord
- Italie du Sud, Rome, Sicile
- Londres
- Norvège, Suède, Danemark
- Pologne, République tchèque,
  Slovaquie
- Portugal
- Prague
- Suisse
- Toscane, Ombrie
- Venise

Afrique

- Afrique noire
  Sénégal
  Gambie
  Mali
  Mauritanie
  Burkina Faso
  Côte-d'Ivoire
  Togo
  Bénin
  Cameroun
- Égypte
- Île Maurice, Rodrigues
- Kenya, Tanzanie et Zanzibar
- Maroc
- Réunion
- Tunisie

et bien sûr...

- Le Manuel du Routard
- Humanitaire
- Internet

NOS NOUVEAUTÉS

TOSCANE, OMBRIE (paru)

Le centre de la péninsule bourdonne de l'effervescence de ses hauts lieux culturels, de Florence à Assise et de Sienne à Pérouse. Mais sillonner la Toscane et l'Ombrie, c'est aussi goûter à la douceur de la lumière et des paysages, loin des sentiers battus. C'est s'abandonner à la contemplation des chefs-d'œuvre picturaux de la Renaissance, des vieilles pierres de San Gimignano et des trésors abrités dans la multitude d'édifices religieux. Vous serez saisi, comme de nombreux artistes avant vous, par la beauté mystique de l'Ombrie, ce « cœur vert de l'Italie ». Et vous accompagnerez les *pasta* et autres spécialités culinaires préparées avec bonheur par les *mammas*, d'un verre de *chianti* ou d'*orvieto doux*. À moins que vous ne préfériez l'une de leurs eaux minérales à la mode, mais ce serait dommage, dans l'autre pays du vin !

PAYS DE LA LOIRE (paru)

Un bout de Poitou, deux tronçons de Maine, un rejet de Bretagne et une bonne dose d'Anjou... Avant son grand plongeon dans l'océan, la Loire les accommode à sa sauce – longue en bouche – pour offrir un résumé délectable de la France de l'Ouest : montagnettes et marais, forêts moelleuses et coteaux à salades, donjons rongés de lierre. L'équilibre étant ici celui des contraires, le cortège des douceurs – sablés nantais, brioches vendéennes et grands vins moelleux – n'occulte pas toujours un passé dramatique, traversé par les guerres de Vendée et le commerce nantais des esclaves...

HUMANITAIRE (paru)

Parrainer un enfant du bout du monde ou donner un paquet de riz pour la Somalie ne vous suffit plus. Agir et non plus déléguer, vous mettre en cause et non seulement souscrire à de grandes causes, représente l'un de vos souhaits les plus profonds ? Alors le *Routard Humanitaire* est fait pour vous. Soigner ou enseigner, nourrir ou reconstruire, affronter l'urgence ou aider au développement, toutes les possibilités sont détaillées, ainsi que les problèmes administratifs et pratiques auxquels vous devrez faire face. On ne s'improvise pas du jour au lendemain « French doctor », et si les actions de Mère Teresa et de Bernard Kouchner vous interpellent, il faut savoir comment les rejoindre dans cette grande aventure. Fort de son expérience dans tous les pays du monde et conscient de ces difficultés, le Routard peut vous préparer à ce voyage utile.

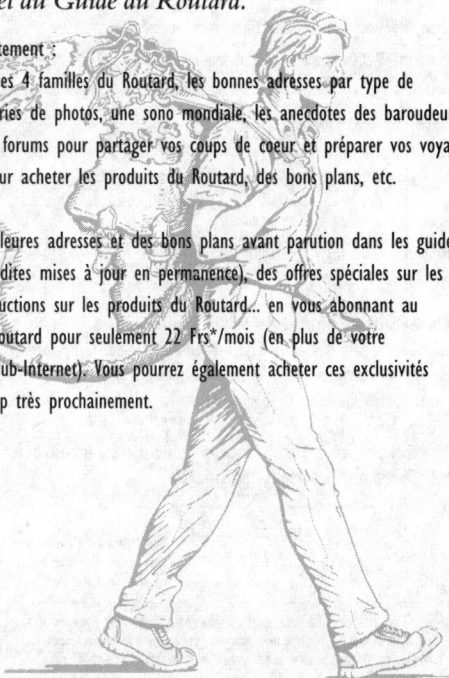

BULLETIN D'ABONNEMENT

(à découper ou à photocopier)

• **Vous souhaitez vous abonner à
Club-Internet et au Cyber Club du Routard :**
Cochez l'offre n° 1 (ou l'offre n° 2 si vous êtes
déjà membre de Club-Internet).
Vous profiterez des informations inédites
du Cyber Club du Routard.

• **Vous souhaitez vous abonner
uniquement à Club-Internet :**
Cochez l'offre n° 3.
Vous pourrez acheter au coup par coup
les exclusivités du Cyber Club du Routard.

Notez : Si vous vous inscrivez pour la première
fois à Club-Internet, vous recevrez **gratuitement**
un kit de connexion à Club-Internet qui comprend :
- un logiciel de navigation en français permettant
la navigation sur le web, l'utilisation de la messagerie
électronique...,
• 1 mois d'abonnement gratuit* à Club-Internet,
pour un temps de connexion illimité.

Configuration conseillée :
PC : compatible 486 DX2 66 sous Windows 3.x ou Windows 95
Macintosh : compatible système 7.5
Lecteur de CD-Rom, 12 Mo de mémoire vive
Modem : 28 800 bps

❑ **Offre n° 1 :** Je m'abonne à Club-Internet / Cyber Club du Routard pour 99 F TTC*/mois (77 F TTC + 22 F TTC),
minimum 2 mois soit 198 F TTC.

❑ **Offre n° 2 :** J'ai déja un abonnement à Club-Internet et je souhaite m'abonner à l'option Cyber Club du Routard
au prix de 22 F TTC*/mois, minimum 2 mois soit 44 F TTC.

• Mon login d'accès à Club-Internet est : ....

• Précisez ci-dessous uniquement votre nom et prénom : ....

❑ **Offre n° 3 :** Je m'abonne à Club-Internet pour 77 F TTC*/mois, minimum 2 mois soit 154 F TTC/mois.

Voici mes coordonnées :

Société : ....
Nom : .... Prénom : ....
Adresse : ....
Code Postal : .... Ville : ....
Tél. personnel : .... Tél. professionnel : ....
Télécopie : ....

Choisissez votre login d'accès à Club-Internet :

Votre login vous servira d'identifiant pour accéder au serveur Club-Internet
et composera votre adresse e-mail (courrier électronique). Par exemple,
si vous optez pour le nom de Dupont, votre adresse e-mail sera :
dupont @ club-internet.fr
Proposez trois logins (entre 3 et 8 caractères, lettres minuscules ou chiffres
en dernières positions), par ordre de préférence.

Choix n° 1 : ☐☐☐☐☐☐☐☐
Choix n° 2 : ☐☐☐☐☐☐☐☐
Choix n° 3 : ☐☐☐☐☐☐☐☐

Votre login (nom d'utilisateur) et
votre password (mot de passe) vous
seront communiqués par courrier.

❑ J'accepte d'être prélevé(e) de deux mois d'abonnement**, tous les deux mois, en
fonction de l'offre choisie. Je peux à tout moment résilier cet abonnement pour la
période suivante, par lettre recommandée, quinze jours avant l'échéance de mon
abonnement.

Carte bancaire n° :
☐☐☐☐ ☐☐☐☐ ☐☐☐☐ ☐☐☐☐

Expire le : |__|__|__|__|

Votre équipement informatique

• Mon micro-ordinateur :
❐ PC compatible 486 DX2 66
❐ PC Pentium
❐ PC Portable
   ❐ Avec Windows 95 ❐ Windows 3.x
❐ PowerMacintosh (PowerPC)
❐ Powerbook
❐ autre Macintosh compatible Système 7.5

• Je possède déjà un modem de marque :
❐ Oui   ❐ Non
❐ 28 800 bps ❐ 33 600 bps ❐ 56 000
Autre : ....

*hors coût téléphonique
**à la fin du mois gratuit si je bénéficie
du kit de connexion gratuit.

À renvoyer avec votre règlement à :
Club-Internet / Web du Routard
11, rue de Cambrai
75927 PARIS Cedex 19
Informations / abonnement :

N°Azur **0 801 800 900** ou 01 55 45 46 47

Signature
(des parents pour les mineurs) :

GROLIER INTERACTIVE

07/1998

R.C.S. Paris B 381 737 535

NOS NOUVEAUTÉS

LE MARCHÉ DU ROUTARD À PARIS (sept. 98)

De l'humble boulanger à la star de la miche, du génial chocolatier au confiseur d'antan, du roi de l'andouillette au seigneur du fromage de tête, en passant par le boucher aux viandes tendres et goûteuses, le spécialiste de la marée et le marchand de primeurs, chez qui la salade a toujours une mine superbe et les fruits le goût des saisons, sans oublier le fromager génie des alpages, le caviste capable de vous dégoter le petit vin malin en assurant le cru bourgeois, et bien sûr tous ces artisans venus d'ailleurs, italiens, grecs, chinois, philippins... grâce auxquels nos assiettes s'emplissent de saveurs inédites, vous trouve-rez tout, absolument tout dans *Le Marché du Routard à Paris,* le guide de vos emplettes dans la capitale.
Plus de 250 adresses essentielles pour mieux s'approvisionner au coin de la rue, dans le quartier ou à quelques stations de métro de son domicile. Un guide plein d'adresses inédites, mais qui n'ignore pas les valeurs sûres, les grands noms pour grandes occasions, déniche les as du produit, cherche les meilleurs coûts, et le traiteur qui dépanne à deux pas de chez soi. Bref, un guide qui dresse la carte complète de l'artisanat de bouche arrondissement par arrondissement avec, en prime, les marchés de Paris, lieux vivants et pratiques où l'on rencontre aussi bien les maraîchers d'Île-de-France qu'un producteur de miel du Morvan, un fromager du Bourbonnais ou encore un producteur de volailles des Landes.

PARIS EXOTIQUE (nov. 98)

Découvrir le monde tout en restant à Paris, c'est possible et c'est à por-tée de métro. Passage Brady, laissez-vous tenter par les senteurs par-fumées des *currys,* avant d'aller boire une pinte de bière rousse au son de la musique traditionnelle irlandaise dans l'un des fameux pubs de la capitale. À moins que vous ne préfériez dîner japonais rue Sainte-Anne avant de passer la soirée à danser la salsa à *La Coupole.* De l'Australie à Madagascar en passant par le Pérou et la Corée, tous les pays du monde sont à Paris. Et pas seulement avec leurs *nems, pastil-las, burritos* et autres délices : au temple bouddhique du parc de Vin-cennes, partez à la rencontre de la sérénité asiatique ; à la comédie ita-lienne, perfectionnez votre langue en assistant à une représentation de théâtre en version originale ; à la librairie Shakespeare, préparez votre prochain voyage en lisant ou relisant les grands classiques de la littéra-ture anglaise ; à l'institut culturel suédois, initiez-vous à la cuisine nor-dique. Plus besoin de chercher un traiteur marocain pour un méchoui ou un havane pour un ami cubain de passage, nous les avons trouvés pour vous.

FLORIDE, LOUISIANE (paru)

En Louisiane, vous apercevrez la toute dernière génération de cajuns qui parlent le français. Remarquez, on peut leur préférer un « fais-dodo » endiablé où d'alertes grand-mères vous laisseront sans souffle... À moins qu'on ne choisisse une balade silencieuse dans les bayous ou les marais des Everglades à guetter l'alligator. Quant à Miami, elle est devenue le dernier rendez-vous à la mode.

Voyagistes, matériel, équipement, démarches, formalités, vaccins, assurances, transports, ... bons plans et tuyaux indispensables.

Le manuel du
ROUTARD

SOLÉ

HACHETTE

1998/99

VOYAGEZ MALIN !

Le Guide du Routard.
La liberté pour seul guide.

Hachette Tourisme

NOS NOUVEAUTÉS

HONGRIE, ROUMANIE ET BULGARIE (paru)

Lors de la ruée turque, ces trois pays du bout du continent se sont sacrifiés. Raison de plus pour adorer la Hongrie et sa langue bizarre, sa capitale de l'étrange – Budapest –, son lac à métamorphoses – le Balaton –, sa plaine à cavaliers – la Puszta, un vrai paradis de nature – et ses grands blancs moelleux – les tokaj – qui rendent jaloux les sauternes. Sœur latine du bout du monde, la Roumanie est la patrie de Cioran, Ionesco, Brancusi, Eliade et... Nadia Comaneci. Ici, le fantôme du « Génie des carpettes » (Ceaucescu) trinque avec celui de Vlad l'Empaleur (Dracula). Des châteaux de Transylvanie aux splendeurs du delta du Danube, des monastères bessarabes aux « parisianismes » de Bucarest, les séductions pullulent sur fond de campagne rétro, où l'on circule encore en charrette à chevaux. Presque inconnue, la Bulgarie vaut pour ses plages, ses montagnes, ses monastères à bulbes et ses voix « mystérieuses ». Ici, le terroir a de l'âme.

POLOGNE, RÉPUBLIQUE TCHÈQUE ET SLOVAQUIE (paru)

Fêtons le retour de trois vieux cousins. La Pologne, notre alliée de toujours, est un pays slave qui lorgne vers l'Ouest. Ses bons vivants sont doués d'un humour caustique et d'un lever de coude puissant! En République tchèque, les sortilèges de Prague (l'une des plus belles villes d'Europe et aussi des plus courues) n'éclipsent pas les beautés de la campagne. La Slovaquie, elle, souffre d'un régime controversé, mais vos mollets se referont un galbe sur les crêtes des Tatras et des Mala Fetra, entre deux haltes rafraîchissantes autour d'excellents vins blancs.

BOURGOGNE, FRANCHE-COMTÉ (paru)

La Bourgogne a failli devenir un État indépendant. Et pourtant, cette France de l'Est plonge ses racines au cœur de notre histoire : Alésia, les sources de la Seine... Voilà un pays de cocagne sans vergogne, où les fontaines de jouvence ont pour nom nuits-saint-georges, chablis, corton... La rondeur et la générosité du bœuf bourguignon (mitonné, bien sûr, et originaire du Charolais!) trouvent leur contrepartie dans les finesses de l'art local, illustré par le gothique flamboyant et les tuiles vernissées des Hospices de Beaune. La Franche-Comté, elle, est une montagne à vaches, où les hauts sapins abritent bien des mystères : une industrie fantôme (l'horlogerie), des élixirs étonnants (les vins jaunes), de sublimes fromages (le comté)... Ses 80 plans d'eau ont mis la mer à la montagne. Et l'hiver s'y arpente en traîneau à chiens.

Les Chaussures du ROUTARD by A.G.C.

R1/458- SYP1/46, SYP2/46, SYP3/46, SYP4/46

bottine dessus daim hydrofugé et toile, pointe et contrefort protégés par une enveloppe caoutchoutée, doublée entièrement Sympatex. Semelle monobloc gomme pure dont les crans anti-recul permettent d'épouser au mieux le relief montagneux.

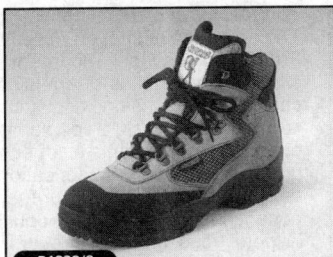

R1838/8

bottine nubuck et textile, doublée Dry-Tex. Semelle prémoulée en gomme pure haute résistance.

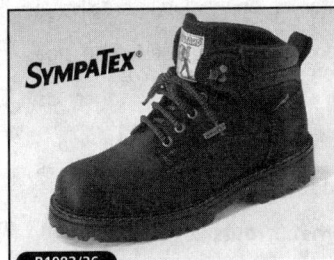

R1983/36,

bottine en nubuck graissé, matelassée à la cheville, doublée Sympatex. Semelle crantée, bordure surpiquée.

R1988/36

bottine en nubuck graissé, matelassée à la cheville, doublée Sympatex. Semelle crantée, bordure surpiquée.

R38161/34

bottine nubuck naturel, doublée en tissu Cambry. Grosse semelle aux crans inversés.

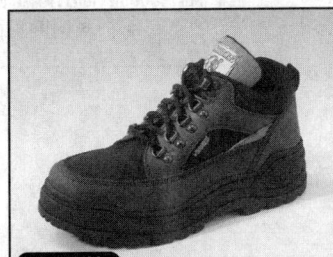

R1995/36

dessus nubuck graissé doublé textile, semelle gomme véritable cousue latéralement. Le profil antidérapant est étudié pour évoluer sur les terrains les plus accidentés.

INFOS POINTS DE VENTE:
Tel: 00.32.71.82.25.00 - Fax: 00.32.71.81.72.50

NOUVEAUTÉ

JUNIOR (août 1998)
(Paris et ses environs)

Tous les parents emmènent au moins une fois dans leur vie un enfant à Thoiry, à Disneyland, au Palais de la Découverte ou au Mac-Do. Mais Paris et ses environs regorgent de centaines de bons plans, que nous aimons bien adultes et qui laissent aux bambins des souvenirs plus chaleureux et plus doux qu'aucun grand classique. Où dégoter un élevage de castors ? Où voir sortir les papillons de leurs cocons ? Comment initier les enfants à la pêche en bord de Seine, à la cuisine avec un grand chef ou à la fabrication d'un masque africain ? Où découvrir cette péniche-café avec un serveur magicien ? Quels musées proposent des visites conçues pour les gamins ? Le Routard a fouiné ici et là pour vous offrir ces trésors, tout en revisitant d'un œil neuf les incontournables. Le Routard Junior : enfin un guide pour communiquer la passion « Routard » aux petits !

Le Web du Routard

Retrouvez le *Guide du Routard* sur Internet, en version interactive et multimédia !
Pour chaque pays : nos meilleures adresses par type de famille, une sono mondiale, des photos, les anecdotes de l'équipe du *Routard*, des liens vers les meilleurs sites, des conseils pour mieux voyager, les bons plans des agences de voyage...
Mais aussi : la saga du Routard, le quiz « Quel routard êtes-vous donc ? », les infos médicales, une météo mondiale, des petites annonces gratuites et des forums de discussions ouverts à tous !

http://www.club-internet.fr/routard/

36-15, code ROUTARD, rubrique « Bourse des vols » :
tous les tarifs aériens en un clin d'œil !

Nous tenons à remercier tout particulièrement Thierry Brouard, François Chauvin, Vincent Cossé, Jean-Louis Galesne, Michèle Georget, Jérôme de Gubernatis, Pierrick Jégu, François-Xavier Magny, Bernard-Pierre Molin, Patrick de Panthou et Jean-Sébastien Petitdemange pour leur collaboration régulière.

Et pour cette chouette collection, plein d'amis nous ont aidés :

Albert Aldan
Véronique Allaire
Catherine Allier et J.-P. Delgado
Didier Angelo
Christine Bain
Arnaud Bazin
Nicole Bénard
Cécile Bigeon
Anne Boddaert
Philippe Bordet et Edwige Bellemain
Gérard Bouchu
Hervé Bouffet
Florence Breskoc
Jacques Brunel
Guillaume de Calan
Alexandre Cammas
Danièle Canard
Jean-Paul Chantraine
Bénédicte Charmetant
Claire Chiron
Florent Cristol-Barthès
Sandrine Copitch
Maria-Elena et Serge Corvest
Roland et Carine Coupat
Sandrine Couprie
Valentine Courcoux et Jean-Christian Perrin
Franck David
Laurent Debéthune
Agnès Debiage
Marie-Clothilde Debieuvre
Sophie Duval
Roland Essayan
Hervé Eveillard
Sandra Fernandes
Alain Fisch
Pauline Fraisse
Dominique Gacoin
Bruno Gallois
Cécile Gauneau
Adelie Genestar
Edouard Genestar et Guillaume de Bourgoing
Hubert Gloaguen
Jean-Marc Guermont
Sharooz Hatami

Xavier Haudiquet
Caroline Haurez
Fabrice Jahan de Lestang
François Jouffa
Pascal Kober
Jacques Lanzmann
Éric Laumonnier et Fabrice Maréchal
Grégoire Lechat
Marine Lefebvre
Catherine Legros
Raymond et Carine Lehideux
Sophie Leroy
Virginie Lherm
Fabienne Linas
Aymeric Mantoux et François-Régis Gaudry
Pierre Mendiharat
Anne-Marie Minvielle
Xavier de Moulins
Jean-Paul Nail
Jean-Pascal Naudet
Alain Nierga et Cécile Fisher
Sabine Nourry
Franck Olivier
Marie Osenat
Martine Partrat
Odile Paugam et Didier Jehanno
Bernard Personnaz
André Poncelet
Thomas Ponsard et Gabriel Martin-Pacheco
Jean-Alexis Pougatch
Michel Puysségur
Anne Riou
Guillaume de Rocquemaurel
Philippe Rouin
Marie-Josée Sanselme
Frédérique Scheibling-Sève
Jean-Luc et Antigone Schilling
Bénédicte Solle
Régis Tettamanzi
Christophe Trognon
Cécile Verriez
Cyril Voiron
Anne Wanter

Direction : Isabelle Jeuge-Maynart
Contrôle de gestion : Ghislaine Stora et Martine Leroy
Direction éditoriale : Catherine Marquet
Édition : Catherine Julhe, Anne-Sophie du Cray, Yannick Le Bihen et Fabienne Travers
Préparation-lecture : Nicole Chatelier
Cartographie : Alain Mirande et Fabrice Le Goff
Fabrication : Gérard Piassale et Laurence Ledru
Direction artistique : Emmanuel Le Vallois
Direction des ventes : Francis Lang, Éric Legrand et Ségolène de Rocquemaurel
Direction commerciale : Michel Goujon, Cécile Boyer et Dominique Nouvel
Informatique éditoriale : Lionel Barth et Pascale Ochérowitch
Relations presse : Danielle Magne, Fabienne Ferdinand, Martine Levens, Maureen Browne et Hélène Maurice
Régie publicitaire : Carole Perraud-Cailleaux et Monique Marceau
Service publicitaire : Frédérique Larvor et Marguerite Musso

Pour la rédaction de ce guide, nous remercions tout particulièrement :

- Philippe Pierre-Adolf
- José-Louis Bocquet
- Anne-Laure Tiéblemont
- Anne-Marie Minvielle
- Antoinette Barrion
- Thierry Folain
- Gilles de Staal
- Guillaume Decalan
- Jérôme de Gubernatis
- Aymeric Mantoux
- Jean-Louis Galesne
- Vincent Cossé
- Bernard-Pierre Molin

Ainsi que pour leurs bons conseils :

- VAL-D'OISE
- M. Hervé Bierjon, au CDT du Val-d'Oise
- Ariel et Cécile, à Sannois
- Daniel Bouillet à Deuil-la-Barre
- M. Nicolle et Étienne Varaut à Sarcelles
- Pierre Vienney à Argenteuil

- YVELINES
- Martine Boisse, au CDT des Yvelines.
- Le service communication et les bons guides-conférenciers du château de Versailles
- L'OT de Versailles
- Mme Roche, à l'OT de Saint-Germain-en-Laye
- L'équipe de l'OT de Marly-le-Roi
- M. Martin-Saint-Léon à Chatou

- SEINE-SAINT-DENIS
- Akim Chekhab, au CDT de Seine-Saint-Denis
- À Saint-Denis, Caroline zum Kolk et Serge Santos pour leur aide éclairée ; et toute l'équipe de l'OT, en particulier Théodoulitsa, Agnès et M. Dubrac (Francis)
- M. Pierre Tyl à Épinay-sur-Seine
- Frédérique Wagon à Montreuil
- La municipalité de Romainville
- Luc Joulé et Catherine Pétillon à Bagnolet
- René Saintrains à Bobigny

- VAL-DE-MARNE
- Olivier Bushsbaum et Carlos Escoda à Villejuif

- M. Chevaleyre à Orly
- Mme Rault à Ivry
- Martine Marly à Saint-Maurice
- Olivier Maître-Alain, au musée de Nogent. Passionné et passionnant.
- Sophie Orivel, de culture Guinguette
- Michel Riousset, amoureux de la Marne
- Michel, dit « Papicha », pour son aide enthousiaste et ses bonnes adresses
- Françoise Vanheste et Mme Launay de Saint-Maur
- Les offices du tourisme de Charenton, Fontenay et le Pereux, ainsi que les mairies de Saint-Mandé et de Choisy-le-Roi.

- HAUTS-DE-SEINE
- Nathalie Moine et Christophe Nourry à Clichy-la-Garenne
- Marc Thébault et son équipe à Issy-les-Moulineaux
- Alix Chavanon à Asnières
- La municipalité de Colombes
- Patricia Gautier à Rueil-Malmaison
- Pierre Prévot-Leygonie au Plessis-Robinson
- Stéphane Bosser à Boulogne-Billancourt
- Bernard Poulain et Pascale Allegatières à la mairie de Malakoff
- Julien Richard à la mairie de Vanves

- Plus tous les autres offices du tourisme, services presse et communication des communes qui nous ont donné l'information nécessaire pour ce guide.

GÉNÉRALITÉS

INTRODUCTION À LA BANLIEUE

La banlieue ! Que n'en a-t-elle charriés de maux sur son dos cabossé par trop de clichés surmédiatisés ! La banlieue, pour le tout venant, n'est pas une désignation géographique, mais du gros mot, de l'informe dans l'impalpable, du bouillon d'inculture, de l'hydre à douze têtes, tout ça poussant sur le terreau de la nouvelle délinquance... et on en passe et des plus dures à coup sûr.

Tout de même bizarre que, passé les portes de « la plus belle ville du monde », on se retrouve, à en croire certains, dans un « no man's life » d'où seule la délinquance émerge d'un océan d'ennui (ça, c'est de la formule !). Paris attire des dizaines de millions de touristes chaque année, qui sont immédiatement conquis par la capitale avant même d'avoir marché dans la première crotte de chien. La banlieue, quant à elle, charrie son lot quotidien d'images de détresse. À croire qu'aucun train n'arrive jamais à l'heure au-delà du chemin de ceinture !

Alors, on a chaussé nos Pataugas de trekkeurs urbains, d'ethnologues en herbe, d'indécrottables curieux, pour essayer de poser un regard différent, décalé, un peu oblique sur cette curieuse notion de banlieue, véritable fourre-tout, qui étymologiquement ne se définit que par ce à quoi elle se raccroche, telle une moule ou autre arapède.

Partir explorer la banlieue n'est pas encore entré dans les mœurs de l'*homo touristicus*. Dommage, ou plutôt tant mieux, ça prouve qu'il reste des espaces aux explorateurs. Et ce qui frappe tout d'abord, c'est la diversité. La banlieue est multiple (on hésite à dire plurielle, ça fait ringard). Véritable manteau d'arlequin, patchwork étonnant qui pète parfois un peu aux coutures, série de plaques tectoniques, dont les frictions sociales sont autant de sonnettes d'alarme pour des acteurs qui sécrètent souvent leurs propres réponses : animation de rue, groupes de rap, vocabulaire de reconnaissance, lieux alternatifs, rencontres diverses... plus quelques voitures brûlées. Et son architecture ? Disparate, belle, hétéroclite, colorée, incohérente, triste, contradictoire, écrasante, moche... les édifices qui jalonnent une rue de banlieue racontent une étonnante histoire, souvent chaotique, toujours poignante. La mémoire de ses pierres, c'est la mémoire de ses gens. Variés et riches !

Richesse et identité

Broyée ici par des choix politiques et architecturaux opportunistes et démagogiques, dynamisée là par une révolution industrielle bienfaitrice, enrichie ailleurs par des luttes sociales séculaires, souvent lâchement abandonnée à un processus naturel de ghettoïsation, la banlieue existe, bouge, crée. À l'heure où les penseurs parisiens s'endormaient sur leurs lauriers fanés de mai 68, ce sont les lycéens de Seine-Saint-Denis qui descendaient dans la rue en avril 98.

Bourgeoise ou populaire, quasi provinciale ou agitée de soubresauts, la banlieue n'a souvent rien du dortoir et ressemble finalement rarement à cette grosse boîte à sommeil dans laquelle on se complaît à la cantonner. Au contraire, elle veille, et de plus en plus elle s'éveille.

Il est temps de desserrer la ceinture qui entoure la capitale, d'élargir le cordon sanitaire et d'augmenter le rayon d'investigation. Et quelles surprises ! Quelles découvertes ! La richesse du patrimoine architectural et artistique de certaines villes étonne. Et pour celles que l'histoire a laissées les mains et les poches vides, il y a le présent. Un présent plein de présents et d'idées nouvelles. Cocasse de voir que la moindre mode vestimentaire, culturelle, musicale, et leurs codes de langage venant de banlieue sont immédiatement récupérés par les jeunes Parisiens. Pour les ados d'Île-de-France, aujourd'hui, c'est la banlieue qui donne le la. Le grand supermarché des modes se situe extra-muros. Les minets et les petits bourges courent en permanence après des attitudes déjà périmées quand elles leur parviennent. Une des données culturelles de la banlieue, c'est le mouvement perpétuel. Dès qu'il sort de la cité, un code est remplacé par un autre.

Certaines villes se révèlent évidemment moins décoiffantes. Il faut alors fouiner, se laisser gagner par une atmosphère parfois un peu décadente, par le romantisme échevelé des restes d'une usine désaffectée, par la beauté des villas cossues des bords de Marne... Et puis il y a les fêtes, soirées rap à Saint-Denis, élection de Miss Guinguette à Champigny, festival du Livre de la Jeunesse à Montreuil... où l'on s'aperçoit que la banlieue n'est pas qu'un satellite géostationnaire qui tourne à vide autour de la capitale. Et si dans les banlieues rouges la vie n'est pas toujours rose, elle est loin d'être aussi noire qu'on le dit. Les banlieues bleues, quant à elles, ne filent pas toujours le blues.

Seine-Saint-Denis, Val-de-Marne, Hauts-de-Seine, Val-d'Oise, ces entités administratives recèlent une palette chromatique, historique et culturelle d'une richesse insoupçonnée. Sûr, on n'y vient pas en vacances. On s'y rend pour essayer de comprendre, pour découvrir des coins inconnus et pour mettre des mots sur les maux qu'on nous sert. Et le voyage est rarement celui qu'on croit.

Pourquoi et pour qui ce guide ?

Voilà un ouvrage destiné aux vrais curieux, aux infatigables promeneurs, à ceux qui refusent les idées prémâchées, à ceux pour qui Bobigny n'est pas seulement un tribunal, mais aussi un théâtre, Saint-Denis pas seulement un Grand Stade mais aussi un remarquable réservoir musical, Vincennes pas seulement un hippodrome et Saint-Cloud pas uniquement la niche d'un chien méchant.

Et puis, ayons l'immodestie de l'avouer, ce guide s'adresse également à tous ceux qui vivent en banlieue. On connaît parfois mal sa propre ville ; le quotidien laminant bien souvent l'esprit d'aventure, on réserve sa curiosité pour plus tard, pour plus loin, pour les vacances. Combien d'habitants de Saint-Maurice savent que le marquis de Sade fut interné à l'hôpital psychiatrique de la ville comme « polisson » et dirigea le théâtre de l'hôpital ? Tous les Nogentais savent-ils que les deux derniers membres de la bande à Bonnot furent descendus par la police en 1912 dans une maison des bords de Marne ? Tous les habitants de Saint-Ouen connaissent-ils l'existence d'un certain Godillot, ancien maire de la ville et inventeur des célèbres chaussures à tiges montantes ?

Évidemment, contrairement à des guides plus traditionnels, celui-ci est d'un emploi plus subtil. Il faut choisir le bon moment pour aller explorer telle ou telle ville. Inutile d'aller vous promener dans le centre de Choisy un jour de semaine en milieu d'après-midi, ça pourra vous paraître un rien triste. Les bords de Marne prennent tout de leur relief le dimanche, quand les cris des enfants se mêlent au clapotis des barques. Certains restos sont de chaleureux rendez-vous pour le déjeuner où l'on se serre, coudes au corps, autour d'une bavette échalote, tandis que le soir c'est le désert ; pour d'autres

Dès maintenant

nova `101.5`

c'est

nova `92.4`
MONTPELLIER

nova `89.6`
ANGERS

nova `96.8`
DREUX

et à Paris toujours

nova `101.5`

PARTOUT EN FRANCE SUR CANALSATELLITE

adresses, ce sera le contraire. En jonglant astucieusement avec les villes et les moments, ce guide vous mènera vers de surprenantes expériences, pour peu que le lecteur fasse un petit effort.

Guide de référence pour les habitants, guide pour ceux des villes voisines afin qu'ils aillent voir enfin à côté (et cassent leur esprit de clocher), guide de découverte pour nos fidèles lecteurs, cet ouvrage est un véritable pari. Entre celui consacré à la capitale et les *Week-ends autour de Paris,* voici enfin comblée une grosse lacune.

HISTOIRE DE LA BANLIEUE

Des débuts en douceur

« Ensemble de localités qui entourent une grande ville et qui, tout en étant administrativement autonomes, sont en relation étroite avec elle. » Trois lignes dans le dictionnaire et puis voilà. La notion et le terme de banlieue ne datent pourtant pas d'hier. Au Moyen Âge, il désignait un vaste espace d'environ 1 lieue (4 km) autour d'une ville. Cette étendue, appelée le *ban* (d'où « banlieue »), déterminait la limite d'exercice du pouvoir seigneurial. Composé avant tout de champs, de forêts et de vignes, outre les fermes il n'y avait guère que les aristos et les bourgeois qui y possédaient quelques demeures. Et coquettes, les demeures ! Châtelets pour roitelets de la Cour, « modestes » relais de chasse ou maisons de campagne pour fêtes grivoises, les nantis appréciaient ces espaces sauvages et aimaient à venir chasser aux portes de la capitale. Ils s'éloignaient ainsi de la crasse des villes... et de celle des pauvres.

À partir du XVIIIe siècle, la nature étant à la mode, il devient de bon ton de profiter des vertus de la campagne et d'y avoir son pied-à-terre. Les nouveaux bourgeois suivent les conseils des philosophes comme Rousseau et se font bâtir un brin de maison. Mais c'est encore loin d'être la foule. Autour des châteaux, quelques villages maraîchers, qui font chouette dans le décor. Au-delà d'Asnières, de Levallois ou de Nogent, un bouquet de fermettes, on saupoudre de quelques églises et abbayes, et voilà tout. Il ne reste malheureusement pratiquement aucune de ces résidences, oubliées par le temps, dévorées par les herbes, détruites par la Révolution, ou tout simplement, plus récemment, sacrifiées sur l'autel de la rentabilité immobilière. Le petit peuple, à cette époque, est encore cantonné dans les villes et n'a guère les moyens d'en sortir.

La vraie naissance

Industrialisation, démographie et voie ferrée : trois mots, trois raisons pour la naissance au forceps d'une véritable zone « hors la ville », qui va doucement prendre corps au cours du XIXe siècle.

L'industrie tout d'abord : dévoreuse de main-d'œuvre, elle attire des milliers de bras que la terre ne nourrit plus. Et comme on cherche naturellement à habiter près de son lieu de travail, on s'installe en périphérie de Paris. On assiste alors au début d'un lent et inexorable exode rural. Nouveaux ouvriers et anciens agriculteurs viennent grossir les rangs des candidats à la banlieue. Ces néo-banlieusards, avides de recomposer leur espace vital autour d'un mini-lopin de terre, comprennent vite l'intérêt de vivre à l'écart de la grande ville. Et puis, au milieu du siècle dernier, le train rapproche la capitale. Durant cette période, la banlieue est une sorte de réservoir humain qui subit un remplissage intensif. Même si en quelques décennies la population

Avant de retenir un vol, retenez le nom de nos meilleurs tarifs : *Tempo*

Nos meilleurs tarifs, pour tous, toute l'année, en France et dans le monde entier. Tempo c'est une nouvelle gamme de prix qui s'adapte à votre rythme : plus vous vous décidez tôt, moins vous payez cher.
Renseignez-vous dans votre agence Air France, votre agence de voyages ou au 0 802 802 802 (0,79 F ttc/mn).

APL

AIR FRANCE
GAGNER LE CŒUR DU MONDE

triple, il y a encore de la place pour tout le monde et tout se passe sans trop de heurts. Ce n'est pas l'Eldorado, mais ce n'est pas non plus l'enfer. La banlieue ne possède pas encore ses caractéristiques sociales propres, mais ça ne saurait tarder.

De la banlieue aux banlieues

Doucement les grandes familles du jeu social prennent position, et des pôles, des tendances, encore un peu floues, se constituent. Elles ne feront que s'affirmer avec le temps. Les hautes classes prisent les bords de fleuve et de rivière et elles s'amusent à se faire bâtir des folies le long de la Marne, de la Seine et de l'Oise, mais c'est surtout l'ouest qui a leur faveur. Le nord et l'est prennent pour leur part des contours plus ouvriers. Pas vraiment par choix, mais parce que les usines sont installées là, tout simplement. Les trains continuent de déverser en flots ininterrompus des provinciaux qui, bien souvent, posent leurs valises non loin de leur gare d'arrivée, comme s'ils avaient hâte de repartir. La banlieue commence à se scinder en groupes de même famille sociale.

Les premiers rejets

C'est également la période où le préfet de la Seine, un certain baron Haussmann, dirige les grands travaux qui bouleverseront le paysage parisien. Les dits travaux vont avoir pour conséquence d'exclure de la capitale des milliers de Parisiens de souche, pour qui les loyers sont devenus trop élevés. On laisse ainsi les coudées franches à la bourgeoisie (au fait, ne s'est-il pas produit récemment le même phénomène dans le 18ᵉ arrondissement ? Mais c'est une autre histoire...).
En 1876, on compte 2 millions de Parisiens, tandis que les faubourgs accueillent déjà 400 000 habitants. La banlieue possède alors un triple visage : rural dans sa partie sud-est, industriel au nord et au nord-est ainsi qu'en zone limitrophe sud, et résidentiel à l'ouest et dans certains secteurs de l'est. À la fin du siècle, ça y est, les grandes cartes sociologiques sont distribuées. Le terme « banlieue » perd sa neutralité sémantique pour prendre une connotation négative. Déjà un espace de rejet, pas encore un lieu d'exclusion, mais on y vient.
Refoulement volontaire du tissu populaire vers la périphérie, édification des fortifs (symbole criant d'étanchéisation), accélération du mouvement industriel... pour le pouvoir de l'époque, la cause est entendue : la banlieue est un dépotoir humain, destiné à recueillir les laissés-pour-compte de la société parisienne et, du même coup, les industries trop encombrantes et trop polluantes pour la capitale. Paris ne cherchera jamais à intégrer sa banlieue. Presse et écrivains de l'époque s'en mêlent et les images faciles, expressions à l'emporte-pièce fleurissent à la une des journaux dès qu'il s'agit de la banlieue. On parle de « zone », de « sans domicile fixe » (déjà), de société parasite ; les adjectifs attachés à ses habitants sont « louches », « sales », et la liste n'est pas exhaustive. Ses éléments « nuisibles », sa population « assistée ». Bref, un triste spectacle, à en croire les médias. Un siècle plus tard, pas grand-chose de nouveau sous le soleil de la bêtise et de la réduction sémantique opportuniste, les mêmes rengaines usées jusqu'à la corde. De la gouaille à la canaille, il n'y a qu'un pet de lapin rapidement soufflé par Victor Hugo *(Les Misérables),* Blaise Cendrars ou Simenon (un peu plus tard). Cette population possède déjà un surnom : les « pilons » (moins que rien, rebut de la société, qu'il convient de mettre au pilon ?). Les fortifications jouent également un rôle symbolique important : il y a l'en-deça et l'au-delà

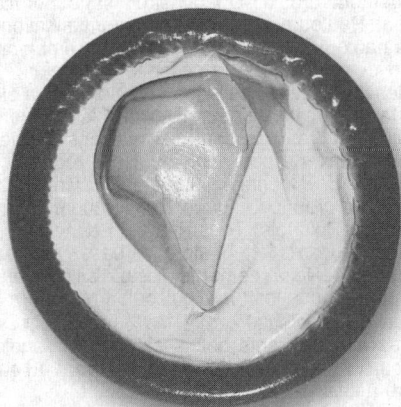

TICKET POUR UN ALLER-RETOUR-ALLER-RETOUR-ALLER-RETOUR-ALLER-RETOUR...

LES PRÉSERVATIFS VOUS SOUHAITENT UN BON VOYAGE. **AIDES**

3615 AIDES (1,29 F/MIN.) www.aides.org

Association de lutte contre le sida
Reconnue d'Utilité Publique

des fortifs, rôle joué aujourd'hui par le périph'. Une sorte de cordon sanitaire entre le Bien et le Mal, le montrable et le honteux, l'humain et l'inhumain. Les images s'emballent, et la moindre petite histoire de chiffonniers (ceux des Puces), le moindre petit règlement de compte par guinguettes interposées, la moindre rixe entre petites frappes à casquette circulaire prend une ampleur quasi nationale. Le fantasme de la banlieue coupe-gorge prend insidieusement tournure. Elle ne s'en libérera jamais vraiment.

Début du XXᵉ siècle : naissance d'un cloaque

Si l'univers social est loin d'être aussi noir qu'on le dit, la situation sanitaire est déplorable. La démographie galopante du début du siècle et l'exode rural sont tels que dans les années vingt, un million de personnes sont attirées par la région parisienne. Depuis un moratoire de 1918 bloquant les loyers, on ne construit plus d'immeubles de rapport, puisqu'ils ne rapportent plus. Le champ est libre pour le grand n'importe quoi foncier. De hardis spéculateurs vont miser sur le mythe de l'accession à la propriété. Alors on lotit tout ce qu'on peut. Partout où il y a de la place, des lotisseurs achètent des terrains, les découpent en tranches et les vendent à tout va. Champs, forêts, vergers, tout doit disparaître. Et tout disparaît.
En tout, 15 000 hectares tronçonnés en 200 000 parcelles vendues sans le moindre aménagement urbain. On construit sans permis, n'importe où, n'importe comment. Peu ou pas de voies de communication, aucun système d'évacuation des eaux usées, absence totale d'un embryon de politique de plan d'occupation des sols. C'est la cacophonie la plus extrême. Les mal lotis remplacent les maraîchers, les bidonvilles sonnent le glas des dernières fermes. Pour certains, la cabane de jardin rafistolée fait office de résidence principale. Les plus fortunés bâtissent des maisons en pierre de meulière, ancêtre du fameux « pav' de banlieue ». C'est le règne de l'auto-construction, de la révolution pavillonnaire. Les années vingt sont également le théâtre des premières grandes vagues d'émigration. Tout d'abord les Italiens, puis bientôt les Polonais. Tous rivalisent d'ingéniosité pour bâtir au moins cher. Les banlieusards jettent alors les bases d'un autre mythe, celui du système D. La débrouille, la démerde, reste d'ailleurs un grand classique des banlieues, joué sur tous les tons, puisqu'on n'a guère le choix.
Le fossé continue de se creuser entre les banlieues. Les disparités sont alors très grandes aux différents points cardinaux. Tandis que de somptueuses demeures Art nouveau et Art déco s'élèvent à l'ouest, les ouvriers bricolent leur rêve à l'est.

Des lotisseurs aux pavillonneurs

Après les lotisseurs, voici venu le temps des pavillonneurs. C'est l'ère du prêt-à-construire. La brique et la meulière constituent les matériaux favoris de la maison individuelle construite par de petits entrepreneurs. Les Italiens, notamment, bâtissent à tour de bras. Le pavillon, c'est l'avatar populaire de la villa. Il procède de la même vision : un petit coin de terre avec une maison dessus. Le reste est une question de moyens. La villa, version la plus aboutie de la maison individuelle, reste cependant un phénomène assez rare. La modeste maison haute sur un terrain étroit prédomine. C'est celles qu'on voit aujourd'hui encore en grand nombre. Mais à l'époque, pour une maison, on compte encore 100 masures insalubres.

Logement social : de bien timides tentatives

En 1928, les pouvoirs publics se secouent un peu les puces et prennent le problème en main... Enfin... plutôt entre deux doigts. La loi Loucheur, par exemple, facilite l'accès à la propriété et favorise la construction de 260 000 logements. Mais l'expérience n'est pas renouvelée. En fait, les gouvernants sous-estiment complètement le problème. Quand enfin l'État se réveille, la déferlante démographique est déjà là. Les autorités sont prises de cours, débordées par leur incompétence. Quelques tentatives sont malgré tout réalisées, telles les cités-jardins, inspirées du modèle anglais. Le concept en est transparent : esthétisme et fonctionnalisme. Un riche terrain d'expérience pour les architectes. Neuf cités-jardins sont réalisées pendant l'entre-deux-guerres... et puis basta. Une fois encore, l'État voit trop court. De même, au début des années 30, des Habitations à Bon Marché (HBM) sont construites par le département de la Seine. Ces logements collectifs possèdent l'avantage d'être dotés de tout le confort « moderne » : chauffage, toilettes dans l'appartement, eau courante... Le projet est un échec, mais l'idée de grand ensemble collectif allait être reprise. La crise et la guerre retarderont longtemps l'avènement du logement social.

La banlieue rouge pointe son nez

Sur le plan politique, la Première Guerre mondiale et les besoins de l'industrie militaire qui font tourner les usines à plein régime sont l'occasion d'une prise de conscience des ouvriers. Le militantisme naît dans les faubourgs de banlieue, au pied des usines. La notion de banlieue rouge se développe. La couleur politique de chaque ville s'affirme. Naturellement d'abord (on se retrouve entre gens de même classe), politiquement ensuite. En effet, en refusant l'implantation d'usines sur leur territoire, certaines communes savent bien qu'elles échappent ainsi à l'implantation d'une population pauvre, parfois indigente, souvent communiste. D'autres, en revanche, favorisent l'accès à la propriété aux faibles revenus. Un sentiment d'appartenance de classe prend forme. Le rouge déferle sur la banlieue.
La solidarité montrée envers les chômeurs dans les années 30 est un exemple significatif de cet état d'esprit. Les communistes gèrent alors plusieurs dizaines de communes. Sous le Front Populaire, des centaines d'associations sportives, culturelles, artistiques voient le jour. Prêtres-ouvriers, paternalisme patronal, solidarité militante, entraide de voisinage... Tous les acteurs œuvrent dans un but commun : le mieux-être général. Mais le rouge fait peur aux Parisiens. Ils se sentent encerclés. Ce n'est plus un simple divorce entre Paris et sa banlieue, c'est la peur.

L'après-guerre et les années béton

Crise du logement, deuxième ! Des centaines de milliers de gens n'ont pas de toit sur la tête, et la situation est insoutenable. C'est l'année 54 et le poignant appel de l'abbé Pierre stigmatise un état de détresse profonde. Son appel à la solidarité et à la prise de conscience des politiques reste gravé dans toutes les mémoires. Des hordes de sans-abris, des milliers de taudis et des centaines de bidonvilles ! Voilà la situation de la France et notamment des banlieues, dix ans après la guerre.
À l'aveuglement politique succèdent un réveil brutal et un engagement radical. En 1957, l'État se décide à créer des Zones Urbaines Prioritaires, les fameuses ZUP. La France a déjà 50 ans de retard sur l'Angleterre et l'Alle-

magne. L'habitat comme enjeu politique. Il faut construire, construire, construire ! Objectif : 300 000 logements par an dans tout le pays. Urbanisme, souci de cohésion, recherche esthétique... autant de paramètres délibérément laissés de côté. Contraintes financières et techniques comme direction architecturale, productivisme pour tout mot d'ordre. Bâtir le plus possible, au moindre coût. Les architectes se doivent d'intégrer ces nouvelles données. Le plan de masse – implantation et volumes des bâtiments – sera désormais déterminé par le « chemin de grue », selon le principe purement financier que moins on déplace une grue, moins ça coûte. Fort de ces principes, on bétonne dur. C'est la naissance de ces longues et sordides barres. Les années 60 en seront l'âge d'or. Du béton pour l'extérieur, du papier mâché pour l'intérieur ! On atteint la vitesse de croisière de 500 000 logements par an et le degré zéro de l'architecture.

La première bénéficiaire et la première victime, c'est évidemment la banlieue parisienne. Une politique de logements sociaux, menée au pas de charge, a pris la banlieue à la hussarde. À la va-vite, dans l'urgence. Et avec tous les égarements, maintes fois dénoncés depuis. Les responsables ? Comme d'habitude : tout le monde, personne. Les politiques qui ont pris le train en marche, les architectes qui n'ont pas su dire non... et les spéculateurs qui ont trop su dire oui. L'erreur fondamentale, outre l'ignominie de certains ensembles, est d'avoir renvoyé à plus tard les données sociales, culturelles et sportives. Inutile d'évoquer l'absence totale d'équipements collectifs de base, les ascenseurs morts-nés, les matériaux *cheap*, finitions pourries. Objectif unique : assainir au plus vite les zones insalubres et résorber le problème du logement. D'autant plus que l'afflux des rapatriés d'Algérie en 1962 ne fait qu'aggraver la situation. Résultat : une cacophonie architecturale inégalée, un traumatisme esthétique terrible, un bouleversement social sans précédent et, à la finale, une bombe à retardement qui n'en finit pas d'exploser.

De l'ennui à la délinquance

L'architecture est un art dont la pratique influe concrètement sur la vie de l'homme. S'il est vrai que l'habitat est indissociable de son occupant, l'architecture est indissociable de l'histoire des hommes. Ainsi, si les villes de banlieues qui ont échappé à la coulée de béton sont finalement assez nombreuses et plutôt tranquilles (la grande majorité), celles qui ont subi les coups de barres (verticales et horizontales) vivent des moments difficiles, parfois tragiques. La déstructuration sociale, l'absence de points de repère physiques (on a souvent détruit les centres-villes) et mentaux (taux de divorce élevé, parents peu disponibles, chômage, démission du système éducatif, absence de structures associatives) laissent une jeunesse qui n'a rien connu d'autre dans un désarroi profond. Pas de directions, peu d'objectifs... l'ennui comme antichambre de la petite délinquance. Si les cités vraiment craignos ne sont pas si nombreuses, il est vrai en revanche que quand le pli de la violence est pris, la machine s'emballe souvent. Pourtant les choses changent à grands pas.

La fin des tours infernales

On arrêtera les frais au milieu des années 70. Les deux décennies suivantes voient les grues perdre de la hauteur. L'architecture statistique laisse la place à l'architecture contextuelle. On cherche à repriser le maillage urbain. Le projet de l'architecte d'aujourd'hui doit intégrer la disparité de l'environnement. Il doit s'inscrire dans l'histoire et ne pas violer le ciel. Faire le lien entre le pavillon, l'immeuble de rapport, la cité, voire l'ancien corps de ferme, c'est connecter le passé avec son futur, l'ancien et le nouveau, tout en restant humain. Finalement la cité nouvelle cherche enfin à prendre sa place dans un milieu existant, au lieu d'en faire table rase. Mieux, certaines municipalités ont eu le courage de faire sauter du béton – et ont trouvé les financements nécessaires. Oh! pas tout le béton, mais une barre par-ci, une barre par-là, ce n'est déjà pas si mal. Le processus est enclenché. Parallèlement, on réhabilite le pavillon, on intègre des espaces verts, et le souci de cohérence s'impose doucement. La banlieue ne cherche-t-elle pas finalement à retrouver sa vocation première, un petit coin de verdure, tranquille, hors de la ville ?

Recherche d'identité, droit à la différence, besoin d'intégration

Un phénomène nouveau est en marche. À la tête de certaines villes (pas toutes, loin de là), comme au cœur de certaines cités, on entre dans une phase de reconnaissance, d'identification positive. Il y a peu, seules les informations tragiques servaient à décrire la banlieue. La reconnaissance était négative ou n'était pas. Combien de lignes rédigées pour une bagnole brûlée et... combien de lignes accordées à un festival de rap dans la presse nationale ? Un incroyable effort de reconquête de l'identité est en cours. La cité est prise en charge par ses propres acteurs. Des formes d'expression naissent et participent à l'enrichissement culturel de notre société. En dix ans à peine, toutes les formes artistiques ont été touchées : langage, danse, musique, vêtements. Les cités se sont créé leurs propres codes, leurs propres points de repère. La culture née du béton est là, bien vivante, en passe d'acquérir sa place au soleil de la société. Reprise comme modèle, après avoir été rejetée. Plutôt rassurant.

LA TCHATCHE DES BANLIEUES (LANGAGE ET DICO)

La tchatche des banlieues traduit la recherche d'identité sociale et culturelle d'une population exclue et déracinée pour laquelle le français « officiel » ne suffit plus à exprimer le quotidien. Aussi puise-t-elle principalement son inspiration dans le lexique universel des cultures cohabitant dans les cités : africaine, arabe, gitane, française et même anglo-saxonne par le biais des médias. « On est tous trilingues », explique Passi, l'un des chanteurs du groupe de rap à succès Ministère Amer, « on parle la langue du bled entendue à la maison, l'argot de la rue et le français qu'on apprend à l'école ». Le vocabulaire des cités fleurit sur ce terreau cosmopolite. Prenons par exemple le terme « bledman », qui définit un immigré fraîchement arrivé en France ou un clandestin. Il mélange un mot arabe *(bled)* et un mot américain *(man)*. Le premier est issu du vocabulaire des immigrés maghrébins, l'autre de la culture rap. L'ensemble reprend la syntaxe anglaise, c'est-à-dire qu'il place le déterminant avant le déterminé. Voilà l'exemple type d'une collision entre deux cultures, qui ne se serait jamais produite ailleurs qu'en cité.
Une fois adopté, chaque mot commence une nouvelle vie : modelé, déformé, réinventé au fil de ses échanges et de ses voyages. Intégré dans un nouveau langage, il change parfois de sens et arrive même à perdre sa définition d'origine. « Bab » illustre bien ce parcours sémantique. Ce mot définit « le Français de souche » ou « le Blanc ». À l'origine, ce terme africain désigne les médecins européens venus sur le continent aux débuts de la colonisation sous la forme *toubab,* vocable lui-même inspiré de l'arabe *toubib* qui signifie le magicien, le sorcier. Deux siècles plus tard, lorsqu'il immigre en banlieue parisienne, le mot se « verlanise » dans la bouche des

jeunes générations et devient « babtou », pour finalement se décliner en apocope (troncation de la deuxième partie du mot) « bab ». Ce mot-valise par excellence véhicule donc deux cents ans d'histoire. Des centaines d'idiomes de ce type ont été recensés dans la seule région parisienne. De quoi faire la joie des étymologistes les plus curieux.

L'autre source de création, c'est le français, la langue de l'école, de l'ordre et de l'extérieur, qui passe à la moulinette pour être crypté. Dans les années 70, la technique du verlan dominait. Il suffisait alors d'inverser les syllabes et « laisse tomber » devenait « laisse béton ». Aujourd'hui, cet artifice est tellement entré dans les mœurs qu'il a perdu son rôle de codage. Pour ne pas être compris par autrui, il a fallu passer à autre chose. D'où l'apparition d'une nouvelle technique, le « veul ». Né à Châtillon, en banlieue sud de Paris, importé et développé à Vitry, très prisé par la communauté hip-hop, le veul déploie progressivement son influence sur toute la banlieue. Sa mécanique consiste à déformer ce qui l'a déjà été auparavant. Exemple : l'expression « comme ça » est devenu « çacomme » en verlan et « asmeuk » en veul. Mais ce n'est pas toujours aussi simple. En réalité, le veul ne répond pas à des règles rigides. De nombreux mots simplement tri-turés ou re-retournés, voire du verlan tronqué sont parfois présentés comme du veul. L'essentiel étant de faire du neuf avec du vieux.

À la lumière de ces exemples, une idée reçue est foudroyée comme une tour HLM : la tchatche de banlieue est riche et fertile et peut s'étudier comme les mots d'origine latine ou grecque. Résultat de joutes verbales de sorciers de la langue et d'acrobates de la rhétorique, elle met du piment sur la langue de Molière. Car, qu'on le veuille ou non, le français se régénère au pied des cages d'escalier, de l'autre côté du périph'. Peu à peu les mots du maquis urbain sortent de la clandestinité, voyagent et traversent les zones franches du parler académique. Portée par la mode, cette « giclée verbale » s'impose grâce à sa pertinence et à sa perfection du raccourci. Victimes de leur suc-cès, certaines créations banlieusardes parviennent même à entrer dans les dictionnaires. C'est ainsi que l'on trouve dans *Le Petit Robert* les mots « meuf », « rap », « rappeur », « beur » et « black »... Même s'ils ne sont pas tous adoubés par les académiciens, une multitude d'autres mots et expres-sions passent ainsi peu à peu dans l'usage général. Certains font un pas-sage éclair dans le vocabulaire contemporain, d'autres se fixeront comme ont pu le faire les mots « nana », « flic » ou « fric » en d'autres temps.

Cette reconnaissance est un paradoxe puisque, par définition, les mots créés en banlieue ne supportent ni l'exportation, ni la récupération. Leur fonction initiale étant de ne pas être compris par ceux de « l'extérieur », à savoir les keufs (les policiers), les rampes (les parents), les Gaulois moyens (les Français), et parfois même par les homies (les potes) des cités voisines ! Que des jeunes gens bien élevés utilisent « portenaouak » (n'importe quoi), et le mot ou l'expression est rapidement abandonné comme souillé et rem-placé par « pichnaouak ». Ainsi, les mots médiatisés, utilisés hors les murs de la banlieue par le grand public, perdent automatiquement tout intérêt pour leurs géniteurs et sont par là même impitoyablement condamnés à être rem-placés dans les plus brèves échéances...

Le lexique qui suit ne prétend pas recenser tous les mots créés en banlieue parisienne. Même s'il existe un important tronc commun, chaque ville, chaque quartier, chaque cité a ses particularités, ses nuances, ses diver-gences.

Dico de banlieue

Précisant leur origine, vous trouverez parfois derrière les mots ou expres-sions les abréviations suivantes : *(ver.)* : verlan ; *(vl)* : veul ; *(ar.)* : argot ; *(ar.)* : arabe ; *(af.)* : africain ; *(git.)* : gitan ; *(USA)* : américain, slang ; *(rasta)* : anglais de Jamaïque, culture reggae.

– *À demain !* : expression moqueuse qui signifie « rentre chez toi ! ».

– **Abuser** *:* exagérer. Synonyme : dzé.

– **Auch** *(ver.)* **:** chaud. « Elle est auch! » (elle est chaude). Quand c'est « auch », c'est chaud, c'est génial, c'est fort, que ce soit en bien ou en mal. Synonymes : bouillant, darchaud, mortel...

– **B. Boy** *(USA; prononcer bi boï)* **:** le nom vient de *bad boy* (mauvais garçon) mais ici, le B. Boy n'est pas un délinquant, mais plutôt un type cool du quartier, avec qui on a l'habitude de traîner.

– **Bab/Babtou** *(af.)* **:** un Blanc. Les premiers blancs à débarquer en Afrique étaient des médecins que les Arabes appelaient volontiers *tebib* (savant en arabe), qui a aussi donné *toubib*. Avec leur verve légendaire, les locaux ont vite fait de transformer toubib en toubab, puis en babtou, puis finalement en bab. Aujourd'hui, le mot a voyagé jusque dans les cités où toutes les communautés s'amusent à appeler bab cet individu à la peau blanche et aux drôles de mœurs qui les a longtemps colonisés.

– **Babylone** *(rasta)* **:** Babylone peut signifier au choix la société pourrie, le Blanc pour qui elle est faite ou le *kisdé* qui a charge de la défendre. La référence vient de la Bible, et plus récemment du mouvement Rastafari popularisé par le reggae : Babylone y représente le monde occidental blanc, synonyme de civilisation décadente et raciste.

– **Bâtard/Tarba** *:* enfoiré, traître, et plus généralement un moins que rien.

– **Beu/Beuher (la)** *:* l'herbe. Pas celle qu'on trouve dans les prés mais celle qui fait rigoler.

– **Blaireau** *:* un « nullos », un ringard. Un individu candide et peu futé, aux entournures de beaufitude. Synonymes : bouffon, fon-oube, blarf, bledman...

– **Bledman** *:* clandestin. Un bledman, c'est l'histoire d'un homme *(man)* qui vient du *bled* (intérieur des terres en Afrique du Nord) pour s'installer en France sans y avoir été invité. Le bledman a une peur bleue du charter; synonyme pour lui de billet retour. Synonyme : clandax.

– **Bouffon** *:* un naze, un looser, un perdant. Avec ou sans clochettes, le bouffon amuse la galerie mais ne récolte que spleen et moqueries.

– **Çacomme** *(ver.)* **:** comme ça. Une des nombreuses variantes de cette expression qu'on tourne et retourne dans tous les sens, histoire de se démarquer de la cité d'à côté. Synonymes : ascomme, commac, commeg, commass, et enfin asmeuk.

– **Çaifran/Céanf'** *(ver.)* **:** Français, presque toujours employé dans le sens « Français de souche », Blanc. Synonymes : bab, blondin, gaulois...

– **Chacal** *:* un type rusé, un stratège. Cf : fennec.

– **Cheul/Cheulou** *(ver.)* **:** en veul, cheul ça veut dire chelou, qui en verlan signifie louche. C'est clair comme « fed' » ?

– **Chichon** *:* haschich, verlanisé en « chicha » et retravaillé. Cf : shit. Synonymes : chichelar, chouche...

– **Choune** *(ar.)* **:** 1. Abréviation de *hachoune,* le sexe féminin en arabe. 2. La chance. « Toi t'as de la choune, tu lui as touché la chnek, nous on s'est tous fait tej' dans cette teuf. »

– **Chtarbé** *:* fou.

– **Colboc** *:* policier. « Ceux qui vous attrapent par le colback ».

– **Cône** *:* un joint (de « hakik »). Appelé ainsi en raison de la forme.

– **Dasse (le)** *:* le sida. À esquiver avec la poteca.

– **Daube/Dauber** *:* 1. De la camelote, de la merde. 2. Péter. Par extension, puer.

– **Def'** *:* défoncé.

– **Emboucaner (quelqu'un)** *:* l'embobiner, le rouler dans la farine. Synonyme : encroumer.

– **Entraver** *:* comprendre.

– **Fax (un)** *:* une fille dont la poitrine est peu volumineuse. « Elle est si plate qu'on pourrait la faxer. » Synonymes : raquette, skeud, Findus...

– **Fech'/Fait iech** *:* abréviation et verlan de « fait chier ».

GÉNÉRALITÉS

– *Free style / Freestylie :* impro musicale a capella. Réunion de plusieurs groupes de rap sur la même scène. L'équivalent du *jam* chez les jazzmen ou du *bœuf* des rockers.
– *Fumer :* tuer quelqu'un avec un *gun*.
– *Gaulois :* un petit blond français frêle et bourgeois. Synonymes : blondin, çaifran, céanf, from...
– *Gazelle :* une fille noire.
– *Go (une ; af.) :* une fille. Un mot d'argot bambara, sans doute une déformation du « girl » américain. Certains y voient aussi un diminutif de « gonzesse ».
– *Gratter :* cf. taxer, chiner.
– *Homeboy/Homies (USA) :* meilleur ami.
– *8°6/8 :* bière alcoolisée à 8,6 degrés et bon marché. La 8°6 a détrôné la reine Heineken et la Kro(nenbourg) et s'est imposée comme la bière préférée des banlieusards.
– *Insses (ver.) :* seins.
– *Kinder :* un gros. Référence à la friandise chocolatée de forme ovoïde et bien remplie. La banlieue puise à tout va dans le cinéma et la publicité. Et elle a de quoi s'en donner à cœur joie. Dire qu'un gros est un Kinder, c'est quand même assez fin.
– *Keuco (la ; ver.) :* la coke, la cocaïne. Plus abondante dans les hautes sphères du showbibi et de l'intelligentsia que dans les bas-fonds de la cité.
– *Keubla (ver.) :* un Black, un Noir.
– *Keuf (ver.) :* flic (renversé en *keufli* puis en *keuf*). Synonymes : chara, kisdé, r'nouch, cow-boy, coy...
– *Keum (ver.) :* mec.
– *Keusse(s) (ver.) :* 10 keusses = 100 francs (verlan de l'argot « sac »). Le keusse est la monnaie officielle de la bourse alternative des banlieues.
– *Kiffer/Kif (ar.) :* apprécier / le pied. En arabe, le *kif* est le haschich. Mais avec le temps et l'influence de la communauté musulmane sur la langue française, le mot a été adopté au point de signifier quelque chose que l'on aime particulièrement.
– *Lâcher l'affaire :* abandonner.
– *Loucedé (en) :* en douce. Du pur largonj du XIXᵉ siècle, qui a survécu jusqu'à aujourd'hui. Synonyme : en scred.
– *Marave (git.) :* se battre, tabasser, se faire mal. Nom commun : la bagarre (la marave).
– *M.C. (USA) :* Master of Ceremony (maître de cérémonie).
– *Méfu (ver.) :* fumer. « Se méfu les doigts » (fumer le oinj jusqu'à l'ultime taffe).
– *Mercos :* Mercédès (la voiture). Attention : une Mercos c'est bien, mais c'est pas mortel. « On kiffe plutôt sur les Jagues ou les Schepor » (les Jaguar et les Porsche).
– *Meuf/Meufeu (un grand classique) :* femme. Contraction du verlan *meufa*. S'emploie pour les jeunes filles de tous calibres et accessoirement pour marquer un titre de propriété.
– *Nessbi (ver.) :* business ; les affaires, au sens le plus large du terme (travail, commerce, deal de came, un plan avec une meuf...).
– *Oinj (ver.) :* un joint. Uniquement utilisé en référence au haschich. Pour un joint de plomberie ou de mécanique auto, dites joint, comme tout le monde. Synonymes : tarpé, bédo, cône, stick, poteau...
– *On calcule pas :* **1.** Ne pas prêter attention aux critiques d'autrui. **2.** « Ne pas calculer quelqu'un » : se méfier de lui.
– *Ouam/Ouate :* moi/toi.
– *Ouf :* fou.
– *Paname :* Paris. Synonyme : Ripa.

– **Partir en sucette :** filer un mauvais coton. Synonyme : partir en yécou (en couille).
– **Péauch (vl) :** choper (péchau), dans le sens de voler ou de se faire serrer par les keufs.
– **Pérave/Pourave :** pourri.
– **Pétard :** cf. tarpé.
– **Péter (se la) :** s'inventer d'autres vies et personnalités. Synonyme : se la raconter, faire le mito.
– **Peuzu (ver.) :** la Zup. En français urbanistique : Zone d'Urbanisme Prioritaire. Plus clairement : Zone Uniquement pour Pachave. Les cités de banlieue, quoi !
– **Pichnaouak :** n'importe quoi. Histoire de trouver un remplaçant au fameux « portenaouak », tellement vulgarisé par les médias que les habitants de la banlieue se sont sentis dépossédés. Dès qu'un mot ou une expression est adopté par les minets du 16e, la banlieue s'empresse de l'abandonner et de lui trouver un remplaçant.
– **Poteca (ver.) :** capote, préservatif. Synonymes : poussette, cagoule, bonnet de nuit, capuchon, passeport, préso...
– **Québra (ver.) :** braquer (une banque, un blinde, un magasin...).
– **Raconter (se la) :** frimer. « Il se la raconte » (il ne se sent plus pisser). Synonyme : se la péter.
– **Respect : 1.** Expression signifiant qu'on a de l'admiration, des égards envers quelqu'un qui a fait un truc épatant. **2.** Plus généralement, le respect est un concept incontournable et flou qui forme la base de la politesse sociale.
– **Reubeu :** verlan de « beur », lui-même déjà verlan d'« Arabe ». Il y a belle lurette qu'on ne dit plus « beur » que dans les médias et les associations à vocation d'intégration. La banlieue ne se reconnaissant plus dans ce terme archi-banalisé, elle l'a trituré pour en reprendre possession.
– **Reuch (ver.) :** cher. « C'est trop reuch, c'est pour les riches. »
– **Reulou (ver.) :** lourd (dans le sens « pas très fin »).
– **Reum/Reup (ver.) :** mère/père.
– **Reureu :** RER. Synonymes : rère, reur.
– **Rouv :** rendez-vous. Synonymes : dérenvou, vourdé.
– **Schmit (un) :** un policier en tenue. Par extension, tout ce qui porte un uniforme et représente l'autorité.
– **Skeud (ver.) :** disque. Aujourd'hui, se dit plutôt pour les CD. Les bons vieux 33 tours sont dénommés *vinyles,* encore très en vogue car on peut scratcher dessus.
– **Sky** (prononcer *skaï*) **:** whisky. « Une lampée de sky, ça nettoie les nuages. »
– **Spliff (USA) :** joint de haschich.
– **Tasse/Tassepé (une ; ver.) :** une pétasse, une fille quoi. On serait étonné de voir à quel point les mecs de la banlieue sont prolixes en matière de synonymes pour désigner les jeunes filles.
– **Taxman :** pratiquant assidu de l'emprunt non restitué. Cf. taxer.
– **Tchatche (la) :** la parole, le bagout. Le sport préféré des jeunes de banlieue, grâce auquel ce petit dico est si fourni...
– **Tchave (se la) :** partir, s'enfuir. Synonymes : calter, tracer, fly, se casser...
– **Tej (ver.) :** jeter, dans le sens « larguer ».
– **Téma (ver.) :** mater, regarder. À remarquer qu'on dit « téma » (et non « teuma », même si l'on ne s'adresse qu'à un seul interlocuteur (le verlan se soucie peu des conjugaisons).
– **Teuf (ver.) :** fête, soirée.
– **Tiéquar :** quartier.
– **Tise (la) :** l'alcool.
– **Tiser :** picoler (vient de l'argot « tisaner »).

GÉNÉRALITÉS

– **Trom'/Tromé :** métro.
– **Tuture :** voiture. En banlieue, on ne rechigne pas à emprunter le langage des enfants si nécessaire. Aucune honte à cela, l'essentiel étant de ne pas dire comme les voisins. Synonymes : turve, turvoi, gove, vago, seucai...
– **Uc (le) :** le cul. Dire que tout tourne autour serait approcher de la vérité.
– **User (s') :** se masturber, se branler.
– **Vénère (ver.) :** énerver(é). Un grand classique. Il faudrait une encyclopédie pour illustrer son utilisation en banlieue, tellement il est mis à toutes les sauces. Cf. « avoir la jeura, les abeilles »...
– **Yécou (ver.) :** couille.
– **Yeuf (ver.) :** feuille. Terme exclusivement employé pour désigner une feuille de papier à rouler, élément de matos indispensable à la confection d'un bédo.
– **Z'y ave / Z'y va :** vas-y. Se traduirait plus justement par l'interjection « allez! ».
– **Zarbi (ver.) :** bizarre.
– **Zarma (ar.) :** équivalent de « Ma parole ». À l'origine, ce mot arabe est un adverbe de comparaison, signifiant « comme si ».
– **Zonzon/Zonze :** prison.

LA CULTURE HIP-HOP

Considérée comme un désert culturel dans les années 70, la banlieue parisienne s'approprie au milieu des années 80 un mode d'expression subversif venu des États-Unis : le hip-hop.
– Ce mouvement est né à New York, dans les quartiers de Brooklyn et du Bronx, sous l'impulsion d'un chef de gang repenti, Afrika Bambaataa. Les B. Boys (c'est-à-dire les *Bad Boys,* les méchants garçons) adoptent le Défi, véritable rituel de création artistique. Et les règlements de comptes ne se font plus à l'arme blanche mais par la musique, la danse et la peinture. Ces nouveaux croisés prêchent l'éthique de la Zulu Nation et son idéal de paix, d'amour et de fraternité.
– La rue devient un territoire d'expression créative et le hip-hop, le manifeste des laissés-pour-compte de la société de consommation. Cette nouvelle philosophie est largement diffusée par des médias en quête de nouveautés. Le culte hip-hop trouve très vite de nouveaux adeptes partout dans le monde, notamment là où progressent la pauvreté, l'exclusion, l'échec scolaire et la toxicomanie. C'est ainsi que le mouvement débarque en France fort de sa Trinité : le rap, le break-dance et le graph.

Le rap

« Itch a hip, hop, the hipit, the hipidit, hip, hip, hopit, you don't stop... » Le rap sort des ghettos new-yorkais sur ces allitérations tirées du morceau *Rapper's Delights* des Sugarhill Gang. C'était en 1979. Le premier tube planétaire du genre sera suivi en 1982 par « The Message », chanté par Grandmaster Flash, et « Planet Rock » d'Afrika Bambaataa. Le grand public découvre alors un nouveau genre musical : le rap. Le Master of Ceremony (le MC) improvise des paroles revendicatives, le flow. Dans son ombre le DJ appuie ce discours par une mélodie syncopée.
– Les rappeurs américains débarquent en France dès 1982 pour une série de concerts. Deux Français organisent la tournée : le producteur Jean Karakos et Bernard Zekri, tous deux anciens journalistes à *Actuel.* Tous ceux qui comptent dans le hip-hop de la première heure sont là : Afrika Bambaataa, Futura 2000, Mr Freeze, The Rock Steady Crew... Si la tournée est un échec

commercial, cette rencontre suscite des révélations quasi mystiques chez un public en quête de repères. Tel un messie, Bambaataa encourage ses frères du bitume à propager son message dans leurs propres cités. Avec ce concert déclic, les jeunes de la banlieue parisienne trouvent enfin un moyen d'expression approprié pour faire entendre leur voix. Il suffit d'un micro, d'une platine, de quelques bons morceaux de soul et de funk pour vivre rap, pour penser rap, pour s'exprimer rap.

En 1984, les responsables de TF1, encore chaîne publique, décident de programmer une émission rap. Une première mondiale ! Orchestrée par Sidney, un DJ black découvert par Radio 7, « HIP-HOP » devient un banc d'essai pour rappeurs en herbe. Les cités branchent la télé, la télé allume la banlieue. Sidney, qui a grandi à Saint-Denis, incarne l'espoir pour tous les jeunes de banlieue.

Mais la récupération guette. La pub fait de cette « culture jeune » un nouveau vecteur de consommation. On vend des barils de lessive et des yaourts sur fond de musique rap bon marché : les années fric singent les breakeurs. L'indigestion de paillettes est fatale. Sidney est définitivement zappé.

Toutefois la machine est lancée. Le rap est désormais l'unique raison de vivre d'un noyau d'irréductibles. En banlieue, la résistance hip-hop s'organise avant de retourner à l'assaut de la capitale. Les maquisards du breakbeat entretiennent la flamme du mouvement dans les cités. Le retour sur la scène parisienne passe par un terrain vague, coincé entre les tours de béton et le métro aérien de la station La Chapelle qui devient, en 1986, le rendez-vous des accros du mouvement. En plein Paris, les puissantes enceintes de Dee Nasty font vibrer plusieurs centaines de refoulés du périph' en toute illégalité. « On avait en toile de fond le métro aérien... On se croyait à New York ! », se souvient Dee Nasty, l'organisateur de ces happenings underground.

Chassés du terrain vague de La Chapelle par la police, les fondus du hip-hop emménagent ensuite au cœur de Paname. Plus précisément au 8, bd de Strasbourg, au *Globo*. Cette discothèque, presque à l'abandon, devient le lieu officiel de cette nouvelle contre-culture musicale. L'établissement devient très vite à la mode, et les Parisiens branchés commencent à découvrir ce son original venu de banlieue.

Ces années de galère vont permettre au rap français de s'affranchir du modèle américain. Alors que les premiers rappeurs se contentaient d'imiter leurs grands frères d'outre-Atlantique, peu à peu la tchatche hargneuse et poétique des banlieues va se substituer aux paroles en yaourt.

En 1990, branle-bas de combat dans l'industrie du disque. Une compilation crée la surprise. Son nom : « Rapattitude ». Ses ventes : plus de 100 000 exemplaires. Ce premier disque d'or du rap français réunit des groupes et des artistes issus des villes de Saint-Denis, Vitry, Châtillon, Montreuil. Kool Shen et Joey Starr du groupe NTM, Assassins, New Génération MC de l'école veule de Vitry, Tonton David, les raggamuffers de Saï Saï et DJ Dee Nasty font leur première apparition sur la scène médiatique. Les maisons de disques s'aperçoivent que la culture rock, dominante, ne fait pas l'unanimité de l'autre côté du périphérique. En banlieue, ce sont les musiques black, comme la soul, le funk et le rap qui ont le droit de cité.

L'été suivant, un jeune de Villeneuve-Saint-Georges crée l'événement : MC Solaar sort son premier single, *Bouge de là !*.

Tout a commencé là-bas dans une ville qu'on appelle Maisons-Alfort
Quand je vois une fatma chelou qui fait vibrer son corps
Elle me dit Solaar viens là que je te donne du réconfort
Je lui dis non, c'est gentil mais je ne mange pas de porc
Elle me fait bouge de là...

En quelques mois, MC Solaar atteint le zénith de la célébrité. Le titre, qu'il a réalisé avec son complice d'Aulnay-sous-Bois Jimmy Jay, se vend à plus de 600 000 exemplaires. Le rap étend son influence au-delà des limites des cités de béton. Aseptisé, policé, primesautier, le rap façon Solaar s'incruste dans les beaux quartiers et fait trémousser les bourgeois.

Simultanément, la loi sur les quotas oblige les radios et les télévisions à diffuser au moins 40 % de chanson française. Une décision providentielle qui va donner un coup de pouce aux tchatcheurs des técis. Tour à tour, NTM, Ménélik, Alliance Ethnik, Assassins, Ministère Amer ou Doc Gynéco traversent en héros le boulevard périphérique de Paris, et s'imposent dans le paysage musical français en récoltant disques d'or et autres Victoires de la Musique.

Le rap est enfin reconnu parce qu'il a une valeur marchande. Vu des bureaux parisiens, la voix de la pauvreté apparaît comme une industrie juteuse. Les professionnels découvrent un nouvel Eldorado et veulent avoir leur part du ghetto. Avec des gros moyens on signe rap, on spécule rap, on encaisse rap. L'argent transforme ce moyen d'expression en un véritable secteur économique. Pour la seule année 1996, pas moins d'une cinquantaine d'albums de rap français seront dans les bacs.

Cette profusion de groupes va confirmer l'existence de deux écoles de styles très différents : le rap variété version Solaar et l'underground hardcore tendance NTM (Nique Ta Mère). Deux courants qui apparaîtront au grand jour lors de l'affaire NTM. En 1996, le tribunal correctionnel de Toulon sanctionne les membres du groupe pour une improvisation corrosive du chanteur Joey Starr, prenant pour cible la justice et la police. Une peine de 6 mois de prison dont 3 mois fermes est tout d'abord prononcée, assortie d'une amende de 50 000 F et de l'interdiction pour les artistes d'exercer leur métier sur le sol français pendant 6 mois. La condamnation sera finalement commuée en appel en une amende de plusieurs milliers de francs. Cette sanction est une première en France depuis la loi sur la liberté d'expression de 1881. Des ministres prennent position. Le rap est au cœur du débat médiatico-politique et le mal des cités est propulsé aux premières loges. Les chanteurs du groupe NTM deviennent alors, malgré eux, les porte-parole politiques des jeunes de banlieue.

On le voit aujourd'hui, l'intérêt pour le rap dépasse largement celui du seul public des banlieues parisiennes. Le style a séduit un public plus large, qui se reconnaît dans les chansons des rappeurs. Le rap chante des fables urbaines en phase avec une fin de siècle sans illusions. Mais le plus important est que pour les jeunes des cités, le rap soit devenu l'un des rares champs d'expression, avec peut-être le sport et la danse, permettant de gagner sa vie, d'être reconnu socialement, et donc d'avoir une place sur la terre.

Petit who's who du rap de la banlieue parisienne

Ce petit who's who n'est pas exhaustif. Il montre simplement que la quasi-totalité des stars du rap français sont originaires des cités de la périphérie de Paris. Sans oublier le groupe IAM et ses comparses issus des quartiers nord de la planète Marseille.

– *Bagneux, cité de la Pierre Plate :* Dee Nasty, le pionnier du rap français. Saliah aujourd'hui disparu.

– *Villeneuve-Saint-Georges :* MC Solaar et le Posse 501 (groupe 501), Soon E MC.

– *Saint-Denis, cité Salvador Allende :* Joey Starr et Kool Shen de NTM, le binôme le plus sulfureux de la scène hardcore française. Yazid, l'ancien danseur du groupe, vient aussi de Saint-Denis.

– *Sarcelles – Garge-les-Gonesses :* Ministère Amer, Doc Gynéco, Passi, Stomy Bugsy, Nasser... Tous sont issus du secteur A – un quartier de Sarcelles –, véritable pépinière de talents.

– *Montreuil :* Ménélik.

– *Marne-la-Vallée :* Time Bomb.

– *Mantes-la-Jolie, cité du Val Fourré :* Expression Direkt.

– **Châtillon :** Too Leust.
– **Vitry :** EJM, Idéal J (Vitry-Orly), Timide et Sans Complexes, 113 Clan, Different Teep, Lionel D (le premier à rapper en français), Sulee B...
– **Boulogne-Billancourt :** Les Sages Poètes de la Rue.
– **Creil :** K-mel, le chanteur d'Alliance Ethnik.
– **Aulnay-sous-Bois :** Jimmy Jay.
– **Gentilly :** Sléo.

La danse

À l'image du rap, le break-dance est un défi artistique. Les armes du rappeur, ce sont sa voix et ses mots. Le danseur lutte avec son corps. Comme pour le rap, tout a commencé sur les trottoirs du Bronx. Les danseurs des ghettos s'y affrontaient en improvisant des mouvements sur des rythmes funky. Le rituel du défi est toujours le même : les membres des bandes rivales, le posse, forment un cercle autour de la sacro-sainte chaîne stéréo portable, le Ghetto-Blaster. Quelques cartons disposés sur le sol et la rue se métamorphose en piste de break-dance. Les uns après les autres, les concurrents pénètrent à l'intérieur de ce ring imaginaire. Les breakers relèvent le challenge en enchaînant des figures libres empruntées à la gymnastique et aux arts martiaux.

En France, c'est l'émission « HIP-HOP » (encore elle) qui popularise le break-dance dans toute la banlieue. En direct devant les caméras de télévision, les bandes de cités s'affrontent sur fond de musique rap. Dans le rôle du Maître de Cérémonie, Sidney arbitre les défis « des frères et des sœurs ». Sarcelles contre Brunois, Vitry contre Saint-Denis, Mantes-la-Jolie contre Melun... On se confronte à coup de « passe-passe », de « baguettes » ou de « coupoles ». L'émission a même ses danseurs attitrés comme Solo de la banlieue Sud, Scalp et son compère Franck de Saint-Denis, baptisé « le breaker fou ».

Hors plateau, un morceau de Lino suffit pour faire une piste de répétitions. Dans les parkings des cités, dans les cours de récréation, les cages d'escalier, les parvis de grandes surfaces, devant leur miroir, des milliers d'ados reproduisent les mouvements de danse vus à la télé.

Le week-end, les apprentis danseurs se retrouvent à Paris. Dans les discothèques, après le quart d'heure américain, voici venu le moment des défis où gants blancs et casquettes retournées sont de rigueur. L'esplanade du Trocadéro est intronisée comme le lieu de rendez-vous des acrobates autodidactes du bitume. Sous le regard éberlué des passants et des touristes, les gamins imitent leurs grands frères qui s'inspirent des vidéo-clips américains. Chacun exhibe les déhanchements répétés pendant la semaine, comme le « cheval d'arçon » et autres figures acrobatiques tels le « freeze » ou le « 99 » (voir le lexique).

Lorsque « HIP-HOP » passe à la trappe, le break-dance et ses dérivés vont connaître, comme le rap, leurs années de purgatoire en cité. Boudés et ignorés, il faudra attendre le succès de MC Solaar pour voir apparaître sur le devant de la scène les premières troupes de danse hip-hop.

Aujourd'hui, bénéficiant du retour en force du rap, le break-dance et le smurf sont désormais reconnus comme des formes d'expressions artistiques à part entière. Regroupé sous le terme de street-dance, l'évolution de la danse de rue s'oriente vers le mélange d'une multitude d'écritures chorégraphiques. La danse hip-hop s'inspire de la danse contemporaine, de la capoera (art martial brésilien), du taï-chi-chuan (gymnastique chinoise), des danses indiennes et même de figures inspirées des hiéroglyphes égyptiens.

À force de travail, les enfants du bitume ont gagné leur statut de danseurs professionnels. Les meilleurs ont créé des compagnies de danse comme

Aktuel Force ou Boogie Saï. Des rencontres de danse urbaine, comme celles de la Villette à Paris, rassemblent des dizaines de formations venues de toutes les banlieues de France. Une quarantaine d'écoles de danse enseignent le hip-hop jusqu'au cœur de Paris. Les cours de break ont dorénavant le droit de cité au même titre que le tango, la salsa, la danse africaine, le rock, le jazz. Les enfants des beaux quartiers sont séduits par le hip-hop. Individualiste à ses débuts, le break-dance s'est fait collégial. Improvisé, il s'est chorégraphié.

Petit lexique

Le break s'est enrichi de nouvelles tendances comme le smurf (traduction de « schtroumpf » en anglais, en référence au bonnet de protection porté par les danseurs). Basé sur les articulations des bras et des jambes, la plupart des mouvements sont piochés dans la gestuelle des pantomimes. Comme des pantins désarticulés, les danseurs reproduisent « la vague » (sorte de chaîne humaine sur laquelle un courant électrique imaginaire passerait de bras en bras...) ou la figure du laveur de carreaux inspirée du mime Marceau. Pour la petite histoire, Michael Jackson empruntera même son fameux pas glissé, le « Moon Walker », à Mister Freeze. Ce pionnier de la danse hip-hop est aujourd'hui danseur de cabaret à Las Vegas.

– ***Break-dance :*** dans cette discipline, tous les mouvements sont effectués par le danseur à même le sol. Les participants mesurent leur force et leur technique à coups d'enchaînements tourbillonnants, de pivotage sur les coudes, sur les épaules ou sur le crâne. Le break demande les qualités physiques du gymnaste.
– ***Smurf :*** ensemble de mouvements enchaînés debout, basés sur les mouvements des bras, des mains, de la tête, du tronc, sur les articulations en général. Tout est dans la souplesse des déhanchements.
– ***Hype :*** mélange des genres entre le smurf et le break-dance.
– ***Passe-passe :*** mouvements rapides au sol, ou l'on s'appuie simultanément sur les jambes, les bras, ou les coudes.
– ***Baguette :*** en appui sur la tête, jambes fléchies, le danseur tourne de plus en plus vite en tendant progressivement les jambes. C'est de cette figure que vient le mot smurf, à cause du bonnet du danseur.
– ***Freeze :*** arrêt net de tous les membres du corps, exactement sur le beat musical.
– ***Coupole :*** tour au sol sur le dos.
– ***Cheval d'arçon :*** mouvements au sol, les jambes tendues en appui sur les mains.
– ***99 :*** mouvements au sol en appui sur les genoux.
– ***Moon walker :*** décomposition extrême des pas, mouvement glissé, le danseur est en position debout et se déplace en avant ou en arrière. Le ralenti donne l'impression de marcher sur la lune.

Le graffiti

Le graffiti est le troisième pilier artistique de la culture hip-hop. Avant tout, il faut savoir distinguer le « graph » du « tag ». Le graph est une fresque peinte à la bombe aérosol sur un coin de mur décrépi, une palissade de terrain vague, un pont de chemin de fer. Le trait doit être précis et la calligraphie innovante. Le tag est une signature, la griffe de l'artiste ou de n'importe quel membre du mouvement hip-hop. Le geste du tag est toujours une sensation forte. Le tagueur laisse une trace de son passage en signant son nom de guerre, le nom de sa bande ou un simple symbole au feutre indélébile ou à la bombe.

Mais que ce soit pour un graph imposant ou un simple tag, il faut faire vite et mieux que ses concurrents. Le graffiti façon hip-hop est un défi entre deux artistes, entre membres de bandes rivales, entre le taggeur et l'autorité. À ces joutes calligraphiques s'ajoutent l'excitation et les montées d'adrénaline provoquées par le danger d'être pris sur le fait. Enfin, ces deux techniques présentent l'avantage d'être bon marché : les bombes se trouvent dans n'importe quelle grande surface, et les murs sont gratuits...

Baptisé à l'origine « Graph Art » ou « Subway Art », l'art du graffiti fait son apparition au milieu des années 70, dans les quartiers défavorisés de New York. Il faut attendre la découverte par Andy Warhol d'un peintre originaire d'Haïti, Jean-Michel Basquiat, pour que le graph soit élevé au rang de mouvement artistique à part entière. C'est alors que le petit monde branché de New York s'extasie face aux graffiti des artistes de la rue. Fin 70, les meilleurs grapheurs des quartiers déshérités sentent que le moment est venu de partir à l'assaut des galeries d'art. Ils s'appellent Seen, Blade, Futura 2000, Toxic ou Keith Haring. En 1980, les toutes premières toiles sont exposées dans les galeries underground du Bronx.

Très vite, en France, graphs et tags seront confondus et assimilés à du vandalisme. À Paris, la ligne n° 13 du métro, qui relie la banlieue sud à la banlieue nord en traversant la capitale, devient le premier champ de bataille des taggeurs dès 1986. Les rames et les stations ont tellement subi les assauts des graffiti que Joey Starr, l'un des deux chanteurs de NTM, confiera de manière freudienne avoir « fait l'amour à la ligne 13 ». En face, la RATP ne l'entend pas de cette oreille. La régie dépense entre 500 millions et 800 millions de francs dans sa croisade contre le graffiti. Elle change les serrures, multiplie les rondes, renforce la surveillance des dépôts de rames la nuit, installe des caméras et nettoie toutes les traces de signatures le plus vite possible en espérant décourager les taggeurs... La justice, de son côté, adapte son arsenal répressif à la situation. Actuellement, il existe cinq textes applicables selon l'importance du délit. Les juges distinguent même la différence entre les feutres indélébiles et les feutres lavables... Au mieux, le taggeur pris en flagrant délit devra effacer lui-même ses exploits. Au pire, le multirécidiviste sera accusé de destruction et de dégradation du bien public. Il risque au maximum 300 000 F d'amende et 3 ans d'emprisonnement.

C'est dans ce contexte répressif que les médias découvrent l'art du graffiti au début des années 90. Les premiers mécènes s'appellent Michel Gillet, galeriste underground de son état, ou encore Agnès B. La styliste parisienne ouvre aux artistes sa galerie d'exposition au cœur du quartier des Halles.

La vogue française pour le graffiti atteint son apothéose pendant l'hiver 92. Jack Lang, alors ministre de la Culture, organise l'exposition « Graffiti Art » au Musée national des Monuments français. Cette rétrospective rassemble quelques-unes des meilleures toiles peintes entre 1981 et 1991.

Les artistes français les plus connus comme Jay One, Skki, le groupe La Force Alphabétique, des jeunes de la banlieue de Meaux, exposent aux côtés des pointures américaines. En choisissant un musée où trônent des fresques du XIIIe siècle, Jack Lang veut mettre tout le poids de la République dans la légitimation de ce courant artistique. Mais cette reconnaissance forcée, à l'arrière-goût de récupération politique, va subir une épreuve inattendue...

Pendant l'exposition, les reproductions d'œuvres d'art de la station de métro Louvre sont recouvertes de tags. Dans le même week-end, d'autres stations sont taguées à leur tour. Immédiatement, l'amalgame est fait entre cette provocation et les toiles exposées au musée. La direction de la RATP dénonce ouvertement l'attitude du ministre qui « encourage officiellement d'un côté ce qui est réprimé par la loi de l'autre ». Jack Lang se justifie dans la presse face à une violente levée de boucliers. On arrête les responsables, deux iront même en prison. Cette polémique médiatique signe l'avis d'expulsion du graffiti hors du champ artistique traditionnel.

Aujourd'hui, il reste seulement dix ou quinze collectionneurs dans le monde.

La plupart sont en Hollande et aux États-Unis. À cause de l'inflation artificielle des prix (certaines toiles atteignaient 50 000 F), le manque de créativité de certains artistes, il n'y a plus de marché. Le graffiti est hors cote. Les plus optimistes pensent que les toiles reprendront de la valeur un jour ou l'autre.

Comme pour le rap, le graph a connu une période d'intense récupération et puis... plus rien. Ou presque. Loin des galeries d'art et des circuits de spéculation traditionnels, le graffiti reste vivace sur les murs. Les tags déchirent toujours les façades de Paris. Le graph est retourné dans la rue prendre un grand bol d'adrénaline.

LA MODE BANLIEUE (LES SAPES)

Pour les jeunes des cités, « péta la sape » (en quelque sorte, savoir s'habiller) est essentiel. Car le look est un signe d'appartenance et de reconnaissance sociale au même titre que posséder un travail, un bel appartement ou une voiture. « Si t'as pas la virgule » (symbole d'une grande marque de vêtement de sport), « c'est la honte », peut-on entendre au pied des cages d'escalier. Ainsi n'hésitent-ils pas à mettre 1 500 F dans l'achat d'une grande doudoune ou 800 F dans une paire de baskets.

Fortement imprégnés par la culture et l'esprit hip-hop, les jeunes des cités vont tout d'abord puiser leur inspiration auprès des rappeurs américains. La mode du street-wear a débarqué en France avec le hip-hop au début des années 80. Se reconnaissant dans cette culture de rue, la banlieue est la première à adopter ce style vestimentaire. Aux États-Unis, le street-wear a d'abord eu une fonction utilitaire, avant même d'être codifié comme un look à part entière. Les jeunes des ghettos cherchaient des sapes solides et confortables pour affronter le bitume. C'est pourquoi ils ont d'abord puisé dans la large gamme des vêtements de travail ou de sport. Mais si outre-Atlantique les marques sont bon marché, chez nous elles sont taxées un maximum. Il faut du fric, en France, pour s'habiller street-wear : près de 3 000 F pour la tenue complète, casquette et pantalon baggy compris ! Adaptant ce style aux réalités hexagonales, les jeunes des cités se sont d'abord inspirés des équipes de foot ou des joueurs de tennis. Casquettes vissées sur le crâne, ils s'habillent en total look Sergio Tachini ou en survêt' Adidas, haut et bas assortis. Puis, au gré de la mode et du matraquage publicitaire, ils adoptent les nouvelles grandes marques « made in U.S.A. » : Reebook et Nike.

Au fil des années, le street-wear gagne les beaux quartiers. Baskets aux pieds, Auteuil-Neuilly-Passy se sape rap. Les créateurs s'en inspirent pour leurs collections. Jean-Paul Gaultier, par exemple, reprend avec succès l'idée du baggy. Yoji Yamamoto fait défiler ses mannequins avec des baskets délacées... Aujourd'hui décrété très tendance par les magazines, le street-wear est épinglé en vitrine des grands magasins. Les industriels du textile créent même des marques spécialisées.

Mais si la banlieue impose sa griffe, elle n'en tire que très peu de bénéfices. Si, aux États-Unis, des groupes de rap comme Busty Rhyme ou le groupe Wu Tang Clan lancent leurs propres collections, en France le marché reste monopolisé par les caciques de la mode.

Las de voir les cités pillées sans être reconnues, certains créateurs de banlieue commencent à s'organiser. Ainsi à Saint-Denis, l'association « Créateurs actifs » vient de créer une ligne de vêtements baptisée « ligne D », du nom du RER, et fait travailler des jeunes stylistes issus de la ville. Dans d'autres villes de banlieue, la résistance intellectuelle commence à s'organiser. Un retour à la case départ qui n'est que justice.

S'il est difficile de définir précisément les lignes du street-wear, deux tendances se dégagent et s'entrecroisent au gré de la mode : la old-school et la new-school.

La old-school : les années survet'

Les années 80 connaissent le boom du sport wear tendance Parc des Princes ou Roland Garros. La mode est aux survêtements Sergio Tachini – turquoise, marine ou rouge – ou Adidas. Ils se portent complets, haut et bas assortis. C'est également l'époque de la déferlante Lacoste avec le jogging, blanc de préférence,et surtout le polo dans toutes ses couleurs. Les pieds se chaussent de Stan Smith ou de Nastase. Et la casquette Yankees se visse sur la tête, visière à l'envers, sans oublierle gant blanc à la Bootsi Colins, indispensable à tout bon smurfeur.

Avec l'arrivée de la vague rap en provenance de la côte Ouest des États-Unis, l'uniforme se fait plus clinquant. Les accessoires se multiplient : Name Ring (bague avec son nom ou son pseudo), grosses chaînes en or, ceintures gravées... Le rappeurLL Cool J impose le bob Kangol, enfoncé sur les oreilles.

La new-school : les années XXL

Début des années 90, la mode de l'*East coast* arrive en force. Les rappeurs puisent dans la large gamme des vêtements de travail, chauds et confortables. Le bas de survet' est relégué au placard. On porte désormais des Baggy. Cette mode du pantalon ultra-large porté très bas sur les hanches est née dans les prisons américaines. Les délinquants à qui on refusait le port de la ceinture pour des raisons de sécurité se retrouvaient avec l'entrejambe au niveau des genoux. De nouveau à l'air libre, les Bad Boys imposent cette mode dans la rue. Pour le reste : sweat à capuche XXL, grosses baskets (Nike, Reebok, Fila,ou les plus féminines No Name) ou chaussures de chantier (Caterpillar, Timberland). Même à l'approche de l'été, il est de bon ton d'enfiler des doudounes énormes et des grands coupe-vent, piqués par les rappeurs new-yorkais – frimas de l'hiver oblige – aux skippers suédois (Helly Hansen ou South Pole). La new-school se porte ultra-large. Quant au bonnet, par pluie comme par grande canicule, on le garde sur le crâne.

LES JARDINS OUVRIERS

L'idée des jardins ouvriers naît à la fin du XIXᵉ siécle. C'est l'abbé Lemire qui formalise le mouvement en 1896, en créant la ligue française du Coin de Terre et du Foyer, reconnue d'utilité publique en 1909. Dans sa charte, quelques points tout à fait explicites sur les buts de la ligue. Elle donne au travailleur :

« – une occupation saine des loisirs que lui laisse la journée de huit heures (le jardin tue l'alcoolisme).

– un moyen de combattre la vie chère : un jardin de 200 m² peut rapporter en légumes frais le montant de son loyer.

– une occupation : la possibilité de passer ses heures de repos en famille. Le jardin et son complément, la tonnelle, sont la maison de campagne de l'ouvrier. »

Bien sûr, chez Lemire et ses épigones, il y a aussi l'arrière-pensée qu'en plantant des salades, non seulement l'ouvrier ne fréquentera pas les bistrots, mais aussi les cercles et meetings politiques ! Pour ne pas rester en reste, les partis de gauche créent également des jardins ouvriers dans certaines municipalités qu'ils dirigent. De riches philantropes prêtent aussi des terrains aux familles modestes et méritantes pour produire leurs légumes.

À la veille de la Seconde Guerre mondiale, on les évalue à plus de 600 000 dans toute la France. Après guerre, le désintérêt de nombreuses communes, mais surtout la spéculation immobilière en font disparaître beaucoup. Telle parcelle coincée entre canal et chemin de fer, acquiert tout à coup une précieuse valeur pour les promoteurs sans foi ni loi (un pléonasme?). Aujourd'hui, il n'en resterait qu'à peine 150 000. Dommage, ces jardins au joyeux désordre libertaire, avec leurs cabanes de guingois et leurs sentiers tortueux et bucoliques, apportent une réelle humanité à des quartiers, à des coins qui seraient sans eux bien sinistres. Cependant, un courant visant à leur donner un nouvel élan semble se dessiner à nouveau. Certaines municipalités de la banlieue parisienne, pas mal de villes de province avancent une politique dynamique pour les préserver, voire en créer d'autres. Évidemment, un autre danger, c'est l'institutionnalisation : certains jardins, rebaptisés « familiaux », sont *clean* à l'excès, tirés au cordeau, avec le même modèle de maisonnettes pour tous et des allées en gravier bien propres et crissantes. Trêve d'exégèse, le rôle de ces jardins sur le moral et la santé n'est plus cependant à démontrer. Ils permettent à nombre de retraités de rester actifs, d'échapper à leur milieu, au bruit, etc. Ils leur évitent de broyer du noir et permettent de relayer de façon dynamique tant d'années de dur labeur... Enfin, de plus en plus de classes d'écoles les visitent pour découvrir les cycles de la nature, la grande variété de ce qu'elle produit et la valeur du travail de la terre.

LES MUSÉES DE BANLIEUE

Oui, il existe des musées en banlieue ! Après Paris, les régions Rhône-Alpes et Provence–Alpes–Côte-d'Azur, l'Île-de-France (hors capitale) se place même en quatrième position en termes « d'offre muséale », comme disent les spécialistes.

Comme partout ailleurs, c'est la décentralisation de 1982 qui a donné aux maires, conseillers généraux et régionaux le rôle de mécènes, en faisant passer l'argent de la Culture entre leurs mains. Les villes de banlieue n'ont pas échappé au phénomène. Résultat, une grande partie du patrimoine jusque-là oublié par le tout puissant ministère de la Culture a pu être remis en valeur. Châteaux, églises et autres monuments historiques ont repris alors un coup de jeune, pour le plus grand bonheur des amateurs de vieilles pierres. Le musée d'Art et d'Histoire de la basilique Saint-Denis est le plus bel exemple de ce dépoussiérage. Sauvé *in extremis* de la destruction en 1972, restauré dans les années 80, ses différentes collections, embrassant plusieurs périodes de notre histoire, attirent chaque année plus de 20 000 visiteurs. L'autre conséquence de la décentralisation est la création d'une multitude de musées à thème par les communes dépourvues de monuments historiques. C'est ainsi que l'on a vu naître le musée de l'Histoire vivante à Montreuil, celui de la Résistance nationale à Champigny ou encore celui de la Carte à jouer à Issy-les-Moulineaux...

FILMOGRAPHIE DE BANLIEUE

– *La belle équipe* (1936) : de Julien Duvivier, avec Jean Gabin (Jean), Viviane Romance (Gina) et Charles Vanel (Charles). Un groupe d'ouvriers au chômage et un réfugié espagnol gagnent à la loterie. Ils transforment une maison en guinguette sur les bords de la Marne. Mais, avant l'ouverture, l'un des compagnons s'en va par amour, un autre fait une chute mortelle et la belle Gina sème la zizanie entre Jean et Charles... Amour et amitié sur fond de Front Populaire, sur les bords de la Marne, dans ce classique du cinéma français.

– *Casque d'or* (1952) : de Jacques Becker, avec Simone Signoret (Marie), Serge Reggiani (Manda), Claude Dauphin (Leca) et Raymond Bussière (Raymond). Dans une guinguette de Joinville avant la Première Guerre mondiale, Manda, un ancien truand reconverti en charpentier, tombe amoureux de Marie, une magnifique prostituée qu'un vieux « collègue » (Raymond) lui présente. Mais Marie est déjà « en main » avec un des membres de la bande de malfrats que dirige Leca. Ce dernier, également amoureux de Marie, provoque un duel entre Manda et le julot de Marie. Manda tue le souteneur et se cache dans la campagne de Joinville avec Marie. Mais Leca, jaloux, fait accuser Raymond à la place de Manda pour le faire sortir de sa planque... Un drame superbe entre Paris, la périphérie et les bords de la Marne, ceux-ci étant toujours source de bonheur pour les deux protagonistes alors que la capitale ne leur offre qu'un destin funeste. Un chef-d'œuvre.

– *Mon oncle* (1956-58) : de Jacques Tati, avec Jacques Tati (M. Hulot). Les déboires d'un inadapté social face au monde moderne, représenté par sa sœur et son beau-frère, tous deux fiers propriétaires d'un pavillon ultra-moderne de banlieue. Élevant leur unique enfant presque comme un petit caniche, celui-ci se lie de plus en plus à son oncle, dont le cœur et l'imagination fonctionnent bien mieux que les gadgets de la villa de ses parents... Un classique.

– *Elle court, elle court la banlieue* (1973) : de Gérard Pirès, avec Jacques Higelin (Bernard), Marthe Keller (Marlène), Victor Lanoux (Georges). Un couple, Bernard et Marlène, s'installe en banlieue. Mais leurs horaires les obligent à se croiser, les temps de transport sont interminables et le couple se fissure peu à peu... Jusqu'à ce que Bernard trouve enfin un appartement à Paris. La première vraie comédie sur la banlieue, avec une belle brochette d'acteurs, dont Coluche, Miou-Miou, Claude Piéplu...

– *Série noire* (1979) : de Alain Corneau, avec Patrick Dewaere (Frank Poupart), Myriam Boyer (Jeanne) et Marie Trintignant (Mona). Tourné notamment à Saint-Maur et à Créteil, ce film d'un glauque absolu retrace le parcours hallucinant et fantômatique d'un vendeur à domicile (Franck), marié à une femme tout aussi égarée que lui, et qui essaie de sauver une jeune fille des griffes d'une tante-maquerelle, en essayant de se sauver lui-même par la même occasion... Un univers de banlieue totalement noir et désespérant et une œuvre marquante.

– *Buffet froid* (1979) : de Bertrand Blier, avec Gérard Depardieu, Bernard Blier, Jean Carmet, Michel Serrault et Carole Bouquet. Le même type d'angoisse que le film précédent mais retournée comme un gant dans l'univers absurde ! Situé dans le quartier de La Défense à côté de Paris, ce film se présente à la fois comme un mauvais cauchemar de tous les personnages et comme une satire de l'univers infernal des tours de banlieue, propice à la peur et à la suspicion. Un must de drôlerie et d'angoisses réunies, par un réalisateur qui a déjà brillé par sa vision moderne des cités.

– *Nous irons tous au paradis* (1977) : de Yves Robert, avec Jean Rochefort, Claude Brasseur, Guy Bedos et Victor Lanoux. Un groupe de copains achète une maison de campagne près d'un grand aéroport parisien. Sans le savoir... Pour la scène où les quatre compères disputent une partie de tennis avec des casques sous les avions qui décollent !

– *Les Nuits de la pleine lune* (1984) : d'Éric Rohmer, avec Pascale Ogier (Louise), Tcheky Karyo (Rémi) et Fabrice Lucchini (Octave). Louise se sent bien avec Rémi, dans leur logement tout neuf de Marne-la-Vallée, une ville nouvelle autour de Paris. Mais elle ne peut se passer de la vie parisienne et de la fantaisie de son ami Octave. Elle finit même par louer un studio dans la capitale sans pour autant quitter Rémi... La complexité du mode de vie des années 80 et 90 et des nouveaux rapports Parie-banlieue vus par un réalisateur quasiment ethnologue. Très moderne.

– *De Bruit et de fureur* (1987) : de Jean-Claude Brisseau, avec Bruno Cremer, Vincent Gasperitsch, François Negret et Fabienne Babe. La vie de deux gamins d'une cité, tous livrés à eux-mêmes... Un univers désespérant et morbide qui finit par devenir onirique.

– *États des lieux* (1994) : de Jean-François Richet, avec Patrick Dell'Isola.

Un homme révolté par la société prône la révolution tout au long de son itinéraire quotidien dans la cité : au travail, chez lui, dans sa famille, avec ses amis... Ne pas manquer la scène corsée avec les deux policiers ! Vision originale et engagée, entrecoupée de séquences de rap violemment révolutionnaire, ce film a été tourné en noir et blanc avec très peu de moyens et va à contre-courant d'un film plus « esthétique » comme *La Haine*, tout en dénonçant le même malaise.

— *La Haine* (1995) : film en noir et blanc de Mathieu Kassovitz, avec Vincent Cassel, Hubert Koundé et Said Taghmaoui. L'itinéraire heure par heure d'un blanc, d'un black et d'un beur, dans une cité au bord de l'explosion après qu'un policier ait abattu un jeune. Le problème, c'est que l'un des trois compères a récupéré l'arme du policier... le film qui a recemment provoqué un choc sur le « mal des banlieues ».

PETITE BIBLIO DE LA BANLIEUE

— *Rap ta France :* de Philippe Pierre-Adolphe et José-Louis Bocquet. Éditions Flammarion. L'histoire et l'émergence du hip-hop dans les banlieues françaises au travers des témoignages de ses acteurs. De Dee Nasty à NTM.

— *Rapologie :* sous la direction de P. Pierre-Adolphe et J.-L. Bocquet, la première anthologie de textes rap en français. Éditions Mille et Une Nuits. Raggasonic, NTM, IAM, Ministère Amer et la crème du hip-hop français racontent la vie de l'autre côté du périf.

— *Banlieue Rouge :* éditions Autrement. Ce numéro de la revue *Autrement* présente analyses et documents sur la ceinture rouge des années 1920 à 1960. Vie ouvrière et luttes sociales.

— *La Banlieue de Paris :* texte de Blaise Cendrars et photos de Robert Doisneau. Éditions Denoël. Un état des lieux à l'aube des années 50.

— *Des Fortifs au périf :* de Jean-Louis Cohen et André Lortie. Éditions Picard/L'Arsenal. Les seuils de la capitale : de la « zone » aux « échangeurs ».

— *Logement social dans les Hauts-de-Seine :* un siècle d'architecture collective en banlieue. Éditions Topos.

— *Cœur de banlieue :* de David Lepoutre. Éditions Odile Jacob. Codes, rites et langages de la banlieue par un universitaire qui vécut deux ans aux 4 000 de la Courneuve. C'est très pointu, vraiment tonique, parfois drôle. Une plongée passionnante dans la planète jeune et ado de Seine-Saint-Denis.

— *Le Dico de la banlieue :* de Philippe Pierre-Adolphe, Max Mamoud et Georges-Olivier Tzanos. Éditions Mille et Une Nuits. D'Asmeuk à Zarma : le premier précis de linguistique banlieusarde. Postface d'Henriette Walter.

— *Jours tranquilles à Clichy :* l'Américain Henri Miller se souvient de l'entre-deux-guerres en banlieue parisienne.

— *Nadine Mouque :* éditions Gallimard. Hervé Prudon, le plus poète des écrivains de la cité, fait entrer la banlieue en Série Noire.

— *Zarmageddon :* éditions Baleine. Huis-clos dans une tour de dix-huit étages. José-Louis Bocquet joue avec Le Poulpe, personnage créé par Jean-Baptiste Pouy.

— *Éditions Flohic :* un travail de recensement exceptionnel des trésors archéologiques, églises médiévales et leur mobilier, ainsi que des plus beaux exemples d'architecture contemporaine du Val-de-Marne, des Hauts-de-Seine et de la Seine-Saint-Denis.

– **Almanach Banlieue Actuel :** date de 1984 est presque devenu un incunable. Si vous le trouvez chez un bouquiniste ou aux puces, achetez-le sans hésiter. Même si la majorité des infos pratiques et nombre de choses décrites se révèlent aujourd'hui largement erronées, cet almanach reste la première approche vraiment vivante de la banlieue, la première tentative de démontrer sa richesse culturelle, architecturale, humaine, etc. Bien sûr, il faut oublier le côté un peu branché et sensationnaliste du style propre à *Actuel*, pour n'en conserver que le beau travail de recherche et d'analyse des phénomènes de banlieue. Ce fut à sa manière, à l'époque, un sacré hommage à cette culture « outre-boulevard des Maréchaux » !

LA SEINE-SAINT-DENIS

Créé en 1964, comme les autres départements à partir de l'ex-Seine et l'ex-Seine-et-Oise, la Seine-Saint-Denis est encore aujourd'hui le symbole de la banlieue rouge (le parti communiste y dispose toujours de la majorité absolue). Avec les Hauts-de-Seine, c'est l'un des plus petits départements français, mais aussi l'un des plus peuplés (7e rang français). Contrairement aux autres, il n'a pu se forger une identité à partir de l'histoire, de prestigieux monuments ou tout simplement à partir de la Marne ou de la Seine (elles se contentent de frôler le département ou d'y faire un passage éclair). Aussi, c'est à partir d'images, de métaphores, de clichés seulement qu'on l'évoque. Pourtant, la Seine-Saint-Denis possède le plus grand aéroport de France, deux universités, des centres de recherche très pointus, des industries performantes et une riche vie culturelle. Mais ce n'est pas ça qu'on retient d'elle. Ce qui vient plutôt à l'esprit des gens, ce sont des images de pauvreté, de violence urbaine, de chômage, d'échec scolaire, de jeunesse sans perspective... Mais au fond, ça ne fait que rejoindre le long cortège des frayeurs d'antan, lorsque la forêt de Bondy était un véritable coupe-gorge, que les crimes de Pantin faisaient la une des médias ou que les chanteurs populaires chantaient les pauvres enfants d'Aubervilliers. Jusqu'à Victor Hugo qui situa la maison des ignobles Thénardier à Montfermeil. Et ce n'est pas la longue et tenace mobilisation des lycéens et des enseignants de Seine-Saint-Denis contre l'extrême dégradation de leurs conditions d'études, qui infirmera cette tendance.

Y'a de quoi l'avoir mauvaise !

Disons-le tout net, c'est le département qui semble concentrer aujourd'hui tous les problèmes, toutes les contradictions de la société française, sur fond de dramatique désindustrialisation. Sa naissance ne fut pas placée, d'ailleurs, sous les meilleurs auspices. Alors que les autres départements furent constitués à partir de savants dosages politiques, d'ingénieuses combinaisons visant à noyer les communes rouges dans des océans de communes de droite, la Seine-Saint-Denis fut délibérément considérée par de Gaulle comme une terre perdue, une espèce de réserve d'Indiens, un département inévitablement abandonné au parti communiste. La suite, on la connaît. Le département fut le plus oublié par l'État : moins de services publics, moins de bureaux de poste, de commissariats, etc. Moins d'argent pour créer et entretenir les lycées, d'où la colère actuelle ! Comment ne pas se sentir amer à Bobigny, lorsqu'il a fallu trente ans de lutte pour obtenir la couverture partielle de l'abominable A86 qui balafre la ville. Pendant ce temps, dans les riches et respectables banlieues de l'ouest, elle est, le plus souvent, systématiquement couverte quand elle n'est pas tout simplement enterrée ou creusée comme à Rueil-Malmaison (oh, le vilain jaloux !). À propos, les habitants de La Plaine-Saint-Denis durent attendre la construction du Grand Stade pour voir couvrir les premiers kilomètres de l'autoroute A1 !

Et puis, si la Seine-Saint-Denis, c'était aussi autre chose ?

L'extraordinaire mobilisation du département sur la question scolaire ne démontre-t-elle pas qu'au fond, son identité se fonde avant tout dans la mise en mouvement de ses citoyens, dans cette solidarité dans la lutte ? Qu'un sentiment d'appartenance se construit quand on fait quelque chose ensemble, quand on se bat ensemble ? Et que ça vient rejoindre le combat quotidien de fourmis des milliers de travailleurs sociaux qui se dépensent sans compter avec des bouts de ficelle. Associé avec le formidable boulot des petites instit' de banlieue, d'Auber et d'ailleurs... avec celui du bon docteur Didier des Franc-Moisins, avec celui des écrivains animant les ateliers d'écriture, révélateurs de tant de talents insoupçonnés parmi les damnés de la terre... Certes, certes, ce langage pourrait s'appliquer à toutes les banlieues de France et de Navarre (qu'est-ce qu'on a toujours à citer la Navarre !), mais ici, en Seine-Saint-Denis, ça prend nécessairement une résonance particulière, ça recouvre des aspects plus profonds.

Et puis, trève de misérabilisme, en plus de ses hommes et femmes nombreux à être fiers d'y vivre, ce département possède tant d'autres choses à offrir. Il y a longtemps que les intellos parisiens viennent se régaler aux programmations des théâtres de Bobigny, de Saint-Denis ou d'Aubervilliers, que les mômes se précipitent au salon du Livre pour la Jeunesse de Montreuil (le plus important de France) et que les vrais touristes connaissent déjà les beautés fascinantes de la basilique Saint-Denis. Allez, même si vous n'êtes pas cocos, venez à La Courneuve à la mi-septembre, pour la plus grande fête populaire du pays. Venez aussi apprécier le travail d'architectes qui ont travaillé en banlieue et qui n'ont pas nécessairement pris les prolos pour des lapins (comme Renée Gailhoustet à Aubervilliers). Enfin, envie de chlorophylle ou de vous dégourdir les gambettes, l'ancien chemin de halage du canal de l'Ourcq vous attend. Ou bien, avant qu'ils ne disparaissent sous les bulldozers de promoteurs avides, allez vous balader entre les murs à pêches de Montreuil. On est ailleurs. On n'est pas loin aussi de la convivialité des habitants et des cafés du vieux quartier des Coutures à Bagnolet... Vous voyez comme les choses s'articulent simplement et gentiment en Seine-Saint-Denis...

Carte d'identité

– *Préfecture :* Bobigny.
– *Sous-préfectures :* Saint-Denis et Le Raincy.
– *Population :* 1 400 000 habitants.
– *Superficie :* 236 km^2.
– *Autres chiffres indispensables :* 40 communes, 13 circonscriptions législatives, 54 vaches et 260 000 poules.
– *Point culminant :* 130 m à Montfermeil, dans le massif de l'Aulnaye.
– *Climat :* 1 668 heures de soleil et 161 jours de pluie par an.

Adresse utile

🏠 *Comité départemental du tourisme :* 17, av. Karl-Marx, 93000 Bobigny. ☎ 01-41-60-06-03. Fax : 01-41-60-14-69. Tout nouveau, tout beau, et une excellente doc sur les richesses et toutes les possibilités du département.

Manifestation culturelle

– *Banlieues Bleues :* du 9 mars au 16 avril 1999. Festival de jazz réparti sur toute la Seine-Saint-Denis (16 villes). Un programme dense où l'on retrouve

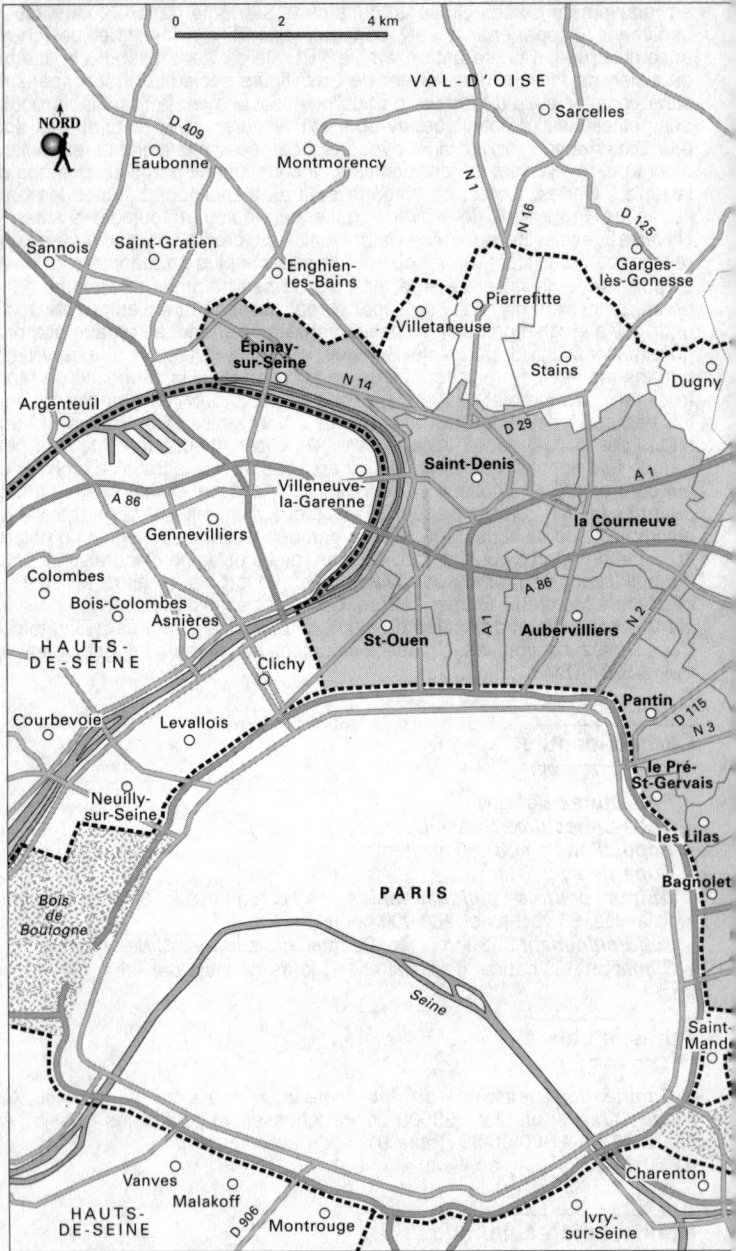

0   2   4 km

NORD

VAL-D'OISE

Sarcelles

D 409

Eaubonne

Montmorency

N 1

N 16

D 125

Sannois

Saint-Gratien

Enghien-les-Bains

Pierrefitte

Garges-lès-Gonesse

Villetaneuse

Épinay-sur-Seine

N 14

Stains

Dugny

Argenteuil

D 29

Saint-Denis

A 1

Villeneuve-la-Garenne

la Courneuve

A 86

Gennevilliers

Colombes

Bois-Colombes

Asnières

A 86

A 1

N 2

HAUTS-DE-SEINE

Clichy

St-Ouen

Aubervilliers

Courbevoie

Levallois

Pantin

D 115

N 3

le Pré-St-Gervais

Neuilly-sur-Seine

les Lilas

Bois
de
Boulogne

Bagnolet

PARIS

Seine

Saint-Mandé

Vanves

Malakoff

Charenton

HAUTS-DE-SEINE

D 906

Montrouge

Ivry-sur-Seine

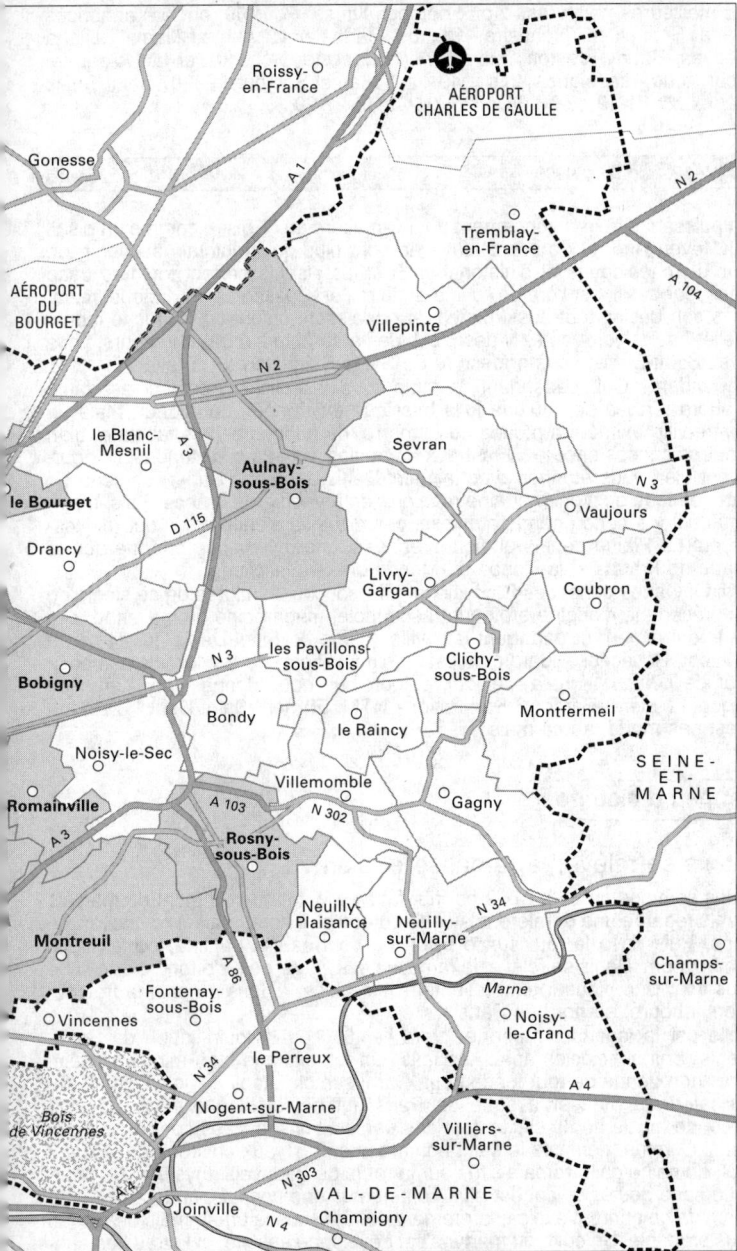

LA SEINE-SAINT-DENIS

Roissy-en-France

AÉROPORT CHARLES DE GAULLE

Gonesse

A 1

N 2

Tremblay-en-France

AÉROPORT DU BOURGET

A 104

N 2

Villepinte

le Blanc-Mesnil

A 3

Aulnay-sous-Bois

Sevran

N 3

Vaujours

le Bourget

D 115

Drancy

Livry-Gargan

Coubron

N 3

les Pavillons-sous-Bois

Clichy-sous-Bois

Bobigny

Bondy

le Raincy

Montfermeil

Noisy-le-Sec

SEINE-ET-MARNE

Romainville

A 103

N 302

Villemomble

Gagny

A 3

Rosny-sous-Bois

Neuilly-Plaisance

Neuilly-sur-Marne

N 34

Montreuil

A 86

Champs-sur-Marne

Fontenay-sous-Bois

Marne

Vincennes

Noisy-le-Grand

le Perreux

N 34

A 4

Bois de Vincennes

Nogent-sur-Marne

Villiers-sur-Marne

A 4

N 303

VAL-DE-MARNE

Joinville

N 4

Champigny

LA SEINE-SAINT-DENIS

les meilleures pointures, à prix démocratiques. Pour 99, ont été annoncés Maria Schneider Orchestra, Claude Barthélémy, Ahmad Jamal, Diana Reeves, Randy Weston Quartet, Alvin Baptiste Orchestra et tant d'autres. Pour tous renseignements : 49, bd Marcel-Sembat, 93207 Saint-Denis Cedex. ☎ 01-42-43-56-66. Fax : 01-42-43-21-90.

SAINT-DENIS (93200)   91 000 habitants

La puissance et le rayonnement du « Cimetière aux Rois », comme on disait au Moyen Âge, et de son abbaye ne sont plus qu'un lointain souvenir, un truc d'archéologues et d'historiens. Et si les gisants portent toujours beau dans leur basilique, l'ère de l'usine et du rail est passée par là, furieusement. Puis son déclin, tout aussi radical et ne laissant qu'une vaste friche industrielle, *La Plaine*. Ajoutez-y des HLM, des autoroutes et des chômeurs, vous avez Saint-Denis, sous-préfecture de Seine-Saint-Denis. Le rêve.
Cependant ! Oui, cependant, comme tous les clichés, celui-ci est faux. D'abord il n'y a pas qu'une jolie basilique environnée de laideur, mais un centre-ville animé, un musée du tonnerre, de bonnes petites tables et bien d'autres choses encore. Quant aux archéologues et aux historiens, ils pourraient bien vous étonner avec le Saint-Denis de l'abbé Suger, berceau de l'art gothique et, d'une certaine manière, du royaume de France. Puis, maintenant, il y a cette énergie nouvelle, ces dizaines d'entreprises qui réinvestissent La Plaine depuis quelques années, une dynamique énorme que le Stade de France et la Coupe du Monde ont démultipliée.
Enfin il y a les gens, ces Dionysiens pure souche, immigrés de ce siècle ou du précédent, d'origine bretonne, espagnole, maghrébine ou malienne, ces gens qui aiment et partagent leur ville : l'âme de Saint-Denis qui vit naître Poulbot, Ravachol, Éluard et (c'est un signe) Pierre de Geyter – le compositeur de *L'Internationale* – et qui, aujourd'hui, nous donne Mory Kante ou Nique Ta Mère. Pardon ? Bon, disons NTM. Eh non, Saint-Denis la Rouge n'est pas morte, ah ça mais !

Un peu d'histoire

Denis se relève, la ramasse et s'en va

Nous sommes en 250. De la colline, future Montmartre (le mont du martyr), Denis regarde une dernière fois cette Lutèce qu'il aura, malgré tout, évangélisée. Puis pose la tête sur le billot. Le bourreau la tranche, schlak ! Elle tombe, pom. Denis se relève, la ramasse et s'en va, puis s'effondre une lieue plus loin. Une pieuse femme l'enterra sur place, « dans un champ fraîchement labouré, au nord de Paris ».
Telle est la légende, rapportée vers l'an 850 par Hilduin, abbé de Saint-Denis. Soit six siècles après les faits. Un témoignage bien mince, Hilduin, mais non dénué de tout fondement. Car il semble établi qu'un Denis, évangélisateur et premier évêque de Paris, fut bel et bien exécuté dans la seconde moitié du IIIe siècle, lors des persécutions lancées contre les chrétiens. Comment ensuite le saint homme atterrit ici, aux environs de *Catoliacus*, domaine gallo-romain situé sur la route de Beauvais, mystère. En charrette sans doute, ce qui est plus commun qu'une *céphalophorie ambulante* (nom de ce genre d'exploit, la promenade tête sous le bras), mais beaucoup plus probable. Un culte du martyr s'est développé ensuite, et la tradition attribue à Geneviève, sainte patronne de Paris, l'édification d'un premier sanctuaire vers 480, sur sa tombe on suppose. Cette chapelle sera le noyau des églises successives, et de Saint-Denis.

Découvrez l'Ile-de-France, partez en randonnée !

Circuit de Cosette à Montfermeil (93)

4h • 12km

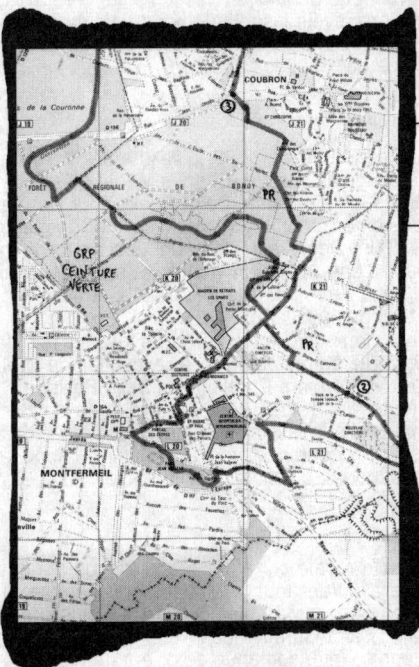

- **Situation :**
  Coubron, Clichy-sous-Bois, Montfermeil.

- **Départ et Arrivée :**
  Aqueduc de la Dhuis

La Région Ile-de-France protège, met en valeur et ouvre au public de nombreux espaces verts et sentiers randonnée :
plus 5 000 km de sentiers balisés et 700 km de pistes cyclables vous attendent.

Pour en savoir plus sur les autres randonnées dans le département de Seine-Saint-Denis reportez-vous au Topoguide "La Ceinture Verte d'Ile-de-France" Réf. 100 de la Fédération Française de la Randonnée Pédestre (FFRP) et à l'Agence des Espaces Verts de la région Ile-de-France.

- **Balisage**
  1 à 2 Ceinture verte
  2 à 3 PR de Cosette
  3 à 1 GR 14 A

EN CHEMIN :
- Musée du travail
- Le parc Jean-Valjean et sa fontaine
- Le moulin de Montfermeil

Pour tous renseignements :

Tél. F F R P :
01 44 89 93 93
et www.cr.ile-de-france.fr

REGION ILE-DE-FRANCE

Des tombeaux par milliers

La notoriété de Saint-Denis déborde alors largement la région; dès le haut Moyen Âge, le site est une étape religieuse majeure en Europe, et le grand pèlerinage de la France du Nord. En même temps, le cimetière accueille de plus en plus de monde : la proximité des saints et de leurs reliques facilitait l'entrée au paradis. Très tôt, vers 485, un premier personnage royal y est enterré : la reine Arégonde, belle-fille de Clovis, dont on a retrouvé le tombeau superbe dans les années 70. Mais la nécropole, royale sans doute, sera d'abord et surtout extrêmement populaire : les chantiers entrepris après-guerre dans le centre-ville ont révélé jusqu'à deux ou trois strates de sépultures, et on estime qu'il s'agit de l'une des plus importantes nécropoles chrétiennes médiévales, avec plus de 10 000 tombeaux !

« Le roi est mort, vive le roi ! »

Mais c'est avec Dagobert, qui y est enterré en 639, qu'elle entre vraiment dans l'Histoire. Les premiers Carolingiens ensuite (Charles Martel puis Pépin le Bref, qui fut sacré ici) choisissent eux aussi Saint-Denis pour dernier séjour, établissant la tradition des enterrements royaux. Avec les Capétiens, la tradition devient nécessité. Saint-Denis est alors un des hauts lieux monarchiques, troisième élément d'une trilogie immuable et sacrée : le roi « naît » à Reims, lors du sacre, vit à Paris (ou ailleurs : Saint-Germain, Vincennes, Fontainebleau, etc.) et repose à Saint-Denis.

Et c'est ici que retentit « Le roi est mort! Vive le roi! », ici que tous les rois de France, de Pépin le Bref à Louis XVIII, seront enterrés, à l'exception de quelques originaux (Charlemagne et les derniers Carolingiens, puis Philippe Ier, Louis VII et Louis XI), ici que toutes les reines de France, d'Anne de Bretagne à Marie de Médicis, seront couronnées, ici enfin qu'étaient conservés les *regalia,* symboles de la royauté (couronne, main de Justice, épée et sceptre de cérémonie, qu'on transportait à Reims pour le sacre).

L'âge d'or médiéval

À cette haute fonction de nécropole royale correspond une longue période faste pour l'abbaye, qui rayonnera durant tout le Moyen Âge. Fondée au VIIe siècle et dotée d'importants privilèges, c'est bientôt l'une des plus importantes du royaume, rivalisant avec Saint-Germain-des-Prés. En 775, l'église dite « de Charlemagne », resplendissante, soutenue de piliers de marbre et richement décorée, est consacrée. L'influence spirituelle et politique de Saint-Denis ne fait alors que croître, pour atteindre son apogée aux XIIe et XIIIe siècles : l'abbé Suger, conseiller du roi, élève alors son église gothique, lumineuse, les moines écrivent les *Grandes Chroniques de France,* premier ouvrage officiel rédigé en français, et le tombeau de Saint Louis est « le plus beau du monde »... Le bourg, fortifié, se développe; il comptera jusqu'à 7 églises en plus et autour de la basilique. Et, dans La Plaine, la grande foire du Lendit – dont témoigne, aujourd'hui, une *rue du Landy* – attire chaque année des marchands venus de l'Europe entière.

Suger, père de l'art gothique...

De cette période faste, le Moyen Âge, Suger (1081-1151) reste la figure la plus remarquable. Issu d'une famille de gros paysans de la plaine de France, il entre comme oblat à l'abbaye de Saint-Denis à 10 ans; il y sera élu abbé en 1122 et le restera jusqu'à sa mort. Grand érudit, théologien et docteur en droit, architecte aussi – et lequel ! –, il voyage à travers l'Europe, où il observe les peuples, les arts et les institutions.

On lui doit tout d'abord la création de l'art gothique, avec les extensions à l'église de Charlemagne, façade et chevet, qu'il édifie de 1137 à 1144; le chœur notamment, d'une perfection achevée et demeuré intact jusqu'à aujourd'hui, est *la première construction gothique au monde*. Qu'est-ce que le gothique? Un style né d'innovations et d'apports divers, que Suger a eu le génie d'assembler : fenêtres ogivales d'origine arabe, voûtes d'ogives empruntées aux Normands, colonnes prolongeant les arêtes d'ogives pour plus de verticalité, le tout donnant cette impression d'élévation et de transparence, cette lumière propres au gothique. Mais alors, d'où vient que cet art est appelé gothique, s'il est né en pays de France? Ce sont les Italiens qui, à la Renaissance, pour qualifier cet *art français* qu'ils jugeaient médiocre, lourd, barbare, lui ont donné, par dérision, ce nom de « gothique », les Goths faisant de bons Barbares. Et le nom est resté, perdant peu à peu puis tout à fait son sens péjoratif.

... et grand homme d'État

Mais Suger fut aussi le conseiller du roi – Louis VI d'abord, puis Louis VII, qui lui confiera la régence du royaume pendant plus d'une année, lorsqu'il partira en croisade. Or, au cours de ses voyages, Suger a constaté la déliquescence du monde féodal qui, par le jeu des héritages et des rivalités, se morcelle et se décompose. Et c'est avec une remarquable sagesse politique qu'il cède le Vexin à Louis VI, en déclarant que « le roi ne peut être vassal de personne ». Cet événement marque le renouveau de la couronne de France, et est l'un des grands actes fondateurs de la monarchie absolue – la bannière du Vexin deviendra d'ailleurs à cette occasion l'étendard royal, l'oriflamme, et le restera jusqu'au XVe siècle.
Notons aussi que l'union de Louis VII et d'Aliénor d'Aquitaine est à mettre au crédit de Suger, qui avait négocié l'affaire – une affaire juteuse et même inespérée : sur le marché des filles à marier, Aliénor était de loin la mieux dotée. Un peu comme si, demain, on vous annonçait que la jeune gagnante du Loto du siècle tient absolument à partager sa vie et sa cagnotte avec vous, chômeur en fin de droits. Youpi! Mais Suger n'avait pas prévu que Louis VII, homme sans éclat, et bigot avec ça, allait vite ennuyer Aliénor, qui le quitterait pour épouser en secondes noces Henri Plantagenêt, futur roi d'Angleterre. D'où la guerre de Cent Ans...

Le déclin et la chute

Ah, la guerre de Cent Ans, c'est le début de la fin, cette histoire! Pour Saint-Denis surtout, plusieurs fois dévastée durant les hostilités. Les grandes épidémies et, plus tard, les guerres de Religion et la Fronde éreintent à nouveau la cité. On estime ainsi que le bourg est passé de 10 000 à 3 000 habitants du XIVe au XVIIIe siècle. Dans le même temps, le prestige et le poids politique de l'abbaye diminuent considérablement.
Ainsi, malgré la tradition des enterrements royaux et l'attachement des Bourbon pour la ville – Louis XV surtout, qui y venait visiter sa fille Louise de France, retirée au carmel –, Saint-Denis ne fut bientôt plus qu'un fort symbole de la monarchie. Dont la Révolution fit table rase : en 1793, Saint-Denis devient Franciade, et l'on se rue sur la basilique, dont le trésor est pillé, les tombes profanées, les gisants abîmés ou détruits – les plus belles pièces seront heureusement sauvées, transportées à Paris par Alexandre Lenoir. À l'aube du XIXe siècle, le monument apparaît dans un état déplorable, ouvert à tous vents, sans couverture ni verrières. Napoléon le retape, et Louis XVIII y réintègre les gisants en 1817. Puis on le restaure, plus ou moins bien. Mais déjà l'avenir de Saint-Denis ne se joue plus là.

Saint-Denis la Rouge

Dès avant la Révolution, des manufactures, de cuir et de toiles peintes entre autres, s'étaient implantées, annonçant le grand faubourg industriel que la ville allait devenir. Puis tout va très vite : on trace en 1821 le canal de Saint-Denis, le train arrive en 1846, les ateliers se multiplient, et bientôt 300 km de voies ferrées les relient au réseau principal. En 1900, la plus grande zone industrielle du pays (le « Manchester français ») s'étend de Paris à la basilique, avec ses usines chimiques, métallurgiques et autres, et près de 20 000 ouvriers.

Ceux-ci, venus d'abord de province, de Bretagne en particulier, puis d'Espagne – notamment des républicains durant la guerre civile –, forment une population nouvelle, qui adhère massivement aux idées socialistes. Et c'est un socialiste, André Walter, qui emporte la mairie en 1892, au grand émoi du bourgeois inquiet. Puis, dans les années 20, Saint-Denis se retrouve de toutes les grèves, tous les combats, véritable symbole de la banlieue ouvrière. Blaise Cendrars l'appelle alors « la capitale rouge », et elle n'a pas changé de couleur depuis – même si Doriot, son maire de 1931 à 1937, passa du communisme au fascisme en créant le PPF (Parti Populaire Français) en 1936. Les Dyonisiens opteront l'année suivante pour le Front Populaire, rejetant Doriot et le laissant à ses rêves de puissance, et, plus tard, à ses troupes nazies (les LVF, Légions des Volontaires Français qu'il fonda, et qui furent engagées sur le front de l'Est). À la Libération, un grand résistant, communiste, reprendra les affaires dyonisiennes.

Le béton et la crise, et quelques réussites architecturales

Après-guerre, de nouvelles immigrations, du Portugal, du Maghreb, d'Afrique noire et d'ailleurs (plus de 40 nationalités cohabitent à Saint-Denis, qui compte environ 30 % d'immigrés) ont continué de donner à la ville son caractère cosmopolite et une forte personnalité. Puis la décentralisation et la crise sont venues, frappant durement La Plaine et ses industries. L'après-guerre est aussi le temps du béton, des cités-dortoirs, des tranchées et des ponts autoroutiers : un urbanisme dur et laid, qui marque encore de larges pans de la ville.

Par chance, le centre historique a été moins touché, et des logements sociaux, à taille humaine et mieux conçus, ont été construits à partir des années 80, faisant bon ménage avec les immeubles plus anciens, et le patrimoine médiéval et classique. Par ailleurs une architecture contemporaine de qualité a pu s'exprimer ici et là (siège du journal *L'Humanité*, extension de l'hôtel de ville).

Un souffle nouveau

Cette audace architecturale culmine évidemment avec le Stade de France, symbole de ces années 90 où Saint-Denis est entré dans une phase de renouveau, de dynamisme qui se manifeste sur tous les plans. Économique d'abord, avec un secteur tertiaire en plein boum et l'implantation d'importants sièges sociaux (EDF, Siemens, Gaz de France, Panasonic, etc.) et d'activités nouvelles (pôle audiovisuel avec les studios AB Production, Stu-

---

■ **Adresses utiles**

▯ Office du tourisme
✉ Postes
🚂 Gare ferroviaire
🚌 Gares routières

|●| **Où manger ?**

10 Le Rail d'Ouessant
11 Bar-restaurant du Théâtre
12 Le Petit Breton

13 Les Verdiots
14 Le Bœuf est au 20
15 Le Mélody
16 Le Clap des Artistes
17 La Table Gourmande

♟ **Où boire un verre ?**
Où sortir ?

11 Théâtre Gérard-Philippe
30 Ligne 13
31 La Table Ronde

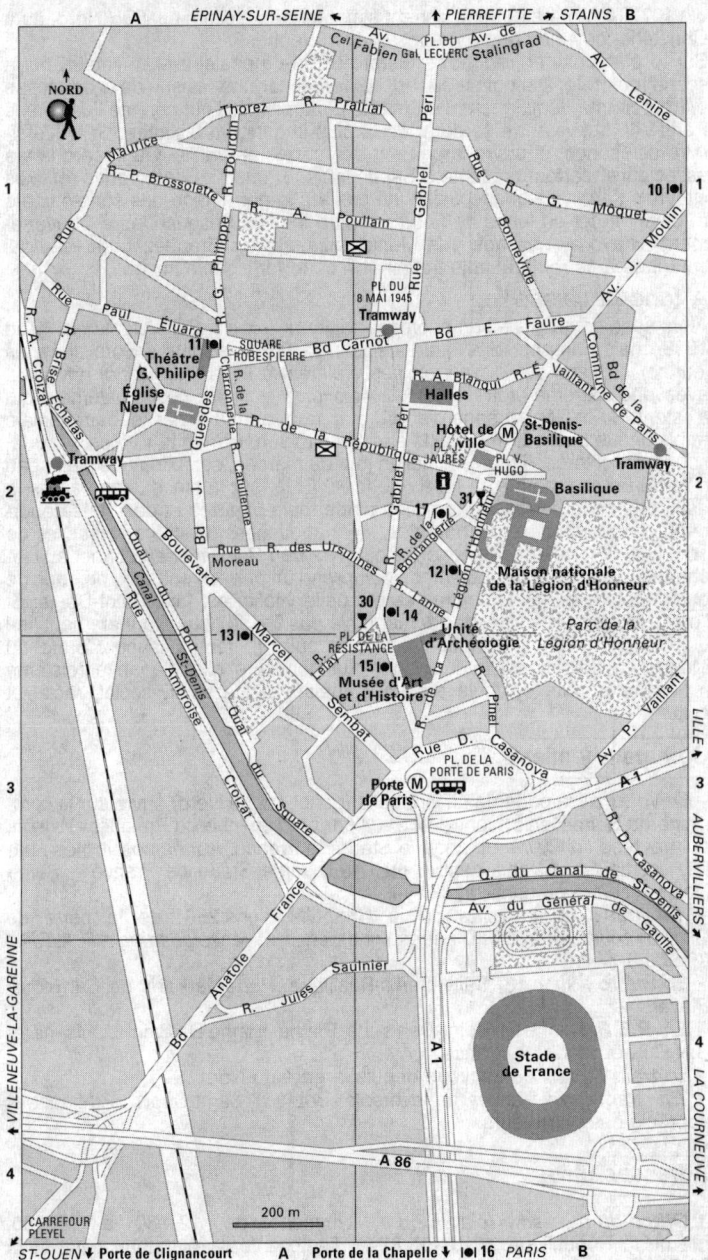

ÉPINAY-SUR-SEINE ← A | ↑ PIERREFITTE → STAINS B

NORD

A

Av. PL. DU Av. de
Col Fabien Gal. LECLERC Stalingrad

Av. Lénine

Thorez R. Prairial

Maurice

R. P. Brossolette

Péri

Dourdin

Philippe

R. A. Pouilain

Gabriel

Rue

R. G. Môquet

Rue

Bonnevide

Av. J. Moulin

10 ● 1

Rue

Paul Éluard

R. A. Brise Échalas

Croizat

G.

R. de la

Charonne

R. Gueslen

PL. DU
8 MAI 1945
Tramway

SQUARE
ROBESPIERRE

Bd Carnot

Bd F. Faure

Bd de la Commune de Paris

11 ● **Théâtre G. Philipe**
Église Neuve

R. de la République

R. A. Blanqui R. É. Vaillant

Halles

Péri

Gabriel

Hôtel de ville
PL. V. HUGO
PL. JAURÈS

M **St-Denis-Basilique**

Tramway 🚋 🚌

J. Caitllenne

Rue Moreau

R. des Ursulines

17 ●
31
12 ●

R. de Boulangerie

Légion d'Honneur

Basilique

Tramway

Maison nationale de la Légion d'Honneur

Bd Marcel

13 ●

30
14 ● 14

Lanne

PL. DE LA RÉSISTANCE
R. Relay

Unité d'Archéologie

Parc de la Légion d'Honneur

Quai du Port St-Denis

Rue Ambroise Croizat

15 ●
Sembat

Musée d'Art et d'Histoire

R. Pinel

Rue D. Casanova

Av. P. Vaillant

LILLE →

Quai du Square France

PL. DE LA PORTE DE PARIS

Porte de Paris M 🚌

A 1

R. D. Casanova

AUBERVILLIERS →

Q. du Canal de St-Denis

Av. du Général de Gaulle

VILLENEUVE-LA-GARENNE ←

Bd Anatole France

R. Jules Saulnier

A 1

Stade de France

LA COURNEUVE →

A 86

200 m

CARREFOUR PLEYEL

ST-OUEN ↓ Porte de Clignancourt ↓ A | Porte de la Chapelle ↓ | ● 16 PARIS B

SAINT-DENIS

dio 107, TF1, entre autres), venant s'ajouter aux ateliers du TGV Nord, ou à Christofle, doyenne des entreprises dyonisiennes.
Sur le plan culturel, le théâtre Gérard-Philipe, populaire et novateur, ou la scène musicale, à la pointe du rap, soutenue par une Maison de la Jeunesse entreprenante, témoignent d'un même dynamisme. Tout comme l'université Paris VIII, qui vient de se doter de la plus importante bibliothèque universitaire de France, et ouvre largement ses portes au public. Ou encore la vie associative, partout présente à Saint-Denis. Et que dire des grands réflexes citoyens de la ville qui accueillit, en mai 98, le parrainage des sans-papiers et devint le fer de lance de la lutte contre les lois Pasqua-Debré-Chevènement! Bravo au passage à la Municipalité, Patrick Braouezec en tête, qui contribue à ce remarquable travail et à cette formidable image.

À fond la caisse !

Alors sans doute y a-t-il un chômage toujours élevé à Saint-Denis (14 % en 1998, mais dans certains quartiers jusqu'à 25 %, et plus encore chez les jeunes). Et sans doute n'est-on pas vraiment à l'abri d'un Doriot nouveau, avec une extrême-droite à 20 %. Mais plus que par ces problèmes, qui existent, Saint-Denis frappe d'abord et surtout par sa richesse, patrimoniale et historique bien sûr, mais plus encore humaine. Car cette ville est vivante, souriante, colorée. Il faut venir ici un jour de marché, sans doute le plus beau d'Île-de-France, pour s'en faire une idée. Et là, sur la place Jean-Jaurès, à deux pas de la basilique, au milieu d'une foule bigarrée et des étals débordants de pastèques, de boubous, de babouches, de charentaises et de pommes de terre, on entend tout à coup *Le Bon Roi Dagobert* sonner au clocher de la mairie. À cet instant, on comprend un peu, on entrevoit de quoi, de quels mélanges, quels contrastes et quelle vitalité est faite Saint-Denis. Et l'on se dit que cette ville, décidément, n'a pas fini de nous étonner : haut lieu du monde médiéval, capitale ouvrière, puis, le temps d'une Coupe du Monde, capitale mondiale du sport le plus populaire, elle attaque le troisième millénaire en cité symbole du grand melting-pot à venir, social, racial et culturel – *à donf* !

Comment y aller ?

– **En voiture :** la porte de La Chapelle (périphérique Nord) ouvre sur la commune de Saint-Denis ; centre-ville à 4 km par l'avenue du Président-Wilson, qui traverse *La Plaine* et longe le Stade de France. Autres possibilités : par l'A1, sortie Saint-Denis centre, ou l'A86, sortie Stade de France – Saint-Denis – centre ou carrefour Pleyel.
– **En bus :** de la porte de la Chapelle, ligne 256 ; de la porte de Clignan-court, ligne 255. D'autres lignes encore ; *renseignements R.A.T.P.* : 08-36-68-77-14.
– **En métro :** ligne 13, Saint-Denis-Basilique, Porte-de-Paris ou Carrefour-Pleyel.
– **En R.E.R. :** ligne B, Saint-Denis–La Plaine ; ligne D, Saint-Denis–gare-S.N.C.F. et Stade-de-France.
– **En train :** trains de banlieue depuis la gare du Nord.
– **En tramway :** liaison transversale Bobigny–Saint-Denis. Pratique et apprécié des utilisateurs.

Adresses utiles

🄰 *Office du tourisme* (plan B2) : 1, rue de la République. ☎ 01-55-87-08-70. Fax : 01-48-20-24-11. Ouvert du lundi au samedi de 9 h 30 à 12 h 30 et de 14 h à 18 h 30, et le dimanche de 12 h 30 à 18 h 30. Toutes infos et plan touristique de la ville. Pour les groupes, organise des visites à thèmes fort intéressantes (« La rue de la République : sous les pavés, l'histoire », « Les personnages célèbres à Saint-Denis », « De la première maison en béton au Stade de France », etc.) et des visites de certains sites non ouverts au public (Maison d'éducation de la Légion d'honneur, Centre de recherche Gaz de France, atelier Christofle).

■ *Mairie :* place du Caquet. ☎ 01-49-33-66-66.

■ *Maison de la Jeunesse :* 12, place de la Résistance. ☎ 01-42-43-44-33. S'adresse surtout aux jeunes (15-25 ans) Dyonisiens, mais pas seulement. Service Info-Jeunesse d'aide aux projets (voyages, monter son entreprise...), animations (sports, séjours de vacances), ateliers (danse jazz ou hip-hop, percussions, écriture rap). Une structure efficace et démocratique – un forum, le Comité consultatif des jeunes, décide en partie des actions –, et très présente dans les quartiers, avec des antennes locales. Ici se trouve aussi la salle de concert *Ligne 13* (voir « Où sortir ? »).

Où manger ?

Bon marché

|●| *Le Rail d'Ouessant* (plan B1, 10) : 15 *bis,* rue Jean-Moulin. ☎ 01-48-23-23-41. Ouvert le midi uniquement, du mardi au vendredi. Étonnant restaurant installé dans un wagon rouge et bleu (d'où *Le Rail*) et proposant pas mal de produits de la mer (d'où *Ouessant*). Autre particularité, l'endroit est tenu par l'école de formation professionnelle : serveuses et cuistots appliqués vous gâtent, et l'on mange à bon prix (formules et menus de 58 à 120 F) des plats qui se tiennent (harengs géants pommes à l'huile à volonté, poêlée de Saint-Jacques puis fin dessert maison dans le menu à 80 F, par exemple). Réservation très recommandée.

|●| ▼ *Bar-restaurant du Théâtre* (plan A2, 11) : théâtre Gérard-Philipe, 59, bd Jules-Guesde. ☎ 01-48-13-70-10 (demander le bar). Fermé les samedi midi, dimanche midi et lundi soir. Comédiens, spectateurs ou clients venus seulement pour prendre un verre, manger ou causer, se retrouvent ici, dans cette grande salle décorée d'affiches de spectacles. Atmosphère relax et cuisines du monde, maghrébine, indienne ou africaine (le midi, menu à 55 F). Le soir, petite restauration uniquement (assiette de fromage-salade-charcuterie à 25 F). Fait aussi bar à vin.

|●| *Le Petit Breton* (plan B2, 12) : 18, rue de la Légion-d'Honneur. ☎ 01-48-20-11-58. Fermé les samedi soir et dimanche. À deux pas de la basilique, une adresse gentille et sans prétention. Petite salle à manger à l'atmosphère toute provinciale. Plat du jour dans les 40 F, menu à 60 F, service aimable et chants bigouden en léger fond sonore, ce serait parfait si la cuisine (salade napolitaine, tripes à la mode de Caen, flan aux poires) était moins banale. Pas mauvaise, non, mais banale. Pas mal tout de même pour déjeuner tranquille.

De prix moyens à plus chic

|●| *Les Verdiots* (plan A2-3, 13) : 26, bd Marcel-Sembat. ☎ 01-42-43-24-33. Fermé le dimanche soir et lundi, et de mi-juillet à mi-août. Patrick Perney propose une cuisine savoureuse et sûre, landaise de cœur et de goût comme son jambon de la vallée des Aduldes ou son foie gras poêlé aux pêches jaunes. Bons vins aussi, pas forcément ruineux. Service aimable et doux dirigé par madame, cadre propre et classique et des prix qui se tiennent : satisfaisant menu à 65 F (le midi uniquement) et menu suivant à 150 F, impeccable, avec apéritif et demi-bouteille de vin du mois. Bref, une bien bonne adresse.

|●| *Le Bœuf est au 20* (plan B2, 14) : 20, rue Gabriel-Péri. ☎ 01-48-20-64-74. Fermé les samedi midi et dimanche, 15 jours en août et une

semaine en janvier. Cuisine du Sud-Ouest sans trop de fioritures et service à l'avenant. Le midi, menu à 65 F, mais le soir c'est plus cher, notamment à la carte (idem pour les vins). Toutefois le menu à 95 F réjouit et rassasie : bonne salade du pays, puis optez pour le plat du jour (produits du marché), vous ne serez pas déçu.

I●I *Le Mélody (plan B3, 15)* : 15, rue Gabriel-Péri. ☎ 01-48-20-87-73. Fermé les samedi midi et dimanche soir. Restaurant de poche et déco bien quelconque (à l'image du gros néon bleu de l'enseigne), mais où l'on est bien accueilli, bien nourri aussi. Menu-carte à 120 F tout ensoleillé : duo de cabécou, lapin rôti à la provençale, dacquoise, café à la liqueur de farigoule (en sus), le cuistot ne se trompe ni dans la façon, ni dans le choix de ses produits. Quelques vins bien choisis aussi.

I●I *Le Clap des Artistes (hors plan par B4, 16)* : 34, rue Proudhon, La Plaine (ou par le 50, av. du Président-Wilson, dans les entrepôts des magasins généraux de Paris). ☎ 01-48-20-32-40. Le soir, sur réservation uniquement. Fermé les samedi et dimanche, et 15 jours en août. Si vous passez par les entrepôts, c'est plus marrant : on slalome entre les studios TV ou cinéma, les entrepôts Kookaï ou Pronuptia. Ce *Clap des Artistes,* situé à l'étage des Studios de France, propose une cuisine genre brasserie, correcte et pas vraiment donnée (carte uniquement, compter 150-200 F), mais l'endroit est plaisant. Ambiance projecteurs et caméras, portraits de nos stars (Raimu, Deneuve, Noiret, etc.) et d'autres parfois en chair et en os : Lauren Bacall, Mireille Darc, Claudia Schiffer, Aznavour ou Platini sont passés par là. Le gratin ! Alors, si ça vous fait rêver... En bas, les plateaux, où l'on pourra tenter de jeter un œil sur l'envers du décor.

I●I *La Table Gourmande (plan B2, 17)* : 32, rue de la Boulangerie. ☎ 01-48-20-25-89. Fermé le dimanche. Un peu de fantaisie, d'originalité égaieraient ce cadre d'une élégance un peu terne, mais pour le reste, on est servi. Tenue avec sérieux, dans les règles de l'art, cette *Table Gourmande* est le genre d'adresse qui ne déçoit pas, pour un prix qui reste correct. Menu du jour à 108 F, puis formules ou menu-carte (plat-dessert, 150 F ; entrée-plat, 170 F ; entrée-plat-dessert, 195 F). La cassolette de pintade au curry, le ragoût de Saint-Jacques aux chanterelles n'opposent guère de résistance et, à notre goût, se mangent même un peu trop vite (du rab ! du rab !). Les desserts sont bien aussi. Impeccable pour un dîner d'affaires.

À voir

★ *La basilique (et cathédrale) Saint-Denis (plan B2)* : accès libre à la nef à partir de 8 h ; pour le reste (chœur, transept, abside et crypte, c'est-à-dire tout l'espace où sont les gisants), ouvert tous les jours sauf le dimanche matin et pendant les possibles offices religieux (se renseigner avant de venir), de 10 h à 19 h d'avril à octobre et de 10 h à 17 h d'octobre à mars. Entrée : 32 F ; assez cher donc, mais visites commentées sans supplément, 3 ou 4 fois par jour (☎ 01-48-09-83-54).
La prestigieuse basilique vaut autant pour ses hôtes que son architecture. Rappelons qu'elle est le premier monument gothique – on parle à son sujet de *manifeste de l'art gothique* –, qu'elle a été élevée au rang de cathédrale en 1966, et que 42 rois, 32 reines, 63 princes et princesses et 10 serviteurs du royaume y reposent. On y voit aujourd'hui plus de 70 gisants ou tombeaux, soit le plus important ensemble de sculpture funéraire du XIIe au XVIe siècle.
● *La basilique*
Bien que sa façade ait été retouchée, parfois de manière fantaisiste (ainsi les huit rois dans leurs niches, les motifs géométriques et les inscriptions

gravées un peu partout, sont des ajouts du XIXe siècle), et qu'elle ait perdu sa flèche nord, abattue en 1846 car elle menaçait de s'effondrer, la basilique reste le chef-d'œuvre du premier art gothique voulu par Suger (XIIe siècle), achevé dans le style rayonnant par Pierre de Montreuil au siècle suivant.

De Suger sont la façade et le chevet, extensions à l'église dite de Charlemagne, édifiés de 1137 à 1144 dans un style alors révolutionnaire : la rose centrale et les trois portails monumentaux, typiques de l'art gothique, apparaissent pour la première fois. Le premier niveau du chœur et le chevet sont tout aussi novateurs (voir plus bas). Arrêtons-nous sur les portails pour observer les voussures sculptées, en partie restaurées au siècle dernier mais assez fidèlement, et aujourd'hui noires de crasse (il est question d'un ravalement délicat) : au portail droit, les travaux des mois ; au centre, les Vierges sages et les Vierges folles, surmontées de la scène du Jugement Dernier (notez le personnage au pied droit du Christ : Suger en personne, qui s'est ainsi représenté, en prière) ; au portail gauche, les signes du zodiaque.

À l'extérieur toujours, les portails sud et nord, récemment restaurés, sont certainement plus beaux, notamment le portail nord – donnant sur le jardin Pierre-de-Montreuil, sur la gauche de l'édifice – qui a conservé de rares et splendides statues-colonnes.

Entrons. La nef, les niveaux supérieurs du chœur et le transept ont été construits de 1230 à 1280, à la place de l'église de Charlemagne. Il a donc fallu se glisser entre les extensions de Suger, prouesse en partie réalisée par Pierre de Montreuil, « le docteur des maçons ». Forte impression d'élévation, accentuée par les faisceaux de colonnes élancées, et grande luminosité, due notamment au triforium (galerie courant à mi-hauteur) ajouré et aux roses du transept, très larges. L'ensemble, harmonieux et clair, est un parfait exemple du gothique rayonnant à son apogée.

On retrouve la main de Suger dans le premier niveau du chœur, l'abside et le déambulatoire, rythmé de chapelles rayonnantes. La technique des voûtes sur croisées d'ogives, récente alors, lui permit d'élargir les verrières : ce qu'il souhaitait, afin que la lumière inonde le sanctuaire, car « Dieu est Lumière ». Notez, dans les chapelles, les quelques vitraux d'origine, du XIIe siècle donc (rare !), dont celui où Suger se prosterne devant Marie. Au pied du Christ là, devant Marie ici, décidément, Suger est toujours en bonne compagnie...

La crypte, dont le déambulatoire est encore de Suger, est la partie la plus ancienne de l'édifice : autour du cimetière originel, où se trouvent des tombes extrêmement anciennes – certaines sans doute du IVe siècle –, subsistent quelques pans de murs, vestiges du haut Moyen Âge et de l'église carolingienne. Au centre, une large cavité, le tombeau de Denis peut-être, et le lieu même, en tout cas, où étaient présentées ses reliques. Il faut imaginer l'endroit tel qu'il était vers l'an 1100. Suger en a laissé une description éloquente : ici, écrit-il, « des milliers de gens » affluaient, et chacun, « immobilisé par cette pression et comme transformé en statue de marbre, était frappé de stupeur, ne pouvant plus guère que vociférer ». Évanouissements, morts même et des frères s'enfuyant « bien des fois par les fenêtres avec les reliques », quel tableau !

● *Les tombeaux*

Dans l'abside, le transept et la crypte se trouvent les rois et reines de France, leurs enfants parfois, et quelques grands serviteurs du royaume.

Rappelons ce n'est qu'à partir de Pépin le Bref que les rois prennent l'habitude de se faire enterrer à Saint-Denis – sauf Dagobert, les Mérovingiens avaient préféré différentes églises parisiennes – et que ce n'est qu'en 1817, à la demande de Louis XVIII, que les tombeaux de certains d'entre eux (Clovis par exemple) ont fait leur entrée ici, en même temps qu'on y réintégrait ceux qui avaient échappé aux destructions de 1793.

Rappelons aussi que les tombeaux sont aujourd'hui vides, depuis ces mêmes journées de 1793, où ils avaient été ouverts, et les corps ensevelis pêle-mêle dans une fosse creusée dans le jardin de l'abbatiale. Louis XVIII fit exhumer ces restes indistincts mais augustes, pour les réunir dans la crypte : c'est *l'ossuaire*, petite chapelle fermée, où une plaque égrène la longue liste des rois, reines, princes et princesses censés s'y trouver. Notez qu'on eut la surprise, lors de l'ouverture des tombeaux, de trouver un Henri IV intact, alors que, par exemple, le Roi Soleil, pourtant de beaucoup son cadet, était tout liquéfié, jus noirâtre et puant. Aussi, pendant trois jours, la superbe dépouille d'Henri IV fut exposée, et la population, impressionnée tant par la réputation de bravoure de ce grand souverain que par son bel aspect, lui arracha quelques dents et des mèches de cheveux, et même un doigt, simples souvenirs ou porte-bonheur.

Rappelons enfin qu'il n'y eut pas toujours de gisants. Cette tradition de sculpture funéraire apparaît au XIIe siècle. À Saint-Denis, elle n'arrive qu'au XIIIe, sous Saint Louis. Les moines en commandent alors seize, qui sont des effigies des prédécesseurs de ce roi sur le trône de France. Acte politique, habile mise en scène visant à légitimer la dynastie du moment, montrant et démontrant que les Capétiens succèdent aux Carolingiens, et plus avant à Dagobert – dont le tombeau est monumental, honneur au patriarche ! Parenté toute fictive en réalité, mais, ainsi figés dans la pierre et se côtoyant, ces seigneurs semblent bien d'une même lignée ; ils sont en tout cas d'une même caste, unie dans la mort.

Cette « commande de Saint Louis », exposée en partie dans le transept sud, fut donc réalisée *post-mortem* et en série : facture égale et traits inexpressifs. Ainsi Pépin n'est guère « bref » (petit) et Berthe a des pieds ordinaires. Juste à côté, le groupe suivant est plus réaliste, d'après nature : on peut y voir un Du Guesclin haut comme trois pommes (allez, quatre : 1,50 m !) et vilain comme tout, et de saisissants portraits (Louis de Sancerre, terrible).

Puis le réalisme tourne au cauchemar à la Renaissance, où l'on présente les morts bien morts et même vidés de leurs tripes et recousus, et nus. On ne parle d'ailleurs plus de gisants mais de transis. Ainsi du mausolée de François Ier et Claude de France, chef-d'œuvre de Pierre Bontemps (toujours dans le transept sud, un peu en retrait du groupe précédent). Notez les bas-reliefs, bataille de Marignan ou campagne d'Italie menées par le vaillant François suivi du chevalier Bayard. Ces scènes seraient assez fidèles, et l'on voit que ces chefs n'avaient pas froid aux yeux, vrais guerriers chargeant l'ennemi à la tête de leurs troupes. En face, dans le transept nord, toujours dans le genre macabre, le monument sculpté par Germain Pilon pour Henri II et Catherine de Médicis ; mais celle-ci, ultime coquetterie, a voulu figurer en Vénus, à l'antique, et, vrai, elle donnerait envie la bougresse ! Son époux décharné n'en a cure.

On peut trouver ainsi, sur chaque gisant ou presque, des sujets de curiosité et d'émerveillement, car il s'agit souvent d'œuvres confiées aux artistes les meilleurs, et renvoyant à de grands moments d'histoire. Également rarissimes et beaux sont les émaux champlevés limousins des enfants de Saint Louis, Blanche et Jean de France (dans le déambulatoire). Quant à leur papa, ne le cherchez pas : son tombeau, « le plus beau du monde », selon le chroniqueur Guillaume de Nangis, et qui était d'or et d'argent, a disparu pendant la guerre de Cent Ans.

Dans le déambulatoire toujours, Louis XVI et Marie-Antoinette (celle-ci vêtue d'une anachronique et bien décolletée robe 1820) agenouillés et priant, mais leurs pierres tombales se trouvent dans la crypte, au caveau des Bourbons : sobres dalles de marbre noir, où parfois tombe encore une fleur de lys... le 21 janvier et le 16 octobre surtout, jours de leur fin tragique, poil à la République ! Ô marbres royaux, que vous êtes beaux ! Et qu'on est peu de chose ! Ah, funérailles !

Méditant ainsi sur la destinée des grands de ce monde, on quitte la basilique et ses gisants l'œil ravi, et de fort bonne humeur.

★ **Le musée d'Art et d'Histoire** (plan B3) : 22 bis, rue Gabriel-Péri. ☎ 01-42-43-05-10. Ouvert de 10 h à 17 h ; le dimanche, de 14 h à 18 h 30. Fermé le mardi. Accès par le parvis la *chapelle du Carmel* (transformée en tribunal au XIXe siècle, d'où l'inscription « Justice de Paix »), construite en 1785, dans le style néo-classique en vogue alors à Versailles : fronton, colonnes ioniques. Sur la droite, l'ancien carmel, bel ensemble du XVIIe siècle très bien restauré. Ici règne toujours la spiritualité, et tout le rappelle : la grande Vierge de pierre à l'entrée (*Regina decor carmeli*, reine de beauté du carmel, XVIIe siècle), la galerie couverte où méditaient les sœurs, les sentences aux murs, partout présentes et fortes, et les cellules austères, dont celle de Louise de France, fille de Louis XV.

Dans l'ancien réfectoire, *archéologie médiévale :* poteries et bijoux mérovingiens, un jeu de table du XIIe siècle, sorte de jacquet trouvé sous l'immeuble de *L'Humanité,* et de vieilles chausses de cuir montées sur os : l'ancêtre du patin à glace ! À voir aussi, le bois sculpté du saint Denis céphalophore. L'*apothicairerie* quant à elle, rapportée de l'hôtel-Dieu rasé entre-temps, est restée telle qu'au XVIIe siècle : lambris d'origine et belles céramiques pharmaceutiques.

À l'étage, dans les cellules, *art sacré* avec quelques chefs-d'œuvre dont un triptyque flamand du XVIe siècle, d'autres de l'école française, toujours sur le thème de la vie monastique, celle des carmélites en particulier, disciples de Thérèse d'Avila et comme elle avides de mortification car « Je vis sans vivre / Et j'attends une vie si haute / Que je meurs de ne pas mourir ». Compris ? Parmi les sentences, oyez celle-ci encore, inscrite au mouroir : « Encore un pas et puis le Ciel ». Sans blague ! On pourra dire tout ce qu'on voudra, ces religieuses avaient du cran et de la suite dans les idées. Tenez, Louise de France, prieure du carmel, dans son agonie : « Dépêchons, au galop, en Paradis ! »

Au second étage, la *Commune de Paris* par le biais de documents d'époque : journaux, affiches, caricatures et tableaux. Napoléon III (dit le Badingue ou Napoléon-le-Petit) et Trochu brocardés, Thiers proclamé premier roi des Capitulards. Siège de Paris, déclaration de la Commune (18 mars 1871), avec ses gardes nationaux luttant contre les Versaillais. Caricature : « Nez de MM. les Propriétaires devant le décret de la Commune sur les loyers. » Famine : on mange du chat, puis du rat, puis les animaux du jardin des Plantes ! Jusqu'au-boutisme des femmes, Louise Michel bien sûr, mais aussi Nathalie Le Mel, Blanche Lefèvre ou Marceline Leloup, membres du Comité de Salut Public, prenant les armes et déclarant : « Femmes, les hommes sont des lâches ! » quand certains songent à quitter les rangs. Combats du mont Valérien, du Père Lachaise – défaite des Fédérés. MM. les Propriétaires peuvent respirer.

Ne partez pas d'ici sans saluer, au pavillon Louis XV, *Paul Éluard* et ses amis (nombreuses expos temporaires autour du surréalisme), ses amours aussi (Gala, Nusch, Dominique). En fonds permanent, des portraits du poète par Cocteau, Magritte et d'autres, des manuscrits et éditions superbes (le fameux « Liberté » illustré par Fernand Léger), et ce télégramme d'Éluard à Dominique, rencontrée peu avant : VIENS VITE POUR TOUJOURS. Elle est venue, ils se sont mariés et à cette occasion Picasso leur a offert un grand joli vase qu'on verra ici.

★ **L'Unité d'archéologie de Saint-Denis :** 8, rue Franciade. ☎ 01-48-20-21-31. Ouvert en semaine, aux heures de bureau. Réservé en principe aux archéologues et étudiants en archéologie, mais les personnes que le sujet intéresse peuvent toquer à la porte, ou prendre rendez-vous. L'unité d'archéologie de Saint-Denis est particulièrement vernie car le site est l'un des mieux fouillés et des mieux suivis du pays. Depuis 30 ans, les chercheurs ont ainsi mis au jour quelques merveilles, la plus fameuse étant le tombeau de la reine Arégonde. Ici, cheval mérovingien (tel quel !) et quelques vitrines et topos didactiques.

SAINT-DENIS

★ *La Maison d'éducation de la Légion d'honneur :* visites organisées par l'office du tourisme, sur rendez-vous uniquement. Édifiés dans un pur style classique français (principal maître d'œuvre, Robert de Cotte, collaborateur puis successeur d'Hardouin-Mansard à Versailles), ces bâtiments abbatiaux recevaient aussi les grands de ce monde lors des obsèques royales. Cadre noble et spacieux, cour d'honneur en hémicycle, escaliers monumentaux, ce n'est pas vilain ! En 1807, l'empereur en fit une maison d'éducation réservée aux orphelines de parents décorés de la Légion d'honneur. Les demoiselles sont toujours là, strictement costumées de bleu, jupe plissée socquettes blanches, studieuses et recevant l'enseignement le meilleur, arts plastiques et musique au programme. Belle bibliothèque, pianos à queue, quiétude du vaste parc et salles de technologies de pointe. Bien sûr, aujourd'hui, elles ne sont pas nécessairement orphelines, mais toujours filles (ou petites-filles) de décorés. La rosette, ça a du bon.

★ *Le musée Christofle :* visites organisées par l'office du tourisme, pour les groupes uniquement. Dans l'une des plus anciennes usines de La Plaine, installée en 1878, deux salles présentent de l'orfèvrerie ; la première réservée à la production maison, la deuxième aux autres. Vieilles fourchettes, chauffe-plats, surtouts et reproduction d'une armure d'Henri II. Joli verseur à vin de Bourgogne à manivelle, et, bizarrement, les cornes du dernier bœuf tué lors de la Commune de Paris. Intéressera les amateurs de couverts argentés.

★ *Promenade dans le centre-ville :* bien que largement urbanisée ces cinquante dernières années, Saint-Denis reste une très ancienne ville. Quelques rues le rappellent : *rue des Boucheries*, reprenant le tracé du fossé médiéval, ou *boulevards Félix-Faure* et *Marcel-Sembat*, sur celui des fortifications dressées au XIVᵉ siècle ; la forme triangulaire de certaines places (place de la Résistance, place de la Légion d'Honneur) est de même origine reculée, comme les grand-places (place Jean-Jaurès, place Saint-Éloi), traditionnelles places du marché ; parfois, les noms seulement renvoient au passé : *rue Franciade*, évocation des années révolutionnaires, ou *rue de l'Aqueduc*, dans le quartier moderne, où une adduction d'eau souterraine de l'époque carolingienne, de plus de 700 m de long, a été découverte. Mais la riche histoire dionysienne se retrouve aussi dans ses monuments. Et c'est tout l'intérêt de ce centre-ville, d'avoir conservé des pièces majeures d'architecture médiévale et classique, bien insérées dans un tissu contemporain qui compte également quelques réussites.

Cette richesse et ce contraste sont évidents quand on se trouve devant la basilique et la mairie, place Victor-Hugo. Les deux édifices se font presque face : confrontation du laïque et du religieux, avec cet hôtel de ville bien massif, de 1880, qui n'en impose pas vraiment face à la majesté de la cathédrale, et semble le savoir. Alors, non sans humour, la mairie reconnaît et salue son aînée, en sonnant *Le Bon Roi Dagobert* ; elle la reconnaît encore dans la devise municipale gravée au fronton, *Montjoye-Saint-Denys*, le mot de ralliement à la Couronne de France. Et, entre les deux édifices, l'extension moderne de la mairie, de 1993, tout en pans de verre, rappelant, par ses axes verticaux et ses proportions, la nef et les travées de la basilique. Remarquez, côté place du Caquet, comment l'architecte, Henri Gaudin, a intégré l'abside et les contreforts de l'ancienne église des Trois-Patrons à cette extension.

Entre ce bâtiment et la basilique, le *jardin Pierre-de-Montreuil*, aménagé en 1998, est un espace agréable donnant sur le côté nord de la cathédrale et le superbe portail orné de statues-colonnes. On peut y voir aussi l'élégant chevet. Traverser le jardin pour arriver, par la rue de Strasbourg, au siège du journal *L'Humanité*, étrange courbure sinusoïdale de verre noir où se reflète une basilique déformée, signée Oscar Niemeyer – architecte, entre autres, de Brasilia.

On est à côté de l'îlot Simounet, du nom de son concepteur, construit de 1980 à 1983. Par certains éléments, ces logements sociaux renvoient eux aussi à la basilique – qui est décidément au centre de toutes les attentions dionysiennes, comme en son centre physique, et à son origine –, éléments que nous trouvons assez peu convaincants : les murs verticaux censés rappeler les arcs-boutants sont bien des murs verticaux, aux angles droits, méchants, que la note méditerranéenne des tons clairs et des courettes-patios n'adoucit qu'à peine.

Une même volonté d'intégrer l'habitat à la ville, de faire en sorte que le logement social ne soit pas laid ou éloigné du centre urbain, anime l'îlot Gailhoustet (1985), entre la grande halle du marché et la place Jean-Jaurès. Les immeubles, aux façades déstructurées, aux nombreuses terrasses privatives plantées, surplombent des commerces et des voies piétonnières. Mais, là encore, comme pour l'îlot Simounet, si ces réalisations sont à bien des égards réussies, rompant avec la monotonie et la tristesse des cités-dortoirs, le passant, sauf s'il s'intéresse particulièrement à l'habitat contemporain, n'y verra rien de remarquable. Leurs occupants en revanche doivent s'y trouver bien, et c'est l'essentiel.

La *rue de la République (la Rép')*, piétonnière, et la *rue Gabriel-Péri* (jadis Voie Royale menant direct à Paris) sont les deux axes centraux et commerçants de la ville. Donnant rue Gabriel-Péri, la *halle du marché*, immense structure métallique de la fin du XIXᵉ, façon Baltard, est superbe. Il faut bien sûr la voir un jour de marché, c'est un régal. Notez, à l'intérieur, cette réclame Ripolin avec une horloge dans l'O : original ! Derrière la halle, rue Auguste-Blanqui, la *maison des Arbalétriers*, du XVIIIᵉ siècle, est une imposante et haute construction de bois, qui servait à l'étendage et au séchage de longues pièces de tissus (jusqu'à 18 m de long !). Pourquoi « Arbalétriers » ? Rien à voir avec l'arme de tir : en terme de charpente, l'arbalétrier désigne la pièce de bois en saillie, permettant le débord du toit.

Au bout de la rue de la République, l'*église neuve,* pas bien vieille c'est vrai (1900), et qui n'a pas grand-chose à dire mais ne dérange pas non plus. Nous sommes sur le boulevard Jules-Guesde : à cent mètres à droite, le *théâtre Gérard-Philipe,* construit également au tournant du siècle et d'aspect un peu massif (il est bien, ce théâtre, il s'y passe plein de choses : voir « Où sortir ? »). Ce boulevard Jules-Guesde est aussi celui où naquit Paul Éluard, au nº 46 (une plaque le rappelle, avec ses vers célèbres « Je suis né pour te connaître / Pour te nommer Liberté »).

★ *Le Stade de France* (plan B4) : Z.A.C. du Cornillon-Nord. ☎ 01-55-93-00-00 ; pour les visites : ☎ 01-55-93-00-45. Ouvert du lundi au vendredi, de 9 h à 12 h et de 14 h à 17 h 30 ; deux formules : visite libre (35 F) ou guidée (90 F). Cher, donc. Pharaonique, superbe, trop cher, indispensable, inutile, on a tout dit du Stade de France. Une chose est sûre : il est superbe, effectivement. Le découvrir de nuit par l'A86 est encore le meilleur moyen de s'en convaincre : on tombe alors sur cette ellipse illuminée, gigantesque et couronnée de hauts mâts haubanés, qu'on longe et qui semble posée sur ses larges volées d'escaliers. Un temple splendide, ultramoderne, mettez-lui des boosters c'est un vaisseau spatial, version hollywoodienne à super budget. Car le joujou a coûté cher : on parle de 2,8 milliards de francs. Mais il n'est pas impossible qu'il rapporte autant, ou plus, car quel coup de pub, quelle vitrine pour la technologie française !

Édifié en un temps record (30 mois, de mai 95 à fin 97), il aura demandé 40 000 plans, 1 million d'heures de travail en gros œuvre, 37 km de gradins, 32 000 tonnes d'acier, 15 grues à tour dont une, la plus grande du monde, fut transportée par 70 camions et 10 convois exceptionnels ! La bête dispose de 80 000 places assises couvertes (version football-rugby) ; ses tribunes basses, rétractables, permettent d'élargir le terrain pour dégager les pistes (version athlétisme, 76 000 places) ; enfin la pelouse peut accueillir 25 000 personnes supplémentaires pour les méga concerts (version spectacles, 105 000 places). On y trouve aussi un espace polyvalent de 2 000 places, le Chorum, ouvert aux meetings, salons ou tout ce qu'on voudra, et des commerces et restaurants, dont un panoramique, ouverts à l'année.

Avec ça, une figure présentable, élégante même, conçue par l'équipe Macary-Zubléna-Regembal-Costantini, architectes inspirés. Bref, on n'est pas loin de penser, comme beaucoup, que ce Stade de France est le plus beau du monde : cocorico ! Et puis c'est ici qu'on est devenus champions du monde, le Brésil dans les choux, 3-0 ! Cocorico *(bis)* ! Alors, au-delà des interrogations diverses – sera-t-il rentable ? quel club y jouera ? etc. –, on peut de toute façon saluer la prouesse et le résultat. Puis s'en féliciter pour Saint-Denis, pour qui le stade est une aubaine en termes d'image et d'économie, et remercier, puisque l'occasion nous en est donnée, Édouard Balladur qui, alors Premier ministre, a décidé que le Stade de France serait construit ici, à Saint-Denis. Merci, Edouard.

★ *La Plaine :* l'office du tourisme organise de bonnes visites guidées de La Plaine-Saint-Denis, où l'on passe en revue un patrimoine industriel et une histoire sociale et ouvrière des plus intéressants. À voir, entre autres, face au 75, rue Ambroise-Croizat, la première maison de béton jamais construite en France (vers 1860). Ailleurs, une *impasse du Gaz* nous rappelle que la production de gaz d'éclairage pour Paris fut longtemps la principale activité de La Plaine ; un patron breton tenait cette industrie, d'où l'arrivée massive d'une main-d'œuvre bretonne – et spécialement des Côtes-d'Armor. La communauté bretonne reste d'ailleurs très présente à Saint-Denis (monsieur le maire vous le dirait). Le quartier Cristino Garcia, voisin du Stade de France, tout en modestes et étroits pavillons de brique, nous rappelle quant à lui l'immigration espagnole de l'entre-deux-guerres : le centre culturel Cristino Garcia est aujourd'hui encore subventionné par l'ambassade d'Espagne !

À l'entrée de La Plaine, juste après la porte de La Chapelle, sur la droite se trouvent les *Entrepôts et Magasins généraux de Paris*, créés en 1860 pour le stockage des matières premières (à l'entrée, loco rappelant le réseau ferré industriel), espace de 63 ha où l'on peut voir de parfaits exemples d'architecture industrielle (très beau *Dock aux alcools* en brique) ; quelques-uns de ces bâtiments, réhabilités, sont occupés par des studios de télévision et cinéma.

★ L'ÎLE-SAINT-DENIS (93450)

Du carrefour Pleyel, prenez le boulevard de la Libération, puis le pont de l'île Saint-Denis ; vous y êtes. L'Île-Saint-Denis (7 500 hab.), commune à part entière – c'est même la seule ville fluviale de France –, est un bien drôle d'endroit. Aucun poète n'a chanté l'île. Aucune star n'en a fait son refuge. Seuls Manet et Sisley ont croqué ses berges. C'est peu pour faire rêver, d'autant que L'Île-Saint-Denis n'a *a priori* rien d'exotique. Mairie, église, écoles sont coincées entre les entrepôts et les cités Maurice-Thorez, du Saule-Fleuri et du Bocage.

Et pourtant, son patrimoine est immense. Il ne se compte pas en HLM, bien qu'elles fassent désormais l'objet d'études sociologiques. Il se compte en hommes. Passons sur celui par trop célèbre du 2, quai de la Marine (Ravachol, tueur en série, s'était fait précepteur le jour, auprès des demoiselles Chaumartin, et « anar » la nuit, fabriquant des fausses pièces de monnaie et des explosifs, avant d'être arrêté en 1892 puis guillotiné). Regardons plutôt du côté des gens de l'eau. Le long des quais, un sentiment fugace traverse l'esprit : ici, les péniches comme les rivières ont toujours existé. Et de fait, les bateliers s'arrêtaient là pour connaître leur itinéraire, avant d'entrer dans Paris par la Seine ou le canal Saint-Denis. Certains même se sont installés, émigrés venus de Belgique et des Pays-Bas. Survivance de cette époque, les maisons en bois du *passage Taffarault* : elles sont peuplées de scaphandriers et de bateliers à la retraite. Pour eux, la boulangerie du *quai de la Marine* continue de vendre ses pains appelés les « mariniers ». Pour eux, comme pour les ouvriers ; car depuis la mutation industrielle amorcée dans les années 30, l'île a fait la part belle aux usines de produits chimiques, cimenteries et fabriques de parfums. Mais elle n'a pas perdu l'essentiel, son esprit de communauté que les figures du parti communiste, Marcel Paul ou Étienne Fajon, ont exalté.

Où sortir à Saint-Denis?

– *Théâtre Gérard-Philipe (plan A2, 11) :* 59, bd Jules-Guesde. ☎ 01-48-13-70-00 (réservation) ou 01-48-13-70-10 (administration). « Pour nous, le théâtre est un îlot de résistance formidable de la pensée, un lieu nécessaire où les gens se font face (...). Assez d'un théâtre trop cher! (...) Assez d'un théâtre fermé la moitié de l'année! (...) Assez d'un théâtre pour quelques-uns! » (manifeste du théâtre Gérard-Philipe). Voilà qui est bien parler. Y joignant le geste, le théâtre propose des prix accessibles à tous (200 F les 10 spectacles ou 50 F la soirée) et reste un lieu vivant, de débats et de rencontres en dehors des représentations. On y répète aussi, on y vit. Classiques, créations, avant-garde, spectacles pour enfants, classiques revisités, une programmation éclectique et de qualité.
– *Ligne 13 (plan B2, 30) :* Maison de la Jeunesse, 12, place de la Résistance. ☎ 01-42-43-44-33. La *Ligne 13,* c'est la salle de concert de la Maison de la Jeunesse, un club où sont donnés deux concerts par semaine en moyenne : reggae, rap, blues, rock français, metal, techno rock ou world music, on s'éclate tous azimuts là-dedans, mais sérieusement. Car on fait du bon boulot, à la Maison de la Jeunesse. Le rap y est particulièrement mis à l'honneur, avec des ateliers d'écriture et de danse (*break dance* athlétique ou *hype locking* plus douce), et un CD de groupes de rap dionysiens (il y en a une petite centaine) a même été édité. Son titre : *93 200.* On vous le recommande, c'est du vrai *peura* de derrière la cité, et s'ils n'explosent pas en route, on pourrait entendre parler des Aktivist, Digital Possee, A.O.T. (Ange ou Terroriste), P4 et autres 9 mm d'enfer, qui dégagent rudement. Donc, tous aux concerts de la *Ligne 13* (station Porte-de-Paris), pour de la ziquemu qui tue, ah ouais, ah zy-va, t'es ouf si t'y vas pas. Et en plus c'est pas reuch, 30 ou 40 balles : 'ta mère si t'y vas pas!

Où boire un verre?

|●| ♟ *La Table Ronde (plan B2, 31) :* 12, rue de la Boulangerie. ☎ 01-48-20-15-75. Fermé le dimanche. Quasiment face à la basilique, un café-restaurant bête comme chou, où l'on peut prendre un verre au bar, on ne peut plus ordinaire, ou s'asseoir en salle pour une moules-frites, une choucroute ou quelque entrecôte-haricots verts (resto pas trop cher mais pas gastronomique non plus), en écoutant, le samedi soir en général, une petite formation de jazz ou de musette. C'est le seul établissement de ce genre à Saint-Denis, et on y passe en général un bon moment, car l'ambiance est aimable, tranquille, débonnaire.

|●| ♟ *Café-restaurant du Théâtre (plan A2, 11) :* théâtre Gérard-Philipe, 59, bd Jules-Guesde. ☎ 01-48-13-70-10. Ouvert jusqu'à 22 h (plus tard les soirs de représentation). Fermé les samedi midi, dimanche midi et lundi soir. Déjà mentionné plus haut pour sa restauration, le *Café du Théâtre* est plutôt sympa, et fait aussi bar à vin. De temps à autre, animation musicale (se renseigner). Attention, pas d'alcool fort sans repas.
♟ *Chez Germaine :* 10, place de la Libération, L'Île-Saint-Denis. ☎ 01-48-20-54-30. Ouvert tous les jours. Bistrot où les joueurs d'accordéon viennent s'exercer le vendredi soir. Populo en diable, et authentique.

Marché

– *Le marché :* le plus grand marché d'Île-de-France occupe trois fois par semaine (les mardi, vendredi et dimanche) la place Jean-Jaurès, la grande halle et toutes les rues voisines, débordant rue de la République ou rue Gabriel-Péri. Mi-traditionnel avec ses bouchères, ses marchandes de quat'saisons et ses poissonniers (belles et nombreuses poissonneries sur ce marché), qui haranguent chaleureusement le chaland ; mi-exotique avec ses stands de K7 de zouk ou de raï pirate et ses étals d'épices et de légumes africains. Très vivant et coloré. Tenez, on y trouve même une marchande de plantes médicinales : marjolaine pour vos angoisses et votre asthénie, hamamélis pour vos hémorroïdes. Non, pas vous ? Un *must*.

Fêtes et manifestations

– *Festival Les Acteurs à l'Écran :* fin mars - début avril, pendant dix jours. Franc succès pour ce festival qui privilégie la relation entre l'acteur (ou le cinéaste) et son public. Jerry Lewis, Bertrand Tavernier y ont déjà participé. Remise du prix Michel Simon à un jeune acteur.
– *Meeting international d'Athlétisme de Saint-Denis :* en juin. À partir de 1999, il devrait se dérouler au Stade de France. Les géants de la vitesse, de l'endurance, de la hauteur et du lancer en compétition. L'un des plus grands rendez-vous du genre en France, et l'occasion de voir les Bubka, Powell, Sotomayor et autres phénomènes. Et Marie-Jo bien sûr, la meilleure !
– *Festival de Musique :* de juin à juillet. Donnée dans la basilique et la Maison de la Légion d'honneur, une dizaine de concerts de musique classique. Excellente acoustique de la basilique, chefs et interprètes à la hauteur, on en redemande. Renseignements : ☎ 01-48-13-12-10.
– *Africolor :* fin décembre, juste avant les fêtes. Au théâtre Gérard-Philipe. Concerts des plus grandes voix africaines.

SAINT-OUEN (93400)   43 000 habitants

Saint-Ouen a le blues, comme Raymond Queneau, et la frite tous les week-ends, comme Aristide Bruant (deux artistes qui ont écrit sur la ville) ! Justement : pour les moules, allez voir aux puces. Le plus grand marché du monde a toujours en magasin son lot d'histoires pittoresques, occasionnelles, et qu'on va tenter de vous *refourguer* ! Cela dit, Saint-Ouen, ce n'est pas que le marché. Son histoire est plus antique encore. Elle est née d'un culte pour l'évêque-chancelier du roi Dagobert et fut le théâtre du retour de la monarchie française. Mais les temps ont bien changé à Saint-Ouen depuis que Godillot et les industriels ont transformé la ville en terrain de jeu pour lutte des classes ! Elle a été malheureusement assez défigurée par les reconversions industrielles qu'ont dû engager les municipalités communistes qui se succèdent depuis la Libération.

Un peu d'histoire

Où celle-ci ne tient parfois qu'à... un doigt ! Au VIIe siècle, l'église est le plus gros propriétaire foncier, avec la royauté. Les rois dits fainéants dirigent un territoire plus grand que l'Hexagone actuel. Parmi eux, le bon roi Dagobert qui avait mis sa culotte à l'envers (oui, oui, on sait), peut-être parce qu'il avait une vie sentimentale assez débridée!.., Il était entouré de nombreux religieux et conseillers, dont le bon saint Éloi, et celui qui nous intéresse ici : Audœnus Dado, évêque de Rouen et chancelier de Dagobert.

Juste un doigt... ou la naissance de Saint-Ouen

Le roi Dagobert avait donc pour résidence la villa royale de Clippiacum, sans doute à Clichy (lire « Un peu d'histoire » à Clichy-la-Garenne). Mais c'est la mort d'Audœnus, le 24 août 683, qui signe l'acte de naissance du village de Saint-Ouen, non loin de la villa, puisque Clichy et Saint-Ouen se disputent l'emplacement de celle-ci (à l'époque, au beau milieu de la forêt de Rouvray)... Extrêmement populaire, ce grand Dado a droit à des funérailles grandioses. Et la légende fait son office : son corps devait être rapatrié par bateau jusqu'à Rouen mais l'embarcation « refusait » d'avancer. Un prélat en conclut que l'évêque ne voulait pas quitter entièrement ses terres... Alors il lui coupa un doigt. Tchac! Et le bateau avança... dit la légende. On conserva la précieuse relique jusqu'en 1789 à l'église de Saint-Ouen, et un culte grandit autour du doigt d'Audœnus Dado. Un village était né. Mais pourquoi « Saint-Ouen » ? Figurez-vous qu'on allait en pèlerinage dans le village pour retrouver... l'ouïe. D'autres pensaient qu'Audœnus venait du verbe latin *audire* (entendre) qui a aussi donné « ouïr » et « ouïe ». Quoi qu'il en soit, de « ouïe » à « ouen » il n'y avait qu'un pas que l'étymologie populaire a franchi allègrement! Ajoutons enfin que l'évêque fut canonisé et que le don d'Audœnus fut de donner le nom d'Audoniens aux habitants de Saint-Ouen (pas facile à dire!).

Quand l'histoire traverse Saint-Ouen

Après l'épisode Dagobert et la naissance de Saint-Ouen, la présence royale ne reviendra que 700 ans plus tard... Citons quelques passages qui feront date, comme le désagréable souvenir de Philippe IV signant un acte visant à chasser et spolier les juifs. On ne retrouvera ce type d'infamie que lorsque les Allemands exproprieront les puciers juifs sous l'occupation. Au Moyen Âge, la folie embrase la région : les Armagnac de Saint-Denis occupent le village et, en 1411, la guerre de Cent Ans le prend pour cible... On ne trouve que notre Jeanne d'Arc nationale pour libérer Saint-Ouen en 1429, mais les Anglais le lui rechipent en 1435. Enfin, le calme revient et la royauté délaisse à nouveau le village. Saint-Denis retrouve son ascendant sur Saint-Ouen qui n'est plus qu'un lieu de résidence pour les chevaux... La foire du Lendit (Marché en vieux français) bat son plein. Mais le calme est provisoire et l'histoire s'emballe à nouveau. Saint-Ouen est dévasté en 1567. En 1589, les troupes du futur Henri IV pillent la région et assiègent Paris. L'église de Saint-Ouen, qui abrite encore le doigt de Dado, l'évêque canonisé, est, elle, canonnée... Au début du XVIIe siècle, Saint-Ouen est un village où la bourgeoisie parisienne vient se détendre le week-end... Les rues sont maintenant pavées et des foires s'y déroulent. À cette période, un jeune homme vient souvent rendre visite à son grand-père, appelé Louis de Cressé, tapissier de son état, qui a marié sa fille à un autre tapissier, Jean Poquelin. Le jeune homme qui naît de cette union, vous l'avez peut-être deviné, sera bientôt plus connu sous le nom de Molière. En 1670, Seiglière de Boisfranc est nommé seigneur de Saint-Ouen et y fait construire un château. De grandes fêtes s'y déroulent, comme celle de 1750 à laquelle assistent Louis XV et la marquise de Pompadour. Celle-ci reviendra neuf ans plus tard et, délaissée par le roi, s'offrira le château de Saint-Ouen! Mais elle ne l'occupera guère...

De la Révolution à la Restauration

1770 : le banquier Necker achète la maison du prince Rohan de Soubise. Sa femme y tient un salon renommé. On y côtoie Diderot et le Tout-Paris. Le seul fait notoire de la Révolution à Saint-Ouen sera d'avoir rebaptisé la ville en « Bains-sur-Seine ». Joli, mais éphémère. Mais voici le grand fait marquant de l'histoire de Saint-Ouen : Louis XVIII, le frère du défunt roi Louis XVI, rentre de son exil anglais. Il est tenu de signer une déclaration garantissant l'établissement d'une constitution et fixant les limites de la monarchie s'il veut accéder au trône royal. Le 2 mai 1814, il signe la Déclaration de Saint-Ouen. Pendant les Cent Jours, Saint-Ouen est dévastée, pillée, désolée... Neuf ans jour pour jour après la Déclaration, la monarchie sera à nouveau restaurée mais Louis XVIII est, disons... délabré, et le château de Saint-Ouen est démoli. Le roi l'a fait reconstruire en sous-main pour pouvoir l'offrir à sa dernière favorite, la comtesse Bashi du Cayla. Zoé Victoire Talon pour l'état-civil ! *A priori,* aucune parenté avec l'illustre Achille ! On peut encore voir sa tombe au cimetière communal de Saint-Ouen. Le château restera comme un vestige unique de cette période de l'histoire de France.

Les pionniers de l'industrialisation

Le XIXe siècle est le temps de l'industrialisation. Le baron Ternaux élève des chèvres du Tibet en bord de Seine pour fabriquer des châles en cachemire ! Plus sérieusement, le banquier audonien Ardoin lance le projet de construction d'une gare d'eau : un avant-port de Paris qui permettrait aux péniches de décharger leurs marchandises. Avec l'instauration de la République, Saint-Ouen voit arriver des industriels comme les Farcot, père et fils, constructeurs et inventeurs de machines à vapeur. Quant à Paul Farcot, le petit-fils, il deviendra un sacré routard, puisqu'il fera carrière dans l'irrigation du delta du Nil ! Mais on se demande quelle idée l'a donc piqué de quitter les berges de la Seine quand l'excellent *Guide Joanne* (Hachette) de 1851 vante le charme de ces lieux où les Parisiens viennent toujours se baigner ? Il est vrai que Thérèse Raquin y noie son mari dans le désormais célèbre roman de Zola !

Une autre figure de Saint-Ouen (dont le nom est désormais passé dans le langage courant), c'est Albert Godillot. Eh oui ! c'est bien lui l'inventeur des fameuses « godasses » du même nom ! Fidèle de Louis Napoléon Bonaparte (on ne sait pas si c'est de là que vient l'expression « parti godillot » !), Godillot avait le bras long (et pas seulement le pied à l'aise !) : l'inventeur des chaussures militaires à tige courte entra en politique et devint le premier maire industriel de Saint-Ouen en 1857. Le pont de Saint-Ouen est construit pour relier Gennevilliers, une partie de Montmartre est annexée (provisoirement) à la commune, et l'octroi, la douane communale, transforme la ville en zone « duty-free » !

Le 18 mars 1871, c'est le déclenchement de la Commune. Les Communards investissent les docks et le château de Saint-Ouen. Mais le mouvement est brisé le 21 mai, et la répression est terrible... En 1876, la ville compte 11 000 Audoniens. Elle s'étoffe de 10 000 habitants supplémentaires tous les 10 ans, jusqu'à la Première Guerre mondiale, où elle atteindra presque son niveau actuel. Saint-Ouen fait alors feu de tout bois : autour des énormes docks de la S.N.C.F. s'installent des usines en tout genre – chimiques, métallurgiques, alimentaires – mais aussi de petites sociétés comme la Chaix, les fameux indicateurs de chemins de fer, et puis les Cirages Français et la marque Ricqlès...

Socialistes, communistes et pupistes !

Rapidement, les idées « républicaines » et « socialistes » font leur apparition, et c'est à partir de 1885 que s'édifie une zone autour des fortifs où des chiffonniers commencent à vendre tout et n'importe quoi. Les puces sont en train de naître... Mais on vous en parlera plus loin. Le patronat est alors très puissant et il faut un contre-pouvoir pour défendre les droits des travailleurs.

Le temps des grèves va commencer... Mais la guerre de 14-18 fait irruption. Une fois la guerre terminée, les problèmes des ouvriers se sont aggravés. On commence à licencier. Heureusement, Citroën s'installe dans les usines Farcot. Martini Rossi, Lesieur et Wonder suivent. Signe des temps : en 1919, la Troupe a déjà « cassé » une grève... En 1930, la ville compte toujours plus de 50 000 habitants. Le 14 juin 1940, les Allemands entrent dans la ville. Le maire « pupiste », Lesesne, reste en place. Il est soutenu par Vichy. La rafle du Vel' d'Hiv' emporte 600 Audoniens tandis que les puciers juifs sont expropriés et remplacés par des Français « bon teint »...

Après le conflit, Saint-Ouen est officiellement la troisième ville sinistrée du département. Un jeune homme qui ne connaît rien à la gestion d'une cité est élu malgré tout maire de la ville. C'est un communiste, Fernand Lefort. Il sera réélu sans discontinuer de 1945 à 1979. Mais la reconstruction s'organise et la priorité est donnée au logement social. Il subsistait alors beaucoup de bidonvilles à Saint-Ouen. La Ville fait ce qu'elle peut pour redonner des logements décents à la population. C'est alors le temps de cet urbanisme particulier à la banlieue rouge. On bétonne... On s'occupe plus de fonctionnalité que d'esthétique et la ligne Le Corbusier fait des émules. Les rues et les avenues sont rebaptisées de noms de grands résistants et de figures communistes. C'est l'époque des Gabriel Péri, Docteur Bauer, Estienne d'Orves, Albert Dhalenne et autres Ambroise Croizat, si caractéristiques de la culture communiste d'après-guerre dans les banlieues de la ceinture parisienne.

Le paysage urbain s'est aujourd'hui doté de grands bâtiments ultramodernes au milieu du Saint-Ouen d'avant-guerre, tels l'Institut Citroën ou le nouveau bâtiment de la GEC-Alsthom. Et puis, en vrac, Bull, Sony, Rank Xerox, SVP, ou les studios de télévision du Village de la Communication. Il faut dire qu'avec un taux de chômage de 17 %, la ville peut encore moins céder à des considérations esthétiques. Heureusement il reste l'ambiance unique des puces où l'on vient flâner, du simple Parisien au touriste japonais, et qui sont, à elles seules, toute une histoire.

Les puces de Saint-Ouen

Depuis le Moyen Âge, Paris a eu ses biffins, chiffonniers qui vivaient de la récupération des objets et vêtements abandonnés par les riches. On retape et on revend. Mais connaissez-vous la véritable origine des puces ? En fait, le premier marché aux puces est né d'un scandale, d'un fait divers tragique et rocambolesque à la fois ! À Paris, un traiteur renommé, qu'on désignait alors sous le nom de « pâtissier », confectionnait pour le Tout-Paris de délicieux petits pâtés. À côté de lui un barbier s'était installé. Un jour, un jeune client sentit la lame du barbier se poser sur sa gorge. Il se débattit et fit choir l'égorgeur dans une trappe ouverte. On s'aperçut que le barbier fournissait son voisin pâtissier en viande humaine ! Ce dernier ne l'ayant pas reconnu, le barbier finit... en pâté ! Le plus tragique c'est que tous ceux qui avaient mangé involontairement de la chair humaine, dont quelques évêques, furent excommuniés et bannis. Par la suite, errant comme des âmes en peine, et devenus chiffonniers, ils eurent la bonne idée de sauver la vie d'un important évêque lors d'une rixe nocturne. En signe de reconnaissance, celui-ci les autorisa à vendre leurs objets de récupération au grand jour, dans la rue Mouffetard. Le Marché des Patriarches était né, et les puces avec...

Puis les chiffonniers s'installèrent naturellement aux abords de Paris, dans la « zone », espace de 250 m laissé obligatoirement libre autour des fortifications ordonnées par Thiers en 1841. Ce terrain fut une véritable aubaine pour les gens de la cloche qui élurent domicile plus particulièrement autour de Saint-Ouen pour y vendre leur camelote. Au début du siècle, on détruisit les « fortifs », mais un marché s'organisa. Les antiquaires apparurent, chassant les chiffonniers toujours plus loin. Pourtant, aujourd'hui encore, avant l'ouverture des stands, quelques clochards, chiffonniers et pauvres hères proposent une marchandise hétéroclite, curieuse et poétique. On trouve encore de vieux matelas parfois plein de... puces. D'où le nom.

Mœurs et vocabulaire des puces

Dans les jours qui précèdent le marché, et le samedi, dès 5 h du matin, les affaires commencent à l'abri des regards indiscrets. Pour ne pas dire (comme on le dit) qu'ensuite c'est déjà trop tard... Ce n'est pas entièrement vrai. Mais confidentiellement, fébrilement, « sous cape », dans un corps à corps à la lampe électrique, le nez dans les camions et les coffres de voiture, les affaires se font en dehors des jours et des heures ouvrables. S'il est parfois intéressant de se brancher sur le réseau, c'est un terrain réputé dangereux. La « came chaude » (marchandise volée) est difficilement identifiable... En arrivant aux puces, tout au long de la rue Jean-Henri-Fabre qui longe le périphérique, pas de doute, vous rencontrerez des *bonneteurs.* Les bonneteurs ne sont pas des bonnes sœurs. Encore moins des enfants de chœur ! Le *bonneteau* est un jeu d'argent dans lequel le parieur doit repérer une des trois cartes que l'on intervertit à vive allure sous ses yeux, sur des cartons mis en équilibre... instable. Ce jeu est pratiqué de manière un peu particulière. En effet, aucune chance pour vous de gagner ! Tous les individus autour du bonneteur sont en fait ses complices, ses *barons.* Ils appâtent le touriste et le poussent à jouer en gagnant plusieurs jeux successifs. Devant cet argent facile, vous vous dites : pourquoi pas moi ? Vous êtes tenté de choisir une carte « visiblement » gagnante, mais le temps que vous sortiez votre argent, hop ! Celle-ci a été intervertie subrepticement. Et si vous clamez votre bonne foi, gare aux complices menaçants... Un autre truc : un des barons vous incite à partager la mise, par exemple 100 F chacun. Vous perdez tous les deux, évidemment, mais la fine équipe a empoché votre billet ! Bien sûr, tout cela est interdit, et dès qu'un *condé* ou un *schmidt* (un policier) pointe le bout de son képi, les bonneteurs disparaissent dans la foule après vous avoir *chouravé* (volé) vos *thunes* (votre argent) et vous vous retrouvez tout seul face à un bout de carton !

Poursuivez tranquillou votre balade (avec votre argent, on l'espère) de *barnum* en *barnum* (stands), comme un bon *yakamaté* (touriste japonais, et par extension, tous les visiteurs). Marché Paul-Bert, vous tombez sur de la bonne *came* (marchandise). Vous pensez avoir fait un *chopin* (une bonne affaire). Rien du tout, vous vous êtes fait *emplâtrer* (fourguer de la mauvaise came) ! Votre buffet des années 30 est une véritable *merguez,* de la *daube* (une pièce sans valeur). Le vendeur est content, il vient de se faire un *velours* (bénéfice important). Vous aviez pourtant essayé de *parler chiffons* (marchander), mais rien à faire. C'est de bonne guerre. Lui, le *broc* (brocanteur) venait de se faire refiler un lot *truffé* (lot sans valeur avec quelques pièces dignes d'intérêt). Plus loin, vous voulez vous rattraper et vous craquez sur un *cadre* (tableau) superbe. Mais vous remarquez, cette fois, qu'il est

---

■ **Adresses utiles**

🛈 Office du tourisme
✉ Poste
🚉 Gare ferroviaire
1 Hôtel de ville

🍴 **Où manger ?**

10 La Môme
11 La Petite Salle à Manger
12 La Périchole
13 La Chope des Puces

14 Chez Louisette
15 A Estrela Alentejana
16 L'Oasis
17 Chez Serge
18 Au Tiercé d'Antan
19 Au Coq de la Maison Blanche

🍸 **Où boire un verre ? Où sortir ?**

19 Pub O'Grady's
30 Espace 1789

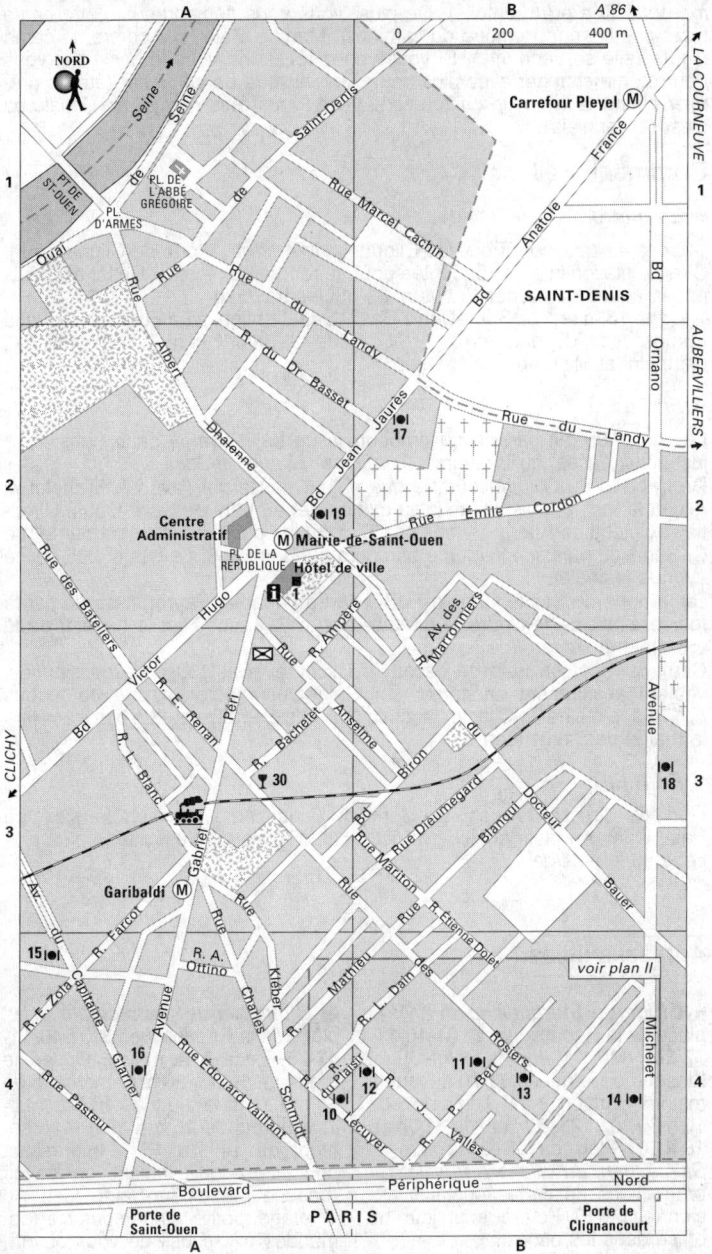

NORD

Seine
Seine

Carrefour Pleyel Ⓜ

PT. DE
ST-OUEN

PL. DE
L'ABBÉ
GRÉGOIRE

PL.
D'ARMES

de

Rue Saint-Denis

Rue Marcel Cachin

France

Anatole

Bd

SAINT-DENIS

Quai

Rue

Rue

Albert

du

Landy

Bd

Rue — du — Landy

Ornano

Bd

AUBERVILLIERS →

R. du Dr Basset

Dhalenne

Jaurès

Jean

Bd

|●|17

Rue — Émile — Cordon

Rue des Bateliers

Centre
Administratif

|●|19

Ⓜ Mairie-de-Saint-Ouen

PL. DE LA
REPUBLIQUE

ℹ Hôtel de ville
1

Hugo

Victor

Petit

Rue

R. Ampère

R. E. Renan

R. Bachelet

Anselme

Biron

Av. des
Marronniers

du

Avenue

Rue Dieumegard

Docteur

Blanqui

Bauer

|●|18

R. L. Blanc

Bd

🏛 30

Rue Martron

Rue

R. Etienne Dolet

Gabriel

Garibaldi Ⓜ

R. Farcot

Rue

Rue

Kléber

Mathieu

des

R. L. Dain

Rosters

Michelet

voir plan II

15 |●|

R. E. Zola

Capitaine

Glarner

Avenue

R. A.
Ottino

Charles

R.

Schmidt

Rue Édouard Vaillant

16
|●|

R.
du Plaisir

12
|●|

11 |●|

Bérit

13
|●|

14 |●|

Rue Pasteur

10

Lécuyer

J.

R.

Vallès

Boulevard — Périphérique — Nord

Porte de
Saint-Ouen

PARIS

Porte de
Clignancourt

SAINT-OUEN (PLAN I)

SAINT-OUEN

LA COURNEUVE

CLICHY →

marouflé (il a été réentoilé). De plus, vous vous demandez si cette came n'est pas *chaude* (tombée du camion!). Marché Malik, par contre, la came *gigote* (elle se vend vite). Si vous venez tôt, et on vous le conseille, vous pourrez marchander avec plus de facilité, histoire de *dérouiller* (être le premier client) le *biffin* (le chiffonnier). Voilà, vous êtes *ready* : prêt, mais ça c'est de l'anglais !

Comment y aller ?

● *En métro*

– *Ligne 4,* direction Porte-de-Clignancourt. Arrêt : Porte-de-Clignancourt. C'est la station la plus fréquentée pour se rendre aux Puces. De là, allez aux puces à pied ou prenez le bus n° 85 qui les traverse.
– *Ligne 13,* direction Saint-Denis-Basilique (attention, à La Fourche, ne vous trompez pas de direction!). Arrêt : Porte-de-Saint-Ouen. Autres stations : Garibaldi et Mairie-de-Saint-Ouen.

● *En bus*

Le bus n° 85 qui part du Luxembourg a un trajet sympa dans Paris. Il va jusqu'aux puces, qu'il traverse. Terminus : Mairie-de-Saint-Ouen.
De la porte de Clignancourt, le bus n° 166 passe par l'avenue Michelet et rejoint la mairie, puis va jusqu'au château et au pont de Saint-Ouen. Direction : Colombes-Audra. Le bus n° 137 évite les puces en passant par la rue C.-Schmidt, puis suit le même parcours que le n° 166. Le bus n° 255 passe avenue Michelet.
De la porte de Saint-Ouen, le TUSO part du quartier Payret et passe par la mairie avant de rejoindre le quartier Debain à l'est. C'est la navette de la ville. Intérêt limité.
Ceux qui sont en train de découvrir Clichy avec le *GDR,* et, passionnés, veulent absolument enchaîner sur Saint-Ouen, peuvent prendre le bus n° 174 à la mairie de Clichy, direction Gare-de-Saint-Denis ! Le bus s'arrête à la mairie de Saint-Ouen.

● *En R.E.R.*

Ligne C, direction Argenteuil–Montigny-Beauchamp. Dessert la gare de Saint-Ouen en plein boulevard Victor-Hugo, mais ce n'est pas le plus pratique, ni le plus gai...

Adresses utiles

◨ *Office du tourisme* (plan I, A2) : place de la République. ☎ 01-40-11-77-36. M. : Mairie-de-Saint-Ouen. Kiosque des années 60-70 devant la mairie. Ouvert en semaine de 10 h 30 à 12 h 30 et de 14 h à 18 h 30. Plan de ville, de bus et *Saint-Ouen, du village à la ville,* reproductions de cartes postales anciennes (70 F). Peut-être, un jour, un office dans les puces...

◼ *Hôtel de ville* (plan I, A2, **1**) : place de la République. ☎ 01-49-45-67-89.

◼ *Bibliothèque municipale :* 10, place de la République. ☎ 01-40-11-47-75. Face à la mairie. Ouvert le mardi de 16 h à 20 h, le mercredi de 14 h à 19 h, le jeudi de 10 h à 14 h, le vendredi de 16 h à 19 h et le samedi de 14 h à 18 h. Intéressant pour ceux qui veulent en savoir (beaucoup) plus sur Saint-Ouen. Au 1er étage, petite vitrine sous clé (demandez à l'accueil de vous ouvrir), pleine de bouquins sur la ville, son histoire et sur les puces. À consulter sur place.

Où manger ?

AU MARCHÉ AUX PUCES

On ne vient pas aux puces pour la haute gastronomie. Ici les moules-frites restent la spécialité incontestée. Les bistrots, bruyants et enfumés, proposent à peu près tous une cuisine sans invention mais sans surprise. Voici toutefois quelques adresses, parfois un peu à l'écart, et pas encore frelatées..

De bon marché à prix moyens

|●| La Môme (plan I, A4, *10*) : 17, rue Lecuyer. ☎ 01-40-11-45-14. Ouvert tous les jours le midi. Tout petit resto très vieillot. Authentique cantine de quartier. À l'écart des enseignes pour touristes, ce vieux café au nom évocateur est ouvert également en semaine, pas seulement pendant les puces. Il a su garder sa déco, avec son zinc et son tableau des *Starbels*, ainsi que les cheveux blancs de son patron. On y déjeune dans une atmosphère tranquille, ouvrière et familiale. La minuscule terrasse vitrée reçoit judicieusement le soleil, avis aux amateurs ! Menu à 60 F (entrée, plat, fromage ou dessert) très copieux, et nourriture honnête. La carte change souvent. Mais ici, le temps, on le prend... Énorme pavé de crème caramel en dessert. Pichet à 25 F, bouteille à 50 F. Bien pour boire un verre aussi, à l'heure fatidique de l'apéro, moment éminemment sociologique !

|●| La Petite Salle à Manger (plan I, B4, *11*) : entre les allées 2 et 3 du marché Serpette. Deux adorables stands reconvertis en snack et salle à manger, au milieu des meubles de style... D'un côté, c'est un snack un peu souk, qui vend des sandwiches à la sauvette à ceux qui n'ont pas le temps. De l'autre, un petit espace confortable pour avaler un croque-monsieur (40 F) ou un plat. Dans ce dernier cas, il faut ouvrir un peu plus grand le porte-monnaie (environ 70 F). Quelques spécialités iraniennes et notamment du caviar. C'est très chic de se balader avec sa petite cuillère à la bouche au milieu des stands années 30 !

|●| La Péricole (plan I, B4, *12*) : 2, rue Jules-Vallès. ☎ 01-40-12-44-80. Ouvert le midi tous les jours sauf le mardi. Bonne ambiance dans un cadre à l'esprit vaguement rustique. Tenu par Bertrand ; au service, Marie-Claire ; et en cuisine, Serge, quand il n'est pas à sa « trappe » en train de faire les commentaires ! Accueil sympathique. Ça fuse entre le personnel et les clients, puciers, habitués ou acheteurs en négociation. Ici, on se connaît et on pratique une bonne petite cuisine, sans prétentions mais sans déceptions. Menu à 75 F comprenant une entrée, un plat et un dessert. Avec le vin, on s'en sort à peu près pour 100 F, à moins de prendre une étiquette. Harengs pomme à l'huile, tête de veau, pot-au-feu... Cuisine familiale qui change. Même la police vient y tailler une bavette pendant le marché. Notre meilleure adresse dans cette catégorie.

|●| ▼ La Chope des Puces (plan I, B4, *13*) : 122, rue des Rosiers. ☎ 01-40-11-02-49. Fermé les jeudi et vendredi, ainsi qu'en août. Un bar avec une arrière-salle minuscule. Les samedi et dimanche, de 14 h (pas avant !) à 19 h, un orchestre de manouches joue du jazz sur des airs de Django Reinhardt, qui venait souvent jouer ici dans les années 50, et qu'on pourrait écouter pendant des heures. Côté cuisine, pas un très grand choix mais c'est très bon : moules marinière, moules à la crème ou moules catalane, de 75 à 88 F, avec des frites à volonté. Menu unique à 115 F le week-end. Bon, c'est très touristique. Pas de réservations.

|●| Chez Louisette (plan I, B4, *14*) : marché Vernaison, au centre. ☎ 01-

40-12-10-14. Ouvert du samedi au lundi de 12 h à 19 h. Déjeuner jusqu'à 16 h. Pour l'atmosphère totalement franchouillarde et la bonne ambiance rythmée par l'accordéon et les chansons de Piaf. On a l'impression de faire un retour de quelques décennies en arrière. On vient ici pour l'ambiance, pas du tout pour la cuisine ! L'emplacement et l'atmosphère se retrouvent dans l'addition.

EN VILLE

Bon marché

|●| *A Estrela Alentejana (plan I, A4, 15) :* 28, rue du Capitaine-Glarner. ☎ 01-40-12-79-81. Pile en face des usines Citroën. Ouvert le midi en semaine. Petit resto portugais bondé d'employés et d'ouvriers le midi. Bonne ambiance. La bouffe n'est pas toujours extraordinaire et on se contentera d'une bonne viande bien classique et sans risques. Poissons frits également. Menu à 67 F tout compris. C'est l'endroit idéal pour prendre un « bain » dans l'ambiance des usines et du quartier, et pour se rejouer « la sortie des usines... Citroën », qui ont vu pas mal de conflits sociaux se dérouler ici !

Prix moyens à plus chic

|●| *L'Oasis (plan I, A4, 16) :* 124, av. Gabriel-Péri. ☎ 01-40-11-47-23 ou 01-40-12-48-94. M. : Garibaldi ou Porte-de-Saint-Ouen. Ouvert tous les jours jusqu'à 2 h du matin, mais prévenez si vous arrivez après 22 h. Il fallait bien un couscous à Saint-Ouen ! Il y a plein de petits restos qui en proposent mais celui-ci se veut la référence de la ville. Plus cher que les autres, bien sûr, mais le cadre est vraiment étudié. Un poil kitsch sur les bords ! On y mange sans chichis (mais avec des pois chiches) un bon couscous. Un poil cher, mais il y a un grand choix : couscous Royal, Oasis, Princier... et le couscous méchoui, avec une demi-épaule d'agneau. *Tajines, bricks, kefta...* Carte française également, mais pas la peine de vous dire qu'on n'y va pas pour ça. En accompagnement, un petit guerrouane ou un boulaouane, bien sûr. Compter 150 F par personne pour le couscous et le vin. Bonne adresse, assez fréquentée.

|●| ⏚ *Chez Serge (plan I, B2, 17) :* 7, bd Jean-Jaurès. ☎ 01-40-11-06-42. M. : Mairie-de-Saint-Ouen. Ouvert le soir. Fermé les samedi soir et dimanche. Tables en enfilades, nappes à carreaux, zinc tout en longueur, et en chef de section, M. Serge, qui régente son affaire d'une poigne solide. Côté clientèle, une tendance France profonde affirmée avec, en vedette, gros commerçants, patrons de petites PME, cadres municipaux... Et puis, les vendredi et samedi midi, quelques « puciers » venus en voisins s'accorder un savoureux moment de détente, ainsi que, ici et là, quelques égarés ayant entendu parler de la maison. Service efficace, un poil sec toutefois. La carte fluctue en fonction des humeurs du chef. Carte bistrot de bonne facture, quoique parfois un peu grassouillette. Portions copieuses et bien présentées. Formules au comptoir entre 70 et 80 F. Compter environ 200 F à la carte pour une entrée, un plat, un verre de vin et un café. Bons petits vins, à la bouteille ou au verre. LE bistrot de Saint-Ouen.

|●| *Au Tiercé d'Antan (plan I, B3, 18) :* 65, av. Michelet. ☎ 01-40-11-05-07. M. : Porte-de-Clignancourt. Bus n° 166 ; arrêt : Michelet-Dr-Bauer. Ouvert seulement le midi, plus le vendredi soir (dîner aux chandelles). Fermé le week-end. Parking. Le nom de ce resto date de la foire du Lendit (devenu Landy), quand le lieu servait de relais pour les chevaux, et non du champ de courses qui existait à Saint-Ouen, il fut un temps... Accueil personnalisé de M. Guebey qui officie depuis 1984. Le décor est des plus simples. Dans le genre chicos, c'est un peu *cheap,* mais le patron vous fait oublier tout ça en se lançant dans des explications détaillées et savantes

de sa cuisine. Les *ficelles trouvillaises,* par exemple, sont des petites crêpes farcies avec des moules, des crevettes et du jambon, et cuites à l'unique crème crue de France, la Du Plessis. Délicieux. Si cela vous dit de continuer sur du poisson, prenez le menu à 150 F. Le steak de la mer n'est pas mal avec sa piperade à l'*escalivada,* d'origine catalane. Mais les puristes goûteront à l'omble chevalier enfourné au thym, un poisson du fond des lacs, très délicat, pêché par le cousin du patron ! La clientèle du midi est composée de cadres des sociétés voisines, la Siemens, Bosch, ou du journal *Le Parisien.* Le vendredi soir, dîner aux chandelles et clientèle plus diverse. Menu viande à 130 F (entrée, plat et dessert). À la carte, plats de 60 à 150 F. Compter de 200 à 250 F au bas mot, tout compris. Il est préférable de réserver le vendredi soir.

Très chic

I●I *Au Coq de la Maison Blanche* (plan I, A2, **19**) **:** 37, bd Jean-Jaurès. M. : Mairie-de-Saint-Ouen. ☎ 01-40-11-01-23. Ouvert tous les jours sauf le dimanche, jusqu'à 22 h. Ici, on se croirait non pas en banlieue mais dans une brasserie de province fleurant bon la France éternelle, comme semble le rappeler le grand coq (en plâtre ?) trônant au milieu de la végétation dans la vaste salle à manger. Le midi, clientèle d'hommes d'affaires, attirés par la réputation du lieu, l'une des valeurs sûres de la ville, et certainement la meilleure table. Spécialités de produits de la mer d'une grande fraîcheur et plats du terroir parfaitement exécutés avec, par exemple, des escargots aux noisettes (82 F) ou la succulente tête de veau « cuite entière » (98 F). Menu à 180 F. Service efficace, et voiturier. C'est très chic.

À voir

★ *LES PUCES DE SAINT-OUEN* (plan II)

Les voici, ces fameuses puces, à la réputation internationale, et à l'authenticité souvent décriée... Les jours de puces, c'est une foule énorme (on dit que c'est l'un des endroits les plus visités de France !) se pressant devant les stands de fringues neuves qui commencent avant la porte de Clignancourt, succédant au marché improvisé de la voiture d'occasion pendant la semaine. Et puis, on entre dans le goulet d'étranglement de la rue Jean-Henri-Fabre, après les vendeurs pakistanais et autres vendeurs à la sauvette sous le périphérique. On se presse, on se faufile, au milieu de ce gigantesque « melting-potes » balisé par les cartons des joueurs de bonneteau qui attrapent les derniers gogos de l'ère moderne. Les puristes préfèrent les puces de Vanves ou de Montreuil, plus confidentielles et moins « frelatées », disent-ils. Définir leur atmosphère, c'est passer de leur aspect « foire commerciale », avec ces vendeurs à la limite de l'arnaque, qui vous chuchotent de fausses bonnes affaires à l'oreille, aux brocanteurs véritables et discrets, en passant par les antiquaires un poil cyniques, blasés devant tant de promeneurs, et qui vous regardent en sachant au premier coup d'œil si vos poches sont pleines... C'est pourtant bien sympathique de les regarder déjeuner sur la table que vous avez envie d'acheter !

Mais, redisons-le ce côté blasé et cynique des Puces rend le contact, parfois, à la limite du supportable. Il faut dire qu'on y fait avant tout du business, et quel business ! Il est fini (ou presque) le temps où la « récup » était un moyen de survie. Les rumeurs les plus folles circulent à propos de son chiffre d'affaires. Les marchés couverts appartiennent parfois à des groupes financiers. Les stands se revendent à prix d'or et il faut parler en millions ! Mais que ne dit-on pas aux Puces ? Les coulisses sont plus organisées qu'il n'y paraît au premier abord, derrière le décor... Ça n'empêche pas d'y trouver le brocanteur sympa, ou la vieille mamie antiquaire, disponible et aimant

SAINT-OUEN

vous renseigner, même si vous n'achetez pas... ce coup-ci ! Rien ne vous empêche non plus de vous balader dans les rues à l'écart du marché, rues désertes aux façades décrépies, où l'on croise de vieux rades, dans de vieux immeubles qui n'ont pas bénéficié de l'embellie des puces. Avec leur population ouvrière, celle qui connaît encore les « problèmes de fric » que connaissaient à l'origine les anciens « biffins »...

Petit mode d'emploi des puces *(plan II)*

Il existe neuf marchés proprement dit aux puces mais, entre chacun d'eux, les rues sont pleines de stands. À part le marché Serpette et le marché Malik, qui sont spécialisés respectivement dans le mobilier 1900-1930 et dans la fringue, les autres marchés accueillent des stands de brocante au sens large. Pour trouver, il faut arriver tôt... et chiner ! Les jours de pluie sont propices aux bons achats : moins de monde et vendeurs démoralisés ! Voici un petit tour du propriétaire, sans souci de cohérence géographique, mais plutôt en fonction de notre subjectivité.

– *Le marché Jules-Vallès :* tout au bout de la rue Jules-Vallès, sur la droite. On doit sa création à un Vénitien qui acheta, juste avant la Seconde Guerre mondiale, un terrain de 1 500 m². Un peu excentré, ignoré, mais pourtant le moins cher et peut-être le plus sympa. Il abrite une centaine d'exposants le long de ses deux allées couvertes. Ceux qui, dans la hiérarchie des puces, ont fait leurs classes sur le trottoir, rue Paul-Bert. On y trouve du tout-venant, très peu de style et un bric-à-brac de broc même pas étudié. Certains affichent cependant leurs tendances ou leurs passions : juste à l'entrée, une vieille horlogerie super, puis toutes sortes d'objets, petit mobilier, montres, lampes, vieilles cartes postales, vaisselle... Toilettes au milieu du marché. Un nouveau petit marché s'est ouvert non loin de là : le marché Lécuyer-Vallès, qui relie les rues du même nom. Là aussi, c'est de la vraie broc.

– *Le marché Paul-Bert :* entrées au n° 96, rue des Rosiers, et n° 18, rue Paul-Bert. Le plus provincial, celui où il fait bon chiner. Les emplacements étaient, lors de sa création, réservés aux personnes dont les biens avaient été spoliés pendant l'Occupation. Aujourd'hui, c'est le poumon des puces. Tradition et régionalisme y sont les mots clés. Allée 5, beaucoup de vieux mobilier.

– *Le marché Serpette :* un des derniers-nés et le plus branché. Lové dans le marché Paul-Bert. Rendez-vous des amoureux des années 1900-1930. Plus récent mais moins « puces » que d'autres. Plus confortable par temps de pluie puisqu'il est couvert ! Très beaux meubles des années 30. Partout des toiles curieuses, pleines d'originalité.

– *Le marché Biron :* 85, rue des Rosiers, et 118, av. Michelet. Il regroupe 220 stands proposant une marchandise bourgeoise bien astiquée. À moins d'avoir un portefeuille bien garni ou d'avoir définitivement jeté l'ancre... Inutile de se perdre dans ses arcanes de haute époque ou de style rustique. Ce marché revendique l'authenticité de sa marchandise. Chaque exposant adhère à une charte lui interdisant le faux. Mobilier Napoléon III, lustres clinquants, peinture du XIXe siècle. En un mot : kitsch. Un stand à ne pas rater pour le décor : le stand 158. Affiches Art nouveau, Art déco et années 50 : stand 140, allée 2.

– *Le marché Cambo :* à côté du marché Biron. 40 antiquaires. Mobilier, restauration, quelques pièces du XVIIe siècle. Assez ennuyeux.

– *Le marché Vernaison :* 99, rue des Rosiers, ou 136, av. Michelet. Le premier-né des Puces. Créé en 1920 par Romain Vernaison, loueur de chaises des jardins publics. Avec ses économies, il acheta un terrain de 13 ha ! Comme quoi, il n'y a pas de sots métiers ! Un véritable labyrinthe dans lequel il est recommandé de se perdre... Ruelles en cul-de-sac, passages peuvent réserver d'agréables surprises. Vieux meubles et objets curieux. Beaucoup de neuf et de meubles retapés. Mais, en fouinant bien, quelques bonnes

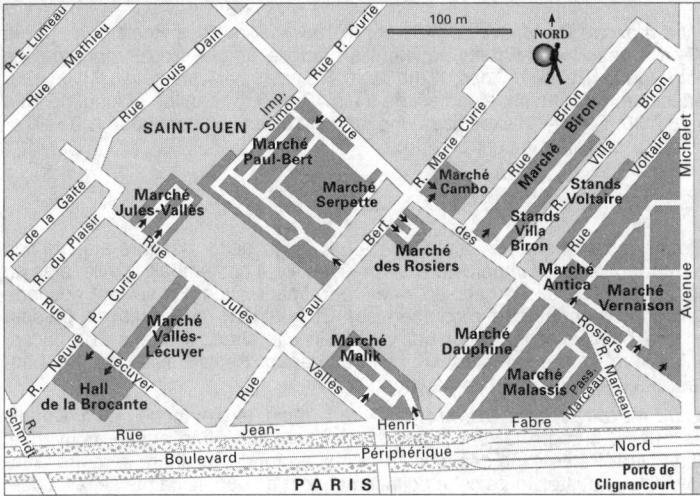

SAINT-OUEN – MARCHÉ AUX PUCES (PLAN II)

adresses : *Maison Jacques,* allée 1, stand 6, pour des kilomètres de perles en tous genres... inépuisable. *Béatrice Cuvelier,* allée 8, stand 197 (côté avenue Michelet). « Bizarreries ». Une jeune femme mondaine, très « public relations » qui alimente le Tout-Paris du théâtre et du cinéma en fourniture de scène, tenues 1900 pour soirées « célèbres » incognito. Ses cartes de visite sont des images de première communion. Ne vous y fiez pas...

C'est au cœur de ce marché qu'on trouve le célèbre *resto Louisette* où, tous les après-midi des samedi, dimanche et lundi, des chanteurs font revivre la chanson française, accompagnés d'un accordéoniste. À la bonne franquette, quoi ! Dommage que depuis quelque temps la nourriture se soit franchement dégradée. Elle n'a jamais été très bonne, mais là, c'est limite ! On peut toujours y prendre un verre pour se baigner dans cette atmosphère populaire, musette et délicieusement ringarde ! Ouvert de 13 h à 18 h.

– *Le marché Malik :* entrée rue Jean-Henri-Fabre. Le royaume de la fringue. Malik était le nom d'un prince albanais, propriétaire du bistrot *A Picolo,* qui existe toujours d'ailleurs. Il acheta 3 000 m^2 de terrain. Aujourd'hui, le marché a été recouvert de verrières. Il y a encore quelques années, le Malik était un lieu où se faisaient et se défaisaient les modes parallèles, inspiratrices de nombreux stylistes. Un grand souk aux fringues. Chacun pouvait s'inventer, au choix, une nouvelle peau. Fin des années 80, triste constatation : les Halles ont envahi les puces. Fringues neuves, qualité médiocre, manque d'originalité, prix non négociables, accueil déplorable. Le Malik est pourtant le plus visité. Il faut dire que la moitié des clients du Malik ne connaissent même pas l'existence des autres marchés. Quelques stands méritent tout de même une visite... Plusieurs stands de disques, K7 et CD. À la sortie côté Jules-Vallès, des disquaires, un tatoueur et un marchand de BD.

– *Le marché Malassis :* entrée par la rue des Rosiers. Marché récent et couvert, un peu comme le Dauphine. 200 stands et beaucoup de neuf un peu bof, sauf : *Une maison,* stand 119, au rez-de-chaussée. Vieux ustensiles de maison adorables. Cher. Stands 89-90 : vieux juke-boxes des années 60. Stand 76 : *Lefaucheux,* tous produits d'entretien pour vos meubles achetés aux puces. Stand 5 : *La Collectionnite,* jouets anciens,. Journaux à l'entrée du marché.

– *Le marché Dauphine :* entrée par le 138-140, rue des Rosiers, ou par le 17, rue Jean-Henri-Fabre. Bâtiment en fausse brique, trop « moderne » à notre goût. Peintures des XVIIIe et XIXe siècles, art médiéval, style néoclassique, etc. Ouvert le samedi de 9 h à 18 h 30. Dimanche et lundi de 10 h à 18 h 30. Cabinet d'expertise qui peut délivrer un certificat pour 120 F. Distributeur de billets à l'entrée.

PETITS ITINÉRAIRES EN SAUTS DE PUCES !

Disons-le franchement, Saint-Ouen a un visage plutôt défiguré aujourd'hui. La modernité et les impératifs économiques n'ont pas embelli la ville, bien au contraire. Nous allons donc solliciter votre imagination. En suivant nos indications, elle peut être récompensée ! Et quelques curiosités se glissent encore bien volontiers pour qui veut bien chercher... Partons des puces, puisque tel sera sûrement votre point de départ. Petite balade dans la banlieue « blues » décrite par Raymond Queneau...

★ *Le marché Alfred-Ottino :* rue Alfred-Ottino, le dimanche matin. Depuis les puces, prendre la rue Charles-Schmitt. Marché très animé, couvert et découvert. Petite expo des artistes locaux au fond. Rejoindre le métro Garibaldi. Vous quittez toute cette agitation et, tout à coup, le calme se fait. Juste à côté de l'église, le *square Marmottan.* Outre qu'il procure le spectacle des vieux jours des anciens Audoniens, sachez qu'il fut réalisé grâce au legs d'un maire du 16e arrondissement, Marmottan, qui désirait qu'une banlieue populaire soit dotée d'un espace vert. Saint-Ouen fut choisie. Bel exemple de solidarité entre une mairie dite « bourgeoise » et une banlieue communiste ! Derrière l'avenue Gabriel-Péri commencent les *usines Citroën,* tout de brique vêtues. Vous pouvez prendre la rue Farcot et longer la grande baie vitrée du bâtiment (au n° 7, immeuble typique de la période ouvrière et au n° 15, attention, porte « protégée » par des radars !) ou bien prendre la rue Garibaldi (au n° 28, jolie maison rose à faïences).

★ *L'avenue du Capitaine-Glarner :* on y trouve le tout nouveau *Village de la Communication.* On y met en boîte « La Chance aux chansons », ainsi que de nombreux jeux télévisés ! Avec un peu de chance, vous serez « casté » sauvagement dans la rue. Sinon, ne vous faites pas de mouron (vous êtes très bien quand même) et allez jeter un œil à l'adorable *Bibliothèque annexe* installée dans une maison particulière, sur l'autre trottoir, au n° 43. Ouvert l'après-midi les mardi, jeudi et vendredi, toute la journée le mercredi, ainsi que le samedi matin. Plein de boiseries superbes dans un petit espace.

★ Au carrefour des rues Farcot et Émile-Zola, la *Crèche Monmousseau,* de 1880, porte le nom d'un jeune résistant mort en déportation. C'est la tradition dans les banlieues communistes de donner les noms des martyrs de la guerre aux rues et aux établissements. Prenez la *rue Émile-Zola* et jetez un œil à l'école primaire construite à la même époque. Horloge originale avec son petit toit. Garçons et filles ont leurs entrées respectives. C'était le bon temps de la communale ! Passez la villa des Cerisiers et le passage Juif, dont personne n'a encore trouvé d'explication au nom. Avant la place Payret, l'*hôtel Germinal :* rue Émile-Zola, ça s'imposait !

★ *Place Payret,* la modernité surgit. Le Saint-Ouen des logements sociaux fait le lien avec les entreprises du bord du périphérique, tel l'Institut Citroën, dans le *passage Lacour* à votre droite. Bonne surprise : tournant délibérément le dos au building flambant neuf du célèbre constructeur, 4 ou 5 maisons de la période ouvrière résistent encore et toujours à l'envahisseur ! C'est vraiment le village gaulois. Le mur arrière dépasse encore de cet îlot adorable, avec ses courettes réduites à la portion congrue. Un vrai décor de cinoche. On se demande pour combien de temps... Voir le jardinet de la maison Peillex, visiblement l'Astérix local ! Les apprentis sociologues iront satisfaire leur curiosité en suivant la rue latérale qui mène au R.E.R. : HLM et terrains vagues semblent échoués au bord de l'avenue Victor-Hugo. Prendre la *rue Arago,* avant, à droite. Aux n°s 12, 14 et 16, élégants immeubles ouvriers, « eau et gaz à tous les étages ». Plus loin, le *temple de Bethel,* construction bien grise abritant une église évangélique prisée des Portugais, nombreux dans le quartier. Face au temple, la rue Martin-Levasseur et le passage Robespierre, avec ses maisons d'ouvriers, ses courettes et ses jardinets refaits à neuf.

★ Continuez la rue Arago jusqu'à la rue Alexandre-Dumas, dans l'axe, et vous revoilà avenue du Capitaine-Glarner. À l'angle, cartouche à tête de lion sur un immeuble en brique. À gauche, après le pont S.N.C.F. de 1931, au n° 12, le *studio photo du magazine* Elle, toujours dans l'ancien bâtiment (en brique, forcément en brique !...) des usines Ricqlès. Au bout, la place du Capitaine-Glarner, avec ses vieux restos pour routiers. Ambiance garantie ! Revenez sur vos pas, et retrouvez l'*usine Citroën.* De nombreux conflits sociaux ont eu lieu ici. Et ce n'était pas triste... Si vous voulez replonger dans l'ambiance « actualités de l'époque » ou rêver de la « sortie des usines », allez manger un morceau à l'*Estrela Alejentana* (voir « Où manger ? »), avec les employés de Citroën, pile en face de l'usine.

★ *La mairie de Saint-Ouen :* elle fut construite en 1866 sous le mandat, on vous le rappelle, d'Alexis Godillot, le créateur des célèbres chaussures (les Reebok de l'époque !). Il est dommage que la mairie ne puisse pas instituer des jours et des heures d'ouverture au public, afin de pouvoir admirer les fresques du peintre Paul Gervais, richement évocatrices du passé audonien. La salle du Conseil fut recouverte en 1917 de ces œuvres désormais classées.

★ *Le château de Saint-Ouen :* dans le parc, rue Albert Dhalenne, ouvert de 14 h à 19 h en semaine et de 14 h à 18 h le samedi. Fermé les mardi et dimanche, ainsi que pendant les grandes vacances. ☎ 01-49-48-95-20. Entrée gratuite. Bon, ce n'est pas Versailles ! Le château ressemble à un pavillon à l'italienne. N'oubliez pas qu'il fut démoli en cachette par Louis XVIII et reconstruit afin d'élever un « monument » à sa propre gloire et à celle de la Restauration. Puis, plus prosaïquement, afin de conserver les charmes de sa dernière maîtresse... Plutôt virtuelle d'ailleurs, puisque le roi était alors dans un état physique pitoyable ! Justement ! Il a ainsi retrouvé un coup de jeune... C'est aussi ce qu'a insufflé au château la Municipalité des années 60. Les pièces ont été bien restaurées. Quand il n'y a pas d'expos temporaires, on peut y voir des sculptures de Germaine Richier, disciple d'Antoine Bourdelle puis de Giacometti, une lithographie de Picasso et un dessin de Fernand Léger, entre autres.

Plus nostalgiques, en fait, sont les *jardins ouvriers* le long de la voie de chemin de fer désaffectée, derrière le château. Ils appartiennent encore aux employés d'Alsthom qui se les transmettent à chaque départ en retraite.

★ *L'église du vieux Saint-Ouen :* place de l'Abbé Grégoire, les passionnés (et les courageux) pousseront jusqu'au lieu de naissance du village, où fut exposé le corps d'Audœnus Dado à sa mort et où fut conservé son doigt ! (lire « Un peu d'histoire »). Elle se trouve au beau (?) milieu des HLM et face à l'île de Vannes, défigurée elle aussi par le béton et le modernisme. Paradoxalement, l'intérieur de l'église est plein de charme et de simplicité.

★ *Le Cimetière communal :* nouveau saut de puce, à pied ou en bus (n°s 166 ou 137 ; arrêt : Mairie-de-Saint-Ouen), jusqu'au 25, bd Jean-Jaurès, adresse où repose la comtesse Baschi du Cayla. Sa tombe se trouve à l'angle de l'allée principale et de la 8e division de ce cimetière en pleine ville, où les échos de la circulation vous parviennent encore.

Si le cœur vous en dit, enfoncez-vous dans *un autre quartier ouvrier* par l'avenue des Marronniers, derrière la patinoire (affreuse). Juste avant, à l'angle de la rue Claude-Monet, jetez un œil aux immeubles en brique, dignes vestiges d'une époque où l'on savait faire des logements sociaux regardables...

★ *Le Cimetière parisien de Saint-Ouen :* avenue Michelet. Le cimetière était en fait composé de deux enceintes, l'une créée pour la commune de Montmartre en 1858, tandis que l'autre s'ouvrit plus tard, en 1872. Les deux parties furent réunies en 1886. On y trouve des célébrités aussi diverses les unes que les autres : l'aviateur *Gustave Lemoine,* dont la tombe est ornée de deux ailes symboliques, l'écrivain *Alphonse Allais,* la joueuse de tennis *Suzanne Lenglen* (championne du monde du double à 15 ans en 1914, puis du simple de 1919 à 1926) et enfin *Suzanne Valadon,* modèle pleine de grâce des Renoir, Toulouse-Lautrec et autres Degas, et devenue peintre elle-même et mère du petit Maurice Utrillo.

En quittant le cimetière, vous ne manquerez pas d'aller jeter un œil, juste en face, au petit *Réparateur de phonographes.* C'est une dame ! Vous ne la trouverez que les jours des Puces, de 10 h 30 à 12 h 30 et de 14 h 30 à 19 h ou sur rendez-vous, au 76, av. Michelet (☎ 01-40-12-53-78). Marie-Claude Steger peut réparer votre vieux phono (ceux datant de 1877 à 1930) dans sa minuscule boutique, une ancienne boucherie où pendent joliment des pavillons de phonographes... Les fanas des cylindres gravés dans la cire, qui ne se sont toujours pas faits au CD, convergent de la France entière jusqu'à Saint-Ouen, puisqu'elle est la seule à le faire en France. Ah, réécouter Sarah Bernhardt ou la Femme à Barbe !... Mais ne vous y trompez pas, les « cirés du cylindres » ne sont pas si passéistes : Marie-Claude a maintenant son site Internet (www.phono.org). Amusant : on a retrouvé un certain Steger, dans les années 30, qui exerçait la même profession à... Chicago !

Dernier quartier à explorer, le *quartier Debain,* appelé dans le temps « Cayenne », sans qu'on sache vraiment pourquoi. Il se situe au sud du cimetière et est limité par la rue des Poissonniers qui mène à la porte du même nom, d'où débouchèrent pendant des siècles des marchands de poisson qui se rendaient aux marchés de la capitale. Finissons par une jolie surprise : au fond de l'impasse Germaine (accès par les rues Eugène-Berthoud et Claude-Guinot), ce qu'on appelle le *Pavillon de Liège.* Ce très joli bâtiment, maintenant restauré, fut réalisé pour l'Exposition universelle de 1900. Il était destiné à un pavillon de fabricants d'armes de Liège. La charpente métallique fut conçue par Gustave Eiffel. L'abbé Macchiavelli, déjà à l'origine de l'église Notre-Dame-du-Rosaire (lire plus haut), fit installer le pavillon ici afin de servir d'église improvisée. Le quartier était pauvre. On ajouta une croix au fronton et le tour était joué ! Squatté pendant 10 ans, le bâtiment a finalement été transformé en ateliers d'artistes et en logements HLM.

Marchés

– *Marché Alfred-Ottino :* rue Alfred-Ottino. Les mardi et dimanche matin. Mieux le dimanche.

– Pas besoin de vous rappeler qu'il y a des *puces* à Saint-Ouen (voir plus haut)...

Où sortir ?

– *Espace 1789* (plan I, A3, **30**) : 2-4, rue A.-Bachelet. ☎ 01-40-11-50-23. Derrière le quartier de la mairie. C'est l'espace culturel de la ville, avec la salle des fêtes. C'est d'abord un cinéma, avec 2 salles dont une est classée « art et essai ». Avantage des cinémas de banlieue : c'est moins cher ! Inconvénient : c'est un peu tristoune ! La ville a racheté ce cinéma privé avant que *l'Alhambra,* en face, ne ferme à son tour. C'est aussi une salle de spectacles et un hall d'expositions. Véritable lieu d'artistes, puisque La Goulue avait sa roulotte à cet endroit précis...

Où boire un verre?

❦ *Pub O'Grady's* (plan I, A2, 19) : 35, bd Jean-Jaurès. ☎ 01-40-10-44-44. Fermé le dimanche. Juste à côté du resto chic *Au Coq de la Maison Blanche*. Même maison. Pub minuscule où l'on se retrouve les soirs de match de foot. Encore mieux pendant le Tournoi des 5 Nations. Plein d'Anglo-Saxons assoiffés ces soirs-là! Sinon, ça fait un peu vide... Tiens, une culotte du siècle dernier est encadrée au mur.

ÉPINAY-SUR-SEINE (93800)   49 000 habitants

Longeant la Seine d'Argenteuil à Saint-Denis, et face à L'Île-Saint-Denis, Épinay se dresse en tours serrées, en cités regroupées le long de la N14 et autour du petit centre ancien – ou, du moins, ce qu'il en reste. C'est, on peut dire, un paroxysme d'urbanisme de masse, concentrationnaire (au sens premier de concentrer : loger le plus de monde possible à l'hectare) et bon marché, tel qu'on le concevait pour la banlieue populaire dans les années 60 et 70. Prix d'excellence au centre commercial Épicentre, Épinay + centre, c'est fin et ça va comme un gant à ce bloc énorme où *Epicentre* est inscrit en lettres géantes et qui se prolonge, le long de la nationale, par des immeubles de parking – un décor de mauvais téléfilm sur l'infernale banlieue.

Pourtant on voit, cité Blumenthal, un ravissant exemple de cité ouvrière, construit dans les années 1910 : ainsi, le logement social n'est pas forcément laid à pleurer. On le savait ; on le constate. Cela dit, dans les pavillons Blumenthal, on loge moins de monde que dans une tour HLM. Restent les bords de Seine aménagés, et le parc de la mairie, quartier où quelques rues pavées rappellent le vieil Épinay – et où sont installés les studios Éclair, fleuron du cinéma français. À voir aussi, l'étonnante église Notre-Dame-des-Missions, belle et originale.

Un peu d'histoire

En 638, Dagobert tomba malade à *Spinoïlum*, petit village du domaine royal. Vers l'an mil, la seigneurie d'Épinay échoit aux Montmorency ; le bourg s'articule déjà autour de l'église Saint-Médard, les ruelles descendent vers la Seine ; aux alentours, quelques champs de blé, et, sur le coteau dominant le fleuve, la vigne, qui donne un petit blanc écoulé localement, et qui fera, plus tard, le bonheur des guinguettes.

La spirituelle Madame d'Épinay

Au XVIIIᵉ siècle, la mode est aux « campagnes ». Épinay n'y échappe pas, et quelques maisons de plaisance s'y construisent – dont le château du Terrail, aujourd'hui mairie. Mme d'Épinay, épouse du seigneur local et femme d'esprit au salon littéraire très fameux, résidait habituellement à Deuil-la-Barre ; elle eut cependant un pied-à-terre ici, rue du Mont, maison où elle séjourne de 1754 à 1756, y recevant son protégé d'alors, Jean-Jacques Rousseau. Un peu plus tard, de 1762 à 1770, c'est au château de la Briche (démoli depuis), à Épinay toujours, que Grimm (le philosophe) et son ami Diderot (philosophe aussi) la visitent – le premier charnellement, puisqu'il était son amant déclaré, le second en tout bien tout honneur, platoniquement. Mais, au vrai, qu'en savons-nous ? Les choses se passaient peut-être autrement, et on imagine sans peine les deux compères et la spirituelle (et charmante : il y a d'elle de jolis portraits) Madame d'Épinay pimenter leurs entretiens de parties fines, avec cette liberté d'esprit qui les caractérise. Et Monsieur d'Épinay, en attendant que ça se passe, allant faire un tour dans le parc... avec philosophie !

Ateliers, chemin de fer et logement social

Ce XVIIIᵉ siècle est aussi celui des premiers ateliers : en 1776, les Spina-liens, écolos précoces, protestent contre l'installation d'une fabrique « d'huile de vitriol » – c'est-à-dire d'acide sulfurique. Et, en 1786, une des premières blanchisseries industrielles, la *Buanderie de la Reine* – un nom choisi pour son impact publicitaire, avec l'assentiment du Roi – emploie 160 ouvrières. Mais c'est bien sûr au XIXᵉ siècle que le grand mouvement industriel touche vraiment Épinay. L'ouverture de la gare d'Épinay-Villetaneuse en 1852, puis celle, en 1900, d'une ligne de tramway reliant le bassin d'activité de Saint-Denis–Aubervilliers–Gennevilliers, amènent l'implantation d'un habitat ouvrier pavillonnaire, et de quelques entreprises importantes (verrerie Schneider, conserverie Olida). En 1912, Willy Blumenthal, grand patron dont les ateliers de tannerie sont établis à Saint-Denis, fait construire l'une des premières cités-jardins, formant un quartier nouveau. Bien plus tard, d'autres cités seront construites, d'un tout autre style, énormes et hautes et sans trop de jardins, faisant d'Épinay une ville-dortoir pas vraiment folichonne, qu'on ne fait que traverser. À moins qu'on y habite.

Les studios Éclair

Mais c'est avec la création, en 1907, d'un « théâtre vitré » – on ne disait pas encore studio – par un certain Charles Jourjon, avocat mordu de cinémato-graphe, que débuta l'activité spinassienne la plus remarquable. *L'Éclair* concurrence bientôt Pathé, Gaumont et les géants américains. Les aven-tures muettes de Nick Carter, détective privé, puis de Zigomar, transportent les foules. Après la Première Guerre mondiale, les studios Tobis, qui seront rachetés par Éclair en 1938, naissent à leur tour à Épinay : ils excellent en sonorisation, et produisent en 1929 le premier film parlant français. La qua-lité des studios Tobis attire alors les plus grands : René Clair, Jacques Fey-der, Autant-Lara... C'est la grande époque : *Les Toits de Paris, La Kermesse héroïque, La Grande Illusion* (de Renoir, déclaré « meilleur film de tous les temps » par la critique internationale et dont la scripte s'appelait... Françoise Giroux!) sont tournés ici. Après guerre et jusqu'à aujourd'hui, la saga conti-nue : *Le Mur de l'Atlantique, Parole de flic, Buffet froid, La Reine Margot, Léon...* et même, *that's just incredible, Moonraker, man, one of the best James Bond!* Ah, des noms encore : Gabin, Delon, Dewaere, Adjani, Depar-dieu, tous les grands, les géants de notre bon vieux cinéma français, notre cinoche à nous, crévindieu, ont franchi ou franchissent encore les portes des studios Éclair.

Comment y aller ?

– **En bus R.A.T.P. :** de la porte de Clichy, ligne 138 a ; de la porte de La Chapelle, ligne 256 ; autres lignes transversales, depuis Saint-Denis, Porte-de-Paris notamment (154 et 354).
– **En bus T.V.O.** *(Transports du Val-d'Oise) :* de la gare R.E.R. d'Épinay, jonctions avec Enghien, Bezons, Andilly, Montmagny...
– **En R.E.R. :** gare R.E.R., place de la Nouvelle-Gare. Ligne C (Porte-de-Clichy).
– **En train :** gare d'Épinay-Villetaneuse, route de Saint-Leu. De la gare du Nord, direction Pontoise, Valmondois ou Luzarches.
– **En voiture :** de la porte de Clichy, RN 310 ; de la porte de Clignancourt, RN 14.

Adresse utile

■ *Mairie :* 1, esplanade François-Mitterrand. ☎ 01-49-71-99-99.

Où manger ? Où boire un verre ?

|●| ▼ *Le Café d'Été :* en bas de la rue de l'Abreuvoir (face à la mairie, prendre la rue d'Aubigny vers le poste de police, c'est la 2e à gauche, qui descend vers les quais). Sur les berges de la Seine, un endroit bien sympa, terrasse et parasols, ouvert du 15 juin au 15 septembre, pour croquer une salade ou prendre un Vittelmenthe, une bière ou un café. Et soirées « Nord-Sud » de temps à autre : couscous, paella, *tajine* et concert en plein air (programme au : ☎ 01-49-71-99-99 ou 01-42-35-25-60).

À voir

★ *L'église Notre-Dame-des-Missions :* 102, av. Joffre (N14, vers Saint-Gratien). Cet étonnant édifice est la réplique du pavillon des Missions catholiques présenté à l'Exposition coloniale de 1931. Construit en 1933, en béton cette fois (l'original était en bois), il présente une curieuse façade en profil de pagode, ornée de motifs géométriques japonisants, et surmontée de sculptures imitées des Indiens d'Amérique : tête parée de plumes, figure de squaw. Au sommet, la Vierge. À droite, un clocher-minaret, avec aux angles les quatre races humaines : Indien d'Amérique, Noir, Asiatique et Blanc européen. Un mélange de styles et de cultures illustrant la vocation des missions catholiques, évangélisatrices du monde. À l'intérieur, nef rythmée de larges piliers transversaux, formant des chapelles latérales où sont accrochées de grandes compositions de Maurice Denis et de ses élèves. Peintures nabis donc, illustrant la « conquête » du monde par les missionnaires (le Canada, l'Afrique, l'Irlande, etc.). Joli. Jolies aussi sont les statues figurant les béatitudes, sculptures colossales, très Art déco. Dans le chœur, superbes vitraux.

★ *Le château du Terrail (mairie) :* construit en 1760 en place du château seigneurial, celui-ci est en forme de T, initiale du marquis du Terrail, et présente une architecture et une décoration soignées : combles à l'italienne avec balustres masquant le toit, trophées symbolisant la guerre, la paix, la chasse et la musique, et, sur la façade nord (côté Seine), mascarons représentant les quatre continents. Le maire y est chez lui depuis 1908, et cette fonction administrative n'a pas endommagé l'édifice. Derrière et à côté, parc agréable.

★ *Dans le centre-ville,* l'église Saint-Médard, reconstruite au XVIIIe siècle, n'a rien de particulier, sinon de détonner au milieu des immeubles. Mais, sur une bande d'une centaine de mètres, entre la rue de l'Église, la rue Mulot et la Seine, il reste un *îlot ancien,* assez charmant avec ses petites rues pavées, ses maisonnettes et ses accès aux *berges* (rue du Mont, rue de l'Abreuvoir), où le chemin de halage a été aménagé en promenade. Les *studios Éclair* se trouvent rue du Mont – entrée réservée aux travailleurs (se visite pendant les Journées du Patrimoine).

★ On a fait là, à peu près, le tour du plaisant Épinay. Reste toutefois, sur l'est de la commune, le *quartier Blumenthal* : fin quadrillage de rues bordées de pavillons de meulière accouplés, avec jardinet. Il y en a près de 300, une cité-jardin mimi comme tout, bel exemple d'habitat social du début du siècle (1912) ; ou quand le patronat choyait ses prolétaires. Ah, c'était le bon temps !

AUBERVILLIERS (93300)   67 552 habitants

Quatrième plus grosse commune du département et une population jeune, puisque 44 % des habitants ont moins de 30 ans ! Limitrophe de Paris, Aubervilliers n'en a pas moins conservé longtemps un caractère rural. Ce n'est que dans la deuxième moitié du XXᵉ siècle que la ville s'industrialisa. Prototype pur et dur de la commune ouvrière, en proie jusqu'au sortir de la Seconde Guerre mondiale à une dramatique crise du logement et, pour beaucoup d'habitants, à des conditions d'existence misérables. Les pauvres « Enfants d'Auber », chantés notamment par Germaine Montéro, Piaf et Ferré, symbolisèrent longtemps la ville. Aujourd'hui, ce sont plutôt les remarquables ensembles urbains de Renée Gailhoustet, le théâtre de la Commune, le dynamisme culturel et le renouveau économique de la ville qui en sont l'image de marque.

Un peu d'histoire

L'origine du nom, en latin, viendrait d'*Alberti* ou *Auberti Villare,* c'est-à-dire la métairie *(villare)* d'Albert ou Aubert (un illustre paysan inconnu). Il est fait mention de ce nom pour la première fois en 1060 dans un acte de donation du roi, concernant quelques terres, au prieuré de Saint-Martin-des-Champs de Paris. Le village dépend de l'abbaye de Saint-Denis ; ce n'est qu'au début du XIVᵉ siècle qu'il se dote d'une paroisse.

À partir de 1336, une série de miracles vont faire de la chapelle, puis de l'église qui va suivre, un très populaire lieu de pèlerinage. Elle y gagna le titre de Notre-Dame-des-Vertus. Gros dégâts sur la commune pendant la guerre de Cent Ans. En 1411, les Armagnac pillent l'église ; en 1429, les Anglais occupent le village jusqu'à la paix d'Arras. Idem pendant les guerres de Religion : une grande bataille en 1567 y oppose l'armée catholique d'Anne de Montmorency à celle des protestants ; en 1590, pendant le siège de Paris, Henri IV tient son camp de base à Aubervilliers... D'ailleurs, devant les progrès du protestantisme, en 1529, toutes les paroisses parisiennes se rassemblèrent à Notre-Dame et se rendirent en cortège vers Notre-Dame-des-Vertus. On dit qu'il y eut tant de torches et flambeaux que les gens de Montléry « pensoient que le feu fut dans Paris ». Au début du XVIIᵉ siècle, le pèlerinage devenant trop populaire et difficile à gérer, la paroisse passa aux mains des oratoriens et se transforma aussi en important centre spirituel. Au XVIIIᵉ siècle, Aubervilliers, encore totalement rural, subit les déprédations des chasses royales et, surtout, celles des bêtes du bétail des bouchers de Pantin, qui y ont droit de pâture.

La commune vécut la Révolution comme les autres, pas de faits saillants. Notre-Dame-des-Vertus devint temple de la Raison et le curé se maria. En 1814, Aubervilliers est bien sûr prise par les Prussiens. Re-beubeu, l'année suivante, après Waterloo, avec le célèbre Blücher, non sans que le village ne fût pris et repris (44 fois dit-on !). La construction du canal de Saint-Denis en 1818 amorce le désenclavement d'Aubervilliers et son urbanisation.

En 1870, décidément bien placée à l'est, la ville est à nouveau pillée par les Prussiens. Sa vocation industrielle par la suite se précise. En 1871, les usines Cartier-Bresson de Colmar s'y implantent, amenant de nombreux Alsaciens-Lorrains qui ont choisi la France. Prélude aussi à toutes les vagues d'immigration qui contribueront à la croissance de la ville : Bretons, Espagnols, Italiens, Maghrébins, Portugais et Africains. À signaler que Pierre Laval fut maire de la ville de 1923 à 1943.

La période contemporaine

Municipalité PC à partir de 1946, avec à sa tête Charles Tillon. Celui-ci mit en œuvre une politique de transformation radicale de la ville, surtout en matière de logement. À l'époque, Blaise Cendrars écrivait : « Le plus triste dans ce décor industriel où le capitalisme et le prolétariat sont en prise sans rémission, c'est de rencontrer des gosses qui se rendent le matin à l'école. Grands dieux ! Que peuvent-ils encore apprendre à l'école, ces malheureux enfants qui connaissent déjà la vie dans tous les coins ? » Pour sensibiliser l'opinion, Tillon fit aussi réaliser un film par Eli Liotard sur cette misère et les taudis de la ville, accompagné d'un remarquable commentaire de Jacques Prévert.

Après la dramatique désindustrialisation de ces vingt dernières années, Aubervilliers retrouve un nouveau souffle grâce au développement des activités tertiaires, notamment dans l'informatique, l'audiovisuel, l'électronique, les laboratoires de recherche (Saint-Gobain, Rhône-Poulenc), etc. Outre de nombreuses PME-PMI déjà présentes, un nouveau pôle économique s'affirme également puissamment avec les Magasins généraux et le secteur de la porte d'Aubervilliers, spécialisés dans la vente en gros et l'import-export.

Quelques Albertivilliariens célèbres

Personnalités, artistes, écrivains liés à l'histoire de la ville : ***Firmin Gémier***, né à Aubervilliers (1869-1933). Il fut acteur, directeur du Théâtre français, de l'Odéon et fondateur du Théâtre national populaire (TNP) dont il assura la direction de 1920 à 1933. ***Charles Tillon*** (1897-1993) : une vie riche et bien remplie. S'illustra dans la célèbre mutinerie de la mer Noire en 1921, lorsque de nombreux marins français refusèrent de combattre la révolution russe, député d'Aubervilliers en 1936, commandant en chef des Francs-Tireurs et Partisans (FTP) dans la Résistance, ministre de l'Air, de l'Armement et de la Reconstruction dans les gouvernements de la Libération, maire d'Aubervilliers de 1944 à 1952. Exclu du PCF (avec André Marty) peu après, il resta cependant un vieux révolutionnaire jusqu'à la fin de sa vie. En 1972, en pleine vague de répression marcellinesque, il contribue à la fondation du Secours rouge pour venir en aide aux militants d'extrême-gauche emprisonnés. Un grand monsieur, c'est dit ! Comme écrivain, ***Didier Daeninckx,*** qui habite ici, ne manqua probablement pas de matière et d'images fortes pour ses polars. Enfin, ***Jack Ralite,*** sénateur-maire d'Aubervilliers, combattant farouche de l'exception culturelle, fut ministre de la Santé en 1981 dans le gouvernement Mauroy.

LA SEINE-SAINT-DENIS

■ **Adresses utiles**

  1 Mairie
  ⊠ Poste
  🚌 Gare routière

|●| **Où manger ?**

  5 Au Rendez-Vous des Camionneurs
  6 Restaurant La Justice
  7 Chào de Estrêlas
  8 L'Expo
  9 L'Isola
  10 L'Auberge de Marrakech
  11 Le 287 Café
  12 La Ferme d'Aurillac

★ **À voir**

  1 Mairie
  20 Église Notre-Dame-des-Vertus
  21 Square Stalingrad
  22 Le fort d'Aubervilliers et les jardins ouvriers
  23 Quartier de la Maladrerie
  24 Magasins généraux

🍷 **Où boire un verre ? Où sortir ?**

  30 Caf' Omja
  31 Espace Renaudie
  32 Théâtre équestre Zingaro
  33 Théâtre de la Commune

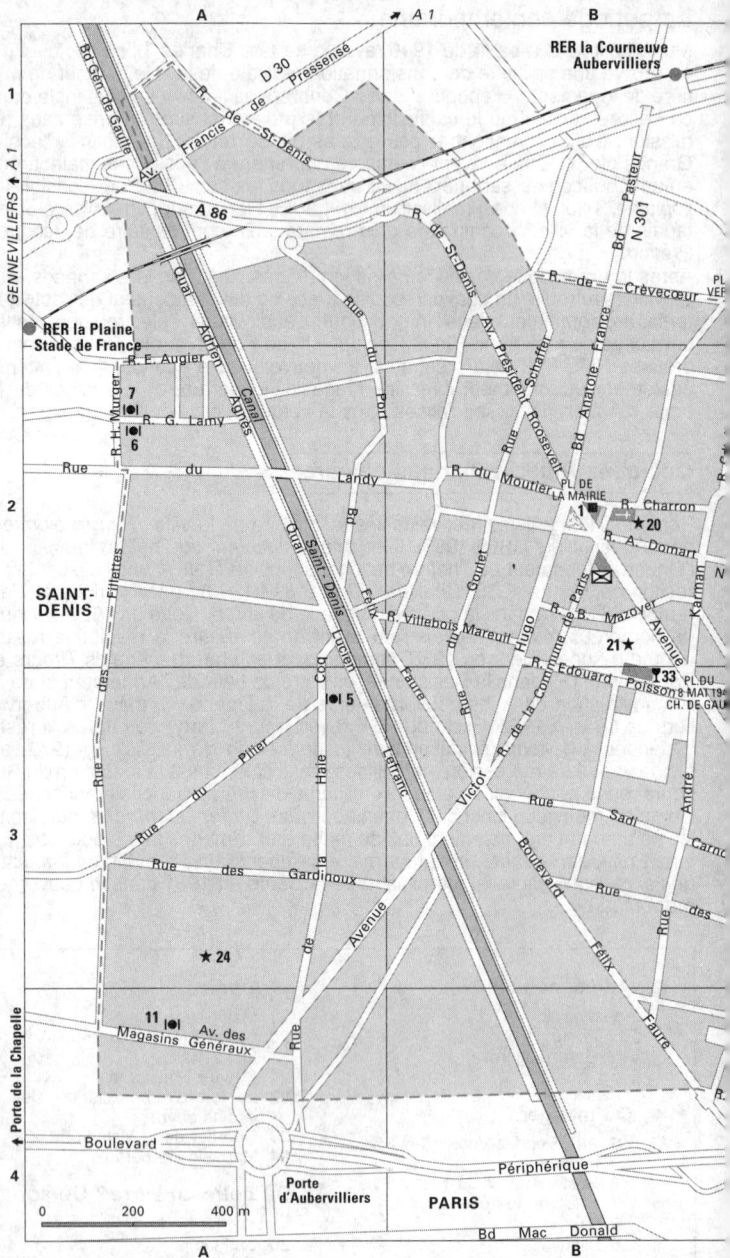

AUBERVILLIERS

A   A 1   B

RER la Courneuve Aubervilliers

1

Bd Gén. de Gaulle

D 30
R. de Pressense

Av. Francis de St-Denis

A 86

GENNEVILLIERS A 1

R. de St-Denis

R. de Crèvecoeur

PL VER

Bd Pasteur
N 301

RER la Plaine Stade de France

Quai Adrien
Canal
Agnès
R. E. Augier
R. G. Lamy
R.H. Murger

7

6

Rue   du   Port

Rue

Av. Président Roosevelt

Bd Anatole France

R. de St-Denis

Rue   du

Landy

R. du Moutier

PL. DE LA MAIRIE

R. Charron

★20

R. A. Domart

N

SAINT-DENIS

Rue

Rue   des   Fillettes

Bd   Saint   Denis

Quai Lucien

Cco

R. Villebois Mareuil

Goulet

Rue de Paris

Hugo

Avenue

R. B. Mazoyer

Karman

1

2

R. Edouard

R. de la Commune de Paris

21★

▼33 PL. DU
Poisson 8 MAI 194
CH. DE GAU

Félix

Faure

I 5

Rue   du   Pilier

Rue   des

Haie

Leffranc

Rue

Victor

Rue

Sadi

André

Carno

3

Rue   des

Gardinoux

Avenue

de

Boulevard

Rue

Rue   des

Félix

Faure

★ 24

Porte de la Chapelle

11 |●|

Av. des
Magasins Généraux

Rue

4

Boulevard

Périphérique

Porte d'Aubervilliers

PARIS

0   200   400 m

Bd   Mac   Donald

A   B

A 1, LE BOURGET — **C** ← A 86, A 1 **D**

A 86

LA COURNEUVE

Avenue

Jean

Jaurès

N 186

NORD

LE BOURGET

Rue   Raspail   D 114

Rue   Alfred

la Courneuve (M) 1

BOBIGNY

N 2

Jarry

Blanc

R.   Hélène

9 |●|

Rue   Boulevard   Édouard   Vaillant

Av. Paul Couturier

Av. Vaillant

12 |●|

Cochennec

Jaurès

Danielle

Square
L. Brun

Casanova

|●| 8

Réchossière   PLACE
COTTIN

R. du Long
Sentier

R.-J. Guesde

23 ★

31

Fort-
d'Aubervilliers (M) 🚌

Cité des
Courtillières 2

Av. de la Division Leclerc

Rue

Sq. de la
Maladrerie

R. de la Maladrerie

Rue

Rue   Lopez et

Allée
des Mélèzes

Rue   Réchossière

32

Avenue

Jean

80 Ⓣ

Cités

de la Motte

Fort
d'Aubervilliers

Barbusse

22 ★

G. Delafain

Henri

Jaurès

3

Lecuyer

Cimetière Parisien
de Pantin-Bobigny

République

10 |●|

Écoles

Rue

Jean

Quatre-Chemins (M)

BOBIGNY

Avenue   D 20

Avenue E.

PANTIN

raynaud

Vaillant

4

Porte
de la Villette

C ↙ Porte de Pantin **D**

AUBERVILLIERS

AUBERVILLIERS

Comment y aller?

– *En métro :* ligne n° 7 (Mairie-d'Ivry – La Courneuve). Stations : Quatre-Chemins (pour la mairie, bus n° 150) et Fort-d'Aubervilliers.
– *En R.E.R. :* ligne B. Aux limites nord de la ville, deux stations : La Plaine-Voyageurs et La Courneuve-Aubervilliers.
– *En bus :* n°s 65 (Gare-d'Austerlitz – Mairie-d'Aubervilliers), 134 (Fort-d'Aubervilliers – Bondy), 139 (La Plaine-Voyageurs – Porte-de-la-Villette), 150 (Porte-de-la-Villette – Pierrefitte – Stains), 152 (Porte-de-la-Villette – Le Blanc-Mesnil), 170 (Saint-Denis – La Poterie – Porte-des-Lilas), 173 (Porte-de-Clichy – La Courneuve), 250 (Fort-d'Aubervilliers – Gonesse).

Adresse utile

■ *Mairie (plan B2, 1) :* place de la Mairie. ☎ 01-48-39-52-00.

Où manger?

I●I *Au Rendez-Vous des Camion-neurs (plan A3, 5) :* 17, rue de la Haie-Coq. ☎ 01-48-34-78-35. Ouvert midi et soir jusqu'à 23 h. Fermé les samedi soir et dimanche soir. Le midi, particulièrement animé et plein comme un œuf pour le menu à 53 F (vin compris). Salle nickel et accueil jeune et sympa. Beaucoup d'habitués visiblement. Petite cuisine régionale bonne et simple. Fameux couscous le mercredi et le vendredi.
I●I *Restaurant La Justice (plan A2, 6) :* 25, rue Gaétan-Lamy. ☎ 01-43-52-09-16. Fermé les samedi et dimanche. Dans le quartier du Landy, pour aventuriers urbains. Surtout un resto du midi. Cuisine familiale uniquement à base de produits frais. Menu à 57 F et plat du jour à 37 F. Copieux et accueil chaleureux.
I●I *Chào de Estrêlas (plan A2, 7) :* 56, rue Gaetan-Lamy (à l'angle de Henry-Murger). ☎ 01-48-33-64-33. À la frontière avec Saint-Denis. Pas loin du Stade de France. Bon resto portugais. Grand choix à la carte : *bacalhau a libertada ou no forno, peixe a brasileira* (poisson), *leitao assado* (cochon de lait au four), *almeijoas a bolhao do pato* (vénus au vin blanc), chevreau grillé, etc. Menu à 50 F le midi avec buffet de hors-d'œuvre, quart de vin et café compris. Musique les vendredi et samedi soir.
I●I ? *L'Expo (plan D2, 8) :* 132, rue Danielle-Casanova (angle G.-Blanc). ☎ 01-48-33-62-45. Dans un ensemble récent. D'abord, une grande salle avec bar et décorée d'intéressantes peintures modernes. Au fond, une deuxième salle pour un menu le midi, pas cher et très correct.

Prix moyens à plus chic

I●I *L'Isola (plan C1, 9) :* 33, bd Édouard-Vaillant. ☎ 01-48-34-88-76. M. : Fort-d'Aubervilliers. Fermé le dimanche et le soir des lundi, mardi et mercredi. Au nord de la ville. Faut aller le chercher loin ce petit resto italien tenu par deux charmantes sœurs. Accueil d'une gentillesse exemplaire, on est tout de suite adopté. Cadre plaisant, cossu sans ostentation. Nappes et serviettes en tissu. Clientèle réjouie. Cuisine particulièrement élaborée à base de produits du marché. Pâtes délicieuses, *scalopina del prato, osso bucco, ravioli di ricotta,* lasagne, et puis ce bon plat sarde au beau nom de *coulourgionisi,* etc. À la carte, compter 150 F.
I●I *L'Auberge de Marrakech (plan C3, 10) :* 105, av. de la République.

M. : Quatre-Chemins. ☎ 01-43-52-10-08. Ouvert tous les jours. Cadre cossu, grande salle, plantes vertes, cuivres et tout pour un des meilleurs couscous de la ville (en particulier, à l'agneau mijoté), sans oublier les *tajines* (au filet de daurade, à l'agneau, etc.) et les grillades. Mini-couscous pour enfants à 35 F.

|●| ᪐ *Le 287 Café* (plan A4, 11) : 43/33, av. Victor-Hugo. ☎ 01-43-52-91-91. Situé dans les Magasins généraux, porte d'Aubervilliers. Fermé les dimanche et lundi. Installé dans un immense entrepôt. Bar-restaurant bien dans le ton des activités du coin. Décor avec tous les clichés de la culture américaine (néons, gadgets, atmosphère rock and roll, etc.), clientèle branchée du vêtement et des médias. On n'a pas pu tester l'éclectique cuisine à dominante tex-mex : *chili con carne, fajitas* poulet, *T-bone,* magret, faux-filet, choucroute aux trois poissons... Pas trop bon marché : plats de 58 à 120 F. Menus à 140 F et 200 F.

|●| *La Ferme d'Aurillac* (plan D2, 12) : 269, av. Jean-Jaurès. M. : Fort-d'Aubervilliers. ☎ 01-48-37-53-88. Fermé le lundi et le mardi soir. Cadre au rustique chaleureux pour une excellente et classique cuisine du terroir. À la carte : tête et rognons de veau, tripoux, confit maison, filet de turbot grillé beurre d'anchois, noix de ris de veau au riesling, steak de biche aux fruits rouges, etc. Menus à 150 F (au bon rapport qualité-prix) et à 220 F.

À voir

LA SEINE-SAINT-DENIS

★ *L'église Notre-Dame-des-Vertus* (plan B2, 20) : construite au XVe siècle. Louis XIII vient y prononcer un vœu en 1614 : si les protestants sont battus, il construira une église à Paris (ça sera Notre-Dame-des-Victoires). En outre, il offre la façade de Notre-Dame-des-Vertus, édifiée dans le style jésuite. Partie supérieure percée de deux oculi surmontés d'une niche à grosses volutes. Tour de 30 m de haut. À l'intérieur, remarquer l'ampleur de la nef, la belle voûte à liernes et, surtout, bien que du XIXe siècle, une intéressante série de vitraux. Le chevet tout plat ne fut jamais achevé. Chapiteaux peu saillants. Au milieu de la voûte, chose assez rare, deux clés de voûte représentant saint Christophe et la Vierge et l'Enfant. Détaillons quelques vitraux : à gauche du chœur, celui du miracle de la pluie. En 1336, une rude sécheresse frappant les maraîchers de la commune, une petite fille en prière voit des larmes couler sur le visage de la Vierge, tandis qu'il se met à pleuvoir. Huit des dix-sept vitraux de l'église racontent d'ailleurs d'autres miracles. Le pèlerinage cessa dans les années 70, mais le nombre de cierges témoigne de la pérennité des traditions. 3e vitrail à droite, Richelieu et Louis XIII après la victoire sur les protestants. Dans le 5e à droite, la grande manif aux flambeaux de 1529, de Notre-Dame vers l'église d'Aubervilliers, qui fit croire aux banlieusards que Paris brûlait (les deux sanctuaires y sont représentés). Dans la verrière du chœur, tout en haut, un curé sectaire masqua l'œil maçonnique. Grand orgue à la française du début du XVIIe siècle, le dernier d'Île-de-France (et il en reste quatre en Europe). Pédalier en bois, 2 000 jeux, etc. On a du mal à y jouer du Bach (plutôt du Marin Marais). Superbe buffet en bois sculpté. Quelques toiles comme le *Christ au Jardin des Oliviers,* du XVIIIe siècle, et un portrait de Marie de l'Incarnation. À gauche du chœur, chapelle de Notre-Dame-des-Vertus avec Vierge à l'Enfant du XIXe siècle (copie de l'œuvre originale) et deux anges du XVIe. Sur le bas-côté gauche, cierges en cire pure du XIVe siècle, ex-voto offert par le maréchal de Toulouse.

★ *La mairie* (plan B2, 1) : en face de l'église. C'est l'ancienne maison commune, édifiée en 1849. Sobre façade surmontée d'un petit campanile avec une horloge. À l'intérieur, deux très grandes toiles peintes en 1925 par Gaston Balande, dans un style très néo-classique proche de Puvis de Cha-

vannes : *Allégorie du Travail*, censée exprimer quelques vertus républicaines (force, courage dans le travail des bâtisseurs, etc., et *Allégorie de l'Abondance*, où de plantureuses femmes plantées dans un cadre idyllique incarnent la beauté, l'opulence, les vertus nourricières...
L'ensemble mairie-église, avec sa très agréable place, la fontaine due au talent du sculpteur Georges Amado, les demeures anciennes qui l'entourent et celles de la rue du Moutier (la grande rue commerçante), tout cela donne au centre-ville encore un p'tit côté village, avec un brin de convivialité. De l'autre côté de l'avenue Victor-Hugo s'élève le *vieux marché* (1861), tout de fer, brique et verre. Jeter aussi un œil, au 14, bd Anatole-France, sur le bel immeuble Art nouveau du début du siècle, avec une façade et des balcons fort bien travaillés.

★ **Le square Stalingrad** *(plan B2, 21)* **:** le plus grand espace vert de la ville, très populaire chez les jeunes et les moins jeunes, avec son phoque en bronze et ses marronniers centenaires. On y trouve le théâtre de la Commune et la bibliothèque Saint-John-Perse, installés dans l'ex-salle des fêtes de style 1900. Plus loin le tribunal d'instance, ancienne justice de paix, là aussi archétype de l'architecture officielle du siècle dernier.

★ **Le fort d'Aubervilliers et les jardins ouvriers** *(plan D2-3, 22)* **:** M. : Fort-d'Aubervilliers. Construit au XIXe siècle, il fit partie, à partir de 1840, de la ceinture de défense de Paris. Il souffrit des bombardements prussiens de 1870 et de ceux de la Commune l'année suivante. Aujourd'hui, il est occupé par un casse de voitures. Aux beaux jours, agréable balade autour, sur un petit chemin surplombant les jardins ouvriers. Ces jardins sont l'un des derniers témoignages de l'ère industrielle. Entrée avenue de la Division-Leclerc (en face de la cité des Courtillières). On en compte environ 150. Plusieurs sentiers vont vers le fort et les desservent. Petites portes d'accès aux sentiers parfois ouvertes. Les parcourir discrètement, vous bénéficierez, de part et d'autre, de quelques sympathiques scènes et tranches de vie à la Willy Ronis ! Un vaste projet municipal prévoit la restauration du fort. Appelé *Métafort*, il contribuera à la création d'un pôle d'innovation dans le domaine des technologies de l'image.

★ **Le quartier de la Maladrerie** *(plan C2, 23)* **:** accès par les rues Danielle-Casanova et Lopez-et-Jules-Martin. Construit par l'architecte ivryenne Renée Gailhoustet à la fin des années 70. On y retrouve toutes ses préoccupations : le maximum de circulation publique, créer de nouveaux espaces, de nouveaux volumes dans la disposition des appartements qui rompent avec l'ennui et la grisaille et, surtout, terrasses et jardins suspendus apportant la chlorophylle à tous les étages. Mélange de logements sociaux, accessions à la propriété et une quarantaine d'ateliers d'artistes. Plus les équipements culturels : bibliothèque Henri-Michaux, espace Renaudie, centre d'arts plastiques Camille-Claudel et le studio d'enregistrement John-Lennon. De nombreux passages et placettes rendent hommage aux grands cinéastes.
Plus loin, par la rue Rechossier, on parvient à l'*allée des Mélèzes*. Les amateurs d'architecture urbaine y découvriront une intéressante petite cité populaire tout en bois, matériau on ne peut plus chaleureux, surtout quand il s'accompagne de jardinets, balcons et petites terrasses donnant sur des allées piétonnières.

★ **Balade vers le Stade de France et le long du canal :** la rue du Landy (prolongement de la rue du Moutier) évoque la grande foire médiévale du Lendit qui se tenait en juin chaque année (de la Saint-Barnabé à la Saint-Jean-Baptiste) à Saint-Denis. C'est par cette longue rue que passaient négociants et marchands de bestiaux. L'occasion de franchir le canal et son « paysage » si particulier. Le quartier du Landy, en voie de rénovation urbaine, donne encore une idée de la banlieue d'avant (équipements collectifs en plus quand même). Modestes bicoques, hôtels et meublés assez sordides pour immigrés, ferrailleurs et nouvelles petites industries. De la rue Gaëtan-Lamy, à la frontière de Saint-Denis, apparaissent de drôles de haubans, une énorme ellipse... on ne savait pas le Stade de France si proche ! Quelques restos sympathiques et pas chers pour prendre le pouls du quartier (voir « Où manger ? »).

Nos héroïques trekkeurs de banlieue reprendront ensuite les quais Adrien-Agnès et Lucien-Lefranc, le long du canal. Tiens, un insolite meeting de camions-bennes sur le toit d'un immeuble ! Au 39, quai Lucien-Lefranc, l'usine Saint-Gobain, spécialisée dans les produits chimiques, ne répand plus sur la ville ses odeurs de soufre. Les bâtiments ont été réhabilités, transformés en centre de recherche, et présentent un intéressant témoignage de l'architecture industrielle passée. Du pont assurant l'intersection avec l'avenue Victor-Hugo, on peut assister au ballet des péniches aux écluses et voir les vestiges de l'ancien pont-tournant. Là aussi, des projets de réaménagement prévoient de transformer des portions du chemin de halage en promenade piétonnière.

★ **Les Magasins généraux** *(plan A3, 24)* **:** à la porte d'Aubervilliers, ce sont plusieurs dizaines d'hectares d'entrepôts datant pour la plupart du XIXᵉ siècle et s'étendent sur les communes d'Auber et de Saint-Denis. L'intérêt architectural de ces édifices de brique a été reconnu, et beaucoup ont été classés et restaurés. Vous noterez combien certains entrepôts ont été construits avec goût, soin et de bons matériaux, et qu'ils sont dignes de figurer au patrimoine. Hautes façades en pierre meulière et brique, avec parfois d'élégants pignons crantés. Évidemment, on hésite à partir à pied dans ce monstrueux dédale. On peut prendre prétexte d'aller boire un verre au *Rock'n' Roll 287 Café* (voir « Où manger ? »), suffisamment proche de l'avenue Victor-Hugo pour en avoir un aperçu. Aujourd'hui, les Magasins généraux sont le bastion de l'import-export de la confection, et les studios de télévision y occupent une place importante. Une vieille loco et quelques rails sont les ultimes témoins du chemin de fer privé qui reliait les bâtiments de la zone.

Marchés

– **Marché du centre :** à la mairie. Les mardi, jeudi et samedi.
– **Marché de Montfort :** les mercredi, vendredi et dimanche.
– **Marché Jean-Jaurès :** tous les jours sauf le lundi.
– Deux **brocantes** annuelles (printemps-automne). ☎ 01-48-39-52-00.

Où boire un verre ?

♈ **Caf'Omja** *(plan C2, 30)* **:** 125, rue des Cités. ☎ 01-48-34-20-12 et 01-48-34-19-84. Café de jeunes (où l'on ne sert pas d'alcool), avec toujours une bonne animation. Surtout, intéressants concerts de rap, hip-hop, etc., soirées dansantes à prix fort démocratiques.

Où sortir ?

– **Espace Renaudie** *(plan D2, 31)* **:** 30, rue Lopez-et-Jules-Martin. ☎ 01-48-34-42-50. Grande salle polyvalente pour concerts, expos, cinéma, conférences, spectacles divers. Expos particulièrement remarquables (il y a quelques mois, le superbe travail photographique de Luc Choquer sur les jeunes de Seine-Saint-Denis).

– *Le théâtre équestre Zingaro* (*plan D2, 32*) : av. Jean-Jaurès. M. : Fort-d'Aubervilliers. ☎ 01-49-87-59-59. Quand il ne triomphe pas dans d'autres pampas, c'est là que Bartabas, l'homme-cheval, ravit des salles combles de ses galops et mises en scène épiques et poétiques.

– *Le théâtre de la Commune* (*plan B3, 33*) : 2, rue Édouard-Poisson. ☎ 01-48-34-67-67. D'abord, c'est un très beau lieu, aménagé en théâtre depuis 1965. Un des premiers à s'installer en banlieue et à réussir à faire bouger de plus en plus de Parisiens grâce à une programmation exceptionnelle, tant dans le registre classique que la création contemporaine (on se rappelle, entre autres, le sublime *Angels in America*). Dirigé successivement par Gabriel Garran, Alfredo Arias, Brigitte Jaque, François Regnault et, aujourd'hui, Didier Bezace.

– *Le Studio :* à côté, cinéma d'art et essai. ☎ 01-48-33-52-52 et 01-48-33-46-46. Organisateur d'un festival pour jeune public.

Manifestations culturelles

– *Fête des associations :* en juin. ☎ 01-48-39-51-03.
– *Fête du livre :* début décembre. Propose une sélection de 4 000 ouvrages pendant deux jours.

LA COURNEUVE (93120)   34 000 habitants

Qui n'a pas été, au moins une fois, guincher, déguster une saucisse régionale et un discours de justice sociale, ou trouver l'amour « avec les yeux d'Elsa » à la Fête de l'Huma n'a sans doute pas été à La Courneuve.... ça manque à sa culture.

Située entre la N301 et la N2 (ancienne route de Flandres), traversée par la N186 (ancienne route de Saint-Denis à Bondy), bordée de l'ouest à l'est par Saint-Denis, Aubervilliers au sud et Drancy, La Courneuve est une commune de modeste dimension (750 ha), dont près de la moitié de la surface est occupée par le fameux parc paysager départemental, fleuron écologique de la banlieue nord. Aménagé dans les années 60, c'est le symétrique prolétaire et futuriste du vieil et aristocratique parc de Sceaux du sud de la capitale.

Prolétaire n'est pas un qualificatif abusif pour La Courneuve. Ses habitants sont, avec leurs voisins de Stains, les plus pauvres du département. 87 nationalités et presque autant de religions s'y côtoient dans un véritable chaos urbanistico-architectural, dont la seule véritable unité de mesure est la suivante : un quart de la surface urbaine est occupée par des usines !

Un peu d'histoire

Des temps mérovingiens à l'aube du XXᵉ siècle, s'il est bien une banlieue, un non-lieu, c'est La Courneuve. L'endroit, il y a un siècle, ne compte pas 1 500 âmes, éparpillées sur trois hameaux – Saint-Lucien à l'ouest, Crève-Cœur au sud-ouest et La Courneuve à l'actuel centre –, accrochés autour du chemin de Saint-Denis à Bondy, l'actuelle N186, qui jusqu'aujourd'hui reste l'artère principale de la ville. Ce chemin dessine la base sud d'un triangle dont le sommet est formé, au nord de l'actuel parc paysager, par le confluent des cours de la Croult à l'ouest et de la Molette à l'est (aujourd'hui enterrées, dallées, sous béton, autoroutes et voies ferrées). De nombreuses sources alimentent la Croult en ruisseaux et font de tout cet espace au nord des hameaux une région de champs régulièrement détrempés, au point que la Croult à cet endroit s'appelle la « Vieille Mer ». Jusqu'à l'aube du XX\ siècle, l'activité des Courneuviens tourne autour de l'eau – moulins, lavoirs, tanneries et teintures – et des cultures maraîchères et céréalières. À l'est, la Molette, qui déborde sans cesse, rend impraticables les accès vers la route de Flandres et Paris. Dans la seule orbite de l'abbaye de Saint-Denis, la vie suivra pratiquement le même marasme depuis le haut Moyen Âge jusqu'au milieu du XIX\ siècle.

« Pré » histoire

Nul habitant ici, dit l'Église, avant le XII\ siècle. C'est à voir. Il semble au contraire, au vu des fouilles récentes et de l'archéologie aérienne, qu'il y avait là, et de longue date, une vive activité rituelle païenne, dédiée aux cultes solaires, et que c'est peut-être bien pour la conjurer que l'abbaye de Saint-Denis y installa ses établissements au XII\ siècle. Le choix de saint Lucien comme saint patron – « lui-même fait Lumière du Seigneur » et dont la dédicace est fixée le 26 juin aux alentours du solstice – s'expliquerait alors par cette intention de christianiser des lieux voués aux cultes solaires.

La période contemporaine

Pour faire bonne mesure, ce peu de ville est détruite une première fois par la guerre de 1870, puis une deuxième, en 1918, par l'explosion du dépôt de 15 millions de grenades qui y avaient été judicieusement installées. Place nette, dans ce non-lieu sous-peuplé... pour les temps modernes. En 1926, La Courneuve a déjà 10 000 habitants, elle en comptera 43 000 en 68. Ouvriers, évidemment venus d'ailleurs, pour servir dans la grande industrie qui s'installe sur les anciens marécages asséchés.

La liaison avec la route de Flandres est enfin établie aux 4 Routes et un nouveau quartier, ouvrier, y voit le jour au début du siècle. La Courneuve devient un haut lieu de la métallurgie. Les serrureries industrielles Sohier sont les premiers, en 1897. En 1898, c'est Babcok-Willcox, usine de chaudières industrielles. Puis les aciéries Champagnole, les turbines à gaz Rateau, Norton, Mecano, Sud-Aviation, Almeca...

Dans la « ceinture rouge » de Paris, elle reste pourtant une ville de droite. Population sans passé dans ces lieux, elle ne s'identifie guère à l'histoire ouvrière de villes comme Saint-Denis ou Aubervilliers, voisines. L'Église, elle, qui se souvient du temps où elle convertissait les adorateurs du Soleil, érige en 1931, dans le nouveau quartier ouvrier des 4 Routes, l'église Saint-Yves, destinée à rechristianiser les banlieues menacées d'athéisme matérialiste. La Courneuve devient le centre de l'Apostolat de la jeunesse ouvrière, chère à Pie XII, et le curé du lieu, le père Lamy, y a, du reste, vu apparaître la Sainte Vierge.

En 1953, la ville passe à gauche et deviendra, dès lors, l'un des « bastions rouges » de Seine-Saint-Denis. À cette époque, une grande partie de la population s'entasse à la Campa, l'un des plus grands bidonvilles de la région parisienne. Les rivières sont enterrées, les derniers lavoirs bétonnés, le parc paysager aménagé, les autoroutes A1 et A86 percées, la fameuse cité des 4 000 érigée... Si l'histoire d'une ville se lit sur ses murs, ceux de La Courneuve condensent une remarquable superposition, dans l'urgence, de toutes les idées successives du XX\ siècle sur « ce que doit être » l'habitat ouvrier... imaginées par d'autres, ça va de soi.

« Le flux les apporta, le reflux les remporte » : au nombre de 43 000 il y a trente ans, les Courneuviens sont 10 000 de moins au crépuscule du siècle. Les paquebots industriels, Champagnole, Norton, Babcock... sont en cale sèche ou en rade... quand ils n'ont pas été simplement détruits, comme Mecano. Le taux de chômage voisine les 25 % et, autour de leur magnifique parc écologique, les Courneuviens, faute de pire, peuvent renouer les fils d'une non-histoire en retrouvant, sur les mêmes lieux que leurs antiques prédécesseurs, le temps de la contemplation du soleil.

Comment y aller?

– *En métro :* ligne 7, Villejuif - La Courneuve. Station : 8-Mai-1945.
– *En R.E.R. :* ligne B, Paris-Mitry. Station : La Courneuve.
– *En bus :* n° 173, Porte-de-Clichy – La Courneuve (par Saint-Denis, 6-Routes, Mairie, 8-Mai-1945) ; n° 302, Porte-de-la-Chapelle – La Courneuve – 6-Routes (par Saint-Denis) ; n° 152, Porte-de-la-Villette – La Courneuve (8-Mai-1945, Mairie, 6-Routes, Parc-paysager-Ouest) ; n° 249, Porte-des-Lilas, Parc-paysager-Est ; n° 602 c, Place-Stalingrad – La Courneuve (8-Mai-1945).
– *En voiture :* par la porte de la Villette, prendre la N2 jusqu'à la place du 8-Mai-1945 et tourner à gauche, avenue Jean-Jaurès. De Saint-Denis ou de Bobigny, par le tram, ligne T1, qui suit la N186.

Petit lexique

La place de l'Armistice, à l'extrémité ouest, s'appelle aussi « les 6 Routes » ; la place du 8-Mai-1945, à l'est, s'appelle aussi « les 4 Routes » ; la N186, rue principale qui relie ces deux places, s'appelle successivement, d'ouest en est, rue de la Convention, avenue Jean-Jaurès et avenue Lénine ; la N2, venant de porte de la Villette, s'appelle avenue Paul-Vaillant-Couturier, mais est souvent nommée « route des Flandres ».

Où manger?

Bon marché

|●| *Auberge des Sept Cœurs :* 27, av. Jean-Jaurès. ☎ 01-48-36-43-78. Arrêt tram : Géo-André. Ouvert le soir. Dans un quartier de maisonnettes derrière les 4 Routes, une jolie auberge kabyle et accueillante, avec vraie cheminée dedans et petite terrasse dehors. Viandes grillées directes. Plat du jour à 35 F. Couscous les mardi et vendredi. 35 F le couscous simple, 65 F le Royal. C'est royal.

Prix moyens

|●| *Le Mamounia :* 25, av. Paul-Vaillant-Couturier (les 4 Routes). ☎ 01-48-36-35-35. Grand restaurant de couscous, *tajine* et cuisine nord-africaine. Compter 120 F le repas.

Plus chic

|●| *Le Grill du Pêcheur :* 135, av. Paul-Vaillant-Couturier. ☎ 01-48-36-69-92. À côté des usines Rateau. Pour hommes d'affaires principalement. Formule à 85 F, menu à 108 F, et compter 250 F à la carte. Excellent resto de poisson et coquillages.

Plus chic dans le parc

|●| *Le Saint Louis :* 91, av. Waldeck-Rochet. ☎ 01-48-60-00-89. Bus n° 249 ; arrêt : Centre-des-Essences. En plein parc paysager, carte et menu classiques et excellents. Spacieux resto avec terrasse aménagée et salle panoramique. Compter de 100 à 200 F.

À voir

Sur une étendue assez modeste, la promenade à La Courneuve offre un bric-à-brac des idées successivement expérimentées au long du siècle par les urbanistes, architectes et politiques, pour l'habitat populaire et ouvrier. L'inquiétant est de constater que plus les idées et les technologies « progressent » et plus le résultat est proprement terrifiant...

– *1920* : la *cité Albert 1er,* avenue Waldeck-Rochet, après le carrefour Henri-Barbusse. C'est le premier projet de construction d'une ville nouvelle qui devait atteindre 100 000 habitants. Maisons familiales, jardins ouvriers, petites places... Il a été abandonné aussitôt. Dommage, car c'est un petit coin de paradis bucolique et paisible. Il en reste cette esquisse que les habitants, en régime HLM, ne quitteraient pour rien au monde...

– *1920-1930* : quartier des 4 Routes, autour de la place du 8-Mai-1945 et le long des avenues Lénine et Jean-Jaurès. C'est là que s'étoffe La Courneuve dans ces années-là. L'« utopie » Albert 1er est au rancard ; désormais, pour l'ouvrier, on construit des HLM de brique et de béton. Mais cela reste humain, sur 4 ou 5 étages seulement, les façades sans luxe sont agrémentées d'ornements de pierre qui brisent l'austérité. Un vrai quartier de ville où la rue crée les rencontres, les voisinages, les cafés et les commerces. L'église Saint-Yves, avenue Lénine, s'intègre au style de brique. À côté, le marché municipal a été, inévitablement, reconstruit depuis, en moche... mais l'architecte a quand même eu le remords de conserver l'ancien fronton 1930. Avenue Jean-Jaurès, le quartier s'étire peu à peu, vers le stade André-Géo, en rues pavillonnaires.

– *1957-1962* : la *cité des 4 000* (de part et d'autre des 6 Routes, Paul-Verlaine au nord, Saint-Just au sud). C'est LE symbole de l'urbanisme populaire des années 60, de l'« enfer des grands ensembles » qui se sont généralisés alors. Immenses barres de béton de 15 étages, des rues qui n'en sont plus, des espaces qui ne sont que des néants entre les barres. Bref, l'habitat ouvrier comme réservoir de main-d'œuvre. 40 % de la population totale de La Courneuve y est concentrée. Cloche de résonance de la « cassure sociale », elle abrite une majorité de familles au bord du naufrage, n'était-ce les aides sociales... avec ce que cela entraîne de déviances et délinquance, mais aussi de passions éperdues, drames et cancans, d'où émergent heureusement les solidarités collectives. La Municipalité détruit à présent les barres les plus délabrées pour tenter des constructions plus attrayantes vers la rue Balzac.

– *1985* : la *cité Rateau* (rue Rateau, en face des usines). Bannies les barres démesurées sources d'émeutes juvéniles, on fait désormais dans le conceptuel. Les architectes se veulent toujours futuristes ; ici, ils les ont mis la sauce ! Ça pourrait ressembler à une forteresse hérissée de chicanes aiguës ou à une stylisation du HIV, coulée dans du béton cru... Mais à l'intérieur de ces arêtes en pyramides de 4 ou 5 étages, on se sent à l'abri de tout et de tous. Qui dit logements ouvriers dit usine, il suffit d'y penser. Les usines Rateau sont donc sur le trottoir d'en face, plus de prétexte pour arriver en retard, et ça évite de penser trop longtemps entre la télé et le boulot. Au rez-de-chaussée, on a mis des ateliers d'artistes, pour l'optimisme.

– *1992* : la *ZAC du centre-ville,* rue de la Convention. Tram : Hôtel-de-Ville. Verre, acier, béton, dalles, centre commercial... le genre d'architecture urbaine où TOUT est tellement prévu qu'on se demande si l'expression « flâner au centre-ville » n'appartient pas à une langue morte.

– *Urbanisme* : en se plaçant sur le pont Palmer qui « relie » la rue de la Convention et l'avenue Jean-Jaurès, on pourra mesurer comment le percement de voies de communication peut détruire les communications entre divers quartiers d'une ville. Cet enchevêtrement qui passe au-dessus de l'A86 et du raccordement à l'A1 est à peu près le seul point de passage entre les quartiers Crève-Cœur, Centre et 4 Routes, et autant vaut doubler le cap

Horn que de le franchir à pied. Le mode d'éclairage qui surplombe ce chaos est un « plus » artistique, on l'appelle « La Brosse à dents »...

★ *L'architecture industrielle :* en matière de bâtiments urbains, le meilleur qu'a laissé l'industrialisation c'est, après tout, les usines. Si elles ferment leurs portes, elles laissent en ville de belles cathédrales. Près de la mairie, les *aciéries Champagnole* (1910) en belle brique rouge vif abritent aujourd'hui bibliothèque et discothèque municipales. Derrière, de l'autre côté de la gare R.E.R., on voit s'élever le paquebot bleu et blanc des *usines Babcock* (1898) au milieu d'un parc de 3 ha (rue Émile-Zola).

Au 160, av. Vaillant-Couturier, en face de la rue Rateau, les *usines Cusenier* (1931) dressent leur magnifique nef de brique aux grandes ouvertures vitrées... Contagion ou audace d'architecte ? Le dispositif antibruit qui couvre l'A86 autour de la gare du R.E.R. a été déguisé en « style usine », par souci d'harmonie.

Vestiges de l'homo humanis

Il y en a, même des plus récents, çà et là, épars. Ça serre un peu le cœur, mais ça sert l'espoir...

★ *Le cinéma de l'Étoile :* 23, av. Gabriel-Péri, et 1, allée du Progrès. En 1933, quatre ouvriers italiens, les frères Martin, passionnés de cinéma, abandonnent leur boulot et décident de construire un cinéma dans le quartier de la mairie. La salle ouvre en 1935 avec 750 places. Les frangins organisent la vie associative du quartier, ouvrent une buvette, puis un club de boule de l'Étoile. Tout ça emploie jusqu'à 25 personnes et réjouit les Courneuviens jusqu'en 1965. Aujourd'hui, le bâtiment, beau comme du Fellini, est fermé et à l'abandon. Seul le club de boule a survécu dans les jardins de la mairie. Plutôt que de le restaurer, la Municipalité a préféré ouvrir, 200 m plus loin, un cinéma municipal, *L'Étoile* (programmation : ☎ 01-48-35-23-04), classé d'Art et d'Essai, dans les bâtiments en verre de la ZAC. La programmation y est sans reproche... mais l'âme est restée avenue Gabriel-Péri.

★ *Le musée des Cultures légumières :* 11, rue de l'Abreuvoir. ☎ 01-48-36-39-60. Ouvert les lundi, mercredi et dimanche. Installé dans une ancienne « maison de culture », il retrace la vie et présente les techniques et outils des maraîchers courneuviens, dont les derniers ont disparu à la moitié de ce siècle.

★ Quelques *maisons de maraîchers et jardins maraîchers :* rue des Francs-Tireurs, dans le quartier Crève-Cœur – maisons de plâtre typiques de l'habitat légumier, entourées de jardins – et 23, rue Villot, où quelques vergers résistent aux assauts de la ZAC, autour d'une belle maison rurale (remarquer la Vierge en niche...).

★ *L'écomusée de La Courneuve :* 38, av. de la République. ☎ 01-48-38-31-18. On y trouve tout sur l'histoire ancienne, les sarcophages et nécropoles solaires, le temps des lavoirs et des légumiers...

★ *L'église Saint-Lucien :* place de l'Armistice (6 Routes). Les fondations et la base du clocher remontent au XIIe siècle, mais elle fut rasée par les huguenots et reconstruite depuis (XVIIIe - XXe siècles). Un tableau de bonne facture de Freminet (1589), *Vierge à l'Enfant avec Joseph,* maître efficace et peintre du roi à partir de 1603. Dans la crypte, des sarcophages mérovingiens – mais chrétiens – du VIIe siècle.

★ Voir aussi la *fresque de Mentor* (la reconquête du Bonheur) au *centre culturel Guy-Moquet* (av. Paul-Vaillant-Couturier, près de la rue Rateau).

Le parc paysager

De mai à novembre, c'est évidemment l'un des meilleurs endroits pour flâner, pique-niquer, faire du cheval et étudier les essences végétales au théâtre de verdure. 300 ha splendides.

– *Centre équestre UCPA :* ☎ 01-48-38-62-62. 70 chevaux, 40 poneys, 10 enseignants. Accès en bus : n° 152 par l'ouest et n° 249 par l'est.

– Dans l'extension du parc, *piscines* de Marville (bus n° 152), parc de Sports inter-départemental.

– Voici maintenant une *balade* dans le parc de 8 km (2 h 30) pour nos lecteurs randonneurs. En circuit, depuis la N301 et le parking de la Croix-Blanche sur le boulevard Maxime-Gorki, entre Saint-Denis et Stains. Balisage jaune du P.R., jaune et rouge du G.R. de Pays et blanc et rouge du G.R. 14A. Réf. : *Les Environs de Paris à pied,* éd. FFRP. Carte IGN : 2314. Documentation sur la faune et la flore à la Maison du Parc.

Depuis le parking, vous pénétrez dans le parc départemental de La Courneuve par la roseraie. Rien à voir avec la fête de l'Huma qui se tient dans le parc depuis des années. Les roses sont du plus bel effet en juin. L'allée balisée en jaune et rouge longe les deux lacs savamment paysagés. Faux reliefs, vraies fleurs, vrais canards et vrais cygnes font oublier les HLM tout proches. Tilleuls et sorbiers, hêtres, sureaux noirs et aulnes glutineux bordent les allées de ce parc, l'un des plus anciens de la banlieue parisienne. Vous longez le Grand Lac par sa rive nord, non sans avoir la surprise de rencontrer des gardes à cheval, comme en plein cœur du Canada. Franchissez le pont Iris où des sculptures colorées évoquent des gens qui marchent. Vous dépassez la voie ferrée de la Grande Ceinture pour rejoindre sur la gauche l'arboretum.

Le balisage jaune du P.R. vous ramène sur la droite, contournant les lacs Supérieurs et le bassin des Brouillards (oiseaux migrateurs). Il se poursuit, si vous vous sentez en pleine forme, par le parcours sportif. Le simple randonneur revient vers la voie ferrée par le balisage jaune et rouge du G.R.P. sur la droite et l'allée des Brouillards, jusqu'au pont Iris. Se rapprochant du Grand Lac, l'itinéraire le contourne sur la gauche dans l'allée du Port. Il monte sur le Belvédère, créé de toutes pièces sur une hauteur de quelque 50 m. Le panorama sur la Seine-Saint-Denis, dont il est le point culminant, vaut ces quelques efforts de grimpette. Lapins de garenne, hérissons et renards roux ne sont pas rares, encore faut-il les apercevoir...

Redescendez par la Maison du Parc (documentation intéressante) pour reprendre par le théâtre de Verdure la direction du Poney-Club indiqué par le balisage jaune. De là, vous remontez au nord vers le parking de la Croix-Blanche.

Marché

– *Marché des 4 Routes :* av. Lénine. Les mardi, vendredi et dimanche.

Où sortir ?

– *L'Espace Gagarine :* 56, rue Anatole-France. M. : 8-Mai-1945. Infos : ☎ 01-49-92-61-61. Accueille en programmation d'octobre à mai les *concerts play-sons,* festival de « musiques du monde » de bonne qualité.

– *Le centre culturel Jean-Houdremont :* 11, av. du Général-Leclerc. Infos et réservations : ☎ 01-48-36-11-44. Présente les créations de bonne tenue de la troupe du centre dramatique de La Courneuve.

Fêtes et manifestations

– *La fête de La Courneuve* a lieu le 27 juin et est marquée par des défilés à l'initiative des quartiers.
– Et puis, bien sûr, la *fête de l'Huma,* au parc paysager, tous les ans, début septembre.

LE BOURGET (93350)   11 500 habitants

Le Bourget n'est qu'une modeste commune de Seine-Saint-Denis, une bourgade comme son nom l'indique, et pourtant sa renommée a fait le tour du monde... en avion. C'est en effet ici qu'est née et que s'est écrite l'épopée moderne de l'aviation.
Situé de part et d'autre de la N2, l'ancienne route des Flandres, à l'est de la Courneuve et au nord de Drancy, Le Bourget est bordé au sud par le chemin de fer de la ligne de Soisson et traversé au nord par l'autoroute A1. 200 000 véhicules par jour sur l'A1, 44 000 sur la N2, et presque autant au total sur les départementales 30 et 50 qui traversent la ville d'est en ouest. C'est dire que Le Bourget est voué aux communications !
Mais c'est aussi une ville ouvrière de grandes industries métallurgiques et mécaniques qui ont fait quadrupler sa population au cours du siècle. Elles n'ont pourtant ni défiguré sa physionomie, ni brisé son unité de petite ville paisible, épargnée par les catastrophes urbanistico-architecturales dont on aurait pu craindre la menace.
Bien qu'atteint, comme toutes les villes voisines, par le déclin industriel, Le Bourget reste néanmoins, dans le département, une ville relativement préservée dans son unité sociale.

Un peu d'histoire

Il faut bien croire que c'est Hermès lui-même qui a présidé aux destinées du Bourget. Alors que les autres communes, peuplées d'agriculteurs, s'établissent entre les grandes routes, Le Bourget se forme, dès le XVe siècle, sur la route de Flandres elle-même. C'est là que doit se faire le premier relais de chevaux quand on quitte Paris sur cet axe essentiel. Établi par Louis XI comme premier relais de poste, il restera l'arrêt obligatoire de la malle poste, de toutes les diligences, courriers et envois jusqu'au début de ce siècle, où le pétrole viendra remplacer l'avoine. Pas vraiment laboureur, le Bourgetin était donc plutôt palefrenier, hôtelier-tavernier, cocher, maréchal-ferrant et... maquignon.
Du maréchal de Saxe partant vers les Flandres à Napoléon, talonné par les cosaques, d'Attila qui y campa aux Allemands qui en décampèrent en 1944, on y a vu s'arrêter bien du beau linge et passer beaucoup d'invasions. De toutes ces marches, contremarches et combats qui les accompagnèrent, c'est visiblement la guerre de 1870 qui a laissé la plus forte empreinte dans l'idée que les Bourgetins se font de leur histoire. C'est d'une bataille homérique que la commune fut le théâtre en octobre et décembre 1870, dont le souvenir est pieusement commémoré dans les tableaux qui ornent mairie et église, dans les nombreuses reliques qui y sont conservées, dans les monuments qui parsèment la ville et bien sûr dans les noms des rues.
En octobre 1870, des unités françaises peu nombreuses, principalement composées de francs-tireurs de la presse et de bataillons volontaires, reprennent audacieusement Le Bourget aux Prussiens qui l'occupent. Trois jours après, retranchés dans l'église, ils doivent se rendre à la contre-

attaque des régiments de Saxe, après leur avoir fait subir de lourdes pertes et attendu vainement les renforts promis par l'état-major. En décembre, la tentative de ce dernier pour reconquérir la ville, désormais défendue par un ennemi fortement établi, se solde par un désastre. Ce que les Bourgetins en retinrent, outre la destruction de leur ville où l'on se battit maison par maison, c'est l'héroïsme des soldats et de leurs commandants, livrés à l'abandon par un état-major plus soucieux de conserver des troupes fraîches pour briser la révolution qui montait à Paris, que de prêter main forte aux combattants.

L'aéroport

Dès sa construction, pour raisons militaires, en 1914, l'aérodrome, puis l'aéroport du Bourget fut le siège d'événements qui marquent la mémoire collective du monde entier. C'est là, d'abord, que s'illustrent les « as » de la guerre de 14-18 : René Fonck « le matador du ciel », Félix Madon « le diable rouge », Charles Nungesser « le hussard de la mort » qui peignait sur son fuselage la tête de mort entre deux tibias et le cercueil...
La guerre finie, commence la grande épopée de l'aviation civile. Le 8 mai 1927, Nungesser et Coli s'envolent sur « l'oiseau blanc », un Levasseur bourré de carburant, pour rejoindre New York. Personne ne les reverra plus. Deux semaines plus tard, Charles Lindbergh, un Américain, réussit l'exploit dans l'autre sens, et atterrit au Bourget devant une foule de 250 000 Parisiens en délire.
C'est là qu'est née l'Aéropostale, et c'était justice dans cette ville née elle-même de la Poste, et c'est au Bourget qu'officiait Didier Daurat, patron de Mermoz et de Saint-Exupéry, celui qui sera « Rivière », le « Monsieur Horaire » de *Vol de Nuit*.
En 1937, on construit la nouvelle aérogare, la plus moderne du monde. Peu après, les grandes foules parisiennes envahiront à nouveau, dans la passion collective, la piste d'atterrissage. C'est au début de l'automne 1938. Le président du Conseil, Daladier, est dans l'avion qui se pose. Il arrive de Munich où, en compagnie de Lord Chamberlain, il vient de signer les accords qui laissent au chancelier Hitler le « champ libre à l'est » pour ses revendications territoriales et lui abandonnent la Tchécoslovaquie. Il sait qu'il a ainsi signé, comme par avance, la capitulation des gouvernants français devant le fascisme. Voyant par le hublot la marée humaine qui envahit le terrain, il s'attend à être lynché par la foule. Il est livide quand on ouvre la portière... et c'est une ovation d'enthousiasme fervent qui l'accueille : « Vive la Paix ! » Il se tourne alors vers son chef de cabinet et n'aura qu'un mot : « Les cons ! »
L'aéroport publique fermera définitivement en 1975, quand Roissy prend le relais. Elle s'est reconvertie depuis dans le plus grand musée du monde de l'aéronautique et de l'espace, le musée de l'Air. Néanmoins, outre l'activité militaire et celle d'aérodrome privé et de fret qui s'y poursuivent, elle continue, grâce au luxe et à la discrétion de son salon d'honneur, de servir à la réception des personnalités illustres en visite à Paris, gardant au Bourget ce privilège, hérité du XVe siècle, d'être la première ou la dernière halte des rois et des héros, à l'orée de la capitale.

Comment y aller ?

– **En bus :** depuis la porte des Lilas, bus n° 249. Depuis la porte de la Villette, bus n° 152.
– **En R.E.R. :** ligne B, arrêt Le Bourget-Ceinture.
– **En train :** gare du Nord (gare annexe) ; Le Bourget-Drancy.
– **En voiture :** suivre la N2, porte de la Villette, jusqu'au Bourget.

LA SEINE-SAINT-DENIS

Où manger ?

La litanie des auberges et tavernes qui jalonnaient Le Bourget au temps du relais de poste s'est évidemment transférée face à l'aérogare sur la N2 (avenue de la Division-Leclerc). Ce n'est pas uniquement destiné aux touristes du musée de l'Air, mais aussi à ceux qui travaillent sur l'aérodrome et qui ont l'appétit solide. Allez-y à l'inspiration.

I●I *L'Aviatic :* à l'angle de l'avenue de la Division-Leclerc (N2) et de l'avenue Jean-Jaurès. ☎ 01-48-37-90-36. Formule à 68 F avec hors-d'œuvre à volonté (très soignés), plat du jour bien cuisiné, fromage et dessert. Menu à 150 F, avec un plat en plus. On ne pleure pas dans son assiette. Accueil aimable et service attentif.

I●I *Les Sports :* en face du précédent. ☎ : 01-48-37-00-65. Fait à peu près la même chose. Bernard Tapie, quand il était encore loulou de banlieue, y tenait, dit-on, son QG.

I●I *La Brasserie de la Gare :* en face de la gare. Spécialisé en couscous. C'est coquet et le plat du jour est à 38 F.

I●I *Les Dolmens :* 20, rue Francis-de-Pressensé. ☎ : 01-48-37-16-51. Menu à 52 F avec buffet à volonté, plat du jour et dessert. Cuisine familiale, mais l'endroit est un peu à l'étroit.

À voir

★ Plusieurs **maisons de maîtres** donnent une idée du « standing » des bourgeois de la ville, tant à l'époque de la Poste qu'au moment de l'essor industriel de la fin du XIXᵉ siècle. Au 51, *av. de la Division-Leclerc,* un joli hôtel particulier du XVIIIᵉ siècle, en pierre de taille avec colombier et toiture d'ardoise qui appartenait, au début de ce siècle, au principal marchand de chevaux. Aux nᵒˢ 5, 7 et 9, *rue Francis-de-Pressensé* (ancienne avenue de la Gare). La rue comporte plusieurs maisons d'industriels et maîtres de forge de la fin du XIXᵉ siècle. Entourées de jardins, construites dans les mêmes matériaux que les usines des propriétaires, leurs façades sont décorées d'une façon qui alterne brique naturelle, brique vernissée, céramique, enduits colorés, où l'on reconnaît l'influence de l'Art nouveau de la Belle Époque. Au 15, *rue du Commandant-Rolland,* l'immeuble de rapport de cinq étages, de la même époque, est aujourd'hui bien mal en point. Il donne pourtant une idée d'un habitat soigné destiné aux classes plus modestes, sans doute agents de maîtrise, locataires de petits appartements.

L'architecture de l'âge d'or industriel a laissé de beaux restes. En suivant la rue du Commandant-Rolland, on pourra admirer, au nᵒ 43, la façade 1900 des *usines Mc Neil Akron Repiquet* (anciennes usines Worthington), toujours en activité. Un peu plus loin, la *Compagnie Electro-mécanique* a fermé ses portes. Elle laisse une cathédrale industrielle de 1885 que la mairie aimerait, à juste titre, préserver de sa destruction.

★ *La gare :* gare de triage à l'intersection de la ligne de Soisson et de la grande ceinture, elle a conservé son architecture d'origine (1877). C'est un des hauts lieux où s'illustra *ad nauseum* « la connerie » identifiée par Daladier en 1938. C'est de là que partirent, en 42 et 43, pour les camps d'extermination, les convois de déportés regroupés au camp de Drancy.

★ *L'hôtel de ville :* 61, av. de la Division-Leclerc. Construit en 1936-39 dans le style Bauhaus, en brique rouge (on en retrouve le style dans l'École Normale – IUFM –, av. Jean-Jaurès). Les premiers occupants en furent les Allemands qui l'incendièrent lors des combats de fin août 1944. Il a été restauré dans le respect absolu de l'origine. On peut y voir deux grandes toiles du peintre officiel patriotique Charles Fouqueray (1872-1956) : *Les Cavaliers de l'Apocalypse* (1932), qui est inspiré de sa propre expérience de la guerre en 14-18, et *La Mort du commandant Brasseur* (1956), qui illustre les combats de 1870 autour de l'église. C'est de l'art héroïque, et Fouqueray lui-même en est mort le jour où il acheva le tableau...

★ Pour les fervents, d'autres lieux et monuments entretiennent la mémoire de 1870 : l'*église Saint-Nicolas* (XVIIe siècle), 119, av. de la Division-Leclerc. Restaurée en 1885 et 1906, elle renferme de nombreux tableaux et reliques catholico-patriotiques évoquant cette bataille (fermée faute de curé, demander au presbytère, derrière, pour visiter) ; place du 11-Novembre, le *monument à l'Épée Brisée* érigé par le Conseil Général de la Seine en 1873 ; la *chapelle commémorative de 1870,* en face du cimetière, contient les restes de 500 soldats français tués dans les combats, et dans le cimetière, on pourra voir la pyramide aux 3 000 soldats bavarois des Régiments de Saxe qui y ont aussi laissé leur peau. Au cimetière, à droite après l'entrée, la tombe de Musnier, le dernier maître de Poste.

★ *Le musée de l'Air et de l'Espace :* sur la N2 en direction de Senlis. ☎ 01-49-92-70-62 et 71-71. Fermé le lundi. Entrée : 30 F. C'est l'ancienne aérogare (architecte Georges Labro, 1937) dont la construction, vue du ciel, figure un bimoteur au sol dont les ailes seraient les terrasses latérales et le cockpit, la tour de contrôle s'avançant au centre, tandis que l'allée centrale dessinerait le fuselage terminé par les deux ailerons de queue à l'endroit des postes d'entrée. C'est aussi, dans ce domaine, le plus important musée du monde. On peut y trouver les collections des premiers modèles de machines volantes ramenés de Meudon, les coucous de la guerre de 14-18, ainsi que les principaux engins de terreur aérienne que l'intelligence a su concevoir depuis. On appréciera le progrès, c'est instructif. On y verra ainsi exposés et expliqués tous les aspects de techniques aériennes, ainsi que l'histoire de l'aviation civile depuis l'Aéropostale, avec les avions de toutes les époques, depuis ceux de Mermoz ou de Costes et Bellonte, remis en état dans les ateliers de l'aéroport, jusqu'au Concorde. Tout cela exposé en « décors réels », puisque ce sont les hangars et pistes de l'aérodrome.

★ *Le musée de l'Espace :* Le Bourget passe de l'air à la conquête du cosmos. Il y a le premier Spoutnik et la fusée Pamplemousse, la navette spatiale et la station Mir, sans oublier Ariane et ses constellations... Vous y trouverez, bien sûr, toute la documentation et les conférences idoines. Bref, c'est à ne pas rater, car ce n'est pas un musée en l'air.

Marché

– *Marché :* rue du Commandant-Rolland. Les mercredi et samedi. Vieux marché en plein air.

Manifestation

– La grande fête du Bourget, évidemment, c'est, toutes les années impaires, à la mi-juin, le *salon de l'Aéronautique*. C'est là que depuis les années 20 sont présentés les « derniers cris » de l'aviation civile et militaire internationale. C'est là qu'on y franchit les premiers « murs du son » et qu'y firent leurs premiers vols publics : la Caravelle en 1955, le Tupolev 114 en 59 et le Concorde, bien sûr. C'est là que la Patrouille de France fit connaître le Mystère IV, le Fouga et le Rafale. C'est aussi là que Youri Gagarine conta pour la première fois aux Occidentaux ébahis la rencontre de l'homme avec l'infini... En un mot, pour les Icariens passionnés, c'est LA manifestation internationale à ne pas rater.

LA SEINE-SAINT-DENIS

PANTIN (93500)   47 000 habitants

Curieuse ville que Pantin qui vit naître, par hasard, Pierre Desproges (étonnant, non?). L'ancien village agricole, devenu bourg industriel, présente aujourd'hui une drôle de physionomie. En fait Pantin est, du sud au nord, littéralement saucissonné. Au sud de la limite du Pré-Saint-Gervais, du fort de Romainville et des Lilas, on trouve un habitat majoritairement pavillonnaire, dans un espace assez aéré par quelques cimetières et jardins publics. Puis, première coupe, l'avenue Jean-Lolive, une nationale (RN3) deux fois trois voies. Au nord de l'avenue, le triangle église-mairie-métro Hoche délimite le centre-ville, autour du peu réjouissant centre commercial Vertpantin. Puis le canal de l'Ourcq marque une nouvelle rupture. Beaucoup d'entrepôts, et on arrive à la voie ferrée qui étend son réseau. Encore quelques habitations, une autre nationale (RN2, av. du Général-Leclerc), jusqu'à l'immense Cimetière parisien de Pantin, qui rejoint bientôt le fort d'Aubervilliers. Ces deux excroissances de communes limitrophes exilent à l'extrême nord de Pantin un bout de la ville, la cité des Courtillères.

Pantin, dont on ne félicite par tous les urbanistes, n'est pas une ville facile à apprécier. Les fouilleurs de rues y découvriront bien quelques vieilles usines non encore détruites et quelques témoignages d'architectes ambitieux, souvent noyés dans le tout-venant de confrères moins talentueux.

Surtout, on se promènera, à pied ou à vélo, au bord du canal, qui évoque la ville du XIXe siècle industriel, au cours duquel Pantin fut délibérément immolée sur l'autel des voies de communication.

Enfin, on notera que la situation de Pantin et ses nombreuses dessertes lui permettent encore d'être bien vivante en attirant toujours vers elle de nouvelles activités. Sans même parler de la toute proche Cité des Sciences de la Villette, Hermès, le maroquinier de luxe, et le parfumeur Bourgeois ont installé leurs ateliers dans ce populaire faubourg. On peut considérer que c'est un bon signe, tout comme la prochaine ouverture du Centre national de la Danse, qui fera de Pantin l'un des hauts lieux de l'art chorégraphique. Un peu de grâce ne nuira pas à la ville.

Un peu d'histoire

Même si des traces d'occupation remontent à l'âge de bronze, Pantin n'existe vraiment que depuis la visite, au IVe ou Ve siècle, de saint Germain l'Auxerrois qui y crée une paroisse. Mais Pantin, dont le nom dériverait des marais Pontins, marécages dans la région de Rome, fut toujours un lieu de passage. La voie romaine entre Paris et Trèves la traversait déjà, et la ville vit passer de nombreuses équipées souvent meurtrières : de la guerre de Cent Ans aux Allemands de la dernière, sans oublier la fuite de Louis XVI à Varennes, puis son peu glorieux retour, les Prussiens en 1814 qui rasent la ville, et les taxis de la Marne qui partent au front.

Malgré cela, Pantin, bourg agricole jusqu'au siècle dernier, attira un temps une certaine bourgeoisie qui, à l'instar de Beaumarchais, y fera construire des « folies ». Le peuple, lui, se retrouvait dans les guinguettes, à l'abri des « fortifs ».

Les grands bouleversements viendront au siècle dernier avec l'avènement de la révolution industrielle. Le percement du canal, de 1806 à 1822, puis la construction de la voie ferrée entre Paris et Strasbourg quelques années plus tard, coupent la ville en deux. Ces deux voies majeures de communication et la proximité de Paris attirent de nombreuses industries : tabac, allumettes, distillerie, cristallerie, filature... C'est un certain âge d'or pour Pantin dont la population, augmentée par des vagues d'immigrés, croît de façon vertigineuse.

Malheureusement, la plupart des édifices anciens sont détruits pour laisser leur place à l'industrialisation et aux logements sociaux, dont la construction se poursuit encore aujourd'hui.

Signalons enfin à nos lecteurs férus de sport et d'histoire, que l'Olympique de Pantin fut le club victorieux de la première Coupe de France de football, en 1918, face au F.C. Lyon.

Le crime de Pantin

Ce fait divers monstrueux comme on les aime défraya la chronique en 1869. Un cultivateur découvrit un matin dans son champ un foulard, au bout duquel gisait, égorgée, une femme enceinte, madame Klinck. Les fouilles permirent d'exhumer les corps de ses six enfants, achevés à coups de pioche. On retrouva dans une forêt d'Alsace le cadavre du père de famille, empoisonné à l'acide prussique. Quelques jours après cette macabre découverte, on arrêta au Havre, presque par hasard, un jeune homme de 20 ans, Jean-Baptiste Troppman, qui tentait de s'embarquer pour l'Amérique. Il avoua les crimes, prémédités pour une sordide affaire d'intérêt, qui le conduirent à l'échafaud. En attendant, la presse populaire de l'époque façon « images d'Épinal » avait relayé l'affaire. Le champ où furent trouvés les corps fut saccagé par des dizaines de milliers de visiteurs à la curiosité morbide, venus en train, en voiture ou à pied, au point qu'on dut indemniser les propriétaires des terres avoisinant le macabre champ ! C'est à la suite de ce crime que fut créé le commissariat de Pantin.

Adresses utiles

◨ *Office du tourisme :* 25 *ter,* rue du Pré-Saint-Gervais. ☎ 01-48-44-93-72. ATTENTION : DEVRAIT DÉMÉNAGER ! (mais le téléphone restera le même). Ouvert du lundi au vendredi, de 9 h 30 à 12 h 30 et de 14 h à 18 h. Bon accueil. On peut s'y procurer un plan de la ville.

■ *Mairie :* il y en a deux. L'ancienne, bel édifice du XIXᵉ siècle surmonté d'un clocheton, se trouve au 45, av. du Général-Leclerc. La nouvelle, tout en verre, est édifiée presque en face, au 88, av. du Général-Leclerc. ☎ 01-49-15-40-00.

Comment y aller ?

– *En métro :* deux lignes, la 5 et la 7, passent par Pantin. La ligne 5 (Bobigny – Pablo-Picasso – Place-d'Italie) propose 4 arrêts en comptant la Porte-de-Pantin ; la ligne 7 (La Courneuve – 8-Mai-1945 – Villejuif – Louis-Aragon) stoppe par deux fois à Pantin, dont à la porte de la Villette.

– *En train :* av. de la Gare. Pantin se trouve sur le réseau Est de la S.N.C.F. On peut, de la gare de Pantin, rejoindre celle de Paris-Est.

– *En bus :* gare routière R.A.T.P. desservant les villes environnantes. Départ du métro Église-de-Pantin (ligne 5).

• *Noctambus :* ligne E (direction Garonor), avec correspondance à la mairie de Pantin avec la ligne V (Sevran-Livry).

– *Taxi :* M. : Église-de-Pantin. ☎ 01-48-45-00-00.

Où dormir ?

🛏 *Auberge de jeunesse de Pantin - Cité des Sciences :* 24, rue des Sept-Arpents, 93310 Le Pré-Saint-Gervais (juste à la limite de Pantin). M. : Hoche. ☎ 01-48-43-24-11. Fax : 01-48-43-26-82. Ouvert toute l'année, 24 h sur 24. Carte FUAJ obligatoire. Un bâtiment moderne de 4 étages, au charme purement fonctionnel. 130 lits, par chambres de 4 ou 6, équipées d'un lavabo. Sanitaires à l'étage, plutôt propres. 113 F par personne, petit déjeuner inclus.

Où manger ?

Pas cher à prix moyens

|●| *Les Nuits de Marrakech :* 177, av. Jean-Lolive. ☎ 01-48-45-29-19. Ouvert midi et soir tous les jours, un petit resto marocain comme là-bas, dont le patron est très gentil. Déco surprenante et kitsch (tapis aux murs, sièges en plastique rouge rembourré) et très bons couscous de 31 à 70 F.

|●| *Le Relais :* 61, rue Victor-Hugo. ☎ 01-48-91-31-97. M. : Église-de-Pantin. Fermé les samedi midi et dimanche. Une de nos adresses préférées à Pantin. Ce relais l'est à deux niveaux. Pour vous, c'est l'occasion de faire une pause en dégustant une cuisine gentiment sophistiquée, bien présentée et servie fort classiquement par des jeunes filles en tablier blanc. Pour les dites jeunes filles et leurs camarades qui œuvrent en cuisine, ce relais est un passage vers la vie active. En effet, le restaurant travaille en liaison avec une association de réinsertion qui offre à des personnes en situation d'échec professionnel une chance d'apprendre un métier : celui de la bouche. Noble cause et bonne chère font bon ménage dans cette ancienne fonderie bien réhabilitée, dont les murs en brique, qui rappellent les docks de Londres, contrastent avec les rideaux jaunes et le plafond vert. Menus fort attractifs le midi à 53 et 69 F, et à 100 F le soir, boisson toujours comprise. Cuisine vaguement inspirée du Sud, d'un bon niveau, et donc au final un excellent rapport qualité-prix. Un bel endroit.

|●| ♟ *Chez Fernand :* 19, rue Cartier-Bresson. ☎ 01-48-45-03-31. Ouvert du lundi au samedi midi : restauration de 12 h à 14 h 30. Casse-croûte à toute heure. Un vrai bar à l'ancienne. La façade, le magnifique petit comptoir en zinc et bois, les glacières, les tables nappées et couvertes de plastique transparent, le sol en tommettes, jusqu'à la clientèle et aux moustaches du patron : tout est raccord. On s'attend à voir le commissaire Maigret débarquer d'un instant à l'autre. Et ce n'est pas la solide et réjouissante cuisine familiale de madame Fernand qui risque de foutre quelque chose en l'air. Menus à 50 et 55 F, sans les boissons. Très bien aussi pour venir boire un coup.

|●| ♟ *L'Orange Bleue :* 3, rue Magenta. ☎ 01-48-45-04-90. M. : Porte-de-la-Villette ou Quatre-Chemins. Ouvert midi et soir. Fermé le 25 décembre. On a beaucoup aimé cette enfilade de grandes salles, décorées de fresques assez réussies et parfois en relief qui se reflètent dans les immenses glaces. L'accueil est cordial, et le patron, derrière son bar, serre la louche à tout le monde, en interrompant ses discussions avec les ventouses de comptoirs. La carte, franco-orientale, propose couscous (de 49 à 79 F), grillades, viandes en sauce et plusieurs salades aux noms mystérieux (Nicole CP, PJF...). Menu à 60 F, boisson ou café compris. Pas de révélation dans l'assiette. C'est correct sans plus, mais l'endroit est aéré, chaleureux et animé. Vins pas chers, et une citation d'Éluard sur la carte, un

peu inattendue dans ce genre d'établissement.

|●| ♈ *Le Leirense :* 21, rue Delizy (à l'angle avec le canal). ☎ 01-48-40-33-04. Ouvert midi et soir, sauf le dimanche. Pas de façon, pas de chichis dans ce restaurant de quartier, toujours bondé à l'heure du déjeuner. Menu à 55 F, servi midi et soir, avec un choix de trois entrées basiques, de trois plats de ménage, de quelques desserts simples mais réussis et une boisson comprise. Parfois, et surtout en fin de semaine, le patron se rappelle à son Portugal natal en proposant des plats du pays, comme le cassoulet portugais, de la morue ou une *feijoada*. Des deux salles, on préfère la première, celle du bar où campent quelques habitués, avec sa fenêtre sur le canal et son curieux radiateur entourant un pilier. Une vraie ambiance que les amateurs de brèves de comptoir goûteront.

|●| ♈ *Europe-Tabac :* 203, av. Jean-Lolive. ☎ 01-48-45-03-17. M. : Église-de-Pantin. Ouvert le midi seulement. Fermé le samedi pour la brasserie et les samedi et dimanche pour le restaurant. Au rez-de-chaussée, c'est un bar-tabac, spécialisé dans la pipe, où l'on peut fort bien déjeuner sur le pouce. À l'étage, le restaurant sert, sur des nappes en tissu, une bonne cuisine de chez nous, avec des bons gros bouts de viande, excellents d'ailleurs. En bas, deux menus à 55 et 75 F ; en haut, menus à 88 et 105 F. Accueil classique de brasserie, froid au départ, sympa à l'arrivée. Cadre banal.

Un peu plus chic

|●| *La Planche :* 39, rue des Sept-Arpents. ☎ 01-48-44-96-69. M. : Hoche. Ouvert midi et soir. Fermé le week-end et 3 semaines en août. À deux pas de l'A.J., ce restaurant peu engageant de façade cache une arrière-salle agréable, pleine de plantes vertes, sous une verrière. Les petites lampes sur les tables nappées donnent une touche un peu classe au restaurant. Accueil courtois et service professionnel, pour une cuisine tout ce qu'il y a de plus classique, faisant une part belle au poisson et aux préparations feuilletées. Menus à 95 et 150 F, assez équilibrés. Au déjeuner, une carte spéciale avec, entre autres choses, de grosses salades à composer soi-même pour 41 F. Propose également un menu à 70 F, autour du plat du jour, quart de vin compris. Clientèle d'affaires un peu ennuyeuse.

|●| *Le Cellier :* 11, av. Édouard-Vaillant (juste derrière l'ancienne mairie). ☎ 01-48-45-96-58. Ouvert le midi seulement. Fermé le week-end, ainsi qu'en juillet et août. Des patrons gouleyants et causants, une solide et simple cuisine venue du Sud-Ouest, des petits vins qui coulent tout seuls, une salle sans fioritures mais chaleureuse, et voilà l'une des bonnes adresses de Pantin. On a envie de goûter à tout et pourtant, méfiez-vous : d'une part, même si le foie gras est tentant et excellent, les plats (de 70 à 100 F) genre magret, confit et cette sorte de choses, accompagnés d'une salade et de sublimes patates sautées, sont excessivement copieux ; d'autre part, les patrons poussent gentiment à la consommation, et comme tout est bon, on a vite fait de lâcher un gros 200 F en sortant.

|●| *La Pantomime :* 26, rue Hoche. ☎ 01-48-40-87-00. M. : Hoche. Fermé les samedi, dimanche, lundi soir et mercredi soir. Comment deviner que dans cette rue fort peu passagère d'un quartier sans attrait, on va découvrir THE temple de la cuisine traditionnelle ? Une cuisine voluptueuse, savoureuse, aux portions démagogiques, faite depuis de nombreuses années avec le même bonheur, la même passion, pour le grand plaisir d'une tribu d'épicuriens réjouis, fidèles et prévoyants (personne n'oserait venir ici sans réserver !). Patronne adorable en salle, patron aux fourneaux et qui vient s'assurer, œil vif et sourire charmeur sur un visage rabelaisien, que tout le monde finit bien son assiette (là, on rêve que le *doggie-bag* entre un jour dans les mœurs en France !). Au hasard de la carte, le fromage de tête maison, la terrine de poisson de bouillabaisse, le pot-au-feu de poisson, le cassoulet aux cinq viandes,

le haddock, l'entrecôte superbe... sauces à damner! Beaux desserts, mais reste-t-il de la place pour cette délicieuse mandarine flambée? Vin du mois à 85 F. Compter 200-250 F; on ne les regrette point.

À voir

Comme nous l'avons dit plus haut, Pantin est une ville étendue et coupée par de nombreuses et diverses voies de communication. Cela dit, la plupart des endroits intéressants se trouvent de part et d'autre de l'avenue Jean-Lolive, et l'on peut très bien, depuis le métro Église-de-Pantin, découvrir la ville en une petite balade que voici, que voilà.

★ Depuis le métro, jetez un œil sur l'*église de Pantin,* de son vrai nom Saint-Germain-l'Auxerrois. Bâtie au XVIIe siècle sur l'emplacement de l'ancienne du XIIe, l'église fut maintes fois remaniée et consolidée. À voir les fissures qui garnissent sa façade, on se dit qu'il serait temps de recommencer. À l'intérieur, on verra des fonts baptismaux en marbre rouge du XVIIIe siècle et un orgue dont les Pantinois sont fiers. Dans la série « chefs-d'œuvre en péril », les curieux pourront constater le gâchis de *La Seigneurie*, propriété du siècle dernier laissée à l'abandon (angle rue Charles-Auray et impasse de Romainville). La place de l'église accueille le marché les mardi, jeudi et samedi.

★ Remontons l'avenue Jean-Lolive. On pourra faire un crochet par la *rue Victor-Hugo* pour voir, au n° 39, l'ancienne *fabrique de meubles Louis*. Dans ce bel ensemble industriel du début du siècle sortirent des meubles assez novateurs et bon marché : un ancêtre d'Ikea en quelque sorte. Retour sur l'*avenue Jean-Lolive,* massacrée par la circulation et l'architecture. À hauteur du n° 100, dans un square, plusieurs bâtiments dignes d'intérêt. D'abord le *Ciné 104,* ancien commissariat au siècle dernier, transformé en salle des fêtes, puis en cinéma d'Art et d'Essai à la programmation ambitieuse (☎ 01-48-46-95-08 et 01-48-45-49-26). Beau fronton aux armes de la ville. À côté, la moderne et colorée *bibliothèque Elsa Triolet,* et encore plus loin, un magnifique *jardin d'hiver,* parfois ouvert au public (renseignements à l'office du tourisme ou à la mairie). Il complétait jusqu'à sa destruction la maison des Delizy, célèbres distillateurs pantinois. À propos de célébrités locales et de démolition, c'est dans ce coin que Beaumarchais possédait une « folie », qui servit un temps de mairie à la ville avant de disparaître d'un coup de bulldozer bien dosé.

★ Continuons la descente de l'avenue Jean-Lolive. Sous le porche du 95-97, une allée conduit à une fontaine. Assez jolie. Les flâneurs pourront aussi prendre à gauche la *rue Jules-Auffret* qui les conduira à la *cité des Auteurs,* un ensemble construit dans les années 50. Ils pourront ensuite passer par le joli petit cimetière communal, puis se reposer – ou courir le dimanche matin – au *parc de la République,* dominé par le relais hertzien de Romainville. Roseraie en saison. Dans ce coin un peu pentu, entre Pré-Saint-Gervais, Les Lilas et Romainville, quelques ruelles pavillonnaires tranquilles. C'est dans ce coin que vécut Marcel Azzola et sa famille, « Ritals » de Pantin. De la voie de la Déportation, qu'empruntaient lors de l'occupation nazie les prisonniers du fort de Romainville pour aller prendre le train, on a une vue d'ensemble sur la ville.

Quand vous en aurez terminé d'arpenter ce quartier plutôt bucolique, filez directement à la rue Honoré-d'Estienne-d'Orves, jusqu'au Centre international de l'Automobile, pour reprendre une dose de bagnole, mais que des belles.

★ *Le Centre international de l'Automobile* (CIA) : 25, rue Honoré-d'Estienne-d'Orves. ☎ 01-48-10-80-00. Ouvert les samedi, dimanche et jours fériés, de 14 h à 18 h. Entrée : 40 F (30 F pour chômeurs, étudiants, enfants, carte Vermeil). Attention : ce bel espace, sis dans les anciennes usines Motobécane, est souvent loué pour des séminaires, et il est toujours prudent de téléphoner avant de s'y rendre. De l'usine, on a gardé les verrières et la structure, pour y installer des expositions tournantes de véhicules anciens, en général prêtés par des collectionneurs privés. Impossible de vous signaler une voiture en particulier, mais les amoureux de belles mécaniques ne seront pas déçus. 80 véhicules environ, en comptant ceux des expositions thématiques, et un film sur le sujet à l'auditorium. Si vous venez en semaine, sachez qu'il y a dans le musée un restaurant, le *Montléry* (☎ 01-48-40-14-14 ; fermé le week-end). Déjeuner ici vous permettra de visiter le musée gratuitement, mais dans l'état où il se trouvera lors de votre passage. Menu à 140 F (entrée ou dessert et plat, quart de vin et café compris).

★ Retour sur l'avenue Jean-Lolive. Passage devant le moche centre commercial *Vertpantin,* puis tournez à droite rue Hoche, non loin de la fabrique Hermès.
– Variante : en poursuivant l'avenue, on pourra voir la *Banque de France* (au n° 30), imposante bâtisse en U, mariant plusieurs styles mais édifiée au XIXe siècle, puis, presque à la porte de Pantin, un ensemble de 291 logements construits en 81 par les architectes Chemetov, Devillers, Fabre et Perrottet. La variante se termine avec le passage sous le périphérique et la Cité des Sciences (voir *Le Guide du Routard Paris*).
Revenons à la rue Hoche. Juste avant de traverser le canal, le gros bâtiment en béton est l'ancienne cité administrative, en cours de transformation en *Centre national de la Danse*. Passons le pont, le plus ancien de la ville, pour voir la **mairie,** surmontée d'un joli clocheton. Elle ne se visite *a priori* pas et, à moins de vous faire élire ou de régulariser ici votre vie maritale, vous ne verrez pas les peintures murales allégoriques ou combatives des salles d'apparat.

★ Devant la mairie passe le **canal de l'Ourcq,** certainement la plus jolie balade pantinoise. Ses berges, en cours de réhabilitation, peuvent se parcourir à pied ou à vélo. Très sympa par beau temps et pour les amateurs de paysages urbains et industriels. Normalement, on peut louer des vélos le dimanche, non loin du pont de la rue Delizy.

★ Derrière la mairie, la **gare S.N.C.F.,** que les Pantinois attendirent près de 30 ans après la construction de la voie ferrée, pour finalement la voir sortir de terre en 1864. Derrière elle et non loin du canal se profile la silhouette presque féerique des **Grands Moulins de Pantin.** Toujours en activité, cet imposant ensemble des années 20 fut reconstruit à l'identique après la dernière guerre. Il ne se visite malheureusement pas.

★ Devant la mairie part l'avenue du Général-Leclerc. À droite, la nouvelle mairie, tout en verre, et à gauche, au n° 49, une belle **piscine** un peu stalinienne, construite en 1937 par l'architecte Charles Auray. Notons qu'elle est alimentée par une source d'eau chaude naturelle.
– Après avoir passé la voie ferrée, prendre à droite, sur le **quai aux Bestiaux,** en cours de réaménagement. D'ici partit l'un des derniers trains de déportés vers Buchenwald, le 15 août 1944. Sur les 3 000 personnes entassées dans les wagons, seules 300 revinrent. Une plaque rappelle le départ de ce tragique convoi, précisant qu'il s'agit du dernier.

★ **Le Cimetière parisien de Pantin :** entrées par l'avenue du Général-Leclerc ou par l'avenue du Cimetière-Parisien, à l'est. Excroissance de la ville de Paris qui, non contente de virer les pauvres, expédie également les morts en banlieue. Parmi les défunts célèbres ici gisant, citons la famille Fratellini, le cinéaste Jean-Pierre Melville, l'auteur Jacques Audiberti et, côté scène, Fréhel, Damia et Elno, regretté chanteur des Négresses Vertes. La Goulue, modèle de Toulouse-Lautrec, fut longtemps enterrée ici, avant d'être transférée à Montmartre. Ça doit lui faire une belle jambe. Tracé au cordeau, le cimetière, épaulé par le *fort d'Aubervilliers*, coupe la ville.

★ Au nord du cimetière, la ***cité des Courtillères*** fut sans doute un modèle. Inauguré en 1959, cet ensemble d'immeubles colorés serpentant autour d'un vaste parc est aujourd'hui, sans avoir la médiatisation de certains de ses voisins, ce qu'on appelle pudiquement un quartier sensible. Dessiné par Émile Aillaud, avec l'aide de Jean Prouvé pour la maison de quartier, la cité aurait besoin d'un petit coup de peinture. Mais, dans la journée, les apprentis-architectes peuvent s'y promener sans souci. En face, d'autres immeubles en brique dominent quelques jardins ouvriers, vestiges d'un passé pas si lointain.

À faire

– ***Mur Mur :*** 55, rue Cartier-Bresson (dans la cour à droite). M. : Église-de-Pantin. ☎ 01-48-46-11-00. Ouvert tous les jours. L'ivresse du vertige à 10 mn du métro ! Regroupant simples marcheurs jusqu'à aujourd'hui, grimpeurs débutants ou varappeurs confirmés, *Mur Mur* a reconstitué dans d'anciens entrepôts une véritable montagne, avec du béton en guise de rocher et du plastique pour offrir des prises. Un bien beau mur d'escalade, plein de difficultés et de dévers, avec la façade d'un chalet pour planter le décor. Stages d'initiation ou de perfectionnement, simple cours, location de matériel, et une gamme de forfaits pour ne pas laisser tomber les accros avertis. C'est la moindre des choses.

Fêtes pantinoises

– ***Fête municipale et fête des Associations :*** un dimanche à la mi-juin, un peu partout dans la ville. Renseignements à l'office du tourisme.
– ***Grande brocante de Pantin :*** deux fois par an, en mars et en septembre, place de l'Église.
– ***Nuit de la Pétanque :*** en juin, au stade Charles-Rey. Rendez-vous, populaire et un peu mondain, de tous ceux qui savent jouer aux boules sans desserrer les jambes.
– ***Festival du Court-métrage :*** en juin au *Ciné 104* (av. Jean-Lolive).

BOBIGNY (93000)   44 681 habitants

> *Il n'y a rien à voir à Bobigny.*
> *Pourquoi, ça n'existe pas ?*
> *Si, ça existe, mais il n'y a rien à voir. Ça ne*
> *vaut pas la peine de se déplacer... Non, rien à voir,*
> *rien qui figure dans les guides touristiques, ni dans*
> *les inventaires du passé...*
> *Il n'y a rien à voir à Bobigny*
> *Mais si, mais si...*
> *La vie aujourd'hui, l'impétueuse vie.*
> Jacques Gaucheron.

Préfecture de la Seine-Saint-Denis, Bobigny évoque, pour la majorité des gens, son tribunal, bien sûr. Pour d'autres, c'est l'archétype de la ville-dortoir aux HLM blêmes, un certain goût d'exil, le triomphe du béton, bref, les traditionnelles images sur la banlieue ! Il ne faut pas nier qu'il y a du vrai là-dedans, mais aussi réaliser que c'est une ville nouvelle, au maigre passé (dramatiquement liquidé par les guerres). Une ville qui a su aussi accueillir tous les laissés-pour-compte de la spéculation immobilière à Paris, du sinistre baron aux rapaces de l'ère gaullo-pompidolienne. Une ville où il a bien fallu se trouver des raisons d'y vivre... Donc, donc, une ville riche par ses habitants, par ses traditions de solidarité, par un légitime sentiment d'appartenance aujourd'hui.

Et puis, on n'est pas peu fier ici de posséder l'un des plus renommés théâtres d'Île-de-France. Grâce à lui, beaucoup de Parisiens ont fait depuis longtemps connaissance avec Bobigny. Mais en dehors de la station de métro et de quelques centaines de mètres de boulevard, que savent-ils d'autre de la ville et de son histoire ?

Un tout petit peu d'histoire, justement

Ville nouvelle au nom très ancien, puisque provenant de *Balbiniacum*, le domaine de Balbinius, proprio gallo-romain du IVe siècle. Tout le coin, au Moyen Âge, se trouve sous la juridiction de l'abbaye de Saint-Martin-des-Champs. En 1096, l'église de Bobigny est citée dans un texte du pape Urbain II. À la même époque, d'autres écrits parlent du seigneur Eudes de Bobigny et de ses terres. Puis, au cours des siècles, Bobigny restera une modeste paroisse rurale qui ne fera guère parler d'elle.

À la Révolution, elle compte 184 habitants, essentiellement des cultivateurs pauvres. En 1814, le village subit les lourdes déprédations de l'occupation prussienne. Mais ce n'est rien par rapport à ce qu'il subira en 1870. En attendant, après 1860, afflux de maraîchers chassés par l'annexion des communes limitrophes de Paris (Belleville, Montmartre, le Petit Montrouge, etc.). Le 1er septembre 1870, la veille de la capitulation de Sedan, les 900 habitants de Bobigny sont rudement évacués sur Paris, et le village subit un déluge de feu. Seules quatre maisons restent encore debout. Les Prussiens à nouveau, non vous n'y êtes pas du tout, les canons du général Trochu seulement. Ce génial gouverneur militaire de Paris a eu la lumineuse idée de détruire Bobigny pour que l'ennemi ne profite pas des récoltes.

À la fin de la guerre, beaucoup de cultivateurs balbyniens n'y reviendront pas et préféreront s'installer plus loin, remplacés par de nouveaux maraîchers qui deviennent ainsi majoritaires. Paris garde ses bonnes habitudes de suzerain par rapport à Bobigny : 20 ha de bonnes terres sont piqués pour construire une gare de triage, puis 34 ha plus tard pour ouvrir le cimetière de Pantin-Bobigny. Par la suite, la ville connaît un énorme afflux d'ouvriers parisiens, de provinciaux et d'immigrés cherchant à se loger. C'est le début des lotissements à partir de 1900 à côté des hauts murs des maraîchers.

La période contemporaine

En 1919, les ouvriers devenus majoritaires, Bobigny s'offre une Municipalité socialiste. Ayant adhéré entièrement aux thèses du congrès de Tours, elle devient communiste en 1920. C'est la première de France ! La ville continue à se lotir et à construire horizontal. Les ouvriers rêvent de maisons individuelles et les grands champs de maraîchages offrent de la place. Les agences parisiennes vantent Bobigny, Champigny, Drancy et tant d'autres avec des slogans choc : « Devenez propriétaire en banlieue, à la campagne. » Certes, il n'y a pas ou peu de viabilité. Pourquoi les maraîchers auraient-ils installé le tout-à-l'égout puisque ordures et eaux usées servaient à fertiliser les champs, pourquoi mettre en place des transports en commun quand on possède cheval et charrette ?... La réalité se révèle donc dure. Les nouveaux proprios arrivent avant que les rues ne soient même tracées, l'eau courante se résume à un robinet perdu dans la nature, l'électricité est encore loin. Et pourtant, courageusement, le prolo, métallo, cheminot, va se faire maçon et construire sa maison, sans trop de confort, pour aller à l'essentiel. Bien sûr, quand il est d'origine italienne, c'est plus facile. En 1935, on compte un café, le plus souvent une épicerie-buvette, pour 34 hommes adultes. René Santraine, curé et mémoire de la ville, lors de ses débuts, raconte avoir été étonné du nombre de décès par alcoolisme. Beaucoup de ses gamins du catéchisme n'avaient jamais été à Paris.

Après la Seconde Guerre mondiale, Bobigny compte encore 27 vaches, 185 moutons et 46 chevaux. Les anciens se rappellent encore les tas de fumier au coin des rues. Puis vient la période du boom économique des années 50-60. Il y a du boulot pour tout le monde, mais également une terrible pénurie de logements. D'autant plus qu'à Paris, ça vire à tout va. Les pauvres de Belleville et Ménilmuche sont donc poussés vers l'est. Il faut loger aussi les provinciaux attirés par l'embellie économique, les immigrés qu'on a été chercher dans l'Atlas pour travailler chez Citroën. À Bobigny, on s'entasse dans les lotissements et les immeubles vétustes du centre... Dans les cités de transit, on souffre du froid. En 54, l'abbé Pierre lance son fameux cri...

Les premières HLM pas blêmes

Proche de Paris, Bobigny est tout désigné pour servir de déversoir à tous ces prolos sans toit. C'est d'abord Emmaüs qui y édifie la *cité de L'Étoile*, avec 730 logements (en 1954). Puis, État et gouvernements, à travers les organismes de HLM, lancent de gros programmes de construction. La pénurie de logements devenant un frein au développement économique, ils doivent bâtir vite, bon marché et le plus possible. À Bobigny, on construit aux deux extrémités de la ville : c'est moins cher que dans le centre, mais en même temps, on met en place les futures conditions du « mal des banlieues ». S'élèvent alors à l'ouest les 1 200 logements du *Pont-de-Pierre* et, à l'est, les 1 500 logements de la *cité de l'Abreuvoir* (en 1957).

À l'époque, tous ces chantiers, tout ce remue-ménage, c'est vraiment la révolution en ville. Beaucoup sentent confusément l'avènement d'un monde nouveau. Un Balbynien évoqua beaucoup plus tard ce choc. Ayant vécu de nombreuses années dans une cave (une de ses filles qui y était née tomba malade des poumons), quand il toucha sa première HLM en 1958, il ne put décrire son bonheur. Cet homme, c'était Georges Valbon, qui allait devenir maire de la ville et président du Conseil général. De 1954 à 1962, la population double, passant de 18 521 à 37 100 habitants. Bobigny se retrouve dans les trois premières villes de banlieue en terme d'augmentation de la population. Et ce n'est pas tout, il faut goudronner les rues, remplacer l'éclairage au gaz par l'électricité, développer le tout-à-l'égout, les transports en commun. De plus, à la Municipalité aussi de scolariser ces milliers de nouveaux enfants. Ça sera l'ère de l'urgence, des classes-wagons, des écoles en préfa... Ouvriers et employés représentent alors 77 % de la population active.

En juillet 1964, Bobigny apprend qu'elle devient chef-lieu du département et qu'elle va hériter d'une préfecture. En 1965, encore quelques dizaines de maraîchers et une ferme. En 1974, nouvel hôtel de ville. En 1975, arrivée du métro. En 1985, construction du palais de justice. À signaler que la Municipalité a permis à beaucoup de sculpteurs et artistes contemporains de s'exprimer en ville, devant bâtiments publics, écoles, carrefours, etc. Aujourd'hui, il n'y a plus que trois maraîchers. En 30 ans, c'est une tout autre ville qui va émerger d'entre les choux et les salades...

Comment y aller ?

– **En métro :** Bobigny-Picasso – Place-d'Italie (ligne 5). Stations Bobigny, Pantin, Raymond-Queneau et Bobigny-Picasso. Pour ceux, celles arrivant en métro, graffiti particulièrement expressif en arrivant, le long de la voie ferrée, sur la droite (avant le tunnel). De gauche à droite, on y lit « Désillusion », avec un visage et des yeux rouges de colère, puis « Oppression », avec deux « S » majuscules, suivi d'un « i », symbolisé par un pain de dynamite habillé d'une horloge (avec une date, 12/91). Œuvres de jeunes Balbyniens en colère, ça va de soi !

– **En bus :** gare routière à Bobigny-Picasso. Lignes nºˢ 134 (Fort-d'Aubervilliers et Bondy – Jouhaux-Blum), 146 (Le Bourget-RER et Le Raincy), 148 (Le Blanc-Mesnil), 234 (Livry-Gargan et Fort-d'Aubervilliers), 251 (Gared'Aulnay), 301 (Val-de-Fontenay), 303 (Noisy-le-Grand), 322 (Mairie-de-Montreuil), 347 (Hôpital-de-Montfermeil), 615b (Villepinte), 620 (Blanc-Mesnil – Cité-Descartes).

– **En tram :** le T1 Bobigny – Saint-Denis. Premier et dernier départs : 6 h 20 et 23 h 30.

Adresses utiles

🚹 **Office du tourisme :** 125 *bis,* rue Jean-Jaurès. ☎ 01-48-30-83-29. Fax : 01-48-31-57-57. Ouvert de 9 h à 12 h 30 et de 13 h 30 à 18 h ; le samedi, de 9 h à 12 h 30. ◼ **Mairie :** 31, av. du Président-Salvador-Allende. ☎ 01-41-60-93-93.

Où manger ?

|●| **Bois Cannelle :** 215, av. Jean-Jaurès. ☎ 01-48-95-07-69. M. : Bobigny-Pablo-Picasso. Tram : arrêt « La Ferme ». Ouvert midi et soir jusqu'à 23 h. Fermé le dimanche. Ouvert récemment et tenu par une famille sympa. Salle toute blanche égayée par madras et plantes vertes. Bonne cuisine antillaise traditionnelle : boudin, *accras,* crabe farci, poulet et poisson *boucané,* brochette de lambis, copieux colombo de cabri, etc. 40 F le plat et formules à 70, 75, 90 F.

À voir

★ **Le centre-ville :** il ne reste quasiment rien de celui qui fut reconstruit après la guerre de 70. L'église de la fin du XIXᵉ siècle, qui menaçait ruine, dut être abattue. Les immeubles anciens, édifiés avec de mauvais matériaux et usés jusqu'à la moelle, ceux encore valides mais trop isolés pour résister aux nouveaux programmes, tous disparurent. *Exit* la place de l'Église et la rue Carnot, qu'on peut encore voir sous leur ancien aspect sur les cartes postales. Seul vestige tangible, place de la Libération, la vieille mairie, de 1886, au style délicieusement IIIᵉ République (aujourd'hui conservatoire de musique). Donc, c'est une ville quasiment neuve que vous allez découvrir. Cependant, elle a eu la bonne idée d'édifier tous ses monuments, ceux qui doivent la faire passer dans l'histoire, sur l'ancien axe de ville. Vous ressentirez donc, sur le plan de l'urbanisme, une certaine cohérence. Bobigny, « capitale » départementale, se devait de se distinguer architecturalement. Autre chose, bien sûr, de savoir si elle vous séduira ! À signaler, l'abominable autoroute 86 qui a littéralement balafré la ville et dont les Balbyniens ont obtenu en partie la couverture après près de trente ans de lutte !

★ **La nouvelle mairie :** normal qu'on en parle la première ! M. : Bobigny-Pablo-Picasso. Œuvre de Marius Depont (1974). En forme de triangle, avec donc des pointes partant vers les trois angles de la commune (eh oui, de forme triangulaire aussi, ça n'avait pas pu échapper à l'architecte), désignant

LA SEINE-SAINT-DENIS

ainsi tout le territoire, montrant bien qu'elle concerne tout le monde, qu'elle est la propriété de tous ! Ces angles aigus n'évoquent-ils pas aussi un roc, un éperon ou encore ces étraves de navires fendant la mer avec force, détermination et, pourquoi pas, prêtes à affronter d'éventuelles tempêtes municipales ? Cinq niveaux seulement de fenêtres aux pare-soleil ovaloïdes. L'architecte n'a pas voulu jouer la verticalité, mais au contraire l'effet de contraste avec les tours environnantes. Noter que les lignes horizontales sont légèrement incurvées, ce qui renforce l'effet dynamique du bâtiment et en atténue en même temps la sévérité.

★ *Le palais de justice :* 173, av. Paul-Vaillant-Couturier. ☎ 01-48-95-13-93. Vous ne le visiterez pas nécessairement en usager. Date de 1985. Une passerelle aérienne y mène depuis le métro. Au premier abord, ça évoque un bon gros gâteau post-moderne. Pas vilain en soi. Façades-miroirs encadrées de béton clair, brique rouge et aplats bleu Cyclades. Il paraît qu'il y aurait une symbolique des couleurs : le bleu rassure, donnerait confiance, la brique rouge, c'est l'espoir... Il y a aussi un jeu de formes intéressant dans cette archi biscornue. À l'intérieur, plantes vertes et bois blond, patio, petits espaces privés pour les conversations avec les avocats. Procès en correctionnelle et d'assises ouverts au public. Toujours instructif d'observer comment fonctionne sa justice !

★ *La préfecture de Seine-Saint-Denis :* 124, rue Carnot. Noir, c'est noir ! Est-ce la couleur favorite du ministère de l'Intérieur aux noirs desseins ? Ici, avec cette grosse architecture pyramidale, apparemment peu de volonté de séduire. Et puis, puisqu'on a commencé à interpréter, depuis le début de ce chapitre, la symbolique de chaque bâtiment, nous dirons qu'ici il y a nettement volonté d'écraser, de montrer de façon ostensible son pouvoir.

★ *Les Archives départementales :* 18, av. Salvador-Allende. Édifiées en 1983. Vu la prestigieuse architecture, ici on voue probablement un véritable culte aux vieux papiers. Œuvre des architectes Feypell et Zoltowski. Plan en tranche de tarte dont on aurait déjà mangé la pointe. Grande harmonie de l'ensemble, bel effet de verticalité, d'élégance et de puissance tout à la fois, grâce aux lignes qui découpent les façades. Cette impressionnante mémoire du département propose plus de 6 000 ouvrages au public, ainsi que des centaines de documents concernant l'histoire locale et régionale, l'urbanisme, etc., à consulter librement. Excellentes conditions de lecture.

★ *La Bourse départementale du travail :* place de la Libération. Œuvre du célèbre architecte brésilien Oscar Niemeyer, auteur, entre autres, de Brasilia et du siège du parti communiste à Paris (place du Colonel-Fabien). Divisé en deux parties. Si l'immeuble administratif, parallélépipède en verre fumé monté sur pilotis, présente un côté extrêmement raisonnable, l'auditorium, en revanche, en a surpris plus d'un. Intitulé « l'Albatros », paraît-il. Alors on se met à tourner autour pour lui trouver une ressemblance. Vaguement, lorsque l'immeuble de bureau est en fond. Ça pourrait être effectivement une aile du grand zoziau ou un soc de charrue ou un aileron de requin. C'est ça qui est bien avec Niemeyer, on peut interpréter comme on veut, suivant l'angle de vue, son humeur du moment, l'hygrométrie de l'air... Nous, en tout cas, on aime. L'intérieur aussi, dans ces deux niveaux en sous-sol, on l'on retrouve le même jeu inventif de lignes. Elles sinuent dans l'espace, se rejoignent habilement, découpant l'espace en de voluptueux volumes.

★ De l'autre côté de la place s'élève la bourse des valeurs spirituelles, l'*église Saint-André,* dont la flèche de béton d'un seul tenant semble vouloir participer à cette émulation, voire à la compétition architecturale du centre-ville. On mesure combien la « vieille » église du XIXᵉ siècle aurait apparu incongrue, dissonante dans ce concert de formes nouvelles.

Au centre de la place, une composition en acier et résine colorée, intitulée *La Lutte contre le racisme,* de Pierre Zvenigorodsky.

Dans le conservatoire de musique, petit *musée* consacré à la vie et l'œuvre du compositeur Jean Wiener. Visite sur rendez-vous : ☎ 01-48-31-16-62.
Ultimes témoins du maraîchage, une *maison de maraîcher* au 102, rue de la République, une autre à côté du LEP Sabatier (avec sa citerne) et des champs, avenue Paul-Vaillant-Couturier, à côté de l'immeuble de la Sécu.

★ *L'hôpital Avicenne :* 93, rue de Stalingrad. C'est une manie décidément, à chaque commune, de vous emmener à l'hosto ! Certes, mais celui-là vaut par son histoire. Après la Première Guerre mondiale, beaucoup d'Algériens, venus en métropole (l'Algérie était alors territoire français) participer à l'effort de guerre ou mourir au Chemin des Dames, restèrent pour trouver du travail. Population en général très démunie, pour laquelle les autorités décidèrent la création d'un hôpital à son seul usage. Paris n'en voulant pas, la préfecture de la Seine imposa Bobigny et sa toundra, qui, après la gare de triage et le grand cimetière, avait déjà démontré ses qualités d'accueil. Ce fut le fameux hôpital franco-musulman, construit en 1935. Étrange nom d'ailleurs, qui mélangeait deux notions différentes, celle de nation et celle de religion. Il fut mis fin à cette ambiguïté (et aussi à sa connotation colonialiste) en 1979. L'hôpital, bien sûr ouvert à tous depuis longtemps, fut baptisé *Avicenne*, du nom de l'un des plus célèbres médecins arabes du XIe siècle (musicien et philosophe également), dont les livres furent longtemps étudiés en Europe dans les facultés de médecine de l'époque. Hommage naturel, enfin, à la contribution de la civilisation arabe à l'histoire et la culture universelles. Entrée monumentale de style mauresque (ainsi que le pavillon central). Une fac de médecine s'est adjointe à Avicenne.
– Au sud de la ville, rue Arago, le *cimetière musulman* avec sa porte en fer à cheval et, à l'intérieur, une petite mosquée. Y reposent aussi des soldats algériens morts pendant la guerre de 14.
– Dans le secteur de l'hôpital, des fouilles archéologiques ont révélé les *vestiges d'une ferme gauloise* vieille de 2 200 ans. On y trouva des pièces de monnaie du IIe siècle avant J.-C. (notamment de la tribu des Bellovaques), des poteries et outils divers.

★ *La tour de L'Illustration :* 153, rue de Stalingrad (mais, en fait, plus proche de la rue de Chablis). Le célèbre journal, né en 1860, qui avait inventé l'illustration moderne et vendait à 200 000 exemplaires, installa son imprimerie en plein maraîchage en 1933. Impressionnante tour de 60 m pour l'époque (marquée « Set ») et qui comportait un énorme réservoir d'eau au sommet. Collaborationniste, *L'Illustration* fut sanctionnée à la Libération. Plus tard, l'imprimerie travailla uniquement pour des revues d'art et ferma en 1970. Il en reste aujourd'hui cette étrange tour fantôme ouverte à tous les vents et se dégradant lentement. À l'entrée de la tour, belle ferronnerie d'art.

★ Dans ce Far-West balbynien, deux importantes cités. Celle du *Pont-de-Pierre* (prolongement de la fameuse cité des Courtillières d'Émile Aillaud, à Pantin) et la *cité de l'Étoile.* Celle-ci fut la première édifiée, en 1954, dans l'urgence, par Emmaüs. Réhabilitée en 1986. Vous ne serez cependant pas surpris d'apprendre que, lors d'une étude effectuée récemment, les deux maux principaux de ces cités, désignés par leurs habitants, furent l'enclavement et l'isolement.
Au sud de la cité, au 22, av. de la Division-Leclerc, on trouve l'architecture soignée du siège de l'ancienne usine BSN (1930).

★ Au « Far-East » s'étend la *cité de l'Abreuvoir,* œuvre d'Émile Aillaud (1957). Entrées place des Nations-Unies et place de l'Europe. Pour lutter contre l'uniformité, il tenta d'introduire des formes architecturales originales, comme la courbe, les bâtiments qui serpentent (appliqué aussi aux Courtillières), les plans cruciformes, avec large utilisation de la couleur. On y trouve même trois bâtiments en forme de tour ronde. Beaucoup d'arbres, des pelouses, des structures souvent horizontales, un beau *mail*, de nombreux équipements (nouvelle piscine magnifique !)... S'il n'y avait le drame du chômage, le mal de vivre des banlieues et d'autres évidentes contradictions, une cité qui serait sûrement plaisante à vivre.

Au passage, jeter un œil sur l'*école Édouard-Vaillant* en brique rouge (av. Édouard-Vaillant). Construite en 1933 par Georges Auzolle, typique de l'architecture mariant harmonieusement fonctionnalisme et style Art déco. Au 25, rue de Rome, mignonne *chapelle Notre-Dame-du-Bon-Secours* en brique rouge, de 1928. Façade et petit campanile évoquant plutôt une chapelle du Toulousain.

★ *Le carrefour Saint-Just :* après l'hosto, un carrefour ; n'importe quoi, le *Routard* ! Oui, mais pas un carrefour banal. Celui-ci, situé au Pont-de-Bondy, à la frontière de Noisy-le-Sec, Bondy et Bobigny, fut considéré par cette dernière comme une importante entrée de ville qu'il convenait d'honorer convenablement. D'où ce portique et ses arches légères de hauteur différente, sa tour avec une horloge et une autre sculpture de Pierre Zvenigorodsky, *Le Glaive et le Fruit.* Les éléments verticaux sont des piques, le glaive symbolise la liaison entre la terre et le ciel, et le fruit la nature, la pureté, la vertu... L'ensemble donne bien sûr une certaine humanité au paysage urbain, ce qui manque bien souvent en banlieue.

★ *Le parc de la Bergère :* en plus des nombreux espaces bucoliques de la commune, voici le poumon vert des habitants. Situé entre le chemin de fer de Grande Ceinture et le canal de l'Ourcq. Un vrai parc, pas affrété pour deux sous, naturel, relief pas mièvre, avec des pentes pour rouler dans l'herbe en été, des bosses, des arbres, beaucoup d'arbres, des buissons, un parcours sportif... Le long du canal, dont le trafic s'est bien réduit, une piste cyclable permet de suivre ses eaux endormies en toute quiétude...

Où sortir ?

– *La Maison de la Culture de Seine-Saint-Denis (MC 93) :* bd Lénine. ☎ 01-41-60-72-60 ; location : ☎ 01-41-60-72-72. À quelques centaines de mètres seulement du métro Pablo-Picasso. Construite en 1979 par les architectes Valentin Fabre et Jean Perrottet. Baptisée Charles-Chaplin. Son théâtre a conquis une grande renommée nationale et internationale. Parmi ses plus célèbres productions : *Le Cid,* mis en scène par Gérard Desarthe, *Le Martyre de saint Sébastien* (oratorio de Debussy, texte de Gabriele d'Annunzio), mise en scène de Ro-bert Wilson, plus récemment *La Maladie de la Mort* de Marguerite Duras (avec Michel Piccoli), etc. Elle sait choisir son répertoire et accueillir brillamment aussi, comme le Festival international de la Danse ou *Gaudéamus,* superbe pièce russe jouée par un théâtre de Leningrad.
– *Le Magic Cinéma :* rue du Chemin-Vert. Juste à la sortie du métro. ☎ 01-36-68-00-29. Ciné d'Art et d'Essai, reconnaissable à son superbe graffiti en façade. 4 à 6 films hebdomadaires, programmation par cycles souvent. Nuit du cinéma, atelier-vidéo, stages divers, etc.

DRANCY (93700)   60 928 habitants

Comme Bobigny, Drancy connut un développement très important en cette fin de XIXe siècle au moment de l'industrialisation. Dans les années 20-30, lotissements pavillonnaires et habitations collectives tentèrent de répondre à l'accroissement de la population (5 000 habitants en 1911, 50 000 en 1930 !). Ville sans histoire, l'image de Drancy restera cependant définitivement liée à celle du camp d'internement installé dans la cité de La Murette, antichambre des camps de la mort!

Comment y aller?

– **En R.E.R. :** ligne B. Arrêts : Le Bourget – Drancy et Drancy.
– **En bus :** ligne 143 (La Courneuve – Aubervilliers – Gare de Rosny-sous-Bois), 151 (Porte-de-Pantin-Bondy), 251 (Bobigny – Picasso – Noisy-le-Grand), 148 (Bobigny – Picasso – Le Blanc-Mesnil), 346 (Le Blanc-Mesnil – Rosny).

Adresse utile

■ **Mairie :** av. Sadi-Carnot. ☎ 01-48-96-50-00

À voir

★ **Le parc Jacques-Duclos :** avenue Sadi-Carnot. Le poumon vert de la ville. Bien agréable. Vestiges d'une motte féodale du XIe siècle (ça, c'est pour les archéologues ou les médiévalistes) et d'une tour du XIIIe. On y trouve aussi l'insolite mausolée de la baronne de La Doucette (de 1897), surmonté d'une coupole avec une croix.

★ **L'église Sainte-Louise de Marillac :** au coin Sadi-Carnot et Anatole-France. Édifiée en 1936 dans le cadre de l'évangélisation des communes ouvrières qui « votaient mal »! Alliance assez réussie de la brique rouge et du béton. Noter le décor des fenêtres en nid d'abeilles.

★ **À l'hôtel de ville :** avenue Sadi-Carnot. En face du parc. Construit en 1859. À l'origine, une maison pour loger les jeunes ouvrières. Façade pittoresque de mairie de province avec son porche à pignon surmonté d'un petit campanile.

★ **Petite cité-jardin :** rue Jean-Soubiran (et de la République). Entrée rue Roger-Salengro également. Mignonne place de village en triangle, avec son terrain de boule au milieu. Les charmantes demeures de briques rouges avec leur jardinet, construites en 1920, s'ordonnent tout autour.

★ **La cité de la Muette et le mémorial du Souvenir :** circonscrite par les rues Jean-Jaurès, La Fontaine et Auguste-Blanqui. Bus n° 143. À l'origine, pour résoudre la grave crise du logement en banlieue, Henri-Sellier, président de l'OPHLM de la Seine, obtient la construction de 1 200 logements. La cité est conçue par les architectes Baudoin et Lods pour être le labo fonctionnaliste des solutions à la crise. À cette occasion, seront construites les premières tours de l'histoire de la banlieue (14 étages). Le chantier n'est pas mené à son terme, manquent les équipements collectifs promis. Le public boude. On y loge alors les gardes mobiles. Ironie du sort : c'est le premier grand ensemble français. Et quel paradoxe : une architecture « conçue » pour la classe ouvrière va être choisie comme lieu d'enfermement! La configuration en U la prédisposant à cela. On y interne d'abord les communistes en 1939 et les suspects de la 5e colonne. Puis, après l'armistice, les prisonniers de guerre. Du 20 août 1941 à juillet 1944, il devient camp d'internement pour les juifs. La cité est entourée de barbelés avec miradors. Un officier SS dirige le camp, mais toute l'administration est assurée par les autorités françaises. Conditions d'existence particulièrement dramatiques, avec leurs cortèges de privations, brimades, humiliations, bastonnades en public. 100 000 juifs transitèrent par ce camp. 256 furent fusillés comme otages. Seuls 1518 revinrent... Le 18 juin 1943, les fonctionnaires de la préfecture de police sont

LA SEINE-SAINT-DENIS

remplacés par les Allemands, les gendarmes français n'assurant plus la garde qu'à l'extérieur. Nombreux morts à Drancy aussi, dont le poète Max Jacob, le 5 mars 1944. À signaler, une tentative d'évasion par tunnel qui échoue à 3 m du but. Des dizaines d'internés travaillèrent des semaines en 3 x 8 pour le réaliser à la barbe des geôliers.

En 1976, fut érigé le monument commémoratif aux martyrs de Drancy. Pourquoi si longtemps après, alors qu'Oradour avait été classé cité martyre dès 1946? Il faudra encore attendre 12 ans pour mettre en place le wagon, image emblématique de la déportation. Reconnaissance aussi longue à venir que le fut le procès de la collaboration! Mais est-ce bien un hasard?

Derrière le monument, des rails mènent donc à l'un des wagons ayant servi à la déportation. À l'intérieur, petit *musée*. Ouvert le samedi de 14 h à 18 h. En fond, la cité en U. Est-il besoin de décrire la charge émotive des lieux? Au n° 8 de la cité, une plaque rappelle la mort de Max Jacob.

Les tours de 14 étages furent démolies dans les années 50. Il valait peut-être mieux aussi liquider en même temps le mauvais souvenir de leurs occupants... les gendarmes français qui ne se contentèrent pas seulement de surveiller.

LE PRÉ-SAINT-GERVAIS (93310)   15 644 habitants

La plus petite commune de Seine-Saint-Denis (72 ha) mérite une halte à la fois dépaysante et apaisante. Ce petit village, édifié au pied de la colline de Belleville, est semé de monuments, témoins d'un passé villageois et, au XIXe siècle, de la révolution industrielle.

Un peu d'histoire

Les documents du XIe siècle décrivent Le Pré-Saint-Gervais comme un hameau planté de vignes, où les moutons paissent sur de vertes prairies alimentées de quatre sources venues du coteau de Romainville. Il restera sous l'obédience de la puissante abbaye de Saint-Denis jusqu'à la Révolution, mais dépendra néanmoins, au plan administratif et spirituel, de Pantin. Les Gervaisiens, désireux de marquer leur indépendance, entreprennent dès 1588 la construction d'une chapelle qui fut consacrée en 1613. Ce n'est qu'en 1787 que Le Pré-Saint-Gervais acquiert son titre de municipalité. Le premier maire, le laboureur J.-P. Fromin, prend ses fonctions en 1791. En 1793, Le Pré-Saint-Gervais devient le Pré-Le-Pelletier, du nom du conventionnel Le Pelletier de Saint-Fargeau, propriétaire du voisinage, assassiné pour avoir voté la mort de Louis XVI. Par la suite, la commune reprend son nom initial et est isolée de la capitale par la mise en place des fortifications de Paris en 1840. Leur extension réduit le territoire de 27 hectares en 1859. Puis la capitale, en 1870, annexe des terrains militaires, ce qui réduit la superficie du village à 72 hectares.

Sous la Restauration et la monarchie de Juillet, Le Pré-Saint-Gervais connaît une époque insouciante et gaie. Roses et lilas fleurissent, les guinguettes accueillent les danseurs venus de la capitale. L'ex-hameau devient un lieu d'excursions pour de nombreux artistes, écrivains et peintres, tels Jean-Jacques Rousseau, Charles Nodier, Bernardin de Saint-Pierre, Paul de Kock, etc.

À la fin du siècle dernier, de nombreuses usines ouvrent dans le département, et Le Pré-Saint-Gervais construit des logements pour les ouvriers. Ceux-ci éliront en 1904 le premier maire socialiste du département de la Seine, Jean-Baptiste Sémanaz. Jaurès tint ici, du balcon de la mairie, des discours pacifistes enflammés. L'un d'eux, en 1913, contre la loi des 3 Ans, est resté dans les mémoires. Cette petite ville s'enorgueillit jusqu'à nos jours d'être l'un des bastions de l'histoire ouvrière française.

Comment y aller ?

– **En bus :** PC, puis le n° 170 (Saint-Denis – La Poterie – Porte-des-Lilas) et le n° 249 (Porte-des-Lilas – Dugny) qui flirte avec la commune.
– **En métro :** ligne 7b (Louis-Blanc – Pré-Saint-Gervais).
– En semaine, un jour sur deux, une navette gratuite, le **P'tit Bus,** quadrille la ville.

Où manger ?

Nombreux restaurants à petits et moyens prix.

|●| ▼ **Le Bar du Marché :** à l'intérieur du marché couvert, ce p'tit bar offre des plats du jour, des vrais repas avec des produits frais, des casse-croûte, des desserts et un choix de vins de pays et d'alcools pour des prix plus que raisonnables. En prime, les patrons vous raconteront de nombreuses anecdotes sur le passé et le présent du Pré.

À voir

★ **Le centre de Sécurité sociale** (ancienne église Saint-Gervais-et-Saint-Protais) : 80, rue André-Joineau. La surprise dès l'arrivée dans l'artère principale du Pré ! Il s'agit là de l'ancienne chapelle destinée à affirmer l'indépendance de la commune vis-à-vis de Pantin. De 1588 à 1815, elle fut démolie et rebâtie deux fois pour être ensuite définitivement reconstruite en 1825. Désaffecté en 1920, le bâtiment devint successivement une maison des syndicats, un dispensaire municipal et l'actuel centre de Sécurité sociale. De triangulaire, le fronton d'un blanc éclatant est devenu carré ; la porte aux grilles en fer forgé d'un dessin géométrique entouré de part et d'autre d'ailes de granit brun foncé, synthétise un espoir dans le devenir humain, visiblement jamais démenti depuis la première pierre posée sur la commune.

★ **L'Institution privée Vaysse :** 94, rue André-Joineau. Il s'agit d'un ancien pavillon de chasse du XVIIᵉ siècle, à la façade claire, entouré d'un parc aux arbres séculaires. Ce fut un pensionnat de demoiselles anglaises de 1825 à 1870, puis M. Mirande, un Méridional, le racheta à l'intention d'élèves parisiens qui suivirent ainsi leurs cours loin du fracas de la capitale. M. Vaysse devient directeur au tournant du siècle, donne son nom à l'établissement. Son fils Pierre lui succède entre les deux guerres, rénove les bâtiments et réaménage le parc amputé d'une partie de ses arbres à la suite de l'expropriation des terrains de la Petite Couronne par la Ville de Paris. Le bâtiment, avec sur sa façade une petite niche qui abrite un buste d'Henri IV, respire toujours la sérénité, et on aimerait se reposer dans le jardin, près de la fontaine Napoléon III.

★ **La fontaine du Pré :** place du Général-Leclerc. En poursuivant vers le centre, on atteint cette fontaine haute de 6 m, bâtie sous Louis XIV, sur l'emplacement d'un regard du XIIᵉ siècle. Le côté qui fait face à la mairie abrite une niche d'où sort toujours une délicieuse eau potable. Là aussi, l'Histoire est au rendez-vous : les sources qui dévalaient des collines avoisinantes furent captées, canalisées et détournées au profit du prieuré de Saint-Lazare grâce à un aqueduc qui menait au monastère. À la fin du

XIIIᵉ siècle, les eaux du Pré arrivaient aux fontaines des Halles et de la place des Innocents.

★ *L'hôtel de ville :* place du Général-Leclerc. Les origines de cette maison de campagne remontent au début du XVIIᵉ siècle, quand elle appartenait à une famille anglaise. La commune l'acquiert en 1840. La maison devient ensuite à la fois un groupe scolaire et le logement du secrétaire de mairie. Le premier maire, J.-B. Sémanaz, fonda en 1902 l'Université populaire gervaisienne où, jusqu'après la Seconde Guerre mondiale, se déroulèrent cours, conférences et spectacles. On peut voir, sur la façade de la maison donnant sur la place, une double volée d'escaliers joliment ornée d'une mosaïque à guirlandes de fleurs, surmontée d'une verrière. Une plaque rappelle l'un des discours prononcés au balcon par Jaurès. À l'intérieur, dans la salle des mariages, quatre toiles du peintre montmartrois Alphonse Quizet, ami intime de Maurice Utrillo : elles représentent des paysages et des scènes champêtres. Un autre tableau, œuvre d'un naturaliste, membre de l'école du Pré-Saint-Gervais fondée dans les années 30 par le peintre Loutreuil, représente une vue romantique et champêtre du village.

★ *La villa du Pré :* 73, rue André-Joineau. Un havre de tranquillité avec environ 200 pavillons et jardins, quadrillé par des petites avenues soigneusement entretenues, où l'on se sent immédiatement protégé de toute violence urbaine.

★ *La cité-jardin Henri-Sellier :* av. Jean-Jaurès. Du nom de l'initiateur de ces cités ouvrières, ministre de la Santé sous le Front Populaire. Celle-ci correspond exactement au concept de base : groupés sur un terrain de 12 hectares couvrant Le Pré-Saint-Gervais, Les Lilas et Pantin, des immeubles cubiques en brique rouge de cinq à six étages, noyés sous la verdure, parfaitement entretenus, et un ensemble de cinquante pavillons en crépi gris, cubiques eux aussi, surmontés de toits en terrasse, chacun assorti de son jardinet.

LES LILAS (93260)   (20 500 habitants)

« J'étais fleur, je suis cité », telle est la devise de cette commune, officiellement créée en 1867. Et les lilas (de l'arabo-persan *lilâk*) fleurissent sur cette colline, à hauteur égale de la Butte Montmartre. L'esprit village est intact, le sourire des Lilasiens et Lilasiennes, empreint d'une légitime fierté, donne envie de séjourner longuement dans ce que l'on pourrait croire une banlieue banale, enserrée entre Bagnolet, Pantin et Romainville. On est ailleurs.

Un peu d'histoire

À l'époque gallo-romaine, l'actuel territoire de la commune, situé sur un plateau dominant Pantin, était recouvert de bois et de champs. De là descend l'un des deux aqueducs qui alimentent Paris. Quelques vestiges gallo-romains attestent la présence d'un établissement au IIIᵉ siècle. Mais c'est à la fin du XVIIIᵉ siècle que le « bois des Bouleaux » prend ses lettres de noblesse dans le cœur des Parisiens de l'Est, qui viennent y fuir le bruit et la fureur de leurs rues.

Paul de Kock, romancier et auteur dramatique populaire très prolifique, achètera successivement deux maisons de campagne aux Lilas. Dans la seconde, il aménage un théâtre de verdure. Ses vaudevilles, chansons et opéras-comiques mettent en scène des étudiants, grisettes et petits-bourgeois dans un style léger, souvent grivois. Sa verve lui attirait de nombreux amis qui ont contribué au renom de la ville. On citera pour mémoire ses *Poèmes de joie* (*Monsieur Choublanc à la recherche de sa femme*, *La fille aux trois jupons*, *L'homme aux trois culottes*) où il brocarde avec acidité les réalités bourgeoises. Une avenue porte son nom, son buste en bronze orne le jardin du *théâtre du Garde-Chasse* et il repose aux Lilas.

Vers 1820, les visiteurs affluent ; on construit les premières maisons dans le bois en partie défriché, prémices des quartiers de *L'Avenir,* des *Bruyères* et du *Petit Romainville,* édifiés vers 1850. Peu à peu les guinguettes et les cabarets essaiment, un véritable tissu urbain se dessine et la commune des Lilas est inaugurée en 1867, après son divorce avec Romainville.

À la fin du XIXe siècle, les industries s'installent, séduites par des terrains et des baux peu coûteux. On construit l'une des premières Habitations Bon Marché en 1926, et dès 1937 le métro dessert Les Lilas.

À partir de 1959, Les Lilas connaissent une seconde ère de développement. Un certain nombre d'usines et d'ateliers sont transplantés en province ou vers d'autres banlieues. Par exemple, en 1960, les baigneurs Petitcollin sont transférés à Étain, en Lorraine. Le secteur tertiaire s'implante plus fortement : bureaux, services commerciaux, équipements hospitaliers et paramédicaux, dont la fameuse clinique des Lilas. Les terrains abandonnés sont utilisés pour rénover les équipements scolaires, sportifs et culturels. En 1963, Les Bruyères disparaissent au profit d'une zone d'aménagement concertée (ZAC).

Un réel dynamisme caractérise Les Lilas aujourd'hui. On y trouve une entreprise phare bien implantée, la R.A.T.P. avec son dépôt bus, son atelier métro et plus de 1 000 salariés, des PME en plein essor (les Boucheries d'Île-de-France, Depann 2 000, le n° 1 du dépannage, les ascenseurs Drieux), de nombreuses entreprises du bâtiment et cabinets d'études, conseil et assistance, près de 2 500 logements sociaux...

Comment y aller ?

– *En métro :* Porte-des-Lilas, Mairie-des-Lilas (ligne 11).
– *En bus :* n° 105 (Porte-des-Lilas – Mairie-des-Pavillons), n° 115 (Porte-des-Lilas – Château-de-Vincennes), n° 249 (Porte-des-Lilas – Dugny), n° 170 (Porte-des-Lilas – Saint-Denis), PC (Petite Ceinture).

Adresse utile

■ *Mairie :* 96, rue de Paris. ☎ 01-43-62-82-02.

Où manger ?

Prix moyens à plus chic

|●| *El Barmaki :* 44, rue de Paris. ☎ 01-43-60-66-76. M. : Porte-des-Lilas. Tous les jours, de 12 h à 14 h 30 et le soir à partir de 19 h. Ambiance musicale et karaoké les fins de semaine. Libanais où les *mezzés* sont agréables, copieux et peu onéreux. Ces assortiments chauds et froids pour deux ne valent que 210 F et donnent déjà une idée de la gastronomie de ce pays. Pour les plus gros appétits, on pourra déguster viandes et poissons pour moins de 100 F. Et si vous ne conduisez pas, laissez-vous aller aux kefrayas, vins rouges du Liban, un peu lourds (et vendus un peu chers).

|●| *Le Royal des Lilas :* 3, rue du Garde-Chasse. ☎ 01-43-63-09-59. Tous les jours, de 12 h à 14 h 30 et de 19 h à 23 h 30. Cuisine chinoise, thaïlandaise et vietnamienne, cuisine vapeur, « Dragon d'or » de la gastronomie chinoise en 1996. Salle climatisée et décor kitsch pour des menus à 49 F le midi, 112 et 149 F le soir. Accueil bon enfant et souriant.

|●| *Au Bouchon :* 46, rue Jean-Moulin. ☎ 01-48-91-16-79. Ouvert

LA SEINE-SAINT-DENIS

tous les jours sauf le dimanche. LA bonne adresse des Lilas. Un patron rabelaisien accueille le client avec une foultitude d'anecdotes sur Les Lilas. Cuisine de terroir, en fonction des arrivages du marché, à prix serrés. Sur l'ardoise : menu du déjeuner en semaine (75 F) et menu-carte le soir (160 F). Produits frais et très variés. Créativité garantie; entre autres, un délicieux râble de lapin

aux coings. Les vins de propriété, servis en fillettes (pots lyonnais), ravissent les palais les plus exigeants. À noter aussi un edelzwicker, blanc d'Alsace fruité, ou une bière de blé noir bretonne, proche de la Guiness. Les desserts maison sont copieux et originaux : tarte aux abricots avec coulis de framboise, vraie pâte sablée, etc.

À voir

★ **La mairie :** œuvre de l'architecte Paul Héneux, elle date de 1884. Les façades sont du plus pur style Renaissance : trois portes monumentales, colonnes de marbre, fenêtres à meneaux, vitraux colorés, un campanile octogonal au-dessus du toit d'ardoise flanqué de deux clochetons latéraux. Il faut admirer, dans la salle des mariages, une vaste toile, *Le Suffrage universel.* Cette œuvre de Bramtot, premier grand prix de Rome, montre une salle de vote. On y voit des citoyens endimanchés, pénétrés de l'importance de l'acte électoral qu'ils accomplissent.

★ La première école laïque de la commune, l'*école Waldeck-Rousseau,* ouvre au 2, av. Waldeck-Rousseau en 1905.

★ **La salle des fêtes :** 181, rue de Paris. Inaugurée en 1910. Conçu par Bevière dans le plus pur style IIIe République, inspiré du Grand Trianon de Versailles, ce monument, devenu le théâtre du Garde-Chasse, a été entièrement rénové en 1994 et accueille nombre de spectacles de qualité, du théâtre aux arts plastiques.

★ **Le Centre culturel Jean-Cocteau** (une bibliothèque et un conservatoire) : installé dans l'*Espace d'Anglemont*, au 35, place Charles-de-Gaulle. C'est le point culminant de la ville, avec une fort belle vue sur Paris. Ce manoir porte le nom de son acquéreur en 1850, Arthur Henri Lambin, comte d'Anglemont, rentier, homme de lettres, amateur de sciences occultes. Maire des Lilas pendant quelques mois, il résida dans cette maison jusqu'à sa mort, en 1898. Ses héritiers vendirent la maison à madame Gay qui en fit un pensionnat privé de jeunes filles, l'Institution Gay (1903-1982). La Municipalité rachète ensuite le bâtiment à la famille Gay, le restaure, l'agrandit et l'inaugure en 1988. Ce centre culturel regroupe 40 ateliers pour pratiquer la danse, le théâtre, les arts plastiques, l'anglais ou le piano.

Quelques bâtiments de l'entre-deux-guerres

★ **L'école Romain-Rolland :** 51, rue Romain-Rolland. Façade austère en brique orangée. Son portail, un demi-cercle en céramique bleue, est égayé par une mosaïque colorée qui reprend les armes de la ville. Deux immeubles rue de Paris (aux nos 172 et 194), le premier en brique beige, le second en brique rouge. Un immeuble au 44, bd de la Liberté, où l'on peut admirer, sous le toit, une superbe frise en céramique.

★ **Le lycée Paul-Robert :** 2-4, rue du Château. Conçu par l'architecte Roger Taillibert, auteur entre autres de l'Université de Ryad, il vaut le coup d'œil pour ses lignes d'une esthétique très pure. Roger Taillibert est également l'auteur du gymnase Micheline-Ostermeyer (triple médaillée des Jeux Olympiques de Londres en 1948), inauguré en décembre 1997. Cet établissement est semi-enterré, son toit est maintenant la cour de récréation de l'école primaire Paul-Langevin.

Randonnée urbaine

Une artère principale, la **rue de Paris,** très animée avec ses petits magasins d'alimentation cosmopolites ou traditionnels, ses boutiques de mobilier, ses horlogeries, ses teintureries et ses photographes. Les commerces anciens tels l'excellente chocolaterie, les bouchers et pâtissiers coexistent avec le *McDo* et autres *Paris pas cher*. De la porte des Lilas, remonter la rue de Paris sur toute sa longueur, arriver jusqu'au fort de Romainville, dominé par la tour de télédiffusion de France.

Toutes les rues perpendiculaires regorgent de curiosités. Il faut prendre quelques minutes, à l'angle de la rue de Paris et de la rue Jean-Moulin, pour regarder la très étonnante *église* avec, de part et d'autre du portail, ses triples arceaux beige clair byzantins ou musulmans, *who knows ?* Dans l'un d'eux se niche un crucifix géant en bronze (?) sombre. Quelques pavillons perdurent, avec leurs petits jardins fleuris. L'un d'eux, 44, rue Jean-Moulin, est classé Monument historique, nous a-t-on dit.

Un marché les mercredi et jeudi, des parcs et jardins municipaux entretenus avec amour, des sentes où perdurent des ateliers d'artisans et des ruelles où sont installés des **ateliers d'artistes**. Ceux-ci ouvrent leurs portes chaque année en mai au cours de « journées portes ouvertes ». La mairie travaille avec eux, les charge de contribuer à la décoration des édifices publics ou à l'éducation des enfants. Tout cela est protégé par la Municipalité, une des premières à éduquer le public aux collectes sélectives des déchets ménagers.

ROMAINVILLE (93230)   23 615 habitants

Petite commune de la deuxième couronne, qui a su conserver le cœur de son vieux village et qui abrite une partie du parc départemental. Autant dire que le béton n'y domine pas, même si la ville fut l'une de celles qui bâtirent le plus dans les années d'après-guerre. L'architecte Chémotov y fit d'ailleurs ses premières armes, avant de construire pour le grand argentier du pays. Enfin, les amoureux de *La Dernière Séance* y pèlerineront avec émotion.

Un peu d'histoire

Les linguistes n'eurent pas trop d'états d'âme pour trouver les origines du nom : du latin *Romana villa,* « domaine de Romanus », proprio local (ou l'évêque de Meaux, dit-on). Premier touriste en 53 avant J.-C., Jules César lui-même, qui profite de la position stratégique du site (à 120 m au-dessus de la Seine) pour préparer son plan d'attaque, avant de fondre sur les valeureux Parisii...

Apparition du nom Romainville pour la première fois dans le testament, au VIIIe siècle, d'une certaine dame Ermentrude. Nouveau visiteur pendant la guerre de Cent Ans, Henri IV d'Angleterre, qui découvre alors le gouleyant petit vin local. Au XVIIe siècle, construction d'un château où habiteront tous les seigneurs du coin. Le dernier sera le marquis de Ségur. En 1709, premières stat's : 436 habitants ; à la Révolution, 700. Le curé de la commune, l'abbé Houël, un des principaux initiateurs des cahiers de doléances, devient maire de la commune en 1790. Occupation du plateau de Romainville par les troupes russes en 1814. Au cours de cette première moitié de XIXe siècle, le village et sa célèbre forêt deviennent un populaire lieu de villégiature. Des guinguettes s'y installent. Le coin a tellement de succès qu'il se lotit, provoquant la disparition progressive de la forêt. Belles demeures, bourgeois aisés, la cohabitation avec le vieux village et ses « bouseux » deviendra insupportable. En 1867, une partie de Romainville fait donc sécession et s'en va, avec son maire, créer Les Lilas. En 1870, occupation de la ville et des deux forts par les Prussiens. Début de l'industrialisation. Arrivée du tram en 1896.

La période contemporaine

La guerre de 14-18 est une véritable saignée pour la ville : 918 morts sur 5 676 habitants ! En 1935, les élections municipales voient la victoire du Bloc ouvrier et paysan, animé par le parti communiste. Pendant la Seconde Guerre mondiale, le fort de Romainville est transformé par les nazis en annexe du camp de Compiègne. Des milliers d'otages (en cas de représailles pour attentats) et de résistants y transitent avant d'être envoyés dans les camps de concentration en Allemagne (dont Danièle Casanova, le 23 janvier 1943, avec 231 autres femmes). Le colonel Fabien réussit à s'en évader.

Le caractère ouvrier de la ville s'affirme encore plus après-guerre. Gros programme de construction de logements sociaux. Comme dans beaucoup de communes de l'Est parisien, la désindustrialisation a pris, ces dernières années, un tour assez dramatique.

Comment y aller ?

– **En métro :** Châtelet – Mairie-des-Lilas, puis bus nᵒˢ 129 et 105.
– **En bus :** n° 105 (Porte-des-Lilas – Mairie-des-Pavillons-sous-Bois), n° 129 (Porte-des-Lilas – Mairie-de-Montreuil), n° 318 (Château-de-Vincennes – Romainville – Les Chantaloups), n° 322 (Mairie-de-Montreuil – Bobigny – Pablo-Picasso).
– **En voiture :** porte des Lilas, rue de Paris, rue Lénine. Également par la A3.

Adresse utile

■ **Mairie :** 4, rue de Paris. ☎ 01-49-15-55-24.

Où manger ?

|●| ♟ **Chez Germain :** 39, rue de Paris. ☎ 01-48-45-00-20. Fermé le soir et le dimanche. Dans le vieux centre, à un pas et demi de la mairie. Le bon gros bistrot comme on les aime. Tout le monde se connaît ici. Les patrons sont aveyronnais, mais dans la désuète salle à manger, c'est une grande photo des Alpes qui domine. Mais pourquoi donc rêver de cimes lorsqu'on sert les meilleurs tripoux du monde avec autant de chaleur et gentillesse ? Sinon, y'aura toujours un plat de 39,50 F à 49,50 F (ça, c'est bien des comptes de Rouergats !) pour vous satisfaire : tartare de cheval (un vrai !), steak au bleu, blanquette de veau à l'ancienne, bourguignon, etc. Menu à 70 F. Le tout arrosé d'un bon saint-pourçain sur le bon fromage de là-bas, que demander de plus à dame nature ?

|●| **Au Masque Rouge :** 14, bd Henri-Barbusse ; à deux pas de la place Carnot. ☎ 01-48-46-43-95. Ouvert le midi uniquement, du lundi au samedi. Fermé le dimanche. Ici, ça bruisse plutôt, ça bourdonne dans un décor original de masques et de bons effluves de cuisine traditionnelle. Nappes à carreaux et clientèle réjouie pour un menu copieux à 58 F (quart de vin compris)

ou le plat du jour à 40 F. Petite et agréable terrasse derrière, aux beaux jours.

Plus chic

IOI *Chez Henri :* 70-72, route de Noisy ; dans les Bas-Pays. ☎ 01-48-45-26-65. Fermé les samedi midi, dimanche, lundi soir et jours fériés. La meilleure table de Romainville. Quasi obligatoire dans cet environnement peu attractif. Intérieur confortable et cossu. Velours aux murs, belles assiettes, tableaux, plantes vertes, fleurs fraîches sur les tables... Cuisine de marché, carte changeant tous les deux mois. Plats à la carte de 140 à 185 F : assiette de cochon de lait aux fruits exotiques, poitrine de pigeon laqué au sirop d'érable, rouget de roche à la moelle et vin de brouilly, etc. Intéressant menu à 160 F. Menu-dégustation à 250 F et, de décembre à mars, un « tout truffe » à 380 F. Surtout, surtout, fort belle carte des vins : du bourgogne passetougrains Dussort ou du bordeaux Château de Boissac à 65 F au Pétrus 70 à 5 200 F ou à l'Yquem 1933 à 8 700 F... Conseillé de réserver le week-end.

À voir

★ *L'église Saint-Germain-l'Auxerrois :* rue Veuve-Aublet (place de la Mairie). Construite en 1785 par le célèbre architecte Brongniart, auteur de la Bourse de Paris et de l'École militaire. Une anecdote rapporte que le marquis de Ségur demanda de l'argent au roi pour sa nouvelle église. Celui-ci refusa, tout en lui disant « Je vous donne cependant mon meilleur architecte ! ». Style néo-classique. À l'intérieur, quelques problèmes de stabilité (d'ailleurs, l'église devrait fermer fin 98 pour travaux). Mais que cela ne vous empêche pas d'apprécier les beaux vitraux modernes, réalisés dans un style par aplats rappelant un peu l'école de Pont-Aven et les nabis. À gauche, la vie du village (le premier maire, l'école, l'angélus, etc.) ; à droite, les sacrements (communion, mariage, assistance aux malades). Dans la niche du chœur, une belle Vierge polychrome du XVIe siècle. Stalles de la même époque, provenant de l'église antérieure. Une autre Vierge du XVIIIe siècle et un inhabituel Christ à l'âge de 12 ans du XIXe, mais vraiment peu gracieux. Une curiosité : dans la nef de gauche, la dalle funéraire de Louise de Ségur, dont tous les mots à connotation noble ont été martelés.

★ *La mairie :* 4, rue de Paris. Pas de jaloux, l'hôtel de ville maintenant. Construit par Lequeux en 1873. Longue façade rythmée de colonnes doriques et de pilastres. Finalement assez sobre, ce n'est pas encore le style IIIe République triomphant. À l'intérieur, voir la salle des fêtes qui, en revanche, se révèle plutôt du style chargé (réalisée par un élève de Cormon, c'est tout dire !). Plafond mouluré, colonnes corinthiennes, murs abondamment ornementés. Dans la salle des mariages, une BD de Maton-Wicart pour bien réussir la construction d'une existence : la demande, les fiançailles, la cérémonie, les enfants... manque le divorce !

★ *Le château :* entre mairie et église. Les vestiges du château plutôt, car il ne reste qu'un pavillon du XVIIe siècle, dans un état de dégradation extrême. Habité par la famille Ségur jusqu'à la Révolution, il est abandonné en 1839 et la propriété transformée en carrière de plâtre. Le pavillon devenu inhabitable, on lui adjoint postérieurement un bâtiment en brique sur le côté. Racheté par la commune il y a une dizaine d'années, au titre d'important témoignage de l'histoire locale, il attend des crédits pour commencer une restauration de plus en plus urgente. À l'intérieur, il subsiste encore d'intéressants éléments de décor : parquets marquetés, panneaux peints, etc.

★ De la *place de l'Église,* vue pittoresque sur le cimetière en pente et, au loin, sur la plaine de Bobigny. On distingue bien la masse sombre de la préfecture de Seine-Saint-Denis. Statue rendant hommage à la grande résistante Danielle Casanova.

Balade sociale et nostalgie dans Romainville

À deux pas de la mairie et de l'église, le vieux cœur de la ville. Les rues, bordées de maisons basses, ont conservé leur tracé médiéval et un petit charme nostalgique : *rues Gabriel-Husson* (ex- Saint-Pierre), *de Paris, Saint-Germain,* etc. Longtemps animées ; hélas, leur petit commerce s'est dramatiquement éteint aujourd'hui.

Au 15, rue Carnot, on trouve le *dispensaire Louise-Michel,* construit en 1936 par André Bérard. Typique de l'architecturale sociale de l'époque. Bel édifice de brique rouge avec de grandes ouvertures et décoré de bas-reliefs Art déco vantant les bienfaits de la médecine.

Place Carnot, le mythique *cinéma Le Trianon.* Ouvert en 1896, peu de temps après l'invention du cinématographe, reconstruit après les dégâts de la dernière guerre, il a été racheté, il y a une quinzaine d'années, conjointement par les municipalités de Romainville et de Noisy-le-Sec. Symbole aujourd'hui du bon vieux cinoche de banlieue et lieu de tournage de notre *Dernière Séance* bien-aimée ! À côté, une superbe villa du XIXe siècle avec élégante véranda en bois, colombages et petite tourelle.

Boulevard Henri-Barbusse et place des Mares s'étend la *cité des Mares,* première réalisation de la commune sur ses deniers en 1955, pour résoudre la crise du logement. Ensemble de pavillons avec jardinets, innovation considérable pour l'époque. Le pavillon prototype fut tiré au sort parmi les mal-logés.

Autre œuvre de l'architecte André Bérard, l'*école Charcot-Barbusse,* à l'angle Benfleet – Henri-Barbusse. Des colonnes de brique encadrent de larges fenêtres ondulant légèrement. Au coin, une mère amenant ses enfants à l'école en bas-relief. Pas loin, une rue des Chalets rappelle les modestes bicoques de bois qui la bordaient.

Avenue Pierre-Kérautret, on trouve le *fort de Noisy* (mais sur la commune de Romainville). Après les premières élections qui virent des élus communistes, les autorités de l'époque, en 1929, firent construire devant le fort, des casernes de gardes mobiles (pour mieux surveiller les classes dangereuses ?).

Errements outr'A3 !

La dévoreuse A3 coupa irrémédiablement la ville et créa une petite enclave à la frontière de Montreuil. Noter les noms de rues exprimant clairement les valeurs de la République : rue de la Libre-Pensée, de la Fraternité, du Laborieux... De grands architectes y travaillèrent : Émile Aillaud (au 49, rue de la Fraternité) et Chemetov qui construisit dans les années 64-66 la *cité de Gaulle,* la première de la ville (autour des deux châteaux d'eau).

Ne pas manquer, rue de la Fraternité, l'*église Saint-Luc-des-Grands-Champs,* édifiée en 1933 dans le cadre de l'évangélisation des quartiers succombant trop aux sirènes du socialisme. Ample, imposante, mariage parfait de la brique et du béton, elle présente des façades de style gothique moderne. Sur le côté, de grandes rosaces et façade à pignons. Chapelle de la Vierge avec beau portail de béton surmonté d'une statue de la Vierge de style Art déco. Rue de la Fraternité toujours, l'*école de la Fraternité,* du groupe scolaire des Grands-Champs. Construite en 1914, la veille de la guerre. Dans un premier temps, elle n'accueillit que des régiments de zouaves en partance pour le front. Combinaison de brique, meulière et d'éléments de céramique, avec d'amusants petits auvents et consoles de style Cabourg.

Dans les plaines des Bas-Pays

Descente par le vaste parc départemental, jusqu'au quartier des Bretagnes, tranquille zone pavillonnaire. Tout en bas, c'est « les Bas-Pays », le secteur industriel de Romainville, bénéficiant, tout comme Pantin, Bobigny et Noisy, de la proximité du canal de l'Ourcq. Au 44, route de Noisy, les ex-écuries de la ville de Paris. Au n° 60, l'insolite entrée de Hoechst, Marrion et Roussel. C'est l'ancien centre de recherches vétérinaires de Roussel-Uclaf, en forme de haras normand. Il faut dire que Gaston Roussel, diplômé de l'école vétérinaire, fondateur des Usines chimiques des laboratoires français (Uclaf), l'un des pères de l'industrie pharmaceutique moderne, avait une passion pour les chevaux. C'est à Romainville que s'élaborèrent les premières sulfamides, les hormones, les vitamines et les si précieux antibiotiques. Entrée monumentale avec une tour d'horloge. À côté, le nouveau siège social de Hoechst : remarquable architecture moderne, à l'esthétique audacieuse et raffinée.

À la frontière avec Noisy, au pied du parc municipal de Romainville, quelques jardins ouvriers. Remonter ensuite jusqu'au stade Stalingrad et à l'allée Bellevue, la bien-nommée. Beau panorama de la dernière terrasse du parc municipal. Le centre de loisirs, à côté du stade, fut l'une des premières réalisations de Chemetov alors qu'il était tout jeune architecte. En tout cas, la première à Romainville (1964).

Où sortir ?

– **Cinéma Le Trianon :** place Carnot. ☎ 01-48-45-68-53. Une belle luciole dans la nuit romainvilloise. Remarquable programmation, avec des soirées à thème, festivals, avant- premières, etc. Des formules plaisantes comme le ciné-dîner à 75 F (sur réservation) et les séances du dimanche matin à 10 h 30 pour seulement 15 F.

BAGNOLET (96177)   32 602 habitants

Petite commune ouvrière dominant le grand Montreuil, avec qui elle posséda beaucoup de points communs et... une « pêche » de discorde ! Principaux points communs : les carrières de gypse et leur exploitation depuis la nuit des temps, et des productions agricoles identiques. Principale divergence : l'origine de la technique de culture de la pêche, dite de « palissage à la loque », revendiquée par Bagnolet, mais qu'un meilleur sens du marketing de Montreuil, semble-t-il, a permis d'attribuer à cette dernière... (Résultat, cette technique vous est expliquée en détail au chapitre « Montreuil » !)

Tout ça pour vous dire que Bagnolet resta longtemps un village agricole discret, avant de servir de refuge aux vagues de prolétaires chassés par la spéculation immobilière à Paris. Bagnolet ne connut pas la grosse industrialisation comme Ivry, Clichy ou Issy-les-Moulineaux, mais de nombreuses petites entreprises industrielles de 50 à 100 travailleurs s'y implantèrent. Le tracé de l'autoroute A3 déstabilisa énormément la commune et la sortit de force de son rythme longtemps tranquille. Surtout, il fut le point de départ de l'urbanisation de la ville, dont on ne peut pas dire qu'elle soit aujourd'hui totalement maîtrisée. Certes, il reste des morceaux de village de-ci, de-là, mais la tentation de moderniser à tout prix et d'imiter les grandes communes de gauche bétonnières est grande. Surtout, surtout, si le projet de remplacer la croquignolette mairie du XIXe siècle par quelque chose de plus gros, de plus prestigieux, amène à bousculer un tissu urbain déjà bien malmené !

Un peu d'histoire

Sur l'origine du nom, deux versions : soit du latin *balneolum* qui indiquerait la présence d'eaux minérales ou de bains, soit de *bannus* qui préciserait la position de Bagnolet par rapport aux limites d'un lieu particulier ou d'une grande ville comme Paris (au ban de quelque chose).

Première mention du village en 1256, dans des actes de l'abbaye de Saint-Maur. En 1412, Bagnolet est le lieu de résidence d'Isabeau de Bavière, reine de France, épouse de Charles VI. En 1427, en pleine guerre de Cent Ans, le duc de Bedford s'y installe à son tour, comme régent du royaume de France pour les Anglais. Le *Monologue du Franc-archer de Baignollet*, attribué à François Villon, apparaît dans les œuvres complètes du poète en 1532. Au début du XVIIe siècle, Bagnolet accueille une nouvelle personnalité, le cardinal Jacques du Perron, connu pour avoir présidé à l'abjuration d'Henri IV. Au XVIIIe siècle, le village devient un important lieu de villégiature. On y trouve trois châteaux : celui des Rohan-Chabot, celui de Malassis, édifié par la famille Le Peletier de Saint-Fargeau, et celui de Bagnolet, construit par M. Le Juge et acheté en 1717 par le duc d'Orléans, régent du royaume. Jusqu'en 1769, le château de Bagnolet sera la propriété de la famille d'Orléans.

Une anecdote sur le régent : sensible au charme des jolies femmes, celui-ci craqua un jour à la messe devant une magnifique quêteuse qui lui fit sa révérence et le sollicita : « Pour les pauvres, Monseigneur ! » « Pour vos beaux yeux, ma toute belle », lui dit le régent en offrant une grosse poignée de pièces d'or. « Et pour mes pauvres ? », répliqua la quêteuse. Le duc d'Orléans montra qu'il avait de l'humour et qu'il l'appréciait chez les autres, et redonna une deuxième fois. Ceci dit, le régent n'en mena pas large lorsqu'il provoqua en 1720 une émeute monstre de ses paysans. Trouvant que les vignes le gênaient pour chasser, il s'était mis en tête de les faire toutes arracher. En 1732, le privilège de la famille Girardot d'offrir au roi chaque année les plus belles pêches de Bagnolet passe aux horticulteurs de Montreuil (à la mort de René-Claude Girardot). Dans la première Municipalité élue en 1790, sur 23 membres, 15 sont vignerons.

Bagnolet au XIXe siècle

Dans la première moitié de ce siècle, Bagnolet connaît un développement encore très lent. Il s'y déroule, le 30 mars 1814, sur le plateau de Malassis, la bataille décisive des troupes de Napoléon. Marmont est battu et Bagnolet livré aux pillages des cosaques et des Prussiens pendant dix jours. En 1820, pas encore 1 000 habitants. Premières toutes petites industries à partir de 1850 (cartonnage, fabrique de vernis ou de colle animale) et à peine 1 300 habitants (300 de plus en 30 ans !). Premier transport public en 1863 jusqu'à la station des omnibus de Charonne à Paris. En 1867, le village perd un morceau de son territoire (Les Bruyères) qui, avec un bout de Romainville, va constituer la commune des Lilas. L'afflux des familles ouvrières chassées par les grands travaux d'Haussmann va toutefois changer la physionomie de Bagnolet.

La ville n'est pas touchée par la guerre de 70 et se révèle réfractaire à la Commune de Paris, preuve s'il en est de sa ruralité profonde (à la différence de Montreuil où le niveau de conscience est déjà très élevé). Jean-Baptiste Clément (dont la famille est de Bagnolet et propriétaire de plusieurs moulins) fustigera dans *Le Cri du Peuple* la lâcheté des croquants et paysans qui livrèrent aux gendarmes des gardes nationaux égarés aux limites de la commune. Cependant quelques Bagnoletais, outre J.-B. Clément, participèrent à la Commune, comme Adrien Lejeune, mort en 1942 à Novosibirsk (URSS) à 95 ans et qui était le dernier communard survivant. En 1971, ses cendres furent transférées, comme il l'avait souhaité, au mur des Fédérés au Père Lachaise, près de ses camarades tombés les derniers.

Un demi-siècle de changements!

De 1872 à 1911, la population passe de 2 597 habitants à 15 744. En 1900, il n'y a plus que 10 % de gens vivant de l'agriculture, mais la physionomie rurale de la ville n'a guère changé (1894, 209 ha cultivés; 1914, encore 191!). 700 Bagnoletais sont morts pendant la guerre de 14-18. L'industrie reste de dimension artisanale et la population vit plutôt au centre-ville. L'une des premières grosses entreprises à s'installer sera, en 1900, la biscuiterie Belin. De petites fonderies suivent, mais toujours pas de grandes usines. La ville se distingue surtout par l'incroyable variété des professions existant à l'époque, des coupeurs de poils de lapin aux fabricants de portemanteaux en bambou! Urbanisation par lotissement, mais sauvage : rues ouvertes impraticables l'hiver, peu de canalisations d'eau, pas de confort dans les maisons.

De 1880 à 1919, Municipalité gouvernée par les radicaux-socialistes, puis par le parti socialiste à partir de 1919. Population désormais à 70 % ouvrière. En 1926, elle compte 26 538 habitants. À cette époque, les Italiens fuyant le fascisme représentent plus de la moitié des étrangers de la ville et 5 % de la population. Trois entreprises seulement dépassent les 100 ouvriers. En 1928, victoire de la liste du parti communiste aux élections municipales. Paul Coudert, l'un des rares socialistes de la commune à avoir voté pour les thèses du Congrès de Tours en 1920, est élu maire. La nouvelle équipe va se coltiner la rude tâche de moderniser la ville. C'est-à-dire réalisation du tout-à-l'égout, goudronnage et éclairage des rues, réfection des écoles, baisse de la mortalité infantile, développement de la vie associative, etc. En 1935, la liste du PC est réélue dès le premier tour, preuve de son enracinement dans la ville. Une cinquantaine de Bagnoletais s'engagent dans les Brigades internationales, sept y laisseront leur vie. En 1939, le PC est dissous et la Municipalité remplacée par une « délégation spéciale ». Puis la répression s'abat sur la Résistance. Parmi les 27 fusillés de Châteaubriant, un Bagnoletais, Jules Vercruysse.

À la Libération, reconstitution du Conseil municipal, Paul Coudert retrouve son poste de maire. Aux élections d'avril 1945, qui voient les femmes voter pour la première fois, la liste PC-radicaux-représentants de la Résistance est élue au premier tour, devant le MRP et le PS. Les tâches urgentes de la Municipalité n'ont pas changé : voirie, éclairage, écoles, santé, logement, tâches qui n'avaient pas pu être achevées avant-guerre et qui se sont bien sûr aggravées. En janvier 1951, à l'occasion de l'arrivée du général Eisenhower en France, le maire, Paul Coudert, est suspendu par le préfet pour avoir fermé les bureaux de sa mairie en signe de protestation.

La crise du logement atteint son paroxysme. De plus, dans le bâti existant, 30 % ne possède pas l'eau courante, 60 % pas de w.-c. Devant les atermoiements de l'office d'HLM, qui lui ont fait perdre de nombreuses années, la Municipalité décide de construire sur son propre budget. En mai 1955, les 22 premiers logements d'un groupe de 146 sont inaugurés par Jacques Duclos, député du secteur.

La période contemporaine

En 1959, le PC est reconduit à la tête de la Municipalité et Jacqueline Chonavel succède à Paul Coudert. C'est la première femme maire d'une ville de plus de 30 000 habitants. En 1960, la construction de l'autoroute A3 est décidée. Prix en terme d'expropriation lourd à payer. Les Bagnoletais se voient obligés de batailler ferme pour obtenir qu'une partie de l'ouvrage soit en viaduc et ne coupe pas irrémédiablement la ville en deux. En 1971, l'extension du métro de Gambetta à Bagnolet, réclamée en 1928 par Paul Coudert, voit enfin le jour.

Aujourd'hui la ville a, semble-t-il, fait largement le plein de cités. Elles dominent partout les quartiers pavillonnaires. Les sentiers, passages, ruelles, impasses bucoliques diminuent pourtant chaque année, dommage. Bagnolet, qui a su éviter les ghettos et les soucis de bien des communes ouvrières, saura-t-elle se préserver de la tentation de bétonner encore plus, réussira-t-elle à sauvegarder le fragile équilibre entre passé et avenir, à garder un peu de son charme rural unique dans les banlieues ?

Comment y aller ?

– **En métro :** Pont-de-Levallois – Gallieni (ligne n° 3). Station Gallieni.
– **En bus :** n° 76 (Louvre-Rivoli – Bagnolet), n° 102 (Gambetta – Mairie-de-Montreuil), n° 115 (Porte-des-Lilas – Château-de-Vincennes), n° 122 (Gallieni – Gare-de-Val-de-Fontenay), n° 221 (Gallieni – Gagny – Pointe-de-Gournay), n° 318 (Château-de-Vincennes – Romainville – Les Chantaloups), n° 351 (Nation – Aéroport-Charles-de-Gaulle).

Adresse utile

■ *Mairie :* place Salvador-Allende. ☎ 01-49-93-60-00.

Où manger ?

|●| ❢ *Chez Ben (Le Figuier) :* 69, rue Victor-Hugo. M. : Robespierre. ☎ 01-42-87-19-87. Fermé le dimanche. Pas loin des puces de Montreuil. Repas le midi seulement. Cuisine toute simple, mais c'est copieux et la bonne humeur de Ben vaut vraiment le déplacement (sale coup ! désormais, il va être obligé de se conformer en permanence à cette image). Menu fixe à 50 balles avec buffet de hors-d'œuvre, viande (steak, merguez ou francfort), frites-salade. Couscous le vendredi. Vendredi soir, animation culturelle (voir « Où sortir ? »).

|●| *Chez Pierrot :* 62, rue Sadi-Carnot. ☎ 01-43-60-81-25. Fermé le dimanche et le lundi soir. On a l'impression d'entrer dans une maison particulière où meubles et objets semblent déjà familiers. La salle à manger donne sur un jardin où l'on peut jouer aux boules avant ou après le repas. Clientèle locale. Bonne cuisine traditionnelle avec un certain choix : Saint-Jacques pro-

vençale, tournedos de barracuda, lotte aux baies roses, grillades, etc. Fondues sur commande. Menu à 53 F correct. Côtes-du-Rhône à 65 F.

|●| *Gastronominus :* 45, rue de Bagnolet. ☎ 01-43-62-01-93. Repas le midi uniquement. Fermé le dimanche. Ne pas se fier à l'immeuble banal et triste qui abrite l'un des meilleurs spécialistes du vin du secteur. Ici, on lui voue un culte et on vient de loin lui en acheter. Salle plaisante et confortable donnant sur un peu de verdure. Gainsbourg, en copain, trône sur le comptoir. La nourriture, ici, sert en quelque sorte d'accompagnement au vin. Une chance, c'est une cuisine de bistrot classique et correcte. Magret aux cèpes, échine de porc rôtie, filet de bœuf, brochette de gigot, etc. On a vu faire le foie gras devant nous, il est vraiment maison. Pour le vin, laissez-vous bien entendu conseiller. Compter 120-150 F.

À voir

★ **La mairie :** place Salvador-Allende. Construite de brique et moellons en 1881. De proportions modestes, reflétant celles du village à l'époque, mais déjà dans un style IIIe République très officiel. À l'intérieur, peintures de Pierre Vauthier, *Fête du 14 Juillet* et *Couronnement de la rosière*, ainsi que *Cueillette des roses*, avec une belle lumière. D'autres toiles de Jules Bahieu (1887), représentant, dans un style chromo, les paysages de Bagnolet.
Cliché insolite, la façade de l'*hôtel de la Mairie*, derrière, au 37, rue Benoît-Hure. Enseigne écrite en relief et style Art déco. Au fait, pour la photo, se dépêcher, l'hôtel est dans le collimateur des bulldozers... Restera son souvenir dans le film *Mortelle Randonnée* de Claude Miller.

★ **Le centre-ville :** tout s'ordonne autour de la rue Sadi-Carnot, ex- Grand-Rue, voie historique de la ville. Dans son ensemble, pour le moment, elle possède l'aspect d'une rue du temps passé : maisons basses, rustiques, parfois ventrues, toutes différentes. Prises individuellement, elles ne possèdent pas, à part quelques-unes, de caractère particulier, mais le tout compose une photo homogène exceptionnelle de rue d'ancien village. Elle souffre cependant d'un manque de parti-pris architectural de la part de la commune. Des parties anciennes ont été abattues et remplacées par des immeubles modernes pas très heureux. Une dent creuse de 40 m de long est en passe d'être remplie. Tout un pan de rue (à l'angle de la rue Marie-Anne-Colombier) attend d'être rénové... liquidation ou restauration à l'ancienne ? On se prend alors à rêver à une réhabilitation intelligente, sensible, respectueuse, comme le fut celle de la rue Saint-Blaise dans le 20e...

★ **La maison du cardinal du Perron :** 43, rue Sadi-Carnot. Édifiée en 1610, ce qui en fait l'une des plus anciennes de la ville. Cour pavée, massifs de fleurs, perron, beau fronton triangulaire décoré des armes du cardinal.
Au n° 47, maison de ville qui abrita la première école en 1842. Au n° 73, demeure de la fin du XVIIIe siècle, siège de la première mairie.

★ **L'église Saint-Leu-et-Saint-Gilles :** 84, rue Sadi-Carnot. Pour le moment fermée. Construite en deux temps : les travées les plus anciennes datent de 1547, on y a retrouvé les armes d'Henri II et de Diane de Poitiers. Clocher et façade du XVIIIe siècle.

★ **Le bâtiment industriel rénové :** 17, rue Charles-Graindorge. Un exemple intéressant de récupération et de restauration d'une ancienne fabrique de sacs en papier, construite en 1920 sur l'un des terrains de la célèbre biscuiterie Belin. Abrite aujourd'hui le siège de plusieurs petites entreprises.

PETITE BALADE DANS L'OUEST ET LE NORD DE LA VILLE

★ À l'angle des **rues Danton et Gambetta,** une antique fonderie de cloches artisanale toujours en fonction. C'est là que sont coulés les César du cinéma français. Au 9, rue Graindorge, jardin avec les derniers murs à pêches de la ville.

★ Remonter la **rue Marie-Anne-Colombier.** Au n° 52, une maison basse en renfoncement, aux volets verts et fleurie, comme la maison de campagne de la pub Ricoré, tranche avec les tours de béton derrière. Sur sa droite, un ancien mur à pêches. Arrivée rue Pierre-Soulier qui est... *damned,* malgré le périph', dans le 20e ! Eh oui, une bizarrerie qui date de la fin des fortifs dans les années 20 : Paris en profita pour piquer quelques morceaux à Bagnolet. *Rue Louis-David,* au n° 5, intéressante maison en brique grise et rouge avec petit décor, puis, au n° 41, la villa du Plateau (c'est écrit dessus en gros). Du 1 au 7, *rue Jean-Baptiste-Clément,* lotissement ouvrier typique du début du siècle, sur un étage, avec jardinet devant. Au 97, *rue de Noisy-le-Sec,* superbe demeure en meulière, avec fenêtres au décor brique et céramique. Balcon en fer forgé bien travaillé aussi. Au 140, tout un immeuble de style Art nouveau. Linteaux des fenêtres et corniche très ornementés. Encore quelques clins d'œil du vieux Bagnolet bucolique rue du Pinacle, impasse des Lilas (au 109, av. de la Dhuys), passage Le Breton (sur l'avenue Pasteur).

★ *Le château de l'Étang :* angle rues de Pantin et Sadi-Carnot. En fait, une très grosse demeure bourgeoise du XIXᵉ siècle. Grand jardin et escalier monumental. C'est aujourd'hui un centre de loisirs pour les enfants.

★ *Le collège Travail :* 172, rue Sadi-Carnot. Édifié en 1931, typique de la volonté des nouvelles municipalités communistes à l'époque de prendre à bras le corps la question scolaire. Le nom de baptême de l'école en est la preuve énergique et flagrante. Un remaniement architectural récent a quelque peu dénaturé cette belle architecture des années 30 (ouvertures nouvelles et création d'un atrium). En revanche, côté rue Girardot, on trouve toujours le haut-relief avec son ouvrier et son marteau (et la paysanne et sa faucille). Maternelle originale avec sa tour de brique rouge.

★ *Au nord de la ville,* à la frontière de Romainville, se situe le quartier dit « sensible » de la ville. Le « 82 » rue Anatole-France est la plus ancienne HLM de la ville. Le coin s'est pas mal bétonné. Cela n'empêche pas de croiser ici quelques passages anciens. Comme le sentier au 31-33, rue Anatole-France, le *passage Bertin,* la *rue du Bac...* Hélas, le plus romantique d'entre eux, le *passage Krassine,* vient de succomber sous les pelleteuses des promoteurs. On pourra cependant se rattraper rue Louise-Michel. Juste en face du terminus du bus nº 76, un chemin et les modestes bicoques qui le bordent vivent, à coup sûr, leurs derniers moments.

★ *Retour vers le sud,* dans un quartier plein de contrastes. D'abord, traversée du charmant lotissement Bellevue (av. des Arts, de Bellevue, rue des Fossillons, etc.). Les gens y défendent âprement leur qualité de vie. En bordure de la A3, les *jardins des Buttes,* quelques jardins ouvriers, avec production de miel (une tonne par an, paraît-il) et cultures anciennes (fleurs, arbres fruitiers). Puis, traversée du très agréable parc départemental Jean-Moulin. À deux pas pourtant, entre la rue Charles-Delescluze et la rue de la Noue, s'élève l'ensemble immobilier le plus consternant de toute la Seine-Saint-Denis (battu par les 4 000 à La Courneuve, peut-être). Bloc énorme de béton des années 70 quasi impénétrable. Tourner autour, ça a toute l'apparence d'une forteresse percée de bouches béantes et noires pour les voitures, avec seulement quelques ouvertures pas évidentes et escaliers hasardeux pour les piétons. Certains ne mènent nulle part, pas de signalétique, pas de flux naturel de la circulation. S'ils s'y engagent, des amis, pourtant du coin, ont toujours peur de ne pas en trouver la sortie... Lieu tellement emblématique de la banlieue qu'il servit de cadre au film *De Bruit et de fureur,* de D.C. Brisseau. Après ce premier prix de la nullité décerné sans joie, l'ébouriffante surprise se révèle de tomber juste après sur... le quartier le plus sympa de la ville !

★ *« Viénot ville » :* quartier adorable dont l'axe est la rue Désiré-Viénot. Tiens, on y croise une *rue des Blancs-Champs* (référence à la poussière des carrières de plâtre ?). Bordée de coquettes petites maisons, bicoques émouvantes fort bien tenues, toutes différentes, avec jardinets, arbres fruitiers, potagers, etc. Les proprios ont su leur donner une touche tout à fait personnelle. Réverbères à l'ancienne, trottoirs rénovés aussi. Prendre la rue des Bains, pour l'un des paysages urbains les plus insolites qu'on connaisse. Le *sentier des Guilands,* qui redescend sur Montreuil, a conservé tout son charme d'antan. La vue porte loin, sur Montreuil et Paris, dans un cadre végétal authentique. En contrebas, on entend hurler les chiens, caqueter poules et poussins, quelques chèvres broutent ces pentes herbues au joyeux désordre buissonnier. Coin de poésie urbaine oublié. Un étroit sentier sinue entre des demeures à bout de souffle, s'accrochant désespérément à la colline. On n'est guère loin de l'univers de Jean-Paul Clébert ou de Carco, d'une balade des fortifs ou dans la rue des Couronnes, à Belleville, il y a à peine trente ans... C'est dans le coin que fut plantée la caravane où vivait Miou-Miou et Michel Blanc dans *Tenue de soirée*. À l'angle du sentier des Guilands et de celui des Ravins, pittoresque maison en brique, avec petite tourelle, qu'on jurerait bien penchée...

★ *Le quartier des Coutures :* c'est le bas Bagnolet, dont bien malin, si l'on enlève les pancartes de ville, celui qui devinerait où commence Montreuil et où finit Bagnolet. Vieux quartier prolo, largement horizontal, qui abrita de nombreuses petites entreprises de menuiseries sous-traitant pour le faubourg Saint-Antoine. Longtemps bastion de l'émigration italienne, le quartier a su conserver une vie sociale pas trop entamée et beaucoup de ses habitants de souche. Ici, on se parle encore et l'on fait montre, en toutes circonstances, de cette bonne vieille tolérance populaire de quartier. Partir flâner au long de rues et ruelles pour découvrir le réseau dense de passages qui relient certaines rues entre elles. Par exemple, entre les rues de l'Avenir et Victor-Hugo. Quelques trucs insolites aussi comme cette maison bizarre au 25-27, rue Paul-Bert. Élégant chromatisme des briques, balcon gothique, femme en médaillon et ce curieux personnage à la Rob Roy qui semble surgir de l'oculus. Très « années 30 » aussi, ce dispensaire en brique rouge au 4 *bis*, rue du Lieutenant-Thomas... Vraiment, un quartier à connaître sous toutes les... coutures !

Où sortir ?

🍴 ▼ *Chez Ben (Le Figuier) :* 69, rue Victor-Hugo. ☎ 01-42-87-19-87. M. : Robespierre. Fermé le dimanche. D'abord, l'ambiance pour l'apéro est sacrément conviviale (très emblématique du quartier des Coutures) ; ensuite, le vendredi soir, alternent les initiatives culturelles : théâtre, chanson, projections de films courts, etc. Expos de photos et peintures également. Un petit lieu qui, comme la Clio, est grand de l'intérieur, une bouffée de joie, une chaleur communicative, quelque chose du côté de la vie réelle... Et puis toujours resto sympa le midi (voir « Où manger ? »).

– *Le Cin'Hoche :* 6, rue Hoche. ☎ 01-49-93-60-70. Il y a plus de 20 ans, ce fut l'un des tout premiers cinémas créés par une municipalité, avec la volonté de l'insérer dans sa politique culturelle : défense d'un cinéma de qualité, du cinéma français en général, de la version originale, sans oublier certaines œuvres grand public intéressantes. Un cinoche que les Bagnoletais adorent !

MONTREUIL

MONTREUIL (93100)   96 000 habitants

Troisième commune d'Île-de-France avec près de 100 000 habitants, archétype de la ville de banlieue rouge. Surtout, une ville très populaire, ayant conservé une authentique culture ouvrière et à laquelle ses habitants sont sentimentalement attachés. Contrairement à d'autres banlieues, Montreuil possède encore de nombreux quartiers horizontaux et de grands espaces verts. Les pavillons y étaient beaucoup moins chers qu'à Paris. C'est cela qui a attiré les nouveaux habitants (un tiers de la population est arrivée depuis moins de dix ans). Bien sûr, le remplacement des cols bleus par les cols blancs se fait en proche banlieue inéluctablement, mais ici, c'est en douceur. Ce qu'aiment les « néos », c'est toujours le côté *melting-pot* de la ville, son côté métissage des gens, des cultures... et cette riche et lente transition sociologique qui n'a pas été effectuée à coups de bulldozer comme dans tant d'autres communes ! Séduits par l'atmosphère villageoise du bas Montreuil et les prix modérés des anciens ateliers ou usines, beaucoup d'artistes sont venus également s'implanter dans la ville.

Quelques Montreuillois(es) célèbres (par ordre alphabétique)

Simon Berryer, dit Sim, né en 1926. Ce « fruit des amours d'un étourneau et d'une pointe Bic », comme disait Michel Audiard, arriva en 1953. Voisin de **Jacques Brel** (1929-1978) qui s'installa à Montreuil de 1954 à 1958, au 71, rue du Moulin-à-Vent. Il y composa plusieurs grands succès. **Patrick Besson,** né en 1956, fréquenta le lycée Jean-Jaurès, avant d'obtenir le grand prix de l'Académie française pour *Dara*. En passant devant le 142 *bis,* rue de Rosny, les amoureux de jazz penseront à **Kenny Clark,** dit *Klook* (1914-1985). L'un des fondateurs du be-bop qui joua avec Monk, Gillespie, Parker et vint habiter ici en 1962. **Didier Daurat** (1891-1969), pionnier de l'Aéropostale, compagnon de Mermoz, Guillaumet et Saint-Ex, naquit à Montreuil. **Serge Hélan** (né en 1964), originaire de Guadeloupe, recordman de France de triple saut (en franchissant le premier les 17 m), habite, travaille et fait partie du Club athlétique de Montreuil, tout comme **Michel Jazy** (né en 1936) qui en est le vice-président. **Pierre de Montreuil** (vers 1200-1267), l'un des plus grands architectes du gothique, laissa comme œuvre, entre autres, la Sainte-Chapelle à Paris. Montreuil eut son Landru, en la personne d'**Albert Pel** (1849-1924) qui empoisonna sa mère, sa femme de ménage, sa femme tout court, sa maîtresse et une certaine Élise, incinérée chez lui, au 9, rue de l'Église, dans sa cuisinière. **Martin Prévost** (1611-1691) émigra au Québec en 1635. Il est le premier colon à épouser une huronne, Marie Manitouabevich, qui lui donnera dix enfants. **Serge Reggiani** (né en 1922 à Reggio Emilia) fréquenta l'école Marcelin-Berthelot et fut copain de classe de **Gilbert Trigano** (du Club Med). **Jean-Marc Thibault** (né en 1923) vécut 23 ans à Montreuil et suivit des cours d'art dramatique avec Reggiani. Un autre grand Rital, **Lino Ventura** (1919-1987) débarqua, à l'âge de 7 ans, venant de Palerme, au 37, rue de Romainville.

Enfin, naquirent à Montreuil : **Bernard Kouchner** (ancien de Marcelin-Berthelot), les acteurs(trices) **Claudette Colbert** (née Chauchoin), **Sabine Haudepin, Marie Rivière.** Et puis citons encore **Enzo Enzo** qui y habite, **Joël Robuchon** qui y vécut, **Gilbert Roger,** six fois vainqueur de Strasbourg-Paris à pied (réformé au service militaire, *because*... pieds plats !), **Jérôme de Gubernatis** (ancien du lycée Jean-Jaurès et des cafés alentour). Et puis tous ceux dont on parle dans les intros et le texte courant...

Un peu d'histoire

On retrouva dans des sablières du bas Montreuil des os de bébêtes du quaternaire : rhinos, cerfs géants, ours, hyènes, hippos, bisons et même d'éléphants, mais point de restes de l'homo montreuillus ! C'est en 722 qu'apparaît, à travers une ordonnance royale, la première référence au village de Montreuil. À l'époque, son territoire s'étend sur Bagnolet et Vincennes. On y cultive la vigne, des moines s'y installent, les rois de France aiment y aller en week-end (le château de Vincennes est situé sur la paroisse de Montreuil). Saint Louis y va à la messe de temps à autre. Sa mère, Blanche de Castille, y possédait un hôtel particulier. Le roi Charles V (dit le Sage) et sa femme y sont baptisés en 1375. Cependant, au XVIe siècle, la Cour quitte Vincennes pour Saint-Germain et Fontainebleau (la banlieue ça fait déjà un peu zone !).

Un siècle après, Vincennes se constitue en paroisse. Montreuil perd ses dernières prérogatives royales et retourne au statut de grosse bourgade agricole. Pour se consoler, les Montreuillois se lancent dans la culture des fruits, notamment par et y acquièrent une réputation internationale.

Au milieu du XIXe siècle, Montreuil est encore une commune totalement rurale. 87 % de ses 4 000 habitants vivent de la terre. Mais la ville ne peut échapper au grand mouvement d'industrialisation qui atteint la banlieue. Quelques chiffres : alors que de 1825 à 1860, il ne s'établit que neuf entreprises et industries, de 1860 à 1872 il en arrive soixante-deux et la population triple. Ébénistes du faubourg Saint-Antoine et autres artisans s'implantent massivement, des carrières de plâtre s'ouvrent. Pourtant, l'urbanisation reste modérée et surtout pavillonnaire. Les ouvriers se font construire de modestes demeures sur les pentes de la ville. Horticulteurs et arboriculteurs continuent à exploiter d'importantes parcelles. En 1905, il y avait encore 21 ha de vignes et la récolte était de 1 500 hectolitres. En 1920, cependant, il n'y en avait plus. Qui se rappelle aujourd'hui des années 1893 et 1895, de fameux millésimes !

Montreuil : une grande tradition de résistance !

Sur le plan politique, les habitants de Montreuil se montrèrent sans cesse réfractaires au pouvoir central, aux grands bourgeois, affairistes et autres spéculateurs. La chute de Louis-Philippe et la révolution de 1848 y furent accueillies avec ferveur. Lorsque le peuple parisien s'insurge le 24 juin, les gardes nationaux montreuillois sont aux premiers rangs et quand, après l'impitoyable répression, ils refusent de rendre les armes, il faudra plus d'un mois de menaces du pouvoir pour y consentir ! Quand, en novembre 48, la nouvelle Constitution est adoptée par l'Assemblée nationale, la colère des Montreuillois est vive. Si, au plébiscite du 8 mai 1870, Napoléon III recueille 82 % des suffrages sur le plan national, à Montreuil, c'est un non franc et massif.

Après la défaite de Sedan du 2 septembre 1870, à Montreuil 800 hommes créent le 210e bataillon de la garde nationale. Le 48e, quant à lui, aligne un millier de volontaires ouvriers et paysans. Un jardinier montreuillois, François Delbergue, coupe au sécateur les fils du télégraphe prussien entre Bougival et Versailles. Fait prisonnier, il est fusillé. Ses dernières paroles furent : « Demain, je recommencerai ! » Résistance opiniâtre dans les combats de Champigny. Défense héroïque du 48e bataillon à la bataille de Buzenval.

La guerre est finie mais le 18 mars, Thiers tente de s'emparer des canons de Montmartre (dont le Montreuil, payé par souscription). Nul ne sera étonné si le 210e bataillon rejoint la Commune de Paris, si les Montreuillois tiennent fermement les barricades de Billancourt et participent activement à la reconquête de Neuilly, dans la 1re armée du général Dombrosky. Le 27 mai, la porte de Montreuil est occupée. De nombreux habitants de la ville sont tués lors de la semaine sanglante, beaucoup sont déportés en Nouvelle-Calédonie et n'en reviendront pas. Comme Eugène Beaujouan qui refusa de suivre son régiment après la défaite à Versailles et tomba blessé au fort d'Issy... Tout ça n'empêche pas, Nicolas, que la Commune n'est pas morte...

Des années Front populaire à aujourd'hui

L'entre-deux-guerres est marqué par la montée en puissance du parti communiste français à Montreuil, grâce à la personnalité de trois hommes politiques d'exception. Le premier, c'est Daniel Renoult, ancien compagnon de Jaurès (et témoin de son assassinat au *Café du Croissant*) et l'un des principaux artisans de l'adhésion de la majorité du Congrès de Tours à la IIe Internationale (et de la fondation du PC). Il mène la liste communiste à la victoire aux municipales de 1935 (après désistement des socialistes au 2e tour) et est maire de Montreuil jusqu'en 1958. Le deuxième, Jacques Duclos, né en 1896, ancien ouvrier-pâtissier, est blessé à Verdun et fait prisonnier au chemin des Dames en 1917. Dirigeant national du parti communiste français, élu député de la ville de 1936 à 1958, puis sénateur jusqu'en 1975. Très populaire, aux élections présidentielles de 1969 il recueille 21,27 % des voix. Le troisième, Benoît Frachon, né en 1893, ouvrier métallo, adhère au parti communiste dès sa création en 1920. Dirigeant national de la CGT, c'est l'un des signataires des fameux accords de Matignon après la grande grève de 1936 (qui accordèrent les 40 heures et les congés payés). À noter qu'il fut aussi présent lors des non moins célèbres accords de Grenelle en 1968, répétition assez unique dans l'histoire ! Dirigeant avec J. Duclos de la lutte du PCF contre le nazisme et membre du Conseil national de la Résistance (CNR). Duclos et Frachon étaient voisins, avenue du Président-Wilson, et moururent la même année, en 1975.

Aujourd'hui, c'est la gauche plurielle qui dirige la Municipalité (le maire Jean-Pierre Brard, le PC, le PS et les Verts). Depuis quelques années, elle doit faire face (comme beaucoup de communes de banlieue) à une dramatique désindustrialisation et à une importante réorganisation urbaine.

Une usine qui ferme, ça va... plus de trois, bonjour les dégâts !

Parmi les fleurons qui disparurent, il y eut (il y a longtemps certes) les adorables poupées de porcelaine d'*Emile Jumeau,* le plus fameux fabricant de poupées du XIXe siècle (au 152, rue de Paris), bercées et câlinées par des générations de petites filles. Plus récemment, citons *Pernod,* vieille institution montreuilloise. En effet, en 1840, il y avait déjà une distillerie qui fut rachetée par la famille Hémard en 1871 et qui se spécialisa dans les sirops, la gentiane et, surtout, l'absinthe. Quand cette dernière fut interdite en 1915, Hémard se lança dans la production de l'anis Amourette pour éviter la faillite. En 1928, fusion avec la société Pernod qui avait besoin du savoir-faire et des formules de sa concurrente. Montreuil devint le principal producteur des esprits, base du fameux 51. Huit alambics tournaient jour et nuit. Ainsi, autour du site de la rue de Paris, une délicieuse odeur de pastis flotta pendant de nombreuses années.

Les téléviseurs *Grandin,* rue Marceau, eurent aussi leur heure de gloire. Le fils Grandin également, sous le nom de Franck Alamo. Il eut le flair d'adapter un tube américain (musique de Mort Schuman) qui donna « Biche, oh ma biche », gros succès en France aussi. Une anecdote : lors d'une grève avec occupation de Grandin, les ouvriers décidèrent d'organiser un gala de soutien à leur lutte. Ils sollicitèrent différents chanteurs et artistes dont Franck Alamo, qui n'apprécia guère, paraît-il, l'humour de la démarche !

Quand *Kréma* fut menacé de fermeture en 1994, le député-maire distribua des caramels gratuitement à tous ses collègues à l'Assemblée nationale pour les sensibiliser... hélas, les honorables parlementaires ne fondirent pas aussi bien qu'eux ! *Paul Dumas,* quant à lui, roi du papier-peint, arrêta en 1978, après avoir produit un milliard deux cent mille rouleaux en 50 ans... Et puis tant d'autres... !

Bien, on ne va pas se déglinguer le moral, d'autant plus que de nouveaux pôles se sont créés à Montreuil, notamment dans le graphisme, l'audiovisuel et l'électronique, et que cela va apporter un nouveau souffle à certains quartiers de la ville, un nouveau dynamisme aux affaires, etc.

Montreuil, berceau du cinéma

Georges Méliès, né à Paris, possède une propriété familiale à Montreuil. Fou de prestidigitation, il se produit à partir de 1885 sur la scène du musée Grévin et achète même le théâtre Robert Houdin. Il assiste, en 1895, à la première séance du cinématographe des frères Lumière. C'est la révélation : dans son jardin, au 76, av. du Président-Wilson, il construit le premier studio de cinéma au monde et fabrique lui-même sa caméra. Ses dons d'illusionniste et de magicien vont lui permettre d'inventer les trucages les plus époustouflants (certains encore d'actualité !). Il fait disparaître les personnages, les découpe en morceaux, c'est vraiment le précurseur des effets spéciaux ! Il tourne à Montreuil près de 500 films entre 1896 et 1909. Fondateur en 1900 de la première chambre syndicale des éditeurs de films. En 1909, au congrès international du cinéma, il obtient l'unification de la perforation des films, coup d'envoi de l'industrie du film. Jusqu'en 1913, il réalise encore de nombreux chefs-d'œuvre dont *Le Voyage dans la lune, Le Tunnel sous la Manche,* etc. Malheureusement, Méliès ne possède guère le sens des affaires. Il est littéralement pillé par ses concurrents, Charles Pathé en France, les Warner Brothers et William Fox aux États-Unis. Il quitte alors Montreuil, en 1923, ruiné, films et décors dispersés... et meurt à Paris en 1938. Les grands du cinéma de l'époque – René Clair, Carné – sauront lui rendre hommage. De 1904 à 1914, Max Linder travailla de façon assidue au studio Pathé de la rue Bobillot à Montreuil.

Un autre Montreuillois invente presque le dessin animé, c'est *Émile Reynaud* (1844-1918). En 1876, il fabrique le praxinoscope, appareil qui, en faisant tourner des personnages, décompose leurs mouvements, les lie les uns aux autres, leur donne vie. En 1892, il crée le théâtre optique et exploite son procédé au musée Grévin. Très rapidement, il remplace ses personnages dessinés par des photographies. En 1910, déprimé, il balance tous ses films dans la Seine et brise ses appareils. *Émile Cohl,* né également à Montreuil, en 1857, au 30, rue de Paris, sera aussi l'un des pionniers du dessin animé. En 1908, alors directeur artistique chez Gaumont, il développe le principe du cinéma d'animation, image par image. Il a travaillé avec le célèbre caricaturiste André Gill et réalise son premier film, *Fantasmagorie*. Beaucoup plus tard, lorsque Walt Disney vint à Paris recevoir la Légion d'honneur, il déclara la devoir à Émile Cohl.

Aujourd'hui, de nombreux cinéastes et acteurs habitent encore à Montreuil, Réné Vaudier, Robert Guédigvian et Idrissa Ouedraoggo. Jean-Michel Carré vient de s'y installer et on peut aussi croiser Jeanne Moreau.

Comment y aller ?

– ***En métro :*** ligne n° 9 Pont-de-Sèvres – Mairie-de-Montreuil.
– ***En bus :*** lignes n°s 322 (Mairie-de-Montreuil – Bobigny – Pablo-Picasso),

MONTREUIL

NORD

A

B

ROMAINVILLE

D 36 bis

Bd. H. Barbusse

Porte des Lilas

Avenue   Pasteur

Avenue   Raspail

Av. de Stalingrad

D 20

Av. Buisson

Bd. E. Branly

1

Avenue   Gambetta

Boulevard

BAGNOLET

PL. DU
GÉNÉRAL
DE GAULLE

I●I
7

Bd.

Av.

2

Av. Ibsen

Av. Cartellier

**Porte de
Bagnolet**

A 3

Galliéni ●

Avenue   Faidherbe

Avenue   Pasteur

Av. de la Résistance

Rue

Hoche

Parc des
Guilands

I●I
13

R.
Colbert

**Mairie de
Montreuil** (M)

2
PL.
JAU

Théâ

ESP.
FRA

Périphérique

Av. de la   République
D 37

Sentier des   Messiers

Boulevard

Préaux

D

R.

PL. DU
19 MARS 19

I●I 6

R. Rouget de l'Isle

R. Gallieni

Wilson

3

Chanzy

8,10
I●I

33,34
☿
(M)

Croix-de-Chavaux
🏛

PL. J.
DUCLOS
🚌

PL. DE LA
FRATERNITÉ

N 302

Robespierre (M)

de   Paris

Rue

Vaillant

Av. du Président

Vincennes

R. G.

PL. DE LA
PTE DE
MONTREUIL

★ 23

Rue

35 ☿

**Porte de
Montreuil**

R. de la République

Zola

31 ☿   ☿ 32

PLACE
DE LA
RÉPUBLIQUE

I●I 11

R.
Raspail

Edmond

Michelet

de   la   République

PARIS

Rue   Cuvier

R.
Blanqui

Robespierre

Marceau

5 I●I

 Zago

4

Rue

I●I 12

de

Lagny

Rue   la   Rue   de

VINCENNE

D 43

Fonter

**Pte de
Vincennes**

**St-Mandé-
Tourelle** (M)

N 34

Av.

RER
Vincennes

A   ↓ Porte de Saint-Mandé

↘ *NOGENT-SUR-MARNE*

B

MONTREUIL

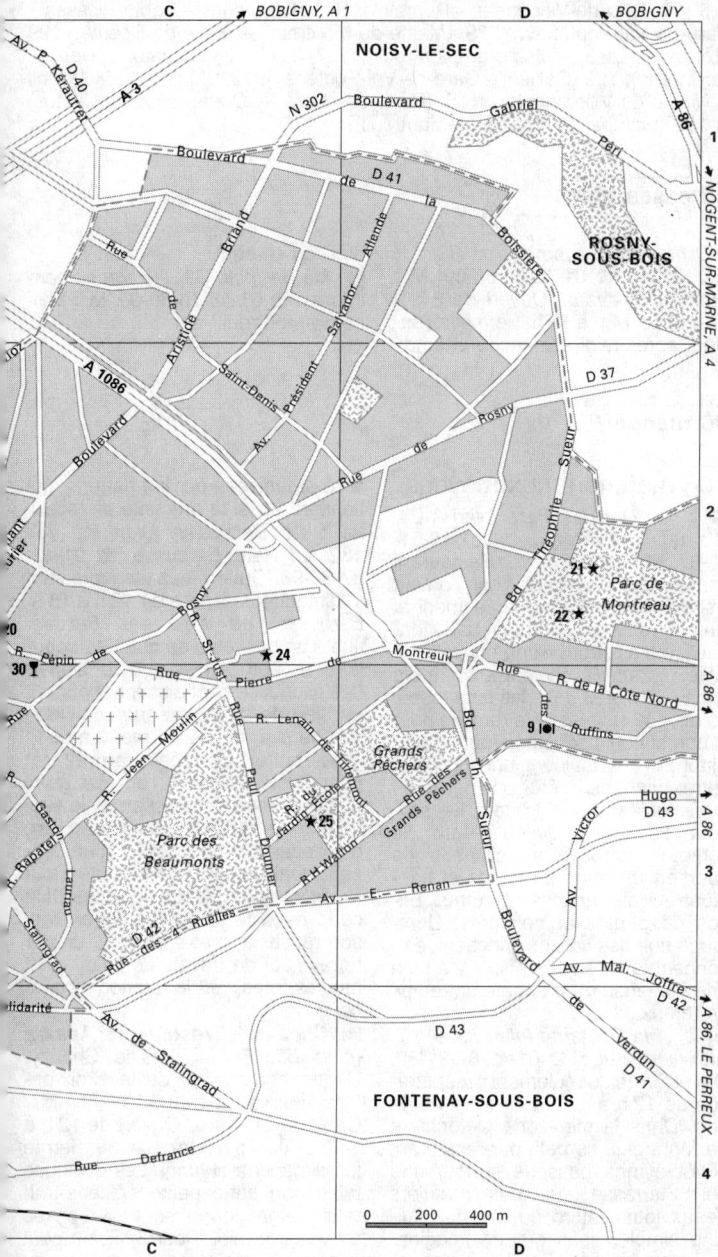

C → BOBIGNY, A 1   D ↖ BOBIGNY

NOISY-LE-SEC

Av. P. Kérautret

D 40

A 3

N 302   Boulevard   Gabriel   Péri

A 86

Boulevard

Rue

Briand

Aristide

D 41

de   la

Saint-Denis

Salvador   Allende

Président

ROSNY-SOUS-BOIS

Boissière

NOGENT-SUR-MARNE, A 4

A 1086

Boulevard

D 37

de   Rosny

Av.

Rue

Bd   Théophile   Sueur

21 ★   Parc de Montreau

22 ★

20

R. Pépin   de

30 ♟

Rue

Rosny

R. St-Just

★ 24

Pierre

de   Montreuil   Rue   R. de la Côte Nord   A 86 →

Rue

R. Lenain

de Tillemont   9 ◖●◗   Ruffins

Grands Péchers

Jean   Moulin

R.

R. du
Jardin École

Rue   Paul   Doumer

R. des   Rue des   Grands Péchers

Bd

Sueur

R. Gaston   Lauriau

Parc des Beaumonts

★ 25

R.H.Wallon

Hugo   A 86 →
D 43

R. Rapatel

Av.   E.   Renan

Victor

Av.

Stalingrad

D 42

Rue des   4   Ruelles

Boulevard

A 86, LE PERREUX →

Solidarité

Av.   de   Stalingrad

D 43

Av.   Mal.   Joffre
D 42

de   Verdun

D 41

FONTENAY-SOUS-BOIS

Rue   Defrance

0   200   400 m

C   D

MONTREUIL

MONTREUIL

318 (Château-de-Vincennes – Romainville), 301 (Bobigny – Pablo-Picasso – Gare-de-Val-Fontenay), 229 (Mairie-de-Montreuil – Gare-de-Rosny), 129 (Porte-des-Lilas – Mairie-de-Montreuil), 127 (Croix-de-Chavaux – Neuilly-sur-Marne), 122 (Gallieni – Gare-de-Val-Fontenay), 121 (Mairie-de-Montreuil – Mairie-de-Villemonble), 115 (Porte-des-Lilas – Château-de-Vincennes) et 102 (Gambetta – Mairie-de-Montreuil).

Adresses utiles

◨ *Office du tourisme* (plan B3) : 1, rue Kléber. ☎ 01-42-87-38-09. M. : Croix-de-Chavaux. Ouvert de 9 h à 12 h et de 14 h à 18 h. Fermé les samedi après-midi, dimanche et lundi, ainsi qu'en août.

■ *Mairie* (plan B3, 2) : place Jean-Jaurès. ☎ 01-48-70-60-00. M. : Mairie-de-Montreuil.

Où manger ?

Bon marché à prix moyens

|●| ▼ *Au Der des Ders* (plan A-B4, 5) : 80, rue Arago. ☎ 01-48-51-70-87. M. : Robespierre. Restaurant uniquement le midi, bar ouvert jusqu'à minuit. Fermé les samedi et dimanche. Vieux bistrot du bas Montreuil, qui a retrouvé une nouvelle vitalité. Cadre chaleureux, murs pêche, lumières dans les tons roses. Le midi, la salle est vite remplie pour le bon et copieux plat du jour à 52 F. Sinon, il y a toujours une ou deux autres viandes. L'été, on met quelques tables sur le trottoir. Le soir, pour l'apéro et jusqu'à tard, le comptoir retrouve sa clientèle de quartier, mélange de prolos et néo-Montreuillois, artistes et autres. Expos de photos et peintures. Dommage que des voisins grincheux empêchent la musique, mais il y a bien une conteuse ou un poète de temps en temps...

|●| ▼ *À la Fontaine* (plan B3, 6) : 7, rue Victor-Hugo. ☎ 01-42-87-91-88. Ouvert le midi seulement ; restauration de 12 h à 15 h. Fermé le week-end. Dans la mini-zone piétonnière de Montreuil, ce petit bar-restaurant plutôt sympa possède surtout une belle terrasse qui, aux premiers beaux jours, attire du monde. Cuisine simple, sans grande imagination mais correcte, servie au menu à 49 F (59 F avec un dessert). Un samedi par mois, des soirées blues sont organisées par les patrons, qui tiennent aussi la brocante en face.

|●| ▼ *Le Barbusse* (plan B2, 7) : 132, bd Henri-Barbusse. ☎ 01-42-87-76-98. Ouvert tous les jours sauf le dimanche ; service de 12 h à 15 h. *Barbusse*, ce n'est pas *Bocuse*. Juste un bar-resto de quartier, populaire et authentique, où la plupart des clients se connaissent et portent un bleu de travail ou une combinaison de plâtrier. Solide menu à 50 F, avec buffet d'entrées (arrivez tôt pour avoir du choix), un plat garni (c'est, à notre connaissance, le seul restaurant où l'on serve deux andouillettes par personne), et un dessert, dont une excellente tarte Tatin (à réserver en début de repas). Une coup de côte là-dessus, et on ressort rassasié, prêt à attaquer un dur après-midi de travail. Le jeudi, c'est moules-frites, et le samedi, couscous.

|●| *Chez Lili, restaurant Apsara* (plan B3, 8) : 1, bd de Chanzy, Centre commercial de la Croix-de-Chavaux. ☎ 01-48-58-77-71. M. : Croix-de-Chavaux. Ouvert de 12 h à 14 h et de 16 h 30 à 19 h 30. Fermé les dimanche et lundi. Les quelques tables de cette petite épicerie-traiteur vietnamienne sont vite prises d'assaut le midi. Pour 32 F, on peut y déjeuner de la soupe du jour ou d'un plat garni, accompagné d'un thé. Évidemment, on préférera la

première solution, pleine d'herbes fraîches et de saveurs extrêmement orientales, que Lili prépare dans une cuisine ouverte. Certains plats, et surtout les beignets, souffrent lors de leur réchauffage au four micro-ondes. On peut bien sûr les acheter à emporter. Juste en face, dans le même centre commercial, un *restaurant libanais* propose un dîner-spectacle levantin et incongru, presque toutes les nuits, à 350 F par personne.

|●| *Regina* *(plan D3, 9)* : 68, rue des Ruffins. ☎ 01-45-28-44-36. Bus n° 127 (arrêt Vallée-de-la-Seine). Ouvert le midi du lundi au samedi. Au fin fond de Montreuil, pour les aventuriers et autres trekkeurs urbains, pour les visiteurs du musée de l'Histoire vivante, voici un excellent et accueillant resto portugais. Atmosphère animée. Salle au fond plus tranquille. Menu traditionnel à 55 F (avec buffet de hors-d'œuvre) ou spécialités lusitaniennes comme la morue à braz ou au four. Le tout arrosé de gouleyants petits vins de là-bas.

|●| *Il était une fois... la Yougoslavie* *(plan B3, 10)* : 1, rue Parmentier, Centre commercial de la Croix-de-Chavaux. ☎ 01-55-86-08-05. Fermé le dimanche midi et le lundi soir. Il faut y croire pour se risquer de nuit dans ce centre commercial chaleureux comme une banlieue de Split, à la recherche d'un restaurant œcuménique et yougoslave, célébrant par le sourire et la cuisine un pays fédéral aujourd'hui morcelé. Si, malgré les bougies et les images de la côte dalmate, la salle reste un peu triste, le restaurant parvient à gagner de l'humanité et notre sympathie par la gentillesse de l'accueil, la robustesse des spécialités slaves et l'enthousiaste décontraction des musiciens qui, tous les soirs, devant une télé diffusant du football serbo-croate, animent les convives au son d'un accordéon nostalgique et gai. Carte hyper fournie (même si des plats viennent parfois à manquer), qui balaye les différentes régions de l'ex-Yougoslavie. On y trouve notamment de belles assiettes flambées de grillades, des ragoûts (de gibier, en saison), et de curieux fromages panés. Menus à 45 F (le midi) et à 60 F. Plats autour de 70-80 F. Ne pas rater les crus locaux, gorgés de soleil et d'alcool.

Prix moyens

|●| *Rio dos Camaraos* *(plan A4, 11)* : 55, rue Marceau. ☎ 01-42-87-34-84. M. : Robespierre. Fermé le samedi midi, dimanche et lundi soir. Grande salle claire, accueil très sympa, musique de fond discrète, malgré le nom portugais, voici bel et bien un intéressant restaurant africain. Patrons camerounais, mais vous trouverez ici tous les grands classiques : *yassa* (poulet au citron vert), *mafé* (bœuf au beurre d'arachide), *n'dolé, tiébioudienne* (poisson), *attieke* de Côte-d'Ivoire, etc. Cuisine exécutée avec beaucoup de sérieux, plats faits au fur et à mesure de la commande (pour pardonner un peu l'attente !). Formules à 45, 65 et 69 F. À la carte, compter 150 F.

|●| *Les Routiers, Maison Sol et Puech* *(plan A4, 12)* : 70, rue de Lagny. ☎ 01-48-51-54-41. M. : Saint-Mandé-Tourelles ou Robespierre. Fermé le dimanche. Réservation ultra-recommandée midi et soir. Ah, que voilà une belle adresse, une vraie institution montreuilloise (de peu, certes, Vincennes est sur l'autre trottoir !). Clientèle aux trognes réjouies qui se serrent dans les deux petites salles (pour celle du fond, on passe par la cuisine). Murs lambrissés, décor de casseroles de cuivre, têtes de biche et maximes à méditer. Beaucoup de vieux habitués pour une goûteuse cuisine traditionnelle. Atmosphère conviviale et chaleureuse. Quelques années déjà que les patrons régalent leur monde avec de consistants plats de ménage et de belles viandes. Carte longue comme le bras : foie gras maison, huîtres, coquilles Saint-Jacques fraîches, choucroute, côte de bœuf à l'os, blanquette de lotte, etc. Compter 160 F le repas.

Plus chic

|●| *Le Gaillard* *(plan B2-3, 13)* : 28, rue Colbert. M. : Mairie-de-Montreuil. ☎ 01-48-58-17-37. Fermé les dimanche soir et lundi soir. Sur la colline du parc des Guilands, dans un maison particulière. Là aussi, pour maintenir aussi longtemps une excellente réputation dans de pareilles conditions d'isolement, il faut nécessairement que ça soit bon! Cadre plaisant et confortable. Menus à 160 et 220 F. Quelques fleurons de la carte : terrine de Saint-Jacques au jus de coquillage, croustillant de queue de bœuf chanterelles, parmentier de canard confit, cabillaud rôti au cantal, etc. Mais la carte bouge régulièrement. Belle sélection de vins. Terrasse.

À voir

★ **L'église Saint-Pierre-et-Saint-Paul** *(plan C2, 20)* : 2, rue de Romainville. Construite au XIIIe siècle (sous Saint Louis), ça en fait donc l'une des plus anciennes de la banlieue. Étant donné l'absence de chapelle au château de Vincennes, c'est la paroisse des rois de l'époque. Grande nef du XVe siècle. Mur-pignon en façade avec rosace et élégant portail. À l'intérieur (en cours de restauration), on trouve de beaux fonts baptismaux en pierre du XVIIe siècle, un autel de la même époque (à droite du chœur), une grande baie de style gothique flamboyant, un grand orgue du XIXe. Décor des chapiteaux puisé dans la végétation locale (fougère, plantin, nénuphar, vigne bien sûr, etc.). À gauche de l'église, grand presbytère du XVIIIe siècle.

★ **Le musée de l'Histoire vivante** *(plan D2, 21)* : 31, bd Théophile-Sueur. ☎ 01-48-70-61-62. Fax : 01-48-55-16-34. Bus n° 122 du métro Mairie-de-Montreuil (arrêt Parc-Montreau). R.E.R. : Val-de-Fontenay; puis bus n° 301. Ouvert les mercredi, jeudi et vendredi de 14 h à 17 h, et les samedi et dimanche de 14 h à 18 h. Abrité dans la demeure de l'ancien maire, Théophile Sueur. Créé en 1939, à l'occasion du 150e anniversaire de la Révolution française, il possède de riches collections sur l'histoire du mouvement ouvrier. Entre autres, gravures et estampes de la Révolution, écrits de Marx, Louise Michel, Blanqui, Jules Vallès, les livres de Jean-Jaurès, un important fonds de la Résistance, journaux de prison, etc. Pièces notables : une pierre de la Bastille, une pittoresque boîte révolutionnaire, des poèmes de Louise Michel, caricatures de Jaurès, nombre de souvenirs émouvants, etc. Dommage, faute de place, rien de tout cela n'est exposé, même pas la bibliothèque et le bureau de travail de Jaurès. Il reste cependant de passionnantes expos temporaires liées à la vie sociale et culturelle de la ville, où s'intègrent de temps à autre, pour illustrer les différents thèmes, quelques objets et témoignages sortis des collections à cette occasion.

★ **Le parc Montreau** *(plan D2, 22)* : profitez de votre visite au musée pour vous balader dans ce très beau parc, véritable poumon vert local. À l'entrée, les deux pavillons près de la grille sont les ultimes vestiges du château de Montreau, démoli pendant la guerre de 70. Vers le musée, pittoresque bâtiment avec véranda extérieure et datant du XVIIIe siècle (aujourd'hui un dispensaire). Serres du XIXe. Dans le bas du parc, deux grands bassins, l'un du XVIIe siècle, qui appartenait au domaine de Tillemont, l'autre du XVIIIe.

★ **La mairie** *(plan B3)* : édifiée en 1935. Architecture typique des années 30. Elle servit, peu avant l'insurrection parisienne, de test pour juger de l'état des forces allemandes et leurs réactions. Le 18 août 1944, les résistants du coin l'envahirent et l'occupèrent quelques heures. À l'intérieur, bel escalier d'honneur avec rampe en cuivre rouge. Dans la salle des mariages, quelques peintures intéressantes sur la vie montreuilloise, les murs à pêches, la vie rurale autrefois, les parcs de la ville (en arrière-fond, les industries). Salle des fêtes de style Art déco, là aussi avec fresques sur fond d'or, lambris, etc. Dans l'ancienne salle du Conseil municipal (devenue trop petite depuis l'augmentation du nombre de conseillers), voir les intéressantes fresques de Charles Fouqueray, commandées en 1947 pour évoquer les grandes étapes de l'histoire de la ville. En particulier, Saint Louis et Blanche de Castille, Jean-Jacques Rousseau herborisant, la bataille de Rosny en 1814, la Libération en 1944. Archétype de la peinture officielle (il fut élève de Cormon), mais reconnaissons qu'il y a de l'énergie là-dedans. Mais le must de l'hôtel de ville reste *Au Temps d'Harmonie,* immense toile de Paul Signac dans le grand escalier d'honneur. Elle fut offerte à la ville par sa veuve en 1938. Superbe composition où l'artiste réussit à rendre puissamment toute la lumière du bord de mer et l'exaltation des bonheurs simples... Pour visiter tout ou partie de la mairie, demander à l'accueil.

★ *Les puces de Montreuil (plan A3, 23) :* M. : Porte-de-Montreuil. Ouvert les samedi, dimanche et lundi de 6 h 30 à 13 h. On y passe facilement trois heures sans s'en rendre compte. Beaucoup moins étendues et institutionna-lisées que Saint-Ouen, il va sans dire, très intimes même, on peut tout aussi bien en rapporter une peinture du XVIIIe siècle qu'un vieux robot Moulinex. Pourtant, les « brocs » se plaignent de ne plus obtenir d'emplacements à cause du syndicat des Puces, chapeauté, paraît-il, par les fripiers qui placent en priorité les marchands de vêtements dès qu'une place se libère. Obligés de le constater, les petits brocanteurs sont beaucoup moins nombreux qu'il y a une dizaine d'années. Mais les bonnes affaires, pour les chineurs du dimanche, se font cependant toujours dès 6 h 30. Discuter ferme, prévoir pas mal de monnaie et attention aux pickpockets.

Montreuil, c'est aussi une atmosphère très particulière et des beaux flashs exotiques. On installe son petit tapis dans la rue, entre deux voitures. Petits négoces de bijoux et de transistors vont bon train. Les rondes de cars de police provoquent quelques tics... Les voitures d'occase se parquent et se testent entre le métro Porte-de-Montreuil et les Puces. À surveiller égale-ment, les particuliers qui débarquent aussi bien en 2 CV qu'en BMW et qui liquident, en un quart d'heure, le long du trottoir, les affaires de famille : argenterie, pâtes de verre, fauteuils Louis XVI ou garde-robes... dettes de jeu pour les uns, fins de mois difficiles pour les autres ! Au fait, savez-vous que les puces sont formellement parisiennes ? Le trottoir du Professeur-André-Lemière se trouve sur le 20e arrondissement.

Revenons aux institutionnels, installés sur le grand parking à l'arrivée. Beau-coup de fringues, on l'a dit, mais aussi des surplus et fripes intéressantes, des bibis rigolos, des pièces détachées, des cassettes de films à 50 balles. Vers Bagnolet, le long des grilles du périph', une petite enclave, la plus riche : vieilles revues à même le sol, bouquins, vénérables jouets d'enfants, beaux trains électriques, bibelots pour tous les décors, montagnes de lunettes, cartes postales, le premier Yvette Horner, d'étonnants objets électro-ménagers et luminaires des années 1930-1950, et tant d'autres choses à des prix que vous ne pensiez pas. En face, de grands hangars de bois avec des graffitis insolites.

Le lundi, surtout le lundi, c'est à Montreuil que se font les meilleures affaires pour les vêtements d'occasion. Armez-vous de courage pour soulever ces montagnes de tissus qui se vendent quasiment au poids. On peut tomber sur une jupe Saint-Laurent ou un manteau Cardin perdus sous une tonne de chemises américaines. Des trouvailles pas aussi rares qu'on pense.

Plus loin, dans Bagnolet, ce sont les magasins de moquette, de Lino et papier-peint à des prix défiant toute concurrence. La providence des ménages balbutiants.

MONTREUIL

|●| Pour grignoter sur place, *Majeri,* dans son camion, propose depuis dix ans de bonnes frites non conge-lées faites avec des « pommes de terre naturelles ». Quelques tables et chaises sur le trottoir aux beaux jours.

PETITE BALADE BAS-MONTREUILLOISE

Oh, là, pas la peine de se mettre à fantasmer. Voilà un itinéraire qui deman-
dera avant tout de la disponibilité, une ouverture... la capacité, surtout, de
pouvoir saisir les signes d'une ville ouvrière, ses clins d'œil et messages
semés au long des rues. Départ de la mairie. D'abord, on rassure nos lecteurs, l'horrible centre commercial qui défigure la place va disparaître, ainsi
que la station de bus. Énorme projet de la Municipalité pour remodeler
complètement le secteur. Mais que mettre à la place ? Un nouveau (et beau,
c'est juré !) centre commercial faisant face à un immeuble de sept étages ?
Ou agrandir la place de la mairie où les habitants aiment flâner.

★ Gagner la **rue de l'Église,** l'une des plus anciennes de la ville, piétonnière, bordée de quelques vénérables demeures basses et de commerces.
Elle mène à... l'église (vous vous en doutiez !). À côté, **rue Franklin,** la Justice de Paix, archi-typique début du siècle. Au nº 56, bel hôtel particulier de
la fin du XIXe siècle. À gauche de l'église, le presbytère du XVIIIe siècle.
Dans le prolongement, la **rue de Romainville,** l'ancien quartier italien. Elle
présente sur tout un côté une certaine homogénéité architecturale. Notez
la rue Pépin (qui parlait du bas Montreuil ?). Peu avant le café *La Pêche,* au
nº 14, deux bâtisses du XVIIe siècle qui attendent d'être restaurées. Vestiges
de la communauté des Filles de la Charité, créée à l'époque par saint
Vincent de Paul pour soulager les pauvres et les malades. Au nº 25, un vieux
puits comme il y en avait beaucoup autrefois à Montreuil. Arrivée place du
Village de l'Amitié et rue de Rosny. En face, aux nºs 68 et 70, parmi les dernières très vieilles demeures à lucarnes du coin. Devant, de gros pavés...
Redescendre la rue de Rosny jusqu'à la **rue Gallieni,** belle rue piétonnière,
bordée là aussi de nombreuses demeures villageoises dont certaines possèdent encore leur porte charretière. Charmante placette au milieu. Arrivée à
la Croix-de-Chavaux, l'antithèse de la rue Gallieni, dominée par l'immense
centre commercial. Bon, on ne va pas épiloguer sur l'archi, il est là pour un
bout de temps et on y trouve quand même une bonne animation et quelques
cafés sympas. Du passé cinématographique de Montreuil, il ne subsiste,
hélas, rien. Seules deux plaques commémorent Méliès, l'une au 76, av. du
Président-Wilson (sa maison), l'autre, au 3, rue François-Debergue (l'emplacement du studio). Armand Gatti vient de s'installer dans le coin avec sa
troupe, salles de répétition et ateliers de fabrication de décors en baptisant
l'emplacement « la Maison de l'Arbre ».
Montez vers le parc des Guilands par le treillis des rues, ruelles, impasses,
allées, etc. Vous découvrirez un Montreuil bien sympathique, constitué de
petites maisons de tous styles, de la plus humble des bicoques à la presque
villa bourgeoise. Tout le coin fut loti au siècle dernier par des familles
ouvrières désireuses de respirer un peu de chlorophylle et de se loger à bon
compte. Rue Marcel-Sembat, rue Colbert (tiens, qu'est-ce qu'un resto est
venu se perdre là !), rue Anne-Frank, etc. Du **parc des Guilands,** belle vue
sur Paris. Redescendre la rue D.-Préaux... la rue des Bons-Plants va peut-
être s'en révéler un ? On longe le parc, car on a repéré plus loin un **sentier
des Messiers.** Ça fait toujours rêver, un sentier ! Pas déçu, tout le coin est
paisible à souhait, ruelles de plus en plus étroites, maisons se serrant de
plus en plus les unes contre les autres, mais toujours un arbre, un jardinet,
des voisins qui se parlent peut-être encore ? Quant au parc, c'est une
ancienne carrière de gypse qui, à sa fermeture, se transforma en fameuse
piste de motocross dans les années 50, avant d'être rendue aux promeneurs.
Nécessairement attiré par la rue et la place de la Fraternité, puis par les
néons de la **rue de Paris.** On l'aime bien cette rue de Paris, avec ses nombreux cafés et restos ethniques, son côté encore populaire. Une des rares
rues de banlieue qu'on connaisse avec une animation si tardive. Au nº 87,
l'ancien château d'eau de l'usine Pernod. Au nº 116, une grosse maison

bourgeoise où une douzaine d'artistes et de plasticiens purent installer leur atelier avec le concours de la mairie.

Vivante **rue Robespierre** (à signaler que Montreuil est l'une des rares villes qui aient donné le nom de Robespierre à une rue et une station de métro, et à réparer ainsi une injustice). Au n° 34, l'église Saint-André-du-Bas-Montreuil du début du siècle et son clocher-porche un peu alambiqué. Arrivée **place de la République,** rendo des néo-Montreuillois qui en ont investi les troquets (*Chez Fifi, Café des Sports,* etc.), les anciens petits ateliers, et redynamisé le quartier. Rue Bara, le plus grand foyer malien de France et la plus grande ville malienne du monde hors d'Afrique ! Le dimanche matin, marché coloré et pas mal de bruissements...

À la frontière de Vincennes, les rues Cuvier, Jean-Jacques-Rousseau et des Fédérés offrent un intéressant paysage post-industriel, mélangeant friches délabrées, entreprises encore en activité, immeubles et pavillons, anciennes usines reconverties en cours urbaines, avec artisans, ateliers d'artistes et micro-entreprises. Avec quelques clins d'œil d'une banlieue hors du temps, comme le passage du Gazomètre. Rue Cuvier, on tourna plusieurs séquences du film *Arabica* avec Khaled et Cheb Mami.

Le parc des Beaumonts est un paradis pour les oiseaux. On en a dénombré une centaine d'espèces et de nombreux migrateurs s'y posent. Enfin, la cité des Grands-Pêcheurs fut filmée par Bertrand Tavernier, cela donna *Au-delà du périph*, tentative réussie de donner la parole à la banlieue, au-delà des clichés, en réponse à M. Raoult, ministre dans le dernier gouvernement de droite. Ce dernier avait mis au défi les cinéastes ayant lancé la pétition en faveur des sans-papiers d'aller voir la banlieue de près...

BALADE DANS LE QUARTIER DES MURS

La culture de la pêche ! Voici une institution bien montreuilloise et peu connue. Elle remonte au XVIe siècle et, jusqu'au milieu du XXe, fut florissante. La terre y était plutôt moins bonne que dans le Midi, alors, pourquoi onc' Paul ? Fiston, parce qu'on découvrit les vertus du mur à pêches. Le principe : un mur très épais de 2,70 m de haut, fait de plusieurs couches de cailloux et de plâtre en alternance et recouvert d'un chapeau de plâtre ou de tuile. Le plâtre, on le trouvait en abondance à Montreuil, et il possède l'intéressante qualité de ne pas réfléchir la chaleur du soleil, mais au contraire de l'emmagasiner et de la restituer lentement la nuit, créant ainsi un microclimat très favorable au mûrissement. Les pêchers étaient cultivés en espalier, plaqués contre les murs orientés nord-sud, pour bénéficier de l'ensoleillement toute la journée. Cette façon originale de cultiver portait le nom poétique de « palissage à la loque ». Il y eut jusqu'à 600 km de murs à pêches et chaque pêcher pouvait produire plusieurs centaines de fruits chaque saison. Très nombreuses variétés dont les « Grosses Mignonnes », « Galande », « Téton de Vénus », « Belle Beausse », etc. Tellement renommées que les plus belles partaient *illico* pour les tables des Cours royales d'Europe, jusqu'en Russie. À la demande, elles pouvaient être tatouées aux armes ou au chiffre des « grands ». La production partait aux halles à Paris et était écoulée sur un carreau appelé le « Petit Montreuil ». Bien sûr, au XXe siècle, avec l'urbanisation, murs à pêches et producteurs disparurent peu à peu. Mais il subsista une petite production toujours écoulée au « Petit Montreuil ». C'est le transfert des halles à Rungis en 1972 qui sonna le glas de cette sympathique culture !

Aujourd'hui, il subsiste dans le haut Montreuil, aux alentours de la rue Saint-Antoine, quelques kilomètres de murs à pêches, dans un état assez dégradé, il faut dire. Officiellement, il n'y a guère plus que trois ou quatre horticulteurs au registre de commerce de la ville. Ils produisent surtout des fleurs et quelques fruits qu'ils écoulent sur les marchés locaux. À l'heure

MONTREUIL

actuelle, il existe, bien entendu, un débat sur le devenir de ces parcelles. Quelques-unes sont exploitées à la manière des jardins ouvriers ou familiaux, d'autres sont à l'abandon, servant souvent de dépotoirs, parfois aussi défoncées au bulldozer pour prévenir l'installation éventuelle de gens du voyage. Débat vieux comme le monde : soit on conserve quelques murs, témoins historiques d'une importante activité de la ville et le reste est livré à l'urbanisation (et au béton), soit on tente de réhabiliter un maximum de murs à pêches, on maintient des espaces ouverts et une certaine qualité de vie... mais ça coûte cher et ça ne rapporte rien ! En attendant, voici quelques occasions de vous faire une opinion :

– **MAP** : c'est l'association « Murs à Pêches », qui organise chaque dimanche, de 10 h 30 à 12 h 30, une intéressante visite de parcelles entretenues. Rendez-vous au fond de l'impasse de Gobetue (perpendiculaire à la rue Saint-Just, *plan C2, 24*). Renseignements : ☎ 01-48-70-23-80. Balade bucolique entre des murs à pêches encore en bon état et gentils petits jardins familiaux. On se croirait à mille lieues de la grande ville !

★ **Le musée du Mur à pêches** (*plan C3, 25*) : 15, rue du Jardin-École. ☎ 01-48-57-00-84. Ouvert sur rendez-vous. M. Patureau, descendant d'une longue lignée d'horticulteurs montreuillois et président de la société d'horticulture, a créé ce mini-musée pour sauvegarder la mémoire du passé agricole de la ville et de la culture de la pêche en particulier. Mieux que quiconque, il pourra vous en expliquer la riche histoire, décrire le rituel de la culture, la fixation des « loques » aux murs avec les clous forgés à la main, etc. Pittoresques instruments et outils : panier à palisser, machine à brosser les pêches, échenilloir, « besognes », seringues à main, botteloirs à asperges de 1840... Aux beaux jours, bien agréable balade dans les jardins.

★ Pour un *panorama* étendu sur Montreuil, le meilleur point d'observation, c'est *Mozinor*, à l'angle des rues de Rosny et Didier-Daurat. Possibilité de monter, par la rampe, tout en haut de ce blockhaus industriel abritant des dizaines d'entreprises. De la terrasse, le regard porte aussi loin que les cheminées de la centrale thermique d'Ivry, la tour du château de Vincennes, le rocher du zoo, etc. Tout autour, les cités (Bel Air, les Grands Pêchers), les murs à pêches, etc.
Les accros d'architecture ouvrière passeront ensuite par les rues Yves-Farges et Jules-Guesde. Là, à la fin des années 40, en pleine pénurie de logements, eut lieu la deuxième expérience en France des fameux « Castors », ces familles qui édifièrent leurs maisons par eux-mêmes. Ici, démarche originale, puisqu'on construisit collectivement des petits ensembles de 2 ou 3 étages maximum, sur un terrain donné par la mairie. Quelques règles : chaque coopérateur (ici, au nombre de 78) devait donner 40 h de travail par mois et ses 15 jours de congés payés. Au bout de deux ans de sueur et de sacrifices, les premiers castors emménagèrent.

MONTREUIL

Où boire un verre ? Où sortir ?

|●| ▼ *La Pêche* (*plan C3, 30*) : 16, rue Pépin. ☎ 01-48-70-69-65 et 66. Fax : 01-42-87-32-62. Ouvert de 9 h à 18 h 30. Géré par une association municipale, voici un sympathique café (sans alcool), style moderne, néons, tons roses et alu, lieu d'échanges entre les jeunes de la ville et salle d'(excellents) concerts de temps à autre. Rap et hip-hop y tiennent bien sûr une bonne place, ainsi que les musiques ragga-techno, trash, reggae, etc. Resto pas cher le midi. Tous les jours, de 17 h à minuit, location de studios de répétition tout équipés et, signalons-le, à portée de toutes les bourses. À certains maires qui font semblant de chercher des solutions au malaise de leurs jeunes, nous

leur dirons, entre autres, ayez « la *Pêche* » !

|●| ❦ *Le Bar des Sports* *(plan A4, 31)* : 52, rue Robespierre. Un des rendos des néo-Montreuillois. Intime, décoré de peintures modernes, animé. Plat du jour pas cher le midi.

❦ *Chez Fifi* *(plan A3, 32)* : 2, place de la République. ☎ 01-48-58-71-91. Bistrot de quartier traditionnel abritant un café-philo les 2e et 4e dimanches de chaque mois, de 11 h à 13 h. Téléphoner pour confirmation.

❦ *Le Vendémiaire* *(plan B3, 33)* : centre commercial de la Croix-de-Chavaux, au niveau inférieur. ☎ 01-42-87-48-26. Ouvert le soir, de 19 h à 23 h, les mercredi, jeudi, vendredi et samedi. Bar associatif ouvert sur les problèmes de la ville, le soutien aux chômeurs, la lutte contre le racisme, l'écologie, etc. Affiches, tracts, infos sur les activités culturelles. Soirées par thèmes, concerts dans une petite salle derrière. Tous les genres. Si l'on ne milite pas, on peut se contenter de l'air du temps dans un endroit détendu et reposant, le demi ou la tasse de thé posés sur les jolies mosaïques des tables.

❦ *Entrasite Café* *(plan B3, 34)* : centre commercial de la Croix-de-Chavaux, niveau supérieur, 11, av. de la Résistance. ☎ 01-48-57-37-52. Fax : 01-48-57-69-05. Internet : www.entrasite.fr. Ouvert de 11 h à 22 h (2 h les vendredi et samedi) ; le dimanche, de 14 h à 23 h. Sympathique cybercafé où l'on peut être initié à Internet et naviguer sur place. Les 2e et 4e samedis du mois, débat de philo Internet (téléphoner pour confirmation).

– *Les Instants Chavirés* *(plan A3, 35)* : 7, rue Richard-Lenoir. ☎ 01-42-87-25-91. Fax : 01-42-87-41-20. Fermé en juillet et août. Dans cette obscure ruelle du bas Montreuil, découvrez l'une des meilleures boîtes de jazz de la région parisienne, temple également des « musiques créatives » ou, comme le dit le programmateur, « laboratoire pour musique improvisée ». Travail bien connu hors de nos frontières, avec un réseau européen et jusqu'en Amérique. Cadre assez austère pour mieux mettre en valeur la superbe programmation, donc. On y a écouté Jim Burn, Evan Parker, Fred van Hove, Joël Léandre, etc. Concerts quatre à cinq fois par semaine ; les dimanche et lundi plus rarement. Sets à 20 h 30 et vers 21 h 30. Au bar, Guiness, Gueuze, Leffe, Blanche de Bruges, etc.

– *Le Georges Méliès* *(plan B3)* : centre commercial, Croix-de-Chavaux. M. : Croix-de-Chavaux. ☎ 01-48-70-62-87. Programme au : ☎ 01-48-58-90-13. Remarquable sélection de films tentant de satisfaire le maximum de publics, ainsi que les pro et anti-v.o. (parfois en alternance), courts-métrages, soirées et nuits par thème, etc. Carnet de 10 places : 250 F. Les amoureux du vrai cinéma résistent bien à Montreuil !

Manifestation

– *Salon du Livre de la Jeunesse :* en décembre, la grande fête du livre pour les mômes. Renseignements : ☎ 01-55-86-86-55. Un grand moment de la vie culturelle montreuilloise et un impact qui dépasse largement les frontières du département.

ROSNY-SOUS-BOIS (93110)   37 000 habitants

Que reste-t-il de Rosny-sous-Bois ? À l'est, Val-de-Fontenay. À l'ouest, Rosny 2. Deux centres commerciaux, comme on a laissé s'en implanter partout, mais ceux-là sont énormes. Ils drainent à eux toute l'activité marchande, et donc une bonne part de la vie de la ville, aussi animée qu'un village andalou à l'heure de la sieste.

Alors Rosny est une ville bien calme, une cité-dortoir un peu chic et carrément pavillonnaire. D'ailleurs, les amateurs de ce type d'architecture arpenteront, ravis, les rues autour de la gare S.N.C.F., où se trouvent les plus belles constructions en meulière.

On en profitera également pour découvrir les deux petits musées attachants de cette ville, dont une des célébrités se rappelle à notre bon souvenir au moment des grands départs : le PC de Rosny-sous-Bois.

Un peu d'histoire

Même si les traces d'une occupation antérieure du site ont été découvertes, l'histoire de Rosny commence en 1163, sous le nom de *Rodonacium,* avec quelques maisons autour d'une église.

Au XVIIIᵉ siècle, les terres se partagent entre des agriculteurs, qui cultivent surtout la vigne, et des bourgeois et des nobles qui y possèdent une maison de campagne. La culture fruitière (voir les murs à pêches à Montreuil) et maraîchère remplace peu à peu la vigne. On parle alors de Rosny-les-Choux.

Rosny, malgré l'ouverture de la voie ferrée, n'est pas bouleversée par la révolution industrielle. À part les carrières à plâtre, peu d'industries y prennent racine. L'armée, en revanche, y construit un fort, aujourd'hui occupé par la Gendarmerie et le CNIR (Centre national d'information routière). Il ne servira pas à grand-chose en 1870, où le village est détruit par l'avance prussienne, obligeant même les habitants à trouver refuge à Paris.

Au fil de ce siècle finissant, Rosny va conserver son habitat individuel, chassant définitivement les paysans en y installant des employés qui, depuis 1850 que la ligne existe, prennent le train pour aller travailler à Paris.

À partir des années 60, la construction de quelques grands ensembles, et surtout de Rosny 2 en 1973, modifie la structure de la ville qui y perd son centre et ses plus belles maisons.

Comment y aller ?

– *En voiture :* Rosny-sous-Bois se trouve à une dizaine de kilomètres à l'est de Paris. Accès facile par l'autoroute A3.

– *En train :* deux arrêts sur la ligne S.N.C.F. Banlieue-Est (Rosny-Bois-Perrier, non loin du centre commercial, et Rosny-sous-Bois, la vraie gare du centre-ville), direction La Ferté-Gaucher ou Provins.

– *En bus :* n° 116 (Gare-de-Rosny – Bois-Perrier – Champigny – Saint-Maur-R.E.R.), n° 118 (Château-de-Vincennes – Église-de-Rosny-sous-Bois), n° 121 (Mairie-de-Montreuil – Mairie-de-Villemonble), n° 143 (La Courneuve – Aubervilliers – Gare-de-Rosny-sous-Bois), n° 229 (Mairie-de-Montreuil – Gare-de-Rosny).

– *Taxis :* place de l'Église. ☎ 01-45-28-31-41.

Adresse utile

■ *Mairie :* 20, rue Rochebrune. ☎ 01-49-35-37-00.

Où manger ?

|●| Évidemment dans le *centre commercial Rosny 2,* vous trouverez toutes sortes de restaurants, du fast-food à l'établissement de chaîne ou assimilé. On pourra y manger japonais (*Okinawa,* porte 3) ou tex-mex (*El Rancho,* assez animé, porte 1), mais même s'ils sont tous pleins, ne pas s'attendre à des miracles de leur part.
– *Rosny 2* a vidé la ville de son activité commerçante, et dans le centre-ville, vous aurez bien du mal à trouver autre chose qu'une inévitable *pizzeria.*

Plus chic

|●| *Le Chalet du Golf :* 12, rue Raspail (suivre le fléchage « Golf de Nanteuil »). ☎ 01-49-35-02-72. Fermé les samedi midi et dimanche. Quel drôle d'endroit que ce restaurant façon chalet suisse, attenant (mais indépendant) au golf de Rosny, planté au milieu des cités et des résidences comme un igloo au Sahara, et qui, du haut d'un promontoire, offre une vue imprenable sur la banlieue est. Partiellement détruit par un incendie, le chalet s'est refait une beauté, un peu hall d'hôtel international à notre goût, mais bon, chacun les siens. Ainsi, on y allait sans y croire, d'autant qu'à 145 F au déjeuner et 185 F au dîner (avec fromage et dessert), c'est tout de même pas donné. Au final, avec les vins (chers) et le café, on s'en tire pour pas loin de 500 F pour deux. Alors pourquoi cet établissement a-t-il trouvé sa place dans ce guide ? Tout simplement parce que la cuisine est à la hauteur de ses prétentions : inventive, goûteuse, ludique, équilibrée. Le chef surprend sans choquer, associe les saveurs avec bonheur, maîtrise son sujet et ses cuissons. On ne va pas citer des quantités de plats parce qu'on s'est dit qu'on ne le ferait plus en comité de rédaction, mais juste un : volaille de Bresse macérée à la cardamome, puis rôtie, accompagnée d'un gâteau de champignons au porto. L'accueil est agréable et pas trop guindé ; le service, sous cloche, un peu école hôtelière mais souriant.

À voir

★ Commençons par l'inévitable petit tour du *centre-ville* qui, ici, ne va pas nous occuper bien longtemps. Les deux châteaux ont été rasés depuis longtemps. En fait, ce centre, dénué d'activité, n'en est pas vraiment un. Il n'y a rien – ou presque – à voir. Rue Berthaux, les maisons anciennes sont, au choix, bouffées par le salpêtre ou rénovées sans idée. Seuls l'*église* du XIXe siècle, qui possède une belle charpente, le *cinéma Le Trianon* (1, av. du Général-de-Gaulle), édifié au début du siècle et dont les pilastres rappellent son prestigieux homonyme versaillais, et son voisin, le *Commerce Café* qui occupe sans aucun respect la maison du baron Desgenettes, médecin-chef de Napoléon, méritent d'être signalés. L'intérêt principal du centre-ville réside en fait dans les deux petits musées qu'il possède (voir plus loin).

★ En revanche, et comme nous le disions plus haut, les amoureux du rêve pavillonnaire trouveront leur bonheur en faisant un petit tour vers les *rues Jean-Jaurès, Étienne-d'Orves, République, Médéric,* etc. Toutes ces rues, autour de la gare, furent les premières occupées par les banlieusards du début du siècle qui, déjà, prenaient le train pour venir travailler à Paris. C'est donc ici qu'on peut voir la plus belle concentration rosnéenne de maisons, parfois cossues, en brique, en pierre ou en meulière.
D'autres beaux « pavs » sur les hauteurs de la ville (vers le fort, le plateau d'Avron...).

Profitons de notre liberté de ton pour lancer un petit blâme à la mairie qui, derrière un joli square et devant les travaux pour construire un grand parc, occupe une espèce de tour bleu ciel. Sans doute le plus moche bâtiment de Rosny.

★ **Le musée de l'Histoire de Rosny-sous-Bois :** 7, rue Saint-Claude. ☎ 01-45-28-76-83. Ouvert le samedi de 14 h à 18 h, ou éventuellement sur rendez-vous. Gratuit. Heureusement qu'il reste, ici comme ailleurs, quelques bénévoles pour que notre maudite époque n'oublie pas complètement toutes celles qui l'ont précédée. Dans une belle maison en meulière du centre, prêtée par la mairie et noyée dans un environnement de résidences modernes, la Société d'histoire de Rosny a rassemblé quelques témoignages du passé. Petite section archéologique, objets agricoles et usuels du début du siècle, et une belle salle consacrée au 4e régiment de zouaves, qui fit les belles heures du fort de Rosny. Outre quelques gravures, on verra aussi des cartes de la ville, notamment celles tracées par les militaires. Deux d'entre elles, une française et une allemande, datent de la guerre de 1870. Sur la seconde, copiée sur la première par les services secrets prussiens, on voit très bien le château d'Avron. L'état-major prussien se méfiait des troupes qui pouvaient être en garnison dans ce château... qui avait été détruit 60 ans plus tôt ! Comme disait Clemenceau, la guerre est une chose trop sérieuse pour la confier aux militaires.

★ **Rosny-Rail** *(Centre de découverte du chemin de fer français) :* sous la gare de Rosny. ☎ 01-40-18-64-74 ou 01-45-28-33-41. Ouvert le samedi de 14 h à 18 h. 20 F pour les adultes, gratuit pour les moins de 12 ans. Les sous-sols de la belle gare de Rosny, édifiée en 1910, sont occupés par d'autres passionnés, ceux du Club ferroviaire de Noisy-le-Sec. Ces modélistes ont installé un très beau réseau miniature, dont les locos et les aiguillages sont commandés par de vrais pupitres. On pourra également voir du matériel ancien, un film sur la S.N.C.F., et quelques panneaux pédagogiques destinés à donner des notions de civisme aux jeunes usagers, auxquels le musée est, en semaine, réservé. Un mini-tour en draisine, une machine destinée à amener les ouvriers sur les voies, complète la visite, en général guidée. En projet, la création d'une boutique d'antiquités ferroviaires.

★ **Le fort de Rosny :** il n'a, depuis sa construction, pas perdu sa guerrière vocation, puisque c'est la gendarmerie qui aujourd'hui l'occupe. Plus civilement, le fort abrite aussi le CNIR, Centre national d'information routière, plus connu sous le nom du « PC de Rosny-sous-Bois ». C'est d'ici que nos grands départs en vacances ou en week-end sont auscultés par des spécialistes, civils, gendarmes et policiers, qui tentent, notamment avec Bison Futé, de les rendre plus fluides. Pas de visite du bâtiment en brique possible, mais des informations sur l'état de la circulation par téléphone (☎ 08-36-68-20-00 ; 2,23 F la minute), Minitel (36-15, code ROUTE ; 1,29 F la minute ou sur le Web (www.equipement.gouv.fr).

À faire

★ **Le golf de Rosny :** 12, rue Raspail. ☎ 01-48-94-01-81. Ouvert tous les jours de 9 h (8 h 30 le week-end) à 19 h. Juste à côté du restaurant dont on parle plus haut (*Le Chalet du Golf*), et donc dans le même environnement, voilà le seul golf de la proche banlieue est. On peut s'y initier aux joies du *green* (cours à 110 F la demi-heure), faire du *practice* ou un parcours. Abonnement possible.

Fête rosnéenne

– *Fête de la Rosière :* chaque année, le 1er ou 2e week-end de juin, le Conseil municipal élit la Rosière, une jeune fille vertueuse, sorte de « Miss Rosny », qui représentera la ville pour un an. Cette élection donne lieu à quelques réjouissances dans le centre.

AULNAY-SOUS-BOIS (93600)   82 000 habitants

Vaste commune (immense même, si l'on prend en compte les usines Citroën et les différentes zones d'activité), Aulnay possède plusieurs visages. Les cités du nord de la ville contrastent avec l'habitat pavillonnaire, parfois centenaire et presque huppé du sud.
Même si l'on peut qualifier d'indigent, surtout pour le « Vieux Pays », l'urbanisme qui a gouverné le stupéfiant essor d'Aulnay – la population a doublé en 40 ans –, cette ville-dortoir n'est pas dénuée d'un certain charme. Les rues entre le parc Dumont et le canal possèdent encore quelques trésors, que la Municipalité ferait bien de prendre en compte et de mettre en valeur. Mais elle a préféré se focaliser sur les espaces verts, qu'Aulnay possède en quantité. On ne saurait l'en blâmer, surtout après s'être promené vers le parc Ballanger ou dans les serres de la ville.

Un peu d'histoire

Comme toutes ou presque les villes de banlieue, Aulnay doit son développement aux moyens de communication vers Paris. C'est donc une fois de plus la gare, et dans une moindre mesure le canal de l'Ourcq, qui déclenchèrent la croissance de la ville et son « ouvriérisation ».
Autrefois, Aulnay, également appelé Aunay, Aunois, Anay, Aulay-en-France, Aulnay-les-Bondies, avant de s'attacher le suffixe sous-Bois en 1903, c'était vraiment la campagne, avec en vedette l'église – toujours là –, le château – aujourd'hui détruit – et les champs – aujourd'hui construits.
Rien de remarquable dans le passé aulnaysien, si ce n'est le passage, de 1789 à 1799, du chimiste Claude-Louis Berthollet, qui y inventa l'eau de Javel. Est-ce pour cette raison que la ville s'ingénie à faire disparaître les traces de son passé ? Hormis la *maison Gainville* où, justement, vécut Berthollet, peu de vestiges du passé à Aulnay. Illustration ridicule des systématiques démolitions qui permirent à la ville de grandir : en 1990 fut rasé un pavillon à la structure métallique, beau mais vétuste. On s'aperçut au milieu des gravats que son architecte s'appelait... Gustave Eiffel.

Comment y aller ?

– *En voiture :* Aulnay se trouve à 18 km environ au nord-est de Paris. On peut y aller facilement par les autoroutes A1 et A3 (sortie Aulnay-centre).
– *En train :* arrêt « Aulnay-sous-Bois », sur la ligne B du R.E.R., direction Roissy.
– *En bus :* beaucoup de bus au départ de la ville et pas mal qui y passent. Les nos 605, 607a, 614, 615a, 615c, 618, 627, 251, 613, 615b, 616ab, 637, 609a, 609b... Bus également de la T.R.A. qui sillonnent la ville, et bus de la C.I.F. qui relient Ambourget (non loin de l'église) et Roissy.
– *Taxis :* devant la gare. ☎ 01-48-69-05-44.

Adresse utile

■ *Mairie :* bd de l'Hôtel-de-Ville (au nord de la voie ferrée). ☎ 01-48-79-63-63. Y passer pour prendre un plan de la ville, gratuit et bien fait.

Où manger ?

Prix moyens

|●| ☒ *L'Orée du Parc :* 8, bd Gallieni (face à la gare). ☎ 01-48-68-52-00. Ouvert midi et soir. Fermé le samedi soir et le dimanche. Il faut traverser ce bar très ordinaire pour pénétrer dans la salle du restaurant sous une coupole. D'immenses miroirs l'agrandissent. Le midi, un petit menu à 58 F donne accès au buffet de hors-d'œuvre et à un choix de quelques plats simples, genre grillades ou truite meunière. Pas de miracle, mais les produits sont frais et le service rapide et souriant. Le soir, plats autour de 60 F.

|●| *Le Couvre Chef :* 69, rue Marcel-Sembat (au nord de la voie ferrée). ☎ 01-48-69-89-45. Bar ouvert jusqu'à 20 h ; restauration tous les midis (sauf le dimanche, évidemment) et le vendredi soir. Fermé le dimanche. Les patrons de cet établissement, installé dans une maison de ville à laquelle on accède par quelques marches, sont manifestement des collectionneurs. Des dizaines de chapeaux et coiffes diverses, des billets de banques de tous les pays, et tout un tas d'objets anciens, ça fait un décor plutôt rigolo. Dommage que l'accueil, assez froid, ne bénéficie pas d'autant de gaieté. Formule du midi à 67 F, incluant un buffet d'entrées, un choix de plats du jour, un dessert et une boisson. À la carte, comptez 70 F pour un plat, principalement viandes ou abats, et un peu plus en prenant un hors-d'œuvre et/ou une sucrerie. Ce resto se trouve dans le quartier de « La Tour Eiffel », fléché comme tel, ce qui peut paraître surprenant à Aulnay. Ne cherchez pas la dame de fer : *La Tour Eiffel* était le nom d'un baloche où le Tout-Aulnay guincha jusqu'à il y a quelques années. Il ne reste de ce joyeux dancing qu'un banal café homonyme.

Plus chic

|●| *L'Escargot :* 40, rue de Bondy (pas loin de la gare). ☎ 01-48-66-88-88. Ouvert le midi tous les jours et le soir les vendredi et samedi, ou sur réservation. Fermé le dimanche et en août. Un restaurant beaucoup moins classique que ne le laisse présager sa salle à manger bourgeoise façon Henri II, et les prix de ses menus (130 et 180 F). D'abord parce que l'accueil des patrons, des amoureux de la Corse (qui vendent des produits insulaires), est chaleureux et souriant. Ensuite parce qu'ils ne manquent pas d'idées pour égayer la routine du bon gros restaurant un peu chic de banlieue : soirées spéciales, concerts (parfois) dans le jardin de l'arrière, ouvert aux beaux jours, dîner fromages ou régionaux, vente à emporter avec, par exemple lors de la dernière Coupe du Monde de foot, la confection de plateaux télé gastronomiques à emporter et à déguster chez soi en regardant le match, etc. Côté cuisine, c'est du sérieux et du copieux, plutôt bien réalisé, et en tout cas avec sincérité. Et que les petits budgets se rassurent, une formule à 80 F comprenant un plat mijoté et une salade permet d'échapper à la carte normale, dont les plats passent souvent les 100 F. Une adresse attachante.

|●| *La Douelle :* 48, bd de Strasbourg. ☎ 01-48-66-17-82. Fermé les dimanche et lundi, ainsi que deux semaines autour du 15 août. Sur une rue commerçante qui part presque en face de la gare, et où se tient un marché plusieurs fois par semaine. Ne vous laissez pas refroi-

dir par le moche bâtiment gris anthracite où s'est installée *La Douelle*. On l'oublie dès qu'on pénètre dans une salle agréable, aux murs couleur brique et aux tables nappées de jaune. Tenu par une jeune équipe sympathique, le restaurant propose une cuisine traditionnelle, respectueusement revue par un chef sans doute promis à un bel avenir. Plus ambitieux dans les préparations de poisson qu'avec les viandes, extrêmement classiques, il a aussi su tirer les prix. Plat seul à 88 F, entrée ou dessert et plat à 125 F, et 152 F pour un repas complet. On en a largement pour son argent, même si les vins sont un peu chers.

À voir

Pas facile de vous indiquer un tour de ville dans cette commune très étendue qui comporte plusieurs centres, très différents les uns des autres.

★ *Au nord,* on trouve surtout un habitat collectif et une immense zone industrielle. La *cité des 3 000*, réputée agitée, et les *usines Citroën* (voir plus loin) en sont les deux pôles principaux. Dans cette zone, coincée entre autoroutes, parc des expositions de Villepinte, zone d'activité de Garonor et centre commercial de Parinor, se trouvent aussi les deux grands *parcs* de la ville : *Robert Ballanger* (municipal) et du *Sausset* (départemental). On trouvera dans le premier plein d'occasions d'amuser les enfants : quelques animaux, des jeux, un mur d'escalade...

★ *Au centre,* c'est le *Vieux Pays*, « le centre historique », qui n'a – le pauvre – plus grand-chose de vieux. Autour de l'*église Saint-Sulpice* (ouvert les mercredi et dimanche de 9 h 30 à 12 h), dont le chœur et le transept datent du XIIᵉ siècle, les résidences avec arcades ont fleuri afin de dénaturer définitivement le paysage. Tout cela n'est guère réjouissant, malgré la présence du *centre Jacques-Prévert* (voir : « À faire »), beau comme une usine de traitement des déchets, mais qui donne de la vie au quartier et à la ville. Juste derrière, la *maison Gainville*, où Berthollet vécut il y a une paire de siècles, a été aménagée en espace d'exposition pour les artistes locaux. Un peu au nord de l'église, sur la rue Jacques-Duclos, à droite au premier rond-point, on pourra voir les restes d'une ancienne *ferme*.

★ *Le Centre-Gare :* la voie ferrée sépare, certes, la ville en deux, mais la construction de l'une permit le développement de l'autre. Au nord de la gare (donc en traversant les voies), se trouve l'*hôtel de ville*, bâtiment classiquement républicain qui s'est adjoint un centre administratif résolument moche. Au sud (donc devant la gare) s'étend un quartier pavillonnaire, dont certaines constructions émergent de la masse du tout-venant de l'architecture individuelle. Plutôt que d'arpenter ces rues à la recherche de (rares) petites perles (rassurez-vous, on vous donnera plus loin quelques adresses pour les pêcheurs incurables), on vous invite à faire un tour dans le petit et charmant *parc Dumont*, presque en face de la gare. L'animation de ce quartier, assez commerçant, est à son comble les jours de marché (bd de Strasbourg, les mardi, jeudi et surtout le dimanche matin).

En poussant un peu plus loin dans le Centre-Gare, on pourra découvrir une belle et bonne boulangerie carrelée (angle rue Paul-Langevin et avenue du Gros-Peuplier), ainsi que le *château Chansonia* (28, rue Louis-Barrault ; aujourd'hui commissariat). Dans les rues alentour (rue du Clocher, rue Jean-Jacques-Rousseau, avenue de la Croix-Blanche, avenue Dumont...), on admirera quelques demeures élégantes, en pierres, en brique ou en meulière, construites avec la gare au début du siècle. Malheureusement, les partages successifs ont morcelé les terrains, et permis l'édification de pavillons récents, plus ou moins réussis.

★ On finira au *canal de l'Ourcq,* dont une petite partie passe au sud d'Aulnay. Promenade bucolique le long des quais possible.

LA SEINE-SAINT-DENIS

★ *Les usines Citroën - site d'Aulnay :* bd André-Citroën (au nord-est de la ville). ☎ 01-45-91-43-35. Fax : 01-45-91-47-77. Rosny : ☎ 01-40-18-64-74 ou 01-45-28-33-41. Fermé en août et entre Noël et le Jour de l'An. Visite sur réservation uniquement, et longtemps à l'avance. Âge minimum : 14 ans. Le service communication vous enverra un plan lors de votre réservation, mais sachez qu'un bus R.A.T.P. direct, le n° 350, y conduit depuis la gare de l'Est. La visite, gratuite et guidée évidemment, dure 3 h environ. De ce site de 200 hectares, inauguré en 1973, 1 100 voitures, des Saxo ou des 106, sortent quotidiennement. La visite débute par un film, puis c'est la visite des différents ateliers : l'emboutissage, où les tôles sont formées, le ferrage, où elles sont assemblées, la peinture, qu'on ne voit pas, et l'équipement, au bout duquel les voitures sont prêtes à rouler, après d'ultimes contrôles. Intéressant, et parfois beau, si l'on apprécie le ballet des robots et les feux d'artifice de la soudure.

★ *Les serres municipales :* 72, rue Auguste-Renoir (près du parc Ballanger). ☎ 01-48-66-90-73. Ouvert les dimanche et jours fériés de 10 h à 12 h et de 14 h à 18 h (16 h l'hiver). Aulnay se flattant d'être une ville fleurie, il était bien normal qu'elle ouvrît ses serres. Visite pédagogique où, sous de modernes verrières, on apprend plein de choses sur les plantes, celles qui se mangent et les autres.

À faire

— Belle *randonnée pédestre* dans le parc départemental du Sausset. Circuit depuis la gare du R.E.R. B3 (Villepinte, au centre du parc). Balisage : panneaux sur place. Réf. : dépliant des Hauts-de-Seine avec carte au 1/35 000 auprès du Service des espaces verts de la Seine-Saint-Denis, B.P. 193, Bobigny Cedex.
Entre Villepinte au nord et Aulnay-sous-Bois au sud, le parc départemental du Sausset est tout jeune. Créé en 1985 sur 200 hectares d'anciens terrains agricoles, ce parc résiste courageusement au carrefour des autoroutes A104, A1 et A3, et à la ligne SNCF. Ne faites pas la grimace, il a réussi son pari. Un marais authentique avec sa faune et sa flore, un bocage normand, des prairies fleuries... comme à la campagne. Un panneau interpelle sur la grenouille verte : « La proximité du Bourget et de Roissy a une incidence particulière sur la vie du Parc. En effet, le bruit d'un avion peut déclencher le chœur des grenouilles vertes. » Les arbres ont à peine eu le temps de pousser. Ne vous attendez pas à une grande forêt. Mais les parcelles de la « forêt », du « bocage », des « haies » et des « foins » sont déjà prometteurs. Les épilobes roses, les bleuets, les orchidées sauvages y poussent allègrement. 100 000 chênes, 18 000 érables, 9 000 tilleuls et 10 000 hêtres y sont déjà plantés. Les bassins artificiels du Marais et du Grand Lac de Savigny abritent des oiseaux migrateurs. Ils sont environnés par un parcours marqué de dalles de granit au sol qui permet de découvrir la faune et la flore. Un espace réservé aux chiens est aménagé près de la buvette, pour ne pas déranger les perdrix, les lièvres et les petits rongeurs qui s'acclimatent dans le parc.
Depuis le parking de la gare du R.E.R. de Villepinte, rejoignez l'allée des Chênes, au sud vers le lac de Savigny dont vous faites le tour en revenant par le Marais. À l'ouest de celui-ci, le labyrinthe vous intrigue. Si vous arrivez à en sortir, dirigez-vous vers la gauche par l'allée du Pré-Carré pour pénétrer dans la Forêt, vers « la Clairière dans la clairière ». Revenez sur votre droite par la Pinède jusqu'au parking de la gare de Villepinte. Un petit tour plus au nord vous fait connaître le Bocage où les foins sont encore faits chaque été.

Où sortir ?

– **Le Centre Jacques-Prévert :** 134, rue Anatole-France (près de l'église Saint-Sulpice). ☎ 01-48-68-00-22 ou 01-48-66-49-90 (réservations). Même si on ne le trouve pas très beau, ce centre culturel pluridisciplinaire (cinéma, expositions, théâtre...) bénéficie d'une fort belle programmation. C'est finalement le plus important.

Fêtes aulnaysiennes

– **Fête du canal de l'Ourcq :** chaque année à la mi-juin, depuis le début du siècle, les bords du canal s'animent grâce aux associations du quartier. Renseignements à la mairie.
– **Fête des 3 000 :** plus récente, mais également associative, la cité prend des couleurs autour du 20 juin pour sa fête annuelle. Une bonne façon d'avoir un autre regard sur ces banlieues... À noter également, le beau marché du dimanche matin dans ce même quartier.

LE VAL-DE-MARNE

Prendre un taxi, qui va le long de la Seine
Et me r'voici au fond du bois de Vincennes
Roulant joyeux, vers ma maison d'banlieue,
Où ma mère m'attend les larmes aux yeux,
Le cœur content.../...
C'n'est pas un rêve, c'est l'île d'Amour que j'vois,
Le jour se lève et sèche les pleurs des bois.
Dans la p'tite gare, un sémaphore appelle ces gens,
Tous ces braves gens de La Varenne et de Nogent...
Charles Trenet, *Revoir Paris*.

Baigné par la Seine et la Marne, le département, créé administrativement en 1967, ne répond à aucune cohérence historique ou géographique particulière. Pour faire simple, on peut dire qu'il est marqué par une triple identité : industrielle et ouvrière dans sa partie baignée par la Seine au sud, résidentielle et bourgeoise dans sa partie arrosée par la Marne à l'est, et une partie quasi rurale dans le sud-est. Les deux premiers secteurs (ceux qui nous intéressent dans ce guide) ont évolué de manière très différente au fil des siècles. Il est en effet difficile de trouver des liens entre une ville industrieuse comme Vitry et un coin résidentiel comme Nogent, si ce n'est la présence de l'eau.

Au fil de l'eau

C'est l'eau en effet qui façonnera l'identité de nombre de ses villes depuis le XVII⁰ siècle. Trois châteaux parmi les plus importants seront construits au bord ou non loin de l'eau : celui de Beauté à Nogent, celui de Choisy là où vous devinez et celui de Conflans à Charenton. L'eau, une fois encore, commandera au milieu du siècle dernier la destinée des villes mouillées par la rivière ou le fleuve : la Seine, dont les abords sont peu champêtres, sera utilisée comme moteur industriel (tanneries, tuileries, bois flottés...) tandis que la Marne deviendra le support principal des loisirs naissants avec les guinguettes et les sports nautiques (canotage, baignades, concours de plongeons...).

Dans le sud, on retrouve encore les vestiges du tissu industriel des cités créées à la fin du siècle passé : cheminées, usines désaffectées, tissu populaire soudé, petite délinquance, quartiers sinistrés et belles cités des années 30 qui se frottent aux cités-dortoirs des années 70. L'est pour sa part est parvenu à conserver un visage résidentiel. Si la Seine continue à drainer quelques industries, la plupart des villes arrosées par la Marne font la part belle à la promenade et à la détente.

La Marne

Cette gentille rivière, qui prend sa source sur le plateau de Langres en Champagne (revoir vos cours de géographie de CM2), paresse sur 525 km en creusant doucement son lit dans les calcaires beaucoup, le gypse un peu, la meulière parfois, et évidemment les marnes qui lui donneront son nom, avant de monter en Seine entre Charenton et Alfortville.

Dans le Val-de-Marne
20 parcs départementaux

L e Conseil général du Val-de-Marne vous invite à la détente, à la découverte. Ces espaces verts départementaux offrent une large palette de paysages : parcs récents ou anciens, paysages contemporains ou sous-bois, larges étendues de jeux ou aires de pique-niques plus intimistes...

■ **Parc départemental de la Roseraie**
rue Albert Watel
av. du général Leclerc
94240 L'Haÿ-les-Roses

■ **Roseraie du Val-de-Marne**
rue Albert Watel
94240 L'Haÿ-les-Roses

■ **Parc départemental Raspail**
rue Gallieni
rue Marx Dormoy
94230 Cachan

■ **Jardin panoramique départemental**
rue de la Concorde
94230 Cachan

■ **Parc départemental des Htes-Bruyères**
rue Edouard Vaillant
av. de la République
94800 Villejuif

■ **Parc départemental Petit Leroy**
rue Petit Leroy
94550 Chevilly-Larue

■ **Jardins de l'Hôtel du Département**
av. du général De Gaulle
94000 Créteil

■ **Parc départemental Dupeyroux**
23, rue des Mèches
94000 Créteil

■ **Parc départemental du Val-de-Marne**
av. Jean Gabin
94000 Créteil

■ **Parc départemental de l'Ile des Ravageurs**
imp. du Moulin de Berson
94000 Créteil

■ **Parc départemental du Rancy**
R.N. 19 - route de Paris
94380 Bonneuil-sur-M.

■ **Parc départemental de la Plage Bleue**
rue du 11 Novembre
94460 Valenton

■ **Parc départemental du Champ-St-Julien**
av. du Champ-St-Julien
94460 Valenton

■ **Parc départemental Watteau**
av. de Lattre de Tassigny
94130 Nogent-sur-M.

■ **Parc départemental du Plateau**
rue de Bernaü
94500 Champigny-sur-M.

■ **Parc départemental de l'Ile de l'Abreuvoir**
pont de Champigny
94500 Champigny-sur-M.

■ **Parc départemental de la plaine des Bordes**
av. des Bordes
94430 Chennevières-sur-M.

■ **Parc départemental du Morbras**
rue Antoine Baron
94370 Sucy-en-Brie

■ **Domaine départemental des Marmousets**
Chemin des Marmousets
94510 La Queue-en-Brie

■ **Pépinière départementale**
rue du Chant de l'Alouette
94520 Mandres-les-Roses
(sur rendez-vous)

PARCS INTERDÉPARTEMENTAUX

■ **Parc interdépartemental des sports de Choisy-le-Roi**
Plaine Sud
Chemin des Bœufs
94000 Créteil

■ **Parc de détente et de loisirs du Tremblay**
161, bd de Stalingrad
94500 Champigny-sur-M

■ **Base de plein air et de loisirs**
rue Jean Gabin
94000 Créteil

Département du Val-de-Marne
Conseil général

Navigation difficile

Historiquement, la Marne sert de rempart naturel aux différentes vagues d'envahisseurs : tour à tour Barbares, Normands et Allemands se buteront à elle, tandis que les Prussiens l'utiliseront pour bloquer la capitale. Les aspects bucoliques de la rivière, propice à la plaisance, deviennent plus industrieux et utilitaires aux abords des grandes villes. Avec ses nombreuses îles, ses pierres, son courant, ses écluses, ses pontons et son parcours buissonnier, la Marne est une rivière difficile à naviguer. Au XVIIIe siècle, elle est considérée comme l'une des plus difficiles à pratiquer de France. Dans son dernier tronçon, ses boucles sont tellement larges et sinueuses qu'on décide de creuser des canaux pour que les mariniers puissent « couper le fromage » (canal de Saint-Maur, canal de Saint-Maurice). L'autre ennemi, ce sont les îles. Qu'à cela ne tienne, on fait disparaître les plus gênantes au début du siècle à grands coups de dragage. Celles qui subsistent ont fait l'objet de réhabilitation souvent de qualité et sont devenues la fierté des villes qui les possèdent. Elles ont pour nom Fanac, d'Amour, du Martin-Pêcheur, de l'Abreuvoir, Sainte-Catherine... ça fait rêver, non ?

Mais il faudra attendre la venue du chemin de fer, au milieu du XIXe siècle, qui reliera la Bastille à Joinville pour que la belle paresseuse trouve sa véritable identité. Désormais proche de Paris, elle s'octroie le quasi-monopole des escapades dominicales des bourgeois, puis celles du peuple. C'est la grande époque des guinguettes (voir le texte qui leur est consacré).

Une promenade comme autrefois

En 1937, une observatrice attentive de la banlieue met en avant l'idée de sauvegarder ce coin merveilleux : « On ne saurait trop insister sur l'intérêt que présentent, pour la conservation des sites et monuments naturels de la région parisienne, la liberté d'une promenade continue au bord de l'eau, l'acquisition des îles, l'interdiction pour les communes limitrophes de considérer les rivières et les fleuves comme des *cloaca maxima*. » Opération réussie puisque les municipalités ont depuis plus de dix ans retroussé leurs manches pour redonner un aspect bucolique à leur bout de Marne. Chacune d'entre elles a aménagé ses abords de manière différente, mais toujours avec bonheur. Du beau boulot ! Reste à rendre la rivière enfin baignable, pour retrouver aujourd'hui le meilleur des plaisirs d'hier. Pour cela, un programme « Marne pollution 0 » a été lancé depuis 1990. La pollution urbaine étant de mieux en mieux maîtrisée, il reste à travailler en amont de la rivière auprès de certains industriels et agriculteurs qui salopent encore copieusement le fond de la rivière, avant de pouvoir faire plouf en toute sécurité.

L'architecture des bords de Marne

La Marne aux abords de Paris baigne une douzaine de communes. L'engouement de la bourgeoisie parisienne puis du peuple, qui vient y passer ses dimanches à la Belle Époque, fait des bords de Marne un vaste champ architectural où les mouvements les plus divers se mélangent. Tout est possible et c'est l'éclectisme, c'est-à-dire un gentil fourre-tout, qui devient précisément la règle. Malgré tout, deux tendances, deux inspirations se dégagent : le style châtelain, où le bourgeois se fait édifier une demeure qui comporte obligatoirement une tour ou au moins une tourelle pour assouvir son fantasme et montrer son statut ; le style champêtre qui ne jure que par le toit de chaume (il n'y en a plus guère) ou en tout cas par l'aspect bucolique. Le style anglo-normand prend évidemment toute sa place mais le faux colombage remplace le vrai (c'est moins cher, plus résistant et personne ne voit la différence), de même que la tendance Second Empire, pompeuse, souvent lourde, mais très appréciée par ceux dont la fortune est inversement proportionnelle au raffinement.

Découvrez l'Ile-de-France, partez en randonnée !

Circuit des Bruyères (94)

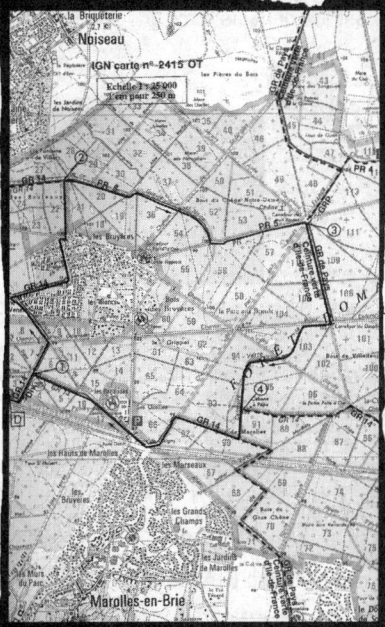

la Briqueterie
Noiseau
IGN carte n° 2415 OT
Échelle 1 : 25000
1 cm pour 250 m

IGN carte N° IGN 2415

les Bruyères

Marolles-en-Brie

2h15 • 9km

● **Situation :**
Boissy-Saint-Léger Sucy-en-Brie ;
Marolles-en Brie

● **Départ :**
Carrefour du pavillon Saint-Jean.
Parking à Boissy-Saint-Léger

● **Arrivée :**
Parking à Boissy-Saint-Léger

La Région Ile-de-France
protège, met en valeur et
ouvre au public de nombreux
espaces verts et sentiers
randonnée :
plus 5 000 km de sentiers
balisés et 700 km de pistes
cyclables vous attendent.

**Pour en savoir plus sur les 24 autres
randonnées reportez-vous au
Topoguide "Le Val-de-Marne à pied"
Réf. D079 de la Fédération Française
de la Randonnée Pédestre (FFRP).**

● Balisage jaune (PR) avec lettre repère B,
Blanc-rouge (GR 14), jaune-rouge (GR de pays)

Pour tous
renseignements :
Tél. F F *R* P :
01 44 89 93 93
et www.cr.ile-de-france.fr

**R E G I O N
ILE-DE-FRANCE**

L'Art nouveau est également bien présent dans les années 20 où l'expression florale pousse comme du chiendent, suivi par quelques tentatives Art déco plus maîtrisées (utilisé surtout pour les clubs nautiques). Certains proprios plus audacieux intègrent des éléments de style mauresque dans leur demeure, presque toujours rehaussés d'une frise de céramique aux couleurs vives et parfois même audacieuses. Enfin, le ciment aux formes végétales orne quelques façades. Exotisme ou classicisme, les réalisations sont évidemment déclinées en fonction du poids de la bourse de chacun. Au rez-de-chaussée des maisons, on trouve en général un garage à bateau, la partie habitation étant située à l'étage. De Saint-Maur au Perreux en passant par Joinville et Champigny, les nombreuses balades des bords de Marne permettent de rêver encore, en admirant les derniers témoignages de la Belle Époque.

Les guinguettes, l'histoire vraie

Ah le petit vin blanc,
Qu'on boit sur les tonnelles,
Quand les filles sont belles,
Du côté de Nogent.

Jean Dréjac

(Refrain connu et reconnu, à reprendre en cœur et entre amis, après avoir ingurgité une bonne dose du breuvage en question, et en balançant le buste de gauche à droite, assis à une table de banquet.)
Chez Gégène, Mimi-la-Sardine, La Goulue, Le Petit Robinson, L'Île du Martin Pêcheur, des noms parfois poétiques, souvent évocateurs, volontiers encanaillés et quelquefois tristement racoleurs. La guinguette a le vent en poupe depuis quelques années. Tant mieux. Même si, pour parler de ce qui fâche, la tendance est à l'exploitation parfois industrielle du phénomène et que l'authenticité n'est pas toujours au rendez-vous, nous serions les premiers à pleurer leurs disparitions. Alors cirez vos escarpins, fixez solidement votre canotier sur le chef, grimpez dans la barque et remontons ensemble le fil du temps, le fil de l'eau, pour se pencher sur le berceau de cette réalité culturelle que continue d'être « le dimanche au bord de l'eau ».

Dis papa, c'est quoi une guinguette ?

Tout commence avec le nom d'un petit violon, la « guigue », d'où viendrait le verbe « ginguer » signifiant sauter, ou plutôt danser en sautant. Au Moyen Âge, les vignobles couvraient les bords de Marne et on aimait à boire ici les petits vins locaux, souvent de mauvaise réputation mais qui tournaient gentiment la tête et incitaient à danser, à sauter, à ginguer justement. Ce vin aigrelet prendra le nom de « guinguet » et le lieu où on le boit celui de « guinguette ».
Le dictionnaire rappelle quant à lui que c'est « un lieu de plaisir populaire situé généralement dans la banlieue d'une grande ville. Un débit de boissons où l'on peut danser, généralement en plein air ». Estaminet, musette ou bastringue conviendraient également : Cet univers champêtre se retrouve dans la toponymie des établissements : *Le Moulin de Bonneuil, Le Robinson, La Chaumière...* On y boit bien sûr (et pas seulement du vin blanc) mais on y danse aussi. Amusant d'ailleurs de s'apercevoir que les principales danses pratiquées dès le XIXe siècle dans les guinguettes sont toutes apportées par les différentes vagues d'émigration (l'intégration, déjà !). Ainsi valse, mazurka, quadrille et scottish ne sont pas à proprement parler des danses franco-françaises. Le musette ne viendra que plus tard, brillamment relayé à l'accordéon par des phénomènes comme Jo Privat (décédé en 1996, snif !).

Les raisons de l'exode

C'est en bordure de Paris, dans les quartiers populaires, qu'éclosent tout d'abord ces débits de boissons. Mais lorsque la capitale, sous le Second Empire, annexe ses villages qui ont pour noms Belleville, Montmartre, Charonne ou Bercy, l'octroi (taxe sur les boissons et denrées qui pénètrent dans Paris) est en même temps déplacé. Ainsi les guinguettes désirant échapper à cet impôt sont contraintes de déménager à l'extérieur des nouvelles frontières. Bords de Marne pour nombre d'entre elles, bords de Seine pour d'autres. Au même moment, le chemin de fer rapproche les Parisiens de cette joyeuse campagne. La grande mode des sports nautiques tombe à pic (si l'on peut dire) : canotage, régates, natation, concours de plongeon... et pour ceux qui restent à quai, danse, promenade, balançoires, jeux de quilles et de boules, cartes, et pour les fortiches, poids et haltères ainsi que divers jeux de foire aussi débiles qu'amusants. On construit des pontons pour plonger, des terrasses de bois pour danser, on aménage des promenades pour se promener et des espaces de verdure pour s'allonger... voire plus si affinités.

Populations et costumes

Dès que les dimanches sont chômés, petits employés et ouvriers fréquentent les guinguettes, comme les bourgeois. On assiste alors, au niveau des loisirs, à une sorte de connivence interclasses de bon aloi. On passe les mêmes dimanches, mais pas dans les mêmes établissements, faudrait tout de même pas pousser : plancher de bois en plein air pour les pauvres (*Chez Gégène* à Joinville), piste de danse en dur et couverte pour les plus fortunés (*Casino Tanton* et *Convert* à Nogent). Simple accordéon pour les premiers, orchestre pour les seconds. La Marne établit le partage des classes, mais de nombreux passeurs relient les deux rives. Des deux côtés de la rivière on compte près de 200 établissements de tous les styles. Zola décrira le célèbre *Restaurant Jullien* dans *Au Bonheur des Dames*.

Côté chiffon, au début du siècle, c'est la robe longue et champêtre avec ombrelle pour madame et le costume de coton léger avec canotier pour monsieur. Après la guerre, les dames passeront à la robe vichy ou à fleurs et les messieurs s'équiperont d'une marinière avec bretelles et d'une large casquette. À toute époque, qu'on soit riche ou pauvre, on s'endimanche, on se sape pour aller guincher. À cette population toute innocente s'ajoutent parfois quelques bandes de malfrats, de truands de petite envergure, de macs de modeste calibre, histoire de saupoudrer sur cet espace de consensus quelques grammes de frisson.

Qu'est-ce qu'on mange ?

Aujourd'hui comme hier, la nourriture tourne autour du poisson, même s'il provient rarement de la Marne. Il fut pourtant une époque où les établissements les plus modestes n'hésitaient pas à servir comme spécialité la gibelotte de lapin, souvent insidieusement remplacée par... du chat. Lorsque ce phénomène fut connu, les clients exigeaient d'avoir sur l'assiette une tête de lapin, ayant ainsi le sentiment de ne pas se faire berner sur la qualité de la marchandise. Ce qui devait arriver arriva : le commerce de tête de lapin devint rapidement florissant... Et puisqu'on en est aux choses peu ragoûtantes, il n'est peut-être pas inutile de préciser qu'actuellement les poissons de la Marne ne sont pas interdits à la consommation (à vos risques et périls), mais ils sont interdits à la vente. Tout ce qu'on vous sert vient donc d'ailleurs.

Mais revenons à nos poissons ! Ici, la friture est reine, la matelote est sa dauphine. L'anguille, la carpe ou le brochet sont parfois au programme. Mais la moule-frites reste la maîtresse de la carte ainsi que la carte maîtresse, à

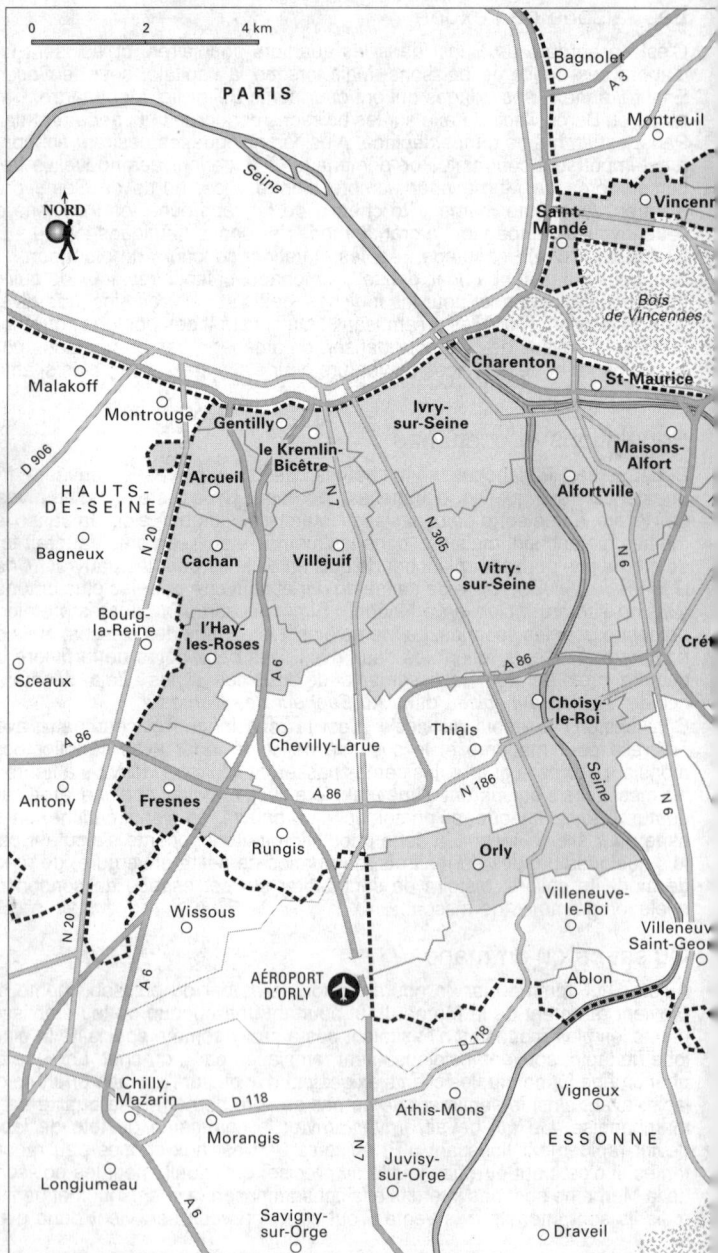

0   2   4 km

NORD

PARIS

Seine

Bagnolet

Montreuil

Vincenr

Saint-Mandé

Bois de Vincennes

Malakoff

Charenton

St-Maurice

Montrouge

Gentilly

Ivry-sur-Seine

Maisons-Alfort

le Kremlin-Bicêtre

D 906

Arcueil

N 7

Alfortville

HAUTS-DE-SEINE

N 20

Cachan

Villejuif

N 305

Vitry-sur-Seine

N 6

Bagneux

Bourg-la-Reine

l'Hay-les-Roses

A 6

A 86

Cré

Sceaux

A 86

Choisy-le-Roi

Chevilly-Larue

Thiais

Seine

N 6

Antony

Fresnes

A 86

N 186

Rungis

Orly

N 20

Wissous

Villeneuve-le-Roi

Villeneuv Saint-Geo

A 6

AÉROPORT D'ORLY

Ablon

D 118

Chilly-Mazarin

D 118

Vigneux

Athis-Mons

ESSONNE

Morangis

N 7

Longjumeau

A 6

Juvisy-sur-Orge

Savigny-sur-Orge

Draveil

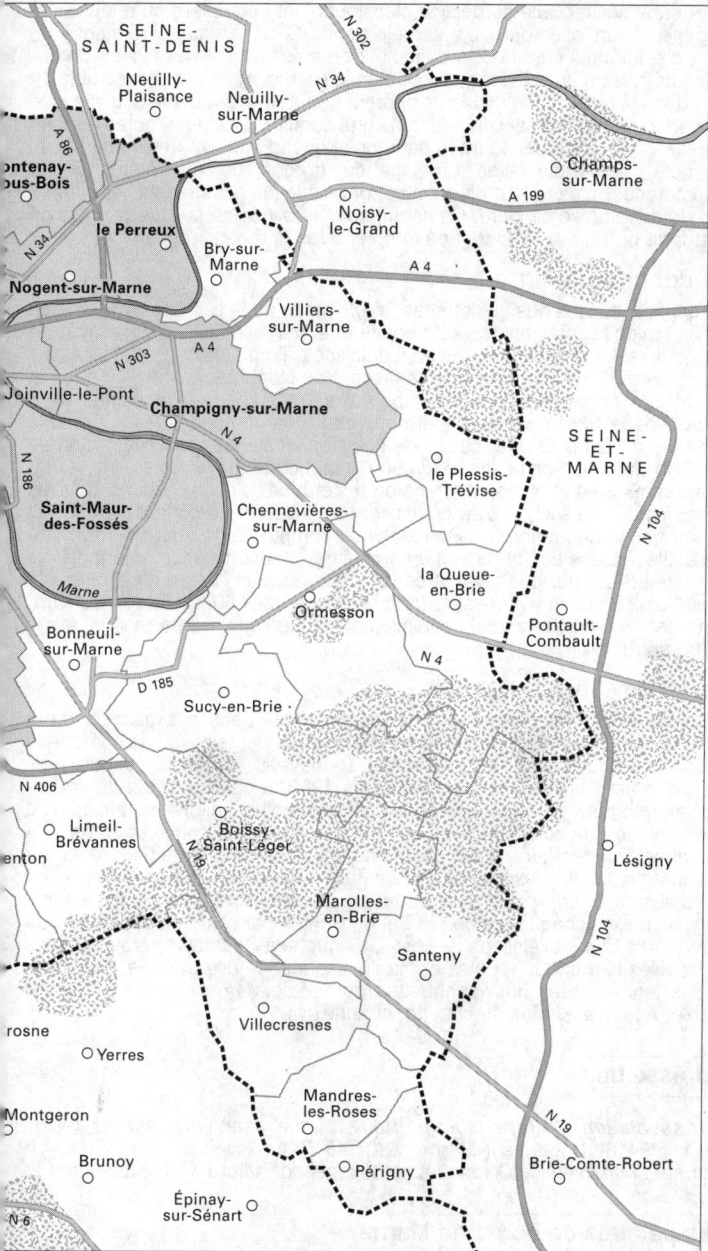

SEINE-
SAINT-DENIS

Neuilly-
Plaisance

Neuilly-
sur-Marne

N 302

N 34

Champs-
sur-Marne

A 199

A 86

ontenay-
ous-Bois

Noisy-
le-Grand

N 34

le Perreux

Bry-sur-
Marne

A 4

Nogent-sur-Marne

Villiers-
sur-Marne

N 303

A 4

Joinville-le-Pont

Champigny-sur-Marne

N 4

SEINE-
ET-
MARNE

N 186

le Plessis-
Trévise

Saint-Maur-
des-Fossés

Chennevières-
sur-Marne

N 104

Marne

la Queue-
en-Brie

Ormesson

Pontault-
Combault

Bonneuil-
sur-Marne

N 4

D 185

Sucy-en-Brie

N 406

Limeil-
Brévannes

Boissy-
Saint-Léger

N 19

Lésigny

enton

Marolles-
en-Brie

N 104

Santeny

Villecresnes

rosne

Yerres

Mandres-
les-Roses

Montgeron

N 19

Brunoy

Périgny

Brie-Comte-Robert

Épinay-
sur-Sénart

N 6

LE VAL-DE-MARNE

jouer sans hésiter. Elle se décline classiquement : marinière ou à la crème. *Gégène* est un incontournable dans le genre. C'est rarement vraiment bon, mais c'est jamais cher. Mode d'emploi : on saisit les frites avec les doigts, trois par trois ou quatre par quatre, selon le calibre, et on jette l'ensemble en vrac dans le gosier. Les moules s'opèrent une à une, avec une coquille vide qui sert à pincer l'animal contenu dans une coquille collègue. Toutes les cinq moules, on balance une fournée de frites et quand tout est au fond du bocal, on noie l'ensemble avec une grande gorgée de gros-plant. Et on recommence ! Quand tout est terminé, on boit le jus gris du saladier comme une dernière bolée de cidre. Ça risque de dégouliner sur la liquette, mais on s'en fout, on a payé. Faudrait pas rigoler avec la moule-frites !

Le début de la fin

Ce qui fit le succès des guinguettes (la proximité de la capitale) scellera son déclin : avec l'apparition de l'automobile et la démocratisation de la mobilité individuelle, les bords de Marne sont délaissés. Trop près de Paris ! Alors les Parisiens qui se lassent de tout se lassent de Nogent, de Joinville, du petit vin et des promenades en barque. Autre phénomène : l'industrialisation intense de la région parisienne et donc de la Marne conduit les autorités à interdire la baignade pour cause de pollution. Privé de bains ! Alors, on va plus loin chercher son ballon d'oxygène, son Eldorado. Parallèlement, l'urbanisation massive et galopante transforme certains coins bucoliques en villes tristounettes. Raison de plus pour aller voir ailleurs. Le coup de grâce est donné par le phonographe. Rendez-vous compte, cette infernale machine fait à elle seule le boulot de tout un orchestre, et recommence autant de fois qu'on veut ! La musique vivante cède le pas. Et puis l'heure n'est plus à la musette, puisque le yé-yé est là. À la fin des années 60, la maison *Convert,* l'une des plus célèbres, met définitivement la clé sous son paillasson, avant d'être détruite.

La renaissance

L'éternel et naturel mouvement de balancier qui pousse à aller chercher dans le passé plus ou moins récent les modes de demain n'a pas épargné le phénomène guinguette, et un véritable renouveau se dessine depuis peu. L'association *Culture Guinguette,* née en 1992, a pour ambition de sauvegarder, promouvoir et redévelopper ce patrimoine culturel, touristique et économique que constituent les guinguettes, les cafés-concerts et les bals musettes. Pour ce faire, elle a défini une ambitieuse « Charte Qualité » pour encourager les établissements à se diriger vers une véritable programmation d'orchestres et non seulement de musique enregistrée. Deux événements sont organisés chaque année : le Bal du Printemps à Nogent-sur-Marne, au Pavillon Baltard, et l'élection de Miss Guinguette à Champigny (voir pour ces deux villes la rubrique « Fêtes et manifestations »). Ville par ville, nous indiquons les adresses des guinguettes du Val-de-Marne où ça guinche en diable. Allez vas-y Marcel, chauffe, chauffe !

Adresse utile

■ ***Association Culture Guinguette :*** 13, rue Jean-Guy-Labarbe (escalier 11), 94130 Nogent-sur-Marne. ☎ 01-48-73-44-11. Fax : 01-48-73-39-11. Internet : http://services.Worldnet.net/muséenog/Culture_Guinguette/htm.

Les peintres de bords de Marne

Bien que cela soit peu connu du grand public, les artistes-peintres parisiens ont fréquenté d'autres rives que celles de la Seine. François Boucher peignit au XVIIIe siècle le pont de Charenton et ses moulins, et Antoine Watteau vint souvent voir son ami le curé Carreau à Nogent-sur-Marne. C'est d'ailleurs dans sa maison qu'il décéda en 1721. On dit qu'il s'inspira du parc de l'actuelle Maison des Artistes pour son *Embarquement pour Cythère*. Eugène Delacroix naquit en 1798 à Saint-Maurice, mais la Marne ne semble pas l'avoir marqué plus que ça.

L'arrivée des impressionnistes

Ils suivirent l'évolution des moyens de transport ferroviaires et l'installation des guinguettes sur les bords de Marne. La ligne de la Bastille, ouverte en 1859, achemina ainsi des artistes à la gloire naissante, comme Camille Pissarro qui passa quelques années à La Varenne-Saint-Hilaire vers 1864. Son *Bac de La Varenne* (musée d'Orsay) figure parmi les nombreuses toiles qu'il y peignit, aujourd'hui dispersées dans le monde entier. En 1878, Jean-Baptiste Guillaumin sut transposer sur la toile toute la lumière de l'Île-de-France dans son *Port de Charenton* (musée d'Orsay). Quant à Paul Cézanne, il fut inspiré par le pont de Créteil en 1883 (musée Pouchkine à Moscou). Même Henri Rousseau, dit « Le Douanier », installa son chevalet à Joinville et à Alfortville, *La Fabrique de chaises* annonçant une manière de peindre bien différente.

Ferdinand Gueldry, peintre du canotage

De 1890 à 1910, cet artiste, qui pratiquait l'aviron à la Société nautique de la Marne à Joinville-le-Pont, sut dépeindre dans les moindres détails la vie de ses amis les canotiers. Une partie de ses toiles, redécouvertes, figurent dans de nombreuses collections privées en France et surtout à l'étranger. Le musée de Nogent-sur-Marne possède une belle toile, de même que l'hôtel de ville de Joinville-le-Pont (*Le Saut du Barrage,* 1895). Ses œuvres se révèlent d'une grande richesse iconographique, notamment pour les costumes et les bateaux en bois précieux, aujourd'hui considérés comme des pièces de collection. C'est le seul artiste connu en France qui se soit intéressé d'aussi près à cet univers du monde de l'aviron.

La Marne au XXe siècle : toujours une source d'inspiration

Maurice Utrillo immortalisa l'église du Perreux-sur-Marne, et André Dunoyer de Segonzac parcourut le célèbre Tour de Marne dans la boucle de Saint-Maur. L'ancien pont de Chennevières l'inspira beaucoup. Dans sa *Marne à La Varenne* (1913), Albert Marquet nous montre un paysage d'une grande sérénité, que viendront fréquenter les permissionnaires de la Grande Guerre. Plus tard, ce fut Raoul Dufy qui séjourna quelque temps en face de l'île des Loups, à Nogent-sur-Marne. Le musée d'Art moderne de la Ville de Paris et le musée des Beaux-Arts du Havre possèdent plusieurs toiles du viaduc et de la Société d'encouragement du sport nautique, où l'on retrouve une rivière très animée dans un foisonnement de couleurs.

De nos jours, de grands artistes comme Maxime Secqueville, hélas trop tôt disparu, Louis Vuillermoz, Pierre Dauphin, Jean Porte, Nicole Elkon ou Jacques Robert ont pris la relève. Ils sont regroupés avec une vingtaine d'autres artistes de talent dans une association appelée « L'École des bords de Marne ». Avec des berges rénovées et le retour de la flore et de la faune d'autrefois, la Marne va encore, à n'en pas douter, inspirer de nombreuses générations d'artistes.

– Pour plus d'informations, un excellent bouquin : *Les Environs de la Marne et leurs peintres,* de Michel Riousset, aux éditions Ammateis.

VINCENNES

VINCENNES (94300)   43 000 habitants

Avec ses célèbres courses, bois et château, son centre animé, ses habitations cossues, Vincennes est sans doute l'une des villes de proche banlieue les plus agréables à vivre et à visiter.

Bien desservie par les transports, Vincennes a su attirer (et possède de longue date) une population plutôt aisée, loin de celle de Montreuil, sa populaire voisine. Avec Saint-Mandé, minuscule enclave très chic entre Paris et le bois, Nogent et quelques autres, Vincennes fait partie de la « trouée bourgeoise » du Val-de-Marne, dont l'image populaire reste cependant solide. Revers de cette agréable médaille et malgré l'existence d'une vie culturelle intense, Vincennes possède peu de lieux de soirée, cafés-concerts et bars vivants après 20 h.

Les nuits vincennoises se passent dans le bois. Et n'allez pas penser qu'on vous parle de la ronde des voitures et des dames, mais bien de la Cartoucherie, ancien dépôt d'armes livré au théâtre. Aux théâtres, devrait-on écrire, puisqu'il s'en trouve un certain nombre, dont l'Aquarium, le Soleil (d'Ariane Mnouchkine), et la Tempête. Et bien sûr, à l'hippodrome où les courses en nocturne déplacent les foules.

Outre ses sylvestres activités nocturnes, Vincennes est plutôt une ville diurne, aérée, dont le bois (qui appartient administrativement à Paris), le zoo et le Parc floral offrent aux familles de belles idées de promenades, et ce depuis des générations.

Pour encore quelque temps, tous les jeunes Franciliens viendront au moins une fois à Vincennes dans leur vie pour y passer leurs « trois jours ».

Un peu d'histoire

L'histoire de Vincennes, c'est d'abord celle de son bois et de son château. Le bois fut longtemps propriété des abbés de Saint-Maur, avant que les rois de France, qui devaient passer plus de temps à traquer la biche qu'à gouverner le pays, ne le décrètent « forêt Royale », et y édifient un pavillon de chasse. Sous l'impulsion de Philippe-Auguste (1180-1223), le pavillon devient résidence de la Cour, la deuxième après le palais de l'île de la Cité. Saint Louis, que l'imagerie épinalienne aime à décrire rendant la justice sous un chêne du bois de Vincennes, fit agrandir le manoir et fut imité par ses successeurs, dont Charles V qui installa ses richesses dans le donjon à peine achevé.

Après la guerre de Cent Ans, pendant laquelle Vincennes devient forteresse, le château perd de son attrait. Au tout début du XVe siècle, nos bons rois daignent y revenir. Une nouvelle Sainte-Chapelle remplace celle de Saint Louis, et un vaste programme de construction résidentielle est mis en œuvre par les plus grands architectes des différentes époques. Il s'achèvera par les pavillons de la Reine et du Roi, inaugurés par Louis XIV, qui partira finalement vers une autre banlieue.

Malmenée par les révolutionnaires qui bouffent tout le gibier et pillent le château (dont le donjon était devenu une prison pour hôtes célèbres), Vincennes est annexée par l'armée sous Napoléon. Profondément remaniés tout au long du XIXe siècle pour servir à la préparation de la mitraille, bois et château resteront chasses gardées des militaires jusqu'en 1945, bien que Napoléon III en ait aménagé une partie pour l'agrément forestier. Avant de quitter Vincennes, les Allemands, qui occupaient le château, fusillèrent une trentaine d'otages (10 août 44) et firent sauter quelques bâtiments de l'ensemble.

Depuis la fin de la guerre, les civils tentent de reprendre des hectares à l'armée. Et si les militaires conservent encore dans leur escarcelle une grande partie du château, le bois n'est plus aujourd'hui un champ de manœuvre, mais une promenade riche de pacifiques et naturelles activités.

Comment y aller?

– *En métro :* 3 stations de métro (ligne 1) desservent la ville (Porte-de-Vincennes, Bérault et Château-de-Vincennes).
– *En R.E.R. :* ligne A, station Vincennes.
– *En bus :* très nombreuses lignes à partir du métro Château-de-Vincennes. À noter que la ligne 46 va jusqu'à la gare du Nord le week-end et pendant l'été. *Noctambus* H.
– *En voiture :* de la porte de Vincennes, vous y êtes.

Adresses utiles

🚉 *Office du tourisme :* 11, av. de Nogent. M. : Château-de-Vincennes. ☎ 01-48-08-13-00. Fax : 01-43-74-81-01. Ouvert tous les jours sauf le dimanche, de 9 h à 12 h 30 et de 13 h 30 à 18 h ; le samedi, de 10 h à 16 h. Un joli pavillon des années 30, face à la gare routière, qui est également le siège de l'Union des offices du tourisme du Val-de-Marne. Bon accueil et plein de documentation sur le département, Vincennes, son château, ses animations et son bois, dont nous sommes à l'orée. Pas de visite de la ville, qui fait pourtant partie du réseau des Villes Royales en Île-de-France. Vincennes sur Internet : www.mairie.vincennes.fr.

■ *Mairie :* 53 *bis,* rue de Fontenay. ☎ 01-43-98-65-00. Fax : 01-43-98-26-37.

Où dormir?

🛏 *Le Home :* 7, rue Eugénie-Gérard. ☎ 01-43-28-17-44. R.E.R. : Vincennes. À deux pas du R.E.R. et trois du métro, dans une rue calme et en coude, cette belle et grosse maison des années 20 ne manque ni de charme, ni d'atouts. Bâtie en meulière et brique, sa façade est agrémentée de quelques fantaisies architecturales : porte cintrée, pilas- tres, etc. Dommage que les 11 chambres – fort bien équipées et confortables – ne jouissent pas d'autant d'originalité. Mais à 250 F la double tout confort, à 10 mn en R.E.R. du Châtelet, il ne faut pas en demander trop. Bon accueil de la patronne, une dame d'âge respectable, qui n'a peut-être pas conscience qu'elle possède une petite merveille.

Où manger?

De bon marché à prix moyens

🍴 Quatre mois par an (en été et en hiver), on peut se cogner un casse-croûte conséquent dans une *ba-raque foraine,* juste à côté du château et de la gare routière. On vous recommande Jean-Louis qui cuit son jambon à la broche et reste ouvert tous les jours jusqu'à 4 h du matin (ambiance un peu spéciale le soir

VINCENNES

tard). Les huit autres mois de l'année, la mairie interdit aux forains de s'installer.

Iel *La Petite Marmite :* 214, rue de Fontenay. ☎ 01-43-98-94-69. R.E.R. : Vincennes. Fermé les dimanche, lundi et jours fériés. Elle ne paye pas de mine, cette *Marmite* installée dans une masure lie de vin, avec son mobilier de jardin, son miroir fumé et ses murs dégoulinant de ciment marronnasse. Et pourtant, depuis plusieurs années que les nouveaux patrons en ont pris les commandes, ce petit restaurant de quartier propose une cuisine d'un rapport qualité-prix exceptionnel. Les menus à 90 F (le midi) et 123 F (le soir), et même les plats simples autour de 50 F du déjeuner sont bien pensés, bien réalisés, bien présentés, et servis avec le sourire. Cuisine française gentiment inventive, juste concoctée par un jeune chef qui fait bien son travail, en tirant le maximum de la gamme de prix à laquelle il se cantonne, et en changeant sa carte au fil des saisons. Les cinéphiles échangeront quelques souvenirs avec le cuistot, qui a couvert les murs de photos de stars du noir et blanc.

Iel *Chez Hubert :* 17, rue Clément-Viénot. ☎ 01-43-74-71-29 ou 01-43-74-11-24. M. : Château-de-Vincennes. Fermé les lundi, samedi midi et dimanche midi, ainsi qu'en août. Dans une rue calme, à l'est de la ville, cet authentique restaurant polonais au décor chaleureux (lambris et lumières douces) et un peu kitsch (les peintures) est l'endroit idéal pour s'initier à la rude gastronomie qui sévit à l'est de l'Oder. L'accueil est bon enfant, malgré la présence toujours refroidissante de deux gros clébards, et le patron apprécie de faire découvrir les spécialités de son pays, que madame prépare avec talent. *Blinis*, bien sûr, sublimes avec de l'anguille fumée, *bortsch* (soupe de betteraves), suivis d'un *golabki* (chou farci, excellent), d'un *kaczka po polsku* (canard aux pommes) ou d'un *bigos straropolki* (choucroute polonaise au

gibier). Les entrées coûtent entre 30 et 50 F, les plats oscillent entre 60 et 80 F. On doute que vous ayez encore de la place pour le dessert, tant les portions sont copieuses, et un plat comblera largement un estomac normal. Cela dit, les amateurs de gourmandises pourront choisir entre le gâteau au pavot et le *kawa po straropolku,* un café-chantilly-vodka. À propos, le patron vous expliquera qu'il existe une vodka pour chaque moment de la journée et du repas, et pourra vous faire déguster, glacés, un certain nombre de ces alcools de blé. Attention toutefois : non contente de nuire à la santé, la vodka, à 25 F les 4 cl, ruine également le porte-monnaie.

Iel *Restaurante Alessandro :* 51, rue de Fontenay. ☎ 01-49-57-05-30. M. : Château-de-Vincennes. ou R.E.R. : Vincennes. Ouvert midi et soir. Fermé le dimanche. Dommage que la déco de cette pizzeria soit aussi banale et clinquante, car la cuisine italienne classique vaut le détour. Le menu à 58 F du déjeuner permet de goûter aux aubergines *parmigiana*, sorties du four fumantes et bouillonnantes, sans doute la plus belle réussite du cuisinier. On pourra également opter en toute confiance pour les pizzas (de 45 à 70 F), dont la pâte croustillante sert de support à des garnitures classiques, mais généreuses. Aux menus du soir (129 et 195 F), pas mal de plats de poissons. Bon accueil.

Iel À quelques encablures, sur le trottoir d'en face, la **Cucina Italiana** (184, rue de Fontenay ; ☎ 01-43-74-74-85 ; ouvert de 9 h à 19 h ; fermé le lundi) est la *trattoria* du *Restaurante Alessandro.* Couleurs pimpantes, sourire d'une jeune femme aux longs cheveux noirs, et quelques tables pour la dégustation. Chianti, *antipasti*, pâtes fraîches et huile d'olive, toute l'Italie qui se mange se trouve ici... à des prix bien français. Mais quand on aime, on ne compte pas, alors allez-y de bon estomac. Plat du jour (sur place) autour de 50 F.

lol *La Chaumine :* 42, rue Charles-Silvestri. ☎ 01-43-98-21-72. M. : Château-de-Vincennes ; ou R.E.R. : Vincennes. Fermé le dimanche. Au nord de la rue de Fontenay, pas loin de Montreuil. Le camaïeu rose-violet qui décore l'établissement ne sera pas du goût de tous, mais l'équipe accueillante qui gère l'endroit saura vous faire oublier cette surcharge chromatique. Le menu du midi à 70 F (demi, oui-oui, demi-pichet de vin compris) comble les gens du quartier, qui semblent ici comme chez eux. Le soir, ambiance plus calme, et menus à 109 et 159 F. Cuisine française classique qui, sans atteindre des sommets, est tout ce qu'il y a d'acceptable, surtout si vous choisissez les grands classiques (grillades provençales, aiguillettes de volaille...), sans forcément vous aventurer vers les préparations plus ambitieuses et plus onéreuses que propose la carte, genre queue de langouste. Service diligent, souriant et efficace, serviettes et nappes en tissu, un super resto de quartier. À propos de quartier, ne ratez pas juste à côté Les Coquettes, deux délicieuses maisons jumelles couvertes de faïence.

Plus chic

lol *La Rigadelle :* 26 rue de Montreuil. ☎ 01-43-28-04-23. M. : Château-de-Vincennes ; ou R.E.R. : Vincennes. Fermé les dimanche soir et lundi. C'est en plein centre, pas loin de l'hôtel de ville, que s'est installé ce restaurant gastronomique vincennois, jouant sur un certain raffinement classique. Beaucoup plus modernes, les prix remarquablement doux pour la qualité d'une cuisine toujours de saison et mariant astucieusement tradition et innovation. La carte fait la part belle au poisson, avec des préparations aussi alléchantes que le merlu au vinaigre de porto ou le bar aux châtaignes. Le menu à 160 F, avec fromage et dessert, fort convaincant, se décline (sauf les vendredi et samedi soir) en une formule plat et entrée ou dessert, dite « déjeuner pressé ou soir

léger » à 120 F seulement. Initiative remarquable qui devrait inspirer un certain nombre d'établissements qui ont fait du prix prohibitif un cheval de bataille. Revers de la médaille, *La Rigadelle* affiche souvent complet (7 tables seulement), et la réservation est hautement recommandée. Les plats à la carte et les vins sont un peu chers, mais bien choisis. Excellent accueil.

lol *Le Cygne :* 22, av. de Paris. ☎ 01-43-28-03-96. M. : Château-de-Vincennes. Fermé le lundi. Dans une grosse maison face au château, ce restaurant fréquenté par une bourgeoisie typiquement vincennoise n'a pas bougé depuis que les époux Bion s'en occupent, et ça commence à faire une paye. Accueil, service et cuisine « à l'ancienne ». Maître d'hôtel en nœud pap', et la patronne qui veille au grain, le sourire aux lèvres. La cuisine joue dans la catégorie « classique bourgeois », avec des plats en sauce, accompagnés de peu de légumes et préparés avec le savoir-faire immuable d'un honnête homme. On pourra en voir un extrait quand madame Bion flambe elle-même et en salle les pêches flambées, stars de la carte des desserts, qui comporte d'autres merveilles. L'endroit, un peu clinquant mais agréable et fleuri, avec de beaux vitraux en cygne, fleure bon le déjeuner dominical où les névroses familiales se diluent dans les vieux bordeaux et les vraies valeurs de la table. Aux beaux jours, un merveilleux jardin, auquel on accède en traversant l'office, accueille les convives sous une toile. Toute cette volupté a un prix : menus à 148 et 198 F, vins assez chers et carte frisant l'inabordable.

lol Pour ceux que seul le jardin intéresserait, signalons que deux établissements voisins, *El Gringo* (☎ 01-43-98-15-22) et la *Pizza San Bartoloméo* (☎ 01-43-65-00-73) en possèdent un. Mais que ce soit au tex-mex ou à la pizzeria-karaoké, il faudra être moins regardant sur l'assiette.

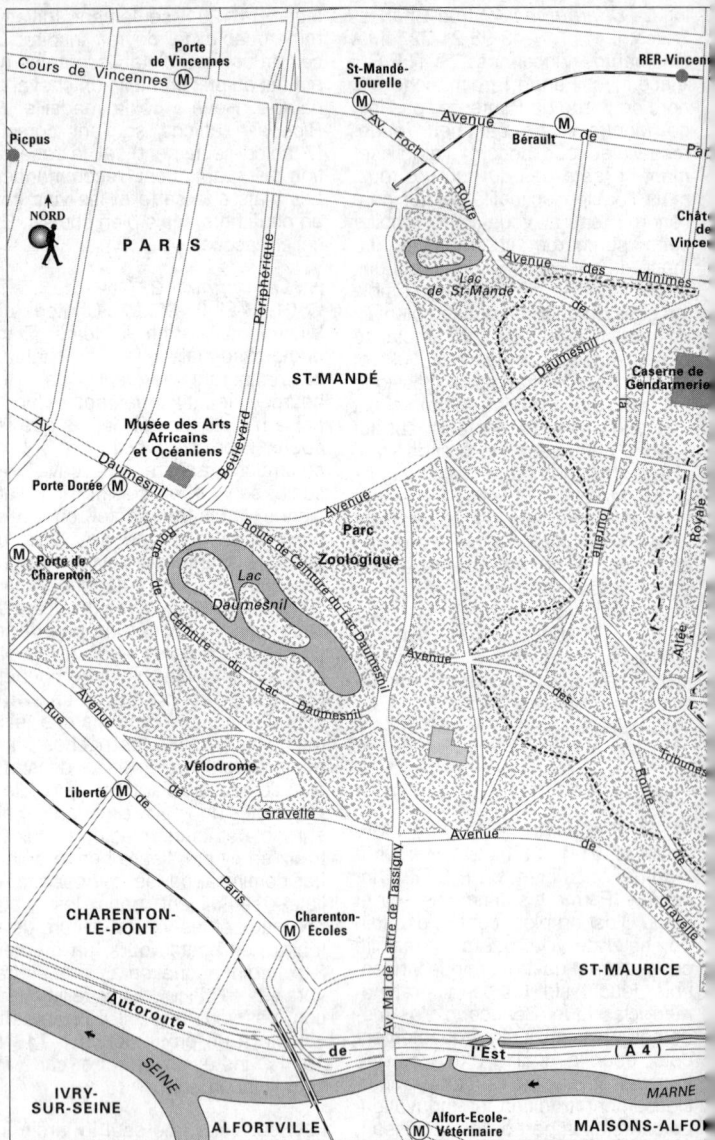

VINCENNES

Cours de Vincennes Ⓜ

Porte
de Vincennes

St-Mandé-
Tourelle Ⓜ

RER-Vincenne

Picpus

Av. Foch

Avenue de Par

Bérault Ⓜ

Route

NORD

P A R I S

Châte
de
Vince

Avenue des Minimes

Lac
de St-Mandé

ST-MANDÉ

Daumesnil

Caserne de
Gendarmerie

Av.

Musée des Arts
Africains
et Océaniens

Daumesnil

Avenue

Boulevard

Porte Dorée Ⓜ

Parc
Zoologique

Ⓜ Porte de
Charenton

Route de Ceinture du Lac Daumesnil

Lac
Daumesnil

Route

Tourelle

Allée Royale

de

Ceinture

du

Lac

Daumesnil

Avenue

des

Rue

Avenue

de

Liberté Ⓜ de

Vélodrome

Gravelle

Tribunes

Route de

Avenue

de

Gravelle

CHARENTON-
LE-PONT

Paris

Charenton-
Ⓜ Ecoles

Av. Mal de Lattre de Tassigny

ST-MAURICE

Autoroute

de

l'Est

(A 4)

SEINE

MARNE

IVRY-
SUR-SEINE

ALFORTVILLE

Alfort-Ecole-
Ⓜ Vétérinaire

MAISONS-ALFO

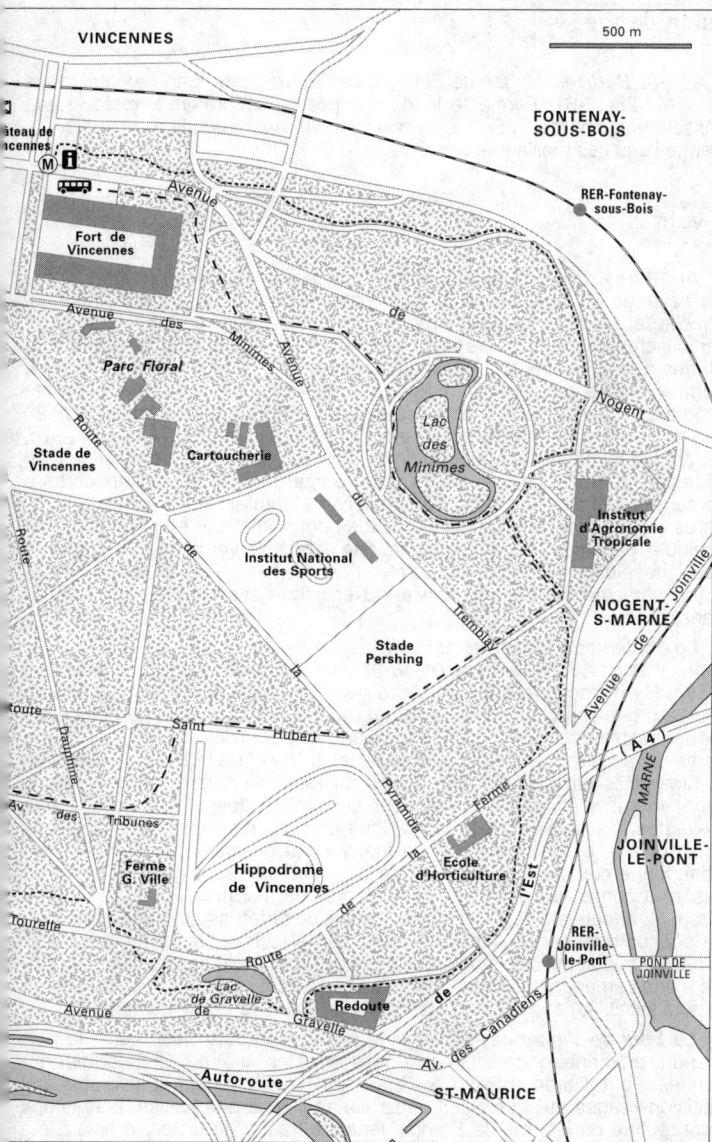

VINCENNES

FONTENAY-
SOUS-BOIS

500 m

Château de
Vincennes

RER-Fontenay-
sous-Bois

Avenue

Fort de
Vincennes

Avenue   des

Minimes

Avenue

de

Parc Floral

Nogent

Route

Lac
des
Minimes

Stade de
Vincennes

Cartoucherie

Institut
d'Agronomie
Tropicale

Route

de

du

NOGENT-
S-MARNE

Institut National
des Sports

Tremblay

Joinville

Stade
Pershing

Avenue

de

A 4

MARNE

Route

Saint   Hubert

Pyramide

Ferme

JOINVILLE-
LE-PONT

Dauphine

la

l'est

Av.

des   Tribunes

Ecole
d'Horticulture

Ferme
G. Ville

Hippodrome
de Vincennes

de

RER-
Joinville-
le-Pont

PONT DE
JOINVILLE

Tourelle

Route

de

de

Redoute

Lac
de Gravelle
de

Gravelle

Av. des Canadiens

Avenue

Autoroute

ST-MAURICE

LE BOIS DE VINCENNES

Salon de thé

– *Au Pur Beurre :* 10, av. de Paris. ☎ 01-43-28-13-61. Fermé le lundi. Pâtisserie-salon de thé où l'on mange l'une des meilleures brioches de la région. En ce qui nous concerne, on préfère le rostock (une brioche aux amandes).

À voir

★ *Au fil des rues :* partant du château, face à la tour du village, on monte par l'avenue du Château au quartier commerçant, dont la rue du Midi est l'épicentre. Le dimanche matin, jour de marché de la rue de Fontenay, et particulièrement pendant les fêtes de fin d'année, tout le quartier regorge de vitrines à faire oublier tout net le plus rigoureux des régimes. Rue du midi, signalons la *pâtisserie Joulin*, très réputée mais dont les prix sont à la limite de la décence, et la façade en mosaïque de l'échoppe de crustacés au n° 23 (ouvert de novembre à mai). On arrive ensuite au parvis de l'hôtel de ville, devant lequel débute le cours Marigny. De « réhabilitations de prestige » en « résidences de standing » avec balcon en caramel, le prestigieux cours a perdu pas mal de son cachet, en conservant toutefois son espace.
Après ça, les amateurs de belles façades pourront partir à la recherche de quelques perles. Entre autres : céramique et briques vernies au 26, rue de la Paix, mosaïques au 75, rue Diderot ou au 13, rue Eugénie-Gérard, riches hôtels particuliers de la villa David, ou enseigne chevaline du 160, rue de Paris.

★ *Le château de Vincennes :* M. : Château-de-Vincennes; ou R.E.R. : Vincennes. ☎ 01-43-28-15-48 ou 01-48-01-31-20. Ouvert tous les jours de 10 h à 18 h (17 h d'octobre à mars). Visite guidée et payante de la maquette du château, des courtines, des douves et de la Sainte-Chapelle (le donjon est fermé jusqu'en l'an 2000 pour rénovation), et possibilité de ne faire qu'une partie de la visite. Les deux pavillons, dits du Roi et de la Reine, avaient été commandités par Mazarin, afin d'avoir un « lieu où mettre ses richesses à l'abri en cas d'émeute » ! Ils abritent aujourd'hui des musées de l'armée (celui des chasseurs et de la symbolique militaire, ainsi que des expositions temporaires), et n'ouvrent que les mercredi et dimanche de 10 h à 17 h). Abandonné comme résidence royale au XVIIIe siècle, le château servit de prison et connut un certain nombre d'hôtes de marque : Fouquet, Diderot, Sade, Mirabeau, etc. Au XIXe siècle, il servit de forteresse militaire, subissant de sérieux dommages. Toujours propriété de l'armée, qui y regroupe certaines de ses archives historiques, le château bénéficie depuis plus d'un siècle d'une campagne de restauration qui tente de lui redonner un peu de son aspect initial. À l'accueil, une vidéo retrace l'histoire du monument.

★ *Le bois de Vincennes :* il se situe à Paris, eh oui ! C'est même la plus grande promenade parisienne. Accès par les métros Château-de-Vincennes, Porte-Dorée et Porte-de-Charenton. L'air y est pur et favorable aux décisions sages puisque Saint Louis aimait y rendre la justice. Longtemps forêt touffue où les rois de France venaient traquer le gibier, le bois a été défriché à la fin du XVIIIe siècle, mais c'est à Napoléon III qu'on doit son aménagement et ses allées cavalières. De belles balades, des lacs pour canoter et des pelouses pour pique-niquer. Plus de 120 000 arbres pour vous faire de l'ombre aux beaux jours. Comme au bois de Boulogne, le chêne y est l'espèce dominante. Au lac Daumesnil, location de vélos et de barques. À la belle saison, il y a foule le dimanche.
Procurez-vous la carte des sentiers nature dans les mairies ou au Parc floral (☎ 01-43-28-47-63) pour mieux découvrir ce bois. Deux circuits de grande

randonnée (voir plan du bois de Vincennes) partent du métro Château-de-Vincennes (G.R. 14, environ 11 km, et G.R. 14A, environ 7 km). Le plus long fait le tour complet du bois, l'autre contourne le Parc floral et le lac des Minimes. Réf. : Topoguide *Paris à pied,* éd. FFRP (avec cartes). À jumeler avec une exposition florale.

– *Le Petit circuit (G.R. 14A, balisage bleu et jaune) :* depuis le métro Château-de-Vincennes, sortie Fort-Neuf, longer le château vers le sud jusqu'à l'esplanade qu'on traverse. C'est le départ de notre balade. Vous trouverez le début du balisage juste au sud de l'esplanade. On longe la grande allée Royale qui réunit les deux parties du bois de Vincennes. Vers l'est, on rejoint le panorama de la route de la Faluère. Cette partie du bois de Vincennes réalise depuis peu les anciens projets forestiers du XVIIIe siècle. Les rosiers du rond-point sud de l'allée Royale font une bouffée odoriférante avant de couper la route de la Belle-Étoile. Un sous-bois épais permet de croiser la route Dauphine et la route de Bourbon jusqu'à la plaine Saint-Hubert, au nord de l'hippodrome. Dans ces grandes étendues herbeuses, les dernières alouettes de Paris se donnent volontiers rendez-vous, nullement effrayées par la fréquentation sportive des terrains de jeux. C'est presque la campagne et, de la route de Mortemart, vous pourrez faire un pique-nique champêtre. Sur la RN 4 ou avenue du Tremblay, l'autobus n° 112 ramène les randonneurs fatigués au château de Vincennes. Attention, la ligne est peu fréquentée. Les courageux continueront jusqu'au lac des Minimes sur un petit kilomètre, le long des rives ouest du lac par le sentier des Moines. Venus du Limousin, ils furent à l'origine de ce domaine conventuel au XIIe siècle. Le retour se fait ensuite en traversant la route Circulaire et l'avenue du Tremblay jusqu'au métro Château-de-Vincennes. Ouf !

– *Le Grand circuit (G.R. 14, balisage jaune et rouge) :* départ de l'esplanade du château, côté ouest. Le Grand circuit permet de faire le tour complet du bois pour les plus courageux.

– Un *sentier-nature,* comme au bois de Boulogne, peut être suivi depuis la station Caserne-des-Gardes du bus n° 325. 1 heure et 12 panneaux pour découvrir des milieux à l'environnement varié.

– On trouve aussi au bois de Vincennes un *temple bouddhique tibétain.* Belle architecture très colorée. Il respecte scrupuleusement les normes religieuses : la surface de 108 m² symbolise les 108 graines du mala, le chapelet bouddhique. Pour s'y rendre : *temple Kagyu Dzong,* Institut bouddhique international, 40, route de ceinture du lac Daumesnil, 75012. ☎ 01-40-04-98-06. M. : Porte-Dorée. On peut assister quotidiennement, à 10 h, 11 h 30, 14 h 30 et 16 h 30 (sauf le lundi), à des sessions de méditation. Respectez les fidèles : pieds nus et aucun bruit.

★ *La ferme Georges-Ville :* route du Pesage. ☎ 01-43-28-47-63. Ouvert les samedi, dimanche, jours fériés et pendant les vacances scolaires de 13 h 30 à 17 h 30 (19 h l'été). Entrée : 22 F ; enfants : 11 F. C'est une véritable exploitation agricole. Les petits rats des villes en mal de verdure y découvriront les occupations des petits rats des champs. 5 hectares de culture, de grosses vaches et de petites poulettes.

★ *Le Parc floral de Paris :* M. : Château-de-Vincennes. Accès par le bus n° 112 de Château-de-Vincennes et le n° 46 de la Porte-Dorée (seulement l'été). ☎ 01-49-57-15-15 ou 01-43-43-92-95. Ouvert toute l'année, de 9 h 30 à 17 h de novembre à février, de 9 h 30 à 18 h en mars et octobre, de 9 h 30 à 20 h d'avril à septembre. Tarif réduit pour les jeunes de 6 à 18 ans, ainsi que de nombreuses autres réductions, gratuit pour les moins de 6 ans et les chômeurs. Promenade à travers 35 ha de verdure et de fleurs. À voir : la vallée des Fleurs, la pinède, le jardin des Plantes aquatiques, le jardin des Quatre Saisons (où l'on peut voir des fleurs toute l'année), les bonsaïs, etc. Aire de jeux toute l'année, avec plus de 50 activités gratuites ou payantes. Tous les jours de mi-mars à fin août et les mercredis, samedi et dimanche du 1er septembre à début novembre, attractions diverses comme le petit train sur rail, le circuit de tacots, les sulkys, les voitures électriques, la piscine à boules, les bateaux-mouches (5 F le ticket), location de parisiennes (quadricycles), mini-golf (avec des monuments de Paris en miniature), etc. De mai à septembre, concerts gratuits de jazz (le samedi à 16 h) et de musique classique (le dimanche à 16 h 30). Spectacles pour les enfants (clowns, marionnettes...) tous les mercredis à 14 h 30. Deux boutiques : horticole et de cadeaux.

★ **Le Parc zoologique :** M. : Porte-Dorée. ☎ 01-44-75-20-10. Ouvert tous les jours de 9 h à 17 h 30 (18 h les deux premiers dimanches d'octobre et les deux derniers de mars) ; les caisses ferment une demi-heure avant. Tarif réduit de 4 à 16 ans et nombreuses autres réductions ; gratuit pour les enfants de moins de 4 ans. Lieu de promenade traditionnel des familles. Mieux que bien des zoos classiques, car le cadre où vivent les animaux est souvent inspiré de leur environnement naturel. Ce fut à sa création, d'ailleurs, une grande innovation : les concepteurs du zoo avaient su créer des distances par fossés et murets pour séparer visiteurs et bébêtes avec autant de « naturel » que possible. Mais pour les animaux, un zoo reste un zoo ! Immense rocher artificiel de 65 m qui vient d'être rénové, où évoluent mouflons à manchettes, bouquetins, markhors de l'Himalaya, vautours et faucons (dont le rôle est de chasser les pigeons !). Il fallut attendre les crédits pendant 13 ans pour entamer la restauration.
On peut y accéder au choix par l'escalier ou par l'ascenseur, ce qui, à notre avis, vaut vraiment le détour puisque l'on monte à l'intérieur même du rocher. Celui-ci dispose de trois plates-formes d'observation et d'un belvédère pour le panorama sur Paris. Bientôt, il accueillera des damans (genre de marmottes). Tout en bas, des loutres pour lesquelles coule une cascade. Quelques espèces fort rares comme le grand panda, l'okapi, l'otarie à fourrure, le manchot royal, etc. Vous pourrez également voir Kaveri, une éléphante d'Asie offerte à François Mitterrand en 1985 par Rajiv Gandhi, et Yen-Yen, un panda de 22 ans offert à Georges Pompidou par Mao Ze-dong. Pour l'anecdote, sachez que Yen-Yen arriva ici avec Lili, sa compagne ; mais malheureusement, les grands espoirs que l'on fonda en eux furent rapidement déçus : Lili était un mâle ! Le dimanche, il faut s'attendre à une sympathique cohue.

★ **La Cartoucherie de Vincennes :** route du Champ-de-Manœuvre. L'ancienne cartoucherie fut conquise à la fin des années 60 par une femme qui allait révolutionner le théâtre. Quand Ariane Mnouchkine, fille d'Alexandre Mnouchkine, immense producteur de cinéma, et sa troupe du Soleil prirent possession des lieux, tout était à faire. Entourée d'Hélène Cixoux, de comédiens exceptionnels (citons Philippe Caubère pour ne parler, comme d'habitude, que du plus célèbre), animée d'idéaux qui volaient haut et dotée d'un caractère affirmé, Ariane va inventer un théâtre « engagé » et visuellement fort. En 1975, sa pièce *L'Âge d'Or,* une farce contemporaine inspirée par la *commedia dell'arte* où un travailleur immigré joue l'Arlequin moderne, rencontre un immense succès. Le Soleil s'attaque ensuite à Shakespeare, s'essaye avec brio au cinéma *(Molière)* et monte des fresques historiques fleuves *(Norodom Sihanouk).* Toujours inspirée et militante, Ariane Mnouchkine continue son travail théâtral et politique, dans le bon sens du terme.
D'autres troupes, à la recherche de volumes inabordables en ville, l'ont rejointe dans son fief au milieu des bois, transformant l'ancien dépôt d'armes en haut lieu multiforme de la création théâtrale contemporaine : *théâtre du Soleil* : ☎ 01-43-74-24-08 ; *théâtre de l'Aquarium :* ☎ 01-43-74-99-61 ; *théâtre de la Tempête* : ☎ 01-43-28-36-36 ; *théâtre du Chaudron* : ☎ 01-43-28-97-04 ; *théâtre de l'Épée de Bois* : ☎ 01-48-08-39-74. Bus les soirs de spectacle depuis le métro Château-de-Vincennes. Retour assuré.
Poney-club pour les petits juste à côté.

★ *L'hippodrome de Vincennes :* 2, route de la Ferme (dans le bois). ☎ 01-49-77-17-17. M. : Château-de-Vincennes, puis navette (départ une demi-heure avant le départ des courses, devant l'office du tourisme). Entrée payante. Il y a des réunions plusieurs fois par semaine, de jour (à partir de 13 h 30) et en nocturne (à partir de 19 h, sauf en hiver). Chaque réunion comprend de 7 à 9 courses. Téléphonez pour savoir les jours, ou lisez *Paris Turf,* la bible du turfiste.

Aller aux courses, c'est le quotidien de beaucoup d'hommes (99 % de la fréquentation est masculine), et une expérience tout à fait réjouissante pour ceux qui n'y sont jamais allés. L'hippodrome est une gare, avec ses guichets, ses services, bars, tabacs, dont les pistes sont les voies. Il y a un départ toutes les demi-heures, et les joueurs vont et viennent entre piste et guichet, souvent en déchirant rageusement un ticket et en vouant à la boucherie un pauvre cheval qui s'est mis à galoper alors qu'il fallait trotter. L'ambiance populaire rend facile les conversations et les commentaires autour de la course, et du coup l'atmosphère est plutôt agréable. Surtout si l'on gagne. Un comptoir situé près de l'entrée permet aux néophytes de se faire expliquer les subtilités des cotations et des mises possibles. Sachez qu'on peut jouer 10 F au minimum (certains jouent très gros), et avec ça, se laisser rapidement prendre au jeu. Alors pour une centaine de francs (achat de *Paris Turf* compris), on peut passer un moment palpitant et – qui sait ? – repartir plus riche.

|●| Le cas échéant, les *trois restaurants panoramiques* de l'hippodrome sont là pour vous accueillir. Premier menu : 155 F au *Sulky* (☎ 01-43-53-68-40), un buffet de gare. Comptez 300 F et 500 F (hors boisson) au *Prestige* et au *Paddock.*

Le Prix d'Amérique (fin janvier), celui de France (début février) et du Président de la République (mi-juin) sont les temps les plus forts de l'hippodrome.

Où boire un verre ?

Les noctambules en seront pour leurs frais : Vincennes, comme beaucoup de banlieues limitrophes, ne brille pas la nuit. En revanche, vous trouverez face au château un certain nombre d'établissements susceptibles de vous permettre de faire une pause après une promenade.

|●| ⵑ On aime bien le *Central Park Café* (7, av. de Nogent ; ☎ 01-43-28-30-07), grand bar à la façade rouge où l'on peut casser une croûte sans prétention.

Où sortir ?

– *Le Chalet du Lac :* orée du Bois (comme son nom l'indique, en bordure de bois, côté Saint-Mandé). ☎ 01-43-28-09-89. Ce très bel édifice, qui fut longtemps réservé aux séminaires et aux banquets, a récemment retrouvé sa vocation première de dancing familial, à dix mille lieues de la techno. Jeudi, rétro ; vendredi, musette ; samedi, variété, pour les programmes des soirées (de 21 h à 3 h, 50 F ; jusqu'à 5 h le samedi, 70 F ; gratuit pour les dames les jeudi et vendredi avant 23 h ; samedi rétro et « Grand Bal du Dimanche » pour les après-midi dansants, de 15 h à 19 h 30, 70 F). À chaque session, un ou plusieurs musiciens font swinguer, comme au bon vieux temps, une jeunesse entre deux âges. Beau cadre inspiré des années 30, ambiance assez kitsch et pleine de bonne humeur où, sous la lumière diffractée d'une boule géante, les couples font couiner leurs souliers sur le parquet verni. On peut aussi y dîner (menu à 185 F), et même y déjeuner du lundi au vendredi pour 65 ou 85 F, boisson et café compris, sur une sublime terrasse.

Marché

– Le principal marché se tient **rue de Fontenay** les mardi, vendredi et dimanche matin. La rue du Midi est très commerçante.

Fêtes et manifestations

– **À Fleur de Jazz :** d'avril à septembre, le Parc floral accueille des concerts de jazz en plein air gratuits (il n'y a que l'entrée du parc à payer), tous les samedis à 16 h. ☎ 01-43-43-92-75.
– **Festival Classique au Vert :** mêmes lieu, période, conditions et téléphone que le précédent, mais il s'agit là de musique classique, le dimanche à 16 h 30.
– **Fête du Château :** se déroule sur un week-end début juin. Défilés, parades, auxquels toute la ville prend part. Renseignements : ☎ 01-43-98-65-79 (service culturel de la mairie).
– **Les salons du Parc floral :** des salons divers et variés y sont régulièrement organisés, notamment en automne (*Animal Expo* en octobre, *salon de l'Environnement* en octobre, *salon Marjolaine*, produits biologiques, en novembre, *salon du Jouet* en novembre, etc., sans compter les régulières foires à la ferraille). Renseignements : ☎ 01-43-43-92-95.
– **La brocante de l'hippodrome :** courant novembre. ☎ 01-48-89-79-79.

SAINT-MANDÉ (94160)   19 000 habitants

La plus petite commune du Val-de-Marne, avec ses 93 ha, est une douillette cité résidentielle, bordée sur tout un flanc par le bois de Vincennes. Alors, bien sûr, la vie nocturne s'arrête aux alentours de 20 h et il faut passer le périphérique pour trouver un peu d'animation, mais les Saint-Mandéens semblent apprécier avant tout le calme et le chant des petits oiseaux plutôt que les trépidations nocturnes.
La physionomie de la ville est d'une simplicité enfantine : une grande artère centrale où se concentrent tous les commerces (l'avenue du Général-de-Gaulle) et, de chaque côté, des rues bordées de résidences tranquilles. Sur le plan architectural, on trouve un peu tous les styles existants depuis le milieu du siècle dernier, se côtoyant sans heurts, dans une douce harmonie.

Un peu d'histoire

C'est à *saint Maudez*, un abbé breton du VIe siècle, que l'on doit le nom de la ville. Une relique rapportée au Xe siècle suffit à ce que le bonhomme passe à la postérité. Tout d'abord rattachée à Charenton-le-Pont, Saint-Mandé est appréciée par les gens de la Cour pour son calme et sa proximité de la capitale. Fouquet, le ministre des Finances de Louis XIV, y achète une superbe propriété où il reçoit beaucoup. La ville, rattachée à Charenton-Saint-Maurice jusque-là, n'obtient son autonomie qu'en 1790, mais au siècle suivant la pauvrette voit sa surface réduite à plusieurs reprises. Elle perd en tout 250 hectares en moins d'un siècle, soit deux tiers de sa surface et notamment sa partie de bois de Vincennes, que Paris lui confisque en 1929. Malgré tout, Saint-Mandé-la-Petite parvient à trouver son caractère propre en se parant d'hôtels particuliers et d'immeubles haussmanniens, notamment tout le long du bois.

Personnages

Étonnant, le nombre de personnalités ayant eu un lien avec Saint-Mandé.
– *Juliette Drouet :* si l'on veut rencontrer celle qui partagea illégitimement le lit de Victor Hugo pendant plusieurs décennies, il faut se rendre au cimetière nord de Saint-Mandé. Sa fille, Claire Pradier, s'y trouve également. Intriguant : dans le cimetière, non loin de la tombe de Juliette, quelques tombes répondant au nom de Hugot (avec un « T »).
– *Adèle Hugo :* la deuxième fille de Victor n'eut pas une existence facile. Amoureuse d'un officier anglais qui la délaissa et qu'elle suivit malgré tout jusqu'au Canada, elle revint en Europe après 9 ans d'absence, mais folle. De Saint-Mandé elle ne connut que la maison de Santé et les visites de son père.
– *Yvette Guilbert :* la célèbre compositrice-chanteuse du début du siècle passa ici son enfance. D'abord modiste puis actrice, elle était toujours gantée de noir. Ses chansons sentaient le soufre et Toulouse-Lautrec l'utilisa comme modèle. On la chante encore et c'est tant mieux.
– *Charles Nungesser :* avec 43 victoires officielles, l'as de l'aviation de la Première Guerre mondiale habitait chez son père à Saint-Mandé. Il fut surtout célèbre pour son association avec François Coli. L'incroyable duo des airs décolla le 8 mai 1927 du Bourget à bord de *l'Oiseau Blanc* pour tenter une traversée de l'Atlantique Nord dans le sens Paris - New York. On ne les revit jamais. Certains les cherchent encore. Peut-être volent-ils toujours. Treize jours plus tard, Charles Lindbergh réussissait la traversée dans le sens New York - Paris.
– *Alexandra David-Neel :* la célèbre exploratrice naquit à Saint-Mandé. Rappelons qu'elle partit seule en Asie : Népal, Corée, Chine, puis évidemment le Tibet. En 1924, elle fut la première femme européenne à entrer dans Lhassa et la première vraie routarde de la planète. Elle mourut à Digne à 101 ans. Beau parcours.
– *Eugène François Vidocq :* l'ancien forçat condamné aux travaux forcés, nommé chef de la Sûreté en 1811, fonda, après avoir démissionné – c'est un comble –, une fabrique de papiers infalsifiables à Saint-Mandé. À nouveau nommé chef de la police, à nouveau incarcéré, réhabilité... Vidocq vécut en malfrat, mourut en héros et survécut en légende : c'est le Père Madeleine dans *Les Misérables,* Vautrin chez Balzac... et Bernard Noël puis Claude Brasseur à la télé. Madame Vidocq est enterrée à Saint-Mandé.

Comment y aller ?

– *En bus :* de la porte de Vincennes, n° 86. De la porte de Saint-Mandé, n° 56. À partir de la station Château-de-Vincennes du R.E.R. (ligne A), n° 86 pour Saint-Mandé.
– *En métro :* ligne 1, station de Saint-Mandé-Tourelle ou Bérault.
– *En voiture :* de la porte de Vincennes, prendre l'avenue Gallieni puis immédiatement à gauche l'avenue du Général-de-Gaulle.

LE VAL-DE-MARNE

Adresse utile

■ *Mairie :* place Charles-Digeon. ☎ 01-49-57-78-90. Relations publiques sur la droite dans le hall.

Où manger ?

Bon marché

|●| *Crêperie de l'Iroise :* 46, av. du Général-de-Gaulle. ☎ 01-43-74-60-26. Ouvert midi et soir et salon de thé jusqu'à 17 h. Fermé les dimanche et lundi. Les employés de la mairie et ceux du secteur connaissent bien ce petit établissement tout en longueur, parfait pour grignoter une copieuse galette le midi. Formule à 61 F pour le déjeuner. Une petite adresse de quartier pas bégueule.

Un peu plus chic

|●| *La Tradition :* 17, rue Allard. ☎ 01-43-28-30-38. Fermé le dimanche soir, le lundi toute la journée et en août. De la cuisine bien faite, bien peignée, du vrai, du solide, bref de la tradition sans esbroufe ni originalité. Aucune tentative pour épater la galerie. Une sorte de calvinisme culinaire où l'on reste très près du texte, très près de la recette. De l'indémodable donc, servi dans un cadre démodé. Menus à 97 et 145 F dans lesquels on retrouve la terrine du chasseur, la joue de bœuf confit, le saumon en papillote et pour finir une tarte aux pommes. Vous voyez, rien que du classique.

À voir

Pas grand-chose, vu la taille de la cité.

★ *La chaussée de l'Étang :* une rue tranquille le long du bois, ourlée de beaux édifices. Quelques rues autour proposent d'intéressantes demeures : au 17, rue du Lac, la maison des Gardes en lisière de bois avec ses faux colombages. À l'angle de la rue Renault, bien belle maison de la fin du siècle dernier avec fronton ouvragé. On en ferait bien notre cabane de jardin. Non loin, au 8, rue Faidherbe, demeure néo-gothique qui n'a peur de rien : corniches, hautes cheminées, fenêtres aveugles... L'exemple typique du bourgeois qui veut son petit château ! Après tout, à chacun ses fantasmes.

★ *Le musée des Transports urbains :* 60, av. Sainte-Marie. ☎ 01-43-28-37-12. Ouvert de mi-mars à mi-novembre, les samedi et dimanche de 14 h 30 à 18 h. Attention, le musée devrait déménager prochainement. Appelez avant de vous y rendre. Voici une incroyable collection composée de plus de 100 véhicules évoquant à merveille l'épopée des transports urbains depuis le milieu du siècle dernier jusqu'aux années 70 en France et dans les pays limitrophes. Situé dans un ancien dépôt R.A.T.P. Les quatre grandes familles de véhicules sont là : véhicules hippomobiles, tramways, métro et bus. Évidemment, on ne va pas vous détailler tous les modèles, mais il faut quand même qu'on vous signale les plus beaux spécimens.
Tout d'abord des véhicules hippomobiles, avec cet étonnant omnibus à impériale de 1863 utilisé à Toulouse. Extravagant également, ce premier bus parisien à impériale de 1905, dont on met en doute la tenue de route vue la hauteur. À la fin du siècle, 1 200 « diligences » circulaient dans la région

parisienne. Quelques tramways à vapeur et un modèle fonctionnant avec un moteur à air comprimé, absolument unique au monde, de 1875. Belle série de tramways électriques articulés, très utilisés entre 1896 et 1937. Plus de 3 000 tramways fonctionnaient dans la région parisienne dans les années 20. Côté métro, à signaler une motrice tout en bois de 1904, lustrée comme une paire de chaussures, des wagons aux sièges de bois encore en service dans les années 60, ainsi que les premiers métros sur pneus. Côté bus, là c'est le délire. On se rend compte qu'il ne faisait pas bon être conducteur à l'époque : cabine ouverte, absence de pare-brise. Mais que font les syndicats ? Incroyable, on ne ferma la cabine qu'en 1947. À signaler enfin que le dimanche (hors Foire du Trône) un vieux bus fait la navette entre la porte Dorée et le musée. Un seul regret, on ne peut accéder à aucun véhicule et c'est un peu frustrant.

Marché

– L'unique marché s'étend le long de l'*avenue Gallieni*, le jeudi et le dimanche matin.

Fêtes et manifestations

– *Marché aux cartes postales et aux vieux papiers :* tous les mercredis, sur l'avenue Gallieni. Cartes postales mais aussi presse ancienne, télécartes...
– *Fête de l'Été :* pendant 3 jours le week-end de la fête des Mères. Fête du Sport, festival de Jazz, formations musicales dans les différents restos, foire à la brocante.
– *Fête de l'Automne :* un samedi autour de la mi-septembre. Brocante et vide-greniers pour les Saint-Mandéens.

FONTENAY-SOUS-BOIS (94120)   54 000 habitants

Fontenay, c'est facile à résumer : une colline centrale qui sépare deux quartiers à la structure diamétralement opposée. On a presque affaire à deux villes distinctes. Au sud-ouest, le vieux Fontenay, serré autour de sa vénérable église Saint-Germain et ses rues tranquilles ; et de l'autre côté, au nord-est, un incroyable ensemble de ZUP, de ZAC, de ZUT... pudiquement appelé le Grand Ensemble, où le passé n'existe pas. Plusieurs dizaines d'hectares de logements sociaux essentiellement, mais aussi de centres commerciaux, de centres administratifs et d'immeubles de verre. Une ville différente, curieuse, étonnante, où les architectes s'en sont donné à cœur joie. Heureusement, depuis le milieu des années 60 on privilégie les habitations basses, les petits groupes d'immeubles, abandonnant les mortelles tours de 20 étages.
Sans passé, une ville prend le risque de sombrer dans le « no future ». Consciente de cela, la Municipalité a créé au cœur de cet espace pas toujours reluisant (et parfois carrément craignos) un vrai dynamisme culturel et sportif qui fait que Fontenay pourrait être une banlieue plus difficile qu'elle ne l'est aujourd'hui. Sur le plan purement touristique, on l'avoue, ça ne se bouscule pas trop, bien que le vieux Fontenay possède son propre cachet ; on y retrouve de petits pavillons de cadres et d'employés à la retraite car, contrairement à ce qu'on peut penser communément, Fontenay n'est pas une ville de tradition ouvrière.

Un peu d'histoire

Beaucoup de fontaines sur cette colline, alors on lui donna ce nom de Fontenay. Et comme c'était trop commun et qu'il y avait un bois pas loin, on l'appela Fontenay-sous-Bois. Pas de fait particulièrement marquant à signaler, la ville étant essentiellement consacrée à la culture des choux de Bruxelles, des petits pois, des fruits. Rappelons que Danton aurait épousé en secondes noces une jeune fille de Fontenay. Sachez encore que c'est ici qu'on découvrit une nouvelle variété de pomme de terre, la Belle de Fontenay. La dernière guerre vit l'arrivée d'une importante communauté italienne, puis portugaise. Également à noter, une vivante communauté latino-américaine, installée depuis les années 70.

L'histoire de la Madelon

Cette célèbre Madelon dont tout le monde connaît le métier – elle est serveuse dans une taverne – possède une singulière histoire. La chanson fut créée en 1914 par un chansonnier, mais elle fit un four à l'Eldorado de Paris. C'est Sioul, un tirailleur cantonné à Fontenay, qui poussa cette chansonnette dans sa chambrée. Pour le coup, elle fit un tabac et les paroles se refilèrent de garnison en garnison pour donner du courage à cette bonne chair fraîche qui allait se faire transformer en saucisse. La commune d'où la chanson se fit connaître décida alors, en 1921, de fêter annuellement la chanson en élisant chaque année une Madelon. La Madelon est encore aujourd'hui l'occasion de grandes fêtes à Fontenay (voir « Fêtes et manifestations »).

Comment y aller ?

– *En R.E.R. :* ligne A4 (direction Marne-la-Vallée), station Val-de-Fontenay, ou ligne A2 (direction Boissy-Saint-Léger), station Fontenay-sous-Bois.
– *En train :* de la gare de l'Est, direction Villiers-sur-Marne, station Fontenay-sous-Bois.
– *En voiture :* depuis la porte de Bercy, autoroute A4 direction Metz-Nancy, sortie Fontenay-sous-Bois ; ou de la porte de Bagnolet, autoroute A1, direction Lille, puis A86, sortie Fontenay-Centre.

Adresses utiles

◘ *Office du tourisme - syndicat d'initiative :* 4 *bis,* av. Charles-Garcia ; à côté du centre commercial et devant le complexe sportif Salvador-Allende. ☎ 01-43-94-33-48. Fax : 01-43-94-02-93. Minitel : 36-15, code FONTENAY. Ouvert du lundi au vendredi de 9 h à 12 h et de 13 h 30 à 17 h 30, et le samedi de 9 h à 12 h.
■ *Mairie :* 28, rue Guérin-Leroux. ☎ 01-49-74-74-74.

Où manger ?

Bon marché

|●| ▼ *Le Comptoir du Monde :* 62, rue Roublot, à l'angle de la rue Jules-Ferry. ☎ 01-48-77-88-80. Ouvert midi et soir du lundi au vendredi jusqu'à 2 h du matin et le samedi à partir de 18 h. Fermé le dimanche. Voir aussi « Où boire un verre ? Où écouter de la musique ? » Le nou-

veau centre de la vie nocturne à Fontenay est également un sympathique petit restaurant à la décoration étudiée. Le menu du jour (du lundi au vendredi) ne souffre aucun reproche, surtout pour 45 F. On est dans une municipalité de gauche, mais là, ça frise la philanthropie. Les plats changent tous les jours, mais conservent une tendance hexagonale de bon aloi. Pour les petits creux entre deux services, il faut tabler sur les *tapas* qui font aussi bien de l'œil à l'Espagne qu'à l'Asie et qui, entre 15 et 30 F, retapissent l'estomac sans rapetisser le porte-monnaie. Ajoutez à cela les *happy hours* qui fonctionnent de 19 h à 21 h (deux bières pression pour le prix d'une), et l'on comprend que nombreux sont déjà les piliers de comptoir.

📍 *Chez Charles :* 7, rue Mauconseil. ☎ 01-48-77-59-23. Dans le centre du vieux Fontenay. Ouvert midi et soir. Fermé le dimanche soir et le lundi. Trois formules servies tout le temps : celle à 50 F (apéro, plat et café) séduira sans conteste les employés du quartier, et celle à 85 F (entrée ou dessert en plus) comblera les plus affamés. Également un menu à 135 F. Un resto récent, tout jeune, tout jaune, encore fragile mais sur la bonne voie. À suivre.

Prix moyens

📍 *Le Balal :* 4, rue de l'Ancienne-Mairie. ☎ 01-48-77-44-30. Au centre du vieux Fontenay, un petit voyage culinaire au Pakistan et en Inde. Une excellente table qui permet de faire un bon tour d'horizon de cette succulente cuisine, variée et colorée. Les Indiens sont les rois pour mélanger les herbes et les épices. Un régal de délicatesse et de sensations nouvelles. Bonne idée : les plats sont expliqués en français, ça évite les surprises. On a adoré ceux à base de mouton. Riz basmati particulièrement bien préparé. Menus à 59 F le midi, à 90 et 120 F le soir, complet et vraiment satisfaisant. Propreté impeccable, service parfait, accueil courtois, bercé par une atmosphère gentiment néo-bourgeoise. Un sans-faute.

Plus chic

📍 *La Musardière :* 61, av. du Maréchal-Joffre. ☎ 01-48-73-96-13. Fermé le dimanche, le lundi soir et le mardi soir. Le genre d'adresse où les couples entre deux âges viennent passer le samedi soir et où les patrons de petites boîtes locales viennent le midi avec leurs clients. Déco rassurante, passe-partout, un rien vieillotte, et cuisine traditionnelle de bon aloi, extrêmement classique, de qualité régulière à défaut d'être originale. Service impeccable. Une adresse de référence en ville. Menus le midi à 98 F (plat, dessert et verre de vin) et 149 F. À la carte, compter entre 200 et 250 F.

À voir

C'est dans le vieux Fontenay, autour de l'église Saint-Germain et au croisement des rues de Rosny et Mauconseil, que l'on trouve les coins les plus animés.

★ *L'église Saint-Germain :* à l'angle de la rue de Rosny et de la rue de Neuilly. Avec sa large façade épurée et ses quelques clés de voûte sculptées, cette église du XVe siècle (avec certains éléments du XIIe à la base de la tour) constitue l'unique témoignage du passé de Fontenay.

★ *Les belles maisons :* elles se situent comme d'habitude sur la bande de terre qui longe le bois de Vincennes, sur les avenues Foch et de la Dame-Blanche.

★ À noter que la ville est parsemée de nombreuses et monumentales *sculptures* modernes qui ornent les ronds-points. On aime ou pas, mais on apprécie l'audace et le fait d'avoir accordé de vrais espaces d'expression à des artistes de talent.

À faire

– ***Bowling de la Matène :*** 226, av. de la République, ou 12, av. de la Matène. ☎ 01-48-76-40-59. Ouvert tous les jours de 10 h à au moins 1 h du matin en semaine et 4 h le samedi. 16 pistes superbes pour faire rouler les boules et « épater les gonzesses ». Tiens, c'est ici qu'on tourna en 1961 quelques scènes des *Tontons flingueurs*. Depuis le parking, belle vue sur Paris. On ne doute pas qu'entre deux parties, sur ce même parking, se soient échangés quelques premiers et doux baisers entre adolescents.

Où boire un verre ? Où écouter de la musique ?

I●I ❦ ***Le Comptoir du Monde :*** 62, rue Roublot ; à l'angle de la rue Jules-Ferry. ☎ 01-48-77-88-80. Ouvert midi et soir jusqu'à 2 h du matin du lundi au vendredi, et le samedi à partir de 18 h. Fermé le dimanche. Le lieu musical chaleureux et convivial dont la ville avait besoin, tenu par une équipe fort sympathique. C'est petit et c'est tant mieux. Ça permet de voir de près les musiciens qui viennent se produire tous les jeudi, vendredi et samedi soir. L'éclectisme est de rigueur et, selon les soirs, on entendra entre 21 h 30 et minuit du jazz, de la chanson française, des rythmes latino et mêmes des soirées DJ (c'est pas un genre de musique, ça !). Et puisqu'on y sert à grignoter jusqu'à 1 h du matin (voir « Où manger ? »), on pourra satisfaire la bouche en même temps que les oreilles.

Marchés

– ***Marché de Verdun :*** place du 18-Juin, le mardi matin et le samedi après-midi.
– ***Marché Moreau-David :*** devant le R.E.R. de Fontenay-sous-Bois, le mercredi et le dimanche matin.

Fêtes et manifestations

– ***Les Fêtes de la Madelon :*** fin mai-début juin, étalées sur une semaine et deux week-ends. L'élection de la Madelon a lieu en mars, mais les fêtes se déroulent à la fin du printemps. Bal, brocante et grande cavalcade des enfants. À noter, la grande soirée inaugurale le vendredi soir au stade Georges-Letiec : grand concert et énorme son et lumière pyrotechnique, avec une vraie mise en scène. Les samedi et dimanche, foire à la brocante dans toutes les rues du centre. Le 2e week-end, défilé le dimanche avec chars et cavalcade des enfants.
– ***Théâtre de marionnettes :*** rue Roublot, au-dessus du marché Roublot. ☎ 01-48-76-59-39. On y trouve la compagnie créée par Jean-Pierre Lescot en 1968, un des grands du spectacle d'ombres de la marionnette. Tous les deux ans en novembre, grand festival « Voyages en Marionnettes » qui accueille de nombreuses troupes du monde entier. Toutes les sensibilités y sont représentées. Entre deux festivals, d'autres productions occupent la scène.
– ***Forum Sciences et Techniques du Val-de-Marne :*** en octobre, pendant 4 jours. Tous les ans un thème particulier développé sous forme de débats, forums, projections cinématographiques, expériences ludiques pour les enfants, etc.

NOGENT-SUR-MARNE (94130)	27 000 habitants

Bien sûr il y a le pont, évidemment on peut y trouver du vin blanc, mais il y a belle lurette que les tonnelles ont disparu. Nogent aujourd'hui, loin du folklore d'antan, est avant tout une ville à vivre, une sorte de bourgade provinciale et dynamique, à deux pas de la capitale, mais coupée de son influence par le bois de Vincennes. Nogent n'attend rien de Paris. Tant mieux, car la capitale prend tout mais ne donne rien. Alors Nogent vit sa vie en toute indépendance. Et elle a un charme bien à elle, avec ses quartiers résidentiels où se mêlent tous les styles, sa rue commerçante avec ses façades bichonnées, son superbe marché (on n'a pas dit supermarché), ses bords de Marne aménagés en promenade, et évidemment le bois qui ne lui appartient pas mais qui vient lui faire de l'œil.

Et si les guinguettes ont malheureusement mis la clé sous le paillasson avec l'urbanisation forcée des années 60 (dommage, « vin blanc » rimait tellement bien avec « Nogent »), la ville a plutôt traversé les années béton sans trop de dégâts. En tout cas, un des meilleurs rapports qualité de vie - proximité de Paris qu'on connaisse.

Un peu d'histoire

Novigentum en latin signifierait « gens nouveaux » et évoquerait les prisonniers amenés ici par les Romains. Rien n'est bien certain mais peu importe, le mot Nogent sonne doucement aux oreilles.

Village gaulois, agglomération mérovingienne au VIe siècle, Nogent commence à prendre une certaine importance à partir du IXe siècle, grâce à l'abbaye de Saint-Maur qui y possède des terres et notamment des vignes. Au XIIe siècle, l'église Saint-Saturnin sera élevée dans la Grand-Rue. Son clocher roman est d'ailleurs le seul vestige qui subsiste du Nogent médiéval. C'est au XIVe siècle que deux des résidences royales proches de Paris prennent leur essor : il s'agit des châteaux de Plaisance et de Beauté, tous deux situés à Nogent, le dernier s'élevant sur un mamelon dominant la Marne. Charles V qui le fit construire y réside régulièrement, mais c'est Charles VII, au début du siècle suivant, qui le rendra célèbre en l'offrant à sa non moins célèbre maîtresse Agnès Sorel, celle qui était si belle qu'elle se présentait à la cour le sein gauche découvert. Amoureux, il l'élève au rang de maîtresse officielle du roi ; passionné, il lui cède une fortune. De son côté, la Dame de Beauté lui donne trois filles, dont deux naîtront à Nogent. Il ne reste plus rien du château de Beauté, rasé sur l'ordre de Richelieu, mais c'est en son emplacement que l'on remonta une des célèbres halles Baltard. Les siècles suivants voient les bords de Marne se parer de « maisons des champs » où bourgeois et nobles viennent échapper (déjà) au stress parisien. C'est ainsi qu'en 1721 le peintre Watteau, très malade, vient y finir ses jours. Nogent commence alors à devenir un lieu de villégiature pour les nantis, sans perdre pour autant son aspect éminemment rural. Agriculteurs et vignerons forment encore le cœur de la population.

« L'Eldorado du dimanche »

La création de la ligne de train qui relie la Bastille à Joinville sous le Second Empire offre une nouvelle mobilité aux Parisiens et met les bords de Marne à 30 minutes et à 1 franc de la capitale. Le déclin des festivités villageoises, la ruine des formes de sociabilité traditionnelles permettent parallèlement l'émergence de nouveaux loisirs de masse. Et chaque dimanche, c'est la grande migration. Nogent devient, à partir des années 1880, l'épicentre de ce nouvel « Eldorado du dimanche » de la Belle Époque. L'expression

LE VAL-DE-MARNE

appartient à Marcel Carné puisque c'est le titre de son tout premier film, un court-métrage tourné sur place en 1929. Il retrace le parcours effectué chaque dimanche à la belle saison par les Parisiens qui s'offrent une journée de plaisir au bord de l'eau. De déjeuners sur l'herbe en banquets, les bords de Marne vivent leur heure de gloire. Promeneurs, danseurs, canotiers, pêcheurs et amoureux déferlent sur les « plages », sur les planches des guinguettes et, pour les plus fortunés, autour des tables du *Casino Convert* (c'était un débit de boisson, pas un tripot). Jusqu'aux dernières lueurs du jour ils vivront l'Eldorado. L'atmosphère bat son plein lors des fêtes du Viaduc, en août : courses de bateaux, joutes à la lance, canots fleuris et, sur les quais, concours de fouet, courses de tonneaux (faire rouler un tonneau sur la tranche), bateleurs...

L'après-guerre sera musette et le « bon peuple » fera de plus en plus partie de la fête : costume croisé, casquette ronde vissée sur le chef, c'est l'époque de *Casque d'or,* tourné en 1951 par Jacques Becker *Chez Gégène,* avec Simone Signoret.

Les dernières guinguettes côté Nogent disparurent à la fin des années 60. Il faut désormais traverser la Marne, côté Joinville, pour guincher un peu.

Les Italiens de Nogent

Il suffit d'ouvrir un annuaire de Nogent pour s'apercevoir que les terminaisons en « i » et en « a » sont légion. Exemple parfait de communauté intégrée, la minorité italienne posa ses bagages ici dès le milieu du siècle dernier. Timidement tout d'abord, puis en masse lorsque la ville eut besoin de main-d'œuvre pour reconstruire le viaduc de Nogent en 1872, en partie détruit deux ans plus tôt par l'armée française qui voulait couper l'avancée prussienne. Les Italiens viennent en majorité de la vallée de la Noure (Val Nure), très pauvre, où la filière nogentaise devient populaire. Le bouche à oreille fonctionne à plein. Ils sont avant tout maçons, et le travail abonde. L'intégration se fait globalement dans la douceur, même si la communauté n'apprécie guère les mélanges franco-italiens.

Une nouvelle vague d'émigration déferlera dans les années 20, où la modernisation entraîne les paysans italiens toujours plus vers le nord, puis un dernier exode dans les années 30 où c'est la poussée du fascisme qui fait monter les « Ritals ». La communauté est soudée, travailleuse. Elle s'organise et s'installe autour de la rue Sainte-Anne. Une des grandes familles, les Cavanna, mène la danse en hébergeant et en installant les nouveaux arrivés. Les Cavanna à Nogent, c'est un peu comme les Dupont ou les Martin, il y en a partout. L'un d'entre eux se prénomme François. Il créera *Hara-Kiri, Charlie Hebdo* et écrira *Les Ritals,* dans lequel il raconte la vie quotidienne de la colonie transalpine. Un vrai margeo, faisant complètement parti du décor, ça c'est de l'intégration !

« La fin spectaculaire de la bande à Bonnot à Nogent »

Tel est le titre de la presse nationale le 16 mai 1912. De la célèbre bande des anarchistes, il reste deux compagnons, Garnier et Valet, comptant chacun à peine plus de 20 printemps. Ils se cachent à Nogent dans un pavillon de la rue du Viaduc. On investit la maison en un véritable siège. L'armée et la police attaquent dans la nuit du 14 au 15 mai. Des projecteurs éclairent le spectacle suivi par une foule dense. À 2 h du matin, c'est l'assaut général. Boum Boum, on les abat. Comme quoi la délinquance en banlieue ne date pas d'aujourd'hui !

Durant plusieurs semaines, autocars, tramways, trains et taxis assurèrent en un flot permanent la visite des lieux. Le propriétaire du pavillon installa même un tourniquet payant pour s'indemniser des énormes dégâts. Il fit recette.

Comment y aller ?

– **En bus :** de la porte de Vincennes, n° 114 ou n° 120.
– **En R.E.R. :** ligne A Saint-Germain-en-Laye – Boissy-Saint-Léger, station Nogent-sur-Marne.
– **En voiture :** de la porte de Vincennes, prendre la N34 qui traverse Vincennes puis le bois de Vincennes ; au bout du bois, c'est Nogent (environ 7 km).

Adresses utiles

Ø *Syndicat d'initiative* (plan A3) : 5, av. de Joinville. ☎ 01-48-73-73-97. Fax : 01-48-73-75-90. Ouvert du mardi au samedi de 15 h à 19 h.

Bon accueil et pas mal de doc sur la ville.

■ *Mairie* (plan D2) : square d'Estienne-d'Orves. ☎ 01-43-24-62-00.

LE VAL-DE-MARNE

Où manger ?

Prix modérés

I●I *La Taverne de Palerme* (plan C2, 10) : 70 bis, rue des Héros-Nogentais. ☎ 01-48-71-06-33. Ouvert tous les jours midi et soir, sauf le lundi. Prendre l'impasse de la Taverne, le resto est sur la gauche. Un italien à Nogent, ça allait de soi ! Celui-ci est fidèle au poste depuis le début du siècle. Il s'appelait jadis *Le Grand Cavanna*. C'était là que débarquaient les Italiens fraîchement arrivés. On les logeait à l'étage, et le soir ça dansait et ça chantait au resto. Et si l'on n'y chante plus, on y mange toujours. Bien sûr, on ne traverse pas Paris pour un plat de pâtes (de 36 à 59 F) ou une pizza (de 40 à 58 F), mais le côté province de l'atmosphère, la prévenance des serveurs, la fraîcheur des préparations et la gentillesse des prix nous ont séduits. Une adresse appréciée

des familles nogentaises et même des villes alentours.

Plus chic

I●I *Le Petit Mâchon* (plan C2, 11) : 5, rue Paul-Bert. ☎ 01-48-73-96-28. Fermé le dimanche et le mercredi soir. La meilleure table de Nogent tout simplement, où tout est en bon ordre : monsieur est aux fourneaux et sort rarement de sa cuisine, et madame gère son petit monde en salle. Dans l'assiette, des plats élégants réalisés avec des produits de première fraîcheur, toujours accompagnés de sauces parfaitement équilibrées. Que ce soit la marmite du pêcheur ou l'estouffade de chevreuil, la qualité est là. Côté bistrot (ouvert midi et soir), de copieux plats de bonne femme, bien troussés et à prix digérables. À noter, quelques entrées particulièrement démocra-

---

■ Adresses utiles
  Ø Syndicat d'initiative
  ⊠ Poste
  🚃 Gare ferroviaire
  🚌 Gare routière

I●I Où manger ?
  10 La Taverne de Palerme
  11 Le Petit Mâchon
  12 Le Billot

Ⴤ Où boire un verre ?
  13 Le Verger

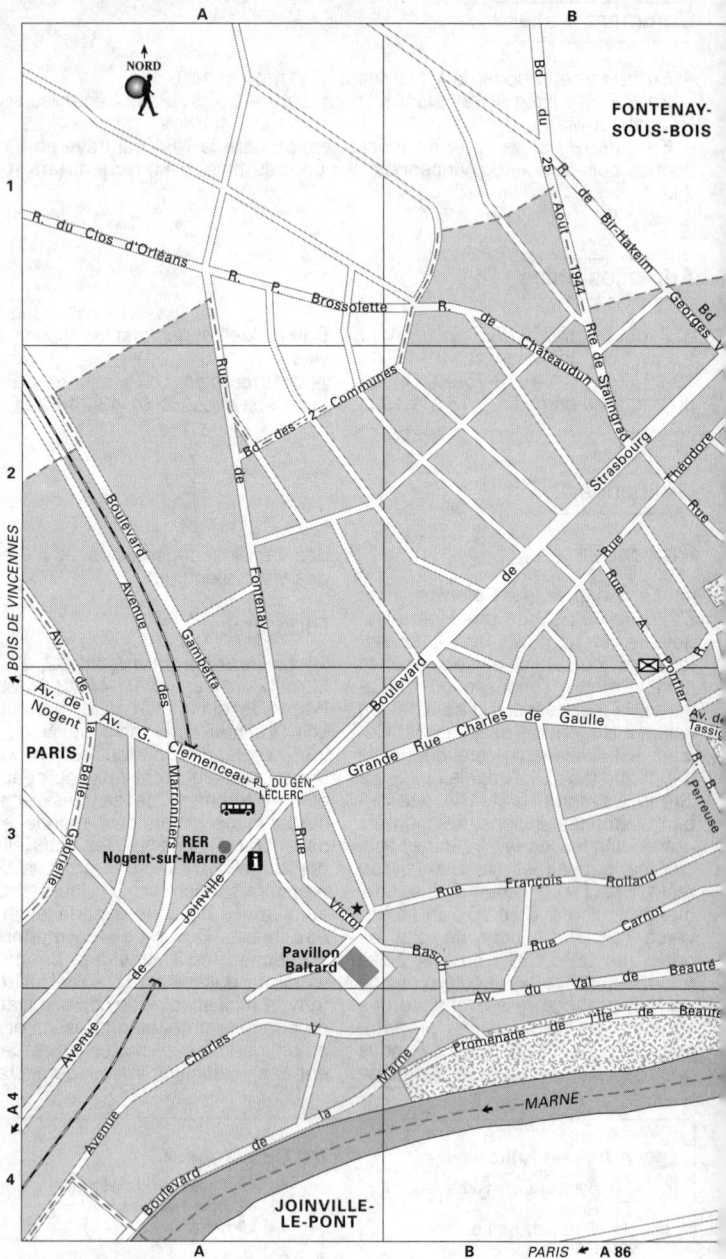

LE VAL-DE-MARNE

NORD

FONTENAY-SOUS-BOIS

A

B

Bd du 25 Août 1944

R. de Blr-Hakeim

Bd Georges V

R. du Clos d'Orléans

R. P. Brossolette

R. de Châteaudun

Rue de

Rte de Stalingrad

Rue Théodore

1

Bd des 2 Communes

Boulevard

Avenue des

Rue Fontenay

Gambetta

de

de Strasbourg

Rue

Rue A. Pottier

BOIS DE VINCENNES

Av. de Nogent

Av. de la Belle Gabrielle

Av. des Marronniers

Boulevard

Grande Rue Charles de Gaulle

Av. de Tassic

R. de Perreuse

2

PARIS

G. Clemenceau PL. DU GEN. LECLERC

RER Nogent-sur-Marne

Rue Joinville

Rue Victor

Rue François Rolland

Rue du Val de Beauté

Rue de Carnot

3

Pavillon Baltard

Basch

Av. du Val de Beauté

Promenade de l'île de Beaute

Avenue Charles

Rue de la Marne

MARNE

A 4

Avenue de la

Boulevard

JOINVILLE-LE-PONT

A

B

PARIS ← A 86

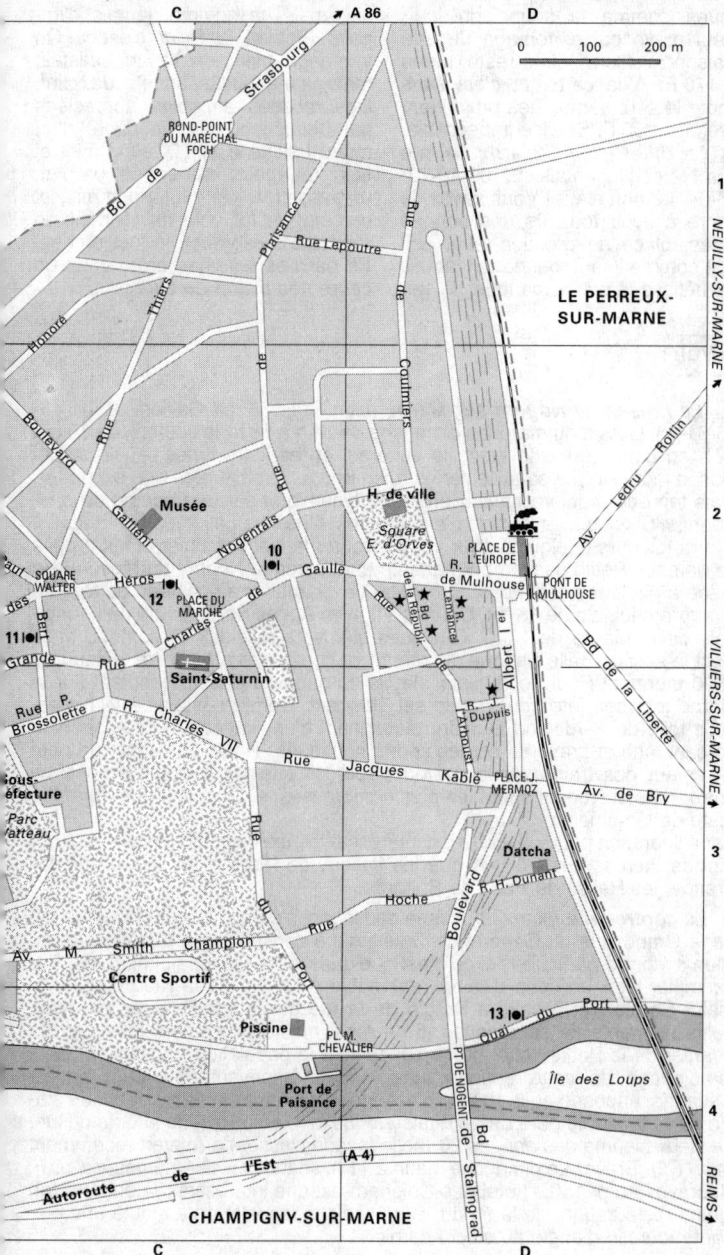

LE VAL-DE-MARNE

C
A 86
D

0   100   200 m

Strasbourg

ROND-POINT
DU MARÉCHAL
FOCH

Bd   de

Plaisance

Rue Lepoutre

Honoré

Thiers

de

Rue

1

NEUILLY-SUR-MARNE

LE PERREUX-
SUR-MARNE

Boulevard

Rue

Coutiliers

Av. Ledru Rollin

Gallieni

Musée

Nogentais

Rue

H. de ville

*Square
E. d'Orves*

PLACE DE
L'EUROPE

R.
de Mulhouse

PONT DE
MULHOUSE

Bd de la Liberté

2

VILLIERS-SUR-MARNE

SQUARE
WALTER

Paul

Héros

12

10

Gaulle

de

R. de Lemarck

Bd

★

★

★

Albert

des

11

Bert

**PLACE DU
MARCHÉ**

Rue Charles

de la Répub.

Rue

Grande

Rue

Rue P.
Brossolette

✠ **Saint-Saturnin**

R. Charles VII

l'Arbousi

R.
Dupuis

★

sous-
éfecture

*Parc
atteau*

Rue

Rue Jacques Kablé

PLACE J.
MERMOZ

Av. de Bry

Rue du Port

Hoche

Boulevard

R. H. Dunant

Datcha

3

Av.   M.   Smith

Champion

Centre Sportif

Piscine

PL. M.
CHEVALIER

13

Quai du Port

Port

Île des Loups

Autoroute

de

l'Est

(A 4)

**Port de
Plaisance**

Bd

PT DE NOGENT de

de Stalingrad

4

REIMS

CHAMPIGNY-SUR-MARNE

C
D

NOGENT-SUR-MARNE

tiques comme la soupe du jour, l'œuf mayo ou le fromage de tête maison (exellent). Côté resto, menu à 170 F. À la carte, et c'est sans doute le seul bémol, des prix flirtant avec les 300 F. Service impeccable.
|●| Le Billot *(plan C2, 12)* : 54, rue des Héros-Nogentais. ☎ 01-48-73-55-04. Le bon élève ! Vous savez, le genre à avoir toujours des bonnes notes, placé au premier rang, poli tout comme il faut, qui ne fait jamais de bêtises. L'élève manque de gé-

nie, mais ne commet jamais d'impairs. Eh bien, *Le Billot*, c'est ça. On y mange bien, on repart satisfait, mais ça manque de souffle, de relief. Des recettes aimables appréciées par beaucoup, dans le cadre d'un menu unique à 162 F, servi midi et soir : un apéro, une entrée, un plat, un dessert, le vin (plutôt pas mal) et un café. Ma foi, voilà qui tourne bien rond, sans esbroufe, le tout orchestré par des serveurs pros, dans un cadre néo-bistrot de bon goût.

À voir

★ **Le musée de Nogent-sur-Marne** *(plan C2)* : 36, bd Gallieni. ☎ 01-48-75-51-25. Ouvert du mardi au dimanche de 14 h à 18 h ; le samedi, de 10 h à 12 h en plus. Fermé le lundi, le vendredi et les jours fériés. Au 2e étage. Musée modeste par sa taille certes (bien trop à l'étroit et bien trop excentré), mais tenu de manière particulièrement dynamique par une équipe de passionnés. Si vous avez besoin d'explications, n'hésitez pas à les demander, il y aura toujours quelqu'un pour vous raconter le Nogent d'hier et les projets de demain. Petite section permanente qui aborde le Nogent du Moyen Âge grâce à quelques estampes. Évocation de Charles V au château de Beauté (gravure originale de 1610), Charles VII avec Agnès Sorel et une carte originale de la Marne de 1740. Quelques éléments religieux également. Mais c'est la section Belle Époque qui mérite un coup d'œil attentif : le tableau de 1890 montrant Paul Féval junior (le fils du papa du Bossu) canotant sur la Marne lors des fêtes du Viaduc est éloquent. Cartes postales, affichettes, belle toile de Ferdinand Gueldry témoignant d'une rencontre internationale de canotage et gravures sur les sports nautiques. Tiens, en vitrine, un petit indicateur des trains sur lequel on s'aperçoit que les liaisons ferroviaires entre Paris et Nogent sont bien plus nombreuses le dimanche que durant le reste de la semaine.
Par ailleurs, on peut y découvrir d'intéressantes expositions temporaires traitant de thèmes aussi divers que les Italiens de Nogent, les îles en Île-de-France, les Halles de Paris de Baltard...

★ **Le centre-ville** *(plan C2)* : l'âme de Nogent s'étire le long de la partie est de la Grand-Rue-du-Général-de-Gaulle qui a conservé son tracé médiéval. Rien à voir de particulier, si ce n'est quelques jolies façades pimpantes. Par exemple, jeter un coup d'œil à l'immeuble à l'angle de la rue Jules-Ferry (salut Sergio !) et à celui à l'angle de la rue du Jeu-de-Paume, avec ses petits éléments de céramiques. Il ne reste malheureusement plus rien du quartier de la Petite-Italie, où se concentrait la population transalpine. Seul témoignage de cette époque, une plaque émouvante signée François Cavanna, apposée au 3, rue Sainte-Anne, sur un immeuble du début du siècle où vit le jour le père des « Ritals ». Plus loin, au n° 165 de la Grand-Rue, un vieux cinéma des années 20 (belle façade classée) a rouvert recemment *(plan C2)*. Bravo ! Le dimanche matin à 11 h, séances « cinémômes » à 10 F. Rebravo ! Au n° 150, l'hôtel des Coignard est une intéressante demeure (en pleine restauration) de la fin du XVIIe siècle, à laquelle on a ajouté une élégante tourelle d'angle au siècle dernier.

★ **L'église Saint-Saturnin** *(plan C2-3)* : face au 139, Grand-Rue-du-Général-de-Gaulle. Ouvert de 8 h 30 à 19 h (18 h les mercredi et jeudi). On l'aime bien cette petite église, mais sur le plan purement architectural, c'est une véritable cacophonie. Seul le clocher roman, achevé à la fin du XIIᵉ siècle, tire son épingle du jeu. C'est en effet tout ce qui subsiste de la création. Le reste manque totalement de cohérence, puisque l'église fut agrandie en long et en large au fil des siècles, et notamment au XIXᵉ. Ainsi l'entrée principale est un curieux porche gothique du XVᵉ siècle provenant d'un couvent parisien, greffé ici en 1914 de manière parfaitement incongrue. Tiens, c'est l'une des seules églises qu'on connaisse où il faut descendre pour y pénétrer. Intérieur trapu et bas, soutenu par d'épaisses colonnes. Les parties les plus anciennes se situent dans le chœur (deux voûtes du XIIIᵉ siècle). Quelques chapiteaux aux divers motifs floraux (nénuphars, trèfles, fougères...) subsistent du Moyen Âge. Dans la chapelle de la Vierge, on a récemment découvert quelques traces de polychromie sur les voûtes. Voilà, c'est tout.

★ ***Balade au bord de Marne :*** ce petit circuit débute de la gare du R.E.R. et part à la recherche des plus chouettes maisons de la Belle Époque. À l'angle de la rue Victor-Basch et de la rue Rolland *(plan A3)*, admirable demeure de style anglo-normand de la fin du XIXᵉ siècle, réalisée en faux colombages. Certainement la plus fastueuse avec ses toits multiples, ses tourelles en encorbellement, son portail ouvragé.

★ ***Le pavillon Baltard*** *(plan A3) :* juste en face, sur une petite place. C'est à cet emplacement que s'élevait le château de Beauté. Aujourd'hui, maigre témoignage de la Belle Époque, on a récupéré une des douze halles (la nº 8 : œufs et volailles pour être précis) édifiées par Victor Baltard à partir de 1854 au cœur de la capitale, dans le quartier des Halles. Pour l'anecdote, Baltard, architecte très classique, ne croyait qu'en la pierre. C'est sur la demande expresse de Napoléon III et d'Haussmann qu'il fut contraint d'utiliser les matériaux à la mode, le fer et le verre – son premier projet, en pierre justement, ayant été refusé. Cocasse de voir qu'aujourd'hui il est avant tout connu pour ses halles audacieuses. Les halles de Paris, fermées en 1969, furent détruites, sauf une. Ainsi on remonta ses 425 tonnes de métal et de bois en 1976. On ne peut la voir que de l'extérieur. Dans le fond, sur la droite, on découvre trois volutes de l'escalier de la tour Eiffel. On ne sait pas trop ce qu'ils font là. Le pavillon sert aujourd'hui de centre culturel. Allez, on descend vers la Marne.

★ ***La promenade de l'île de Beauté*** *(plan B4) :* elle occupe un ancien bras de la Marne comblé et longe de luxueuses villas louées meublées au monde artistique parisien à la Belle Époque. Habitées en été seulement, les rez-de-chaussée étaient inondés en hiver, souvent conçus d'ailleurs comme garages à bateaux. On y trouve tous les styles et notamment celui qui utilise le béton sous forme végétale. Quelques demeures de style anglo-normand, maison bourgeoise Napoléon III, châtelet prétentieux... une chouette promenade le nez en l'air, très appréciée des Nogentais.

★ ***L'île des Loups*** *(plan D4) :* voici les plus aventuriers des Franciliens. Ils vivent sur l'île des Loups qu'aucun pont ne relie à la rive. Ils prennent le bateau comme on prendrait un ascenseur, rentrent chez eux armés d'une lampe de poche et habitent des maisons qui ne s'encombrent pas de clôture. Idéal ? Pas toujours, quand les crues annuelles vous rendent prisonnier de l'île... Mais c'est le prix à payer pour appartenir au monde civilisé et pourtant être ailleurs, isolé, dépendant des caprices de la nature.
Pour goûter à votre tour aux joies du grand large, location de bateau obligatoire, puis tour de l'île par le chemin de halage. Ne ratez pas, rive gauche, près des piles du viaduc, la maison abandonnée de Charles Vanel. Il en avait fait son lieu de villégiature entre deux tournages aux studios de Joinville. Il y vivait, dit-on, accompagné de son « aide de camp » chargé de lui préparer sa pipe d'opium. Légende ou réalité, peu importe. L'île aime le mystère. L'origine de son nom reste d'ailleurs pour le moins obscur. On raconte que Prussiens et Français, s'affrontant à Champigny en 1870, se seraient

accordé un jour de trêve pour chasser les loups, venus de Prusse orientale. Les bêtes n'auraient trouvé d'autre refuge que l'île la plus proche...

– *Accès par bateau :* location de barques, de bateaux à moteur, de pédalos et de canoës au port de Nogent-sur-Marne.

★ *Le port de Nogent (plan C- D4) :* aménagé avec un peu trop d'emphase à notre goût, il abrite une flottille de bateaux. On peut y voir quelques arches récupérées du pont des Arts à Paris (Nogent est passé maître dans l'art de la récup'). Possibilité de louer des petits bateaux à moteur (sans permis) de juin à août, tous les jours, ainsi que des pédalos. Infos : ☎ 01-48-71-41-65. Il existe également des croisières sur la Marne avec les *Vedettes du Pont-Neuf,* à partir de Nogent. Infos : ☎ 01-46-33-07-27.

★ *Le viaduc (plan D4) :* il naît au milieu du XIXe siècle pour permettre à la ligne de train Paris-Mulhouse d'enjamber la Marne. Il est considéré comme l'un des ouvrages d'art les plus audacieux de l'époque. Une traversée de 2 000 m, soutenue par 35 arches. Autour du chantier se développe une ville de 2 000 personnes, dont un certain Jean-Baptiste Clément, auteur du *Temps des Cerises.* C'est dans une maison au pied du viaduc que les deux derniers membres de la célèbre bande à Bonnot furent descendus. Boum, Boum, fin de la légende ! D'ailleurs, il ne reste plus rien de la maison.

★ *La « datcha » (plan D3) :* à deux pas du viaduc, au 15, rue Henri-Dunant, surprise ! Une mini-datcha de rondins de bois, tout en hauteur, toute carrée, avec sa corniche en dentelles, ses frises colorées et son double toit très pentu. Cette curiosité appartenait au pavillon russe de l'Exposition universelle de 1900. Il était à l'époque de bon ton pour les riches bourgeois de racheter des morceaux de pavillon pour les rebâtir ici ou là. Étonnant.

★ *Petit circuit Art nouveau (plan D2-3) :* à l'intention des amoureux d'architecture et du détail insolite. Les riches Nogentais du début du siècle, bourgeois frileux, avaient toujours le désir d'être un tant soit peu dans le coup. Ils aimaient à distiller dans l'architecture de leur maison une pincée du style à la mode, en l'occurrence l'Art nouveau. Ainsi il reste à Nogent quelques créations typiques. On y retrouve réunies les ressources décoratives de la brique moulée et vernissée, de la pierre de meulière conjuguée à la pierre sculptée, des grès flammés, de la céramique, du bois sculpté et du fer forgé aplati, tous ces matériaux utilisés au service d'un infini répertoire floral. L'architecte Nachbaur est à Nogent pour l'Art nouveau ce que Nungesser est à Coli pour l'aviation. Architecte mais aussi chanteur, il se produit régulièrement dans les cabarets de Montmartre sous le nom de Max Nar (à ne pas confondre avec son frère Trac). Damotte et Tissoire sont encore deux noms à retenir.
Voisines les unes des autres, voici cinq créations signées Nachbaur qui méritent qu'on s'y attarde (*plan D2,* elles sont marquées par une étoile) :

– *5, rue Dupuis :* la brique vernissée et les volutes de plâtre sont à l'honneur. Toutes les maisons de la rue semblent être sous l'influence de l'Art nouveau, parfois simplement par d'infimes détails, par de petites coquetteries. Ouvrez l'œil.

– *11, bd de la République :* petit immeuble surtout notable pour sa grille en fer forgé aplati à volutes et ses corniches ouvragées. Le savant mélange des matériaux produit un élégant effet.

– *3, bd de la République :* c'est la maison de l'architecte Nachbaur lui-même, où, du fait de l'absence de contraintes, il se laisse aller à une divagation ornementale qui tourne un peu au chichiteux. Après tout, il n'avait personne sur son dos pour lui faire des commentaires désobligeants. Les éléments floraux occupent tous les espaces. Même les cheminées se voient ornées d'une volute (de fumée ?). Deux coquetteries encore : l'influence mauresque dont témoigne l'arche de la fenêtre centrale et la grille qui suit la pente de la rue.

– *4, bd de la République :* dessus des fenêtres délicatement ouvragé. Belle découpe de la verrière.

– *3 et 5, rue Lemancel :* deux immeubles en brique et en pierre de meulière. C'est au n° 5 que le souci du détail de Nachbaur s'exprime au mieux, avec sa porte surmontée d'une arche outrepassée en brique vernissée couleur lagon. Osé !

★ *La rue Lepoutre* (plan C-D1) : là encore, ne viendront que les acharnés du style et les amoureux du détail. Ceux-là pourront faire un tour dans cette rue, côté impair, dont plusieurs maisons sont dues à l'architecte Tissoire : pignons triangulaires en exergue de la façade, balcons en proue de navire, doubles baies en hémicycle, alternance de creux et d'avancées, et pour certaines maisons quelques accents Art déco pleins de finesse. Une cohérence de style de fort bon goût, à défaut d'être renversant. Tiens, dans la même rue, côté pair, un important et discret centre mormon.

LE VAL-DE-MARNE

À faire

– *Piscine de Nogent* (plan C4) : au bord de la Marne, rue du Port, place Maurice-Chevalier. ☎ 01-48-71-37-92. En été, ouvert jusqu'à 20 h les lundi, mardi et jeudi, 22 h les mercredi et vendredi, 19 h 30 les samedi et dimanche ; en hiver, ouvert tous les jours sauf le lundi : le samedi de 12 h à 19 h et le dimanche de 8 h 30 à 13 h ; pour les horaires en semaine, appelez car ç'est un peu compliqué. Certainement la plus belle piscine de la région parisienne. Un bassin en plein air de 50 m, doté d'un grand solarium, un bassin intérieur de 25 m, une fosse à plongeon et un bassin avec jeux pour les plus petits. Vraiment un endroit extra. Dès les beaux jours, c'est Nogent-plage !

Où boire un verre ?

|●| ▼ *Le Verger* (plan D4, 13) : 10, quai du Port. ☎ 01-48-71-17-43. Un des seuls vestiges des anciennes guinguettes côté Nogent, mais on n'y danse plus, malheureusement. Une petite anecdote en passant : autrefois le lieu s'appelait *Au Vrai Pêcheur à la Jambe de Bois,* et était tenu par le père Wiart, unijambiste, vous l'aviez compris. Une fois, lors des Fêtes du Viaduc, il organisa une course de jambe de bois pour récolter des fonds pour les handicapés. Presque l'ancêtre du Téléthon. Agréable salon de thé champêtre avec une buvette Belle Époque et un jardin d'hiver. On y sert même un apéritif 1900, le Rinquinquin, très requinquant. Fait aussi resto.

Marché

– *Le grand marché de Nogent* se situe à l'angle de la rue des Héros-Nogentais et du boulevard Gallieni. Tous les jeudi et samedi. Excellent marché, très bien fourni. On y vient même des communes voisines.

Fêtes et manifestations

– *Le grand bal du Printemps :* le dernier vendredi soir de mars. Pour fêter l'ouverture de la saison des guinguettes, au Pavillon Baltard. Entrée autour de 50 F. Grand bal avec orchestres musettes et autres, toute la soirée.

LE VAL-DE-MARNE

– **Concerts au port de Nogent :** de temps en temps l'été.
– Un projet de relance des joutes sur la Marne est à l'étude. Si les responsables ont besoin de notre signature pour une pétition, qu'ils nous appellent ! Et pour les joutes, on veut bien être les premiers sur la liste.

LE PERREUX-SUR-MARNE (94170)   28 500 habitants

Lové dans une boucle de la Marne, douillettement installé dans un petit creux, Le Perreux manque malheureusement de véritable cœur. Une cité tranquille, essentiellement résidentielle. Trois grandes artères éclatent le centre dans plusieurs directions : la longue avenue du Général-de-Gaulle, l'avenue Pierre-Brossolette et le boulevard d'Alsace-Lorraine. Entre ces voies, beaucoup de petites rues tranquilles, bordées de maisons souvent gentiment banales, parfois superbes, qui ont déjà des airs de résidences secondaires. Plus vraiment la ville, pas vraiment encore la campagne. Une petite cité pour vivre, moins chère que Vincennes, moins bourgeoise que Nogent. Pour se balader, heureusement, il y a la Marne, et c'est certainement au Perreux qu'elle est la plus belle aux abords de Paris. C'est également ici qu'entre deux éclats de rire la famille Fratellini venait se reposer.

Un peu d'histoire

L'abbaye de Saint-Maur, toujours l'abbaye de Saint-Maur ! Comme Nogent, le territoire du Perreux est sous le contrôle de la grande abbaye. On y cultive la vigne et le sol est pierreux, alors on appelle le coin *Petrosa* qui deviendra Le Perreux. Un château s'élève doucement en son centre. Il sera détruit et bâti en lotissements au milieu du XIXe siècle (cf. « À voir »).
À cette période, Le Perreux et Nogent font partie de la même commune, et ce n'est qu'à la construction du viaduc au-dessus de la Marne pour faire passer la ligne de chemin de fer Paris-Mulhouse que l'idée d'une frontière, et donc d'une séparation, prend forme. C'est également la grande vogue des loisirs dominicaux qui attirent les amateurs de canotage, de siestes dans l'herbe et de petits vins qui tournent la tête. Les guinguettes battent son plein. C'est le premier adjoint de Nogent qui mènera le combat de « l'indépendance » pour sa commune et arrachera son territoire à la tutelle nogentaise, qui deviendra Le Perreux en 1887.

Comment y aller ?

– **En métro :** ligne 1, station Château-de-Vincennes ; puis bus n° 114 ou 210.
– **En R.E.R. :** ligne A4 (direction Marne-la-Vallée), station Neuilly-Plaisance, puis bus n° 114 ; ou ligne A2 (direction Boissy-Saint-Léger), station Nogent-sur-Marne, puis bus n° 114, 210 ou 120.
– **En voiture :** de la porte de Vincennes, prendre la RN4 qui traverse le bois de Vincennes puis Nogent ; suivre ensuite la D120. De la porte de Paris, compter 9 km. Également autoroute A4 (Paris-Metz), sortie Pont-de-Nogent, ou autoroute A3 (direction Lille), puis A86, sortie Le Perreux.

Adresses utiles

◘ *Office du tourisme, syndicat d'initiative :* 125, av. du Général-de-Gaulle. ☎ 01-43-24-26-58. Ouvert toute l'année du mardi au samedi, de 10 h à 12 h et de 14 h 30 à 18 h (19 h d'avril à octobre). Fermé en août. Personnel serviable.

■ *Mairie :* place de la Libération, le long de l'avenue Charles-de-Gaulle. ☎ 01-48-71-53-53.

Où manger ?

On est triste, faut vous l'avouer. Les guinguettes du Perreux ne sont plus. Ce sont à peine des restaurants.

Prix modérés

|●| *La Piccola Italia :* 86, av. du Général-de-Gaulle. ☎ 01-48-72-49-40. Ouvert du mardi au dimanche midi et soir. Une carte longue comme celle d'un resto chinois, où l'on retrouve tous les grands classiques de la cuisine italienne : viandes, pâtes (45 à 70 F), pizzas (42 à 65 F), *antipasti* (40 à 65 F)... Un bon plan pour un plat sur le pouce en famille, ou entre copains le vendredi soir. Mais nom d'un chien, que la déco est affligeante ! Terrasse l'été.

Prix moyens et un peu plus chic

|●| *Dar Salam :* 191, av. Pierre-Brossolette. ☎ 01-43-24-17-16. Ouvert midi et soir. Fermé le lundi. Pour un bon couscous ou un *tajine* au Perreux, on n'hésite pas, c'est au *Dar Salam*. Passons sur l'atmosphère un peu confinée, un rien lourdingue, un poil triste, et concentrons-nous sur ces généreux couscous et *tajines* déclinés dans une dizaine de versions chacun et oscillant entre 72 et 105 F. La finesse n'est pas de mise, mais les saveurs sont bien là. Les affamés débuteront les festivités avec une salade de *zaalouk* (purée d'aubergines aux piments) ou un *brouate de kefta*. Les serveurs semblent faire depuis longtemps partie des meubles, distillant un accueil gentil et un tantinet routinier.

|●| *Le Rhétais :* 42 *ter,* av. Gabriel-Péri. ☎ 01-43-24-08-29. Fermé le mercredi soir et le dimanche soir. Que la déco proprette et passe-partout ne vous arrête pas, ce resto est l'une des tables sûres de la ville. Les têtes chenues s'y donnent rendez-vous le dimanche midi pour déguster d'excellentes préparations de poisson toujours frais. Des recettes de qualité et un service qui tourne comme une horloge. Depuis 15 ans, une adresse qui tient bon la barre (pas étonnant pour des Rhétais) avec, le midi en semaine, un menu à 75 F (entrée, plat et dessert), et un autre à 180 F incluant kir et vin. Terrasse l'été.

Plus chic

|●| *Les Magnolias :* 48, av. de Bry. ☎ 01-48-72-47-43. Fermé le samedi midi et le dimanche. Voici une table. C'est-à-dire un lieu qui cherche à remplir tous les critères qu'un client exigeant peut attendre lorsqu'il paye le prix. Écartons d'un noble revers de main ces mesquines questions d'argent en annonçant d'emblée la couleur : menus à 190 et 230 F, et carte autour de 300 F. Modernité et chaleur pour le cadre, confort et intimité pour la qualité de l'assise et la disposition des tables, présence et discrétion pour le service. Côté cuisine, c'est le raffinement : de fines saveurs traduites en pleins et déliés, beaucoup de délicatesse dans le traitement des produits dont on conserve les goûts sans jamais violer les papilles. On travaille dans la douceur, dans la légèreté. Plats servis dans une assiette stylisée, avec

peut-être une pointe de préciosité (les méchants diront qu'il s'agit de peinture sur assiette), voilà de la belle ouvrage.

Où manger dans les environs ?

|●| *L'Auberge Charmante, Chez Mimi la Sardine* : 19, quai de la Rive-Charmante, 93160 Noisy-le-Grand. ☎ 01-45-92-94-31. Ouvert toute l'année. De la porte de Bercy, suivre l'autoroute A4 en direction de Nancy-Metz ; sortie Noisy-Mairie. Une fois sur la place de la Mairie, suivre la route qui mène au stade puis descendre tout droit vers les bords de Marne ; sur la gauche, vous trouvez la Rive Charmante. Cet ancien pavillon longtemps squatté ne paie pas de mine, mais il semble saluer les péniches du chemin de halage. Joli bord de Marne planté de grands saules et très agréable, surtout en été, quand Mimi installe quelques tables et chaises de jardin en plastique sur la pelouse. Le reste du temps, il est possible d'y boire un verre. Ne venez pas chercher ici la dernière guinguette à la mode, vous seriez déçu. Ne vous fiez pas non plus à ce décor de bric et de broc, fait de parpaings et de rafistolages, car on y mange plutôt bien. La spécialité de Mimi, ancien RMIste, vous l'aurez deviné, ce sont les sardines... roulées dans la semoule et farcies d'épices orientales. Un délice ! Sinon, on peut se rabattre sur une salade ou une friture (entre 35 et 50 F). Plats assez classiques : confit de canard, pavé au roquefort. Le tout accompagné d'un petit pinot noir d'Alsace, vous aurez fait un repas honnête pour environ 150 F à la carte. Accueil chaleureux et ambiance bon enfant soutenue, bien sûr, les vendredi, samedi soir et dimanche après-midi, par un sympathique orchestre.

À voir

★ *Les bords de Marne* : continuation logique du parcours entamé à Nogent (cf. « À voir » dans cette ville), l'aménagement des bords de Marne au Perreux permet de poursuivre cette promenade de qualité, souvent dominicale, très appréciée aux beaux jours. Comme à Nogent, nous allons essayer de relever les plus belles demeures, historiques ou simplement esthétiques. Le Perreux a beaucoup de chance puisque la Marne se love autour de la ville. Départ du viaduc. Au 1, *quai d'Artois*, voici l'ancien garage d'un célèbre fabricant de canots, dont les armes au fronton rappellent les choses maritimes : bouée, crochet, trident... on ne peut faire plus explicite. Le n° 13 propose une demeure anglo-normande, équipée d'un jardin d'hiver. Au n° 17, une réalisation moderne, anguleuse, composée de plusieurs volumes géométriques façon Le Corbusier. Très réussi. Deux numéros plus loin, gentil châtelet classique. Le *Vieux Logis* se trouve au n° 35. Une maison de toute beauté, un véritable petit château anglo-normand avec faux colombages, bow-windows, fenêtres hautes... et jardin. Un vrai petit nid d'amour ! À côté, jardin d'hiver avec frise et arabesque Art nouveau au linteau des fenêtres. En face, l'île aux Loups, que les habitants regagnent tous les soirs à la nage. Mais non, on plaisante, ils y vont en barque. Leur boîte aux lettres se situe sur le continent, le facteur n'effectuant pas la traversée (lire aussi nos infos sur l'île des Loups à Nogent). Aux n°s 91 et 92, deux maisons miroirs, parfait reflet l'une de l'autre, avec petit balcon de bois. Mignon. Un peu plus loin, au n° 106, encore une jolie maison de meulière au gracieux pignon. Le n° 117, « Les Roses Blanches », est une bâtisse fin de siècle un peu pompeuse, avec sa guirlande qui court le long de la corniche. On trouve au n° 120 une ancienne remise à bateaux à structure de bois du début du siècle. Tiens, on est déjà au pont de Bry ! Le quai change de nom et devient Champagne. Au nᵒ 16, élégante maison à colombages, alternance de brique blanche et rouge, balcon de bois ciselé et ajouré sur le flanc, pignon latéral ornementé et quelques éléments de céramique pour agrémenter le tout. Très réussi. Le nᵒ 34 abrite une autre petite maison qui fait pitié. On atteint ensuite la passerelle de Bry, pont métallique piétonnier, léger comme un voile de dentelle. La promenade se poursuit audelà, mais les édifices sont moins notables, à part, au nᵒ 10 du quai d'Argonne, une intéressante « Société nautique du Perreux ».

★ *Le parc du Perreux :* en plein centre-ville. Il s'agit de l'espace autrefois occupé par le château du Perreux, sur lequel furent édifiées de chouettes villas au début du siècle. Promenez-vous à l'intérieur du quadrilatère formé par l'avenue du Château, la rue du Docteur-Fougeroux, l'avenue du Hêtre et celle des Rochers. Demeures bourgeoises avec parc, villas cossues... une promenade tranquille.

★ *À la recherche des belles maisons :* les passionnés pourront encore fouiner dans les rues intérieures de la ville et s'arrêter devant le *51, rue de Metz,* à l'angle du 16, rue Charles-Ollier. Étonnante grosse bâtisse carrée signée Nachbaur, le pape de l'Art nouveau de la banlieue est. La massive demeure est adoucie par l'arrondi de la décoration, les courbes sans cesse rappelées, les éléments végétaux et les nombreux zigouigouis (oui, parfaitement, des zigouigouis !) qui ornent la façade. Il y a la grille, copieusement agrémentée de vagues successives, et puis cet étonnant petit toit qui chapeaute le fronton. Un ensemble de qualité. On trouve une autre réalisation du célèbre architecte au *46, rue Gabriel-Péri,* avec la maison « Pourquoi Pas ». Architecture un peu tarabiscotée, beaucoup moins inspirée, composée de toits à pentes multiples, tourelle et cacophonie des matériaux. Et puis encore au *24, rue de la Gaieté,* une maison signée Tissoire. Vaste et haute demeure sur 3 niveaux, tendance Art déco. À l'angle, juste devant, curieuse pergola qui surplombe la rue. Enfin s'arrêter devant le *9, rue des Fratellini* où, sur le côté d'une maison bourgeoise, on trouve une étonnante serre de 1914, composée d'une structure métallique et de vitraux colorés, très en vogue à l'époque. Noter les proéminences en hémicycle, qui donnent de l'ampleur et de l'élégance à la verrière.

★ *L'Épicerie de choix, Constant :* 5, bd de la Liberté. ☎ 01-43-24-20-61. Ouvert de 9 h à 13 h et de 16 h à 20 h. Fermé le lundi toute la journée, le dimanche après-midi et le mardi matin. Certainement la plus vénérable boutique de la ville, édifiée à la même époque que le viaduc et rénovée en 1925 avec de belles boiseries en chêne des Vosges. Superbes vitrines bombées et excellents produits dans les vitrines (confiserie, chocolats fins, pain d'épices, thé et café). Et puis de superbes vieux vins, étonnants flacons que le patron aux larges bacchantes gauloises va chercher on ne sait où. On vient de loin pour le Faye d'Anjou 1921, le Château Giscours 1961, ou le Saint-Émilion 1947. Sans compter ce qu'on ne voit pas.

Marché

– *Marché du centre :* 119, av. du Général-de-Gaulle. Tous les mercredi, vendredi et dimanche.

Fêtes et manifestations

– *Course de la Rentrée :* en général, le 2ᵉ dimanche de septembre. Important semi-marathon réunissant un bon millier de coureurs d'Île-de-France. Pour infos, contacter M. Sambain : ☎ 01-43-24-24-12.

LE VAL-DE-MARNE

– *Fête de la Rentrée :* en général, le 3ᵉ dimanche de septembre. Défilés en ville, groupes folkloriques, fanfares. Ah, les petites majorettes avec leurs longs bâtons !
– *Brocante des bords de Marne :* le même jour que la fête de la Rentrée. Tous les habitants du Perreux exposent et vendent.

JOINVILLE-LE-PONT (94340)   20 000 habitants

> *Le long de la Marne irisée*
> *Sous la lumière du couchant*
> *Le sage va l'âme apaisée*
> *Le poète compose un chant.*
>
> Max Jennard, *Hymne à Joinville*

Construite sur les bords de Marne, au sud-ouest de Nogent, Joinville a conservé un charme indéniable, surtout dans sa partie ancienne. Banlieue privilégiée, elle est dépourvue de trop grands ensembles, contrairement à la plupart de ses voisines, même si quelques aménagements urbains sauvages ont été réalisés depuis les années 50. Cette ville pavillonnaire a évidemment pas mal changé depuis l'époque où les impressionnistes la peignaient, mais il fait toujours bon y vivre. Très attachés à leur cité, les habitants tiennent tout particulièrement à une petite bande de terre arrachée au courant du fleuve, l'île Fanac, très arborée, sur laquelle repose une pile du désormais célèbre pont. Et à leurs guinguettes évidemment, bien qu'elles soient un peu surfaites.

Un peu d'histoire

À l'origine, la ville faisait partie des terres du couvent Saint-Pierre-des-Fossés. Au XIIIᵉ siècle, l'abbaye est dotée d'un pont sur la Marne. Sur les rives, on installe des auberges. Bateliers et voyageurs s'y délassent. En 1590, Henri IV fait raser ce qui n'était encore qu'un hameau du nom de Branche-sur-Pont-de-Saint-Maur, et le pont en bois est détruit. Il ne sera reconstruit qu'en 1718, en pierre cette fois-ci. Le village, rattaché à Saint-Maur, se développe entre la Marne et le bois de Vincennes. Pendant la Révolution, les habitants, qu'agite un vent de liberté, proclament leur commune indépendante. Et en 1831, la cité obtient de Louis Philippe qu'elle soit nommée d'après le nom de son troisième fils, le prince de Joinville. En rajoutant « Le Pont » pour marquer sa différence avec son homonyme de Haute-Marne.

Les beaux dimanches

C'est la mise en service de la ligne de chemin de fer Vincennes – La Varenne, en 1859, qui établit la renommée de Joinville et de ses beaux dimanches. La mode – pas franchement démocratique – du canotage, des régates et des baignades est lancée. À la suite de l'impératrice Eugénie, qui y séjournait souvent, des pavillons bâtis par des familles bourgeoises et aisées fleurissent dans le quartier « Palissy ». Puis les impressionnistes, en fréquentant les bords de Marne, lui donnent ses lettres de noblesse. Van Gogh, attiré par les jeux d'ombres et de lumière au coucher du soleil, y peignit en 1887 le *Restaurant de la Sirène,* désormais au musée d'Orsay.
L'engouement des Parisiens pour les bords de Marne et leurs guinguettes s'accentue à la fin du XIXᵉ siècle. Joinville en profite et développe les loisirs sportifs nautiques comme l'aviron. Avec cinq « plages » en aval du barrage, la ville devient une véritable station balnéaire. 1910 et 1911 voient s'y dérou-

ler les championnats du monde de natation, c'est dire! Mais l'esprit de la Belle Époque qui s'est épanoui après la Première Guerre mondiale ne résiste pas à la Seconde. Le béton gagne du terrain. Urbanisation forcée, autoroutes puis R.E.R. transforment le paysage et les habitudes. Puis, en 1970, les baignades, trop dangereuses, sont finalement interdites. Le chômage et la crise économique aidant, les guinguettes passent de mode.

L'aviron

L'aviron à Joinville, c'est un peu comme le ski à Chamonix. Dès la naissance des sports nautiques, les bords de Marne se parent de garages à bateaux, et les sociétés d'aviron fleurissent. Joinville devient la base nautique par excellence. Sans doute l'une des conséquences de l'installation au XIXe siècle de l'École Normale supérieure d'Éducation physique qui se trouve sur les hauteurs de la ville! Longtemps appelée « Bataillon de Joinville » ou « Cité des sports », elle a toujours été une pépinière de champions. Deux académiciens célèbres la fréquentèrent : Pierre Loti et Maurice Genevoix.
Quant aux quais de Joinville, ils conservent les vestiges architecturaux du développement de l'aviron. À la Belle Époque, les clubs nautiques – dont certains sont encore en activité – se multiplient. Encore aujourd'hui, aviron, kayak, canoë se pratiquent sur le grand plan d'eau qui voit chaque année s'organiser le critérium des jeunes. Et Joinville demeure l'indétrônable capitale des rameurs. Il y a l'amicale de la R.A.T.P., celle de la S.P.P. (Préfecture de police de Paris) et bien d'autres encore, le plus fameux club d'aviron étant sans doute « Marne et Joinville », toujours vaillant.

Joinville fait son cinéma

Joinville fait aussi figure de pionnière en matière de cinéma. De l'usine de plaques photographiques Jougla est sortie l'invention de la photo couleur et la marque Lumière. Puis c'est Charles Pathé, l'une des figures historiques du 7e art, qui construit dans les premières années du XXe siècle de grands hangars pour la production de films. Georges Méliès, l'un des premiers metteurs en scène, y officie. Tous les grands cinéastes et réalisateurs français de l'âge d'or se donnent rendez-vous dans les studios de Joinville : René Clair, ou Julien Duvivier dont *La Belle Équipe* a immortalisé l'esprit de Joinville à l'époque des premiers congés payés. C'est aussi Jean Gabin lançant le célèbre refrain « Quand on s'promène au bord de l'eau ». Ou encore Marcel Carné qui réalise ses chefs-d'œuvre dans ce qui est devenu la capitale française du cinéma : *Les Enfants du Paradis*, *Quai des brumes*, *Les Visiteurs du soir*...
Beaucoup d'autres, comme Jacques Tati avec *Jour de fête* et *Les Vacances de monsieur Hulot,* ont su profiter de l'atmosphère champêtre du lieu. Mais après la Seconde Guerre mondiale, les studios de cinéma cessent d'être utilisés, et la télévision s'en empare avant de les fermer en 1985. Ils ont aujourd'hui retrouvé une vocation audiovisuelle puisque plusieurs sociétés continuent d'y fabriquer des films.

Un air de croisette

Des académiciens Pierre Loti et Maurice Genevoix au comte de Mirbeau, en passant par le poète Jacques Prévert mais aussi les acteurs Gaby Morlay, Charles Vanel et Simone Signoret, on ne compte plus les personnalités ayant habité Joinville, ou l'ayant assidûment fréquentée comme Georges Carpentier, champion du monde de boxe en son temps. Jusqu'à Nagui ou Laurent Voulzy, qui en sont originaires, même s'ils ne jouent pas vraiment dans la même catégorie.
Tous avaient – et ont encore – en commun d'aimer y flâner au bord de l'eau, tout simplement, en faisant halte à la terrasse d'une guinguette. À Joinville-le-Pont, pon pon, on n'y danse pas tous en rond, mais plutôt deux par deux, au son de l'accordéon, surtout les soirs d'été.

LE VAL-DE-MARNE

LE VAL-DE-MARNE

Comment y aller ?

– **En R.E.R.** : ligne A2 direction Boissy-Saint-Léger ; descendre à l'arrêt Joinville-le-Pont. Correspondance avec le métro à la station Château-de-Vincennes.
– **En bus :** depuis le château de Vincennes prendre la ligne 112 jusqu'à Joinville.
– **En voiture :** de la porte de Bercy, prendre l'autoroute A4 en direction de Nancy-Metz. Sortie Joinville.

Adresse utile

◼ **Syndicat d'initiative :** au rez-de-chaussée de l'hôtel de ville, 23, rue de Paris. ☎ 01-42-83-41-16. Ouvert du lundi au vendredi de 9 h à 12 h et de 13 h 30 à 17 h 30 (17 h le ven-dredi), et le samedi de 8 h 30 à 12 h. Pas toujours disponible, mais diffuse quelques brochures et cartes sur les promenades à Joinville et dans la région.

Où manger ?

Joinville est réputée pour ses guinguettes depuis la fin du siècle dernier. Les Parisiens venaient à la sortie des courses de Vincennes prendre un « petit vin blanc qu'on boit sous les tonnelles ». Depuis, les bonnes habitudes des visiteurs n'ont presque pas changé, mais les restaurateurs en profitent et tirent au maximum sur les prix. C'est souvent inadmissible. Vous voilà prévenu.

|●| **La Goulue :** 17, quai Gabriel-Péri. ☎ 01-48-83-21-77. Sur le bord de Marne, dans un cadre fin de siècle. Ouvert tous les jours en été ; hors saison, ouvert le samedi et le dimanche, et certains soirs si les réservations sont suffisamment nombreuses. Tire son nom de l'égérie du *Moulin-Rouge,* peinte à la fin du XIXᵉ siècle par Toulouse-Lautrec. Des reproductions de cette célèbre égérie ornent le menu, on s'en serait douté ! Salle assez kitsch (deux troncs d'arbres complètement redécorés poussent à travers le toit) qui n'est pas sans évoquer la Belle Époque. Cuisine plutôt banale et, curieusement, très « Sud-Ouest ». En guise d'entrée, le délice du Périgord à 58 F fera l'affaire. Ensuite, on peut se rabattre sur un filet de saint-pierre à l'oseille (95 F) ou un confit de canard aux pruneaux pas vraiment parfumé. Quant aux desserts, leur navrante platitude laissera sur leur faim les plus goulus. Dommage, l'accueil et le service sont plutôt sympa. Compter au moins 200 F. N'ac-cepte pas les cartes de crédit. On peut guincher le samedi soir et le dimanche après-midi sur la piste de danse au milieu de la salle, mais le repas est obligatoire.

|●| **Le Petit Robinson :** 164, quai de Polangis. ☎ 01-48-89-04-39. Ouvert tous les jours sauf le mardi. Sur les bords de Marne. Orchestre les vendredi, samedi soir et dimanche après-midi. Entrée du dancing : 90 F. Décor classique pas trop rétro mais nettement moins authentique que le précédent. Prétend être plus gastronomique que ses voisins, avec des spécialités à base de poisson. Un peu vantard quand on voit ce qu'on a dans son assiette... Menus à 185 et 230 F, boisson non comprise. À la carte, compter 250-300 F. Attention, c'est toujours bondé.

|●| **Chez Gégène** (ex-*La Péniche*) : 162 *bis,* quai de Polangis. ☎ 01-48-83-29-43. Restauration midi et soir. Fermé le lundi et de fin octobre à fin mars. Dancing les vendredi soir, samedi soir et dimanche après-midi en

saison. L'une des plus anciennes et plus fameuses guinguettes de la région. En tout cas, c'est la plus connue. En 1855, Eugène Favreux – d'où le nom de *Gégène* – ouvre une buvette où il vend sa pêche. Puis vient son associé, René Magnat (le « second Gégène ») qui, comme dans un film de Duvivier, va lancer l'affaire. Après la Seconde Guerre mondiale, la guinguette remporte un franc succès avec ses valses à vingt temps, ses javas endiablées et... son nègre boxeur pour tester les biceps de ces messieurs. En 1975, le film *L'Acrobate,* qui traite habilement de cette époque, y a même été tourné. Aujourd'hui, les danseurs des nouvelles générations et les amateurs de bals pop se donnent toujours rendez-vous *Chez Gégène,* dans la même famille depuis trois générations, pour tromper la grisaille de la vie quotidienne. Le mélange des genres est plutôt réussi, et nous, on a beaucoup aimé. Toutes les tables sont disposées autour de la piste de danse kilométrique où se déhanchent jeunes mais surtout moins jeunes, souliers vernis et robes du dimanche à volants. C'est le temple de la guinguette, une sorte de gigantesque et pittoresque parc d'attractions plein de néons qui clignotent, de lampions et de guirlandes, où l'on paie son ticket à l'entrée (85 F le samedi soir et 80 F le dimanche). La nourriture n'est pas terrible, mais personne ne vient là pour cela. On vient là pour l'ambiance un peu désuète, bref pour faire la fête. Menu dîner dansant : 204 F (hors boisson). À la carte, compter environ 150 F. Cartes bancaires acceptées.

LE VAL-DE-MARNE

À voir

★ **La promenade au bord de la Marne :** la plus appréciée des habitants et l'une des plus anciennes qui aient été aménagées sur les bords de Marne. Nombre de petits restaurants, dancings ou guinguettes aux noms évocateurs (*Pomme d'Api, Le Petit Robinson, Pompéi...*) y ont éclos au siècle dernier. Il n'en reste plus que quelques-uns (voir « Où manger ? »). La plus populaire est sans aucun doute *Chez Gégène,* quai de Polangis. Installé au départ dans une péniche mal famée, Gégène a sauté sur le quai dans les années 20 et le succès ne s'est pas démenti. Emprunter ensuite le pont de Joinville construit en 1937 et descendre sur l'île Fanac. Remarquer les nombreux garages à bateaux, les anciens hangars de construction de bateaux et les associations d'aviron (notamment « Aviron Marne et Joinville ») qui tournent à plein, surtout le dimanche matin, et ce depuis la Belle Époque. Maisons à l'allure de chalets en bois sortis tout droit des lacs des Alpes, pavillons en meulière des plus pittoresques, datant du XIXe siècle. On se croirait sur la côte normande ! Traverser ensuite pour passer sur l'autre rive. Quai de la Marne, voir *L'Horloge,* ancien rendez-vous de chasse dont la construction date de 1872. Grand bâtiment rouge brique avec poutres apparentes et verrières. A longtemps abrité des sociétés d'aviron.
Du port de plaisance à l'île Fanac en passant par les quais de Polangis, les berges de la Marne, si elles ont perdu leur authenticité, constituent toujours une promenade verdoyante et très agréable, qui évoque plaisamment le passé.

★ **L'île Fanac :** qu'il pleuve ou qu'il vante, yoles et canoës sillonnent la Marne, aux abords de l'île Fanac. Rien d'étonnant à cela. L'île Fanac est, depuis le Second Empire, le berceau des sports nautiques. Et ce, par la grâce d'un « coup d'État » impérial ! Lorsque Napoléon III met fin, en 1867, au canotage dans Paris, en raison des dangers causés par le trafic des bateaux-mouches, il faut trouver à se replier quelque part. L'île Fanac, à Joinville-le-Pont, voit donc s'installer, en 1877, la Société nautique de la Marne. C'est l'une des plus anciennes sociétés d'aviron, toujours en activité !

Son siège, un bâtiment sur pilotis en voie d'être classé, fait face au grand bras de la rivière. On y accède à pied par un chemin ombragé bordé d'anciens garages à bateaux et de superbes demeures de la même époque, que s'étaient fait bâtir les bijoutiers du quartier du Marais. L'une d'entre elles, facile à repérer par ses tourelles et son toit prolongé d'une girouette, abrite depuis 1979 l'école municipale de danse et d'art dramatique. En revanche, il ne reste plus rien du fameux *Chez Julien,* rendez-vous des Parisiens en goguette, croqué par Émile Zola dans *Au Bonheur des Dames.* Le restaurant a disparu sous les coups des pelleteuses...

★ *L'église Saint-Charles-Borromée :* rue de Paris. Construite grâce à une souscription au milieu du XIXe siècle. Architecture sans grand intérêt. À l'intérieur, quatorze stations du chemin de croix en porcelaine, datant du XIXe siècle. Quelques vitraux de Lusson et deux peintures de Jouy, élève d'Ingres.

★ *La vigne du boulevard de l'Europe :* amusant petit coin de vigne en plein centre-ville, qui longe la voie du R.E.R. Des cépages sémillon et sauvignon plusieurs fois centenaires. C'est tout ce qui subsiste des grandes vignes d'autrefois. Elle donne toujours un petit vin blanc appelé « guinguet » d'où, selon certains, viendrait le terme de « guinguette ».

Où boire un verre ?

|●| ♟ *King Stone Café :* 28, rue Chapsal. ☎ 01-45-11-80-54. Ambiance très techno. Service plutôt rapide. Ici, ça pulse. Margaritas, rhums et tequilas sont à l'honneur dans ce tex-mex plutôt sympathique. Cuisine quelconque, mais vraiment pas chère.

|●| ♟ *Le Piano Dans l'O :* 59, quai de la Marne. ☎ 01-48-89-67-33. Ouvert tous les soirs. Un piano-bar qui porte bien son nom, puisqu'il se trouve... les pieds dans l'eau. Cadre agréable. Compter environ 70 F pour une consommation. Fait aussi restaurant sauf le samedi midi, mais c'est cher. Cartes bleues acceptées.

Marchés

– *Place du 8-Mai-1945 :* à côté de la mairie. Les jeudi et dimanche matin, de 8 h à 13 h. Marché alimentaire traditionnel.
– *Avenue Gallieni :* les mardi et samedi matin, de 8 h à 13 h. Marché classique.
– *Le marché dit « d'agriculture biologique » :* place Mozart, tous les 2e et 4e samedis du mois, de 8 h à 12 h. Vaste choix de produits naturels vendus directement par les producteurs. Quel bonheur !

Fêtes et manifestations

– *Salon de la Peinture et des Métiers d'art :* début mars. Vente aux enchères le dimanche. Les artisans de la région présentent leurs réalisations.
– *Fête de Joinville :* début juin.
– *Fête des Guinguettes :* le 2e week-end de juin, quai de Polangis. Bals et vin blanc qui coule à flots tout le long de ce joli bord de Marne. De 15 h à 2 h le samedi et de 20 h à 22 h le dimanche. Tombe peu à peu en déshérence, faute de moyens.

– *14 juillet :* grand bal populaire public et brocante rue Vautier.
– *Mois du Polar :* en octobre. Littérature et cinéma policiers sont à l'honneur lors de projections, de conférences et de rencontres. Remise du prix Cinélect, qui récompense depuis 10 ans un premier roman de langue française susceptible d'être adapté au cinéma.
– À la fin de ce même mois d'octobre, une originale *brocante* sur le thème de la photo et du cinéma. Histoire de se rappeler la belle époque...
– *Salon des Gourmets :* fin novembre. Depuis 10 ans, il prend chaque année davantage d'ampleur. Autour du « guinguet » on fête la tradition culinaire d'Île-de-France et la fin des vendanges, sous la houlette de la confrérie des maîtres goustiers de Joinville.

CHAMPIGNY-SUR-MARNE (94500)   80 000 habitants

> *Enserrant la ville de sa parure*
> *de verdure et d'eau, la Marne est*
> *là, toute proche, qui nous invite...*

À Champigny, la Marne nous tend les bras. Paris n'est qu'à 11 km, mais on se croirait presque à la campagne. Cités-jardins, grands parcs de loisirs, c'est la ville ouvrière modèle. Normal pour une municipalité communiste depuis la Libération ! N'étaient l'autoroute et les barres comme celles du Bois l'Abbé, lourd tribut payé à l'urbanisation, ça serait parfait. Le bourg, jadis plutôt calme et sans délinquance, s'anime parfois à l'excès. Ce qui ne doit pas faire oublier l'aspect avenant et dépaysant du centre-ville résidentiel et des bords de Marne. C'est surtout pour ça qu'on l'aime.

Un peu d'histoire

L'histoire de la ville remonte à l'époque romaine, quand elle s'appelait *Campaniacum* et abritait un campement militaire. Établie sur des collines calcaires, Champigny est en fait formée de deux anciens villages. On ne sait pas grand-chose de la vie des bourgs au cours des premiers siècles de son existence. Sinon que ces terres, plantées de vignes, s'étendent sur une vaste étendue. En 1400, le fief de Champigny, propriété de Charles de la Rivière, comprend un château fort et ses dépendances militaires. Mais au milieu du XVe siècle, il est pillé et détruit par des clans rivaux. Ce n'est qu'à la Révolution que Champigny prend son indépendance. Elle se sépare de la généralité de Paris et se rattache au nouveau département.

La Marne à Champigny

Mais l'historique de Champigny est aussi inséparable de celle de la Marne, et donc de ses ponts. Surtout le premier, édifié sur ordonnance royale en 1842. Pendant la guerre de 1870, les Français qui battent en retraite le font sauter pour ralentir l'armée prussienne qui organise le blocus de Paris. La rivière redevient alors une barrière naturelle comme au temps où seuls des bacs pouvaient la traverser. La Kommandatur prussienne s'installe à Champigny et écrase la percée parisienne. La ville a tellement souffert du conflit de 1870, et notamment des batailles qui se sont déroulées sur son sol, que la profusion de monuments commémoratifs qu'on y trouve n'est pas tellement étonnante. De même pour ses huit églises, ce qui est somme toute cocasse pour une ville communiste, berceau de Georges Marchais !

Le XXe siècle : urbanisation à outrance

Puis vient le temps de la reconstruction où de nouveaux ouvrages d'art sont élevés, avant d'être élargis, au cours du XXᵉ siècle, afin de permettre à un flot toujours plus pressant de voitures de traverser quotidiennement la ville. Depuis la Libération, l'urbanisation et l'édification d'immenses tours et des autoroutes ont drôlement défiguré le paysage. La ville perd alors le peu qui lui restait de son caractère rural, même s'il subsiste beaucoup d'espaces de verdure et des sentiers de promenade au bord de l'eau. Quant aux guinguettes, elles ont pratiquement toutes disparu. Ce paysage a longtemps inspiré les peintres, de *L'Embarquement pour Cythère*, de Watteau, aux toiles de Caillebotte, Monet ou Dufy. Plus tard, entre autres artistes, Francis Poulenc y est venu, Sarah Bernhardt y a vécu, et Soutine y est mort.

Les Portugais de Champigny

La communauté portugaise de Champigny est riche d'environ 20 000 membres, soit un bon quart de la population. Elle a ses banques, ses magasins et ses petits lieux de rendez-vous. Sans oublier ses entrepreneurs du bâtiment et ses maçons !

La communauté portugaise a commencé à s'installer lors des vagues d'immigration de la fin des années 50 et du début des années 60. Sur le plateau, dans les hauteurs de Champigny, il y avait un immense terrain en friche. Quelques malins y ont acheté des terrains, construit des bicoques, assurant le réceptif pour leurs compatriotes égarés. En 1966-68, il y eut jusqu'à 8 000 Portugais dans ces abris improvisés en dortoirs. Champigny était devenu le plus grand bidonville de l'Est parisien. La plupart des occupants travaillaient comme manœuvres dans le bâtiment à l'époque du boom de la construction. Ensuite, beaucoup se sont mis à leur compte. Par mesure d'hygiène le bidonville fut démoli en 1972. Mais on raconte que dans les années 80, certaines cabanes non détruites servaient de « résidences secondaires » aux Portugais qui venaient y passer le dimanche à jouer au « malha », un jeu d'adresse. On y trouve désormais le parc départemental du Plateau.

Le quartier de Bois l'Abbé

Un nom qui vous dit quelque chose, hein ? Vous l'avez certainement lu dans les journaux. Plus de 10 000 personnes, le plus souvent immigrées, habitent ces tours de logements sociaux. Pas vraiment rose comme banlieue, plutôt morose. 17 ou 18 % de chômage, et d'importants problèmes de drogue. Mais heureusement, pas trop de violence urbaine. Au Moyen Âge, l'abbaye de Saint-Maur était propriétaire de ces hectares de forêt. D'où le nom « Bois de l'Abbé ». Pendant l'Occupation, on convertit les arbres en bois de chauffage. En 1962, fin de la guerre d'Algérie. La Ville de Paris rachète alors ces terrains en friche. L'OPAC y construit des barres de HLM pour y reloger expatriés et harkis. Mais aussi les expulsés du 13ᵉ arrondissement, dont certaines zones insalubres venaient d'être rasées.

Contre la volonté du maire de l'époque, ce ghetto de béton, conçu, comme beaucoup d'autres, pour « nettoyer » Paris, voit donc le jour. S'y mélangent alors une cinquantaine de nationalités, majoritairement des Maghrébins. Et quand on concentre les populations en difficulté, on concentre les problèmes. Surtout que le processus d'attribution de logements est effectué à 80 % par la Ville de Paris qui se débarrasse à peu de frais des indésirables. C'est toute l'affaire du maire, habitant de Bois l'Abbé, qui rencontra Jacques Chirac en janvier 1998 pour s'entretenir avec lui des difficultés rencontrées dans les banlieues.

En tout cas, ça bouge. De nombreux travailleurs sociaux et associations du quartier bien implantées travaillent de concert. Ils essaient tant bien que mal d'humaniser un peu ce quartier. De le rendre plus agréable à vivre. Ils savent qu'une poignée d'excités peut tout faire basculer.

Comment y aller ?

– *En R.E.R. :* ligne A2 direction Boissy-Saint-Léger, arrêt Champigny–Saint-Maur.
– *En bus :* ligne 114 au départ de Château-de-Vincennes puis on change pour la ligne 116 en direction de Rosny. Également les lignes 106 et 108 au départ de Joinville-le-Pont.
– *En train :* Les Bouilleraeux. Gare de Villiers-sur-Marne.
– *En voiture :* de la porte de Bercy, suivre l'autoroute A4 en direction de Nancy-Metz. Sortie Champigny - La Fourchette. Accès possible par les autoroutes A4 et A104 ou par les nationales N4, N303 et N34.

LE VAL-DE-MARNE

Adresses utiles

🆔 *Office municipal du tourisme :* à la mairie, 85, rue Jean-Jaurès. ☎ 01-47-06-34-39. Ouvert du lundi au vendredi de 9 h à 12 h et de 13 h 30 à 18 h 30 (18 h le vendredi). Fermé le samedi après-midi et le lundi matin.
🆔 *Syndicat d'initiative :* 14, square Jean-Moulin (7, av. de la République). ☎ et fax : 01-47-06-08-10. Ouvert du lundi au vendredi de 15 h à 18 h. Fermé 3 semaines en septembre. Renseigne sur les monuments, l'histoire de la ville, et propose un plan de Champigny. Demander René Martin, son ancien président, il connaît bien sa ville.

Où dormir ?

🏕 🍴 *Camping-caravaning du Tremblay :* bd des Alliés; sur les bords de Marne. ☎ 01-43-97-43-97. Fax : 01-48-89-07-94. Camping 3 étoiles ouvert toute l'année. Accès par le R.E.R., ligne A, station Joinville, puis bus n° 101. Vraiment tout près de Paris, c'est le pendant au camping international du bois de Boulogne. Compter 58 F par tente en basse saison et 72 F en haute saison. Bungalows pas tellement plus chers. Snack-bar. Durée limitée à un mois et réservation conseillée pour les groupes (il n'y a que 400 places, très vite occupées). Accueil extra.

Où manger ?

Bon marché

🍴 🍷 *Chez José et Maria :* 250, bd de Stalingrad; entre le pont de Nogent et le parc du Tremblay. ☎ 01-47-06-11-75. Ouvert tous les jours de 9 h à 22 h; restaurant fermé le dimanche à partir de 13 h, mais bar accessible. Un bar-PMU qui ne paie pas de mine, mais où l'on mange bien. Un des derniers rendez-vous de la communauté portugaise le week-end. Un bon bouge ouvrier comme il n'y en a plus guère. Menu du jour à 55 F assez copieux (entrée, plat et fromage ou dessert). Vins corrects. À la carte, compter tout de même 110-130 F.

Plus chic

Comme Joinville, Champigny possède plusieurs guinguettes où l'on pousse encore la chansonnette. Mais après leur heure de gloire entre la fin du XIXe siècle et les années folles, leur esprit avait un peu disparu. Aujourd'hui, il refleurit et les bals-musettes reviennent dans l'air du temps.

|●| *La Guinguette de l'île du Martin-Pêcheur :* 41, quai Victor-Hugo. ☎ 01-49-83-03-02. Ne cherchez pas le resto le long du quai, vous ne trouverez pas! Au niveau des n°ˢ 40-42, descendre au bord de l'eau. Un petit bac vous transporte sur l'île. Très joli bord de Marne qui a la cote. Terrasse extraordinaire en été, entre peupliers et roseaux. Sympa et authentique. Salades correctes. Menu à 135 F décevant, avec un jâmbon à l'os vraiment moyen, mais ceux à 165, 185 et 215 F sont mieux réussis. Grand choix de vins (muscadet sur lie 96 à 90 F), alors on vous conseille d'éviter le pichet. Et puis, c'est le royaume de la guinche. C'est même ici que l'association Culture Guinguette a son QG et élit sa Miss chaque 14 juillet. L'après-midi et le week-end, orchestre musette et bals pop. Soirées à thèmes (entrée : 30 ou 60 F).

|●| *Au Moulin Vert* (Roland Vi- guie) : 103, chemin du Contre-Halage ; sur les bords de Marne. ☎ 01-47-06-00-91. Ouvert du lundi au samedi. Fermé le dimanche soir et le 1ᵉʳ janvier ; parfois fermé en hiver pour les individuels, mieux vaut donc les appeler. Parking. Un environnement exceptionnel, dans la verdure et la luminosité des bords de Marne. Accueil très dynamique du chef Roland Viguie et de son équipe. Déco agréable et chaleureuse. Dommage pour la véranda un peu tristoune qui fait penser à une cafétéria de gare R.E.R. Mais on y mange bien. La cuisine marie savamment poisson ou crustacés et plats du Sud-Ouest. Goûter absolument la fricassée de rougets barbets. Le tartare de poisson n'est pas mal non plus. Grand choix de desserts. Menu à 166 F avec entrée, plat et dessert. À la carte, compter environ 200 F. Thé dansant le weekend, dancing le vendredi, le samedi soir et le dimanche toute la journée.

À voir

★ *L'église Saint-Saturnin :* au centre de ce qui était jadis le village de Champigny, non loin de la gare R.E.R. Le bâtiment, restauré au début des années 90, se compose d'éléments qui datent du XIIᵉ et du XIIIᵉ siècles. On est donc en pleine époque gothique. Même les mécréants peuvent admirer un superbe Christ avec Pilate au jardin des oliviers en bois polychrome daté du XIVᵉ siècle.

★ *Le musée de la Résistance nationale :* 88, av. Marx-Dormoy. ☎ 01-48-81-00-80. Ouvert de 10 h à 17 h 30 le lundi et du mercredi au vendredi, de 14 h à 18 h les samedi, dimanche et jours fériés. Fermé le mardi. À environ 2 km du centre-ville. Accès par la N2 qui poursuit l'avenue Roger-Salengro en direction de la province. Depuis 1965, ce musée compte parmi les plus importants en France sur le sujet. Situé dans un bel hôtel particulier au milieu d'un parc boisé, récemment inauguré, il domine les méandres de la Marne. Présentation très pédagogique et didactique, sans autre souci que celui de la présentation méthodique des événements de la guerre de 1939-1945. Animations audiovisuelles qui rendent interactives les cinq salles qui composent l'espace d'exposition. La première salle retrace les années 33 à 40, la montée du nazisme en Allemagne et la déclaration de guerre. Ensuite, de 1940 à 1942, la deuxième salle montre qui étaient les résistants et pourquoi leurs débuts ont été difficiles. Puis, entre 1942 et 1944, leurs réseaux se fédèrent pour affaiblir l'occupant, comme l'expose la quatrième salle, avant que les troupes alliées n'arrivent en renfort. Enfin la dernière salle est dédiée à la mémoire des résistants, à ce que nous leur devons et surtout à la façon dont la guerre a marqué l'inconscient collectif des Français. « Contre l'oubli », comme l'écrivait Primo Lévi, déporté dans les camps de la mort.

★ *Le parc du Tremblay :* parc de détente et de loisirs de 73 hectares, situé

au ras de la Marne mais séparé d'elle par l'autoroute. ☎ 01-48-81-11-22.
Ouvert tous les jours, de 9 h à 21 h l'hiver et de 8 h à 22 h l'été. Accès :
R.E.R. station Champigny ; bus n° 116, arrêt Parc-du-Tremblay. Carte disponible au service culturel de la Mairie. C'était un champ de courses réputé
jusqu'à la fin des années 60. Pendant 10 ans, l'espace est resté en friche.
Puis, au début de l'ère pompidolienne, la Ville de Paris a acheté le terrain,
sans doute en contrepartie du quartier de Bois l'Abbé, et elle en a fait un
parc unique en son genre. Toujours dans l'esprit de la cité ouvrière communiste modèle. Allées bordées d'arbres pour se prélasser aux beaux jours,
cascade avec bassin entouré de plantes, mais aussi aires de jeux et de sport
aux équipements très modernes. Dans la plaine centrale, 2 terrains de vol-
ley-ball, 2 terrains de handball, 2 terrains de basket-ball, des tables de ping-
pong, mais aussi 17 tennis éclairés, 2 murs d'entraînement, 9 terrains de
football, 1 gazon de rugby, 9 trous de golf et un practice, un pas de tir à l'arc
olympique, 2 pistes pour voitures radiocommandées, parcours aménagé de
bicross, mini-golf, terrains de boules, aires de pétanque ainsi qu'un resto.
Pour les enfants, une mer de sable, des jeux et des installations en bois.
Rien que ça !
– Chaque 1ᵉʳ week-end du mois, *foire à la brocante :* plus de 200 exposants à partir de 9 h le samedi et le dimanche. Renseignements : ☎ 01-53-
57-42-62.

★ *Le village de Cœuilly :* rattaché à la commune de Champigny, il se
trouve à quelques kilomètres du centre-ville, en hauteur. C'était un immense
parc privé, puis le propriétaire en a fait cadeau à l'Église. Et en 1905, lors de
la séparation de l'Église et de l'État, les biens du clergé ont été nationalisés.
Les terrains ont été vendus à des Parisiens qui venaient passer le dimanche
et cultiver leur jardin. D'où le nom du quartier, baptisé le « village parisien ».
Après la guerre, les pavillons deviennent des résidences permanentes. Et
dans les années 70, après la destruction du bidonville, les Portugais s'en
emparent.
Dans le village, voir le château du XVIIIᵉ siècle. La façade est ornée de jolies
sculptures sans trop de fioritures. C'est là que s'est installée la Kommandatur allemande pendant la guerre de 1870. Derrière, l'église Notre-Dame-du-
Sacré-Cœur de Cœuilly, autre édifice construit il y a une trentaine d'années,
dont le seul intérêt est de proposer le dimanche des messes en portugais.

★ *Promenade en bord de Marne :* elle est aménagée sur plus de 7 km.
C'est une agréable promenade, même si l'on préfère la rive du côté de Saint-
Maur. En effet, les maisons qui la bordent n'ont pas de caractère particulier
et les allées sont assez mal conçues. Plusieurs îles aux noms bucoliques
résistent au courant. Tout le long, des panneaux vous signalent les curiosités et les espèces d'oiseaux que l'on peut observer dans le coin. L'île de
l'Abreuvoir, située sous le pont qui relie Champigny à Saint-Maur, est le rendez-vous des pêcheurs du dimanche matin. Elle abrite aussi un petit jardin
paysager. Accès sur le pont.

★ *L'archipel sonore :* îles de Champigny, îles des Gords, île de Pissevi-
naigre, île des Vignerons, île des Cormorans, île d'Amour, île de Casenave,
îles de Bretigny. Dans ses dernières boucles, la Marne abrite un archipel
d'îles inhabitées. Impossible de les parcourir à pied depuis qu'elles sont
classées « Réserve naturelle volontaire ». Il faut en faire le tour en bateau,
jumelles rivées au visage. Chouettes hulottes, martins-pêcheurs, hérons,
mésanges nichent sur ces îlots protégés par l'absence de trafic fluvial. En
période d'étiage, les oiseaux migrateurs, vanneaux, huîtriers et chevaliers y
trouvent de quoi s'alimenter. En tout, une quarantaine d'espèces d'oiseaux,
dont onze sont protégées. Et l'inventaire n'est pas terminé : plus de cent
quatre-vingt-treize plantes s'y multiplient, dont une vingtaine d'espèces rares
comme le *Lepidium latifolium* ou le *Juncus compressus,* derniers vestiges
des milieux humides qui caractérisaient la Marne au début du siècle.

LE VAL-DE-MARNE

– *Accès par bateau :* location de barques le long de la promenade des Anglais à Saint-Maur-des-Fossés. Croisière sur les boucles de la Marne avec *Paris Canal* : bassin de la Villette, 19-21, quai de la Loire, 75019 Paris. ☎ 01-42-40-96-97.

Où boire un verre ? Où sortir ?

❦ *Le Belvédère :* 5, av. Jean-Jacques-Rousseau. ☎ 01-48-80-54-89. Dans une coquette petite maison située au cœur du village de Cœuilly, donc un peu en dehors du centre-ville. Un café-concert comme il n'en reste plus guère, loin des bars tex-mex et des rades infâmes. Possibilité de se restaurer. Brèves de comptoir et musique *live* orchestrée par Alain Dillinger, le maître des lieux. Programmation éclectique : jazz, rock, country ou cajun. Deux samedis par mois à 18 h, concerts gratuits et consos au prix habituel. Et aussi les journées « musiques traditionnelles » ou « jeunes talents ». Ambiance vraiment sympa.

❦ *La Guinguette Municipale :* 37, quai Victor-Hugo. L'accès est identique à celui de *La Guinguette de l'île du Martin-Pêcheur* (voir « Où manger ? »). Ouvert seulement les vendredi et samedi de 20 h à 23 h, ainsi que le dimanche de 15 h à 19 h. Petit bout de terrain offert par la commune aux amoureux de la java et de la musette. Louable initiative. Surtout fréquentée par les vétérans, ce qui est bien sympathique. L'été on installe une tente et on mange un morceau avant de guincher au son de l'accordéon. Que demande le peuple ?

Marchés

– *Place Lénine :* les mardi et vendredi matin de 8 h à 13 h. Marché traditionnel.
– *Marché couvert Jean-Vilar :* dans le quartier du Plan, rue Romain-Rolland. Les jeudi et dimanche matin, de 8 h à 13 h. Essentiellement alimentaire.

Fêtes et manifestations

– *Élection de Miss Guinguette :* à *La Guinguette de l'île du Martin-Pêcheur* (voir « Où manger ? »). Tous les 14 juillet depuis 1993. On juge les demoiselles d'après la technicité de leurs pas de danse (java, paso, tango ou valse...), leur tenue vestimentaire, ainsi qu'un questionnaire sur la culture des guinguettes. Manifestation ouverte à toutes les Lolita à partir de 18 ans. Entrée à environ 50 F pour y danser tout l'après-midi... et le soir aussi, si le cœur vous en dit.
– *Foire au troc et au cochon :* dans le centre-ville et sur les quais. Organisée depuis le XVe siècle, elle a lieu le 2e week-end de novembre. Cette ancienne foire agricole tombe un peu en désuétude, faute d'argent.
– *Biennale des Poètes :* depuis cinq ans, un soir de novembre. Quelques grammes de finesse dans un monde de brutes avec des auteurs du monde entier. Lecture de leurs œuvres, chants, danses et buffet exotique. Se renseigner à la mairie.

SAINT-MAUR-DES-FOSSÉS (94100)   78 000 habitants

> *Cette presqu'île ne sera bonne*
> *un jour qu'à l'emplacement*
> *d'une grande ville.*
>
> Napoléon

Enfermée dans la dernière boucle de la Marne, Saint-Maur est une presqu'île, avec des habitants à la mentalité de presqu'îliens. Une population unie, qui se sent bien dans sa ville, mais un peu refermée sur elle-même, comme confinée dans ses certitudes. Une ville résidentielle donc, pavillonnaire, cossue et fleurie (pas étonnant que le fameux jardinier Michel Lys y réside).

De l'intérieur, on s'aperçoit vite que Saint-Maur est une cité éclatée. On l'appelle la ville aux sept villages. En fait, on devrait dire la ville aux huit quartiers. Et chacun d'entre eux possède son identité, son style, sa population, son église, son marché et son histoire. Le chic du chic évidemment, c'est d'habiter La Varenne.

Au total, une ville où il fait diablement bon vivre, qui a su préserver ses aspects villageois et empêcher l'éclosion d'une architecture sordide de masse. Une cité vivante et résidentielle à la fois, multifacettes et indépendante.

Les huit quartiers de la ville

Pour bien comprendre Saint-Maur, il n'est pas inutile de dire quelques mots de chaque « village », tellement l'esprit de quartier est une notion importante ici. Chacun d'eux est quasiment une petite ville autonome.

– *Le Vieux-Saint-Maur :* la souche historique de la cité, qui se concentre autour des vestiges de sa célèbre abbaye et de son église qui commandait l'isthme de la presqu'île.

– *Saint-Maur-Créteil :* petit quartier proche du pont de Créteil. Le seul coin où l'on trouve des grands ensembles. Le secteur le moins résidentiel.

– *La Pie :* en bordure de Marne, un quartier qui chante, surtout composé de petits pavillons tranquilles et discrets. C'est par ici que se concentre la minorité portugaise.

– *Adamville :* rien à voir avec Ève. Jacques-François Adam, c'est le nom du propriétaire des terrains de ce quartier. Il vendit les terrains mais son nom resta. Le plus grand « village » de Saint-Maur et le plus commerçant. C'est également le centre administratif et culturel (mairie, théâtre, conservatoire).

– *Le Parc-Saint-Maur :* de grosses villas cossues, perdues dans de vastes jardins. Le Saint-Maur des vieilles familles bourgeoises, dont les maisons changent rarement de mains.

– *La Varenne :* considéré comme le nec plus ultra. Un farouche esprit d'indépendance et de protectionnisme caractérise ses habitants. La Varenne-Saint-Hilaire n'est qu'un quartier de Saint-Maur, mais il possède pourtant son propre code postal (voir l'histoire de la ville). Ses habitants n'avoueront jamais qu'ils habitent Saint-Maur. Il est en effet bien plus chic de dire qu'on réside à La Varenne. Pour certains, Saint-Maur est à La Varenne ce que les torchons sont aux serviettes ! Faudrait tout de même pas pousser ! Les demeures les plus élégantes s'y camouflent.

– *Champignol :* pas mal de commerces. L'animation se concentre autour de la gare du R.E.R.

– *Les Mûriers :* un coin tranquille, assez résidentiel.

Un peu d'histoire

Beaucoup d'hypothèses

On dit que les Bagaudes, Gaulois révoltés, y trouvèrent refuge au IIIe siècle, mais comme rien ne semble devoir étayer cette hypothèse, on la remise par devers nous. On dit aussi qu'une sorte de forteresse y fut élevée. Mais là encore, pas un vestige, pas un morceau de catapulte à se mettre sous la dent ! Ce qui est sûr en revanche, c'est que des populations gauloises s'installèrent dans ce coin, comme en témoignent les éléments funéraires retrouvés sur place à la fin du siècle dernier.

Une abbaye rayonnante

Une autre certitude, c'est qu'on bâtit là une abbaye dont le rayonnement au Moyen Âge mérite que son histoire soit narrée : le coup d'envoi est donné en 639, avec la fondation d'un modeste lieu de culte par quelques moines bénédictins et colombaniens. Elle répond alors au nom de Saint-Pierre-du-Fossé, puisqu'un fossé protège l'entrée de l'isthme. À l'instigation de Charles le Chauve, en 868, les moines de l'abbaye de Glanfeuil, à Saint-Maur-sur-Loire, harcelés par les Normands, plient bagages et trouvent refuge ici, emportant sous leurs bras les reliques de leur saint patron, saint Maur, justement.

L'abbaye prend de l'importance et elle est agrandie à plusieurs reprises. Elle connaît son apogée autour de l'an 1000, mais c'est au cours du XIIe siècle que la légende de saint Maur prend corps (zé âme). Et comme les légendes ne mentent jamais, la voici : nous sommes en 1137 et une grande sécheresse s'abat sur la région. Après avoir prié tous les saints du calendrier des Postes et de celui des Pompiers, en désespoir de cause, on trimbale la statue de saint Maur en procession. Coup de pot formidable, il se met à pleuvoir ! Non seulement saint Maur est monsieur météo, mais il est aussi censé guérir la goutte ! Mieux qu'un marabout africain. Avec une telle carte de visite, de grands pèlerinages s'organisent. Et l'on vient de loin pour lui demander des faveurs. Au cours du siècle suivant, l'abbaye devient plus connue sous le nom de Saint-Maur-du-Fossé que sous son patronyme précédent. La guerre de Cent Ans passe par là et les bâtiments souffrent pas mal du passage des Anglais.

Au XVIe siècle, on sécularise l'abbaye mais l'évêque, doyen du chapitre, Jean du Bellay, oncle de Joachim et ministre de François Ier, se plaint du logis. Trop humide ! Trop petit ! Qu'à cela ne tienne, il se fait construire un château Renaissance juste à côté. Au cours de ses missions, il rencontre Rabelais. Il en fait son médecin personnel et son secrétaire particulier. Catherine de Médicis rachète le château en 1563, qui sera vendu plus tard à la famille de Condé. C'est l'époque où les hôtels particuliers fleurissent. Le château ne passe pourtant pas le cap de la Révolution. L'abbaye, quant à elle, tombe doucement en ruine, les moines ne l'entretiennent plus. Au XIXe siècle, les restes sont utilisés comme carrière. Les propriétaires du terrain au début du siècle conservent les ruines en l'état, en retapent d'autres et transforment le tout en jardin d'agrément.

La Varenne se laisse avaler

En 1791, le village de La Varenne accepte son rattachement à Saint-Maur dans un bel élan consensuel. Mais il regrette aussitôt le renoncement à son autonomie, sans jamais pouvoir la récupérer. C'est de là que vient ce farouche esprit d'indépendance et ce tempérament frondeur qui caractérisent tout habitant de La Varenne. En 1794, la Révolution voit d'un mauvais œil les villes à consonance trop religieuse. Qu'à cela ne tienne, on change Saint-Maur en Vivant-sur-Marne. Jolie pirouette symbolique qui ne durera que l'espace d'un printemps.

L'arrivée de la ligne de chemin de fer Paris-Bastille rapproche Saint-Maur de la capitale, et les bourgeois s'y font bâtir de somptueuses demeures dans de grands parcs. À signaler encore, la terrible inondation de 1910 qui obligea les habitants à circuler en barque pendant plusieurs semaines. De la Belle Époque, Saint-Maur conservera son style éminemment résidentiel et échappera miraculeusement au bétonnage des années 60-70, dont seront victimes tant de villes de banlieue.

Personnages illustres

LE VAL-DE-MARNE

– *Raymond Radiguet :* il naquit et vécut à Saint-Maur de 1903 à 1923. L'auteur du *Diable au corps* aime beaucoup sa ville, à laquelle il fait souvent référence dans ses écrits. Il passe son enfance « le long des chemins ombragés », parle de sa « Marne chérie ». C'est sur les bords de Marne qu'il rencontre Alice, celle qui deviendra Marthe dans son fameux brûlot. Il se lie d'amitié avec Cocteau qui devient un peu son ami, puis beaucoup son amant. Radiguet navigue à voile et à vapeur mais, comme dit le philosophe, l'essentiel c'est de naviguer ! Ses aventures féminines ne cèdent pas le pas devant ses amours homosexuelles. Une chouette vie de débauche s'ouvre pour lui, ce qui choque la bonne société, mais il faut dire que la bonne société est souvent jalouse de ce qu'elle ne peut se permettre. Radiguet meurt à 20 ans, mais la brièveté de sa carrière sera inversement proportionnelle à son succès d'écrivain.
– *Édouard Bled :* plus connu sous la forme d'un nom commun qualifiant un petit livre de grammaire qui recense toutes les difficultés de la langue française, Bled, ou plutôt Édouard, puisqu'il avait aussi un prénom, est un enfant de Saint-Maur et également un écrivain.

Comment y aller ?

– *En R.E.R. :* ligne A2 (direction Boissy-Saint-Léger). Saint-Maur est desservie par 4 stations sur la même ligne : Saint-Maur-Créteil, puis Parc-Saint-Maur, ensuite Saint-Maur-Champigny et enfin La Varenne-Chennevières.
– *En bus :* depuis le château de Vincennes, ligne 112 qui traverse Joinville et tout Saint-Maur jusqu'au quartier de La Varenne-Saint-Hilaire.
– *Ligne Trans-Val-de-Marne (T.V.M.) :* du R.E.R. Saint-Maur-Créteil, ligne qui poursuit jusqu'à Rungis.
– *En voiture :* de la porte de Bercy, autoroute A4 (Nancy-Metz), sortie n° 4 « Joinville-Saint-Maur » ; puis suivre le panneau Saint-Maur. Environ 10 km de la porte de Bercy.

Adresses utiles

▣ *Office du tourisme :* 70, av. de la République. ☎ et fax : 01-42-83-84-74. R.E.R. : Saint-Maur. Ouvert du mardi au vendredi de 10 h à 12 h 30 et de 13 h 30 à 19 h, ainsi que le samedi matin.
■ *Mairie :* place Charles-de-Gaulle. ☎ 01-45-11-65-65. Station R.E.R. : Parc-Saint-Maur.

Où manger ?

Bon marché

|●| ▼ Le Bleu Thé : 8, place des Marronniers. ☎ 01-49-76-92-99. Ouvert de 12 h à 18 h du mercredi au dimanche. Une gentille bonbonnière décorée de planches brutes peintes, façon cabine de plage, tenue par une sympathique dame qui fait son marché et propose aux habitués du quartier tous les jours un plat unique. Et quand il n'y a plus rien à manger, ça fait salon de thé. Un endroit différent, tout simple, pour papoter entre amis.

Prix moyens

|●| Le Vivaldi : 3, place Garibaldi. ☎ 01-48-86-29-42. Fermé le dimanche midi. Vous vous souvenez de cette scène de cinéma où un client mécontent renvoie sa pizza en cuisine. Le cuisinier fouille dans les poubelles, regarnit la galette et met un « coup de soleil » dessus. Ça se termine par un coup de fourchette dans le gras du bras de la cliente. Ça y est, vous y êtes ? Bravo ! c'est bien *37°2 le matin*, et la scène fut tournée dans ce resto italien. Tout est rentré dans l'ordre depuis, et les pizzas font l'unanimité auprès de la jeunesse locale (entre 46 et 70 F). Aux beaux jours, on pousse les tables en terrasse. Menu le midi à 68 F.

Prix moyens et un peu plus chic

|●| Le Bistrot de la Mer : 15, rue Saint-Hilaire. ☎ 01-48-83-10-11. Fermé le dimanche soir et le lundi. Sert jusqu'à 23 h. Une petite salle dans les tons bleus et blancs, qui accueille au coude à coude tous les amoureux des choses de la mer, préparées ici avec bonheur. De l'originalité, du savoir-faire et une qualité régulière qui fait de cette adresse, un rendez-vous d'habitués. Le midi (du mardi au vendredi), l'excellent menu à 98 F propose à vos papilles une salade, un plat de poisson du marché (copieux et superbe) qui change tous les jours, un dessert, le

vin et un café. Pas mal ! À celui à 145 F, c'est la fête : raie, Saint-Jacques, saumon fumé, superbe soupe de poissons...

|●| Chez Nous Comme Chez Vous : 110, av. du Mesnil, La Varenne. ☎ 01-48-85-41-61. Fermé le dimanche soir et le lundi toute la journée. On aime bien ce côté vieille province rassurante. Il ne manque pas une taille dans la gamme de casseroles de cuivre accrochées aux murs, pas un napperon au crochet aux rideaux, ni une petite lampe sur les tables. Un tremblement de terre ne perturberait en rien cette solide cuisine de tradition, vissée au terroir. On est ici chez des gens de métier, on le voit tout de suite. On table sur la qualité, par sur l'originalité. Et on a raison ! Madame trottine en salle depuis plus d'un quart de siècle (service impeccable) et monsieur ne lâche pas ses fourneaux. Très démocratique plat du jour à 68 F, qui change tous les deux jours (petit salé aux lentilles, bœuf bourguignon, paella...), et généreux menu à 149 F comprenant fromage et quart de vin. Pour les repas de fêtes, menu à 299 F. En cours de repas, on s'enquiert de votre appétit et le ramasse-miettes roule sur la nappe avant le dessert. De la tradition, on vous dit.

|●| ▼ Dom Antonio : 1, bd de Champigny (av. du Midi); sur la place Jean-Moulin. ☎ 01-43-97-99-53. Le meilleur resto portugais de la ville, tout simplement. C'est évidemment avant tout pour la morue (4 préparations différentes de 85 à 95 F) qu'on fait le déplacement, mais les autres plats, notamment les entrées, ne sont pourtant pas à négliger. Ah ! le bon chorizo grillé et flambé, les goûteuses sardines à l'escabèche, les fines *accras*... Ajoutez à cela la confondante gentillesse du service, véritable cerise sur le gâteau de cette cuisine généreuse, qui sent l'huile d'olive et le sel marin. Menus à 75 et 95 F (qui remplit parfaitement son contrat). Et ce n'est pas terminé, les soirées se prolongent en chansons... à la cave (voir « Où sortir ? »).

|●| Au Palmier II : 120, av. Foch. ☎ 01-48-85-46-31. Ouvert tous les jours midi et soir, jusqu'à 23 h environ. Le *Palmier* est au couscous ce que le *Dom Antonio* est à la morue. « LE » couscous de Saint-Maur ! Décliné en 7 versions de 69 à 86 F (plus un couscous nature à 40 F). On vient dans ce décor chaleureux et kitsch juste comme il faut se mettre, entre amis et derrière le collier, un bon couscous parfumé, servi dans des plats en terre cuite. Impressionnant plateau de desserts, mielleux et collant à souhait.

|●| L'Annexe : 54, av. du Bac. ☎ 01-48-89-38-25. Fermé le lundi et le samedi midi. Claire et agréable, chic et jeune. Préparations traditionnelles élégamment revisitées et particulièrement goûteuses. Plusieurs propositions de poisson frais. Service un peu distant. Menu à 148 F servi midi et soir (entrée, plat, dessert et café). À la carte, on trouve ça beaucoup trop cher.

|●| La Grenouillère : 68, av. du 11-Novembre, à La Varenne-Saint-Hilaire. ☎ 01-48-89-23-32. Très chouette bord de Marne. Le restaurant se trouve un peu en retrait de la berge. Le cadre, s'il est vert,... comme une grenouille, a plutôt bonne mine. Accueil assez chaleureux et cuisine agréable : terrine de brochet aux poireaux très réussie et – en saison uniquement – cassolette de grenouilles à la crème pas mal non plus. Bons desserts comme le feuilleté de pommes tièdes à la crème de calva. Le tout accompagné d'un modeste saint-émilion Château Bel-Air ou d'une bouteille de bordeaux sélection *La Grenouillère*. Menus de 110 F (sans le vin) à 230 F. Très animé, surtout le week-end (on y danse les vendredi et samedi soir, ainsi que le dimanche

après-midi). Le samedi soir, nombreux banquets et anniversaires. Il est donc conseillé de réserver car c'est une bonne adresse et cela se sait, même si c'est un peu cher.

Très chic

|●| Le Gourmet : 150, bd du Général-Giraud. ☎ 01-48-86-86-96. Fermé le dimanche soir et le lundi toute la journée. Il y a les adresses honnêtes, les bons restos, et puis il y a les lieux exceptionnels. On ne va pas tourner autour du pot longtemps, on a ici affaire à une cuisine de haute volée. Tout est admirablement orchestré : l'écrin d'abord, aux accents légèrement Art déco, fleuri, avec une large baie vitrée donnant sur un beau jardin-terrasse où l'on prend son repas aux beaux jours. Et puis un patron tiré à quatre épingles, issu des plus grandes cuisines de la capitale et qui domine superbement son sujet. Enfin, dans l'assiette, c'est la ronde des saveurs, une infinie finesse, l'intelligence des goûts qui s'expriment par des cuissons parfaites, par des sauces raffinées qui ne sombrent jamais dans le gadget. Le poisson reçoit un traitement particulièrement intéressant, ce qui ne veut nullement dire que les viandes soit maltraitées, bien au contraire. En fait, tout est superbe, original, étonnant. Que ce soit dans le cadre des trois menus (110 F le midi seulement, 145 F ou 175 F, ce dernier comprenant entrée, plat, dessert et demie de vin) ou à la carte, le client dispose d'un beau panorama gustatif et d'un service sans fautes. De la belle adresse, qu'on vous dit ! Un seul bémol (qu'est-ce qu'on est pinailleur !) : le manque de lisibilité de la carte, avec un système de suppléments un peu compliqué. À la carte, la qualité a un prix : compter de 250 à 300 F. Fait également des plats à emporter.

À voir

★ **La place d'Armes :** c'est autour de cette jolie place (malheureusement en partie transformée en parking) que se trouvent les plus anciens vestiges de la ville, l'église et les ruines de l'abbaye. Jacques Tati y tourna plusieurs scènes de *Mon Oncle* en 1956. Le film obtint le Prix Spécial du Jury à Cannes deux ans plus tard. De nombreux habitants participèrent au tournage comme figurants.

★ *L'église Saint-Nicolas :* place d'Armes, dans le Vieux-Saint-Maur. C'est au IXe siècle qu'on élève une petite paroisse dédiée à saint Nicolas pour les besoins des mariniers de la Marne. L'église, comme elle se présente aujourd'hui, est un mille-feuille historique : le clocher actuel est d'origine, le porche d'entrée une réfection du XIXe siècle et le chœur est du XIIIe. À l'intérieur, la nef unique de l'église d'origine fut agrandie sur le côté droit. Sur le plan architectural, le chœur gothique reste le plus intéressant : arcades, triforium, fenêtres hautes, nervures bien dessinées et surtout chapiteaux à motifs très variés (vigne, lierre, chêne...). En effet, les moines observaient la flore locale et y trouvaient leur inspiration.

Le clou de la visite est cette étonnante statue romane en bois polychrome de la Vierge Notre-Dame des Miracles, située à droite du chœur. Sa date de création n'est pas certaine mais une incroyable histoire lui est liée. On dit qu'elle est « achiropoïète », c'est-à-dire qu'elle n'est pas faite de la main de l'homme. L'histoire raconte qu'au XIe siècle un sculpteur ébauche cette Vierge puis il entend des voix. Il s'éloigne de son établi pour en chercher la provenance et quand il revient, hop ! la statue était terminée. Il n'en fallait pas plus pour qu'elle devienne l'objet d'un énorme culte avec procession annuelle et tout le tralala. Tout autour, moult ex-voto lui sont dédiés.

★ *Le parc de l'Abbaye :* entrée par l'impasse de l'Abbaye. Ouvert l'été de 8 h à 22 h (19 h l'hiver). Si la promenade dans le parc est agréable, autant dire tout de suite qu'il ne reste quasiment rien de l'abbaye. Pour imaginer et comprendre l'importance de ce site, il est sans doute nécessaire de lire l'excellent texte historique qui lui est consacré (voir « Un peu d'histoire ») et de faire pendant la balade un sérieux effort d'imagination.

– *L'abbaye :* à proprement parler, il n'en subsiste qu'un tronçon de colonne. Un modeste marquage au sol (assez peu lisible toutefois) est censé délimiter les contours de la vaste abbatiale d'autrefois, grande comme un terrain de foot.

– *La tour Rabelais :* c'est en réalité l'un des seuls éléments aujourd'hui visibles. Il faisait partie d'un ensemble de quatre tours, reliées entre elles par un mur d'enceinte. On édifia ce système défensif tout autour de l'abbaye en 1358, en pleine guerre de Cent Ans, avec les propres pierres du couvent et de l'abbatiale, pour abriter les troupes du dauphin Charles. Cette tour n'a évidemment rien à voir avec Rabelais. Elle prendra son nom deux siècles plus tard, en souvenir du passage de l'illustre personnage. Dans le mur de défense, noter la présence des meurtrières, en fait des archères-canonnières. Elles permettaient le tir d'arbalète mais aussi celui du « veuglaire », ancêtre du canon qui envoyait de la poudre.

– *La chapelle Notre-Dame-des-Miracles :* l'autre vestige encore debout. Date de la fin du XVe siècle, mais fut en grande partie rafistolée au siècle dernier. C'est ici qu'on conservait la petite Vierge aujourd'hui abritée dans l'église. La dévotion vouée à cette Vierge était telle que les moines rentraient nu-pieds dans la chapelle. L'espèce de galerie de cloître qui lui est accolée est due au propriétaire du début du siècle, qui y avait construit sa maison.

★ *La villa Médicis :* trois entrées possibles ; 5, rue Saint-Hilaire, 92, av. du Bac et place Stalingrad. ☎ 01-48-86-33-28. Ouvert du mardi au samedi de 10 h à 12 h et de 14 h à 18 h, et le dimanche de 11 h à 13 h et de 14 h à 19 h. Belle demeure particulière du XVIIe siècle, transformée en musée depuis 1983. Son nom n'a évidemment rien à voir avec les Médicis, dont aucun membre ne mit les pieds ici. Expositions temporaires régulières et présentation d'un fonds permanent d'œuvres d'artistes ayant vécu à Saint-Maur ou ayant été inspirés par la ville. À noter le travail d'Édouard Cazaux : vases des années 30 et 40 en grès, en faïence et en verre. Quelques toiles disséminées d'artistes du début du siècle comme Cluzeau, Quinton (voir, dans le hall, *Les Carriers*), Lemaître (nombreux dessins dans l'escalier) et quelques autres. Mais s'il y a une salle à ne pas louper, c'est celle où l'on présente (trop mal à notre goût) l'admirable travail du sculpteur François Black, artiste polonais qui cisela dans le bois, tailla dans le marbre, coula dans le bronze de très belles figures de femmes ainsi que celle de sa fille, Maya, qui fit don au musée des œuvres de son père (voir *La Maternité, Ève, Torse*). Noter enfin les caricatures de personnages politiques réalisées en 1939 (Hitler, Staline...). Il les cacha dans son jardin, c'est pourquoi on les retrouva quelque peu détériorées.

– Signalons encore une sympathique initiative : l'**Artothèque** de la Ville, dans le carré Médicis (même adresse que la villa) a mis au point un système de prêt d'œuvres d'art contemporain pour ses adhérents (200 F pour les Saint-Mauriens, 400 F pour les autres). On garde les toiles deux mois chez soi, dans son salon, puis on les renouvelle. ☎ 01-48-86-23-32. Ouvert du lundi au samedi de 14 h à 18 h.

★ *Balade au bord de Marne :* la plus belle partie de la Marne se situe entre le pont de Chennevières (à 5 mn de la villa Médicis) et le pont de Champigny. Superbement aménagé pour les piétons. Du beau travail. Au n° 94, *promenade des Anglais,* maison de la Pompe. Incroyable demeure, genre château fort d'opérette néo-tout-c'-qu'on-veut, équipé de deux tourelles, mâchicoulis avec diablotins, meurtrières, etc. Une partie de la maison était au siècle dernier un réservoir d'eau qui servait à alimenter les maisons aux alentours. On l'intégra ensuite à une maison particulière dans un style kitscho-moyenâgeux. Au n° 62, bâtisse de brique, pierre et meulière, et un chouia de céramique. Au n° 52, maison qui ressemble à une église anglicane, avec ses fenêtres néo-gothiques.
Détour par la *rue de la Marne* pour admirer, au n° 131, une autre maison néo-tout-ce-qu'on-veut (ça devient un style à force), qui accumule, dans un étonnant patchwork, tout le manque d'originalité du siècle précédent. Des tourelles, de la dentelle de pierre, une guirlande de fleurs de lys... Deuxième détour par la *rue du Bac,* au n° 102, pour jeter un œil à cette maison à faux colombages aux rythmes variés.
En reprenant les bords de Marne, quelques édifices encore notables, notamment des maisons anglo-normandes comme au 53, au 61 et au 99 *bis, quai Winston-Churchill.* Quais très sauvages à ce niveau-là de la Marne. Le 109 *bis* présente une maison de brique avec balcon de bois. Au n° 125, un ancien garage à bateaux, « Cercle des Sports de la Marne », qui possède des éléments décoratifs Art nouveau. On peut poursuivre encore plus loin la balade jusqu'au barrage de Joinville.

★ *La place des Marronniers :* la plus grande de toute la ville, cernée par plusieurs rangées de marronniers, avec au centre l'église Notre-Dame-du-Rosaire. Si vous avez les boules, c'est là que ça se passe. Les amateurs de pétanque s'y retrouvent régulièrement. Marché le mardi et le vendredi.

Où boire un verre ? Où sortir ?

|●| ♼ *Dom Antonio :* voir « Où manger ? ». Qu'on mange ou pas dans ce resto portugais (mais ce serait un crime de ne pas le faire), il faut descendre quelques marches (entrée gratuite) pour venir écouter dans la cave, toute de bois vêtue, décorée de vieilles photos d'artistes, le vendredi soir (à partir de 22 h 30 - 23 h environ), un vieux *fado* des familles qui va vous plonger dans les odeurs du quartier de l'Alfama à Lisbonne et vous faire monter quelques larmes au bord des yeux. Le samedi

soir (à la même heure), place aux chants populaires portugais jusqu'à 1 h ou 2 h du matin !

Blue Bar : 59 *ter,* av. du Bac. ☎ 01-55-96-04-00. Ouvert jusqu'à 2 h. Fermé le lundi. Un des récents rendez-vous de la ville. On peut y manger, mais franchement la cuisine n'est pas leur point fort et les prix s'envolent. Clientèle un rien snob de jeunes gens. Écran géant et musique assourdissante. Très bien en revanche pour terminer une soirée autour d'un dernier verre.

– **Le Saint-Charles :** 143, quai de Bonneuil, à La Varenne. ☎ 01-43-97-48-69. Ouvert toute l'année du jeudi au dimanche. Entrée : 100 F (conso comprise). Une boîte, quoi ! Que dire d'autre ? Que la musique fait boum-boum, qu'il y a des miroirs pour se regarder danser, qu'il ne faut pas y débouler avant 2 h pour ne pas passer pour un charlot, qu'il faut y aller en bande et que les jeudi et dimanche, l'entrée est gratuite. Voilà. Allez, bonne soirée !

Le Regency : 98, av. du Bac. ☎ 01-48-83-15-15. Pour la jeunesse de Saint-Maur, *Le Regency,* c'est l'incontournable rendez-vous du soir, véritable pot-pourri de la nuit, comprenant resto, brasserie et pub, avec des coins et des recoins, des banquettes hors d'âge et des alcôves pour que les ados échangent en cachette des baisers mouillés de bière. Pour boire un verre, pour sucer une glace ou pour grignoter un morceau tardivement (jusqu'à 2 h), c'est encore et toujours *Le Regency*. Central, convenu, ni beau ni moche, on ne juge pas *Le Regency,* on y va.
– **La Gelateria :** 99, av. du Bac. Un artisan glacier de qualité, qui ouvre tard le soir à la belle saison et qui a la bonne idée de se situer juste en face du *Regency*.

Loisirs

– **Cinéma Le Lido :** rescapé du siècle dernier, cet ancien théâtre d'Adamville qui faillit passer sous la pelleteuse fut sauvé et transformé en un superbe cinéma. Bravo !

Marchés

Un marché par quartier ! Pas mal. Voici les principaux.
– **Marché de La Varenne :** place de Stalingrad. Le jeudi et le dimanche, mais plus important le dimanche. Pas mal de fringues pas chères en fin de stock.
– **Marché d'Adamville :** près de la place Jacques-Tati. Le mercredi et le samedi. Un autre petit marché place Diderot, le jeudi et le dimanche.
– **Marché de Saint-Maur-Créteil :** devant le parvis du R.E.R. Saint-Maur-Créteil. Les mardi et vendredi.
– **Marché du Vieux-Saint-Maur :** place de la Pelouse. Le mercredi et le samedi.
– **Marché du Parc-Saint-Maur :** place des Marronniers. Le mardi et le vendredi.
– **Marché de Champignol :** place du Marché-de-Champignol (facile). Le mercredi et le samedi matin.

Fêtes et manifestations

– **La foire aux Trouvailles :** place des Marronniers, le 2e dimanche de juin. Les Saint-Mauriens vident leurs greniers sur la place, toute la journée. Espace troc pour les enfants.
– **Le salon des Artisans d'Art :** dans le hall des Terrasses, 2, av. des Terrasses. Artisans d'Île-de-France qui exposent et vendent. Entrée payante.
– **Les Ateliers d'Art :** 5 *ter,* av. du Bac. ☎ 01-42-83-41-42. Expositions de

peinture et de gravure toute l'année. Salon des Artistes du Val-de-Marne en novembre.

CRÉTEIL (94000)	90 000 habitants

Créteil n'est pas une ville nouvelle! Bien sûr, les constructeurs se sont acharnés sur la commune depuis la Seconde Guerre mondiale, empilant des cubes plus hauts les uns que les autres, mais tout n'est pas à jeter dans cette architecture, loin de là! Si vraiment vous êtes allergique au béton, le vieux Créteil près des bords de Marne recèle des trésors de calme et de verdure. À découvrir!

Un peu d'histoire

L'axe que forment actuellement l'avenue du Général-de-Lattre, la rue de Paris et la rue de Brie existe depuis 2 000 ans. Ce chemin gaulois reliant les Alpes à la Manche contournait Lutèce par l'est et, évitant les plaines fréquemment inondées, s'en allait vers Sens par les crêtes. Au lieu-dit *Cristoïlum* (la Clairière sur la Crête), qui deviendra rapidement Créteil, se dressent alors un temple païen et quelques habitations. Sous les Mérovingiens, une église est érigée pour recueillir les reliques des martyrs Agoard et Aglibert. En 855, Créteil est déjà un bourg libre qu'entoureront des murs jusqu'au XIXe siècle. Après avoir appartenu aux seigneuries ecclésiastiques du chapitre de Notre-Dame, de Saint-Germain-l'Auxerrois et de l'abbaye de Saint-Maur, le territoire cristolien revient à la couronne de France qui en fait don à différents seigneurs de cour (seul subsiste le parc Dupeyroux, ancien fief de Pontault).

La population ne cesse de grandir, attirée par des industries florissantes : sablières de la plaine, carrières de gypse du mont Mesly (pour la fabrication du plâtre), cultures maraîchères et viticoles. Il y aura jusqu'à trois moulins en activité sur le bras du Chapitre. Sous le Second Empire, Créteil est une communauté forte de 2 500 habitants. Le mont Mesly sera le théâtre d'un sanglant épisode de la guerre de 1870, précipitant la fin de l'agriculture et le début d'une réelle urbanisation. Au lotissement des grandes propriétés commencé en 1855 succède le développement des équipements de la ville.

Après la Seconde Guerre mondiale, le général Billote, maire de la ville, décide d'assainir les anciennes sablières, de l'autre côté de la voie rapide. En l'espace de 15 ans, le lac est créé, les sols stabilisés, et une ville entière s'élève, donnant corps aux rêves architecturaux de l'époque. Promu préfecture du département en 1966, Créteil a vu sa population plus que doubler depuis.

Comment y aller?

– *En métro :* ligne 8, direction Créteil-Préfecture. Stations Créteil-L'Échat, Créteil-Université et Créteil-Préfecture.
– *En bus :* lignes 104, 107, 117, 172, 181, 217, 281, 308, 317, 392 (T.V.M.) et 393.

■ Adresse utile	★ À voir
✉ Poste	30 Le parc Dupeyroux
	31 Le colombier
ﮩ Où manger?	32 Le polissoir
20 Crêperie du Village	33 L'église Saint-Christophe
21 L'Épicurienne	34 La maison de l'Abbaye
22 La Terrasse de Créteil	35 Le bras du Chapitre
23 Le Domaine Sainte-Catherine	36 Le marché du centre

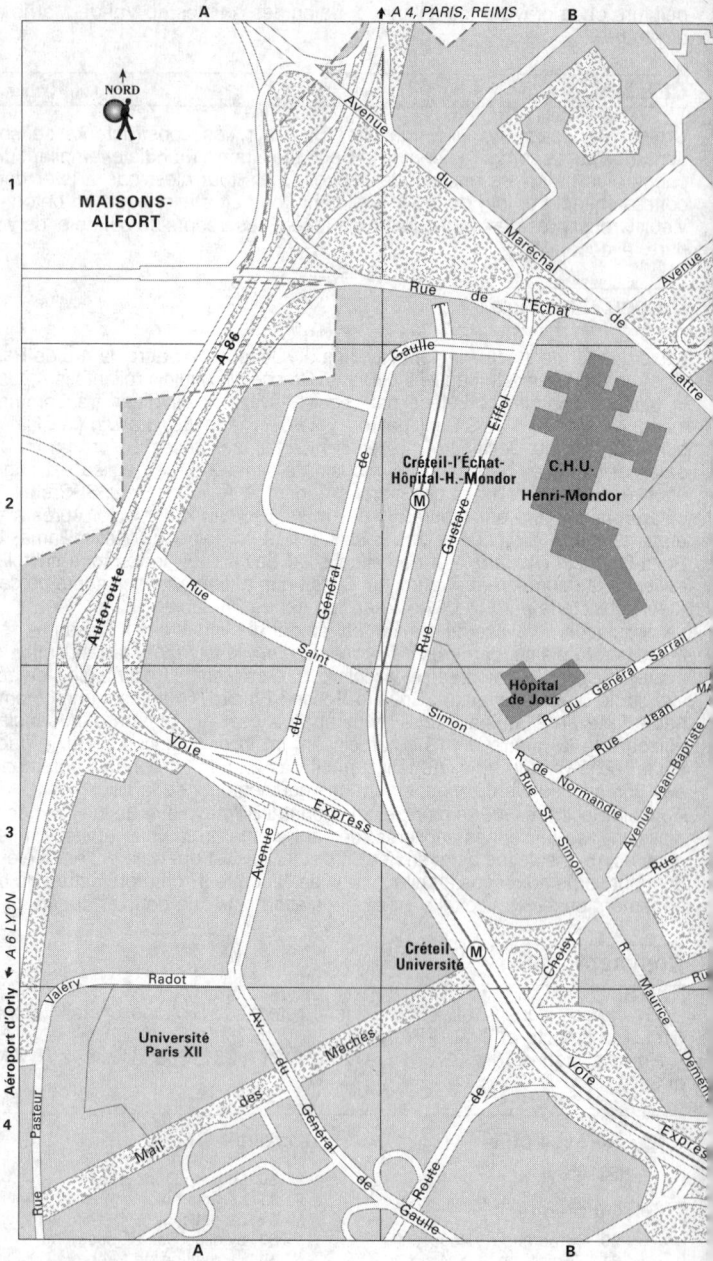

CRÉTEIL

NORD

A 4, PARIS, REIMS

MAISONS-ALFORT

Avenue du Maréchal

A 86

Autoroute

Rue

Rue de l'Échat

Avenue de Lattre

de Gaulle

Rue

Eiffel

Créteil-l'Échat-Hôpital-H.-Mondor

(M)

C.H.U. Henri-Mondor

Général

Gustave

Rue

Saint

Simon

Hôpital de Jour

R. du Général Sarrail

Rue Jean

R. de Normandie

Rue St.- Simon

Avenue Jean-Baptiste

Rue

Voie

du

Express

Avenue

Aéroport d'Orly   A 6 LYON

Valéry

Radot

Pasteur

Choisy

Créteil-Université

(M)

R.

Maurice Deménn

Voie

Express

Université Paris XII

Av. du Général

des

Mèches

Rue

Mail

de

Gaulle

Route

de

JOINVILLE ↑

C

D

CRÉTEIL

Rue Laferrière

Av. des Maisons

Av. de Ceinture

R. du Beau Site

Chéret

Pauline

R. Anat. France

Av. du Gal. Galliéni

R. du Buisson

Rue du Port

Rue de Verdun

PONT DE CRÉTEIL

ST-MAUR-

DES-

FOSSÉS

Île Brise-Pain

Allée

Rue de la Prairie

■|●| **22**

Avenue

1

2

Tassigny

Jaurès

★ **32**

R. de Paris

Villa du Petit Parc

★ **31**

Av. du Château

Mèches

Rue de

Av.

Rue

Pierre

Rue de

Saint-Christophe

★ **33**

⊠ PL. DE L'ÉGLISE

|●| **20**

Rue du Moulin

34 ★

35 ★

Av. des Coucous

Chemin Centrale

MARNE

23 ●|

Rue Robert Legeay

Rue ★ **36**

Av. de la République

Île Sainte-Catherine

du Bras

du

↑

Joly

|●| **21**

3

★ **30**

Bretagne

Général

Rue de Brossolette

des

Rue de Mesly

Rue Gabriel Péri

Leclerc

Écoles

Chapitre

4

Av. du Ch. de Mesly

Rue J. Savar

0   100   200 m

C

D

↘ MELUN

CRÉTEIL

– *En voiture :* quai d'Ivry, pont d'Ivry, N19 qui traverse Créteil. Ou A4 depuis la porte de Bercy, puis A86.

Adresses utiles

🅗 *Office municipal du tourisme :* 1, av. François-Mauriac. ☎ 01-48-98-58-18. Ouvert du lundi au vendredi de 9 h à 12 h et de 14 h à 17 h 30.

◼ *Mairie :* place Salvador-Allende. ☎ 01-49-80-92-94.

Où manger ?

Bon marché

|●| *Crêperie du Village (plan C3, 20) :* passage de l'Image-Saint-Martin. ☎ 01-42-07-67-19. Petite devanture colorée dans un renfoncement de la rue du Général-Leclerc. Amusant mariage de crêpes bretonnes et de garniture algérienne (spécialités d'Oran).

Prix moyens

|●| *La Caravelle (hors plan) :* 18, esplanade des Abymes. ☎ 01-43-39-19-52. Ouvert de 12 h à 15 h et de 19 h 30 à minuit. Fermé le lundi et le dimanche soir. La cuisine est bonne bien sûr (sinon, on n'en parlerait pas), mais ce qui nous amuse le plus c'est le cadre : un invraisemblable fond de cale de navire en bois sombre avec des fenêtres-hublots donnant sur la mer (bon, d'accord, sur le lac artificiel, mais on peut rêver). Au menu, du poisson bien sûr, mais aussi des produits du Périgord, des rillettes, et un joli choix de salades originales. À partir de 120 F.

|●| *L'Épicurienne (plan C3, 21) :* 29, av. Pierre-Brossolette. ☎ 01-48-98-32-01. Fermé le samedi midi, le dimanche soir et le lundi toute la journée. Cuisine inventive et délicate pour un exceptionnel rapport qualité-prix. Menu à 190 F ou spécial fruits de mer à 185 F (vin à discrétion, plateau de 40 fromages, dessert et café, tout est compris !).

|●| *La Terrasse de Créteil (plan C-D2, 22) :* 39, av. de Verdun. ☎ 01-42-07-15-94. Fermé le samedi midi, le dimanche soir et le lundi soir. Bougeoirs argentés sur nappe de dentelle, cohortes de serveurs en blazer steward blanc, l'ambiance tranche nettement avec la triste avenue de Verdun. Bouillabaisse de poisson (sans arêtes), cassoulet de poisson, mais aussi gibier en sauce ou tête de veau, de quoi satisfaire tous les appétits. Menus à partir de 150 F.

|●| *Le Domaine Sainte-Catherine (plan D2, 23) :* 22-24, allée Centrale. ☎ 01-42-07-19-18. Fermé le dimanche soir et le lundi ; en hiver, jamais ouvert avant 13 h. De la porte de Bercy, suivre l'autoroute A4 en direction de Nancy-Metz ; sortie Joinville-le-Pont, puis Saint-Maurice. Continuer tout droit en restant sur la voie de droite et emprunter le pont de Créteil. Juste après, au rond-point, faire demi-tour ; c'est juste avant de reprendre le pont sur votre droite. Cette grande et jolie maison du XIXᵉ siècle tout en pierre n'a pas vraiment l'allure d'une guinguette. Et d'ailleurs, tout sonne faux, malgré son appartenance reconnue à l'association Culture Guinguettes. Le restaurant est sur la droite, au bord de l'eau, mais le cadre n'est pas vraiment terrible. Décor en faux marbre et musique cubaine, on est loin du compte. Atmosphère pour le moins glaciale et assez snob, mais le personnel en grande tenue est très attentionné et discret. Cuisine acceptable et présentation des mets soignée. Dans le menu à 165 F, salade riche et terrine de lièvre correcte, ainsi que la fricassée de lapereau aux champignons. À la carte, où il faut compter entre 200 et 250 F,

vous n'aurez que l'embarras du choix : foie gras frais maison, médaillons de lotte safranés, mignon de veau aux girolles... Bons desserts, notamment la truffe au chocolat. Dîner dansant seulement le samedi soir en été. On l'aura compris, on est ici loin des flonflons des accordéonistes, et c'est bien dommage. Vogue, vogue la guinguette...

À voir

PROMENADE DANS LE VIEUX CRÉTEIL

★ *Le parc Dupeyroux* *(plan C3, 30)* : ce parc recouvre les limites de l'ancien fief de Pontault, datant du XVe siècle. Un manoir, puis un château Louis XIII s'y succédèrent, avant que Georgina Smythe, une riche Anglaise célèbre pour sa beauté, ne fasse construire en 1864 l'actuelle villa blanche de style italien. C'est à présent la résidence du préfet du Val-de-Marne. Le jardin, public lui, a subi plusieurs remaniements mais garde des traces de son passé ancien : allée des 70 tilleuls filant vers le sud attestée dès 1672, cinq chênes contemporains de Louis XIV, et de nombreux autres arbres centenaires.

★ *Le colombier* *(plan C3, 31)* : villa du Petit Parc, s'ouvrant au 18 *bis,* rue des Mèches. Ouvert tous les premiers dimanches du mois, de 15 h à 17 h. Cette petite tour coincée entre plusieurs grands immeubles peut s'estimer heureuse : elle fut déplacée de 45 m en 1972 pour permettre la construction d'un vaste ensemble de logements. Dernier vestige d'un manoir seigneurial du XIVe siècle ayant appartenu à Miles Baillet, trésorier de France, ce colombier unique en Île-de-France pouvait abriter jusqu'à 1 500 couples de pigeons. Il a été admiré et dessiné par Viollet-le-Duc, ce qui a permis sa restauration à l'identique en 1987.

★ *Le polissoir* *(plan C2, 32)* : square Paul-Hervy. Retrouvée sur les bords de Marne, près de la rue du Moulin, cette pierre de grès de plus de 2 tonnes servait il y a 7 000 ans à affûter et polir des outils en silex.

★ *L'église Saint-Christophe* *(plan C2, 33)* : véritable sentinelle de 30 m de haut, veillant sur Créteil depuis 900 ans. Le clocher fortifié en donjon à la fin du XIe siècle devait servir de refuge aux Cristoliens en cas d'alerte. Commencée romane, elle s'agrandit dans le style gothique au XIIe siècle pour englober la crypte contenant les reliques des martyrs Agoard et Aglibert. Constamment rénovée à partir du XIXe siècle, elle se présente depuis 1985 dans son état d'origine.
Vous pouvez rejoindre directement le bras du Chapitre en prenant la rue du Moulin, ou vous balader dans le quartier des Buttes au nord de l'église vers la rue Anatole-France, l'avenue Pauline et l'avenue de Ceinture, juste l'occasion de voir une flopée de pavillons fin XIXe siècle dans le genre « Sam Suffit ».

★ *La maison de l'Abbaye* *(plan D2, 34)* : 37, rue du Moulin. Cette grosse bâtisse grisâtre ne paie pas de mine. C'est pourtant là qu'entre 1906 et 1908 un groupe de jeunes peintres, écrivains et compositeurs (Charles Vidrac, Georges Duhamel et Jules Romains, entre autres) fondèrent l'abbaye de Créteil, sorte de communauté intellectuelle et artistique.

★ *Le bras du Chapitre* *(plan D2-3-4, 35)* : la merveille du vieux Créteil. Entre le pont de Créteil et la rue du Barrage, tout un chapelet d'îles séparées par des petits canaux (appelés guidelières ou guyères) forme avec la berge un paradis de verdure et de calme, à 100 m de la N19. Le chemin du bras du Chapitre, ancien chemin de halage, encore pavé à l'ancienne et bordé de platanes bicentenaires, commence en bas de la rue du Moulin, non loin des jardins ouvriers de la rue de la Prairie. Il y avait là, jusqu'au XIXe siècle, trois moulins dont les piles soutiennent encore les passerelles qui mènent aux îles Brise-Pain et Sainte-Catherine.

★ *Île de Guyère, île Brise-Pain, île Sainte-Catherine, île des Ravageurs.* Qui aurait pu imaginer que la « Petite Venise du Val-de-Marne » se trouve à quelques centaines de mètres des gratte-ciel de Créteil ? Quatre îles entrelacées cachent des palais farfelus qu'habitent des îliens tout aussi singuliers. Il faut y accéder à pied par le bras du Chapitre. Ambiance romantique garantie : sur les passerelles en bois, des peintres du dimanche croquent cygnes majestueux, nénuphars et platanes centenaires. Passé un autre bras d'eau, des maisons animées de terrasses sur les toits, de piscines intérieures et de jardins mourant au bord de l'eau... Les privilégiés ? Des soixante-huitards ! Ce sont les premiers à avoir acheté ces plages sous les pavés. À l'époque, les îles, refuges des « barbeaux » et des déshérités d'après-guerre, avaient mauvaise réputation. Le tout-à-l'égout et le téléphone n'étaient pas installés tandis que les terrains inondables étaient moins chers qu'ailleurs. De quoi ravir cette génération pour qui vivre à la campagne en ville était alors une aventure.

★ *Le marché du centre* (plan D3, *36)* : à l'angle de la rue Robert-Legeay et de la rue des Écoles. Typique des constructions métalliques de la fin du XIXe siècle. Malgré l'implantation des grandes surfaces, ce marché offre encore une joyeuse animation le jeudi et le dimanche, de 8 h à 13 h.

PROMENADE DANS LA VILLE NOUVELLE

La jungle de béton vous effraie ? Respirez un grand coup et suivez le guide.

★ Partant de la station de métro Créteil-Université, prenez le mail des Mèches, vers l'ouest et l'université. La rue Braque, à gauche, traverse le quartier de la Haye aux Moines et vous conduit, via la passerelle du Général-de-Gaulle et l'allée Marcel-Pagnol, jusqu'au *quartier du Palais,* histoire de voir ces fameux « choux » qui ont fait couler beaucoup d'encre (en fait, un chou et des épis de maïs d'après l'architecte Grandval). En prenant la passerelle de la route de Choisy, vous arrivez près du *lac artificiel* alimenté par des nappes phréatiques affleurantes. Soit la verdure vous manque déjà et vous continuez par la droite vers la base de loisirs, soit, et le plus beau reste à venir, vous tournez à gauche vers l'immense équerre de bronze qui abrite la préfecture.

★ Le *quai de la Croisette* ne porte pas si mal son nom. Il y fait bon lever le pied et flâner les mains dans les poches. Arrivé à hauteur de l'hôtel de ville, retournez-vous vers le quartier du Palais. C'est de là que la ville nouvelle est la plus belle. Les ensembles s'alignent à la perfection et la distance atténue leur taille monstrueuse. Tous les immeubles font face au lac, ce qui tendrait à alimenter les mauvaises langues qui disent que le général Billotte s'intéressait peu au vieux Créteil et songeait même à désolidariser les deux villes.

★ Le parvis de la *place Allende,* devant l'hôtel de ville, est décoré de vagues ondulantes créées par Vasarely. En redescendant sur le quai Offenbach et l'esplanade des Abymes, vous arrivez au cœur des *quartiers du Port et de l'Ormeteau* : Les constructions plus récentes renouent avec le style « haussmannien » : pas plus de six étages, toiture en pente et commerces au rez-de-chaussée. Le port (sans bateau) et sa pagode sont des plus kitsch. Un peu plus au sud se trouve le *quartier de la Source,* dernier chantier en date de Créteil et summum de l'artifice. Une longue perspective en cascades propose de redonner une source au lac. À lac artificiel, source artificielle, après tout, c'est logique !
Vous pouvez enfin retrouver l'herbe (la vraie !) en remontant sur l'autre berge vers la *base de loisirs.* Si le cœur vous en dit, sachez qu'aucune auto-

risation n'est nécessaire pour débarquer avec sa planche à voile et voguer sur le lac. Les habitués se retrouvent sur la route de la Pompadour. La baignade, elle, est interdite.

Fêtes et manifestations

– *Le carnaval de Créteil :* depuis 12 ans, les maisons de quartiers se réunissent pour organiser courant mars un véritable carnaval avec costumes, chars et défilés. Chaque cortège (plus de 4 500 personnes en 1997) démarre de son quartier et se retrouve en fin d'après-midi à la base de loisirs du lac. Renseignements à l'Union locale des MJC : ☎ 01-43-99-06-23.
– *Le festival de Films de Femmes :* la Maison des Arts et de la Culture de Créteil, place Salvador-Allende, organise chaque année, depuis 1985, vers mars-avril, un festival avec la sélection des meilleurs films réalisés par des femmes venues du monde entier.

MAISONS-ALFORT (94700)	55 000 habitants

Déployée en éventail depuis le pont de Charenton, entre les bords de Marne et la voie ferrée du « PLM », traversée par les nationales 6 et 19, Maisons-Alfort est restée à l'écart des grands débats urbanistiques de l'après-guerre. Essentiellement pavillonnaire, la commune garde une taille humaine qui invite le piéton à la promenade.

Un peu d'histoire

Du village de Maisons au château d'Harrefort

La première mention d'un village appelé *Mansiones* ou Maisons se trouve dans un parchemin de 988 attestant le don par Hugues Capet d'une partie de l'ancien domaine carolingien de Bonneuil à l'abbaye bénédictine de Saint-Maur-des-Fossés (ce parchemin, au passage, est le seul connu portant le monogramme d'Hugues Capet). Il s'agit essentiellement alors de labourages et de prairies. De 1262 à 1325, les abbés de Saint-Maur affranchissent successivement de toutes servitudes les habitants de Maisons. Au XVIe siècle, après cent ans d'occupation anglaise, six grands fiefs se partagent le territoire : ceux de l'Archevêché, de l'Image, de Saint-Pierre, de Charentonneau, de Château-Gaillard et de Maisonville. L'histoire de la commune suit l'évolution de ces grandes propriétés jusqu'à nos jours. En 1765, le roi de France acquiert le château d'Harrefort (Hallefort, puis Alfort) sur le domaine de Maisonville pour y installer l'École royale vétérinaire dont le prestige rejaillira sur la ville. Pour la première fois, le bourg prend le nom de Maisons-Alfort.

Le divorce d'Alfortville

Après la Révolution française, les anciens fiefs passent sans coup férir aux mains des bourgeois (16 domaines seulement recouvrent la quasi totalité du territoire actuel de Maisons-Alfort). Le règne de Louis-Philippe apporte deux modifications majeures : la construction du fort de Charenton en 1841 (appelé ainsi parce qu'il défend le pont de Charenton) et l'ouverture en 1849 de la ligne « PLM » (Paris-Lyon-Méditerranée, puis Paris-Lyon-Marseille).

LE VAL-DE-MARNE

Cette dernière permet notamment à un grand nombre de Parisiens de se fixer à Maisons-Alfort, et pousse surtout les habitants de la partie située entre elle et la Seine à revendiquer la personnalité communale. En 1885, ils se séparent de Maisons-Alfort et créent Alfortville.

De l'usine à la plage

La fin du XIXe siècle connaît l'installation de nombreuses industries alimentaires : Fould-Springer (la première, fondée en 1872, mais aussi la dernière existante à Maisons-Alfort), La Suze, la Vermicellerie Parisienne, les Pâtes La Lune, Bozon-Verduraz, l'Alsacienne, Gondolo (qui deviendra les Biscuits Belin). C'est aussi l'âge d'or des bords de Marne. Le service des Bateaux Parisiens (les bateaux-mouches) fonctionne à plein, les petites maisons avec jardin se louent à la saison, il y aura jusqu'à sept guinguettes entre le pont de Charenton et le pont de Maisons-Alfort. Et surtout on va à la plage, un véritable banc de sable encombré de cabines, où des centaines de personnes se baigneront jusque dans les années 50 (maintenant occupée par le club bouliste, entre la passerelle de Charentonneau et l'île du Moulin-Brûlé). Essor industriel, essor démographique (la population a décuplé entre 1850 et 1900), la ville manque de logements et d'équipements.

Une politique de lotissement intelligent

Le lotissement des grandes propriétés s'accélère. Le plus spectaculaire est celui de l'immense domaine de Charentonneau, 250 hectares lotis en une fois en 1897 (ce qui explique son cadastre « à l'américaine »). Plus d'une cinquantaine de projets immobiliers sont en œuvre dans les années 30. À ce titre, Maisons-Alfort a de la chance, car c'est l'une des rares communes de la banlieue sud de Paris à ne pas avoir connu de lotissements défectueux (constructions spéculatives de la fin du XIXe siècle n'obéissant à aucune règle d'hygiène). Elle le doit principalement au morcellement tardif de ses grandes propriétés. Des quartiers neufs sont construits (les Planètes dans les années 50, les Juliottes et Mesly-Valenton dans les années 70), mais l'excellente facture de l'architecture d'avant-guerre explique qu'il s'engage aujourd'hui plus de programmes de réhabilitation que de projets de construction.

Comment y aller ?

– **En métro :** ligne 8, direction Créteil. Stations : Maisons-Alfort-École-Vétérinaire, Maisons-Alfort-Stade, Maisons-Alfort-Les Juliottes.
– **En R.E.R. :** ligne D, direction Melun-Malesherbes. Stations : Maisons-Alfort-Alfortville, Le Vert-de-Maisons.
– **En bus :** depuis Paris, lignes 24 (Bercy) et 125 (Porte-d'Orléans).
– **En voiture :** prendre l'autoroute A4, porte de Bercy, ou la nationale 6, porte de Charenton. Sortie Pont-de-Charenton à 3 km.

Adresse utile

■ **Mairie :** 118, av. du Général-de-Gaulle. ☎ 01-43-96-77-00.

Où manger?

Bon marché

|●| *L'Escale :* 2, rue du Maréchal-Juin. ☎ 01-43-68-55-18. Ouvert du lundi au samedi jusqu'à 21 h 30. À l'angle d'un bel immeuble en brique vernissée. Un petit coin de Bretagne bien accueillant, on est même étonné de ne pas voir la mer par les fenêtres. Au menu, accueil chaleureux, sourire sincère, lapin et moules marinières. À partir de 59 F le midi.
|●| *Le Mondégo :* 84, av. Foch. ☎ 01-43-78-78-00. Ouvert du lundi au samedi jusqu'à minuit. En face de la passerelle de Charentonneau. Menu à partir de 54 F tout à fait correct et plutôt copieux. Cuisine portugaise si l'on réserve 48 h à l'avance.

Prix moyens

|●| *La Pastorale :* 2, av. Joffre. ☎ 01-48-93-01-05. Ouvert tous les jours de 12 h à 14 h et de 19 h 30 à 22 h. Un restaurant qui s'appuie sur les valeurs sûres de la cuisine française. Ici, pas d'extravagances, ni de coquetteries culinaires, les produits sont frais, les plats intégralement élaborés en cuisine, simples et bons : barbu aux crevettes, médaillons de lotte ou cailles farcies désossées. Menu à partir de 102 F.

Plus chic

|●| *La Bourgogne :* 164, rue Jean-Jaurès. ☎ 01-43-75-12-75. Ouvert du lundi au samedi à partir de 12 h. Qui aurait cru qu'il y avait autant de poissons en Bourgogne? Bar grillé, filet de l'empereur, bourride provençale. Ah, tout de même, un excellent coq au vin! D'ailleurs la décoration et la carte des vins sont bien bourguignonnes et le chef ne faillit pas à la renommée gastronomique du terroir. Menu à partir de 205 F (vin compris).

À voir

★ *Le musée Fragonard :* École vétérinaire, 7, av. du Général-de-Gaulle ; Bâtiment des collections. ☎ 01-43-96-71-72. Ouvert le mardi et le mercredi de 14 h à 17 h, le samedi et le dimanche de 10 h à 17 h. Fermé pendant les vacances scolaires. Attention, ne cherchez pas de tableaux! Il s'agit ici d'Honoré Fragonard, cousin du peintre, né comme lui à Grasse en 1732, et grand artiste aussi, mais dans un autre domaine. Le musée est passionnant, mais autant vous le dire tout de suite, il vaut mieux avoir le cœur bien accroché.
L'École royale vétérinaire de Maisons-Alfort (deuxième au monde après celle de Lyon) est créée en 1766. Le siècle s'ouvre aux sciences, mais c'est une approche très pragmatique qui prévaut ici : étudier la pathologie chevaline pour mieux la soigner, et bien sûr diffuser ce savoir. Le cheval, à l'époque, représente une richesse considérable ; c'est la première force de travail, la clé des transports, et un élément fondamental de la stratégie militaire (la cavalerie napoléonienne fut transformée en infanterie pendant la campagne de Russie, faute de chevaux!). Dès la création de l'École, des collections de préparations anatomiques sont regroupées au sein d'un « cabinet du roi », première forme de musée à vocation pédagogique tout en aiguisant la curiosité des visiteurs. En 1793, les collections sont dispersées vers le Museum d'histoire naturelle ou l'École de santé (et souvent se perdent), ce qui explique que les pièces restantes datent en majorité du XIXe siècle. En 1902, le musée s'installe dans les bâtiments actuels.
La visite s'articule autour de trois salles : la première présente un classement par appareils (systèmes respiratoire, digestif, génital, nerveux, etc.) de différents animaux, la deuxième regroupe les squelettes et la troisième offre

un panorama des pathologies animales (et humaines!). Cette dernière contient les « trésors » du musée. Deux vitrines présentent une trentaine d'écorchés réalisés entre 1766 et 1771 par Honoré Fragonard. De véritables chefs-d'œuvre anatomiques, dépassant largement le cadre de la science. Le *Cavalier de l'Apocalypse* sort tout droit d'une gravure de Dürer, et l'*Homme à la mâchoire,* au pied duquel danse un groupe de farfadets grotesques, est spectaculairement expressif.

★ *L'église Saint-Rémi :* 6, rue Victor-Hugo. Pour les horaires d'ouverture, c'est un vrai poème. Alors, comme on est un peu fainéant, on se contentera de vous dire qu'elle est ouverte tous les jours, *grosso modo* dans la matinée et une bonne partie de l'après-midi. Elle date du XIIe siècle pour les parties les plus anciennes, mais fut restaurée à la fin du XVIIIe, puis encore au milieu du XIXe siècle. Le clocher en pierre surmonté d'une flèche à 8 pans est un souvenir de l'occupation anglaise du XVe siècle (touché par la foudre en 1972, il fut entièrement restauré et remonté pierre par pierre). L'intérieur a un magnifique orgue du XVIIIe (lui aussi restauré en 1971).

★ *Le musée de Maisons-Alfort :* 9, rue Victor-Hugo. ☎ 01-43-96-77-99. Ouvert hors vacances scolaires les lundi et mercredi de 14 h à 18 h, et d'octobre à mai les 1er et 3e dimanches du mois, de 14 h à 18 h. L'histoire locale de Maisons-Alfort à travers des reconstitutions façon musée Grévin, notamment une épicerie contenant les produits d'industries maisonnaises et un salon de coiffure 1900 très détaillé.

★ *Le château de Reghat :* 34, rue Victor-Hugo. Amputé de ses ailes, rogné par la nationale 6, ce château construit vers 1780 est d'abord la propriété de Pierre de Reghat, avant d'être acheté en 1872 par le baron Springer pour y installer une distillerie et une fabrique de levure. La façade arrière (visible de loin et sur la pointe des pieds) est maintenant classée.

★ *L'Orangerie :* 46, av. Foch. Ces deux murs d'arcades en L sont l'unique vestige du château de Charentonneau, détruit en 1957.

★ *L'Octroi :* rue Jean-Jaurès, à l'entrée de l'usine Fould-Springer. Plusieurs octrois sont créés à Maisons-Alfort en 1849 pour percevoir un droit de passage sur les vins et alcools, puis sur presque toutes les marchandises. Il en reste deux, celui-ci, le plus joli, et un tout petit au pont de Maisons-Alfort, datant de 1911. L'usage en fut supprimé en 1948.

★ *L'architecture des années 30 à Maisons-Alfort :* l'équipe municipale radicale-socialiste, emmenée par Léon Champion (maire de 1901 à 1935), met en œuvre durant l'entre-deux-guerres une remarquable série d'équipements. Programme social volontariste épaulé par l'Office public d'Habitations à bon marché du Département de la Seine (OPHDS), du conseiller général de la Seine, Henri Sellier, et parfois appuyé par le mécénat de grands patrons (comme Fernand Moureaux, inventeur de la Suze). La banlieue est alors un laboratoire de recherche en matière d'architecture et d'innovations techniques. D'ambitieuses réalisations surgissent du sol en quelques années dans une France que ne guette pas encore le spectre de la crise économique.

Au 45, av. du Général-Leclerc, se profile la façade ondulante du *groupe Georges Guyon*, réalisé par son fils Henri Guyon en 1931. Dispositif original d'un vaste immeuble à frise semi-ronde sur rue et, au fond de la parcelle, d'un ravissant ensemble de pavillons répartis autour d'une rue en fer à cheval.

★ *L'église Sainte-Agnès :* rue Nordling. Elle fut saluée par tous les critiques après sa construction en 1933. Les architectes, Brillaud de Laujardière et Puthomme, devaient inscrire l'église dans une parcelle complexe coincée entre plusieurs vieilles bâtisses. La nef fut désaxée de 30° par rapport à la façade. Réalisée avec le concours des « chantiers du cardinal », l'église, dans l'esprit Art déco, renoue avec la tradition des bâtisseurs de cathédrales. De nombreux artistes participent au même titre que les architectes à l'élaboration de l'œuvre. Les impressionnants vitraux à dominante rouge sont de Max Ingrand, ainsi que les trois panneaux peints du chœur et le chemin de croix. Son épouse, Paule, réalise les fresques des plafonds, de la tribune et du baptistère. Enfin, Roger Desvallières s'occupe des parties forgées, depuis la flèche du clocher et les panneaux de la grande porte, jusqu'à la table d'autel et les balustrades. Étonnante église à l'atmosphère douce (même les pas sont amortis par le dallage en caoutchouc) qui vaut pleinement une visite attentive.

★ *Le groupe scolaire Jules-Ferry :* 218, rue Jean-Jaurès. Immense bâtiment de brique rouge, percé de grandes baies vitrées et de hublots, dont l'horizontalité est accentuée par des bandes blanches filantes en continuité. Réalisé par Dubreuil et Hummel, deux « prix de Rome », entre 1929 et 1934, cette école est l'une des formes les plus abouties du style paquebot. L'entrée en perspective fuyante est décorée de bas-reliefs illustrant des contes de Perrault.

★ *Le groupe scolaire Condorcet :* 4, rue de Vénus. Le précédent était rouge et blanc, voici le blanc et rouge ; les deux furent construits par les mêmes architectes et à la même époque. Le traitement à l'horizontale est semblable, mais avec des effets de frontalité plus marqués. Le parement en céramique est l'œuvre de Boulenger, créateur des carreaux du métro parisien.

★ *La cité-square Dufourmantelle :* 288, rue Jean-Jaurès. Autre œuvre des duettistes Dubreuil et Hummel, construite en 1934, et s'inspirant (il faut le savoir !) du Palais royal. 600 logements collectifs implantés sur 24 000 m^2, truffés d'innovations techniques (système de collecte des ordures, huisseries métalliques). Le traitement monumental et la symétrie rappellent ce qui se faisait à Vienne, en Autriche, dans les années 20.

ALFORTVILLE (94140)	40 000 habitants

Coincée comme dans un étau entre la Seine et les rails du « Paris-Lyon-Marseille », la commune d'Alfortville s'étire tout en longueur depuis le confluent Seine-Marne jusqu'à Créteil et Choisy-le-Roi. *A priori,* un site exceptionnel, mais les bords de Seine n'ont rien pour retenir le promeneur. À l'intérieur, les longues avenues mornes s'émaillent de rares endroits spectaculaires.

Un peu d'histoire

Pour récente qu'elle soit, l'histoire d'Alfortville n'est pas banale. Tout commence il y a moins de 200 ans. Quand on dit tout, c'est une façon de parler, parce que à cette époque, il n'y avait rien sur le territoire de la future commune que des marécages sans cesse inondés par les fluctuations de la Seine. Particularité notable, le fleuve roule ici sur un lit argileux. À chaque crue, au lieu de s'infiltrer paisiblement dans le sol, il déborde et recouvre la quasi-totalité du territoire. Bref, personne ne s'y installe, et les terrains alors rattachés aux fiefs de Maisons-Alfort sont à peine exploités par les propriétaires de l'époque.

Des transports qui changent tout

Ce sont les transports qui vont permettre l'émergence d'un pôle d'activité à Alfortville. Tout d'abord la construction en 1827 du pont d'Ivry, au nord, en remplacement des bacs qui faisaient la liaison. Puis celle de la voie ferrée « PLM », ouverte en 1849. Et enfin la réalisation entre 1861 et 1864 du barrage du Port-à-l'Anglais. Ces grands travaux s'accompagnent d'un début de peuplement par les ouvriers. Les premiers lotissements hâtivement bâtis sur un sol ingrat prendront pour un temps le nom de « La Fringale ».

Des trains et des inondations

L'existence d'Alfortville et la naissance de l'identité communale sont liées à deux fléaux que durent combattre les habitants de La Fringale : le tracé du « PLM » et les fréquentes inondations. Les rails, tout d'abord, pour éviter justement qu'ils ne soient recouverts par l'eau, furent construits sur un remblai de terre dont la hauteur variait entre 4 et 12 m, une véritable muraille qui coupait le quartier d'Alfortville de la commune de Maisons-Alfort. L'école, la mairie, l'église, l'hôpital, tout se trouvait de l'autre côté des rails. Un seul tunnel fut conçu pour les traverser, tout au nord, dans l'actuelle rue du Général-de-Gaulle. Des enfants qui hier étaient à 5 mn de l'école devaient maintenant parcourir plus de 4 km pour s'y rendre. Certains essayèrent de couper par les voies, et il y eut beaucoup d'accidents.

Le problème des inondations était un souci permanent des Alfortvillais. L'Association syndicale des Rues d'Alfortville, créée en 1873, imagina dans un premier temps de construire une digue sur les bords de Seine. Cette solution fut jugée trop dangereuse, car si celle-ci cédait, les ravages de l'eau contenue auraient été multipliés. On décida alors de rehausser toutes les rues (entre 75 cm et 2 m) pour former une succession de petites digues. Aujourd'hui encore, les plus vieilles maisons se reconnaissent à leur niveau en contrebas de la chaussée. Personne n'accepta de financer le projet, et les Alfortvillais effectuèrent les travaux à leurs frais.

Conscients d'avoir humanisé seuls un territoire hostile (et pour cause), les 4 000 habitants de La Fringale revendiquèrent l'identité communale le 27 mars 1885.

À la manière des pionniers

Les Alfortvillais domestiquent leurs terres à la manière des Flamands et des Hollandais dans leurs polders. Alfortville est une colonie à conquérir, et les pionniers accourent du monde entier, de toute la France d'abord, puis du Maroc, d'Algérie, d'Espagne et surtout d'Arménie. Fuyant le génocide perpétré par les Turcs pendant la Première Guerre mondiale, les Arméniens arrivent dans la commune à partir de 1920 et s'installent au sud, où l'on a besoin de bras. Il n'y avait qu'un seul Arménien en 1915, un marchand de phonographes ; ils représentent maintenant plus de 10 % de la population. Parfaitement intégrés à leur terre d'accueil, ils n'ont pas pour autant négligé leur culture, fondant rapidement une église, une école et un centre culturel.

Comment y aller ?

– **En métro :** ligne 8, direction Créteil. Station : École-Vétérinaire (en bordure d'Alfortville).
– **En R.E.R. :** ligne D, direction Melun-Malesherbes. Stations : Maisons-Alfort-Alfortville, Le Vert-de-Maisons.
– **En bus :** lignes 103, 172 et 217.
– **Par la route :** porte de Bercy, autoroute A4, sortie Pont-de-Charenton à 3 km ; ou autoroute A86, sortie Carrefour-Pompadour.

Adresse utile

■ **Mairie :** place François-Mitterrand. ☎ 01-43-75-29-00.

Où manger ?

Bon marché

|●| **La Rogina :** 177 *bis,* rue Paul-Vaillant-Couturier. ☎ 01-43-96-13-77. Ouvert tous les jours midi et soir. Spécialités arméniennes, c'est en tout cas ce que l'enseigne propose à grand renfort de néons. En fait, toute l'Europe de l'Est se bouscule sur la carte : aubergine à toutes les sauces, moussaka, *kebab, djadjik* (yaourt de brebis frappé avec de l'ail et du concombre) et bien d'autres encore. Ajoutez à ça une quinzaine de pizzas et un joli choix de grillades au feu de bois, et vous avez un restaurant taillé pour satisfaire tous les appétits ! Menu à 65 F le midi, menu-express à 51 F.

Prix moyens

|●| **Chinagora :** 1, place du Confluent-France-Chine. ☎ 01-45-18-33-09. Ouvert tous les jours de 12 h à 15 h et de 19 h à 23 h 30. Grande salle un peu confinée. Étant donné le cadre, on aurait aimé plus de fenêtres. La marmite d'abalone au ventre de poisson, les raviolis aux ailerons de requin ou la méduse grillée sauce piquante au sésame promettent, mais ne tiennent pas vraiment. Correct, sans plus. Menu à partir de 70 F, menu découverte pour 6 personnes à 560 F. Si l'ambiance karaoké vous tente, montez au 2e étage. Le resto est le même, musique et paroles en plus. ☎ 01-45-18-33-06. Ouvert tous les jours de 19 h à 2 h ou 3 h.

LE VAL-DE-MARNE

À voir

★ **Chinagora :** 1, place du Confluent-France-Chine. Vitrine très officielle de la République populaire de Chine, cette immense pagode qui s'avance comme une barque céleste dans le confluent a une vocation clairement commerciale. La majeure partie des matériaux de construction (tuile vernissée, pierre sculptée) fut importée directement de Chine. Le grand centre commercial propose à des prix parfois raisonnables, parfois déments, tout ce que l'Empire du Milieu peut produire comme souvenirs : meubles, vêtements, vases, porcelaine, vannerie, sculptures, et même au dernier étage un rayon alimentaire aussi accueillant qu'un mur de parpaings.

★ **L'église Notre-Dame :** 3, rue Jules-Cuillerier. La mairie et l'église ont l'air de deux chiens de faïence s'ignorant l'un et l'autre. La construction de cette dernière vers 1892 n'a pas été de tout repos. La Municipalité toute neuve d'Alfortville est en effet le fer de lance de l'anticléricalisme de l'époque, allant jusqu'à interdire le port de la soutane, sauf en période de carnaval ! Pas question pour elle de financer le projet ni de rétribuer le curé sur le budget des cultes. Ce n'est que grâce à des dons privés et à l'intervention de l'archevêque de Paris que l'église verra le jour, se dotant au passage de magnifiques orgues (provenant comme celles de Notre-Dame de Paris de la manufacture Cavaillé-Coll).

★ **L'école Octobre :** à l'angle des rues Marcellin-Berthelot et de Seine. Construit en 1933 par Gauthier, ce long paquebot grisonnant est un nouvel exemple de l'architecture moderne de l'entre-deux-guerres.

★ **Le pont du Port-à-l'Anglais :** au bout du quai Blanqui. Pas d'évocation de nos amis *British,* il s'agirait simplement d'un ancien propriétaire nommé Langlais. Commencé en 1913, il ne fut achevé qu'après la Première Guerre mondiale, en 1928. C'était à l'époque le plus grand pont à tableau suspendu jamais construit.

★ *L'église arménienne apostolique :* 4, rue Komitas. Bâtie en 1929 sous l'impulsion grandissante de l'émigration arménienne, cette église au style reconnaissable est dédiée à saint Bedros et saint Boghos (saint Pierre et saint Paul).

★ *Le cimetière :* 186, rue Étienne-Dolet. De nombreuses sépultures portent les traces des courants de pensée dominants au début du siècle : symboles maçonniques rappelant l'effervescence de ce mouvement (loges de l'Aurore sociale, de l'Orient d'Alfort, Travail et Lumière d'Alfort), et surtout plusieurs tombes de libres penseurs. Il s'agit de colonnes tronquées figurant la vie coupée par la mort. La libre-pensée se voulait détachée de toute croyance, de toute révélation et de tout dogme, affirmant son attachement à la République et luttant contre les pratiques religieuses ; une sorte de religion laïque, finalement. La quasi totalité des premiers élus municipaux d'Alfortville furent des libres penseurs.

★ *L'usine de Gaz de France :* 29, quai de la Révolution. L'immense mastodonte de métal rouillé (classé aux Monuments historiques !) que l'on aperçoit de loin est le dernier des trois gazomètres qui, à partir de 1954, fournissaient la région parisienne. C'était la première usine de gaz de France, avant que l'électricité ne devienne prépondérante. Les bâtiments administratifs sur le quai sont ornés d'une magnifique mosaïque de Fernand Léger en céramique polychrome.

SAINT-MAURICE (94410)   13 300 habitants

Un p'tit bout de ville qu'on a presque failli oublier, tellement il est coincé entre l'autoroute et les collines du bois de Vincennes. Il faut dire que la ville possède une curieuse physionomie, qui rappelle celle d'une haltère. Une boule à chaque extrémité constituée par deux quartiers bien distincts, reliés entre eux par une route de près de 3 km (la barre de l'haltère). À l'ouest, le quartier du Plateau près du pont de Charenton où l'on trouve également les hôpitaux, et à l'est les quartiers de Gravelle et le nouveau quartier de l'Écluse. 143 hectares en tout, dont un tiers occupé par deux célèbres hôpitaux, Esquirol (psychiatrie et maternité) et National. Vue l'étroitesse de la cité, c'est d'ailleurs dans les vastes espaces verts de l'hôpital psychiatrique que les gamins de la ville vont jouer au foot. Pas bête.

Un peu d'histoire

Charenton-Saint-Maurice est constitué de plusieurs fiefs tour à tour réunis ou séparés selon les aléas de l'histoire. Pas de fait particulièrement notable avant le début du XVIIe siècle, où un temple protestant est édifié. Il sera détruit à la révocation de l'Édit de Nantes (voir les détails de cette période dans l'histoire de Charenton). C'est également au cours de ce siècle que les Frères de la Charité élèvent une Maison Royale de Santé où l'on enfermera les fous (certains disent « où l'on traitera les maladies mentales »). L'asile se trouvant sur le site de Charenton-Saint-Maurice, on prend l'habitude de parler des « fous de Charenton », alors que l'hôpital d'aliénés se trouve sur l'actuel Saint-Maurice. On y enferme entre autres les « polissons ». Pas étonnant que le marquis de Sade y avait sa clé au tableau et qu'il y cassa sa pipe. Peu à peu l'importance du domaine hospitalier s'accroît. La Maison de

Charenton est alors dirigée par le célèbre médecin aliéniste Esquirol qui donnera son son nom à l'établissement.

En 1842, Charenton-Saint-Maurice devient Saint-Maurice tout court. Les bords de Marne sont alors une promenade particulièrement agréable, mais ça ne durera pas. Un siècle plus tard, le développement des moyens de transports individuels (comprenez la bagnole) sacrifie cette charmante portion de Marne sur l'autel de la rapidité et la transforme en un tronçon d'autoroute. Tchao la Marne, on s'retrouve plus loin !

Un quartier tout neuf

À l'est, le centre du quartier de l'Écluse, occupé par les entrepôts des usines Pirelli, déménage dans les années 90, laissant libres quelques hectares. Qu'en faire ? Pas facile ! Eh bien, chapeau ! La Municipalité a réussi à recréer ici un pôle de vie et d'animation bien réel. Les immeubles respectent l'architecture traditionnelle du reste du quartier et viennent s'y intégrer avec discrétion et intelligence. Évidemment, on aurait pu préférer un square verdoyant au centre de la place plutôt que cet « espace minéral », comme disent pudiquement les architectes. Bien sûr, l'immeuble OTV est lourd et prétentieux, mais l'ensemble est plutôt équilibré. Reste à la patine du temps à faire son travail.

Personnages illustres

– **Eugène Delacroix :** né à Saint-Maurice le 26 avril 1798, il n'y restera pas longtemps (à peine deux ans). Sa très belle maison natale abrite aujourd'hui l'excellente bibliothèque de la ville. Tiens, une curieuse histoire : un jour que sa nourrice promenait le bébé, un personnage se pencha sur le berceau et dit : « Voilà un gaillard qui sera bien certainement un grand homme, mais que d'accidents, que de peines, que de soucis, que de travail avant d'en arriver là ! Qu'il apprenne à lutter, il en aura besoin, car jusqu'au dernier moment sa gloire sera contestée ! » Personne ne sait s'il s'agissait d'un aliéné de l'asile ou d'un simple passant. Cette rencontre marqua toutefois fortement le peintre lorsque cet épisode lui fut narré plus tard.

– **Le marquis de Sade :** ce n'est certainement pas par plaisir que le sulfureux marquis termina sa tumultueuse existence dans la maison d'aliénés de la ville en 1814, à 74 ans. Son premier séjour remonte à 1803. On lui proposa même de diriger la direction du théâtre de l'hôpital. En 1845, son crâne fut soigneusement analysé selon les lois de la phrénologie (étude du caractère d'après la forme du crâne). Les résultats indiquèrent « une absence de férocité, un manque d'excès dans l'amour physique », et que son crâne « était en tous points semblable à celui d'un père de l'Église ». Nous voilà rassurés sur les gens de robe.

Comment y aller ?

– **En métro :** ligne 8, station Charenton-Écoles. Puis descendre la rue de Paris. Saint-Maurice est de l'autre côté de l'avenue du Maréchal-de-Lattre-de-Tassigny. Également station Alfort-École-Vétérinaire et traverser le pont de Charenton.

– **En voiture :** autoroute A4 depuis la porte de Bercy, sortie Maisons-Alfort-Saint-Maurice pour le quartier de la mairie ou plus loin sortie Saint-Maur-Joinville pour le quartier de l'Écluse.

LE VAL-DE-MARNE

Adresse utile

■ *Mairie :* 55, rue du Maréchal-Leclerc. ☎ 01-45-18-82-10.

Où manger ?

Prix modérés

|●| *Royal Chine :* 270, rue du Maréchal-Leclerc. ☎ 01-48-85-99-30. Fermé le samedi midi seulement. Incroyable, le midi ils servent un excellent buffet à volonté pour 66 F (entrées vapeur, plusieurs plats en sauce, desserts). Choix étonnant et qualité régulière. On passera rapidement sur la déco version grande muraille où dorures et glaces gravées abondent. La carte est comme il se doit dans ce type d'établissement, longue comme le bras, et propose des plats coréens et thaïlandais en plus des propositions chinoises (entre 40 et 70 F). Dernier avantage, ferme à 1 h 30 le vendredi et à 2 h 30 le samedi. Bien pratique.

|●| *Restaurant Tokyo :* 17, rue Paul-Verlaine. ☎ 01-48-89-06-89. Fermé le dimanche. 46, 55, 60, 65, 79, 99, 119 F... Une bonne douzaine de menus à prix démocratiques avec des photos des plats en vitrine. Voilà au moins qui est clair. Grosso modo, ils se composent tous d'une soupe, de petites brochettes grillées, de riz et de crudités. Les plus élevés incluent des *sushis*. Service rapide, prix bas, gentillesse de l'accueil. Rien à redire.

|●| ▼ *Les Cent Vins :* 125, av. du Maréchal-Leclerc. ☎ 01-48-83-05-54. Dans le quartier de Gravelle, au pied d'un immeuble, c'est chouette de trouver un petit bar à vin ouvert tous les jours de 6 h 30 à minuit. Autour d'une large et sympathique sélection de vins français, on pourra grignoter un petit plat de terroir sur le pouce, genre saucisse de Toulouse, poule au pot ou brandade de morue pour à peine 50 F. Préférer le bar à la salle de resto, encore trop froide. Entre deux verres et avant de voir double, on pourra s'exercer au billard américain (3 tables).

À voir

★ *Le moulin de la Chaussée :* place Jean-Jaurès, qui donne sur la rue du Maréchal-Leclerc. Si vous êtes en voiture, le mieux est de se garer sur le parking qui le jouxte. La roue du dernier moulin qui rappelle les activités de meunerie de la ville n'est pas vraiment très visible, bien qu'énorme et superbe. L'édifice qui la supporte a été refait au début du siècle.

★ *La maison natale d'Eugène Delacroix :* 29, rue du Maréchal-Leclerc. ☎ 01-45-18-81-71. Fermé les jeudi et dimanche. Belle demeure ocre et campagnarde du début du XVIIIe siècle, où la famille Delacroix venait se reposer. Aujourd'hui, la maison a été transformée en une excellente médiathèque et l'intérieur totalement réaménagé. Rien ne rappelle le souvenir du peintre, si ce n'est l'un des rares exemplaires du *Faust* de Goethe illustré par Delacroix (17 lithos).

★ *L'hôpital Esquirol :* il s'étale sur les collines de Saint-Maurice et on ne peut pas le louper. C'est ce médecin aliéniste considéré comme le fondateur de la psychiatrie moderne qui reprit en mains l'hôpital de Saint-Maurice. Au milieu du XIXe siècle on édifia une vaste chapelle au sommet de la colline inspirée d'un temple grec avec ses colonnes doriques. Elle est ouverte à la visite. Intérieur un rien pompeux. Balade libre et agréable dans le parc.

★ *La rue du Docteur-Decorse :* à deux pas du bois, une rue tranquille bordée par de jolies demeures, comme au n° 1, ou aux n°s 28 et 30 avec leur variété de faux colombages. Au n° 56, une intéressante maison Art déco aux formes originales.

Marché

– Sympathique *marché couvert* à l'angle du 38, av. du Maréchal-de-Lattre-de-Tassigny et de la rue Edmond-Nocard. Les mardi, vendredi et dimanche.

Fêtes et manifestations

– *Les Feux de la Saint-Jean :* même fête qu'à Charenton où les habitants de Saint-Maurice rejoignent leurs voisins.
– *Fête de Saint-Maurice :* le dernier week-end de septembre. Animations de rues, fête de quartier.
– *Brocantes :* deux grandes brocantes sont organisées chaque année au mois de juin. La plus importante se tient sur la place Montgolfier, dans le quartier de l'Écluse. Infos à la mairie.

CHARENTON-LE-PONT (94220)	25 500 habitants

Bon, on n'a pas affaire à la plus belle ville d'Île-de-France, c'est certain. Cerné sur une largeur par le périphérique, sur une longueur par l'autoroute, rongé de l'intérieur par cet abominable centre commercial *Bercy 2,* sorte d'énorme dirigeable gris – qu'on espère sans cesse voir décoller – et par une vaste gare de triage, Charenton a payé l'aménagement de l'Est parisien au prix fort.
Mais il faut y regarder de plus près, ne pas se figer sur la première image. Regardons plutôt du côté du bois de Vincennes qui vient lécher le versant nord de la ville, et allons nous balader tout au bout de la rue de Paris pour trouver un chouette petit bout de quartier habilement rénové. Relevons encore la quantité non négligeable de bons petits restos et l'estimable dynamisme culturel de la ville. Finalement, avec peu d'atouts dans son jeu, Charenton ne s'en sort pas si mal.

Un peu d'histoire

L'unique accès à Paris

Confluent. C'est le mot clé de la ville. Il donnera son nom au quartier de Conflans par déformation. Situé à l'exacte intersection de la Seine et de la Marne, l'importance stratégique du site avait déjà interpellé les Romains qui franchiront la rivière dans le secteur de Charenton, unique point d'accès à Lutèce. César mentionnera le premier le nom de Charenton dans sa *Guerre des Gaules.* Le pont, quant à lui, apparaît dans les textes à partir du VIIe siècle. Il en est aujourd'hui à sa 18e version.
Henry IV choisira le même parcours que les Romains à la fin du XVIe siècle pour tenter de reconquérir son royaume. Il se présente devant le pont mais

s'y casse le nez (c'est une image). Il passera au bout de trois jours de combats mais l'ouvrage y survivra et laissera de sérieuses plumes. Pour le rebâtir, on lèvera le fameux impôt de « cinq sols par minot de sel ». Charenton se compose alors de quatre villages dont l'économie se concentre autour de la pêche, la meunerie, le commerce fluvial (vins, grains et bois flottés), la culture de la vigne ainsi que les activités d'accueil des premiers VRP et des voyageurs de l'époque qui trouvaient gîte, couvert, voire plus si affinités dans les nombreux cabarets et auberges concentrés au débouché du pont (actuelle partie rénovée de la rue de Paris).

Le temple du calvinisme

Au début du XVIIe siècle, quelques années après la signature de l'Édit de Nantes, on bâtit un temple protestant et la ville devint l'un des centres les plus actifs de la pensée réformatrice en Europe. Mais au fait, pourquoi ici, à Charenton ? Écoute ami routard, en voici la raison : l'Édit de Nantes stipulait que les protestants devaient pratiquer leur culte à au moins 5 lieues de la capitale, à savoir 20 km. Mais pour les adeptes de Calvin, sans R.E.R., c'était bien trop loin. Ils réclamèrent donc auprès d'Henri IV un temple plus proche, et en 1606 notre bon roi accepte l'édification d'un temple à Charenton. Restait que l'article 4 de l'Édit n'était plus respecté. Quand on le lui fit remarquer, il répondit simplement ceci : « Désormais il faut compter 5 lieues de Paris à Charenton » (distance réelle : moins de 2 lieues !). C'est formidable ce que les mathématiques sont aisées quand on est roi. Le temple sera détruit en 1685, dès la révocation du fameux Édit.

Vins et bois flottés

Le commerce des vins, des farines et des bois flottés bat son plein au cours du XVIIIe siècle. Avec l'arrivée du chemin de fer au siècle suivant, on voit se développer de vastes entrepôts, magasins généraux, grands commerces qui occupent plusieurs hectares de terrains sur l'emplacement du parc du château de Bercy (démoli au milieu du XIXe siècle). Parallèlement, les quartiers bordant le bois de Vincennes se parent de belles demeures. L'après-guerre sera terrible pour la cohérence architecturale de la cité. Le vieux quartier de Bercy a été récemment transformé en un vaste centre commercial à l'architecture particulièrement contestable. Les vicissitudes de l'histoire ont également eu raison du centre-ville, distendu comme un vieux chewing-gum.

Comment y aller ?

– **En métro :** ligne 8, station Liberté ou Charenton-Écoles.
– **En bus :** de la porte de Bercy, bus n° 24 (emprunte les quais).
– **En voiture :** de la porte de Charenton, prendre la rue de Paris (N6), artère principale qui traverse la ville de part en part.

Adresses utiles

◘ *Point d'information :* 16, av. Jean-Jaurès. ☎ 01-46-76-44-00. M. : Charenton-Écoles. Ouvert du lundi au vendredi de 8 h 30 à 12 h 15 et de 13 h 30 à 18 h, et le samedi de 9 h 30 à 12 h 30. Bon accueil.
■ *Mairie :* 48, rue de Paris. ☎ 01-46-76-46-76.

Où manger ?

Bon marché

|●| *La Bolée d'Arvor :* 38, rue de Paris. ☎ 01-43-76-85-77. Ouvert midi et soir. Fermé le dimanche. Ce sont des Bretons bretonnants qui tiennent rondement cette affaire depuis une bonne décennie. De la galette Touareg (33 F) à celle de l'Aubrac (38 F) en passant par la fruits de mer (42 F), une petite trentaine de propositions généreuses, copieuses et délicieuses, qui font de ce chouette petit endroit familial une halte sympathique dans le morceau de rue le plus agréable de la ville.

|●| ▼ *Le Megève :* 18, av. Jean-Jaurès. ☎ 01-43-68-06-03. Ouvert le midi seulement, tous les jours. Devant, c'est le café ; derrière, c'est le resto. L'adresse idéale pour les employés du coin qui emplissent la salle dès 13 h 02 et les fonctionnaires qui l'occupent dès 12 h 58 (allez, on rigole). On se retrouve au coude à coude autour d'un impeccable menu à 66 F (un autre à 110 F), où les délicieuses cailles rôties côtoient le copieux sauté de veau. Entrée, plat et dessert sont d'égale qualité, et le service bien rodé. Si vous n'avez pas très faim, plat du jour à 47 F. Par ailleurs, quelques spécialités auvergnates et de bonnes salades (de 38 à 48 F). Nous, méchants comme des teignes, on aurait bien aimé dire quelque chose de mal, mais franchement on n'a pas trouvé.

|●| *Les Trois Amis :* 166, rue de Paris. ☎ 01-43-68-07-27. Un troquet banal dites-vous ? Soit. Une salle quelconque ? Vrai. Une atmosphère impersonnelle ? Exact. Mais les Portugais cuisinent si bien la morue qu'on se fout du reste. Petit menu (55 F) servi midi et soir, tous les jours. Mais nous, décidément, on préfère la morue.

Prix moyens à plus chic

|●| *La Petite Terrasse :* 16, rue de Paris. ☎ 01-48-93-52-30. Un resto de poche, une bonbonnière aux tons chauds, pour un moment culinaire de qualité. Un patron omniprésent qui veille au grain, soutenu par des serveurs attentifs qui mettent en perspective une saine cuisine française. Les classiques sont à l'honneur : feuilleté aux asperges, magret aux pommes-fruits, raie rôtie aux pâtes fraîches, choucroute de poisson... Menu à 95 F (entrée et plat) et 149 F (entrée, plat, fromage et dessert). Du bon travail.

|●| *Le Kanoun :* 164, rue de Paris. ☎ 01-43-76-67-17. Raffiné, de bon goût, éclairé juste comme il faut, on a évité le piège du décor couscoussié. Des assiettes venues tout droit des souks de Marrakech pour accueillir des *tajines* parfumés et des couscous à la fine semoule (entre 80 et 90 F). Un coin avec des coussins par terre pour ceux qui veulent dîner comme là-bas-djit ! Menu sahraoui à 90 F et menu berbère à 140 F. L'humilité n'est pas la qualité première des prix mais le niveau des prestations les justifie. À noter, le couscous *sefaa* (au sucre), servi avec des dattes, des figues et un verre de petit lait.

À voir

★ *Le musée Toffoli :* 3, place des Marseillais ; dans le centre commercial *Coupole-Liberté,* au fond, à l'entresol. ☎ 01-45-18-51-41. M. : Liberté. Ouvert toute l'année ; le mardi de 12 h 30 à 20 h 30 et du mercredi au samedi de 12 h 30 à 18 h. Fermé les dimanche et lundi. Musée dédié au peintre austro-hongrois, né à Trieste et résidant depuis plus de 65 ans à Charenton (il a aujourd'hui presque 90 ans). Il a pratiqué tous les métiers avant de se consacrer uniquement à la peinture. On voit tout d'abord une série d'originaux d'affiches réalisées dans les années 30. La peinture de Toffoli exposée ici se caractérise par sa gamme chromatique qui joue avec deux gammes : les rouges orangés et les bleus, rarement mélangés. Pour aller à l'essentiel de son propos, il abandonne les visages dans les années 50 (pas de bouche, pas d'yeux, pas de nez). Les artisans, les ouvriers qui travaillent en groupe reste son thème préféré (pêcheurs, maréchal-ferrant, chirurgiens, musiciens, batteurs de riz, forgerons...), avec toujours une légère géométrisation des formes. À signaler encore, la transparence, caractéristique permanente de ses toiles, transformant ses œuvres en sorte de rêve éveillé. À voir encore, ses compositions de voyage. Il y en a de tous les continents. Dans ses paysages, personne ; dans ses villes, personne. Tout au fond du musée, des tableaux plus anciens, datant de l'époque où sa peinture était plus classique. À la sortie, boutique avec lithos, travaux sur émaux, livres. Également une salle d'expositions temporaires de photos, peinture, sculpture...

★ *La Maison des Artistes :* 9, place de la Coupole. ☎ 01-45-18-51-89. Vaste espace ouvert depuis 1995, qui propose une dizaine d'expositions par an. Trente artistes résident ici : peintres, sculpteurs, graveurs, photographes et scénographes. Visite possible lors des expos les jeudi, vendredi et samedi de 14 h à 18 h, toute l'année sauf en juillet et août. On y présente les travaux des artistes résidents ou invités. Une belle initiative qui prouve au-delà des mots le vrai désir de la Municipalité de mettre l'accent sur l'art dans la ville.

★ *L'église :* place de l'Église. M. : Charenton-Écoles. Réalisation somme toute banale du XIXe siècle, qu'on vous signale pour son fronton où l'on peut lire l'inscription suivante : « Propriété Communale, République Française, Liberté-Égalité-Fraternité », ce qui est particulièrement rare sur une église. Dans la deuxième moitié du XIXe siècle, la querelle opposant la République au clergé faisait rage, ici peut-être plus qu'ailleurs. Le Conseil municipal voulut affirmer sa laïcité et fit apposer cette inscription. Curieuse façon de montrer son indépendance en mélangeant les genres !

★ *La mairie, pavillon Antoine de Navarre :* 48, rue de Paris. Bel édifice de la fin du XVIe siècle, alternance de brique et pierre, contemporaine de la place des Vosges à Paris. C'était la résidence d'été du banquier d'Henri IV. C'est là qu'en 1792 les Jacobins se réunissent et fomentent la journée du 10 août qui vit la chute de la monarchie. Une grande partie fut reconstruite au siècle dernier en respectant le style originel.

★ *La rue de Paris :* entre les nos 1 et 40. Un petit coin qui possède un peu de caractère. Rue plutôt bien rénovée et bordée de quelques vénérables demeures.

★ *Les vestiges des entrepôts de Bercy :* rappelons que Bercy comptait au début du siècle de vastes entrepôts de vin, à cheval sur Paris et Charenton. Il reste peu de choses de la glorieuse époque, si ce n'est ce pavillon Byrrh, aux 30 et 32, rue de l'Entrepôt, le long de la gare de triage. Édifice intéressant, orné d'une guirlande de pampres qui ne laisse aucune ambiguïté sur la vocation de l'endroit. C'est actuellement la lingerie centrale de l'Assistance Publique. Au n° 18, la Société La Martiniquaise est aujourd'hui la seule maison de spiritueux qui soit encore là.

★ *Le Pavillon des Vins :* derrière la rue de l'Entrepôt, au 85, rue de l'Hérault. ☎ 01-43-68-72-30. Ouvert du mardi au samedi de 10 h à 19 h 30. Vaste entrepôt proposant plus de 500 références dont 90 % représentant le vignoble français. Sur présentation du *Guide*, la dynamique direction vous offre une « carte-rubis » qui vous donne droit à 10 % de réduction sur vos achats. Mais ce qui nous intéresse plus particulièrement, ce sont leurs excellents cours de dégustation qui sont organisés tous les mois. Par ailleurs, dégustation tous les samedis de 10 h à 19 h en présence d'un viticulteur qui vient présenter ses vins. Un lieu pour le vin à Charenton, ça semblait évident.

★ *Les vestiges du passé :* peu nombreux, autant vous l'avouer. Les achar-nés iront jeter un œil aux portes des écuries du château de Bercy dont il ne reste plus rien. Au bout de la rue du Petit-Château, à deux pas du péri-phérique (sic), il subsiste de chaque côté de la route les entrées en hémi-cycles des écuries du début du XVIIIe siècle. Bas-relief au fronton présentant des têtes de chevaux. Ces mêmes acharnés pourront encore voir les grilles du château de Conflans : accès par l'avenue de la Liberté, dans la rue du Séminaire-de-Conflans. Une paire de grilles en fer forgé qui ouvraient jadis sur le château de Conflans et qui donnent aujourd'hui sur... des immeubles.

Marché

– Entre les avenues Anatole-France et Jean-Jaurès, le mercredi et le samedi matin.

Fêtes et manifestations

– *Festival du Vin :* en novembre, pendant 3 semaines. Un festival tout neuf, hic !
– *Les Feux de la Saint-Jean :* le vendredi le plus proche de la Saint-Jean (en juin). Retraite aux flambeaux et, quand la nuit tombe, un grand feu sur la place des Écoles. M. : Charenton-Écoles.

IVRY-SUR-SEINE (94200)   54 106 habitants

Une des principales villes industrielles et ouvrières de la périphérie pari-sienne. Histoire sociale plutôt dense. Longtemps ville phare du parti com-muniste, avec comme député Maurice Thorez, secrétaire général du parti. Malgré les fermetures de grosses usines ces dernières années, Ivry pos-sède encore aujourd'hui de nombreuses entreprises. Les conditions de loge-ment, comme à Auber, furent longtemps difficiles. L'habitat social y fut donc particulièrement développé, avec des expériences architecturales absolu-ment passionnantes. On y trouve deux intéressants monuments historiques et un riche patrimoine industriel. Treks urbains insolites garantis également pour ceux, celles, sachant interpréter signes et clins d'œil de la ville !

Un peu d'histoire

Les découvertes archéologiques permirent de déceler une implantation humaine très ancienne (au moins 4 000 ans), sans compter les os d'élé-phants, de rhino, croco, etc., trouvés dans le coin. En 52 avant J.-C. s'y déroula une sévère bataille entre Camulogène, chef des Parisii, et Labiénus, lieutenant de César. Au VIe siècle, un ermite, saint Frambourg, vint habiter une grotte à Ivry. À sa mort, ses reliques firent l'objet d'un culte et d'un pèle-rinage qui dura jusqu'au XIXe siècle. Il y eut un village mérovingien, comme l'attestent des sarcophages découverts au siècle dernier.
C'est en 937 qu'apparut sur une charte du roi, pour la première fois, le nom d'Ivry *(Ivriacum)* dont l'origine viendrait du mot « ivraie », cette plante qui poussait sur les coteaux pierreux. Tout le territoire, à l'époque, est propriété du chapitre de Notre-Dame. Édification de l'église Saint-Pierre au XIIIe siè-cle. Comme beaucoup de coins du sud de Paris, Ivry eut son lot de destruc-tions, en particulier pendant la guerre de Cent Ans et celles de Religion (la nuit de la Saint-Barthélemy, les paroissiens d'Ivry établirent un barrage sur la Seine pour stopper les quelques huguenots rescapés).

De la Révolution française à la révolution industrielle...

En 1789, Ivry est encore totalement agricole et ne compte guère que 800 habitants (fermiers, vignerons et carriers). La Révolution y sera modérée. L'inventeur de la boîte de conserve, Nicolas Appert, Ivrien, en fut en 1795 l'un des officiers municipaux. La route Paris-Bâle, la Seine et le chemin de fer favoriseront bien sûr l'industrialisation. La population passera de 1 041 habitants en 1806 à 13 329 en 1856. La première véritable industrie d'Ivry est une fabrique de verre (220 ouvriers en 1817). Les activités principales, en 1830, restent cependant les dépôts de bois de charpente et de sciage en bord de Seine, une trentaine de carrières exploitées et... 118 marchands de vin ! Les premières grandes industries apparaissent à la moitié du XIXe siècle, à savoir les forges d'Ivry (1844), une fabrique de caoutchouc (1851) et les orgues Alexandre (1858). Puis arriveront une grande tuilerie, la Brasserie du Lion, etc.

Le 6 août 1870, élection de Pierre-Philibert Pompée, le premier maire républicain. Aux élections législatives de février 1871, les Ivryens votent encore majoritairement républicain (pour Garibaldi, Victor Hugo, Louis Blanc, etc.). Le 16 mai 1871, élection d'un Conseil communal qui adhère à la Commune de Paris. Quinze mille corps de communards sont jetés à la fosse commune du cimetière d'Ivry. La répression n'empêche cependant pas l'élection en 1881 de la première Municipalité sociale. En 1896, élection d'un Conseil municipal ouvertement socialiste. De 1871 à 1914, cinquante nouvelles usines s'implantent à Ivry (dont la manufacture d'œillets métalliques, la Compagnie des lampes incandescentes et la société des roulements à billes RBF, qui deviendra plus tard SKF). Les Forges d'Ivry participèrent grandement à la fabrication de la tour Eiffel.

En 1910, la ville souffrit énormément de la grande crue de la Seine. Son maire, Jules Coutant, réussit à faire venir le président de la République Armand Fallières, qui visite en barque les sinistrés. Pendant la Première Guerre mondiale, trente usines travaillent pour la défense nationale. En 1917, nombreuses grèves contre la guerre. En 1920, avant le congrès de Tours, la section SFIO d'Ivry, par 103 voix contre 22, se prononce en faveur de l'adhésion à l'Internationale communiste, prélude à la fondation du parti communiste français. Le PC remporte les élections municipales en 1925. Maurice Thorez est élu député en 1932. La Municipalité mène alors une politique du logement énergique (construction de la cité de l'Insurrection en 1927, avec pour la première fois le chauffage central).

Du Front populaire à la période contemporaine

Ainsi, c'est l'Ivryen Maurice Thorez qui avança le mot d'ordre et impulsa la fameuse stratégie du Front populaire : front unique contre le fascisme, main tendue aux catholiques, unité avec les radicaux et les socialistes. Stratégie couronnée de succès aux élections du 3 mai 1936 (pour mémoire, 375 sièges sur 610, dont 72 au PC, 147 au PS, 116 aux radicaux et 40 aux divers Front popu !). Thorez marqua de façon importante la vie politique française jusqu'à sa mort en 1964 : condamné à la prison pour son action contre la guerre au Maroc (1925), emprisonné en 1929-1930, réélu député en 1936. Déchu de son mandat, comme tous les députés du PC, à la suite du pacte germano-soviétique, il passe le temps de la guerre en URSS. À son retour, il est réélu député d'Ivry le 21 octobre 1945. Vice-président du Conseil et ministre d'État dans différents gouvernements regroupant MRP, PS et PC en 1946 et 1947. Son appartenance à un PC stalinien et la pratique du pouvoir au niveau le plus élevé lui vaudront la célèbre (et malheureuse) phrase : « Il faut savoir terminer une grève ! », à propos de celle de Renault en 1947, un conflit social dur qui le mettait bien sûr en porte-à-faux en tant que communiste.

D'autres Ivryens furent aussi ministres à la même époque : Georges Marrane (maire d'Ivry), à la Santé publique, Georges Gosnat à l'Armement. La Résistance fut bien sûr très forte à Ivry, et nombre d'habitants y laissèrent la vie (parmi les fusillés de Châteaubriant, quatre Ivryens). Solidarité internationaliste également très ancrée : les 1 200 premiers Français (dont 44 Ivryens) et quelques Belges engagés dans les Brigades internationales se rassemblèrent, en novembre 36, au patronage laïc municipal d'Ivry. Georges Marrane resta maire jusqu'en 1965. Aujourd'hui, c'est Jacques Laloë. Georges Gosnat, qui succéda à Maurice Thorez, à sa mort, en 1964, fut député jusqu'en 1982.

Pour conclure, Ivry a su conserver jusqu'à nos jours un certain caractère populaire et, malgré le départ ou la fermeture de nombreuses usines, n'a pas connu les profonds changements sociologiques d'autres anciennes communes ouvrières (PC toujours bien ancré). Comme nous l'écrivions dans le préambule, Ivry fut aussi l'une des rares municipalités à innover en matière de logement social, en traitant l'esthétique et la qualité de vie sur le même plan que l'utile et le confort minimum. On vient du monde entier étudier les œuvres de Jean Renaudie et de René Gailhoustet à Ivry, Saint-Denis, Aubervilliers, etc. (*cf.* « À voir »).

LE VAL-DE-MARNE

Comment y aller ?

– *En métro :* ligne 7 (Mairie-d'Ivry – Aubervilliers). Stations : Porte-d'Ivry, Pierre-Curie et Mairie-d'Ivry.
– *En bus :* lignes 125 (Porte-d'Orléans – Maisons-Alfort), 132 (Place-d'Italie – Vitry), 180 (Charenton-Villejuif), 182 (Mairie-d'Ivry – Vitry), 183 (Porte-de-Choisy – Choisy), 323 (Gare-d'Ivry – Issy-les-Moulineaux), 325 (Mairie – d'Ivry – Vincennes).
– *Gare S.N.C.F. (plan C2) :* place Marcel-Cachin. ☎ 01-46-71-18-27. Ligne C du R.E.R.
– *Taxis :* ☎ 01-46-72-00-00.

Adresse utile

■ *Mairie (plan B2, 1) :* esplanade Georges-Marrane. ☎ 01-49-60-25-08.

■ **Adresses utiles**

  ✉ Postes
  🚂 Gare S.N.C.F.
  1 Mairie

|●| **Où manger ?**

  5 L'Europe
  6 Le Braganca
  7 Le Grill de L'Oustalou et L'Oustalou

★ **À voir**

  11 Église Saint-Pierre-Saint-Paul
  12 Moulin de la Tour
  13 Hôpital Charles-Foix
  14 Jardins ouvriers du fort d'Ivry
  15 Ancienne usine des eaux
  16 Place Gambetta

  17 Cité de l'Insurrection
  18 Les ensembles de l'Atelier et du Liégat
  19 École Einstein
  20 Cité Maurice-Thorez
  21 Cité Robespierre-Marat
  22 Manufacture d'œillets métalliques
  23 Promenade des Petits-Bois
  24 Sentier de la Liberté
  25 Maison du Zouave
  26 Rue Jules-Ferry
  27 Cimetière parisien d'Ivry

– **Où sortir ?**

  35 Centre d'Art et galerie Fernand-Léger (CREDAC)
  36 Théâtre d'Ivry Antoine-Vitez

IVRY-SUR-SEINE

PARIS

Masséna

Sud

Porte-d'Ivry
Ⓜ

1

Boulevard   Av. de la Porte d'Ivry

Périphérique

Av. Pierre Sémard

Rue

Victor

Boulevard

Rue

Rue René Villars

Rue Amélie Thomas

Mirabeau

Bertrand

Av.

Rue

12 ★
PL. DU
8 MAI

25 ★
24 ★

Avenue Louis

Pierre-Curie
Ⓜ

Daniette

Casanova

R. du Dr Esquirol

Rue

Barbès

Rue Baudin

Rue

19 ★

Rue

R. Jules Ferry

Marie-Curie

Maurice

Gabriel

26 ★

Avenue

de

Rue

R. Pierre et Marie-Curie

Rue Jean

La Gallen

Leclerc

Thorez

Perl

Géo

18 ★

Hô
de v

2

★ 27

R. P. Andrieux

Rue

★ 23

Mairie-d'Ivry
Ⓜ
PL. DE LA
RÉPUBLIQUE

Av.

🍷 35

Rue

🍷 36

★ 27

Verdun

Hoche

11 ★

R. G. Cornavin

Rue

🍷 21

Rue

Carnot

Av. Henri Barbusse

Rue Michelet

Rue

Marcel

Harrmann

Robespierr

RD-
DOMBRC

3

Rue

R. Henri Martin

Rue

Boulevard

de

Stalingrad

VILLEJUIF

4

VITRY-SUR-SEINE

A   EVRY ↓   B

NORD

Quai Marcel

SEINE

Autoroute

Boyer

Hugo

Rue

Jean

Rue

Jacques

Molière

Rue

Compagnon

J.

Boulevard

Paul

Westermeyer

Qu.

PONTS

de

N. MANDELA

Avenue

de

la

Liberté

CHARENTON-LE-PONT

l'Est

(A 4)

Quai

Lénine

Vaillant

Couturier

Auguste

Deshaies

R.

Galilée

Rousseau

Rue

Gosnat

5 |●|

★ 17

PL. DE

Boulevard de Brandebourg

L'INSURRECTION

D'AOÛT 1944

★ 16

7 |●| PL. L.

Bd GAMBETTA

Bd du Colonel Fabien

PONT D'IVRY

PL.
CACHIN

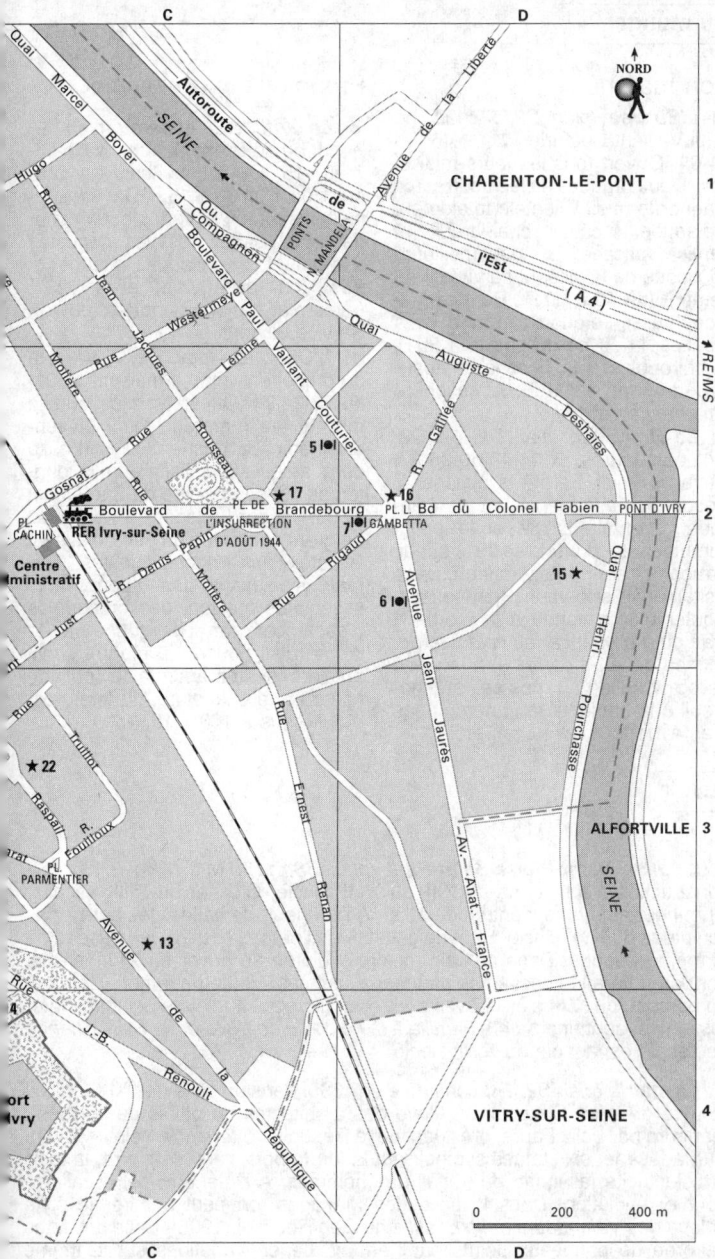

RER Ivry-sur-Seine

R. Denis

Papin

Molière

Rue

Rigaud

Avenue

6 |●|

15 ★

**Centre
administratif**

Just

Rue

Rue

Truillot

★ 22

Raspail

R.
Coutitloux

Rue

Ernest

Jean

Renan

Jaurès

Quai

Henri

Pourchasse

SEINE

ALFORTVILLE 3

PL.
PARMENTIER

Avenue

★ 13

de

Av.
-
Anat.
-
France

Rue

J.-B.

Renoult

la

République

VITRY-SUR-SEINE 4

**ort
Ivry**

0   200   400 m

REIMS

Où manger ?

Bon marché

I●I L'Europe *(plan C2, 5)* : 92, bd Paul-Vaillant-Couturier. ☎ 01-46-72-04-64. Ouvert tous les jours midi et soir. Deux grandes salles bourrées à craquer le midi. Clientèle totalement mélangée. Accueil chaleureux et service efficace. Un des meilleurs couscous de la ville, et servi copieusement (de 40 à 60 F). Bonnes grillades aussi. Le quart de rouge 12° à 9 balles, la cuvée du patron à 60 F, le chiroubles à 85 F et le châteauneuf-du-pape à 115 F. Atmosphère animée, ça va de soi !

I●I Le Braganca *(plan D2, 6)* : 20, av. Jean-Jaurès. ☎ 01-49-60-85-27. Ouvert le midi. Fermé le dimanche. Décor ordinaire de bistrot de banlieue. Clientèle locale et la petite communauté portugaise le samedi. Patronne charmante. Bonne cuisine lusitanienne et portions généreuses. Goûter bien entendu à la morue *à braz* ou *à braganca*, au *caldo verde*, cochon de lait *à barraida*, à la pièce de bœuf grillée au gros sel, au chevreuil à la boulangère (il ne doit pas y en avoir tous les jours), etc.

Prix moyens à plus chic

I●I Le Grill de L'Oustalou *(plan D2, 7)* : 3, bd de Brandebourg. ☎ 01-46-71-81-15. Ouvert du lundi au vendredi de 11 h 30 à 15 h. Dans les tonalités saumon et vertes et un décor de vieilles cartes postales, dégustez d'excellentes grillades. Menus à 93 F (grillade garnie) et à 123 F (avec plat du jour et hors-d'œuvre). Service diligent.

I●I L'Oustalou *(plan D2, 7)* : à côté du précédent. même maison. ☎ 01-46-72-24-71. Ouvert tous les jours le midi et les mercredi, jeudi et vendredi soir. La bonne vieille adresse de quartier, spécialisée depuis longtemps dans la cuisine du Sud-Ouest et du Périgord. Décor en bois avec de grandes photos un peu délavées. Clientèle aux trognes réjouies. Normal, s'agissant des appétissants cassoulets maison, des profiteroles d'escargots de Bourgogne à la crème d'ail douce, du magret confit au cidre, de la brandade de confit de canard à la chapelure, du foie gras, etc. Menus à 103, 119, 154 F, etc.

À voir

★ **L'église Saint-Pierre-Saint-Paul** *(plan B3, 11)* : M. : Mairie-d'Ivry. Sa construction s'échelonna du XIIIe au XVIIe siècle. Clocher du XIIIe, escalier d'honneur et porche d'entrée de 1535. À l'intérieur, de belles clés pendantes sculptées du XVIe siècle. Sur une colonne de l'entrée, reste d'une fresque de la même époque. Dans un coin, chaire sculptée en noyer du XVIIIe siècle, dont on notera la finesse des panneaux sculptés. Voûte de la nef en bois et en berceau du XVIe siècle, avec poutres sculptées. Quelques peintures intéressantes, dont une *Sainte Famille à la corbeille de fruits* et un *Saint Étienne* de l'école espagnole du XVIIe siècle.

★ **La mairie** *(plan B2, 1)* : construite en 1896, dans un style très XIXe officiel (œuvre d'Adrien Chancel, un élève des architectes du palais de l'Élysée). Inauguré par Félix Faure, président de la République (et ancien élève à Ivry). Sur la façade, six statues symbolisant le fer, le bois, l'eau, la pierre, la terre et l'électricité, allégorie du travail des hommes. À l'intérieur, bel escalier à double révolution. Dans la salle des Mariages, on peut admirer le style enlevé des *Vainqueurs de la Bastille* de Géo Roussel (1906). Salle des fêtes décorée de panneaux peints par Fernand Léger, variations sur le thème « Liberté, j'écris ton nom », son célèbre poème de 1942.

★ **Le moulin de la Tour** *(plan A1-2, 12)* : place du 8-Mai-1945. M. : Porte-d'Ivry. C'est le dernier des nombreux moulins à vent du Val-de-Marne. La première mention officielle du moulin date de 1674. Les matériaux qui servirent à sa construction sont cependant antérieurs. Les gros blocs de pierre à la base proviennent sans nul doute de fortifications plus anciennes et lui donnent cet aspect imposant. Chaque étage, marqué par un cordon de pierre, part en rétrécissant. Il passa entre les mains de divers propriétaires. Ayant perdu ses ailes, il servit de grenier à foin, d'entrepôt, d'atelier de vannerie, etc. Certains proprios tentèrent même de le démolir pour récupérer les pierres, mais en vain, appareillage trop solide (murs de 1,50 m à la base, encore 1,33 m au dernier étage). Dans un piteux état en 1971, menacé de démolition par un promoteur sans scrupules (un pléonasme?), il fut sauvé par la Municipalité. En 1976, on déplaça ses 315 tonnes sur 35 mètres, à l'aide de rails, vers son emplacement actuel. Depuis, il a récupéré son toit et ses ailes. Témoignage ultime du passé rural d'Ivry, il fait la fierté des gens du quartier. À l'intérieur, il a également retrouvé sa machinerie reconstituée avec soin. Documents divers, agrandissements de cartes postales, photos du quartier, reportages sur le déplacement de la tour et sa restauration. Au 3e étage, admirer le superbe travail sur la charpente, le mécanisme élaboré, les meules et leur coffrage, etc. En principe, visite du moulin, les 1er et 3e samedis de chaque mois, de 15 h à 18 h. Vérifier à la mairie : ☎ 01-46-70-15-71.

★ *L'hôpital Charles-Foix* (plan C3, 13) : 7, av. de la République. Quoi, un hosto? Du calme, c'est déjà arrivé dans le *Guide Paris!* Ouvert aux heures de visite (on s'en doutait). Hôpital de type horizontal, construit en 1864 sur 12 ha (dont 10 de cours et jardins), par Théodore Labrouste, frère de l'architecte de la Bibliothèque Nationale. Il prit le nom d'hospice des incurables, accueillit à partir de 1889 les enfants handicapés et infirmes, et compta à l'origine plus de 2 500 lits. Ce fut l'un des premiers à se doter d'une bibliothèque et de salles de loisirs. Aujourd'hui, c'est un endroit des plus paisibles et, pour un bien portant souhaitant connaître sa ville, une agréable promenade le long de la coursive reliant cours et anciens bâtiments entre eux. Aux beaux jours, dans la première cour, on se croirait même très loin en forêt, avec la rencontre insolite de quelques daims, chèvres naines, faisans dorés ou « Lady Amherst », canards et poissons...
Possibilité de visiter la *chapelle* du même Labrouste. Vastes proportions. Façade de style italianisant encadrée d'élégantes arcades. À l'intérieur, autel néo-baroque dans le chœur, belle chaire à prêcher et tombeau du cardinal de La Rochefoucauld. Beau marbre du XVIIe siècle provenant de l'église Sainte-Geneviève à Paris. Un ado mignon à croquer s'échine à porter la lourde traîne du prélat surplombant son tombeau. Pendant la dernière guerre, des prisonniers de guerre russes furent soignés clandestinement dans le clocher. Un chirurgien, M. Bloch, qui soignait aussi des résistants cachés dans les caves de l'hosto, préféra se suicider dans son bureau plutôt que de tomber dans les mains de la Gestapo venue l'arrêter. Une info, comme ça, pour ne pas oublier l'histoire, quand collabos et révisionnistes relèvent la tête! L'arbre derrière la chapelle fut planté par l'impératrice Eugénie.

★ *Les jardins ouvriers du fort d'Ivry* (plan C4, 14) : rond-point Dombrowski (et rue Jean-Baptiste-Renoult). Le fort, édifié en 1840, faisait partie des défenses avancées des fortifications de Paris. Aujourd'hui, il abrite le service cinématographique des armées (entre nous, un lieu prédestiné, vu l'opacité et le lourd parti pris des actualités militaires dans le passé!). Tout autour s'étendent les jardins ouvriers, vestiges de la fameuse ligue française du Coin de terre et du Foyer, créé par l'abbé Lemire en 1896. De 34 jardins à la création, on passa à 1 800 à la veille de la Seconde Guerre mondiale. Ils étaient réservés « aux bons chrétiens, pères de familles nombreuses et fréquentant régulièrement la messe... ». L'article 1 de la charte des jardins précisait qu'ils étaient pour l'ouvrier « une occupation saine des loisirs que lui laisse la journée de 8 heures (le jardin tue l'alcoolisme) ». Aujourd'hui, les jardins survivants de la Belle Époque s'étendent dans les fossés et le glacis du fort, offrant aux visiteurs leur vision bucolique et leur charme naïf.

DANS LE QUARTIER D'IVRY-PORT-SUD

Pour les amateurs, petite balade dans l'architecture sociale et industrielle. Voici quelques points d'intérêt dans le quartier d'Ivry-Port-Sud.

★ **L'ancienne usine des eaux** *(plan D2, 15)* **:** 1, rue Jean-Mazet. Construite en 1881 pour traiter les eaux de la Seine. Long bâtiment à l'architecture sobre avec des baies en plein cintre correspondant chacune à une machine. Il abrite aujourd'hui les entrepôts d'art de la Ville de Paris. Ne se visitent pas. À côté, place Hubert-Beuve-Méry, à l'emplacement des anciennes usines SKF (l'un des fleurons industriels de la ville), démolies en 1988, s'élève désormais l'architecture de verre de l'imprimerie du *Monde*.

★ **La place Gambetta** *(plan D2, 16)* **:** l'un des paysages urbains ivryens les plus typiques. Très populaire dans le temps (on y trouve encore cinq bistrots). Une certaine homogénéité architecturale avec ses immeubles de brique, ses vestiges de gros pavés et des bouts de rails de tramway. Au n° 8, quelques clins d'œil Art nouveau dans le décor (petites céramiques, balcons, etc.). Un peu plus loin, avenue Jean-Jaurès (à la hauteur de la rue Nouvelle), à la frontière de Vitry, s'étendent les nouveaux modules d'aluminium des bassins de retraitement des eaux, œuvre de Dominique Perrault (l'architecte de la BNF). Au 30, rue Pierre-Rigaud, les anciens abattoirs (tête de taureau sur la façade) de 1899. Ils fermèrent en 1970.

★ **La cité de l'Insurrection** *(plan C2, 17)* **:** 4, place de l'Insurrection-d'Août-1944. Construite en 1927 et première HBM d'Ivry (avec le chauffage central). Œuvre des frères Chevalier. C'est une solide architecture à cour commune où l'on a su jouer sur les chromatismes des briques dans les derniers étages, pour créer des éléments décoratifs et éviter l'uniformité. À deux pas, au 26, bd de Brandebourg, allez admirer l'insolite et imposante sculpture de Jean Clareboudt, *Oblique Haute*. Au 75, av. Paul-Vaillant-Couturier, la quincaillerie à l'ancienne Georges Jallerat, œuvre de l'atelier de Gustave Eiffel. À l'intérieur, très grand volume, vieille pendule, comptoir et antiques tiroirs de bois sombre, mezzanine et verrière, etc. Œuvre mineure certes, comparée à des productions plus célèbres, mais la dernière du genre !

DANS LE CENTRE

★ **Les ensembles de l'Atelier et du Liégat** *(plan B2, 18)* **:** l'aménagement du centre-ville fut confié aux architectes Jean Renaudie et Renée Gailhoustet. Ils y travaillèrent dans les années 70-80 et révolutionnèrent, à l'époque, totalement l'architecture sociale contemporaine. L'ensemble le plus significatif, de couleur blanche et rouille (appelé l'Atelier), se situe entre les rues Danièle-Casanova, Gabriel-Péri et Georges-Gosnat, autour de la place Voltaire. Architecture qui surprend tout d'abord par les angles de bâtiments s'avançant comme des étraves de navire, semblant vouloir de force accrocher le regard, voire agresser le passant, résultat en fait d'une géniale construction en étoile. Cela a libéré de l'espace pour une ribambelle de terrasses, petits jardins suspendus, et les façades déstructurées croulent sous la verdure. On y aperçoit parfois des petits arbres.
Ce que voulait Renaudie, c'est opposer une vigoureuse alternative aux barres et autre tours sinistres, recréer des quartiers agréables à vivre, où les formes architecturales procureraient un certain plaisir esthétique, casse-

raient le totalitarisme des lignes et des volumes à la Le Corbusier et se marieraient harmonieusement avec bien-être et confort. Mettez de la couleur en plus, ça fait irrésistiblement penser, au niveau de la démarche, à l'extraordinaire immeuble de Hundertwasser à Vienne. Tous les logements sont différents et s'imbriquent avec bureaux, boutiques, commerces divers. Il y eut, bien sûr, de virulents opposants à cette architecture, frileux brutalisés dans leur conformisme et leurs certitudes (surtout de la part des élus les plus staliniens, mais ça étonnera qui ?). Ils ne juraient que par le classicisme des blocs à angles droits, du fonctionnalisme rassurant et pépère, comme la cité de HLM Maurice-Thorez, av. G.-Gosnat, juste à côté (voilà justement un bon élément de comparaison !). Une anecdote : ces détracteurs firent même fermer l'appartement témoin, car l'aménagement intérieur, tout en angles différents, espaces originaux, volumes nouveaux rompant avec l'ennui, finissait par séduire les plus sceptiques !

Renaudie et Gailhoustet créèrent aussi beaucoup de circulation publique entre les bâtiments. Au milieu de la place Voltaire, on perçoit bien ce retour de la vie, de l'énergie, du mouvement dans la ville. Noter, côté Gabriel-Péri, ce décor clin d'œil tout à fait « gaudien » sur l'une des façades. Seul petit problème, l'usure, l'impression de vieillissement prématuré de certains immeubles à cause du choix de matériaux de faible qualité dans la construction (notamment le béton). Au nord de l'ensemble Renaudie et de la place Voltaire, autre groupe d'immeubles, le *Liégat*, de Renée Gailhoustet. Béton brut et formes plus rondes, mais toujours réalisé dans le même esprit. Renée Gailhoustet édifia également l'ensemble Marat (à côté du métro Mairie-d'Ivry).

★ *L'école Einstein (plan B2, 19)* : rue du Docteur-Esquirol. Dans la cité du parc, de l'autre côté de la rue D.-Casanova. Là aussi, il faut noter la démarche originale de Renaudie se concertant avec les enfants pour connaître, deviner leur conception de l'école. Il apparut qu'ils souhaitaient du mouvement et du mystère, quelque chose comme des souterrains, des grottes, etc. Il en fut tenu compte dans l'architecture intérieure. Nombreux niveaux avec passages en pente bordés de bibliothèques, décrochements, terrasses, classes avec jardins d'hiver. Il faut aussi admirer le jeu subtil des toitures pour distribuer la lumière naturellement dans l'école. Bref, une architecture assez unique en France !

★ *La cité Maurice-Thorez (plan B2, 20)* : 72, av. Georges-Gosnat. Construite en 1953 par L. Chevallier. Immense ensemble de brique rouge, l'un des préférés des cadres du parti, nous a-t-on dit. Il fut édifié sur l'emplacement de la clinique Esquirol (fondée en 1828 par le célèbre aliéniste, c'est là que mourut Antonin Artaud en 1948).

★ *La cité Robespierre-Marat (plan B3, 21)* : 42-44, rue Marat. Là aussi, parmi les plus célèbres HBM d'Ivry, construites par les fils Chevallier, Henri et Robert, dans les années 36-39 pour la plus grosse partie. L'un des plus importants programmes de l'avant-guerre. Imposants édifices à cour commune et en brique, s'étageant sur la colline. Pas loin, de Louis, le père, voir une autre HLM, au 24, rue Saint-Just. Du solide, du sérieux, jouant sur deux tonalités de brique différentes.

★ *La manufacture d'œillets métalliques (plan C3, 22)* : 29, rue Raspail. L'un des plus beaux édifices industriels de la ville. La manufacture française de porte-plumes, de plumes et d'œillets métalliques, fondée en 1836, fut rachetée en 1900 par une boîte américaine, la United Shoe Machinery Company. Derrière une élégante grille, on découvre le plus vieil édifice, avec son fronton triangulaire ornementé de fleurs métalliques en frise et surmonté d'une verrière. Les Américains firent élever en 1913 d'autres bâtiments sur le modèle de leur siège social à Beverly, qui laissent la plus grande part au verre et à la lumière. C'est l'unique exemple d'une application à l'architecture en France, du fonctionnalisme américain cher à l'école de Chicago.

Aujourd'hui, après avoir échappé à la démolition en 1989, ce sont des ateliers d'artistes, des locaux culturels loués aux arts décoratifs et au théâtre du Châtelet. Galerie d'art contemporain au rez-de-chaussée. Noter, de l'autre côté de la rue, une fresque anti-sida particulièrement originale et pédago!

BALADE DANS LE PETIT IVRY

Entre le métro Pierre-Curie et le périph' s'étend un pittoresque quartier appelé le *Petit Ivry* et qui a peu changé de physionomie depuis qu'il existe. Modestes demeures serrées les unes contre les autres, ruelles et sentiers étroits, un p'tit côté Butte-aux-Cailles pas rénové. Fut longtemps un quartier très populaire, et s'il devient naturellement plus résidentiel aujourd'hui, il possède toujours son caractère insolite aux portes de Paris.

★ Du centre, depuis la rue d'Estienne-d'Orves, suivre d'abord la très agréable *promenade des Petits-Bois (plan B2, 23),* puis celle de Celestino Alfonso. Arrivée au sentier en escalier du même nom. Un peu plus haut débute le *sentier de la Liberté (plan A2, 24).* Minuscules friches, terrains vagues, vieux puits, on surplombe parfois de petites maisons où le linge sèche dans des jardins de curé. Il s'y déroula l'une des séquences de la saga de la bande à Bonnot. Deux policiers, les sieurs Monier-Jouan (pas moins que sous-directeur de la Sûreté) et Colmar (inspecteur principal) se pointèrent à Ivry, un 28 avril 1912, rue Louis-Bertrand pour interroger un gars susceptible d'avoir hébergé un complice de Bonnot. Et c'est le coup de Carlos : rue Toullier, les deux condés tombent sur Bonnot lui-même. Fusillade : le sous-directeur est tué, l'autre grièvement blessé. Bonnot et deux de ses complices s'enfuirent par un sentier proche de la maison. Les gens du quartier le baptisèrent aussitôt « sentier de la Liberté », prouvant bien là leur bon sens populaire et une vraie bonne conception du « politiquement correct »! Bonnot devait être abattu quatre jours plus tard à Choisy...

★ S'engouffrer dans la *rue Antoine-Thomas* qui va devenir de plus en plus resserrée. Là aussi, tout s'imbrique dans une poésie un peu fruste. Ça va de la très modeste bicoque à la presque villa, en passant par quelques maisons abandonnées ou murées. Petits jardins sauvages ou cultivés à la diable, étroits escaliers montant la colline. Des images à la Doisneau, quelques clichés fugitifs évoquant certains coins du 13e ou du 20e arrondissement d'il y a 40 ans. Arrivée *rue Mirabeau* qu'on imagine bien, jadis, envahie par des dizaines de mômes dans leurs caisses à savon. Quelques cours avec herbes sauvages. Il flotte sur le quartier une atmosphère un peu tristounette de transition sociale, d'époque à bout de souffle... Rue Dormoy, rue des Jardins, petits pavillons ouvriers, avec jardinets justement, de gros pavés dans la rue. Au début de la rue Mirabeau, vers le n° 5, une curieuse entrée de style sécuritaire, humour sans doute!

★ Remonter la rue Louis-Bertrand (ancienne rue du Grand-Gord). Elle livre, de temps à autre, des vues insolites sur le Petit Ivry en contrebas. Et puis, à l'intersection de la rue René-Villars apparaît une drôle de maison à tourelle, la *maison du Zouave (plan A2, 25).* Elle présente un décor évoquant un peu le facteur Cheval. Le proprio, il y a longtemps, ornementa avec amour façade et mur sur rue : fausses branches en béton, sculptures, etc. Certaines disparurent avec le temps, les intempéries, des admirateurs de l'art brut... Ça se dégrade doucettement. Dépêchez-vous, le zouave et son chien, trognes bien lasses, marquées par l'existence, repartiront sûrement un de ces jours pour Sébastopol ou rejoindront leur pote au pont Lady Di. Dans la rue René-Villars, une atmosphère campagnarde presque irréelle, tandis que montent progressivement les rumeurs du périph'... À l'entrée de l'avenue Maurice-Thorez, une vieille bâtisse semble défier temps, urbanistes lecorbusiens et promoteurs. L'ancien *Restaurant de la Pointe,* coincé entre les anciennes rues de Paris et du Vieux-Chemin, tout ridé et patiné, offre un curieux télescopage avec ses voisins tout de fer et de verre !

Place du 8-Mai-1945, bonjour au vénérable moulin, sur fond de HLM pas trop blêmes. La rue Barbès posséda également jadis un caractère marqué. Au n° 58, au début du siècle, on y trouvait une ferme. Un moment, la *rue Jules-Ferry* *(plan A2, 26)* s'appela avec raison rue des Petites-Villas. Longue série de maisons ouvrières jumelles construites en 1907, évoquant celles des bassins miniers.

★ *Le cimetière parisien d'Ivry* *(plan A2-3, 27)* : av. de Verdun. Sa construction fut décidée en 1846. L'emplacement choisi, une terre où l'on cultivait du navet, vaudra longtemps au cimetière le surnom de « champ de navet ». Il inspira Verlaine qui écrivit une ode à l'un de ses amis enterré là-bas : « L'affreux Ivry dévorateur – a tes reliques dans la terre – sous de pâles fleurs sans odeur – et des arbres nains sans mystère. » Longtemps spécialisé dans l'inhumation des condamnés à mort (le « carré d'Ivry ») : on y trouve les milliers de communards massacrés par les Versaillais, ainsi que Missak Manouchian, Alfonso Célestino (Ivryen figurant aussi sur l'Affiche rouge) et leurs 21 camarades fusillés le 21 février 1944 au mont Valérien.

LE VAL-DE-MARNE

Marchés

– *Ivry-Centre :* place de l'Hôtel-de-Ville. Les mardi et vendredi matin.
– *Ivry-Port :* bd de Brandebourg. Les jeudi et dimanche matin.
– *Petit-Ivry :* av. Maurice-Thorez. Les mercredi et dimanche matin.
– *Plateau :* av. de Verdun. Le mercredi de 17 h 30 à 19 h 30 et le samedi matin.

Où sortir ?

– *Centre d'Art et galerie Fernand-Léger, CREDAC* *(plan B2, 35)* : 93, av. Georges-Gosnat. ☎ 01-49-60-25-06. Fax : 01-49-60-25-07. Entrée libre. Ouvert de 14 h à 19 h ; le dimanche, de 11 h à 18 h. Fermé le lundi et les jours fériés. Expos d'art moderne sous toutes ses formes. Initiation du public le plus large possible et, surtout, des enfants dans le but de développer leur esprit critique et leur formation au jugement des goûts et des valeurs.
– *Théâtre d'Ivry Antoine-Vitez* *(plan B3, 36)* : 1, rue Simon-Dereure. ☎ 01-46-70-21-55. Garantie d'une très belle programmation dans ce théâtre qui semble toujours « habité » par le grand Vitez.

VITRY-SUR-SEINE (94400) | 82 820 habitants

C'est la commune la plus étendue du Val-de-Marne, avec un très important secteur industriel. Quelques quartiers pavillonnaires, une vie locale encore marquée autour de la vieille gare, une belle église du XIII° siècle, une mairie à l'esthétique recherchée peu banale, voici ses principaux points d'intérêt. Ville qui ne possède pas cependant de volonté affirmée de sauvegarder son centre-ville (au contraire de Villejuif, Nanterre, etc.) et qui rabote sec. Autour de ce qui est, peut-être, la plus belle église du Val-de-Marne, c'est un pathétique *no man's land,* avec la construction incongrue, juste à côté de l'édifice, d'immeubles modernes sans grâce.

LE VAL-DE-MARNE

Un peu d'histoire

Son nom viendrait d'un colon romain appelé Victorius, transformé par la suite en *Vitriacum*. S'y serait déroulée, en 52 avant J.-C., la bataille décisive entre les légions romaines et les Gaulois de Camulogène. Cette victoire romaine amena la chute de Lutèce. Comme tous les villages alentour, Vitry sera une terre agricole jusqu'au XIXe siècle, développant la vigne et les arbres fruitiers. Pendant la guerre de Cent Ans, la ville est ravagée deux fois. Charles VII en chasse les Anglais définitivement en 1436.

En 1617, Concini, ministre et conseiller de Marie de Médicis, est assassiné par le duc de Vitry. La Fronde se révèle également cruelle pour le village, dévasté en 1649 et 1652. Les combats de Vitry entre « frondistes » et loyalistes furent particulièrement âpres. L'arrivée du chemin de fer, en 1863, favorise le développement des premières industries, qui s'installent opportunément entre gare et Seine. Durs combats lors de la guerre de 70 contre les Prussiens, puis pendant la Commune. Les communards tiennent le moulin de Saquet jusqu'en mai 1871.

Élection d'une Municipalité communiste dans la grande vague des municipales de 1925.

Comment y aller ?

– *En R.E.R. :* ligne C. Arrêt Gare-de-Vitry.
– *En bus :* de Paris, n°s 183 (Porte-de-Choisy – Orly), 132 (Porte-d'Ivry – Vitry, Cité-du-Moulin-Vert), 185 (Porte-d'Italie – Rungis). Entre communes, n°s 172 (Bourg-la-Reine-R.E.R. – Créteil-L'Échat), 180 (Villejuif-Louis-Aragon – Charenton-Écoles), 182 (Mairie-d'Ivry – Villeneuve triage S.N.C.F.), 285 (Villejuif-Louis-Aragon – Juvisy-R.E.R.), 393 (Villejuif-Louis-Aragon – Sucy-Bonneuil).
– *Taxis :* ☎ 01-46-80-00-00.

Adresse utile

■ *Mairie :* 2, av. Youri-Gagarine. ☎ 01-46-82-80-00.

Où manger ?

|●| *L'Imprévu :* 94, rue Anatole-France. ☎ 01-46-72-38-01. Fermé le vendredi soir, le week-end et les jours fériés. Bus n° 180 ; resto situé entre les arrêts Port-à-l'Anglais et Rue-de-la-Baignade. Un p'tit coin sympa d'Auvergne en Val-de-Marne. Cuisine traditionnelle et familiale, préparée par la maîtresse de maison depuis de nombreuses années. Menu à 57 F (vin compris). Plat du jour à 36 F. Tripoux tous les jeudis et aligot sur commande (pour ceux qui ne connaissent pas, un grand moment !). Vin du mois autour de 60 F.

|●| *Fiestas :* 10, av. du Général-Leclerc. ☎ 01-46-80-06-45. Fermé le dimanche soir et le lundi. Drapeau d'Euskadi, *chistera*, affiche de la Saint-Firmin, il n'y a que la musique qui ne soit pas basque ! Spécialités basques et du Sud-Ouest, ça va de soi. Le midi, un maximum d'hommes d'affaires et des cadres de la mairie pour une cuisine faite avec sérieux

et goûteuse. Plat du jour traditionnel à 60 F. Excellent *piquillo.* À la carte, *chipiron,* jambon de Serrano, morue *a la biscaïna,* pièce de bœuf, magret et confit de canard, etc. Menu à 145 F.

À voir

★ *L'église Saint-Germain :* place de l'Église. Ouverte en principe les mercredi et samedi de 9 h à 12 h et de 15 h à 17 h, et le dimanche matin. Date du XIIe siècle, mais souffrit de la construction concomitante de Notre-Dame de Paris qui lui piquait tous ses ouvriers, ce qui repoussa l'inauguration deux siècles plus tard. Haut clocher roman et chœur gothique à cinq chapelles rayonnantes et déambulatoire. À l'intérieur, belle ampleur de la nef. Poutres de la voûte du XVIe siècle. Noter les oculi au-dessus des arches de la nef. Malgré les étapes de construction, une impression de grande homogénéité. Intéressants chapiteaux à motifs floraux. Riche mobilier. Dans le chœur, ensemble chaises et prie-Dieu Restauration, maître-autel du XVIIe siècle, une Crucifixion qui serait de Simon Vouet. Les petites fresques sur les piliers sont des croix de consécration du XVIe siècle. Quelques traces d'une litre (bandeau noir de deuil). À droite du déambulatoire, belle Annonciation. Dans la nef de gauche, Sainte Famille du XVIIe siècle.

★ *La mairie :* 2, av. Youri-Gagarine. On est surpris de découvrir cette mairie à l'architecture originale et chaleureuse, rompant avec le style fonctionnaliste ou pharaonique habituel. À l'intérieur, aucune uniformité, espaces subtilement découpés, douce intimité rendue par le jeu des lumières et des vitraux. Heureux usagers !

★ *L'ancienne mairie :* place Saint-Just. Construite au XVIIIe siècle, dans un style néo-classique, elle gagna une terrasse à balustrade et un fronton à la fin du XIXe. Mairie jusqu'en 1985, elle fut déplacée d'une vingtaine de mètres lors de travaux d'élargissement de la route. Abrite aujourd'hui la Maison de la Jeunesse.

★ *La vieille gare :* à l'intersection de Paul-Vaillant-Couturier et d'Anatole-France. Construite en 1905, style IIIe République, avec un petit décor de céramique. On voit encore l'inscription « Chemins de fer d'Orléans ».

★ *Quelques HBM ou HLM blêmes :* pour les amateurs d'architecture ouvrière. D'abord, la cité des Combattants (1925), 66, av. Jean-Jaurès, une des premières HBM construites à Vitry. Derrière la mairie, au 14, rue Édouard-Til, là aussi l'un des premiers logements économiques construits pour familles de 3 enfants et plus (1923). On notera le refus de l'uniformisation des façades. Avenue Albert-Thomas, cité-jardin de 1937. En descendant vers l'église, avenue de l'Abbé-R.-Derry, vous noterez le choc de deux architectures antagonistes : à droite, des constructions banales, tristes à pleurer, typiques des années 70. À gauche, au n° 2, un ensemble récent très soigné de brique rouge et ardoise, avec lucarnes et oculi.

★ *Les jardins ouvriers et familiaux :* vieille tradition de banlieue qui perdure, vous en trouverez quelques-uns sur les pentes du fort d'Ivry et plus de 200 rue Julian-Grimau, sur le Plateau.

Marchés

– *Vitry-Centre :* place Jean-Martin. Les mercredi et samedi matin.
– *Port-à-l'Anglais :* rue Charles-Fourier. Les jeudi et dimanche matin.
– *Rue du 8-Mai-1945 :* les mardi, jeudi et dimanche matin.

Où sortir ?

– *Théâtre municipal Jean-Vilar :* av. Youri-Gagarine et Clément-Perrot. ☎ 01-46-82-83-88. Entièrement rénové en 1998.

Fêtes et manifestations

– *Fêtes du Lilas :* au printemps, un mois de festivités qui rassemblent des dizaines de milliers de participants.

VILLEJUIF (94800) | 52 000 habitants

L'un des fleurons de la banlieue rouge mais, à la différence de ses voisines Ivry et Vitry, c'est une ville fort peu industrielle, plutôt résidentielle et pavillonnaire. Avec quelques cités quand même pour faire bonne mesure. Vieux centre-ville qui a conservé son caractère, urbanisme maîtrisé dans l'ensemble, une desserte par métro et bus hyper pratique. Voilà bien là de bonnes raisons d'aller y faire un tour. D'autant plus qu'on y trouve l'église du Val-de-Marne possédant le plus riche mobilier et, tenez-vous bien, un chemin de randonnée pédestre fort intéressant et passant par de nombreux anciens sentiers (certes goudronnés, faut pas rêver) que l'urbanisation de la ville a respectés. Et puis, *last but not least*, terre également de grande tradition « hospitalière » !

Un peu d'histoire

Le territoire de Villejuif fut, dit-on, celui du Val-de-Marne qui connut l'occupation humaine la plus ancienne (200 000 à 300 000 ans). On y trouva surtout un *nucléus,* de l'époque moustérienne (60 000 ans avant J.-C.), ce morceau qui subsiste d'un bloc de silex quand on a extrait dessus toutes les lames pour fabriquer des outils. Soubassements de maisons et céramique sigillée indiquent une implantation gallo-romaine. Et puis, cher lecteur, vous attendez bien sûr de connaître l'origine du nom Villejuif. Non, nul juif errant ne fonda la ville, les historiens et linguistes penchent plutôt pour *Villa Judea,* villa d'un gallo-romain nommé Juvius ou Juveus.

La première mention de la ville apparaît sur une donation du roi Robert II le Pieux (au XIe siècle) aux religieux de Jumièges. Du Moyen Âge, peu de vestiges, mais une nécropole fut localisée sous l'église Saint-Cyr-Sainte-Julitte. Le village souffre de la guerre de Cent Ans. Au XVIe siècle, il commence à s'étendre le long de la route royale (l'actuelle N7). La plupart des terres dépendent de la paroisse de Saint-Nicolas-de-Chardonnet à Paris (à Maubert). Son séminaire y installe d'ailleurs sa maison de repos (la mairie d'aujourd'hui).

Beaucoup de vignerons, sous Louis XIII, en révolte contre les lourdes taxes qui les frappent, tentent de faire entrer leur vin dans Paris sans les payer. La Révolution y est d'ailleurs fort bien accueillie, vu le poids des ordres religieux. En 1815, le duc de Berry tente d'y arrêter Napoléon au retour de l'île d'Elbe. Au XIXe siècle, pas d'industrialisation comme à Ivry, la seule industrie de la ville restant longtemps sablières, carrières et plâtrières. En revanche, à la fin du siècle, Villejuif reçoit les familles ouvrières chassées de Paris par les travaux d'Haussmann et la cherté de la vie. Les terres se lotissent et chassent l'agriculture. Mouvement accentué après la Première Guerre mondiale, avec l'arrivée des provinciaux en quête de travail.

La période contemporaine

En 1925, comme beaucoup de ses consœurs, la ville élit une Municipalité communiste. Paul Vaillant-Couturier est maire de 1929 à 1937. Une des figures les plus marquantes de l'histoire du PC. Blessé, gazé pendant la guerre de 14, cité à l'ordre de la Nation, mais aussi condamné plusieurs fois comme agitateur en faveur de la paix. Avec Henri Barbusse, il fonde en 1917 l'ARAC, l'association républicaine des anciens combattants, pour continuer à lutter contre la guerre. En 1919, à 27 ans, il est élu député socialiste de Paris. Un des artisans au congrès de Tours de la fondation du PC. En 1926, rédacteur-en-chef de *L'Humanité.* Élu conseiller général de Villejuif alors qu'il est en prison pour son action contre la guerre du Rif au Maroc. Redoutable orateur, écrivain, artiste, journaliste, il meurt brutalement en 1937. Voilà, ceux qui possèdent une rue Vaillant-Couturier dans leur ville n'ont plus de raisons de ne pas le connaître !

En 1933, construction de l'école Karl Marx, d'une conception totalement révolutionnaire pour l'époque. Enfin, votre visite se fera sous de bons « hospices » (ça y est, un jeu de mots, à tous les coups !), puisque 10 % du territoire (35 ha) abritent l'institut psychiatrique Paul-Guiraud, l'hôpital Paul-Brousse et l'institut Gustave-Roussy, l'un des plus en pointe au monde pour la recherche sur le cancer. Paradoxe étonnant, ces trois institutions qui emploient 6 000 personnes (dont peu d'habitants de la ville d'ailleurs) ne rapportent strictement rien à Villejuif puisqu'elles ne paient ni taxe professionnelle, ni taxe foncière (alors que la commune doit supporter les frais de fonctionnement du service d'état civil et tous les problèmes de voirie et d'assainissement !).

Pendant la dernière guerre, beaucoup d'habitants entrent en résistance. La ville se libère en août 1944. Comme pour beaucoup de communes de banlieue, énorme développement de la population après-guerre. Premier programme de construction financé par la ville en 1954. Arrivée du métro en 1987 et des premiers audacieux touristes en 1998.

Comment y aller ?

– *En métro :* La Courneuve – Villejuif-Louis-Aragon (ligne n° 7). Stations Léo-Lagrange, Paul-Vaillant-Couturier et Louis-Aragon.
– *En bus :* n°s 185 (Porte-d'Italie – Halles-de-Rungis), 285 (Louis-Aragon – Chilly-Mazarin), 131 (Porte-d'Italie – L'Hay-les-Roses), 162 (Louis-Aragon – Clamart), 180 (Louis-Aragon – Charenton), 231 (Louis-Aragon – Chevilly-Larue), 393 (Louis-Aragon – Hôpital-Henri-Mondor), 132 (Place-d'Italie –

■ **Adresse utile**

　✉ Postes

🛏 **Où dormir ? Où manger ?**

　5　Aux Joyeux Boulistes
　6　Délices du Maroc
　7　La Barraca
　8　La Vallée d'Ossau
　9　La Ferme des Barmonts

★ **À voir**

　15　L'église　Saint-Cyr-et-Sainte-Julitte

16　Hôtel de la Capitainerie des chasses
17　La mire de Cassini
18　Collège Karl Marx
19　Parc départemental des Hautes-Bruyères
20　Jardins familiaux de l'Épi-d'Or
21　Réservoirs d'eau de la Ville de Paris

– **Où sortir ?**

30　Théâtre Romain-Rolland

VILLEJUIF

d'Orléans ↑ *PARIS* ↑ Porte d'Italie **A**　　　　　　　**B**

Porte

ARCUEIL

Rue Michelet
Imp. des Esselières
Bd Chastenet de Géry
Rosain
ROND-POINT
Gᴬᴸ DE GAULLE
Rue
Grosménil
Rue Marcel Paul

1

Av. Paul
Vaillant-Couturier
Rue
de
Gentilly
Rue Carnot

Autoroute
Av.
D 61
du
Tolstoï
PL. DU
8 MAI 1945

Péri
Président
Parc du
8 Mai 1945
Marcel
Rue
Jean-Baptiste

Gabriel
Allende
Rue

Jardin
du Belvédère
Militaire
Avenue

2
**Institut
Gustave-Roussy**

Rue
du
Chemin
Rue
Ed
Vaillan

Parc ★ 19

CACHAN

Rue
Ch. de la redoute
Départemental
de

3
Sud
**Redoute des
Hautes Bruyères**

Allée Soma Delaunay
PLACE
PICASSO
des
Verdun
**Hôpital spéciali
Paul-Guiraud**

Péri
Hautes

Gabriel
Bruyères
Rue
Aug.
Perret
de
LES LOZAITS

(A6)

4

Rue
Avenue
D 55
Avenue
R. Armand Gouret
Rue
l'Épi
d'Or
de
Chevilly
Avenue

**L'HAŸ-
LES-ROSES**
★
20

0　100　200 m

Av. de l'Épi d'Or

A　*A10, CHARTRES* ↓ Aéroport d'Orly, *LYON*　　　　**B**

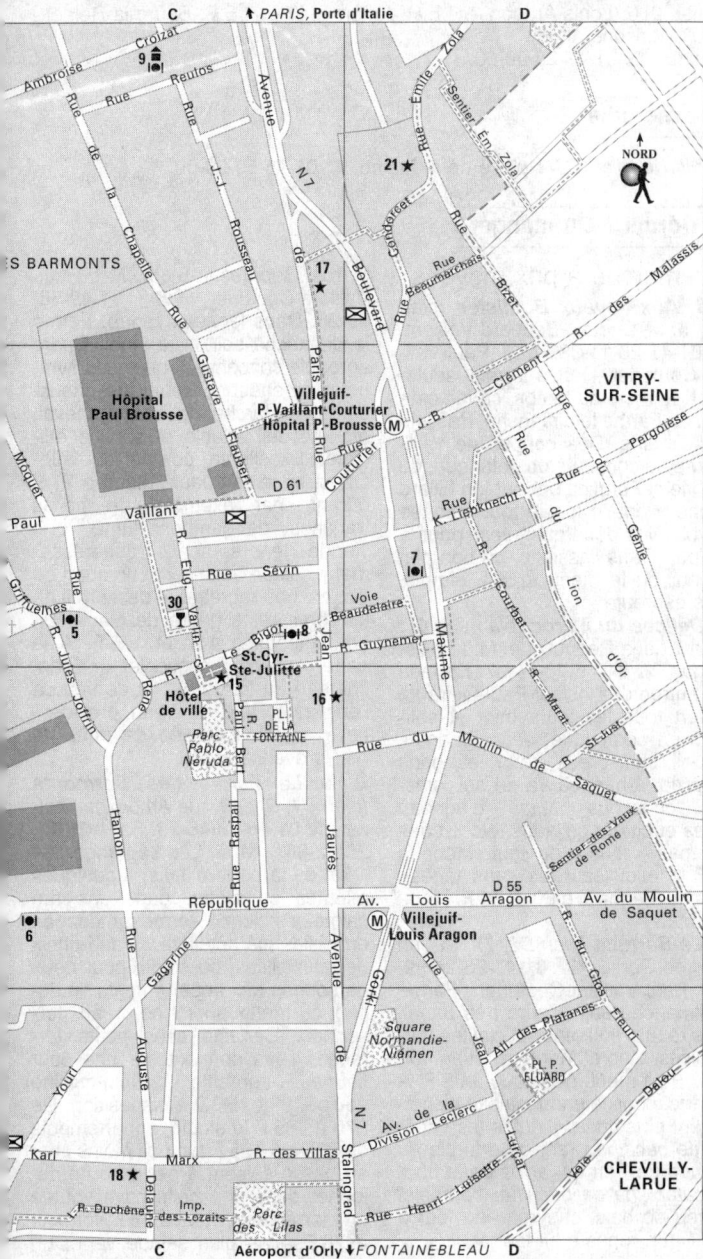

VILLEJUIF

C   ↑ *PARIS*, Porte d'Italie   D

Ambroise

Croizat

9 ⬛

Rue

Reutos

Rue

J.-J.

Rousseau

N 7

Avenue

Rue

de

la

Chapelle

Rue

Gustave

Flaubert

Rue

Paris

de

Boulevard

Rue   Emile   Zola

Rue   Condorcet

Sentier Em. Zola

21 ★

Rue

Beaumarchais

Rue

Bizet

R.   des   Malassis

NORD

S BARMONTS

17 ★

Clément

VITRY-SUR-SEINE

Hôpital Paul Brousse

Villejuif-P.-Vaillant-Couturier Hôpital P.-Brousse Ⓜ

Rue   J.-B.

Rue

Pergolèse

Rue   du   Génie

D 61

Couturier

Rue

Rue   K.   Liebknecht

Paul

Vaillant

Rue   Courbat

Lion

d'Or

Moquet

Rue

Griffuelhes

Rue   Jules   Joffrin

Eug.   Varlin

Rue   Sévin

Voie Beaudelaire

7 ⬛

R. Guynemer

Rue   Marat

R. St-Just

30 ⬛

Bigot

Rue

Jean

Maxime

8 ⬛

Le

St-Cyr-Ste-Julitte

5 ⬛

René

15 ★

Hôtel de ville

Paul   Bert

Rue   Raspail

Parc Pablo Neruda

PL. DE LA FONTAINE

16 ★

Rue   du   Moulin

de   Saquet

R.   du   Saquet

Sentier des Vaux de Rome

Hamon

Jaurès

Rue

Gagarine

Rue   Auguste

6 ⬛

Yourt

République

Av.   Louis   Aragon

Ⓜ **Villejuif-Louis Aragon**

D 55

Av. du Moulin de Saquet

R.   du   Clos   Fleuri

Avenue

de

Gorki

Rue

Jean

Square Normandie-Niémen

Allée   des   Platanes

PL. P. ELUARD

Lurçat

Dalou

Karl   Marx

18 ★

Delaune

R. Duchêne

Imp. des Lozaits

Parc des Lilas

Stalingrad

R. des Villas

N 7

Av.   de   la

Division   Leclerc

Rue   Henri   Luisette

Voie

CHEVILLY-LARUE

C   Aéroport d'Orly ↓*FONTAINEBLEAU*   D

1   2   3   4

VILLEJUIF

Thiais), 286 (Louis-Aragon – R.E.R.-Antony), 172 (R.E.R.-Bourg-la-Reine – R.E.R.-Maisons-Alfort).
– *Taxis :* ☎ 01-47-26-00-00.

Adresse utile

■ *Mairie (plan C3) :* place de la Mairie. ☎ 01-45-59-20-00.

Où dormir ? Où manger ?

Bon marché à prix moyens

I●I ▼ *Aux Joyeux Boulistes (plan C2, 5) :* 1, rue Édouard-Vaillant. ☎ 01-47-26-11-38. M. : Paul-Vaillant-Couturier. Repas le midi seulement ; le reste du temps, ça fait café normal. Fermé le dimanche. Pas loin de la mairie. Des coupes de vainqueurs de concours de pétanque, du bon vieux Formica partout, un billard et une clientèle locale tout étonnée de vous voir débarquer, voilà pour la couleur. Dans l'assiette, un bon plat du jour ou le menu à 58 F simple, sans esbroufe.

I●I *Délices du Maroc (plan C3, 6) :* 85, av. de la République. M. : Louis-Aragon. ☎ 01-46-78-74-07. En face de l'entrée de l'institut Paul-Guiraud. Ouvert tous les jours midi et soir. Murs en céramique, décor oriental, accueil chaleureux, tous les bons trucs de là-bas, ça va de soi : *pastilla,* couscous, *tajine* d'agneau olives et citron, grillades, etc. Et des prix pas « fous » du tout. Menu à 59 F le midi (sauf les jours fériés). Vins du Maghreb à 60 et 70 F. Menu enfants.

I●I *La Barraca (plan D2, 7) :* 90, bd Maxime-Gorki. ☎ 01-47-26-24-89. M. : Paul-Vaillant-Couturier. Fermé le dimanche soir. Cadre très banal, mais réputé pour ses spécialités portugaises. Lino et Marie reçoivent fort bien. Petit menu classique à 58 F. À la carte, choix étendu mais plats nettement plus chers. Toutes les variétés de *bacalhau* (ah, celle farcie au jambon de Parme), *arroz de tamboril, cataplana de bacalhau,* porcelet au feu de bois, chevreau au four à 105 F (un repas à lui tout seul).

Prix moyens à plus chic

I●I *La Vallée d'Ossau (plan C2, 8) :* 5, rue Georges-le-Bigot. M. : Paul-Vaillant-Couturier. ☎ 01-49-58-89-25. Dans le vieux centre. Fermé le dimanche soir et le lundi. Cadre agréable concentrant quelques symboles pyrénéens : vieux skis, chaussures de marche, colliers de cheval, etc. Accueil affable et service efficace. Excellente cuisine du Sud-Ouest et remarquable menu à 97 F offrant, par exemple, de belles tranches de jambon fumé, une viande tendre servie généreusement, salade aux noix et un quart de vin. Ne pas regretter le dessert, il ne lui serait resté guère de place ! Sinon, menus à 147 et 178 F. À la carte, copieux cassoulet maison, château au foie gras, ris de veau à l'ancienne, tête de veau présidentielle, confit, fricassée de fruits de mer provençale, etc.

♒ I●I *La Ferme des Barmonts (plan C1, 9) :* 19, rue Ambroise-Croizat. ☎ 01-46-78-45-36. Fax : 01-47-26-02-88. M. : Léo-Lagrange. À 1 km de la porte d'Italie, à quelques minutes du métro, dans une rue calme. Ancienne ferme aménagée en résidence hôtelière. Grand choix de possibilités, du studio pour deux personnes aux appartements en duplex ou triplex pour cinq ou six personnes. Certains avec petite terrasse. Tous donnent sur une cour fleurie agréable. Coin-cuisine équipé, frigo, BBQ à disposition. De 370 à 485 F le studio, appartements de 725 à 1 155 F (un poil moins cher en basse saison). Possibilité de déjeuner dans une belle cave voûtée en pierre sèche. Plat à 65 F, formule à 78 F (plat, plus salade verte, un quart de gamay et café). Bon choix de terrines de poisson, salades, assiettes froides, etc.

À voir

★ *L'église Saint-Cyr-et-Sainte-Julitte (plan C3, 15) :* place de la Mairie (à tous les coups, la mairie est place de l'Église !). Ouvert le lundi de 9 h à 12 h et de 14 h à 16 h 30, le mardi de 15 h 30 à 19 h 30, le mercredi de 9 h 30 à 12 h et de 14 h à 16 h, le jeudi de 18 h à 19 h 30, le vendredi de 9 h 30 à 12 h et de 15 h à 17 h, le samedi de 9 h 30 à 16 h et le dimanche de 8 h 30 à 12 h 30 (ouf !). Du XIIe siècle, mais entièrement reconstruite en 1539. Dans la tourelle à encorbellement, escalier menant au clocher. À l'intérieur, fausse voûte du XVIIIe. Trois chapiteaux côté gauche sont du XIIIe siècle ; côté droit, de la Renaissance. Sur le troisième pilier droit, noter le cochon jouant de la cornemuse. Clefs de voûte historiées. Mobilier très intéressant, notamment les lambris finement ciselés de part et d'autre du chœur, les stalles sculptées du XVIe siècle (têtes grimaçantes sur les sièges), l'orgue du XIXe en bois sculpté brut ou doré. Dans le baptistère, à droite de l'entrée, belle série de tableaux. Au fond, *Saint Jean Baptiste enfant* du XVIIIe siècle (école de Largillière), *Saint Cyr et sainte Julitte* du XVIIe (école de Le Brun), *Intercession de saint Roch* du XVIIe (d'après Rubens), le *Bon Pasteur* du XVIIIe (copie de Philippe de Champaigne). Au-dessus de l'entrée, *Adoration des Mages* du XVIe. À droite du chœur, *Annonciation* du XIXe (copie de Vasari) ; à gauche, *Saint Michel terrassant le dragon* (d'après Raphaël). Également une *Vierge du Rosaire* (copie de Murillo). Sur le pilier à droite du chœur, pierre tombale de Melchior Grandhofer (1666). Belle calligraphie gothique avec Pietà, donateur et sa famille gravés. Dans les chapelles latérales du chœur, ravissantes boiseries du XVIIIe siècle, au décor sculpté et doré. Dans celle de gauche, *Saint Roch*. Reliquaire et orfèvrerie religieuse ne sont de sortie qu'à l'occasion de la Journée du Patrimoine.

★ *La mairie :* à côté de l'église. Installée dans l'ancienne maison de repos du séminaire de Saint-Nicolas-de-Chardonnet (XVIIe siècle). À l'intérieur, bel escalier à balustre. À côté, les bâtiments annexes s'intègrent bien à la petite place. Derrière l'annexe, d'anciennes granges ont été habilement transformées en services administratifs.

BALADE AUX ALENTOURS

Suivre la rue Georges-Le-Bigot, puis tourner à droite dans la *rue René-Hamon,* l'une des plus anciennes de la ville. Elle n'a guère changé : demeures frappées d'alignement, cours de ferme, trottoirs pavés très étroits. Tiens, une vénérable enseigne « Coiffure dames Forvil »... la coiffeuse est partie depuis longtemps ! Au n° 47, bel exemple de rénovation intelligente. Au n° 14, villa des années 30, de style moderne pour l'époque.
L'autre côté de la *rue Georges-Le-Bigot* possède toujours sa physionomie d'antan, maisons basses dont certaines débarrassées de leur crépis laissent voir une belle pierre blonde. Au carrefour avec la *rue Jean-Jaurès* (ex-Grand-Rue), vous êtes au cœur du vieux village. Nombreux commerces. Tiens ! une chevaline et son antique tête d'équidé dorée. Aux 91-93, rue Jean-Jaurès, la rénovation d'un immeuble qui commençait à s'effondrer révèle, sous la crasse et les fissures, le superbe *hôtel de la Capitainerie des chasses*, du XVIIe siècle *(plan C3, 16)*. Au n° 54, belle maison de ville, avec perron à balustres. L'étroite voie Baudelaire invite déjà à aller flâner. Du 24 au 30, rue Jean-Jaurès, série de maisons anciennes que le *Monoprix* n'a pas réussi à manger. Au 28 *bis*, jolie maison de ville, avec balcon en fer forgé, frise de coquilles Saint-Jacques courant sous le toit, élégant encadrement de porte avec oculus. Au n° 41, le porche de l'ancienne ferme Gabillot.

À l'intérieur, hangars et remises encore en place. Sa boutique à côté cessa il y a à peine deux ans de vendre des graines. À l'angle Jean-Jaurès et Paul-Vaillant-Couturier, la boutique qui parasite le rez-de-chaussée ne réussit pas à cacher totalement l'originale et éclectique façade de la villa derrière.

Rue du Colonel-Marchand, vestiges des dépendances du château des Saint-Roman, une famille qui possédait beaucoup de terres à Vitry et Villejuif. Au n° 6, anciennes écuries ; au n° 3, la maison des gardes. À côté, angle Eugène-Varlin et Vaillant-Couturier, immeuble de style Art nouveau.

Retour rue Jean-Jaurès. Au n° 12, l'archi très typée des bains-douches des premières municipalités ouvrières (1928). Aujourd'hui, conservatoire de musique. À l'angle des rues Jean-Jaurès et Jean-Baptiste-Clément, le cinéma *Capitol* a produit il y a longtemps sa dernière séance...

Prolongement de la rue Jean-Jaurès, l'**avenue de Paris** fut « rabotée », tant la pente était dure aux chevaux. On l'appelait la « montagne ». Les maisons les plus anciennes en héritèrent de marches extérieures. Au 159, av. de Paris, l'ancien centre de santé municipal où Danièle Casanova, héroïne de la Résistance, avait son cabinet dentaire (après restauration, futur conservatoire de musique). Au n° 163, élégante demeure bourgeoise de 1850, avec escalier à double révolution.

★ **La mire de Cassini** *(plan C1, 17) :* 157 *bis,* av. de Paris. Jacques Cassini, célèbre géographe et topographe du XVIIIe siècle, édifia en 1740 cette mire, en correspondance avec celle de Juvisy, pour déterminer le calcul du méridien. Accès par un sentier, puis première petite porte à gauche. Située dans un petit jardin communal en surplomb de la rue (ne pas hésiter à pousser la porte). On y distingue son premier graffiti, datant de 1746 !

★ Pour les fans d'architecture du XIXe siècle, l'**hôpital Guiraud,** au 54, av. de la République *(plan B3),* construit comme asile d'aliénés en 1889. Imposant et style austère. Tout s'organise autour d'une grande cour. L'**hôpital Paul-Brousse** (1913), quant à lui, au 14, rue Vaillant-Couturier, se révèle typique de l'archi de ce début de siècle. Large utilisation de la brique et de la meulière.

★ **Le collège Karl-Marx** *(plan C4, 18) :* à l'angle de l'avenue Karl-Marx et de la rue Auguste-Delaune. Aujourd'hui, classé Monument historique. Construit en 1933 par André Lurçat (frère de Jean), il apparut à l'époque comme totalement d'avant-garde. Articulation du verre et du béton, en des formes et des volumes aux réminiscences cubistes.

★ **Le Parc départemental des Hautes-Bruyères** *(plan AB2-3, 19) :* beau parc en voie d'achèvement. Point culminant de la ville. Belle vue sur Paris. Fera 21 ha lorsqu'aura fermé la dernière exploitation de sable de Villejuif. Au sommet, la redoute construite par Viollet-le-Duc en 1870 et qui connut une brève mais violente carrière contre les Prussiens et pendant les combats de la Commune. Un chemin en fait le tour. À noter, en contrebas, un petit canal dans la tradition des parcs du XVIIIe siècle, en bordure d'une petite cité de logements nouvelle génération (dans le concept architectural de cette cité Sonia Delaunay, on a tout fait pour que les gens se rencontrent). À deux pas, 84 jardins familiaux bien léchés, avec une allée publique au milieu.

★ **L'institut Gustave-Roussy** *(plan A2) :* en bordure du parc. Ne se visite pas bien sûr, mais il est important de le mentionner. Ouvert en 1980, premier centre européen de lutte et de recherche sur le cancer (2 700 personnes y travaillent, dont 800 médecins et chercheurs). Il porte le nom du professeur Roussy qui fonda le premier pavillon de lutte contre le cancer en 1921, à l'hôpital Paul-Brousse. Sur une butte à côté, les trois châteaux d'eau nouvelle génération ne vous auront pas échappé !

★ **Les jardins familiaux de l'Épi-d'Or** *(plan A4, 20) :* au fond de l'avenue de l'Épi-d'Or. Accès par la rue de Chevilly ou la rue Gagarine. Membres de la Ligue française du Coin de terre et du Foyer. À l'ancienne, beau désordre

végétal et poétique. Ne pas tenir compte des pancartes d'interdiction type
« propriété privée » ou « réservé aux jardiniers » à l'entrée des sentiers
d'accès, ces derniers sont publics! D'ailleurs, l'un d'entre eux permet de
rejoindre les jardins du parc des Hautes-Bruyères.

Le chemin de randonnée de Villejuif

Eh oui, il existe un superbe chemin de randonnée d'une dizaine de kilomètres qui passe par les nombreux sentiers qui subsistent dans la ville, héritage de ceux qui traversaient champs et vignes et que l'urbanisation a respectés. Relayés par rues et ruelles tranquilles, allées et impasses, petits
parcs locaux. Ce parcours permet de saisir des points de vue et détails
architecturaux insolites, de traverser d'agréables zones pavillonnaires, de
découvrir la flore et la géologie de la ville.
Quelques coups de cœur, après les sentiers du centre-ville (Baudelaire,
Liebknecht, etc.), ceux du quartier du Lion d'Or (sentiers Courbet, Paul-
Lafargue) et du bas Villejuif. À l'angle des rues Condorcet et Bizet, parc avec
les *réservoirs d'eau de la Ville de Paris (plan D1, 21)* et panorama sur
Chinatown. Et puis, ça fait toujours chaud au cœur quand la rue de l'Avenir
croise celle de l'Espérance... mais attention à l'impasse des Verbeuses!
Tranquilles quartiers des Esselières et des Monts Cuchets. Point de vue sur
Paris, à l'angle des rues Michelet et Rossini.
Bref, ne pas manquer de se procurer la carte de cette randonnée à la mairie
de Villejuif. Textes très intéressants de Carlos Escoda, la mémoire de la
ville, et nombreuses photos.

Marchés

– *Marché du Centre :* rue Eugène-Varlin. Les mercredi et samedi matin.
– *Marché de l'avenue de Paris :* les mardi, vendredi et dimanche matin.
– *Marché Auguste-Delaune :* les mardi, jeudi et dimanche matin.

Où sortir ?

– *Théâtre Romain-Rolland (plan
C2, 30) :* 18, rue Eugène-Varlin.
☎ 01-49-58-17-00. Un des meilleurs
de la banlieue sud. Très belle programmation, avec les créations de la
compagnie de danse contemporaine
Anne Dreyfus et du théâtre de la
Jacquerie. Abrite aussi un cinéma
art et essai. Également variété, jazz,
musique classique, etc. Plusieurs
festivals dans l'année.

Fêtes et manifestations

– *Fête des Fleurs :* en juin. La grande fête annuelle de la ville, avec de
nombreux spectacles et bals.
– *Fête du Livre :* en décembre.

CHOISY-LE-ROI (94600)   35 000 habitants

Le roi l'a choisi, certes, mais c'était il y a bien longtemps. La cité royale du XVIIIe siècle est devenue ouvrière au cours de celui-ci. Aujourd'hui, Louis XV et les dames de la cour n'y retrouveraient pas leurs petits. L'industrialisation a taillé en pièces la plupart des quartiers, et les derniers coups de boutoir ont été donnés dans les années 70, où de sacrés morceaux de tours ont poussé dans le centre-ville comme de vilains boutons. Assez incroyablement, quelques rues du centre autour de la cathédrale ont réussi à conserver un aspect presque villageois. Mais c'est un minuscule morceau de caviar au milieu d'une décharge architecturale.

Choisy est la seule ville du Val-de-Marne à être séparée en deux par la Seine : rive droite, le quartier des Gondoles, pavillonnaire, populaire et résidentiel ; rive gauche, le centre avec les administrations, les tours, le quartier Saint-Louis avec la cathédrale. Ainsi certains Choisyens ne traversent que rarement l'unique pont qui relie les deux parties de la ville. Plus au sud, le quartier dit des Navigateurs, ensemble de tours à l'atmosphère un peu chaude. Il faut dire qu'avec des rues aux noms de grands navigateurs, ça doit sacrement donner envie de prendre le large.

Un peu d'histoire

Il est difficile d'imaginer ce que pouvaient être les champêtres bords de Seine aux siècles passés, alors que Choisy-sur-Seine était rattachée à la seigneurie de Thiais, l'ensemble dépendant du fief de l'abbaye de Saint-Germain-des-Prés. Au cours du XIIe siècle, on érige la chapelle Saint-Nicolas, dédiée aux mariniers qui avaient l'habitude de s'y retrouver. La véritable histoire de la ville débute lorsque Mlle de Montpensier, la Grande Mademoiselle, cousine de Louis XIV, s'y fait construire un château à la fin du XVIIe siècle. Elle y mourut en mars 1693. Mmes de Louvois, de Sévigné, de Coulanges, de Conti se refilent le château et y séjournent tour à tour.

Le choix du roi

Mais c'est évidemment Louis XV qui donne ses lettres de noblesse à la ville en rachetant le château et le parc, et même tout le territoire de la commune, histoire de ne pas faire les choses à moitié. Il le hisse au rang de résidence royale en 1739 et en profite pour donner son nom définitif à la ville. Choisy vit alors sa période la plus faste, et les gens de la Cour font construire aux alentours du château de superbes et élégantes demeures. Le roi y vient souvent avec Mme de Pompadour. Tout est aménagé par l'architecte Jacques-Ange Gabriel (certainement un petit cousin de l'annonciateur). Le roi ordonne la construction de l'église au milieu du XVIIIe siècle et confie encore les travaux à Gabriel. Pour traverser le fleuve, le roi, qui avait fait un petit voyage à Venise, commande quelques gondoles. Le nom du quartier où elles furent construites resta.

Louis XVI viendra également à Choisy, mais l'utilisera comme rendez-vous de chasse. Puis la Révolution lui fait perdre la tête et sans doute l'adresse du château. À partir de 1788, personne n'y met plus les pieds. Curieusement, le château traversera toute cette période sans encombres. Ce sera pourtant le début de sa fin.

Enfin un pont

L'aube du XIXe siècle voit se réaliser un vœu cher à la population : l'édification d'un pont qui enjambe la Seine. Peu de temps après, la ligne de chemin de fer qui relie la ville à Paris sonne le glas du Choisy rural. Les industries se bousculent pour occuper le terrain : maroquinerie, cristallerie et surtout faïencerie se développent et provoquent un afflux important de population. La renommée de la maison Boulenger dépasse largement les frontières du pays.

Les années noires

Choisy-sur-Industrie deviendra, comme toutes ces villes ouvrières du pourtour parisien, Choisy-la-Désœuvrée après le premier conflit mondial. Un mauvais tour architectural lui sera joué dans les années 70-80, tuant ce qui subsistait d'à peu près humain dans le centre-ville, épargnant toutefois quelques rues autour de la cathédrale et conservant son caractère résidentiel au quartier des Gondoles. Tant mieux.
Sur le plan industriel, Choisy reste le premier producteur d'eau potable en France puisque la ville retraite depuis le début du siècle les eaux de la Seine pour la distribuer à 57 communes d'Île-de-France (plus de 2 millions d'habitants). Renault y fabrique toujours des pièces détachées.

Les céramistes de Choisy-le-Roi

De toutes les faïenceries du siècle dernier, c'est la manufacture de Choisy-le-Roi qui fut la plus célèbre. Elle s'élevait à l'emplacement du château de Mlle de Montpensier. On y fabriquait de la faïence fine, « façon anglaise ». On y produisait alors des assiettes imprimées en porcelaine opaque. Plusieurs centaines d'ouvriers travaillaient à la production, de pots, de tuiles mais aussi de revêtements muraux en céramique. On leur doit notamment tous les murs du métro au début du siècle. Pour ce travail, les argiles venaient de Seine-et-Marne, les kaolins de l'Allier et les sables quartzeux des environs de Nevers. L'entreprise mit la clé sous le paillasson dans les années 30 et fut entièrement démolie.

Personnages illustres

– **Rouget de Lisle :** « Allons zenfants de la patriii-ieue...! ». Quel personnage fut à la fois médiocre militaire et artiste international ? Elvis ? Nooonnn ! Johnny ? Que nenni ! Rouget de Lisle ? Gagné ! Né en 1760 à Lons-le-Saunier il embrasse la carrière militaire (allez savoir pourquoi on embrasse les carrières !) à l'âge de 18 ans, contraint et forcé par ses parents. Tour à tour viré, suspendu ou muté, moult fois démissionnaire, il gravit mollement quelques échelons et se retrouve capitaine du Génie en 1791. Un an plus tard, dans la nuit du 25 au 26 avril, il compose à Strasbourg le *Chant de Guerre de l'Armée du Rhin,* alors que la Coalition gronde aux portes du pays.
Les volontaires marseillais seront les premiers à chanter le futur tube. Ils l'adoptent rapidement, et le chant prend le nom de « Marche des Marseillais ». Les tribulations de son auteur se poursuivent : arrêté par le Comité de Salut Public en 1793, réintégré au grade de capitaine, à nouveau démissionnaire, sa vie se complique dès lors qu'il se brouille avec Bonaparte, et son retour sur Paris se fait dans la misère (il ne faut jamais se brouiller avec les futurs empereurs !). Recueilli par des amis, il s'installe à Choisy où il vit au crochet de la famille Blein, avec une ridicule pension, avant de s'installer dans la demeure où il terminera ses jours le 27 juin 1836, dans l'oubli total. Enterré sans tambour ni trompette, ni même chanson, c'est encore grâce à son ami le général Blein qu'il bénéficie d'une sépulture décente.
Sa postérité sera diamétralement opposée à la médiocrité de sa carrière. Ce militaire sans vocation, à peine musicien, réussit brillamment son passage

dans l'éternité puisqu'au début de la Première Guerre mondiale, on décide de transférer ses restes au Panthéon, puis aux Invalides, pour dynamiser – artificiellement – le patriotisme des troupes, jugé un peu mou. Un chant national, des cendres aux Invalides, une statue à un carrefour, des rues à son nom : pour un tout petit auteur-compositeur, tout juste patriote, l'artiste ne s'en sort pas trop mal.

– *Marcel Cachin :* ce député de la Seine et directeur de *L'Humanité* de 1918 à 1958 habita Choisy. Il fut un des membres fondateurs de la SFIO et membre du Parti Ouvrier. Un modeste musée sis dans son ancienne demeure rappelle le parcours du personnage, mais il n'est que très rarement ouvert à la visite.

Une chouette initiative

À noter, à l'initiative des profs et des enfants du collège Henri-Matisse, l'établissement d'une charte du *fair-play* précisant les règles de bonnes conduites sur un terrain de foot, et par extension dans la vie de tous les jours. C'est Michel Platini et le secrétaire général de la FIFA, intéressés par l'initiative, qui sont venus eux-mêmes soutenir la charte. Ainsi à l'ouverture de la Coupe du Monde, une jeune enfant de Choisy appartenant à ce collège a lu la charte devant une bonne partie de la planète. Belle idée, surtout quand elle est menée à bien.

Comment y aller ?

– *En R.E.R. :* toutes les lignes C (C2, C4, C6) desservent Choisy.
– *En bus :* de la porte de Choisy, bus n° 183 qui traverse toute la ville (après avoir traversé Ivry et Vitry). Le *Trans-Val-de-Marne* (TMV) est un bus express qui vient de Saint-Maur-Créteil et va jusqu'à Rungis en traversant Choisy.
– *En voiture :* de la porte de Choisy, prendre la RN305. Elle traverse la ville. Compter 7 km de la porte de Choisy.

Adresses utiles

🛈 *Syndicat d'initiative :* 8 *bis,* place de l'Église, dans l'ancien presbytère. ☎ et fax : 01-48-84-01-91. Ouvert du lundi au vendredi de 9 h à 12 h et de 14 h à 18 h. Parfois ouvert le samedi quand il y a des expos (artistes locaux).
■ *Mairie :* place Gabriel-Péri. ☎ 01-48-92-44-44.

■ *Centre de formation et d'information sur les Droits de l'homme :* av. Anatole-France. ☎ 01-48-53-68-00. C'est ici qu'on rédige une encyclopédie internationale sur les Droits de l'homme. Enseignement, stages et documentations sur les violations, les grands défenseurs, les idéologies ayant trait aux Droits de l'homme.

Où dormir ?

🛏 |●| *Centre international de séjour (auberge de jeunesse et camping) :* 125, av. de Villeneuve-Saint- Georges. ☎ 01-48-90-92-30. Fax : 01-48-84-27-30. Depuis le R.E.R., prendre le bus n° 182 direction Ville-

LE VAL-DE-MARNE

neuve-Triage, arrêt « Auberge de jeunesse ». Ouvert toute l'année, 24 h sur 24. Au milieu d'un vaste espace vert, dans un grand bâtiment sans charme, près de 300 lits en dortoirs de 2 à 6 lits. Draps fournis. Propre. Nuitée de 91 à 112 F en fonction de la chambre. Self-service. Tout autour, grand camping également ouvert toute l'année. Sanitaires tout à fait convenables (machine à laver, sèche-linge). 68 F pour deux personnes et une tente.

Où manger ?

Bon marché

|●| ∀ *Le Bar de la Marine :* 16, quai de Choisy. ☎ 01-48-92-02-16. Ouvert seulement le midi, du lundi au vendredi, mais continue à servir les assoiffés jusqu'à 18 h 30. Un lieu rare, refuge des mariniers depuis le début du siècle. Au bord de Seine, avec vue sur le fleuve, une salle popu, enfumée, où les assiettes qui ornent les murs sont aussi serrées que celles sur les tables. Depuis près de 40 ans, Rosette distribue généreusement son sourire et ses petits plats de bonne femme, simples, copieux et fumants. À 60 F, le menu ouvrier avec buffet d'entrées à volonté, plat, plateau de fromage ou dessert, est tout simplement imbattable. Chouette terrasse de poche tout au fond. Hum... que c'est bon d'y prendre le soleil en mangeant ! Non content de nourrir les estomacs, de temps en temps on nourrit aussi les esprits avec des soirées théâtre (avec le metteur en scène comme invité), café littéraire, café chanson... Petit droit d'entrée ces soirs-là. Vive *Le Bar de la Marine* !

|●| *Le Contrepoids :* 32, av. Anatole-France. ☎ 01-48-92-21-21. Ouvert le midi du lundi au vendredi et le soir du mardi au samedi. C'est autour du menu à 62 F (une entrée, un plat, un fromage et un dessert) qu'on se retrouve ici le midi, dans un cadre frais et propret. Surtout de la viande, mais toujours une issue poisson pour les non-carnivores. On aime bien ce genre d'endroit pas bégueule qui, mine de rien, rassemble un tas de petites qualités qui semblent aller de soi mais qui finalement sont assez rarement réunies (accueil prévenant, sourire, discrétion, fraîcheur...). Et quand les plats sont de qualité, à ce prix-là, on dit tout simplement bravo. Une formule express à 45 F (plat du jour et boisson) conviendra aux plus pressés. Également des menus à 89 et 130 F plus complets. Et puis, puisque c'est l'origine du nom du resto, on vous propose des viandes au poids (gigot d'agneau, bavette d'aloyau, pavé de rumsteck, onglet...) entre 63 et 78 F. Au fait, on allait presque oublier : aux beaux jours, on mange dans un grand jardin au calme et au soleil, et ça, c'est vraiment chouette. De temps en temps, quelques soirées à thème.

â |●| ∀ *Restaurant Lippert :* 6, rue Louise-Michel. ☎ 01-48-84-72-81. Fermé le samedi soir et le dimanche. Surtout fréquenté par les gens du coin et les employés du centre-ville qui apprécient la simplicité de l'accueil et la modestie des prix. Menu unique à 62 F (midi et soir), comprenant une assiette de crudités (grosse, l'assiette !), deux plats au choix, un dessert, une boisson et un café. Un lieu populaire, tout à fait à l'image des quelques rues du quartier, seul vestige du vieux Choisy. Le midi, les jours de marché, les commerçants se retrouvent au zinc autour d'un apéro. Cuisine débonnaire et déco minimaliste, mais on n'est pas là pour lécher les murs. Fait aussi hôtel.

LE VAL-DE-MARNE

À voir

★ *La cathédrale Saint-Louis :* place de l'Église, absolument charmante. Façade classique et ennuyeuse du XVIIIe siècle, réalisée par Gabriel sur ordre du roi. Une cathédrale, ça? Elle ressemble plutôt à une bonne grosse église de campagne. Alors pourquoi l'a-t-on élevée au rang de cathédrale? Tout simplement parce qu'un roi a besoin d'une cathédrale, alors on décide de consacrer l'église. Elle a aujourd'hui conservé son titre, mais elle n'a plus vu l'ombre d'une robe d'évêque depuis la création du diocèse de Créteil. À noter, sur la droite, la tour-clocher très basse. On dit que c'est Louis XV, qui n'aimait pas entendre sonner les cloches – et surtout pas le glas – qui ordonna de ne pas trop l'élever, ce qui lui confère son aspect tronqué. Le chevet de l'église accueillait la tribune du roi et de la reine, d'où ils suivaient l'office. En effet, les jardins du château arrivaient juste derrière et cela évitait au souverain de passer par l'entrée principale. Ce chevet eut ensuite un curieux destin puisqu'il servit jusqu'en 1903 de mairie, de salle de justice, puis de commissariat de police. Il ne fut rendu à l'église que dans les années 80. À l'intérieur, de chaque côté du chœur, deux statues de marbre blanc représentant saint Maurice et saint Louis, provenant de Notre-Dame de Paris ainsi qu'un bel *Ecce homo* du XVIIe siècle dans la chapelle de la Reine (à gauche du chœur). Voir également la chaire du XVIIIe siècle.
– Les rues devant la cathédrale sont les plus vieilles de la ville, avec un charmant côté villageois.

★ *Le parc de la mairie :* devant l'avenue Léon-Gourdault et l'avenue de la République. Ce beau parc élégamment aménagé, au centre duquel se trouve la mairie, était autrefois occupé par le château de Choisy (voir « Un peu d'histoire »). Seuls témoignages de la période royale, les deux pavillons du XVIIIe siècle qui encadrent l'entrée, appelés pavillons des Suisses. Plus classique, tu meurs. Restent encore les balustrades et les douves, ou plutôt les douvettes appelées « saut-de-loup ». Après la Révolution, il fut vendu comme bien national et tomba doucement en ruine. Noter, dans le grand tilleul du parc, les curieuses sculptures de Louise Bourgeois, *Les Nids*, accrochées dans l'arbre (normal pour des nids). Louise Bourgeois vécut une partie de son enfance à Choisy.

★ *La maison de Rouget de Lisle :* 6, rue Rouget-de-Lisle, évidemment. Seulement notable par le fait que l'homme d'un seul tube y passa les dix dernières années de sa vie et y expira le 26 juin 1836.

★ *La statue de Rouget de Lisle :* au croisement du boulevard des Alliés et de la rue Jean-Jaurès. Les Choisyens sont très attachés au personnage de Rouget de Lisle. L'œuvre date de 1882. Elle fut déplacée de nombreuses fois (notamment par les Allemands), et les cérémonies officielles font toujours l'objet de beaucoup d'émotion. Son dernier voyage eut lieu en 1992, quand elle fut mise au centre de ce carrefour. Pour chanter, ça doit pas être facile au milieu de ce vacarme et de toute cette pollution. Le cimetière accueille le cénotaphe du célèbre compositeur.

★ *La maison des Pages :* 13, bd des Alliés. Intéressante façade Louis XV avec pilastres, chapiteaux ornés et quelques bas-reliefs, intouchée depuis sa construction. Ce fut la résidence des pages du roi.

★ *La maison Gilardoni :* 9, bd de Stalingrad; côté Thiais. Étonnante ancienne résidence de la famille Gilardoni, famille de tuiliers. Ils appliquèrent sur les murs de leur maison leur propre production de céramique : toit de tuiles vernissées à motifs géométriques, guirlandes de fleurs au fronton et bas-relief en cartouches.

★ *L'ancienne gare S.N.C.F. :* av. du 8-Mai. Elle conserve sa façade début de siècle, avec une frise de faïence Boulenger. Ici passait le « Chemin de Fer d'Orléans ». C'est aujourd'hui la Maison de la Jeunesse.

★ *Boulangerie :* rue Louise-Michel. Superbes céramiques signées des faïenceries Boulenger, malheureusement pas suffisamment mises en valeur.

★ *Les berges de la Seine :* la rive droite est agréablement aménagée en promenade (quai Pompadour, quai des Gondoles).

★ *La ferme des Gondoles :* rue Méhy, chemin d'exploitation. Ouvert tous les jours de 8 h 30 à 12 h et de 14 h à 19 h (17 h l'hiver). Un espace vert sympathiquement aménagé en ferme. De vrais cochons, de vraies poules, de vraies oies et quelques jeux... pour le plaisir des vrais enfants. Grands espaces verts juste derrière, plusieurs plans d'eau et un grand bassin d'aviron.

★ *La paroisse du Saint-Esprit :* 5, rue de la Paix; dans le quartier des Gondoles. Ceux qui passeront par là jetteront un coup d'œil au bandeau de céramiques qui réveillent la morne façade de meulière.

Où sortir ?

♈ *Le Bar de la Marine :* voir « Où manger ? ». De temps en temps, soirées à thème dans ce chouette troquet de bord de Seine. Appeler pour avoir le programme des réjouissances.
♈ *Choisybercafé :* dans l'Espace municipal Langevin, 31-33, rue Albert-Ier. ☎ 01-48-52-63-49. Au pied du quartier des Navigateurs. Ouvert seulement le midi du lundi au vendredi, et jusqu'à 18 h 30. Un petit café dans un centre culturel et social polyvalent (musique, sports, assoc., écrivain public...), géré par l'association HEP (Habitants-Emplois-Proximité). Les Internautes pourront toujours faire un tour dans le cyberespace : hep-club-internet.fr.

Marché

– *Marché du centre :* place de l'Église, le jeudi et le dimanche. Une partie couverte et une autre à l'extérieur. Le premier marché de Choisy, toujours fidèle au poste depuis Louis XV.

Fêtes et manifestations

– *Fêtes de juin :* pendant un mois de la mi-juin à la mi-juillet. Chaque année un thème différent. Manifestations musicales, théâtrales et sportives. Infos à la mairie.
– *Brocante du quartier Saint-Louis :* tout un week-end, en général vers la mi-mai. Les habitants vident leur grenier sur la place de l'Église et dans tout le quartier Saint-Louis.
– *Journées portes ouvertes :* la visite guidée des usines de traitement des eaux lors de ces journées est tout à fait passionnante et impressionnante. Infos à la mairie de Choisy.

ORLY (94310)   21 000 habitants

À l'origine, un village médiéval d'Île-de-France, où les paysans cultivaient la vigne et la terre. À la fin du XIXe siècle, cette bourgade paisible reçoit les rescapés de la révolution industrielle qui viennent s'y reposer. Au XXᵉ siècle, l'histoire s'accélère. Les usines s'implantent dans les environs, leurs ouvriers aménagent dans des pavillons, et une urbanisation à tout crin commence. Deuxième facteur de mouvement : pendant la Grande Guerre, les Américains installent ici un aérodrome de fortune, le futur aéroport international, créateur après la guerre de 40 de nombreux emplois et... nuisances.

Un peu d'histoire

D'après les chartes de l'église de Paris, il existait ici au moins un hameau au IVᵉ siècle de notre ère où un Romain, Aurelius, avait établi sa maison de campagne.

On trouve trace de l'existence d'Orly à partir de 795 : une charte de Charlemagne fait figurer ce village dans les possessions de la cathédrale de Paris. Une autre, en 829, attribue ces terres aux chanoines de Notre-Dame de Paris. Les « seigneurs » d'Orly établiront plusieurs moulins et vivront des revenus du servage jusqu'à la Révolution. Celle-ci, puis celle de 1848 seront accueillies avec enthousiasme par une population qui avait dix siècles d'exploitation derrière elle. C'est avec la révolution industrielle du XXᵉ siècle qu'Orly se mue peu à peu en cité à part entière. Des familles ouvrières accèdent à la propriété de centaines de pavillons bâtis entre 1910 et 1938. On compte 4 000 habitants en 1940 (le recensement de 1896 en dénombrait 982 !).

Quelques personnages hors du commun vécurent ici. Il faut citer Charles Dieu, ajusteur – pendant les années 20 – dans une société de duralumin (alliage léger d'aluminium). Fervent amoureux de la « petite reine », il inventa la jante « méphisto », beaucoup plus résistante que les jantes en bois de l'époque. Le « père Dieu » révolutionna ainsi le monde du cyclisme. Il créa ensuite avec succès sa propre marque de vélos, et en tant que membre du Conseil municipal, ne cessa d'encourager la pratique de son sport favori sur la commune.

Plus connu, le génial Georges Méliès, inventeur du scénario, du trucage, et on en passe, réalisateur de plusieurs centaines de films, séjourna (1930-1938) à la fin de sa vie à la maison de la Mutualité du cinéma, en compagnie d'Émile Cohl, pionnier méconnu du dessin animé.

Le plateau d'Orly, champ d'aviation créé pendant la Grande Guerre et terrain d'expérimentation aérienne entre deux guerres, fut occupé par les Allemands pendant la Seconde Guerre mondiale. Il devient un aéroport international en 1945.

De 1956 à 1965 se déroule une seconde vague d'urbanisation. La population passe de 7 000 à 30 200 habitants pour lesquels sont réalisés de très nombreux équipements publics, groupes scolaires, terrains de sport, etc. Les grands ensembles chassent les dernières fermes orlysiennes, quelques entreprises s'implantent, et un véritable essor économique commence alors.

Politiquement, depuis 1935 la Municipalité est socialiste et communiste, représentative d'une population en majorité ouvrière. Il existait en effet sur la commune et ses environs immédiats diverses usines, par exemple de linoléum.

Elle contribue à la gestion et à la rénovation des 4 500 logements sociaux construits après-guerre, veille au bon fonctionnement du port fluvial et réconcilie, jour après jour, douceur de vivre et modernité.

Vieil Orly et cité se répartissent de part et d'autre de la voie ferrée. Un centre administratif flambant neuf assure le trait d'union entre les deux.

Comment y aller ?

– **En R.E.R. :** ligne C. Stations : Les Saules, Orly-Ville, Pont-de-Rungis, Aéroport-d'Orly.
– **En voiture :** A6 et A86.
– **En bus :** n° 183 depuis la porte de Choisy.

Où manger ?

|●| Hôtel Air Plus : 58, Voie-Nouvelle. ☎ 01-41-80-75-75. Créé en 1994 par des pilotes en hommage à leur métier, cet établissement allie le confort d'un restaurant britannique et l'ambiance jazzy d'un pub américain. L'accueil est aimable, le décor mixte photos, objets et dessins, tous évocateurs de l'aviation civile. Les menus, de 65 à 129 F, concilient diététique et gastronomie.

À voir

DANS LE VIEIL ORLY

★ **Le parc Méliès :** organisé autour d'une vaste demeure blanche chargée d'histoire. Elle abrita au XIXᵉ siècle une cure pour héroïnomanes, puis devint au tournant du siècle la maison de la Mutualité du cinéma qui accueillait les retraités de la profession. C'est aujourd'hui la mairie. On peut se promener dans son vaste parc boisé ou se reposer près du lac.

★ **La maison de l'Enfance :** dans le quartier du parc Méliès. Il s'agit d'un petit château à tourelle en brique rose avec un petite réserve animalière, une fermette et une terrasse.

★ **Le parc municipal de la Cloche :** agréable lieu de promenade.

★ **L'église Saint-Germain :** en face de l'ancienne mairie, maison de poupée en pierre meulière. Toute simple avec la tour carrée de son clocher, elle évoque le vieux village. Détruite pendant la guerre de Cent Ans, elle fut en partie restaurée. Sa nef du XIIᵉ siècle abrite deux pierres tombales du XVIᵉ. Sur une petite maison voisine, on peut déchiffrer l'inscription « cantonnier chef ».

★ **Le hameau de Grignon :** à cheval sur Orly et Thiais, il entoure un manoir du XVIIIᵉ siècle où le docteur Auguste Marie, psychiatre de renom (qui soigna Stavisky), avait installé après la Grande Guerre une maison de santé. Sérénité et verdure dans la ville. Sympa de passer devant. Cet Auguste Marie fut maire d'Orly de 1920 à 1929, membre du Parti républicain socialiste. Il créa des groupes scolaires, des canalisations, un bâtiment des Postes, et s'efforça de remédier aux lotissements défectueux et de promouvoir le logement social. Le domaine, avec son parc à l'anglaise, sa rivière et ses serres luxuriantes appartient maintenant aux Orphelins apprentis d'Auteuil.

DANS ORLY LA NEUVE

C'est trente ans d'architecture contemporaine qui sont ici résumés. Les HLM des années 60, dans le « quartier des Navigateurs » et celui des « Aviateurs » ont toutes été rénovées : entrées extérieures reconnaissables, interphones, doubles vitrages... l'humanisation est au programme. Entre les groupes d'immeubles, on a installé des tennis, des parkings paysagers, des aires de jeux pour les enfants. On a créé le plus possible d'espaces verts et fleuris, par exemple une coulée verte et le parc Marcel-Cachin, au milieu des immeubles. Autre particularité : ici, on refuse la cité-dortoir. Avec les années, les écoles (collège et centre de formation professionnelle), deux gymnases, un centre équestre populaire ont donné une âme à ces quartiers où bien vivre n'est plus une gageure, grâce à d'importants équipements antibruit. L'effort est fait aussi du côté des techniciens et ingénieurs qui font... ce qu'ils peuvent pour améliorer les décollages, tant dans les trajets empruntés que pour les moteurs des long et moyen-courriers. Les *Airbus* d'aujourd'hui seraient, nous a-t-on dit, nettement moins rugissants que les *Caravelle* d'autrefois. Le nouvel Orly est aussi le royaume de l'art contemporain.

★ Une gigantesque sculpture d'acier, l'**Oiseau Pylône,** œuvre d'Olivier Agid, domine le quartier Marcel-Cachin. Il semble veiller avec humour sur les enfants qui jouent à ses pieds.

★ Le monument **Normandie-Niemen,** en hommage à l'escadrille franco-soviétique du même nom : une dalle semi-sphérique, inclinée vers le ciel, semée de cinq gros nuages, figure une rampe de lancement. C'est l'œuvre du russe Ilya Kabakov, située avenue des Martyrs-de-Châteaubriant, installée en 1991.

★ Les **Miroirs de Vent,** de Claude Courtecuisse (1986), de longues baguettes de verre (ou d'un matériau similaire) place Saint-Exupéry, à la sortie de la station de R.E.R. Les Saules, devant le Centre de Formation à la Plasturgie.

★ La **fresque du gymnase Youri-Gagarine,** de Cueco : un fronton semé d'angelots dodus et souriants qui surmonte l'équipement sportif de l'avenue de l'Aérodrome.

L'aéroport d'Orly

Orly, malgré la concurrence de Roissy, modernise constamment ses équipements pour obtenir une efficacité totale du traitement des trafics nationaux et internationaux. Ce programme de réhabilitation représente déjà un investissement de 150 MF et il n'est pas terminé.

Un peu d'histoire

Après sa destruction en 1944, l'aéroport fut réaménagé par l'Air Transport Command, puis remis par les Américains aux Français en 1946. L'accroissement du trafic, la construction d'aérogares de 1956 à 1961, ont multiplié par deux la superficie de ses terrains (environ 1 550 ha) : enserré par Paray-Vieille-Poste, Wissous, Athis-Mons, Chilly-Mazarin, Rungis, desservi par autoroutes, routes, transports et navettes R.A.T.P. – Air France, géré par Aéroports de Paris, cet établissement public autonome fut rentable dès sa création et l'est resté. À l'heure actuelle, ce sont 28 800 personnes qui y travaillent.

L'aérogare Orly-Sud, conçue par l'architecte Henri Vicariot, inaugurée en 1961 par le général de Gaulle, devait s'adapter à l'augmentation rapide du mouvement des avions :
– en 1961, 81 000 ; en 1995, environ 200 000 sur l'ensemble de la plate-forme ;
– de 1961 à 1995, le nombre des passagers a triplé pour atteindre les 10 millions.

À voir

Orly-Sud se devait donc de rajeunir. Le style de son créateur H. Vicariot fut assez dénaturé par les adaptations progressives dues à 30 ans d'intense activité. Pour les architectes d'Aéroports de Paris, dans un souci de fluidité, pureté des lignes, répartition entre les deux aérogares, signalétique, application des nouvelles règles de sécurité, pour les usagers principalement européens comme pour les travailleurs des services publics et commerciaux, il s'agissait de réussir un pari : répondre aux nécessités fonctionnelles du trafic aérien de l'an 2000. Peu à peu, les zones de départ et d'arrivée sont rénovées, les comptoirs sont refaits en bois blond, la grande salle du premier niveau a vu ses luminaires typiques des *Sixties* remis en état, la zone d'arrivée internationale a été agrandie et dotée de verrières lumineuses, le comptoir de litiges des bagages est maintenant aisément accessible, toutes les boutiques du premier sous-sol ont été remises à neuf. Il semblerait que le pari soit tenu.

Orly-Ouest, ouvert en 1971, bénéficie lui aussi d'une réorganisation globale et de nouveaux équipements de sécurité. En particulier, la zone des navettes quotidiennes pour la province est maintenant d'un usage beaucoup plus aisé.

Si l'on veut connaître le fonctionnement de l'aéroport, il faut se rendre à la Maison de l'Environnement, située sur Athis-Mons, où sont expliqués tous les paramètres essentiels : contexte historique et géographique, les contrôles de la navigation aérienne, la surveillance de l'eau, l'air et le bruit, etc.

LE VAL-DE-MARNE

LE KREMLIN-BICÊTRE (94270)   22 000 habitants

Un tiers de la surface du Kremlin-Bicêtre est occupé par l'hôpital et le fort. Le reste s'étale le long de la nationale 7 en HLM et en quartiers pavillonnaires. Il n'y a guère que le marché pour inciter les Kremlinois à se promener dans leur commune.

Un peu d'histoire

De Winchester à Bicêtre

Jusqu'à la fin du XIXᵉ siècle, Le Kremlin-Bicêtre dépend en fait de Gentilly. Cette commune, au IXᵉ siècle, occupe un territoire beaucoup plus vaste qu'aujourd'hui, géré par de nombreux établissements ecclésiastiques. Afin de se concilier les faveurs de certaines grandes familles, ils cèdent une bonne partie de leur patrimoine. C'est ainsi que Louis VIII se trouve en possession d'un fief situé sur le plateau est de la vallée de la Bièvre, qu'il offre ensuite à son maître-queux (le responsable des cuisines royales). Une grange, probablement construite à l'emplacement de l'hôpital de Bicêtre, prend très tôt le nom de Grange-aux-Queux. En 1257, Louis IX la rachète aux héritiers du cuisinier pour l'offrir aux chartreux. En 1286, la grange en ruine est acquise par Jean de Pontoise, évêque de Winchester, qui l'agrandit en donjon féodal. Winchester devait être difficile à prononcer, puisqu'il devient en quelques décennies Vincestre, puis Bichestre et enfin Bicêtre.

Le château maudit

La famine, la peste, la guerre de Cent Ans, le XIVᵉ siècle enchaîne les calamités. Bicêtre n'est pas épargné, les terres sont ravagées et le château brûlé en 1371. En 1400, Jean, duc de Berry et oncle du roi de France, achète les ruines de Bicêtre et décide d'y élever une construction grandiose. Si le château est sinistre de l'extérieur, l'intérieur est décrit comme la merveille artistique de l'époque. Peintures, fresques, sculptures, vitraux, mosaïques, les plus belles réalisations s'y entassent. On peut s'en faire une idée au travers du manuscrit des *Très Riches Heures du Duc de Berry,* des frères Limbourg. La guerre de succession entre les maisons d'Orléans (dont fait partie le duc de Berry) et de Bourgogne éclate bientôt. Le château de Bicêtre est envahi et pillé par les armées bourguignonnes en 1411, et c'est à nouveau une ruine que le duc de Berry donne au chapitre de Notre-Dame juste avant sa mort.

Celui-ci n'engage pas de travaux. Jusqu'au début du XVIIe siècle, l'endroit est abandonné. La rumeur s'étend qu'il est maudit, qu'il s'y déroule le soir d'étranges sabbats et que les revenants y sont comme chez eux. Ces bruits font l'affaire des brigands qui s'y installent et profitent de la crédulité générale. Le château acquiert une telle réputation que Molière lui-même utilise le mot « bissestre » pour désigner un malheur.

En 1632, Richelieu fait raser les ruines et projette la construction d'un asile pour les vétérans invalides. Cela ne se fera pas, mais les bâtiments à peine achevés sont investis en 1647 par saint Vincent de Paul pour loger les enfants trouvés de Paris. L'endroit est inconfortable, l'air vicié se faufile partout, et les enfants meurent en grand nombre. Le diable semble encore œuvrer à Bicêtre. Dès 1651, Monsieur Vincent s'installe dans une maison du faubourg Saint-Denis, et l'hospice commence sa sinistre carrière d'asile.

De l'asile à l'enfer

Officiellement créé par Louis XIV pour aider les indigents, l'hôpital général (dont fait partie Bicêtre) se transforme rapidement en outil de répression. Des instruments de torture sont apprêtés pour les indisciplinés, on loge jusqu'à dix personnes par lit, le travail est rendu obligatoire. Tout ce qui mendie, tout ce qui est oisif et bientôt tout ce qui est criminel atterrit à Bicêtre. À partir de 1660, on y ajoute les aliénés (la folie est à l'époque considérée comme un vice), et en 1679 les malades vénériens. L'hospice est surbondé, l'hygiène inexistante. Un chroniqueur rapporte que les malades enviaient le bagne comme un paradis, un autre affirme avoir trouvé enfermées comme folles 32 personnes qui ne l'étaient pas ! Le traitement alterne des bains quotidiens de deux heures et la confession (pour purger l'âme comme on a purgé le corps !).

Ce n'est qu'en 1793, avec l'arrivée de Philippe Pinel à la tête de Bicêtre, que la situation s'améliore (un peu). Les prisonniers de droit commun sont séparés des aliénés (enfin considérés comme des malades), on isole les cas dangereux des autres (la camisole de force est inventée par un tapissier de Bicêtre en 1790).

Le Kremlin

C'est à cette époque que commence à s'organiser la vie aux abords de l'hospice, essentiellement des auberges et des marchands de vin. Un de ces cabarets, en souvenir de la campagne napoléonienne de Russie, s'appelle *Au sergent Kremlin.* On prend l'habitude de se rencontrer au *Kremlin* de Bicêtre, puis les deux noms s'accolent pour n'en former qu'un. Le bourg profite aussi de l'exploitation des carrières qui s'intensifie jusqu'à créer un immense réseau de galeries aujourd'hui comblées, effondrées ou renforcées.

À la fin du XIXe siècle, la population du Kremlin-Bicêtre est supérieure à celle de Gentilly. Dès 1876, des représentants kremlinois demandent la séparation communale, mais il faudra attendre 1897 pour que celle-ci devienne effective. Eugène Thomas, le premier maire du Kremlin-Bicêtre, reste célèbre pour ses démêlés avec le clergé (un arrêté de 1900 interdit le port de la soutane sur le territoire de la commune).

Grande expansion industrielle, suivie, comme partout, d'un transfert des entreprises vers la province dans les années 60. Le Kremlin-Bicêtre est à l'image des villes moyennes de la première couronne, à la fois une excroissance de la capitale et une ville autonome. L'hôpital de Bicêtre, débarrassé de son image sinistre, est aujourd'hui le premier employeur de la commune.

Comment y aller ?

– **En métro :** ligne 7, direction Villejuif. Station : Le Kremlin-Bicêtre.
– **En bus :** depuis la porte d'Italie, lignes 47, 131, 185 et 186. Depuis les communes voisines, lignes 125 et 323.
– **En voiture :** depuis la porte d'Italie, prendre la nationale 7 (avenue de Fontainebleau). Traversez le périphérique, et vous y êtes.

Adresse utile

■ **Mairie :** place Jean-Jaurès. ☎ 01-45-15-55-55.

Où manger ?

Prix moyens

|●| **Sinostar :** 27/29, av. de Fontainebleau. ☎ 01-49-60-88-88. Fax : 01-49-60-92-93. Ouvert tous les jours de 12 h à 15 h et de 19 h à 23 h 30. Soirée musicale le week-end (mieux vaut réserver). Dans la grande tradition des énormes restaurants hongkongais, vaste salle de 650 couverts, décor tape-à-l'œil et service impeccable. La bonne adresse si vous cherchez un plat rare (soupe de méduse ou potage aux ailerons de requin). Menus à 78, 98 et 138 F, mais comptez un peu plus pour une véritable cuisine d'exception.

Plus chic

|●| **Le Général Leclerc :** 17, rue du Général-Leclerc. ☎ 01-46-58-72-81. Ouvert le midi du lundi au samedi. Le soir sur réservation. Voici un bien étrange resto ! La discrétion même, à peine visible de la rue, pas de menu affiché et... c'est plein comme un œuf le midi. En outre, accueil complètement atypique, on a l'impression de déranger. Alors, on fait un sourire à la patronne pour la dégeler, on se tord les mains pour ne pas s'entendre dire qu'il n'y a plus de place. En fait, on a l'impression d'entrer dans un club privé. Pourtant, ça ressemble furieusement à un brasserie-bar de quartier. C'est lorsqu'on a vu passer les assiettes qu'on a compris : c'est un authentique club pro-calories ! Spécialité de viandes, portions énormes, sauces riches à mourir, gratin dauphinois diabolique... La bonne chère, sans état d'âme, sans culpabilisation. On s'étonne presque de ne pas voir de photos de *Weight Watchers* au mur, criblées de fléchettes. Viandes savoureuses, ça va de soi, hors-d'œuvre rabelaisiens (ah, la terrine de harengs !), superbes desserts. Les clients ont même l'air de se ficher des prix. Ami, on ne barguigne pas ici, on épicure ! Compter 230 F minimum. Mais dans cette assemblée de jouisseurs réjouis, qui va compter ?

À voir

★ **L'hôpital de Bicêtre :** une vraie petite ville s'étalant sur 23 hectares. Les 3 000 employés qui y travaillent et les impératifs hospitaliers rendent délicat un accès aux touristes (visite par groupes ; renseignements : ☎ 01-44-61-20-00).

★ **Les usines Géo :** 77, av. de Fontainebleau. Un bel exemple, un peu décrépit, de l'architecture industrielle du début du siècle. La mairie étudie actuellement un projet de réhabilitation.

Marché

– Chaque mardi et jeudi matin, l'**avenue de Fontainebleau** est envahie par une centaine d'étals entre la rue de la Convention et l'avenue Eugène-Thomas (ils étaient plus de 500 au début du siècle). Le dimanche s'y greffe un petit marché aux puces au carrefour de l'avenue Eugène-Thomas.

LA VALLÉE DE LA BIÈVRE : GENTILLY, ARCUEIL ET CACHAN

Un peu d'histoire

Gentilly, c'est un peu l'histoire du bœuf qui se transforme en grenouille. Au cours des siècles, le domaine englobe Arcueil et Cachan (qui elles-mêmes ne feront qu'une jusqu'en 1922), puis Montrouge, Le Kremlin-Bicêtre, et à Paris, Maison-Blanche et le quartier de la Glacière, où l'on conservait les précieux pains de glace. Autant dire un très vaste domaine, donné à l'origine par le roi Dagobert à son fidèle saint Éloi, pour assurer la subsistance d'une de ses abbayes. On trouve sa trace grâce aux séjours de Pépin le Bref au VIIIe siècle dans son « Palais de Gentilly » appelé aussi « Caticantus », peut-être le nom primitif de Cachan. La suite ne sera qu'un long démembrement. Au XIIe siècle, Arcueil prend son indépendance mais conserve Cachan. Les quartiers de Maison Blanche et Glacière sont annexés à Paris en 1860, et Le Kremlin-Bicêtre s'émancipe en 1896. En 1925, 42 hectares de plus sont finalement rendus à Paris. Ce qui fait de Gentilly aujourd'hui une des plus petites communes de la ceinture parisienne !
Toute cette histoire partagée a donné à ces villes un passé riche et chargé. Le fil conducteur qui les unit, c'est essentiellement la vallée de la Bièvre, et à travers elle, la Bièvre, une rivière aujourd'hui souterraine mais qui a rassemblé des générations de blanchisseuses, de vignerons et de poètes, mais aussi de carriers ayant participé à la construction des aqueducs et à la fourniture d'une partie des pierres de Paris.

La Bièvre : la Manufacture Royale des Gobelins

Rue de Bièvre à Paris, ça vous dit quelque chose ? La rue où habitait le président Mitterrand ne porte pas ce nom pour rien, assurément. Cette rivière engloutie, devenue un affreux égout, fut aussi important que la Seine ! Elle traversait (et traverse encore en sous-sol) Cachan, Arcueil et Gentilly avant d'entrer dans Paris où elle alimente alors la Manufacture Royale des Gobelins (d'où également son nom de « rivière des Gobelins »). Elle cause pendant des siècles de grosses inondations dans la capitale. Elle se jette encore aujourd'hui dans la Seine, près de la gare d'Austerlitz. Du côté de Gentilly, Arcueil et Cachan, jusqu'à la Révolution, la Bièvre traverse de vastes domaines appartenant à l'abbaye de Saint-Germain-des-Prés ou au domaine royal de Cachan. Les inondations qu'elle provoque à Cachan donnent au hameau le surnom de « Cachan-les-Flots ».
Au XVIe siècle, les poètes de la Pléiade, tels Ronsard, Joachim du Bellay, ou Jodelle, en font un lieu de promenade et d'inspiration. Jean Antoine du Baïf y voit même des nymphes partout ! Et il se plaint déjà qu'elle soit souillée... En effet, au départ, les blanchisseurs et les tanneurs s'étaient installés au-dessus de la Manufacture Royale des Gobelins à Paris. Sur cette partie de la

Bièvre, quantité d'entre eux polluent déjà la rivière aux castors (Bièvre vient de *bebros,* mot gaulois signifiant « castor ») depuis que Jean Gobelin (oui, la manufacture, c'est lui) s'y est implanté vers 1450. Avant cela, vraisemblablement depuis le XIe siècle, on y teintait déjà l'écarlate, cette teinte rouge vif qui, par la suite, fit la célébrité des tapisseries de la Manufacture.

L'industrie des blanchisseurs et des tanneurs

À partir du XVIIIe siècle, le faubourg Saint-Marcel est devenu une véritable industrie et les Parisiens se plaignent (déjà!) de l'horrible couleur et de la toxicité de la rivière... En 1732, un édit royal de Louis XV chasse définitivement cette corporation. Celle-ci décide alors de remonter le courant jusqu'aux territoires de Gentilly et d'Arcueil-Cachan. Jusqu'à la Révolution, les domaines traversés par la Bièvre appartiennent aux religieux et limitent sérieusement l'accès à la rivière, donc l'activité. Mais après que les biens de l'église sont devenus Biens nationaux en 1789 et revendus comme tels à des particuliers, la Bièvre devient une gigantesque laverie-teinturerie ! Évidemment, d'un point de vue écologique, ce n'est pas une réussite, et c'est bien pour cette raison que la Bièvre est devenue un égout ! La main-d'œuvre féminine et enfantine y contracte d'ailleurs un nombre impressionnant de maladies : tuberculose, diphtérie, variole... Mais les guinguettes s'installent en bord de Bièvre et donnent aussi de la vie à la région...

L'activité économique est particulièrement florissante tout au long du XIXe siècle. On dénombre alors plus de 150 blanchisseries et tanneries sur Arcueil-Cachan et Gentilly. On y lave le linge des Parisiens et on y exerce tous les métiers de la maroquinerie. Les tanneries traitent les gros cuirs, telles les peaux de cheval, de bœuf et autres peaux de vache ! Les mégisseries travaillent les peaux plus fines : le mouton, la chèvre ou l'agneau, tandis que les chamoiseries tannent le daim ou le chamois. On assouplit et on lustre le cuir dans les corroieries, et les parchemineries confectionnent ce fameux « parchemin » à base de brebis, de mouton et d'agneau. Le « vélin » est fabriqué avec la peau du veau. Bref, tout va plutôt bien au niveau de l'emploi, mais les conditions de travail sont misérables et dégradantes. Et puis, cette fois, la rivière connaît un seuil de pollution vraiment alarmant ! En 1884, le préfet de la Seine oblige les tanneurs (les plus pollueurs) à se connecter sur des égouts.

En 1905, une énorme grève pousse les patrons à transférer leurs activités dans le nord-est de Paris ou en province. Peu à peu, jusque dans les années 30, l'activité va se réduire... à peau de chagrin ! La Bièvre est devenue si polluée qu'on la recouvre totalement et qu'on finit par la transformer en égout. Elle devient alors souterraine et, avec elle, un pan entier de l'histoire des trois communes... Les nostalgiques pourront cependant aller écouter la Bièvre, toujours grondante et bien vivante, à un endroit que l'on indique dans la rubrique « À voir » à Cachan. Ah, il est loin le temps où la Bièvre inspirait à Victor Hugo ces quelques vers :

Là-bas, un gué bruyant dans des eaux poissonneuses
Qui montrent aux passants des pieds nus des faneuses
(...)
Une rivière au fond ; des bois sur les deux pentes
Là, des ormeaux, brodés de cent vignes grimpantes.

Des carrières sous les vignes...

La Bièvre est pourtant à l'origine de la vallée et de l'aménagement des trois communes. Elle a creusé son lit en créant les coteaux qu'on peut y voir aujourd'hui, notamment à Cachan et Arcueil. Sur ces coteaux, on trouvait du vignoble, produit à l'origine par les moines. Ronsard et ses copains se sont payés quelques cuites mémorables et inspiratrices avec son petit vin ! Il donna d'ailleurs naissance à quelques coutumes locales, chansons grivoises et autres libations funèbres, quand c'était l'activité agricole principale d'Arcueil au début du XIXᵉ siècle. Mais ce vin ne fut jamais de grande qualité (pour ne pas dire que c'était de la piquette!). L'arrivée du chemin de fer, et avec lui des grands crus de province, acheva de le tuer, alors qu'il était déjà atteint de diverses maladies et d'une autre, plus terrible encore, la spéculation foncière...

Justement, remontons à l'origine de la construction immobilière dans la nuit des temps!... Il y a – allez soyons larges! – 25 à 60 millions d'années, le Bassin parisien (et donc Arcueil) n'était qu'un vaste océan (rétrospectivement ça fait peur!). Des couches entières de sédiments, principalement calcaires, firent leur apparition. Ne cherchons pas plus loin (ça serait dur, on a fait le maxi!) : les carrières de Gentilly et d'Arcueil-Cachan viennent de là. Elles commencèrent d'être exploitées au XIIIᵉ siècle, et servirent sûrement à l'édification par les Romains de l'aqueduc dit « de Julien » aux IIᵉ et IIIᵉ siècles. Même chose pour l'aqueduc de Médicis (mais on y consacre un paragraphe entier un peu plus loin!). Outre ces constructions importantes, la grande vogue pour « la pierre de liais » et ses pierres de taille maniable, les moellons, se développe à partir du XVIIᵉ siècle. Les carriers forment alors une corporation importante et, après l'épuisement des ressources parisiennes, Paris est transformée en gruyère (les catacombes) mais a toujours de gros besoins en pierre. Les constructions s'y développent et les fortifications autour de la capitale s'annoncent comme un marché juteux.

Les premières carrières sont ouvertes à Montrouge, Bagneux et Gentilly, puis à Arcueil et Cachan. Le sous-sol parisien particulièrement riche en calcaires, marnes, gypses (plâtre) et argiles (pour les briques) regorge à foison! On exploite les carrières à ciel ouvert, quand le matériau affleure à la surface, ou au moyen de puits de 5 à 20 m de profondeur, avec des roues en bois de 10 m de diamètre, manipulées par des ouvriers grimpant aux barreaux de la roue comme des écureuils! Vers 1880, ce système inhumain est abandonné au profit du treuil et du manège à cheval. Le métier n'en reste pas moins un métier de « brute », et les accidents mortels sont nombreux. La population des carriers est une population remuante, qui vit dans des cabanes ou des taudis, et comporte beaucoup de « marginaux » en son sein. Et la petite production vinicole locale n'arrange rien! On imagine que « le repos du carrier » donna naissance à beaucoup de petits bébés de blanchisseuses!

Au cours du XIXᵉ siècle, la croissance de Paris s'intensifie jusqu'à l'Exposition universelle de 1900, et les carrières locales commencent à s'épuiser... Entre-temps, quatre carriers sont devenus maires d'Arcueil. À la fin du XIXᵉ siècle, le sous-sol est un gruyère et les anciennes carrières sont reconverties en champignonnières! Arcueil fournit jusqu'à 50 % des champignons de Paris! Par la suite, elles changent totalement d'utilité : décharges, pour un temps, puis dépôts d'armes pendant l'Occupation et puis, dans les années 60-70, abris pour les SDF. Notez qu'au Petit-Gentilly, l'actuel quartier de la Glacière, on transforma les sous-sols en gigantesques frigos pour y conserver les pains de glace de la bourgeoisie parisienne!

Les aqueducs de Julien, Marie et Eugène!

De l'eau (de la Bièvre) à la pierre (des carrières), il n'y a qu'un « aqueduc » que nous franchissons allègrement! Soyons précis : la rivière de la Bièvre n'est pas concernée directement par ces constructions, bien qu'elle ait défini le point de passage des aqueducs successifs à l'endroit le plus étroit de la vallée de la Bièvre. Les trois aqueducs, toujours visibles aujourd'hui, fixent désormais la limite entre les communes d'Arcueil et de Cachan depuis leur séparation de 1922. Ils sont gérés par la Ville de Paris. Imposants et majestueux, ils valent absolument le coup d'œil et une balade s'impose lors de votre visite désormais programmée dans ces terres patrimoniales! Notez d'ailleurs que c'est justement lors de la Journée du Patrimoine que l'on peut visiter ces réalisations classées Monuments historiques.

Le tout premier aqueduc est l'aqueduc gallo-romain, dit « de Julien », construit vraisemblablement aux IIe et IIIe siècles. Il amenait l'eau des sources de Rungis et Wissous jusqu'au palais des Thermes de Cluny à Paris. Jusqu'au IXe siècle, il débitait 1 500 m³ d'eau par jour. Il n'en reste qu'un morceau aujourd'hui. Il fut détruit, en partie, par les Grandes Invasions, et même selon la légende, par les Normands... En fait, on pense que cet aqueduc fut très mal entretenu et qu'il servit aussi de carrière sauvage ! On en trouve encore quelques vestiges au XVIe siècle, puis juste une arche à la fin du XIXe siècle... Eugène Belgrand, l'ingénieur du troisième aqueduc, considéra cet édifice comme un chef-d'œuvre du Haut Empire. Sachez qu'Arcueil tire son nom de ses « arcades ».

Au début du XVIe siècle, celui-ci n'apporte plus d'eau à Paris. La capitale subit une pénurie drastique : 1 litre d'eau par jour et par personne ! On se ravitaille grâce aux porteurs d'eau qui eux-mêmes puisent aux fontaines de Paris. Celles-ci sont rares et souvent polluées. Quand Henri IV prend la capitale à la fin du XVIe siècle, il fait refaire les canalisations et envisage sérieusement de reconstruire l'aqueduc romain. C'est sa veuve, Marie de Médicis, qui reprend le projet, en fait imaginé par Sully. Mais l'idée est abandonnée et c'est la construction d'un nouvel aqueduc qui s'impose. Il portera le nom de Marie de Médicis car celle-ci en avait aussi fait le devis. La première pierre est posée le 17 juillet 1613 par Louis XIII, alors âgé de 12 ans ! Les travaux durent dix ans, et les pierres sont amenées des carrières locales sous la direction du maître-maçon Jean Coingt, puis de Jean Gobelin (encore lui !) et de l'ingénieur hydraulique Francine.

En fait, on soupçonne Marie de Médicis d'avoir surtout voulu embellir son jardin du Luxembourg plutôt que de vouloir étancher la soif des sujets de Sa Majesté ! En effet, quand l'aqueduc est terminé en 1623, 14 fontaines alimentent la rive gauche, près du Luxembourg, alors que 2 seulement se trouvent sur la rive droite... De plus, le devis ne fut pas du tout respecté : on avait explosé le budget ! Mais ne soyons pas injustes : l'aqueduc est splendide. Anecdote amusante : il fut construit à quelques mètres seulement de son prédécesseur romain et rase littéralement la maison du Fief des Arcs, dont la façade a dû être « inversée » ! L'eau, venant de Rungis, arrive toujours au château d'eau de la rue Denfert, dans le 14e arrondissement, et alimente encore le petit lac du parc Montsouris...

Le troisième aqueduc enfin, le plus haut, était l'idée de Haussmann, préfet de la Seine à la fin du XIXe siècle (1867-1874). Afin de capter une eau plus propre que celle de la Seine et de l'Ourcq, il songe à faire venir l'eau d'une rivière près de Troyes : la Vanne. C'est l'ingénieur Belgrand qui réalisera le projet (c'était déjà Belgrand qui avait mis en place le système des égouts de Paris, et les deux hommes avaient contracté une passion pour l'eau pure en voyant l'état dans lequel se trouvait la Bièvre !). Le projet est audacieux puisqu'il s'agit d'édifier le nouvel aqueduc à 14 m au-dessus de celui de Marie de Médicis. Soit une quarantaine de mètres de hauteur totale, sur une distance de 990 m, la distance totale de la dérivation des sources étant de 173 km... Des « regards » (bornes d'entrées pour vérifier la qualité de l'eau) sont construits tous les 500 m. La construction en meulière, de facture moins « artistique » que le Médicis, est plus dans le style « industriel » de l'époque, mais à chacun son style ! Et la superposition des deux est très réussie. Belgrand créa également le réservoir de Montsouris, un des plus grands réservoirs d'eau de source au monde, qui alimente encore un tiers des Parisiens avec un débit de 145 000 m³ par jour !

Pour finir, sachez que Haussmann et Belgrand créèrent un quatrième aqueduc en 1899 pour renforcer le débit de la Vanne. Il est visible à Cachan, là où l'on entend couler la Bièvre. On vous conseille d'aller l'écouter. Cette rivière, témoin des évolutions de la région, en aura vraiment vu de toutes les couleurs !

LA VALLÉE DE LA BIÈVRE

GENTILLY (94250)   17 000 habitants

Gentilly, on vous le dira tout de suite, c'est encore un village. Celui-ci a eu beau régner sur Arcueil et Cachan, Montrouge et Le Kremlin-Bicêtre, et sur des quartiers entiers du sud de Paris, il a su rester authentique par bien des aspects. Et les Gentilléens y portent bien leur nom ! Car on s'appelle encore par son prénom au coin des rues, et l'on fréquente toujours le traditionnel marché Frileuse et la réjouissante Foire au troc annuelle... On y croise les derniers héritiers d'une longue tradition ouvrière d'artisans d'art et de mécanique de précision, d'où fut issu un certain Robert Doisneau. Le photographe obstiné des banlieues, longtemps ignoré, puis soudain adulé, fut l'observateur inconditionnel de cette façon de vivre de la banlieue sud, de Gentilly où il est né à Montrouge où il vécut, en passant par Arcueil et Cachan, et bien d'autres... Dernière preuve de l'hospitalité de Gentilly, s'il en était besoin : on y trouve une « Maison Robert Doisneau », où les œuvres du photographe ne sont même pas exposées ! Alors, on vous emmène baguenauder à Gentilly ?

Un peu d'histoire

Les premières armoiries de la ville de Madame de Villeroy donnent déjà quelques pistes sur son histoire. Les ondes y représentent la Bièvre, le siège à l'antique évoque le souvenir du roi Dagobert et l'hermine désigne l'industrie des peaux. La touche poétique est apportée par le « B », comme « Bensérade », poète gentilléen, créateur de ballets qui égayèrent la cour de Louis XIII puis la jeunesse de Louis XIV...
Le nom de « Gentilly » viendrait soit du propriétaire gallo-romain Gentillis, soit des orfèvres païens alors appelés « les gentils ». Les premiers habitants du village étaient des ouvriers de l'aqueduc romain. La paroisse de Gentilly couvre alors un territoire bien plus vaste que celui d'aujourd'hui. Le bon Saint Éloi, qui avait vraiment la tête à l'endroit, reçoit la paroisse de Gentilly du roi Dagobert, dont il était le trésorier, au VIIe siècle. À la mort de Saint Éloi, celle-ci devient propriété de l'abbaye qu'il avait fondée : Saint-Martial. En 766, Pépin le Bref y organise un Concile retentissant sur les Images pieuses. Au IXe siècle, les évêques de Paris s'emparent de la paroisse. De nombreuses congrégations religieuses deviennent les seigneurs de Gentilly, comme le chapitre de Notre-Dame de Paris ou, pour à peine une année, le couvent des Chartreux, fondé par Louis IX.

Le journal d'une Femme de Chambre

Au XVIIe siècle, Pierre de Beauvais est seigneur de Gentilly. Il est marié à Catherine Bellier depuis 1634. Celle-ci est la Première Femme de Chambre d'Anne d'Autriche. À l'époque, ce n'est pas un Contrat Emploi Solidarité ! Catherine Bellier connaissait bien le roi : elle avait même été plus ou moins son éducatrice, à Louis XIV. Des bruits couraient même pour dire qu'elle avait été sa maîtresse ! Bref, elle était très au courant des affaires royales et des intrigues de chambre. C'est bien connu, c'est dans ces endroits-là que se décident aussi les intrigues et les négociations secrètes ! Si bien que la reine et Mazarin demandèrent à Fouquet d'acheter le silence de la Femme de chambre. Elle se fit ainsi construire un magnifique hôtel particulier à Paris ! Plus tard, Gentilly voit arriver une nouvelle congrégation religieuse. Et de taille. Les jésuites du collège de Clermont s'installent dans le fief de la Tour Ronde. Vers 1770, Mme de Villeroy le rachète aux jésuites. Pas de chance, la Révolution déferle comme une vague menaçante sur les biens seigneuriaux et, en 1792, ceux-ci sont revendus comme Biens nationaux. Les armes de sa famille finissent au blason de la ville. Signalons enfin, au XIXe siècle, le passage fréquent de Victor Hugo à Gentilly, chez Mme Foucher. Celle-ci a une fille splendide...

Des chambres froides aux chambres noires

À Gentilly, on exploite les carrières depuis longtemps. Elles font partie des premières de la région. À Gentilly même, et dans le quartier de la Glacière (feu le « Petit Gentilly »), le sous-sol est donc truffé de galeries. En hiver, on récolte la glace causée par les inondations de la Bièvre et on la stocke en pains, conservés sous la terre, dans les carrières inutilisées. Le nom de la place et du marché Frileuse vient de là. Plus légèrement, sous la Restauration, les Parisiens viendront même y patiner ! Au début du XVIIe siècle, une grosse activité de blanchissage démarre à Gentilly, notamment après l'édit royal de 1732. Mais la principale activité du village sera celle liée à la maroquinerie : tanneries, mégisseries et autres parcheminerries s'y développent (lire « Un peu d'histoire » dans « La vallée de la Bièvre »).

Au début du XIXe siècle, les industries lourdes implantées à Paris sont délocalisées en banlieue ou en province. On décide d'expédier la pollution un peu plus loin... En 1860, les terrains derrière les fortifications de Thiers sont annexés à Paris : Maison Blanche et la Glacière quittent Gentilly. Sous le Second Empire, les garçons qui travaillent dans les carrières sont affectés à l'industrie du cuir, et les filles au blanchissage... Les enfants font des journées de 16 ou 17 heures. En 1882, Jules Ferry impose l'école obligatoire jusqu'à... 13 ans. En cette fin du XIXe siècle, Le Kremlin-Bicêtre prend alors son indépendance (1896) et les carrières commencent à fermer. On y pratique alors la culture florissante du champignon. Des négociants en vin et des brasseurs réutilisent également les anciennes carrières comme chambres froides !

Le premier maire de gauche est un ancien carrier, Charles Calmus, qui sera élu en 1906, un an après la grève générale qui préfigurera la « fin de carrière » des carrières... Dans les années 1930, elles ferment effectivement les unes après les autres. Gentilly est alors peu industrialisée, même si le cuir est encore une activité appréciable et contribue à la mode parisienne. À la fin du siècle dernier, les céréaliers et les vignerons ont laissé la place aux maraîchers qui cultivent... les marais. Un certain Pierre Byla s'est lancé dans la production biologique. Sanofi, la filiale pharmaceutique d'ELF, doit beaucoup à ses recherches et à son sens de l'initiative... Une petite industrie voit enfin le jour avant la Seconde Guerre mondiale : elle est constituée par les petites fonderies et les fabriques d'instruments de précision qui forment des générations d'ouvriers très qualifiés. C'est une sorte d'aristocratie ouvrière, qui se transmet un savoir-faire, et cultive « l'apprentissage », issu du Moyen Âge. Est-ce que les orfèvres païens, peut-être à l'origine de Gentilly, se doutaient qu'ils susciteraient de telles vocations ? Aujourd'hui on trouve encore à Gentilly, et autour, quelques imprimeurs d'art, typographes à l'ancienne, jusqu'aux sculpteurs sur métal, sur verre, fondeurs, mouleurs et autres restaurateurs d'art. Et un pôle graphique moderne est en train d'y prendre racine. Le jeune Robert Doisneau a bien passé un diplôme de graveur-lithographe en 1929, avant de trouver la lumière dans des chambres noires...

Robert Doisneau : un moineau de banlieue

Doisneau est né le 14 avril 1912 à Gentilly, le jour du naufrage du *Titanic* ! Première photo loupée !... De toute façon, ce n'était pas vraiment son style, le « spectaculaire ». Doisneau est un homme qui aime prendre le temps des choses. Il devient dessinateur de lettres puis se forme empiriquement à la photographie en prenant des clichés de produits pharmaceutiques ! En 1932, il vend son premier reportage au journal *L'Excelsior*. Puis il est licencié pour « retards répétés » par les usines Renault de Boulogne-Billancourt, où il travaillait en tant que photographe industriel ! C'était juste avant qu'il ne parte à la guerre, comme chasseur à pied...

En 1945, Doisneau rencontre Blaise Cendrars, avec qui il collabore pour le fameux livre *La Banlieue de Paris* (édité en 1949). En 1947, c'est la ren-

LA VALLÉE DE LA BIÈVRE

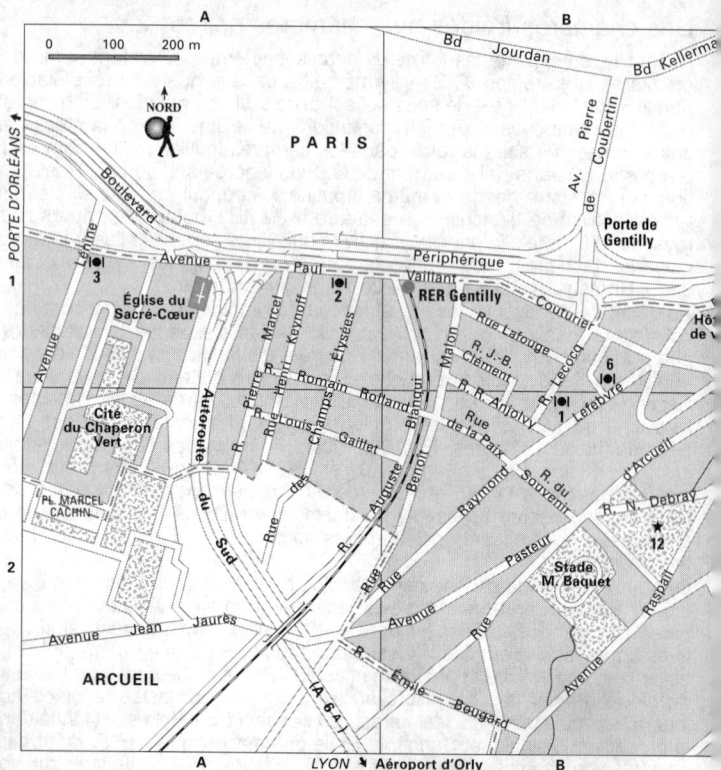

■ Adresses utiles

  ⓘ Office du tourisme
  ✉ Poste

|●| Où manger ?

  1 La Taverne
  2 Le Lieutadès

contre avec Jacques Prévert, qui donnera par la suite quelques-unes de ces inoubliables cartes postales, comme celle où Prévert est littéralement affalé devant un ballon de rouge, son chien à ses pieds, la clope au bec comme usé par le temps, les hommes, l'alcool, les femmes... la vie, quoi ! En 1950, c'est le célèbre cliché du *Baiser de l'Hôtel de Ville,* qui fera le tour du monde. Tout le monde se reconnaît dans ce geste universel et pris sur le vif... À tel point qu'un certain nombre de gens revendiquèrent leur « droit à l'image » 40 ans plus tard ! Mais Doisneau, grand timide, avoua tout de suite que c'était une photo posée, et non un « vol ». On avait pris, à tort, le moineau pour un aigle !

« Doisneau poète », « Doisneau le photographe de la banlieue et du vieux Paris »... toutes ces images, ces clichés (c'est le cas de le dire !) qu'on lui colle ! Mais avant cela, il photographia longtemps des « usines de casseroles, des maisons, de la ferraille, des fabriques de sacs à main ou même des robes... ». Un véritable inventaire à la Prévert, ce qui le fichait en colère et le poussait à prendre la tangente aussi souvent que possible... Mais Doisneau travailla aussi pour le journal *Vogue,* reçut les prix Kodak (1947) et

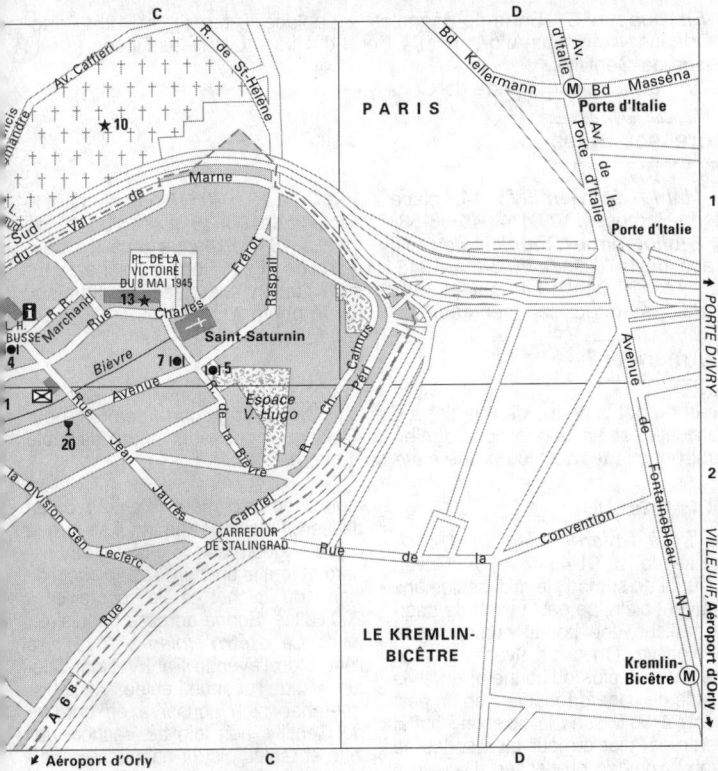

◢ **Aéroport d'Orly**

LA VALLÉE DE LA BIÈVRE

3 Le Rétro	**11** Maison Robert Doisneau
4 La Fontana	**12** Parc Picasso
5 Café de la Mairie (Chez Béka)	**13** Marché Frileuse
6 Sherazade	
7 Aux Foudres de Bacchus	▼ **Où boire un verre ? Où sortir ?**
★ **À voir**	
4 Place de la Mairie	**4** La Fontana
7 Cave des établissements Fillot	**5** Café de la Mairie
10 Cimetière de Gentilly	**20** Chanson Saphir

Niepce (1956), et exposa avec Brassaï et Willy Ronis à New York en 1951. Et puis, assez soudainement, les années 80 et 90 le remettent en haut du pavé et de l'affiche, d'où il était issu finalement ! Expos nationales et internationales, photos de plateau pour un film de Bertrand Tavernier, des bouquins avec Maurice Baquet, Daniel Pennac et bien d'autres, jusqu'à l'hommage filmé que lui rend sa copine Sabine Azéma en 1992. C'est aussi l'année de l'inauguration de sa « Maison » à Gentilly. Deux ans plus tard, involontairement cette fois, Doisneau reprend le chemin de l'école buissonnière, et définitivement...

Comment y aller ?

– *En R.E.R. :* ligne B, direction Robinson – Saint-Rémy-les-Chevreuse. Station : Gentilly.

– **En bus :** n° 57 Porte-de-Bagnolet – Laplace (Arcueil) ; n° 125 Porte-d'Orléans – Maisons-Alfort ; n° 184 Porte-d'Italie – L'Hay-les-Roses (arrêt : Mairie-de-Gentilly).
– **En voiture :** par la porte de Gentilly.

Adresses utiles

■ **Mairie de Gentilly :** 14, place Henri-Barbusse. ☎ 01-47-40-58-58.
■ **Bibliothèque municipale :** 8, place de la Victoire-du-8-mai-1945. ☎ 01-47-50-58-18. Ouvert les mardi, mercredi et vendredi de 15 h 30 à 19 h 30 (18 h le jeudi) et le samedi de 9 h 30 à 12 h 30 et de 15 h à 18 h. Presque tous les bouquins de et sur Robert Doisneau. En consultation sur place au sous-sol, rayon photo n° 770.

Où manger ?

Plein de petits restos de quartier à Gentilly. On y mange correctement, pour pas cher, et en bonne compagnie. Le « village » possède même sa table gastronomique, accolée à une cave centenaire...

Bon marché

|●| ♟ **La Taverne** (plan B2, 1) : 27, rue Lecoq. ☎ 01-45-46-47-94. Ouvert du lundi au samedi, le midi seulement. Souvent plein, ce petit bistrot de quartier affiche une bonne humeur communicative. On avale avec plaisir un plat du jour plus qu'honnête, du style cuisse de canard rôti. Ou bien un petit menu à 58 F sans la boisson : buffet d'entrées, plat du jour ou viandes au choix ; fromage ou dessert. Dessert à 10 F à la carte. Tartes, mousse au chocolat maison, ce qui est un signe de qualité. C'est pas le grand soir, mais pour la « messe » de midi, c'est impeccable !

|●| **Le Lieutadès** (plan A1, 2) : 83, av. Paul-Vaillant-Couturier. ☎ 01-47-40-08-56. Ouvert le midi, du lundi au vendredi. Près du R.E.R. Le Lieutadès, c'est le nom d'un lieu-dit où habitaient les anciens propriétaires auvergnats. On est loin de l'Auvergne aujourd'hui : les deux salles en enfilade de ce resto sont pleines d'ouvriers, de VRP ou de camionneurs, et autres habitués. Ambiance un peu « routier » donc, le long du périphérique... On mange en conséquence, dans une atmosphère bruyante et un peu enfumée. Menus à 59,50 F (soyons précis !), 80 F ou 125 F. Le premier est classique : petite entrée fraîche, plat au choix, fromage ou dessert. Le deuxième propose une formule avec un plat et une entrée, ou un dessert. Quant au dernier, il se targue d'être « gourmand ». Foie gras, canard et tout le tintouin ! Grand choix de vins, du pichet à la bouteille à 200 balles. Bonne adresse populaire.

|●| ♟ **Le Rétro** (plan A1, 3) : à l'angle de l'avenue Paul-Vaillant-Couturier et de l'avenue Lénine. Vieux bistrot-tabac bien conservé en bordure de Gentilly, non loin de Vachon. Joli zinc et tables bistrot nappées de carreaux rouges et blancs. Bonne ambiance. On peut juste y boire un verre, mais le plat du jour à 40 F et le menu à 61 F sont très corrects, d'autant qu'à ce prix-là on a même la boisson. Pourquoi se priver ?

|●| ♟ **La Fontana** (plan C1, 4) : place Henri Barbuse, face à la mairie. Pizzeria pas toujours à la hauteur mais très agréable pour grignoter sur la terrasse aux beaux jours.

|●| ♟ **Café de la Mairie (Chez Béka ; plan C1, 5) :** couscous le vendredi. Voir aussi « Où boire un verre ? ».

|●| ♟ Il y a aussi tous les **cafés-restos** pas chers qu'on indique dans le quartier du Plateau. Lire « Petite tournée de banlieue ! » dans la rubrique « À voir ».

Prix moyens

|●| **Sherazade** (plan B1, 6) : 16, rue Marcel-Lefebvre. ☎ 01-47-40-37-55. Ouvert tous les jours, midi et soir.

Spécialités marocaines. C'est le resto où il faut aller le soir, quand les autres sont presque tous fermés. C'est pour cette raison qu'on y trouve du monde, même en semaine. Excellent accueil. « La cuisine marocaine avec la cuisine française sont les plus raffinées qui soient », affirme la carte pour vous convaincre définitivement de son hospitalité. Et c'est bon. On vous conseille la *choukchouka,* un peu épicée, en entrée : légumes, œufs et merguez, le tout pour 35 F. Grand choix de bricks. *Tajines* entre 60 et 85 F, dont le Sherazade aux 7 légumes, impeccable. *Tajine* de poissons sur commande. Couscous de 55 à 100 F. Vins berbères, boulaouane ou guerrouane à 75 F la bouteille. Menus à 50 F et 60 F le midi, plus francisés. Une adresse du soir, chaleureuse ; bref, à l'orientale.

Chic

|●| *Aux Foudres de Bacchus* (plan C1, 7) : 20, av. Raspail. ☎ 01-46-63-77-30. Ouvert du lundi au samedi, midi et soir. Jouxte la magnifique cave, plus que centenaire, des établissements Fillot. C'est la même maison. Lire aussi la rubrique « À voir ». Le restaurant a ouvert en 1988, en plein boum de la nouvelle cuisine, ce qui explique en partie son cadre impersonnel... Dommage, car le décor d'à côté est superbe. Mais la cuisine rattrape tout ça. Formule à 145 F (un plat, avec une entrée ou un dessert) ou à 185 F avec les trois éléments. La carte change tous les 2 ou 3 mois. Quelques repères tout de même. Les rillettes de crabe aux fruits exotiques sont délicieuses. On peut aussi essayer les queues de gambas poêlées aux tomates fraîches et aux épices, en entrée. Pour le plat, coquilles Saint-Jacques (avec supplément), ou le canard croisé à l'embeurrée de choux, sauce truffe, long comme un roman mais dont la réalisation vaut le suspense. Autres choix : darnes de saumon, joue de bœuf braisée, et puis c'est selon l'humeur du chef... Évidemment, la carte des vins n'a pas à aller loin pour se fournir. Monsieur Fillot peut piocher dans un choix de plus de 800 crus ! Les budgets serrés qui tentent l'aventure peuvent néanmoins trouver une bouteille à moins de 100 F. On vous rappelle qu'il ne faut pas oublier d'aller faire un tour dans cette cave avant de tester LA table de Gentilly.

LA VALLÉE DE LA BIÈVRE

À voir

★ *La place de la Mairie* (plan C1, 4) : place Henri-Barbusse. C'est là où vous débarquerez si vous venez en bus. Jolie place avec sa mairie, son monument aux morts, l'église Saint-Saturnin et sa petite fontaine de 1861. La mairie, dessinée par l'architecte Claude Naissant, date de 1845. L'harmonieuse proportion entre la taille modeste de cet hôtel de ville, les écoles et les bâtiments communaux attenants, confère à cette place cette atmosphère de village dont on vous parlait en introduction. La femme désignant à l'enfant, sous le coq gaulois, la liste des Gentilléens morts pendant les deux guerres, et l'enfant perché sur la fontaine achèvent d'humaniser un peu plus cette place principale. À voir avant qu'ils ne soient un jour démolis, les anciens Bains en haut de la rue Marquigny, au n° 10, derrière la mairie.

★ *L'église Saint-Saturnin* (plan C1) : av. de la République, en contrebas de la place Henri-Barbusse. Très belle église récemment restaurée et classée Monument historique depuis 1991. C'est à cet endroit que Pépin le Bref convoqua un Concile sur les Images pieuses en 766. Selon la légende, l'église aurait vu s'agenouiller saint Ignace de Loyola, fondateur de l'ordre des Jésuites, saint François-Xavier, missionnaire jésuite et évangéliste du Japon, ainsi que saint Vincent de Paul. L'édifice fut refait en partie au XVIe siècle dans un style plutôt gothique alors que la tendance était au style Renaissance, sans doute pour préserver l'unité architecturale. Le clou du spectacle, si l'on peut dire, c'est le plus ancien vitrail recensé en banlieue. La partie supérieure de la verrerie sur le mur du chevet date du XVᵉ siècle et s'intitule *La Trinité entre l'Annonciation et la Visitation.* Il représente le Christ mort, dans les bras de sa mère, avec saint Denis, évêque de Paris, d'une part, et saint Saturnin à sa droite, premier évêque de Toulouse, mort en martyr en l'an 250. On trouve deux autres vitraux armoriés de la même époque. Les piliers polychromes du collatéral sud sont les derniers vestiges de l'église du XIIIᵉ siècle. L'autel-retable de la Vierge date du XIXᵉ siècle. Enfin, le portail des XVᵉ-XVIᵉ siècles, à l'extérieur, est surmonté d'une statue de saint Saturnin.

★ *Le cimetière de Gentilly (plan C1, 10) :* entrée par la rue Louis-Pergaud ou par la rue Sainte-Hélène, à la Poterne des Peupliers. Ouvert tous les jours de 8 h à 17 h 45 (16 h 45 en hiver). Sympa avec son air vieillot et le stade Charléty en arrière-plan. C'est ici que l'on trouve la tombe de Raymond Souplex, le commissaire Bourrel des *5 dernières minutes,* à l'angle de l'allée des Cyprès et de l'allée du Sud. Dans le genre loufoque, allez voir la tombe du zouave Jacob. Ce guérisseur (1829-1913) fut pratiquement l'objet d'un culte de la part de ses patients. Un buste le représente avec un diablotin sur son socle, mais on se demande lequel des deux en était un ! « À mon illustre guérisseur », « Ses malades reconnaissants » figurent entre autres sur sa tombe... Il paraît que l'on vient encore le consulter *post-mortem* ! Sa sépulture se trouve allée du Sommet, entre l'allée Principale et l'allée des Acacias. Plus sérieusement, on peut voir également la tombe de Charles Frérot, ancien maire de Gentilly et déporté par les nazis. En face, le carré des Gentilléens « exterminés par les nazis et qui n'ont pas de tombe ».

★ *La cave des établissements Fillot (plan C1, 7) :* 22, av. Raspail. ☎ 01-49-86-04-04. Fax : 01-49-08-93-53. Ouvert du mardi au samedi de 9 h à 12 h 30 et de 15 h à 19 h. Cette cave est plus que centenaire. Le décor est superbe : anciennes cuves de stockage en béton, tonneaux, vieux outils de mise en bouteilles, et deux « foudres » monumentaux de 150 hectolitres... On n'y fait plus « d'élevage » ni de mise en bouteilles depuis que le maître de chai est parti en retraite, mais on peut acheter du « petit » vin à la tireuse, conservé dans le cuivre, sans azote, pour éviter l'oxydation. Vins en vrac entre 7 et 23 F le litre. Autrement, près de 1 000 références de vin ou d'alcool ! Vins classés par régions, en majorité de la région de Bordeaux (il va sans dire). Parmi les meilleurs crus, des mouton-rothschild dont les prix peuvent atteindre 4 500 F. Un magnum à 9 000 F, si le portefeuille vous le permet ! Dégustations de temps à autre selon l'humeur du patron, lui-même arrière-petit-fils et arrière-petit-neveu des fondateurs de l'établissement, le tout en présence du vigneron. Si vous le demandez gentiment, on vous laissera peut-être jeter un œil à la cour intérieure et aux anciennes écuries, où les chevaux attendaient de partir en livraison...
– Non loin de là, au n° 39 de l'avenue Raspail, une plaque rappelle l'endroit où est né Robert Doisneau.

★ *La Maison Robert Doisneau (plan C2, 11) :* 1, rue de la Division-du-Général-Leclerc. ☎ 01-47-40-88-33 ou 01-47-40-58-29. Ouvert le mercredi et le vendredi de 12 h à 19 h, le samedi et le dimanche de 14 h à 19 h. Fermé les jours fériés. Participation aux frais : 10 F ; gratuit pour les moins de 18 ans. Cette galerie sur 2 niveaux a été aménagée en 1992 en hommage au photographe Robert Doisneau à l'occasion de ses 80 ans. Mais le « brave type », comme il se définissait lui-même, ne voulut pas que ce lieu soit un musée à sa mémoire. Aussi, vous n'y trouverez pas de collection permanente du photographe, sauf à des occasions exceptionnelles. L'espace est consacré à des photographes de toutes nationalités et de toutes tendances. La « Maison » commence à être reconnue. Expositions à thème de très bonne qualité. Cette galerie a en fait investi l'hôtel du Paroy, une des plus anciennes maisons de Gentilly. Elle est petite mais bien rénovée. Pour consulter les œuvres de Doisneau, rendez-vous à la bibliothèque municipale où la plupart des ouvrages qu'il a composés (ou qui lui sont consacrés) sont en consultation libre. Sinon, vous pouvez acheter le *Photopoche* n° 5, édité par le Centre national de la Photographie, en vente à la Maison Doisneau au prix de 54 F. Cartes postales et affiches du maître également.

★ **Le parc Picasso** *(plan B2, 12) :* entrée par la rue Nicolas-Debray ou par la rue de la Chamoiserie. Ouvert de 10 h 30 à 19 h 30 du 1er avril au 30 septembre, de 10 h 30 à 17 h 30 le reste de l'année. Petit parc très chouette, touffu comme il faut, avec des jeux pour les enfants.

Petite tournée de banlieue !

Gentilly possède plein de bars-restos qui font de la banlieue une culture à part entière ou, parfois, un crève-cœur... Mais parce qu'on pense que visiter une banlieue ce n'est pas seulement déceler les traces de l'Histoire, on aime aussi venir « humer » le temps qu'il y fait, sentir le tour qu'elle prend et venir tâter le pouls de ces lieux où vie que les rigueurs de la vie, justement, n'épargnent pas toujours... Et puis, c'est aussi un bon prétexte pour boire un coup ! En chemin, on découvre encore quelques métiers d'art et le très sympathique quartier du Plateau.

★ *L'hôtel du Commerce :* en sortant du parc Picasso, à l'angle de la rue d'Arcueil et de la rue du Souvenir. Ça commence fort ! Ce vieux bistrot de quartier nous rappelle un peu le film de Cédric Klapisch, *Un Air de famille,* comme figé par le Temps... À moins que Sagan n'y ait écrit *Bonjour tristesse,* on y cherche encore Jean-Pierre Bacri ! Juste avant, dans l'impasse Bouvery, allez jeter un œil au local de l'imprimeur d'art, Jean Hofer, adepte de la typographie au plomb, qui a collaboré avec Dubuffet, Sonia Delaunay, Herbin ou Francis Lemarque. Dans sa vitrine, des ouvrages d'Anatole France ou Borges, et des étiquettes de vins !

Prendre la rue du Souvenir, la rue Lefebvre à droite, et la rue René-Anjolvy à main gauche. Balcons années 30 au n° 4 de la *rue J.-B.-Clément,* et jolies maisons aux n°s 14, 22 et 26. *Rue Benoît-Malon,* passer la voie ferrée au niveau de la rue de la Paix en jetant un coup d'œil aux maisons de Bruyn et MFG de part et d'autre, des entreprises de mécanique à façon, témoins de la tradition gentilléenne de mécanique de précision. Après l'impasse Joséphine, prendre la rue Louis-Gaillet. À l'angle de celle-ci avec la rue des Champs-Élysées, *Scalp* est une boutique de fabrication de perruques et postiches pour le spectacle. La *rue des Champs-Élysées* est très jolie, à l'image du quartier du Plateau. L'école Lamartine, dans le style années 30, se trouve là. Rejoindre la rue Kleynoff. Au n° 31, le *Plateau 31,* justement, est l'espace de création de la compagnie théâtrale locale « Mack et les Gars ». Un atelier de photogravure se trouve à côté.

★ *Le café du Plateau :* à l'angle de la rue Kleynoff et de la rue Louis-Gaillet. Ouvert du lundi au vendredi ; repas le midi. Ambiance tranquille au cœur du Plateau. À l'angle de la rue Gaillet et de la rue Pierre-Marcel, vieille enseigne « Au bon coin, épicerie du souvenir », et élégant chalet en face. Prendre la passerelle qui surplombe l'autoroute A6, rue Pierre-Marcel, vers Arcueil. Vous arrivez dans la *cité du Chaperon Vert* (d'ailleurs commune avec Arcueil). Ici, les rues sont numérotées, comme aux *States* (2e, 3e Avenue !...). Allez sur la place principale où se tient un marché le mercredi et le samedi. À propos de cité : Sophie Marceau a passé son adolescence dans la cité des 16-2, de l'autre côté de la ville. On ne pense pas qu'elle fréquenta l'Union des Femmes Françaises, toujours en activité sur la place. « Chez vous, Madame... », nous dit le fronton en nous invitant à entrer, dans ce style typique des années 50...

Traverser la cité jusqu'à l'avenue Lénine et prendre à gauche vers Arcueil. À l'entrée de la rue Foubert, deux restos se font face : *Le Myosotis,* côté Arcueil, et *Le Relais de Gentilly.* On peut y boire un verre ou y prendre un couscous. Allez au bout de la rue, en fait une impasse. La dérivation de l'aqueduc de la Vanne part en perpendiculaire, entièrement recouverte d'une herbe bien verte. Avenue Lénine, en repartant vers Paris, jeter un œil au stade Lénine, devenu terrain vague pour les promeneurs ; les habitants du quartier l'ont « nettoyé » pour en faire un espace vert décent. Il appartient au ministère de l'Éducation nationale et fut envisagé un temps comme lieu de remplacement pour les élèves de Jussieu, en attente de désamiantage. Mais les riverains ont protesté vigoureusement contre ce projet ! Au bout de l'avenue Lénine, vous tombez sur l'avenue Paul-Vaillant-Couturier.

★ *Le Rétro* est le bistrot juste à l'angle (lire aussi « Où manger ? »). Au n° 155 de l'avenue Paul-Vaillant-Couturier se trouve l'atelier de *Catherine Burgues*, restauratrice d'objets d'art. Son tout petit atelier est toujours une mine de belles pièces, d'Afrique, de Chine ou d'Égypte (du temps où la mode était aux sarcophages !), provenant de musées, de temples et de particuliers. Ouvert de 9 h à 16 h les lundi, jeudi et vendredi, et de 9 h à 20 h les mardi et mercredi ; ou sur rendez-vous : ☎ 01-49-85-08-19. Presque en face, en revenant vers le périphérique, la Sagep qui gère les fameux aqueducs d'Arcueil et Cachan. Plus loin, au 131 de l'avenue, *Vachon,* grand loueur de mobilier et d'antiquités pour le cinéma. Une vraie caverne d'Ali Baba sur 4 niveaux, dans laquelle on peut entrer juste pour le plaisir des yeux. À voir absolument. Juste après, vous pouvez stocker tout ce que bon vous semble chez *Abri-Stock,* qui a remplacé un vieux restaurateur de manèges anciens, installé maintenant à la Poterne des Peupliers. Dans le secteur, on trouve aussi le siège de la société SMI, grand fournisseur des routards ! Moustiquaires, comprimés Micropur et couvertures de survie sont leur spécialité. Qui a dit que l'on ne trouvait rien en banlieue ?...
Passer devant l'*église du Sacré-Cœur,* énorme et tellement anachronique, le long du périph', avec ses anges monumentaux prêts à sauter... Le clocher fait 62 m de haut. L'église, construite dans les années 30, fut édifiée pour maintenir une activité spirituelle chez les étudiants de la cité universitaire... Elle est maintenant animée par la communauté portugaise.
Bon, à moins de vous faire tatouer un angelot sur le front (tatoueur à l'angle de la rue Pierre-Marcel), il ne vous reste plus qu'à finir votre tournée des bistrots au *Gascon* (angle de l'avenue Paul-Vaillant-Couturier et de la rue Kleynoff) ou au petit bar sans nom au croisement des rues Lafouge et Benoît-Malon ! Signalons tout de même, près du R.E.R., la société Auvidis, société d'enregistrement de musiques de films. C'est ici qu'on a mis au point les bandes originales de *Tous les Matins du monde* ou *Farinelli,* entre autres... Voilà, cela dit, vous n'êtes pas obligé de reprendre le R.E.R. Vous pouvez prolonger la journée avec nos bonnes adresses à Gentilly !

Où boire un verre ? Où sortir ?

|●| ♈ *Café de la Mairie (plan C1, 5) :* av. Raspail. Connu aussi sous le nom *Chez Belkacem,* dit *Béka*. Béka est un ancien joueur de foot, international de l'équipe d'Algérie. Les Gentilléens se retrouvent chez lui à l'heure de la « grand-messe » : l'apéro ! On peut aussi y manger très correctement. Couscous le vendredi.
|●| ♈ *La Fontana (plan C1, 4) :* face à la mairie, voir plus haut la rubrique « Où manger ? »
♈ Voir les *bars-restos* qu'on a indiqués dans notre « Petite tournée de banlieue ». Atmosphère de banlieue,

lieux conviviaux ou juste ce qu'il faut de glauque pour s'encanailler ! Attention, certains sont fermés le soir.

– *Chanson Saphir (plan C2, 20) :* à l'*hôtel Mercure,* 51-55, av. Raspail. Réservation obligatoire au service culturel de la mairie : ☎ 01-47-40-58-29. Numéro de l'*hôtel Mercure* si vous êtes perdu : ☎ 01-47-40-87-87. Une fois tous les deux mois, un récital d'artistes, de la pointure de Fabienne Thibeault, Nicolas Peyrac, Gilbert Lafaille... Premières parties de jeunes chanteurs. Le dîner

(140 F) n'est pas obligatoire; si vous n'y mangez pas, ne venez qu'à 22 h 15. Prix d'entrée : 40 F, mais consommation obligatoire!

Marché et foire

– *Le marché Frileuse (plan C1, 13)* : place de la Victoire-du-8-Mai-1945. Tous les mercredis et samedis matin, de 8 h 30 à 13 h 30. Très chouette, particulièrement le samedi matin. Plein de fruits et de légumes, bouchers et fromagers, dans une ambiance simple et authentique de marché de banlieue. Quelques stands de fringues. Bonne ambiance populaire. Le verbe y est parfois haut!
– *Foire au Troc* : le 1er dimanche d'octobre, au centre-ville. Que des particuliers (interdit aux pros), atmosphère villageoise super sympa. Spectacles de rues et bonnes petites affaires possibles.

Fêtes et manifestations

– *Les Écrans du Doc :* en février. À la salle des Fêtes, au point J et à l'auditorium du conservatoire de musique. Après la Maison Doisneau, le deuxième rendez-vous de l'image. Festival de documentaires amateurs le plus important de la région.
– *Journées portes ouvertes et Biennale des artistes de Gentilly :* organisées par l'association Cercle d'Art. En mai ou juin. Renseignements à la mairie.
– Le *baloche du 14 Juillet* a ici des airs d'authenticité qu'on aimerait revoir ailleurs...

ARCUEIL (94110)	20 000 habitants

Arcueil est une ville riche de son patrimoine architectural et intellectuel. Pas étonnant qu'il y ait autant d'étudiants (le plus gros centre d'examens de France est à Arcueil) et autant d'artistes! Pensez donc, avec tout ce passage : les poètes de la Pléiade, Laplace, Berthollet et la Société d'Arcueil, la famille Raspail, Erik Satie... Dans cette lignée, on trouve encore aujourd'hui à Arcueil des gens comme Julio le Parc, fondateur de *l'Op Art* (*Optical Art*, dans la tradition d'un Vasarely, qui est passé par ici), ou Antonio Segui, peintre international argentin ayant investi la maison Raspail, mais aussi Jan Voos, Claude Viseux. Ou encore Antonio Marin, fournisseur de nombreux artistes. N'oublions pas non plus que Robert Doisneau a traîné ses guêtres dans le secteur, quand la banlieue n'était pas encore jugée « digne d'intérêt »... Dans une autre discipline, sachez que le petit Jean-Paul Gaultier a usé ses fonds de culotte sur les bancs de l'école Jules-Ferry! Depuis, il en fabrique...
Côté patrimoine, il y a ces aqueducs majestueux qui séparent la ville de la commune voisine de Cachan depuis 1922, et qui, finalement, les réunissent... Et puis l'église Saint-Denys, autre joyau de la ville, et qui fut sans doute le prototype de Notre-Dame de Paris!

Un peu d'histoire

Arcueil tire son nom de l'aqueduc romain construit aux IIe et IIIe siècles (lire le paragraphe « Les aqueducs de Julien, Marie et Eugène! » dans l'introduction sur la vallée de la Bièvre). *Archelium* (arcades) donna *Arcaloï* qui donna *Arcueil*. La N20 est alors une voie romaine qui va à *Genabum*, future Orléans! La vie tourne autour de l'aqueduc, et un village s'y forme au Moyen Âge. Les premiers habitants s'installent sur les coteaux : vue stratégique et pas de risques d'inondations. Du IXe au XIIe siècle environ, Arcueil dépend de la paroisse de Gentilly. L'évêque de Saint-Denis y lance la construction de l'église qui porte aujourd'hui son nom. À partir du XIIIe siècle, Arcueil prend son indépendance et emmène dans son giron le hameau de Cachan. Par la suite, Arcueil appartient aux fiefs de l'abbaye de Saint-Germain-des-Prés. La première mention d'Arcueil en 1060 indiquait la présence de vignes. Aux XIIe et XIIIe siècles, les moines pratiquent avec succès la culture et le négoce du vin. C'est même la principale ressource d'Arcueil. Les premières carrières voient le jour...

De l'origine du mot « banlieue » aux poètes de la Pléiade

Lors de la guerre de Cent Ans qui oppose Jean le Bon à Edouard III, roi d'Angleterre, des négociations secrètes ont lieu entre les deux parties à la maladrerie de la Croix d'Arcueil, tenue par les moines. L'histoire de cette léproserie est tout à fait fondamentale car elle est à l'origine du mot « banlieue »! En effet, on parquait dans cette léproserie des malades mis au « ban » de Paris, à une « lieue » de la capitale! La périphérie de Paris souffrira longtemps de cette image négative... Il est plus amusant de noter que la guerre de Cent Ans ait pu être involontairement comparée à une longue lèpre... Cette tentative d'accord ne suffira pas, puisqu'en 1370, sous le règne de Charles V, les Anglais brûlent Arcueil, Cachan et Villejuif... Les ducs de Bourgogne s'allient aux Anglais, et Arcueil fait les frais des combats entre Louis XI et Charles le Téméraire en 1465. Puis ce sont les guerres de Religion qui ravagent le coin : Arcueil est brûlée par les huguenots en fuite, et Henri IV finit le boulot en entrant dans Paris en 1589!

Exceptée la Fronde, 50 ans plus tard, Arcueil connaît enfin un calme relatif, que la famine et la peste entameront toutefois. Le domaine des moines et celui du roi sont devenus un lieu de villégiature pour certains Parisiens attirés par les bords de la Bièvre. Au XVIe siècle, les poètes de la Pléiade y trouvent l'inspiration. Ronsard, Jodelle, Baïf et les autres rebaptisent Arcueil avec une sonorité de Grèce antique : leurs poèmes parlent d'*Hercueil*! Écolos avant l'heure, ils dénoncent déjà la pollution de la rivière... Ronsard écrit *Les Bacchanales ou le Folastrissime Voyage d'Arcueil*. La construction de l'aqueduc va donner une nouvelle dimension au village. De nouvelles carrières s'ouvrent et, dix ans plus tard, l'eau traverse à nouveau le territoire d'Arcueil, quatorze siècles après la construction de l'aqueduc gallo-romain. En 1732, un édit royal chasse les blanchisseurs et les tanneurs du quartier de la Manufacture des Gobelins. Ceux-ci s'installent en amont de la Bièvre, vers Cachan et Arcueil. Mais ils sont confinés par la propriété des moines de l'abbaye de Saint-Germain. Après la Révolution, les biens ecclésiastiques sont confisqués, et la Bièvre voit alors déferler une véritable « ruée vers l'eau »...

Des scientifiques de renom... et encore un aqueduc!

Après les poètes de la Pléiade, Arcueil attire de nombreux artistes et savants aux XVIIIe et XIXe siècles. Jean-Baptiste Oudry, célèbre peintre paysagiste et animalier, « chouchou » des Cours de France, de Suède et du Danemark, dessine à maintes reprises la superbe propriété de la famille de Guise. Ses œuvres offrent une image littéralement idyllique du lieu. Après la campagne d'Égypte de 1798 et 1799, Napoléon s'autoproclame empereur. Claude-Louis Berthollet, un chimiste qui l'a suivi dans cette aventure, est nommé comte d'Empire. C'est lui qui découvrit les propriétés du chlore et donna ainsi naissance à l'eau de Javel ! Il s'installe à Arcueil où il est rejoint par son ami mathématicien et astronome, Pierre Simon, marquis de Laplace. Ils cohabitent dans une maison contiguë et créent, en 1807, la Société Chimique d'Arcueil, recevant l'élite de la communauté scientifique de l'époque : Gay-Lussac, Monge, Arago et bien d'autres... Berthollet sera maire d'Arcueil de 1820 jusqu'à sa mort, en 1822. Signalons aussi le passage à Arcueil du « divin » marquis de Sade, qui se livra sur une jeune femme à ces supplices qui firent sa réputation plus que sulfureuse ! La pauvre femme fut retrouvée mourante, mais le marquis continua ses pratiques « sadiques » moyennant de généreuses donations...

La seconde moitié du XIXe siècle sera tout aussi bouillonnante. Outre le développement impressionnant de l'industrie du blanchissage et du cuir, c'est la construction de la ligne de chemin de fer de Sceaux (la fameuse « ligne de Sceaux » de 1844) et celle du troisième aqueduc de la ville qui créent l'événement.

« Arcueil-Cachan » et la famille Raspail

« Arcueil-Cachan » : en 1877, la dénomination est passée dans les mœurs. Et en 1894, les deux villages sont unis « pour le meilleur et pour le pire »... À cette époque, une famille prestigieuse s'implante dans la commune : la famille Raspail. La carrière politique du père, François-Vincent Raspail, est tout à fait essentielle dans l'histoire d'Arcueil (et de Cachan, d'ailleurs), au point qu'elle engendrera plusieurs générations d'enfants politiquement engagés à l'extrême gauche et fera d'Arcueil-Cachan le berceau de la future tradition communiste régionale.

Au XIXe siècle, François-Vincent est une figure de la scène politique nationale. D'abord médecin des pauvres (et condamné pour cela), mais également chimiste et biologiste, il proclame la République à l'hôtel de ville de Paris et est emprisonné en 1831 pour avoir refusé la légion d'honneur ! Il fera six années de prison pour « complot » et devra s'exiler en Belgique. Comme si cela ne suffisait pas, et pour bien lui enfoncer son clou, on lui accorde une année de plus dans les geôles françaises à l'âge de 80 ans, quand il prit position contre les massacres des Versaillais au moment de la Commune ! Usé, il se réfugie chez son fils Benjamin, à Cachan. Il meurt à l'âge de 84 ans. Retenons qu'Émile, un des cinq enfants, est déjà maire d'Arcueil depuis 1876 quand son père revient d'exil. Ils ont fondé ensemble, en 1856, la célèbre distillerie qui porte le nom familial et produit une liqueur réputée pour ses propriétés digestives, la liqueur Raspail. Sachez enfin qu'en 1880, Émile Raspail propose la date du 14 juillet comme fête nationale. Quelle famille !

De la devise olympique à l'arrivée d'un certain Erik Satie

Ce n'est pas tout ! Arcueil est aussi le berceau de la devise olympique. Au collège Albert Le Grand, le père Didon inculque aux enfants des classes aisées les bienfaits du sport à l'école. Le sport est en effet considéré à l'époque comme une activité inutile ! Il se lie avec le baron Pierre de Coubertin et lance, sans le savoir, la future devise olympique, « Citius, Altius, Fortius », en 1863.

En 1898, alors que les carrières de pierres se développent (avec la construction de Paris et l'Exposition universelle), Erik Satie vient « prendre racine » à Arcueil, où il pense trouver un meilleur « terreau » pour ses œuvres. Certaines d'entre elles ont déjà suscité un certain mépris. Après sa période montmartroise, le compositeur, ami de Ravel et Debussy, trouve enfin le détachement qui lui fera dire, non sans une certaine malice : « Les artistes sont devenus des gens de métier et les amateurs des artistes »... Il compose notamment les *Gymnopédies* et les célèbres *Morceaux en forme de poires* et, pendant la Première Guerre mondiale, *Parade,* un ballet dont le livret et les costumes sont conçus par ses amis Cocteau et Picasso, et qui fit carrément scandale par son audace! Erik Satie est aussi à l'origine du « Groupe des Six » de Montparnasse (de 1919, comprenant Poulenc, Honegger et Germaine Taillefer) et de l'École d'Arcueil en 1923, qui n'avait d'arcueillaise que l'admiration vouée à son inspirateur. Avec sa musique d'avant-garde, Satie cultivait une image d'aristocrate (sans fortune) avec des engagements socialistes, puis communistes.

Tradition communiste et lutte des classes!

Comment s'étonner qu'une ville riche d'une telle tradition ouvrière (blanchisseurs, carriers, tanneurs!) et d'une telle lignée d'intellectuels bascule définitivement à gauche et à l'extrême gauche? Signalons qu'en 1922, Cachan prend son indépendance vis-à-vis d'Arcueil et devient une commune à part entière.

Le premier maire communiste d'Arcueil est un métallurgiste. Élu en 1935, Marius Sidobre est déporté sous l'Occupation. Il revient d'un bagne algérien en 1944 et retrouve son honneur, et son poste. En 1945, Pétain, quant à lui, attend son procès au fort de Montrouge, situé sur le territoire d'Arcueil. L'écrivain Brasillach y est d'ailleurs fusillé. L'après-guerre commence et la période de reconstruction apporte son lot de logements sociaux, de nouveaux quartiers pavillonnaires et de petites industries mécaniques, alimentaires et chimiques. Les carrières sont définitivement fermées, et les blanchisseries disparaissent peu à peu avec la couverture de la Bièvre. Les biscuiteries Fosse s'implantent à Arcueil, et puis, surtout, la brasserie Valstar! En 1975, une grève de deux mois est déclenchée dans la célèbre fabrique de bière : on fait courir le bruit que la direction allongerait la bière avec de l'eau pour faire disparaître la marque! Le Conseil municipal siège à l'usine, sous l'œil complice de Georges Marchais, alors député du Val-de-Marne. La lutte des classes bat son plein!

Comment y aller?

– **En R.E.R. :** ligne B, direction Robinson – Saint-Rémy-les-Chevreuse. Stations : Laplace ou Arcueil-Cachan.
– **En voiture :** prendre la N20 à la porte d'Orléans jusqu'au carrefour de la Vache-Noire ; tourner à gauche avenue Laplace. Ou prendre l'autoroute A6, de la porte d'Orléans ou de la porte d'Italie, et sortir à Arcueil.
– **En bus :** n° 57, Porte-de-Bagnolet – Laplace, ainsi que les n°s 197, 297, 323 et 184.

Adresse utile

■ **Mairie d'Arcueil :** 10, av. Paul-Doumer. ☎ 01-46-15-08-80.

Où manger? Où boire un verre?

Bon marché

|●| **Restaurant du Parc, Maison Mavel** (plan A2, 1) : 7, rue Berthollet. ☎ 01-45-47-24-09. Ouvert seulement le midi et en semaine. Face à la Caisse des Dépôts et au parc. Cette maison fondée en 1909, comme l'indique son fronton, offre un cadre rustique un peu kitsch, avec une décoration du style maison forestière vieille France. Ici, c'est à la bonne franquette. Entrepreneurs et ouvriers locaux viennent jouer des

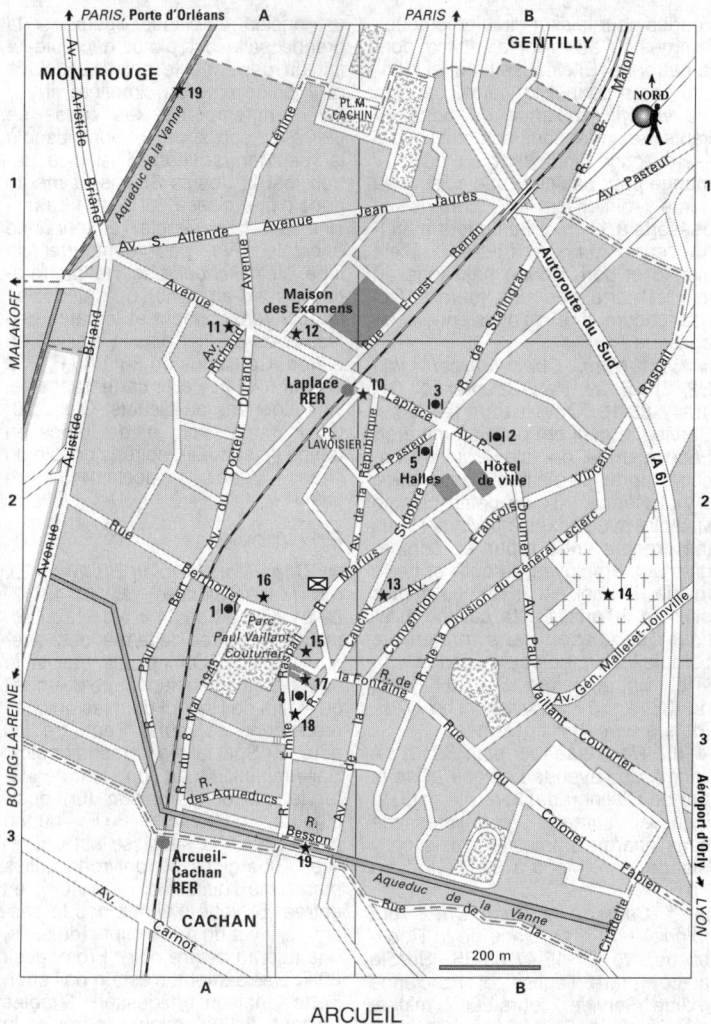

LA VALLÉE DE LA BIÈVRE

ARCUEIL

■ Adresse utile	★ À voir
✉ Poste	10 Gare R.E.R. de Laplace
	11 Maison Raspail
▐●▌ Où manger ?	12 Chapelle Auguste-Perret
Où boire un verre ?	13 Maison d'Erik Satie
1 Restaurant du Parc, Maison Mavel	14 Cimetière d'Arcueil
2 Viet Nam, Chez Marcel	15 Cité de l'Église
3 La Renaissance	16 Caisse des Dépôts et Consignations
4 Café de la Paix, Chez Akli	17 Église Saint-Denys
5 Chez Marius	18 Centre Marius-Sidobre
	19 Aqueducs

coudes pour laisser circuler les deux femmes qui assurent le service, dont la patronne. Elle cause bien, et n'hésite pas à couper la viande des petits vieux ! Ambiance de bons vivants. La carte, sous son plastique à liseré rouge, indique bien qu'on y mange pour pas cher une cuisine du genre routier-familial. Entrées et desserts à 11 F... Plat du jour à 38 F (du style, un rosbif-purée). C'est simple et bon. Bonne pâtisserie du jour et carte des vins fournie. Qui ose encore dire qu'on s'ennuie en banlieue ?

|●| Viet Nam, Chez Marcel (plan B2, 2) : 5, av. Paul-Doumer. ☎ 01-45-47-88-10. Ouvert tous les jours. Service le midi et vente à emporter. Face à l'hôtel de ville. L'auvent déchiré porte seulement l'inscription « Viet Nam »... Toute petite cantine vieillotte avec boxes, où Marcel vous fait prendre votre repas en compagnie des employés du coin et de la mairie. Marcel est à Arcueil depuis plus de 20 ans. Petite cuisine asiatique de base, sans prétention, comme le lieu, un peu « échoué » en ville... Entrées entre 15 et 30 F. Plats de 38 à 50 F environ. Thé : 7 F. Plats à emporter également.

|●| La Renaissance (plan B2, 3) : à l'angle de l'avenue Laplace et de la rue de Stalingrad. Ouvert le midi du lundi au samedi. Petite brasserie sans charme particulier, mais on y mange bien. Menu à 63 F ou plat à 45 F.

|●| ♟ Café de la Paix, Chez Akli (plan A3, 4) : 32, place de la République. ☎ 01-45-47-89-85. Sur la place, entre l'église et l'ancienne mairie. Service 7 jours sur 7, midi et soir (jusqu'à 21 h 30 environ pour manger et 23 h pour boire un coup). Petite terrasse aux beaux jours. Le lieu est ancien et classé, même si la grande salle est plutôt décrépie et fait un peu vide le soir... La place qu'il jouxte était un cimetière, il y a bien longtemps, et les caves en pierre de son sous-sol vont jusqu'à la rue Marius-Sidobre ! Akli, le patron, est là depuis 35 ans et mérite donc d'être classé, lui aussi ! La cuisine est très simple, à tendance orientale. Ne pas demander la lune... Chekchouka (sorte de ratatouille nord-africaine) ou salade felfel (poivrons, piment et tomates grillées avec un filet d'huile d'olive) en entrée. Couscous de 38 à 80 F. Plat du jour à 45 F. Petite carte française, vins algériens ou pichets. C'est plutôt un bar le soir, et de temps en temps (le samedi), soirées poésie ou chant ! Venez y déclamer votre talent !

Prix moyens

|●| Chez Marius (plan B2, 5) : 129, rue Marius-Sidobre. ☎ 01-45-47-09-91. Ouvert de 11 h à 15 h en semaine. À l'entrée de la rue, côté avenue Laplace. On ne sait pas si le nom désigne l'ancien maire d'Arcueil ou le film de Pagnol dont les affiches recouvrent les murs. Peut-être les deux ! Spécialités méridionales. Salle minuscule où l'on vient déguster le cassoulet maison (un quart d'heure d'attente). 80 F quand même, mais la saucisse est un délice. Aubergines ou poivrons grillés marinés à l'huile d'olive, à 40 F, en entrée. Si vous n'aimez pas le cassoulet, il y a un autre choix (du style, une raie au beurre noir). Fromages : 30 F. Décidément, c'est un poil cher. Tartes maison en dessert. 9 tables en tout. Il vaut mieux apprécier la conversation de ses voisins, mais l'endroit est sympa.

À voir

Le mieux, c'est de se programmer une balade à pied à partir d'Arcueil, en se dirigeant tranquillement vers Cachan, où vous pourrez prolonger la promenade en vous reportant à la rubrique « À voir » à Cachan. C'est le meilleur moyen de visiter les quartiers tout en s'arrêtant devant les édifices importants et autres places historiques. Libre à vous d'en sauter quelques-uns, mais c'est sur la route... Sachez que beaucoup de bâtiments ne sont visitables (de l'intérieur) que lors de la Journée du Patrimoine. Partir de la gare R.E.R. Laplace à Arcueil.

★ **La gare R.E.R. de Laplace** *(plan B2, 10)* : elle date des années 30. Jolie dans le style Art déco. En face, deux statues en mouvement de Louis Derbre donnent un peu de vie au coin qui en a un peu besoin ! De l'autre côté de la rue, le plus grand centre d'examens de l'Hexagone.

★ **La maison Raspail** *(plan A1, 11)* : 51, av. Laplace. Remontez l'avenue en direction de la N20. L'hôtel particulier de cette célèbre famille d'extrême gauche (lire « Un peu d'histoire ») est plutôt cossu ! Il fut construit entre 1850 et 1870 pour Émile Raspail, maire d'Arcueil. La façade arrière porte les initiales « FVR » (François-Vincent Raspail) et une inscription en latin signifiant « dans sa patrie la prison, les lauriers dans l'exil », en hommage à ce père, farouche défenseur de la République et du suffrage universel et qui fut emprisonné pour cela. C'est une maison de maître de style Second Empire. Le perron est ornementé d'une marquise du XIXe siècle. Elle mériterait une bonne rénovation. Elle est occupée par le peintre argentin Antonio Segui qui a justement commencé le travail ! Elle n'est pas visitable pour cette raison, mais elle se laisse admirer de l'extérieur (n'oubliez pas la façade arrière) avec plaisir. Elle est inscrite à l'inventaire des Monuments historiques.

★ **La manufacture d'Anis Gras,** qui jouxte la maison Raspail, offre une façade des plus réjouissantes. Des rapatriés d'Algérie y fabriquaient de l'anisette après la guerre. Mais avant cela, les frères Raspail y commercialisèrent les médicaments de leur père et la fameuse liqueur Raspail aux vertus digestives et au succès considérable, que les établissements Bols développèrent dans les années 30. Belle façade, judicieusement conservée, non ? Au n° 50, plus bas, sur le trottoir d'en face, admirez l'enceinte des *Tôleries de Normandie,* toujours en activité depuis les années 1830.

★ **La chapelle Auguste-Perret** *(plan A1, 12)* : 52, av. Laplace. Elle n'est malheureusement pas visitable en l'état actuel. Elle se laisse difficilement voir de l'extérieur, quoiqu'on la devine mieux de l'avenue Jeanne-d'Arc. C'est dommage car c'est un bâtiment unique dans l'architecture des banlieues. On espère vraiment pouvoir la visiter plus souvent que durant la seule Journée du Patrimoine ! En tout cas, sachez qu'elle fut conçue par l'architecte Auguste Perret qui tenta de répondre au maigre budget des sœurs franciscaines de l'Immaculée Conception. Celles-ci souhaitaient y accueillir les petites filles pauvres de la commune. Perret (1874-1954), grand promoteur du béton et précurseur de Le Corbusier, réalisa cette chapelle à l'ossature de béton garnie de brique en 1927, dans un style d'une modernité... biblique ! Ce qui en fait son charme... Les vitraux traditionnels ont été remplacés par des claustras. L'ensemble donne vraiment un sentiment d'harmonie, moderne certes, mais agréable.
Les amoureux des cartes postales iront jeter un œil à *Yvon,* l'éditeur d'art, à l'angle des avenues Lénine et Jean-Jaurès. Jolis bâtiments à la villa Chadefaud, aux 38 et 40, av. Jean-Jaurès.

★ **Le quartier pavillonnaire 1930 :** il commence derrière la maison Raspail, par l'avenue Richaud. Au n° 24, maison insolite recouverte d'une espèce de lierre donnant l'effet d'un toit de chaume. Baladez-vous dans ces rues, sympathiques aux beaux jours (avenue Massenet et rue Albert-le-Grand notamment), et retournez au R.E.R. de Laplace. Descendez l'avenue Laplace jusqu'à la rue Marius-Sidobre, qui donne encore une idée de ce qu'était le vieux Arcueil. À l'angle, au-dessus de la brasserie, un vieil immeuble très abîmé fut immortalisé par Robert Doisneau. Les poètes en herbe seraient bien inspirés d'aller baguenauder dans le quartier de La Pléiade, de l'autre côté du carrefour, où Ronsard, Du Bellay, Jodelle et Baïf ont eu droit à leur rue. Le quartier pavillonnaire continue par la rue Pasteur. C'est un vrai musée du pavillon banlieusard ! Allez dans les rues Estienne-d'Orves, Pierre-Brossolette, dans l'avenue de la République, dans les rues Victor-Basch et Georges-Politzer. Notre œil (scrutateur) a été attiré en particulier par la maison du 16, rue Pasteur, celle de l'angle des rues Estienne-d'Orves et Pierre-Brossolette (n° 17) et par les « établissements Sibille et Cie » qui vendaient du « matériel pour voies ferrées », au début de la rue Victor-Basch. Place Lavoisier surgit justement la voie ferrée du R.E.R., ouverte à tous les vents... Immeuble HLM rétro, en enfilade, parallèle à la voie. Après cette petite balade, rejoignez la rue Marius-Sidobre là où vous l'aviez quittée.

★ La **rue Marius-Sidobre** est comme une image d'antan, peut-être pour peu de temps... Face au resto *Chez Marius* (voir « Où manger ? »), prenez le petit mail qui longe le marché couvert. La modernité est déjà là, avec l'Espace Jeunes et l'hôtel de ville qui nous tournent le dos, et leurs petites sculptures métalliques sans nom... Passez devant le nouveau collège Dulcie-September, en hommage à la représentante de l'ANC en France qui habita Arcueil avant d'être assassinée dans des conditions mystérieuses à Paris. Une plaque lui rend hommage avenue de la Convention. Très joli panorama sur les aqueducs d'ici. Vous arrivez à la bibliothèque Louis-Pergaud, à l'angle des rues Cauchy et Sidobre.

★ **La maison où vécut Erik Satie** *(plan B2, 13) :* 34, rue Cauchy. À l'angle de la rue François-Vincent-Raspail. La « maison aux quatre cheminées » abrita le célèbre compositeur pendant sa période arcueillaise. Plaque sur le mur. L'immeuble n'est pas très joli (contrairement à celui du n° 23 !).
Les inconditionnels du maître devront se rendre au **cimetière d'Arcueil** *(plan B2, 14).* Entrée par le 60, av. de la Division-Leclerc. Ouvert de 8 h à 18 h d'avril à septembre, de 8 h à 17 h le reste de l'année. Sa tombe se trouve dans la 12e division, tout de suite à gauche en entrant, au fond. Au-dessus d'une pierre très simple, une plaque nous dit : « Ici repose un musicien immense, un homme de cœur, un citoyen d'exception ». Le Centre communal culturel l'a d'ailleurs choisi pour symboliser l'action culturelle arcueillaise.

★ **La Cité de l'Église** *(plan A2, 15) :* accessible par la rue Montmort, au bout de la rue Cauchy. Cette cité très récente conserve quelques vestiges du passé. Le mélange est somme toute assez heureux. Des panneaux retracent quelques passages de l'histoire d'Arcueil et, avec quelques vieux puits, on y trouve les ruines de l'ancienne « maison à la colonne » où vécut Jean-Baptiste Oudry, le peintre paysagiste et animalier de Louis XV et des Cours d'Europe. Au bout de la rue Montmort, retrouvez la rue Marius-Sidobre et sa poste bizarroïde.

★ **La Caisse des Dépôts et Consignations** *(plan A2, 16) :* 16, rue Berthollet. Elle abrite l'ancien collège Albert-le-Grand des pères dominicains du XIXe siècle. À l'entrée, une plaque rappelle que c'est ici qu'est née la devise olympique trouvée par le Père Didon : « Citius, Altius, Fortius ». Littéralement : « Plus vite, Plus haut, Plus fort » ! Sachez que, de tout temps, cet emplacement a porté bonheur aux Lettres, aux Sciences et au Sport français ! En effet, Rabelais et Jodelle ont vécu précisément au même endroit, dans une amitié aussi franche que celle qui unit par la suite, à la même place, les savants Berthollet et Laplace et leur Société chimique d'Arcueil. De là à penser qu'il y a une magie du lieu qui ensuite a réuni Didon et Coubertin, il n'y a qu'un pas ! Si c'est l'heure de déjeuner, la *Maison Mavel,* en face, est un lieu qu'on vous recommande (voir « Où manger ? »). Attention, elle n'est ouverte qu'un semaine et le midi !

★ **Le parc Paul-Vaillant-Couturier** (ou *Maï Politzer*) *:* face à la Caisse des Dépôts. Il est charmant avec sa « folie » (maison d'agrément) des XVIIIe et XIXe siècles. Tout aussi adorable est la nymphée datée de la même époque. Petite fontaine dans une grotte constellée de coquillages et de corail provenant de la mer Rouge, le tout encadré par un perron à double volée et fermé par une grille ouvragée. Très bien restauré. Descendez les marches qui mènent à la rue Émile-Raspail.

★ *L'église Saint-Denys* (plan A3, 17) : 32, rue Émile-Raspail. Pour l'instant, le seul moyen de visiter l'intérieur de cette superbe église est de se rendre à la messe du dimanche (à 11 h) ! On nous a promis que des heures d'ouverture au public seraient instaurées prochainement. Si ce n'était pas le cas, rappelez-leur cette promesse faite au *GDR* ! Informations à la paroisse de Jésus Ouvrier (ça s'invente pas!). ☎ 01-42-53-04-34 de 16 h 30 à 19 h en semaine et le samedi de 9 h 30 à 12 h. Superbe, tout simplement superbe, cette église du plus pur style gothique date de la fin du XIIe siècle. Entièrement restaurée, on dit qu'elle fut construite par la famille de Pierre de Montreuil, architecte de Notre-Dame de Paris, et qu'elle lui servit justement de prototype...
C'est l'évêque de Paris, en 1119, qui donna l'autorisation à l'abbé de Saint-Denys de fonder un lieu de culte à Arcueil. On décida de la construire à flanc de coteau. Son édification fut longue... Elle fut refaite au XIXe siècle, sur des fonds privés, par l'architecte d'Arcueil-Cachan, Jean-Baptiste-Ulysse Gravigny. Déclassée car elle menaçait de s'écrouler, Gravigny obtint son reclassement aux Monuments historiques en 1908. Saluons l'exploit ! On s'aperçoit qu'elle est admirablement proportionnée. L'extérieur est déjà un sujet d'émerveillement. Très belle rosace à huit lobes au-dessus du portail. À son retour d'Espagne en 1601, un pèlerin a gravé le diamètre de la grande cloche de Saint-Jacques-de-Compostelle dans la façade. Quelle idée ! L'église se pare d'un élégant triforium arcaturé (galerie ajourée) de part et d'autre. Le clocher d'origine a brûlé en 1600 et fut reconstruit à la fin du XVIIe siècle. Vitrage en *oculus* (œil de bœuf) sur les côtés. À l'intérieur, pas de transept mais une belle élévation. La nef est divisée en trois travées et les voûtes (à 10 m environ) sont sur des croisées d'ogives. Beaux chapiteaux, à feuillages pour la plupart. Satan est représenté à l'angle nord, et dans la première travée des vieillards déroulent les textes de l'Ancien et du Nouveau Testament. En un mot, une très belle visite.

★ *Le centre Marius-Sidobre* (plan A3, 18) : place de la République. Notez que cette place, derrière le bâtiment, était l'ancien cimetière d'Arcueil-Cachan. Le centre Marius-Sidobre fut l'hôtel de ville des deux communes, à partir de 1886, sous le mandat d'Émile Raspail. Il est signé par Gravigny, l'architecte qui a rénové l'église Saint-Denys, et fut inauguré par le préfet de l'époque, un certain Eugène Poubelle ! Oui, c'est bien grâce à lui que l'on ne jette plus nos détritus dans les rues (comment ça, vous le faites encore?...). L'édifice est typique de l'architecture de la IIIe République et très agréable. Vous pouvez y entrer. Dans le petit hall, un buste de Laplace (à gauche) regarde son ami et confrère Berthollet. Dans le hall central, une plaque donne le nom des maires qui se sont succédé à Arcueil-Cachan, puis à Arcueil depuis 1922. Le nom de Louis Mafrand est barré, comme un trait tiré sur le souvenir du maire collaborateur. Depuis 1969, la nouvelle mairie a quitté le siège de cet édifice pour laisser la place aux associations locales. On y accueille des expositions très régulièrement (lire aussi « Fêtes et manifestations »).
Le *Centre culturel communal Erik-Satie* est au 1er étage. Sur le palier, *Les Enrôlements volontaires en 1792* du peintre Carrière, ou *Les Bardeurs, construction de Paris en 1860* de Danguy. Si vous avez un peu de chance, ou lors de la Journée du Patrimoine, vous pourrez voir les toiles marouflées (fixées à la colle forte!) du peintre Paul Poënsin, dans l'ancienne salle du Conseil et des Mariages. Scènes de la vie quotidienne, comme *Les Blanchisseuses* ou *Le Stand de tir*.

★ *L'école Jules-Ferry* : place Paul-Poënsin. Elle date du XIXe siècle et a accueilli sur ses bancs, il n'y a pas si longtemps, un certain Jean-Paul Gaultier! Ah, elle est loin l'image de la banlieue symbole d'échec scolaire! Bon, d'ici, vous apercevez déjà les aqueducs majestueux.

★ *La maison des Gardes* : à main gauche, quand on tourne le dos au centre Marius-Sidobre. Il faut passer sous l'immeuble d'habitations en brique sur pilotis, dernier vestige de l'usine Valstar! La maison des Gardes (XVIᵉ siècle) est tout ce qu'il reste du domaine que le prince de Guise possédait au XVIIIᵉ siècle. La façade présente deux jolies échauguettes, et six bustes ornent l'autre côté de ce bâtiment, reconverti en conservatoire de musique. Poursuivons jusqu'à l'avenue de la Convention. Il sera bien temps d'arriver jusqu'aux aqueducs!

★ *L'avenue de la Convention :* un sombre bâtiment entouré d'une enceinte, propriété de Paris VI, abrite un des anciens laboratoires de Marie Curie. Les bâtiments sont fermés pour cause d'émanations de radon (un gaz radioactif), heureusement contrôlées et pour l'instant pas dangereuses. Dire qu'elle avait des labos un peu partout autour de Paris, la Marie! Parlez-en aux habitants de Villejuif ou de Nogent... Avant de rejoindre les aqueducs, jetez un œil sur la plaque accolée à la HLM grise : « Ici vécut, de janvier 1987 à mars 1988, Dulcie September, représentante de l'ANC, assassinée le 29 mars 1988 par l'apartheid ». Le président Nelson Mandela en personne est venu à Arcueil rendre hommage à sa représentante en 1996. Descendre jusqu'aux aqueducs.

★ *Les aqueducs* (plan A3, 19) : on voit bien, d'ici, la superposition de l'aqueduc de la Vanne (ou de Belgrand) sur celui de Marie de Médicis, et la différence entre la pierre de liais du premier et la dentelle en meulière du second. De l'autre côté commence la ville de Cachan. L'eau coule encore à travers ces aqueducs. La Sagep gère leur débit pour la Ville de Paris dans le bâtiment à leurs pieds. Sur un pilier de l'aqueduc, remarquez le panneau de l'octroi, douane communale qui taxait les produits à leur entrée. Avant de pénétrer dans Cachan, remontez la rue Besson sur la droite. Sous une arcade, admirez la grâce de la façade originale de la maison du Fief des Arcs, appelée aussi maison Renaissance. Il est magnifique, encadré par une cariatide à gauche (Janus à deux visages) et une statue colonne à droite, représentant Jupiter. L'aqueduc qui passe au point le plus étroit de la vallée rase littéralement le porche! C'est encore plus clair quand on regarde plus haut, par la rue Provigny à Cachan. Nous, on dit 2 cm, et vous? Du coup, on dut inverser la façade et créer une nouvelle entrée de l'autre côté.

★ *La rue des Aqueducs :* prendre les escaliers de la rue Jacques-de-Brosse dans l'axe; au bout, on tombe sur la rue du 8-Mai-1945, près du RER; à droite, descendre la rue des Aqueducs. Superbe échantillonnage de maisons et pavillons 1900-1930! Au nᵒ 5-7 de la rue, une surprenante *Pagode* 1920. Il y a des rues comme celles-là que l'on aimerait voir classées entièrement... Sachez que dans cette rue, on paie encore un impôt sur l'aqueduc qui date de Marie de Médicis! 50 F par an à la Ville de Paris. Bon, ça va, ce n'est pas la corvée! Remontez la rue (eh oui, c'est dur, on sait) et lancez-vous : franchissez la frontière qui sépare Arcueil et Cachan depuis 1922, et si vous voulez prolonger la balade, lisez la rubrique « À voir » à Cachan.

Où sortir?

– *Espace Jean-Vilar* (plan A3) : 1, rue Paul-Signac. ☎ 01-49-69-94-06 ou 01-45-46-53-49. Derrière l'école Jules-Ferry, en haut des marches. Cinéma, spectacles et projections spéciales (se renseigner). Réductions pour les étudiants, chômeurs, lycéens et moins de 15 ans.

Fêtes et manifestations

– *Espace Julio-Gonzalez :* 21, av. Paul-Doumer. ☎ 01-46-15-09-75 ou 89. Galerie cotée à la « bourse des artistes », qui a notamment exposé Jan Voos et Antonio Segui.
– *Foire aux Miettes et fête de la Ville :* le 2e week-end de juin. Brocante des particuliers et manifestations culturelles dans la ville.
– *La Journée du Patrimoine :* fin septembre. C'est l'occasion unique de visiter les aqueducs, qui sont gérés par la Ville de Paris. Attention, beaucoup de monde. On peut aussi visiter à cette occasion l'église Saint-Denys, la chapelle Perret, etc. À ne pas manquer. Renseignez-vous à la mairie, qui édite un petit dépliant.
– *Centre culturel communal Erik-Satie :* dans le centre Marius-Sidobre. ☎ 01-45-47-76-72 ou 01-47-40-06-29. Expos régulières et diverses.

CACHAN (94230)   24 000 habitants

On dit qu'il fait plutôt bon vivre à Cachan (Arcueil, elle, est plus riche du point de vue architectural). D'ailleurs, la population est composée de nombreux étudiants, et de beaucoup de mamies et de papys ! Mais aussi d'artistes, dans la tradition de cette ville qui en a vu passer beaucoup, notamment le peintre paysagiste Jean-Baptiste Oudry. Il fait bon flâner sur le petit coteau de Cachan après la visite des aqueducs (ceux-ci sont autant à Cachan qu'à Arcueil, mais c'est la Ville de Paris qui en assure la gestion). Lors de votre balade sur ce coteau, vous trouverez donc plein d'ateliers et une Cité des Artistes, visitables à l'occasion des journées portes ouvertes et durant la Biennale de la ville. Les œuvres exposées méritent vraiment votre attention car, si elles sont plutôt celles de plasticiens (pas le genre « arts périphériques » du style BD, photo ou vidéo), comme Judith Wolfe ou Kazo (pour ne citer qu'eux !), elles bénéficient déjà d'une vraie reconnaissance. Symbole de cette volonté communale, un peintre est même adjoint au maire de Cachan !

Un peu d'histoire

L'histoire de Cachan s'entrecroise avec celle d'Arcueil (lire « Un peu d'histoire » à Arcueil), et ce, jusqu'en 1922, puisque c'est à cette date que les deux communes se sépareront officiellement. Avant cela, c'est-à-dire pendant dix siècles, Cachan restera un hameau et un lieu-dit d'Arcueil, propriété de sa voisine... quelque peu tutélaire ! Il est vrai que ce sont les tiraillements entre Cachanais et Arcueillais qui ont abouti à ce « divorce » au début de notre siècle. Mais on en parle plus loin, et qu'on ne compte pas sur nous pour nous lancer dans un pamphlet contre une pseudo-décolonisation des communes françaises !

D'un domaine enchanteur à une entrée fracassante

Le nom de « Cachan » vient probablement de *Caticantum* (« Chante-chat », en référence à une source), nom du palais où séjourna Pépin le Bref ; ou bien de « Cachant » en vieux français. Les premiers habitants s'installent à la Redoute des Hautes Bruyères, située maintenant à Villejuif. Jean le Bon cède le domaine à la famille Du Guesclin. Au plus fort du conflit de la guerre de Cent Ans, Bertrand Du Guesclin, fameux capitaine des armées du roi de France, offre sa terre de « Cachamp » au duc d'Anjou. Les armes de la famille Du Guesclin figureront sur le blason de la ville. Le domaine est alors décrit comme un site composé de vignes, de jardins et de moulins enchanteurs, le long de la Bièvre...

Au XVIe siècle, les poètes de la Pléiade ne font pas de différence entre les territoires d'Arcueil et de Cachan. Les Ronsard, Du Bellay, Jodelle, et autres Baïf viennent puiser aux « sources antiques » de l'inspiration... Ils y prennent aussi des cuites mémorables ! On signale également une arrivée fracassante, en 1613, de Louis XIII, alors âgé de 12 ans, accompagné de 80 seigneurs !... Le roi vient dîner au château royal construit par le cardinal de Tournon au XVIe siècle et poser la première pierre du futur aqueduc de Médicis.

Anaclette, une histoire anachronique !

C'est d'ailleurs probablement à l'emplacement de ce château que s'édifia ensuite la maison dite « Renaissance », d'âge imprécis, que l'on peut toujours voir sous les aqueducs. La maison devient ensuite propriété de la famille Aligre, alors « Conseiller des menus plaisirs du Roi » ! On ne sait pas tout ce que cette dénomination recouvrait ! Finalement, ça avait le mérite d'être clair...

Propriété de la famille Donjat pendant deux siècles, la maison devint, en 1757, celle de René Delinthe, un orfèvre très fortuné qui rêvait d'être noble. Anecdote incroyable : voulant assurer sa descendance (mâle, forcément mâle) il eut 26 filles ! On ne sait pas si c'est pour les punir, mais il les prénomma toutes Anaclette ! Sans doute démoralisé, et hors d'état de reproduire, il légua la demeure à sa fille Anaclette-Julie Delinthe. Celle-ci épousa Jean-Élisabeth Cousin de Méricourt, Trésorier des États de Bourgogne. Le pauvre fut guillotiné pour avoir fourni de l'aide à un émigré, à la suite d'une histoire bourrée de faux témoins ! Devenue veuve, Anaclette-Julie transmit la propriété à sa fille, Anaclette-Élisabeth. D'Anaclette en Anaclette, on aboutit à une certaine Palmyre-Anaclette, épouse de Monsieur de Provigny, qui lui non plus n'eut pas de chance : il se tua à la chasse au bout de six mois ! Il n'était alors même plus question d'une quelconque descendance ! Madame de Provigny décida d'oublier ce destin funeste. Elle ne revint plus jamais à Cachan. Sans rancune, elle eut l'élégance d'offrir ses terrains à la commune, et le Fief des Arcs à l'Assistance Publique. Avec, en plus, la modique somme de 10 millions de francs afin de construire une maison de retraite... Ce qui fut fait. Pendant ce temps, les blanchisseries s'installèrent en bord de Bièvre. Et au milieu du XIXe siècle, le démembrement des propriétés ouvrit la voie au développement de l'activité.

Des Raspail au divorce d'Arcueil-Cachan

La famille Raspail possédait une propriété à Cachan. C'est l'actuelle maison Raspail dans le Parc départemental du même nom. Benjamin, un des fils, était un homme politique engagé à gauche (comme toute sa famille !), et un peintre à ses heures... Quand on vous dit que Cachan pousse à la création artistique ! Dans la droite ligne de son père, François-Vincent, qui fut un chantre de la République et un homme politique d'extrême gauche maintes fois emprisonné pour ses opinions et ses engagements courageux. Lire aussi « Un peu d'histoire » à Arcueil, où son autre fils, Émile, était maire et industriel. Après ses années d'exil forcé, fatigué, François-Vincent Raspail se réfugia chez son fils Benjamin, à Cachan, et mourut à l'âge de 84 ans.

En 1877, le nom de « Cachan » est accolé à celui d'« Arcueil ». Cela semble définitif en 1894, quand les deux noms n'en font plus qu'un et qu'« Arcueil-Cachan » apparaît dans les actes officiels... Ce ne sera pas sans problèmes. Cachan se sent de plus en plus loin du centre névralgique de la commune et de moins en moins prise en compte... En 1903, pour calmer les velléités d'indépendance des Cachanais, le sectionnement électoral est accepté. Mais en 1912, c'est un refus catégorique qu'oppose la Municipalité d'Arcueil à la demande de séparation ! La guerre vient interrompre la « guérilla locale », mais les choses s'enveniment encore après le conflit. Il faut s'y résoudre : Arcueil et Cachan se séparent en 1922, et c'est tout naturellement que le tracé des trois aqueducs successifs en est la frontière... Seule la gare qui date de la « ligne de Sceaux » garde le nom consensuel d'« Arcueil-Cachan ».

Après la Seconde Guerre mondiale, à Cachan, on trouve encore... plein de champs. On urbanise tard, à partir des années 50, et on y construit pas mal de « barres », ces trop célèbres HLM que seul un Robert Doisneau a su rendre belles... Heureusement, des quartiers pavillonnaires sont conservés et le centre de la ville ne souffre pas trop de la dislocation que connaissent d'autres banlieues. Aujourd'hui, Cachan peut se vanter, au même titre qu'Arcueil, d'avoir sur sa commune de magnifiques aqueducs...

Comment y aller ?

– *En R.E.R. :* ligne B, direction Robinson – Saint-Rémy-les-Chevreuse. Stations : Arcueil-Cachan ou Bagneux.
– *En voiture :* prendre la N20 à la porte d'Orléans, dépasser la Vache-noire et tourner à gauche avenue Carnot ou au niveau du R.E.R. Bagneux. Ou bien passer par Arcueil (lire plus haut).
– *En bus :* n° 184 de la porte d'Italie. Arrêts : Mairie-de-Cachan ou Cousin-de-Méricourt (pour les aqueducs). De la porte d'Orléans, bus n° 187 et n° 197. Arrêt : Mairie-de-Cachan.

Adresse utile

■ *Mairie de Cachan :* square de la Libération. ☎ 01-49-69-69-69.

Où manger ? Où boire un verre ?

Pas grand-chose à se mettre sous la dent ni dans le gosier, à Cachan ! Si vous venez un week-end d'été, apportez votre pique-nique, ou bien allez à Arcueil, vraiment tout proche. Un peu de marche ne vous fera pas de mal, allez ! En dernier recours, il y a les restos chinois de la RN20 qui ont pris le créneau de la route qui mène au 13e arrondissement de Paris.

■ **Adresse utile**
   ✉ Postes

|●| **Où manger ?**
   Où boire un verre ?
   1 La Civette du Coteau
   2 Café des 2 Gares
   3 Restaurant du Pont-Royal

★ **À voir**
   10 Gare R.E.R. d'Arcueil-Cachan

11 École nationale de Musique
12 Maison de Jean Coingt
13 La Bièvre
14 Église Saint-Jean
15 Le quartier des Écoles
16 Le quartier de l'hôtel de ville

– **Où sortir ?**

20 Théâtre de Cachan
21 Le Pain et les Roses

LA VALLÉE DE LA BIÈVRE

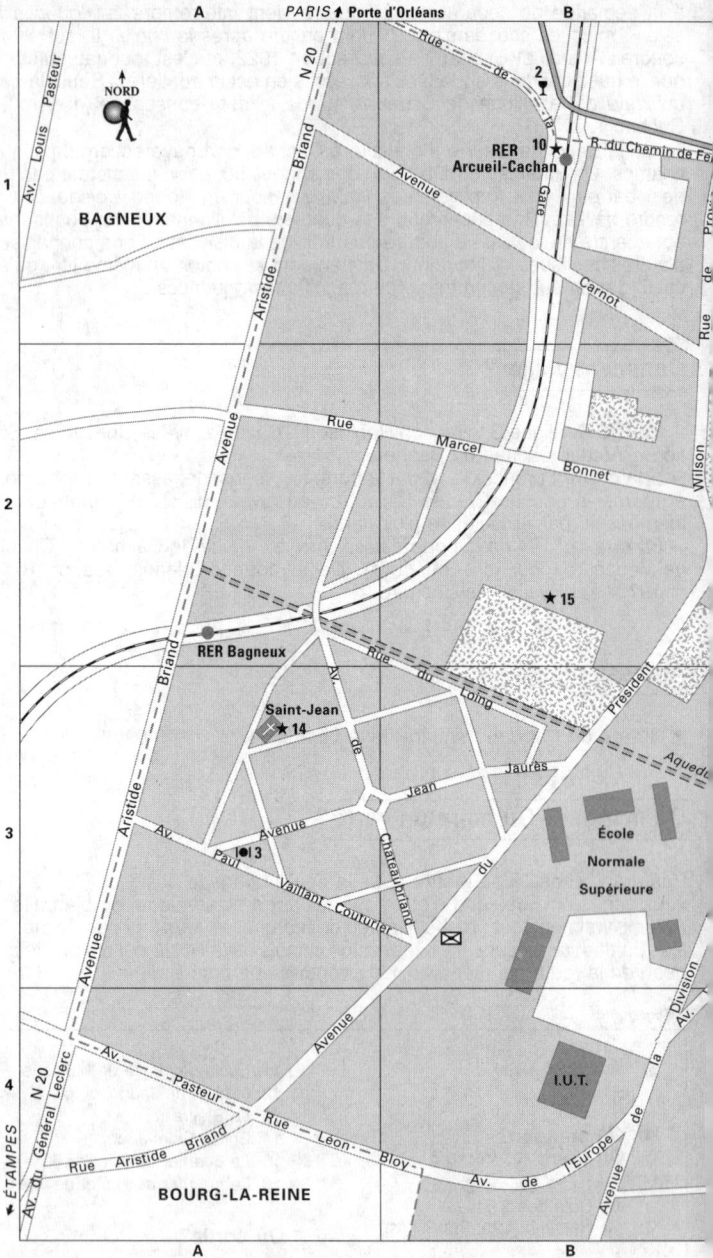

PARIS ↑ **Porte d'Orléans**

NORD

CACHAN

BAGNEUX

Av. Louis Pasteur

N 20

Briand

Aristide

Avenue

Rue de la Gare

2

RER Arcueil-Cachan 10 ★

R. du Chemin de Fer

Carnot

Rue Wilson

Rue

Marcel

Bonnet

Avenue

Briand

RER Bagneux

Rue du Loing

★ 15

Rue

Président

Aqueduc

Saint-Jean ★ 14

Av. de

Jean

Jaurès

Av. Paul

Avenue

■ 3

Vaillant - Couturier

Châteaubriand

du

École

Normale

Supérieure

⊠

Aristide

Avenue

Av.

N 20

Av. du Général Leclerc

Pasteur

Rue Léon Bloy

Rue Aristide Briand

Avenue

Av. de l'Europe

Av. de la Division

Av.

I.U.T.

← *ÉTAMPES*

BOURG-LA-REINE

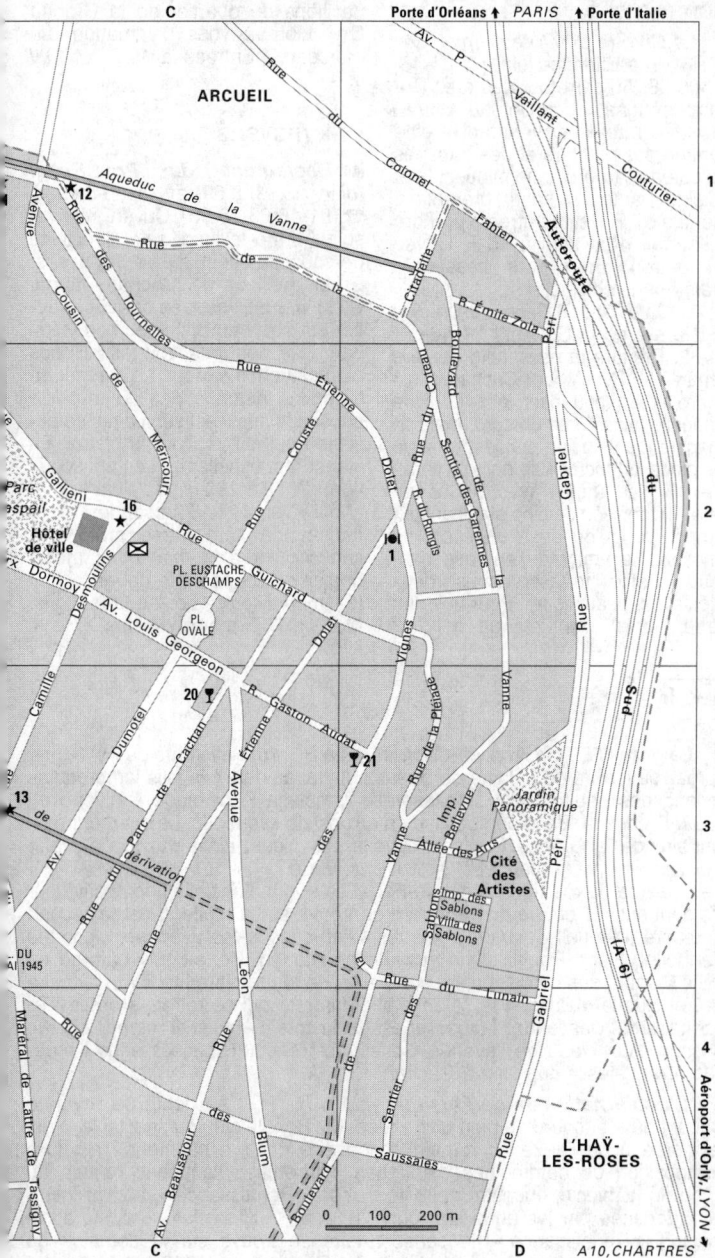

C

Porte d'Orléans ↑ *PARIS* ↑ Porte d'Italie

ARCUEIL

Rue du Colonet

Av. P. Vaillant

Couturier

Aqueduc de la Vanne

★ **12**

Rue des Tournelles

Rue de la

Chatelle

Fabien

R. Émile Zola

Péri

Autoroute

Rue

Avenue

Cousin

de

Méricourt

Rue

Etienne

Cousta

Dolet

Boulevard

Rue du Coteau

Sentier des Garennes

de

Gabriel

Rue

du Sud

1

Parc

espail

Parc

Galliéni

16 ★

**Hôtel
de ville** ⊠

PL. EUSTACHE
DESCHAMPS

Guichard

Rue

R. du Fongis

⚫️|⚫️ **1**

la

x Dormoy

Av. Louis Georgeon

Desmoulins

PL.
OVALE

Dolet

Vignes

Rue de la Plaine

Vanne

Camille

Dumotel

de Cachan

20 ⚑

R. Gaston Audat

Etienne

Avenue

⚑ **21**

Rue

Parc du

des

Imp.
Bellevue

Jardin
Panoramique

13 ←

de

derivation

Allée des Arts

**Cité
des
Artistes**

Péri

Rue

(A 6)

Av.

Rue

Léon

Imp. des
Sablons
Villa des
Sablons

DU
A.1945

Rue du

Lunain

Gabriel

Maréchal de Lattre de Tassigny

Rue

des

Blum

Boulevard

Sentier

de

des

Rue

du

Saussaies

Rue

des

**L'HAŸ-
LES-ROSES**

0   100   200 m

Aéroport d'Orly, LYON

C

D

A10, CHARTRES

CACHAN

CACHAN

1

2

3

4

Bon marché

|●| *La Civette du Coteau (plan D2, 1)* : 81, rue Étienne-Dolet. ☎ 01-46-65-05-38. Au carrefour des rues Dolet, des Vignes et du Coteau. Ouvert à midi du lundi au vendredi. Petite cantine des ouvriers et des habitués du coteau. Arrière-salle minuscule et cuisine familiale sans prétention. Menu à 57 F. Petite entrée à prendre à l'entrée. Plat seul à 45 F. Cuvée du patron. Bien pour casser la graine sans chichis.

|●| ⏰ *Café des 2 Gares (plan B1, 2)* : 8, rue de la Gare. ☎ 01-46-65-64-82. Prendre la passerelle derrière la gare R.E.R. d'Arcueil-Cachan. C'est à droite, un peu plus loin. Le café s'appelle aussi *Chez Giscard,* mais on imagine mal l'ancien président mettre les pieds ici ! Incroyable petite « chaumière » (ça rime avec « Chamalière » !) tapissée de Lino et faisant tellement toc qu'on dirait un décor de cinoche. Le vrai rade en rase banlieue. Petite terrasse sous deux tilleuls aux beaux jours. Pour boire un verre, après avoir jeté un œil aux pavillons du quartier de la Grange Ory. Libre à vous d'y manger un morceau... Entrées à 12 F, et *tutti quanti...*

Prix moyens

|●| *Restaurant du Pont-Royal (plan A3, 3)* : 59, av. Jean-Jaurès. ☎ 01-46-63-18-93. Ouvert midi et soir. Fermé le lundi soir. Spécialité de couscous depuis près de 20 ans. Et le meilleur de Cachan, dit-on. C'est vrai qu'il est très bon. Et le décor est à la hauteur, avec son vieux bar, ses tentures rouges et ses plantes vertes partout. Le serveur en tenue ne détonne pas du tout ! Le couscous aussi est servi avec ce petit rien qui fait le style du bistrot. La viande est excellente. Les couscous vont de 78 à 160 F (ça, c'est le méchoui pour 10 personnes sur commande !). En entrée, préférer la *chekchouka* à la *méchouia,* moins originale. Bonne carte de vins, dont le merveilleux boulaouane gris. Menu à 70 F moins excitant.

À voir

★ *La gare R.E.R. d'Arcueil-Cachan (plan B1, 10)* : elle date de 1846, peu après l'ouverture de la ligne de Sceaux. Il y avait déjà ces jolis lambrequins le long des gouttières... La passerelle remplaça le passage à niveau en 1889. Prenez-la. Belle perspective en arrondi de l'aqueduc. Le quartier pavillonnaire de la Grange Ory se trouve à ses pieds, ainsi que le *Café aux 2 Gares* (voir « Où manger ? Où boire un verre ? »).
Revenez par la rue du Chemin-de-Fer et sa non moins belle perspective sur les aqueducs. L'entrée du *cimetière* se trouve sur la droite. C'est le second cimetière d'Arcueil-Cachan. Quelques célébrités locales y reposent, comme Berthollet, Henri Poulaille, un écrivain prolétarien, René-Louis Laforge ou Félix Marten, des chansonniers populaires de la première moitié du XX siècle, et Édouard Baldus, le célèbre photographe qui se retrouva enterré ici par hasard... Descendez la rue, repassez du côté d'Arcueil et reprenez la rue Besson. Au niveau de l'avenue Cousin-de-Méricourt, passez sous l'aqueduc. Vous êtes à nouveau à Cachan.

★ *L'École nationale de Musique (plan C1, 11)* : au début de l'avenue Cousin-de-Méricourt, au pied des aqueducs. Bon, le clou du spectacle, c'est le morceau de l'aqueduc romain enchevêtré dans le bâtiment. Très jolie composition de patrimoines d'époques différentes : l'aqueduc romain du IIe ou du IIIe siècle, encastré dans la maison « Renaissance », à l'âge incertain, dominée par les aqueducs du XVIIe et du XIXe siècles... Appelé aussi maison « Renaissance », le conservatoire se trouve sur le domaine de l'ancien Fief des Arcs. Le poète Eustache Deschamps (1346-1407) la mentionne puis on en perd la trace... Jusqu'en 1549, où le propriétaire de la maison « Renaissance » (celle d'aujourd'hui) fut Claude Aligre. Il a fait édifier le magnifique porche qui porte les armes de sa famille (lire le texte sur ce porche, visible côté Arcueil). Depuis que l'aqueduc rabote l'ancienne façade, celle-ci a dû être « retournée », et c'est celle que vous voyez dans la cour.

★ *La maison de Jean Coingt* (plan C1, 12) : rue de la Citadelle. En face de la maison « Renaissance ». Cette belle demeure au pied de l'aqueduc n'est malheureusement pas à louer! C'était celle du premier maître-maçon de l'aqueduc de Médicis, Jean Coingt. Elle date donc du début du XVIIe siècle. Remarquez sur l'aqueduc un *cadran solaire* en pierre. Il est probablement du début du XIXe siècle. Curieusement, il appartient à Arcueil.

★ *Promenade sur le coteau :* au départ de la rue de la Citadelle, sur les traces du vieux Cachan. Les poètes de la Pléiade aimaient s'y promener. C'était même la mode dès le XVe siècle... Nous, on vous indique les lieux qui nous ont bien plu. Pour en savoir (beaucoup) plus, acheter *Le sentier urbain de Cachan,* amoureusement écrit par l'Amicale laïque de Cachan et édité par la Ville. Sachez que Cachan est la ville aux 100 associations !
La balade commence. Au début de la rue de la Citadelle, prendre à droite la *rue des Tournelles* et longer la maison de retraite Saint-Joseph de 1880. Vue sur Cachan et son coteau Est. *Rue Cousté,* un charbonnier au n° 17 et une blanchisserie au n° 23. Noter la belle maison des Services d'Action Sanitaire et Sociale, *rue Guichard.* Remonter la *rue Étienne-Dolet.* Anciens séchoirs au n° 95. La Bièvre passait au grand jour entre cette rue et la rue Cousté. Plein de blanchisseurs et de tanneurs à cet endroit, il y a quelque temps... Monter la rue du Coteau. Quelques jardins en pente. Bifurquer à droite par la rue du Rungis ou, plus loin, par le sentier des Garennes (attention, accès discret). Ce sentier qui longe le boulevard de la Vanne débouche plus loin à droite sur le *sentier de la Fontaine-Couverte* (face aux 81 et 85 du boulevard). La fontaine se trouve un peu plus bas. Continuer jusqu'à la *rue des Vignes* et aller à gauche. Jolies maisons, notamment le n° 57. Prendre le sentier des Joncs qui fait l'angle avec cette maison, jusqu'au bout. Revenir au boulevard de la Vanne et prendre la rue Beaulieu à gauche. Tout en haut, le *Jardin panoramique* longe l'autoroute du Sud, mais la vue est belle sur les aqueducs et, par temps clair, on aperçoit le Sacré-Cœur (très à droite). En contrebas, à main gauche, commence la récente Cité des Artistes. Le coteau est par tradition un lieu pour les artistes. On peut visiter leurs ateliers à certaines occasions (lire « Fêtes et manifestations »). Voilà! Rejoindre maintenant le n° 65 de la rue Camille-Desmoulins, par la rue des Vignes (au n° 40, l'association *Le Pain et les Roses* ; voir « Où sortir ? ») et le sentier de la Pitancerie.

★ *Elle coule encore, ma Bièvre!* (plan C3, 13) : au 65, rue Camille-Desmoulins, on peut voir un bout du quatrième aqueduc de la région. Conçu par Haussmann et Belgrand pour renforcer le débit de l'aqueduc de la Vanne. Les Cachanais l'appellent maintenant la « Coulée verte » car son toit est recouvert d'herbe. Mais le plus sympa, c'est de prendre la petite promenade qui longe l'aqueduc jusqu'à ce que vous entendiez le grondement de la Bièvre. Elle est invisible, mais bien vivante, la bougre ! Pas facile de résister au temps quand on en a vu de toutes les couleurs ! Eh bien, elle l'a fait, et on se devait de lui rendre cet hommage !

★ *L'église Saint-Jean* (plan A3, 14) : 15, rue de Verdun. Sympathique église (en meulière) avec son beffroi et son aigle sur le portail.

★ *Le quartier des Écoles* (plan B2, 15) : rue du Loing et avenue du Président-Wilson. Ah, ils en ont de la chance, les étudiants de l'ESTP ! Entre l'imposant Foyer des PTT et cette école de travaux publics, 5 hectares, rien que pour étudier! Nous, on n'a pas le droit d'y aller, mais on aperçoit malgré tout les superbes édifices du Foyer (avec son horloge) et de l'École, au milieu de la verdure. Le CES Paul-Bert n'est pas mal non plus. Petite balade agréable.

LA VALLÉE DE LA BIÈVRE

★ **Le quartier de l'hôtel de ville** *(plan C2, 16)* : square de la Libération. L'*hôtel de ville* fut réalisé par les architectes Mathon et Chollet de 1932 à 1935, après la séparation d'Arcueil et Cachan en 1922. On ne fera pas de jeu de mots sur le nom du premier architecte, mais ce bâtiment imposant est typique des années 30 avec son béton garni de brique jaune et son beffroi. Face à lui, un ensemble commercial moderne en brique rappelant les arcades de l'aqueduc.

Le *Parc départemental Raspail,* à côté, abrite une autre maison de la famille Raspail, celle de Benjamin, maire provisoire d'Arcueil et député de la Seine, et peintre à ses heures... C'est ici que François-Vincent Raspail, le père, trouva refuge à son retour d'exil. Lire « Un peu d'histoire » dans le chapitre « Arcueil ». À l'entrée du parc, une *fontaine couverte* qui fut transportée du coteau jusqu'ici pour garantir sa préservation. Elle était alimentée par la source du coteau, cédée par les moines de l'abbaye de Saint-Germain-des-Prés à la Ville de Paris au XVIIᵉ siècle. Le surplus d'eau provenant des aqueducs était laissé à l'usage des habitants de Cachan, mais ceux-ci s'opposèrent souvent à cette répartition injuste décidée à Paris. D'autant que les moines, eux, avaient passé un accord juteux avec la capitale ! En face, la *maison du Maréchal Victor*. Ce maréchal fit une carrière brillante, notamment en Russie, puis se rallia aux Bourbons lors de la Restauration. Il vota la mort du maréchal Ney, devint ministre de la Guerre et rejoignit ensuite Louis-Philippe ! Pour son héritier, ce fut vraiment la Bérésina, puisqu'il fut ruiné et dut se séparer de la maison. Elle abrite maintenant des services municipaux.

Où sortir ?

– **Théâtre de Cachan** *(plan C3, 20)* : 21, av. Louis-Gorgeon. ☎ 01-46-63-67-57 (informations et réservations). Théâtre de 600 places, qui accueille des tournées nationales du style « qualité française » mais aussi des créations, comme celle du Cachanais Georges Werler (2 Molières de la mise en scène). Excellente réputation technique : beaucoup de compagnies viennent faire leur « générale » ici avant de partir en tournée. Expositions régulières dans le foyer du théâtre transformé en galerie pour l'occasion.
– **Le Pain et les Roses** *(plan D3, 21)* : 40, rue des Vignes. ☎ 01-46-63-51-98. Lieu associatif multiforme dans un ancien café-resto du coteau est. Un concert par mois avec des chanteurs du style académie Charles-Cros : Gilles Servat, Véronique Pestel, etc. Mais aussi de la musique classique ou du jazz. Entrée : 50 F. Exposé-débat tous les 2 mois et expos, soirées à thème (exemple : l'Afrique) pour lesquels l'entrée est gratuite. Pas besoin d'être adhérent, sauf si vous voulez faire partie du club œnologique qui se réunit une fois par mois. Bien sûr, appeler avant de venir ! Ça n'ouvre que pour ces occasions. Demander le programme...

Fêtes et manifestations

– **Manifestation des Artistes de Cachan :** journées portes ouvertes dans tous les ateliers d'artistes de Cachan, tous les ans, fin septembre, dans toute la ville, et particulièrement sur le coteau est et autour de la Cité des Artistes. L'association édite un bulletin trimestriel. Infos : ☎ 01-45-46-55-55.
– **Biennale d'Art contemporain :** comme son nom l'indique, elle se déroule tous les deux ans, mais les années impaires. Jumelée avec « Chemins d'Art ». Échanges avec d'autres associations comme « Le Génie de la Bastille ». Brochure éditée par la Ville.

L'HAY-LES-ROSES (94240)   30 000 habitants

Blotti autour de son clocher du val de Bièvre, l'ancien village de L'Hay-les-Roses donne « l'illusion de la province », selon l'expression de ses habitants. Propice à la villégiature, ce cadre champêtre à flanc de coteau a séduit, de tout temps, les amateurs de verdure et de tranquillité. L'un d'entre eux créa une roseraie magnifique qui fit la célébrité de la ville.
L'Hay-les-Roses est aussi la seconde sous-préfecture du Val-de-Marne, un des maillons de la fameuse « ceinture rouge » de Paris. Une forte tradition ouvrière et syndicale a forgé un esprit de communauté toujours vivant dans les quartiers populaires. Il donne lieu à de nombreuses manifestations locales, dont le caractère enthousiaste et bon enfant ravira le visiteur de passage.

Un peu d'histoire

Le plateau qui domine la vallée de la Bièvre est occupé bien avant le néolithique. Le nom du bourg de *Lagiacum* apparaît au VIIIe siècle. Une grande partie des terres qu'il occupe appartenait à Clovis, qui en fait don au chapitre de Notre-Dame de Paris, pour se concilier les grâces de l'Église lors de ses conquêtes. Les guerres apportent leur lot de tragédies. Jean Dunois, compagnon d'armes de Jeanne d'Arc, s'éteint au village en 1468.
En 1815, par faute ou par fantaisie de copiste, le village de Lay devient L'Hay. Il est investi par les Prussiens dès les premières heures du siège de Paris, en raison de sa position dominante. En 1894, Jules Gravereaux fonde une roseraie qui vaudra à la ville son nom et sa renommée.
Les premiers lotissements pavillonnaires apparaissent en 1921, mais le paysage demeure essentiellement rural jusque dans les années 1950. Après la guerre, la ville subit une urbanisation intensive qui conduit à la réalisation de grands ensembles.

Le père inconnu de Vidocq et Belphégor

Romancier et dramaturge populaire du début du siècle, Arthur Bernède est peu connu du public. Pourtant, des générations ont suivi les aventures de ses héros dans les journaux, les livres, les films ou les feuilletons télévisés inspirés par ses romans. Bernède est en effet l'auteur de *Belphégor*, *Vidocq*, *Poker d'As*, *Surcouf* et *Judex*. Très tôt, le cinéma s'est emparé de ses personnages, joués par Mistingett et Gabin. Les facéties de Bernède lui valurent son poste de fonctionnaire à la préfecture de la Seine. Faute de congés, il organisait les répétitions de ses pièces dans son bureau ! Ce feuilletonniste talentueux repose désormais au cimetière de L'Hay-les-Roses.

Comment y aller ?

– **En voiture :** L'Hay-les-Roses est à 6 km de la porte d'Orléans par la RN20 via Bourg-la-Reine. Ruse anti-bouchon : entrer au Kremlin-Bicêtre par la Poterne des Peupliers (à l'ouest de la porte d'Italie), prendre la rue Gabriel-Péri qui longe l'autoroute A6 vers le sud et se transforme en D126. On atteint directement la Roseraie 4 km plus loin.
– **En métro :** ligne 7 jusqu'au terminus de Villejuif-Louis-Aragon, puis bus n° 172.
– **En bus :** de la porte d'Orléans, ligne 187 via Montrouge et Cachan. De la

porte d'Italie, ligne 186 via Le Kremlin-Bicêtre – Gentilly – Arcueil et Cachan, ligne 131 via Le Kremlin-Bicêtre et Villejuif, ligne 184 via Gentilly, Arcueil et Cachan. *Liaisons transversales :* ligne 286, métro Villejuif – L'Hay – Chevilly – Fresnes – R.E.R. Antony ; ligne 192, MIN Rungis – L'Hay – Bourg-la-Reine – R.E.R. Robinson ; ligne 172, R.E.R. Bourg-la-Reine – L'Hay – métro Ville-juif – métro Créteil-L'Échat.
– *En R.E.R. :* ligne B en direction de Robinson ou Saint-Rémy-les-Che-vreuse, station Bourg-la-Reine, puis bus nᵒˢ 172 et 192.

Adresse utile

■ *Mairie :* 41, rue Jean-Jaurès. ☎ 01-46-15-33-55. Informations tou-ristiques auprès du service Rela-tions publiques. Les randonneurs trouveront une carte des sentiers pé-destres de la vallée de la Bièvre.

Où manger ?

De prix modérés à prix moyens

|●| *Restaurant Le Bienvenu :* 59, av. Larroumès. ☎ 01-49-69-00-77. Fermé le dimanche soir et le lundi soir. Situé en contrebas du parc de la Roseraie. Salle conviviale avec son buffet d'entrées et sa cheminée pour les grillades au feu de bois. Le patron est président d'un club de foot à Bourg-la-Reine, et les coupes s'alignent fièrement le long du mur. Le midi, les ouvriers du coin s'af-fairent autour du menu à 50 F avec entrée, plat (genre raie aux câpres ou steak), fromage ou dessert. Le soir, menu à 85 F. La carte propose des spécialités de poisson grillé et des classiques de boucherie à petit prix (bonne côte de bœuf à 65 F).

|●| *Chez Léon :* 125, bd Paul-Vail-lant-Couturier. ☎ 01-47-40-32-95. Un cadre moderne un peu froid, que compense une cuisine franco-maro-caine aux accents chaleureux. La *formule express* à 79 F est très clas-sique (croustillant au chèvre chaud, entrecôte sauce au poivre, crème caramel). On vient surtout pour le délicieux *tajine* d'agneau aux pru-neaux et le gargantuesque cous-cous sarahoui. En été, la véranda s'ouvre sur le jardin. Les groupes ont leur pièce tranquille au 1ᵉʳ étage.
|●| Pour les petites faims, *La Gour-mandine* sert des salades compo-sées, dans le cadre verdoyant de la Roseraie.

À voir

★ *Le Parc départemental de la Roseraie :* 1, rue Albert-Watel. ☎ 01-47-40-04-04 ou 01-47-40-14-14. *Parc* ouvert toute l'année, jusqu'à 17 h en hiver et 21 h en été ; *roseraie* ouverte de mi-mai à mi-septembre, tous les jours de 10 h à 20 h 30. Entrée payante. Visite guidée à 14 h 30 tous les jours, ainsi qu'à 10 h 30 et 16 h 30 le week-end. Meilleure période de floraison : fin mai et juin.
– *Un peu d'histoire :* tout commence avec les époux Boucicaut, fondateurs du célèbre magasin Le Bon Marché. Sans héritiers, ils lèguent leur entre-prise aux employés. Grâce à son ancienneté, Jules Gravereaux se retrouve à la tête d'une véritable fortune, qu'il investit à L'Hay dans une résidence d'été. Horticulteur passionné, il cultive rapidement plus de 1 700 espèces de roses dans son potager, qui ne suffit plus. Dessiné par le célèbre architecte-paysagiste Édouard André, son nouveau jardin devient le premier conserva-toire mondial de roses. Collectionneur infatigable, Gravereaux réalise lui-

même de nouveaux hybrides, en collaboration avec les botanistes du monde entier. En 1910, sa roseraie comprend toutes les formes connues du genre *rosa*. Au sommet de sa gloire, il est sollicité par les hommes politiques et les plus grands botanistes. On lui doit la roseraie de l'Élysée et la création du jardin de Bagatelle. En 1914, le président Raymond Poincaré consacre par décret l'œuvre de Gravereaux, en accordant à la ville le droit de changer de nom. Trop lourde à gérer pour la famille, la propriété est vendue au département en 1935. Depuis, les collections continuent de s'enrichir.

– **La roseraie :** elle présente une collection de 3 500 espèces et variétés différentes. Au total, plus de 15 000 rosiers s'épanouissent en buissons, en parterres multicolores, s'enroulent aux treilles et aux colonnes, dans une féerie de couleurs qui culmine au mois de juin. Au souci de l'esthétique, Jules Gravereaux ajouta celui de la pédagogie. Les espèces sont ordonnées en grandes familles, de façon chronologique. On traverse l'histoire de la rose pour découvrir successivement les *roses sauvages*, *galliques* (seules roses connues en Europe jusqu'au XVIIIe siècle), les *roses de La Malmaison* (dont les souches reconstituèrent le jardin de l'impératrice Joséphine de Beauharnais à la Malmaison), puis les *roses d'Extrême-Orient*, et enfin les collections horticoles, décoratives et contemporaines créées par l'homme depuis le XIXe siècle. On notera que 85 % des roses sont anciennes, pour la plupart disparues de nos jardins. Quelques joyaux le long des murs comme l'allée des *roses à odeur de thé*.

Restauré après son incendie récent, le *pavillon normand* présente une exposition sur le thème de la roseraie.

Le *théâtre de verdure* fut le cadre de fêtes somptueuses au début du siècle. On y donna des concerts et des opéras où se pressait le Tout-Paris. Jean Cocteau y déclama ses premiers vers. Chaque année en juin, les *jeudis musicaux* perpétuent cette tradition.

– **Le parc :** il s'étire à flanc de coteau sur plus de 16 ha. Les flâneurs et les botanistes en herbe apprécieront la fraîcheur des grands platanes, la majesté des hêtres pourpres, les pins vénérables et d'autres espèces plus rares venues du Canada. Quelques tables, des bancs, et deux édifices intéressants :

● La *Maison Empire* fut bâtie au début du XIXe siècle pour Henri Auguste, orfèvre de Louis XVI et de Napoléon. C'est aujourd'hui la résidence du sous-préfet. Au XIXe siècle, elle fut habitée par Michel-Eugène Chevreul. Ce chimiste talentueux inventa la bougie d'éclairage moderne et la loi du contraste simultané des couleurs, qui inspira la peinture impressionniste. On lui doit enfin le mot margarine !

● La *Chapelle* en bois et meulière date du XIXe siècle. Selon la légende, elle fut édifiée sur les lieux où Henri Auguste aurait enterré les reliques de la Sainte-Chapelle sous la Révolution. Après une mystérieuse disparition, ces reliques furent restituées anonymement sous le Consulat.

🍽 Après la promenade, on pourra se sustenter d'une petite salade à **La Gourmandine**, bercé par le doux gazouillis des petits oiseaux.

★ **L'église Saint-Léonard :** charmant édifice de style rural et composite. Haut lieu de la rechristianisation des banlieues rouges après la guerre, la paroisse de L'Hay impose un style révolutionnaire à son époque : messes en français, sermon face aux fidèles, chants religieux sur des musiques contemporaines. C'est de cette église que fut retransmise la première messe télévisée, le jour des Rameaux de l'année 1950. La façade est ornée d'un élégant *porche* Renaissance. Une *plaque* commémore les obsèques de Jean d'Orléans, comte de Dunois et compagnon d'armes de Jeanne d'Arc, qui décéda au château de la Tournelle (aujourd'hui disparu) en 1468.

À l'intérieur, le collatéral gauche est le dernier vestige de l'église primitive du XIIIe siècle, presque détruite lors de la guerre de Cent Ans. De facture gothique, la voûte sur croisée d'ogives et ses clefs sculptées sont admirables d'élégance. Par un saisissant raccourci historique, on parvient dans la *nef,* excroissance moderne et spacieuse construite en 1972, faute d'espace. Les *vitraux,* de style contemporain, furent réalisés dans l'atelier l'hayssien de la famille Guevel, l'une des dernières dynasties françaises de maîtres verriers, toujours en activité.

★ *L'hôtel de ville :* 41, rue Jean-Jaurès. Pour la visite, demander à l'accueil. Enrobé sous un vilain masque de modernité, le bâtiment date de 1907. Il a conservé la décoration d'origine de sa *salle des Mariages.* Les peintures marouflées sont signées Henry Delacroix, qui appartenait à l'école de Seurat et de Signac. Elles évoquent les activités rurales de la commune, ainsi que les rives idylliques de la Bièvre, avant leur disparition.

★ *La maison Saint-Vincent-de-Paul :* 34, rue des Tournelles. Ouvert au public lors de la Journée du patrimoine en septembre. Vestige anecdotique de l'ancien château du fief de la Tournelle. Au XVᵉ siècle, il accueille Jean Dunois, neveu de Charles VI, qui participait en compagnie de Jeanne d'Arc à la reconquête du royaume contre les Anglais. Au XVIIᵉ siècle, le château reçoit l'un des principaux théoriciens du jansénisme, Antoine Arnauld, qui documente Pascal pour la rédaction des *Provinciales.* Le domaine appartient actuellement à la communauté des sœurs de Saint-Vincent-de-Paul. D'un passé lointain et tumultueux, il ne reste qu'un corps de bâtiment maintes fois remanié, de belles *charpentes* du XIIIᵉ siècle et un *colombier* du XVIIᵉ siècle.

Marchés

– *Marché du centre :* rue Henri-Thirard. Les jeudi et dimanche matin.
– *Marché du Petit Robinson :* av. Henri-Barbusse. Les mercredi et samedi matin.

Où sortir ?

– *Espace culturel Dispan-de-Floran :* 11, rue des Jardins. Réservations : ☎ 01-46-15-78-78. Théâtre, danse, musique, expos et conférences. Une programmation riche et accessible à tous, nombreux spectacles gratuits. À noter, les *Scènes ouvertes,* pour les amateurs qui désirent se lancer.

– *Cinéma municipal La Tournelle :* 14, rue Dispan. Programmes : ☎ 01-46-65-58-06. Fermé en août. Films grand public, programmes pour les jeunes *(Kinokids),* et *ciné-club* avec des semaines thématiques.
– Consulter également les programmes de *l'AVARA* à Fresnes (rubrique « Où sortir ? »).

Fêtes et manifestations

– *L'Hay en Juin :* une semaine de fête en juin, qui mobilise toute la ville. Au programme : une course à pied tous niveaux, un relais de natation, des concerts et des animations de quartier.
– *Saint-Patrick :* L'Hay-les-Roses est jumelé avec Omagh en Irlande du Nord ; chaude ambiance autour de la Saint-Patrick, le 17 mars : films irlandais au cinéma *La Tournelle,* groupes pop ou folkloriques, et *soirée pub* à l'Espace culturel Dispan-de-Floran.
– *Marché de Noël :* en décembre, au square Allende, face à la Poste. Spectacles, vin chaud, défilé de lampions.
– *Grand vide-grenier de septembre :* rue Gustave-Charpentier. Bric-à-brac

géant organisé un dimanche de mi-septembre par les jeunes du quartier Lal-lier-Bicêtre (200 exposants).

FRESNES (94260)	27 000 habitants

Petite ville fonctionnaire et résidentielle, célèbre pour sa prison. Une image lourde à porter, d'autant que l'Alcatraz français ne se visite pas, et conserve tout son mystère.
Crucifiée par deux autoroutes, coincée entre sa prison star et ses cités dor-toirs, Fresnes recherche son identité. Qu'elle puise dans un passé rural encore très récent. Le cœur de la vie culturelle fresnoise bat dans une ferme du XVIIᵉ siècle située en plein centre-ville. On y découvre un écomusée et de nombreuses animations.

Un peu d'histoire

Le hameau de Fresnes est bâti sur les marécages, entre la villa gallo-romaine d'Antony et les sources captées à Wissous par les Romains pour alimenter les thermes de Lutèce. Au fond de cette vallée, la Bièvre serpente tranquillement vers Paris, au milieu des forêts de frênes. Le nom de Fresnes apparaît pour la première fois au XIIᵉ siècle, mais il faut attendre le XVIᵉ siè-cle pour que ce domaine seigneurial voit la construction d'un château. L'édi-fice est magistralement réalisé par François Mansart. Le comte de Clermont, bâtard de Louis XIV, y séjourne avec faste. Le petit bourg s'applique à la culture de la vigne, loin des tumultes de la capitale. Au titre de la corvée, les Fresnois participent à la construction de la route royale qui relie Versailles à Choisy. Avec la Révolution, le château de Berny disparaît.
Le XIXᵉ siècle apporte un changement décisif pour la commune avec l'essor des briqueteries, la création du premier centre hippique national à Berny et la construction du plus moderne pénitencier de la République.
Après la guerre de 1914, les Parisiens en retraite viennent s'installer à Fresnes pour couler une retraite tranquille à la campagne. L'urbanisation massive commence dans les années 1950, avec la construction des grands ensembles et la disparition des derniers artisans. Confrontée à un cadre de vie fortement dégradé, la commune multiplie les actions en faveur de l'envi-ronnement : chauffage de la ville par géothermie, recouvrement progressif de la A86, multiplication des espaces verts. La création d'un pôle écono-mique attire des petites entreprises de service et de recherche. C'est à un laboratoire fresnois que l'on doit la conception de la pillule abortive. Près de 800 Fresnois travaillent à la prison, qui demeure le premier employeur de la ville.

Les grenouilles à la Fifine

Dès sa construction en 1832, l'hippodrome de Berny attire de nombreux Parisiens, qui viennent à Fresnes déguster la spécialité culinaire à la mode : les grenouilles à la fresnoise. Les marais de Fresnes font le bonheur des restaurants. Pendant la saison, on y capture plus de 30 000 batraciens. Bientôt, il faut en importer de Hollande et du nord de la France, tant la demande est forte.
Des enseignes célèbres telles que *Au Plat de Grenouilles* ou *La Renommée des Grenouilles* accueillent les sociétés de grenouilleux aux rites parfois étranges : l'un d'eux consiste à remplir une soupière de vin blanc ; on y place

une grenouille vivante, puis on y trempe son verre à tour de rôle jusqu'à la dernière goutte ; le dernier verre paie le champagne et gagne la grenouille ! On vient surtout chez *Fifine Bouligné* pour savourer sa fameuse recette des « grenouilles à la Fifine ». La tradition grenouilleuse s'éteint avec la guerre. On perd même la trace de la recette de la Mère Fifine !

La prison de Fresnes : un État dans l'État

• *Un modèle de prison républicaine*

La loi du 5 juin 1875 prescrit l'application d'un nouveau régime cellulaire aux prisons départementales. Désormais, chaque prisonnier doit disposer d'une cellule individuelle. Cette révolution carcérale contraint le département de la Seine à construire un grand pénitencier que Paris ne peut accueillir, faute de place. Le petit village de Fresnes est choisi pour sa proximité et ses grands espaces disponibles. Les travaux commencent en 1890 sur quelque 19 ha de terrain au nord de la commune. Dans la perspective de l'Exposition universelle de 1900, Fresnes doit représenter la prison moderne, le modèle de la prison républicaine, avec une conception architecturale nouvelle et un progrès dans l'humanisation des conditions de détention. Aération mécanique, fenêtres individuelles, électricité et lieu d'aisance pour chaque cellule, autant d'aménagements luxueux pour l'époque, que les mal lotis de Paris ne tardent pas à décrier.

• *Une petite ville très organisée*

Inaugurée en 1898, la prison évolue peu quant à son organisation. Le *domaine* comprend trois établissements, chacun entouré d'une enceinte : l'*hôpital national des prisons* (Établissement pénitentiaire de santé national de Fresnes), et les deux établissements de la maison d'arrêt : *maison d'arrêt pour hommes* (MAH) et *maison d'arrêt pour femmes* (MAF). Actuellement, la maison d'arrêt compte 2 300 détenus pour 1 400 cellules. Ils étaient 4 000 dans les années 1980 ! Elle héberge également le *Centre national d'observation* (CNO) où transitent les détenus condamnés à des peines supérieures à 10 ans, en vue de leur affectation sur le territoire pénitentiaire français. On y trouve enfin le *Service national des transfèrements pénitenciaires* et sa flotte de paniers à salade.

La vie des employés s'organise autour de ces trois enceintes. Résidences, écoles, épicerie et équipements sportifs constituent une véritable petite ville de 800 habitants.

• *La prison des détenus politiques*

Fresnes acquiert une notoriété internationale à l'occasion de la Seconde Guerre mondiale. Investie par la Gestapo en 1940, la prison est un lieu de détention et de passage vers la déportation. Elle accueille les résistants, les juifs et les rebelles à Vichy. Des personnages célèbres y ont séjourné, tels que Renée Haultecœur, Geneviève de Gaulle, Henri Krasucki, Juliette Gréco, Honoré d'Estienne d'Orves et le groupe Manouchian.

Le 24 août 1944, la 2e DB du général Leclerc, appuyée par les FFI, ouvre le feu sur la prison où s'est retranchée une division allemande. La roue tourne après la guerre, et la prison accueille les détenus de la collaboration et des crimes de guerre tels que Laval. La guerre d'Algérie reproduit ce phénomène de balancier : de 1954 à 1963, la prison héberge les membres du FLN et les porteurs de valise, puis les membres de l'OAS et les généraux putschistes d'Alger.

Comment y aller ?

– **En voiture :** Fresnes est à 7 km de la porte d'Orléans par la RN20. À la Croix de Berny, prendre à gauche direction Fresnes–centre-ville. Ruse anti-bouchons : de la porte d'Italie, se rendre au croisement de la Poterne des Peupliers, suivre la D127 vers Arcueil jusqu'à Fresnes–centre-ville. *Liaison transversale :* Fresnes est coupée par la RN186/A86, qui relie Versailles à Créteil, prendre la sortie Fresnes-centre.
– **En bus :** de la porte d'Orléans, bus nº 187, arrêt Mairie-de-Fresnes. *Liaisons transversales :* ligne 286, R.E.R. Antony – métro Villejuif-Louis-Aragon, arrêt Mairie-de-Fresnes ; ligne 379, Vélizy II centre commercial – Fresnes rond-point Roosevelt, arrêt Ferme-de-Cottinville ; ligne 396, R.E.R. Antony – R.E.R. Choisy-le-Roy, arrêt Mairie-de-Fresnes.
– **En R.E.R. :** ligne B direction Saint-Rémy-les-Chevreuse, arrêt Antony ; puis bus nº 286 ou nº 396, arrêt Mairie-de-Fresnes.
– **En métro :** ligne 7 jusqu'au terminus Villejuif-Louis-Aragon puis bus nº 286, ou ligne 4 jusqu'au terminus Porte-d'Orléans puis bus nº 187.

Adresse utile

■ *Mairie :* place Pierre-et-Marie-Curie. ☎ 01-49-84-57-11.

Où manger ?

|●| ♟ *La Madelon :* 35, rue Yvon. ☎ 01-46-66-18-22. Fermé le dimanche. Repas le midi seulement ; le soir, sur commande pour les groupes. Il flotte dans ce petit bistro-restaurant une atmosphère familiale et accueillante. Au-dessus du comptoir en bois, une jolie collection de képis et de casquettes. Le midi, les bureaux et les chantiers des alentours se donnent rendez-vous dans la petite salle du fond, sobre et coquette avec son petit vaisselier au mur. On y sert un menu du jour, simple et efficace : entrée copieuse (salades, crudités), plat du jour (bœuf bourguignon, grillade, poisson), fromage ou dessert et un quart de boisson pour un prix imbattable de 57 F. Plat du jour à 40 F. Service rapide compris.

|●| ♟ *Chez Dédé :* 14, rue du Coteau. ☎ 01-46-66-90-87. Fermé le lundi. Repas le midi seulement. Le petit bistrot de quartier, populo et convivial. Le comptoir arrondi en Formica jaune est un pur joyau des années 60. Au fond, une minuscule salle à manger offre trois ou quatre tables pour un menu du jour à petit prix : entrée, plat, fromage ou dessert et un quart de vin pour 60 F. En général, moules-frites le vendredi.

|●| *Brasserie de l'Hôtel de Ville :* 1, place de l'Église. ☎ 01-46-68-38-35. Service le midi seulement. Fermé le dimanche. La brasserie de centre-ville avec son ballet de serveurs pressés, sa clientèle d'employés loquaces, et sa déco de cafétéria en rouge et noir. On la cite pour son excellent rapport qualité-prix. Une carte bien faite propose des formules pour tous les appétits. *Formule paysanne* (cochonnaille) ou *fromage* à 60 F. Menu à 60 F avec entrée, grillade ou plat du jour, fromage ou dessert, un verre de vin. Pour 14 F de plus, buffet de hors-d'œuvre à volonté. À la carte : viandes, choucroute et salades. Goûter la fameuse tête de veau sauce gribiche, le filet de daurade, ou les délicieuses tripes à la provençale. Les portions sont un peu justes, mais c'est bon, frais, et le service est efficace.

À voir

★ *L'église Saint-Éloi :* place de l'Église. Le plus ancien monument de la ville date du XIIᵉ siècle. Derrière les couches de restauration successives, il subsiste un style architecture de transition entre le roman et le gothique. L'intérieur, d'une grande sobriété, est fermé au public en dehors des messes de 9 h, pour cause de vol. Triste époque, mes frères ! On ira se consoler en visitant l'*église Notre-Dame-de-la-Merci*, en face de la mairie. Derrière la façade austère de brique et de ciment, le chœur baigne dans la douce lumière orangée diffusée par de superbes vitraux modernes et flamboyants.

★ *L'écomusée de Fresnes (ferme de Cottinville) :* 41, rue Maurice-Ténine. ☎ 01-49-84-57-37. Entrée gratuite. *Galerie d'exposition permanente :* ouvert du mercredi au dimanche, de 14 h à 18 h ; *galerie d'exposition temporaire :* ouvert du mercredi au samedi de 10 h à 12 h et de 14 h à 18 h, et les mardi et dimanche de 14 h à 18 h. Belle ferme du XVIIᵉ siècle, située en plein centre-ville. Vestige anachronique d'une tradition rurale, elle abrite l'École nationale de Musique, ainsi que deux espaces d'exposition. Une aile abrite une petite exposition permanente d'objets domestiques et d'instruments agricoles utilisés à la ferme. L'autre présente des expositions temporaires dont les thèmes se rapportent à la vie de la commune : photographie, art, histoire et anthropologie.

★ *L'aqueduc Médicis :* parc d'activités Médicis. Visite en septembre, lors de la Journée du Patrimoine uniquement. Renseignements à la mairie. L'ouvrage, qui traverse la commune de Fresnes, compte encore plusieurs regards d'époque, destinés à l'entretien du réseau. L'un de ces accès est situé au bord de l'autoroute A6. Par un escalier sommaire, on accède à un couloir voûté, bel exemple d'architecture souterraine, dont profite quotidiennement le service d'assainissement de la ville.

Marchés

– *Marché sud :* 36-38, av. Paul-Vaillant-Couturier. Les mardi, vendredi et dimanche matin.
– *Marché nord :* rue Hélène-Boucher (av. de la Paix). Les mercredi et samedi matin.

Où sortir ?

– *Maison des Jeunes et de la Culture :* 2, av. du Parc-des-Sports. Programmes sur répondeur : ☎ 01-42-37-63-42. Animations variées : spectacles, musique, chanson française, poésie et contes. La MJC anime également le *cinéma Évasion :* programme grand public et quelques classiques. Informations sur les films et les tarifs : ☎ 08-36-68-05-54.
– *Centre socio-culturel de la Vallée aux Renards (AVARA) :* 2, allée du Colonel-Rivière. ☎ 01-43-50-93-09. Cette association intercommunale organise des excursions, des foires à tout, des spectacles et une fête de la musique, rap, pop et reggae : le *Tremplin Fennec.*
– *Maison d'art contemporain Julien-Chaillioux :* 5, rue Julien-Chaillioux. ☎ 01-46-68-58-31. Fermé en août. Galerie high-tech, située dans une petite maison du centre-ville. L'association présente des expositions temporaires d'artistes contemporains, français et étrangers : peintres, sculpteurs, photographes.

Elle édite aussi un journal d'information bimensuel bien fait et instructif. On recommande cette visite aux amateurs très ouverts et aux initiés.
– *Grange dîmière de la ferme de Cottinville :* 41, rue Maurice-Ténine. (Voir aussi l'écomusée de Fresnes dans la rubrique « À voir ».)

Programmes au : ☎ 01-49-84-56-91. Abonnements à l'année avantageux. Cette salle polyvalente propose une riche programmation : théâtre familial et lyrique, musiques du monde et concerts classiques réalisés par l'École nationale de Musique.

Fêtes et manifestations

– *Fêtes de l'Été :* la grande kermesse de Fresnes a lieu deux week-ends en juin. Stands, saltimbanques, chanteurs populaires, spectacles et animations de rue.
– *Marché de Noël :* début décembre. Animations, vente de produits gastronomiques et artisanaux.

LE VAL-DE-MARNE

LES HAUTS-DE-SEINE

Le croissant des Hauts-de-Seine sert d'écrin sur son flanc ouest à ce joyau qu'est Paris. Et comme tous les autres départements de la couronne, le 92 a joué les Cendrillon après minuit face à cette voisine envahissante qu'est la capitale. Comment en effet faire comprendre aux touristes, s'ils ne sont pas routards dans l'âme, que l'on peut bien manger à Neuilly, que la Malmaison avait une histoire avant son mariage avec Rueil, que Saint-Cloud possède une forêt profonde et belle, que les rues de Boulogne-Billancourt résonnent encore de toute une histoire industrielle qui va des débuts de l'aviation jusqu'aux événements de mai 68 ?

Et l'occupation humaine remonte loin. Déjà, il y a 13 000 ans, des chasseurs se sont installés sur les bords de Seine. Plus tard, on sait que Neuilly est devenue romaine alors que Nanterre était restée gauloise tout comme Suresnes, le mont Valérien étant, à cette époque, dédié aux divinités gauloises. Puis il y eut des châteaux à Meudon, à Saint-Cloud, à Sceaux... Il y eut des têtes couronnées. On vit même passer des empereurs. Napoléon habita à la Malmaison durant trois ans et Napoléon III prit le pouvoir depuis Saint-Cloud...

Aujourd'hui le département des Hauts-de-Seine est résidentiel. Et avec un tiers de sa superficie en espaces verts, il fait plutôt bon vivre du côté de Marne-la-Coquette, Ville-d'Avray, Sceaux ou Chaville. C'est aussi l'un des départements les plus productifs, générateurs d'emplois, car même si les industries périclitent, le secteur tertiaire prend une part de plus en plus importante. On le surnomme d'ailleurs « Médialand » : TF1 à Boulogne, TPS et le groupe Amaury *(L'Équipe)* à Issy-les-Moulineaux... De plus en plus, les grands médias viennent s'installer dans les Hauts-de-Seine. Pas étonnant que ce soit l'un des départements les plus riches de France, celui où l'impôt sur les sociétés rapporte le plus. On comprend qu'avec 45 500 entreprises et un produit intérieur brut de 460 milliards de francs, le président du Conseil Général tienne à son siège comme à la prunelle de ses yeux.

Certes, c'est le département de la banlieue le plus riche et le plus arrogant, mais il mérite quand même qu'on y vienne de temps à autre pour goûter un bout de musée de la Céramique ou de la Carte à jouer, un soupçon de souvenir de Rodin et d'Armande Béjart, et qu'on y vienne à vélo pour aller respirer de l'oxygène dans le grand bois de Meudon ou celui de Verrières.

Carte d'identité

- **Population :** 1 410 000 habitants.
- **Superficie :** 172 km^2.
- **Préfecture :** Nanterre.
- **Record :** premier département exportateur français.

Adresse utile

■ **Union départementale des offices du tourisme et syndicats d'initiative des Hauts-de-Seine :** 49 *bis,* rue Paul-Vaillant-Couturier, 92140 Clamart. ☎ 01-46-42-80-52.

Découvrez l'Ile-de-France, partez en randonnée !

Les étoiles de Fausses-Reposes (92)

2h40 • 8km

IGN carte N° 2314

● **Situation :**
Chaville, à 6 km
au Sud-Ouest de Paris

● **Départ gare**
de Chaville-Rives-
Droite

● **Arrivée :**
gare de Garches
Marnes-la-Coquette

● **Balisage**
1 jaune-rouge barré jaune
2 à 3 jaune
3 à 4 jaune-rouge
4 à 5 jaune
5 à 6 blanc-rouge
6 à 7 blanc-rouge
       barré blanc

EN CHEMIN :
● Marnes-la-Coquette :
Haras de Jardy

La Région Ile-de-France protège, met en valeur
et ouvre au public de nombreux espaces verts
et sentiers randonnée :
plus 5 000 km de sentiers balisés et
700 km de pistes cyclables vous attendent.

Pour en savoir plus sur les 28 autres randonnées
reportez-vous au Topoguide "Les Hauts-de-Seine à pied"
Réf. D092 de la Fédération Française de la Randonnée
Pédestre (FFRP).

Pour tous
renseignements :

Tél. F F *R* P :
01 44 89 93 93
et www.cr.ile-de-france.fr

**R E G I O N
ILE-DE-FRANCE**

Manifestation culturelle

– *Chorus des Hauts-de-Seine :* c'est la grande manifestation du département qui se déroulera en 1999, du 12 au 31 mars. Douzième édition qui fête le tricentenaire de la découverte de la Louisiane en accueillant des artistes de là-bas. Au moins 6 à 7 soirées consacrées aux musiques cajun, zydéco, gospel, brass band, etc. Nombreuses autres initiatives comme le « Chorus des enfants », le « Tremplin de la chanson », le 6ᵉ « Starting Rock », les rendez-vous de l'écriture « Paroles et musique », etc. Sont programmés Julien Clerc, les Têtes Raides, Bernard Lavilliers, Serge Reggiani, peut-être Higelin et Dutronc...

NANTERRE (92000)   87 000 habitants

Capitale des Hauts-de-Seine, ville ouvrière dans le département le plus riche de France ! Une des grandes villes emblématiques de la banlieue parisienne, comme Sarcelles et Montreuil. Au rab d'images fortes et de clichés aussi. Pêle-mêle : ville rouge, bidonvilles, contestation universitaire, mai 68, Amandiers, clochards de la maison de Nanterre, fac Pasqua, préfecture, etc. Moins connu, un vieux centre, quasiment le village d'antan et le fait, aussi, que Nanterre est l'une des villes martyres de l'urbanisme autoroutier. Eh oui, elle n'en finit pas d'être éventrée, balafrée, morcelée, avec, en prime, cet interminable et monstrueux chantier de l'échangeur A86 et A14. Une chance, la station Nanterre-Ville vous plonge directement dans la douceur du vieux village !

Un peu d'histoire

Comme sa collègue Colombes, Nanterre retrouva quelques traces de sa préhistoire : une mâchoire de *lophiodion,* un tapir qui cherchait déjà le chemin de la préfecture, une tombe à char du IIᵉ siècle avant J.-C., etc. Ville de naissance de sainte Geneviève vers 422. « Nanterre » vient de *Nymptodorensum* ou *Nemptudorum* ou Na... enfin bref, des mots celtiques *nemeto* (temple) et *dor* (fort) latinisés. Son nom est mentionné pour la première fois au VIᵉ siècle dans une *Vie de sainte Geneviève,* puis sous la plume de Grégoire de Tours, dans sa célèbre *Histoire des Francs*. En 1163, Nanterre est citée comme terre de l'abbaye Sainte-Geneviève à Paris. Charte d'affranchissement de serfs de Nanterre de 1247, document très important puisqu'il livre les noms des heureux élus et, par cela même, l'origine étymologique de leurs patronymes. De hautes murailles enserrent le village dont, sur un plan de ville, nous pouvons suivre facilement le tracé (boulevard du couchant, du Midi, du Sud-Est, du Levant et rue de Stalingrad, ex-boulevard du Nord).
Anne d'Autriche aime beaucoup Nanterre et ne manque pas d'aller au puits de sainte Geneviève pour voir exaucer ses vœux de maternité. Elle favorise aussi en 1642 l'implantation du collège royal (future École nationale du Génie). À la même époque, un couvent de femmes, les *génovéfaines,* s'y installe. La première abbesse est la sœur de Colbert. Le mont Valérien avec son calvaire, alors situé dans le domaine de Nanterre, devient un lieu de pèlerinage.
Le XVIIIᵉ siècle se déroule sous le signe d'un antagonisme de plus en plus fort entre les notables, les paysans les plus riches du village et les religieux génovéfains qui accablent le village de taxes. Nanterre envoie quatre élus à l'assemblée du Tiers parisien, mais aucun n'est choisi pour les États généraux de Versailles. La nuit du 4 août y est accueillie avec joie. En janvier

Sannois

Enghien-les-Bains

N 14

VAL-D'OISE

A 15

D 309

Épinay-sur-Seine

N 192

Maisons-Laffitte

Seine

D 308

Argenteuil

Villeneuve-la-Garenne

A 86

Sartrouville

D 308

Gennevilliers

Houilles

Bezons

Bois-Colombes

A 14

Colombes

St-Ouen

YVELINES

la Garenne-C.

Asnières-sur-Seine

le Vésinet

A 86

Courbevoie

Clichy

Nanterre

Levallois-Perret

D 186

Neuilly-sur-Seine

Chatou

N 13

Puteaux

NORD

N 13

Suresnes

PARIS

○ **Rueil-Malmaison**

Bois de Boulogne

Seine

Garches

Vaucresson

Saint-Cloud

A 13

D 985

Boulogne-Billancourt

Marnes-la-Coquette

Ville-d'Avray

D 910

Issy-les-Moulineaux

Vanves

Sèvres

Malakoff

Montrouge

Chaville

Meudon

Châtillon

Bagneux

Arcueil

Viroflay

N 118

Clamart

Cachan

A 86

Fontenay-aux-Roses

D 306

Bourg-la-Reine

VAL-DE-MARNE

Jouy-en-Josas

le Plessis-Robinson

Sceaux

les Loges-en-Josas

Bièvres

Châtenay-Malabry

N 20

Fresnes

A 86

Antony

A 6

N 446

N 118

Verrières-le-Buisson

Igny

ESSONNE

D 117

Wissous

0   2   4 km

Massy

N 188

A 6

LES HAUTS-DE-SEINE

1790, première vraie élection municipale. Durant la Révolution, Nanterre reste cependant très modérée, les notables tenant fermement le pouvoir. Seul François Hanriot, né à Nanterre, sera un dur de la Révolution, mais il n'interviendra qu'à Paris et accompagnera Robespierre sur l'échafaud le 9 Thermidor.

Un XIXᵉ siècle qui va à bon porc !

La vigne prospère, et Nanterre se découvre une nouvelle activité qui va devenir florissante : l'élevage des porcs et la production de charcuterie. En pleine Restauration, Louis XVIII décide de réinstaller des religieux sur le mont Valérien, puis Charles X y fait planter une croix géante. Aussi, quand la Révolution de juillet 1830 éclate, le peuple s'en prend d'emblée à ce symbole de la royauté et détruit le monastère, les ouvriers des carrières de Nanterre n'étant pas les derniers à y participer.

En 1832, le village possède 2 500 habitants. Comme dans beaucoup de communes de l'Ouest, l'arrivée du chemin de fer, en 1837, va amener un certain bouleversement. On y construit l'une des premières gares en France. Ça commence à bâtir autour du bourg. Louis-Philippe, ayant compris la leçon, renonce au caractère religieux du mont Valérien et entreprend en 1841 la construction d'un fort. Les travaux durent quatre ans et emploient de nombreux ouvriers. Le commerce local en profite, beaucoup de gens s'installent dans le coin. En 1850, le fort est rattaché administrativement à Suresnes, et Nanterre perd ainsi une grande partie du mont Valérien.

Pendant la guerre de 70, les Prussiens n'arrivent pas à prendre le fort, mais il est bien sûr copieusement arrosé et les obus trop courts tombent sur Nanterre. Aux premiers jours de la Commune, les fédérés commettent l'erreur de ne pas s'en emparer, et ce sont les troupes de Thiers qui l'utiliseront durant tout le conflit contre les communards.

De 1850 à la fin du siècle, Nanterre ne connaît toujours pas la grosse industrialisation. Petites entreprises artisanales tournant essentiellement autour du para-agricole, de l'élevage et des dérivés industriels du porc (huile, graisses et noir animal, cirages, colles, etc.), fours à plâtre, fabrique d'encres, etc. La charcuterie de Nanterre nourrit la moitié de Paris.

Une institution : la Maison départementale de Nanterre

Peu avant la guerre de 70, dès que le projet de construction d'une prison pour mendiants et vagabonds à Nanterre se précise, vive opposition des habitants qui, à bout d'arguments, obtiennent qu'elle soit édifiée aux confins de la commune, au lieu-dit le « Petit Nanterre ». En effet, à l'époque, vagabondage et mendicité sont des délits criminels passibles de prison. Du coup, en cette fin de XIXᵉ siècle, Nanterre y gagne 3 000 habitants de plus : 500 mendiants condamnés, 1 000 vagabonds et mendiants ayant effectué leur peine mais ne sachant où aller, 1 000 chômeurs « internés » qui y trouvent l'occasion d'y travailler, plus quelques centaines de vieillards attendant sordidement la mort. C'est cette fonction de mouroir qui prendra d'ailleurs le dessus au fil des années. Nanterre restera également liée au ramassage des clochards parisiens par les « bleus » dans leurs gris autobus jusqu'à une date très récente.

La période contemporaine

De 1900 à 1914, la population double et arrive à 25 000 habitants. Pourtant, il y a toujours aussi peu de grandes industries en ville. En fait, beaucoup d'ouvriers choisissent de vivre à Nanterre car leur travail n'est pas loin, à Puteaux, Courbevoie, etc. Un exemple : de Dion-Bouton à Puteaux emploie déjà 1 800 personnes. Nanterre paie un lourd tribut à la guerre de 14 (814 morts), mais y gagne aussi ses premières industries de... guerre ! Puis arrivent les parfumeurs (Coty, Forvil), les papeteries du *Petit Parisien,* les

NANTERRE

pétroliers (Shell, Purfina, etc.). De petites entreprises d'avant-guerre connaissent un développement foudroyant, comme la fabrique d'automobiles Donnet-Zedel à qui succédera SIMCA. De 1921 à 1936, la population passe de 27 042 à 46 065, désormais majoritairement ouvrière. En 1935, élection aux municipales de la liste de gauche, « Unité d'action antifasciste ». En 1936, élection de Waldeck-Rochet, futur secrétaire général du PCF, comme député de Nanterre-Colombes.

Grosse contribution des Nanterriens à la Résistance : le maire, Raymond Barbet, devient l'un des dirigeants des résistants cheminots et de la fameuse « bataille du rail » ; Waldeck-Rochet est le représentant du PCF auprès de De Gaulle à Londres ; Spartaco Fontanot, du groupe Manouchian, sera l'un des héros de *l'Affiche rouge*.

Après guerre, la Municipalité s'attelle à un programme social hardi : construction de logements, crèches, colonies de vacances, etc. La confiance de la population envers l'équipe de Raymond Barbet ne faiblit pas, et celle-ci est constamment réélue. La ville gagne de nouvelles grosses industries, Saviem, Citroën, Solex (8 000 emplois pour le seul secteur automobile), développement important des industries chimiques et pétrolières.

Enfin, la ville possède la tâche douloureuse de résorber ses immenses bidonvilles dont les noms fleurent pourtant bon la campagne : les Marguerites, les Pâquerettes, etc. Au milieu des années 60, ce sont près de 14 000 personnes qui y vivent, une population en majorité immigrée. En 1972, le dernier bidonville est rasé.

En 1967, Nanterre, avec 90 000 habitants, est l'une des plus grosses villes du nouveau 92 et y gagne la préfecture. Peu avant, sur les anciens terrains militaires de la Folie, création d'une nouvelle université (Lettres, Sciences humaines, Droit et Sciences éco), appelée Paris X. Reflet de l'inadaptation de l'institution universitaire aux aspirations de la jeunesse et des étudiants, elle connaît au printemps 68 une grande agitation. C'est le célèbre épisode, au bord de la piscine, de l'interpellation du ministre de la Jeunesse au sujet de l'interdiction de passer la nuit dans les résidences des filles. Puis, l'occupation de la tour administrative et la création du Mouvement du 22 mars par une centaine d'étudiants radicaux, anars, situationnistes et de la Jeunesse communiste révolutionnaire (JCR), avec les deux prophètes Daniel : Cohn-Bendit et Bensaïd... la suite, on vous en fait grâce, vous devez être largement au courant après la tonitruante commémo du printemps 98 (et pour les anciens combattants, ça serait vraiment barbant !).

Comment y aller ?

– **En R.E.R. :** ligne A. Stations : Nanterre-Ville, Nanterre-Préfecture, Nanterre-Université.

NANTERRE

■ Adresses utiles	★ À voir
🛈 Syndicat d'initiative	15 La cathédrale Sainte-Geneviève-et-Saint-Maurice
✉ Poste	
🚌 Gare routière	16 Les anciens abattoirs
2 Mairie	17 Le Parc départemental André-Malraux
⌂ |◉| Où dormir ? Où manger ?	18 La Maison départementale de Nanterre
5 Hôtel Saint-Jean	– Où sortir ?
6 Restaurant Le Coin Tranquille	
7 Le Cou de la girage	25 Théâtre des Amandiers
8 Le Grison	26 Salle Daniel-Féry
9 L'Île de France	27 Maison de la musique

NANTERRE

NORD

CARRIÈRES-SUR-SEINE

ORGEVAL, ROUEN

SEINE

Fleurie

Île

A 14

Port Autonome
de Paris

Avenue   Jules   Quentin

Bd   du   Général   Leclerc

Boulevard   de   la   Seine

Avenue   Hoche

Avenue   Henri   Martin

Frachon

**RER
Nanterre-Ville**

Av.   Benoît

Avenue   Galliéni

Rue

Route   de   Chatou

Route   de   Chatou

Rue   Chatou

Rue   Boileau

A 86

CHATOU, N 13

ST-GERMAIN-EN-LAYE

ST-GERMAIN-EN-L.

CHATOU

Bd du Couchant

de   Thorez

de   Stalingrad

R.   6

27
PL.
PLAINC

Sarbousse

×15

R.
du
Marché

Bd du Midi

8

R. Castel

Marly

W   Rocher

R. Gambetta

Ru

PL. G.
PÉRI

Boulevard

R.   Thomas   Lemaître

Av.   Vladimir   Ilitch   Lénine

PLACE
FOCH

Av. de Rueil

PL.
B

Avenue   de   Colmar
N 190

Avenue   National

Av. de   Maréchal   Joffre

5

9

**RUEIL-
MALMAISON**

Doumer

Paul

Avenue   N 13

0   200   400 m

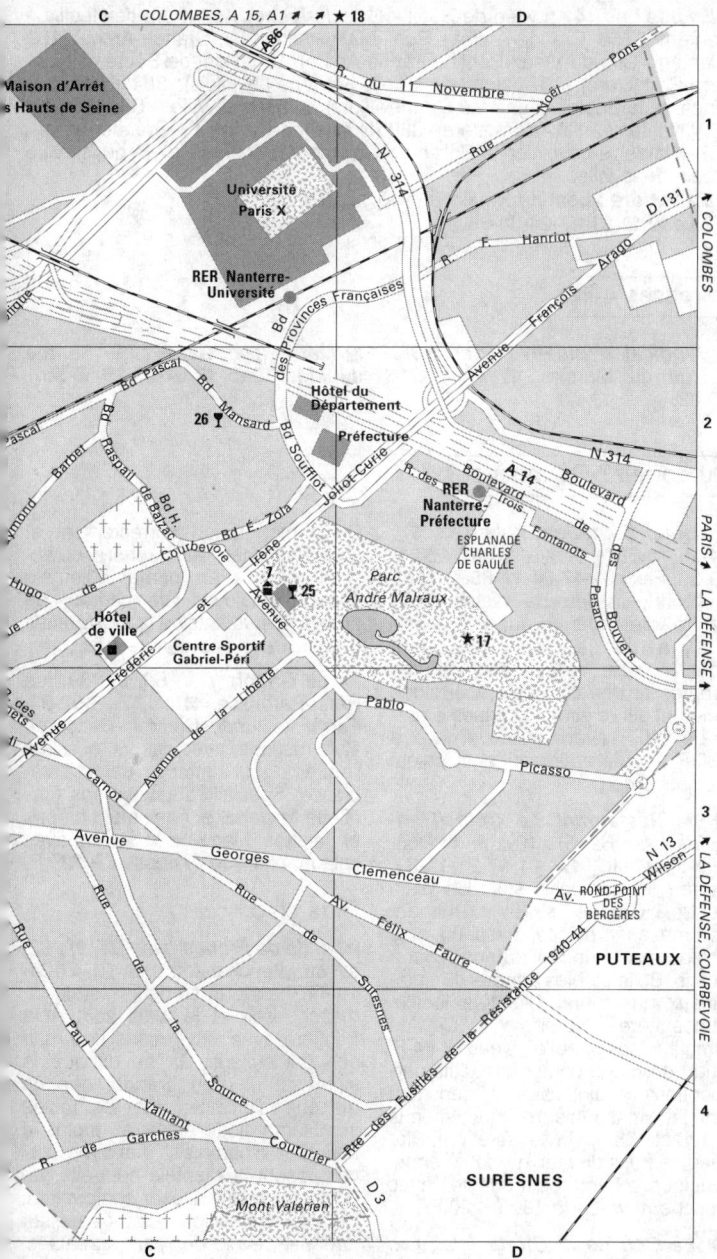

A 86

Maison d'Arrêt
s Hauts de Seine

R. du 11 Novembre

Noël

Pons

Rue

1

N 314

D 131

COLOMBES ↗

Université
Paris X

RER Nanterre-
Université

R. F. Hanriot

Arago

François

Avenue

Bd des Provinces françaises

Bd Pascal

Bd Mansard

Bd Souffot

Bd Raspail de Barzac

Bd H.

Bd Joliot-Curie

Bd É. Zola

Pascal

Barbet

Bd

Raymond

Hôtel du
Département

Préfecture

A 14

N 314

2

26 ☷

Boulevard

de

R. des
Trois
Fontanots

RER
Nanterre-
Préfecture

Boulevard

des

Pesaro

Bouvets

PARIS ↗

LA DÉFENSE ↗

Hugo

de

Courbevoie

Irène

et

Avenue

7
25

*Parc
André Malraux*

ESPLANADE
CHARLES
DE GAULLE

Hôtel
de ville
2 ■

Centre Sportif
Gabriel-Péri

Frédéric

★ 17

Avenue de la Liberté

Pablo

3

des

jets

Avenue

Carnot

Rue

de

Picasso

N 13

Wilson ↗

LA DÉFENSE, COURBEVOIE

Avenue

Georges

Rue

Av.

Clemenceau

Av. ROND-POINT
DES
BERGÈRES

Félix

de

Faure

Suresnes

Rte. des Fusillés de la Résistance 1940-44

PUTEAUX

Rue

Paul

de

la

Source

Vaillant

R. de Garches

Couturier

D 3

4

SURESNES

Mont Valérien

C   D

NANTERRE

– *En bus :* n°s 141 (Lycée-de-Rueil – Grande-Arche), 157 (Pont-de-Neuilly – Nanterre), 158 (Grande-Arche – Rueil-Malmaison), 258 (Grande-Arche), 159 (Nanterre-Cité-du-Vieux-Pont – Grande-Arche), 160 (Pont-de-Sèvres – Nanterre-Préfecture), 167 (Nanterre-Ville – Pont-de-Levallois), 304 (Nanterre-Place-de-la-Boule – Asnières-Gennevilliers), 358 (Rueil-Ville – Courbevoie), 359 (Nanterre-Ville – Cimetière), 360 (Hôpital-de-Garches – Grande-Arche), 367 (Nanterre-Lavoisier – Église-de-Colombes), lignes A et B du service urbain de la ville.
– *En voiture :* pont de Neuilly et N13.
– *Taxis :* ☎ 01-47-24-34-86.

Adresses utiles

▯ *Syndicat d'initiative (plan B3) :* 4, rue du Marché. ☎ 01-47-21-58-02.

▮ *Mairie (plan C2, 2) :* 88-118, rue du 8-Mai-1945. ☎ 01-47-29-50-50.

Où dormir ? Où manger ?

▤ *Hôtel Saint-Jean (plan B3, 5) :* 24-26, av. de Rueil. ☎ 01-47-24-19-20. Fax : 01-47-24-17-65. Un peu à l'écart, à peu de distance du centre-ville, dans un quartier calme. Il n'y a pas deux chambres identiques, mais elles sont toutes propres et très correctes. Certaines donnent sur le jardin. Doubles à partir de 145 F, avec douche et w.-c. à 230 F. Accueil vraiment gentil, ce qui ne gâche rien.

▤ |●| *Restaurant Le Coin Tranquille (plan B2, 6) :* 10, rue du Docteur-Foucault. ☎ 01-47-21-11-80. Fermé le dimanche soir. En plein centre. Grande salle à manger comme en province, avec un côté chaleureux et un poil suranné tout à la fois. Belles tables années 40 et tableaux aux murs. Clientèle locale, atmosphère familiale. Cuisine simple, traditionnelle. Menu à 64 F, quart de rouge compris (hachis parmentier du coin, carpaccio en duo, omelette basquaise). Sinon, menus à 120 et 158 F (vin à discrétion). Plateau de fruits de mer sur commande. Quelques chambres modestes avec douche et w.-c. de 180 à 220 F.

|●| *Le Cou de la Girafe (plan C2, 7) :* 7, av. Pablo-Picasso. ☎ 01-46-14-70-40. Ouvert le midi. C'est la cafétéria du théâtre des Amandiers.

On y mange fort correctement et pour pas cher. Atmosphère et accueil sympa, en prime. Clientèle mixte d'employés, de cadres, de profs et d'étudiants de la fac. Menu à 67 F aux portions généreuses.

|●| *Le Grison (plan B3, 8) :* 39, rue Henri-Barbusse. ☎ 01-47-25-92-99. Fermé le lundi. Central. Décor de style rustique, avec des vieux skis à l'entrée pour mettre dans l'ambiance. Spécialités savoyardes (tartiflette, raclette) et également crêpes et galettes. Menu de la Savoie avec salade, pierrade et dessert à 129 F.

Plus chic

|●| *L'Île de France (plan B3, 9) :* 83, av. du Maréchal-Joffre. ☎ 01-47-24-10-44. Fermé le samedi midi, le dimanche soir et le lundi soir. À la frontière avec Rueil, dans une maison particulière. On se dit que la salle est un peu grande, que ça manque d'intimité, que les tables semblent y flotter, mais au moins la majorité d'hommes d'affaires qui composent la clientèle peut-elle négocier tranquille. Décor conformiste, mais aux beaux jours, la terrasse sur jardin se révèle des plus agréables. Accueil affable et classique cuisine honnêtement exécutée. Menu à 160 F. Au hasard des plats : carpac-

cio de sardines fraîches, fin pavé provençale et mozzarella, tartare de saumon, magret, filet de rascasse, pavé de thon grillé, filet de bœuf, etc.

À voir

LE VIEUX VILLAGE

Si proche de Paris, c'est l'un des rares anciens villages de la couronne qui ont conservé leur plan d'origine et leur aspect relativement intact. Bravo, donc, aux édiles et à la population qui ont su résister aux spéculateurs et aux sirènes du modernisme à tout crin...

Débarquant à la station Nanterre-Ville, après avoir glissé dans un paysage urbain démoralisant, on a vraiment la sensation de passer d'Alphaville à Mary Poppins. L'épine dorsale en est la *rue Maurice-Thorez* (ex-rue du Chemin-de-Fer). Beaucoup d'anciennes fermes avec grande porte charretière en bois et une petite dedans pour laisser passer les gens. On croise la *rue Volant,* bordée de maisons basses dont certaines sont d'authentiques maisons paysannes, comme au n° 70 (bien restaurée) et au n° 44. D'autres clins d'œil, comme cette enseigne délavée d'ancienne menuiserie. La rue Maurice-Thorez présente le même aspect (porches avec poutres apparentes, cours pavées, jardins, impasses), ponctuée de-ci, de-là, de petits immeubles de rapport du début du siècle (on imagine la pub de l'époque : « Un appartement à la campagne ! »). Même le cinéma, à l'architecture résolument moderne, trouve habilement sa place par son intéressante esthétique. On a croisé quelques gaies Nanterriennes *place des Belles-Femmes*...

Place Gabriel-Péri, on trouve une élégante demeure de 1840 qui fut l'*ancienne mairie* jusqu'en 1922 (aujourd'hui, une crèche). Au n° 1, la *maison* dite *du Notaire,* du XVIIIe siècle. Les oculi sous le toit servaient à éclairer les chambres des domestiques. Alphonse Daudet y résida pendant la guerre de 70. Au bout de la *rue du Castel-Marly* (angle bd du Sud-Est), curieuse demeure de brique et de pierre à la toiture sophistiquée (tourelle pointue en ardoise, dôme). Au 31-33, *rue Barbusse,* porches avec poutres ; au 39, impasse pavée typique. À l'angle du boulevard du Couchant, grosse maison du XVIIe siècle dont on notera les deux X en fer destinés à empêcher l'écartement des murs.

Retour rue de l'Église. Au n° 13, entrée de la cour Saint-Nicolas, paisible image villageoise. *Rue des Anciennes-Mairies,* au n° 9, celle qui succéda à l'autre justement. Appelée villa de Tourelles, construite en 1884, typique des belles demeures bourgeoises de l'époque, avec un soin particulier apporté à la décoration extérieure. Elle servit de mairie de 1922 à 1973. Parc bien reposant avec l'obsolète coquille vide de l'auditorium. Il paraît que Ferré y chanta, et qu'aujourd'hui les gens ne supportent plus les voix qui ramènent par les fenêtres « qu'avec le temps tout s'en va... ».

★ *Le puits Sainte-Geneviève :* rue de l'Église. Sainte Geneviève naquit à côté. Elle utilisa les eaux du puits pour guérir sa mère aveugle, et il fut longtemps un populaire lieu de pèlerinage. La reine Anne d'Autriche y vint pour réaliser son vœu de maternité (mais Mazarin fut, semble-t-il, plus efficace !). Les colonnes datent du XIXe siècle.

★ *La cathédrale Sainte-Geneviève-et-Saint-Maurice* (plan B3, 15) : rue de l'Église. Eh oui, cathédrale puisque Nanterre est un évêché. Elle date du XIVe siècle, mais elle fut reconstruite au cours des années 1930 à 70. On conserva cependant le clocher d'origine. À l'intérieur, plan de basilique byzantine, impression de grande ampleur. On notera surtout le beau travail « a fresco » sur les voûtes et les coupoles. Cette technique, utilisée par Fra Angelico et abandonnée depuis le XVIIIe siècle, consistait à peindre sur l'enduit du mur avant qu'il ne soit sec. Dans la voûte du chœur, immense Christ en Majesté. Grand déambulatoire. À gauche de l'entrée, dalle funéraire de Charles Le Roy (impressionnant pedigree, si avec ça il ne va pas au paradis!).

★ *Les anciens abattoirs (plan C2, 16)* : 56, rue Raymond-Barbet (et Victor-Hugo). Construits en 1819, ils étaient destinés à l'abattage des porcs qui finissaient majoritairement en terrines et petits salés sur les tables parisiennes. La charcuterie de Nanterre passant de mode, victime de la concurrence, les abattoirs fermèrent en 1914 et se transformèrent en remises et ateliers. Architecture toute simple, ils s'alignent de part et d'autre d'une allée pavée. Avec son côté figé, avec ce grand champ d'herbes folles derrière, c'est un insolite témoignage du XIXᵉ siècle presque intact.

BALADES AU « PETIT BRUXELLES NANTERRIEN », PUIS AILLEURS...

C'est nous qui avons inventé ce surnom, concernant le quartier au nord-ouest de La Défense et autour de la préfecture. Ça fait vraiment penser au bétonnage insensé d'une grande partie de Bruxelles, à ces avenues sinistres de bureaux, mortes après 18 h et le week-end. L'architecture de l'*école de danse* (allée de la Danse) de Porzansparc en apparaît presque comme aérienne! Plus bas, la *mairie* surprend aussi, elle ne s'ouvre pas côté avenue. Cette sombre pyramide tronquée, le « bunker », comme l'appellent ses amis, se protège même avec des douves...

Au sud du parc André-Malraux, à la frontière avec Puteaux, on ne peut échapper aux *tours HLM ondulées* d'Émile Aillaux, l'une des images les plus fameuses de l'architecture sociale nanterrienne. À un détracteur qui lui disait qu'on ne pouvait faire vivre des gens éternellement avec des gouttes d'eau comme fenêtres, l'architecte avait répliqué : « Ce sont des larmes qui regardent Paris! ». En attendant, les nuages en mosaïque des façades se tirent à tire-d'aile! Heureusement, il y a le *Parc départemental André-Malraux (plan D2, 17)*, aussi grand que les Buttes-Chaumont, un vrai bol de chlorophylle dans le coin!

Dans le nouveau quartier d'affaires des Champs-Pierreux, un bon point au siège de Dumez et ses formes en biseau. Autre réussite, les *HLM des Damades*, rue Paul-Vaillant-Couturier, dans le quartier du mont Valérien. À taille humaine, pas d'uniformité, cadre de verdure...

À la frontière de Rueil, au 118, rue de Saint-Cloud, voir le vieux *moulin* du XVIIᵉ siècle. Boulevard National, rue Morelly et rue Lamartine s'élève la *cité du Vieux-Pont* de 1946. Entrée en arche, architecture soignée pour l'époque.

LE NANTERRE INDUSTRIEL

Remontons vers la Seine, car nous avions repéré sur le plan de ville une *rue des Gars-Effondrés*. Nous nous apprêtions donc à leur remonter le moral, quand nous nous aperçûmes sur place qu'il s'agissait de la *rue des Gors-Effondrés*. Simple coquille sur le plan, c'est en fait le nom ancien pour de vieilles installations de pêche abandonnées. Vu qu'on était dans le quartier, on a eu ainsi un bon aperçu du Nanterre industriel. Chaque rue exprime une fonction : rue du Port, des Sablières, des Fondrières, des Agglomérés (avec une rangée typique de maisons ouvrières). Paysage de réservoirs pétroliers et quelques gros ferrailleurs. Des rails privés couverts d'herbe courent partout.

Continuons vers l'est. Angles Henri-Martin et Stalingrad *(plan B2),* intéressants immeubles construits pour les cheminots (1932). Formes rondes, alliance de brique et de béton, réminiscences Art déco. Façades décorées de *médaillons sculptés* de Paul Belmondo (le père de Jean-Paul), exprimant les métiers du rail (aiguilleur, mécano, garde-barrière, poseur de rail, etc.). Après, vous vous rapprochez dangereusement de l'échangeur A14-A86. Au fur et à mesure des travaux, pancartes et directions changent parfois (ou manquent). Au passage, vous apercevrez avenue Gallieni *(plan B2)* l'ancienne **usine du Docteur-Pierre** (1901), l'homme qui inventa le dentifrice. Élégante architecture de brique et céramique surmontée d'un dôme. Abrite aujourd'hui une entreprise de layette. Bing, vous êtes englué dans l'échangeur. Le temps d'apercevoir une jolie mosquée nouvelle en brique avec, ce qui est rare, un minaret (vu l'emplacement, le muezzin ne dérangera personne).

Entre l'université et la Seine, la *maison d'arrêt de Nanterre* (1990), les urbanistes ont toujours le sens des associations ! À côté, avenue de la Commune-de-Paris, la vieille *papeterie de la Seine* (1904) dont il subsiste cheminées, ateliers et quelques maisons ouvrières.

LE PETIT NANTERRE

C'est le quartier le plus éloigné, le plus enclavé (on n'a même pas réussi à le placer sur le plan !), au point que certains habitants du sud-ouest de la ville ou du village feignaient de croire qu'il n'en faisait pas partie ! Jusqu'en 1972, on y trouvait les plus grands bidonvilles de l'Ouest parisien (les Pâquerettes, les Marguerites, la rue des Garennes). Mais l'institution la plus célèbre du quartier, c'est la **Maison départementale de Nanterre** *(hors plan par C-D1, 18* ; voir « Un peu d'histoire ») au 403, av. de la République. Construite en 1873 pour l'enfermement des mendiants et des vagabonds. Architecture massive, rude, austère, visiblement destinée à impressionner, à faire peur même. Sur rue, le grand mur fut remplacé par une grille pour mieux exprimer l'ouverture et l'humanisation récente du lieu. Ville dans la ville, avec sa chapelle, son infirmerie, sa morgue, son cimetière. Aujourd'hui, il subsiste le centre d'hébergement des SDF qui, au grand dam des gens du quartier, errent tout autour de la maison.

À l'angle de l'avenue de la République et de la rue des Ormes, quelques « Castors », ces maisons construites par les prolos eux-mêmes. Pour finir cette visite ethno-architecturale, les fans jetteront un œil sur les anciens ateliers de la S.N.C.F. (1910), rue Noël-Pons. Immenses entrepôts aux toits courbes qui servirent pour la réparation et l'entretien du matériel roulant. Projet de les utiliser pour le TGV.

Marchés

– **Marché du Centre :** place Foch. Les mardi, jeudi et dimanche matin.
– **Marché de la Gare :** av. Benoît-Frachon. Les mercredi et samedi matin.
– **Marché Picasso :** place de la Colombe. Les mercredi et samedi matin.
– **Marché du Petit-Nanterre :** rue des Pâquerettes.

Où sortir ?

– **Le Théâtre des Amandiers** *(plan C2, 25)* : 7, av. Pablo-Picasso. ☎ 01-46-14-70-00. L'un des théâtres les plus réputés d'Île-de-France. Dirigé par Jean-Pierre Vincent depuis 1990. Celui-ci succéda à Patrice Chéreau, avec qui il avait déjà monté le groupe théâtral de son lycée en 1963. Continuation historique. Programmation toujours hors pair (les pièces de Koltès, entre autres). Les persifleurs prétendent qu'il y vient plus de Parisiens que de Nanterriens (normal, le potentiel de spectateurs est quand même supérieur !). Navette depuis le métro Préfecture.

– **Salle Daniel-Féry** (plan C2, 26) : 10-14, bd Jules-Mansart. ☎ 01-41-37-60-95. Fax : 01-47-21-73-82. RER : Nanterre-Université. Bus : nos 159 et 160, arrêt Mansart ; no 304, arrêt Soufflot. La ville accorde beaucoup d'importance au rock dans sa politique culturelle. La preuve, cette belle salle qui lui est consacrée, ainsi qu'au rap et au reggae, bien sûr. Ateliers pour découvrir les instruments, ainsi qu'à l'antenne SMJ du Petit-Nanterre. Les « bœufs du lundi », de 21 h à minuit, d'octobre à juin, permettent aux jeunes de se rencontrer et de faire de l'impro ensemble. « Voix-Publics », le mardi de 20 h à 22 h, permet aussi la rencontre de tous ceux, celles qui veulent s'exprimer par la musique. Le studio Hal Singer, créé en juin 97, offre aux musiciens les dernières techniques numériques pour aider à la création. À côté, salle de répétition.

En projet, un cybercafé. Enfin, tout le long de l'année, aussi bien des vedettes confirmées que des jeunes groupes de rap nanterriens ou de la banlieue en général.

– **Maison de la Musique** (plan B2, 27) : 8, rue des Anciennes-Mairies. ☎ 01-41-37-94-20. Dans le centre. Là encore, impressionnant effort en faveur de la musique avec cette immense maison vitrée située en plein centre-ville. Conservatoire, salle de spectacle, médiathèque... Les chiffres parlent d'eux-mêmes : plus de 30 000 spectateurs (et 80 % de locaux), 1 200 élèves au conservatoire, les tarifs les moins chers de toute la région ! Politique d'ouverture musicale, esprit de découverte (studios prêtés à de jeunes troupes de la ville pour répéter en dehors des heures de cours)... Allez les Parisiens, venez en prendre de la graine ! D'autant plus que Maguy Marin et Carolyn Carlson ne sont pas les dernières à venir y danser. Formidable programmation, plus de 60 spectacles annuels d'un éclectisme savoureux !

RUEIL-MALMAISON (92500)   67 321 habitants

Une des communes les plus étendues des Hauts-de-Seine, entre le mont Valérien, les coteaux de Buzenval et la Seine. Ville d'histoire, intimement liée à celle de Joséphine et Napoléon. Rueil, bien sûr, évoque aussi les guinguettes et les impressionnistes. Aujourd'hui, ils ne seraient guère dépaysés, certains bords de Seine ont conservé tout leur charme. Remarquable musée municipal, reflet d'un vieux centre-ville fort bien préservé également. Bref, une ville vraiment agréable à découvrir !

Un peu d'histoire

Sur l'origine du nom, peu d'empoignades : « Rueil » vient de *ruel,* ce qui indique que de nombreux rus (petits ruisseaux) parcouraient le territoire. « Malmaison » évoque le souvenir des destructions normandes au IXe siècle. Au VIe siècle, Childebert Ier, fils de Clovis, anticipant déjà la qualité de vie du coin, y possède une résidence. En 875, la seigneurie est donnée par Charles le Chauve à l'abbaye de Saint-Denis. En 1346, le prince Noir, fils d'Edouard III d'Angleterre, s'y conduit comme un hooligan de Liverpool et dévaste tout.

En 1633, le cardinal de Richelieu rachète la seigneurie, et le village va connaître une ère de prospérité et de développement. En 1648, fuyant la Fronde, le jeune Louis XIV, sa mère Anne d'Autriche et la Cour s'y réfugient. En 1756, comme Courbevoie et Saint-Denis, la bourgade hérite d'une des trois casernes de gardes suisses établies par Louis XV et gagne encore en importance. À la mort du roi, la Du Barry s'y retire. La Révolution s'y passe de façon très modérée.

À la fin du XVIIIᵉ siècle, Bonaparte, Premier consul, achète le domaine de la Malmaison pour sa femme Joséphine. Pendant toute la période napoléonienne, il n'y en aura que pour Rueil. D'ailleurs, Napoléon y prépare plusieurs actes importants de son règne : la cession de la Louisiane, la création de la Légion d'honneur, le Code civil, le Concordat, etc. Les enfants de Joséphine, puis Napoléon III resteront fidèles à Malmaison.

Arrivée du chemin de fer en 1844. Au XIXᵉ siècle, grâce à la présence des sources et à la proximité de la Seine, la blanchisserie devient la principale activité économique de la ville. Les combats de 1870 (4 000 morts à la bataille de Buzenval) et de la Commune y sont particulièrement violents. Morcellement des grands domaines aristocratiques et lotissement intensif. La ville devient de plus en plus résidentielle. Cela n'empêche pas une petite industrialisation, notamment nombreuses fabriques de cartes postales et installation de l'usine de monsieur Belin, inventeur du bélinographe (l'ancêtre du fax). Aujourd'hui, Rueil abrite toujours plusieurs centaines d'entreprises et de nombreux sièges sociaux.

Comment y aller ?

– **En R.E.R. :** ligne A (Saint-Germain – Boissy). Arrêt : Rueil-Malmaison.
– **En bus :** nᵒˢ 141 (Lycée-de-Rueil – Grande-Arche-de-La-Défense), 144 (Grande-Arche-de-La-Défense – Rueil-R.E.R.), 158 (Rueil-R.E.R. – Pont-de-Neuilly), 241 (Rueil-R.E.R. – Porte-d'Auteuil), 244 (Rueil-R.E.R. – Porte-Maillot), 258 (Saint-Germain-R.E.R. – La Défense), 358 (Rueil-Ville – Courbevoie-Europe), 467 (Rueil-R.E.R. – Pont-de-Sèvres).
– **En voiture :** depuis La Défense, suivre la N13 jusqu'à Rueil.
– **Taxis :** ☎ 01-47-51-01-61.

Adresses utiles

❶ **Maison du tourisme** : 160, av. Paul-Doumer. ☎ 01-47-32-35-75. Ouvert du lundi au vendredi de 9 h à 17 h 30 et le samedi de 10 h à 13 h. Dans le centre-ville. Doc très complète sur la ville et accueil sympa. Circuits organisés incluant le déjeuner et croisières fluviales.
❶ **La Capitainerie :** place des Im-pressionnistes, dans le quartier Rueil 2000. ☎ 01-47-16-72-66. Ouvert du mardi au samedi de 11 h à 18 h ; de mai à octobre, le dimanche en plus, de 14 h à 18 h. Annexe de la Maison du tourisme.
■ **Mairie** : 13, bd Foch. ☎ 01-47-32-65-65.

Où manger ?

❙●❙ **Le Jardin Clos :** 17, rue Eugène-Labiche. ☎ 01-47-08-03-11. De juin à mi-septembre, ouvert tous les jours sauf le dimanche soir et le lundi ; de mi-septembre à fin mai, ouvert le midi du mardi au dimanche et le soir les vendredi et samedi. Réservation conseillée. À quelques en-cablures seulement du centre-ville et déjà la campagne. On ne soupçonne rien de l'extérieur. Paisible et charmant jardin avec un puits, où manger en terrasse se révèle un vrai bonheur. Cuisine sérieuse et copieuse. Accueil affable. Le menu à 95 F avec buffet de hors-d'œuvre (quart de vin compris) présente un remarquable rapport qualité-prix. Autres menus à 139 et 162 F. À la carte : salade gourmande aux pignons de pins, carré d'agneau, filet de canard braisé, pavé de bœuf, turbot poché à la mousseline du jour, etc., accompagnés bien souvent de légères pommes rissolées.

l●l *Le Fruit Défendu :* 80, Belle-Rive. ☎ 01-47-49-60-60. Ouvert tous les jours, midi et soir jusqu'à 23 h. Ça mérite vraiment le terme « Belle Rive » ; vous allez vous restaurer dans l'un des endroits les plus délicieux de la ville. En face, les verts tendres de la Grenouillère, le lent vagabondage des péniches. Tables et chaises posées en bord de Seine, à même le talus dans les herbes folles. Cuisine classique de bonne réputation. Menu-carte à 158 F avec marinade de rascasse, côte de bœuf à la fleur de sel, magret de canard aux fruits, selle d'agneau rôtie, plat du jour, etc.

À voir

★ *Le château de Malmaison :* av. du Château-de-Malmaison. ☎ 01-41-29-05-55. Ouvert de 9 h 30 à 12 h 30 et de 13 h 30 à 17 h 15 ; le week-end, de 10 h à 18 h ; les jours fériés, de 10 h à 12 h 30 et de 13 h 30 à 17 h 45 ; en hiver, ferme une demi-heure plus tard. Le corps central du château date de 1610 et les deux ailes sur cour furent rajoutées en 1780. Il fut vendu en 1799 à Joséphine, tandis que son mari de Bonaparte devenait Premier consul. Marie-Joseph-Rose de Tasher de la Pagerie (ouf !), née en 1763 en Martinique, épousa d'abord en 1779 le vicomte Alexandre de Beauharnais dont elle eut deux enfants : Eugène et Hortense. Ils se séparent, mais se retrouvent à nouveau en 1794 en prison. Le vicomte est guillotiné, mais Joséphine y échappe grâce à Thermidor. En 1796, elle épouse Bonaparte.

De 1800 à 1802, le pouvoir se répartit entre la Malmaison et les Tuileries. Le château est entièrement rénové et décoré par Percier. Puis le consul part s'installer à Saint-Cloud. Pendant les campagnes de l'empereur, Joséphine séjourne souvent à la Malmaison. Elle s'y retire après son divorce et y meurt en 1814 d'un refroidissement. Le domaine fait alors 726 ha. Eugène en hérite, puis sa veuve le revend en 1828 au banquier suédois Hagerman. Revendu en 1842 à la reine Christine d'Espagne alors en exil, qui le cède à son tour à Napoléon III, petit-fils de Joséphine, en 1863. Le domaine fait encore 46 ha. Transformé une première fois en musée, endommagé lors de la guerre de 1870, vendu après à un marchand de biens qui assure le lotissement du parc. Le banquier et philanthrope Osiris rachète le château en 1896 avec 6 ha restants et l'offre quelques années plus tard à l'État. Fin de saga.

La Malmaison, outre le magnifique parc, possède beaucoup de charme et d'unité de style. Un grand nombre de meubles dispersés au cours de son histoire ont été retrouvés et rachetés (grâce à l'état qui en avait été effectué à la mort de l'impératrice) ; quant aux autres, ils proviennent d'autres résidences impériales (Fontainebleau, Saint-Cloud, etc.). C'est l'un des rares décors homogènes de la période du Consulat en France. L'entrée affecte la forme d'une tente militaire. Bon, on y va !

– *Rez-de-chaussée :* à droite, la salle de billard, puis le *salon de Compagnie.* Beaux meubles décorés de têtes de sphinx. Deux tableaux ne laissent pas indifférents : *Ossian évoque les fantômes au son de la harpe,* un étonnant François Gérard pré-romantique et l'*Apothéose des héros français morts pour la patrie pendant la guerre pour la Liberté* de Girodet, surprenant festival de teintes diaphanes, vaporeuses, le tout nimbé d'une lumière irréelle exprimant un lyrisme patriotiard totalement débridé ! Tout au fond, le salon de musique.

À gauche, la salle à manger, puis la *salle du Conseil* où se prirent de si importantes décisions (voir l'intro de la ville). *Madame Mère* et *Joséphine Bonaparte,* tableaux de Gérard, et fauteuils des frères Jacob. Dans la *bibliothèque*, belles boiseries d'acajou et, en rayons, les œuvres de Cicéron, les *Campagnes d'Italie* et la *Décadence de l'Empire romain.*

– *1er étage :* à gauche, le *salon de l'Empereur.* Buste de Madame Mère par Canova, *Bonaparte, Premier Consul* par Girodet, *Napoléon* par Gérard. Dans la *chambre de l'Empereur, Joséphine* par Gros. *Salle des Cheiks,* glaive de Premier consul, épée d'officier-général, sabre de la campagne d'Italie. Superbe et énorme couteau de chasse. *Salon Marengo, Premier Consul décernant un sabre d'honneur* par Gros. Nombreux objets personnels : gourde de campagne, couverts, compas et règle. Magnifique table d'Austerlitz, l'un des chefs-d'œuvre du château (bronze doré, porcelaine de Sèvres et portraits enluminés), *Premier Consul franchissant les Alpes au Grand Saint-Bernard* de David. *Salle Joséphine, Reine Hortense* par Gérard, très belles assiettes avec paysages italiens, bustes, miniatures, etc. Dans la *salle de la Frise*, remarquable frise décorative, bien sûr. *Chambre de Joséphine* tapissée de rouge et de forme circulaire. L'impératrice mourut dans ce lit de Jacob-Desmalter, au splendide décor égyptien. Noter aussi le magnifique nécessaire de toilette, avec portrait de l'empereur et instruments et objets de nacre. Pendule évoquant le char de Vénus. À côté, la chambre ordinaire de l'impératrice.

– *2e étage : salles des Atours.* Vous y découvrirez la très riche garde-robe de l'impératrice : vêtements de Cour, souliers, mules, bas, guimpes, fichus, traînes, taies d'oreiller, mouchoirs, etc. Expos temporaires.

★ *Le château de Bois-Préau :* 1, av. de l'Impératrice-Joséphine. ☎ 01-41-29-05-55. Bus n° 258, arrêt Bois-Préau. Consacré à la captivité et à la mort de Napoléon. Superbe parc de 17 ha ouvert au public.
Le château date de 1697. Propriété du banquier Louis Julien. En 1795, sa fille Anne-Marie en hérite. Proposition de Joséphine de lui racheter et refus de la fifille. L'impératrice devra attendre qu'elle se noie (qui l'a poussée ?) dans sa propre rivière en 1808 pour récupérer le domaine qui devient ainsi une annexe de la Malmaison reliée par une grande allée. Après la mort de Joséphine, il passe en de nombreuses mains. Le château est reconstruit en 1854. En 1920, il est acheté par Edward Tuck et sa femme Julia Stell, Américains bienfaiteurs de la ville. Quelques années plus tard, ils en font don à l'État pour qu'il soit réunifié à la Malmaison.
Voici les points forts du musée : statue de *Napoléon mourant* par Vincenzo Vela, où l'impression d'abattement est bien rendue. Au 1er étage, témoignages de l'exil, comme la soupière du capitaine Maitland pour les repas pris à bord du navire qui l'emmène. Lit sur lequel fut exposé le corps de l'empereur après sa mort. Vitrines contenant des souvenirs de son séjour à Longwood, ainsi que ceux du roi de Rome. Pendule arrêtée à l'heure de sa mort. Évocation de la vie quotidienne sur l'île : lecture, jeux, problèmes domestiques, etc. Livre manuscrit des dépenses et échiquiers. Habits de l'empereur : robe de chambre, célèbre chapeau de feutre noir, redingote, bottes, etc. Napoléon mourut le 5 mai 1821, à 17 h 49, d'un cancer de l'estomac. Tableaux, chemise mortuaire, reliquaires évoquant le culte pour Napoléon après sa mort. Souvenirs du retour des cendres en France en 1840. Pathétique tableau *C'est fini,* d'Oscar Rex, pour conclure la visite.

DANS LE VIEUX VILLAGE

Riche balade pédestre dans le vieux village, l'un des mieux préservés de la banlieue. Saluons à ce sujet l'intelligente reconstruction de tout un pan de la rue du Château. Façades différentes, arcades à la « bolognaise », ce qui, avec la patine du temps, intègre bien cette rue au centre ancien et, surtout, à la place de l'Église.

LES HAUTS-DE-SEINE

★ *L'église Saint-Pierre-Saint-Paul :* date du XVIᵉ siècle. La façade fut commandée en 1635 par le cardinal de Richelieu à l'architecte Lemercier. Elle rappelle celle de l'église de la Sorbonne (du même architecte). Clocher roman reconstruit au XIXᵉ siècle. Sur le côté, beau portail de style Renaissance. À l'intérieur, voûte en berceau. La reconstruction de 1854 respecta les volumes antérieurs, et les décors néo-Renaissance se révèlent assez réussis (notamment jolis chapiteaux). Dans la chaire, on a intégré des panneaux sculptés du XVIIᵉ siècle, représentant les évangélistes. Tombeau de Joséphine (1825) dont on remarque qu'il ne comporte pas de référence à l'Empire (à l'époque, c'était mal vu !). Cependant, elle est dans la position de prière de la célèbre toile de David, *Le Sacre de Napoléon* (message subliminal ?). Mausolée également de la reine Hortense, fille de Joséphine et mère du futur Napoléon III. Superbe buffet d'orgues, provenant de l'église Sainte-Marie-Nouvelle de Florence. C'est Napoléon III qui offrit ce festival de bois sculpté et doré du XVᵉ siècle.

★ *Le musée d'Histoire locale :* rue Paul-Vaillant-Couturier. Ouvert de 15 h à 18 h. Fermé le dimanche. Installé dans l'ancienne mairie de 1868, copie de celle de Fontainebleau. Là encore, reflet de l'intérêt que la Municipalité prête à son histoire, de riches collections vous attendent. Prévoir du temps. Impossible de tout décrire, en voici les temps forts :
– *au rez-de-chaussée :* nombreuses gravures, estampes, arbres généalogiques, manuscrits, sur la formation de la ville, l'histoire des domaines, des transports, etc. Rayon faits divers, les unes de journaux relatant le terrible incendie du cinéma Le Sélect, le 2 septembre 1947, qui fit 89 morts. Chapes des curés de Rueil, souvenirs de la guerre de 70, Commune de Paris, des guerres de 14-18 et 39-45. Affiches collabos et de la Résistance, tracts, témoignages détaillés de cette époque (vitrine sur le ravitaillement), anciennes et pittoresques photos de la ville.
Salle consacrée aux industries. Les blanchisseries par exemple, avec une pièce rare : un énorme chauffoir à fers à repasser en fonte du XIXᵉ siècle. Présentation de l'invention de M. Belin, le bélinographe. Cet ancêtre du fax, capable d'envoyer des photos à distance, était fabriqué à Rueil.
– *Au 1ᵉʳ étage :* souvenirs de Bonaparte à Rueil, magnifique collection de petits soldats (toute la Grande Armée), lettres de maréchaux d'Empire et insolite icono sur la légende napoléonienne. Belles séries de vieilles cartes postales, l'une des principales industries de la ville pendant longtemps. Assiettes illustrées, vénérables appareils photo.

★ Quelques pas dans les *voies anciennes,* comme la rue *Jean-Le-Coz* (du nom de l'un des héroïques sauveteurs du cinéma Le Sélect), bordée de vieilles demeures de charme. Notamment au n° 50, maison du début du XVIIIᵉ siècle où habita le peintre Joseph Vernet. Au n° 35, élégante façade XVIIIᵉ également, avec fenêtres ornées de mascarons. Au 4-6, *rue du Gué,* maison vigneronne du XVIIᵉ siècle avec son porche voûté traditionnel. Adorable *rue Laurin.* Vieux portails rue Haute, comme au n° 34. Les *rues du Docteur-Zamenhof, du Prêcheur* possèdent aussi beaucoup de caractère, porches, placettes, etc. Au 23, *bd du Maréchal-Joffre,* élégante villa avec façade décorée. Beaucoup d'autres au gré des rues. Insolite cheminée avec fenêtre encastrée dedans, à l'angle de Foch et Clemenceau. Autre curiosité : au 5, rue Trumeau, ce grenier en brique à claire-voie. Ancien séchoir de blanchisserie rappelant l'âge d'or de cette activité en ville. Bien aéré et chauffé, il permettait de sécher le linge en plein hiver. Ce sont les familles des gardes suisses qui fournissaient le gros des lavandières.

★ *La maison du père Joseph :* 34, bd de Richelieu. Seul vestige de l'ancien château du cardinal. C'est là que serait morte la célèbre éminence grise. Genre grand pavillon avec avancée en ovale et escalier à double entrée. Aujourd'hui, centre culturel.

★ *La caserne des Gardes suisses :* angle Paul-Doumer et Hôpital-Stell.

La survivante des trois casernes de gardes suisses édifiées par Louis XV pour les loger (eh oui, ceux qui se firent massacrer en août 1792 aux Tuileries, à la Révolution). Capable d'en abriter 800. Avant, ils dormaient chez l'habitant. Imposante façade à fronton triangulaire sculpté.

DANS LE RESTE DE LA VILLE

★ Chouette balade en bord de Seine, **boulevard Belle-Rive**. C'est l'ancien chemin de halage. Réservé aux piétons et cyclistes le week-end. Belle villa à tourelle au n° 26. Poney-club, rue des Closeaux. À la frontière avec Bougival, rue Berthe-Morizot, s'élève la demeure de la célèbre peintre impressionniste (la maison jaune à l'angle avec l'avenue Napoléon-Bonaparte).

★ **La Petite Malmaison :** 229 *bis,* av. Napoléon-Bonaparte. ☎ 01-47-49-48-15. Propriété privée, visite sur rendez-vous. Construite en 1805 par l'impératrice Joséphine pour abriter ses serres et des lieux de réception. Beau parc.

★ **La Maison de la Nature :** 6, av. de Versailles. ☎ 01-47-51-47-40. Ouvert de 14 h à 18 h. Fermé le lundi. On y trouve une serre tropicale et des aquariums. Nombreuses conférences, expos temporaires par thème, sorties organisées et même des cours de jardinage.

★ Ne pas manquer ce quartier résidentiel très sympa entre forêt de la Malmaison et Seine. Vallonné et verdoyant à souhait. *Chemin de Paradis* (le bien-nommé), quelques demeures à toits de chaume. Sur les *coteaux de Galicourt,* par la rue des Hauts-Bénards, on parvient à la « Coulée verte », pièce maîtresse du futur parc naturel de près de 400 ha. Tout le coin évoque la campagne : des chemins ruraux se perdent dans d'anciens vergers, l'allée des Pruniers donne dans la rue des Pervenches... le chemin des Vignes répond à celui des Pince-Vins.

★ **La forêt domaniale de la Malmaison :** située sur la commune de Rueil, connue aussi sous le nom de bois de Saint-Cucufa. Au milieu de ces 201 ha, un bel étang pour une chouette promenade en famille. Pour les bateaux téléguidés, les gamins adorent. Sinon, une randonnée de 4 km (1 h 30) pour mieux apprendre les arbres de la forêt.
Depuis le parking de la maison forestière de Saint-Cucufa (route de Versailles, au nord de Vaucresson). Balisage jaune du PR, jaune et rouge du GR de Pays. Terrain facile, mais parfois boueux et les pentes sont assez raides en forêt. Réf. : *Les Hauts-de-Seine à pied,* éd. FFRP. Carte IGN au 1/25 000, 2314 OT. Documentation auprès de la Maison de la Nature de Rueil-Malmaison. Cucufa, évêque de Barcelone, décapité en 303, fut honoré près des rives de cet étang par les moines bénédictins au IXᵉ siècle. On transportait ses reliques à Saint-Denis.
Il ne reste plus aujourd'hui qu'un environnement sylvestre très agréable. Un sentier forestier, près du plan d'eau de 2 ha, explique l'aulne glutineux et le cyprès chauve qui aime à plonger ses racines dans l'eau, ainsi que les carex et les élodées sur terrain vaseux. Les nénuphars blancs et les renouées roses fleurissent l'étang en été. Sur les hauteurs forestières dominant l'étang, le chêne pédonculé, le charme, le merisier et le frêne se développent avec le magnifique tulipier de Virginie dont les fleurs claires s'épanouissent au printemps. Le tremble, le châtaignier et le hêtre complètent la gamme de ces feuillus très variés.
Depuis le parking de la maison forestière de Saint-Cucufa, empruntez le balisage jaune et rouge du GR de Pays pour rejoindre les rives de l'étang vers le nord. Si vous avez des envies de sieste, vous pouvez encore plus facilement commencer ici votre randonnée depuis le parking au bord de l'étang, mais c'est dommage. Comptez alors une demi-heure en moins. De toute façon, vous faites le tour de l'étang par la digue avec un léger effort pour monter

ensuite sur la droite par un sentier sinueux. Les balisages jaune du PR puis jaune et rouge du GRP vous promènent sous les grands arbres de la forêt, montant et descendant sur les hauteurs orientales de l'étang pour redescendre sur sa rive est où vous pourrez reprendre votre voiture.

★ Pour ceux, celles effectuant une thèse sur les nouveaux quartiers urbains de cette fin de siècle, **Rueil 2000** se présente comme un bon sujet. Quartier complètement enclavé entre voie du R.E.R. et Seine, et qui s'est créé quasiment d'une seule pièce. Ancienne friche industrielle, le quartier ne possède en 1984 que 221 habitants (c'est prévu pour 7 000). Les urbanistes cogitent vraiment sur ce qui a échoué ailleurs, bien décidé à faire autrement. L'ennemi étant la ligne droite et l'uniformité (cf. Sarcelles), on va faire moderne sur un concept de village. Mails plantés d'arbres, ruelles, placettes, rues en courbe, belvédères, magasins sur arcades, cheminements piétons, hauteur des immeubles limitée, etc. Avec, en haut, un centre un peu rigoureux, la *place de l'Europe* et sa statue des Oiseaux. Plus bas, une place plus conviviale, la *place des Impressionnistes*, les deux reliées par un cours arboré avec cascades tout à fait chaleureux. Terrasses de cafés et de restaurants, avec belle vue sur le fleuve, chemin de halage pour la promenade, bien séparé de la rue, et superbe *parc des Impressionnistes* de 3 ha. À côté, la cité de l'Enfance et tous ses jeux et espaces ludiques. Petit port également pour les hardis plaisanciers et espace Renoir pour ceux qui surfent sur la culture. Certes, faut bien que ça se patine un peu tout ça, et c'est encore trop tôt pour que les sociologues vérifient que de nouvelles névroses n'ont pas remplacé les anciennes...

★ Sur le plateau du mont Valérien, découvrir le parc départemental. Accès par la rue des Talus. Il borde trois communes. Bien arboré, sur 3 ha. Ouvert jusqu'à 22 h l'été. On y trouve une *ferme* avec vaches, chèvres, moutons, gallinacés divers et un baudet. Ouvert au public le 3e week-end de chaque mois.
Vigne municipale, rue Cuvier. C'est un cépage sauvignon permettant de renouer avec la vieille tradition viticole ruelloise.

★ Dans le quartier de Buzenval, au 200, rue Otis-Mygatt, l'ancien château est devenu le **collège Passy-Buzenval**. Date de l'ère médiévale, remanié au XVIIIe siècle, annexé à la Malmaison du temps de Joséphine. Il lui reste quelque chose de tout cela, avec ses tourelles et son long balcon de fer forgé.

Où sortir?

– **L'Avant-Scène :** 6, place du 8-Mai-1945. ☎ 01-47-14-09-24. Fait partie du circuit *Cadran-Omnibus, Tamanoir, Daniel Fery*, etc. Concerts de rock de temps à autre. – **Théâtre André-Malraux :** 7, place des Arts. ☎ 01-47-32-24-42.

Fêtes et manifestations

– *Salon des Métiers d'art :* en avril-mai.
– *Les Nuits de la Malmaison :* en juin-juillet.
– *Festival international du Film d'histoire :* en novembre.

SURESNES (92150) 36 000 habitants

Difficile de définir Suresnes en quelques mots. La ville concentre tellement de différences et de diversités que la mission n'est vraiment pas aisée. À la fois populaire et bourgeoise, militaire et viticole, Suresnes est une sorte de cité plurielle où chacun vit en bonne harmonie avec son voisin.

Et il faut reconnaître que l'endroit est habité depuis longtemps. Les Gaulois y avaient installé un lieu de culte. Dès le VIIe siècle, une église est construite sur la colline et en 918, Charles le Simple donne Suresnes aux moines bénédictins de Saint-Germain-des-Prés, qui restèrent seigneurs des lieux jusqu'à la Révolution.

Suresnes devint une petite cité viticole sans histoire jusqu'en 1593. Le bourg est choisi pour accueillir les délégations chargées de discuter des questions religieuses et politiques qui minent la France. Les « conférences de Suresnes » aboutiront à la décision de faire abjurer Henri de Navarre, futur Henri IV.

Le début du XXe siècle apporta son lot d'industries : Blériot, SIMCA, SAVIEM, SNECMA... Et c'est au milieu de cette industrialisation galopante que le maire Henri Sellier prit le parti d'un nouveau concept d'architecture urbaine : les cités-jardins.

La vigne de Suresnes

Le vignoble suresnois remonte à l'Antiquité, sans doute planté par les Romains à la fin de l'Empire. Après la guerre de Cent Ans qui fit quelques ravages, le vignoble est replanté et les vins de Suresnes deviennent célèbres pour les bienfaits qu'ils apportent aux malades de l'hôtel-Dieu. On trouvait des vins blancs secs et légers comme celui actuellement produit et dont on disait qu'il était « clair comme larme à l'œil ». D'autres étaient des rouges légers, à l'image des bourgueils. Enfin, on produisait aussi un gris, un vin de guinguette, coloré artificiellement aux raisins noirs et qui laissait des traces.

Au début du XXe siècle, la vigne se réduisit à peau de chagrin rapidement, et c'est grâce à Henri Sellier que l'on doit sa survie. Le maire fit acheter un terrain en 1926 et le fit planter de vignes pour perpétuer la tradition. En 1965, le vignoble est à nouveau remis en état et on plante des cépages de blancs : muscadelle, sauvignon et sémillon. Aujourd'hui, la production annuelle est d'environ 5 000 bouteilles. Si vous en voulez, l'office du tourisme en vend quelques bouteilles.

En outre, chaque année, le 1er dimanche d'octobre, la ville organise la *fête des Vendanges.* Intronisation dans la Confrérie du Vin de Suresnes, défilé, musique...

Comment y aller ?

– *Gare S.N.C.F. du Mont-Valérien :* ligne Paris-Saint-Lazare – Versailles et Paris-Saint-Lazare – Saint-Nom-la-Bretèche.
– *En tram :* ligne T2, station Suresnes – Longchamps ou Belvédère.
– *En bus :* ligne 144 (Rueil – Pont-de-Neuilly), ligne 175 (Porte-de-Saint-Cloud – Asnières), ligne 241 (Porte-d'Auteuil – Rueil), ligne 244 (Porte-Maillot – Rueil).

Adresse utile

🛈 ***Office du tourisme :*** 50, bd Henri-Sellier. ☎ 01-41-18-18-76. Ouvert du lundi après-midi au vendredi de 9 h à 13 h et de 14 h à 17 h 30, ainsi que le samedi de 9 h à 13 h.

Où manger ?

|●| ▼ *L'Express :* 85, rue de Verdun. ☎ 01-45-06-14-33. Ouvert le midi et le vendredi soir. Fermé les samedi et dimanche. Un petit bistrot un peu ringard avec son décor des années 50, perdu dans un quartier en pleine restructuration. Du coup, il est attachant ce bar à vin où le marcillac, les bourgueils et les quincys se boivent au comptoir avec les habitués. Et puis, si une petite faim se fait sentir, à table ! Flan au bleu, boudin aux pommes, pot-au-feu, tripoux... Que du bon et du roboratif, dans une ambiance de copains. On s'en tire pour environ 90 F, et il vaut mieux aller faire la sieste après.

|●| *Le Bouffon :* 40 *bis,* rue de Verdun (à l'angle de la rue Édouard-Nieuport). ☎ 01-47-72-29-53. Ouvert à midi, et le soir sur réservation. On ne peut pas rater la façade lie de vin et les vitres polies de ce restaurant bien propret qui joue dans un registre très Sud-Ouest. Poulet basquaise, confit de canard, cassoulet... Un intérêt évident en plus de la cuisine : les prix. Deux formules à 78 et 95 F pour un rapport qualité-prix qui nous a séduits.

|●| *L'Ourika :* 29, rue de Verdun. ☎ 01-41-38-04-03. Fermé le samedi midi et le dimanche. Couscous ou *tajine,* le choix est difficile. Pas de problème, le patron a eu une belle idée : il propose le menu-dégustation dans lequel, pour 150 F, on trouve une douzaine d'assiettes pour découvrir toutes les facettes de la cuisine du Maghreb déclinées en cru, cuit, salé et sucré. Accueil chaleureux dans un décor clair et sobre. Comptez de 80 à 115 F pour un couscous et de 75 à 85 F pour un *tajine.*

|●| *Au Père Lapin :* 186, bd de Washington. ☎ 01-45-06-72-89. Réservation impérative pour s'assurer des horaires. On vous livre un peu la dernière guinguette de Suresnes. Il est bien loin le temps où elle faisait florès sur les bords de Seine, mais ce *Père Lapin* reste, même si les gibelottes ne sont plus cuisinées avec les animaux chassés sur les flancs du mont Valérien. L'endroit est agréable, et on y va presque comme au musée.

|●| *La Cave Gourmande :* 20, rue des Bourets. ☎ 01-42-04-13-67. Fermé le dimanche. En plein centre de Suresnes, ce resto n'a rien d'une cave. Que les claustros se rassurent, on mange dans une salle de plain-pied, au décor ocre de bon goût. Que les « gastros » y aillent de confiance, la cuisine vaut le déplacement. Rien de très original, mais on a aimé l'émincé de Saint-Jacques mariné à l'aneth, la blanquette de poisson, le rognon de veau à la moutarde ou le confit de canard. Formule avec entrée ou dessert et plat à 110 F, et menu à 125 F.

|●| *Les Jardins de Camille :* 70, av. Franklin-Roosevelt. ☎ 01-45-06-22-66. Fermé le dimanche soir. Sans doute le resto le plus agréable de Suresnes, accroché aux flancs des coteaux, la tête dans les nuages, les yeux fixés sur Paris et les pieds dans la vigne. C'est la Bourgogne qu'on glorifie ici. Bien sûr à travers les vins, mais aussi et surtout par des plats de terroir qui fleurent bon la campagne : rillettes de lapin à l'armagnac, escargots, bœuf bourguignon, gibier en saison et un chèvre frais du Morvan, hm ! Tout cela dans un menu-carte à 160 F. Accueil cordial de la famille Poinsot.

À voir

★ *Le musée de la Vie suresnoise :* passerelle-musée, av. du Général-de-Gaulle. ☎ 01-47-72-38-04. Ouvert les mercredi, samedi et dimanche, de 15 h à 18 h. Musée qui abrite des collections ethnographiques ayant trait à la vigne et au vin. Reconstitution d'un intérieur vigneron au milieu du XIXe siècle, outils, pressoirs... Évocation également de toute l'histoire de Suresnes, celle du mont Valérien, des « conférences » du XVIe siècle...

★ *La cité-jardin :* l'idée des cités-jardins est née en Angleterre en 1898, à l'initiative d'Ebezener Howard. Sous l'impulsion de l'industrialisation et de l'urbanisation du XIXe siècle, celui-ci pensait que les nouvelles cités devaient regrouper tous les équipements nécessaires dans un périmètre raisonnable. En 1919, Henri Sellier devient maire de Suresnes avec un objectif : améliorer l'hygiène et les conditions de vie des classes modestes. Il met alors en chantier la cité-jardin qui doit être accessible à toutes les catégories sociales. Le premier projet vit le jour à Suresnes, mais d'autres ont poussé au Plessis-Robinson, à Châtenay-Malabry, à Stains ou à Champigny. En 1936, ce sont 2 500 logements qui ont été construits. On trouve un théâtre, une crèche, un centre médical, un hôtel pour célibataires et l'église Notre-Dame-de-la-Paix. Sur 40 ha, cette cité est l'un des exemples les plus aboutis de ce style d'architecture en brique.

★ *L'école en plein air :* sur les pentes du mont Valérien, cette construction de 1936 fut, à l'époque, l'une des plus grandes révolutions en matière d'architecture avec ses poutres métalliques et ses vastes baies vitrées. Chaque classe forme un cube dont les parois de verre se replient pour laisser entrer l'air et la lumière.

★ *Le mont Valérien :* du haut de ses 162 m, le mont Valérien contemple la capitale, et cela fait un moment que l'affaire dure. Depuis les origines du christianisme, le mont Valérien est un lieu de culte. Des ermites colonisèrent l'endroit au XVe siècle pour y chercher la solitude. Au XVIIe siècle, on y construisit une chapelle et un calvaire qui regardait Paris. Et c'est en 1830 qu'on y édifia un fort. Son rôle fut déterminant dans la défense de Paris lors de la guerre de 1870.

Durant la Seconde Guerre mondiale, le mont Valérien servit aux nazis de lieu d'exécution pour tous ceux qui avaient choisi de résister à l'envahisseur. Les condamnés étaient enfermés dans une chapelle désaffectée avant d'être conduits dans la carrière située en contrebas pour y être fusillés. Près de 4 500 patriotes furent exécutés ici. En 1945, le gouvernement français décida donc de construire un mémorial. 15 morts pour la France exhumés de divers cimetières et symbolisant les phases essentielles de la guerre furent déposés dans une casemate. Un 16e corps représentant les victimes de la lutte dans le Pacifique les rejoignit en 1952, et c'est en 1958 que le général de Gaulle fit ériger le *Mémorial de la France Combattante* (visites guidées du 1er avril au 30 septembre ; renseignements à l'office du tourisme), un monument de 100 m de long en grès rose des Vosges. Sur le mur se détachent 16 hauts-reliefs en bronze traduisant par des allégories les différents combats de ce conflit. Au centre s'élève une croix de Lorraine de 12 m de hauteur, devant laquelle une flamme brûle. Dans la crypte, on trouve 16 cénotaphes recouverts du drapeau tricolore, et au centre de la pièce, une urne contenant des cendres recueillies dans les camps de concentration. On peut refaire le circuit des condamnés. La chapelle porte encore les traces des graffiti écrits par eux, les poteaux d'exécutions déchiquetés par les balles sont encore là.

À proximité, il y a également le *cimetière américain* (190, bd de Washington ; ☎ 01-45-06-11-39), créé en 1917 et réalisé par le gouvernement américain. Des quatre carrés de tombes, trois renferment des morts de la Pre-

mière Guerre mondiale et le dernier accueille 24 soldats inconnus morts entre 1942 et 1945.
À noter que le *fort* ne se visite que dans le cadre de journées exceptionnelles, comme la Journée du Patrimoine.

Où sortir?

– **Théâtre de Suresnes Jean-Vilar :** place Stalingrad. ☎ 01-46-97-98-10.
Un nom prestigieux pour un théâtre proposant tout au long de l'année une programmation de qualité.

Randonnée pédestre

Possibilité d'effectuer le tour du mont Valérien. Depuis la gare de Suresnes.
Balisage jaune. Terrain facile. Réf. : *Les Hauts-de-Seine à pied,* éd. FFRP.
Carte IGN inutile.
La légende raconte que le mont Valérien devrait sa colline, haute de 162 m,
à des terres rapportées au Moyen Âge par saint Maurille, évêque d'Angers.
Saint Leufroy de Bayeux faisait le même pari. Mais Maurille, à cheval, aurait
dépassé Leufroy qui voyageait à pied. Maurille laissa alors tomber de sa
hotte un peu de terre et chaque monticule forma la butte Montmartre puis le
mont Valérien. Pourquoi pas? Le Parc départemental du Mont-Valérien
occupe sur 3 ha les versants sud et nord-ouest de la colline du même nom.
Sa position élevée offre une vue surprenante sur la capitale et les Hauts-de-
Seine. Les arbres plantés ont été choisis pour leur capacité à fixer son sol
sableux, tels le saule romarin, l'aulne glutineux, le charme et le chêne
pédonculé. À l'automne, l'altitude du mont Valérien en fait un site migratoire
important pour l'observation des oiseaux.
À la sortie de la gare de Suresnes, montez par la rue du Calvaire jusqu'au
boulevard Washington. Longeant le cimetière militaire américain, continuez
toujours à monter vers les terrasses et la table d'orientation du Fecheray et
le carrefour des Patriotes-Fusillés. Après les établissements sportifs, vous
entrez, au nord du fort, dans le Parc départemental du Mont-Valérien. Vous
le contournez par un sentier panoramique, le long des fossés du fort, pour
revenir au sud, face au mémorial national. De là, vous rejoignez, par l'avenue Léon-Bernard, la gare S.N.C.F. de Suresnes, non sans avoir goûté au
« p'tit blanc » des vignes de Suresnes.

PUTEAUX (92800)   43 000 habitants

Comme ses collègues, Nanterre et Suresnes, la ville fut longtemps terre de
vignobles avant de devenir une grande cité industrielle (berceau de l'automobile), puis l'une des capitales du tertiaire et des sièges sociaux (les trois
quarts du quartier de La Défense sont sur son territoire). La ville présente
aujourd'hui l'aspect d'un maelström immobilier, vu les appétits voraces et
l'expansionnisme de La Défense, et la restructuration de son vieux centre-
ville va bon train.

Un peu d'histoire

L'origine du nom viendrait de *putéoli* (petits puits), indiquant la présence de
nombreuses sources. Cependant, on retrouve dans une charte du roi Dago-

bert, signée en son palais de Clichy en 647, la mention « Aquaputta » (marécages), concernant une terre donnée à l'abbaye de Saint-Denis. Bon, ça
tourne quand même autour de l'eau ! En 1148, nouvelle mention, sous le
nom quasi définitif de *Puthiaux*, sur un décret de l'abbé Suger, régent du
royaume.

Au XVIIᵉ siècle, beaucoup de grands bourgeois et de nobles possèdent une
résidence à Puteaux. Une compagnie de gardes suisses y est basée. Certains tombant amoureux de filles de vignerons feront souche, d'où les nombreux Stulmuller, Stuzer, Schultz, Nefftzer, Kroninberger et autres. Prestigieux résidents également : Jean-Baptiste Lully (au 58, rue Voltaire) qui y
mourra, tué par son... bâton de chef d'orchestre, le comte de Gramont,
maréchal de France qui y édifie en 1698 le château de Puteaux (démoli en
1881) puis, en 1833, le compositeur Vicenzo Bellini (auteur de la *Norma*), qui
y meurt deux ans après.

La ville s'industrialise assez tôt, dès 1824, avec Lorilleux, gros fabricant
d'encres d'imprimerie, puis, en 1865, une grande usine de teinturerie. Ça
n'empêche pas la culture de la rose (elle intervient dans la fabrication du col-
lyre pour les pharmaciens). Arrivée du train en 1839.

Précurseur en matière scolaire puisque la première école communale est
construite en 1852, qu'en 1863 la commune assure un salaire aux instit's et
qu'en 1866 est instaurée la gratuité de l'enseignement. En 1871, le maire
Roque de Fillol, accusé de sympathie avec la Commune, est condamné aux
travaux forcés à perpétuité et déporté en Nouvelle-Calédonie.

En 1882, installation de Dion-Bouton, la première usine automobile. D'autres
suivront : Unic, Saurer, Daimler-Benz, Labourdette... Après la guerre de 14,
Coty installe sa première usine de parfum dans l'île de Puteaux.

La période contemporaine

Rue des Bas-Rogers, dans un petit atelier, Levavasseur invente un moteur
d'avion particulièrement performant. Avec lui, un jeune ouvrier-ajusteur de
Puteaux va truster les records : en 1908, premier vol au-delà de 200 m, en
1910, avec un Blériot, 400 km en 4 h 35. Puis, record de hauteur (3 100 m).
En 1912, record du monde de vitesse avec 113 km/h. Pour finir, en 1913, il
s'envoie en l'air à 6 150 m.

Arletty, née à Courbevoie, habita un certain temps à Puteaux (son père travaillait aux tramways de la ville). Enfin, sur le plan artistique, pendant la période cubiste (1910-12), se créa le groupe de Puteaux, composé de Jacques
Villon (frère de Marcel Duchamp) qui habitait rue Lemaître, du Tchèque
Franck Kupka (mort à Puteaux en 1957), de Gleizes, etc., auquel s'asso-
cièrent des artistes de Montparnasse (Picabia, Léger). Une sorte de rivalité
les opposait d'ailleurs au *Bateau-Lavoir* de Picasso et Braque.

En 1934, construction de l'hôtel de ville, avec de remarquables bas-reliefs
Art déco.

Comment y aller ?

– *En métro :* ligne 1 (Grande-Arche – Château-de-Vincennes). Arrêts :
Esplanade-de-La-Défense et Grande-Arche-de-La-Défense.
– *En R.E.R. :* ligne A. Arrêt : Grande-Arche-de-La-Défense.
– *En train :* gare de Puteaux et gare de La Défense desservies par Saint-
Lazare-Versailles-RD et Saint-Lazare – Saint-Nom-la-Bretèche. Départ éga-
lement de la ligne T2 pour Issy-Val-de-Seine.
– *En bus :* nᵒˢ 157 (Pont-de-Neuilly – Nanterre), 158 (Rueil-Malmaison –

Pont-de-Neuilly), 159 (La Défense – Nanterre-Cité-Vieux-Pont), 175 (Asnières-Gennevilliers – Porte-de-Saint-Cloud), 141 (La Défense – Lycée-de-Rueil), 144 (La Défense – Rueil-Malmaison), 93 (Suresnes-de-Gaulle – Esplanade-des-Invalides), 360 (La Défense – Hôpital-de-Garches).
● *Les Buséolien 1 et 2 :* bus locaux fonctionnant du lundi au samedi. ☎ 01-36-68-77-14.

Adresse utile

■ *Mairie :* 131, rue de la République. ☎ 01-46-92-92-92.

Où manger ?

|●| *Au Jardin de Jaurès :* 69, rue Jean-Jaurès. ☎ 01-47-78-41-87. Ouvert tous les jours. Pas loin de la mairie. Il y a bien un peu de céramique de style mauresque sur les murs, mais les peintures n'évoquent guère la Méditerranée. Ce n'est pas grave, l'accueil y est chaleureux et on y trouve l'un des meilleurs couscous du coin, ainsi qu'une bonne cuisine traditionnelle. Service efficace, portions copieuses pour une clientèle d'habitués réjouis et détendus. Menus à 55 et 75 F, couscous à 50 et 60 F, *tajine* à 45 F, plats de 35 à 45 F, le quart à 15 balles et vin du Maghreb à 65 F. Paella et moules-frites tous les vendredis. Toujours plein, ça n'étonnera personne ! Pas de dilemme cornélien, *La Barraka,* à côté, c'est la même maison !
|●| *La Taverne :* 30, rue Rousselle. ☎ 01-47-76-02-94. M. : Esplanade.

Fermé le samedi soir et le dimanche. Cadre rustique mode paysan (fleurs séchées, râtelier, bécasse et ceps de vigne). Une des cantines de la radio BFM. Spécialités du Périgord. Menus à 65 F (avec quart de vin et café) et 80 F. Plat du jour à 55 F et de vraies frites. Aux beaux jours, terrasse derrière avec parasols et les pigeons qui viennent en voisins.
|●| *Le Bistrot du Boucher :* 106, rue de la République. ☎ 01-47-76-42-92. Ouvert tous les jours, midi et soir. En face de la mairie. Décor bistrot, cadre confortable, carrelage blanc, tons lie de vin, photos de vedettes, etc. Clientèle d'hommes d'affaires le midi. Cuisine de bonne réputation, plats traditionnels : confit de canard, pavé de bœuf, foie de veau, carré d'agneau, etc. Menus à 90 et 150 F (avec vin et café).

À voir

★ *La mairie :* 131, rue de la République. Édifiée en 1934, œuvre des frères Niermans. Ce fut à l'époque l'une des plus grandes mairies de banlieue jamais construites. Les volumes à l'intérieur rappellent ceux des grands ouvrages à la soviétique, mais le style reste classique, avec une *touch* incontestablement années 30. Admirer la longue frise de façade d'Alfred Janniot, exprimant dans un superbe style néo-réaliste les vertus républicaines. Celle du bureau de poste à l'angle vaut le coup d'œil aussi pour son éloge du progrès grâce aux télécommunications. Voir l'escalier d'honneur et sa belle rampe de style Art déco. Remarquable fresque où vous retrouverez, en suivant notre rubrique « Un peu d'histoire », tout le passé de la ville, depuis les premiers puits jusqu'aux de Dion-Bouton. Les fresques de la salle des Mariages valent également le détour : expression des activités de la ville dans le décor bucolique du Puteaux d'autrefois.

★ *L'église Notre-Dame-de-Pitié :* place de l'Église (et quai National). Date du XVIᵉ siècle. Remaniée au XIXᵉ. De plan rectangulaire tout simple. Menaçant ruine, elle faillit disparaître dans les années 60. Beaux vitraux du XVIᵉ siècle.

BALADE DANS LE VIEUX PUTEAUX

Vieux quartier populaire, encore habité aujourd'hui par de nombreuses familles maghrébines et portugaises. Habitat très ancien, construction bon marché à l'époque (beaucoup de plâtre, peu de pierre) qui a mal résisté au temps et au manque d'entretien. En pleine rénovation. Pour ce qui a déjà été fait, il apparaît que ce n'est pas trop la tendance *Blitzkrieg* qui est dominante. Le quartier autour de l'église Notre-Dame-de-Pitié a été relativement préservé. En revanche, dans le secteur Mars-et-Roty, ça dégage sec ! Cependant, comparé à Courbevoie qui a liquidé son vieux centre, on semble ici s'acheminer plutôt vers un certain compromis. Bon, « wait and see » ! Quelques écoles sur l'itinéraire. En effet, pionnière au XIXᵉ siècle de la scolarisation des classes laborieuses (comme disait Jojo), la ville construisit de solides écoles, avec une certaine volonté architecturale, bien dans le style laïque IIIᵉ République.
Descendons la *rue Collin.* Au nº 7, l'*école Benoît-Malon* (1925-26) en offre un bel exemple. Pas d'innovation. Du sûr, du costaud, comme les valeurs républicaines. Maternelle d'un côté et garçons de l'autre (écrit en mosaïque). Sur le flanc, Benoît Malon (fondateur de la première coopérative ouvrière en 1866), en médaillon. Certaines rues possèdent encore leurs gros pavés. Arrivée *rue Voltaire,* dont tout un bloc a été préservé et forme un bel ensemble homogène avec l'église. Au 1, rue Bourgeoise, une plaque rappelle la belle aventure des de Dion-Bouton (dont l'usine était quai National). Au 91, rue Voltaire, maison de ville avec médaillon encadré de deux anges. On croise la rue Dufour à bout de souffle. Rue Henri-Martin, s'élève le *théâtre des Hauts-de-Seine.* Architecture très classique de 1913. Grande baie vitrée surmontée d'une frise sculptée en demi-cercle.
On passe le boulevard Richard-Wallace, beaucoup de dents creuses. Au 40, rue Voltaire, immeuble avec décor de brique et céramique (1904). Au 5, rue Gerhard, façade du premier casino-cinéma du département (1895). Au 30, rue Parmentier, école de 1903 avec fronton sculpté à horloge. Mais c'est au 48, *rue Eichenberger,* qu'on trouve l'architecture scolaire la plus originale. Drôle de façade alambiquée, avec des auvents style Cabourg et un tout petit clocheton à balustrade.

À L'OUEST DE LA VILLE

Entre la mairie et l'avenue du Président-Wilson, ça grimpe sec à travers un tranquille quartier pavillonnaire. *Rue Fernand-Pelloutier,* école de brique rouge, exemple intéressant de l'architecture de type « progressiste » des années 30 (mêmes architectes que la mairie). Rue Cartault, en face du centre culturel, on trouve le musée de la Ville. Inexplicablement fermé, alors qu'il contient de précieux témoignages sur la ville et de belles toiles de Jacques Villon et Franz Kupka (membres du groupe de Puteaux). Au 157, *rue de la République,* le *moulin de Chantecoq,* le plus ancien des Hauts-de-Seine (XVIIᵉ siècle). À côté, le Conservatoire de musique, abrité dans des bâtiments de l'ancienne manufacture d'encres Charles Lorilleux (1818).

L'ÎLE DE PUTEAUX

Amateurs de sports, voici votre plus grand terrain de jeux : l'île de Puteaux, dominée par la sculpture de Mathieu, baptisée comme il se doit *Énergie*.
Au choix : golf, rugby, piscine, handball, volley, échecs géants... Les loisirs y sont rois depuis la création en 1885 du Cercle de la société sportive, l'un des premiers clubs de tennis français. Mais que cette vocation ne fasse pas oublier l'intermède parfumé de l'entre-deux-guerres.
En 1917, François Coty rachète une ancienne usine de jouets pour y installer sa fabrique de parfum. Les roses cultivées à Puteaux, *Rosa damascena*, dont on extrait une huile essentielle, ne sont pas étrangères à cette implantation. Mais l'usine ne survit pas à ce grand parfumeur et magnat de la presse (il achètera *Le Figaro*). Transformée en cité d'urgence au lendemain de la Seconde Guerre mondiale, elle est rasée en 1970 pour faire place aux temples des golfeurs, des athlètes et des tennismen.
Renseignements au **Parc des sports**, île de Puteaux. ☎ 01-41-38-34-00.

LE QUARTIER DE LA DÉFENSE

Un peu d'histoire

Pour certains d'entre nous, La Défense, c'est *Apocalypse Now* : règne du béton, dalle battue par le vent, etc. Pour d'autres, un symbole de « la France qui gagne », un hymne à l'architecture et à l'art contemporains. À chacun son opinion, mais La Défense ne manque pas de bonnes surprises. Son histoire architecturale commence en septembre 1958 avec l'inauguration du CNIT, qui met en œuvre un voile de béton mince culminant à 50 m de haut. Record mondial toujours certifié !
En fait, La Défense (re)vient de bien plus loin. L'idée de prolonger l'Axe historique Tuileries-Champs-Élysées titille les aménageurs depuis des décennies. L'après-guerre (celle de 14-18) voit fleurir les projets de Voie triomphale à l'ouest de Paris avec, par exemple, une statue de la Victoire de 70 m de haut ! Un nommé Le Corbusier conçoit en 1926, pour la porte Maillot, un projet dans lequel des immeubles de grande hauteur émergent d'une dalle piétonne qui recouvre les voies de circulation. Ce sera chose faite, sous l'œil attentif de l'EPAD (Établissement public d'aménagement pour la région de La Défense), à partir de 1964, sur une zone jusque-là occupée par pavillons, bidonvilles, usines et ateliers. Pionnière : la tour Esso, un immeuble de bureaux de 30 000 m², révolutionnaire pour la France de l'époque (il a disparu en 1994). Naît une première génération de tours, limitées à 100 m de hauteur par rapport à la dalle, comme les tours Aurore et AIG. Parallèlement, on creuse les tunnels du R.E.R., car La Défense est non seulement piétonnière mais aussi dédiée aux transports en commun, qui assurent 80 % de son trafic quotidien (un bon point pour elle).
La station de R.E.R. à La Défense est inaugurée en 1970. Le métro, lui, attendra 1992 pour franchir le pont de Neuilly. Les années 70 voient croître la demande de bureaux ainsi que l'appétit des promoteurs, et les tours de deuxième génération, GAN ou Framatome (ex-FIAT), flirtent avec les 200 m. Elles sont monolithiques, gourmandes en énergie, affectionnent les grands plateaux et la lumière artificielle. Le choc pétrolier de 1974 douche légèrement les enthousiasmes immobiliers. Mais cinq ans plus tard, un programme de 100 000 m² de bureaux est lancé, en grande partie réalisé par un jeune promoteur, Christian « La Défense, c'est moi » Pellerin, parfait symbole des années 80. L'heure, cependant, est aux économies d'énergie, à l'humanisation des lieux de travail. Et l'architecture a tout à y gagner. On édifie des immeubles de faible hauteur, ou des tours aux formes novatrices, comme celles, jumelles, de la Société Générale. Objectif : capter un maximum de lumière du jour, et donc amincir, étirer les constructions. Illustration : la tour

Cégétel, le quartier Valmy, proche de la Grande Arche inaugurée à l'occasion du Bicentenaire de la Révolution française, en 1989.

La Défense, c'est aussi *Les Quatre Temps,* « le plus grand centre commercial européen », auquel, question esthétique et ambiance, on préférera sans doute ce bon vieux CNIT, élégamment rénové en 1985. Il accueille divers salons et congrès, héberge un centre d'affaires, 40 boutiques, cafés, restaurants et une FNAC.

Où manger à La Défense ?

Prix moyens

|●| *Le Bistrot à Vins :* 86, esplanade du Général-de-Gaulle, près de la fontaine Agam ; quartier 4. ☎ 01-47-76-11-94. Institution locale, *Le Bistrot à Vins* voit défiler hommes d'affaires plus ou moins pressés, habitués, amateurs de bons vins et d'une cuisine de bistrot de bonne tenue : confit de canard, andouillette, tripoux aveyronnais. Le chef est d'ailleurs un intégriste du produit frais. Le service est sympathique, dynamique. Comptez 160 F par personne. Plus les vins, bien entendu, que vous pouvez également déguster autour du bar circulaire. En particulier une sélection de bordeaux, du marquis-de-saint-estèphe 1994 à 145 F au château-Latour Premier Grand Cru 1991 à 1 150 F, mais aussi des bourgognes (un aloxe-corton-villages 1990 à 210 F), des vins de Loire (un saumur-champigny René-Noël Legrand à 98 F). Et la sélection du jour. Dégustations, souvent, le jeudi en fin d'après-midi. Belle terrasse en été : évitez cependant de vous y installer sans avoir consulté un serveur !

Plus chic

🛏 |●| *Les Communautés :* Sofitel Paris CNIT La Défense, 2, place de La Défense ; quartier 6. ☎ 01-46-92-10-10. *Les Deux Arcs : Sofitel* Paris La Défense, 34, cours Michelet ; quartier 10. ☎ 01-47-76-44-43. Eh oui, La Défense dispose d'un vaste (et plutôt onéreux) parc hôtelier, dont deux *Sofitel.* Leurs restaurants respectifs sont éminemment recommandables, avec une qualité de service et de cuisine irréprochable.

|●| *La Safranée sur Mer :* 12, place des Reflets. ☎ 01-47-78-75-50. Comme son nom l'indique quelque peu, ce restaurant à l'ambiance *cosy* est spécialisé dans le poisson, avec son fameux tartare d'espadon, ses soles meunière, son cabillaud, une spécialité du patron, d'origine portugaise. L'addition monte facilement à 300 F, auxquels vous ajouterez les vins, dont de surprenants crus portugais. Formule soupe de poisson, plus bouillabaisse, à 250 F. Terrasse attractive aux beaux jours. Animation jazz certains jeudis soir.

À voir à La Défense

TOUT ! La Défense est, de loin, la plus vaste zone piétonnière de Paris, avec ses 40 ha divisés en 11 « quartiers ». Pour la parcourir, descendez à la station de métro Esplanade-de-La-Défense (ligne 1). À partir du bassin Takis, remontez la dalle, en quête des 50 œuvres d'art qui y sont réparties. Aux beaux jours, entre 12 h et 14 h, parcourez l'esplanade Charles-de-Gaulle ou le cours Michelet, parmi les terrasses, les joueurs de pétanque. Faites un petit tour au splendide parc Diderot (quartier 5). Alors, d'espaces verts en terrasses, bercé(e), mais oui, par le chant des oiseaux, et le spectacle des *executive women* en train de bronzer, vous aurez une vision différente du monde étrange et mystérieux de La Défense (30 000 habitants pour 140 000 cadres et salariés de tout poil). Conservez comme objectif la

Grande Arche et le CNIT. Depuis le toit de l'Arche, vous apprécierez un panorama exceptionnel sur le quartier d'affaires, sur Paris et les environs. Autre intérêt de La Défense : un vigoureux brassage de populations, depuis le cadre supérieur jusqu'aux Blacks et Beurs des cités voisines, en passant par les touristes tchèques ou japonais et les skaters. À la nuit tombée, cependant, le coin perd beaucoup de son intérêt, si ce n'est par le jeu des multiples lumières. Passé 22 h, le Parvis n'est pas franchement recommandé aux femmes seules.

★ *Espace Info Défense :* près de la statue de La Défense ; entrée en bas, place de la Statue ; quartier 4. ☎ 01-47-74-84-24. Ouvert du lundi au vendredi de 10 h à 13 h et de 14 h à 17 h. À Info Défense, vous trouverez les renseignements sur le quartier d'affaires, ainsi qu'un plan (gratuit), un guide sur l'histoire, l'architecture, les œuvres d'art du site. À voir : le musée de La Défense, d'Henri IV à la Grande Arche.

★ *Le Toit de la Grande Arche :* place de La Défense ; quartier 7. ☎ 01-49-07-27-57. R.E.R. et métro ligne 1, station Grande-Arche-de-La-Défense. Accès au toit par ascenseur externe transparent. 7 jours sur 7, de 10 h à 19 h. Adultes : 40 F ; de 5 à 18 ans : 30 F ; groupes : 30 F. Prenez vos billets à la cahute devant et à gauche des ascenseurs, sous le « nuage ». Le Toit donne accès à diverses expositions et à une vue panoramique « décoiffante ». La Grande Arche, elle, est née du dessin à main levée d'un architecte danois, Otto Von Spreckelsen. Celui-ci fut sélectionné en 1983 parmi les projets de 425 concurrents, puis parmi 4 finalistes. Haute de 175 m, l'arche constitue « une fenêtre sur le monde... avec un regard sur l'avenir ». Elle est décalée de 6°3 par rapport à l'Axe historique, un désaxement similaire mais contraire à celui de la Cour carrée du Louvre. Une option hautement symbolique, qui s'est parfaitement accordée avec la nécessité d'insérer les 12 piles de soutènement massives entre voies de chemin de fer et autoroutes ! Décédé avant la réalisation définitive assurée par Paul Andreu, Spreckelsen s'était montré plus qu'exigeant sur le choix des matériaux, depuis le marbre de Carrare qui revêt l'Arche, jusqu'aux 2 800 panneaux vitrés sans déformation optique. La Grande Arche est devenue, bien sûr, un pôle touristique majeur.

★ *Sources d'Europe, Centre d'information sur l'Europe :* dans le Socle de la Grande Arche. Entrée sous le « nuage », quartier 7. ☎ 01-41-25-12-12. Entrée libre du lundi au vendredi, de 10 h à 18 h. Véritable mine d'informations sur l'Union européenne, Sources d'Europe accueille grands et petits, avec des expositions, une médiathèque, une salle d'actualités, un espace librairie-cadeaux et le *Café Européen*, une sympathique cafétéria. Il assure également un service d'informations à distance (réservé aux abonnés du mensuel *Un mois en Europe*) : ☎ 01-41-25-12-08. Diverses animations sont organisées pour les élèves du primaire, des collèges et des lycées : ☎ 01-41-25-12-22.

★ *Centre de documentation de l'urbanisme :* ministère de l'Équipement, Arche de La Défense. Entrée à gauche de la Grande Arche – en tournant le dos à Paris –, entre les immeubles noirs du passage de l'Arche et l'Arche. Prendre un escalier descendant, puis à gauche ; quartier 7. Bibliothèque : ☎ 01-40-81-11-78. Ouvert au public du mardi au vendredi, de 9 h 30 à 17 h 30. Moins touristique, certes, mais intéressant, le Centre de documentation de l'urbanisme réunit, dans le sous-sol de la Grande Arche, une bibliothèque et une banque de données bibliographiques. C'est en quelque sorte la mémoire vivante de l'urbanisme en France.

★ *Le musée de l'Automobile :* 1, place du Dôme, colline de La Défense, à gauche de la Grande Arche ; quartier 7. ☎ 08-36-67-06-06 (1,49 F la minute). Réservations groupes : ☎ 01-46-92-45-50. Ouvert tous les jours de 12 h 15 à 19 h 30. Entrée : 35 F ; tarif réduit : 20 F. Difficilement contournable, le musée de l'Automobile ravira les *aficionados* de la voiture, les nostalgiques de tout poil, et les autres. 110 modèles sont exposés, voire mis en scène, des « préhistoriques » aux « modernes ». Le contexte de chaque époque est clairement évoqué : ne ratez pas les unes du *Petit Journal* ! Des vitrines animées présentent avec humour l'invention du moteur à gaz de pétrole par Étienne Lenoir, en 1860, ou les péripéties de la Croisière jaune. Vous trouverez également des mises en espace où cinéma et automobiles se côtoient. Vous en apprendrez beaucoup, par ailleurs, sur la vocation automobile des Hauts-de-Seine, en ces temps reculés où fleurissaient les « assembleurs », qui proposaient un châssis et vous laissaient le choix du moteur et de la carrosserie. Et sur Jean-Albert Grégoire, père (entre autres) de la célèbre « traction avant » Citroën. Des projections sur écran panoramique complètent le circuit. Difficile de ne pas craquer devant la Salmson San Sebastian, la Renault Primastella, la Rolls-Royce Silver Dawn ou la Jaguar XK 120 !

Où boire un verre à La Défense?

❦ *Bistrot de l'Arche :* 38, Le Parvis de La Défense; quartier 7. ☎ 01-40-81-08-16. À deux pas de la Grande Arche, avant les marches, sur la gauche. Pour jouer les touristes en terrasse, les mois d'été. Vous pouvez même faire le plein de cartes postales pas très loin, à *Souvenir Défense*.

❦ *Le Café Européen :* Sources d'Europe, Centre d'informations sur l'Europe, Le Socle de la Grande Arche; entrée sous le « nuage » (voir plus haut). ☎ 01-41-25-12-12. Du lundi au vendredi, de 10 h à 18 h. Un lieu calme et lumineux, forcément européen.

Marchés

– *Marché Chantecoq :* rue Eichenberger. Les jeudi et dimanche matin.
– *Marché des Bergères :* rond-point des Bergères. Les mercredi et samedi matin.

Où sortir?

– *Le Théâtre des Hauts-de-Seine :* 5, rue Henri-Martin. ☎ 01-47-72-09-59. Programmation très classique toute l'année.
– *Le Palais de la Culture :* 19-21, rue Chantecoq. ☎ 01-46-92-95-41. Café-philo, le dernier jeudi de chaque mois à 20 h 30.
– *Le Dôme IMAX® :* colline de La Défense. Ouvert tous les jours. Programmes au : ☎ 08-36-67-06-06 (1,49 F la minute). Réservations groupes : ☎ 01-46-92-45-50. Plein tarif : 57 F; tarif réduit (moins de 18 ans, étudiants, familles nombreuses, plus de 60 ans) : 44 F;

deuxième film le même jour : 40 F; carte 4 séances : 140 F. Chaque mercredi, séance à 15 h avec dessins animés, film IMAX® et pop corn ! Deux films par jour projetés en alternance. Grâce à son écran géant hémisphérique de 1 144 m², qui occupe 86 % de la surface totale, le Dôme IMAX® vous plonge littéralement dans le film. À défaut de scénarios subtils, les films sélectionnés (*Everest, Les Ailes du courage, MIR, La Course aux étoiles*) promettent toujours des images spectaculaires.
– *Cinémas UGC Quatre Temps La Défense :* centre commercial des

Quatre Temps ; quartier 8. Un groupement de 11 salles avec une programmation similaire à celle des multiplexes parisiens. Programmes au : ☎ 08-36-68-13-24 (2,23 F la minute). Réservations pour les groupes scolaires, du lundi au vendredi, de 10 h à 12 h 30 et de 14 h à 19 h : ☎ 01-46-37-73-73.

NEUILLY-SUR-SEINE (92200) 61 637 habitants

Ville qu'une plaquette de la Municipalité présente comme « une sorte de soupir musical entre la symphonie de Paris et le point d'orgue du quartier d'affaires de La Défense », Neuilly incarne jusqu'à la boursouflure l'univers bourgeois. Fortunes anciennes et récentes, gens bien élevés et m'as-tu vu, flambeurs et gros épargnants, Monsieur Jourdain et Rastignac se côtoient et s'observent en vase clos dans un îlot de 375 ha, dont 19 ha d'espaces verts. Tous ont d'excellentes raisons d'habiter Neuilly et de s'en enfuir les beaux jours venus s'autres confortables demeures plus proches de la mer. Un monde fait d'us et coutumes adoptés et respectés par tous dans une ville qui cultive l'élitisme et qui fait tout pour apparaître différente aux yeux des autres et en particulier des Parisiens.
Le charme discret de la bourgeoisie, l'armée de cols blancs qui envahit la ville dès 9 h du matin et la quitte aux environs de 18 h ne le goûte guère. Neuilly est pour eux une ville à 10 000 années-lumière de leurs préoccupations quotidiennes, juste une photo grandeur nature d'un monde inégal. « Y'en a qu'ont de la chance », pensent certains de ces soutiers en regardant les solides demeures de ce village doré sur tranche. Habiter Neuilly n'est pourtant pas une question de chance, plutôt de choix. Y avoir son nid, c'est montrer qu'on jouit d'une belle santé matérielle. Un vrai signe extérieur de richesse.

Un peu d'histoire

L'origine du nom « Neuilly » viendrait de *Lun,* forêt en langue germanique, et de *Noue,* pré inondé. C'est au XIIIᵉ siècle qu'apparaissent les premières mentions du nom : Portus de Lulliaco (1222), Lugniacum (1224), Luingni (1266), Nully (1316), Nulliacum (1379), Nully (1648)... on y est presque. Neuilly à la Révolution et finalement Neuilly-sur-Seine par décret de 1897, mais on continue de dire Neuilly.
Partie intégrante à ses débuts de l'immense forêt de Rouvray (dont il ne reste aujourd'hui que le bois de Boulogne actuel), la ville symbole d'une certaine prospérité bourgeoise devient, par l'action conjuguée du défrichage des bûcherons et des laboureurs, un hameau des bords de Seine qui va petit à petit se transformer en port. En 1606, suite à un accident survenu à Henri IV et Marie de Médicis (leur carrosse verse du bac alors qu'ils se rendent au château de Saint-Germain), la construction d'un pont fut décidée. Ce premier pont en bois sera suivi d'un autre en 1637, toujours en bois, puis d'un premier pont en pierre en 1728 (le pont actuel date de 1942). Entre-temps, François Iᵉʳ fait construire le château de Madrid, démoli en 1795. Neuilly commence à prendre de l'importance, et les belles demeures fleurissent : la Folie de Bagatelle (construite en six semaines à la suite d'un pari entre le comte d'Artois et Marie-Antoinette), etc. Dans la plaine des Sablons, Parmentier avec l'autorisation de Louis XVI expérimente la culture des pommes de terre.
La Révolution de 1789 troublera à peine la douce quiétude de la cité (un seul Neuilléen sera guillotiné), et il en sera de même de celle de 1848 (Louis-Philippe vivait à Neuilly quand il n'était encore que duc d'Orléans). Par

contre, la Commune de Paris traumatisa quelque peu les habitants, car Neuilly fut l'objet de combats furieux entre Versaillais et Communards. La dernière guerre mondiale, *a contrario,* fit peu de dégâts (malgré de violents combats à la Libération), les Allemands appréciant beaucoup les vertus résidentielles de Neuilly. Bref, une histoire sans histoires pour une ville où l'on cultive l'art du secret comme une seconde nature. Théophile Gautier, Baudelaire et le commandant Charcot ont habité Neuilly, et Toulouse-Lautrec fut interné en 1899 à la folie Saint-James pour suivre une cure de désintoxication.

Comment y aller ?

– *En métro :* ligne n° 1 Château-de-Vincennes – Grande-Arche-de-La-Défense. Stations : Porte-Maillot, Sablons, Pont-de-Neuilly.
– *En bus :* n⁰ˢ 43 (Gare-du-Nord – Place-de-Bagatelle), 73 (Musée-d'Orsay – La Défense-Grande-Arche), 82 (Gare-du-Luxembourg – Hôpital-Américain), 144 (Pont-de-Neuilly – Rueil-Malmaison), 157 (Pont-de-Neuilly – Faidherbe-RER), 163 (Grand-Cerf – Porte-de-Champerret), 164 (CES-Claude-Monet – Porte-de-Champerret), 174 (La Défense-Grande-Arche – Saint-Denis-Porte-de-Paris), 176 (Pont-de-Neuilly – Colombes-Petit-Gennevilliers).
● *Navette municipale :* deux lignes. Circuit nord de hôtel de ville à l'île de la Jatte, via l'Hôpital Américain, et les stations de métro Sablons et Pont-de-Neuilly ; circuit sud : hôtel de ville à Saint-Dominique via le Jardin d'acclimatation, place Bagatelle et le métro Pont-de-Neuilly.
– *En voiture :* de la porte Maillot.

Adresse utile

■ *Mairie (service information tourisme) :* 21, rue Edmond-Bloud. ☎ 01-47-47-47-40 ou 01-40-88-88-62.

Où manger ?

Assez bon marché

●❙ *Épices-Riz :* 23, rue de Sablonville. ☎ 01-47-45-57-77. M. : Les Sablons. Ouvert non-stop de 10 h à 22 h. Fermé le dimanche. Il est agréable de venir « snacker » dans ce magasin de produits italiens à l'atmosphère plaisante, même si les plats manquent un peu de générosité. Un petit comptoir placé devant les sauces et les paquets de pâtes, et un autre devant le préposé à la cuisson de celles-ci (il les jette dans l'eau bouillante, et vous les sort cuites *al dente*) permettent d'avaler vite fait bien fait une salade de roquette aux champignons (55 F), un potage de cresson (35 F), un risotto aux champignons (60 F) ou un plat de *pasta* (60 F) en tout genre : *fusilli, penne, spaghetti*... servis avec la sauce de votre choix (tomate, basilic...). Quelques vins italiens au verre (mais médiocres et chers).

●❙ ❢ *Le Chistera :* 13, rue de Longchamp. ☎ 01-46-24-28-03. M. : Pont-de-Neuilly. Fermé les samedi et dimanche. Restaurant uniquement au déjeuner. Ce petit troquet discret, connu des seuls habitués, nous a ravis par la simplicité de ce que nous y avons mangé. La tarte salée cantal-tomate servie avec une salade (45 F ; avec des pommes de terre sautées, 55 F) était réellement faite maison et délicieuse, et le poulet grillé sauce normande jardinière de légumes (60 F) en plat du jour (unique, différent chaque jour) sans reproche. Tout comme les tartes salées et les quiches, les desserts sont eux aussi faits maison, et le clafoutis aux cerises proposé à l'ardoise, délectable. Passé le comptoir, il y a une salle dans le fond (elle n'est pas visible de l'extérieur). Atmosphère bon enfant.

IOI *Chez Papinou :* 26, rue du Château. ☎ 01-55-24-90-40. M. : Pont-de-Neuilly. Ouvert jusqu'à 21 h 30. Fermé les samedi et dimanche. Le petit coup du terroir tout en simplicité rustique, allié à une atmosphère campagnarde (nappes à carreaux, poêles ici et là...), c'est une comédie vue et revue et pourtant ça marche toujours. L'accueil débonnaire du patron moustachu, le service rapido allié à des nourritures que tout le monde connaît et les prix au centime prêt (c'est même rigolo) expliquent sans doute le succès des lieux. Les spécialités inscrites sur l'ardoise – omelette lardons-pommes de terre (49,50 F), marmite bourguignonne (58,20 F ; du bœuf bourguignon, tout simplement), entrecôte marchand de vin (58,60 F), salade du Papinou morvandiau (54,20 F ; salade, œuf, jambon, lardons, fromage de tête, pommes de terre), assiette de cochonnailles (54,20 F)... – défilent sur les tables. À ce prix-là, on a même droit à de vraies serviettes. Côté vins, le négoce règne en maître (quelques vins sont servis au verre).

IOI *Le Chalet :* 14, rue du Commandant-Pilot. ☎ 01-46-24-03-11. M. : Les Sablons. Jusqu'à 22 h 30. Fermé le dimanche. La formule express à 63 F et la formule à 79 F (plat + dessert et quart d'eau minérale) remplissent aisément à l'heure du déjeuner ce restaurant d'altitude niché dans la plaine des Sablons. Le soir, les menus Mont Blanc à 135 F et Savoyard à 140 F ne semblent pas freiner les habitués qui aiment à se retrouver dans ce lieu où l'accueil est bon. À la carte, raclette à 117 F et fondue savoyarde aux trois fromages à 92 F.

IOI *Shinjukhu :* 2, rue de Longchamp. ☎ 01-46-24-42-11. M. : Pont-de-Neuilly. Ouvert jusqu'à 23 h. Fermé le dimanche. Le nippon de Neuilly. Au déjeuner, des formules en nombre qui comprennent presque toutes soupe, riz et salade : 64 F (4 brochettes de poulet) ; 69 F (brochettes de bœuf, poulet aux oignons, canard et agneau), saumon grillé ou thon grillé ; 80 F, saumon cru ou thon cru, riz vinaigré ; 96 F (ni soupe ni salade), et anguille grillée à 105 F. Plateau *sushi* à 130 et 140 F, *sashimi-sushi* à 158 F. Menus le soir à 89, 105 et 145 F. Qualité des produits moyenne. Évitez le créneau horaire 13 h-13 h 30, car les places sont chères.

IOI ▼ *L'Imprévu :* 46, rue de Sablonville. ☎ 01-46-24-98-51. M. : Les Sablons. Restauration uniquement au déjeuner. Fermé le samedi après-midi et le dimanche. L'enseigne ne ment pas, il est effectivement imprévu de trouver encore dans cette ville dorée sur tranche un troquet populo. La déco est succincte. Hormis une dizaine de coupes sportives (le patron joue au football) et quelques croûtes sur les murs, c'est le néant. Mais le propriétaire est sympa et les habitués s'agglutinent devant le comptoir en Formica griffé années 60. À table, ouvriers et employés avalent consciencieusement le copieux plat du jour à 55 F : choucroute, escalope milanaise, spaghetti bolognaise (il y a des spaghettis tous les jours, mais cuisinés différemment : *carbonara,* etc.). Le jaja est bon marché, la cuisine sans prétention, et le service souriant. On pourrait presque se croire dans un relais routier ou dans une pension de famille.

Prix moyens

IOI *Chez Livio :* 6, rue de Longchamp. ☎ 01-46-24-81-32. M. : Pont-de-Neuilly. Ouvert tous les jours jusqu'à 23 h. *Livio* reste « l'italien » chéri des Neuilléens. Une histoire d'amour qui dure depuis 30 ans et qui semble bien ne pas vouloir en rester là. Il faut dire que les beignets de courgettes et d'aubergines servis croustillants et très chauds sont délicieux, le carpaccio constant, les pizzas classiques (mais pas démentes), les *pasta* cuites comme il faut, que l'accueil des frères Innocenti est parfaitement en phase avec la clientèle bourgeoise et que les serveurs sont prévenants et l'atmosphère générale joyeuse. Menu à

120 F au déjeuner (sauf week-end) et menu enfants à 75 F. À la carte, compter environ 170 F.

●| *Durand-Dupont Drugstore :* 14, place du Marché. ☎ 01-41-92-93-00. M. : Les Sablons. Ouvert tous les jours jusqu'à 23 h. Le restaurant le plus swing de la ville. Tout Neuilly s'y donne rendez-vous. Certains jours, l'affluence est grande et il est difficile de trouver une table dans ce resto qui pourtant ne manque pas de places (environ 150 couverts), surtout si on veut être en terrasse et profiter du soleil (la terrasse étant située sur la place où se tient le marché, elle n'est pas ouverte les mardi, mercredi et dimanche midi). Le succès de *Durand-Dupont* s'explique sûrement plus par sa position stratégique au cœur de la cité que par sa cuisine. Ce qui marche fort, ce sont les assiettes – tartare de bœuf sur pain de campagne (72 F), gratin de pâtes au parmesan (58 F), grande assiette de bayonne vieilli neuf mois (60 F)... –, toutes servies avec un verre de vin au choix. Patio chauffé et *brunch* à volonté le dimanche pour 160 F. À la carte, compter environ 130-180 F.

●| ♟ *Paris-Neuilly :* 1, place Parmentier. ☎ 01-46-24-91-01. M. : Les Sablons. Ouvert de 8 h à 22 h. Fermé le dimanche. Un café-tabac-brasserie bien tenu, qui sert dans une salle proprette des plats traditionnels que l'on a toujours plaisir à retrouver (poulet à la Kiev, langue de veau aux endives braisées...). À la carte figurent aussi quelques spécialités auvergnates de la région des patrons : saucisse fraîche à l'aligot (lundi et mardi), carré d'agneau aux pleurotes et aux deux légumes (vendredi ; 80 F), chou farci aligot (73 F)... plats que l'on peut faire précéder d'œufs brouillés aux fines herbes (32 F) ou faire suivre d'un dessert. Le jour de notre visite, il y avait un bon paris-brest. Service souriant et diligent, terrasse couverte. Compter environ 120-140 F.

Plus chic

●| *Foc-Ly :* 79, av. Charles-de-Gaulle. ☎ 01-46-24-43-36. M. : Les Sablons. Fermé le lundi et du 15 juillet au 15 août. Vous ne pourrez pas manquer *Foc-Ly* avec son toit en forme de pyramide et ses deux lions qui trônent à l'entrée. En jetant un coup d'œil sur la longue carte figurant sur la droite de la porte d'entrée, vous remarquerez en bas un extrait du livre d'or avec les commentaires élogieux de Jacques Chirac, Inès de la Fressange, Claude Chabrol, et *tutti quanti*. C'est si extraordinaire que ça ? N'exagérons pas, il y a mieux à Pékin, Hong Kong et Taïwan, mais pour Neuilly, c'est effectivement un bon chinois. Menus déjeuner à 99 et 109 F en semaine, et menu-enfants à 75 F. À la carte, compter environ 180 F.

●| *La Brasserie des Arts :* 2, rue des Huissiers. ☎ 01-46-24-56-17. M. : Les Sablons. Jusqu'à 22 h 30. Fermé le dimanche. Cette brasserie de style années 30 (lampes globes, banquettes en moleskine...) brille surtout le soir. Le répertoire de brasserie est là au grand complet : choucroute garnie, haddock poché au beurre blanc, tartare, pieds de porc à la façon de Saint-Menehould, onglet aux échalotes... une cuisine conforme aux canons du genre, mais hélas plate comme une morne plaine. Le service par des garçons souriants en grand tablier blanc et gilet noir comme à la Belle Époque ajoute au faux-semblant. Ne manquent que les demi-mondaines. La maison met en avant sa carte de bordeaux où figurent quelques bons classiques à prix doux. Les vins provenant des autres régions vinicoles font la part belle au négoce.

●| *Les Pieds dans l'Eau :* 39, bd du Parc (île de la Jatte). ☎ 01-47-47-64-07. Le nom sent les beaux jours, les parties de pêche, les pique-nique arrosés de vin clairet, comme dans le roman de René Fallet. L'endroit a gardé un parfum d'autrefois, un parfum de passé reconstitué, fait d'objets de marine, de meubles anglais et de gravures anciennes qui donnent à la partie d'hiver un air de « club-house » très *British*, très *cosy*, où le bar n'est pas la pièce la moins intéressante. Un parfum de dimanche au bord de l'eau sur les terrasses descendant en gradins vers le bras de Seine, sous peupliers, saules pleureurs et figuiers. La cuisine du chef, récemment accosté en ville, sait naviguer entre ses références, donnant, selon les saisons, des petites touches de couleurs à des plats d'une cuisine des plus franches. Poisson et grillades l'été, carpaccio de truite et de perche, gaspacho frais aux légumes croquants relevé de feuilles de coriandre, mariage en aumônière de thon blanc à d'autres poissons, volaille et figues associées en suprême, on sent l'envie de rassurer Neuilly tout en ne voulant pas désespérer les amateurs d'associations nouvelles. Seurat n'est pas loin, qui colorait d'une manière inhabituelle les scènes d'une tranquille banalité d'un dimanche sur l'île de la Jatte. La formule à 180 F devrait vous inciter à tremper vos pieds dans l'eau.

À voir

★ *L'île de la Jatte :* c'est Louis-Philippe, alors duc d'Orléans, qui a métamorphosé ce qui n'était qu'un îlot marécageux habité par des malandrins en un jardin extraordinaire fréquenté par l'aristocratie. Le duc y donne de somptueuses fêtes vénitiennes qui enchantent l'élite. Au fil des ans, guinguettes, bals et cafés populaires s'installent aux abords de ce domaine aristocratique, et attirent artisans et compagnons qui viennent s'y divertir autour d'un verre de blanc de Suresnes. Bourgeois, aristos, populos... ne manquaient que les artistes. Les impressionnistes découvrent l'île et, impressionnés par la luminosité des lieux, y plantent leur chevalet. Puvis de Chavanne, Sisley et Monet viennent régulièrement sur les berges. L'île est immortalisée en 1884-1885 par Georges Seurat dans un grand tableau de 2 m x 3 m intitulé *Dimanche d'été à la Grande Jatte,* qui est considéré comme le manifeste du mouvement pointilliste dont Seurat était le chef de file.
À la fin du XIXᵉ siècle, l'industrie s'installe dans la partie levalloisienne (l'île de la Jatte est située pour sa majeure partie sur la commune de Neuilly, seule la pointe extrême est sur le territoire de Levallois), où usines et entrepôts fleurissent, alors que la partie neuilléenne se couvre de résidences. Le mouvement s'amplifie au début de ce siècle. Parmi les entreprises qui choisissent de s'installer dans l'île, on compte en premier lieu des avionneurs : René Coussinet, Alphonse Tellier... Des ateliers et des hangars qui survivront jusqu'aux années 80, époque où ils se transformeront en restaurants à la mode. Un mouvement qui fit redécouvrir le charme de l'île aux Parisiens. Un projet d'aménagement est actuellement en cours pour redonner une vocation résidentielle à l'île. 5 000 m² de logements à loyer intermédiaire, 3 000 m² de commerces sont prévus dans un futur proche. Ce projet entend heureusement préserver la majorité des habitations existantes.

BALADE EN VILLE

Quoique Neuilly ne soit pas à proprement parler une ville touristique, il est néanmoins possible d'y organiser un petit circuit. Ce dernier inclura l'*église Saint-Jean-Baptiste,* 158, av. Charles-de-Gaulle, construite en 1540 et à l'intérieur de laquelle on trouve des fonts baptismaux datant de la fin du XVᵉ siècle ; l'*église Saint-Jacques,* 167, bd Bineau, avec des vitraux de Gaudin, les fresques *Transfiguration* d'Ambroselli et Poupart et *La Nativité* d'Hélène Besson ; l'aile du *château de Neuilly* (incendié en 1848 par les révolutionnaires), 9, bd de la Saussaye, qui depuis 1808 est le fief des religieuses de Saint-Thomas-de-Villeneuve, et où se trouve l'une des très rares Vierges Noires connues en France (Notre-Dame de la Délivrance) ; la *villa Thouret,* 68, bd Bourdon, œuvre de l'architecte Henri Labrouste, qui fait face à l'île de la Jatte : une maison éclairée de grandes verrières d'inspiration néo-classique ; le *Temple d'Amour,* à la pointe amont de l'île de la Jatte, un monument circulaire aux douze colonnes corinthiennes, qui abrite une statue de femme (il a été construit à la fin du XIXe siècle à l'origine pour le parc Monceau, et a trouvé sa place définitive en ce lieu en 1931) ; le *parc de la folie Saint-James,* 16, av. de Madrid, construite en 1778 par l'architecte Bellanger de Vaudésir, baron de Saint-James, propriété dont les jardins descendaient jusqu'à la Seine et qui a été rachetée en 1956 par l'Éducation Nationale pour y créer un lycée (à l'extrémité nord du parc, au 6 *bis,* villa Madrid, se trouve une chapelle, ancien cabinet d'histoire naturelle de la folie Saint-James) ; la *villa Charcot,* 53, bd du Commandant-Charcot (maison privée non visitable) : la maison est composée de brique et de bois en croisillons et elle est ornée d'une tourelle (ce style d'architecture était très prisé au siècle dernier) ; les *maisons Jaouls,* 81 *bis,* rue de Longchamp : il s'agit de deux maisons (privées, non visitables) construites en 1951 par Le Corbusier et réalisées avec une structure en béton, des parois en brique (représentatives du style « brutiste » des années 50) ; et, pour finir, l'*hôtel Arturo Lopez,* 12, rue du Centre, où se mêlent deux styles, le kitsch et le Louis XIV. Ouvrez votre plan de la ville, à vos marques, prêt, partez !

Où boire un verre ? Où sortir ?

♟ *Maxwell Café* : 17, bd Vital-Bouthot. ☎ 01-46-24-22-00. M. : Pont-de-Neuilly. Fermé le dimanche. Il s'agit de l'ex-*Quai du Blues* qui, en s'associant avec le *Café Maxwell,* s'est donné les moyens de construire une programmation encore plus séduisante pour les amateurs de blues, soul, rhythm' n' blues et gospel. Sur la scène de ce lieu dont la déco fait référence au *Cotton Club* se produit les jeudi, vendredi et samedi, la crème de la musique « roots » afro-américaine. Le swing coule à flot, et un écran géant diffuse des images de concerts ou de documentaires sur la musique noire, histoire de chauffer la salle. L'acoustique est bonne et l'ambiance décontractée. Concert : 100 F (consommation de 30 à 60 F).

Menu à 150 F, plat du jour à 80 F (la cuisine est très correcte). En début de semaine, on peut louer le lieu pour des soirées privées.

♟ *Le Saint-John's Pub* : 188 *bis,* av. Charles-de-Gaulle. ☎ 01-46-24-59-90. M. : Pont-de-Neuilly. Ouvert tous les jours jusqu'à minuit. La devanture verte, le nom inscrit en lettres d'or et l'enseigne Guinness se remarquent de loin. Poussez la porte, et vous êtes en Irlande. Le long comptoir, la rangée de bouteilles de whiskey, la Kilkenny ou la Guinness à la pression sont là pour donner l'illusion. Même les plats, saumon fumé irlandais, *Irish stew...* jouent l'image d'Eire. Beaucoup d'animation et d'ambiance dans ce pub qui fait vibrer Neuilly.

LEVALLOIS (92300)   53640 habitants

Depuis les années 60, pour cause de rénovation urbaine intensive ayant donné lieu à de nombreux dérapages, associée aux errements de certains politiciens locaux, cette cité de 53 640 habitants a mauvaise presse. *Le Monde, Le Canard Enchaîné* nous ont conté en long et en large les « affaires » levalloisiennes, ainsi que le climat lourd qui en a résulté, au point que certains ont cru reconnaître dans Levallois une ville similaire à celle du film *Main basse sur la ville,* ce qui était peut-être exagéré. D'autres, avec l'installation de caméras à tous les coins de la ville censées veiller à la sécurité des citoyens, ont vu la mise en place du système *Big Brother* annoncé par George Orwell (il paraît qu'elles servent simplement à surveiller la fluidité de la circulation).

Même si le bétonnage continue, le moment est venu de constater que la ville possède cependant des plaisirs cachés. Sa partie ancienne, aux rues quadrillées comme les grandes métropoles américaines, dévoile quelques beaux immeubles haussmanniens, de fort jolies façades Art nouveau et des « villas » de toutes sortes au charme indéfinissable (la villa Chaptal en particulier). L'atmosphère est chaleureuse, paisible, presque villageoise. Les commerces y sont nombreux et, trois matinées par semaine, le marché couvert Henri-Barbusse est un point de ralliement fréquenté. La partie moderne, en bonne partie située sur le front de Seine et du côté du Centre Eiffel, accumule tous les avatars architecturaux de ces trente dernières années et la vision « américaniste » des architectes. Certains immeubles donnent dans le modernisme en béton lourdingue, d'autres sont plus réussis dans les jeux de miroir et de métal, mais tous sont avant tout fonctionnels. Levallois, de tout temps pépinière d'entreprises (4 207 aujourd'hui, dont Guerlain, Givenchy...), vit le jour et dort la nuit. Les insomniaques peuvent toujours se rendre à Paris qui reste le centre de loisirs préféré des habitants de la ville.

Un peu d'histoire

C'est en 1846 que pour la première fois on parle du village Levallois, précédemment appelé Champ-Perret, du nom d'un sieur Perret, propriétaire des lieux (il fut le premier à tenter – en 1816 – une opération de lotissement sur ce qui n'était que des friches ou des terres agricoles. Après sa faillite, les terres furent rachetées par un nommé André Noël, déjà propriétaire de 100 ha aux environs immédiats, terres revendues en 1845 par son fils à Nicolas-Eugène Levallois. Ce dernier va les lotir avec succès. Le village Levallois est reconnu le 3 mai de l'année suivante officiellement par le Conseil municipal de Clichy. Il faudra cependant attendre 1866 et un décret impérial pour que le village Champ-Perret détaché de Neuilly et le village Levallois détaché de Clichy forment Levallois-Perret.

À peine née, la cité se trouve prise dans la tourmente de la guerre de 1870 (une maison sur sept est détruite et la ville, qui compte 17 000 habitants en début d'année, n'en possède plus que 1 753 en décembre) et puis dans celle de la Commune de Paris. Les Versaillais pilonnent la ville, achevant de la détruire, et se livrent à un véritable carnage. Louise Michel, qui a participé à la défense de la ville, se replie sur Paris. Elle sera arrêtée sur une barricade de la place Clichy. La guerre de 14-18 fut elle aussi une catastrophe pour Levallois. Sa population descendit de 70 000 à 47 940 habitants (pour cause de fermeture d'usines, suppression de moyens de transports, et de bombardements de la ville par « la grosse Bertha »). Des années 20 à la fin des années 50, la ville ne fera guère parler d'elle. La rénovation urbaine, les promoteurs immobiliers et les politiques se chargeront, à partir des années 60, de la mettre sous les feux de l'actualité, souvent de manière peu avantageuse. Son histoire future s'inscrit actuellement à travers constructions et démolitions. Cité ouvrière devenue bourgeoise, après un lifting qui n'en finit plus, Levallois sera-t-elle elle-même ou simplement la petite sœur de Neuilly ? Rendez-vous au deuxième millénaire.

Levallois, ville de pionniers...

La ville peut se targuer d'avoir attiré à elle un certain nombre de créateurs. D'abord, ceux de l'automobile : pas moins de 13 entreprises se créeront sur le territoire de la commune de 1895 à 1914 (Peugeot, Panhard, Delage...), suivies par quelques autres à la sortie de la Première Guerre mondiale, tel André Citroën qui installe une usine en 1929 (elle fermera dans les années 80), usine d'où sortiront tant de valeureux modèles, torpédo 5 CV trèfle, autochenilles (celles de la fameuse croisière jaune Paris-Pékin), tractions avant, 2 CV, DS... Ces pionniers de l'automobile seront suivis d'une multitude de sous-traitants, carrossiers, fabricants de pneumatiques, etc. (la ville compte encore un petit nombre d'ateliers d'artisans spécialisés dans l'automobile).

Ensuite, ceux de l'aviation comme Louis Blériot, et René Cousinet dont *l'Arc en Ciel* piloté par Mermoz réalisa la première traversée de l'Atlantique sud sans escale en 1933. Il faut citer aussi Maryse Hilsz, pilote native de Levallois, qui sera la première femme à relier Paris-Madagascar (24 000 km) et plusieurs fois recordwoman d'altitude. Et pour finir, les pionniers de la parfumerie : Oriza, célèbre parfumeur installé depuis sa création en 1720 cours du Louvre, qui, en 1860, opta pour Levallois, alors simple village (son propriétaire Antonin Raynaud devint même maire de la ville), Gellé Frères en 1880 (crème à raser, eau de toilette) qui a quitté la ville pour Palaiseau en 1969, Roger et Gallet en 1863, dont l'usine restera à Levallois 100 ans avant de partir pour la Normandie, et puis Elisabeth Arden, Jean Patou, Charles of the Ritz... Aujourd'hui encore, Levallois reste au parfum, puisque Jean Patou y est toujours fermement implanté, que Givenchy a installé son siège social en ville et que, depuis les années 70, les ateliers Pierre Dinand habillent les « jus des plus grands »: Yves Saint-Laurent, Givenchy, Gianfranco Ferré, Calvin Klein... C'est aussi à Levallois que Gustave Eiffel, dans ses ateliers, s'attaque en 1887 à la construction de la plus haute tour du monde. 18 mois plus tard, celle-ci sera bien en place pour l'ouverture de l'Exposition universelle de 1889.

La deudeuche

Économe, délurée, solide, la deux chevaux Citroën a fait souffler au cours des années 50 un vent de liberté parmi la jeunesse française. Avec elle, toute une génération de routards avant l'heure est partie à l'aventure direction le cap Nord, les sables du Sahara ou tout simplement la Grèce ou l'Italie. Chouette de bagnole ! Née à Levallois le 2 septembre 1939 à midi, elle est stoppée dans son élan le lendemain à 11 h pour une raison de force majeure : la déclaration de la Seconde Guerre mondiale. Il faudra attendre 10 ans pour que la chaîne redémarre. De 1949 à 1988, l'usine Citroën de Levallois produira 2 787 453 exemplaires de cette voiture emblématique, et 60 467 camionnettes 2 CV, avant que la dernière ne sorte effectuer ses derniers pas sur le bitume le 29 février 1988, tandis que se fermaient les portes de Citroën-Levallois. Cette merveille libertaire sera encore produite pendant deux ans dans les usines portugaises de Mangualde, avant de disparaître définitivement. Reste en nous le souvenir du ronronnement très particulier de son moteur et celui des virées déconnantes au volant de cette brave deudeuche. Salut à toi, vieille branche !

La pasionaria au drapeau noir

Louise Michel, héroïne de la Commune, qui ne manqua jamais de courage, ni pendant la Commune de Paris ni après, vint habiter Levallois à son retour de déportation en Nouvelle-Calédonie (où, infatigable combattante, elle avait pris le parti des Canaques). Pourquoi Levallois ? Tout simplement parce que c'était là qu'était né le grand amour de sa vie, Théophile Ferré, communard comme elle, et fusillé par les Versaillais (elle fit d'ailleurs enterrer sa dépouille au cimetière de la ville). À sa mort, en 1905, celle qui combattit fermement l'injustice déchaîna une extraordinaire ferveur populaire. Plus de 120 000 personnes suivirent son cercueil. Tous reconnaissaient en elle la femme libre et la combattante héroïque pour une société plus juste. Une foule qui avait encore en mémoire les paroles fermes prononcées 35 ans auparavant par Louise Michel, lors de son procès qui suivit l'écrasement de la Commune de Paris : « J'appartiens à la révolution sociale et je déclare accepter la responsabilité de tous mes actes. Puisqu'il semble que tout cœur qui bat pour la liberté n'a droit qu'à un peu de plomb, j'en réclame ma part ! » (*Histoire de la Commune de 1871* de P.O. Lissagaray, éditions Maspéro). Ses juges n'eurent pas le courage de recourir à la peine de mort et la condamnèrent à la déportation.

Comment y aller ?

– *En métro :* ligne 3 (Pont-de-Levallois – Gallieni).
– *En bus :* n°s 53 (Pont-de-Levallois – Opéra), 94 (Levallois-Centre-Eiffel – Gare-Montparnasse), 93 (Levallois-Place-de-la-Libération – Esplanade-des-Invalides), 135-235 (Pont-de-Levallois – Colombes-Europe), 165 (Porte-de-Champerret – Bezons), 164 (Porte-de-Champerret – Argenteuil), 165 (Porte-de-Champerret – Asnières), 167 (Pont-de-Levallois – Nanterre), 174 (La Défense-Grande-Arche – Saint-Denis) et bus de nuit Mairie-de-Levallois – Châtelet.
● *Navette municipale gratuite* (20 arrêts dans la cité) : départ avenue Charles-de-Gaulle, à côté de la poste (à 5 mn de l'hôtel de ville). Ligne A : Hôtel-de-Ville – Louis-Rouquier via le Centre Eiffel et les stations de métro Louise-Michel et Pont-de-Levallois. Ligne B : Hôtel-de-Ville – Rivay – Camille-Pelletan via le cimetière et le métro Pont-de-Levallois.
– *En train :* gare de Clichy-Levallois, 5, place du 8-Mai-1945. Trains de 5 h à 1 h du matin. Levallois – Saint-Lazare (trains tous les 15 mn de 7 h 35 à 20 h 25) ; Levallois – Bécon-les-Bruyères, Levallois – Bois-Colombes.
– *En voiture :* de la porte Champerret ou de la porte d'Asnières.

Adresses utiles

■ *Mairie :* place de la République. ☎ 01-49-68-30-00.
ℹ *Levallois Information :* 47, rue Rivay. ☎ 01-47-39-50-17. Pour tout savoir sur la ville.

Où manger ?

Bon marché

|●| *La Taverne de la Mairie :* 74, rue Louis-Rouquier. ☎ 01-47-57-36-57. M. : Anatole-France. Fermé le dimanche soir. Les vitrines sont alléchantes (aubergines farcies, taboulé, loukoums...), le restaurant chaleureux quoique minuscule, le patron, un vieux monsieur adorable, et les spécialités libanaises excellentes. Menu déjeuner à 59 F avec hors-d'œuvre, *chich kebab,* dessert et café ; autre menu à 79 F et *mezze* royal à 100 F (une bonne affaire !).
|●| *Le Tire Bouchon :* 21, rue Louis-Rouquier. ☎ 01-47-57-22-73. M. : Anatole-France. Jusqu'à 21 h 30. Fermé le samedi soir et le dimanche. Son menu à 65 F est un modèle du genre. On y prendrait presque son rond de serviette. En entrée, œuf mayo, potage, crudités ; pour suivre, l'unique plat du jour (par exemple, poulet basquaise, petit salé aux lentilles, choucroute) et un dessert. Une formule à 80 F (entre-côte pommes sautées, tarte et café) permet de varier les plaisirs. Menus à 65 et 100 F.
|●| *Antalya :* 14, rue Trébois. ☎ 01-47-39-85-61. M. : Anatole-France. Ouvert tous les jours. Un petit coin de Turquie décoré avec les moyens du bord par un couple souriant et serviable. Les assiettes sont co-

pieuses et les prix doux. En entrée, essayez le *cacik* à 15 F (salade de concombre, yaourt, ail) et pour suivre, le *tabakta döner* à 35 F (viande à la broche, blé concassé et frites) ou le *Adana kebab* à 40 F (brochette de veau haché). Bon yaourt maison à 15 F.

|●| *Maïella :* 54, rue de Villiers. ☎ 01-47-58-58-46. M. : Anatole-France. Ouvert tous les jours ; service jusqu'à 22 h 45. Cette grande trattoria italienne ne désemplit pas. Ses pizzas sont particulièrement appréciées, mais les *pasta* ont aussi une bonne réputation. C'est bruyant et animé. Un peu moins de 100 F si l'on se contente d'un plat de pâtes ou d'une pizza accompagnés d'un verre de vin, et environ 130 F si l'on ajoute un dessert.

|●| *Chumley's :* 26, rue Trébois. ☎ 01-47-58-15-00. M. : Anatole-France. Ouvert de 7 h à 15 h 30. Fermé les samedi et dimanche. Tenue par un Anglais, cette sandwicherie met Levallois à l'heure de Big Ben. Faits avec du pain de mie anglais complet, les sandwiches – Wimbledon (poulet *coleslaw*), Big Ben (crevettes, mayonnaise, avocat, pamplemousse), Buckingham (poulet au curry, *chutney* de mangue, raisins secs, salade), Diana (thon, œuf mayonnaise, concombre, ciboulette, salade) – « are good for you ». En sus, quelques salades, les sandwiches du mois, et les desserts anglo-saxons : *apple crumble, cheesecake, brownie...*

|●| *Le Diable au Pot :* 36, rue Danton. ☎ 01-41-05-09-11. M. : Anatole-France. Uniquement au déjeuner (le vendredi soir en été). Fermé les samedi et dimanche. Le spécialiste des assiettes qui font tout un repas. *L'auvergnate* (62 F) : fromage de jambon en gelée persillée, andouillette de campagne, crème brûlée ; *la charentaise* (69 F) : poêlée de champignons, médaillon de porc au pineau, tarte aux pommes, etc. À cela s'ajoute une formule assiette du jour, café et quart de vin pour 65 F. Ce système d'assiettes a beaucoup de succès, et il est parfois difficile de trouver une place à l'heure du déjeuner.

|●| ⍗ *Le Bistrot de Levallois :* 4 bis, place Henri-Barbusse. ☎ 01-47-57-60-77. M. : Anatole-France. Fermé le dimanche. La cuisine est du genre roborative (petit salé de canard haricots blancs, jarret de porc frites...), mais à vrai dire, c'est moins pour cette dernière que pour l'ambiance qu'on pousse les portes de ce bistrot situé en face du marché Henri-Barbusse. Les vieux et les jeunes Levalloisiens s'y retrouvent au coude à coude et la chaleur est communicative. Plat du jour à 52 F et formule à 73 F : entrée, plat, fromage ou dessert ou café.

|●| *Rotizor :* 71, rue Chaptal. ☎ 01-47-58-70-02. M. : Anatole-France. Jusqu'à 22 h 30. Fermé les samedi et dimanche. Vaut surtout pour sa formule déjeuner à 69 F avec en entrée œuf mayo, crudités... et en plat jambon rôti à la broche ou plat du jour (saucisse de montbéliard-frites, raie au beurre citronné, poulet au citron). Pour les amateurs de viande, côte de bœuf (1 kg ; 194 F) que l'on peut se partager à plusieurs. Décor vieillot de brique et de bois.

Prix moyens

|●| *Anatole :* 50, rue Anatole-France. ☎ 01-47-57-39-95. M. : Anatole-France. Ouvert tous les jours jusqu'à 22 h 30. Dans le style néo-brasserie, c'est plutôt réussi. Banquettes en moleskine rouge, réclames d'antan sur les murs, vieux comptoir, petits buffets ici et là... le jus d'époque est bien restitué. Une atmosphère bien vue, par une équipe qui a fait ses classes chez les *frères Blanc* et chez *Flo* et qui en a retenu l'essentiel. Ça roule comme sur des roulettes, le service est efficace, les prix mesurés (formule à 89 F : entrée + plat ou plat + dessert) et les classiques néobistrot-néobrasserie : steak de thon au vinaigre balsamique, jarret de porc aux lentilles... gentiment envoyés. À la carte, jarret de porc grillé sauce barbecue (76 F), noisettes d'agneau aux épices douces (92 F)... Dessert autour de 40 F. Menu à 109 F et *brunch* le dimanche à 78 F.

|●| *Au Petit Sud-Ouest :* 4, rue Baudin. ☎ 01-47-59-03-74. M. :

Pont-de-Levallois. Jusqu'à 22 h. Fermé le dimanche. À la fois boutique de produits du Sud-Ouest et restaurant. Brouillade aux cèpes (73 F), salade au jambon d'York (42 F) ou aux gésiers de canard (43 F), cassoulet au confit de canard (70 F), daube de canard au madiran (82 F), garbure (80 F)... La Gascogne à deux pas du front de Seine. Terrasse sur cour pavée qui sonne comme une invite à la détente.

|●| *Le Coup de Torchon :* 39, rue Raspail. ☎ 01-47-37-37-88. M. : Pont-de-Levallois. Jusqu'à 21 h 30. Fermé les samedi le dimanche. Pas de balayage intempestif, le coup de torchon, c'est après votre départ. Auparavant, vous serez accueilli fort aimablement et guidé en souplesse jusqu'à votre table. Carte en mains, il ne vous restera plus qu'à choisir entre le steak de hampe à l'échalote pommes rondelles (72 F), le gigot froid caviar d'aubergines et tomates gros sel (68 F), ou le tartare façon « Coup de Torchon » (68 F), ou bien opter pour l'un des plats du jour figurant à l'ardoise : poule au riz sauce suprême (68 F), etc. Le millefeuille au pain d'épices et sirop d'érable (38 F) vaut son pesant de sucre. Compter environ 150 F.

|●| *Shiva :* 47, rue Marius-Auffant. ☎ 01-47-57-59-76. M. : Anatole-France. Ouvert jusqu'à 22 h. Fermé le samedi midi et le dimanche. La salle n'est pas très grande, mais on s'y sent bien. Parfait prélude au repas, le service souriant et la musique en sourdine détendent l'esprit. Dire qu'on atteint le nirvana serait exagéré, mais un repas placé sous le signe de Shiva procure toujours quelques riches sensations. *Chicken tikka* à 48 F (poulet mariné au yaourt et aux épices), curry d'agneau à la façon d'Hyderabad à 65 F (sauce menthe, noix de coco, tomates et épices parfumées), *mutton Madras* à 60 F (agneau épicé), *byriani* de crevettes à 85 F, *mixed dal* à 30 F (mélange de lentilles assaisonnées d'ail de cumin et de coriandre)... chaque mets apporte sa pierre à un édifice de saveurs qu'il faut savoir savamment construire. Menus à 59 F (déjeuner), 130 et 159 F. Belles photos de Jodhpur accrochées sur les murs.

|●| *Le Rince Cochon :* 67, rue Chaptal. ☎ 01-47-57-03-79. M. : Anatole-France. Jusqu'à 21 h 30. Fermé les samedi et dimanche. Ce bistrot au décor chaud et agréable a ses fidèles. La cuisine qui ne fait pas de vagues joue sa partition bistrotière en souplesse. Des entrées au goût du jour : terrine de queue de bœuf à l'estragon, soupe de moules à l'aneth..., suivies de plats plus traditionnels : pot-au-feu à la moelle, carré d'agneau rôti à la gousse d'ail, filet de bœuf à la purée de champignons... et le tour est joué. Quelques vins au verre : coteau-de-l'ardèche, chinon, bergerac. Compter environ 170 F.

|●| À côté, *Le Petit Rince* fait des plats à emporter et des sandwiches.

|●| *Le Grignotin :* 6-8, rue Baudin. ☎ 01-47-58-60-97. M. : Pont-de-Levallois. Ouvert jusqu'à 22 h. Fermé le vendredi soir, le samedi et le dimanche. Le nom ne correspond guère ni au cadre qui joue le soleil et la Méditerranée, ni à la cuisine à l'accent catalan prononcé. Entrat de Collioure 42 F (anchois, œuf, aubergines et poivrons marinés), assiette du Pernil 42 F (jambon de Serrano), accras de morue 40 F ou gratin d'aubergines 40 F pour débuter ; riz à l'espagnole 69 F (riz safrané aux fruits de mer), lasagnes fraîches à la catalane, ou confit de porc aux épices pour suivre. Les vins (moins de 100 F) viennent du pays et sont pour certains servis au verre : domaine de la Tour Vieille, Cazes, coopérative de Caramany, Clos des Paulilles (rosé). Essayez le banyuls Domaine de la Rectorie en apéritif, c'est divin. Service souriant par le jeune patron originaire d'Ensignan, petit village en surplomb de l'Agly, dans les Pyrénées-Orientales.

|●| *Comme à la Maison :* 44, rue Louis-Rouquier. ☎ 01-47-58-08-19. M. : Anatole-France. Uniquement au déjeuner. Fermé les samedi et dimanche. La façade d'un jaune éclatant se remarque d'emblée. Un hommage au soleil rendu par Béatrice et Lydia, le duo de dames qui préside à la destinée de ce salon de thé. Une

clientèle en grande majorité féminine vient grignoter les en-cas maison : salade de légumes tièdes à 59 F (assortiment de légumes du jour, salade, fines herbes, œuf à la coque, mouillette et beurre), assiette italienne à 69 F (jambon de pays, coppa, mozzarella, sur pain Poilâne toasté, basilic, salade, carottes, courgettes, tomates, copeaux de parmesan), etc., ou bien un plat du jour (environ 60 F).

Plus chic

|●| *Le Petit Poucet :* 4, rond-point Claude-Monet. ☎ 01-47-38-61-85. M. : Pont-de-Levallois. Ouvert tous les jours jusqu'à 22 h. Accès : sur l'île de la Jatte, dans le virage de la rue qui en fait le tour, extrémité est. Une adresse presque centenaire où, au début du siècle, les prolétaires en goguette venaient avec leurs gigolettes se taper une friture en buvant du guinguet, en ce qui n'était alors qu'un caboulot champêtre. Devenu l'un des restaurants en vue de l'île au début des années 80, *Le Petit Poucet* a fait peau neuve en 91 pour se donner des allures *cosy* avec sa belle déco où le bois domine et donne une ambiance chaleureuse. Trois belles terrasses dont l'une en bord de Seine, où, dès les premiers rayons du soleil, femmes élégantes et jeunes hommes bien sous tous rapports mais décontractés se pressent. Formule à 110 F (entrée ou dessert et plat) ou menu complet à 180 F (vin compris). Bonne cuisine française classique. Service efficace et ultra rapide. Mieux vaut réserver aux beaux jours.

|●| *La Récré :* 1, place Estienne-d'Orves. ☎ 01-47-37-26-75. M. : Anatole-France. Jusqu'à 23 h. Fermé les samedi et dimanche. Sympathique resto d'angle aux allures de bistrot *cosy* qui offre une cuisine récréative aux idées d'aujourd'hui puisées dans les recettes d'hier. Sages ou dissipés, les uns comme les autres, une fois à table, communieront autour des petits plats maison proposés midi et soir dans le menu à 92 F (entrée + plat, ou plat + dessert). À la carte du soir, tian de légumes et sa rémoulade de crabes, terrine de foie de volaille et sa confiture d'oignons, saumon à l'unilatéral et épinards frais, colombo de thon riz basmati, entrecôte pommes sarladaises, côte de veau aux oignons frais et gratin de pommes de terre. Mousse au chocolat à volonté, tarte du jour. Compter 170-200 F. Terrasse aux beaux jours.

|●| *La Rôtisserie :* 24, rue Anatole-France. ☎ 01-47-48-13-82. M. : Louise-Michel. Jusqu'à 22 h. Fermé le samedi midi et le dimanche. Situé au fond d'une cour, voilà l'une des tables des décideurs locaux et des télécommunicants tirés à quatre épingles. À la carte, un menu à 155 F de tonalité bistrotière avec en entrée des filets de maquereaux maison, champignons à la grecque et chipirons sautés, ou œuf poché meurette ; en plat, carré d'agneau rôti au thym, pièce de bœuf à la graine de moutarde, poisson du jour, etc. L'ensemble manque un peu de verve. À la rôtissoire, poulet ou pintade accompagnés d'une purée de pommes de terre à l'huile d'olive, ou des filets de canettes aux pêches et figues. Hélas, ces plats sont pour deux personnes, ce qui pénalise le mangeur solitaire. Compter environ 230 F.

À voir

★ *L'hôtel de ville :* place de la République. Édifice à haute toiture d'ardoise précédé d'un large perron et surmonté d'un lanternon qui domine l'horloge, il ressemble à celui de Paris en plus petit. Chef-d'œuvre de Léon Jamin, c'est sans doute l'une des plus belles mairies construites à cette époque (1898). À l'intérieur, un vaste vestibule éclairé par trois grandes lanternes en bronze de style Louis XVI, un escalier monumental avec une

LES HAUTS-DE-SEINE

rampe en fer forgé du même style, et une salle des fêtes qui constitue la cerise sur le gâteau de l'édifice, avec un décor qui allie moulures sculptées, ors et faux marbres et qui ose le trompe-l'œil, chose inusitée à l'époque. C'est l'œuvre de Marcel Jambon (1848-1908), décorateur ayant travaillé pour la Comédie française, l'Opéra et l'Opéra comique. L'ornement principal de la salle du Conseil située sur la façade arrière de la mairie est constitué de trois grandes verrières dont l'une est dédiée aux paysans, l'autre aux arts et aux sciences, et la troisième au commerce et à l'industrie. Son plafond à caisson, copie d'un plafond du Louvre, mérite aussi une visite. On regrettera que le carillon de l'horloge ne joue plus *La Marseillaise,* l'hymne russe, *L'Arlésienne, Ma Normandie,* ou encore *Le Carnaval de Venise* comme au début du siècle, cela aurait été amusant. Endommagée dans un incendie en 1984, la partie nord du 1er étage de l'édifice a été totalement rénovée à l'identique. En mars 1998, Levallois a fêté avec éclat les 100 ans de l'hôtel de ville.

★ **La villa Chaptal :** 74, rue Chaptal. Dans une allée tranquille, un très bel ensemble de villas, dont une que les Levalloisiens appellent la *villa mauresque,* attire particulièrement l'attention. D'inspiration hispano-mauresque et bâtie en 1892, elle possède une décoration intérieure (stucs, céramiques, azulejos...) provenant du pavillon espagnol de l'Exposition universelle de 1889. Inscrite à l'inventaire des Monuments historiques, mais hélas propriété d'une société privée, elle ne se visite pas.

★ **La Maison de la Pêche et de la Nature :** île de la Jatte, 22, allée Claude-Monet. ☎ 01-47-57-17-32. M. : Pont-de-Levallois. Gratuit. Ouvert de 10 h à 18 h les mercredi, samedi et dimanche. Accès par la passerelle piétonne, quai Michelet. C'est l'Association des Pêcheurs Neuilly-Levallois et Environs (APNLE), association qui compte 5 000 membres, qui gère la Maison de la Pêche dont l'objectif premier est de s'adresser aussi bien aux enfants qu'aux adultes pour leur faire découvrir la nature, la protection de l'environnement (accessoirement, l'APNLE organise des concours et épreuves de pêche sportive en tout genre à partir de la Maison de la Pêche). Dans une tour de deux niveaux, on trouve l'*Aquarama.*
Au rez-de-chaussée, 18 aquariums d'eau douce sur deux niveaux où sont présentées les différentes espèces vivant dans les eaux de l'Hexagone : gardon, silure, brochet... Et au 1er étage, une galerie didactique sur le milieu aquatique avec des panneaux interactifs présentant le cycle de l'eau, la faune et la flore, la gestion des milieux aquatiques, etc. Le musée de la Pêche proprement dit est situé au rez-de-chaussée du bâtiment principal. On y trouve, dans la partie périphérique, une collection hallucinante de matériel de pêche du siècle dernier à nos jours (400 cannes à pêche, 600 moulinets, des poissons et animaux aquatiques naturalisés, etc.). On se demande où ils ont été pêcher tout ça! Le président de l'APNLE est, paraît-il, un collectionneur acharné. La partie centrale, elle, est réservée aux expositions temporaires. On trouve aussi dans la salle un ensemble de petits aquariums qui présentent la microfaune de nos rivières et plans d'eau, et un atelier laboratoire équipé de matériel d'étude en hydrobiologie et d'analyses physico-chimiques de l'eau. La Maison de la Pêche et de la Nature organise aussi des stages de formation et d'initiation à la découverte du milieu aquatique-initiation à la pêche pour les 9-12 ans et des vacances pêche pour les 13-16 ans.

★ **Le cimetière :** entrée 103, rue Baudin. Cimetière d'environ 7 ha, dont la visite n'a d'intérêt que si vous êtes un inconditionnel de Maurice Ravel et Louise Michel ou un fan de Léon Zitrone ou de... Madame Soleil! La discrète tombe de Maurice Ravel se trouve tout de suite sur la droite à l'entrée du cimetière. Simple, presque anonyme, elle se distingue à peine de celles qui l'entourent. Celle de Louise Michel (à côté du panneau Division 20 et du monument aux morts), elle aussi assez sobre, se remarque plus facilement. Le buste de la pasionaria, épinglé d'un ruban et de cerises, surplombe le tombeau où est gravé : « Salut au réveil du peuple et à ceux qui en tombant ont ouvert si grandes les portes de l'avenir ». Respect. Presque en face, vous remarquerez une grande pierre tombale posée par la chambre syndicale des cochers chauffeurs du département de la Seine en hommage aux camarades chauffeurs tombés (dont 7 pendant la guerre d'Espagne) dans la lutte pour l'émancipation des travailleurs pour la liberté et la démocratie. Ouf!

Où boire un verre ?

|●| ⵟ *The Cluricaune :* 64, rue Kleber. ☎ 01-47-57-61-55. M. : Anatole-France. Ouvert tous les jours jusqu'à minuit (2 h les 1er et 3e samedis du mois). Ce drôle de nom est celui d'un elfe de la mythologie irlandaise qui sévit dans les sous-sols des pubs du Donegal, région dont est originaire le chaleureux barman à la carrure de pilier de rugby. Derrière son comptoir, il sert avec le sourire Guinness et Kilkenny ou un des dix whiskeys d'Eire présents sur la carte. Ouvert seulement depuis un an, ce pub a su trouver une clientèle fidèle qui apprécie son ambiance décontractée, la musique qui pulse sans être agressive et la télé branchée sur Eurosport. Concerts jazz, blues ou folk les 1er et 3e samedis du mois. Au déjeuner du lundi au vendredi, spécialités irlandaises.

Fêtes et manifestations

– *Itinéraire :* grande exposition d'art contemporain à l'hôtel de ville avec des artistes français et étrangers. Exposition d'une durée d'un mois. Fin septembre.

CLICHY-LA-GARENNE (92110)   48 000 habitants

L'une des plus anciennes communes de la région parisienne. Longue histoire donc, et riche passé industriel. Municipalité de gauche depuis 1925. Malgré la désindustrialisation de ces vingt dernières années et la quasi-disparition de ses ouvriers endimanchés et de ses curés en bleu de chauffe, Clichy a conservé une partie de son caractère populaire et, dans son centre, une sympathique atmosphère encore villageoise.

Un peu d'histoire

Clichy fut la capitale des Mérovingiens sous le nom de *Clippiacum*. Childéric Ier, petit-fils de Clovis, y régna de 561 à 584 (sa femme était la célèbre et terrible Frédégonde). Son fils, Clothaire II, y réunit un concile d'évêques et son petit-fils, le « roi Dagobert », s'y maria en 629 avec Gomatrude. En 636, nouveau concile organisé par saint Éloi, évêque de Noyon, orfèvre et trésorier du roi. Peu après, Judicaël, roi des Bretons, vint à Clippiacum lui prêter serment d'allégeance. Cependant, choqué par la vie dissolue de Dagobert qui vivait avec trois femmes et de nombreuses concubines, il courut se réfugier chez l'évêque Audonius (futur saint Ouen, traité plus loin, on a le sens de l'articulation, nous!). En 781, Charlemagne signe une charte en son palais à Clippiacum, puis part s'installer à Aix-la-Chapelle. La ville disparaît ainsi comme capitale, et les ravages des invasions normandes feront le reste. Elle réapparaît sous Philippe-Auguste sous le nom de Clichiacum, lorsqu'il crée en 1191 une seigneurie dirigée par Gaucher III de Châtillon. À l'époque, la paroisse de Clichy s'étend presque jusqu'au Louvre à Paris ! Réserve de chasse royale où le gibier abondait, elle prendra ainsi le nom de Clichy-la-Garenne.

De saint Vincent-de-Paul à la grosse galère de Napoléon III

En 1612, saint Vincent-de-Paul devient curé de Clichy et marque la ville de son empreinte. À partir du XVIIe siècle, Clichy va se réduire territorialement au fil des siècles. En 1690, perte du quartier du Roule à Paris. La création du mur des Fermiers généraux en 1783 l'ampute à nouveau (une bonne moitié de notre 8e arrondissement d'aujourd'hui et une partie du 9e). En 1790, élection de la première Municipalité de Clichy (2 000 habitants). La Révolution y est bien accueillie, mais la Municipalité s'oppose quand même à l'envoi à la fonte des cloches. En 1796, le banquier Récamier loue le château de Clichy. Sa femme, Juliette, jeune, très jolie, pleine de grâce, d'esprit et de tact, y tint un célèbre salon jusqu'en 1806. Mme de Staël et Lucien Bonaparte (qui était éperdument amoureux de Juliette) et tous les grands généraux, diplomates, acteurs de l'époque le fréquentèrent assidûment. C'est dans ce château que se tinrent les réunions de préparation au coup d'État du 18 Brumaire, à la suite duquel Napoléon Bonaparte devint Premier Consul.

En 1830, trouvant leur chef-lieu trop éloigné, les habitants de Monceau et des Batignolles obtinrent la création d'une nouvelle commune (digérée ensuite par Paris en 1860 sous le nom de 17e arrondissement). Enfin, le chemin de fer Paris – Saint-Germain, puis les grandes lignes, ayant coupé Clichy en deux, les habitants de la partie ouest en profitèrent pour demander leur autonomie. En 1866, elle se détacha de Clichy et prit le nom de Levallois-Perret (du nom de E. Levallois, un promoteur très actif sur le secteur et du quartier de Champ-Perret, proche de Neuilly).

Une anecdote : Napoléon III, qui se piquait de reconstitution de machines de guerre, décida un jour de faire construire par le chantier naval Cavé de Clichy la réplique exacte d'une trirème grecque. Bouffi de prétention, il fit installer de grands aigles impériaux à la proue du navire. Le bateau fut mis à flots sur la Seine, toutes ailes déployées, cependant cela ne l'aida pas beaucoup. Près de 200 rameurs ne parvinrent pas à le faire avancer d'un pouce. Trop lourd ! Sur les rives d'Asnières et de Clichy, on en rit encore !

L'industrialisation au XIXe siècle

À partir de Charles X et sous Louis-Philippe, Clichy connaît un développement important. Jusqu'au milieu du XIXe siècle, c'est la blanchisserie qui est l'activité principale. Une profession très organisée, de l'artisan à l'usine. Rôles et jours de lessive très codifiés. Ce sont les immigrés de l'époque qui font le « sale » boulot : Auvergnats porteurs d'eau chaude et Bretonnes au battoir... Collecte du linge à Paris le mercredi. Le maître-blanchisseur loue cheval et charrette pour la journée. Lavage les jeudi et vendredi, pliage le dimanche (jour le moins pénible pour les ouvrières), repassage le lundi et le mardi. En 1826, première blanchisserie industrielle avec 100 lavandières. Pendant le Second Empire, on en compte 130, en 1914, encore 72. Les dernières fermèrent en 1978 et 1986. Quelques lavandières lessivées tentèrent de s'en sortir, comme Louise Weber qui travaillait au lavoir de la rue des Bois et se fit un nom dans le french-cancan, sous le nom de... la Goulue ! Elle fut le modèle préféré de Toulouse-Lautrec.

Autre fameuse activité de Clichy : la cristallerie. Troisième en France française après Saint-Louis et Baccarat. Créée par Louis-Joseph Maës, ancien élève du célèbre chimiste soixante-huitard Gay-Lussac. Elle fait un tabac et collectionne les prix internationaux avec les boules presse-papier, connues universellement comme « roses de Clichy », ainsi que les aiguières et les flacons en verre filigrané. Production si éclatante que Saint-Louis et Baccarat renoncent à participer à l'exposition de Londres de 1851. La reine Victoria en raffole et les collectionne. Un incendie met fin en 1895 à la belle saga Maës! Autre célèbre entreprise du verre, celle de Louis Appert. Spécialisée dans les grandes pièces, vases de couleur avec décors en relief, verres à vitraux, etc. Créée en 1835, elle s'installa en 1875 à Clichy et ferma en 1936.

De la bougie à la pointe Bic

Enfin, d'autres industries marquèrent la ville. D'abord, la « stéarinerie » (la stéaquoi?)... Du calme! C'est tout simplement la production de bougies stéariques (oui, mais on n'est pas plus avancé!). Patience, c'est le chimiste Eugène Chevreuil qui, après de longues recherches, découvrit l'acide stéarique dans le suif (graisse animale). Ce nouveau produit permit de remplacer les onéreuses bougies de cire et, surtout, celles de suif qui sentaient si mauvais, coulaient affreusement et noircissaient murs et plafonds. On peut en sourire, mais progrès considérable pour l'époque! L'usine fut créée par Jean Cusinberche. Le suif arrivait par péniches entières, provenant d'Argentine, d'Australie, etc. Les recherches sur le suif permirent de dégager aussi l'oléine qui entrait dans la composition du savon. La manufacture de Bougies et Savons de Clichy devint ainsi leader dans ces domaines en France. Une des idées géniales du patron fut d'avoir inséré une pièce de un sou dans chaque savon et gagné ainsi la clientèle de toutes les lavandières. Georges Quiclet et Jeanne Aubert, qui fondèrent la JOC (Jeunesse ouvrière chrétienne) avec le père Guérin, travaillaient chez Cusinberche. L'usine ne ferma qu'en 1979! Jusqu'à la fin, on utilisa les grandes cuves en bois installées sous Napoléon III pour la saponification.

L'imprimerie fut aussi l'un des fleurons de Clichy, avec l'une des plus grosses de France : Paul Dupont. Créée en 1815, installée à Clichy en 1858. Paul Dupont, qui avait étudié chez le célèbre maître-imprimeur Firmin-Didot, inventa un procédé qui rendait infalsifiables billets de banque et actions (l'ancêtre du filigrane). L'usine devint l'une des plus importantes d'Europe, trustant presque tout le marché des administrations et l'impression des actions d'un capitalisme triomphant. Les Plon (qui devaient devenir les célèbres éditeurs) et le père du compositeur Debussy y travaillèrent. En 1985, pour son 150e anniversaire, Paul Dupont imprima 6 milliards de pages. En pleine gloire, l'imprimerie ferma quand même en 1988, victime des concentrations dans ce secteur!

Au rayon nécro, rangeons encore les Câbles de Lyon, spécialisés dans la fabrication des câbles destinés aux réseaux électriques et téléphoniques. Installés à Clichy en 1921, dans le grand mouvement d'industrialisation qui frappe la ville entre les deux guerres, ils employèrent jusqu'à 2 500 personnes et fermèrent en 1992. Par le jeu des fusions d'entreprises, il subsiste cependant dans la ville le siège d'Alcatel-Câbles. Citroën, qui ferma aussi il y a quelques années, connut dans les années 30 les premières manifs écolos de la région parisienne : pétition contre les vibrations du choc des marteaux-pilons, manifs contre les fumées et poussières de l'usine! Rappelons que jusque dans les années 60, les industries occupèrent 25 % de la superficie de Clichy, employant plus de 20 000 personnes. Disparurent encore, Bendix, Kléber-Colombes, Hotchkiss, Idéal-Standard, Monsavon, les chocolats Moreuil, etc. (arrêtons, on va pas se saper le moral!).

Elle court, elle court ma pointe Bic... Pour finir, Clichy fut le lieu de naissance, en 1945, de la fabuleuse aventure des stylos Bic, numéro 1 mondial des stylos à bille! Le célèbre crayon à bille « cristal » sort en 1950 des ateliers de l'impasse des Cailloux... et y est toujours fabriqué! Dès la première année, 50 000 crayons à bille sont produits chaque jour. Aujourd'hui, la production mondiale quotidienne de stylos atteint 15 millions. Au passage, hommage à l'affichiste Savignac qui sut si bien en vanter « l'écriture souple ».

Autre entreprise fidèle à Clichy : L'Oréal. Au départ, création en 1920 de la société des Savons français, plus connue sous le nom de Monsavon. La boîte fut rachetée en 1928 par L'Oréal qui venait de mettre au point une lotion capillaire et allait inventer la publicité moderne, avec les premiers messages chantés à la radio et les animations dans la rue et chez les revendeurs (sur les plages pour la célèbre Ambre Solaire). L'Oréal devint par la suite numéro 1 mondial des cosmétiques. En 1976, François Dalle, le PDG, et Mme Bettencourt, fille du fondateur de L'Oréal, inaugurèrent les nouveaux bureaux et laboratoires de la rue Martre, construits à l'emplacement de l'ancienne usine Monsavon. Point d'orgue, l'ouverture en 1992, rue du Général-Roguet, du nouveau centre de recherche ultra-moderne Charles Zviak.
Dernier petit implanté à Clichy, le siège social de la FNAC... mais on vous racontera son histoire une autre fois !

Quelques Clichois (ou Clichyens) célèbres...

En plus des personnages cités dans le texte courant, voici quelques habitants célèbres de la ville, de passage ou permanents : Sophie Arnould (cantatrice), Léo Delibes (compositeur de musique), Gustave Eiffel (de 1862 à 1865), Claude Debussy (qui passa son enfance à Clichy), Van Gogh et Jacques Brel, qui y restèrent quelque temps. Y résidèrent assez longtemps : les sœurs Poliakoff (Marina Vlady, Olga, Hélène Vallier, etc.), Jacques Baudoin (humoriste), Henry Miller, Jean-Roger Caussimon (chansonnier et comédien), Pierre Bérégovoy, etc. Jacques Delors en fut le maire de 1983 à 1985.

Comment y aller ?

– En métro : ligne Châtillon – Asnières-Gennevilliers. Stations : Porte-de-Clichy et Mairie-de-Clichy.
– En bus : nos 54 (Asnières-Gennevilliers – République), 66 (Clichy-Victor-Hugo – Opéra), 74 (Hôpital-Beaujon – Hôtel-de-Ville), 135 (Asnières – Pont-de-Levallois), 138 a (Porte-de-Clichy – Saint-Gratien), 165 (Asnières – Porte-de-Champerret), 173 (Porte-de-Clichy – La Courneuve), 174 (Grande-Arche-de-La-Défense – Porte-de-Paris-Saint-Denis), PC, Noctambus (Mairie-de-Clichy – Châtelet).
– S.N.C.F. : gare de Clichy-Levallois. ☎ 01-42-85-88-00.
– R.E.R. : ligne C Ermont-Invalides. Stations : Porte-de-Clichy ou Mairie-de-Saint-Ouen.
– Taxis : ☎ 01-47-37-79-89.

■ **Adresses utiles**
　🛈　Syndicat d'initiative
　✉　Postes

🛏 **Où dormir ?**
　5　Auberge de jeunesse Léo Lagrange
　6　Sovereign Hôtel
　7　Hôtel de l'Europe

🍴 **Où manger ?**
　15　Le Bouquin Affamé
　16　Crêperie Le Galichon
　17　Restaurant du lycée hôtelier René Aufray
　18　La Calabria

　19　Aux Îles Caraïbes
　20　La Bonne Table
　21　La Barrière de Clichy

★ **À voir**
　30　Musée de Clichy et société historique
　31　Entrepôts du Printemps
　32　Parc Roger-Salengro
　33　Hôpital Beaujon
　34　Église Saint-Médard
　35　Pavillon Vendôme
　36　La Maison du Peuple

－　**Où sortir ?**
　15　Le Bouquin Affamé
　40　Le Théâtre Rutebeuf

A15, PONTOISE

A86

ASNIÈRES

D 7

NORD

COURBEVOIE

LEVALLOIS, NEUILLY

Pont de Clichy

ST-DENIS

Quai

Aulagnier

Clichy

Route du Pont de Gennevilliers

Boulevard

SEINE

de

D 1

Quai

D 17

Boulevard

Av. Claude Debussy

Léon

Blum

Paul

R.

Gabriel

du

Hôpital Beaujon

33 ★

Cimetière nord

Rue

Landy

★ 30

Rue

Villeneuve

Parc Roger Salengro

R. G. Boissau

R. Villeneuve

Boulevard

Rue

Bérégovoy

R. P.

20

35 ★

Rue

Martre

du

Rue

Gaston

Général

Roguet

31 ★

★ 32

17

34 ★

5 ★

Médéric

Rue

St-Médard

Mairie de Clichy

Palloy

R. Madame de Sanzillon

PL. DE LA RÉPUBLIQUE

7

Neuilly

Rue

R. F. Pasteur

Pelloutier

Dagobert

Hôtel de ville

6

15

Rue

Jean

D 911

Rue

Allée

Léon

40

Gambetta

Barbusse

Morice

d'Alsace

Leclerc

SAINT-OUEN

Klock

36 ★

de

Rue

Castéras

18

PL. DES MARTYRS DE L'OCCUPATION

16

19

Rue

Henri

Rue

Martre

Rue

Hugo

D 410

Cimetière sud

Rue

D 17

Rue Anatole France

Milly

R. des Cailloux

Chance

R.-M.-Paul

Bd du Fort

de Douaumont

D 19

Paris

Jaurès

du 8 Mai 1945

R.

Victor

Bd

Périphérique

Porte de St-Ouen

21

Porte de Clichy

Boulevard

Av. de la Porte de Clichy

PARIS

LEVALLOIS-PERRET

0   100   200 m

Porte de Clichy
Ⓜ

A

Porte de Champerret

B

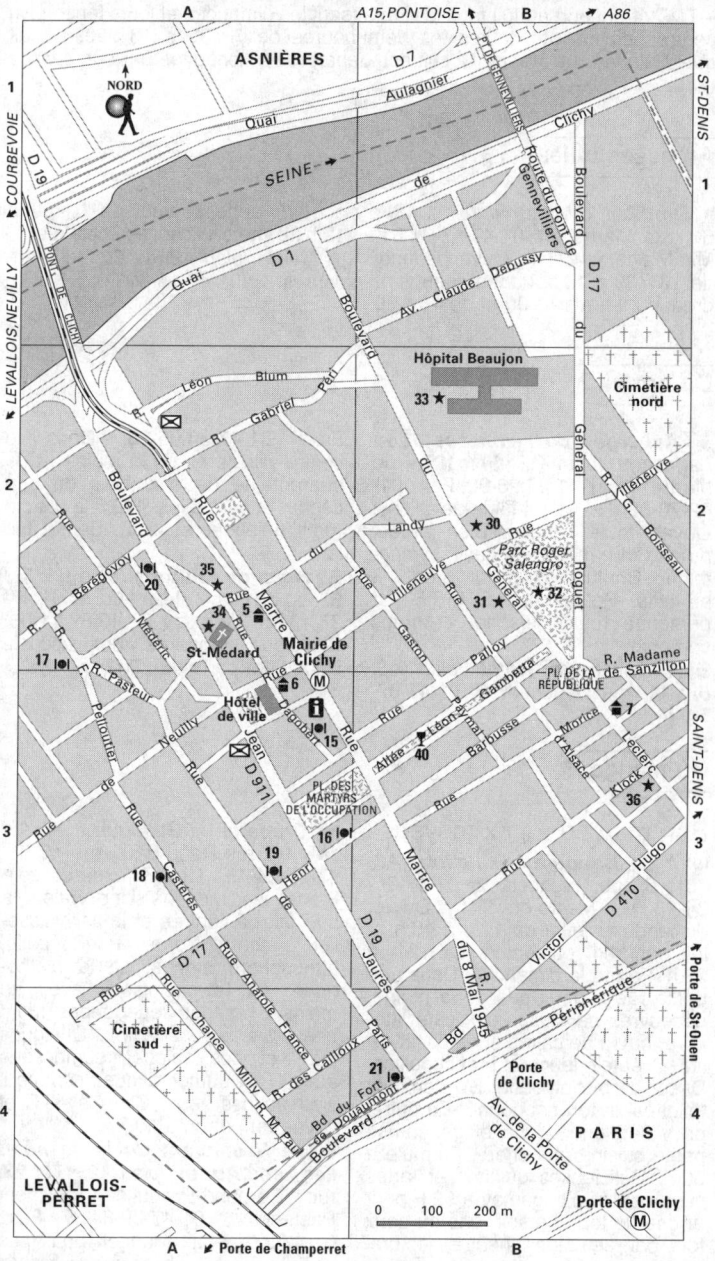

CLICHY-LA-GARENNE

– **TUC :** transport gratuit tous les jours (sauf les dimanche et jours fériés). Du centre administratif, toutes les demi-heures de 7 h 30 à 18 h 30. Circuit ouest, départ rue Martre. Circuit est, départ rue Villeneuve. En août, service réduit.

Adresses utiles

🏢 **Syndicat d'initiative** (plan A3) : 61, rue Martre. ☎ 01-47-15-31-61. M. : Mairie-de-Clichy. Ouvert le lundi de 13 h 30 à 18 h, du mardi au vendredi de 9 h à 12 h 30 et de 13 h 30 à 18 h, et le samedi de 9 h 30 à 12 h 30 (hors vacances scolaires).

■ **Mairie** (plan A2-3) : 80, bd Jean-Jaurès. ☎ 01-47-15-30-00.

Où dormir ?

🛏 **Auberge de jeunesse Léo Lagrange** (plan A2, 5) : 107, rue Martre. ☎ 01-41-27-26-90. Fax : 01-42-70-52-63. M. : Mairie-de-Clichy. Ouvert toute l'année. Bien située, proche du métro. Accueil sympathique. Chambres classiques de 2, 3 et 4 lits. Petite cuisine. 113 F par personne (petit déjeuner et draps compris).

🛏 ▼ **Sovereign Hotel** (plan A3, 6) : 14, rue Dagobert. ☎ 01-47-37-54-24.

Fax : 01-47-30-05-80. Dans le centre-ville (près de la mairie). Une quarantaine de chambres de bon confort et agréables. 400 F la double (petit déjeuner en sus). Bar et billard.

🛏 **Hôtel de l'Europe** (plan B3, 7) : 52, bd du Général-Leclerc. ☎ 01-47-37-13-10. Fax : 01-40-87-11-06. Classique, moderne, bon accueil. Doubles à partir de 380 F.

Où manger ?

Bon marché à prix moyens

|●| ▼ **Le Bouquin Affamé** (plan A3, 15) : 6, rue Dagobert. ☎ 01-47-31-34-23. M. : Mairie-de-Clichy. Ouvert du lundi au jeudi de 12 h à 19 h et les vendredi et samedi de 12 h à 23 h. Fermé le dimanche. Dans une petite rue à deux pas de la mairie, découvrez ce chaleureux café littéraire, havre de calme et de convivialité. Clientèle jeune et branchouillée. Décor de bibliothèque, BD dans les toilettes, le ton est donné. En outre, on y sert une bonne et généreuse petite cuisine pas chère. Formule à 50 F. Délicieuses quiches et tartes sucrées. Un p'tit gamay à 52 F pour arroser le tout. Le soir, une ou deux fois par semaine, théâtre, lecture, contes, poésie, chanson. Expos temporaires de peintures, photos, etc.

|●| **Crêperie Le Galichon** (plan A3, 16) : 93, rue Henri-Barbusse. ☎ 01-47-37-54-49. Ouvert midi et soir. Fermé le dimanche. Une vraie, y'a un marin à l'entrée et le fier vaisselier breton y trône. Grande salle, atmosphère sympa. Carte pléthorique « à la chinoise », avec au moins 81 crêpes répertoriées (dont beaucoup au sarrasin). Quelques plats et des salades composées aussi. Prix démocratiques comme il sied en ces lieux. Cidre à 43 F et cuvée du patron à 50 F.

🍴 |●| **Restaurant du lycée hôtelier René Aufray** (plan A2, 17) : 23, rue Fernand-Pelloutier (bâtiment Pasteur). ☎ 01-47-39-84-17. Fax : 01-47-37-03-32. Manger pour pas cher la production de futurs grands chefs, pourquoi pas ? C'est possible le midi en semaine et les mercredi, jeudi et vendredi soir, en téléphonant avant. 60 F le midi et 90 F le soir (menu gastronomique). Cuisine soignée, ça va de soi! Carte des vins très intéressante. Très grande salle plaisante, salon-bar la précédant. Possibilité d'y dormir éventuellement. 4 chambres de 120 à 250 F. Réserver, bien sûr.

|●| La Calabria (plan A3, 18) : 17, rue Casteres. ☎ 01-42-70-47-37. Ouvert midi et soir jusqu'à 22 h. Fermé le dimanche. Cuisine franco-italienne d'excellente réputation, servie dans un cadre agréable. Décor de céramique. Four à pizza au milieu, et les tables s'ordonnent autour. Deux sortes de pizzas dont l'une à la pâte feuilletée particulièrement légère et craquante. *Pasta* fraîches (matriciana, agnolotti aux cèpes, lasagnes vertes maison, etc.), viandes tendres (filet de bœuf, entrecôte pizzaïolo), plat du jour, copieux tout ça. Comme disait maman Laeticia, « Pourvou que ça doure! ». Plaisante terrasse aux beaux jours.

|●| Aux Îles Caraïbes (plan A3, 19) : 64, rue de Paris. ☎ 01-47-56-06-46. Ouvert le midi du mardi au vendredi et le soir sur réservation (sauf le dimanche). Bonne cuisine antillaise et les classiques de là-bas : fricassée de lambis, colombo d'agneau, *roussi* de cuisse de canard au lait de coco, brandade antillaise, feuilleté de crabe farci, etc. Enfin, tout cela reste théorique. C'est avant tout une cuisine de marché, et le sympathique patron décidera parfois pour vous. Menus la Saintoise à 68 F (entrée, plat, vin et café compris), la Marie-Galantaise à 100 F, et celui à 180 F sur commande. Conseillé de réserver

de toutes façons (pour au moins s'assurer que c'est ouvert). Service assez dolent, ne pas avoir de rendez-vous derrière!

Prix moyens à plus chic

|●| La Bonne Table (plan A2, 20) : 119, bd Jean-Jaurès. ☎ 01-47-37-38-79. Fermé le samedi midi et le dimanche soir (dimanche midi sur réservation). Le cadre ne paie pas de mine, mais ne vous y fiez pas, ici vous savourerez une excellente cuisine spécialisée dans le poisson. Tenu par un couple sympa. Les hommes d'affaires apprécient l'atmosphère feutrée du lieu. Quelques fleurons de la carte : sole de petit bateau au jus de viande à la moelle, lasagnes au homard, filet de daurade royale au caviar d'aubergines, soupe et terrine de poisson, bien sûr! Menu à 120 F. À la carte, compter au moins 200 F.

Plus chic

|●| La Barrière de Clichy (plan B4, 21) : 1, rue de Paris. ☎ 01-47-37-05-18. M. : Porte-de-Clichy. Fermé le samedi midi et le dimanche, ainsi que 15 jours en août. Après une certaine période d'éclipse, ce resto très renommé par le passé est reparti sur de nouvelles bases. D'ailleurs, plusieurs grands chefs y furent formés. Aujourd'hui, dans un cadre aux tons jaune clair, égayé de plantes grasses et fleurs fraîches, on y sert une cuisine de marché traditionnelle, à prix encore raisonnables. Menus à 160 et 240 F. Quelques plats au hasard : morue fraîche à la crème basilic, filet de veau sauce foie gras, saumon au gros sel à l'étuvée, etc.

À voir

★ *Le musée de Clichy et société historique* (plan B2, 30) : centre du Landy, 80, bd du Général-Leclerc. ☎ 01-47-37-67-05. Ouvert les mercredi et samedi de 14 h 30 à 17 h 30. Abrité dans la maison du Landy (1899), ancienne fondation Lannelongue. Au dernier étage. Dans une seule salle (l'ancienne chapelle), petit musée racontant bien la ville, à travers ce que furent les grandes productions industrielles et d'art de Clichy. La cristallerie d'abord, avec les célèbres presse-papier *millefiori* (appelés aussi « roses de

Clichy ») qui se vendent aujourd'hui très cher aux enchères de Sotheby's et la production de la verrerie Appert. Beau « cabaret à liqueur » style Napoléon III, etc. Témoignages du passé blanchisseur de la ville, à travers photos et, bien sûr, fers à repasser, à froncer, à tuyauter, case à blanchisseuse en bois. Souvenirs de la grande imprimerie Paul Dupont, de la fabrique de bougies Cusimberche, de la savonnerie et même d'une petite activité locale : les enfileuses de perles ! Belles aquarelles de Pierre Guillet et quelques programmes de concert de Léo Delibes. Remarquable chef-d'œuvre de compagnon de Georges Wilson, un ajusteur, qui passa dix ans dans son grenier à l'élaborer.

★ **Les entrepôts du Printemps** *(plan B2, 31)* : 69, bd du Général-Leclerc. En face du parc Salengro. Annexe du *Printemps* à Paris, structure entièrement métallique construite par François Hennebique (inventeur du ciment armé) et décorée en céramique par Alexandre Bigot (qui travaillait à l'époque avec Guimard et Lavirotte). On notera l'audacieux et monumental hall d'entrée en rotonde. Beau jeu des structures de métal et de brique. L'aile gauche fut rajoutée en 1923 et reflète les tendances architecturales de l'époque : angles droits et béton (œuvre de l'architecte du *George V* à Paris). Derrière, le nouveau siège social de la FNAC.

★ **Le parc Roger-Salengro** *(plan B2, 32)* : poumon vert de la ville avec son pigeonnier 1900, ses canards, ses « arbres à mouchoirs », polownias et autres « désespoirs des singes » (genre de sapins aux rudes aiguilles). Théâtre de marionnettes aux beaux jours.

★ **L'hôpital Beaujon** *(plan B2, 33)* : bd du Général-Leclerc. Ah oui, pourquoi l'hosto ? Parce que lors de sa construction, en 1933, il fut considéré comme d'avant-garde. Jean Walter, l'architecte, admirait beaucoup les buildings américains. Ce fut l'un des plus grands chantiers de l'entre-deux-guerres, et les journaux de l'époque soulignèrent l'audace de ce « gratte-ciel de la souffrance ». 12 étages de haut, trente ascenseurs, une conception totalement hygiéniste puisque les chambres des malades de longue durée étaient orientées plein sud et bénéficiaient de mezzanines et de larges balcons offrant le maximum de soleil et de panorama. À l'intérieur, tout était fonctionnel bien sûr (une couleur par étage, distances au plus court pour les travailleurs hospitaliers, etc.). Anecdote : à l'époque, il se trouva une partie de la population pour protester contre la construction de l'hôpital, elle trouvait qu'il y avait déjà trop d'usines !

Plus au nord, les trois ponts franchissant la Seine dont le ***pont de Gennevilliers*** *(plan B1)* aux belles couleurs et immortalisé par Seurat. Signac, quant à lui, fut inspiré par le quai de Clichy et ses gazomètres (aujourd'hui disparus). Dans le cimetière nord, XIIIᵉ section, Jacques Mesrine, après une existence assez mouvementée, file désormais des jours tranquilles à Clichy...

★ **L'église Saint-Médard** *(plan A2, 34)* : 94, bd Jean-Jaurès (et rue du Landy). De style roman, reconstruite en 1623. Elle eut, de 1612 à 1626, comme prestigieux curé, saint Vincent-de-Paul. Clocher-porche et nef unique percée de fenêtres en plein cintre. Grande simplicité décorative et atmosphère assez évocatrice du saint. Par les vitraux racontant sa vie, la sobre chaire d'où il disait ses sermons et les fonts baptismaux de marbre où il baptisait les enfants (sur le pied de la cuve, 1612, sa date d'arrivée à Clichy). On peut encore voir, à gauche de l'autel, son crucifix, ainsi que quelques reliques et les anciennes portes de l'église récupérées. À l'extérieur, dans la cour, presbytère du XVIIIᵉ siècle et moignon d'un arbre planté par saint Vincent (consolidé en ciment, comme le robinier de Saint-Julien-le-Pauvre).

★ **L'église Saint-Vincent-de-Paul :** édifiée à côté en 1905, Saint-Médard étant devenue trop petite pour les fidèles. Construite perpendiculairement à l'ancienne église en lui rognant au passage son abside. Pour la punir, elle ne fut jamais achevée (clocher, chœur!). Comme beaucoup d'églises de cette époque, ne présente guère d'intérêt. Les amateurs de vitraux s'attarderont cependant sur ceux narrant des épisodes historiques de la ville sous le roi Dagobert (baptême de saint Éloi, soumission de Judicaël, roi des Bretons, etc.). Beau travail sur le décor, entrelacs, etc. Grand orgue de 1899 sur lequel joua Camille Saint-Saëns.

★ *Le pavillon Vendôme (plan A2, 35)* : 7, rue du Landy. Insolite présence de cette « folie », construite exclusivement pour abriter, en 1699, les amours passionnées de Philippe de Vendôme (arrière-petit-fils d'Henri IV et de Gabrielle d'Estrée) et de sa bien-aimée, Françoise Moreau, chanteuse célèbre de l'Académie royale de musique. À l'époque, la propriété s'étendait jusqu'à la Seine. Porte cochère monumentale ornée de luth et de carquois. Au fond, la longue façade de ce « pavillon de chasse », surmontée d'un fronton triangulaire richement sculpté, là aussi chose peu courante pour une maison de campagne! L'édifice est pour le moment occupé par des services sociaux et dans un état assez dégradé. Des travaux de restauration devraient débuter « incessamment sous peu » et, à moyen terme, permettre de découvrir le luxueux décor intérieur, son élégante rampe en fer forgé, les boiseries sculptées, le superbe plafond du grand salon, œuvre de Claude III Audran (maître ou disciple d'Oudry, Huet, Watteau et Lancret).

De l'autre côté de la rue Martre, à l'angle de la rue du Landy, s'élève un portail bien seul, ultime vestige du *château de Crozat* qui servit, de 1697 à 1738, de résidence d'été à Antoine Crozat dit « le Riche » (justement l'un des hommes les plus riches de France à l'époque : capitoul de Toulouse, trésorier des États du Languedoc, receveur de Louisiane, pour ne citer que quelques titres!). Au XIXe siècle, la propriété fut démembrée et le château transformé en carrière de pierre.

★ *La mairie (plan A3)* : 80, bd Jean-Jaurès. Édifiée en 1878 par l'architecte Depoix dans un style assez sobre. À l'intérieur, élégant escalier d'honneur avec une belle rampe en fer forgé. De chaque côté, deux grandes fresques de Théodore-Joseph H. Hoffbauer, représentant en vue aérienne Clichy aux XVIIe et XIXe siècles. Au 1er étage, superbe toile moderne de Monique Astruc, aujourd'hui l'une des artistes les plus renommées du quartier de la Bastille, dont on peut admirer d'autres œuvres dans la salle de l'état-civil. Ça vaut le coup de s'unir à la salle des Mariages, rien que pour la fresque d'Oscar Mathieu. Dans le jury du concours pour la réaliser, Viollet-le-Duc et le peintre Hébert. Dans un style tellement académique qu'il en devient beau, le dieu Chronos porte sur un nuage les jeunes promis tandis qu'une femme symbolisant la Loi les unit. Aux quatre coins et sur la fresque, des angelots symbolisent les grands piliers de cette noble institution : l'amour, la fidélité, la protection et la vérité. La fresque était habilement disposée de façon que les jeunes époux puissent s'en inspirer pendant toute la cérémonie. Il semblerait qu'aujourd'hui ces derniers ne lèvent plus guère les yeux au ciel! Dans la salle du Conseil, remarquable autre fresque, bien que de facture assez classique, représentant l'élection du premier Conseil municipal de Clichy, le 3 février 1790.

★ *La Maison du Peuple (plan B3, 36)* : 39, bd du Général-Leclerc. Construite en 1939, c'est un produit direct de la dynamique du Front populaire, s'inscrivant de façon puissante dans la tradition culturelle ouvrière. Édifice totalement polyvalent, conçu pour accueillir un grand marché populaire au rez-de-chaussée et des espaces modulables au 1er étage, destinés à recevoir expos, réunions, meetings, théâtre (Gérard Philipe y joua *Le Prince de Hombourg* en 1951). Une verrière mobile permettait de faire pénétrer la lumière et de réaliser le plein air au 1er étage et au rez-de-chaussée, par un jeu de planchers amovibles. Œuvre de l'ingénieur Jean Prouvé, ami de Le Corbusier, et des architectes Marcel Lods et Eugène Beaudouin. L'originalité de la Maison du Peuple résidait aussi dans l'utilisation d'éléments fabriqués en usine et montables sur place. Technique aujourd'hui banale, mais d'avant-garde pour l'époque. Pétri des principes du Bauhaus, Prouvé voulait aussi concilier architecture et industrie. Son bâtiment fut le premier à présenter en France un « mur-rideau » en tôle d'acier, associant harmonieusement le verre et le métal. Beaucoup de trouvailles révolutionnaires aussi, comme ces éclairages intégrés dans les marquises qui entourent l'édifice. En cours de rénovation à l'heure actuelle, la Maison du Peuple retrouvera bientôt ses salons de Printemps et cette vision réjouissante de braves ménagères arrivant directement du marché et déambulant avec leur cabas parmi peintures et sculptures exposées. Quand on parle coupure entre la vie des gens et l'art, Clichy démontre à l'envie qu'il n'en est rien ici ! Pour nos lecteurs férus d'architecture moderne, possibilité de visiter le chantier sur rendez-vous auprès des Monuments historiques : Hervé Baptiste architecte en chef au : ☎ 01-45-31-84-02.

PETITE BALADE LE NEZ AU VENT

Partant de la mairie, se rendre au centre du vieux Clichy, autour de l'intersection des **rues de Neuilly et de Paris.** Vous y trouverez le petit marché couvert, de nombreux magasins et quelques vieux troquets populaires et café-charbon. Rue de Neuilly, petite visite à la villa Émile, puis par la rue Casteres, arrivée **rue Anatole-France.** Au n° 4, une plaque rappelle le séjour du grand écrivain américain Henry Miller en 1932-34. Tournez **rue des Cailloux,** de suite vous trouvez la **cité Jouffroy-Renault,** archétype de la petite cité ouvrière humaine et sympa. Une brave veuve fortunée et philanthropique fit construire, en 1865, quatre-vingt-six pavillons d'un étage avec jardinet, pour des familles ouvrières méritantes.

Remonter le boulevard Jean-Jaurès pour gagner la place des Martyrs-de-l'Occupation (ancien champ de foire), prolongée par les **allées Gambetta.** Cette avenue, large de 40 m et longue de 400 m, fut percée au début du siècle pour honorer Léon Gambetta. Bordée de beaux immeubles de tous styles, du haussmannien élaboré au style Art déco. En particulier, les immeubles d'angle surplombant le kiosque à musique et présentent une riche ornementation (au 2, allée Gambetta, entre autres, datant de 1911). D'autres édifices de caractère, **boulevard Jean-Jaurès,** notamment au n° 52. Repérer également celui présentant un ravissant décor floral et des imitations de tapis pendant aux fenêtres.

Agréable et bucolique promenade sur les allées Gambetta jusqu'à la **place de la République,** l'autre centre de la ville. Au passage, le théâtre municipal Rutebeuf au n° 16. Construit en 1920, dans un style néo-classique. Aux n°s 7, 9, 11, place de la République, bel ensemble d'immeubles concaves de 1909. À l'entrée de la **rue Madame-de-Sanzillon,** immeuble aux réminiscences Art déco. Sur les linteaux ornementés, un visage qui serait celui de Jeanne d'Arc. Rue Foucault, entre les rues Morice et Klock, naquit la pointe Bic (inscription : « Société des Encres... »).

Enfin, au sud de la ville, **rue Simonneau,** dans ce qui fut l'ancien quartier des chiffonniers, furent construits en 1928 les premières HBM (habitations à bon marché), ainsi que le dispensaire où travailla un certain docteur Louis-Ferdinand Destouches, dit Céline... Édifices d'une certaine qualité architecturale, qui témoignent qu'à l'époque, même si on fabriquait pour les pauvres, on ne faisait pas nécessairement moche et qu'il y avait quand même un souci d'intégration dans le tissu urbain !

Marchés

– **Marché de Lorraine :** à la Maison du Peuple, bd du Général-Leclerc. Les mardi, vendredi et dimanche, de 8 h à 13 h.

– ***Marché du centre :*** rue de Neuilly. Les mercredi, samedi et dimanche.
– ***La Braderie :*** le jour de la fête des Mères, bd du Général-Leclerc.
– ***Foire de Clichy :*** place des Martyrs, début octobre.

Où sortir ?

– ***Théâtre Rutebeuf*** *(plan B3, **40**) :* 16, allée Léon-Gambetta. ☎ 01-47-39-28-58. Une centaine de spectacles programmés chaque année dans tous les domaines : théâtre, musique, danse, humour, variétés, et les représentations de la Ligue française d'improvisation. Salle de cinéma également, classée d'Art et d'Essai.

🍽 🍸 ***Le Bouquin Affamé*** *(plan A3, **15**) :* 6, rue Dagobert. ☎ 01-47-31-34-23. Déjà, c'est un bon resto (voir « Où manger ? »), c'est aussi un café littéraire où vous pourrez lire, devant un *apple crumble,* un des 3 000 bouquins de la bibliothèque (où l'emprunter), où il fait bon écrire ses lettres d'amour ou tenter d'amorcer ses mémoires de banlieusard... Lieu de rencontre, d'échanges. En outre, les mardi, vendredi et parfois samedi, spectacles divers de jeunes troupes, comédiens, chanteurs, conteurs, etc.

Fêtes et manifestations

– ***Salon de Printemps :*** à partir d'avril, expositions diverses où Clichois et Clichoises peuvent exprimer leurs talents dans tous les domaines artistiques. Plus « Clichy Art contemporain ». Des artistes de renommée internationale exposent dans les rues de Clichy d'avril à juin.
– ***Festival de Clowns et Burlesques :*** en avril en principe. 3e édition en 1999 de ce festival qui veut faire redescendre le rire et la bonne humeur dans la rue. Joyeux cortèges, spectacles dans le parc Salengro, aux allées Gambetta, maquillage pour les mômes, etc. L'occasion également de rencontrer les nouveaux talents, les clowns de rue, les clowns musicaux, les successeurs des Grock, Fratellini, Zavatta...

COURBEVOIE (92400) 65 649 habitants

Située en bord de Seine, la ville s'étend sur un coteau orienté sud-est, ce qui favorisa vite la culture de la vigne. Au début, un chemin en lacet zigzaguait dessus, ce qui semble être l'origine du nom : *Curva Via*. Grâce au chemin de fer et à l'industrialisation, Courbevoie connut un très important développement au XIXe siècle et devint même à l'époque la petite capitale des industries pharmaceutiques. Aujourd'hui, c'est l'une des villes de banlieue qui ont le plus changé de physionomie, en jouant délibérément la carte du tout béton... Ironie du sort, on donna le nom d'Arletty à l'une des rues les plus éloignées de son image et de son mythe, dans l'un des quartiers les plus déserts le soir ! Et ultime coup du sort, nous nous apprêtions à vous offrir le *Saint-Côme*, une très belle adresse de cuisine régionale dans un authentique décor 1900... Patatras ! Elle vient de disparaître sous les pelleteuses, avec un morceau de la rue Jean-Pierre-Timbaud...

Un peu d'histoire

Au VIIIe siècle, le village dépendait de l'abbaye de Saint-Wandrille, puis il passa au XIIe siècle, comme beaucoup d'autres, sous l'autorité de celle de Saint-Denis. Le quartier de Bécon-les-Bruyères doit son origine à un phare (*beacon* en anglais) établi à l'époque carolingienne pour surveiller et guider le trafic sur la Seine. En 1606, de retour de Saint-Germain vers Paris, Henri IV et Marie de Médicis font naufrage avec le bac et manquent de se noyer. Le lendemain, Sully se voit ordonné de construire un pont : c'est le premier pont de Neuilly. Terminé en 1611, il ne put donc être inauguré par ce *dear* Henri (et le coup du bac, c'était pas déjà Ravaillac ?). Il tint 30 ans, fut remplacé par un autre pont de bois jusqu'en 1766. C'est à cette époque que fut décidée la construction d'un pont de pierre, commandé à l'ingénieur Perronet et inauguré par Louis XV lui-même. Au pied de ce pont, les cendres de Napoléon, rapportées de l'île de Sainte-Hélène, passèrent la nuit du 14 décembre 1840, avant d'entrer triomphalement dans Paris.

C'est à Courbevoie que Louis XV implante l'une des trois casernes de ses gardes suisses (la caserne Charras, démolie en 1962). Son premier maire, à la Révolution, anticipant l'énorme spéculation immobilière de cette deuxième moitié du XXe siècle, s'appelait... Le Frique !

De 1 311 habitants en 1801, Courbevoie passe à 10 553 en 1861. De petites entreprises, des blanchisseries commencent à proliférer. La ville souffrit énormément des combats de la guerre de 70 et de la Commune. Une statue, *La Défense,* œuvre du sculpteur Barrias, fut érigée au rond-point de La Défense, en hommage à la résistance des Parisiens contre les Prussiens.

La période contemporaine

Entre 1870 et 1940, la ville devient l'un des secteurs de pointe de l'industrie pharmaceutique et d'hygiène. Citons l'Eau de mélisse des Carmes Boyers, Boots-David, Cadum (le célèbre bébé Cadum naquit dans un pavillon de banlieue à Courbevoie), Colgate, Palmolive, Schoum, Delalande, La Rochette, sans oublier les dérivés... C'est à Courbevoie que fut inventé le célèbre Banania (par un pharmacien). En 1912, il va tout simplement ajouter de la farine de banane au cacao. Au début, c'est une toute petite entreprise artisanale. Le préparateur est un brave Sénégalais blessé au front et soigné à la caserne Charras. Le gag, il travaille « au noir », et c'est en le voyant mettre son doigt dans la farine et le sucer d'un air gourmand que le pharmacien trouve ce slogan fameux : « Y'a bon Banania ». Il est clair qu'on était en pleine idéologie coloniale à l'époque, et que le « politiquement correct » n'existait pas encore ! Le Banania fera un tabac en vantant ses vertus reconstituantes sur les combattants.

De grandes marques s'implantèrent à Courbevoie, comme les parfums Guerlain, les autos Morgan et Labourdette et la célèbre « bicyclette qui roule toute seule », le Vélosolex ! Jusqu'à la fermeture de l'entreprise, en 1975, il s'en construisit près de 10 millions d'exemplaires. Le Solex ne tombait jamais en panne, il ne demandait qu'un décalaminage tous les 4 000 km...

Avec le développement du quartier de La Défense et son inévitable extension sur la commune, Courbevoie connaît depuis trente ans une féroce boulimie immobilière. Ce qu'elle a évidemment perdu en termes d'identité et charme s'est probablement trouvé compensé par les recettes de la taxe professionnelle. Un grand nombre de sièges sociaux de prestigieuses firmes sont désormais installés dans la ville (Nestlé, IBM, Rhône-Poulenc Chimie, Elf, Saint-Gobain, Indosuez, Canon, etc.).

Quelques Courbevoisien(ne)s célèbres

Le sculpteur *Jean-Baptiste Carpeaux,* mort à Courbevoie en 1875, ainsi que *Adolphe Lahire,* peintre, élève de Puvis de Chavannes (en 1933). Nés à Courbevoie : le photographe *Jacques-Henri Lartigue* (en 1894), *Louis de Funès* (en 1914), le comédien *Michel Blanc,* le chanteur *Michel Delpech,* le patineur *Philippe Candéloro,* Louis-Ferdinand Destouches, dit *Céline* (en 1894, mort à Meudon en 1961). *Isabelle Adjani* a été élève au lycée Paul Lapie. Mais la plus célèbre personnalité, c'est Léonie Bathiat, dite *Arletty,* née en 1898, au 33, rue de Paris (et morte à Paris en 1992). Actrice préférée de Marcel Carné et qui triompha dans *Hôtel du Nord, Le Jour se lève, Fric Frac, Les Visiteurs du soir, Les Enfants du Paradis* et tant d'autres... Réputée pour son humour incisif et sa gouaille. Eut quelques mauvaises fréquentations dans sa vie, notamment sous l'Occupation. Jugée après guerre pour faits de collaboration (une liaison avec un officier allemand), elle eut cette répartie fameuse au tribunal : « Mon cœur est français, mais mon cul est international ! » À un journaliste qui lui demandait comment elle se sentait après l'épreuve du procès, elle répondit : « Pas très résistante ! »...

Comment y aller ?

– *En métro :* ligne n° 1 (Château-de-Vincennes – Grande-Arche-de-La-Défense). Avec une station à Esplanade-de-La-Défense.
– *En R.E.R. :* ligne A (Saint-Germain – Boissy-Saint-Léger). Station : La Défense.
– *En train :* depuis la gare Saint-Lazare (direction Versailles-Saint-Nom-la-Bretèche ou Houilles). Arrêts : Bécon-les-Bruyères et Courbevoie.
– *En bus :* n°s 163 (Porte-de-Champerret – Bezons), 164 (Porte-de-Champerret – Argenteuil-Claude-Monet), 167 (Nanterre-Ville – Pont-de-Levallois), 175 (Porte-de-Saint-Cloud – Asnières-Gennevilliers), 73 (Musée d'Orsay – Grande-Arche-de-La-Défense), 176 (Pont-de-Neuilly – Colombes – Petit-Gennevilliers), 144 (Pont-de-Neuilly – Rueil-Malmaison), 157 (Pont-de-Neuilly – Nanterre), 161 (Gare-d'Argenteuil-Épinay – Grande-Arche-de-La-Défense), 178 (Grande-Arche-de-La-Défense – Saint-Denis-Porte-de-Paris), 262 (Maisons-Lafitte – Grande-Arche-de-La-Défense), 272 (Grande-Arche – Sartrouville), 275 (Grande-Arche – Pont-de-Levallois), 278 (Grande-Arche – Courbevoie-Europe), 378 (Grande-Arche – Mairie-de-Villeneuve-la-Garenne).
– *En voiture :* porte Maillot - pont de Neuilly, porte Champerret - pont de Courbevoie ou pont de Levallois.
– *Taxis :* ☎ 01-47-88-25-25.

Adresse utile

■ *Mairie :* place de l'Hôtel-de-Ville. ☎ 01-43-34-70-00.

Où manger ?

|●| Pasta Amore e Fantasia : 80, av. Marceau. ☎ 01-43-33-68-30. Fermé le dimanche soir et le lundi. Gare de Courbevoie. Au 1er étage. Nul doute que personne n'imaginerait découvrir un studio de la Cinecitta dans l'Alphaville courbevoisien. Dès l'entrée, on est accueilli par la Magnani, Delon dans *Rocco*, le baiser mythique Anita-Marcello... et à l'intérieur, c'est Naples dans toute son exubérance, dans ses tonalités chaleureuses. Atmosphère pleine d'intimité malgré l'immensité de la salle. Il y a même du linge qui sèche comme là-bas! Couleurs et beaux effluves jaillissent également de la cuisine. Beaux *antipasti*, grand choix de pizzas, pâtes fraîches maison, *osso bucco* à la piémontaise, ravioli à la sicilienne, *piccata parmigiana*, etc. Menu à 85 F. Les vendredi et samedi soir, animation avec chanteurs à partir de 20 h 30. Pensez à réserver.

|●| L'Atmosphère : 5, rue de l'Abreuvoir. ☎ 01-43-33-00-85. Repas le midi, du lundi au vendredi. Fermé le week-end. C'est un bistrot aveyronnais, donc à même de vous reconstituer vraiment une « atmosphère » dans les quartiers les plus impossibles. Passé le pas de la porte, on découvre le bar et la salle à manger au style assez cossu. Confortables banquettes de velours rouge et fresques exquises de Catherine Teff (avant qu'elle ne soit célèbre) mettant en scène Arletty. Patron descendant d'une vieille famille de restaurateurs, garantie d'accueil et de qualité. Service efficace. Menu à 110 F (quart de vin compris). Carte de brasserie assez courte : boudin, tartare, bonnes viandes et une excellente choucroute de poisson frais.

À voir

★ **Le musée Roybet-Fould :** 178, bd Saint-Denis. ☎ 01-43-33-30-73. Ouvert tous les jours sauf le mardi, de 10 h 30 à 18 h. Installé dans une villa du parc de Bécon. Curieuse figure de Janus d'ailleurs : façade bourgeoise d'un côté, l'autre étant celle du pavillon Suède-Norvège de l'Exposition universelle de 1878, accolée à l'arrière de la villa. Constituée de pin rouge de Norvège, cette façade est considérée comme l'un des plus vieux exemples d'éléments préfabriqués restant en France. Le musée fut créé par Consuélo Fould, fille d'un ministre de Napoléon III. À l'intérieur, beau lambris. On y trouvera surtout des œuvres de Ferdinand Roybet, l'un des représentants les plus talentueux de l'art dit « pompier ». Parmi les plus notables : *La Main chaude* au style paillard et truculent qui rappelle certains tableaux flamands ou espagnols des XVIe et XVIIe siècles, *Le Refus des impôts, L'Enlèvement de Rebecca,* etc. Expo de poupées anciennes. Quelques portraits intéressants : *B. Fould* par Ary Scheffer, *Consuelo Fould* par Roybet (avec une pointe d'académisme, bien sûr), superbe autoportrait de Consuelo Fould (ou l'on s'aperçoit que c'était aussi une grande artiste). On a aussi aimé ses *Druidesses apaisant la tempête*... Œuvres du sculpteur Carpeaux également *(Triomphe de Flore).* Porcelaines illustrant l'arrivée des cendres de Napoléon Ier à Courbevoie.

★ **Le parc de Bécon :** profitez de votre visite au musée pour arpenter ce petit parc, dernier vestige du château. De sa terrasse monumentale, belle vue sur la Seine. Il abrite encore quelques arpents du château de Bécon, un sauvignon qui eut jadis son heure de gloire. Près du musée, *fontaine des Antiques* composée de fragments sculptés de diverses époques depuis la Renaissance.

★ **La mairie :** rue de l'Hôtel-de-Ville. Construite en 1858 par P.-E. Lequeue, élève de Baltard et qui réalisa bien d'autres mairies et l'église Notre-Dame de Clignancourt. Style classique avec colonnes, pilastres et fronton sculpté. À l'intérieur, belle salle des Mariages, décorée de toiles d'Alexandre Séon, élève et collaborateur de Puvis de Chavannes. Thèmes traditionnels : la mère, le travail, le dévouement, le repos, etc. Au plafond, les saisons traitées à l'italienne.

★ *L'église Saint-Pierre-Saint-Paul :* place Hérold. C'est l'une des rares églises à avoir été construites pendant la Révolution même (à partir de 1789). Son curé sera d'ailleurs guillotiné en 1793. L'architecte, un disciple de Ledoux, eut l'idée d'édifier une nef en ellipse avec dôme, précédé d'un porche à colonnes et fronton triangulaire (imitant l'église du Panthéon de Rome). À l'intérieur, voûte en berceau et nef ornée de pilastres ioniques.

BALADE DANS LA VILLE

Le quartier de Bécon, autour de la gare, moins touché que celui de la mairie, offre encore des petits coins bucoliques, villas et impasses bordées de maisonnettes et belles demeures bourgeoises avec jardinets.
En remontant le boulevard Saint-Denis, on croise la *rue Carpeaux,* paisible à souhait. Au n° 106, une de ces petites villas rescapées, bordée de coquettes maisons et donnant passage Henriot. Après le passage du pont sur le boulevard de Verdun, accès à gauche, vers le n° 21, au vieux et romantique *cimetière* de la ville. Peu de tombes, c'est avant tout un grand jardin avec de vastes pelouses et des allées bordées de beaux arbres touffus, toutes pleines de silence, d'ombre et de poésie. Au milieu, l'imposant tombeau du comte de Cayla. On en oublie les immeubles qui le bordent.
Au 12, *rue de la Montagne,* en face du lycée, s'élève la *maison de Vibraye* datant du XVIII° siècle (aujourd'hui, une clinique). La *rue de Visien* présente encore une certaine homogénéité architecturale. Au n° 51, on découvre l'une des dernières grandes demeures aristocratiques de la ville, l'*hôtel de Guines*. Propriété privée, on ne peut visiter, mais elle possède un époustouflant décor intérieur XVIII° siècle (se renseigner pour la Journée du Patrimoine). Se contenter en attendant de l'ornementation de style Directoire du rez-de-chaussée (qu'on aperçoit bien de la grille).
L'*avenue de la République,* de la rue de Colombes à l'avenue Marceau, présente aussi une grande unité architecturale. Elle fut probablement lotie à la même époque (beaucoup de grosses demeures en brique et meulière). Au 22, *rue d'Estienne-d'Orves,* petit immeuble Art déco en brique jaune avec frise sculptée. Au 42, *rue Hoche,* villa Pauline de 1903, de pur style Art nouveau, avec polychromie des briques et jolies céramiques. Au n° 22, à l'angle de la villa Robert-Marcel, c'est plutôt style Art déco. Au 117, *rue Raymond-Ridel,* petit immeuble de rapport typique du début du siècle : beau travail sur les fenêtres, les fers forgés, les consoles, et harmonieuse alliance pierre et brique. Au 46 *bis, av. Marceau,* la villa des Vieilles-Vignes, qu'embaument lilas et glycines au printemps, maisons adorables, allée en terre... on est heureusement surpris, au milieu du ballet des grues, de découvrir tant de coins qui respirent encore !

Fêtes et manifestations

– *La fête des Bruyères :* en juin, au parc de Bécon. Dix jours de fête foraine et un week-end de musique et spectacles divers.
– *La fête des Vendanges :* un samedi de début octobre. Elle rappelle la grande tradition viticole de la ville.

ASNIÈRES (92600)   72 250 habitants

Comme Clichy, Gennevilliers, etc., Asnières fut l'une des destinations privilégiées des impressionnistes, dont Monet, Seurat et Van Gogh. Ce dernier peignit même *La Sirène*, la plus populaire guinguette de l'époque. L'industrialisation vint plus tardivement que dans les autres communes du coin et ménagea les quartiers résidentiels. Deux choses attirent surtout les visiteurs : le célèbre cimetière d'animaux et le musée Vuitton, dont les luxueuses malles évoquent d'autres grands voyages.

Un peu d'histoire

Passage obligé dans ce chapitre, l'origine du nom. Viendrait de *Asinaria*, dérivé du latin *asinus,* indiquant un lieu où l'on élevait des ânes. Ça reste longtemps la campagne d'ailleurs, puisqu'en 1460 on ne compte que 25 habitants. Début de développement autour de l'église Sainte-Geneviève au XVIIe siècle et arrivée de la princesse Palatine Anne de Gonzague de Clèves, qui y acquiert une grande propriété. D'autres nobles s'y installent et, en 1718, le Régent vient y animer de paillards week-ends chez une maîtresse. En 1749, construction du château de Marc-René de Paulmy de Voyer d'Argenson, marquis de Voyer (ouf ! encore un qui ne devait pas être souvent interrogé en classe !). Cahiers de doléances et révolution extrêmement modérés, c'est vraiment la cambrousse.

La construction du pont de Clichy en 1826, puis l'arrivée du chemin de fer (ligne de Saint-Germain-en-Laye) vont contribuer à désenclaver le village et provoquer le processus d'urbanisation. De 514 habitants en 1831, on passera à 11 352 en 1881 ! En outre, de nombreux Parisiens découvrent les plaisirs du canotage et les charmes des berges asniéroises. Dès 1830, fondation d'un cercle nautique. Les régates de la ville sont très courues. Asnières devient le principal port de plaisance de la Seine. En revanche, guerre de 70 et Commune de Paris se révèlent désastreuses. Les salons du château servent d'écuries aux Prussiens.

À la fin du siècle, la ville connaît l'un des plus forts taux de croissance de la région : 31 000 habitants en 1900 et 42 000 en 1912. Entre les deux guerres, développement de l'industrie. En 1923, arrivée d'Astra-Calvé qui y est toujours, et chez Louis Vuitton, installé depuis 1859, on fabrique encore les commandes spéciales.

Comment y aller ?

– *En métro :* ligne Châtillon – Asnières-Gennevilliers-Gabriel-Péri. Descendre au terminus.
– *En R.E.R. :* ligne C. Arrêt aux Grésillons.
– *En train :* depuis la gare Saint-Lazare. Arrêt à la gare d'Asnières, mais pour l'ouest de la ville, il est plus intéressant de descendre à celle de Bois-Colombes.
– *En bus :* nos 54 (République – Asnières-Gennevilliers-Gabriel-Péri), 135 (Asnières-Mourinoux – Pont-de-Levallois-Bécon), 138 a (Porte-de-Clichy – Saint-Gratien-R.E.R.), 138 b (Asnières-Gennevilliers – Épinay), 140 (Asnières-Gennevilliers – Gare-d'Argenteuil-R.E.R.), 165 (Porte-de-Champerret – Asnières), 166 (Porte-de-Clignancourt – Colombes-Audra), 167 (Pont-de-Levallois – Nanterre-Ville-R.E.R.), 175 (Asnières-Gennevilliers – Porte-de-Saint-Cloud), 177 (Asnières-Gennevilliers – La Courneuve-Aubervilliers), 178 (Grande-Arche – Gare-de-Saint-Denis-R.E.R.), 235 (Asnières-Gennevilliers – Colombes-Europe) et encore les nos 304, 340, 378.

– *Service urbain d'Asnières :* deux circuits sur la commune (est et ouest).
– *Taxis :* ☎ 01-47-93-58-88.

Adresse utile

■ *Mairie :* 1, place de l'Hôtel-de-Ville. ☎ 01-41-11-12-13.

LES HAUTS-DE-SEINE

Où manger ?

|●| *Le Petit Vatel :* 30, bd Voltaire. ☎ 01-47-91-13-30. Restaurant ouvert le midi seulement. Fermé le week-end. Bien placé, car proche du cimetière des chiens. L'archétype du rade qui ressemble vraiment à tous les autres, Formica et tout le reste... sauf, sauf qu'on y a vu Jean-Pierre Coffe et qu'il y avait bien une raison à cela ! D'abord, la qualité de l'accueil : il semble, comme Obélix, qu'ici on soit tombé dedans. Ensuite la savoureuse cuisine de famille servie avec une générosité sans pareille. Des plats gentiment mijotés comme le petit salé ou l'estouffade de bœuf provençale. Salades énormes. Vins à prix modérés. Un p'tit *Vatel* qui n'est pas prêt de se passer au fil de l'épée !

|●| *La Galette de Brocéliande :* 124, av. d'Argenteuil (à l'angle de la rue Lehot). ☎ 01-47-93-11-67. Accueil chaleureux du patron. Excellentes crêpes, choix de spécialités : malouine aux fruits de mer, au saumon, etc. Formules à 59 et 72 F le midi. À la carte, compter 70-80 F. À signaler : ici, on aime vraiment les enfants.

Plus chic

|●| *La Petite Auberge :* 118, rue de Colombes. ☎ 01-47-93-33-94. Dernier service à 21 h. Fermé le dimanche soir et le lundi. Cadre avec un décor très kitsch style opérette Grande Époque. Tout en boiseries, petits tableaux. On est d'emblée pris en main par la patronne ou sa fille. Très fières du travail de leur mari ou père, chef aux fourneaux. Elles ont raison : pour 150 F, on a droit à un superbe menu modifié au fil des saisons. En hors-d'œuvre, on n'est pas prêt d'oublier son feuilleté d'andouillette au chablis, si moelleux et délicatement parfumé. Suivent un excellent émincé de rognon de veau tendre et bien en sauce ou un sublime suprême de volaille à l'indienne, subtilement relevé au paprika, et tant d'autres choses. Poisson d'une réjouissante fraîcheur. Desserts à commander au début du repas, ce qui est toujours signe de qualité. Parmi nos préférés, le gratin de fruits frais et le succulent feuilleté aux fruits rouges. Seul petit regret, les vins sont un peu chers. Est-il besoin de préciser que la réservation est hautement recommandée ?

À voir

★ *La mairie :* 1, place de l'Hôtel-de-Ville. Construite en 1897 par l'architecte Emmanuel Garnier. Élégante façade, bien dans la tradition de l'époque (architecture IIIᵉ République de prestige). Fronton à horloge surmonté d'un imposant lanternon. À l'intérieur, on notera les 600 000 carrés de marbre de la mosaïque dans le hall d'entrée. Fastueuse salle des Mariages aux fresques représentant l'île de la Grande Jatte. On raconte que le tout jeune Matisse se présenta au concours pour leur réalisation et qu'il fut blackboulé dès le premier tour. En tout cas, qui se rappelle aujourd'hui de Henry Bouvet, le vainqueur? Plafond hyper ornementé et peinture centrale évoquant les arts dans des allégories légères de style antique.

★ *L'église Sainte-Geneviève :* rue du Cardinal-Verdier. Une église de style totalement composite. En 1158, une bulle du pape indique un premier sanctuaire. En 1541, on édifie une nouvelle église, reconstruite en 1711, restaurée après les combats de 1870. Enfin, elle est agrandie en 1929. Sa façade intègre des éléments de l'ancien portail baroque. À l'intérieur, maître-autel du XVIIIᵉ siècle peint gris et or. À gauche du chœur, plaque funéraire de la princesse Palatine (1730) et médaillon de marbre blanc figurant le Couronnement de la Vierge par l'Enfant Jésus.

★ *Le château d'Asnières :* 89, rue du Château. Ultime témoignage des somptueuses résidences aristocratiques des XVIIᵉ et XVIIIᵉ siècles. En phase de restauration. Construit par le petit-fils du célèbre architecte Jules Hardouin-Mansart pour le marquis de Voyer, entre autres maréchal de France et directeur des haras royaux. Imposante bâtisse avec un avant-corps s'inspirant de Vaux-le-Vicomte. Criblé de dettes, le marquis revend le château à un roturier, ce qui finalement le sauvera de la destruction à la Révolution.

★ *Le musée Vuitton :* 18, rue du Congrès. C'est de là que démarra quasiment la fantastique aventure Vuitton. En 1854, Louis Vuitton crée sa fabrique de malles de voyage à Paris. Succès immédiat, car il sait allier le pratique et l'élégance, sa clientèle se recrutant notamment dans la famille impériale et l'aristocratie. Il invente la malle à couvercle plat et, en 1860, part s'installer à Asnières. Le fleuve lui apporte le peuplier dont il a besoin pour fabriquer ses malles et le train remporte les produits finis. Construction d'une superbe maison et des ateliers à côté. Expo des plus belles pièces et des collections personnelles de la famille. Magnifique salon Art nouveau. L'occasion de voir des malles très anciennes – à partir du XVIIᵉ siècle – et toutes les autres productions.

★ *La gare des Carbonnets :* impasse des Carbonnets, derrière la gare de Bois-Colombes. Au même titre que le château, voici bien un monument de la ville à sauver de toute urgence. Peu connu, insolite, on a eu un vrai coup de cœur pour lui. C'est l'ancienne gare de réception de l'Exposition universelle de 1878, au Champ-de-Mars. Construite par Juste Lisch, auteur de la gare Saint-Lazare, de celle des Invalides et de la station de Javel. C'est l'une des plus belles applications de l'alliance fer et brique. Soubassement en pierre, mais ossature entièrement métallique et remplissage en brique jaune, rouge et noire. En 1897, l'édifice est démonté et transplanté à la limite d'Asnières et de Bois-Colombes pour servir de dépôt et d'atelier. L'électrification de la ligne Paris – Bois-Colombes en 1924 lui redonne une fonction de gare de voyageurs (on l'appelait alors la « gare électrique »). Curieusement, elle cohabitera 14 ans avec l'autre gare de Bois-Colombes, située à 100 m, sur la ligne d'Argenteuil et desservie, elle, par des locos à vapeur ! L'enterrement des voies et la construction d'une nouvelle gare principale amènent la suppression de la « gare électrique » qui retrouve sa fonction de dépôt. En 1983, un permis de démolir est délivré. Une poignée de gens déterminés, dont M. Pierre Tullin, la sauve *in extremis*. Depuis, elle attend affectation nouvelle et restauration. Le temps presse, car ça se dégrade malheureusement de plus en plus ! (Message aux autorités...)

★ *Le cimetière des Chiens :* situé sur l'ancienne île des Ravageurs, en marge du pont de Clichy. M. : Asnières-Gennevilliers – Gabriel-Péri. Du 16 mars au 14 octobre, ouvert de 10 h à 19 h; du 15 octobre au 15 mars, de 10 h à 17 h (les jours fériés, de 14 h à 17 h). Fermé le mardi. Entrée payante. Bientôt le centenaire de cet insolite cimetière. Créé en 1899. Beau portail d'entrée. Le succès est rapide : en 1923, déjà 18 000 animaux inhumés ; en

1958, le 40 000e est un chien errant venu mourir aux portes du cimetière. Le cimetière faillit disparaître, cela provoqua quelques manifs et pétitions ; heureusement, il fut inscrit en 1987 à l'inventaire des Monuments historiques. Aujourd'hui, environ 100 000 animaux ont été enterrés ici.

Bien entendu, on n'y trouve pas que des chiens, mais aussi des chats, chevaux, oiseaux, singes, hamsters et « Cocotte », une poule... Les tombes les plus pittoresques et les plus anciennes sont classées, beaucoup d'émouvantes épitaphes. De l'humour parfois, comme cet « irreemplazable » Vix de la Griffe d'or.

De nombreuses personnalités y ont enterré leur fidèle compagnon : Courteline, Sacha Guitry, Edmond Rostand, Camille Saint-Saens, Francis Carco, Barbey d'Aurevilly, Rejane, etc. Quelques vedettes : le chien Rintintin, grande star du cinéma, Barry qui sauva 41 personnes, Mémère, le carré des chiens policiers, Gribouille, cheval mort à 35 ans et la tortue Yaya... Une des plus luxueuses est celle de Ramsès. Pour les curieux, repérer la tombe avec cette photo de guenon habillée en fille !

BALADE AU FIL DES RUES

À partir du château, on tombe évidemment sur le ***parc Voyer-d'Argenson.*** Il faisait partie de celui du château et descendait jusqu'à la Seine. C'est aujourd'hui l'un des plus agréables de la ville. Très beaux arbres. Tout le long de la rue du Château, demeures fort élégantes. Place de la Station, une statue célèbre, *De Gaulle et Malraux.* D'autres belles maisons avenue de Montmorency.

On retrouve l'un des quartiers les plus résidentiels de la ville dans le secteur des rues du Bac et Magenta, ***avenues des Marronniers et Teissonnière.*** Magnifiques maisons bourgeoises et d'aristos, dans de luxuriants jardins. Au 16, rue de la Marne, intéressante demeure aussi pour son décor de façade, avec peut-être le plus beau portail en fer forgé de la ville. Au 53-55, rue Maurice-Bokanowski, ancien hôtel particulier du XVIIIe siècle.

À l'angle des rues Henri-Martin et Paul-Bert, le ***marché Flachat,*** datant de 1899, en belle brique polychrome. Angle Mauriceau et Colombes, vieille école brique et céramique où il y a encore écrit « école de filles ». Du côté du boulevard Voltaire, de la rue de la Comète à la Seine, quelques intéressants immeubles de rapport des années 30, notamment à l'angle de la rue Louis-Melotte (style Art déco).

Quelques exemples significatifs d'architecture sociale : au 3, rue du Capitaine-Bossard, une belle HBM (habitation à bon marché) de 1932 (dans le nord de la ville, donne dans la rue du Ménil). Place de la République et rue de l'Abbé-Lemire, la mosquée de la ville. Au 129, ***rue des Bas,*** l'ancienne maison de retraite Léopold Bellan, très intéressant édifice. Façade imposante avec décrochements rompant l'uniformité, beau travail sur les lucarnes. Noter, dans la partie centrale, la disposition originale des fenêtres. Un autre, à l'est, 98-106, av. des Grésillons. Là aussi, solide construction de brique et pas mal d'espaces verts.

Marchés

– ***Marché des Quatre-Routes :*** av. de la Redoute. Les jeudi et dimanche.
– ***Marché des Mourinoux :*** rue des Mourinoux. Les mercredi et samedi.
– ***Marché de la République :*** place de la République. Les mardi et vendredi.
– ***Marché Flachat :*** rue Henri-Martin. Les mardi, vendredi et dimanche.
– ***Marché de Bretagne :*** rue de Bretagne. Les mercredi et samedi.
– ***Marché des Victoires :*** place des Victoires. Les jeudi et dimanche.

LES HAUTS-DE-SEINE

Où sortir ?

– **Théâtre Armande-Béjard :** 16, place de l'Hôtel-de-Ville. ☎ 01-47-33-69-36.

– **Cinéma Alcazar :** 1, rue de la Station. ☎ 08-36-68-81-13 et 01-47-91-30-50. Façade ancienne ornementée.

COLOMBES (92700)　　　　　　　　　79 058 habitants

La commune pavillonnaire la plus étendue de banlieue. Frappant, quand on regarde une photographie aérienne, d'y constater l'hégémonie de la maison individuelle. Des cités de HLM quand même pour les accros, présentant pour pas mal d'entre elles un certain intérêt architectural. Sinon, l'image de la ville est, pour beaucoup de sportifs, liée bien sûr à son célèbre stade. Intéressant musée local. Bientôt, ouverture de la plus grande usine de traitement des eaux de la région parisienne, capable de servir un million de personnes.

Un peu d'histoire

Colombes viendrait du latin *Columna,* référence à un mégalithe évoquant une colonne de culte druidique (ou aux vestiges d'une villa gallo-romaine). Son nom apparaît la première fois dans une bulle du pape en 1147. Jusqu'en 1679, le village est sous la juridiction de l'abbaye de Saint-Denis, date à laquelle Louis XIV lui retire ses revenus et privilèges pour les donner à la Compagnie des Dames de Saint-Cyr de madame de Maintenon (c'est-y-pas du favoritisme, ça!). Le village connut une résidente célèbre : Henriette-Marie de France, troisième fille de Henri IV et Marie de Médicis (et sœur de Louis XIII donc). En 1625, elle épouse Charles Ier, roi d'Angleterre, qui sera obligé de se livrer à une guerre civile en 1644 contre Cromwell, lutte menant à son exécution. Henriette rentre alors en France et s'installe à Colombes où son neveu Louis XIV lui rendra souvent visite, entre autres pour lui demander conseil sur sa politique vis-à-vis de l'Angleterre.

L'arrivée du chemin de fer en 1837 va bien entendu bouleverser la vie paisible du village. C'est la ligne Paris-Saint-Germain qui va couper la ville en deux et créer au sud des quartiers distincts, La Garenne-Colombes et Bois-Colombes. Les chiffres sont éloquents : de 1817 (1 672 habitants) à 1851 (1 649 habitants), aucune évolution; en revanche, de 1851 à 1866, ils font plus que doubler. En 1881, la population atteint presque 10 000 habitants. Entre-temps, bien sûr, les bas prix des terrains encouragèrent l'immobilier. Ouverture de la station de Colombes en 1851, à l'occasion de la création de la ligne Asnières-Argenteuil. Puis celle de Bois-Colombes en 1857. Le pont pour Argenteuil ne sera ouvert qu'en 1863 et, en attendant, Colombes devient un lieu de villégiature et on va canoter au terminus. La nouvelle de Maupassant *Deux Amis* évoque cette époque.

C'est à partir de Colombes que l'un des dirigeants de la commune, Gustave Flourens, tente, début avril 71, d'empêcher les troupes de Thiers de conquérir la presqu'île de Gennevilliers. Lors d'une opération sur Rueil, il sera tué par un projectile expédié du mont Valérien.

À la fin du siècle, 87 trains s'arrêtent quotidiennement à la gare de Colombes et 113 à celle de La Garenne. Conséquence de la coupure du chemin de fer, Bois-Colombes devient commune à part entière en 1896 et La Garenne en 1910.

L'industrialisation

Installation de trois grandes usines au début du siècle : Ericsson (matériel téléphonique) qui deviendra Thomson, la Compagnie continentale des compteurs, future Schlumberger, et Goodrich qui fabrique des pneus, changeant plus tard son nom en Kléber-Colombes. Quand Goodrich s'installa en 1910, on avait plaisanté à l'époque : « C'est l'Amérique qui découvre Colombes ! » Production quotidienne de la première année : 12 pneus ; l'année suivante, 200 ; en 1928, 1800... De l'usine, sortirent les pneus des Mirage de l'Armée de l'air et ceux du Concorde. Elle ferma en 1983. Quant à Ericsson, il fabriqua la plupart des centraux téléphoniques parisiens dont les célèbres *Anjou* et *Opéra*...

En 1895, à l'endroit où Caillebotte fignolait ses voiliers, les frères Seguin commencent à construire des moteurs de bateaux, puis créent, dix ans plus tard, l'usine Gnôme (ancêtre de la SNECMA), spécialisée dans les moteurs d'avion. L'un des ouvriers de Gnôme, Jules Védrines, deviendra célèbre comme pilote d'essai, engrangeur de records de vitesse et de premières places dans les courses. C'est lui qui forma Guynemer (héros de la guerre 14-18) et réussit l'exploit de poser son avion sur le toit des *Galeries Lafayette* en 1919. À signaler aussi, l'usine Amiot, l'un des plus gros fabricants d'avions de l'époque et qui s'envola définitivement de la planète Colombes en 1949. Pour finir, la ville attira également les fabricants de parfums, dont Guerlain, Sauzé et Dorin qui s'installa à Colombes en 1936, mais qui fournissait déjà la Cour royale en 1780 et inventa les premiers produits de beauté pour hommes.

La période contemporaine

En 1935, élection d'une liste antifasciste aux municipales (comprenant 23 communistes, 8 socialistes, 2 radicaux et 1 pacifiste). En 1936, victoire de Waldeck-Rochet, futur secrétaire général du PC, comme député de la circonscription Colombes-Nanterre.

De septembre à novembre 1939, c'est sur le stade de Colombes que les ressortissants allemands en France, arrêtés dès le début de la guerre, ont été regroupés. Notamment, la plupart des dirigeants exilés du PC allemand (dont Franz Dalhem), qu'on enverra, comme beaucoup d'autres, au camp de Vernet dans l'Ariège. En décembre 1942, soixante-douze résistants sont arrêtés à Colombes. Nombreux bombardements alliés de 1942 à 1944, destructions énormes et pas seulement les usines (Colombes fut déclarée ville sinistrée). Beaucoup d'anciens FFI colombiens partiront, avec le colonel Fabien et le bataillon Hoche, continuer la guerre jusqu'à la victoire.

Après un passage de la droite dans le pouvoir local, la gauche gagne à nouveau les municipales en 1965, avec Dominique Frelaut comme maire (il l'est toujours aujourd'hui).

Colombes et le sport

Ici, on aime le sport. La ville se souviendra toujours de François Faber, grand champion cycliste qu'on surnomma le « Géant de Colombes ». En 1909, il gagne le Tour de France, en remportant cinq étapes d'affilée. Notamment l'étape Belfort-Lyon, après avoir couru à pied le dernier kilomètre, vélo à la main (*because* chaîne bloquée) !

Les derniers jeux Olympiques, en France, eurent lieu en 1924 à Paris. En fait, la grande majorité des épreuves se tint à Colombes : les cérémonies d'ouverture et de clôture, l'athlétisme, cyclisme sur route, aviron, marathon, tennis, football, etc. Le village olympique fut également construit à Colombes. Le prestigieux stade Yves du Manoir servit à nouveau en 1938 pour la Coupe du monde de football. Trois matches s'y déroulèrent : les deux matches de l'équipe de France (victoire sur la Belgique 2 à 1 et défaite contre l'Italie en quart de finale 3 à 1) et la finale Italie-Hongrie 4 à 2. Il servait aussi, avant le parc des Princes, aux grands matches de rugby, notamment ceux du tournoi des Cinq Nations.

Enfin, le « mousquetaire », Philippe Candéloro, médaille de bronze de patinage artistique aux J.O. de 1996, est un enfant de Colombes et c'est là qu'il fit toutes ses armes !

Comment y aller ?

– *En train :* de gare Saint-Lazare. Direction Cormeilles, stations Colombes et Gare-du-Stade. Direction Sartrouville, stations Gare-des-Vallées et La Garenne-Colombes.

– *En bus :* n°s 164 (Porte-de-Champerret – Argenteuil), 176 (Colombes – Petit-Gennevilliers – Pont-de-Neuilly), 378 (La Défense – Mairie-de-Ville-neuve-la-Garenne), 304 (Nanterre-Place-de-la-Boule – Asnières-Gennevilliers), 166 (Porte-de-Clignancourt – Colombes-Audra), 167 (Pont-de-Levallois – R.E.R.-Nanterre-Ville), 163, 161, 262, 272.

– *En voiture :* porte de Champerret, puis la D908. Au rond-point de l'Europe, prendre l'avenue du Général-de-Gaulle. Par la A86, sortie Colombes-Europe.

– *Taxis :* ☎ 01-47-81-00-00.

Adresse utile

■ *Mairie :* place Henri-Neveu. ☎ 01-47-60-80-00.

Où manger ?

Bon marché à prix moyens

|●| *Cafétéria de la Maison de la Culture :* 88, rue Saint-Denis. Tous les midis de la semaine, un menu très correct pas cher du tout, dans une bonne ambiance cultureuse.

|●| *Vinobah :* 98, rue du Maréchal-Joffre. ☎ 01-47-84-05-04. Fermé le dimanche. Déco exotique pour mettre dans l'atmosphère (beaux panneaux sculptés), bonne cuisine indienne à prix modérés pour retrouver les délicates saveurs de là-bas, accueil affable bien dans la tradition. Classiques correctement exécutés et bon choix : *tandoori, mutton bhojpuri, fish curry* ou *massala, chicken tikka*, etc. Menus à 50 et 89 F le midi, 89 F le soir.

|●| *La Vieille Auberge :* 14, av. de l'Agent-Sarre. ☎ 01-47-84-83-02. Fermé le dimanche soir et le lundi soir. Décor chaleureux, un peu province désuète, accueil fort sympathique. Cuisine faite avec cœur et sérieux tout à la fois. Se spécialise de plus en plus dans le poisson frais, dont le chef sait mettre en valeur toutes les saveurs, avec cuissons et accompagnements qui sonnent juste. Carte qui change suivant les arrivages, bien sûr. Menus de 86 à 143 F.

Plus chic

|●| *Bistrot de Paris :* 3, place du Général-Leclerc. ☎ 01-46-49-93-70. Ouvert tous les jours midi et soir. Salle reflétant l'ornementation de la façade de l'immeuble. Spacieuse, confortable, élégante, avec un beau plafond ouvragé. Décoré d'affiches et de photos de cinéma. Service stylé mais pas guindé. Menu-carte à 159 F, comprenant apéro, quart de vin et café. Quelques plats : maraîchère de daurade et pétoncles aux moules, cassolette de cagouilles et

pleurotes au pistou, fricassée de rognons de veau aux échalotes, carré d'agneau rôti, etc.

|●| *Le Pitchounet :* 226, bd Charles-de-Gaulle. ☎ 01-46-49-05-13. Ouvert le midi du lundi au vendredi et le soir du mercredi au samedi. Dans le Petit-Colombes, à la frontière avec Nanterre. Dans un cadre impersonnel, dans un immeuble moderne sans charme, dans un quartier qui en possède encore moins. Cuisine sérieuse et régulière, on a affaire à un vrai chef. Bon accueil. Menu à 90 F le midi et 110 F le soir. Belle côte de bœuf pour 98 F, sinon, croustillant de veau mozzarella, huîtres chaudes, fricassée d'escargots, soupière royale de la mer au beurre safrané, etc.

À voir

★ ***Le Musée municipal d'Art et d'Histoire :*** 2, rue Gabriel-Péri. Ouvert les mercredi, jeudi, vendredi de 14 h à 18 h, et le samedi de 10 h à 12 h et de 14 h à 18 h. Au rez-de-chaussée, deux intéressantes toiles : *David et Goliath* de Van Baylen (XVIIe siècle ; il eut Van Dyck comme élève) et *Rencontre de Jacob et Esau* de Van Balen. Salle d'histoire, avec sarcophage mérovingien, témoignages sur la vieille église, reconstitution d'une ancienne cuisine, maquette du village en 1780. Au 1er étage, histoire de la ville. Photos, cartes postales, *Coin de village* de Gustave Caillebotte, expo d'artistes locaux. Salle des industries : la saga des fabriques de parfums (Guerlain, Dorin), les téléphones d'Ericsson, Amiot, Kléber-Colombes, etc. Bien sûr, section consacrée au sport.

★ ***L'ancienne église Saint-Pierre-Saint-Paul :*** place du Général-Leclerc. Du XIIe siècle, mais remaniée au XVIe. Sur le point d'être détruite pour permettre l'élargissement de la route, le clocher et quelques travées furent sauvés *in extremis* en 1968 ! Beaux chapiteaux historiés (décor floral, monstres, griffons).

★ Le pâté de maisons où l'on trouve le ***musée*** a été rénové et opportunément préservé dans sa structure ancienne, ça donne un petit côté humain et vivable au carrefour. Au 3, ***place du Général-Leclerc*** (édifice du *Bistrot de Paris*), belle architecture pierre et brique, typique des immeubles de rapport de la fin du siècle dernier. Beau travail sur le fer forgé des balcons et les consoles. Contraste évident avec les deux édifices qui l'encadrent d'une banalité à pleurer. Au n° 4, l'ancienne mairie de 1846, aujourd'hui maison des associations.

★ ***La rue Saint-Denis :*** de la gare à la salle des Fêtes, elle a relativement bien conservé sa physionomie de grande rue de village. Bordée de maisons basses, petits commerces, impasses, ruelles, cours pavées, etc. Bien sûr, on n'a pas pu empêcher le grand cinéma Palace de se transformer en supermarché, mais le vieux café *Le Cadran* à côté subsiste encore.

★ ***La mairie :*** place de la République. Construite en 1913, de style IIIe République classique. Salle des Mariages particulièrement ornementée, avec un plafond à caissons décoré de fresques. Dans l'escalier d'honneur, fresques très puvischavannesques.

Il est temps de se mettre au vert !

★ ***La Coulée verte :*** elle se coule dans une ancienne voie de chemin de fer désaffectée, sur plus de 800 m de long et 20 m de large. Elle reliait la gare de Colombes à celle de Vallées. Accès avenue Note, rue Villebois-Mareuil et 103, rue des Monts-Clairs. Pour faire rêver, on a laissé deux lignes de rails, vite investies par une belle végétation libertaire. Les autres ont fait place à un agréable sentier. Impossible de citer toutes les fleurs et essences, mais on y a aperçu frênes et chênes, peupliers trembles et saules marsault, pommiers, pruniers et églantiers... S'y glissent œillets de poète, géraniums et valériane, centaurées et buddléïas, clématite et chèvrefeuille, etc. Sur quelques murs, de beaux graffs se mêlent harmonieusement au végétal. Au printemps, quelques chances d'apercevoir le serin cini et le rouge-gorge, en été, d'entendre chanter la grive musicienne et en automne, d'observer le geai des chênes. Animation et sorties découverte faune et botanique organisées régulièrement. Renseignements : ☎ 01-47-84-91-61.

★ *Le Centre Nature :* 16, rue de Solférino. ☎ 01-47-80-35-87. Bus n° 235 (arrêt gare du Stade). Ouvert du lundi au vendredi de 10 h à 12 h et de 14 h à 17 h (18 h en été), et le samedi de 10 h à 13 h. Fermé le dimanche, les jours fériés et en juillet et août. Créé en 1936, en plein Front populaire par un instituteur, Pierre de Salabert, passionné de botanique. Il entretint longtemps une correspondance avec Pu-Yi, le dernier empereur de Chine (et directeur du jardin botanique de Pékin). Voici donc un merveilleux jardin qu'un nombre incroyable de Colombiens ne connaissent même pas ! Il ne fait que 2 500 m², pourtant lorsqu'on le parcourt, l'impression d'exotisme, teintée d'une touche de romantisme et de mystère même, est totale. Riche itinéraire initiatique à travers toutes les catégories de plantes existantes et espèces rares : sauvages, médicinales, tintoriales, narcotiques, dangereuses même, comme la ciguë (ça, on le savait !), mais le muguet et la colchique, ça alors ! Vous saurez tout sur les urticacées, lichens, champignons et tous les animaux qui retrouvent ici des conditions idéales d'existence (en passant près du merisier, attention aux mésanges bleues qui y nidifient régulièrement).
Panneaux et explications didactiques jalonnent le parcours, ainsi que des jeux pédagogiques et questionnaires pour les enfants. Un jour de beau temps, prenez un livre (ou pas) et venez vous détendre à l'ombre de la bambouseraie ou simplement observer. Il se passe plein de choses dans cette nature totale en miniature, à vous de trouver le temps de voir richement passer le temps !

★ *Le Parc départemental de l'île Marante :* créé il y a une quinzaine d'années par le comblement d'un bras mort de la Seine. Complexes sportifs municipaux (piscine, patinoire olympique, etc.) et chouettes promenades bucoliques en bord de fleuve.

BALADE AU LONG DES BELLES VILLAS ET HLM PAS TROP BLÊMES !

À la gare, les rues Saint-Lazare et Saint-Hilaire alignent d'intéressantes grosses villas façon Cabourg, construites pour les cheminots. Sur jardinet, avec façades toutes blanches décorées de frises de brique rouge. Aller ensuite rue Bellenot, archétype de la rue bourgeoise colombienne. Elle annonce le huppé quartier des Vallées. Grosses maisons de maître. Noter l'unicité des grilles.
Arrivée rue des Cerisiers, bordée de paisibles ruelles résidentielles. Au n° 33, une insolite et élégante HLM en brique rouge (de Mathé, Tréant et Champy). Formes intéressantes des balcons qui ondulent, bow-windows, décor de colonnes. Elles permettent de remplir une façade particulièrement imposante.
École Lazare-Carnot, au 18, rue des Monts-Clairs. Le plus vieil établissement d'enseignement public de la ville (1889). Pierre, brique et design costaud très III⁺ République.
Rejoindre la rue Paul-Bert. Au n° 6, très intéressant ensemble de *HBM* (Habitation bon marché, de Germain Dorel) de 1933. Largement inspiré du style Art déco et, surtout, par l'architecture sociale de la Vienne des années 20-30. Ainsi, la polychromie des façades, les décors en saillie, le porche avec ses cariatides et bas-reliefs. Dans la cour intérieure, beau tra-

vail sur les balcons aussi. Au 207, rue Saint-Denis, autre type de HBM de 1932. Porche rond et balcons en béton contrastant avec la brique ocre.

On retrouve d'ailleurs, aux confins de la commune, à la frontière avec Nanterre (du 1 au 4, rue de Metz), un bel ensemble (de Tréant, Mathé et Champy toujours) présentant aussi des balcons en béton ou de forme triangulaire, ainsi qu'un décor de briques en saillie cassant la monotonie des façades.

Enfin, en bord de Seine, au 82, rue Paul-Bert, s'élève l'*usine élévatoire des eaux* construite en 1894. C'est de là qu'étaient expédiées toutes les eaux usées vers les champs d'épandage d'Achères. Bel exemple d'architecture industrielle, avec son appareillage de briques aux motifs décoratifs et ses céramiques.

Boutique et marchés

– *La Cloche Fleurie :* 14, place du Général-Leclerc. ☎ 01-42-42-00-68. En face de l'église. Fermé le dimanche après-midi et le lundi. Un des meilleurs chocolatiers de la région. Goûter au malaga (macaron et chocolat noir), au trianon, au chocolat crème brûlée parfumée à l'orange, aux bouchées pralinées, etc.

– *Marché du centre :* place Henri-Neveu. Les mardi, jeudi et dimanche matin.

– *Marché du Petit-Colombes :* 485, rue Gabriel-Péri. Les mardi, vendredi et dimanche matin.

– *Marché Marceau :* 66, bd Marceau. Ouvert les mercredi et samedi matin.

Où sortir ?

– *Le Cadran-Omnibus :* 3-5, rue Saint-Denis. ☎ 01-47-84-30-17. Fax : 01-47-84-34-39. Internet. @http://www.rockinfo.fr/cadranomnibus. Ce fut d'abord, dans les années 60, un des hauts lieux du rock en France, comme le *Golf Drouot* et le *Palladium*. Passèrent là Jimi Hendrix, les Who, les Yardbirds, Jimmy Cliff, Polnareff, Dutronc, Michel Jonasz, et tant d'autres. Après plus de 25 ans de sommeil, il renaquit en 1993 sous l'impulsion d'un groupe colombien, les *Zuluberlus,* qui fonda une association pour assurer la découverte et la promotion des groupes locaux, des animations rock, et organiser des concerts. En général, les vendredi et samedi soir et le dimanche après-midi, scène ouverte. Belle programmation 70 % francilienne, à des prix réellement démocratiques : 30, 50, 70, et 80 F les gros concerts. De plus, le lieu est très sympa : arrière-salle de 300 places d'un vieux café-brasserie plein d'histoire. Les ex-Cobras (non, il ne s'agit pas d'un groupe de rock), Alechinsky et Asgar Jorn venaient souvent y boire un verre. À encourager vivement. Comment onc'Paul ?... en y allant, ben voyons !

– *La salle des Fêtes et de Spectacles :* 88, rue Saint-Denis. ☎ 01-47-81-69-02. Fax : 01-47-81-61-74. Belle architecture intérieure, salle modulable et remarquable programme tout le long de l'année, recouvrant tous les genres : théâtre, danse, variétés, jazz, classique (Archaos, Brecht, IAM, marionnettes sur l'eau du Vietnam, etc.). À côté, la MJC qui fut longtemps considérée comme la Mecque de la danse moderne. De grands chorégraphes en assurèrent l'animation (Natt Mattose Blaska, Cunningham, aujourd'hui Gigi Caciuleanu).

|●| ♈ *Tart'en Pions :* square de la rue Denis-Papin ; au sud de la ville, dans le quartier des Vallées. ☎ 01-47-82-46-38. Ouvert de 14 h à 22 h le mercredi, de 16 h à 22 h les jeudi et vendredi, de 19 h à 23 h 30 le

samedi et de 14 h à 20 h le di-manche. Fermé le lundi et le mardi. « Café-Jeux » sans alcool, mais aussi sans équivalent à 10 km à la ronde. Animé par l'association *Strata'j'm*. Un riche programme de jeux de société les plus divers tout le long de l'année, avec une évidente démarche associative, pédago-gique, visant à développer l'intérêt, la curiosité pour les jeux et pourquoi pas en inventer de nouveaux. Tour-nois de dames, d'échecs, de jeu de go, scrabble, tarot, mah-jong, soirée barbecue et belote et bien d'autres activités... Atmosphère conviviale. Un endroit pour boire un verre entre amis, pour se détendre. Possibilité aussi de petite restauration à petits prix (croque, pizzas, quiches, sand-wiches, tartes salées, salades composées, desserts, excellents *milk-shakes* maison). Agréable ter-rasse sur jardin. Téléphoner, il y a nécessairement ici quelque chose pour vous !

GENNEVILLIERS (92230)   45 038 habitants

C'est aujourd'hui la ville la plus industrialisée du département et, au fin fond de sa boucle de Seine, personne ne viendra lui contester ce *leadership* ! La fuite des usines qui frappe toutes les communes proches de Paris n'est pas prête de toucher Gennevilliers, et la commune possède encore quelques belles années de taxe professionnelle devant elle ! Avec son port, c'est aussi le premier centre de conteneurs de la région parisienne. On y trouve encore un bout de vieux village, un beau parc et... une plage, une vraie !

Un peu d'histoire

Le nom viendrait de *Gene,* un proprio gallo-romain (plutôt que de sainte Geneviève) et de *villarier,* domaine rural. Au IXe siècle, bien que le bourg soit isolé dans sa boucle, les ennuis commencent avec les raids des Vikings (du fait de sa position en aval de Paris). Un relevé d'impôt mentionne le nom du village pour la première fois en 1218. Jusqu'en 1789, il restera sous la juri-diction de l'abbaye de Saint-Denis. En dehors des guerres et des épidémies, le plus grand fléau fut les inondations, dont les plus célèbres restèrent celles de 1740 et de 1910 (la grande majorité du territoire fut inondée). Au XVIIIe siècle, Louis XV et la Cour viennent y chasser et rendre visite au maréchal de Richelieu qui y possède un grand domaine. C'est dans son châ-teau qu'est créé, en 1783, *Le Mariage de Figaro*. Les Manet, des magistrats parisiens, s'installent dans la commune au XVIIe siècle. Un Manet sera le premier maire du village pendant la Révolution, son fils le sera sous le Pre-mier Empire, son arrière-petit-fils deviendra un célèbre peintre et le pré-curseur d'un mouvement artistique qui laissera bonne impression.
Un autre artiste, Gustave Caillebotte, s'installe au Petit-Gennevilliers. Il est aussi riche, architecte naval, fabricant de bateaux, horticulteur et conseiller municipal. Il fait venir Monet, Renoir, Sisley, Berthe Morisot qui réalisent à Gennevilliers nombre d'œuvres majeures.

La période contemporaine

La ville connaîtra deux importants développements : à partir de 1871, l'épan-dage des eaux usées de Paris qui supprimera les cultures traditionnelles au profit du maraîchage à haut rendement ; l'arrivée du train en 1909, qui accé-lérera considérablement l'industrialisation de la péninsule. Comme il y a de la place et qu'on ne se précipite pas pour créer des lotissements d'habita-tion, Gennevilliers se couvre d'usines. La pollution de la Seine est telle à un moment donné que la mairie émet un arrêté interdisant les baignades pour éviter « que les gens ne s'y dissolvent » ! (authentique !). En 1929, se plaignant qu'on le délaisse, le quartier de Villeneuve-la-Garenne prend son indépendance, et en 1934, Gennevilliers élit sa première Municipalité communiste. 70 résistants de la ville laisseront leur vie dans la lutte contre le nazisme, dont le maire Jean Grandel, fusillé à Châteaubriant.

Parmi les grandes usines de la ville passées et présentes, citons Chenard et Walcker (qui gagna les 24 Heures du Mans en 1925), Carbone-Lorraine, Chausson, Thomson, la SNECMA, etc. Après la Seconde Guerre mondiale, sous la direction des maires Waldeck L'Huillier, Lucien Lanternier et Jacques Brunhes, Gennevilliers connaît un développement très important du logement, des transports et du port. Son théâtre gagne une réputation nationale.

Quelques personnalités liées à la ville : Isabelle Adjani qui y naquit, Jean Eustache qui fut projectionniste au lycée... Y vécurent aussi Fernand Raynaud, l'acteur Georges Marschall, Pierre Perret quelques années et il y composa *Les Jolies Colonies de vacances,* Bernard Sobel, Medhi Sharef *(Un Thé au harem...),* Gérard Delteil, etc.

Comment y aller ?

– *En métro :* ligne Châtillon – Asnières-Gennevilliers – Gabriel-Péri.
– *En R.E.R. :* ligne C. Arrêts : Gare-de-Gennevilliers et Les Grésillons.
– *En bus :* n°s 54 (République – Asnières-Gennevilliers – Gabriel-Péri), 135 (Pont-de-Levallois – Asnières-Mourinoux), 137 (Porte-de-Clignancourt – Villeneuve-la-Garenne), 138 a (Porte-de-Clichy – Saint-Gratien-R.E.R.), 138 b (Asnières-Gennevilliers – Gabriel-Péri – Saint-Gratien-R.E.R.), 140 (Asnières-Gennevilliers – Gabriel-Péri – Gare-d'Argenteuil-R.E.R.), 166 (Porte-de-Clignancourt – Colombes), 175 (Porte-de-Saint-Cloud – Asnières-Gennevilliers), 177 (Asnières-Gennevilliers – Saint-Denis – La Courneuve – Aubervilliers), 178 (La Défense-Grande-Arche – Gare-de-Saint-Denis), 235 (Asnières-Gennevilliers – Colombes), 304 (Asnières-Gennevilliers – Nanterre), HB 340 (Asnières-Gennevilliers – Saint-Ouen-R.E.R.) et 538 (Asnières-Gennevilliers – Colombes).
– *En voiture :* porte de Clichy, direction Gennevilliers. De La Défense, la A86, sortie le port de Gennevilliers.
– *Taxis :* ☎ 01-40-85-07-26.

Adresses utiles

🄸 *Office du tourisme :* 64, rue Jean-Jaurès. ☎ 01-47-99-33-92. Fax : 01-47-99-90-09.

■ *Mairie :* av. Gabriel-Péri et av. de la Libération. ☎ 01-40-85-66-66.

Où manger ?

🍴 *Charlestelle :* 45, rue Jean-Pierre-Timbaud. Dans le vieux village. ☎ 01-47-98-39-26. Ouvert le midi du lundi au samedi, ainsi que les vendredi et samedi soir. Décor rustique chaleureux. Cuisine d'excellente réputation. Menu à 125 F. À la carte, plus cher. Quelques plats : choucroute de poisson beurre citronné, soupière de Saint-Jacques et cèpes, rognon rôti à l'ail, confit de canard, etc.

À voir

★ *L'église Sainte-Marie-Madeleine :* place Jean-Grandel. Reconstruite en 1650 en conservant le clocher de l'église précédente. Elle hérite d'une façade néo-classique en 1830. Elle présente d'aimables proportions pour, à l'époque, une si petite paroisse. À l'intérieur, une *Vierge à l'Enfant* du XVIIIe siècle et une *Descente de Croix* de Pierre Mignard (1682) dans le chœur. D'intéressantes pierres tombales également, ainsi qu'un vitrail du XVIIe siècle près des fonts baptismaux, avec sainte Madeleine et saint Nicolas. Cependant église pas souvent ouverte.

★ *Le village :* quelques beaux restes. La place principale conserve du caractère, même si les banques bouffent par trop les bistrots. L'ancienne mairie (1862), au n° 3, avec son petit fronton à horloge, abrite aujourd'hui une école d'art. La *rue de la Procession* a conservé son allure villageoise, ainsi que la rue des Petites-Murailles.
Rue Félicie, au n° 22, une ancienne ferme du XVIIIe siècle, contrastant vivement avec les HLM en face. Au bout de la *rue Rollet-Salvan,* les jardins familiaux butent contre l'échangeur de la A86. Au début de la *rue Jean-Pierre-Timbaud,* vous ne pouvez louper les arcades de brique et le clocheton de cette ferme du XVIIe siècle bien restaurée. Au n° 37, intéressant édifice du XIXe siècle. Beau décor des hauts de fenêtres et de la corniche. Plus haut, sur l'*avenue Marcel-Paul,* l'ancienne gare (1907), tout en meulière, brique et céramique, abrite aujourd'hui un fast-food. Au 140 de l'avenue, la belle grille monumentale de l'ancienne usine à gaz (1905).

PETITE BALADE DANS L'ARCHITECTURE LOCALE ET INDUSTRIELLE

Rues Richelieu et Chevreul, découvrez une **cité-jardin** typique des années 20-30. Construite sur une partie de l'ancien parc du château. Maisons jumelles avec décrochements et toits de tuiles, jardinets, etc. Nulle uniformité, plaisante à vivre. Le cinéma *Jean Vigo* fut le premier centre culturel de la ville (1932). L'**école Pasteur** (rues Jean-Jaurès et Pasteur) se révèle aussi un bel exemple d'architecture scolaire des années 30. Une curiosité, à l'angle Jean-Jaurès-Carnot : les **anciens communs** du château du XVIIIe siècle, architecture basse avec toit tuile et ardoise traditionnel en pan coupé. Contraste bien sûr avec les longues barres au sud de la mairie (l'une d'entre elles, de 420 m de long, fut longtemps championne d'Europe !), HLM premières générations, etc. La mairie elle-même surprend avec son style gratte-ciel, inhabituel en banlieue pour un hôtel de ville !
L'**usine Carbone-Lorraine,** 41, rue Jean-Jaurès, est l'une des plus anciennes usines de la ville encore en activité aujourd'hui (1910). Architecture en brique et béton imposante très représentative de l'époque. Avenue Chandon, quelques bâtiments des **usines Chausson** du début du siècle, avec leur toit en dents de scie. Profitez-en, l'usine Valentine, avec une entrée monumentale qui répondait presque symétriquement avec l'architecture du théâtre, a, elle, disparu !

★ *Le port :* date de 1919. On y construisit à l'époque le plus grand silo d'Europe. Nombreux entrepôts de stockage de matériaux de construction, produits pétroliers, oléoduc, hangars de transports routiers, quais à conteneurs, première gare de marchandises S.N.C.F., etc. Entre la route principale du port et la A86, impressionnant parking de stockage des voitures Renault. Lors de la Journée du Patrimoine en septembre, le port est le site le plus visité de Gennevilliers. Balade en péniche de 2 h 30 (réservations : ☎ 01-40-85-64-55).

Randonnée dans le parc des Chanteraines

Voici une chouette randonnée pédestre de 6 km (2 h pour le petit circuit) et 12 km (4 h pour le grand circuit).
Depuis la gare R.E.R. de Gennevilliers. Balisage jaune du PR et jaune et rouge du GR de Pays. Facile. Réf. : *PR des Hauts-de-Seine,* éd. FFRP.
Les petites grenouilles des bords de la Seine se sont réfugiées au parc des Chanteraines, où « chantent les rainettes », d'où son nom. Un intérêt certain pour ces 68 ha privilégiés au milieu de l'un des environnements les plus industrialisés au nord des Hauts-de-Seine. Le parc se compose de quatre parties qui ont pour nom, du nord au sud : les Mariniers, les Fiancés, les Hautes-Bornes et les Tilliers. L'omniprésence de l'eau se traduit par les rives ombragées de la Seine, la plage et la baignade, le lac, la réserve naturelle et l'étang de pêche qui se partagent les vallonnements du parc. Bois et bosquets, haies bocagères, parcours botanique et jardins de collection, animations pour les enfants (poney-club, ferme pédagogique et théâtre de marionnettes) s'agrandissent de nouveaux équipements, comme le belvédère de 14 m de hauteur, le jardin des sens et l'arboretum. Le petit train des Chanteraines suit les rails ferrés qui traversent le parc sur près de 6 km en longeant ses plus beaux sites.
Depuis la gare R.E.R. de Gennevilliers, vous entrez dans le parc pour emprunter le sentier balisé de jaune sur votre gauche. Rejoignez la réserve naturelle et croisez la voie ferrée, vers le nord. Traversant le boulevard Charles-de-Gaulle, vous obliquez sur la droite pour longer le lycée Georges-Pompidou. Le balisage jaune vous conduit le long des rives de la Seine que vous franchissez par le pont de l'Île-Saint-Denis. Vous voici en face, reprenant les rives du fleuve par le balisage jaune et rouge du GRP à travers l'aménagement paysager de l'île Saint-Denis, autrefois appréciée des impressionnistes. À l'extrême ouest de l'île, vous traversez à nouveau la Seine pour revenir directement à la gare de Gennevilliers par le pont d'Épinay et l'avenue Marcel-Paul.
Une option plus longue conduit vers l'est, le long du bras sud de la Seine, en suivant à nouveau le balisage jaune jusqu'à Villeneuve-la-Garenne. À la hauteur du petit train des Chanteraines, vous suivez le balisage jaune vers la gare de Gennevilliers, mais n'oubliez pas que cette fantaisie agréable double votre temps de parcours.

Où sortir ?

– Le théâtre de Gennevilliers : 41, av. des Grésillons. ☎ 01-47-93-26-30 et 01-41-32-26-26. Partie prenante de la salle des Fêtes la plus grande d'Europe à sa construction (1938), là encore un exemple intéressant de l'architecture moderne des années 30. Grands volumes, rigueur des lignes. Remarquable programmation qui popularisa le nom de Gennevilliers bien au-delà de l'Île-de-France.

☗ **Le Tamanoir :** 31-33, bd Jean-Jacques-Rousseau. ☎ 01-47-98-03-63. Fax : 01-47-99-09-60. Dans le quartier du Luth, un sympathique café-musique de la même famille que le *Cadran-Omnibus* à Colombes et le *Daniel Féry* à Nanterre. Salles de répétition, ateliers danse, guitare, batterie, etc., concerts.

LES HAUTS-DE-SEINE

Fêtes et manifestations

– *Fête des Associations :* en juin.
– *Foire aux Vins :* le 3e week-end de novembre.

BOULOGNE-BILLANCOURT (92100) 103 000 habitants

Comme son nom l'indique, Boulogne-Billancourt est une ville double. Il y a le nord et le sud. Il y a la ville résidentielle et la cité industrieuse. Du coup, le centre s'étend interminablement de chaque côté de la rue Jean-Jaurès, véritable épine dorsale partant du pont de Billancourt pour remonter aux limites nord de Boulogne. Et puis, il y avait les usines Renault, l'île Seguin et tout son flot d'histoire, d'événements sociaux et d'innovations technologiques. Les bâtiments sont encore là, les ouvriers de moins en moins. Aujourd'hui, c'est plutôt le quartier du Point-du-Jour qui fait figure de centre névralgique avec la tour un peu mégalomaniaque de TF1. Boulogne-Billancourt a le visage d'une cité de banlieue plutôt tranquille, sans histoire. Encore que...

Un peu d'histoire

Le petit bourg de Menuls-lès-Saint-Cloud apparaît dans l'histoire au XIIe siècle. Rien d'exceptionnel pendant deux siècles et ce n'est qu'au XIVe que Philippe V le Long ordonne la construction d'une chapelle dédiée à Notre-Dame de Boulogne, en hommage à la Vierge de Boulogne-sur-Mer qui avait impressionné son prédécesseur de père Philippe le Bel. Du coup, Menuls devient Boulogne-la-Petite et la forêt de Rouvray prend logiquement le nom de bois de Boulogne.

À partir de la construction de Versailles, Boulogne fut le passage obligé pour les cortèges royaux venant de Paris. Il a donc fallu tracer des rues pour rendre service aux souverains. Louis XV voulait une route pour éviter Paris et les Parisiens parfois en colère contre la monarchie. C'est aujourd'hui la rue Jean-Baptiste-Clément. Plus tard, Marie-Antoinette voulut une route directe pour se rendre au château de Saint-Cloud. Il faut reconnaître que l'actuelle rue de Paris n'était pas parfaitement rectiligne et pouvait incommoder la souveraine. De toute manière, ce que femme veut se réalise, surtout lorsqu'il s'agit d'une reine. L'avenue qui traverse Boulogne porte toujours ce nom.

En 1860, sur les conseils du baron Haussmann, la plaine de Billancourt qui s'étendait au sud de la ville est rattachée à Boulogne et l'on décide de l'aménagement du bois, devenu propriété de la Ville de Paris. C'est également au XIXe siècle que le destin de Boulogne se scelle avec celui des industries de l'époque. Et quand, en 1898, Louis Renault construit sa première automobile à 21 ans dans le jardin de ses parents, il ne sait pas qu'il va écrire une grande page de l'histoire de la ville. Bientôt Blériot, Voisin et Farman installent les usines d'une industrie naissante et implantent l'aéronautique à Billancourt. Pendant la Première Guerre mondiale, près de 40 000 ouvriers travaillent pour l'armée française.

En 1925, André Morizet, le maire de Boulogne, devient le premier magistrat de Boulogne-Billancourt. Et après l'automobile et l'aviation, c'est le cinéma qui s'installe ici, en 1928. Les studios de Boulogne voient le jour et deviennent très vite mythiques. Les plus grands y tournent des chefs-d'œuvre : Abel Gance, Jean Renoir... jusqu'aux *Palmes de monsieur Schultz* ces dernières années. Dans les années 30, de nombreux artistes, peintres et architectes viennent exercer leur talent dans la ville et laissent des traces tangibles. L'hôtel de ville construit par Tony Garnier est l'un des exemples les plus représentatifs de cette période riche. À partir des années 50, l'industrie lourde commence à laisser la place au secteur tertiaire qui est aujourd'hui majoritaire dans la ville.

Comment y aller ?

– *En métro :* ligne 9 en direction de Pont-de-Sèvres. Stations : Marcel-Sembat, Billancourt, Pont-de-Sèvres. Ligne 10 en direction de Boulogne-Pont-de-Saint-Cloud. Station : Boulogne-Jean-Jaurès.
– *En bus :* nos 72 (Hôtel-de-Ville-Paris – Parc-de-Saint-Cloud), 123 (Porte-d'Auteuil – Mairie-d'Issy), 126 (Parc-de-Saint-Cloud – Porte-d'Orléans), 175 (Porte-de-Saint-Cloud – Asnières-Gennevilliers), 289 (Porte-de-Saint-Cloud – Clamart), 460 et 467.
– *En voiture :* par la porte d'Auteuil ou la porte de Saint-Cloud.

Adresse utile

■ *Mairie :* 26, av. André-Morizet. ☎ 01-55-18-40-74. Fax : 01-46-04-79-71.

Où dormir ?

▲ *Hôtel Le Quercy :* 251, bd Jean-Jaurès. ☎ 01-46-21-33-46. Fax : 01-46-21-72-21. M. : Marcel-Sembat. Il n'a pas un charme fou cet hôtel, mais il est plutôt pratique. Un peu comme un hôtel de chaîne, quoi ! Doubles avec lavabo à 140 F (douche sur le palier pour 10 F), avec douche à 190 F, avec douche et w.-c. de 220 à 270 F. On vous le recommande, car c'est l'un des moins chers de Boulogne.

Où manger ?

|●| ⍭ *Café Le Centre :* 120, route de la Reine. ☎ 01-46-05-47-86. M. : Boulogne-Jean-Jaurès. Fermé le dimanche. Un vieux bistrot totalement en décalage par rapport à l'ambiance très périphérique de cette route qui ne siérait plus forcément à une reine. Murs jaunis par des kilos de nicotine, vieilles plaques publicitaires et ambiance populaire à souhait. Ici, on mange simple et pas cher, sans chichis. Plat du jour à 49 F. On a eu droit à une lotte à la provençale. Menu complet à 59 F. Pour ce prix plus que raisonnable, les frites, en plus du reste, sont faites maison. Miam-miam !
|●| *Restaurant de la Poste :* 2, rue Rouget-de-l'Isle. ☎ 01-46-21-32-07. M. : Billancourt ou Marcel-Sembat. Fermé le samedi soir et le dimanche. Juste à côté du marché de Billancourt. Petit bistrot comme on ne peut en trouver qu'en France. Tables en bois alignées, banquettes en moleskine, cuisine simple et produits frais. Vu la situation, c'est heureux. Andouillette, rosbif ou filet de perche se succèdent dans la case « plat du jour » pour 50 à 70 F. Sinon, quelques plats tout aussi traditionnels à la carte. Ambiance conviviale et populaire.
|●| *Café Pancrace :* 38, rue d'Aguesseau. ☎ et fax : 01-46-05-01-93. M. : Boulogne-Jean-Jaurès.

Fermé le dimanche. Devant la porte de ce bistrot, c'est un peu la pampa! Des bambous trônent sur le perron et si l'on n'y prêtait pas attention, on pourrait penser que la mode des tex-mex a aussi frappé à Boulogne. Il n'en est rien. Le décor est plutôt jeune et sympa, dans les tons de jaune. On pénètre dans une ambiance très méditerranéenne, quasi andalouse. Les tables sont un peu brinquebalantes, mais le charme réside dans ce mélange des genres qui tranche avec une cuisine plutôt simple et classique. Dans le genre, brandade de morue, saucisson chaud, potée auvergnate, bavette à l'échalote... Tout est indiqué sur une grande ardoise, et le menu à 120 F permet de se régaler pour un prix raisonnable. De plus, il y a des petits vins servis au verre ou en pichet, qui rendent la vie plutôt agréable. Sans aucun doute, l'un des endroits les plus sympathiques de la ville pour grignoter un morceau entre copains.

|●| *Restaurant Prince Sultan :* 38-40, rue des Peupliers. ☎ 01-49-10-92-80. Fermé le dimanche. Derrière le quartier du Point-du-Jour. Comme son nom l'indique, on vient ici plus pour la réputation du couscous que pour la truffade traditionnelle. Et l'on ne s'en plaint absolument pas. La maison nous a été chaudement recommandée par des lecteurs. Ils avaient raison, et nous livrons en pâture gourmande les neuf couscous (60 à 110 F), les *tajines* (75 à 90 F) et toutes les autres spécialités marocaines et tunisiennes du chef. Décor agréable et service vraiment amical. En venant ici, on a presque l'impression d'être là-bas!

|●| *Chez Michel :* 4, rue Henri-Martin. ☎ 01-46-09-08-10. Fermé le samedi midi et le dimanche. Le midi, la petite salle est souvent remplie car on vient volontiers entre collègues de travail. Du coup, l'ambiance tient un peu de la cantine. Le soir, les discussions deviennent plus feutrées, plus amicales. Mais l'ardoise reste la référence pour composer son menu. Aumônière de chèvre chaud, ravioles de Royans à la crème de ci-

boulette, queue de lotte aux poivrons verts, onglet de veau à l'échalote, sauté d'agneau à l'ancienne... Déjà, les parfums montent aux narines! Question prix, pas de surprises : entrées et desserts à 27 F et plats à 58 F. On ne se ruine pas, même si on se laisse tenter par un peu de vin.

|●| *Restaurant La Marmite :* 54 *ter,* av. Édouard-Vaillant. ☎ 01-46-08-06-12. Fermé le dimanche, les jours fériés et en août. À 300 m de la porte de Saint-Cloud. Le décor est moderne, plutôt anodin avec ses piliers et ses grands panneaux miroirs. La cuisine est simple, sans grandes surprises, dans le style brasserie : brochettes, saumon grillé, entrecôte béarnaise... Beaucoup de poisson frais à la carte. Formule simple à 68 F (entrée + plat + fromage ou dessert), idéale pour le déjeuner. Menus à 88 et 145 F.

|●| *Chez Clément :* 98 av. Édouard-Vaillant (place Marcel-Sembat). ☎ 01-41-22-90-00. Ouvert tous les jours en service continu. Ce nouveau lieu vient né sous le signe du soleil. On reçoit ici les hôtes autour de plats tout en couleurs. Jolies salles à manger, salons décorés d'étoffes gaies avec moult objets insolites. Une jeune équipe s'active aux fourneaux et propose des grandes assiettes printanières aux huîtres exquises et fraîches, en passant par les viandes des meilleurs paturages et s'achevant par les succulents desserts longuement élaborés par Caroline. Prix tout à fait raisonnables.

|●| *La Tonnelle de Bacchus :* 120, av. Jean-Baptiste-Clément. ☎ 01-46-04-43-98. M. : Boulogne-Pont-de-Saint-Cloud. Fermé les samedi le dimanche, ainsi qu'entre Noël et le Nouvel An. De suite, on se retrouve dans l'ambiance avec ce piano laqué blanc qui remplit l'entrée. La patronne s'installe parfois dessus pour jouer quelques notes. L'œil est également attiré par le gros percolateur en cuivre. Une fois assis à sa table, il ne reste plus qu'à se régaler des bons petits plats préparés par le chef. Quelques spécialités lyonnaises, comme ce saucisson chaud-

pommes vinaigrette. Mais il faut aussi compter avec le confit de canard, les profiteroles landaises ou la bavette à l'échalote, goûteuse à souhait. Détour par l'Alsace avec une choucroute qui se défend pas mal. En somme, une cuisine plutôt traditionnelle de bonne qualité. Menus à 115 et 145 F. Carte des vins intéressante si on la décortique un peu. Possibilité de manger en terrasse dès que le soleil pointe son nez.

l●l *L'Auberge :* 86, av. Jean-Baptiste-Clément. ☎ 01-46-05-67-19. M. : Boulogne-Pont-de-Saint-Cloud. Fermé le samedi midi, le dimanche et en août. On pourra être déconcerté par ce décor que certains trouveront dépouillé, presque froid avec ses tons blanc vert. D'autres en apprécieront la simplicité et le raffinement discret. Question de goût ! Mais, pour sûr, l'unanimité se fera autour de la cuisine de David Martin, qui veille aux destinées de cette maison depuis peu de temps. Tout en restant dans un registre traditionnel (poule au pot), il sait marier les saveurs avec une belle maîtrise. Les filets de daurade à l'anis, le filet de morue fraîche avec son gratin au parmesan ou les ravioles de crabe au délicat coulis d'étrilles permettent d'en juger. Menus à 150 et 190 F. On en convient, ce n'est pas donné, mais cela vaut la peine de casser sa tirelire au moins une fois pour se faire plaisir.

l●l *La Ferme de Boulogne :* 1, rue de Billancourt. ☎ 01-46-03-61-69. M. : Boulogne-Pont-de-Saint-Cloud ou Boulogne-Jean-Jaurès. Fermé les samedi et dimanche. Juste en face de la salle des Fêtes. Tout est dit dans le nom de cette maison : la ferme pour le côté rustique que l'on retrouve dans le décor, et Boulogne parce qu'il ne faut pas oublier qu'on y est. Ambiance donc un peu guindée, qui tranche largement avec une cuisine aux francs accents campagnards simples et authentiques. Tartelette de boudin noir aux oignons blancs, soupe de lentilles à la saucisse de Morteau, pieds paquets... Le pavé d'espadon est de la même veine, servi juste avec un beurre de ciboulette. Formule à 140 F avec un plat et une entrée ou un dessert. Menu à 175 F. Service compétent et agréable.

À voir

★ *Les jardins Albert-Kahn :* 14, rue du Port. ☎ 01-46-04-52-80. Ouvert du mardi au dimanche de 11 h à 18 h (19 h du 1er mai au 30 septembre). Fermé pendant les vacances de Noël. Entrée : 15 F ; gratuit pour les moins de 8 ans. Le banquier Albert Kahn (1860-1940) a fait fortune pour réaliser son utopie : un monde où tous les peuples vivraient en parfaite harmonie. Dans sa propriété de Boulogne, il est à l'origine de la société. Autour du monde où se rencontrent les personnalités les plus en vue de l'époque, il rassemble les archives de la planète (72 000 autochromes, 183 km de films illustrant les mœurs politiques et sociales de 1910 à 1931) et crée de superbes jardins à scènes multiples à l'image du monde en paix dont il rêvait. Cette vaste entreprise causa sa ruine en 1929.

Aujourd'hui, le musée s'attache à faire vivre cette œuvre en organisant, à partir des collections d'images, des visites, des rencontres et des expos sur les questions encore actuelles que se posa Albert Kahn au début du siècle. Les *Archives de la Planète* se visionnent sur des écrans vidéo grâce à FAKIR. Parmi les incontournables, Le Caire dans les années 20 ou le couronnement d'un roi népalais à la même époque. Mais les jardins restent l'un des buts de promenade favoris pour les après-midi ensoleillés. Sur ces 4 ha voisinent un jardin bleu planté de cèdres, un marais, un jardin anglais avec ses buissons savamment ébouriffés et son *cottage*, un jardin à la française, une forêt vosgienne (un hommage à l'Alsace natale du maître des lieux) et, cerise sur le gâteau, un jardin japonais avec son petit pont laqué rouge, ses pas... japonais et même ses maisons de thé. Il ne manque que les geishas !

★ *Le musée des Années 30 :* 26, av. André-Morizet. ☎ 01-55-18-46-45. Ouverture prévue fin 1998. Un musée consacré à l'histoire de la ville, marquée par les débuts de l'automobile et de l'aviation, mais aussi aux nombreux artistes qui se sont arrêtés à Boulogne. Évocation également des studios de cinéma de Boulogne et de Billancourt, qui ont largement marqué la ville. Par ailleurs, ce musée, installé dans une médiathèque toute neuve, possède l'une des plus importantes collections d'art consacrées à l'entre-deux-guerres. Les passionnés d'Art déco se devront de faire un détour par là pour découvrir plus de 3 000 dessins, sculptures et peintures. Ne pas manquer les statuettes d'Arbit Blatas qui a peint et modelé les principaux artistes de cette période : Soutine, Giacometti, Chagall, Derain, Zadkine, Dufy, Utrillo, Chirico... Belle section sur l'ameublement et la décoration à travers les membres de l'Esprit Nouveau comme Le Corbusier, que l'on retrouve dans la partie Architecture. Boulogne a été en effet un véritable laboratoire de recherche architecturale dans les années 30.

★ *La bibliothèque Marmottan :* 7, place Denfert-Rochereau. ☎ 01-41-10-24-70. Ouvert les mardi, mercredi et jeudi de 14 h à 18 h. Fermé en août. Tout le monde connaît le musée Marmottan, situé dans le 16e arrondissement. Ce n'est pas le cas de cette bibliothèque installée dans un pavillon de la fin du XIXe siècle, consacrée à l'Empire et alimentée par la donation de Paul Marmottan. Bien sûr, il y a des livres. On dénombre quelque 14 000 volumes, tous consacrés à la période napoléonienne, mais c'est également un musée. Dans le hall d'entrée, quatre toiles retraçant l'épopée impériale par Georges Rohner. Dans les salles, on trouve des estampes, des meubles provenant du Palais Royal ou du château de Rosny, des sculptures de Canova et David d'Angers, ainsi qu'une collection de 6 000 gravures évoquant la vie sous Napoléon. Musée passionnant pour les fondus du Premier Empire.

★ *Le musée-jardin Paul-Landowski :* 14, rue Maw-Blondat. ☎ 01-46-05-82-69. Ouvert les mercredi, samedi et dimanche de 10 h à 12 h et de 14 h à 17 h. Fermé en août. L'œuvre importante du sculpteur Paul Landowski est réunie dans ce qui lui servit d'atelier, ainsi que dans les jardins qui entourent la propriété. Beaucoup seront surpris de voir des plâtres de plusieurs réalisations mondialement connues. Le *Christ* de Rio de Janeiro, le *Monuments aux Morts* d'Alger, le *Mur de la Réformation* de Genève ou le *Monument à la Gloire des Armées françaises* de la place du Trocadéro, c'est lui. Paul Landowski fait partie de ces artistes ultra-académiques qui n'ont pas inventé de style, qui ont bien travaillé mais sans génie et qui ne furent pas les caciques de leur époque.

★ *L'expo-musée Renault :* 27, rue des Abondances. ☎ 01-46-05-21-58. Ouvert les mardi et jeudi de 14 h à 18 h. Fermé en août. 1898 : Louis Renault s'installe à Billancourt pour construire des automobiles. « Ça ne marchera jamais ! » Il a dû sans doute entendre cette phrase, et un siècle après, il pourrait rire de ses détracteurs et être fier de la réussite de son entreprise. À l'intérieur, six salles évoquant la vie de Louis Renault, l'évolution des moyens de fabrication ou les exploits de la marque en compétition.

★ *L'église Notre-Dame :* en 1320, Philippe le Long décide la construction d'une église à l'endroit qui évoque le plus les plages du Nord où une statue de la Vierge s'était miraculeusement échouée, du côté de Boulogne-sur-Mer. Édifié dans le plus pur style gothique, le sanctuaire fut restauré au XIXe siècle. C'est aujourd'hui l'un des rares ensembles polychromes de cette époque qui ont survécu au badigeonnage frénétique du début du XXe siècle. Dans la chapelle de la Vierge, on remarque un vitrail d'un fort beau gabarit, retraçant les 15 Mystères du Rosaire.

★ *L'hôtel de ville :* construit entre 1931 et 1934 par Tony Garnier, qui est venu de Lyon pour officier à Boulogne à la demande du maire André Morizet.

Le bâtiment est formé de deux parallélépipèdes accolés dans le sens de la longueur. Le premier sert pour les réceptions, l'autre pour les services municipaux. Dans celui-ci, on trouve le gigantesque hall où les couloirs, symbole du dédale administratif, sont bannis. Dans l'autre bâtiment, bel escalier monumental épuré en pierre rosée de Comblanchien. Il mène au 1er étage dans la salle des Mariages, meublée dans un style plutôt ascétique, œuvre de René Herbst. C'était un bâtiment d'avant-garde à sa construction, c'est aujourd'hui un Monument historique dont Boulogne-Billancourt s'enorgueillit.

LE QUARTIER DE BILLANCOURT

Le lieu incontournable, l'endroit emblématique, l'*île Séguin* trône tel un vaisseau amiral échoué là il y a des lustres. Et quand on voit les représentations de ce qui s'appelait l'île de Sèvres au XVIIIe siècle, on se rend compte que les temps ont changé. Les arbres ont disparu dans les années 30 pour laisser la place aux *usines Renault.*
Fils d'un tailleur, Louis Renault s'est intéressé très tôt à l'automobile. À 16 ans, intrigué par les problèmes du manque de puissance et du bruit émis par les engins existants, il décide d'en faire un métier. À 20 ans, il invente un dispositif de changement de vitesse ainsi que la transmission en prise directe. Au décès de leur père, les frères Renault vont s'associer et développer leur entreprise en construisant des usines à tour de bras sans se préoccuper le moins du monde de l'environnement et des riverains. Déjà, la voiture gênait ! En 1914, l'entreprise emploie près de 4 500 personnes et s'étend sur 140 000 m². Ce n'est qu'après la guerre que Louis Renault va commencer la construction de l'usine de l'île Seguin. Il veut en faire une usine modèle en s'inspirant des méthodes de travail d'Henri Ford. C'est la naissance des premières chaînes de montage en France. Durant la Seconde Guerre mondiale, les positions collaborationnistes de Renault valent à Louis d'être arrêté à la Libération. En 1945, l'ordonnance de nationalisation est signée par le général de Gaulle, acte qui donne naissance à la Régie Nationale des Usines Renault. Deux ans plus tard, la Régie devient le premier constructeur de voitures en France.
Haut lieu de la contestation ouvrière en 1968, les usines de l'île Seguin ont fonctionné jusqu'en 1992. Aujourd'hui, les projets se succèdent, mais les bâtiments menacent ruine et commencent à faire tâche dans un paysage en profonde mutation.

LE QUARTIER DU PARC DES PRINCES

Le quartier résidentiel bourgeois et calme à souhait. Ici, le soir, seuls les propriétaires de labrador troublent la quiétude des rues. Sauf, bien sûr, les soirs de match, car le temple du football est juste à côté. Situé entre le bois et l'avenue de la Reine, ce quartier a connu une grande vague de construction dans les années 20-30, période durant laquelle tous les architectes de renom ont laissé une trace tangible.
On peut commencer cette promenade dans le temps par la *rue Nungesser-et-Coli,* juste à côté de la porte Molitor. Au n° 24, on trouve un immeuble de 1934 construit par Le Corbusier en béton, verre et acier introduisant largement les bow-windows. Au dernier étage, Le Corbusier a installé son atelier sous une voûte en berceau.
Au 32, *rue de la Tourelle,* bel hôtel particulier en arc de cercle de Marcel-Victor Guilgot. La forme architecturale est classique, mais on le classe dans le courant de la modernité car il ne comporte aucune ornementation.
La *rue du Belvédère* compte de nombreux exemples d'architecture moderne. Une dizaine de bâtiments dus à Fischer, comme l'hôtel particulier

du n° 4, à Gustave et Auguste Perret, comme la résidence-atelier Dora Gordine au n° 21, à Jean Lurçat, comme la maison du n° 9.

La *rue Denfert-Rochereau* offre également plusieurs beaux exemples architecturaux dus à Fischer (n° 4), Le Corbusier (la maison Cook au n° 6), Robert Maillet Stevens (n° 8). Cela permet d'arriver dans l'allée des Pins pour s'arrêter devant *la résidence atelier Miestchaninoff et Lipchitz*, que l'on doit encore à Le Corbusier. On retrouve tous les principes de sa pensée architecturale : circulation verticale, libération des espaces, ouverture des volumes, transparence et luminosité, et tout cela grâce au béton comme matériau roi.

Marché

– *Marché biologique de Boulogne-Billancourt :* route de la Reine (angle de la rue de Silly). Les 1er et 3e samedis du mois.

Où sortir ?

– *Théâtre de Boulogne-Billancourt (TBB) :* 60, av. de la Bellefamille. ☎ 01-46-03-60-44. Outre les spectacles qui s'y succèdent, le TBB organise un *festival de Jazz* au mois de mai et *une fête de la Danse* au mois de juin.

LE BOIS DE BOULOGNE

Il a beau être de Boulogne, ce célébrissime bois, il n'en est pas moins parisien, et ce depuis Napoléon III qui avait pris goût à l'horticulture lors de son exil en Angleterre. Cependant le bois ne l'avait pas attendu pour exister. Déjà au temps des Gaulois, une épaisse forêt de chênes recouvrait l'endroit. Du coup, pendant longtemps ce bois fut un territoire de chasse royale, avant d'accueillir une abbaye au XIIIe siècle. Tous les monarques vont s'intéresser au bois de Boulogne, jusqu'à Napoléon III qui demande à Haussmann d'en faire un grand jardin à l'anglaise avec lacs artificiels, cascades, rochers... Sûr qu'il n'avait pas prévu les foules bigarrées qui arpentent les allées dès le soleil couché. Pas de bêtises, c'est souvent dangereux. Pour plus de précisions, on va vous faire le coup : reportez-vous au *Guide du Routard Paris*.

Randonnée pédestre

– *Le parc Rothschild :* 4 km, 1 h 30. Depuis la rue des Victoires ou depuis le métro Boulogne-Pont-de-Saint-Cloud en remontant l'avenue Jean-Baptiste-Clément, la rue des Abondances et la rue de l'Abreuvoir. Balisage jaune du PR et panneaux. Réf. : *Les Hauts-de-Seine à pied*, éd. FFRP. Pas de carte IGN nécessaire, car si vous vous perdez, il vaut mieux rester chez vous.

En lisière du bois de Boulogne, l'entrée discrète de ce parc rénové par la ville de Boulogne sur 15 ha fait le plaisir des Boulonnais et des oiseaux migrateurs qui s'y posent en toute tranquillité. Un rendez-vous peinard parmi les lacs du bois. Vous pourrez vous étonner devant les ruines fantastiques du château, recouvertes de « tags » non moins curieux... L'histoire est digne du décor. James de Rothschild rachète en 1817 le château et les terres de Boulogne, réalisant une bonne affaire après les guerres napoléoniennes. Il demande à l'architecte Berthelin d'y édifier un château grandiose, en pleine gloire du Second Empire. Les peintres des Tuileries décorent l'intérieur. Les Rothschild y donnent des fêtes magnifiques, rivalisant avec celles de Napoléon III et d'Eugénie. Les feux d'artifices illuminent les plans d'eau. Grandeurs et décadences... Derrière l'hôpital Ambroise-Paré, il en reste un parc à l'anglaise heureusement rénové, avec son étang, ses cascades et des arbres centenaires. Les reliefs, petits ponts, fuites sous les couverts, successions de paysages, se succèdent dans le plus pur esprit romantique. Les très nombreux canards colverts et autres anatidés aiment à se pavaner, pour la plus grande joie des enfants, et les parents se prélassent sur les pelouses d'un vert irréprochable.

SAINT-CLOUD (92210)   29 000 habitants

Avec Neuilly et Auteuil, Saint-Cloud est un peu la ville symbole d'un certain art de vivre que l'on pourrait résumer, un peu vite, à la jupe plissée bleue marine, au blazer à boutons dorés et aux « Weston » permettant d'arpenter les rues pentues posées sur des coteaux faisant face à la capitale. Saint-Cloud, c'est aussi un but de balades dominicales incontournable, avec le parc de près de 400 ha dans lequel s'élevait un château dont il ne reste rien aujourd'hui.

Mais qui sait encore d'où vient le nom de la ville ? On n'a pas retrouvé de trace d'un certain Cloud dans l'histoire des saints. Il n'en reste pas moins que Clodoald, petit-fils de Clovis ayant échappé au massacre de ses oncles à la mort de Childebert, son père, s'est réfugié sur ces collines pour y vivre en ermite, puis y fonder un monastère. L'histoire ne dit pas comment, de Clodoald, on est arrivé à Cloud. Peut-être avec un marteau ?

Un peu d'histoire

Propriété de Catherine de Médicis au milieu du XVIe siècle, c'est à Saint-Cloud que fut occis Henri III en 1589. Henri IV y fut reconnu roi de France en 1589. Philippe d'Orléans, le frère de Louis XIV, y fit construire un parc somptueux. Il faut dire qu'il s'est offert les services conjoints de Le Nôtre et de Mansart pour faire aboutir son entreprise. Excusez du peu ! Et son petit-neveu trouva le résultat tellement réussi qu'il acheta l'ensemble quelques années avant la Révolution pour en faire l'une de ses résidences royales.

Comme si cela ne suffisait pas, Saint-Cloud fut également le théâtre du coup d'État du 18 Brumaire qui vit Bonaparte prendre le pouvoir en France. Louis XVIII et Charles X y habitèrent. Napoléon III y fut proclamé empereur des Français. Une histoire riche et dense qui n'a pourtant laissé que très peu de témoignages tangibles, le château ayant brûlé en 1870. Il reste à espérer qu'un homme politique plutôt nauséeux ne puisse jamais inscrire son nom dans ce tremplin d'hommes d'État passés par ici.

Comment y aller ?

– **En train :** gare du Val d'Or au départ de la gare Saint-Lazare.
– **En R.E.R. :** par la ligne C ; descendre à Pont-de-Saint-Cloud.
– **En métro :** ligne 9 jusqu'à la station Porte-de-Saint-Cloud.
– **En bus :** n°s 52 (Opéra – Parc-de-Saint-Cloud), 72 (Hôtel-de-Ville-Paris – Parc-de-Saint-Cloud), 126 (Porte-d'Orléans – Parc-de-Saint-Cloud), 175 (Porte-de-Saint-Cloud – Asnières-Gennevilliers), 160 (Nanterre-Préfecture – Pont-de-Sèvres), 360 (Hôpital-de-Garches – La Défense).

LES HAUTS-DE-SEINE

– *En tram :* avec le T2. Arrêts : Parc-de-Saint-Cloud, Les Milons, Les Coteaux.

Adresse utile

■ *Mairie de Saint-Cloud :* 13, place Charles-de-Gaulle. ☎ 01-47-71-53-00.

Où dormir ?

🛏 *Hôtel Magenta :* 1, place Magenta. ☎ 01-46-02-90-18. Fax : 01-47-71-28-53. À Saint-Cloud, on compte les hôtels sur les doigts d'une main, et celui-là est sans doute le moins cher. Aussi est-il prudent de réserver pour pouvoir y goûter un repos réparateur. Accueil agréable et cordial. Chambres plutôt petites à partir de 240 F pour deux avec douche et w.-c., petit déjeuner compris. Raisonnable, non ?

Où manger ?

|●| *Au Soleil Levant :* 3, rue Dailly. ☎ 01-46-02-34-20. Fermé le dimanche soir. Cadre moderne dans le genre « on aime ou on n'aime pas », sentiment assez général pour des restaurants asiatiques. Mais l'important étant dans les assiettes, les différentes spécialités japonaises, chinoises et thaïlandaises sont plutôt bien préparées. Menus de brochettes et de *sushi* à partir de 80 F ; sinon, comptez 150 F pour un repas complet. Service attentionné, mais on n'en doutait pas.

|●| *Restaurant Quai Ouest :* quai Marcel-Dassault (au niveau de l'aqueduc de l'Âvre). ☎ 01-46-02-35-54. Fax : 01-46-02-33-02. Du pont de Saint-Cloud, prendre le bus n° 175 ; arrêt : Aqueduc. Ouvert tous les jours. Dans une grande salle à la déco style entrepôt, c'est l'un des endroits branchés de ce coin de banlieue. Que les amateurs de terroir pur jus passent leur chemin, on est dans le registre « world cuisine » des entrées aux desserts. Beaucoup de salades, de pâtes ou de poisson préparés avec originalité, mais c'est tout de même nettement moins important que le look des hôtesses. De plus, les prix restent corrects pour ce genre d'endroit. Pas de menu, comptez 200 F à la carte. *Brunch* tous les dimanches de 12 h à 16 h pour 140 F. Toujours beaucoup de monde, et il faut réserver avant d'y aller.

|●| *La Boîte à Sel :* 2, rue de l'Église. ☎ 01-47-71-11-37. Fermé le samedi midi et le dimanche. Une petite adresse un peu province chic, un poil raffinée tendance banlieue bourgeoise. Pour un peu, on se croirait à Saint-Cloud. Ça tombe bien, on y est ! Et on se sent plutôt bien dans cet intérieur *cosy* à la déco claire. Les chaises sont confortables. L'adresse de rêve pour emmener votre petite amie dîner. Car en cuisine, on se défend pas mal. La partition est simple, mais bien exécutée : pavé de saumon grillé bien cuit (rare !), filet mignon de porc au cidre, magret au miel, andouillette de Troyes, tartare de poisson... Deux menus à 75 F (le midi) et à 100 F, et des formules grandes assiettes autour de 65 F.

|●| *Le Florian :* 14, rue de l'Église. ☎ 01-47-71-29-90. Fermé le dimanche. Un peu le resto chic de la ville. Petite salle intimiste au décor racé, genre bonbonnière romantique. Un atout, surtout que l'on y mange quelques plats bien savoureux. Le rognon de veau braisé vaut le détour, comme le confit de canard. La cassolette de petits gris

ou le gigot d'agneau de lait tiennent bien leur place dans le menu-carte à 145 F. Accueil un peu compassé, mais service prévenant.

À voir

★ *Le musée des Avelines :* 60, rue Gounod. ☎ 01-46-02-67-18. Ouvert le mercredi et le week-end, de 14 h à 18 h. Musée qui présente une collection conséquente de documents sur l'histoire locale, sur le château, les jardins Le Nôtre. On y évoque également les musiciens qui ont habité à Saint-Cloud, comme Ravel ou Gounod. Belle exposition consacrée à la porcelaine de Saint-Cloud. Il y a eu en effet une manufacture de porcelaine ici. Certes, elle ne fut en activité que durant un siècle, entre 1677 et 1766, mais sa production fut de grande qualité, réputée pour sa blancheur et sa translucidité. On peut voir quelques pièces caractéristiques.

★ *Le parc de Saint-Cloud :* métro Pont-de-Sèvres ou Pont-de-Saint-Cloud, puis traverser la Seine. Ouvert tous les jours, de 7 h à 22 h en été et de 7 h à 20 h en hiver. Pour tous renseignements : *Conservatoire du Parc de Saint-Cloud,* du lundi au vendredi de 9 h à 12 h et de 14 h à 18 h. ☎ 01-41-12-02-90. Tracé par Le Nôtre, le parc s'étend sur près de 400 ha. Outre le musée historique du domaine, installé dans les anciennes écuries (ouvert les mercredi, samedi et dimanche de 14 h à 18 h) et qui retrace l'histoire et les fastes du château, le parc comprend de nombreux autres bâtiments (dont le pavillon de Breteuil où est conservé le mètre étalon), des bassins et des allées.
Ne cherchez pas le château, il n'existe plus. Son emplacement est aujourd'hui marqué par des ifs. En plus des multiples possibilités de « se mettre au vert » en profitant des esplanades gazonnées et des allées boisées, le parc offre quelques lieux méritant le détour. D'abord la grande cascade qui relie les parties basses et hautes du parc. Résultat des travaux successifs de Lepautre (en 1667), Mansart (1697) et des frères Adam (1734), elle témoigne de la splendeur passée des lieux. Ensuite, le beau bassin du Fer-à-Cheval, construit par Griard en 1664. Ou la terrasse de la Lanterne, que l'on atteint en empruntant l'allée de Chartres. On s'arrête avant, pas d'inquiétude ! En tout cas, ce parc est particulièrement agréable, surtout si vous pouvez y aller en semaine. Il n'y a carrément personne et cet océan de verdure aux portes de Paris reste un coin où la chlorophylle et l'oxygène ont encore pignon sur Seine.

Marchés

– *Marché Montretout :* mercredi et samedi matin sur le bourlevard de la République.
– *Marché Milous :* jeudi et dimanche matin sur le boulevard Sénard.

Manifestations

– *Festival d'Automne :* 10 jours en septembre. Tous les soirs, spectable de théâtre, de danse, de variétés dans le parc de Saint-Cloud.
– *Fête foraine :* de mi-août à fin septembre.
– *Brocantes :* en mars dans le quartier des Coteaux, en juin dans le quartier Pasteur-Magenta, en novembre place Charles-de-Gaulle.

Randonnée pédestre

– *Le parc de Saint-Cloud :* 7 km, 2 h 30. Une traversée de gare à gare (tramway Val-de-Seine, gare de Garches-Marne-la-Coquette) avec variantes possibles. Balisage blanc et rouge du GR 1. Réf. : *Les Hauts-de-Seine à pied,* éd. FFRP. Carte IGN au 1/25 000, 2314 OT, mais cela peut paraître ridicule...

Le domaine est géré par la Caisse nationale des Monuments historiques et des Sites et dépend du ministère de la Culture. Le prix de l'entrée (20 F pour les autos, gratuit pour les piétons) s'explique par son entretien coûteux.

Le programme est somptueux pour ce parc-forêt aménagé. On y trouve des sites remarquables, comme les ifs taillés du château de Saint-Cloud disparu à la fin du XIXᵉ siècle, le bassin du Fer-à-Cheval, la terrasse de la Lanterne avec l'un des plus beaux panoramas sur Paris, les jardins du Trocadéro dessinés à l'anglaise, et bientôt la toute nouvelle ferme pédagogique du Piqueur finira ses travaux pour la plus grande joie des enfants, avec lapins, brebis, cochon, âne, vache et poulailler... N'en jetez plus !

Mais surtout, passez par la Grande Cascade que longe le GR 1. Les jets d'eaux, alimentés par les étangs de Ville-d'Avray, s'élancent sur plusieurs niveaux, environnés de tritons, de tortues et de grenouilles géantes. Un décor fantastique pour les grandes eaux des après-midi de juin.

Depuis la gare Parc-de-Saint-Cloud du tramway Val-de-Seine, traversez avec précaution le carrefour de l'autoroute de l'Ouest pour atteindre, par un souterrain, la partie basse du parc. Le balisage blanc et rouge du GR 1 qui fait le tour des environs de Paris vous mène à la grande cascade de Mansart. Vous remontez en sous-bois jusqu'à la terrasse de la Lanterne ou « Balustrade », dont la rambarde bleue vous permet de reprendre le souffle face à l'Ouest parisien. Pénétrez sous les arbres majestueux par l'allée de la Broussaille jusqu'à l'étoile de Chasse. Empruntez la passerelle qui franchit la route Paris-Versailles pour vous diriger vers le stade sportif de la Faisanderie. Le tracé du GR 1 se rapproche de la ferme du Piqueur en bordure de l'autoroute de Normandie. Il franchit cette dernière pour vous conduire à la gare de Garches-Marnes-la-Coquette. Vous pouvez, sinon, revenir le long des discrets jardins familiaux de l'allée de Marnes-la-Coquette et descendre depuis le bassin des 24 Jets jusqu'à la grille d'honneur qui surplombe le tracé du tramway Val-de-Seine (9 km, 3 h), ou encore laisser votre voiture au parking des 24 Jets et faire le tour du haut parc de Saint-Cloud en 2 h.

SÈVRES (92310)   22 000 habitants

Ville résidentielle tranquille. Euphémisme pour vous faire comprendre qu'elle est un peu ennuyeuse. On s'y arrête pour le Musée national de la Céramique. Sans lui, au fond, la ville serait diablement triste. Avec, elle connaît une renommée mondiale. Sèvres doit sa réputation à sa position géographique. Point de passage obligé pour se rendre de Paris à Versailles, les nobles s'y sont installés en masse au XVIIᵉ siècle, en même temps que les manufactures royales de verre, de porcelaines et de toiles peintes. Il reste quelques belles maisons cossues posées de-ci, de-là, sur les collines. À cette époque, les Parisiens connaissent Sèvres pour ses petits vins de coteaux et pour ses caves creusées dans la falaise. La ville a été très endommagée par les bombardements de la Seconde Guerre mondiale en raison de la proximité des usines Renault. On était encore loin de la « frappe chirurgicale ».

Comment y aller ?

– *En train :* gare de Sèvres-RG depuis la gare Montparnasse, direction Versailles-Chantiers.
– *En métro :* ligne 9 jusqu'à Pont-de-Sèvres. Il suffit ensuite de traverser le pont.
– *En bus :* n° 169 (Pont-de-Sèvres – Balard), 179 (Pont-de-Sèvres – Le Plessis-Robinson), 171 (Château-de-Versailles – Pont-de-Sèvres).
– *En tram :* ligne 2. Arrêt : Musée-de-Sèvres.

Adresse utile

■ *Mairie :* 54, Grande-Rue. ☎ 01-41-14-10-10.

Où manger ?

|●| *La Salle à Manger :* 12, av. de la Division-Leclerc. ☎ 01-46-26-66-64. Fermé le dimanche soir, le lundi et en août. Pas facile de se garer dans le quartier, mais persistez car ce serait dommage de manquer cette salle à manger. Dès la porte franchie, on change déjà un peu d'environnement. Le décor frais vous transporte vers une campagne aux arômes de chlorophylle. Et dès que vous aurez la carte en mains, le voyage sera réussi. Œufs en meurette, tarte tomate cantal moutarde, fricassée de lapin aux herbes, joue de veau orange cumin, magret au miel... Un vrai florilège de saveurs simples, agréables, qui sentent la campagne, le temps qui passe doucement, les repas entre amis. Et pourtant, à l'heure du déjeuner, la maison ressemble à une ruche où chacun s'affaire à sa tâche. Il y a du monde forcément, et les prix sont très raisonnables pour la qualité :

plat + quart de vin à 75 F, entrée ou dessert et plat avec vin et café à 115 F, la totale à 150 F.
|●| *L'Auberge Garden :* 24, route des Pavés-des-Gardes. ☎ 01-46-26-50-50. Fermé le samedi midi et le dimanche soir. La salle, même si le décor est un peu froid, reste très agréable. Et dès que les beaux jours arrivent, il faut aller manger sur la terrasse. Le chef met beaucoup de savoir-faire et de talent dans ses réalisations. Les produits sont beaux, les cuissons précises pour un résultat simple et sans faute de goût. On a aimé le velouté de châtaignes aux ravioles de foie gras, le gâteau de bourrioles au saumon fumé, le filet de bar rôti au saumon fumé ou encore le rognon de veau rôti dans sa graisse. Trois formules à 132 F avec plat et dessert, à 140 F avec entrée et plat, et à 168 F pour le menu complet. Accueil et service agréables.

À voir

★ *Le Musée national de la Céramique :* place de la Manufacture. ☎ 01-41-14-04-20. Ouvert du mercredi au lundi de 10 h à 17 h. Possibilités de visite-conférence et d'activités en atelier : ☎ 01-41-14-14-23. Initialement installée à Vincennes, la Manufacture royale de Porcelaine a déménagé à Sèvres en 1756. Au début du XIXᵉ siècle, son directeur Alexandre Brongniart créa le musée de la Céramique, engagea des peintres et de nombreux artistes. La Manufacture, devenue nationale, prit alors un nouvel essor : de nouveaux bâtiments furent construits en bordure de Seine, et tout ce petit monde s'installa ici en 1876.

Le musée rassemble aujourd'hui plus 50 000 objets venant de toutes les époques et de tous les horizons. Sur les trois niveaux, on part dans un grand voyage de la Rome antique aux faïences contemporaines japonaises, on découvre la poterie vernissée du Moyen Âge et les porcelaines hispano-mauresques. On apprend la différence entre la technique du grand feu et du petit feu. Et c'est une plongée dans l'univers du bleu de Sèvres qui a fait la réputation mondiale de la manufacture depuis le XVIIIe siècle. À la sortie, vous saurez tout sur les pâtes dures et tendres et sur les différences entre faïences, porcelaines, céramiques, poteries, majoliques... Parmi les objets insolites, les terrines se taillent une belle place, surtout celles de saint Georges terrassant le dragon ou celles en forme de choux. Le château style Louis II de Bavière en biscuit du premier étage n'est pas triste non plus. Tous les deux ans environ, une exposition temporaire est consacrée à une technique ou à une région particulière.

★ *La villa des Jardies :* 14, av. Gambetta. ☎ 01-45-34-61-22. Visite guidée du lundi au vendredi à 14 h 30. Jolie maison de jardinier, achetée par Honoré de Balzac en 1837. Après avoir imaginé un décor somptueux en bois de cèdre pour son intérieur, l'auteur de *La Comédie humaine* s'est mis en tête de faire pousser des ananas dans le jardin. Il avait conçu des serres et tout un arsenal de plans mirifiques qui ne se réalisèrent jamais. Balzac quitte la maison en 1840. Près de 40 ans plus tard, Léon Gambetta tombe amoureux de ce petit nid et le loue. Il y habita près de 4 ans jusqu'à son décès en 1882, à l'âge de 44 ans après une carrière exceptionnelle. Proclamateur de la IIIe République de 1870, ministre de l'Intérieur et de la Guerre à 32 ans, président de la Chambre à 41 ans et du Conseil à 43 ans. Il ne réside ici que durant les week-ends et surtout avec sa petite amie. C'est durant l'un d'eux qu'il se blesse à la main, les complications entraînant sa mort. La maison a été transformée en musée consacré aux souvenirs de celui qui reste un exceptionnel tribun. On peut y voir son lit, son masque mortuaire, ses pistolets... Devant la maison, les députés d'Alsace-Lorraine ont fait édifier un monument à la mémoire de l'homme d'État, avec une statue que l'on doit à Bartholdi. Le soubassement de ce monument contient encore le cœur de Gambetta, dont le corps fut transféré au Panthéon en 1920.

Manifestations

– *Sèvres en Fêtes :* 1re semaine de juin, animations de rue, concerts, régates sur la Seine.
– *Brocante :* 2e dimanche de septembre.

Aux environs

★ *VILLE-D'AVRAY*

Qui se souvient du film *Les Dimanches de Ville-d'Avray* de Serge Bourguignon ? Ce fut en 1961 la gloire pour cette petite commune résidentielle qui a toutefois gardé un côté champêtre, notamment avec ses étangs. Un peu le concept de ville à la campagne chère à Alphonse Allais.
– *Randonnée pédestre, les étangs de Ville-d'Avray :* 6 km, 2 h. En boucle depuis le parking du Vieil Étang. Terrain facile. Balisage jaune du PR et jaune et rouge du GR de Pays. Visite du mail Corot. Réf. : *Les Hauts-de-Seine à pied*, éd. FFRP. Carte IGN au 1/25 000, 2314, pour se balader ensuite dans la forêt.

Face à la statue de *Corot* (Dechaume, 1880), poussez la petite porte de la rue du Lac pour entrer dans le mail Alphonse-Lemerre. Il longe la maison où le peintre pré-impressionniste Camille Corot (1796-1876) aimait à passer l'été. Les paysages de la forêt et des étangs l'ont fortement inspiré par leur atmosphère brumeuse et leur lumière argentée suivant les heures de la journée. Les volets bleu clair de cette villa du XVIIIᵉ siècle croulent sous les fleurs, près d'un potager. À gauche, des ateliers se cachent sous les glycines et les rosiers. Le second monument dédié à Corot a été sculpté par Raoul Larche en 1909. Le kiosque rose où se retirait l'artiste se devine sous les arbres. La promenade se termine à l'église de Ville-d'Avray.
Revenez sur vos pas pour faire le tour des étangs de Ville-d'Avray. Les grenouilles coassent... Autre grand nom de Ville-d'Avray, Jean Rostand (1894-1977), fils de l'auteur de *Cyrano de Bergerac,* y étudia les batraciens. Il recherchait dans ces étangs les têtards nécessaires à ses expériences. Longez la rive nord du Vieil Étang pour rejoindre celle de l'Étang Neuf (le plus grand). Traversez la chaussée vers le sud et pénétrez dans la forêt de Fausses Reposes jusqu'à rejoindre le balisage jaune du PR pour revenir par la route du Cordon Sud. Reprenez par le balisage jaune et rouge du GRP vers le parking du Vieil Étang.

★ *MARNE-LA-COQUETTE*

Encore une ville de banlieue tranquille, un peu bourgeoise, qui ne fait guère parler d'elle. Tout de même, c'est ici que le gouvernement mit à la disposition de Louis Pasteur, en 1884, tout un immeuble dans lequel il installa son laboratoire. Celui-ci y mit au point le vaccin contre la rage l'année suivante. Des travaux qui aboutirent à la création, en 1888, de l'Institut Pasteur. Il continue aujourd'hui sans relâche le travail de recherche, la mission de son fondateur.

★ *Le musée des Applications de la Recherche* (annexe de l'Institut Pasteur) *:* 3, av. Pasteur. ☎ 01-47-01-15-97. Ouvert du lundi au vendredi de 14 h à 17 h 30. Fermé en août. Installé autour de la chambre où mourut Pasteur, le 26 septembre 1895, ce musée retrace l'histoire de la lutte contre les maladies infectieuses. Bien sûr, Pasteur y tient une place toute particulière, lui qui est à l'origine de combats victorieux contre la diphtérie, le tétanos, le choléra, la tuberculose ou la polio. Bien sûr, aujourd'hui, le grand combat reste le sida, largement évoqué dans la partie actualité.

MEUDON (92190)   45 000 habitants

Posée sur des collines qui descendent du plateau de Versailles jusqu'aux méandres de la Seine, bordée par une immense forêt, Meudon est une ville chère au cœur de chaque routard. La rue de l'Arrivée, ça vous dit forcément quelque chose ?
Largement marquée par une histoire riche en personnages divers autant que royaux, la cité offre aujourd'hui les attraits d'une banlieue tranquille, largement résidentielle. Il fait bon musarder dans les petites ruelles, dans les passages en écoutant les cris des enfants qui jouent derrière les palissades. Pour ceux qui veulent plus de calme, il y a les chemins forestiers et les étangs du bois de Meudon. Les joggers du dimanche s'y retrouvent avec les amoureux en quête de solitude. Les amateurs d'urbanisme contemporain (qui peuvent être aussi joggers et amoureux) pousseront jusqu'à Meudon-la-Forêt. Le contraste entre le centre-ville et les immeubles Pouillon s'avère intéressant. Banlieue tranquille, barres d'immeubles et forêt, voilà un bel exemple de « ville plurielle », un mot à la mode !
Quelques grands organismes scientifiques comme le CNRS ou l'Office

national d'Études et de Recherches spatiales ayant généré la construction de trois gares, vous n'aurez aucune excuse pour rater la ville. D'autant que le musée Rodin mérite à lui seul une visite.

Un peu d'histoire

Il y a bien longtemps, ces coteaux dominant la Seine étaient couverts d'une forêt profonde dans laquelle s'exerçait le culte druidique. La première mention de Meudon dans l'histoire remonte au XIIe siècle. Après avoir appartenu au panetier du roi, à son grand veneur, puis à la duchesse d'Etampes, l'une des maîtresses de François Ier, le cardinal de Lorraine achète Meudon et y fait construire le premier château. C'est également à lui que l'on doit l'église paroissiale. Rien que de très normal ! Mais on y nomme un curé plutôt sympathique, qui s'intéressait plus au contenu des burettes qu'à la messe elle-même. Rabelais n'a certes pas exercé longtemps à Meudon, mais l'auteur de *Gargantua* a laissé son souvenir dans la ville.

Durant un siècle, jusqu'en 1654, Meudon appartient à la maison de Guise. Charles de Guise fut à l'origine d'un petit palais dédié aux nymphes et qui contenait une grotte décorée d'émaux, de mosaïques, de coraux... Une sorte de folie comme en fera plus tard Louis II de Bavière. Cela surprend de la part d'un membre d'une famille qui n'a pas laissé dans l'histoire une impression de fantaisie extrême. Ils sont obligés de vendre la ville à un certain Abel Servien, homme richissime, surintendant des Finances de Louis XIV. Il va largement l'embellir en reconstruisant notamment le château et en créant la terrasse. Des travaux presque pharaoniques, qui obligent son fils à vendre à nouveau la ville à la mort de son père. Le nouveau châtelain, un certain Louvois, continue les travaux en faisant travailler Le Nôtre et Mansart pour créer des jardins à la française magnifiques.

En 1661, Meudon devient propriété royale. Louis XIV achète la ville pour la donner à son seul fils survivant, le grand Dauphin. Taciturne, lunatique, il ne se passionnait pour rien et surtout pas pour la politique. Une veine pour celui qui devait devenir roi de France. Par ce cadeau, Louis XIV l'écarta de la Cour. Un peu à l'étroit dans le château vieux, il confie à Mansart le soin de construire un nouveau bâtiment. En 1711, le Dauphin s'éteint, rongé par la petite vérole, vite suivi par son fils. L'année suivante, le domaine revint au futur Louis XV. Quelques années plus tard, il y installa sa favorite, Antoinette Poisson. D'accord, « Mme de Pompadour », c'est beaucoup plus chic pour être honorée par un monarque. Le château de Bellevue reçoit la visite du roi très régulièrement.

Et puis la Révolution pointe son nez. Les châteaux échappent à la destruction, mais ils deviennent tout de même biens nationaux. La Convention, considérant que le cadre agréable de l'endroit favoriserait certainement les cellules grises de ses scientifiques, installent des laboratoires. Berthollet et le général Choderlos de Laclos installent dans le château vieux un laboratoire de recherches sur l'artillerie. Poudres et munitions diverses ne faisant forcément pas bon ménage avec les lambris dorés, un incendie détruit une bonne partie du bâtiment en 1793. Les dégâts sont trop importants et l'on décide de raser le château en 1804. Dans le château neuf, on crée un atelier où l'on construit des aérostats. Napoléon Ier récupère le château, le fait restaurer somptueusement et y loge son épouse ainsi que son fils, le roi de Rome, pendant qu'il s'en va voir la Bérésina du côté de Moscou.

Inoccupé jusqu'en 1870, le château brûle trois jours après la signature du cessez-le-feu dans le conflit contre les Prussiens. Il ne reste que les deux petites ailes. Les ruines sont données à Jules Janssen en 1877. Il fait restaurer la partie centrale pour y installer l'observatoire. De là date la construction de cette immense coupole, aussi connue des Meudonnais que la tour Eiffel des Parisiens, et qui doit son architecture un peu hétéroclite à plus de cinq siècles d'histoire.

Comment y aller ?

– **En train :** gare de Meudon et gare de Bellevue depuis la gare Montparnasse, direction Versailles-Chantiers.
– **En R.E.R. :** par la ligne C ; descendre à Meudon-Val-Fleury.
– **En bus :** n° 169 (Pont-de-Sèvres – Balard).
– **En tram :** avec le T2. Arrêt : Meudon-sur-Seine et Brimborion.

Adresse utile

■ **Mairie :** 6, av. Le Corbeiller. ☎ 01-41-14-80-00.

Où manger ?

Bon marché

|●| ☗ **La Truyère :** 3, av. Paul-Bert. ☎ 01-46-26-03-89. Ouvert le midi en semaine. Tout près du musée Rodin. Un petit bistrot de province en banlieue. On y vient pour le petit verre de sauvignon à l'heure de l'apéritif. Et puis, comme on y est bien, on se trouve une petite table. Serviette autour du cou, couverts en main, histoire d'attaquer l'andouille forestière, le pot-au-feu (celui de votre belle-mère) ou la côte de veau souple et juteuse à souhait. Menu à 72 F. C'est simplissime, mais tout à fait sympathique.

Prix moyens

|●| **Le Brimborion :** 8, rue de Vélizy. ☎ 01-45-34-12-03. Fermé le dimanche. Juste à côté de la gare de Bellevue. En arrivant, on s'aperçoit que cette maison n'est pas toute jeune. La façade, un peu décrépite, porte encore le souvenir de l'*hôtel-restaurant Billard* où les cheminots de la ligne de Versailles venaient prendre un petit verre. Changement de nom, changement d'ambiance. *Le Brimborion* est devenu le rendez-vous des Meudonnais pour le déjeuner. Les deux salles, fumeurs et non-fumeurs, ont gardé un certain cachet. On pourrait presque imaginer les bruits des locos à vapeur au-dehors. Dans les assiettes, la cuisine est à l'image de la bonhomie du patron. Une cuisine de famille aux saveurs simples et bien faite, comme la tarte tomate-cantal-moutarde. Un classique. La salade d'andouille aux pommes, le râble de lapin ou les Saint-Jacques à l'effilochée d'endives réjouissent les estomacs. Et puis gardez impérativement une place pour le *crumble*. Tout le monde l'adore. Comptez environ 130 F. Avec une entrée, un plat, un dessert, le vin et le café sont compris. Tout petit bémol sur le service qui est vite débordé en cas de coup de feu.

|●| ☗ **Le Central :** 26, rue Marcel-Allégot. ☎ 01-46-26-15-83. Fermé le dimanche et du 10 au 23 août. Faim de loup ou appétit d'oiseau, vous trouverez votre bonheur chez Pierrot. Quelques huîtres de Cancale au comptoir avec un petit pouilly ou un coq au vin en salle, il y en a pour tous les goûts. L'important ici, c'est que le client soit satisfait et qu'il ressorte avec le sourire. Les chercheurs du CNRS d'en face ne diront pas le contraire. Ça les change d'un labo ou d'un bureau. Imaginez les

pieds de veau-vinaigrette qu'on termine avec les doigts, les filets de harengs – pommes à l'huile avec plein d'oignons et, pour suivre, les andouillettes, les tripoux comme dans l'Aveyron ou le faux-filet au poivre... Le tout arrosé d'un petit cru de derrière le comptoir que vous conseillera le patron, histoire de repartir en forme. Les prix savent rester sages : menus à 80 F (au déjeuner) et 140 F. De plus, le cadre de la salle est vraiment agréable.

|●| *New Nagina :* 92, rue Henri-Barbusse. ☎ 01-46-26-40-89. Ouvert tous les jours. Juste derrière la gare de Meudon-Val-Fleury. Si l'on oublie le décor un peu kitsch entre le jardin d'hiver et l'Inde londonienne, ce resto s'avère être la bonne surprise de Meudon. L'accueil est de suite cordial, et le patron sera aux petits soins pour vous. Pour ce qui est de l'assiette, on part pour les horizons lointains et goûteux d'une cuisine épicée pleine de couleurs. Curry d'agneau, de crevettes, de poulet, *byriani, nan*... C'est bien fait, savoureux, presque subtil parfois. Menus à 65 F (le midi), 95 F et 125 F si vous voulez le grand jeu.

|●| *Restaurant La Mare aux Canards :* carrefour de la Mare-Adam. ☎ 01-46-32-07-16. Fermé le dimanche soir, le lundi, la dernière semaine d'août et les deux premières semaines de septembre. Accès : à la sortie Meudon-Chaville, de la N 118, prenez la 1re à gauche à la tour hertzienne, puis « la Mare Adam » ; pas facile à trouver, mais les bonnes adresses se cachent. Loin de tout, isolé, le restaurant idéal pour déjeuner après une longue marche dans la forêt de Meudon, un jour de soleil ou de brume. Une grande salle familliale, assez conviviale, où les canards sont rois. Les volailles rôtissent dans une belle cheminée. L'accueil est bon, le service rapide. Aux beaux jours, une très agréable terrasse. Pas de menu, si ce n'est une formule expresse à 67 F comprenant une entrée et un quart de volaille. À la carte : comptez 160 F environ par personne.

Plus chic

|●| *Le Relais des Gardes :* 42, av. Gallieni. ☎ 01-45-34-11-79. Fermé le samedi midi et le dimanche soir. Au pied de l'avenue du château, c'est un peu l'adresse classieuse, courue et évidente de la ville. La maison est bourgeoise et ne s'en cache surtout pas. Déjeuners d'affaires en semaine, réunions de famille... permettent de goûter une cuisine classique, attendue mais précise et savoureuse : rognon de veau poêlé à la graine de moutarde, râble de lapin au cidre, ris de veau au vermouth, mouclade de raie en duxelle de champignons... Service impeccable, accueil un peu compassé et un beau menu à 190 F. Heureusement !

|●| *Les Terrasses de l'Étang :* route des Étangs, étang de Villebon. ☎ 01-46-26-09-57. Fermé le dimanche soir, le lundi et en août. Si vous êtes amoureux, voilà un endroit privilégié pour emmener déjeuner votre dulcinée. Imaginez un étang entouré d'arbres, quelques mouettes (un peu égarées), une poignée de canards et une maison au toit de chaume, vous avez un endroit bucolique à souhait. Pour peu qu'il fasse beau, vous allez pouvoir profiter du soleil sur la terrasse. À 10 mn de Paris, c'est déjà pas mal. Mais de surcroît, on y mange bien. Le chef fait preuve de beaucoup de maîtrise dans ses préparations, comme dans la crépinette de ris et pied de veau au jus forestier, la cassolette d'escargots au mont-louis ou le sauté de filet de bœuf à la moutarde. Le sandre aux champignons servi avec une galette de potimarron est aussi goûteux et, en saison, la carte s'enrichit de gibier : sanglier, cerf, perdreau... Bien sûr, ce n'est pas donné : menu à 178 F et environ 250 F à la carte, mais pour votre aimée, que ne feriez-vous pas !

Marché

– **Marché de Meudon :** place du Marché couvert les mardi, vendredi et dimanche.

À voir

★ **Le musée Rodin :** 19, av. Auguste-Rodin. ☎ 01-41-14-35-00. Ouvert de début mai à fin octobre les vendredi, samedi, dimanche et jours fériés, de 13 h à 17 h 30. Il y a trois musées dans le monde consacrés à Rodin : celui de l'hôtel Biron à Paris, celui de Philadelphie et ce musée installé dans la villa des Brillants que Rodin habita de 1895 jusqu'à sa mort en 1917. Au corps principal de la maison, il adjoint un atelier et après l'Exposition universelle de 1900, il fait reconstruire le pavillon de l'Exposition qui lui était consacré, juste à côté de la maison. Entouré d'un hectare et demi de jardin qui donne sur les méandres doux de la Seine, Rodin aimait travailler dans cette maison. Le musée est ouvert depuis 1947 et on y trouve des études, des dessins, des plâtres et des maquettes de ses œuvres comme *Les Bourgeois de Calais, La Porte de l'Enfer,* ou encore la succession de nus de Balzac. On peut également visiter la demeure dans laquelle vivait Rodin.

★ **Le musée d'Art et d'Histoire :** 11, rue des Pierres. ☎ 01-46-23-87-13. Ouvert du mercredi au dimanche de 14 h à 18 h. La façade est discrète et abrite un intéressant musée consacré en grande partie à l'histoire de Meudon. Avant d'être un musée, la maison fut occupée de 1550 à 1590 par le célèbre chirurgien Ambroise Paré. En 1676, trois ans après la mort de Molière, Armande Béjart, remariée avec un comédien de la troupe, vient s'installer ici. Elle y habitera jusqu'à sa mort en 1700. Une fois la porte cochère franchie, on s'aperçoit qu'elle avait du goût et de la chance car le lieu est vraiment agréable et plein de charme avec sa cour pavée et ses jardins dans lesquels on a replanté 250 pieds de vigne en 1994 pour le 500e anniversaire de la naissance de Rabelais. On découvre également quelques sculptures contemporaines de Bourdelle, de Arp, de Stahly qui meublent les terrasses boisées jusqu'à l'orangerie. À l'intérieur, on trouve une section consacrée à l'histoire royale de la ville avec des maquettes des châteaux Vieux et Neuf, de la grotte du duc de Guise... Évocation également du vignoble, de l'aventure de l'aérostation, ainsi que des personnages célèbres meudonnais, au premier rang desquels on trouve Rabelais et Rodin. Quelques beaux tableaux religieux du XVIIe siècle et une collection de peintures et de sculptures des XIXe et XXe siècles, réalisées par des artistes ayant habité Meudon : Bourdelle, Tcherkessof, Magnelli, Diaz de la Pe–a...

★ **L'église Saint-Martin :** rue de la République. Le premier édifice religieux de la ville qui a connu Rabelais. Du XVIe siècle, elle a été remaniée au XVIIIe siècle lorsque le Dauphin fit abattre la flèche, conformément au vœu du roi qui interdit les édifices religieux de haute taille à proximité des demeures royales. Parfois, il ne vaut mieux pas chercher à comprendre. De toute manière, le roi a toujours raison.

★ Juste à côté, jeter un coup d'œil à l'**abreuvoir**, vestiges de la vieille ville qui a conservé presque intact son appareillage de pierre. Il servait à ravitailler le bétail en eau.

BALADE DANS LA VILLE

Meudon est une ville dans laquelle on peut partir pour une belle balade au fil des avenues, des rues et des impasses au charme évident et souvent au passé prestigieux.

En arrivant par la gare de Bellevue, descendre l'avenue Gallieni vers la **place Aristide-Briand.** Là, juste à côté des bureaux du CNRS, on remarque un grand bâtiment blanc qui fut, avant la Première Guerre mondiale, une école de danse appartenant à Isadora Duncan. Par le chemin des Lacets, rejoindre la **terrasse de Bellevue,** dernier vestige du château construit au milieu du XVIIIe siècle. Il fut habité par Mme de Pompadour.

Remonter l'avenue du 11-Novembre et prendre la **rue Dumont-d'Urville,** souvenir de l'explorateur découvreur de la Terre Adélie, décédé le 8 mai 1842 dans l'incendie d'un train juste à côté de la gare.

Prendre la **route des Gardes.** Du 59 au 67, on trouve trois des plus anciennes maisons du quartier de Bellevue, qui ont conservé leurs façades des XVIIe et XVIIIe siècles. Au n° 59, les filles de Louis XV avaient aménagé une cuisine avec un four et une laiterie pour faire de la pâtisserie, ainsi qu'un salon de musique au 1er étage. Dur, la vie de Dauphine !

Prendre la rue des Capucins pour rejoindre la **rue Marcellin-Berthelot.** On aperçoit une tour d'une trentaine de mètres construite à la fin du XIXe siècle par le chimiste pour y installer son labo.

On peut rejoindre l'**avenue du Château.** Au n° 27, on voit une plaque sur une maison assez simple qui rappelle que c'est ici que Richard Wagner composa, en 1841, *Le Vaisseau Fantôme.* Remonter l'avenue. À l'angle de la rue Obœuf et de la rue Marthe-Édouard, on peut voir la grille du potager du Dauphin. Actuellement, on y trouve l'institution Saint-Georges, centre d'étude des langues slaves. On y découvre une admirable chapelle byzantine décorée de fresques naïves. Revenir sur l'avenue du Château et monter jusqu'à l'entrée de la **terrasse.** Longue de 450 m, large de 135 m, c'est sans doute d'ici que l'on a une des plus belles vues sur la capitale. Ce fut la terrasse du château, dont il ne reste rien. À l'entrée, un ensemble mégalithique. À l'autre bout, une statue de Jules Janssen. L'astronome a créé l'observatoire de Meudon en 1876 dans les restes du château Neuf et il fit construire le dôme qui contient la grande lunette, une des plus anciennes encore en service. Ne pas manquer la perspective tracée par Le Nôtre avec au bout les immeubles de Meudon-la-Forêt.

Descendre pour rejoindre la rue des Vertugadins à la lisière du bois et continuer jusqu'à la **rue Rushmoor**. Là, côté Clamart, on trouve la fondation Jean Arp à l'architecture austère : un cube en ciment, des portes et des fenêtres dissymétriques et des œuvres du sculpteur un peu partout.

Redescendre par la rue du Père-Brottier et la rue de Belgique pour rejoindre le quartier du Val dans lequel habitaient les blanchisseurs. La rue des Vignes rappelle qu'à Meudon on a cultivé de la vigne jusqu'en 1939.

En arrivant rue de Paris, passer sous le viaduc ferroviaire pour emprunter plusieurs sentiers de Meudon : le chemin de l'Ermitage, le sentier des Terres-Franches et l'allée des Hautes-Sorrières. Sur le **boulevard Anatole-France,** au n° 40 s'élève la maison de Marcel Dupré, compositeur et organiste. À l'intérieur, son instrument de prédilection sur lequel il a composé plusieurs de ses plus belles œuvres. On continue à le jouer plusieurs fois par an, lors de concerts organisés par l'Association des Amis de Marcel Dupré.

Descendre le boulevard vers le bas-Meudon qui fut un quartier industriel dès le XVIIIe siècle. On trouvait des verreries, le port au charbon, mais aussi les fameuses carrières de pierre et de craie qui firent longtemps la fortune de la ville. Le sous-sol en est truffé, mais elles ne sont pas visitables. Au 35 de la **route des Gardes,** on passe devant la maison de Louis-Ferdinand Destouches, beaucoup plus connu sous le pseudonyme de Céline. Il habita ici durant 10 ans, jusqu'à sa mort en 1961, vivant comme un reclus et recevant le dimanche ses amis Arletty, Michel Simon ou Blondin.

Le voyage au bout de Meudon s'achève, mais il ne faut pas manquer d'aller se perdre dans le bois pour rejoindre, pourquoi pas, Meudon-la-Forêt.

LE BOIS DE MEUDON

Forêt domaniale de 1 100 ha, qui se répartit sur six communes de Sèvres à Villacoublay. Composée surtout de chênes, de châtaigniers et de bouleaux, c'est une forêt très fréquentée, dans laquelle on peut trouver quelques coins de nature encore préservée. Les druides venaient y pratiquer leurs cultes il y a bien longtemps. Beaucoup plus tard, on fit creuser quelques étangs pour alimenter en eau les bassins et les fontaines des châteaux. On trouve huit plans d'eau dans la forêt.

Au carrefour des Trois-Bornes, vous serez certainement surpris par ce hangar en ruine construit en brique. Il s'agit du hangar Y. En 1878, on y installa l'établissement central de l'aérostation militaire qui avait pour mission de fabriquer des ballons dirigeables. À l'origine, il fut construit dans Paris pour servir de Galerie des Machines à l'Exposition universelle de Paris. Entièrement démonté, il fut réédifié ici, près de l'étang de Chalais. On y construisit la *France*, un aérostat de 50 m qui effectua en 1884 le premier vol en circuit fermé. C'est le seul hangar à dirigeable au monde qui existe encore aujourd'hui. Un projet de restauration est en cours.

Un circuit Promenades et Randonnées balisé en jaune et un sentier GRP balisé en jaune et rouge permettent de se balader dans toute la forêt. Il part de la gare de Meudon-Val-Fleury et fait une boucle d'environ 15 km.

★ *MEUDON-LA-FORÊT* (92360)

Une ville nouvelle conçue en 1959, en pleine crise du logement, alors qu'on s'apprêtait à recevoir de nombreux rapatriés d'Afrique du Nord. 7 500 logements sortirent de terre à partir de 1960, et tout ce qui allait avec : écoles, église, marché, cimetière... On doit la majeure partie de ces immenses bâtiments à Fernand Pouillon, et aujourd'hui plus de 10 000 Meudonnais vivent dans du Pouillon. On aime ou on n'aime pas, mais on doit reconnaître qu'il a su créer un ensemble cohérent. Il dut subir les foudres de la justice pour une sombre affaire de gros sous qui l'obligea à fuir la France (une chance, il n'y avait pas d'hommes politiques dans le coup). Appelé par le président Boumedienne en Algérie comme architecte-conseil, il revient en France en 1980 après avoir refusé de s'occuper du chantier des Halles.

Meudon-la-Forêt reste une réalisation assez remarquable de ville nouvelle humaine. Bien sûr, on pourra se plaindre de l'aspect un peu stalinien des constructions, mais la pierre de taille donne une impression de solidité. Les espaces verts permettent de donner un peu de vie, et Meudon-la-Forêt peut s'enorgueillir de ne pas être qu'une cité-dortoir de plus en banlieue.

Randonnée pédestre

– *Le Tapis Vert de Meudon :* 6 km, 2 h. Cette balade peut être jumelée avec la visite du musée de Meudon. Facile. Balisage jaune du PR, jaune et rouge du GR de Pays. Réf. : *Les Hauts-de-Seine à pied,* éd. FFRP. Carte IGN au 1/25 000, 2314 OT.

Depuis le musée et longeant le pied du mur de la terrasse de l'Observatoire de Meudon, vous entrez dans le bois de Clamart par la route des Vertugadins jusqu'au carrefour de Fleury. Si vous n'avez pas la forme, vous pouvez commencer ici votre randonnée (comptez une demi-heure en moins). Au carrefour de l'Anémomètre, prenez à droite la route de la Garenne. Dans la descente, faites attention à ne pas manquer le sentier sur la gauche, balisé en jaune et rouge. Vous passez près du menhir de la Pierre-aux-Moines, plus ou moins délaissé dans le creux sombre du talus. Il est pourtant classé Monument historique, remis à l'honneur en 1893 avec quelques fouilles gallo-romaines. On raconte que la Dame-Bonne des bois de Meudon glisse certaines nuits, un cierge à la main, sur les pentes du menhir... Mais ceci est une autre histoire.

Vous devinez une table de grès triangulaire dressée verticalement sur l'une de ses tranches. Elle est tronquée au sommet. Haute de près de 2 m, la largeur de sa base est équivalente et se rétrécit en pointe à 65 cm du sommet. Sachant qu'il existe un beau dolmen reconstitué en partie sur la terrasse de l'Observatoire de Meudon et un autre dolmen déplacé au cimetière des Longs-Réages, comment voulez-vous ne pas penser aux légendes préhistoriques en forêt de Meudon ?

Le sentier continue sur la droite vers le Tapis Vert et son étendue voluptueuse en été. Il rejoint l'étang de Trivaux puis de Chalais où se cachent quelques poules d'eau dans les roselières. Vous retrouvez alors l'avenue de Trivaux et le musée de Meudon ou encore la porte de Fleury directement par l'avenue du même nom.

ISSY-LES-MOULINEAUX (92130)   47 000 habitants

> *Il vaut mieux boire le vin d'Issy que l'au-delà !*
> (Vieux dicton populaire)

Ce fut l'une des plus importantes villes industrielles de la banlieue, avec un nombre conséquent d'usines. C'est aussi, aujourd'hui, à la suite d'une rapide et ample désindustrialisation, l'une de celles ayant le plus évolué sociologiquement et architecturalement. Un taulard ayant fait 20 piges et débarquant à la station de R.E.R. d'Issy-Val-de-Seine se demanderait dans quel monde il est tombé ! Pourtant, sur les anciens coteaux de vignes, il fait encore bon vivre dans de milliers de gentilles maisonnettes et des quartiers au rythme doucement provincial. Le long de la Seine, sur quelques centaines de mètres, on pourrait se croire à Sausalito, en Californie.

La Municipalité, par une très habile politique de séduction, d'incitation et de marketing, a réussi, ces dernières années, à attirer un grand nombre d'entreprises de presse, communication et médias, au point d'en faire une petite Mecque du secteur tertiaire. Il faut dire que le premier qui ait décidé de venir travailler à Issy fut un certain Jacques Séguéla et que c'était quand même un très bon signe...

Un peu d'histoire

Sur l'origine du nom, nombreuses interprétations : temple dédié à la déesse Isis ? Non, trop facile... des racines celtes (*ischal* voulant dire chêne) ou gauloises (le mot *ceton* et ses dérivés *cetia, cetion,* voulant dire bois et transformé par l'usage en « sey » ou « si »). Avec la préposition gauloise « is » qui voulait dire « sous », ça donnerait Issy (Sous-le-Bois !). Pas mal, mais assez sophistiqué !... À moins qu'il ne vienne tout simplement du nom du premier proprio romain de villa connu, un certain Isicius. D'ailleurs, dans le premier texte faisant référence à Issy, une charte de Childebert Ier en 558, cédant les terrains d'Issy à l'abbaye de Saint-Germain-des-Prés, le lieu est nommé *Isciacus*. Bref, linguiste, quel métier passionnant ! En attendant que les lecteurs tranchent, continuons...

Le village se développe au Moyen Âge autour de l'église Saint-Étienne. Au XIe siècle, l'abbaye de Saint-Germain-des-Prés se voit contrainte par le roi de partager sa suzeraineté avec l'abbaye de Saint-Magloire. De l'an 1000 à 1538, les seigneurs de Vaudétard administrent les terres d'Issy. Leur succède ensuite la famille de la Haye, de grands bourgeois parisiens. Au XVIIe siècle, avec ses beaux paysages de coteaux couverts de vignes, Issy devient l'un des lieux de villégiature favoris de la noblesse parisienne. La mode fut lancée par Marguerite de Valois (la célèbre reine Margot), venue fuir une épidémie de peste chez Jean de la Haye, l'orfèvre du roi. Elle y achète des terres.

À partir de ce moment et tout au long du XVIIIe siècle, bourgeois et nobles vont coloniser Issy et y construire des « maisons de plaisance ». Elles se succèdent côte à côte, avec de grands jardins derrière. En 1659, le premier opéra français, appelé *La Pastorale d'Issy,* est joué dans l'une des propriétés. À l'origine, le séminaire des sulpiciens à Issy était d'ailleurs la maison de campagne et de repos de la compagnie. De plus, avec la construction du château de Versailles, les grands nobles et princes de sang veulent tous une résidence entre Paris et Versailles. La plus belle restera celle des princes de Conti, avec ses magnifiques jardins à la française. Brûlée lors de la Commune de Paris, il n'en subsiste plus aujourd'hui que le pavillon d'entrée (intégré au musée de la Carte à jouer). La mairie (ancienne demeure de Nicolas Beaujon) et la maison suisse de retraite témoignent également aujourd'hui de la magnificence de cette époque.

De la Révolution aux premières usines

Révolution plutôt modérée à Issy. Une majorité de vignerons dans le premier Conseil municipal, ça va de soi ! On se contente de rajouter « Union » au nom de la ville. Construction d'une première digue en 1808 contre les crues de la Seine et du fort en 1840. Les terres agricoles représentent en 1851 encore les trois quarts de la commune, mais plus pour longtemps. En 1825, installation de l'usine de munitions Gévelot qui, pour des raisons évidentes de sécurité, ne peut plus rester à Paris. Développement des carrières de craie et de calcaire (la dernière ferma en 1903), des fabriques de chaux et de briqueteries (une des plus grosses était à l'emplacement actuel du Parc des Expositions, à côté d'une carrière d'argile). Issy était littéralement taraudé par les carrières, au point qu'en 1961, dans le coin de la rue Antoine-Courbarien, un gigantesque effondrement du sol provoqua la mort de 22 personnes.

À partir de 1860, après l'annexion d'une partie d'Issy à Paris, les industries polluantes sont obligées de quitter la capitale et beaucoup s'installent naturellement à Issy. L'usine Lefranc (plus tard Ripolin) vient en bord de Seine en 1867, car la fabrication des encres et des couleurs demande beaucoup d'eau. En 1864, la brasserie des Moulineaux s'élève en face de Gévelot. En 1863, construction de l'hospice des Petits-Ménages (aujourd'hui, hôpital Corentin-Celton). Les ouvriers affluent. La population passe de 3 626 habitants en 1851 à 14 031 en 1896. Le hameau des Moulineaux rejoint officiellement Issy en 1893.

L'explosion industrielle

Explosion industrielle et urbaine en cette première moitié de XXe siècle. L'implantation du champ de manœuvre en 1891 à Issy, en remplacement de celui du champ de Mars, va amener les premières industries aéronautiques. L'armée loue ses 63 ha aux « merveilleux fous volants dans leurs drôles de machines » pour leurs essais (à l'emplacement de l'héliport actuel). Le règlement stipule qu'ils ne peuvent voler que de 4 h à 6 h du matin. De grandes foules isséennes et parisiennes suivent leurs évolutions. Incroyable, aucun avion n'est jamais tombé sur la ville !

Le 13 janvier 1908, avec un *Voisin,* Farman effectue son premier kilomètre en circuit fermé. Les usines Caudron, Voisin, Nieuport s'installent à proximité du champ de manœuvre. Les industries aéronautique et automobile triomphantes provoquent, bien sûr, l'apparition des équipementiers et des constructeurs de matériels électriques. Rue Guynemer, arrivée en 1913 de SEV-Marchal (magnétos, bougies, etc.). D'autres grosses boîtes s'implantent : la manufacture des Tabacs, la Blanchisserie de Grenelle, la Compagnie parisienne d'Électricité, la Compagnie française pour la fabrication de lampes électriques, etc. En 1930, Issy compte 47 très importantes entreprises industrielles, toutes dans la plaine en bordure de Seine, à l'exception de quatre d'entre elles qui ont réussi à pénétrer le périmètre des anciennes maisons de plaisance.

La période contemporaine

Après la Seconde Guerre mondiale, les nécessités de la reconstruction et de la relance de l'économie maintiennent l'activité des usines à un niveau élevé. Mais cela sera éphémère. Problèmes de pollution, délocalisations avantageuses, essoufflement de certaines industries, puis crise économique des années 80, provoquent un énorme processus de désindustrialisation. En 20 ans, la plus grande partie du parc industriel d'Issy, longtemps image de marque de la ville (elle eut de 1964 à 1986 un député communiste, Guy Ducoloné), disparaît. À partir de 1965, De Laire, SEV-Marchal et d'autres délocalisent, la manufacture des Tabacs ferme en 78, la métallurgie Franco-Belge en 1980, la Blanchisserie de Grenelle en 87, Gévelot en 92, la brasserie des Moulineaux...

De 1962 à 1982, la ville perd 6 000 habitants. Et pourtant, Issy a échappé à la tragédie humaine qui frappa tant de bassins industriels en crise (comme ceux du Nord, de Lorraine, etc.). La Municipalité sut se réorienter avec succès sur le secteur tertiaire en pointe, comme l'informatique, les médias, la communication... Mais au fait, André Santini, le député-maire, n'a-t-il pas été ministre de la Communication ? La proximité de Paris, la demande de l'immobilier de bureaux dans la capitale pendant les « golden eighties », le prix du terrain à Issy à des conditions avantageuses, un marketing efficace se révélèrent des atouts certains.

Il faut rendre hommage à l'intuition de Jacques Séguéla et de RSCG, venus s'installer parmi les premiers, dans l'ancienne usine de la Franco-Belge. Beaucoup ricanaient à l'époque ! Depuis, Issy a vu débarquer le nouveau siège social d'Alfa-Roméo, *L'Équipe* et la chaîne *Voyages* occupent les terrains de De Laire. Compact, Yves Rocher et les laboratoires Welcome se sont installés sur l'emplacement de la Blanchisserie de Grenelle, les films Ariane, les Éditions Mondiales, SEGA, le Nouvel Économiste ont pris la place de SEV-Marchal et de Caudron... Citons encore le groupe Marie-Claire, le Centre National d'Études des Télécommunications (CNET) sur les anciens terrains de Peugeot, Dunlop, ainsi que les agences publicitaires CLM-BBDO et Colonne B... À suivre !

Bien sûr, tout ce remue-ménage dans le tissu économique et le boom immobilier ont profondément modifié la composition sociale de la ville. Depuis le recensement de 1990 (46 163 habitants), la population se rapprocherait des 50 000, dit-on. Petit hiatus cependant, les deux cheminées de la TIRU – le centre d'incinération d'ordures – qui troublent ce beau plan de recomposition sociale et économique, et que monsieur le maire voudrait bien voir disparaître. Eh bien, ce n'est pas simple, et elles procurent 150 emplois !

Comment y aller ?

– *En métro :* ligne 12 (Mairie-d'Issy – Porte-de-la-Chapelle). Stations : Corentin-Celton et Mairie-d'Issy.
– *En bus :* nos 290 (Mairie-d'Issy – Vélizy), 123 (Mairie-d'Issy – Porte-d'Auteuil), 323 (Mairie-d'Issy – Gare-d'Ivry), 289 (Clamart-La-Plaine – Porte-de-Saint-Cloud), 169 (Pont-de-Sèvres – Place-Balard), 190 (Mairie-d'Issy – Vélizy-2), 189 (Porte-de-Saint-Cloud – Clamart), 389 (Meudon-la-Forêt – Pont-de-Sèvres), 126 (Porte-de-Saint-Cloud – Porte-d'Orléans), Noctambus (NL-Châtelet – L'Hay-les-Roses).
– *En R.E.R. :* ligne C. Stations : Issy-Val-de-Seine et Issy-Ville.
– *En tram :* ligne T2 (Issy-Val-de-Seine – La Défense). Stations : Issy-Val-de-Seine, Jacques-Henri-Lartigue et Les Moulineaux.
– *TUVIM* : transport municipal gratuit de 7 h à 19 h du lundi au samedi. Pratique, dessert l'île Saint-Germain, Issy-Plaine, le fort d'Issy, le centre-ville. Pour les horaires : ☎ 01-40-95-65-43.
– *Taxis :* ☎ 01-46-42-00-00 et 01-40-93-59-00.

Adresses utiles

🏛 *Office du tourisme* (plan C2) : esplanade de l'Hôtel-de-Ville. ☎ 01-40-95-65-43. M. : Mairie-d'Issy. Ouvert du lundi au vendredi de 8 h 30 à 18 h et le samedi de 10 h à 12 h.

Fermé le dimanche.

■ *Mairie* (plan C2) : 62, rue du Général-Leclerc. ☎ 01-40-95-65-00. Web : http://www.issy.com.

Où manger ?

Bon marché à prix moyens

|●| *Les Quartauts* (plan D2, 5) : 19, rue Georges-Marie. ☎ 01-46-42-29-38. M. : Corentin-Celton ou Porte-de-Versailles. Ouvert le midi les jours de semaine et le jeudi soir.

Fermé le week-end. Difficile d'imaginer trouver, dans ce petit bout paumé d'Issy, une telle bonne adresse. On se dit que, nécessairement, vu qu'il n'y a pas de passage, tout repose donc sur le bouche à oreille. Cadre chaleureux de bistrot à

ISSY-LES-MOULINEAUX

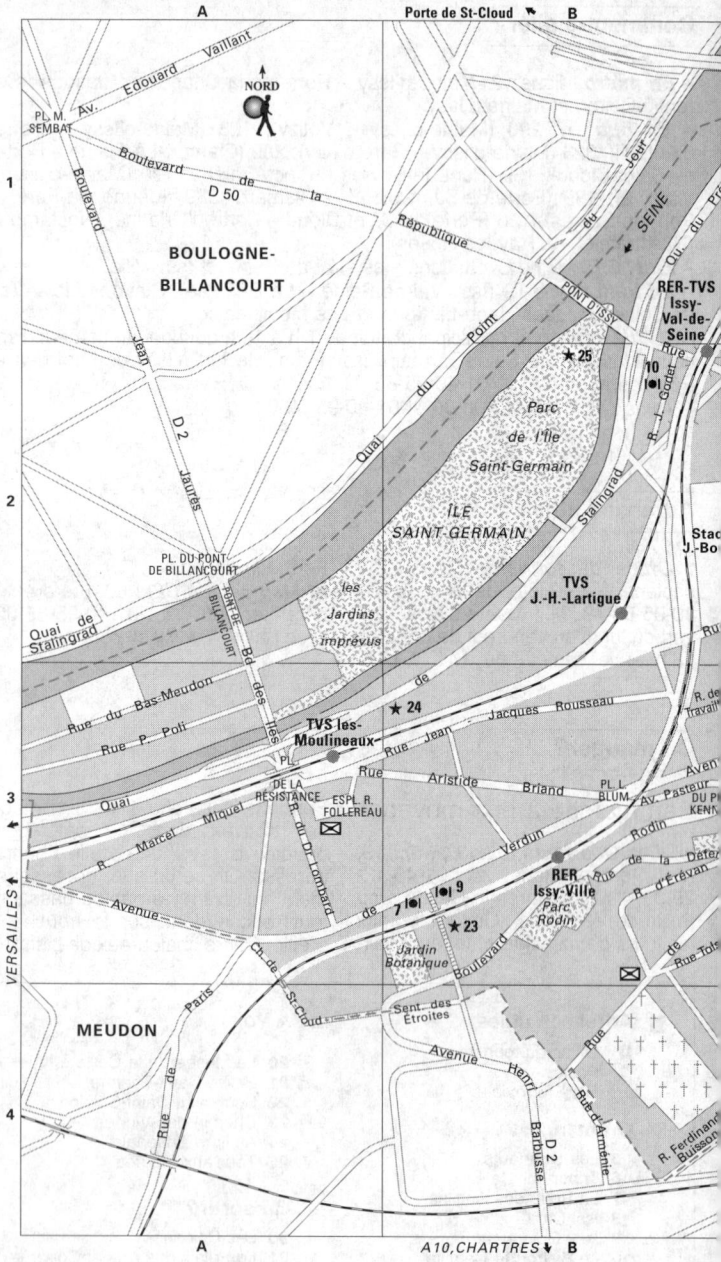

ISSY-LES-MOULINEAUX

Porte de St-Cloud

NORD

PL. M.
SEMBAT

Av. Edouard Vaillant

Boulevard

Boulevard de la D 50 République

**BOULOGNE-
BILLANCOURT**

Jean

D 2

Jautés

★ 25

PONT D'ISSY

Quai du Point

Parc de l'île
Saint-Germain

SEINE

Qu. du Pré

RER-TVS
Issy-
Val-de-
Seine

10 ●I●
R.-J. Goddet

Rue

PL. DU PONT-
DE BILLANCOURT

Quai de
Stalingrad

les
Jardins
imprévus

**ÎLE
SAINT GERMAIN**

Stalingrad

**Stac
J.-Bo**

**TVS
J.-H.-Lartigue**

Rue

R. de
Travail

Rue du Bas-Meudon

PONT DE BILLANCOURT

Bd. des Iles

de

Jacques Rousseau

Rue P. Poli

★ 24

**TVS les-
Moulineaux-**

Rue Jean

Rue Aristide Briand

PL. L
BLUM

Av. Pasteur
DU PK
KEN

Aven.

Quai

PL.
DE LA
RÉSISTANCE

R. du Dr. Lombard

ESPL. R.
FOLLEREAU ⊠

Rue

Verdun

Rodin

R. de la Défer

R. d'Erévan

R. Marcel Miquel

Avenue

de

7 ●I● ●I● 9

★ 23

RER
Issy-Ville
Parc
Rodin

de

Rue-Tal

Ch. de St-Cloud

Jardin
Botanique

Boulevard

⊠

MEUDON

Rue de Paris

Sent. des
Etroites

Avenue Henri

D 2 Barbusse

✝ ✝ ✝
✝ ✝ ✝
✝ ✝ ✝
Rue d'Arménie
R. Ferdinand
Buisson ✝

Rue

A   **B**

VERSAILLES

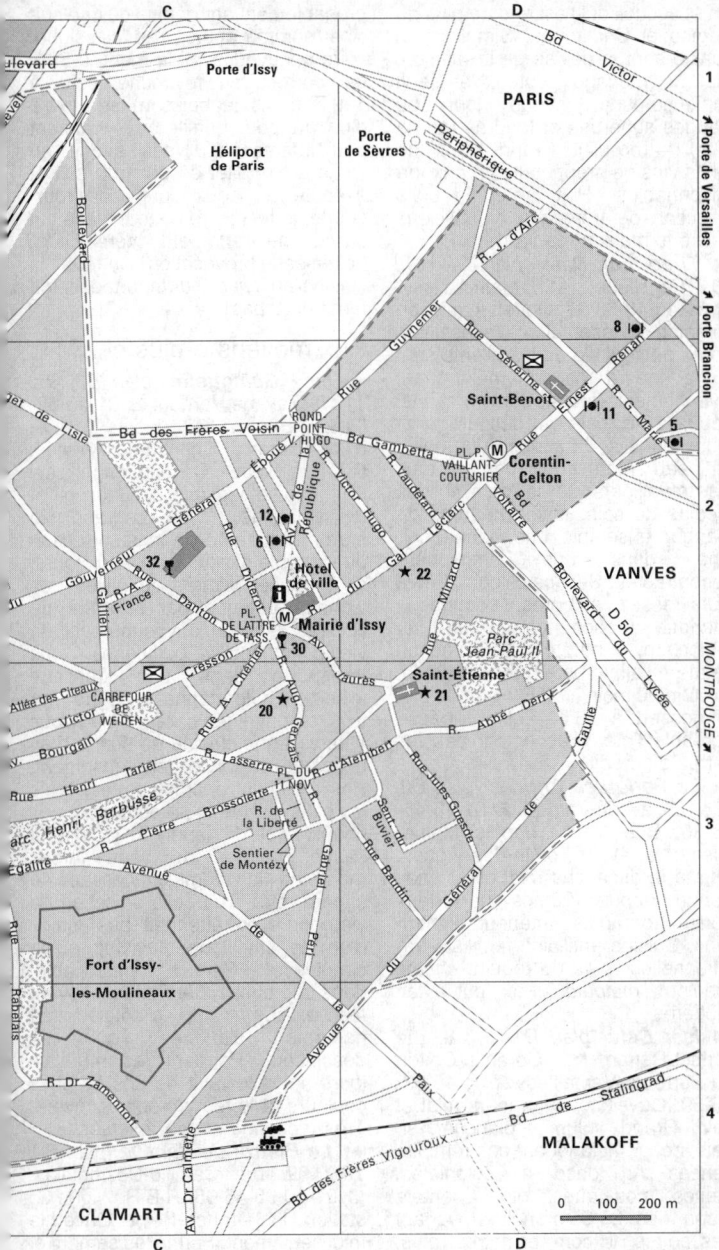

ISSY-LES-MOULINEAUX

C

D

Bd Victor

1

Porte d'Issy

PARIS

Héliport
de Paris

Porte
de Sèvres

Périphérique

↗ Porte de Versailles

R. J. d'Arc

Guynemer

Rue

Séverine

8 |●|

R. G. Mazel

Renan

↗ Porte Brancion

Saint-Benoît

⊠

11
|●|

Ernest

Rue

5
|●|

Bd des Frères Voisin

ROND-
POINT

Rue

V. Hugo

Bd Gambetta

PL. P.
VAILLANT-
COUTURIER

Ⓜ

Corentin-
Celton

2

Eboué

de

la

Victor Hugo

R. Vaudetard

Leclerc

Bd

Voltaire

Général

Rue

Diderot

12 |●|

6 |●|

République

**Hôtel
de ville**

Gal

★ 22

Mainard

VANVES

Boulevard

D 50

du

Lycée

MONTROUGE ↗

32 🏛

Rue

R. A.
France

Gouverneur

Galliéni

Danton

ℹ

Ⓜ

Mairie d'Issy

PL.
DE LATTRE
DE TASS.

30 ♟

Av. Chénier

Av.

Jaurès

Parc
Jean-Paul II

Saint-Étienne

21

⊠

CARREFOUR
DE
WEIDEN

Cresson

Rue

Atlée des Citeaux

Victor

20

★

Gervais

Aug.

★

R. Abbé Derry

v. Bourgain

Rue

Henri

Tariel

R. Lassarre

R.

d'Alembert

Rue Jules Guesde

de

Gaulle

3

arc Henri Barbusse

Pierre

Brossolette

PL. D.
11 NOV.

UR.

R. de
la Liberté

Sent. du
Bivier

Baudin

Rue

Égalité

R.

Avenue

Sentier
de Montézy

Gabriel

de

Rue

Pari

Général

du

**Fort d'Issy-
les-Moulineaux**

R. Dr Zamenhof

Avenue

de

Paix

Bd

de

Stalingrad

4

🚂

Bd des Frères Vigouroux

MALAKOFF

Av. Dr Calmette

0   100   200 m

CLAMART

C

D

ISSY-LES-MOULINEAUX

ISSY-LES-MOULINEAUX

vin et accueil qui l'est encore plus de Régine et Christophe. Simplicité et qualité sont la devise de la maison. Plat de ménage goûteux et servi copieusement chaque jour ou viandes superbes et tendres (ah, la côte de bœuf!). Grand choix de petits vins de propriétaires à prix fort raisonnables. Plat à 60 F, belle sélection de fromages et délicieux desserts maison (ça va de soi!).

l●l *Triporteur Café* (plan C2, 6) : 20, rue Kléber. M. : Mairie-d'Issy. ☎ 01-46-48-68-87. Ouvert le midi en semaine. Réservation conseillée. Toute petite salle où les clients sont au coude à coude, mélangeant joyeusement leurs conversations. Taux de décibels qui découragerait toute tentative de séduire une belle, un beau. Alors faites comme tous les travailleurs de la pub et des médias du coin, soyez heureux de manger ensemble une bonne cuisine, dans une atmosphère décontractée. Service diligent. Petits plats assez élaborés, comme la charlotte de pommes de terre au reblochon, le petit confit de cochon patate à l'ail, le pot-au-feu de poule, etc. Vin du mois à 80 F. Formule plat et dessert à 75 F. Petite terrasse agréable l'été. N'acceptent pas les cartes de crédit.

l●l *La Perle des Antilles* (plan B3, 7) : 123, av. de Verdun. ☎ 01-46-45-78-36. Bus n° 123 depuis Mairie-d'Issy ; arrêt : Chemin-des-Vignes. Fermé le dimanche midi et le lundi. Tenue depuis 23 ans par deux perles adorables. Intérieur chaleureux. Cuisine antillaise familiale traditionnelle : *roufe* de requin, *chatou* (poulpe), *matoutou*. Prix tout à fait modérés.

l●l *Issi Café* (plan D1, 8) : 8, rue Ernest-Renan. M. : Corentin-Celton ou Porte-de-Versailles. ☎ 01-40-93-45-59. Ouvert tous les jours midi et soir. Grand volume, plancher en bois, décor mélangeant des réminiscences Art déco et coloniales, petites mosaïques, etc. Clientèle jeune (les 25-35 branchés) venant des boîtes de com' et autres, plus, en période de salons, les exposants de la porte de Versailles. L'espace sympa et l'ambiance relax doivent

probablement attirer plus qu'une cuisine somme toute très classique, voire ennuyeuse. Si le menu à 79 F est correct, en revanche, celui à 139 F (sans la boisson) se révèle d'un rapport qualité-prix vraiment peu intéressant. Nous avons eu l'ombre d'un filet de bar trop cuit et exécuté en deux coups de fourchette, le médiocre nougat glacé qui suivait ne rattrapant même pas, hélas, cette provocation! Un rêve : la cuisine du *Triporteur* triportée ici, ça ferait un tabac!

Prix moyens à plus chic

l●l *Issy Guinguette* (plan B3, 9) : 113 *bis*, av. de Verdun. ☎ 01-46-62-04-27. Bus n° 123 depuis Mairie-d'Issy ; arrêt : Chemin-des-Vignes. R.E.R. : ligne C ; station : Issy. Fermé le samedi midi, le lundi soir et le dimanche. Yves Legrand, le patron, est l'âme de la résurrection du vignoble d'Issy. Aux beaux jours, sa terrasse, plantée au milieu des vignes, protégée par la butte du R.E.R., dans un environnement de vieilles demeures populaires, vous transporte dans une banlieue irréelle. Si le cagnard cogne par trop, on ouvre les parasols. On vous y servira une cuisine de bistrot bien exécutée et servie généreusement. Pas un choix énorme certes, mais les plats tournent : jarret de porc aux choux, filet de lapereau, rôti à la sauge, poitrine de veau farcie, morue à la crème, fricassée de canard, etc. Très belle sélection de vins, on n'en attendait pas moins d'un des meilleurs cavistes qu'on connaisse! Service impeccable, dans une atmosphère relax, souvent festive. Le midi, clientèle très hommes d'affaires qui se décoincent. Pendant les mauvais jours, la salle ravit de ses fraîches couleurs et le feu y crépite souvent. Très recommandé de réserver.

l●l *Le Bistrot de Camille* (plan B2, 10) : 92, rue Camille-Desmoulins. ☎ 01-40-93-46-08. R.E.R. : ligne C ; station : Issy-Val-de-Seine. Ouvert le midi seulement. Fermé les samedi et dimanche. Fermé le soir, on s'en serait douté : le coin alors est un vrai désert. Mais le midi, c'est effectivement plein comme un œuf. Toutes les boîtes alentour y déversent leurs yuppies de la com et de la télé. Décor néo-bistrot « a minima », qui ne s'est pas encore vraiment patiné. Assez bruyant. Visiblement, il n'y aurait guère de raisons de faire figurer cette adresse dans un guide, si on n'y trouvait pas finalement une cuisine fort bien réalisée et des petits plats de ménage goûteux à souhait. À des prix un peu surévalués certes, mais ici, le gratin médiatique y mange sûrement beaucoup en note de frais ! Excellent tartare de saumon, onctueux pot-au-feu Marie-Jeanne et les classiques : blanquette, rognon de veau, andouillette, etc. Plats de 78 à 95 F. Pots à 48-50 F.

Plus chic

|●| *La Manufacture* (plan D2, 11) : 20, esplanade de la Manufacture (30, rue Ernest-Renan). ☎ 01-40-93-08-98. M. : Corentin-Celton. Ouvert midi et soir. Fermé le samedi midi et le dimanche. Réservation quasi obligatoire (la veille au minimum). Occupe le rez-de-chaussée de l'ancienne manufacture des Tabacs. Voilà peut-être le meilleur restaurant de la ville (on est prudent, s'il en éclosait un autre à la parution du guide !). Une très grande salle haute de plafond, dans les tons beiges, qu'égaient quelques toiles modernes et plantes vertes. Le midi, clientèle d'hommes d'affaires, de médias et de salons très majoritaire, saupoudrée de quelques Sigourney Weaver, façon « Working Girl ». Vu le volume de la salle favorable aux conversations et aux négociations, on peut donc s'entendre. Cuisine

particulièrement fine, de subtiles saveurs viennent sans cesse charmer les papilles. Les oreilles de cochons s'avèrent de délicieuses petites choses craquantes à souhait, la souris d'agneau braisée au cidre fond dans la bouche littéralement et est généreusement servie. Plats de ménage habilement revisités et présentés de façon moderne, voilà un des secrets de fabrication de cette manufacture. La carte évolue bien sûr, mais citons quelques piliers : daurade rôtie à la pimentade, tête, cervelle et langue de veau ravigotées, joue de bœuf braisée, poitrine de veau laquée, parmentier au tourteau, etc. Très beaux desserts. Pour l'addition, pas de coups de tabac : menus-carte à 155 et 180 F. Cave intéressante. Seules toutes petites fausses notes : l'accueil un peu condescendant si vous êtes perçu comme un manant, la difficulté de réserver pour une personne, le vin au verre assez cher (35 F !).

|●| *Le Coquibus* (plan C2, 12) : 16, av. de la République. M. : Mairie-d'Issy. ☎ 01-46-38-75-80. Fermé le samedi midi, le dimanche et en août. Grande brasserie style début de siècle (normal, ouvert depuis 1921), décor dans les tons bruns, bois, cuivre, quelques coqs symbolisant la maison, longue banquette. Clientèle « chico-business », atmosphère bourdonnante, service gentil, mais un peu dolent... bon, vous savez tout. Cuisine de grande réputation pour son sérieux, sa régularité. Fins hors-d'œuvre, plats de brasserie classiques mais fort bien exécutés : poule au pot, rognon de veau, etc. À la carte, comptez 180 F. Terrasse dès que le printemps revient.

À voir

★ *Le Musée français de la Carte à jouer* (plan C3, 20) : 16, rue Auguste-Gervais. ☎ 01-46-42-33-76. Fax : 01-46-45-31-36. Ouvert les mercredi, samedi et dimanche, de 10 h à 19 h. Sur rendez-vous pour les groupes les autres jours. On pèse nos mots, l'un des plus beaux musées qu'on ait visités ! Architecture particulièrement originale, puisqu'elle combine avec hardiesse les vestiges du pavillon d'entrée du château des Conti et un bâtiment moderne à la très belle esthétique. À l'intérieur, alliance harmonieuse du fer, de l'alu, du bois. Beau jeu des lumières et des volumes, remarquable muséographie ! Le seul musée de France à abattre ses cartes (et à vocation internationale incontestablement). Pourquoi à Issy au fait ? Grâce au legs de Louis Chardonneret, un Isséen passionné. En prime, la galerie d'Histoire de la ville, d'un très grand intérêt.

Impossible de tout citer : pêle-mêle, les jeux dessinés par des artistes, les cartes dans les arts décoratifs (objets, tapisseries, porcelaines décorées, etc.), tableaux. Loi du 1ᵉʳ Brumaire an II, visant à supprimer les signes de la royauté sur les cartes, tarot révolutionnaire. Historique du jeu de cartes, caricatures d'hommes politiques, jeux des sept familles et publicitaires, audiovisuel. Au sous-sol, l'univers du joueur, objets de jeu, belle collection de coffrets. La fabrication : pochoir, pierre lithographique, plaques métalliques, bois d'impression, etc. Superbe fonds de cartes à jouer étrangères. Beaucoup sont des œuvres d'art comme le *Chariot de Ferrare*, carte de tarot italien datant de 1450.

– **Le pavillon Conti,** auquel on accède par une passerelle, livre une remarquable section d'art et d'histoire. Hommage aux artistes qui vécurent ou travaillèrent à Issy : Matisse qui y réalisa plusieurs dizaines de toiles (*La Danse II, La Conversation, L'Atelier rose,* etc.), Jean Chaurond-Naurac, Paul Cruet, le mouleur de Rodin, Joseph Vivien, Marcel Burgun qui peignait avec une belle touche impressionniste et des coloris éclatants qu'il conserva jusqu'au bout de sa vie. Maquette du domaine des princes de Conti (XVIIIᵉ). Au 2ᵉ étage, toute l'histoire industrielle de la ville et le nombre incroyable de grandes usines qu'elle abrita. Noter, sur la belle photo de la blanchisserie de 1933, le fier regard de l'ouvrière qui s'impose à tous. Enfin, on se devait de finir par l'histoire de l'aviation, dont Issy fut l'un des principaux cadres.

★ **L'église Saint-Étienne** (plan D3, 21) : place de l'Église (ah, bon !). Construite en 1634 et de dimensions modestes, elle conserve un certain côté villageois. Des sanctuaires précédents, il ne reste quasiment rien (à part le style roman). Façade assez sobre. Noter les beaux vantaux du porche offerts par Louis XIV et sa mère Anne d'Autriche. À l'intérieur, à l'entrée, on découvre deux bénitiers Renaissance et la cuve baptismale en marbre du XVIIᵉ siècle, belle vasque provenant d'une fontaine du château des Conti. Retable baroque de la même période avec une copie XIXᵉ d'un tableau de Rubens. Mais le must, sur le bas-côté gauche, c'est le splendide tympan roman, le *Christ aux Anges*, provenant de l'église du XIIᵉ siècle. Visage particulièrement expressif. À côté, le *Martyre de saint Barthélemy*, attribué à Ribéra (XVIIᵉ siècle). À voir aussi, un tableau figurant saint Roch (invoqué contre les maladies de la vigne), un Christ au pied de la Croix du début du XIXᵉ siècle, deux vitraux offerts par la confrérie de Saint-Vincent et un autre évoquant la guerre 14-18.

★ **La mairie** (plan C2) : M. : Mairie-d'Issy. Ce fut d'abord l'une des plus belles demeures du XVIIIᵉ siècle, lorsque le financier Nicolas Beaujon y résidait. Il avait chargé, en 1760, le célèbre architecte Étienne-Louis Boullée de la réaliser. Vendue en 1784 aux Infantado, une grande famille castillane qui, maligne, réussit à revendre la propriété la veille du décret confisquant les biens des émigrés. En 1837, elle est achetée comme annexe du célèbre couvent des Oiseaux. En mai 1871, théâtre d'un bain de sang de communards qui s'y défendaient. Enfin, en 1895, après d'énormes travaux de réhabilitation, devient la mairie de la ville. C'est Louis Bonnier, conservateur du palais de l'Élysée, qui s'en chargea. Par souci d'économie, il garda l'allure Louis XVI de l'édifice, ce qui lui conféra une originalité certaine. Un siècle après, une nouvelle campagne de restauration a permis d'affiner ce caractère, tout en modernisant les services de la mairie, En particulier, on reconstitua avec minutie le grand salon Élysée, créé par Étienne-Louis Boullée pour Nicolas Beaujon. Également, traitement en bossage de la façade en rez-de-chaussée et restauration des deux grands escaliers. Aujourd'hui, on peut y admirer *La Vie,* la superbe toile marouflée de Victor Prouvé, exécutée en 1878 (allégorie de la famille sur fond bucolique). Dans la salle des Mariages, *Les Bords de Seine à Issy,* grande peinture d'Eugène-Louis Gillot.

★ *La médiathèque (plan C2, 32) :* 33, rue du Gouverneur-Général-Éboué. ☎ 01-45-29-34-00. Ouverte en 1994. Architecture plaisante, équilibrée, lumineuse. À l'intérieur, vaste choix de possibilités : plus de 150 000 documents à consulter, micro-ordinateurs, Internet, logithèque, laboratoire de langues, animations diverses.

★ *Le conservatoire Niedermeyer :* 11-13, rue Danton ; à côté de la médiathèque. École nationale de musique. Verre et béton se marient bien dans cet ensemble qui reçoit plus de 1 000 élèves par an.

BALADE À PARTIR DE LA MAIRIE

En suivant la *rue du Général-Leclerc,* voici quelques points d'intérêt à glaner en cours de route. Au n° 33 apparaît la façade imposante du séminaire Saint-Sulpice (voir plus loin). À l'angle de la *rue Minard,* pittoresque fontaine-réverbère de 1914. La rue Minard (autrefois rue de la Glaisière), l'une des plus anciennes de la ville, menait à la première église Saint-Étienne et aux demeures qui l'entouraient. Au 42, *rue Ernest-Renan,* une tour Eiffel datant de 1892, ancienne enseigne de marchand de tissus (et aujourd'hui classée). Au n° 30, un landmark prestigieux de l'architecture industrielle : l'ancienne manufacture des Tabacs. Au 37, *bd Gambetta,* la maison de retraite Corentin-Celton, typique de l'architecture du XIXe siècle. Deux ailes basses, encadrant une grande cour, avec une chapelle qu'on atteint par des arcades (qui rappelle l'hôpital Charles-Foix à Ivry). À côté, *rue Renan,* l'hospice Devillas de 1863, avec sa vénérable inscription en façade.
Par le sentier Vert qui se prend rue du Général-Leclerc (au niveau de la résidence du Bois-Vert), on débouche sur la rue Minard et le *parc Jean-Paul II.* Très agréable, le préféré des familles isséennes. C'est un grand morceau du parc du séminaire Saint-Sulpice loué à la Ville.

★ *Le séminaire Saint-Sulpice (plan D2, 22) :* rue du Général-Leclerc. Avant d'arriver à la rue Minard, impossible de rater ce lourd édifice très fin XIXe siècle. Ce fut d'abord un château où vécut Marguerite de Valois (la célèbre reine Margot). Cette dernière s'était réfugiée en 1606 à Issy pour fuir la peste qui frappait Paris. En 1676 s'y installe le séminaire des saints-sulpiciens (les séminaristes de l'époque étaient appelés les « solitaires »). Il devient un centre spirituel réputé et en 1694-95 abrite les fameuses conférences d'Issy auxquelles participent Bossuet et Fénelon. Le cardinal de Fleury, ancien précepteur de Louis XV et Premier ministre, en fait sa résidence. La propriété, vendue comme Bien national à la Révolution, est reconstituée sous le Premier Empire. Au XIXe siècle, parmi les séminaristes célèbres, on trouve Henri Lacordaire et Ernest Renan. En 1894, le long et massif bâtiment sur rue remplace le château de Marguerite de Valois. On ne visite l'ensemble qu'une fois par an, lors de la Journée du Patrimoine (ou alors, pour les groupes, sur rendez-vous).
Voilà brièvement ce que vous pourriez voir à cette occasion : dans le bâtiment principal, la Grande Galerie et l'escalier monumental du XIXe siècle, la Grande Chapelle (1901) inspirée de celle du château de Versailles. Au plafond, très belle Assomption, d'après un carton de Le Brun, et immenses verrières. Dans la crypte, reconstitution des cellules de monseigneur Darboy et d'un séminariste, récupérées lors de la destruction de la prison de la Roquette en 1900, ainsi qu'un bout du mur où ils furent fusillés, le 24 mai 1871. Vous verrez aussi le « tunnel » datant du XVIe siècle, passage voûté construit par Jean de la Haye (celui qui accueillit Marguerite de Valois et lui vendit la propriété), le « nymphée » ou « pavillon à rocailles » du XVIIe siècle, genre de grotte au plafond abondamment décoré, diverses chapelles, etc.

★ *La manufacture des Tabacs :* 30, rue Ernest-Renan. Bel exemple de conservation intelligente du patrimoine industriel. Aujourd'hui, elle abrite des logements et des bureaux. Construite en 1900 (c'est écrit en dessous de l'horloge), elle succéda à celle qui s'étendait à Paris sur deux hectares et demi, du quai d'Orsay à la rue de l'Université, et employa jusqu'à 2 000 personnes. Officiellement, la délocalisation se fit à cause de la différence du prix du mètre carré entre le 7e arrondissement et Issy, ce qui permit à l'époque une bonne opération immobilière (16 F le mètre carré à Issy pour 200 à 300 F dans le 7e !). En fait, il semble que le directeur ne supportait plus « l'état de décomposition » de son personnel (entendez par là sa syndicalisation et sa combativité en cette fin de siècle !) et qu'il profita du déménagement pour se débarrasser de tous ces empêcheurs d'exploiter en rond. L'aspect sévère de l'architecture et sa disposition, plus proche de la caserne que de l'immeuble de Jean Nouvel sur l'île Saint-Germain, dut également procéder de la mise en condition des ouvriers dans leurs nouveaux locaux et créer une joyeuse impression d'enfermement ! La cheminée en brique, aujourd'hui tronquée, montait à 45 m. La manufacture se spécialisa alors dans les brunes de vente courante – Gauloises, Gitanes, Parisiennes, Celtiques, Boyards, etc. –, ainsi que dans des cigarettes de luxe aux noms qui font rêver : Sultanes, Natacha, Annouchka, Congo, Amazones-Vizir, Week-End, High-Life (les lecteurs de 50 ans se rappelleront ainsi les « Iglifes » de leur adolescence). À sa fermeture, en 1978, elle ne produisait plus que des brunes de qualité courante.

BALADE DANS LES HAUTS D'ISSY

Parce qu'on a vu sur le plan de ville qu'il y avait des sentiers et que les GR urbains, on aime ! Remonter la rue Auguste-Gervais (au n° 15, Victor Hugo fit un petit tour). Repérer le *sentier de Montézy* (montez-y ! Une véritable invitation), avec une entrée rue Pierre-Brossolette. Pas déçu, c'est un chemin d'un mètre de large (ancien lieu-dit du XVIIe siècle) qui sinue, avec parfois virages à angle droit, entre de hauts murs laissant deviner parfois des jardins secrets et de mignonnes demeures sans clinquant. C'est la seule voie d'Issy ayant conservé intact son tracé d'origine. Au début, elle se baladait entre les vignes. Arrivée rue de la Galerie. Les autres sentiers du coin, en revanche (le Petit Buvier, impasse Tricot, le Buvier, etc.), sont moins homogènes, beaucoup plus courts, mais le quartier se révèle paisible à souhait.
Au 92, av. du Général-de-Gaulle *(plan D3)* s'élève la belle *villa de Matisse* (ne se visite pas). Genre grosse demeure bourgeoise avec un grand jardin. Matisse y travailla de 1909 à 1917. Quelques toiles font référence à cette période (*L'Atelier rose* au musée de l'Hermitage à Leningrad et *L'Atelier rouge* au MOMA à New York). C'est également ici que naquit *La Danse*. Plus bas, au 63, découvrez une œuvre de jeunesse d'Hector Guimard (style encore très classique, malgré quelques fantaisies perceptibles, le gamin fera bien mieux plus tard).

LE QUARTIER ARMÉNIEN

Le sentier du Chemin-de-Fer et le fort d'Issy ne font guère rêver, vite on s'engouffre *rue d'Arménie* pour le sentier des Loges. Patatras, ce dernier a disparu dans la tourmente immobilière. Pas grave, au passage, malgré quelques ensembles immobiliers incongrus, on peut profiter du côté villageois du quartier (rue Mademoiselle, rue Madame). À l'angle de la rue d'Arménie, la boutique *Eniz* nous emmène loin, dans le Caucase. Curieux, le sentier-frontière entre Clamart et Issy *(plan B4)* s'appelle des *Étroites* d'un côté et des *Montquartiers* de l'autre. Modestes maisonnettes, jardins minuscules, quelques arbres fruitiers, on est bien loin de tout !

Pourtant, on retrouve vite le trafic urbain boulevard Rodin. En face démarre le *chemin de Saint-Cloud,* là aussi l'un des derniers à avoir conservé son tracé médiéval et à posséder encore des portions en terre battue. La rue d'Erevan *(plan B3)* vient aussi nous rappeler que nous évoluons dans le quartier arménien. À l'angle de la rue de La Défense, statue de remercie-ment pour la solidarité au moment du tremblement de terre. Des demeures toutes simples là encore s'accrochent à la colline dans un environnement verdoyant, enchevêtrement d'escaliers raides et de passages. Réfugiés en France pour fuir les massacres, de nombreux Arméniens s'installèrent là dans les années 20, sur un terrain difficile. Tout en bas de la *rue de La Défense,* le monument au Génocide arménien.

★ *Le chemin des Vignes (plan B3, 23)* : relie le boulevard Rodin à l'avenue de Verdun. L'un des paysages les plus caractéristiques d'Issy. D'abord, du boulevard, panorama assez insolite. On embrasse, dans le même champ, tout Issy, la TIRU, ses fumées, la tour Eiffel, le R.E.R., les grues des chan-tiers, les jardins ouvriers, les romantiques escaliers, l'antagonisme du béton et de la verdure, des images totalement décalées... En contrebas, le complexe horticole. Ouvert le samedi (sauf fériés) du 1er avril au 30 juin, de 12 h à 18 h. Entrée au 141, av. de Verdun. Coincés contre le R.E.R., quel-ques jardins ouvriers. Entre le chemin des Vignes et l'allée du Panorama vivent quelques heureux Isséens. Escaliers rappelant ceux de Montmartre et menant poétiquement au vignoble d'Issy.

Grâce à Yves Legrand, depuis une dizaine d'années, ce vignoble, qui cou-vrait 76 % du territoire au XVIIIe siècle et encore 86 ha (sur 607) en 1830, revit à nouveau. Une demi-ouvrée (220 m²) plantée en chardonnay et pinot beurot, bien exposée au soleil et protégée par le talus du R.E.R. et les immeubles environnants. Production de 150 litres environ par an. C'est l'occasion d'ailleurs, pour une classe de CM2, de venir vendanger chaque automne, dans un cadre pédagogique. Ce petit vin blanc, qualifié d'intéres-sant par des œnologues réputés, est alors mis en bouteilles de 50 cl et « vendu » au profit de la caisse des écoles. En fait, pour être précis, vous ferez un don de 100 F contre une bouteille. Ce sont les enfants qui dessinent les étiquettes.

★ *Les anciennes carrières :* 113 *bis,* av. de Verdun. À côté du vignoble. Au XIXe siècle, on extrayait au sein du coteau la craie qui devenait le fameux blanc de Meudon utilisé dans la construction. Résultat, des kilomètres de galeries qui, lorsqu'on arrêta l'extraction du gypse, se transformèrent en champignonnières (et en abris au moment des bombardements de la der-nière guerre). Aujourd'hui, réinvesties par la boutique *Yves Legrand* et amé-nagées en salles de réception. Belles caves voûtées de 7 m de haut, déco-rées de vitraux, bas-reliefs et sculptures de jeunes artistes contemporains. Toute l'année, il y fait 14° C. Possibilité de visite, mais seulement en groupe (15 personnes minimum). Renseignements : ☎ 01-46-38-11-66. Fax : 01-46-38-89-57.

BALADE INDUSTRIELLE, OUVRIÈRE ET NOSTALGIQUE

Descendre la rue du Docteur-Lombard pour découvrir le portail monumental de l'ancienne *usine Gévelot,* ultime vestige de ce que fut la « Société fran-çaise de munitions de chasse, de tir et de guerre ». Ce fleuron de l'industrie isséenne naquit d'abord à Paris. En 1825, son proprio, J.-M. Gévelot, démé-nagea son usine à Issy, car à Paname ses voisins commençaient à flipper dur. Dans la plaine d'Issy, c'était à l'époque quasiment désert. Au début, en effet, on y fabrique des amorces de poudre fulminante pour fusils (très explo-sive). Sous l'impulsion de Jules Gévelot, grand capitaine d'industrie, l'usine connaît une expansion très importante tout le long du XIXe siècle. Dans les années 1930, elle emploie jusqu'à 3 000 personnes sur plus de 7 ha. Le paradoxe est que, malgré les risques permanents d'explosion, il n'y eut qu'une seule catastrophe en plus d'un siècle et demi : 17 morts, le 14 juin 1901. À partir des années 50, l'activité de l'usine diminua fortement, ainsi que les effectifs. En 1969, elle emploie pourtant encore 1 000 personnes. Grave incendie en 1973 et difficultés économiques amènent de nouvelles fermetures d'ateliers. L'usine se suicide avec sa dernière balle en 1992. *Exit* la plus vieille entreprise d'Issy qui, occupant tout le terrain entre Seine et chemin de fer, était cependant devenue, à la longue, un obstacle au développement de la ville. Reste ce portail imposant, témoin orgueilleux, à l'époque, de la réussite de l'entreprise...

Place J.-Gévelot s'élève la charmante et désuète **gare des Moulineaux,** construite en 1889, à l'occasion de l'Expo universelle. Bel appareillage de pierre et de brique.

Allons à la recherche, maintenant, des dernières rues ouvrières et populaires ayant échappé au maelström immobilier qui a frappé la ville. D'ailleurs, sur le plan, on a repéré une insolite rue des Travailleurs à laquelle semble répondre une allée de la Fraternité ! L'***allée de Cîteaux*** *(plan C3)* présente une intéressante homogénéité architecturale (malgré une vilaine pustule postérieure). En cette fin de XIXᵉ siècle, plutôt que des rangées uniformes de maisons, les architectes construisant pour les couches populaires leur préfèrent les petits lotissements de trois à cinq maisons. Ainsi le 18-20, allée de Cîteaux, et le 15, allée Fontaine. En revanche, peu d'exemples significatifs d'architecture sociale. Citons cependant les « Maisons saines » au 13, **rue Anatole-France** *(plan C2),* habitat populaire à la construction soignée. Enfin, dans les immeubles de rapport, notons celui des Colonnes, à l'angle de Auguste-Gervais et de Victor-Cresson *(plan C2).* Œuvre de Jacques Delaire et Jacques Sages (1932), il présente une intéressante et harmonieuse façade, avec trois bow-windows en angle, séparés par des colonnes.

★ **Les ateliers Artsenal** *(plan B3, 24)* **:** 247, quai de Stalingrad. ☎ 01-40-95-03-35. Fax : 01-46-45-56-25. Prendre absolument ce quai, pour l'ultime cliché blafard (les jours de pluie) de l'architecture industrielle isséenne. Là s'étend l'ancienne usine d'où sortaient les fameux chars AMX (abréviation des « Ateliers des Moulineaux »). Un immense hangar de 5 000 m² construit par les ateliers de Eiffel et destiné à la démolition a été loué en 1992 à des artistes coréens par le ministère de la Défense. Immense bâtiment de 5 000 m² d'un seul tenant, sur 12 m de haut, aménagé aujourd'hui en une cinquantaine d'ateliers. Lieu étonnant ! On peut encore voir l'énorme pont roulant qui servait pour l'assemblage des pièces de char. Décidément, l'art se réfugie toujours dans les endroits où on l'attend le moins ! Jadis le Bateau-Lavoir et la Ruche, aujourd'hui des entrepôts frigorifiques ou des bâtiments militaires... Bref, dans tous les interstices sauvages du marché immobilier.

L'hiver, c'est inchauffable, mais Coréens, Roumains, Français, Américains, Canadiens, Russes, Mexicains, Hongrois, etc., qui composent l'association ont redonné vie à cet endroit d'où partaient des engins de mort. Ils en ont fait, en toutes saisons, un extraordinaire lieu de création. Opérations portes ouvertes pendant l'année, mais rien n'empêche, discrètement, d'aller y faire une petite visite en passant. *Because* gros projets d'urbanisme et immobiliers, l'existence d'Artsenal n'est guère garantie dit-on, plus de deux, trois ans... À ne pas rater, donc !

En face, au 224, un truc curieux qui en principe ne se visite pas, mais il arrive que leur portail soit ouvert. C'est le « Groupement Conservation de véhicules militaires ». On peut apercevoir des half-tracks, engins amphibies, GMC, chars Sherman (dont le célèbre Champaubert). Guerriers et artistes face à face, drôle de quai !

L'ÎLE SAINT-GERMAIN

Accès par le pont d'Issy, la passerelle devant la TIRU et le pont de Billancourt. À l'extrême pointe aval, les ouvriers à la retraite plantent des légumes et des fleurs de saison sur des parcelles agrémentées d'un modeste cabanon. Enclave oubliée du monde. Aux beaux jours, rues du Bas-Meudon et Pierre-Poli, les anciens disposent leurs chaises sur le pas de la porte pour discuter.

L'île Saint-Germain, arrière-poste de l'usine Renault située sur l'île Seguin, a longtemps accueilli des vagues successives d'immigrants, arméniens, ibériques puis maghrébins. Tous les styles de demeures, de la très modeste bicoque aux « Sam suffit » traditionnels, en passant par les villas bourgeoises, modernes ou sophistiquées et un foyer pour travailleurs migrants. Aujourd'hui, elle doit aussi intégrer de nouveaux venus, cols blancs, yuppies, gens de médias et showbiz de préférence. Pour eux, dix hectares de vallons, en amont, ont effacé casernes et quais de chargement, édifiés par l'armée française en 1870. Promenade dominicale dans un jardin bien ordonné, entre halle du XIXe siècle et *Tour aux Figures* de Dubuffet. Pour eux encore, appartements de standing autour du pont de Billancourt et architecture moderniste de Jean Nouvel. Et pour unifier ce *melting-pot* de populations, de styles et d'activités, rien de mieux qu'une belle balade bucolique sur les berges récemment aménagées, ponctuées de tables d'orientation réalisées par Annie Goetzinger, dessinatrice de BD installée depuis peu sur l'île. Et pour les photographes, le plus insolite des clichés avec les péniches et les maisons-barges (dont certaines bien déglinguées), se balançant sur ce petit bras paresseux de la Seine, sur fond de verdure sauvage, d'autopont et d'usines condamnées.

Proue de l'île, la **Tour aux Figures** (plan B2, 25) de Jean Dubuffet. Première commande publique de l'artiste, inaugurée en 1988, en présence du président de la République. Elle mesure 24 m de haut sur 12 m de large, et sa réalisation nécessita dix tonnes de résines et 25 tonnes d'armatures métalliques. Repère urbain particulièrement original. Une sorte de peinture monumentée! Aucune ouverture et larges escaliers intérieurs. Univers totalement asymétrique, marches, plafonds et murs, tout est de guingois. Possibilité de visiter (téléphoner à l'office du tourisme).

Surprenant, insolite, le bateau ventru, « type Mississippi », construit par Jean Nouvel pour l'agence publicitaire CLM-BBDO. Entouré d'eau, il présente même des traces de (fausse) rouille à l'extérieur. L'édifice s'organise sur trois niveaux autour d'un vaste atrium. Aux beaux jours, le toit peut être enlevé rapidement et remis tout aussi vite (métaphore de l'huître, dit-on!).

Marchés

– **Marché Gambetta** (plan D4) : rue Vaudétard. Les mardi, vendredi et dimanche matin.
– **Marché République** (plan C2) : place de la Mairie. Les mercredi et vendredi après-midi (rare un marché l'après-midi et en plus pas cher du tout!)
– **Halle des Épinettes** (plan B3) : angle Tolstoï et rue de l'Égalité. Les jeudi et samedi matin.
– **Marché Sainte-Lucie** (plan A3) : allée Sainte-Lucie (et rue du Docteur-Lombard). Les mercredi et samedi matin.

Où boire un verre ? Où sortir ?

|●| ⍩ *Les Colonnes* (plan C2, 30) : 65, rue du Général-Leclerc. ☎ 01-46-42-25-33. Lauréat de la coupe du meilleur pot 1997. Vaste choix de touraine, sancerre, bordeaux, brouilly, morgon, et on y trouve les bons gaillac de chez Plageoles, c'est toujours bon signe ! Possibilité de se restaurer le midi d'une bonne cuisine de marché, mais c'est bruyant et un peu l'usine.

– *Le Palais des Arts et des Congrès d'Issy* (plan C3, 31) : 25, av. Victor-Cresson. ☎ 01-46-45-60-90 et 01-46-42-70-91 (pour les spectacles). Amphithéâtre de près de 1 000 places, nombreuses salles

à louer, halls d'exposition, etc. Un lieu culturel remarquablement conçu.

– *Ciné d'Issy* (plan C2, 32) : 11-13, rue Danton. ☎ 01-46-62-97-05. Dans l'auditorium du conservatoire Niedermeyer. Films traditionnels, programmation art et essai, rencontres avec les réalisateurs. Près de 50 000 entrées par an, ce qui se place dans les premiers en Île-de-France.

– *La Ludothèque* (plan D3) : 18, rue de l'Abbé-Derry. ☎ 01-45-29-23-01. Tout le monde y possède son espace, bébés, enfants et ados. Important choix de jeux et animations.

Manifestations et fêtes

– *Festival des Globe-Trotters :* en novembre, pendant deux jours, le rendo fraternel annuel des routards de 8 à 88 ans. Organisé par l'Association Bout du Monde (ABM). ☎ 01-43-35-08-95. Conférences sur des voyages et pays insolites, stands par destinations, bons plans, bons conseils, expos photos, diaporamas, etc. La fête du voyage !

– *Carnaval et semaines de l'Humour :* début avril.

– *Fêtes de l'Été :* dans la 2e quinzaine de juin. Défilé de rue, brocantes, fête foraine sur l'île Saint-Germain.

VANVES (92170)   26 000 habitants

Dans la salle des Fêtes de l'hôtel de ville, une belle fresque murale représente Vanves à la fin du XIXe siècle. Une fermière récolte des cerises dans un grand verger en pente, aidée de ses deux enfants. Au loin, on aperçoit Paris, et sa mer de toits hérissée de clochers, de dômes et de tours. Tout l'esprit de Vanves semble résumé dans cette scène bucolique : la douceur de vivre et le calme de la campagne, aux portes d'une capitale bourdonnante d'activité. Aujourd'hui, c'est un peu comme autrefois. Le tout petit oiseau vanvéen vit comme s'il était posé *at vitam æternam* sur la carapace du gros pachyderme parisien. En fait, l'oiseau ne risque pas grand-chose. C'est une allégorie. Bien sûr, les immeubles et les ensembles en béton ont surgi de terre (et pas toujours d'une façon heureuse), mais les quartiers pavillonnaires prédominent largement, donnant un ton général de tranquillité à la ville. Malgré l'urbanisation, la convivialité reste de mise. Voilà une commune de banlieue à taille humaine, où les gens se connaissent encore d'un trottoir à l'autre.

Des entreprises parisiennes y sont implantées, comme France 3 Région et Hachette Livre (l'éditeur du *Guide du Routard* y possède une partie de ses bureaux). Un grand morceau du parc des Expositions se trouve à Vanves.

Un peu d'histoire

Citée en 998 sur une charte de Robert le Pieux, Vanves fut longtemps (en partie) propriété de la puissante abbaye parisienne de Sainte-Geneviève. Jusqu'à la Révolution, ce n'était qu'un village de campagne avec des fermes et des champs. Les paysans vivaient d'agriculture, de blé, de produits maraî-chers, d'élevage laitier. Le beurre, les vignes et les sources d'eau pure de Vanves étaient réputées. Un tel endroit, si vert et si tranquille, aux portes de la capitale, ne pouvait qu'attirer les Parisiens. Le peintre François Clouet et le roi François Ier aimaient y résider. Au XVIIIe siècle, les princes de Condé, seigneurs de Vanves, venaient se mettre au vert dans leur « maison des champs », un beau château de style Mansart, aujourd'hui lycée Michelet (*cf.,* plus bas, « À voir »). Au XIXe siècle, les blanchisseries prospèrent en raison de la pureté et de l'abondance des sources.

Avec le Second Empire, le village commence à se transformer en ville de banlieue. En 1883, Malakoff (jusque-là rattachée à Vanves) devient une commune distincte, ce qui réduit de moitié l'étendue de la commune. Les derniers arpents de vigne disparaissent au début du XXe siècle (tout se perd !) et le Plateau s'urbanise. Aujourd'hui, avec 155 ha, Vanves forme la plus petite commune (par sa surface) du département des Hauts-de-Seine.

Quatre quartiers distincts

La ville se divise en quatre quartiers différents : au nord, proche de Paris, le **quartier du Plateau** (moderne, avec des commerces et quelques ensembles en béton), le **quartier Marceau** (autour du lycée Michelet), le quartier du **Bas de Vanves** (secteur ancien, autour de l'église et de la place de la République), et enfin, le quartier des **Hauts de Vanves** (et non « Vanves »), ensemble de pavillons répartis autour du parc Frédéric-Pic. Ce dernier secteur rappelle assez une petite ville de province de la France profonde.

LES HAUTS-DE-SEINE

Comment y aller ?

– **En voiture :** du périphérique, sortie porte de Brancion (et non porte de Vanves). Si vous venez de Paris, par les boulevards intérieurs, accès par la porte de Vanves.
– **En bus :** lignes 89 (de la gare d'Austerlitz) et 58 (du Châtelet). Le terminus de ces deux lignes se trouve au niveau du lycée Michelet. La ligne 126 ne vient pas de Paris.
– **En train :** ligne au départ de Paris-Montparnasse à destination de Versailles. Arrêt à la gare de Vanves-Malakoff (qui est commune aux deux villes).
– **Le tramway du Val de Seine :** de La Défense à Vanves via Suresnes, Saint-Cloud et Issy-les-Moulineaux.

Adresse utile

■ **Mairie :** 23, rue Mary-Besseyre. ☎ 01-41-33-92-00. Service communication : poste 92-43.

Où manger ?

Bon marché

|●| ▼ Aux Sportifs : 51, rue Sadi-Carnot. ☎ 01-46-42-12-63. Bistrot-resto populaire, fréquenté par les employés et les ouvriers, dans un quartier calme, près du cimetière municipal. Le décor est banal mais la gentille dame fait de la cuisine traditionnelle, simple et bonne. Menus à 58 et 62 F (entrée, plat, dessert).

Prix moyens

|●| Au Petit Vanves : 34, av. Victor-Hugo. ☎ 01-46-42-13-46. Fermé le samedi midi et le dimanche. Restaurant de cuisine traditionnelle, soignée et bien présentée. Les plats du jour sont écrits à la craie sur un tableau. Le midi, plusieurs formules de 65 à 110 F. Le soir, une seule formule (celle à 110 F, avec entrée, plat et dessert). Bon accueil enjoué. Cadre frais et jeune. Plus animé le soir (à partir de 21 h) à cause de la clientèle de 30-40 ans habitant le quartier.

À voir

★ **L'église Saint-Rémy :** 17, place de la République. En calcaire et pierre de taille, elle symbolise le cœur historique de la ville. Le portail date en partie du XVe siècle, les vitraux et le clocher sont du XIXe siècle.

★ **La rue Gaudray :** c'est la rue la plus ancienne de Vanves, qui relie la rue de l'Église à celle de la Vieille-Forge. Au n° 4, *L'Échoppe de l'Encadreur* abrite un atelier d'encadrement devenu une jolie boutique-galerie où l'on vend, notamment, des objets d'art.

★ **Le parc Frédéric-Pic :** rues Larmeroux, Falret et Jean-Baptiste-Potin. 20 ha de verdure et de fraîcheur en plein cœur de la ville, c'est là que les Vanvéens viennent prendre l'air. En 1933, le maire de Vanves, Frédéric Pic, acheta ce terrain, qui fut propriété de la duchesse de Mortemart au XVIIIe siècle. Une île artificielle est créée, des arbres rares sont plantés. On y voit aujourd'hui encore les restes d'une chapelle du XVIIIe siècle, la cabane du gardien, petit pavillon blanc et vert, et surtout le pavillon de la Tourelle (brique et pierre claire) du XIXe siècle. Celui-ci abrite un restaurant haut de gamme (beaucoup trop cher) qui sert à des réceptions et des banquets.

★ **Le Parc municipal des Sports André-Roche :** accès par la rue du Docteur-Arnaud. Dans la partie sud de Vanves. C'est sur cette piste que s'entraîna naguère *Marie-Jo Pérec,* championne archi-médaillée en course, aux Jeux Olympiques d'Atlanta (1997). Marie-Jo habitait encore à Vanves avant de devenir une star du sport et des médias.

★ **Le lycée Michelet :** sa façade, visible de la rue Jullien, date de 1704. Une merveille ! De l'extérieur, elle évoque plus l'un de ces grands hôtels particuliers du quartier du Marais (à Paris) qu'un simple lycée d'enseignement secondaire. Au XVIIIe siècle, c'était un château. Il fut construit par le seigneur de Vanves, dont le beau-père n'était autre que le célèbre architecte Mansart ! Rien d'étonnant, donc, à ce que cette façade soit du plus pur style Mansart.

Puis le château fut racheté par les princes de Condé et transformé en Bien national à la Révolution. Dans ce lycée ont étudié des personnalités aussi variées que le président de la République Alexandre Millerand, le philosophe Alain, les académiciens Maurice Druon et René Huygues, ainsi que le comédien Francis Blanche. Leur séjour au lycée leur a été bénéfique, semble-t-il. À l'arrière s'étend un superbe parc (réservé aux élèves).

★ *L'église orthodoxe de la Sainte-Trinité :* 16, rue Michel-Ange. ☎ 01-47-36-05-12. Un panneau l'indique. Cernée par de hauts immeubles en béton, la petite église orthodoxe russe, coiffée de son bulbe doré, a quelque chose d'irréel dans ce paysage de banlieue. C'est comme si Tolstoï et Dostoïevski faisaient du stop au bord du périph'! Inaugurée en 1993, dédiée « aux saints, aux nouveaux martyrs et aux confesseurs de Russie », c'est en fait une grosse chapelle, attenante à un pavillon. Si elle est fermée, on peut jeter un coup d'œil à travers le carreau de la petite porte à droite de la porte principale. On voit une partie de l'intérieur avec l'iconostase, les icônes et les chandeliers. Russie éternelle !

★ *Un joli pavillon :* à 2 mn de la gare S.N.C.F., au 21, rue René-Coche, à l'angle de l'allée du Progrès, se tient une charmante maison de banlieue, de style – disons – « Indochine française », que l'on verrait bien sur les bords du lac de l'Épée à Hanoi (Vietnam) ou même à Phnom Penh. Murs en pierre claire, portes peintes en vert, céramiques colorées, haute et étroite verrière d'escalier, et des faîtages en tuiles tarabiscotées comme la carapace d'un dragon chinois. Dépaysant.

Où sortir ?

– *Théâtre-cinéma municipal Le Vanves :* 12, rue Sadi-Carnot. ☎ 01-46-45-46-47. Répondeur vocal pour les films : ☎ 08-36-68-03-62. On peut y voir 2 ou 3 films différents chaque semaine, ainsi que des pièces de théâtre, spectacles de danse, soirées musicales, expositions. L'endroit qui bouge le plus à la nuit tombée.

Fêtes et manifestations

– Le service culturel de la Ville organise la *fête de la Musique*, le *Printemps musical de Vanves*, *Jazz à Vanves*, la *Journée du Patrimoine*...
– *La braderie des Cent :* cette manifestation a la particularité d'être organisée chaque année par les volontaires d'une association de personnes pesant plus de 100 kilos. D'où son nom. Il ne s'agit pas d'une fête pour gros mangeurs, mais simplement d'un vide-grenier amusant. Tout se déroule dans une ambiance familiale et bon enfant. Dates et renseignements à la mairie de Vanves.

MALAKOFF (92240)   31 000 habitants

Par fidélité à un idéal politique (à gauche depuis 1925), cette ville de 207 ha a toujours refusé de spéculer afin de préserver sa dimension humaine. Résultat : les grands immeubles de plus de 10 étages et les tours se comptent sur les doigts de la main. Urbanisée à partir de la moitié du XIXe siècle, Malakoff porte un habit de ville sur un esprit villageois. Des ribambelles de pavillons en pierre meulière, des petites maisons d'ouvriers, serrées le long de rues étroites, des passages biscornus envahis par les arbres et les fleurs, des impasses secrètes fermées aux voitures. Passé le périph', on est bel et bien dans un autre monde. Première constatation : les trottoirs de Malakoff sont plus propres que ceux de la capitale.

Pas de violence ici, comme dans les cités à problèmes. Pas de racket à la sortie des lycées. Pas de fast-food non plus, mais des bistrots populaires et une ambiance à la fois citadine et provinciale. Pas de commissariat, mais une garde urbaine non armée pratiquant l'îlotage. Et surtout pas de liste FN aux élections municipales.

Sur le plan économique, Malakoff vit moins aux dépens de Paris que Vanves, sa voisine, en raison des nombreuses sociétés qui y sont installées : parmi celles-ci, Matra et Thomson-Syseca. S'y trouvent aussi Radio France Internationale, la fac de Droit de Paris V et l'INSEE, ces deux dernières étant côte à côte près du boulevard périphérique.

Des artistes à Malakoff

Travaillant à l'octroi de la porte de Vanves à la fin du XIXe siècle, le Douanier Rousseau a peint un Malakoff champêtre et campagnard, qui semblait inchangé depuis des siècles. Aujourd'hui y habitent des artistes comme Boltanski, Wilhem et Sylvie Fennec, attirés de nouveau par ce calme provincial aux portes de Paris. Cette banlieue de la première couronne a inspiré aussi Michel Braudeau, journaliste au *Monde*. Dans son roman *Loin des forêts* (Gallimard), il raconte la vie de Louis, un peintre de Malakoff, plongé dans la lecture des faits divers. Pour lui, le monde perd de son sens, à mesure que l'on s'éloigne des forêts. Dans la BD *Lucien se met au vert,* de Margerin et Franck, on voit Lucien, le truculent héros à moto, s'efforçant d'oublier Malakoff et ses problèmes.

L'univers provincial et pavillonnaire de la ville a servi d'arrière-plan à de nombreux films de pub et de fiction : *La Totale* de Claude Zidi avec Miou Miou et Thierry Lhermitte, *Redfox* avec Jane Birkin, *L'Homme de la Loi* avec André Dussolier, et le feuilleton *Julie Lescault,* pour ne citer que ceux-là.

Un peu d'histoire

Malakoff est l'une des plus jeunes communes de France car pendant 885 ans (de 998 à 1883) ce n'était qu'une dépendance de Vanves, sa voisine. Au Moyen Âge, il n'y avait là que des prés, des vergers et des vignes, appartenant au territoire de la couronne. Ce paysage champêtre restera le même jusqu'à la moitié du XIXe siècle. À peine 20 maisons à Malakoff en 1840 !

La ville se développe vraiment à partir de 1845, sous l'impulsion d'Alexandre Chauvelot, un ancien rôtisseur parisien reconverti dans la promotion immobilière. Dans la capitale, il crée notamment le quartier des Abattoirs (site de l'actuel parc Georges-Brassens dans le 15e arrondissement). De l'autre côté des fortifications, il achète des hectares de terre qu'il nomme « Nouvelle Californie ». Chauvelot n'y trouve pas d'or mais il y fait son beurre, comme on dit. Spéculateur mais philanthrope, il a aussi des idées sociales. Son but : permettre aux gens simples (ouvriers, employés) de devenir propriétaires. Non seulement Chauvelot construit des pavillons mais chaque matin il distribue 500 soupes aux plus pauvres (déjà les restos du cœur !).

En hommage aux soldats français tombés durant la guerre de Crimée, il fait ériger en 1855 la tour de Malakoff (50 m, 10 étages), réplique de la tour de Malakoff qui défendait le champ de bataille de Sébastopol. Comme elle servait de point de mire à l'artillerie prussienne assiégeant Paris en 1870, la tour est rasée. Elle disparaît en laissant son nom à ce morceau de terre de 207 ha : Malakoff !

Depuis 1925, année où les partis socialiste et communiste remportèrent les élections municipales, la commune a toujours été dirigée par l'union de la gauche. Une continuité et une stabilité rares dans la géopolitique française.

Comment y aller ?

– **En voiture :** de Paris (14e et 15e arrondissements), sortie porte de Châtillon ou porte de Vanves.
– **En bus :** 7 lignes de bus. Nos 126 (Porte-d'Orléans – Porte-de-Saint-Cloud), 189 (Issy-les-Moulineaux – Clamart), 191 (Porte-de-Vanves – Clamart), 194 (Porte-d'Orléans – Butte-Rouge), 195 (Porte-d'Orléans – Châtenay-Malabry), 323 (Mairie-d'Ivry – Mairie-d'Issy) et 58.
– **En métro :** ligne n° 13 Asnières-Saint-Denis – Châtillon-Montrouge. Il existe deux stations : descendre à la station Malakoff-Plateau-de-Vanves, bd du Chemin-de-Fer, pour la partie nord de la ville, et à la station Malakoff-Étienne-Dolet, rue Guy-Môquet, pour aller dans la partie centrale et sud.
– **En train :** la gare S.N.C.F. de Vanves-Malakoff est commune aux deux villes, Vanves et Malakoff. Située rue Arblade, elle est desservie par la ligne Paris-Montparnasse – Versailles-Rive-Gauche.

Adresse utile

■ **Mairie de Malakoff :** place du 11-Novembre. ☎ 01-47-46-75-00. Demander le service Communication. E-mail : malakoff/infos@minitel.net.

LES HAUTS-DE-SEINE

Où dormir ?

Très bon marché

▲ **Select Hôtel :** 14, rue François-Coppée. ☎ 01-42-53-52-55. M. : Châtillon-Montrouge. À 800 m au sud de la porte de Châtillon. En venant de Paris par l'avenue P.-Brossolette, c'est la première rue à droite après le bâtiment de Thomson CSF. Chambres de 135 F (sans douche) à 165 F (avec douche). Seulement 2 chambres avec douche (au rez-de-chaussée). Petit hôtel de quartier, sans prétention, sans charme, sans décoration, mais propre. Des travailleurs à petits budgets y logent à la semaine ou au mois. Demander de préférence une chambre sur l'arrière et dans les étages (plus claires, et avec vue sur la belle Maison des Arts).

Prix moyens

▲ **Musset Hôtel :** 10, rue Alfred-de-Musset (angle rue du 12-Février-1934). ☎ 01-46-55-46-77. Fax : 01-46-55-88-81. Dans une rue très calme la nuit, un petit hôtel de trois étages, entièrement rénové. Chambres petites mais impeccables et confortables (bons matelas), de 170 F (cabinet de toilette) à 240 F (douche, w.-c. et TV). Demander la n° 27, plus claire grâce à ses deux fenêtres d'angle. Sert le petit déjeuner.
▲ **Hôtel du Parc :** 14, rue Laforest. ☎ 01-42-53-16-16. Fax : 01-42-53-16-16. À 5 mn à pied de la station de métro Plateau-de-Vanves, un hôtel 2 étoiles (parfaitement rénové) dans une rue bien calme. En face il y a un square et des arbres, c'est fort sympathique en été. Trois étages seulement mais des chambres impeccables, équipées de bains, w.-c. et télévision, à 350 F la nuit (petit déjeuner - buffet compris). Demander les nos 32 ou 34, au 3e étage : ce sont les plus claires. Bon accueil. Très pratique pour ceux qui se rendent aux nombreux salons annuels du parc des Expos de la porte de Versailles, sans vouloir dormir à Paris.

Où manger ?

DANS LE NORD DE LA VILLE

Prix moyens

|●| ▼ *Le Fleuri :* 25 *bis,* rue de la Tour. ☎ 01-42-53-52-18. Ouvert le midi seulement. Un bistrot de quartier avec un grand zinc à l'ancienne, un vieux piano et un accordéon dans un coin. La cuisine à la mode lyonnaise fait preuve d'une certaine recherche en légèreté, et mérite un détour le midi (attention, c'est fermé le soir). Accueil diligent et serveuses sympathiques. Y venir vers 12 h 30, il y a moins de monde. On peut manger pour 60 F environ. Sinon, à la carte, compter 120 F par personne pour un repas complet (vin et dessert compris).

|●| *Paul et Ophélie :* 157, bd Gabriel-Péri (à 500 m environ de la porte de Châtillon). ☎ 01-42-53-33-35. Fermé le samedi midi et le dimanche. Une façade de vieille auberge basse, qui fait un peu anglaise. L'intérieur est petit mais chaleureux avec des poutres, quelques tables. Une simplicité bien arrangée ; on s'y sent bien, surtout le soir. Sur la carte, les silhouettes de Paul et Ophélie, les enfants du patron, et un bel éventail de plats. Cuisine réussie, fraîche et variée, qui change souvent. Exemple : morue fraîche à l'aïoli, garbure basquaise, tête de veau. Beau rapport qualité-prix : menus à 80 et 130 F (plus cher à la carte). Gratuité pour les enfants (c'est tellement rare !).

|●| *Kumano :* 44, av. Pierre-Larousse (angle avec la rue Raymond-Fassin). Ouvert midi et soir. Fermé le samedi midi et le dimanche. Un restaurant japonais qui concocte une bonne petite cuisine. Menus à base de brochettes grillées au charbon de bois (à partir de 69 F). Joli choix de *sushi* (saumon, poulpe, seiche...), de *sashimi* (tranches de poisson cru), et de *maki* (rouleaux de riz farci). En cas de bon appétit, compter environ 100 F le repas.

DANS LE SUD DE LA VILLE

|●| *Le Buron :* 78, bd du Colonel-Fabien. ☎ 01-41-08-93-53. Fermé le dimanche et le lundi soir. Restaurant de cuisine auvergnate, à la limite de Malakoff et de Clamart. Tripoux, aligot (sur commande), truffade, pierrade et buronnade (plat savoyard). Préférer la salle du fond avec la grande fresque représentant une énorme tête de vache sur fond de monts auvergnats. Fréquenté le midi par les techniciens et les commerciaux des entreprises du coin (Matra, Otis...). Autour de 80 F le plat. Menu à 130 F. Salades en été. Plutôt pour un soir d'hiver qu'un jour de canicule. Les tripoux sont bons, mais pas assez copieux. Quelques vins auvergnats.

Plus chic

|●| *La Medina :* 56, bd du Colonel-Fabien. ☎ 01-46-45-94-57. Restaurant qui sert une bonne cuisine du Maghreb (couscous, *tajines*) dans une salle décorée à l'orientale, avec une petite fontaine qui glougloute. Accueil aimable. Compter autour de 100 F pour un repas.

À voir. À faire

★ *« Léon », le bec de gaz :* il se trouve dans un passage appelé le sentier du Tir. De l'hôtel de ville, suivre la rue Victor-Hugo, puis la rue E.-Renan, et la 1re venelle à droite (accessible seulement aux piétons). Non, ce n'est pas une blague, il s'appelle bien *Léon,* et c'est le seul lampadaire à gaz en état de marche (nuit et jour) de toute l'Île-de-France. Il y en a un autre à Sarlat en Dordogne, mais c'est loin de Malakoff. Le sentier du Tir compte cinq lampadaires à l'ancienne. Les quatre premiers marchent à l'électricité, alors que Léon, lui, marche au gaz. C'est le 5e dans la rangée, adossé au mur de brique d'un pavillon ancien, qui fait très style « dragon chinois » (assez joli jardin). Les Malakoffiots sont si attachés à ce bec à gaz qu'une association *(Les amis de Léon)* en assure l'entretien et la sauvegarde à longueur d'année. Tous les matins une personne vigilante passe vérifier s'il se porte bien. Parfois quelqu'un l'habille d'une guirlande de Noël. Léon ! Une petite flamme certes, mais qui va droit au cœur des Malakoffiots !

★ *La Maison des Arts :* 105, av. du 12-Février-1934. ☎ 01-47-35-96-94. À 800 m au sud de la porte de Châtillon, sur le côté droit de l'avenue P.-Brossolette, en venant de Paris. Ouvert de 14 h à 19 h du mercredi au samedi, et de 14 h à 17 h le dimanche. Entrée gratuite. Au XVIIIe siècle, il n'y avait là que des bosquets, servant de remise au gibier des chasses royales. Louis XV vint y chasser. La maison fut construite sous le Directoire et elle porte bien le style de cette époque. Dans les années 60, André Malraux, ministre de la Culture, remarqua par hasard cette belle demeure oubliée alors qu'il se rendait chez Louise de Vilmorin, dans la vallée de Chevreuse. Il la sauva de la décrépitude. Aujourd'hui, la mairie de Malakoff l'a transformée en centre d'exposition d'art contemporain.

★ *La distillerie Clacquesin :* 18, av. du Maréchal-Leclerc. Ancienne usine (1920) spécialisée aujourd'hui dans la mise en bouteilles. C'est l'un des vestiges de l'architecture industrielle du début du siècle. L'endroit a servi de lieu de tournage en 1997 au film *Le Clone* avec les acteurs Élie et Dieudonné.

PETITE BALADE A PIED

Au sud de la commune, aux confins de Clamart et d'Issy-les-Moulineaux, le **quartier du Clos Montholon** est sans doute resté le secteur le plus campagnard et le plus dépaysant de Malakoff. Sur cette petite colline dominant la ligne S.N.C.F. Paris-Brest, on découvre une ribambelle de pavillons de banlieue, de tous les âges, de tous les styles. Cela va du pavillon en bois avec des volets marqués du Z de Zorro à la jolie maison en pierre meulière aux lucarnes tarabiscotées, en passant par de modestes habitations ouvrières. Très souvent, d'adorables petits jardins se cachent derrière. Il y a aussi le style « attention chien méchant », mais heureusement il reste très discret. Ici, un palmier jaillit d'une haie. Là, un chemin d'herbes folles conduit à un cabanon. En contrebas du coteau apparaît une petite centrale électrique en brique rouge, construite en 1934, deux ans avant le Front Populaire.

Pour découvrir ce paisible et charmant quartier, loin du tohu-bohu de la capitale, il faut laisser sa voiture sur le boulevard du Colonel-Fabien. Prendre (à pied) la rue des Garmants, puis la rue Carnot (3e à droite en montant), puis suivre le sentier des Garmants (indiqué) et le sentier des Bas-Garmants. Celui-ci remonte la colline, aboutissant à la rue Georges-Henri, puis de nouveau à la rue des Garmants (le point de départ). Une chouette balade à faire au printemps, sans se presser (une vingtaine de minutes).

Où boire un verre ?

|●| ▼ *Le Timbre-Poste :* 1, rue Rouget-de-l'Isle ; angle de la rue Ernest-Renan. À 200 m de la porte de Vanves. ☎ 01-46-56-79-69. Ouvert tous les jours jusqu'à 2 h du matin. Un pub-resto, dans le pur style *Irish American*, fréquenté essentiellement par les étudiants de la fac de Droit

et les fonctionnaires de l'INSEE voisin. Impossible de le louper. Les panneaux publicitaires de collection et les vieilles enseignes envahissent les murs à l'extérieur comme à l'intérieur. C'est un joyeux endroit, animé et insolite, et il y a un bon choix de bières. Sert aussi à manger : menu à 55 F le midi (60 F le soir), sinon à la carte (autour de 100 F le repas).

☂ *Le Bar du Midi :* place Depinoy, angle rue de la Vallée et rue Chauvelot. Un petit bistrot anachronique comme il devait y en avoir plein à-

l'époque d'Arletty et de Gabin. Une façade rose, un comptoir des années 30, une horloge, et à peine de quoi s'asseoir. Il n'y a que cela. C'est hors du temps, mais c'est beau. Longtemps tenu par une ancienne « petite main » de chez Chanel, ce rade désuet et charmant apparaît dans quelques scènes du film *La Vie de Bohême* d'Aki Kaurismaki (1992).

☂ *Le Victor Hugo Bar :* 42, rue Victor-Hugo. ☎ 01-42-52-46-74. Un petit bar populaire où il y a toujours des joueurs de cartes réunis dans un coin du comptoir.

Où sortir ?

– ***Théâtre 71 :*** 3, place du 11-Novembre, à côté de l'hôtel de ville. ☎ 01-46-55-43-45. Un théâtre d'envergure nationale. Une grande partie

de la programmation est consacrée au théâtre mais on peut assister aussi à des spectacles de danse, d'opéra et de variétés.

Fêtes et manifestations

– ***Foire au Troc et Brocante :*** chaque année au printemps et à l'automne, sur la place du 11-Novembre (mairie). Dates et infos à la mairie.
– ***Festival de Jonglage :*** manifestation de jongleurs, en juin, à l'intérieur et devant le Théâtre 71.

MONTROUGE (92120)   38 000 habitants

Longtemps banlieue résidentielle et industrielle tout à la fois. Cohabitaient sans trop de heurts, à deux pas de la porte d'Orléans, grosse imprimerie comme Draeger et quartiers pavillonnaires paisibles. Aujourd'hui, Draeger a disparu, mais la Schlumberger est toujours là. Cependant, la tendance va vers une transformation inéluctable de Montrouge en une ville hyper résidentielle, en bouleversement immobilier permanent. Certes, ça n'avait jamais été une ville prolo, mais il y régnait quand même une petite atmosphère populaire peinarde. Pas de monument ancien, on se contentera d'intéressants édifices des années 30. Une pensée émue pour l'ami Coluche qui fait rigoler les moineaux du cimetière de Montrouge et au camarade Doisneau, prince de la photo humaniste, qui y habitait.

Un peu d'histoire

On retrouve à peu près la même histoire que dans toute la banlieue sud : terres agricoles et à vigne au Moyen Âge, puis, au XVIIe siècle, terrain de chasse royal et lieu de résidence pour les aristocrates. Au début du XVIIIe siècle, 200 habitants. Le château du duc de la Vallière, construit en 1750, disparaît en 1879. Le territoire est divisé en deux Montrouge : le grand au sud et le petit qui colle à Paris. Première moitié du XIXe siècle, apparition de petites fabriques. L'essentiel de la population et des activités est concentré dans le petit Montrouge. Dans le grand, on trouve surtout des rentiers et des retraités. Les fortifs de 1840 accentuent cette division. Aussi, lorsque la ville se trouve amputée du Petit-Montrouge (annexé à Paris en 1860), sa population chute brutalement de 20 000 à 3 000 habitants, en perdant deux tiers de son territoire.

En 1875, la ville reprend cependant un peu de couleurs en récupérant des parcelles sur Gentilly, Arcueil, Bagneux, Châtillon.

La saga de Draeger

Montrouge a longtemps abrité Draeger, considérée, peut-être, comme la meilleure imprimerie française de ce siècle. Située à l'entrée de l'avenue Henri-Ginoux (ex-rue de Bagneux), elle employa jusqu'à 800 personnes. Fondée d'abord à Paris en 1887, puis transférée à Montrouge vers 1930. Réputée pour la remarquable qualité d'impression de ses livres d'art, surtout en héliogravure. C'est de Draeger que sortit le fameux *Dalí,* ainsi que les *Dîners de Gala,* très cotés sur le marché des livres anciens, sans parler des *Picasso, Chagall,* etc. Travaillait aussi beaucoup pour les marques prestigieuses (Bugatti, Hermès, les grands parfums, etc.) pour leurs pubs, catalogues. On y imprimait aussi des tickets d'avion, de PMU, du papier peint de luxe et des... billets de banque (francs CFA et billets étrangers). Les machines étaient entourées de barbelés et, chaque soir, on pesait, au milligramme près, billets et chutes de papier (le poids devait être le même que le matin). La boîte ferma en 1983.

Un rotativiste qui y avait passé près de 5 ans fit partie, en 1977, de la première vague de licenciements. En 1978, reconverti dans la correction d'imprimerie, fou de voyages, il entra naturellement aux fameux *Guides Bleus* et se mit à travailler sur une jeune collection de guides pleine d'avenir. Il sympathisa avec son fringuant patron, un nommé Gloaguen, breton et plein de fourmis dans les gambettes, comme lui. Aujourd'hui, l'ancien roto est devenu rédac' chef du *Routard.* Parfois, la banlieue porte bonheur !

Comment y aller ?

– *À pied :* depuis la porte d'Orléans !
– *En métro :* ligne Châtillon-Montrouge – Asnières-Gennevilliers.
– *En bus :* nos 68 (Montrouge – Cimetière-de-Bagneux), 128 (Porte-d'Orléans – Robinson), 126 (Porte-d'Orléans – Porte-de-Saint-Cloud), 323 (Ivry – Issy-les-Moulineaux) et les nos 187, 197 et 297 (Porte-d'Orléans vers la N20).

Adresse utile

■ *Mairie :* 43, av. de la République. ☎ 01-46-12-76-76.

Où manger ?

|●| *Le Chaudron :* 134, av. Marx-Dormoy. ☎ 01-42-53-55-14. Ouvert tous les jours midi et soir (samedi et dimanche soir sur commande). Bistrot franco-portugais sans apprêt, brut de forme, Formica et plantes vertes. Excellent accueil et cuisine servie généreusement. Plat du jour à la craie, entrée et plat à 47,50 F, formule à 62 F. Plats traditionnels (très beau tartare) et quelques spécialités portugaises, comme la délicieuse morue *a braz* ou grillée. Quart de rouge à 10 balles, 62 F le côtes-du-rhône. Que demander de plus ?

À voir

★ *La mairie :* construite en 1880 par l'architecte Lequeue, sur l'emplacement de l'ancien château de la Vallière. Bâtisse élégante, alliant harmonieusement pierre et brique. Dans la salle du Conseil municipal, qui servit de salle des Mariages auparavant, fresque allégorique représentant la justice et les joies du mariage. À gauche, derrière la mairie, vestige du fronton de pierre de Draeger, ultime témoignage du fleuron industriel de la ville (à l'entrée du passage du même nom).

★ *Le centre administratif :* rue de la République. En face de la mairie. Construit en 1934, lorsque l'hôtel de ville se révéla trop petit. Là aussi, alliance réussie de la pierre et de la brique rouge, mais dans ce style si typique des années 30 (volumes, décrochements, réminiscences Art déco). Notables surtout, la haute tour de 43 m et les beaux bas-reliefs décrivant la vie à Montrouge : le marché populaire, l'enseignement, l'automobile, l'aviation, etc.

PETITE BALADE ARCHITECTURALE

Autour de la mairie, quelques trucs à voir comme les 30-32, *av. Verdier,* immeubles de la fin du siècle dernier avec deux portes joliment ornées de fables de La Fontaine (*Le Lion et le Rat* et *Le Loup et la Cigogne*). Sous le toit, belle corniche sculptée. Dans la cage d'escalier, certains vitraux en reproduisent d'autres. Au 24, *rue Victor-Hugo,* demeure de Théophile Gautier. Quelques fines sculptures au-dessus des fenêtres. Au 98, *av. Henri-Ginoux,* l'ancienne fabrique de papier de fantaisie, spécialisée dans le papier marbré et décoré pour la reliure. Au 92, fenêtres ornées de jolies céramiques. En face, à l'angle de la rue d'Estienne-d'Orves, harmonieuse fusion meulière et brique. Derrière la piscine, au 39, *rue Gambetta,* délicat décor de corniche avec céramiques aussi. À côté, au n° 41, bel immeuble de rapport avec briques comme élément d'ornementation. Villa Leblanc, exemple typique de lotissement populaire collectif du début du siècle.

Fêtes et manifestations

– *Salon d'Art contemporain :* début mai, pendant trois semaines.
– *Fête des Carriers :* mi-juin.

BAGNEUX (92220)   37 000 habitants

> *Le vin de Bagneux, chers amis,*
> *Est un vin délectable*
> *Surtout quand le couvert est mis*
> *Il fait bien sur la table...*
> « Le Vieux Vin de Bagneux », chanson folklorique

Des vignobles pour la table des rois et des carrières pour les monuments de Paris : la vieille ville de Bagneux a usé sa jeunesse au service de la capitale. Les cités-dortoirs du XXe siècle ne dérogent pas à la règle. En cobaye de l'urbanisme moderne, Bagneux a expérimenté les premières HLM préfabriquées de France.
Tant de sacrifices ont forgé un solide esprit de communauté et une conscience de classe qui jouèrent un rôle de premier ordre dans l'essor du mouvement ouvrier de ce début de siècle.

Le goût de la fête et du partage s'est perpétué au travers des animations de quartiers, nombreuses et bon enfant. Il culmine avec la fête des Vendanges et son célèbre carnaval.

Le centre-ville conserve le caractère rural du village d'autrefois. De vénérables vieilles rues pavées guident le promeneur dans un dédale de vieilles pierres et de verdure, qui mène à l'une des plus belles églises gothiques de la région.

Un peu d'histoire

Le village de *banne* limitait le territoire soumis au ban royal, c'est-à-dire le fief seigneurial. Les latinistes avancent une autre hypothèse : *balneolum* indiquerait la présence d'établissements thermaux dont il n'existe malheureusement aucune trace. La position élevée dont jouit Bagneux, sur le faîte d'une colline, favorise son peuplement depuis l'époque des âges farouches, celle des grands chasseurs et de la pierre taillée.

Bagneux appartient au domaine royal depuis les Mérovingiens. Afin de légitimer leurs conquêtes et de consolider leur pouvoir, Clovis et ses successeurs font preuve de libéralité envers l'Église. C'est ainsi que Bagneux est donné à l'évêché de Paris à la fin du Vᵉ siècle. De cette très ancienne paroisse dépendent les bourgades de la région.

Le vin et la pierre

Sur les coteaux déboisés, on plante la vigne. Le vin de Bagneux devient célèbre et attire la faveur des rois. Le bon Dagobert en boit volontiers ! Dès le IXᵉ siècle, le nom de la ville apparaît sur les textes officiels. Au XIIᵉ siècle, Étienne Garlande, compagnon d'armes de Louis VI le Gros et descendant d'un fameux croisé, fait construire à Bagneux une maison de plaisance, du genre château avec parc, serre et toutes les options. C'est l'origine du puissant fief de Garlande, qui ne disparaîtra qu'en 1916.

Au fil du temps, le village se transforme grâce à deux activités : l'exploitation des carrières et le travail de la vigne. Durant sept siècles, les pierres de calcaire et de gypse alimentent les grands chantiers parisiens. Après les inévitables ravages des guerres de Religion, Bagneux devient un lieu de résidence recherché. Il attire des personnages tels que Richelieu, Mme de Chevreuse, et les nombreux officiers de la garde suisse placés en résidence dans le village, en raison de sa situation stratégique.

Au XIXᵉ siècle, le général Masséna y installe une folie pour sa maîtresse (dans un bâtiment attenant à l'église !). Les carrières abandonnées sont transformées en champignonnières. Peu à peu, les roues de carriers disparaissent du paysage, ainsi que les vignes, touchées par le phylloxéra. L'agriculture connaît un second souffle avec l'essor des cultures maraîchères, des plantations de fruitiers, de framboisiers et d'asperges. Profitant d'un sol riche en argile, les briqueteries prennent un tel essor que la ville est surnommée Bagneux-Briqueville.

Anarchie urbaine et basculement politique

Les carriers constituent le premier prolétariat industriel de Bagneux. Au début du siècle, il est bientôt rejoint par une population d'employés et d'ouvriers chassée de Paris par la hausse des loyers. En l'absence de législation en matière d'urbanisme, les lotissements se créent de façon anarchique. Les promoteurs vantent les avantages de la vie « au grand air ». Ils promettent l'eau, l'électricité, des jardins, des crèches... bref, le paradis au milieu des champs. La réalité est moins rose. Les arnaques et les scandales immobiliers vont bon train. Chez les petits propriétaires, le mouvement de grogne prend des formes associatives puis politiques. La construction de la *cité du Champ des Oiseaux* provoque l'afflux brusque de 2 500 personnes venus de la *zone*, cette ceinture de baraquements insalubres qui entoure la capitale. Cet événement bouleverse définitivement l'équilibre politique de la commune. Favorable au développement d'un mouvement revendicatif, la ville devient un fief inexpugnable du Parti communiste et contribue activement à la victoire du Front Populaire.

Après la dernière guerre, une quinzaine de sociétés immobilières investissent Bagneux. Le paysage social et urbain de la ville se transforme radicalement avec l'apparition de cités gigantesques et l'afflux d'une population immigrée. Dans le même temps, la ville s'industrialise et renforce son identité ouvrière : usine de camions, machines-outils. Puis l'industrie s'essouffle, les secteurs de pointe prennent le relais. Bagneux compte actuellement un bureau d'études et les ateliers de construction du TGV, le centre de recherche des Télécom spécialisé en fibre optique et en laser (CNET), une branche armement de Thomson-CSF et de gros laboratoires pharmaceutiques et photographiques.

La ville souterraine

Depuis le Moyen Âge, l'industrie de la pierre à bâtir est intense en région parisienne. L'exploitation du calcaire, d'abord réalisé à ciel ouvert sur les rives de la Seine, s'est ensuite poursuivie en souterrain. Au début du XIXe siècle, Paris a besoin d'énormes quantités de pierres, et les projets pharaoniques de Haussmann n'arrangent rien ! Les matériaux sont alors pris à Montrouge, Bagneux, Arcueil, Vanves, Clamart, Malakoff et Châtillon. Le sud de Bagneux révèle d'importants affleurements de gypse, qui devient la matière première du « plâtre de Paris ».

Au nord de la commune, on extrait un calcaire d'excellente qualité. La fameuse « pierre de Bagneux » sert à la construction d'édifices prestigieux : Notre-Dame de Paris, le Pont-Neuf, l'Arc de Triomphe, la Madeleine, le Louvre, le collège Saint-Louis et les sphinx de la fontaine du Châtelet. Les blocs sont hissés hors des puits par un treuil relié à une « cage à écureuil ». Les carriers utilisent une roue en bois de 6 à 12 m de diamètre, munie d'échelons, sur lesquels marchent plusieurs hommes. Cet engin permet de remonter des blocs pesant jusqu'à deux tonnes.

Cette exploitation à outrance pose rapidement des problèmes d'urbanisme : les communes reposent sur un véritable gruyère. Le gypse, particulièrement friable, provoque de nombreux effondrements. À la suite d'accidents spectaculaires, Louis XVI demande à l'Inspection des Carrières d'établir un plan cadastral des carrières de la région parisienne, qui ne fait pas mention des carrières sauvages ! À Bagneux, plusieurs édifices s'affaissent encore de nos jours. À l'image des icebergs, les nouveaux immeubles reposent sur d'énormes fondations, qui peuvent atteindre 70 m de profondeur ! Bref, la Municipalité dépense des fortunes à combler des trous...

Les anciens rapportent que les carrières furent utilisées par les Maquis pendant la Résistance. Connectées aux catacombes de Paris, elles constituaient un lieu de passage idéal entre la capitale et la Butte Rouge à Châtenay. Les cataphiles vont être déçus : toutes les entrées ont été murées.

Comment y aller ?

– **En voiture :** RN20 ou avenue Ginoux (ex-rue de Bagneux) depuis la porte d'Orléans.
– **En R.E.R. :** deux gares sur la ligne B, la station Bagneux-Pont-Royal, située sur la RN20, 1 km à l'est du centre-ville par la rue des Blains, et plus au sud la station Bourg-la-Reine, reliée au centre par les bus nos 391 et 388.

– *En métro :* ligne 13, station Châtillon-Montrouge, puis bus n° 388 jusqu'au centre-ville.
– *En bus :* de la porte d'Orléans, trajet le plus direct par la ligne 188 jusqu'au centre-ville ; sinon, bus n° 128 via Montrouge. Lignes transversales, moins pratiques : ligne 390, R.E.R.-Bourg-la-Reine – Vélizy, arrêt avenue de Bourg-la-Reine, face à Sceaux ; ligne 323, R.E.R.-Laplace, métro Châtillon-Montrouge – Vanves – Mairie-d'Issy, arrêt avenue Marx-Dormoy, au nord du cimetière de Bagneux.

Adresses utiles

■ *Mairie de Bagneux :* 57, av. Henri-Ravera. ☎ 01-42-31-60-00.
◨ *Syndicat d'initiative :* 27, av. Louis-Pasteur. ☎ 01-46-64-41-60.

Ouvert le mardi de 9 h 30 à 12 h et de 14 h 30 à 17 h, et le samedi de 9 h 30 à 11 h 45.

Où manger ?

De prix modérés à prix moyens

|●| *Le Dampierre :* 2, rue de Fontenay. ☎ 01-47-46-89-47. Fermé le dimanche. Une rue tranquille et pavée, aux allures de province, dans le cœur historique de Bagneux, une devanture proprette en bois, bleue et blanche : il n'en faut pas plus pour pousser la porte de ce bistrot de quartier sympathique et animé. Devant le bar en bois « rustique », deux salles à manger spacieuses où l'on sert à midi en semaine un menu du jour à 65 F avec entrée, plat, fromage ou dessert, et boisson. Plats sans surprise, de type steak-frites ou poulet au curry.

|●| ▼ *Aux Deux Gosses :* 90, av. Albert-Petit. ☎ 01-46-64-24-30. Petit bistrot situé en face du grand marché. Service le midi en semaine, dans une petite salle claire derrière le comptoir. Menu à 60 F avec entrée et plat, ou 90 F pour le fromage ou le dessert. Cuisine de brasserie, fraîche et sans surprise : andouillette, escalope à l'ancienne. Bien pour dépanner.

|●| *Au Bon Accueil :* 31, rue Blanchard. ☎ 01-42-53-37-42. Ouvert le midi en semaine, le samedi soir et le dimanche sur réservation. Beau pavillon de brique retapé, calme et près du centre-ville. On vient ici pour la bonne cuisine du Sud-Ouest. Le savoureux cassoulet maison doit se commander deux jours à l'avance. Un conseil : arriver à jeûn et faire l'impasse sur les entrées ! Un menu du jour efficace à 65 F, servi le midi avec entrée, plat (andouillette...), fromage ou dessert. Pour un voyage au Périgord, il faut viser le menu à 130 F. On attaque avec un brie farci sur lit de salade ou un foie gras de canard maison, suivi d'un rognon de veau aux girolles ou d'un magret de canard sauce foie gras. Puis, au choix, fromage ou dessert. Les hédonistes affamés choisiront le menu gargantuesque à 180 F.

|●| ▼ *La Taverne :* 10 *bis*, av. Jean-Baptiste-Fortin. ☎ 01-46-57-06-08. Service le midi en semaine, le soir pour les groupes sur commande. Salle de bistrot sympa avec ses banquettes confortables en molesquine. Au comptoir, chromes, cuivres, zinc et autres alliages brillent comme un sou neuf. La salle à manger : une terrasse couverte qui s'avance sur la rue. Le style fonctionnel et dépouillé idéal pour les groupes. La carte frétille de petits plats traditionnels bien travaillés : filet de rouget au beurre de cidre, pièce de sandre au sabayon de champagne, poêlée de rognon de veau, cuisse de canard confite sauce aux myrtilles. Plats modulables pour les petits et les gros appétits comme la salade périgourdine servie en entrée ou en plat.

Les menus sont également bien pensés. Ils démarrent à 50 F avec la *formule express*. Au choix : omelettes, tartare de bœuf ou plat du jour. Le menu à 65 F propose trois entrées, trois plats, trois desserts, et un apéro offert le lundi et le vendredi. La *formule Terroir* propose une entrée, un plat, un fromage ou un dessert pour 105 F, ou 148 F avec apéro et deux verres *(le Terroir et son vignoble)*. On peut choisir des plats dans la carte, comme cette délicieuse compote de lapereaux aux poivrons marinés.

À voir

★ *L'église Saint-Hermeland :* place de la République. Un joyau de l'art religieux à visiter absolument. Construite sous le règne de Philippe Auguste, l'église présente un style de transition qui marque l'avènement de l'art gothique à la fin du XIIᵉ siècle. Au même moment où l'on baptisait l'église de Bagneux, l'évêque de Paris faisait édifier une nouvelle cathédrale dans l'île de la Cité. Bagneux appartenait au Chapitre de Paris, certains se plaisent à voir à Saint-Hermeland de vagues similitudes avec Notre-Dame de Paris. Après plusieurs restaurations contestables, l'église fut classée Monument historique en 1862 par Prosper Mérimée.

La *façade* présente un portail harmonieux entouré de pinacles. Deux arcs-boutants transmettent la poussée de la voûte vers les contreforts élevés le longs des bas-côtés (une fois perfectionnée, cette nouvelle technique permettra d'édifier des voûtes aériennes comme celles de Chartres ou de Reims). L'édifice est bâti sur les restes d'une église antérieure, datée de 1011. Quelques vestiges témoignent de cet édifice roman disparu : les petits chapiteaux des colonnettes qui encadrent le portail contrastent nettement avec le style du tympan.

À l'intérieur, la *nef* hésite entre le plein cintre roman et l'ogive gothique. Dans le bas-côté droit, on notera le style purement roman des arcs massifs qui soutiennent le clocher. Ce sont les vestiges de l'église primitive du XIᵉ siècle. La *voûte du chœur* présente de magnifiques arcs diagonaux aux motifs complexes mais très harmonieux. Les couleurs et la finesse des *vitraux* des XVᵉ et XVIᵉ siècles sont la marque d'un maître-verrier. Le long des murs, un alignement unique de *pierres tombales* du XIIIᵉ au XVIᵉ siècle. L'inhumation dans une église constituait une faveur et un privilège. Les lapicides ornaient les pierres d'une effigie ou d'une inscription. Celles de Bagneux sont encore lisibles. On distingue des prêtres, des seigneurs de Garlande, des officiers des Gardes Suisses et des bourgeois parisiens ayant des propriétés dans la commune.

Au-dessus du portail, des *orgues* monumentales du XIVᵉ siècle, aux panneaux de bois finement sculptés.

PETITE BALADE AU CŒUR DU VIEUX BAGNEUX

Elle commence devant l'**ancien hôtel de ville** de 1875, fraîchement restauré. S'il est ouvert (mariage, Conseil municipal), jetez un œil à l'intérieur : une peinture du XIXᵉ siècle représente le treuil d'extraction d'un puits de carrière, élément familier du paysage balnéolais jusqu'à la Seconde Guerre mondiale. À droite de l'ancienne mairie, un monument émouvant à la mémoire des résistants et des déportés.

À gauche commence la pittoresque **rue Pablo-Néruda**. Au n° 2, ancien hôtel particulier du XVIIIᵉ siècle avec de belles céramiques et des motifs en brique colorée. Au n° 9, des colonnes encadrent un portail imposant. C'est le dernier vestige de la plus belle demeure de Bagneux, qui comprenait à l'origine un théâtre et sept corps de bâtiments. Le poète Pierre-Jean Béranger y résida au milieu du XIXᵉ siècle. Témoin de la prise de la Bastille puis fervent défenseur de la cause républicaine sous la Restauration, il publia des recueils de chansons patriotiques qui firent sa renommée. En 1927, le nouveau propriétaire du domaine fit tout raser pour y construire sa maison. Plus loin, au n° 6, la *maison des Marronniers.* Ce château du XVIIIᵉ siècle vit s'éteindre Jacques Beugnot, conseiller de Lucien Bonaparte, puis ministre de l'Empire et de la Restauration. Ses mémoires apportent un témoignage unique sur une période trouble de l'histoire de France. Le domaine étant privé, on peut toujours jeter un œil dans la cour, pour apercevoir le bâtiment de style Louis XVI, sobre et élégant. Le toit s'est alourdi de mansardes au XIXᵉ siècle.

En revenant sur ses pas, on trouve à gauche la **rue des Bénard,** petite ruelle tortueuse digne de figurer dans un décor nocturne du *Chien des Baskerville.* En face, le célèbre **vignoble de Bagneux,** disparu en 1965 puis replanté en 1982 par la Municipalité. Il fait revivre la tradition viticole de la commune pendant la fête des Vendanges et produit un petit blanc sec de sémillon et de sauvignon pas piqué des hannetons. En digne héritier du « bon vin françoy », il a déjà remporté plusieurs distinctions, dont celle du meilleur vin blanc d'Île-de-France.

En continuant à gauche jusqu'à la **rue des Lilas,** on aperçoit le nouveau collège Romain-Rolland, aux lignes élégantes et futuristes. On revient sur ses pas pour trouver, le long de la **rue de la Lisette,** de beaux exemples de constructions pavillonnaires du début du siècle, les premières de ce type à Bagneux. Leur décoration fait preuve d'une créativité qui s'accommode de l'utilisation de matériaux simples tels que la brique et la céramique.

On bute sur la **rue de Fontenay,** pittoresque avec son clocher lointain, ses vieux ateliers et sa voie pavée. Elle porte encore la trace des anciens rails du tramway Châtenay – Champ-de-Mars qui désenclava Bagneux dès 1900. On remonte vers l'église en longeant de beaux pavillons.

On aboutit à la charmante esplanade pavée de la rue de la République, puis à la **place de la République.** À gauche de l'église (rubrique « À voir »), les murs austères de la confrérie religieuse cachent l'ancienne *folie de Masséna.* Ce maréchal d'Empire s'illustra tant par son art de la guerre que par ses conquêtes amoureuses. Entiché d'une jeune danseuse du nom d'Eugénie Renique, il acquiert la maison du chanoine de Bagneux pour en faire sa folie. Une garçonnière attenante à l'église : quel culot ! La communauté ecclésiastique manifeste à plusieurs reprises son indignation, mais Napoléon logeait bien sa « danseuse », Marie Walewska, dans une luxueuse maison de Boulogne, alors... Bien que les lieux ne se visitent pas, les frères de la communauté Saint-Augustin continuent d'entretenir avec soin l'ancien boudoir richement décoré de la coqueluche de l'Empire.

LES PARCS

★ **Le parc de Richelieu :** 4, rue Étienne-Dolet. Le plus charmant de la ville. À l'entrée du parc, une école maternelle occupe l'ancienne *maison de Richelieu,* datée du XVIIᵉ siècle. Construite à une époque de grand trouble politique pour abriter les négociations secrètes du cardinal, elle garde encore tous ses mystères. Lors des démolitions partielles qu'elle subit pendant la Révolution, on aurait découvert, au fond d'un puits muré, les ossements de quarante cadavres, ainsi que des bijoux et des morceaux de vêtements. Les historiens les plus hardis parlent des « oubliettes de Richelieu ». Des fouilles sont en cours...

Le parc est planté d'arbres majestueux, certains sont plusieurs fois centenaires comme ce magnifique cèdre du XVIIᵉ siècle. Sur un piédestal se dresse une sculpture insolite composée de deux anneaux entrecroisés. Il s'agit d'un *gnomon*, genre de cadran solaire d'une telle complexité que peu de spécialistes en connaissent le fonctionnement ! L'origine de ce « machin » unique en son genre demeure mystérieuse, et remonte au moins au XVIIe siècle. L'original en pierre est conservé à la médiathèque.

★ **Le parc paysager François-Mitterrand :** rue des Frères-Lumière. Le plus grand parc de la ville, destiné aux promeneurs et aux sportifs (parcours de santé).

ARCHITECTURE CONTEMPORAINE

L'histoire architecturale de l'habitat collectif s'inscrit dans le paysage balnéolais depuis sa préhistoire dans les années 1930. Deux réalisations majeures intéresseront particulièrement les *aficionados* du béton armé :

★ **La cité des Oiseaux :** en 1932, la construction de la cité des Oiseaux par les architectes Beaudouin et Lods marque une étape décisive dans le développement urbain et politique de la commune. La nouvelle cité doit permettre de reloger un groupe de *zoniers* après l'incendie de leurs baraquements et leur expulsion des *fortifs* : on oublie souvent que le boulevard périphérique fut longtemps occupé par la *zone*, univers insalubre de bicoques, de guinguettes et de chiffonniers qui s'étale au pied des *fortifs,* la ceinture de Paris construite par Adolphe Thiers. Au début du siècle, la décision de démolir les fortifications contraint plus de 30 000 zoniers à quitter leur taudis. On a peine à croire que les derniers quartiers de la zone ne seront détruits que dans les années 1970, porte de Champerret !

Édifiée sur un terrain vague loin du centre-bourg, la cité concentre rapidement plus de 2 500 personnes. De conception révolutionnaire, elle est constituée de petits immeubles préfabriqués en béton précontraint : une première en France.

La cité change plusieurs fois de nom. Les cinq baraquements de la zone qui sont à l'origine de sa construction brûlèrent le jour où Lindbergh traversait l'Atlantique. On raconte même que les flammes guidèrent l'aviateur vers Le Bourget. C'est donc tout naturellement que le nom de Lindbergh fut choisi pour ce groupe d'habitations.

La cité des Oiseaux est une cité-dortoir dont les habitants travaillent en banlieue sud, et plus particulièrement au dépôt de chemin de fer de Châtillon, à l'usine Renault de Boulogne-Billancourt, à l'usine de guerre Brandt et à la Compagnie des Compteurs de Montrouge. Un mécontentement général se fait rapidement sentir, dans ce que les riverains appellent « la cité du bruit et des courants d'air ». Mauvaise isolation, charges élevées, isolement dans un vaste ensemble moderne à peine achevé au milieu des champs conduisent à la constitution de l'amicale des locataires en 1932. C'est le début d'une vie associative et politique intense dans la commune.

De nos jours, la dimension « humaniste » – mais pas philanthropique – du projet nous échappe quelque peu. Pourtant à l'époque, des appartements propres, équipés et spacieux promettaient des lendemains meilleurs aux mal-logés de Paris. Le projet fut mené par un organisme dont le seul nom évoque tout l'esprit de l'époque : la *Pax Progrès Pallas !*

La visite a plus un intérêt historique qu'architectural. La plupart des immeubles ont subi dernièrement des transformations importantes. Seul le pâté d'immeubles situé à l'angle de la rue de Verdun et de l'avenue Henri-Barbusse a été restauré conformément aux plans d'origine.

★ *Les Tertres et les Cuverons :* situé à la pointe sud de la ville, ce quartier est une émanation directe de l'ère des grands ensembles. Dans les années 1950 et 1960, une quinzaine de sociétés immobilières investissent Bagneux. On construit pas cher et vite. Aux *Tertres* et aux *Cuverons,* la construction des barres de 300 m de long découle de la disposition rectiligne des chemins de roulement des grues. Derrière ces 300 m de façade rectiligne, le brassage social des premières heures s'essouffle rapidement. Employés, cadres et ouvriers font bientôt place à une population immigrée, qui se heurte à présent aux problèmes du chômage, de la drogue et de l'intégration.

Marchés

– *Marché couvert Léo-Ferré :* av. Albert-Petit. Grand marché installé sur l'esplanade de la salle des Fêtes. Ouvert le jeudi matin et le dimanche matin. Camelote, friperie et alimentation.
– *Marché Jean-Guimer :* rue Salvador-Allende. Petit marché en centre-ville le mardi matin et le vendredi matin.

Où boire un verre ?

⑂ *Le Petit Bougnat :* 2, rue Louis-Charles-Boileau. ☎ 01-47-35-04-64. Fermé le week-end. Petit bistrot du village, face au joli commissariat en meulière. Quelques tables, une plante verte et des jeunes venus là pour se désaltérer tranquillement.

Où sortir ?

Riche programmation culturelle, tous budgets, tous publics. Pour toute information sur les spectacles : *Service municipal de la Culture,* ☎ 01-42-31-60-50.
La *carte Zèbre* s'adresse aux balnéolais de 13 à 25 ans. Elle donne accès aux équipements culturels de la ville (théâtre, cinéma, salle des fêtes) à des prix réduits. Elle s'obtient gratuitement au Service municipal de la Jeunesse.

– *Médiathèque Louis-Aragon :* 2, av. Gabriel-Péri. ☎ 01-46-57-08-76. Bibliothèque et discothèque. Expositions, soirées cabaret, veillées, conférences-débats.
– *Salle des Fêtes - espace Léo-Ferré :* rue Charles-Michels. ☎ 01-46-65-58-10. Opéra, concerts raï, blues, jazz, pop, variétés.

– *Galerie Sud :* 10, av. Victor-Hugo. ☎ 01-46-64-52-11. Entrée libre. Galerie d'art contemporain, spécialisée dans la peinture et la photographie.
– *Théâtre Victor-Hugo :* 14, av. Victor-Hugo. ☎ 01-46-63-10-54. Entrée gratuite pour certains spectacles. Programmation éclectique : théâtre, cinéma, danse, humour, variétés.

Fêtes et manifestations

– *La fête des Vendanges :* trois jours de fiesta autour du 21 septembre. Le principal événement de l'année vit le jour en 1960 pour renouer avec la longue tradition viticole de la commune. Du temps de sa superbe, le carnaval des vendanges fut le second après Nice avec 250 000 spectateurs. Au

programme du week-end : pressage du raisin récolté dans la vigne municipale, spectacles de rue, corrida pédestre (course d'endurance tout niveau),
dégustation de bœuf en broche et grand carnaval le dimanche.
– *La Campagne à la Ville :* fin avril, au parc du Puits-Saint-Étienne. Foire
aux vins et aux produits régionaux, ferme animale, battage de blé à
l'ancienne. L'occasion de déguster le savoureux p'tit blanc de Bagneux. Ah,
c'est vrai qu'il passe bien !
– *Chicago Blues Festival :* en décembre, dans la salle des Fêtes. Un festival de référence dans l'univers du blues. De grands noms du blues se sont
produits sur la scène de Bagneux ainsi que des artistes talentueux, inconnus
du public européen.
– *Église Saint-Hermeland :* en hiver, récitals de piano et cantates.

CHÂTILLON (92320)   27 000 habitants

> *Ah ! qu'l'envie me démange d'aller en vendange*
> *et de grappillonner dans mon p'tit panier.*
> *Viens, le soleil brille sous les échalas,*
> *viens donc ma gentille, viens ne tarde pas !*
> La chanson des Vendanges à Châtillon

De robustes poiriers, des amandiers majestueux et des cerisiers flamboyants s'épanouissent au milieu des quartiers pavillonnaires et des grands
ensembles collectifs : Châtillon n'a pas renié son glorieux passé horticole.
Au printemps, la ville se pare de couleurs et de parfums mélangés, pour le
plus grand plaisir des promeneurs. Près du cœur historique, au charme provincial, la terre produit aussi un calcaire de grande qualité. De l'époque de la
pierre à bâtir subsiste un treuil de carrière unique en son genre, dernier
témoin d'une industrie régionale qui édifia les monuments de Paris.

Un peu d'histoire

Le nom de Châtillon apparaît au XIIe siècle. Il désigne un petit hameau
regroupé autour de sa chapelle et d'un édifice fortifié – une ferme ou un petit
château – qui donne son nom à la commune. De riches Parisiens font édifier
leurs résidences d'été sur les coteaux, à l'image de la folie Desmares achetée par le banquier Hogguer pour la comédienne Charlotte Desmares.
Progressivement, le bourg rural s'ouvre aux activités artisanales. Le sable, le
gypse et le calcaire du sous-sol suscitent le développement d'entreprises
d'extraction de la pierre, de faïence et encore de fonderie. En 1885, la vigne
cultivée sur les coteaux est victime du phylloxéra. C'est le début d'un ère
nouvelle, celle du maraîchage et de l'horticulture. Les anciennes carrières
sont remplacées par des champignonnières. Le Foyer Châtillonnais est créé
en 1922. C'est le premier lotissement de la ville.
Avec l'urbanisation des années 50, le paysage champêtre disparaît. Dans
les champs de fleurs et de légumes, on plante désormais des barres
d'immeubles qui poussent beaucoup plus haut. Des pavillons tranquilles
sont déplacés pour faire place à la route départementale. C'est à ce moment
qu'apparaissent les premières industries, sous l'impulsion de l'usine Brandt.
Elles cèdent bientôt le pas aux hautes technologies. Châtillon héberge
actuellement le bureau d'étude des missiles de l'Aérospatiale et le siège de
l'Office national d'Études et de Recherches aérospatiales (ONÉRA).

Le paradis des fleurs et du maraîchage

Évincés des bords de Seine, les premiers maraîchers apparaissent à Châtillon vers 1875. Sur les anciens vignobles, on cultive désormais les légumes frais : radis, navets, poireaux, choux, carottes, salades. Pour amender la terre, on fait venir les *gadoues* de Paris, engrais constitué par les ordures ménagères de la capitale. On parvient ainsi à six ou sept récoltes dans l'année. La ville s'équipe même d'un canon pare-grêle qui tire sur les nuages depuis l'avenue de Paris.

Les vignerons se convertissent aussi à l'arboriculture et à l'horticulture. Les champs de cerisiers, poiriers, groseillers et fraisiers donnent à l'air du printemps un parfum délicieux. D'immenses champs d'œillets, de dahlias, de rosiers et de chrysanthèmes donnent au paysage des tons chatoyants. Le soir, dans des senteurs indéfinissables, on voit descendre les voitures à chevaux en direction des Halles de Paris. Vers 1900, le marché aux fleurs de Paris est le plus beau qui ait jamais existé en France et à l'étranger. On vient à Châtillon faire des cures d'air pur sur prescription médicale, et rencontrer les plus grands noms de l'horticulture, tels que Auguste Nonin.

Les pionniers de l'aéronautique et du roman noir

Châtillon hébergea les travaux d'un pionnier de l'aviation : Émile Dewoitine. Son ami d'école n'est autre que Marcel Bloch (Marcel Dassault). Mécanicien talentueux, il se porte volontaire pour le détachement aérien du front d'Orient en 1914. Il travaille pour Latécoère, met au point des avions militaires révolutionnaires, puis monte sa propre affaire à Châtillon : une usine et une piste d'aviation au milieu des champs de luzerne. Il fait appel à Clément Ader et réalise l'un des premiers avions en ferraille.

Mais l'inventeur génial n'est pas un diplomate. Anticonformiste, peu doué pour les intrigues de salon, il se met à dos les hauts fonctionnaires de l'aéronautique française. Bien plus pragmatique, Mitsubishi lui passe de juteux contrats et achète ses licences. Pour faire face à la demande nippone, Dewoitine crée une nouvelle usine à Toulouse. Marginalisé dans son pays, il devient célèbre à l'étranger, et exporte sur la scène internationale ses modèles commerciaux et militaires. Suisse, Italie, Argentine, Tchécoslovaquie et Yougoslavie sont ses principaux clients. Relégué au fond d'un tiroir officiel, son *D18* aurait été capable de traverser l'Atlantique nord deux ans avant Lindbergh.

Un autre pionnier résida à Châtillon : Léo Malet. Né au début du siècle à Montpellier, le petit Léo fréquente très vite les milieux anarchistes dont il vend la revue *L'Insurgée* à la criée, puis débarque à Paris où il entame une vie anarcho-vagabonde : tours de chants à *La Vache enragée,* séjour en prison, surréalisme avec André Breton. Il se lance enfin dans le roman policier américain. En créant le personnage de Nestor Burma, il ouvre la voie au roman noir français. Après *120, quai de la Gare*, certains de ses romans sont adaptés au cinéma et à la télévision. Sa fin ressemble à un épilogue de série noire : il s'installe à Châtillon pour sa nouvelle série des *Nouveaux Mystères de Paris,* puis s'éteint seul et en mal d'inspiration dans son HLM de banlieue.

Comment y aller ?

– *En voiture :* Châtillon est à 3 km de la porte de Châtillon par la RN306.
– *En bus :* de la porte d'Orléans, lignes 194 et 195, arrêt J.-P.-Timbaud. *Liaisons transversales* : ligne 162, Meudon-Villejuif, arrêt Mairie-de-Châtillon ; ligne 388, Bagneux – Bourg-la-Reine, arrêt Mairie-de-Châtillon ; ligne 295, Vélizy – Châtillon-Montrouge, arrêt Place-du-8-Mai-1945 ; ligne 191, Porte-de-Vanves – Clamart, arrêt Piscine.
– *En métro :* ligne 13 jusqu'au terminus Châtillon-Montrouge, puis bus n° 295 arrêt J.-P.-Timbaud, ou bus n° 388 arrêt Mairie.

LES HAUTS-DE-SEINE

Adresses utiles

■ *Mairie de Châtillon :* 1, place de la Libération. ☎ 01-42-31-81-81.

▫ *Syndicat d'initiative :* 21, rue Gabriel-Péri. ☎ 01-46-57-93-32. Ouvert du mardi au vendredi de 8 h 30 à 12 h 30 et de 14 h à 18 h, et le samedi de 9 h à 12 h. Service d'information et de documentation pour les Châtillonnais : billetterie transports et théâtre, documentation et organisation de vacances ou excursions.

Où manger ?

Prix modérésà prix moyens

|●| *Au Rendez-vous des Cheminots :* 54, rue Étienne-Deforges. ☎ 01-42-53-08-17. Service le midi en semaine. Un bistrot de banlieue avec quelques tables et des convives en bleu de chauffe. C'est la cantine des cheminots du dépôt S.N.C.F. de Châtillon. Menu efficace à 57 F avec entrée, plat (escalope, saucisse, bavette), salade ou fromage ou dessert. Plat du jour à 43 F genre confit, andouillette et rumsteack.

|●| ▼ *Le Petit Espace :* 86, av. de la Paix. ☎ 01-47-36-70-73. Une enclave portugaise dans le quartier verdoyant des Roissys. Autour du bar, on tape le carton en lusitanien. Certains soirs, on pousse le fado de Coïmbra ou d'Alfama. Le style normand rustique de la salle de restaurant suggère qu'Éric le Rouge et Vasco de Gama se sont croisés un jour sur l'océan, pour échanger des conseils de décoration. La cuisine du pays est savoureuse et très abordable. On vient surtout pour la morue au four, à 60 F. Un menu imbattable propose une entrée, un plat, un fromage ou un dessert pour 55 F, quart de rouge compris. L'accueil est sympathique ; pour peu, on ferait partie de la famille.

|●| *Brasserie du Centre :* 1, rue de Bagneux. ☎ 01-42-53-17-07. Ouvert le midi du lundi au samedi, et le vendredi soir. Fermé le dimanche. Brasserie du village, tenue par un ancien charcutier-traiteur qui a gardé la main. Le fiston est aux fourneaux. Bref, une affaire de famille qui roule, et de bons plats maison, simples et frais. Pour 88 F, on vous régale d'une entrée, un plat au choix (andouillette, onglet, confit), une salade ou un dessert. Les carnivores apprécieront la *formule express* avec une belle pièce de bœuf, un fromage ou un dessert pour 69 F. Les autres opteront pour la *formule du jour* à 68 F avec plat, salade et dessert. Quelques bons plans à la carte comme la brandade de morue à 61 F ou la côte d'agneau au beurre persillé. Les salades composées sont fournies mais presque chères.

|●| *Les Rosiers :* 136, av. de Paris. ☎ 01-42-53-15-23. Fermé le dimanche. Il y avait autrefois, autour de l'avenue de Paris, des roseraies magnifiques qui embaumaient la campagne. Aujourd'hui, l'avenue est plutôt bruyante et oxydée. Heureusement, le restaurant possède une salle en retrait, claire, moderne et très agréable grâce à sa véranda sur jardin d'été. On ne peut rester indifférent au menu d'appel, qui propose une bonne tête de veau sauce gribiche, une entrée, un fromage ou un dessert pour 58 F. La cuisine est traditionnelle et sans prétention : terrines frisées aux lardons, asperges sauce mousseline, cuisses de grenouilles à la provençale, filet de saint-pierre au crémant, filet de bœuf Strogonoff. Au bout du compte, une addition sans épines et sans surprises.

Plus chic

|●| *Le Bistrot de Bacchus :* 1, rue de Bagneux. ☎ 01-47-35-38-01.

Fermé le samedi midi et le dimanche. Dans une vieille maison du village, une façade couleur crème augmentée de peintures champêtres et naïves. Un décor simple et rustique, de jolies nappes et un air convivial. On est presque en province, d'autant que la patronne prépare une excellente cuisine du Sud-Ouest. On goûtera sans attendre le foie gras maison et sa gelée au porto, puis le confit de canard pommes sarladaises ou le rognon de veau grillé. Ceux qui ont parié sur la picassée de pétoncles à la provençale pourront suivre la mise avec une délicieuse escalope de foie gras de canard, sauce à l'ancienne. Très équilibrée, la carte propose aussi du poisson bien arrangé : marmite du pêcheur, fricassée de soles et Saint-Jacques au safran. Le midi, le menu à 90 F est très performant puisqu'il propose une entrée + un plat, ou un plat + un dessert avec le même souci de régaler les papilles. On pourra déguster un feuilleté de ris de veau et d'escargots, puis une cassolette de fruits de mer au curry ou une pochée de pétoncles et crevettes aux fruits rouges. Pour les ogres, un menu plus complet à 130 F. Le service est sympathique, mais le son FM en musique de fond cadre mal avec ce voyage gastronomique rabelaisien.

▐●▌ *Le Bastingage :* 47, rue Gabriel-Péri. ☎ 01-42-53-56-84. Fermé le samedi midi et le dimanche. Le spécialiste du poisson, pour une clientèle chic et des repas d'affaires. Déco moderne, plantes vertes et nappes blanches. Attention, on prend les commandes jusqu'à 22 h. Quelques écueils à connaître : les viandes sont chères au royaume de Poséidon, et les menus à 75 F et 90 F restent très classiques. Pour apprécier pleinement le savoir-faire du cuistot, il faut choisir le poisson à la carte. Un travail original, d'une grande finesse. On se régale de coquilles Saint-Jacques au foie gras poêlé, d'un filet de bar grillé au beurre blanc, d'un médaillon de lotte à la provençale ou d'un filet de sandre à l'origan. Parfois du homard, à pincer sans hésitation. Au bout de la croisière, l'addition risque cependant d'être un peu salée. Heureusement, la carte des vins est abordable et équilibrée, autour de 100 F la bouteille.

LES HAUTS-DE-SEINE

À voir

★ *L'église Saint-Philippe-Saint-Jacques :* 1, place de l'Église. Cet édifice de style composite succède au XVe siècle à une chapelle dédiée à Saint-Eutrope. Tiens, dites-vous, mais pourquoi avoir changé de patronage ? Puisque vous êtes sage, voici la petite histoire des haricots de la Saint-Eutrope. Selon la légende, il gela si fort une nuit d'avril 1489 que les cultivateurs de Châtillon se révoltèrent contre saint Eutrope, le patron de leur paroisse : la nuit même de sa fête, il n'avait pas su les préserver de ce désastre. Les paysans le déclarèrent déchu de ses fonctions, jetèrent à bas sa statue et demandèrent son remplacement à l'évêque de Paris, qui accéda à cette demande, en substituant saint Jacques et saint Philippe à saint Eutrope, comme patrons de la paroisse de Châtillon. Depuis ce temps, on sème toujours les haricots après la Saint-Eutrope !
À l'extérieur, remarquer les *gargouilles* inquiétantes qui jalonnent les piliers latéraux. On entre dans l'édifice par un *portail Renaissance* d'une grande sobriété. En face, les *colonnes à chapiteaux* ornées de feuilles et de grappes de raisin marquent l'importance de la vigne au XVe siècle. Autour, des vitraux géométriques finement ciselés. Au fond du collatéral gauche, sous un puits de lumière diffuse, une alcôve abrite une *Vierge*, magnifique de grâce et de simplicité. C'est la réplique de la statue que l'artiste Gabriel Rispal a réalisée pour l'église Notre-Dame-de-l'Assomption à Rome.

★ **L'église Notre-Dame-du-Calvaire :** 2, av. de la Paix. Bel exemple d'architecture néo-gothique en brique, de 1933. D'inspiration byzantine, l'intérieur est très spacieux et entièrement recouvert de fresques multicolores, d'une grande richesse picturale. Les volumes et les ocres patinés avec le temps donnent à l'ensemble une dimension mystique et chaleureuse. Dans le collatéral droit, une fresque dépouillée, la *Vierge au Calvaire,* a donné son nom à l'église. Derrière l'autel, une peinture murale majestueuse représente le *Couronnement de la Vierge.*

LE VILLAGE

★ **L'hôtel de ville** de Châtillon est une construction typique de la IIIe République. Au 1er étage, petite exposition de reproductions. Voir le portrait de Charlotte Desmares. Célèbre comédienne de la Comédie française, elle charme les plus grands du royaume, tels que Philippe d'Orléans.

★ Derrière la mairie, la **rue de Fontenay** présente, au n° 16, l'une des plus anciennes maisons de la commune, datée du XVIIIe siècle. Son proprio fit fortune en vendant de la glace. Au n° 44, en rouge et blanc, la fondation Lambrecht. Ce fut une manufacture de laine réputée pour sa teinture écarlate jugée supérieure à celle des Gobelins.

★ À droite, la **rue Sadi-Carnot** possède de beaux pavillons en brique et meulière dans la verdure. Remarquer l'ancienne école communale des garçons et, au n° 3, un bel exemple d'Art nouveau daté de 1900 : la *salle des Fêtes,* en brique colorée et terre cuite.

★ Derrière l'église, la **folie Desmares,** au 17, rue de la Gare. Voir la rubrique « Un peu d'histoire ». L'édifice élégant du XVIIIe siècle a été conservé. Il abrite le *théâtre de Châtillon.* La partie préservée du jardin d'origine est devenue un agréable parc municipal.

★ **La propriété Frémont :** au 11, rue de Bagneux, elle est ouverte lors des expositions temporaires. Édifiée au XVe siècle par Robert Gaguin, ministre religieux de Louis XI puis responsable de la Bibliothèque Royale, la propriété constitua un refuge pour la confrérie lors des grandes épidémies de peste qui frappaient Paris. Le bâtiment principal subit plusieurs modifications au XIXe siècle, mais la maison du vigneron située à gauche de l'entrée principale nous est parvenue intacte du Moyen Âge.

En 1838, le nouveau propriétaire des lieux se prénomme Louis-Christophe Hachette, le fondateur de la fabuleuse maison qui éditera plus tard votre guide préféré. Banlieusard d'avant-garde, il partage son temps entre sa librairie du boulevard Saint-Germain et sa demeure de Châtillon. Ses affaires marchant plutôt bien, il vend la maison en 1866 pour acheter le château du Plessis-Robinson. Le nouveau proprio est Charles Perrotin, l'éditeur du célèbre chansonnier Béranger. En 1912, l'artiste peintre Suzanne Frémont investit les lieux, puis la Municipalité, en 1990. Elle y crée la *Maison des Arts et de la Nature.*

Dans le jardin qui a conservé son dessin médiéval, une *statue de Cérès,* déesse romaine protectrice des moissons. Elle date du Grand Siècle et rappelle la vocation agricole de la commune.

La propriété sortit un moment de sa torpeur pour servir de cadre au tournage du sulfureux *Dernier Tango à Paris.*

★ **Les Roissys :** c'est le coteau ouest de Châtillon. Fleurs et fruitiers n'ont pas tous disparu, et la balade parmi les pavillons ombragés reste agréable.

★ **Le treuil de carrière de Châtillon :** 19, rue Ampère. Ouverture certains jours de mai à août. Démonstration pendant la Journée du Patrimoine en septembre. Pour les dates, voir en mairie. Entrée payante. Expo, visite commentée, vidéo. En dehors des dates d'ouverture, on peut apercevoir le puits de la rue Lasègue (en continuant sur Ampère puis deux fois à gauche). À Châtillon, l'apogée de l'exploitation du calcaire est atteinte vers 1870. Jusqu'en 1850, les carriers utilisent un système de levage comparable aux cages d'écureuil. Des équipes arpentent sans relâche des roues au diamètre impressionnant (8 à 15 m). Elles sont remplacées par le treuil à manège, dont Châtillon conserve le dernier exemple dans la région. La corde s'enroule autour d'un tambour en bois actionné par un cheval. Grâce à la démultiplication fournie par un ensemble d'engrenage, l'animal peut remonter sans effort des blocs pouvant peser jusqu'à six tonnes.

★ *Le siège de l'ONÉRA :* 29, av. de la Division-Leclerc. Sur le Plateau (quartier sud). Ce bâtiment imposant est édifié en 1932, à l'initiative de l'homme d'affaires Serge Stavisky. Il devait abriter un sanatorium géant, qui ne vit jamais le jour : les travaux furent arrêtés par la banqueroute frauduleuse de Stavisky, qui provoqua l'un des plus grands scandales politico-financiers de la IIIe République. Achevé après la Seconde Guerre mondiale, le complexe fut affecté à l'Office national d'Études et de Recherches aéronautiques (ONÉRA).

PROMENADES ET PARCS

★ *Le parc Henri-Matisse :* 13, rue de Bagneux. Charmant petit parc au cœur du village. À droite, la *Maison du parc,* datée de 1676, en partie défigurée par des restaurations douteuses. En face, un bronze de Paul Lamy daté de 1930, intitulé *Le Glaneur*, rappelle le passé rural de la commune. Le parc est planté d'arbres magnifiques, tels que des cèdres plus que centenaires.

★ *Le parc André-Malraux :* av. de la Division-Leclerc. Un tapis de verdure qui descend en cascade vers la capitale. Derrière le terrain vague crapoteux qui borde la départementale, vue commac sur la capitale. Mais attention, du vrai, du panoramique, du consistant : tour Eiffel, Montmartre, Montparnasse et tout le toutim.

Marché

– *Marché municipal :* rue Gabriel-Péri. Les mercredi, vendredi et dimanche matin.

Où sortir ?

– *Maison des Arts et de la Nature :* 11, rue de Bagneux. ☎ 01-40-84-97-11. Expos temporaires (peinture, botanique, etc.), conférences, et en été, concerts dans le parc.
– *Théâtre La Chapelle des Sarments :* 15, rue de la Gare. Renseignements et locations : ☎ 01-46-57-22-11. Pièces contemporaines, concerts, danse et ateliers. Certaines représentations ont lieu à la *salle des fêtes,* 3, rue Sadi-Carnot. Abrite également un café-philosophique, *Le Philo-café :* ☎ 01-46-57-22-11. Rendez-vous deux vendredis soir par mois à 19 h 30. Entrée libre. Gros succès pour ce café-philo, à tel point que la buvette ne suffisait plus. Le public très mélangé se rencontre désormais dans le théâtre.

Fêtes et manifestations

– *Les Arts dans la Rue :* jongleurs, danseurs, musiciens, acrobates et comédiens investissent la ville en septembre. Spectacles-cabaret à la chapelle des Sarments.

LES HAUTS-DE-SEINE

– Salon des Artistes châtillonnais : en octobre ou novembre. Exposition de peintures et sculptures sous la présidence d'un artiste de renom.
– Grande Brocante : en septembre, un étonnant bric-à-brac de professionnels et de particuliers. Grosse affluence.

CLAMART (92140)   48 000 habitants

Grosse ville à caractère provincial, spécialisée dans le calme et la verdure. À l'orée de la forêt de Meudon, Clamart cultive un art de vivre sans concession. Ses ombrages ont inspiré les grands poètes et les hommes de lettres. On y trouve une incroyable concentration de maisons de repos, de centres de retraite spirituelle et d'hôpitaux réputés. À côté des quartiers pavillonnaires, un urbanisme maîtrisé a ouvert la voie aux cités-jardins et aux cimetières paysagers.
Si les guinguettes ont disparu, la forêt attire toujours les randonneurs et les promeneurs du dimanche. Chaque année, la fête des Petits Pois apporte une nouvelle preuve de l'attachement des Clamartois à leur patrimoine naturel et à leurs traditions agricoles.

Un peu d'histoire

La première mention du nom de Clamart apparaît dans une charte datant du XIe siècle. En 1774, Louis XVI réalise la fusion des anciennes seigneuries et fonde dans le village des pépinières dont la renommée dépasse les frontières. Mais l'activité principale demeure la vigne et les cultures céréalières. Avec la Révolution, la ville porte le nom de Clamart-le-Vignoble, puis Clamart-sous-Bois. La Fontaine exalte les « eaux merveilleuses, les jardins et la noirceur d'une forêt âgée de dix siècles ». Le poète Jacques Delille, précurseur des Romantiques, rédige *L'Imagination* et *Les trois règnes de la nature* à l'ombre des grands arbres. Dans sa « chaumière de Clamart », Alphonse Daudet écrit ses premières *Chroniques provençales,* plus connues sous le nom de *Lettres de mon moulin.* Émile Zola vit un moment chez les paysans du coin avant de composer *La Terre,* et Stendhal conçoit l'*Armance* chez des amis clamartois. La première photo aérienne, réalisée en ballon par Félix Tournachon dit Nadar, est prise la même époque au-dessus du Petit-Bicêtre qui devient, en 1916, le Petit-Clamart.
Les cultures maraîchères s'installent au XIXe siècle, et le petit pois de Clamart acquiert une renommée internationale. Clamart s'affiche sur la carte des restaurants chic, jusqu'à l'invasion du marché par les primeurs du Midi, en 1914. La Belle Époque apporte à la commune son cortège de guinguettes, de bals populaires et de promenades en forêt. On se presse sur le terrain de Villacoublay pour assister aux balbutiements de l'aviation.
L'explosion urbaine du XXe siècle ne défigure pas la commune, très attachée à son environnement. Les lotissements apparaissent dès 1907 avec le Jardin Parisien et ses jardins ouvriers. Dans les années 1950, les ensembles HLM se développent selon le concept des cités-jardins. Les constructions marquent une trêve en 1961, lorsqu'un effondrement en chaîne des anciennes carrières souterraines engloutit les maisons de plusieurs quartiers ! Sur la zone industrielle se développe un puissant pôle économique, basé sur la recherche et la manufacture. C'est ici que Coca-Cola fabrique ses célèbres petites bouteilles en verre.

L'attentat du Petit-Clamart

L'engagement du général de Gaulle à conduire l'Algérie française à l'indépendance lui avait attiré de farouches inimitiés. L'Organisation de l'armée secrète (OAS) lui reprochait d'avoir bradé l'Algérie aux accords d'Évian et d'être le fourrier du communisme.

Le 22 août 1962, il échappa à un attentat au rond-point du Petit-Clamart. Une véritable opération de guerre menée par un officier militaire, le lieutenant-colonel d'aviation Jean-Marie Bastien-Thiry. Son commando de huit hommes équipés de fusils mitrailleurs ne devait laisser aucune chance au convoi présidentiel, en route vers l'aéroport de Villacoublay. Le carnage se produisit. Bilan : deux pneus crevés, une vitre brisée, 14 impacts dans la carrosserie, 187 douilles retrouvées sur le pavé... et aucun blessé !

De Gaulle sortait indemne de son quatrième attentat depuis le début de son mandat de président de la République. Avant de prendre son avion, il dira simplement : « Cette fois, c'était tangent... » ; et un peu plus tard : « Ces gens-là tirent comme des cochons ! »

Comment y aller ?

– **En voiture :** Clamart est à 5 km de la porte de Châtillon par la D906 (ex-RN306).
– **En bus :** ligne 189 de la porte de Saint-Cloud, ligne 191 de la porte de Vanves. *Liaisons transversales :* ligne 162, Meudon – Val-Fleury – Cachan – Villejuif-Aragon ; ligne 190, Mairie-d'Issy – Vélisy-II.
– **En métro :** ligne 12 jusqu'au terminus Mairie-d'Issy puis bus n° 190, ou ligne 7 jusqu'au terminus Villejuif-Aragon puis bus n° 162.
– **En train :** au départ de Paris-Montparnasse, direction Mantes-la-Jolie, arrêt Clamart pour le centre-ville, et Meudon pour la forêt.

Adresses utiles

■ *Mairie :* 1, place Maurice-Gunsbourg. ☎ 01-46-62-35-35.
🛈 *Office du tourisme :* 22, rue Paul-Vaillant-Couturier. ☎ 01-46-42-17-95. Pour les férus de vieilles pierres, l'office propose un itinéraire très complet dans le centre (brochure *Flânerie historique*).

Où manger ?

🍴 *Le Skipper :* 23, rue Pierre-et-Marie-Curie. ☎ 01-41-08-04-04. Restaurant de poisson abordable et chaleureux, dans une ruelle piétonnière du centre-ville. Cadre maritime très convivial dans le style teck et toile avec des bricks et des goélettes qui naviguent sur les murs. En été, on sort les tables sur la terrasse. Derrière cette apparente décontraction se cache une cuisine très professionnelle : présentation soignée, plats bien travaillés, poissons d'une grande fraîcheur. Pour vous, on va les pêcher aux halles tous les matins. *Formule Skipper* à 148 F avec entrée, plat, dessert, quart de vin et café, pour se régaler d'un feuilleté de Saint-Jacques d'une grande finesse, suivi d'un aïoli de morue ou d'un pavé de lieu jaune rôti et sa crème safranée. La légèreté des sauces maison permet d'apprécier pleinement les desserts du chef, tels que la tarte Alsacienne ou la crème brûlée au parfum du jour. Tout aussi

LES HAUTS-DE-SEINE

délectable, la *formule déjeuner* à 98 F est servie tous les midis sauf le week-end et les jours fériés. Les plateaux de fruits de mer commencent à 98 F. Au bout du compte, une agréable croisière et un apontage sans surprise au moment de l'addition.

|●| **Le Bistrot du Boucher :** 5, av. Jean-Baptiste-Clément. ☎ 01-41-08-87-13. Ce bistrot parisien bourdonne comme une ruche avec sa clientèle de vieux habitués. Un décor rétro avec de petits rideaux rouges et le portrait des stars d'Hollywood sur fond de céramique blanche. Le patron propose un grand choix de plats très classiques mais bien travaillés. La formule unique à 145 F avec apéro maison, entrée, plat, dessert et café, vous régalera d'un feuilleté de pétoncles aux champignons forestiers ou d'une terrine de foie frais de volaille maison, suivis d'une tête de veau sauce ravigote ou d'un foie de veau poêlé au vinaigre de framboise. Pour aller plus vite, une formule : *Autour d'un plat*, servie le midi en semaine à 85 F. La carte des vins propose des millésimes récents qui

se défendent honnêtement pour moins de 100 F.

|●| **La Cosse des Petits Pois :** 158, av. Victor-Hugo. ☎ 01-46-38-97-60. Fermé le samedi midi et le dimanche soir. Petit restaurant situé à mi-chemin entre le centre-ville et la gare. Sa cuisine traditionnelle, d'une grande constance, est très appréciée. Dans la petite salle au cadre rustique, avec poutres sur torchis blanc et cheminée, on retrouve donc une clientèle d'habitués. L'accueil est très aimable. En cuisine, le chef travaille avec simplicité et générosité et propose une formule unique qui change avec les saisons. Pour 150 F, quart de vin et dessert compris, on se délectera d'un taboulé de fruits de mer aux langoustines ou d'une terrine de caille au foie gras de canard, puis d'une chartreuse de coquillages en feuille de chou, crème d'oursins ou d'un effeuillé de haddock poché au lait, sauce roquefort. Cette formule unique simplifie le choix des convives, mais dans l'enthousiasme, on se méfiera des nombreux suppléments qui peuvent créer la surprise au moment de l'addition.

À voir

★ **L'église Saint-Pierre-Saint-Paul :** place de l'Église. Érigée au XVIe siècle sur la base d'un oratoire du XIIe siècle, l'édifice fut amoché pue de féroces Prussiens et des architectes fantaisistes. D'une sévérité inhabituelle pour l'époque, la *façade principale* est ornée d'un portique monumental d'ordre toscan. À gauche, la façade nord présente un *portail de style flamboyant*, influencé par l'art flamand du XVIe siècle. À l'intérieur, le thème de la vigne est récurrent, voire obsessionnel. La *nef* a conservé ses colonnes à *chapiteaux*, de section octogonale, ornées de frises sculptées figurant des grappes de raisin, leurs feuilles et des blasons, symboles de l'autorité seigneuriale. Au fond à gauche, la chapelle Saint-Vincent porte une *dalle gravée* du XVe siècle, qui indique un échange de terrains viticoles entre deux seigneurs locaux. Au-dessus, un vitrail représente saint Vincent, patron des vignerons, entouré de grappes de raisin. La Saint-Vincent était, il y a encore 50 ans, la grande fête de Clamart. Parée des plus belles grappes, la statue du saint était promenée solennellement dans les rues de la ville, jusqu'au moment du vin d'honneur !

★ **L'église Saint-Joseph :** 145, av. Jean-Jaurès. Cette église fut édifiée en 1932 pour remplacer une chapelle installée dans une cidrerie. Elle est entièrement réalisée en béton et brique rose. La façade et le clocher montrent une parfaite utilisation du matériau de surface, permettant des jeux de lumière et de volume qui relèvent de la sculpture. La nef spacieuse et les damiers de vitraux, réalisés à l'identique, lui confèrent une atmosphère mystique et chaleureuse très réussie.

★ *L'hôtel de ville :* 1, place Maurice-Gunsbourg. Visite uniquement lors de la Journée du Patrimoine en septembre. La mairie s'est constituée au fil du temps autour de l'ancien château Barral, actuel bâtiment principal. La *tour* est le dernier vestige des anciennes demeures seigneuriales de Clamart. La décoration des salles anciennes apporte un riche témoignage du passé de la commune. La *salle des Commissions* présente une belle collection de toiles du baroque italien réalisées par des grands maîtres. Le plafond est orné d'une peinture du XVIIe siècle représentant *Josué arrêtant le soleil durant la bataille de Gabaon*. En dessous, les frises murales du XIXe siècle illustrent le thème des vendanges, de la marine et du commerce. Réalisées par Despierre en 1950, les peintures murales de la *salle des Mariages* s'inspirent nettement du style cubiste. Elles illustrent la vie de la commune au tournant du siècle. Remarquer la roue des carriers qui extraient la pierre pour la construction de monuments parisiens. La *salle du Conseil*, toute de parquet et de lambris chaleureux, est agrémentée de grandes peintures marouflées. Elles évoquent la fraîcheur des paysages environnants tels que la *fontaine Sainte-Marie*, lieu de promenade favori des Clamartois et des Parisiens. Au fond, un *vitrail* contemporain réalisé d'après un carton du peintre clamartois Jean Bazaine.

★ *La fondation Brignole-Galliera (maison de retraite Ferrari) :* 1, place Ferrari. Ouvert uniquement lors de la Journée du Patrimoine en septembre. Ancien hospice Ferrari, financé par la philanthropique Marie Brignole-Sales, marquise de Ferrari et duchesse de Galliera, qui épousa au XIXe siècle un riche industriel italien. On lui doit aussi l'orphelinat Saint-Philippe de Meudon. Conçu à l'image des grands hôpitaux du XIXe siècle, l'ensemble révèle une architecture élégante, empreinte d'une sérénité conventuelle. À l'intérieur, des couloirs clairs et majestueux, une jolie *cour carrée* à portique, réminiscence de la Renaissance italienne, une *chapelle* ornée de céramiques à fond d'or de Ravenne, et un *château d'eau* d'époque, gracieusement habillé d'arcatures et de cabochons.

★ *La maison Condorcet :* 9, rue Chef-de-Ville. Cette ancienne auberge du XVIIe siècle est le dernier vestige du vieux village. Selon la tradition, Condorcet y fut arrêté en 1794. Poursuivi par le tribunal révolutionnaire pour son amitié avec Danton, il s'était enfui à Fontenay-aux-Roses chez son ami l'écrivain Suard, qui refusa de l'héberger. Exténué, il fit halte dans une auberge de Clamart. Son attitude fut jugée suspecte : il lisait un livre écrit en langue étrangère, et commanda pour lui seul une omelette de six œufs ! Après son arrestation, il s'éteint mystérieusement dans la prison de Bourg-la-Reine.

★ *La fondation Jean Arp :* 21, rue des Châtaigniers. Ouvert pendant la Journée du Patrimoine en septembre. D'autres dates sont à l'étude (renseignements au service culturel de la mairie). Agréablement perchée en lisière de forêt, la maison-atelier de Jean Arp et Sophie Taeuber regroupe les plus belles œuvres des deux artistes. Mariés après leur rencontre dans les milieux dadaïstes de Zurich, l'un s'orienta vers le surréalisme, l'autre vers le constructivisme. Leur œuvre contribua au renouveau du langage plastique et pictural du XXe siècle.

PARC ET PROMENADES

★ Le *bois de Clamart* occupe quelque 209 ha de la forêt domaniale de Meudon. Ancienne réserve royale de chasse, il est devenu le lieu de promenade favori des Clamartois et des Parisiens.

– *Le parc forestier* : situé 500 m au sud du centre-ville. 20 ha de forêt aménagés pour les sports et les loisirs : parcours de santé, boulodrome, aires de jeux et départ du sentier de grande randonnée qui traverse la forêt (balisage rouge et blanc).

– Deux vestiges intéressants près de l'étang de la Garenne. La *pierre aux Moines* est un ancien dolmen érigé en 6 000 avant J.-C. Il appartiendrait à l'alignement mégalithique qui traverse l'Europe sur une ligne droite de 1 700 km, de la côte de la Manche au golfe de Tarente. La *fontaine Sainte-Marie* rappelle l'époque de la guinguette et du bal du même nom, fréquentés en fin de semaine par les Parisiens en quête de verdure.

★ *Le cimetière paysager :* rue de la Porte-de-Trivaux. Grande figure de l'urbanisme d'après-guerre, Robert Auzelle fut chargé d'aménager le quartier sud de Clamart, en créant notamment un cimetière intercommunal et de vastes ensembles d'habitats collectifs à bon marché. Évitant les écueils de la facilité, il conçut un espace agréable à vivre, qui fait encore référence dans les milieux d'étude architecturale et sociologique. Réalisé en 1956, son cimetière-parc de Clamart est l'un des premiers du genre en France. Pas de pierres tombales pour les sépultures, mais des stèles et des dalles harmonieusement dispersées à l'ombre des grands arbres.

★ Sous la direction d'Auzelle, un groupe d'architectes imagine les nouveaux logements selon le concept naissant des cités-jardins. Fruit d'une réflexion collective, la *cité de la Plaine* voit le jour en 1954. Le béton reste le matériau de base, mais il est recouvert de brique rose d'un très bel effet. La verdure, l'agencement destructuré des bâtiments, les matériaux esthétiques et de qualité donnent à l'ensemble un aspect humain, profondément respectueux de ses habitants et de leur environnement. D'ailleurs, les premiers locataires sont nombreux à être restés.

Marchés

– *Marché du Trosy :* 22, rue Paul-Vaillant-Couturier. C'est le marché du centre-ville, qui se déroule les mardi et samedi matin.
– *Marché du Pavé Blanc :* angle des rues de Bretagne et d'Auvergne. Le marché de la Plaine (quartier Sud) a lieu les jeudi et dimanche matin.
– *Marché de la Fourche :* angle des rues Pierre-Baudry et Victor-Hugo, près de la gare. Les mercredi et dimanche matin.

Où sortir ?

– *Centre culturel Jean-Arp :* 22, rue Paul-Vaillant-Couturier. Réservations : ☎ 01-41-90-17-02. Système d'abonnement dégressif. La carte spectacles offre un tarif avantageux aux moins de 25 ans. Le centre propose des spectacles de la scène parisienne, du théâtre, de la danse contemporaine et de la chanson française. Pour les cinéphiles, le Ciné Jean-Arp réalise des cycles et des projections à thème.
– *Centre d'arts plastiques Albert-Chanot :* 33, rue Brissard. ☎ 01-47-36-05-89. Galerie d'art contemporain : dessin, peinture et sculpture. Programmation riche et variée destinée à tous les publics. Tous les deux ans, le centre organise des visites d'ateliers d'artistes clamartois.

Fêtes et manifestations

– *Fête des Petits Pois :* une semaine en juin. Depuis plus de trente ans, l'événement majeur de la vie clamartoise fait revivre la tradition maraîchère de la ville. La mascotte de la fête est un gentil monstre légumineux du nom de Pipiou. Ce fut l'emblème d'une coopérative agricole, à l'époque triomphante du petit pois de Clamart. Toute la semaine, des spectacles de rue, des concerts, des tournois sportifs et des bals populaires. Et selon le cru, élection de la princesse de Clamart, courses de lévriers et fête de la Moisson. Le dimanche, c'est le délire avec la *Pipiou-parade* qui fait vibrer la ville au rythme du carnaval.

FONTENAY-AUX-ROSES (92260)   20 000 habitants

> *Fontenay, lieu qu'Amour fit naître avec la rose,*
> *j'irai. Sur cet espoir mon âme se repose...*
> André Chénier, *Art d'aimer*

Ancien lieu de villégiature où prospéraient châteaux et maisons de campagne. Le murmure des fontaines et le parfum des roses ont disparu, mais la ville garde son caractère résidentiel et verdoyant. Car Fontenay est si discrète qu'elle s'est faite oublier des urbanistes zélés d'après-guerre. Pas de saignée routière ni de barre linéaire. Une exception dans la région, qui donne l'occasion d'une promenade sans prétention, à l'image de cet endroit si proche et si retiré de la capitale.

Un peu d'histoire

La première mention du nom composé « Fontenay-aux-Roses » date de 1657. Le village cultive des roses à usage médicinal pour les onguents, mais surtout les fameuses roses décoratives, de couleur rouge foncé, qui détrônent celles de Provins. Fontenay a le privilège exclusif de fournir la reine, les princesses et la Cour.

Au XVIIIe siècle, Fontenay est un séjour à la mode où il fait bon se promener dans les allées fleuries. L'écrivain Scarron y possède une maison de campagne, ainsi que la famille Ledru-Rollin et les époux Boucicaut, fondateurs du magasin Le Bon Marché. Le poète André Chénier compose des vers oniriques en hommage à la douceur de Fontenay. Le village est vite acquis aux idées révolutionnaires. Son maire statue sur la séparation d'un couple par consentement mutuel deux ans avant le vote de la loi sur le divorce.

En 1854, les rosiers sont arrachés pour faire place à d'autres cultures plus rentables. Le sable de Fontenay est exporté jusqu'en Australie ou en Nouvelle-Zélande pour le coulage du bronze. Il sert à la fabrication de la statue équestre de Pierre-le-Grand à Saint-Pétersbourg et celle de la *Liberté* de Bartholdi.

Avec l'arrivée du chemin de fer en 1893, la ville s'urbanise rapidement mais conserve sa vocation résidentielle. Son cadre attire de nombreuses professions libérales, des petites entreprises de service et quelques grosses pointures de la haute technologie : un Centre de recherche du Commissariat à l'Énergie atomique (CEA), spécialisé dans la robotique et la médecine nucléaire, le Centre de technologies informatiques, concepteur de la carte à puces et du disque compact interactif, et le Laboratoire central des industries électriques (LCIE), aux missions insolites : c'est le gardien du ohm, de l'ampère et du volt en France. Il en conserve l'étalonnage grâce à des « piles étalons », des « résistances étalons » et des systèmes de réfrigération très complexes.

LES HAUTS-DE-SEINE

L'inventeur oublié de la télévision

Fontenay-aux-Roses hébergea pendant de longues années le savant français René Barthélemy. Auteur de plus de 150 brevets, il fut le pionnier de la radio et de la télévision. En 1922, il inventa le premier récepteur radio alimenté sur secteur. En 1928, les premières images transmises par la Compagnie des compteurs de Montrouge sont reçues à Fontenay dans son modeste laboratoire. Il réalise aussi la première démonstration publique de télévision à Malakoff, puis ne cesse de perfectionner le système télévisuel jusqu'à sa mort en 1954. Parallèlement, il met au point en 1939 un détecteur de but mobile que l'on appellera plus tard le radar.

Comment y aller ?

– *En voiture :* Fontenay est à 4 km de la porte de Châtillon par la D906.
– *En bus :* ligne 194 de la porte d'Orléans via Malakoff et Châtillon. *Liaisons transversales :* ligne 162, R.E.R.-Meudon – Val-Fleury – Châtillon – Bagneux – Villejuif ; ligne 128 : R.E.R.-Robinson – Sceaux – Fontenay – Bagneux – Porte-d'Orléans.
– *En métro :* ligne 7 jusqu'au terminus Villejuif-Aragon puis ligne 162.
– *En R.E.R. :* ligne B en direction de Robinson, arrêt Fontenay-aux-Roses.

Adresses utiles

■ *Mairie :* 75, rue Boucicaut. ☎ 01-41-13-20-00.
🄱 *Point Information :* dans la cour de la Mairie. ☎ 01-41-13-20-30. Ouvert du mardi au jeudi de 9 h à 12 h et de 15 h à 18 h, le vendredi de 13 h 30 à 17 h et le samedi de 9 h à 12 h. Fermé le lundi, ainsi qu'en août. Abrite également le *point Jeunes* (☎ 01-41-13-20-21) pour les 15-25 ans : loisirs, vacances, santé, orientation scolaire, recherche de jobs.

Où manger ?

|●| 🍸 *Café de la Gare :* 12, rue Gentil-Bernard. ☎ 01-46-61-10-44. Café-tabac-presse-restaurant situé en face de la charmante gare de Fontenay. On y retrouve un accent méridional et une bonne humeur communicative qui a vite fait de délier les langues et d'ouvrir l'appétit. Chantal prépare avec générosité d'excellentes spécialités aveyronnaises : farsous, aligot, choux farcis, fameux tripoux rouergat, savoureuses andouillettes. Enfin, une terrasse pour l'été, comme s'il n'y avait pas assez de soleil dans les assiettes !
|●| 🍸 *Café aux Sports :* 1, place Carnot. ☎ 01-46-60-66-52. Ce café banal, avec sa petite salle de restaurant derrière le comptoir, s'anime le vendredi grâce au fameux couscous maison de la patronne : merguez, mouton, poulet, tout y est, en quantité généreuse, avec un quart de vin pour 70 F, accueil sympathique compris.

À voir

★ **L'église Saint-Pierre-et-Saint-Paul :** 1, av. du Parc. Édifiée en 1832. Style composite sans saveur. On remarque à l'intérieur un maître-autel du XVIIIe siècle en bois sculpté, d'inspiration plutôt païenne, divers tableaux dont une *Transfiguration* copiée d'après Raphaël et un orgue du XIXe siècle. On pourra boire un verre à la terrasse de la brasserie *L'Odyssée*, située sur la place de l'Église. En face, une niche anachronique dans la paroi de l'immeuble. Elle contient une statue du XIXe siècle qui représente un jardinier sous Louis XV. Elle ornait une maison du quartier.

★ **L'église Saint-Stanislas-des-Blagis :** 104, av. Gabriel-Péri. Édifiée en 1934 pour remplacer la chapelle du collège Stanislas. Belle réussite architecturale pour un petit budget composé de donations locales. Une ligne résolument moderne et audacieuse, qui mélange avec succès la brique et le béton. Dépouillé et fonctionnel, l'intérieur ne tient pas les promesses de la façade. Les vitraux modernes méritent un petit coup d'œil.

★ **Le château La Boissière :** 10, place du Général-de-Gaulle. Maison de campagne édifiée en 1698 pour Denys Thierry, libraire rue Saint-Jacques à Paris. En 1668, il édite avec prudence les premières fables d'un certain Jean de La Fontaine. Après, on connaît la suite. Les propriétaires se succèdent, dont Citroën en 1955, ainsi que les projets de démolition. Finalement réhabilité, le bâtiment abrite la bibliothèque et le centre culturel de la commune. Il conserve sa facture classique à la Mansart. Le parc à la française a malheureusement disparu sous la pression des promoteurs.
Dans la cour, un *buste* en pierre du célèbre fabuliste, réalisé au XIXe siècle. Dans le vestibule, un magnifique *escalier* d'origine, classé, et un *médaillon* du poète réalisé en plâtre au XVIIe siècle. Denys Thierry lui devait bien ça ! Remarquer la grille en fer forgé qui orne la porte d'entrée côté parc. Elle illustre un grand succès de La Fontaine : *Le Rat des villes et le Rat des champs.*

★ **Le château Sainte-Barbe :** 3, rue Boucicaut. Édifice austère du XVIIIe siècle. Après la Révolution, ce château abrite l'institution Morin où étudie le petit Viollet-le-Duc. Il est vendu au collège Sainte-Barbe de Paris qui veut ouvrir une annexe champêtre. L'architecte Henri Labrouste entreprend l'aménagement de l'établissement. Sainte-Barbe-des-Champs compte parmi ses élèves Paul Deschanel, académicien et président de la République, et l'écrivain Valéry Larbaud, qui évoque ses années de collège dans son roman *Fermina Marquez.* Fermé en 1899, l'établissement est vendu au séminaire de Notre-Dame-des-Champs qui s'en sépare en 1907 sous le coup de la loi de Séparation. Le château appartient actuellement à la Municipalité et abrite des expositions temporaires.

PETITE PROMENADE DANS LE PASSÉ

On part de l'*hôtel de ville,* rue Boucicaut. Construit en 1851 à l'emplacement de l'ancien cimetière, ce charmant édifice est un pur produit du style IIIe République. À gauche, l'escalier du jardin public descend vers l'avenue Jean-Jaurès. Au n° 9, le *portail* en pierre est le dernier vestige du château d'Antoine Suard, écrivain et académicien du XVIIIe siècle. Celui-ci reçoit fréquemment Talleyrand, Trudaine et Condorcet dont il fut un temps le protégé. Pendant la Révolution, l'ingrat refuse d'abriter Condorcet en fuite.

LES HAUTS-DE-SEINE

On remonte l'avenue jusqu'à la **place Carnot.** À gauche, la *rue d'Estienne-d'Orves* conduit à la demeure de *Pierre Bonnard,* située au n° 17. Peintre de la nature et des couleurs, il exposa avec Lautrec et les membres du groupe des Nabis. À gauche, la *rue Guérard* présente au n° 10 un étonnant portail en pierre, où trône le buste des anciens proprios. Au n° 28, la maison de l'homme de lettres *Paul Léautaud.* Célèbre chroniqueur du *Mercure de France*, il est révélé au public en 1950 par l'émission de radio *Les entretiens avec le professeur Mallet.* Dans son jardin, « l'homme aux chats » élevait une vraie ménagerie : une vingtaine de chiens et autant de chats, des chèvres, une guenon, une oie. Quand les gens voulaient se débarrasser d'un chat, ils le jetaient par-dessus la grille de son jardin ! On le croisait dans les rues de Fontenay, le cabas à la main, parfois vêtu de sa vieille robe de chambre. Une plaque évoque son esprit cynique et frondeur, « étranger à toute foi et toute inquiétude philosophique ». Son œuvre capitale, *Le Journal,* est connue dans le monde entier.

On redescend, à travers l'agréable quartier pavillonnaire, vers l'avenue Lombart qui prolonge la **rue Boucicaut.** Au n° 27, on passe devant l'*École normale supérieure.* Édifiée en 1880 sur une ancienne propriété de Colbert, elle assure la formation des candidats à l'agrégation. Au n° 44, une demeure aérienne aux blanches colonnades, maintes fois transformée depuis le XVIIIᵉ siècle. La *maison Ledru-Rollin* fut d'abord la maison natale de Scarron, que l'écrivain regagne à la fin de sa vie, auréolé du succès de ses pièces comiques, et fraîchement marié à la jeune Françoise d'Aubigné, future Mme de Maintenon. Le domaine appartient ensuite à Nicolas-Philippe Ledru, physicien de Louis XVI, puis à l'homme politique Alexandre-Auguste Ledru-Rollin. Candidat malheureux à la présidence de la République en 1848, il s'exile à Londres pendant près de 20 ans, avant de finir ses jours à Fontenay. Léguée à la commune, la demeure devient un foyer d'accueil pour jeunes mères.

Marché

– **Marché municipal :** place du Général-de-Gaulle. Les mardi, jeudi et samedi matin. Une atmosphère de village provincial particulièrement attachante. Le samedi, tout Fontenay s'y donne rendez-vous. Le sympathique *Bistrot du Marché* est particulièrement animé ce jour-là.

Où sortir ?

– *Centre culturel Jeunesse et Loisirs (CCJL) :* château la Boissière, 10, place du Général-de-Gaulle. ☎ 01-46-60-25-72. Activités culturelles, sportives, éducatives et musicales pour tous.

– *Château Sainte-Barbe :* renseignements au service culturel de la mairie. Une expo par mois de peinture ou sculpture. En septembre, *semaine du Jeu* à la ludothèque : jeux anciens, d'adresse et de construction pour tous les âges.

– *Cinéma Le Scarron :* 8, av. J.-et-M.-Dolivet. ☎ 01-41-13-40-88. Cinéma d'Art et d'Essai et films grand public. Chouette alors : des courts-métrages avant chaque séance.

– *Théâtre des Sources :* 8, av. J.-et-M.-Dolivet. Renseignements et réservations : ☎ 01-41-13-40-80. Musique, soirées cabaret, pièces, opéra. Programmation orientée vers les jeunes auteurs et metteurs en scène.

Fêtes et manifestations

– *Fontenay en fête :* en mai. Elle regroupe sur un week-end le traditionnel *carnaval des Enfants* et une journée d'animation au parc de la Coulée verte : musique, théâtre, cirque, démonstrations sportives, jeux.

SCEAUX (92330)   18 000 habitants

La ville de Colbert est fière de son château princier. Elle a vu passer les plus grands, connu les fastes du siècle des Lumières, mais son riche passé culturel a bien failli sombrer dans l'oubli. Ressuscité au début du siècle, le domaine de Sceaux offre au public son parc magnifique et décontracté, que domine un passionnant musée de l'Île-de-France. Dans ce cadre d'exception, les immeubles se font discrets, les villas luxueuses se fondent dans la végétation.

Pas question pour autant de devenir le « Cannes » de la banlieue sud. Sceaux entend rester jeune et active. Chaque jour, les 14 000 scolaires qui fréquentent ses centres d'enseignement doublent la population de la ville. La vie culturelle, d'une grande intensité, rayonne par la qualité de sa programmation : un festival baroque international, un théâtre national d'avant-garde, des concerts rocks d'anthologie, et de surprenantes traditions méridionales.

Un peu d'histoire

LES HAUTS-DE-SEINE

Le nom de Sceaux viendrait du latin *cellae* ou cabane de vigneron. Le village est mentionné pour la première fois au XIIe siècle. Sceaux se transforme définitivement à partir de 1670, avec l'acquisition du domaine par Jean-Baptiste Colbert, principal ministre de Louis XIV. Celui-ci prend en charge le développement de la ville. Il agrandit le marché à bestiaux de la ville qui partage avec celui de Poissy le privilège d'alimenter Paris en viande. Il dote le village de deux fontaines publiques, crée une infirmerie ainsi qu'une école pour les jeunes filles du bourg (mâtin ! quel homme de progrès !). La proximité de Versailles suscite la construction de riches résidences d'été où les hauts fonctionnaires du roi cachent leur opulence derrière de hauts murs (que les Scéens appelleront « enclos »). La Révolution cause la destruction de plusieurs édifices. La présence sur place de Palloy, turbulent patriote et célèbre démolisseur de la Bastille, provoque quelques remous.

En 1800, Napoléon fait transférer à Sceaux la sous-préfecture de Bourg-la-Reine. La ville devient un lieu de promenade pour les Parisiens. Le bal de Sceaux est très à la mode. L'urbanisation s'accélère lorsqu'en 1846, l'ingénieur Arnoux construit l'une des premières lignes de chemin de fer entre Sceaux et la capitale. De la gare des trains, les Parisiens en goguette prennent le fiacre pour s'encanailler dans les guinguettes de la forêt. Celle de Robinson est la plus réputée (elle donnera son nom à un quartier de la ville).

L'urbanisme du XXe siècle préserve le cadre exceptionnel de la commune. Cadres et universitaires s'installent dans les quartiers tranquilles. On bâtit des centres d'enseignement pour désengorger la capitale : lycée Lakanal, École polytechnique féminine et faculté de Droit Jean-Monnet.

Le pèlerinage des Félibres

En 1878, Paul Arène et Valéry Vernier, hommes de lettres provençaux, partent en pèlerinage à Châtenay qui, selon la tradition, a vu naître Voltaire.

Descendus à la gare de Sceaux, ils découvrent avec émerveillement le monument dédié à l'un de leurs confrères, Jean-Pierre Claris de Florian, enterré ici même près de l'église. Attaché au duc de Penthièvre, ce fabuliste languedocien est l'auteur de *Estelle et Némorin*, un roman pastoral qui força l'estime des défenseurs de la langue d'oc au XIXe siècle. La nouvelle enthousiasme le Félibrige, mouvement littéraire fondé en 1854 par Frédéric Mistral pour défendre la culture des pays de langue d'oc. L'année suivante, Sceaux et Châtenay sont donc choisis comme lieu d'excursion pour la délégation du Félibrige venue visiter l'Exposition universelle de Paris. Renouvelé chaque année, cet événement devient une tradition. En 1884, la ville reçoit le congrès annuel du Félibrige en présence de Frédéric Mistral. Depuis, d'autres personnalités du monde des lettres, des sciences et de la politique se sont succédés : Émile Zola, Anatole France, Maurice Barrès et Vincent Auriol, alors président de la République.

Comment y aller ?

– *En voiture :* Sceaux est à 6 km de la porte d'Orléans par la RN20.
– *En bus :* depuis la porte d'Orléans, ligne 128 jusqu'à Sceaux-Hôtel-de-Ville ; ligne 188 en direction de Bagneux-Rosenberg, arrêt Blagis ; ligne 197 en direction de Massy-Opéra-Théâtre, arrêt R.E.R.-Bourg-la-Reine ; et ligne 297 en direction de Longjumeau, arrêt R.E.R.-Bourg-la-Reine. Depuis la porte de Sèvres : ligne 179 en direction de Fresnes. *Liaisons transversales :* ligne 390, R.E.R.-Bourg-la-Reine – Vélizy-Hôtel-de-Ville ; ligne 391, R.E.R.-Bourg-la-Reine – Bagneux-Dampierre ; ligne 172, R.E.R.-Bourg-la-Reine – Saint-Maur ; ligne 192, R.E.R.-Robinson – Marché-de-Rungis ; lignes 194 et 198, R.E.R.-Robinson – Butte-Rouge ; ligne 395, Antony – R.E.R.-Robinson – Clamart.
– *En métro :* ligne 13 jusqu'au terminus Châtillon-Montrouge, puis bus n° 388 jusqu'au R.E.R. Bourg-la-Reine ; ligne 8 Balard-Créteil, arrêt Créteil-L'Échat, puis bus n° 172 jusqu'au R.E.R. Bourg-la-Reine.
– *En R.E.R. :* ligne B direction Robinson pour Sceaux (centre-ville), direction Saint-Rémy-les-Chevreuse pour Parc-de-Sceaux.

Adresses utiles

■ *Mairie :* 122, rue Houdan. ☎ 01-41-13-33-00.
🛈 *Office du tourisme :* pavillon du jardin de la Ménagerie, 70, rue Houdan. ☎ 01-46-61-19-03. Ouvert du mardi au vendredi de 14 h à 18 h, le mercredi de 10 h à 12 h, et le samedi de 10 h à 12 h et de 15 h à 17 h. Fermé en août. Une mine d'infos pour les Scéens, les étudiants et les touristes.

Où manger ?

De prix modérés à prix moyens

|●| *Auberge du Parc :* 6, av. du Président-Franklin-Roosevelt. ☎ 01-43-50-35-15. Le soir, service jusqu'à 23 h. Gentil pavillon, à deux pas de l'entrée du lycée Lakanal. Donc pas mal de jeunes en semaine, et c'est tant mieux. La salle de restaurant, d'un charme provincial, surplombe un jardin verdoyant. Les formules sont du genre efficace et rapide. En semaine, menu à 58 F avec entrée,

plat, fromage ou dessert, et un quart de boisson. Également des moules-frites à 30 F, et une formule étudiants à 30 F. Service à la carte le week-end. La patronne propose des spécialités ibériques à prix doux : paella aux langoustines, morue à toutes les sauces, tripes à la façon de Porto, potée portugaise, cochon de lait, *caldo verde.* L'étape idéale avant la promenade du dimanche.

|●| *Le Chalet :* 15, av. Georges-Clemenceau. ☎ 01-43-50-44-11. Fermé le samedi midi et le dimanche. Ce resto rustique et convivial propose la panoplie complète des hauts alpages : croûtes aux lardons, salade au reblochon, diots savoyard au vin blanc et pommes de terre, tartiflettes, raclette à l'ancienne, rebloche à la braise et braserade. La fondue traditionnelle aux trois fromages tient bien la trace, et les audacieux goûteront des variantes bien réussies, au bleu, aux champignons ou façon campagnarde. Le midi, la patronne propose un menu à 80 F servi en semaine avec buffet de crudités ou dessert, plat et boisson. Menu plus complet à 97 F. Belle carte de vins du Jura et de la Savoie. Accueil demi-sec.

|●| *Restaurant du Théâtre :* 49, av. Georges-Clemenceau. ☎ 01-46-60-07-07. Fermé le dimanche. Dans l'enceinte du théâtre des Gémeaux, face à Bourg-la-Reine. Le décor : architecture high tech et grands volumes, meublés par une abondante végétation de ficus et de bambous. Allure moderne, réchauffée par les tons crème du mobilier en osier. Le genre : restaurant du futur, mais cuisine maison, pleine de fraîcheur et de simplicté. L'intrigue : c'est l'histoire d'un cuistot partagé entre deux passions, les saveurs du Sud-Ouest, avec foie gras maison, magret de canard au miel, médaillon de veau au foie gras truffé, et la cuisine du jour. Tous les matins, il fait ses courses au marché, écrit de belles choses sur une grande ardoise. Il sait que les gens apprécient son excellent jarret de porc aux lentilles ou ses savoureuses papillotes de sandre, mais que rien n'est définitif... Prix des places : menus à 85 F et à 135 F. Critique : c'est copieux et bien présenté, le service est sympathique et attentionné. Bravo! (rideau).

Le domaine de Sceaux

Le domaine de Sceaux s'étend sur 152 ha. Loin d'être un monument figé dans sa bonbonnière, il propose une multitude d'activités pour tous. Les paresseux apprécieront ses pelouses accessibles, les promeneurs et les sportifs ses chemins variés et bucoliques. Affûtez vos Pataugas : le tour du Domaine fait 5 km, celui du Grand Canal 3 km, et le parcours de santé 3,2 km. Pour les randonneurs, le parc est le point de départ du GR 11 qui conduit à Neauphle-le-Château.

|●| Près de l'aile sud du château, un *kiosque-buvette* propose des crêpes, des sandwiches et des boissons. Il ouvre en fonction des intempéries.
– Pour le divertissement : *l'Orangerie* propose des expositions, des conférences et un festival d'Été de Musique baroque. Le parc accueille des spectacles et des concerts historiques, comme celui de Madonna en 1987.

Accès

Grand parking devant l'entrée d'honneur, R.E.R. Bourg-la-Reine pour l'entrée principale (château), R.E.R. Parc-de-Sceaux pour l'accès est (Octogone et Grand canal).

Un peu d'histoire

Depuis le XVe siècle, le domaine de Sceaux ne comporte qu'un petit manoir champêtre entouré d'un jardin d'une cinquantaine d'hectares. Colbert s'en porte acquéreur en 1670, et le transforme radicalement. Puisqu'il est surintendant des bâtiments, il fait appel aux plus grands. Ben tiens, il ne va pas se gêner! L'architecte Claude Perrault est chargé d'édifier une somptueuse demeure. Il s'est déjà rendu célèbre pour ses travaux au château de Versailles, par la réalisation de l'Observatoire et celle de la colonnade du Louvre. On fait venir le premier peintre du roi, Charles Le Brun, ainsi que Le Nôtre pour un jardin à la française agrémenté des sculptures de Girardon, Coysevox et Tuby.

L'inauguration a lieu en 1677 devant Louis XIV. Le marquis de Seignelais, fils de Colbert, fait construire par la suite une orangeraie et un grand canal, à l'image de Versailles. À sa mort, le duc du Maine, fils légitimé de Louis XIV et de madame de Montespan, y mène une vie retirée, consacrée à la traduction d'œuvres latines. La bouillonnante duchesse ne l'entend pas ainsi. Héritière de l'esprit brillant et frondeur de son aïeul, le grand Condé, elle apporte une touche finale au domaine et l'entoure d'un faste inégalé jusqu'alors. Elle s'entoure d'une cour de brillants esprits et reçoit les grands du royaume lors des célèbres *Nuits de Sceaux*.

La Révolution confisque le domaine. Les plombs des toitures servent à faire des balles pour la République. Les statues et le mobilier sont dispersés, le parc est nivelé et transformé en terrain de culture. Délabré, le château est vendu à un négociant de Saint-Malo qui le fait raser. Son beau-fils, le marquis de Trévise, fait construire en 1856 un nouvel édifice, afin de remplacer le château disparu. L'architecte Lesoufaché réalise un édifice en brique et pierre de style Louis XIII. Délaissé à nouveau après la Grande Guerre, le domaine en friche inspire Alain-Fournier pour le cadre du *Grand Meaulnes*. Il est racheté par le Conseil Général de la Seine qui installe le musée de l'Île-de-France dans le château en 1937.

★ **Le parc :** les horaires suivent le rythme des saisons, du lever au coucher du soleil ; de 8 h à 17 h en hiver et de 7 h à 20 h 30 en été.

On accède au domaine par l'*entrée d'honneur*. De part et d'autre de la grille, deux *sculptures* sur guérites réalisées par l'atelier de Coysevox au XVIIe siècle : elles représentent une licorne combattant un dragon et un dogue combattant un loup, symboles de l'honnêteté et de la fidélité, les deux vertus emblématiques de Colbert.

– Après la grille, l'*Orangerie* se trouve sur la gauche. Ce vaste bâtiment fut édifié par Jules Hardouin-Mansart en 1685 afin de servir d'abri aux orangers du parc en hiver, et de salle de fête en été. Il fut inauguré en 1685 par le fils de Colbert, en présence du Roi-Soleil et de Madame de Maintenon. Pour la circonstance, Racine et Lully composent *L'Idylle de Sceaux,* chantée par les plus belles voix de l'opéra. Plus tard, la duchesse du Maine y fit jouer les pièces de Voltaire. De nos jours, on y donne des concerts de musique de chambre et des représentations théâtrales.

– Par l'allée centrale, on arrive au château qui abrite le *Musée départemental de l'Île-de-France* (voir plus bas pour la visite).

– Depuis l'esplanade du château, vue magnifique sur *les bassins et les terrasses* du parc. Le Nôtre a su tirer partie des reliefs accidentés du terrain pour dessiner d'élégantes perspectives. Pour alimenter les bassins, on fit venir l'eau par aqueduc. En empruntant à gauche l'allée de la Duchesse, on rejoint les *grandes cascades* qui descendent en escalier vers un bassin octogonal. Dessinées par Le Brun, les cascades d'origine si chères à Colbert disparurent à la Révolution. En 1935, l'architecte Azéma conçut de nouvelles cascades en style contemporain, ornées de mascarons de bronze sculptés par Rodin pour l'Exposition universelle de 1900.

– On parvient à l'*Octogone*, vaste bassin entouré d'arbres plus que centenaires et de statues atrocement mutilées, à l'exception de cerfs monumentaux.

– Les courageux effectueront le tour du *grand canal*. En toute humilité, le fils de Colbert voulut que cette imitation fût légèrement inférieure à son original : 1 080 m de longueur contre 1 200 m pour celui du château de Versailles. Les abords sont agrémentés de vénérables bosquets d'amandiers et de cerisiers, splendides lors de la floraison au mois d'avril. Au fil du temps, le bosquet des cerisiers est devenu un lieu de rendez-vous de la communauté japonaise de Paris. Gros rassemblement le 1er mai, avec séances photos et tout le cérémonial.

Dans l'axe du petit canal, en limite d'Antony, on aperçoit le *pavillon de Hanovre*, construit par Chevotet en 1760 pour le maréchal du Plessis, descendant de Richelieu.

– Revenu à la pointe nord du grand canal (la plus proche du château), on accède à la *terrasse des Pintades* par une série d'escaliers. Elle offre de belles perspectives sur le parc.

– On continue vers le *Petit Château*. Il fut acheté par Colbert au conseiller d'État Le Boult. Non loin, une grille du parc permet d'accéder au centre-ville, qui présente quelques curiosités intéressantes (cf. plus loin « À voir encore »).

– En continuant le long de l'enceinte bordée de chouettes villas, on arrive au *pavillon de l'Aurore*. Sa réouverture est prévue en 2000, après restauration complète. Ce petit bijou fut réalisé par Claude Perrault à la demande de Colbert. À l'intérieur, la coupole reste l'une des plus belles œuvres de Charles Le Brun, premier peintre de Louis XIV. Colbert se sert de ce pavillon pour recevoir son Conseil et y installer un cabinet de travail. Son fils, le marquis de Seignelay, y donnera de nombreuses fêtes. Le pavillon connaît son heure de gloire avec la duchesse du Maine, qui constitue une cour politique et littéraire. La « cour de Sceaux » attire quotidiennement une cinquantaine d'illustres personnages, dont Malézieu, l'abbé Genest, le duc de Richelieu, le poète Jean-Baptiste Rousseau ou encore Voltaire qui y écrit *Zadig* et *Micromégas*. Les « Nuits de Sceaux » sont des fêtes somptueuses dont parlent Versailles et le Tout-Paris.

– On passe ensuite devant *l'Intendance,* ancienne demeure de style Louis XVI où résidait l'indendant du domaine.

– En sortant par la grille d'honneur, on distingue à gauche depuis l'esplanade les anciennes *écuries* du domaine. Elles pouvaient contenir jusqu'à dix carrosses et une centaine de chevaux.

★ **Le musée de l'Île-de-France :** château de Sceaux. ☎ 01-41-13-70-41.
– *Horaires :* ouvert de 10 h à 17 h du 1er octobre au 31 mars, de 10 h à 18 h du 1er avril au 30 septembre. Fermé le mardi.

– *Tarifs :* entrée gratuite le 1er dimanche de chaque mois, tarif réduit les autres dimanches.

– *Centre de documentation de l'Île-de-France :* accès sur rendez-vous du lundi au vendredi de 9 h à 12 h et de 14 h à 18 h.

– *Visite :* un cadre exceptionnel pour ce musée élégant et rempli d'œuvres surprenantes. Les quatre thèmes abordés illustrent l'histoire de l'Île-de-France : le domaine de Sceaux, les résidences royales et princières, les paysages de l'Île-de-France du XVIIe au XXe siècle, et la céramique des manufactures franciliennes.

À gauche du hall d'entrée, dans le *Grand Salon,* sont accrochés les portraits des principaux propriétaires de l'ancien château : Colbert qui conçut le domaine, le duc du Maine qui l'embellit et le duc de Penthièvre qui le restaura.

À gauche, le *Petit Salon* évoque la vie au château par des peintures et des estampes. *La Leçon d'astronomie de la duchesse du Maine* rappelle la cour littéraire et scientifique dont elle s'entoura, et sa curiosité sans bornes pour les sciences et l'encyclopédie naissante. Dans l'embrasure de la porte apparaît l'abbé Genest, raillé par la cour pour sa mauvaise vue. Il rapporte une loupe à Malézieu, l'homme de confiance de la duchesse.

On retraverse le grand salon pour accéder au *Salon Ovale* qui présente la plus importante collection de céramiques de la manufacture de Sceaux. C'est en essayant d'imiter le style de la manufacture de Vincennes, qui détient alors le monopole de la fabrication de la porcelaine, que le chimiste Jacques Chapelle crée une nouvelle faïence dite « japonnée », à l'émail caractéristique d'un blanc laiteux.

Dans la *salle à manger* sont présentées des œuvres majeures telles que *L'Évanouissement d'Armide*. Cette tapisserie ornait le salon de Madame Adélaïde, la fille de Louis XV. Tissée en 1737, elle représente des chevaliers croisés, délivrant leur collègue Renaud du charme lancé par Armide. Celle-ci s'évanouit de désespoir, car elle l'aimait, son légionnaire!

En bout d'aile, on passe devant la bibliothèque pour accéder à l'*escalier d'honneur* de style Napoléon III.

À l'étage, la *salle des Résidences royales* donne sur le parc. Les tableaux apportent un éclairage intéressant sur des édifices royaux disparus de nos jours, tels que le château de Saint-Cloud ou la tour de Marlborough à Bellevue. À gauche, la *salle Millet* présente une collection remarquable de pièces de céramiques des manufactures de Creil, Choisy, Montereau et Gien. Destinées à contrer l'offensive anglaise sur le marché français, elles utilisent la même technique de production à faible coût, et transforment l'art de la céramique française en industrie, au tournant du XIXe siècle. Certaines pièces sont d'une modernité stupéfiante, comme ce service à thé de 1818, réalisé par la manufacture de Creil.

Revenu au centre du bâtiment, on accède à la *salle Neuilly,* qui évoque le domaine royal de Neuilly avant la Révolution de 1848. Propriété de la famille d'Orléans, il s'étendait de l'enceinte de Paris à la Seine, île de la Grande Jatte comprise. Un tableau intriguant : *Le Décintrement du pont de Neuilly*. Cet ouvrage en pierre était destiné à remplacer le pont en bois qui reliait Paris à Saint-Germain jusqu'en 1768. Il fut le premier à abandonner le dos d'âne au profit d'un tablier plat. Ce système exige que l'on cintre simultanément tous les arcs lors de la construction. Le peintre a saisi le moment où la foule retient son souffle, lorsque les cintres de bois sont arrachés à l'aide de cabestans. En face, la tribune de Louis XV et de ses ministres.

Plus loin, la *salle des paysages du XIXe siècle* présente des scènes champêtres d'Île-de-France qui étonneront les riverains : Saint-Cloud, Nanterre, Le Pré-Saint-Gervais... fichtre, comme ça a changé! En dehors des expositions temporaires, les autres salles sont consacrées à des donations : aquarelles et eaux-fortes d'André Dunoyer de Segonzac, sculptures et peintures abstraites d'Jean Fautrier, boiseries peintes provenant de la folie construite à Pantin pour la Guimard, célèbre danseuse du XVIIIe siècle.

À voir encore à Sceaux

★ *L'église Saint-Jean-Baptiste :* 1, rue du Docteur-Berger. Bel édifice de style composite. Fondé au XIIe siècle, il subit de multiples modifications jusqu'à la Révolution, qui le transforme en temple de la Raison. Tapissé aux couleurs de la nation et orné d'une statue de la Liberté, il accueille les processions de la déesse Raison, représentée par la jeune Démarate Palloy, fille du démolisseur de la Bastille, que l'on porte en triomphe sur un char. Il sert aussi de mairie, de bureau de bienfaisance et de siège de la Société populaire de raffinerie de salpêtre. À partir de 1794, l'édifice devient temple de l'Être Suprême, comme le rappelle un temps l'inscription sur la façade : « Le peuple français reconnaît l'être suprême et l'immortalité de l'âme ». L'église est rendue au culte un an plus tard.

Le porche est orné d'un décor très kitsch du XVIIIe siècle, entouré de pilastres et d'une fausse galerie. À l'intérieur, dans une quasi obscurité, on distingue une sculpture de marbre blanc située derrière l'autel : *Le Baptême du Christ* fut réalisé au XVIIIe siècle par Jean-Baptiste Tuby à la demande de Colbert.

★ *Le jardin des Félibres :* située sur le flanc gauche de l'église, cette petite cour réunit les bustes de plusieurs poètes provençaux, dont Frédéric Mistral, ainsi que la tombe du fabuliste cévenol Jean-Pierre Claris de Florian, mort en 1794. Petit-fils de Voltaire, il entre au service du duc de Penthièvre, grâce auquel il se tourne vers l'écriture. À l'âge de 33 ans, il entre à l'Académie française. On lui doit des œuvres d'un grand lyrisme, telles que *Galathée et Estelle*, des comédies et des fables, qui lui valent le titre de second fabuliste français. Depuis 1879, la société des Cigaliers et des Félibres de Paris se rend chaque année en pèlerinage au tombeau de leur compatriote.

★ *Le jardin de la Ménagerie :* situé près de l'église, il fut le jardin de plaisance de la duchesse du Maine. Les grandes colonnes qui s'élèvent sont les tombeaux de ses deux serins (imaginez la hauteur si elle avait élevé des autruches). À côté, une urne sur piédestal porte une inscription à peine lisible : « Ci-gît Marlamain, roi des animaux ». Il s'agit du tombeau du chat de la duchesse... La Révolution ouvrit un bal public dans le jardin : le « bal de Sceaux », très couru par les Muscadins, les Incroyables et les Merveilleuses. Balzac donna ce titre à l'une de ses nouvelles, publiée en 1830 dans l'un de ses premiers recueils : *Scènes de la vie privée*.

★ *Le Petit Château :* 9, rue du Docteur-Berger. En contrebas de l'église, magnifiquement restauré, ce château conserve son allure et son portail monumental du XVIIe siècle. Il abrite le Conseil d'architecture, d'urbanisme et d'environnement des Hauts-de-Seine (CAUE). À l'intérieur, petites expositions temporaires.

★ *L'ancienne manufacture de Sceaux :* 1, rue des Imbergères. Face au Petit Château. Cette manufacture de poteries est fondée en 1735 par la duchesse du Maine. Le chimiste Jacques Chapelle y invente la faïence japonnée, qui imite la porcelaine (dont la production est un monopole détenu par Vincennes). Le succès est immédiat, et la manufacture emploie jusqu'à 80 ouvriers. Les séquelles économiques de la Révolution et le traité de commerce permettant l'entrée libre de la faïence anglaise portent un coup fatal à la céramique française. La manufacture de Sceaux ferme à la fin du XIXe siècle.

★ *La maison Palloy :* 37, rue des Imbergères. L'entreprise Palloy devient célèbre à la Révolution pour avoir organisé la démolition de la Bastille dès le 15 juillet 1789. Lorsque Palloy s'installe à Sceaux, il se fait bâtir cette maison avec les pierres de la célèbre forteresse. Brillant orateur, il devient l'organisateur de fêtes somptueuses, dans la lignée de ceux dont il précipita la chute. Champion de l'intrigue et du vagabondage politique, il traverse les régimes jusqu'à Louis-Philippe. On le charge même du transfert des cendres de Voltaire et des funérailles de Mirabeau.
De la dernière « restauration » du bâtiment, on retiendra l'astucieux maquillage, qui masque la porte de garage afin de respecter l'équilibre de la façade.

★ *La maison Cauchy :* 46, av. Cauchy. Belle villa ceinte d'un haut mur, qui abrita le célèbre mathématicien Augustin Cauchy au XIXe siècle. Ses travaux ouvrirent la voie aux mathématiques modernes, poursuivant les recherches du confrère et voisin de Bourg-la-Reine, Évariste Galois.

★ *La maison Curie :* 9, rue Pierre-et-Marie-Curie. Pierre Curie passe sa jeunesse dans cette maison, où il continue de résider après son mariage avec Marie Sklodowska. Petit rappel pour les neurones surmenés : Pierre et

Marie Curie partagent en 1903 le prix Nobel de physique avec Henri Becquerel, puis Marie obtient le prix Nobel de chimie en 1911. Leurs recherches sur la radioactivité leur valent la découverte du polonium et surtout du radium. Marie trouve de nombreuses applications en chimie, biologie et thérapeutique. On connaît moins leur fille et son mari, qui poursuivent les recherches et découvrent la radioactivité artificielle, ce qui leur vaut le prix Nobel de Chimie en 1935.

Dans le cimetière rue Houdan, les tombes des Curie dont les cendres furent transférées au Panthéon en 1995.

★ *L'hôtel de ville :* 122, rue Houdan. C'est l'ancienne mairie, bâtie en 1863 pour accueillir les services de la sous-préfecture. Un style IIIe République sobre et distingué.

ARCHITECTURE CONTEMPORAINE

★ *Le Chalet Blanc :* 2, rue du Lycée. Près de l'École polytechnique féminine. Bel exemple de l'Art nouveau, construit en 1908 par l'architecte Hector Guimard en personne. Il se distingue du voisinage par ses lignes arrondies et l'utilisation du bois laqué.

★ *La villa Baltard :* 26, rue Bertron (derrière l'hôtel de ville). D'inspiration italienne, elle fut édifiée par Victor Baltard en 1859 pour servir de résidence d'été au célèbre architecte des Halles de Paris.

★ *Le lycée Lakanal :* 3, av. du Président-Roosevelt. Accès sur demande écrite adressée à la direction de l'établissement. Sinon, aperçu des bâtiments depuis l'avenue Claude-Perrault qui donne sur l'entrée d'honneur du domaine de Sceaux.

De tous les chantiers de lycées lancés par Jules Ferry, ministre de l'Instruction publique, le lycée Lakanal fut sans doute le plus ambitieux et le plus novateur. Il fut le premier d'un vaste projet visant à transporter à la campagne tous les lycées d'internes de la capitale, suivant l'exemple du lycée Michelet, créé à Vanves en 1864. En parfait disciple de Viollet-le-Duc, l'architecte Anatole de Baudot conçoit un ensemble résolument moderne, sans référent historique et d'un fonctionnalisme parfait. Des seuls besoins, il tire une animation inédite des façades : percements multiples pour l'aération des salles et l'éclairage de chaque lit, effets de polychromie obtenus par l'utilisation combinée de trois matériaux (brique, pierre et métal). Tout est étudié avec minutie. Ainsi, les salles de classes bénéficient d'un éclairage unilatéral venant de la gauche (dur pour les gauchers !).

Le bâtiment austère s'ouvre sur un cadre magnifique – l'ancien parc de la duchesse du Maine – où un bassin de natation et un manège équestre complètent de luxueuses installations sportives. À l'époque, le parc foisonne de biches et d'écureuils. Il servira de décor pour de nombreux films.

Conçu pour 120 élèves, l'établissement connaît un vif succès. Il accueille actuellement 2 500 élèves du collège aux classes prépas. Parmi les anciens de Lakanal, on compte un grand nombre d'écrivains et d'historiens célèbres : Charles Péguy, Jean Giraudoux, Pierre Benoît, Maurice Genevoix, Jules Isaac. Et Alain-Fournier, qui aurait imaginé le domaine perdu du *Grand Meaulnes* en contemplant le domaine délabré de Sceaux.

Le *parloir* du lycée est orné d'une fresque originale représentant un match de rugby en 1889. Elle fut réalisée par Guyonnet en hommage à Frantz Reichel, ancien élève du lycée qui introduisit en France les sports athlétiques tels que le rugby. Il devint capitaine de l'équipe de rugby du lycée, qui fut la première équipe universitaire française dans cette discipline. Cette tradition conduit à l'ouverture, en 1973, d'une section sport-études-rugby, de niveau national.

Marchés

– **Marché du centre :** place de l'Église. Le mercredi et le samedi matin.
– **Marché biologique de Robinson :** le dimanche matin.

Où sortir ?

– **Conseil d'architecture, d'urbanisme et d'environnement (CAUE) :** 9, rue du Docteur-Berger. ☎ 01-41-87-04-40. Expositions photographiques sur des sujets d'urbanisme et d'environnement.
– **Bibliothèque municipale :** 7, rue Honoré-de-Balzac. ☎ 01-46-61-66-10. Programmes variés dans la *salle d'exposition* : photographies, rencontres musicales, contes pour enfants. L'*Institut Florian* conserve plus de 6 000 ouvrages en langue d'oc.
– L'**ancienne mairie** propose les *Rencontres littéraires et artistiques* : deux conférences par mois et des concerts donnés par l'École nationale de musique.
– **Les Gémeaux :** 49, av. Georges-Clemenceau. ☎ 01-46-61-36-67. Accueil du mardi au vendredi de 12 h à 19 h et le samedi de 14 h à 19 h. Scène nationale gérée en collaboration avec Bourg-la-Reine et Châtenay-Malabry. Au programme : théâtre d'avant-garde, ballets contemporains *(les Rendez-vous chorégraphiques de Sceaux)*, spectacles lyriques, soirées et festival jazz *(Sceaux What)*. Également, de la musique classique *(les Soirées musicales de Sceaux)* et des spectacles jeune public.

Fêtes et manifestations

– **Festival de l'Orangerie de Sceaux :** en fin de semaine, de juillet à septembre. L'un des plus grands festivals de musique de chambre en France, lancé en 1969 par le violoniste Alfred Loewenguth. Un cadre tout aussi prestigieux : l'Orangerie du domaine de Sceaux. Renseignements : ☎ 01-46-60-07-79.
– **La Provence à Sceaux :** le temps d'un week-end en juin, Sceaux vit à l'heure de Frédéric Mistral. Le cœur des manifestations est la *Fête félibréenne et méridionale :* messe en langue d'oc, félibrée, musique, chants et danses des pays d'oc. Également, un marché de Provence très animé.

BOURG-LA-REINE (92340)   18 000 habitants

Beaucoup de villas, peu de grands immeubles et pas d'industrie : Bourg-la-Reine est une ville résidentielle, calme et intello. On y croise un nombre surprenant de chercheurs, académiciens, journalistes, profs et artistes. Une population discrète, qui tient avant tout à sa tranquillité.
Quelques villas de caractère et l'empreinte des faïenceries du XIXe siècle donnent l'occasion d'une agréable balade, dans un cadre préservé, à deux pas du magnifique parc de Sceaux.

Un peu d'histoire

Le site de Bourg-la-Reine est peuplé dès l'époque carolingiennne, mais le nom de la commune n'apparaît qu'au XIIᵉ siècle. « Bourg », oui, mais « Reine »... quelle reine ? Plusieurs souveraines sont en lice : Rigunthe, reine des Wisigoths qui fut dévalisée en ces lieux alors qu'elle regagnait l'Espagne, Clothilde et Rotrude, citées dans les archives de l'abbaye de Sainte-Geneviève, ou encore la reine de France Adélaïde, épouse de Louis VI le Gros, qui régna sur ces terres depuis son fief de Montmartre.

Après l'épreuve des guerres de Religion et de la Fronde, le petit bourg prend son essor grâce à sa situation géographique privilégiée : c'est le premier relais de diligences sur la route de Paris vers Orléans, Toulouse et Bordeaux.

La proximité du château de Sceaux donne aux Réginaburgiens l'occasion d'admirer les brillants cortèges qui viennent rendre visite à Colbert ou à la duchesse du Maine. Louis XIV fait plusieurs fois le déplacement.

Pendant la Révolution, la prison du village accueille un pensionnaire de marque : le marquis de Condorcet, brillant académicien, député à la Convention, et dont le seul tort fut d'être l'ami des Girondins. Oublié par ses geôliers, il fut retrouvé mort dans sa cellule. Officiellement, on ignore encore la cause de sa mort... Quelques jours plus tard, le Tribunal révolutionnaire fait guillotiner Camille Desmoulins, secrétaire de Danton. La femme de Camille, une Réginaburgienne du nom de Lucile Duplessis, s'en indigne auprès de Robespierre... et finit décapitée à son tour !

Jusqu'au XXᵉ siècle, le bourg demeure essentiellement agricole. Sous l'impulsion des faïenciers de Sceaux, les manufactures de Bourg-la-Reine se développent à la fin du XVIIIᵉ siècle. Elles acquièrent rapidement une renommée internationale. On y invente le procédé de la *barbotine*, où l'artiste peint sur la pâte crue comme sur une toile. L'arrivée du chemin de fer dès 1846 donne un nouveau souffle à la ville et draine les Parisiens en goguette, attirés par la proche campagne, les courses de la Croix de Berny et les guinguettes de Robinson. Les quartiers pavillonnaires se développent vers 1920.

Après la Seconde Guerre mondiale, Bourg-la-Reine subit une urbanisation maîtrisée. Elle conserve un caractère tranquille et résidentiel qui attire quelques entreprises.

La ronde des célébrités

Bourg-la-Reine a vu passer de nombreuses personnalités. Voici quelques noms qui nous font voyager dans l'histoire et le show-business.

Ils ont fait halte à Bourg-la-Reine

François Villon trouve refuge chez le barbier du village après son expulsion de Paris, puis il taille la route vers Orléans. *Jean de La Fontaine* assiste à la messe de la chapelle en attendant son carrosse pour Poitiers. En 1722, le village est témoin de la rencontre du jeune roi *Louis XV* avec *Marie-Anne-Victoire,* infante d'Espagne, en vue d'épousailles qui ne se feront pas (la pauvre gamine n'avait que quatre ans). On cite encore *Joseph Kessel* et *Albert Camus*.

Ils ont pris leur retraite à Bourg-la-Reine

Le *maréchal Forey,* usé par ses conquêtes sentimentales et napoléoniennes ; *François Hennebique,* au terme d'une vie entièrement consacrée au béton armé dont il inventa les multiples applications : le premier pont à poutres droites, réalisé en Suisse, puis en 1895 au Caire, le premier réservoir en béton, et en Angleterre, le premier silo en béton. On lui doit aussi le pont en arc, et le célèbre poteau en béton armé. Sa demeure est une démonstration audacieuse des possibilités offertes par ce nouveau matériau (voir notre « Balade nez au vent »).

Ils y trouvèrent l'inspiration

Élève au lycée Lakanal, *Charles Péguy* habite à Bourg-la-Reine en 1913. C'est là qu'il achève son poème *Eve* et qu'il écrit sa dernière œuvre, *Note conjointe.* Citons également *Léon Bloy* et ses amis penseurs, l'académicien *André Theuriet,* le philosophe *Jean Grenier,* professeur et ami d'Albert Camus, ainsi que des hommes de science : le docteur *Nativelle,* qui découvrit les propriétés de la digitaline sur les maladies cardiaques (gros succès en pharmacie), *Evariste Galois,* mathématicien génial, qui inventa la théorie des ensembles flous (est-ce clair ?). Il fut occis lors d'un duel pour les yeux d'une intrigante à l'âge de 20 ans. Et enfin, *Paul Portier,* aventurier et naturaliste distingué. Un collègue peu scrupuleux lui piqua ses découvertes sur le poison, et reçut le prix Nobel !

Spécial showbiz

Julien Clerc est né à Bourg-la-Reine, *Dorothée* et *Mourouzi* y ont séjourné un bon moment, *Carlos* et *Alain Delon* y ont passé leur enfance. Le père de ce dernier tenait un petit cinéma rue René-Roeckel, devenu la librairie *Le Verger des Muses.*

Comment y aller ?

– *En voiture :* Bourg-la-Reine est à 5 km de la porte d'Orléans par la RN20.
– *En bus :* depuis la porte d'Orléans, ligne 188 en direction de Bagneux-Rosenberg, ligne 197 en direction de Massy-Opéra-Théâtre, et ligne 297 en direction de Longjumeau. *Liaisons transversales* : ligne 192, R.E.R.-Sceaux-Robinson – Marché-de-Rungis ; ligne 390, R.E.R.-Bourg-la-Reine – Vélizy-Hôtel-de-Ville ; ligne 391, R.E.R.-Bourg-la-Reine – Bagneux-Dampierre.
– *En R.E.R. :* station Bourg-la-Reine sur la ligne B, direction Robinson ou Saint-Rémy-les-Chevreuse.

Adresses utiles

■ *Mairie :* 6, bd Carnot.☎ 01-41-87-22-22.
◘ *Office du tourisme :* 1, bd Carnot. ☎ 01-46-61-36-41. Ouvert du mardi au vendredi de 10 h à 12 h et de 14 h à 18 h 30, et le samedi de 10 h à 12 h.

Où manger ?

|●| *Le Bergerac :* 102, av. du Général-Leclerc. ☎ 01-46-61-80-98. Brasserie animée du centre-ville, lieu de rendez-vous de la jeunesse réginaburgienne. Bonne ambiance et patron sympa. Les gros fauteuils crème et les banquettes confortables font oublier une carte un peu raide. Au menu : poulet rôti, steak ou andouillette, servis avec une entrée ou un fromage (formule à 67 F), ou une entrée, un fromage ou un des-

sert (formule à 84 F). À la carte, des salades pas trop chères à 45 F et une bonne bavette poêlée aux échalotes à 67 F.

|●| **La Crémaillère :** 19 *bis,* bd Carnot. ☎ 01-46-63-40-95. Fermé le dimanche soir. Petite maison située près de la mairie, dans un quartier pavillonnaire. À l'intérieur, une décoration rustique toute simple avec quelques bâts de chevaux sur le mur en torchis. Le patron est un authentique cuistot des paquebots de croisière et du *Train Bleu.* Sa cuisine traditionnelle propose des plats variés, bien travaillés et présentés avec soin. Tout est fait maison, à l'ancienne. À la carte, on hésitera entre les cuisses de grenouilles à la provençale, le foie gras truffé et la terrine de sanglier. Puis le coq au vin, le canard à l'orange et la noix de veau au gingembre. Beau plateau de fruits de mer, langoustes, et truites fumées. Spécialités d'omelette aux truffes et de confit de canard aux pommes truffé à la graisse d'oie. Quel festin ! Le p'tit gamay est serein, la tarte tatin s'défend bien... On peut aussi déjeuner vite et bon sans se ruiner : le menu à 62 F est imbattable dans sa catégorie – un grand choix d'entrées (terrine de lièvre, andouille de Vire, palourdes farcies), des plats savoureux (noisette d'agneau, gigot), un fromage ou un dessert. La boisson est comprise. Également une formule rapide à 40 F. Belle carte des vins avec des crus prestigieux et de bons beaujolais à petits prix. Service stylé en bleu marine, aimable et efficace.

Petite balade nez au vent

Voici un itinéraire tranquille dans le vieux village, à deux pas du parc de Sceaux. On peut effectuer le trajet dans l'autre sens si l'on vient du parc. Compter 1 heure.

On part de l'élégante **mairie** en pierre de taille, qui date de 1845. Pour visiter, s'adresser gentiment à l'accueil (si, si, on insiste !). Dans l'escalier qui mène au 1er étage, un *buste de Condorcet.* Dans la salle du Conseil, très belles toiles illustrant les activités de la commune au début du siècle : céramique, fruits, culture des roses.

Collée à la mairie, l'**église Saint-Gilles-Saint-Leu** présente un style néoclassique, clair et sobre. Elle fut édifiée en 1835 sur les bases de l'ancienne église du XIIe siècle, dont il subsiste un frêle vestige : une colonne à chapiteau, exposée face à la mairie, sur la place Condorcet.

En continuant sur le boulevard Carnot, on arrive dans un quartier pavillonnaire bucolique et croquignolet. À l'angle de l'avenue de la République, l'ancienne **école de la République,** contemporaine à Jules Ferry, avec ses deux classes bien séparées pour les filles et les garçons.

On descend l'avenue pour revenir au centre par la *rue Ravon.* Au n° 3, une façade magnifique de 1896 : céramique multicolore, balustrade finement ciselée. Elle évoque l'époque glorieuse et éphémère de la céramique réginaburgienne.

On emprunte à droite l'**avenue du Général-Leclerc.** Au n° 43, l'ancienne demeure à colombages du maître céramiste Adrien Dalpayrat. La façade est ornée de faïences champêtres qui donnent un modeste aperçu de son savoir-faire. On peut admirer ses œuvres jusque dans les musées d'Angleterre. Plus loin, une rencontre insolite à l'angle de l'avenue : un engin de la Seconde Guerre mondiale, le *char Bourg-la-Reine,* l'un des plus glorieux de la 2e DB. Mis hors combat en novembre 44, il fut remis en état à la demande du général Leclerc.

Plus haut, on tourne à gauche vers le centre-ville, dans le **boulevard du Maréchal-Joffre** (la RN20). Au n° 40, un grand jardin privé conserve une ogive de l'ancienne église située contre la mairie. Brûlée en 1567 par les huguenots, elle est définitivement abattue en 1836. À côté, un pigeonnier en bois et brique du XIXe siècle. On passe devant la gare pour s'engager le long des voies, dans la *ruelle André-Theuriet.* Au n° 7, une plaque indique l'emplacement de l'ancienne demeure de deux écrivains célèbres : Charles Péguy et Léon Bloy.

Par une passerelle, on accède à l'avenue du Lycée-Lakanal qui délimite le quartier cossu des belles villas de Sceaux. À droite, la *rue Auguste-Demmier,* très verdoyante, fut lotie sur les anciens terrains cultivés de la commune. Au n° 19, on remarque un curieux édifice en bois ocre : ce *belvédère* servait d'abri au garde chargé de surveiller les cultures environnantes. Ce rare témoignage du passé maraîcher de la banlieue semble menacé d'un effondrement imminent et mériterait une restauration de toute urgence.

On revient sur l'*avenue du Lycée-Lakanal.* À l'angle, un bâtiment insolite, digne du Facteur Cheval et de Walt Disney réunis (il ne se visite pas). C'est la *maison Hennebique,* édifiée puis habitée par François Hennebique. Co-inventeur du béton armé, celui-ci tenta par cette construction audacieuse de prouver au monde incrédule l'étendue des capacités de ce nouveau matériau : jardins suspendus, patios intérieurs, grandes baies vitrées... Les gargouilles « néo-gothiques » qui ornent la tour sont également en béton armé ! Travailleur infatigable, Hennebique déposa plus de 20 000 projets à travers le monde. Il défendit son invention jusque dans sa tombe qui, comme le reste de son œuvre, présente une architecture originale en béton armé. Quel panache ! On arrive enfin en limite de Sceaux. L'entrée du parc est à 100 m.

Marché

– *Marché municipal :* 98, av. du Général-Leclerc. Le mercredi et le samedi matin.

Où sortir ?

– *Centre d'animation Expression Loisirs (CAEL) :* 6, villa Maurice. ☎ 01-46-63-76-96. Club lecture-rencontre, conférences philosophiques, expositions d'arts plastiques, photo et artisanat.

– *Agoreine :* 63 *bis,* bd du Maréchal-Joffre. ☎ 01-41-87-24-58. La salle des Fêtes de Bourg-la-Reine diffuse régulièrement de grands films classiques américains pour un public familial. Les *Conférences musée-première* sont organisées par les Musées nationaux sur le thème des expositions à venir au Grand Palais de Paris. Renseignements au Centre d'animation Expression Loisirs.

– *Auditorium du Conservatoire :* 11-13, bd Carnot. ☎ 01-41-87-22-32. Concerts classiques et représentations donnés par les élèves de l'École nationale de Musique, de Danse et d'Art dramatique. Quelques soirées jazz. Les *Ciné-classic* diffusent les classiques du cinéma français et étranger et, en début de saison, proposent un cycle consacré à un grand metteur en scène. Programmes disponibles aux Gémeaux. Les *Conférences de Bourg-la-Reine* traitent chaque mois de sujets d'actualité : de l'art à la technologie en passant par l'environnement ou la géopolitique. Intervenants de haut niveau.

Fêtes et manifestations

– *Festival de l'Humour :* en janvier, une semaine de rire à la salle municipale Agoreine. Humoristes renommés et nouveaux talents.

– *Semaine musicale :* fin mars - début avril. Créations, concerts et spectacles du registre classique. Un thème différent chaque année, de Gershwin à la musique romantique. Renseignements au service culturel de la mairie.
– *Semaine du Théâtre :* en février, un florilège de représentations, de Molière à Sartre, et des créations.

ANTONY (92160)   58 000 habitants

Sous-préfecture des Hauts-de-Seine, Antony donne l'image d'une ville jeune et résidentielle, conquise par d'immenses habitations collectives d'après-guerre. La cité universitaire et le Grand Ensemble de Massy-Antony comptent parmi les célèbres constructions de cette époque. Pourtant, derrière ces sentinelles modernes, le cœur de l'ancienne cité gallo-romaine continue de battre, au rythme de son charmant village provincial. De grands espaces de verdure offrent d'agréables promenades, à la rencontre de la Bièvre et des petits châteaux de plaisance du XVIIIe siècle.

Un peu d'histoire

« Antony » dérive de *Antoniacum,* domaine d'Antonius, propriétaire gallo-romain du IIIe ou IVe siècle. Ce nom apparaît en 829 dans le diplôme carolingien par lequel Louis Ier le Pieux, fils de Charlemagne, cède le domaine d'Antony à l'abbaye parisienne de Saint-Germain-des-Prés.
Lorsque François Ier fait paver la route Paris-Orléans, les auberges, les relais et un nouveau marché font revivre le hameau. Le XVIIe siècle voit la création de la Manufacture Royale de cire, qui fournit Versailles.
Au XIXe siècle, l'arrivée du chemin de fer marque un tournant décisif dans la vie de la commune. Le paysage se pare de maisons de plaisance, de lotissements et de nouvelles cultures : primeurs, fruits et fleurs. Mis en service en 1893 entre Antony et la capitale, le célèbre petit train *l'Arpajonnais* achemine vers les Halles la production maraîchère de la banlieue sud de Paris.
Le XXe siècle achève la plantation de grands ensembles en béton, tout en laissant à la ville son aspect aéré et verdoyant. La création récente d'un parc de haute technologie et d'un centre d'affaires attire de grosses entreprises telles que Rhône-Poulenc ou Motorola.

La cité universitaire et le Grand Ensemble

Dans les années 1950, l'urbanisation d'Antony est menée à grands coups de bulldozers, dans un souci purement fonctionnel et lucratif. Au mépris des plans d'urbanisme, les promoteurs construisent vite et à petit prix, parfois sur d'anciens marécages, des ensembles de tours comprenant jusqu'à 800 logements.
La résidence universitaire Jean Zay est construite en 1954. C'est une petite ville autonome de 2 500 logements HLM avec restaurants, salles de réunion, poste, bibliothèque, dispensaire, crèche,école maternelle. À partir de 1959 s'édifie sur le plateau le Grand Ensemble Massy-Antony, le second en France par sa dimension après Sarcelles. Situé à la limite sud de la ville, il apporte 12 000 habitants nouveaux à Antony. Partagé entre deux communes et deux départements, c'est un univers à part, où le souci de fabriquer le plus de logements possible est prépondérant. La construction de

barres gigantesques découle de la disposition rectiligne des chemins de roulement des grues. Ainsi, le bâtiment de la rue des Pyrénées est une barre de 290 m de façade rectiligne, 290 m de coursive intérieure et seulement 6 ascenseurs ! L'équipement scolaire, social et commercial est insuffisant. Une opération d'humanisation du complexe est menée en 1979 et l'aspect du Grand Ensemble s'améliore.

Comment y aller ?

– *En voiture :* Sceaux est à 7 km de la porte d'Orléans par la RN20.
– *En bus :* ligne 197, Porte-d'Orléans – R.E.R.-Antony. *Liaisons transversales :* ligne 19, Palaiseau – Antony-Les-Baconnets ; ligne 196, R.E.R.-Massy-Palaiseau – R.E.R.-Antony ; ligne 286, R.E.R.-Antony – Fresnes – L'Hay-les-Roses ; ligne 296, Verrière-Les-Buissons – R.E.R.-Antony-Sous-Préfecture ; ligne 297, R.E.R.-Antony – Wissous ; ligne 379, Vélizy – Châtenay-Sous-Préfecture – Croix-de-Berny – Fresnes.
– *En R.E.R. :* ligne B direction Saint-Rémy-les-Chevreuse, station Croix-de-Berny pour l'entrée sud du parc de Sceaux, station Antony pour le centreville, et station Fontaine-Michalon pour le parc Heller.
– *En VAL :* ligne Roissy-Orly, station Antony (R.E.R.).

Adresses utiles

■ *Mairie :* place de l'Hôtel-de-Ville. ☎ 01-40-96-71-00.
◻ *Office du tourisme :* 1, place Auguste-Mounié. ☎ 01-42-37-57-77. Ouvert le lundi de 14 h à 17 h, du mardi au vendredi de 9 h à 12 h et de 14 h à 18 h. Fermé en août et pendant certaines vacances scolaires.

Où manger ?

|●| *Café Michalon :* 1, av. Pierre-Vermeir. ☎ 01-46-66-02-95. À deux pas de la station Fontaine-Michalon. Le rade de banlieue, moitié cantine, moitié fleuriste : le Formica et la chlorophylle. En un mot, le bouge inclassable, comme du temps des grandes heures. Partout, des présentoirs et leur verdure, pour garder le contact avec dame Nature. Au milieu, des tables et des mamies tranquilles, avec *France-Soir* et l'œil féroce pour l'étranger. En été, on s'attable à la terrasse. Un petit menu à 54 F avec entrée, plat et dessert, qui passe bien. Foi de *Michalon*.

|●| *Café Week-End :* 39, av. Pierre-Vermeir. ☎ 01-42-37-23-81. On y vient plus pour l'ambiance de troquet pavillonnaire que pour le petit menu à 55 F, servi le midi en semaine. Voisins, ouvriers en bleu de chauffe et gentilles dames trinquent autour de la patronne, en discutant des potins du quartier. Décor familier de lambris, de coussins et de plantes d'appartement. Petite salle pour le service.

|●| *Les Pâquerettes :* 4, rue des Pâquerettes. ☎ 01-46-66-07-45. Quartier sud, face à l'École Normale. Petit resto de quartier camouflé dans une rangée de pavillons de banlieue. Vieux comptoir en bois et stuc, céramiques au mur, collection de poupées miniatures et plantes vertes. Entouré d'habitués, le patron propose un menu du jour à 54 F, servi le midi en semaine, à la bonne franquette : buffet d'entrées, plat, fromage ou dessert. Terrasse tranquille pour les beaux jours.

Prix moyens

l●l *Café de la Gare :* 6, rue Velpeau. ☎ 01-46-66-00-18. Service le midi. Fermé le dimanche. Face à la gare d'Antony, une petite brasserie typique et bien tenue. Tout y est : la formule express à 65 F avec entrée + plat ou plat + dessert, le plat du jour efficace (escalope de dinde à la normande à 49 F) et la salade landaise à 59 F. Patron à moustaches au style impeccable. Sandwiches aux produits d'Auvergne : confit de porc, cantal... Photos jaunies du pays au-dessus du comptoir.

l●l *Les Philosophes :* 53, av. de la Division-Leclerc. ☎ 01-42-37-23-22. Fermé le dimanche soir et le lundi. Petite salle derrière de grandes baies vitrées. Déco fraîche, ambiance feutrée. Nappes crème et murs saumon. Un style résolument moderne, que l'on retrouve dans les assiettes. On choisit à la carte selon deux formules : le menu à 90 F ou celui à 130 F. La cuisine est simple et imaginative, alliant avec bonheur les saveurs et les parfums les plus audacieux. On pourra commencer par un fin caviar d'aubergines aux quatre épices, persillé de volaille et sa confiture de figues. On hésitera ensuite entre un curry doux de poisson, une darne de saumon pané coco des îles et un pavé de truite de mer en croûte de pavot. Le cuistot est un maître-pâtissier : on craque avec le *crumble* aux pommes et cannelle, la crème brûlée parfumée à la vanille Bourbon ou l'ananas poché sauce au pain d'épice. La carte des vins est accessible. Une philosophie bien pensée, pour le plus grand plaisir des convives...

l●l *Le Madère :* 58, av. de la Division-Leclerc. ☎ 01-42-37-01-04. Fermé le dimanche soir et le lundi soir, ainsi qu'en août. Un restaurant portugais qui a fait ses preuves. Une salle en véranda sur le tarmac de la RN20, et une pièce plus tranquille à l'arrière. Clarté, carrelage, décor rustique et terrasse en été. À la carte, une bonne cuisine ensoleillée avec les grands classiques de là-bas : crabes farcis, bouillon de chou vert, morue grillée, soles et calmars, gâteau de flan à la portugaise. Les plats naviguent autour de 70 F. Le petit menu se hisse à 56 F.

Plus chic

l●l *Bistrot du Boucher :* 56, av. de la Division-Leclerc. ☎ 01-46-66-65-66. L'accueil aimable en tablier impeccable donne le ton : un resto chic, bien tenu et une bonne cuisine traditionnelle entièrement faite maison. Décor de bistrot à l'ancienne, un peu kitsch. Menu à 88 F le midi en semaine avec apéro maison, entrée + plat, ou plat + dessert, ou plat + fromage. Le menu à 145 F tient ses promesses (entrée, plat, fromage ou dessert, et vin). On peut attaquer sur un fondant de lentilles au foie gras ou une terrine maison. Puis continuer avec une papillote de veau grand-père ou une fricassée de poulet fermier à la crème de moules. Un poil moins cher et ce serait parfait. Pour les petites faims, une formule *Petit Boucher* attrayante à 45 F, avec blanc de volaille ou steak haché, frites à volonté, crème glacée et boisson.

Très chic

l●l *L'Amandier d'Antony :* 8, rue de l'Église. ☎ 01-46-66-22-02. Au cœur du quartier historique, une vieille maison au cadre un peu strict et confiné : plafond bas à caisson, mobilier crème classique, proximité des tables... le salut est dans l'assiette. Deux formules honnêtes et non ruineuses : le menu à 110 F servi le midi en semaine et le menu Terroir à 155 F. On pourra savourer un gratin de fruits de mer à la dieppoise, une hure de tête de veau à l'alsacienne, puis un cassoulet toulousain, une joue de bœuf au pinot noir ou une brandade de morue à la nîmoise. Les hédonistes se tourneront vers le menu Plaisir à 220 F avec amuse-bouche, entrée, plat, fromage et dessert. On a aimé le foie gras de canard fait maison en gelée de gewurztraminer, le pied de veau farci, la poularde de Bresse façon lièvre à la royale et le ris de veau belle alliance. En point d'orgue, un sorbet clémentine et ses clémentines confites à la mandarine impériale.

|●| *Le Pressoir :* 51, av. de la Division-Leclerc. ☎ 01-46-66-39-39. Brasserie très chic et très pro, avec son écailleur en tablier et son service en costume. Spécialités du Périgord et de la mer : poisson, fruits de mer, crustacés. Huîtres et plateaux de fruits de mer à emporter. Plateau-dégustation à 195 F. Le menu gastronomique *Gourmet* à 165 F propose des entrées fraîches et classiques : assiette d'huîtres et crustacés, terrine de canard et foie gras aux pistaches ou neuf huîtres de Marennes. Les plats savoureux sont plus carnassiers : entrecôte grillée aux échalotes et moelle, fricassée de rognons et ris de veau aux champignons des bois, filet de canard aux myrtilles. Belle farandole de desserts. Le même menu est proposé avec une demi-bouteille de vin pour 215 F (ouille !). Raffinement dans l'accueil et la décoration : une salle en terrasse couverte avec paravents et drapés un peu étouffants. Une valeur sûre de la gastronomie antonienne, mais les nombreux suppléments agacent et provoquent des surprises à l'addition.

À voir

★ *L'église Saint-Saturnin :* place de l'Église. Charmant édifice en pierre de Bagneux, posé sur une jolie place ombragée de tilleuls. Il présente un double intérêt, historique et esthétique. Sa silhouette est typique des petites églises rurales gothiques de l'Île-de-France : clocher latéral, plan rectangulaire avec façade et chevet plats, nef centrale flanquée de deux bas-côtés de même longueur. L'intérieur révèle trois parties anciennes et bien distinctes : les restes d'un édifice d'époque pré-romane, le chœur et la tour du XIIe siècle, la nef du XVe siècle.

À l'extérieur, la *façade* date du XVIe siècle. Seuls les portails et la rosace sont d'origine. Le *grand porche* est sobre et flamboyant avec ses deux pinacles adossés au mur et sa frise d'animaux fantastiques. La façade fut agrémentée de fausses fenêtres et d'ornements au XIXe siècle.

À l'intérieur, la base du *clocher* frappe par l'épaisseur de ses murs. Lors des travaux de rénovation en 1981, on a dégagé le tracé d'un arc en plein cintre, surmonté d'une fenêtre haute et étroite, typiquement carolingienne. Cette tour-lanterne est attestée dès 829 dans une donation de Louis Ier le Pieux à l'abbaye de Saint-Germain-des-Prés : *Antoniacum cum ipsa capella* (Antony et sa chapelle). Cet acte étant une simple confirmation, on peut en déduire que la chapelle est antérieure à cette date, ce qui fait d'elle l'un des vestiges d'architecture religieuse les plus anciens de l'Île-de-France.

La *nef* actuelle forme un ensemble harmonieux de piliers hexagonaux sans chapiteaux. Le *chœur* est du XIIe siècle. Les chapiteaux aux pommes de pin évoquent la tradition romane. La voûte illustre à merveille la naissance du gothique et le passage de la charpente à la voûte d'arête : en cours de travaux, les maîtres d'œuvre ont changé de parti architectural, bouchant les fenêtres latérales et montant des piliers contre les murs. Les nervures de voûte forment des arcs à peine brisés, de maçonnerie parfois rustique.

À l'extrémité du bas-côté droit, une *mosaïque* du IVe siècle, provenant du nord de la Syrie. Fragment de l'immense tapis de nef d'une basilique, cette œuvre d'art présente un grand intérêt historique. Elle a pour thème le triomphe de la croix, dont elle présente l'une des plus anciennes figurations. Elle rappelle qu'en 312, la conversion de l'empereur Constantin entraîna la proclamation de liberté de culte et permit aux chrétiens de mettre l'architecture et les arts plastiques au service de leur foi. La fresque de Saint-Saturnin est l'une des premières expressions, modeste mais expressive, de cet art nouveau. Dans le médaillon central, une croix grecque figure le monogramme du Christ : X et P, les deux premières lettres grecques de XPICTOS. Au-dessus de la traverse sont représentés l'alpha et l'oméga, première et dernière lettres de l'alphabet grec, symboles du commencement et de la fin.

Dans le bas-côté gauche de l'église, une fresque murale du XIXᵉ siècle représente la Cène, travail anonyme d'une grande finesse. À côté, un vitrail de la même époque illustre le martyre de saint Saturnin. Évêque de Toulouse, celui-ci se heurte à la furie de la foule pour avoir renversé les idoles païennes. Il est traîné sur les marches du Capitole, attaché au flanc d'un taureau.

Enfin, on admirera les vitraux aux tons chatoyants de la période Art déco, et le *Christ roi* serti dans la belle fenêtre du XIIᵉ siècle de l'abside.

★ *La Maison des Arts :* 20, rue Velpeau. Ouvert le lundi de 12 h à 19 h, le mercredi de 10 h à 19 h, le jeudi et le vendredi de 12 h à 19 h, le samedi de 11 h à 19 h et le dimanche de 14 h à 19 h. Fermé le mardi. Expositions temporaires au rez-de-chaussée et au 1ᵉʳ étage.

Le sous-sol abrite l'*atelier-musée d'Antony* qui regroupe une collection passionnante d'objets relatifs à l'histoire de la commune : enseigne de marchand de charbon, vases funéraires de la guerre de Cent Ans, huîtres fossiles découvertes lors du creusement de la tranchée du TGV, graffiti révolutionnaires... Dans la cave voûtée, l'atelier d'un bourrelier antonien a été fidèlement reconstitué. Il apporte un témoignage rare et émouvant sur ce métier disparu.

Dans le *parc* poussent des arbres magnifiques dont un séquoia géant, reconnaissable à son tronc rouge-brun. Ce conifère de Californie est remarquable par sa longévité : plus de 3 000 ans ! Les plus vieux spécimens atteignent 100 m de haut pour une circonférence de plus de trente mètres.

LE VILLAGE

Ce petit itinéraire d'une demi-heure nous emmène au cœur du vieil Antony, à l'époque où la rue de l'Église était la grande rue du village. On commence à l'église Saint-Saturnin pour finir à la Maison des Arts.

De l'église Saint-Saturnin, on remonte la pittoresque **rue de l'Église.** La boulangerie du nᵒ 10 existait au XVIIᵉ siècle. Elle conserve la lucarne par laquelle on hissait les sacs de farine grâce à un système de rouleau fixé au bas de la fenêtre.

On arrive sur la **place du Carrousel.** Au nᵒ 2, une demeure du XVIIIᵉ siècle et son porche blanc néo-classique. L'écrivain Léon Bloy y acheva la rédaction de son œuvre *Le Salut par les Juifs.* La propriété fut rachetée en 1895 par les Dames de Saint-Raphaël pour y créer un hôtel maternel, toujours en activité. Cette œuvre charitable fut la première en France à accueillir les filles-mères et leurs enfants.

À gauche, la ruelle à Riou passe devant l'ancienne fontaine du village et conduit à la **Manufacture Royale de cire,** au 14, av. du Bois-de-Verrière. Fondée en 1702, elle détient le privilège de la fabrication des bougies et chandelles pour la Cour de Versailles. Elle emploie soixante-dix ouvriers jusqu'à la Révolution, puis tombe en décadence. Il n'en demeure que les communs, qui abritent une retraite des sœurs de Saint-Germain-de-Cluny. Du portail, on distingue un écusson en pierre sur le mur du bâtiment. Il représente une ruche affairée et porte la devise en latin : « Elles travaillent pour Dieu et le roi ». Sur le toit, une horloge pointeuse d'origine, destinée aux ouvriers de la manufacture.

Vers la droite, l'avenue aboutit à la **rue Maurice-Labrousse** que l'on descend jusqu'au nᵒ 5 : quand le portail est ouvert, on peut apercevoir à droite la *maison de la Belle Levantine.* Elle fut achetée en 1805 par Marie-Joseph de Chénier, le parolier du *Chant du départ,* pour sa mère, Élisabeth de Santi-

Lomaca, surnommée la Belle Levantine en raison de ses origines grecques.
Plus bas, *place Auguste-Mounié,* on tourne à gauche devant le Tribunal
d'instance pour découvrir un îlot résidentiel du début du siècle, petite
enclave charmante et authentique du passé dans la ville moderne. Il rappelle
l'avènement des lotissements pavillonnaires, de part et d'autre de la voie de
chemin de fer. *Rue Pierre-Brossolette* s'alignent de magnifiques villas en
meulière, noyées dans la verdure, les cascades de glycines et le parfum des
lilas. Remarquer les auvents de style Guimard et les décorations de céramique.
Petite incursion à gauche, *rue Augusta.* Au n° 1, l'ancienne école communale de garçons Ferdinand-Buisson, typique des écoles de Jules Ferry
avec ses belles peintures en frise. Plus loin sur Brossolette, on croise la discrète *villa Saint-Georges.* Au n° 7, un *belvédère* du XIXe siècle. À l'époque, il
surplombait la campagne et les parcelles de cultures maraîchères (peut-être
pour les surveiller !).
On traverse la voie ferrée pour trouver la rue Velpeau avec, au n° 20, le parc
Bourdeau et la Maison des Arts.

AUTOUR DU PARC HELLER

Cette promenade champêtre fait découvrir quelques vestiges des anciennes
propriétés seigneuriales qui florissaient à l'écart du village. Elle commence à
l'entrée du parc Heller, rue Prosper-Legouté, soit à dix minutes à pied au sud
du centre-ville (R.E.R. Fontaine-Michalon).
Autour du carrefour du Moulin subsistent les restes de trois propriétés. Au 1,
rue Prosper-Legouté, l'ancien *château du Sieur de Moricq* fut édifié au
XVIIe siècle, puis maintes fois transformé jusqu'au lotissement de son parc
en résidence immobilière. Seul le donjon est d'origine. En face, une *roue de
moulin* en fonte du XIXe siècle. Elle tourna longtemps dans le moulin à eau
d'Antony, propriété de l'abbaye de Saint-Germain-des-Prés. Depuis le
XIIIe siècle, les Antoniens étaient tenus d'y faire moudre leur blé, contre
redevance. Le moulin était situé ici même, sur le cours de la Bièvre, à
présent canalisée dans une conduite souterraine. À droite, au 1, rue des
Sources, les vestiges de la *propriété rurale de François Molé,* talentueux
sociétaire de la Comédie française de la fin du XVIIIe siècle. Adulé du public,
il joua 126 rôles avec un égal succès. À sa mort, il ne connut pas le sort
réservé aux comédiens : on l'enterra en grande pompe avec les saints
Sacrements. Face à l'entrée du parc, le *pigeonnier du château de Moricq*
avec sa tourelle pittoresque. Privilège seigneurial, il fut curieusement
construit sur le toit des communs.
Le *parc Georges-Heller* est l'ancienne propriété du marquis de Castries,
ministre de la Marine sous Louis XVI. Le château fut rasé en 1815. Il en subsiste une dépendance, et un grand parc aménagé. Plus connue sous le nom
de *folie de Castries,* cette dépendance est dissimulée derrière un élégant
portail bleu au n° 2 de la rue.
La demeure en brique aux imposantes cheminées fut édifiée en 1880 à
l'emplacement du corps principal du château. Le parc à la française est
agrémenté de statues et d'une fontaine où grenouilles monstrueuses et
macarons de bronze crachent furieusement l'eau de la Bièvre. Plus loin, un
étang de pêche, des terrains de sport et une ferme animalière. L'*étang du
Soleil* est l'œuvre d'un Antonien forcené qui creusa lui-même le bassin à la
pelle dans les années 1940. Tout travail méritant salaire, il se fit loueur de
canots et de matériel de pêche ! Au sud du parc, le *bassin de retenue de la
Bièvre* possède un observatoire à oiseaux. C'est dans ce bassin que la
Bièvre entame son parcours souterrain jusqu'à la capitale.
Ceux qui ont le temps feront une incursion dans la rue des Saules, face au
parvis du Breuil. Au n° 6, la *chapelle Saint-Jeanne-de-Chantal* ne paie pas

de mine : c'est l'œuvre de l'abbé Sauvanaud, curé de Saint-Saturnin, surnommé par ses pairs le « curé des cathédrales en bois ». Pour faire face à l'explosion démographique des années 1930, il fonda au plus vite trois nouveaux lieux de culte en utilisant des matériaux de récupération. Ainsi, la chapelle Saint-Jeanne s'installa dans un pavillon provenant de l'Exposition coloniale de 1930. Dissimulé à droite dans le jardin, le clocher rappelle le caractère sacré du baraquement.

On monte pour trouver à gauche la rue des Chênes qui traverse le pont sur la voie ferrée. Après le pont, à droite, le *chemin latéral* nous conduit, au n° 23, à un pavillon couvert de morceaux de *faïences multicolores*. Une œuvre délirante d'imagination, à la façon du Facteur Cheval.

Marchés

– *Marché du centre-ville :* place du Marché, entre l'avenue de la Division-Leclerc et la station R.E.R. d'Antony. Ouvert les mardi, jeudi et dimanche matin. L'un des plus importants de la région parisienne.
– *Marché des Baconnets :* petit marché couvert, sympathique, situé près de la gare R.E.R. des Baconnets. Ouvert le samedi matin.

Où sortir ?

– *Maison des Arts :* 20, rue Velpeau. ☎ 01-46-74-91-24. Expositions temporaires. Dessins, moulages, objets, photographies autour de thèmes artistiques ou historiques.
– *Auditorium Paul-Arma :* Conservatoire national Darius-Milhaud, 140, av. de la Division-Leclerc. ☎ 01-40-96-72-82. Un bâtiment flambant neuf et des concerts de qualité, donnés par les élèves du conservatoire. Places gratuites et tarifs attractifs.

– *Théâtre Firmin-Gémier :* place Firmin-Gémier. Location sur place ou par téléphone, du mardi au samedi de 11 h à 19 h : ☎ 01-46-66-02-74. Au programme : théâtre, danse, variétés et jeune public.
– *Cinéma Le Sélect :* 10, av. de la Division-Leclerc. ☎ 01-42-37-59-45. Considéré comme l'un des meilleurs cinémas d'Art et d'Essai de la région parisienne.

Fêtes et manifestations

– *Foire aux Fromages et au Vin :* en septembre. Une fête populaire, dans la tradition des foires et marchés provinciaux. Dégustations, jeux, ferme animalière, spectacles : ambiance festive et conviviale sur la charmante place de l'église Saint-Saturnin.
– *Rencontres de la Guitare :* en février-mars. De la Renaissance au flamenco, tous les styles sont présents. Concerts, conférences et « masterclass » où les amateurs sont initiés par les maîtres.

CHÂTENAY-MALABRY (92293)   29 198 habitants

Ce qui caractérise cette moyenne commune d'Île-de-France, c'est un environnement que l'on souhaiterait à toutes les banlieues. En témoignent les armoiries : à gauche, une feuille de châtaignier d'or à fruits d'argent, à droite une couleuvre en tortillons, évocatrice du blason du grand argentier Colbert, seigneur de Châtenay. Le lieu-dit Malabry (de maladrerie ou encore malabri) fourmillait à l'époque de mauvais garçons et peut-être aussi de mauvaises rencontres... Il n'en est plus question aujourd'hui! Des arbres, des pelouses, des fleurs, des parcs. Et un « modernisme modéré » : fort peu de hauts immeubles, un centre-ville villageois et des bâtiments anciens protégés.

Un peu d'histoire

Des découvertes du début du siècle attestent d'une présence humaine dès le néolithique (un dolmen sur le plateau de Malabry, vraisemblablement un autel du culte druidique). De nombreux vestiges gallo-romains témoignent d'un habitat sur ce site proche de Lutèce. La première trace écrite date de 829 dans le polyptyque de l'abbé de Sainte-Geneviève. Au siècle suivant, Châtenay devient une paroisse dépendante de Notre-Dame de Paris. Elle englobe alors les terres des actuels Plessis-Robinson et Sceaux. La ville s'affranchit en 1266, avec la bénédiction du roi Saint Louis, qui remplacera, grâce à sa très célèbre équité, le servage par une contribution financière. Jusqu'à la Révolution, plusieurs seigneurs se partageront le territoire encore très vaste, malgré l'indépendance de Sceaux au XIIIe siècle. À la Révolution, Châtenay est constituée en commune.

Dès le début du XIXe siècle, elle perd peu à peu son caractère agricole et devient un lieu de grandes propriétés privées. Les cultivateurs se muent alors en pépiniéristes et arboriculteurs. En 1936, l'installation d'une cité-jardin, « La Butte Rouge », fait passer la population de 4 000 habitants à environ 30 000 aujourd'hui. En 1940, on exécuta des résistants sur la Clairière des Fusillés. On peut encore déchiffrer une pancarte sur place. Cela inspira le peintre Jean Fautrier (1898-1964). Les Murs Blancs, à partir de 1944, devient le siège de la revue *Esprit,* dirigée par Emmanuel Mounier, fondateur de la doctrine « personnalisme », synthèse du christianisme et du socialisme. Firent partie de cette école de pensée J.-M. Domenach, Paul Fraisse et Jean Baboulène. On peut aujourd'hui encore consulter la bibliothèque « personnaliste ». Dans les années 70, la commune accueille l'École Centrale, une faculté de pharmacie reliée à l'Université d'Orsay et le Centre régional d'Éducation populaire et sportive.

LES HAUTS-DE-SEINE

Comment y aller?

– *En R.E.R. :* ligne B2 jusqu'à Robinson.
– *En bus :* n°s 198, 195, 194, 179 et 395.
– *En voiture :* depuis la porte de Châtillon, la D906 puis direction Châtenay. Depuis la porte d'Orléans, la N20. De la A86, sortie Châtenay-Malabry.

Adresse utile

■ *Mairie :* ☎ 01-46-83-45-40.

Où dormir ? Où manger aux environs ?

≜ |●| *Hôtel Climat de France - restaurant La Soupière :* av. Georges-Pompidou, 91370 Verrières-le-Buisson. ☎ 01-69-30-70-70. Fax : 01-60-11-14-11. Accès : par la A86, sortie Châtenay-Malabry. De la porte d'Orléans : A6 (Lyon), puis A10 (Chartres), sortie Palaiseau, suivre Massy-Gare-TGV. Ou N20 jusqu'à Croix-de-Berny, puis direction Châtenay et Verrières. À deux pas de la très belle forêt de Verrières et de la « frontière » avec Châtenay. Hôtel entouré de végétation et de fleurs : thuyas, un superbe saule pleureur, roses trémières et grimpantes... Clair et lumineux. Accueil jeune et souriant. Chambres confortables au décor pastel jaune et bleu pâle. Deux d'entre elles sont entièrement équipées pour handicapés. 310 F la double avec Canal +, trois chaînes câblées (Eurosport, etc.). Prises pour minitel et ordinateur. Triple à 375 F. Soirée-étape à 390 F. Gratuit pour les enfants de moins de 12 ans. 10 % de réduction sur les chambres sur présentation du *Guide du Routard.* Leur restaurant, *La Soupière,* offre dans un décor provençal agréable une excellente cuisine traditionnelle. Menus à 59 F le midi (en semaine), 90 et 120 F. Buffets de hors-d'œuvre, fromages, desserts à volonté. Spécialité du chef : foie gras maison, cru ou poêlé, sur lit de salades (70 F). Aux beaux jours, on mange dans le jardin fleuri sous le saule pleureur.

À voir

★ *La maison de Chateaubriand, la Vallée aux Loups :* 87, rue Chateaubriand. ☎ 01-47-02-08-62. Entrée : 30 F ; groupes : 20 F ; dimanche et jours fériés : 15 F. Du 1er octobre au 29 décembre et du 1er février au 31 mars, ouvert de 14 h à 17 h ; du 1er avril au 30 septembre, ouvert de 10 h à 12 h et de 14 h à 18 h. Fermeture annuelle du 30 décembre au 31 janvier.
C'est sans aucun doute ce qu'il y a de plus spectaculaire à Châtenay. L'écrivain l'acquit en 1807 et ne put y rester que dix ans. Il y commença la rédaction des *Mémoires d'outre-tombe* dans la tour Velléda, au fond du parc. Il procéda à de nombreux aménagements intérieurs de cette maison de plaisance construite en 1783 par un brasseur du faubourg Saint-Marcel, André-Arnould Auclocque. Ce fervent royaliste sauva Louis XVI d'un mauvais pas, en juin 1792 : il le fit paraître au balcon du palais des Tuileries, entouré de sa famille, coiffé du bonnet phrygien à cocarde tricolore. D'après la légende, Marie-Antoinette aurait voulu lui manifester sa reconnaissance par une visite. La tour Velléda aurait été construite dans ce but.
Chateaubriand s'installe dans cette demeure dont il fait l'un des foyers emblématiques du romantisme : les meubles témoignent de ses séjours en Angleterre (un très rare escalier à double volet provient d'un brick anglais) et en Grèce (deux cariatides ornent la façade côté jardin). La même évocation de ses voyages se retrouve dans l'aménagement du parc : magnolias, pin de Jérusalem, if du Canada, cyprès de Virginie, pompadouras, rhododendrons de Humboldt, lilas Charles X, etc. La « belle des belles », Juliette Récamier, semble encore reposer sur la célèbre méridienne peinte par David en 1800. Cette pièce originale, attribuée aux frères Jacob, ébénistes parisiens, figure dans le *Salon Bleu.*
Mathieu de Montmorency, successeur, rival politique et sentimental de l'auteur d'*Atala* dans ces lieux, rajouta une aile flanquée d'une tour façon conte de fées et une chapelle dans le parc. Sa fille et son mari rajoutèrent

une autre aile massive. Cette juxtaposition architecturale sous des arbres séculaires séduisit le médecin aliéniste Le Savoureux qui acheta la propriété en 1914. Lui et son épouse, fille d'un compagnon de route de Lénine, fondèrent la Société Chateaubriand en 1929. La demeure est restée fidèle à sa vocation littéraire : Paul Léautaud y termina ses jours, Paul Valéry, Anna de Noailles et plus tard le peintre Fautrier « fréquentèrent » ici. Le professeur Robert Debré et de nombreux résistants y trouvèrent refuge pendant la Seconde Guerre mondiale.

Repris par le Conseil Général des Hauts-de-Seine sous la houlette d'un chercheur passionné, Jean-Paul Clément, la demeure et le parc restituent l'atmosphère voulue par son créateur. Une superbe bibliothèque en bois blond offre sa mezzanine et ses 6 000 volumes aux amateurs. Ce « patrimoine vivant » se compose d'une association de 600 membres, et propose deux programmes de concerts par an, les « Heures Romantiques », un salon de thé dans l'orangerie, une boutique de livres et objets-souvenirs.

★ *Le Parc romantique :* vaste de 35 ha, ancienne propriété de la famille Croux. Joli lieu de promenade ombragé et verdoyant.

★ *L'Île Verte (ex-propriété Barbier) :* 127, rue Anatole-France. Sur deux étages, une maison de maître. P.-J. Barbier acquiert en 1852 ce bâtiment et son vaste jardin. En 1867, la maison s'agrandit avec l'ajout d'une pièce d'environ 1 500 m^2. J. Fautrier s'y installe en 1945. Il compose alors la toile *L'Île Verte,* qui a donné son nom actuel à la propriété.

★ *La maison de Latouche :* 108, rue Chateaubriand. Bâtie en 1781 par un certain abbé de Lanoué, cette demeure est restée intacte. Henri de Latouche, propriétaire, journaliste et poète français du XVIIIe siècle, en fit un des hauts lieux du romantisme. Il reçut dans son salon Balzac, Béranger, George Sand et Alfred de Vigny. Sa compagne, Pauline de Flaugergues, hérite de la propriété. Par la suite, Sully-Prudhomme (1839-1907), poète et prix Nobel, habita ici.

★ *L'église Saint-Germain-l'Auxerrois :* place de l'Église. Au XIe siècle, elle ne comporte qu'une nef unique, un clocher inachevé et une chapelle. À la fin du même siècle, elle se pare d'un clocher roman. Ensuite, une chapelle est ajoutée au sud, le chœur est agrandi et la nef est surélevée. En 1504 sont édifiés une chapelle nord et l'escalier. En 1512, l'église est consacrée.

★ *L'ancienne fontaine Sainte-Marie (1885-1890) :* angle des rues des Prés-Hautes et du Docteur-Le-Savoureux. Après le conflit de 1870, l'eau potable est un problème de première nécessité. En 1873, la ville s'équipe de bornes-fontaines publiques. Celle-ci, la borne Sainte-Marie, en est un bon exemple.

★ *La cité-jardin La Butte Rouge :* édifiée en 1935, réhabilitée jusqu'aux années 60 par trois architectes, dont l'un, M. Sirvin, a laissé de remarquables textes toujours disponibles (en tout cas, souhaitons-le !) à la Délégation régionale à l'Architecture et à l'Environnement d'Île-de-France (colloque, 4 février 1985, centre Georges-Pompidou), cet ensemble a de nos jours un look Le Corbusier revisité années 50 dans des tons rose pâle. Sur la pente, de petits et moyens immeubles, au maximum 10 étages, au minimum 5, souvent sur pilotis en pierre gris clair, un centre social et un groupe scolaire (du nom de Thomas Masaryk, homme politique et philosophe tchèque, 1850-1937), plutôt bien gérés par le Conseil Général des Hauts-de-Seine : tout cela concourt à donner un sentiment de bien-être renforcé par le voisinage immédiat des bois environnants.

LE PLESSIS-ROBINSON (92350)   21 500 habitants

Ville résidentielle et agréable, aux multiples espaces verts, qui fut, jusqu'au début du siècle, un tout petit village de 600 habitants. Urbanisé dans les années 20-30, on y construira l'une des premières cités-jardins de banlieue. Réputée pour sa fête des Guinguettes en juin.

Un peu d'histoire

À l'origine du nom, *Plessiacus,* qui veut dire « Terrain fortifié ». Ce Plessiacus dépend à partir de 839 de la paroisse de Châtenay. Première mention du nom dans une charte régissant l'église en 1112. Puis le village s'accole au nom du seigneur du moment : Plessis-Raoul, Plessis-Piquet. Au XVIIᵉ siècle, Colbert achète la seigneurie (mais pas de Plessis-Colbert!), puis, en 1699, c'est Pierre de Montesquiou, cousin du célèbre d'Artagnan, qui occupe la place. Il fait construire le château et meurt en 1725. Pendant la Révolution, le village devient le Plessis-Liberté, puis en 1801 revient à Plessis-Piquet.

En 1851, un restaurateur a une idée géniale : à tous ces amoureux qui viennent s'amuser à Sceaux et folâtrer dans les bois du Plessis, il faut des petits nids. Il fait construire, dans les énormes branches des châtaigniers, de petites plates-formes avec tonnelles recouvertes de chaume, baptisées *Le Grand Robinson,* en référence au célèbre naufragé paumé sur son île (mais en fait, il confond avec le Robinson suisse qui s'abritait effectivement dans un arbre). Une bonne cuisine, une bonne pub, le succès est immédiat. Des rois, princes et grand-ducs grimpent aux arbres. Les concurrents prolifèrent : *L'Arbre de la Terrasse, Au Gros Châtaignier,* puis... *Le Vrai Arbre, Le Vrai Robinson,* etc. Ensuite vinrent les guinguettes. L'une d'elles, *Au Coup du Milieu*, avait la faveur du poète Murger (la Bohême), de Jules Vallès, de Zola, etc. La vogue pour Robinson dura jusqu'au début du XXᵉ siècle.

Et puis, un être qui nous est cher tomba amoureux du coin, notre éditeur! Après avoir fait fortune dans l'édition de livres scolaires, monsieur Louis Hachette racheta en 1854 le château du Plessis. Il y recevait ses amis, écrivains et artistes : Edmond About, Duruy, Gustave Doré, Regnault, Clairin... Il y mourut en 1864, et la propriété resta dans la famille jusqu'en 1915. Le Plessis-Robinson acquiert définitivement son nom en 1909 (en hommage à son célèbre quartier de villégiature).

La période contemporaine

D'abord, signalons la saignée de la guerre de 14 : 87 morts pour 789 habitants! Dans les années 20, urbanisation du village et construction des premières cités-jardins de l'architecte Payret-Dortail. Amoureux des arbres (tradition Robinson oblige), il en coupe le moins possible et intègre ses petits immeubles au milieu d'eux. Les locataires ayant du mal à venir *because* faiblesse des transports, on remplit avec des gendarmes (il y eut jusqu'à 800 familles). La mairie s'installe au château en 1931. En 1936, déjà 7 779 habitants; en 1954, 13 163. Aujourd'hui, chiffre stabilisé. La prolongation du métro ne se fit jamais et cela protégea d'une certaine manière la ville. En 1989, le PC perd la mairie. Aujourd'hui, la Municipalité est engagée dans l'opération « cœur de ville » : urbaniser autour de la mairie pour créer un vrai centre urbain, ainsi que continuer la reconstruction de la cité-jardin.

Comment y aller ?

– *En R.E.R. :* ligne B jusqu'à Robinson, puis bus n° 198.
– *En bus :* n°s 179 (Pont-de-Sèvres – Plessis), 195 (Porte-d'Orléans – Plessis), 198 (Gare-de-Sceaux – Robinson-Plessis), 390 (Bourg-la-Reine – Vélisy), 395 (Clamart-Antony).
– *En voiture :* depuis la porte de Châtillon, RN306 jusqu'au Plessis.

Adresse utile

■ *Mairie :* place de la Mairie. ☎ 01-46-01-43-21.

Où manger ?

|●| ❡ *L'Étang Colbert :* 89, av. de la Résistance. ☎ 01-46-31-13-61. Fermé le week-end. Bar et resto populaire bien dans la tradition banlieusarde. Aux murs, chromos et casseroles de cuivre, tête de cerf et renard empaillé. Atmosphère chaleureuse. La patronne s'inquiète si vous ne finissez pas l'assiette. Copieux menu à 60 F, plat du jour à 43 F. C'était notre rubrique « pourvu qu'il en reste encore quelques-uns comme ça ! »

|●| *La Calabresella :* 67, av. de Robinson. ☎ 01-46-61-01-77. Fermé le dimanche et le lundi soir. Un des meilleurs restos italiens de la banlieue sud. Un vrai, de l'accent de là-bas, aux effluves parfumés se dégageant des plats, de la qualité d'accueil aux belles portions servies ! Les non-fumeurs bénéficieront des superbes fresques du XIXe siècle, évoquant de façon joyeuse les guinguettes d'autrefois. La joie, on la retrouve aussi dans les assiettes avec le *capriccio* (hors-d'œuvre variés), les délicieuses pâtes (ah, les « pennettes quatre fromages ») et les plats traditionnels, *fritto misto,* Saint-Jacques à l'italienne, filet du chef aux cèpes, etc. Prix fort raisonnables. Le lambrusco et le côtes-du-rhône à 75 F. À la carte, compter 150 F. Dès que le soleil darde ses rayons, très agréable terrasse dans le jardin.

À voir

★ *La mairie :* depuis 1931, abritée dans l'ancien château. Il reste peu de choses de la première construction du XVe siècle, l'essentiel date des XVIIe et XVIIIe siècles. Fort bel escalier monumental dont on admirera l'élégante rampe en fer forgé. Façade bien patinée. Accès au jardin du haut par un passage voûté. Une de nos mairies de banlieue les plus romantiques !

★ *La chapelle Saint-Jean-Baptiste :* elle a conservé son clocher du XIIIe siècle, avec une longue baie en plein cintre. En revanche, on lui adjoignit une nef moderne en 1950, et l'intérieur ne présente pas d'intérêt particulier.

★ *Le vieux centre :* accès par le grand porche sous la mairie. Il se réduit à quelques demeures et une placette, mais se révèle tout à fait charmant. Ancienne *mairie-école* de la fin du XIXe siècle en pierre et brique, très IIIe République. À côté, la *cour commune,* insolite témoignage du vieux village médiéval qui a traversé le temps sans dommage. Elle n'a guère changé d'aspect depuis le XIIIe siècle. Gros pavés où poussent les herbes folles, pittoresques demeures campagnardes, chats se chauffant au soleil et verdure. Le nom du café *Le d'Artagnan* évoque d'ailleurs ce décor de film de cape et d'épée, tout autant que l'illustre cousin de Montesquiou qui habita le château. À deux pas, au 3, rue Marc-Sangnier, une *ancienne ferme* avec un grand portail percé d'une petite porte pour les gens.

★ **Le Moulin Fidel :** 70, rue du Moulin-Fidel. Vaste construction de 1925, mélangeant harmonieusement les styles mauresque et Art déco, ce qui donne un style assez dépouillé. À l'origine, le coûteux fantasme d'un richissime bourgeois. Aujourd'hui, le centre culturel de la ville, dont on peut fouler l'agréable jardin lors des manifestations culturelles et artistiques. On y trouve aussi la *Maison de la Musique et de la Danse* et la dernière statue de Robinson Crusoé.

BALADE DANS LA VILLE

Au fil des parcs et anciennes guinguettes, une balade dans les architectures qui façonnèrent la ville. Quelques trucs au fil de la rue de Fontenay : au n° 6, le **château Colbert** du XVIIe siècle. Acquis en 1682 par le célèbre ministre des Finances de Louis XIV, qui n'y reste cependant guère. Façade classique d'une très grande sobriété. Au n° 14, l'*orangerie* de la même époque. Pierre de taille et fenêtres en plein cintre. Au n° 23, les **anciennes écuries**, reconnaissables à leur porche en pierre et au toit à la Mansart d'origine. Chaussée de l'Étang, arrêt pour déambuler tranquillement le long des rives de l'*étang Colbert*. Creusé là aussi par notre grand argentier pour alimenter son parc de Sceaux. Si vous estimez la balade trop courte, rendez-vous au **parc Henri-Sellier**. Passer par la rue de l'Étang-Écoute-s'il-Pleut, pour vous donner l'occasion d'expliquer ce nom insolite. C'est l'ancien parc du château où Pierre de Montesquiou d'Artagnan fait creuser une grande mare afin d'y mener boire ses troupeaux. Comme ce sont les eaux de pluie qui l'alimentent de façon incertaine (et non des sources), les habitants s'en sont gentiment moqué en le surnommant l'« Étang-Écoute-s'il-pleut ». Propriété de Louis Hachette, il fut racheté en 1936 pour en faire le poumon de la ville. Superbe grande terrasse.
Rue de Malabry, partez sur les traces des anciennes guinguettes qui firent la renommée de la ville. Au n° 122, le *Modern Bar* (ancienne maison *Constant*), qui n'ouvre plus aujourd'hui qu'à l'occasion de la fête annuelle des guinguettes. Style caractéristique, structure légère et aérée. Au n° 106, les vestiges de l'un de ces *Grand Robinson* perchés dans les arbres (des bouts de plates-formes et d'escaliers), mais pas accessibles car dans les jardins d'un immeuble privé (on les aperçoit cependant un peu de la route). Au passage, le *restaurant Panoramic* offre la plus belle vue qui soit sur toute la région (terrasse très recherchée).
Enfin, au 33, rue Lafontaine (sur le chemin de la Vallée aux Loups), la **guinguette** la mieux préservée. Date de la fin du XIXe siècle et fonctionna jusqu'au début des années 50. Pour compenser le fait d'avoir été construite sur le sol et pas dans les arbres, les montants en béton soutenant la façade imitent troncs et branches.

LES CITÉS-JARDINS

Bien que dans un processus de reconstruction totale, certains édifices d'origine ont été cependant réhabilités et conservés comme témoins de cette architecture sociale très avancée pour l'époque. Notamment ceux en hauteur, en marge du parc, au-dessus de la place de l'Auditorium (donnant rue de la République). Œuvre de l'architecte Payret-Dortail, ils démontrent bien la volonté d'éviter le style « clapier », de rompre avec la démoralisante uniformité des cités de HLM traditionnelles (alors, dans les facs d'Architecture des années 60-70, on n'étudiait pas Payret-Dortail!). Au contraire, on construit à l'époque de petites structures personnalisées, bien insérées dans des espaces verts et des jardins, avec le souci de mélanger le mieux possible les classes sociales. Autre secteur intéressant, le coin de la rue Fernand-Fourcade et les voies adjacentes. La petite rue du Capitaine-Chalvidan résume bien à elle toute seule la philosophie de cette démarche : logements de fonctionnaires (en général, des officiers de gendarmerie) et... ateliers d'artistes !

Fête

– *La fête des Guinguettes :* elle se déroule généralement la 1re quinzaine de juin. L'une des plus populaires de la banlieue sud. Toute la ville participe de bon cœur à l'animation. Les principaux lieux accueillant les attractions et événements sont la grande terrasse du parc Henri-Sellier, la rue de Malabry (normal, retour aux sources), le parc du Moulin-Fidel (où, le samedi après-midi, les enfants sont rois), etc. Le samedi soir, grand spectacle. Le dimanche matin, tout le monde se retrouve au marché en costume d'époque. Même les visiteurs s'y mettent. Facile : si vous ne pouvez ou ne voulez louer un costume, un pantalon noir, un gilet et un canotier suffisent pour les hommes. Quant aux dames, jupe longue, chemisier blanc en dentelle et chapeau font bien l'affaire ! Promenades en calèche ou chars à banc, compétitions de draisiennes, concerts multiples, orgues et chanteurs de rue, bals musette, expos diverses ponctuent ces pétulantes et mémorables journées.

LES YVELINES

Les Yvelines sont à la grande banlieue ce que le 16e et Neuilly sont à Paris et ses abords : des secteurs chic et privilégiés. Elles ne font d'ailleurs que les prolonger, continuer ces « beaux quartiers » où, c'est un fait de long-temps établi, habite le riche, le bourgeois, s'opposant à l'autre versant de la capitale, l'est et le nord-est, où vit l'ouvrier, l'employé, le zonard pour de vrai. Et, sauf en quelques points bien précis et d'ailleurs excentrés, comme repoussés, rejetés à la périphérie (le Val-Fourré à Mantes, ou certains quartiers de Sartrouville par exemple), le département respire le confort et l'aisance. Versailles, Saint-Germain-en-Laye, Marly-le-Roi, autant de villes pas vraiment vilaines ; et Montfort-l'Amaury et Le Vésinet, ultra-résidentiels. Dans ce guide, nous n'abordons que la partie orientale des Yvelines, délais-sant le Mantois bien champêtre, la riante et cossue vallée de Chevreuse ou le pays boisé de Rambouillet (secteurs dont nous parlons dans *Week-ends autour de Paris,* un bon petit guide). Mais on garde l'essentiel, le cachet de cette banlieue ouest, et ses principales villes, toujours bordées de forêts. Ah, ça fait plaisir ! Ça nous change en tout cas des cités de misère, du verlan et des grafs. Ici, rien que du beau et du joli : il faut de tout pour faire un monde.

Carte d'identité

– *Année de naissance :* 1964, lors de la partition de la Seine-et-Oise.
– *Superficie :* 2 300 km^2.
– *Nombre d'habitants :* 1 307 500.
– *Préfecture :* Versailles.
– *Sous-préfectures :* Rambouillet, Mantes-la-Jolie, Saint-Germain-en-Laye.
– *Activités principales :* recherche, aérospatiale et tertiaire (pôle d'activité de Saint-Quentin-en-Yvelines et Vélizy-Villacoublay : Dassault, Matra, importants sièges sociaux) ; construction automobile (Peugeot à Poissy, Renault à Flins) ; carrières (extraction de sable et gravier).
– *Signe particulier :* taux de chômage le plus bas d'Île-de-France (6 %).

Adresse utile

◻ *Comité départemental de tourisme :* hôtel du département, 2, place André-Mignot, 78012 Versailles Cedex. ☎ 01-39-07-76-49. Fax : 01-39-07-85-06.

Pays d'étangs et de forêts

La grande caractéristique du département est son aspect verdoyant, syl-vestre. C'est immédiatement ce qui frappe lorsque, venant de Paris par l'A13 ou la nationale, on arrive en plaine de Versailles : la forêt borde la route des deux côtés. On la retrouve plus au nord, à Marly, puis à Saint-Germain-en-Laye ; au sud et au centre du département, elle est encore présente, et plus que jamais : la forêt de Rambouillet est la plus vaste d'Île-de-France.

Découvrez l'Ile-de-France, partez en randonnée !

Sentiers des Oratoires (78)

IGN carte N° IGN 2213 - 2214

5h • 18km

● Situation :
Forêt de Saint-Germain-en-Laye

● Départ :
gare Saint-Germain-en-Laye

● Arrivée :
gare Saint-Germain-en-Laye

La Région Ile-de-France protège, met en valeur et ouvre au public de nombreux espaces verts et sentiers randonnée :
plus 5 000 km de sentiers balisés et 700 km de pistes cyclables vous attendent.

Pour en savoir plus sur les 59 autres randonnées reportez-vous au Topoguide "Les Yvelines à pied" Réf. D078 de la Fédération Française de la Randonnée Pédestre (FFRP).

● Balisage croix bleues (création du sentier par l'association des amis de la forêt de Saint-Germain-en-Laye)

Pour tous renseignements :
Tél. **F F R P** :
01 44 89 93 93
et www.cr.ile-de-france.fr

EN CHEMIN :
Quatre chênes à niche, abritant des statues pieuses :

● Le chêne de Jacques Stuart
● Le chêne de Sainte Geneviève patronne de paris
● Le chêne de l'étoile de Sainte Anne
● Le chêne de l'étoile de Saint Joseph…

REGION
ILE-DE-FRANCE

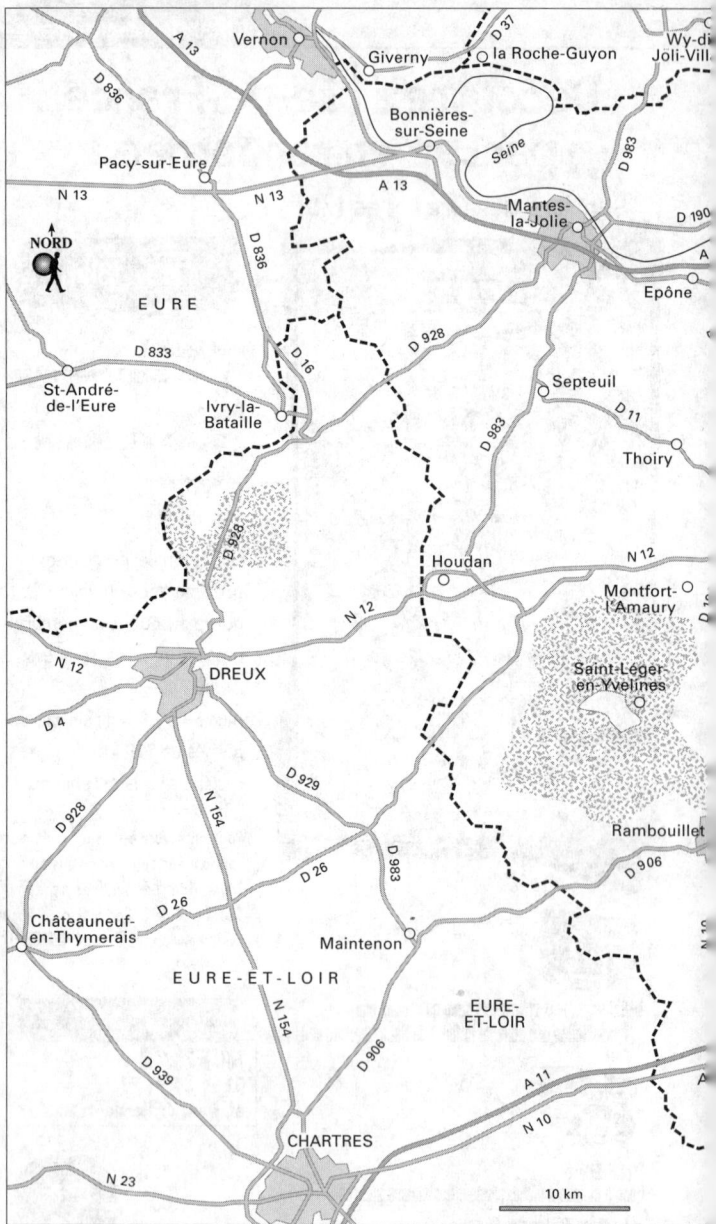

NORD

D 37
Vernon
Giverny
la Roche-Guyon
Wy-di
Joli-Vill
A 13
D 836
Bonnières-
sur-Seine
Seine
Pacy-sur-Eure
D 983
N 13
N 13
A 13
Mantes-
la-Jolie
D 190
A
D 836
Epône
E U R E
D 833
D 928
St-André-
de-l'Eure
D 16
Septeuil
D 11
Ivry-la-
Bataille
D 983
Thoiry
D 928
Houdan
N 12
Montfort-
l'Amaury
N 12
N 12
Saint-Léger-
en-Yvelines
DREUX
D 4
D 929
N 154
D 928
Rambouillet
D 26
D 983
D 906
Châteauneuf-
en-Thymerais
D 26
Maintenon
E U R E - E T - L O I R
EURE-
ET-LOIR
N 154
D 939
D 906
A 11
A
CHARTRES
N 10
10 km
N 23

VAL-D'OISE

N 14

D 927

Osny

Pontoise

Auvers-sur-Oise

D 44

D 9

N 16

D 47

Puiseux-
Pontoise

St-Ouen-
l'Aumône

Chauvry

Écouen

Neuville-sur-Oise

Meulan

N 14

Conflans-Ste-H.

Montmorency

s Mureaux

Triel-
sur-S.

Verneuil-
sur-
Seine

Andrésy

Enghien-les-B.

Vernouillet

Médan

D 190

**Maisons-
Laffitte**

A 15

A 1

A 3

Villennes-
sur-S.

*Forêt de
St-Germain*

Sartrouville

93

A 3

Poissy

Carrières-s.-S.

Houilles

A 86

Bobigny

le Vésinet

Chatou

Nanterre

D 307

St-Germain-en-Laye

Port-Marly

Croissy-s.-S.

A 13

A 3

Saint-Nom-
la-Bretèche

Marly-le-Roi

Bougival

Seine

Louveciennes

92

PARIS

eauphle-
Château

D 307

D 11

le Chesnay

A 12

N 306

D 15

Plaisir

Versailles

D 910

N 20

St-Cyr-l'École

lancourt

France
miniature

Viroflay

Montigny-le-Br.

Vélisy-Villacoublay

Créteil

Trappes

Jouy-en-Josas

A 86

94

Abb. de Port-Royal

t-Quentin-en-Yvelines

St-Rémy-
les-Chevreuse

D 36

Palaiseau

ORLY

Dampierre

Chevreuse

Gif

Yerres

Senlisse

les Vaux
de Cernay

Draveil

Breteuil

D 906

St-Jean-
de-Beauregard

A 10

N 20

A 6

N 7

Grigny

D 21

D 988

Évry

A 6

t-Arnoult-
-Yvelines

Courson

Arpajon

N 104

Bondoufle

Corbeil-
Essonnes

D 716

D 19

E S S O N N E

Dourdan

Chestainville

Saint-Vrain

N 191

A 10

D 838

Villeconin

N 20

Bouray-
sur-Juine

Vaucelas

Soisy-
sur-École

N 191

la Ferté-Alais

Étampes

N 191

LES YVELINES

LES YVELINES

Cette verdure qui semble aujourd'hui être un privilège – et qui en est un en effet : non seulement les forêts yvelinoises sont les plus grandes, mais elles sont aussi les plus belles, les mieux boisées de la région – est pourtant le produit d'une nature ingrate. Car c'est largement parce que ces plateaux sableux, marécageux parfois, n'ont qu'un faible rendement agricole qu'ils ont été délaissés et que la forêt a pu s'y développer si magnifiquement. En cela, les Yvelines diffèrent notablement des autres terres du Bassin parisien, toutes fertiles : plaine de France au nord, Brie à l'est, Beauce au sud-ouest. De cette pauvreté, pourtant, naîtront l'opulence et le luxe.

Chasses et résidences royales

C'est en effet la forêt, et son gibier, qui est à l'origine de la bonne fortune de ce « pays ». Car la chasse était le passe-temps favori des Bourbons, et déterminait pour beaucoup le choix de leurs résidences. Ces rois en tout cas ne concevaient pas de vivre sans bois giboyeux à proximité, et sans chasser, au faucon, à courre ou à tir. Et d'une certaine manière, Versailles est née d'une partie de chasse : Henri IV y mena Louis XIII enfant, qui s'y fera construire un pavillon de chasse, que Louis XIV agrandira pour y installer la Cour et le gouvernement – celui-ci y restera plus d'un siècle.

Cette présence royale, et spécialement celle du Roi Soleil, a fortement marqué le département. Tout commence par Saint-Germain, ancienne résidence royale, qui existait bien avant Louis XIV, mais qui s'est couvert d'hôtels particuliers sous son règne ; Versailles, château et ville, sont sa création ; et le secteur de Marly-le-Roi reste marqué par le passage du Grand Roi et ses réalisations : château de Marly, « machine de Marly », aqueduc de Louveciennes... Rambouillet même sera magnifique grâce au Roi Soleil, lorsqu'il y installe son fils, le comte de Toulouse.

Salut les artistes !

Dans la foulée des rois, aristocrates et bourgeois ont colonisé les Yvelines, s'y faisant à l'occasion bâtir à leur tour des châteaux (Maisons-Laffitte, Breteuil, etc.). La Révolution, comme on sait, n'a rien changé : avant comme après, sauf pour la noblesse décapitée, les riches et les pauvres étaient à peu près les mêmes – les riches un peu plus riches. Saint-Germain ou Versailles ont alors conservé leur population aisée, nantie, et leur caractère résidentiel et privilégié s'est encore affirmé.

Faut-il y voir une relation de cause à effet ? Durant tout le XIXᵉ siècle, et la première moitié du XXᵉ, peintres et écrivains, intellectuels et artistes s'installeront en nombre dans les Yvelines. En vrac, voici : Tourgueniev, Zola, Alexandre Dumas, Maeterlinck, Aragon, Ravel, Debussy, Derain, Maurice Denis, les impressionnistes et les fauves à Chatou, Maillol, Léon Blum et Jean Monnet, et tant d'autres... Étaient-ils attirés par le charme indéniable de ces villes bourgeoises, et celui des bords de Seine animés de guinguettes, que le chemin de fer rapprochait de la capitale, et que fréquentaient beaucoup les notables ? Ou étaient-ils, en partie, issus de cette même classe aisée ? En dépendaient-ils (alimentaire, mon cher Watson !) ? Il y a sans doute un peu de tout ça à la fois : Debussy, par exemple, était un enfant du pays (Saint-Germain) ; les peintres de Chatou y rencontraient aussi des clients et mécènes ; Zola était tombé amoureux de Médan. Mais, dans l'ensemble, nul doute qu'il existe une certaine *connivence* (dirait-on méchamment) entre les classes dirigeantes et prospères, qui ont du temps et de l'argent à consacrer aux arts, et les artistes – qui font rarement les trois huit : on ne peut pas tout faire !

VERSAILLES (78000)   87 000 habitants

Horaires d'ouverture : 9 h - 13 h et 15 h - 20 h ;
fermé le dimanche après la messe.
Philippe Meyer

Créée à partir de 1671 à l'initiative du Roi Soleil pour loger le personnel et les équipages de la noblesse hébergée au château, Versailles est la première « ville nouvelle » jamais réalisée. Son plan, fort simple – une gigantesque patte d'oie convergeant vers la place d'Armes –, servira de modèle à bien d'autres grandes réalisations urbaines : Saint-Pétersbourg, Karlsruhe ou Washington par exemple, s'en inspirent directement. Bientôt instituée capitale – le gouvernement y siégera de 1682 à la Révolution, puis de 1872 à 1879 –, sa population, composée de tous ceux que la Cour et les ministères font vivre, augmente rapidement pour atteindre 30 000 habitants en 1715, à la mort de Louis XIV.

Voilà pour l'urbanisme. Quant à l'esprit, il est tout entier issu de cette génération spontanée... et royale. Un esprit tenace, vaguement nostalgique de la Couronne, droitier en tout cas et conservateur comme l'étaient les *Versaillais,* justement, quand ils réprimaient la Commune de Paris. Bien sûr, nous n'en sommes plus là, mais Versailles n'en reste pas moins la ville bourgeoise par excellence, aussi rigide et aussi drôle que ses artères monumentales – l'avenue de Paris est plus large que les Champs-Élysées ! –, bordées de bâtiments austères.

Pourtant, passé cette première impression, l'atmosphère se détend un peu, se complique aussi. Car rien n'est si simple, et l'on découvre bientôt, quartier Saint-Louis ou ailleurs, des recoins charmants, des lieux aimables et animés, et des Versaillais pas plus versaillais que ça. Des gens normaux, démocrates et fêtards. Il faut alors ranger ses préjugés au vestiaire et revoir sa copie... Tout fout l'camp !

Un peu d'histoire

Rien ne subsiste du modeste village d'avant Louis XIV, d'avant Versailles pourrait-on dire. La ville est sortie de terre lorsque, par un décret du 22 mai 1671, le roi a permis à quiconque d'acquérir un terrain à Versailles à des conditions fiscales très avantageuses. Afin d'ordonner la ville par rapport au palais, et que celui-ci la domine, le service des Bâtiments du Roi établit que la hauteur des habitations ne doit pas dépasser le niveau de la cour de Marbre (contrainte assouplie sous Louis XV), et les rues, les immeubles sont répartis symétriquement par rapport à l'avenue de Paris – formant ainsi de part et d'autre les quartiers Notre-Dame et Saint-Louis. Louis XV la développe encore, y installant d'importants ministères (hôtels de la Guerre, des Affaires étrangères et de la Marine).

VERSAILLES

🛏 Où dormir ?

20 Home Saint-Louis
21 Hôtel Richaud
22 Paris Hôtel
23 Hôtel Le Cheval Rouge
24 Camping-caravaning International

🍽 Où manger ?

30 Djurdjura
31 Le Café du Palais

32 Le Baltika
33 Le Rescatore
34 La Brasserie du Théâtre
35 Brasserie La Fontaine
36 Restaurant Saudade

🍷 Où boire un verre ?

50 Café En Vogue
51 Le Bailliage
52 Sister's Café

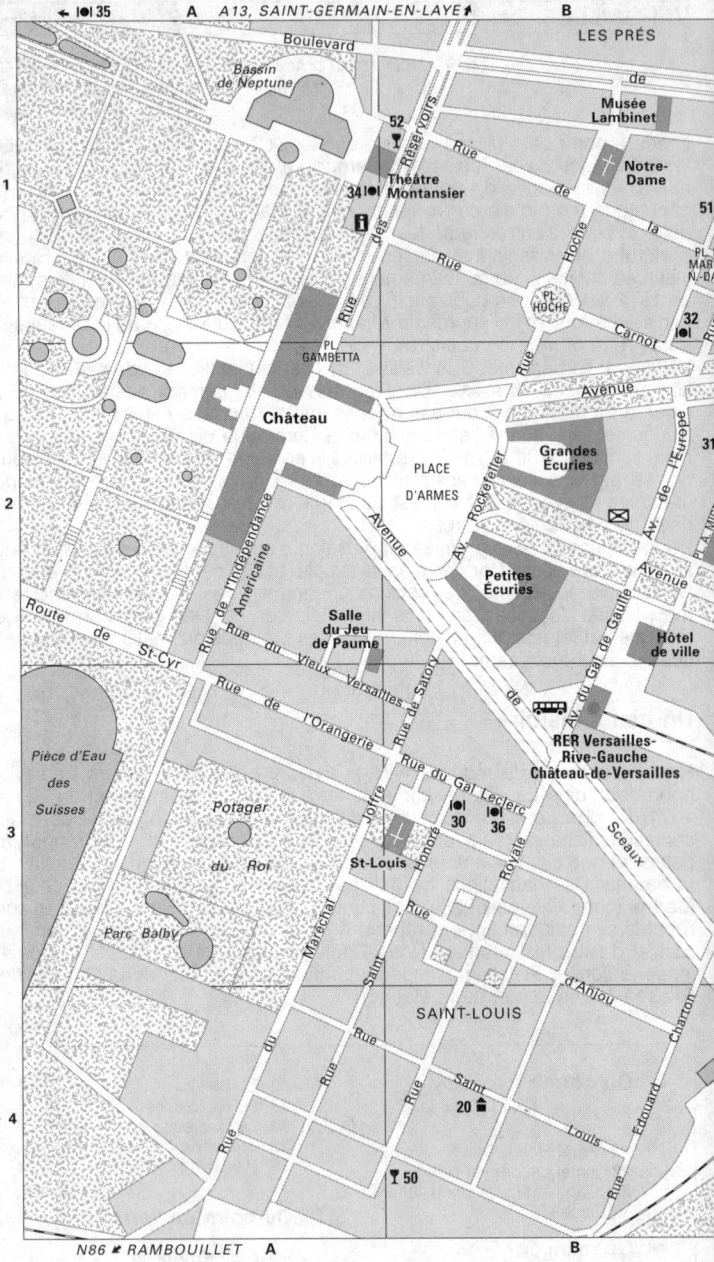

← |●| 35   **A**   *A13, SAINT-GERMAIN-EN-LAYE* ↗   **B**

LES PRÉS

Boulevard

de

Bassin
de Neptune

**Musée
Lambinet**

52
▼

Rue

Rue

**Théâtre
Montansier**

de

✝ **Notre-
Dame**

1

34 |●|

ℹ️

Hoche

la

51

Rue

PL.
MAR
N.-DA

PL.
HOCHE

32
|●|

PL.
GAMBETTA

Carnot

Rue

Avenue

Château

**PLACE
D'ARMES**

**Grandes
Écuries**

Av. de l'Europe

31

Av. de Rockefeller

Pl. Mai

2

Rue de l'Indépendance Américaine

Avenue

Av.

⊠

**Petites
Écuries**

Avenue

Route de

St-Cyr

**Salle
du Jeu
de Paume**

Rue du Vieux Versailles

Rue de Satory

de

Av. du Gal de Gaulle

**Hôtel
de ville**

Rue du

Rue de l'Orangerie

🚌

**RER Versailles-
Rive-Gauche
Château-de-Versailles**

Pièce d'Eau

des

Suisses

Rue du Gal Leclerc

Joffre

Honoré

30
|●|

36
|●|

Royale

Sceaux

3

Potager

du Roi

✝ **St-Louis**

Rue

Parc Balby

Rue

d'Anjou

Matechal

Saint

SAINT-LOUIS

Charton

Rue

du

Rue

Rue

Saint

20 🏛️

Louis

Rue

Edouard

4

Rue

▼ **50**

N86 ← RAMBOUILLET   **A**   **B**

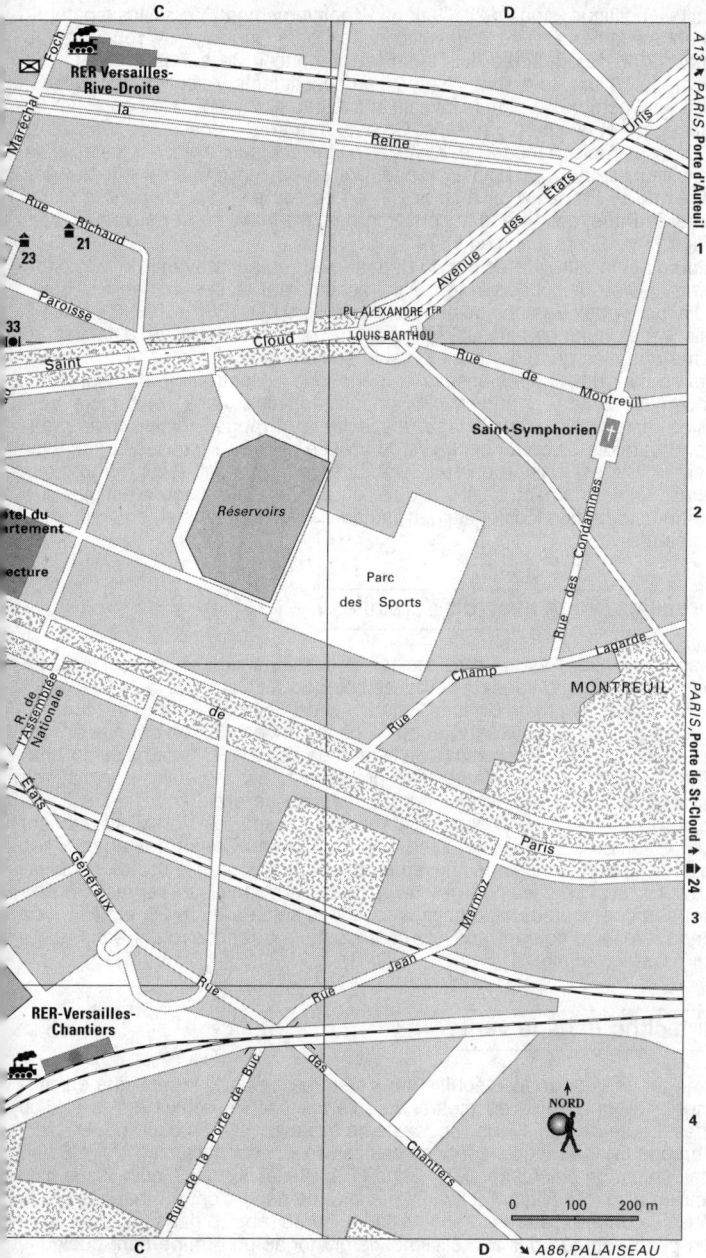

C · D

☒

🚂 **RER Versailles-
Rive-Droite**

la

Reine

Unis

Rue Richaud

🏛 Rue · Maréchal · Foch

Avenue · des · États

21

1

🏛
23

Paroisse

PL. ALEXANDRE 1ᵉʳ

33
[●]

Saint · Cloud

LOUIS BARTHOU

Rue · de · Montreuil

Saint-Symphorien ✝

stel du
artement

Réservoirs

Rue · des · Condamines

2

ecture

Parc

des · Sports

Lagarde

R. de l'Assemblée
Nationale

de

Champ

Rue

MONTREUIL

États

Paris

■ 🏛 **24**

Généraux

Mermoz

3

🚂 **RER-Versailles-
Chantiers**

Rue

Rue

Jean

Rue · de · la · Porte · de · Buc

des

Chantiers

NORD
🚶

4

0   100   200 m

C · D

VERSAILLES

VERSAILLES

Capitale politique, siège de la Cour et du gouvernement, Versailles a naturel-lement été le berceau de la Révolution : les États Généraux s'y réunissent le 5 mai 1789 ; les députés du Tiers-État prononcent le serment du Jeu de Paume le 20 juin ; le 4 août, l'Assemblée constituante y abolit les privilèges. Enfin, le 6 octobre, le peuple investit le château et ramène « le boulanger, la boulangère et le mitron » à Paris. Ce départ marque le déclin de Versailles, qui se dépeuple pendant le XIXe siècle. Le château évite de justesse la démolition, sauvé par Louis-Philippe, qui en fait un musée « à toutes les gloires de la France », et à la sienne en particulier. Puis survient la Com-mune de Paris, qui amène le gouvernement à s'installer de nouveau à Ver-sailles ; il y restera jusqu'en 1879.

Aujourd'hui la ville, préfecture du département et, auparavant, de la grande Seine-et-Oise, a conservé son plan monumental et ses immeubles bour-geois, dont quelques-uns des hôtels particuliers des XVIIe et XVIIIe siècles – mais assez peu : beaucoup ont disparu, et les immeubles d'habitation, même dans les quartiers anciens, sont souvent postérieurs. D'autres quar-tiers se sont développés ensuite en périphérie – Montreuil, Porchefontaine, Glatigny et Satory –, parfois plus populaires, mais dans l'ensemble Ver-sailles reste fidèle à son image, respectable et rangée, active mais man-quant toutefois d'un vrai centre : trop divisée peut-être par ses larges ave-nues, la ville est éclatée en quartiers qui s'ignorent, dont aucun en tout cas ne rassemble vraiment. Il est vrai qu'à l'origine, le château, qui n'est plus que la grande attraction locale, était un lieu de vie ouvert à tous et, en somme, le vrai centre-ville.

Versailles, vous avez dit Versailles ?

L'esprit versaillais est un rare cocktail de convenances et de traditions, de bonne éducation mâtinée de prudence bourgeoise. Car dans cette ville où vit encore S.A.R. le prince Charles-Emmanuel de Bourbon Parme, descendant en ligne directe de Louis XIV, et où, dans les années 60, on donnait encore des messes le jour anniversaire de la mort de Louis XVI, certains sujets cha-grinent – la pilule, l'avortement, le préservatif, par exemple – et d'autres réjouissent. La famille notamment, nombreuse de préférence, est à l'hon-neur : on le voit bien le samedi après-midi, quand les Versaillais mènent leurs enfants faire de la bicyclette autour du Grand Canal ; des ribambelles de petites têtes blondes, le cheveu propre et bien coupé, le costume impec-cable. Le soir venu, les plus grands se retrouvent dans les « rallyes », qui ne sont pas des courses automobiles mais des soirées entre fils et filles « de bonne famille », figurant au Bottin Mondain. Ils y rencontreront sans doute leur futur(e) conjoint(e).

La techno dans le vent

Étrange, un vent de folie souffle sur Versailles, celui de la musique électro-nique. Il donne envie de mettre de côté les poncifs éculés et les vieilles lunes. Faute de quoi, vous risquez de ne pas avoir l'*Air* au courant. *Air*, c'est le groupe français « que le monde nous envie », et dont l'album *Moon Safari* a fait un carton planétaire. Jean-Benoît Dunckel et Nicolas Godin, issus d'un « milieu aisé » et n'ayant « jamais manqué de rien », ont été happés par la house – comme d'autres le sont, ailleurs, par le rap. Et, dans un lycée de la ville plutôt réputé pour son élitisme, ils ont fondé un groupe dont quelques membres ont aujourd'hui percé sur la scène française, dont Étienne de Crécy : Étienne a travaillé avec MC Solaar et d'autres vedettes encore. Mais on le connaît mieux en tant que *Motorbass,* le producteur fou et créateur du label *Solid*. Quant à son double CD *Super-discount* (auquel Air a participé), il est incontournable sur la scène techno internationale. Certes, tous reconnaissent que le fric les a bien aidés (comme le copain Charles Picasso, dit Pique-Assiette, qui dispose d'un « home studio »), mais qu'importe ? Le talent est là et bien là : bravo les p'tits gars, et vive la techno !

Comment y aller ?

— *En bus :* ligne 171 au départ de Pont-de-Sèvres, jusqu'au château de Versailles ; arrêt Avenue-de-Paris. Informations : ☎ 08-36-68-77-14.
— *En R.E.R. :* ligne C5 (Paris-Austerlitz), direction Versailles-Rive-Gauche, arrêt Château-de-Versailles.
— *En train :* de la gare Montparnasse, ligne Paris-Chartres, arrêt Versailles-Chantiers (renseignements : ☎ 01-39-20-52-20). De la gare Saint-Lazare, ligne Paris-La-Défense-Saint-Cloud, arrêt Versailles-Rive-Droite (renseignements : ☎ 01-30-84-11-06). Un train toutes les 15 mn environ.
● *N.B. : des gares R.E.R. et S.N.C.F. versaillaises, des navettes spéciales (Phebus) mènent au château.*
— *En voiture :* de la porte d'Auteuil, autoroute A13 direction Rouen, sortie n° 1 Vaucresson pour le château et le centre-ville, sortie n° 2 Versailles-Saint-Germain-en-Laye pour le parc et le canal. Quand on vient de Rambouillet ou d'Orly, accès possible par l'A86, sortie Versailles-Château.

Adresses utiles

🏠 *Office du tourisme (plan A1) :* 7, rue des Réservoirs. ☎ 01-39-50-36-22. Fax : 01-39-50-68-07. Ouvert du lundi au samedi de 9 h à 12 h 30 et de 13 h 30 à 18 h 30. Fermé le dimanche. L'OT diffuse quelques brochures et des plans touristiques, et organise des visites guidées de la ville. Pour le château, s'adresser au château (voir plus loin).

🏠 *Points d'information (plan B2) :* au centre commercial *Les Manèges,* rue du Général-de-Gaulle ; en face de la gare Rive-Gauche et non loin de la gare Versailles-Chantiers. ☎ 01-39-53-31-63. Ouvert tous les jours sauf le lundi, de 10 h à 18 h. On peut vous renseigner aussi au château : de mai à octobre, en plus de l'accueil permanent, deux tentes sont installées sur la place d'Armes (☎ 01-30-84-76-61).

■ *Mairie (plan B2) :* 4, av. de Paris. ☎ 01-30-97-80-00. Ouvert du lundi au vendredi de 8 h 30 à 12 h et de 14 h à 18 h (17 h le vendredi).

■ *Location de vélos :* deux endroits ; le premier à l'entrée du parc de Versailles, au bout du boulevard de la Reine, derrière la grille ; le second un peu plus loin, dans l'enceinte même du parc, à proximité du Grand Canal. ☎ 01-39-66-97-66. Ouvert tous les jours de 10 h à 18 h. Fermé en décembre et janvier.

■ *Paris à vélo c'est sympa ! :* 37, bd Bourdon, 75004. ☎ 01-48-87-60-01. M. : Bastille. Michel Noë propose, en plus de ses balades parisiennes avec guide, une excursion d'une journée à Versailles. Pour conserver l'aspect « vélo-détente », train jusqu'à la gare de Versailles. Ensuite, découverte de la ville et de ses quartiers avant de pique-niquer dans le parc du château. L'après-midi, visite des jardins et du Versailles secret. Par contre, le retour vers la capitale s'effectue à bicyclette. En tout, 40 km, dont la majeure partie en forêt. Compter 300 F par personne.

Où dormir ?

Voici quelques adresses en ville, simples et vraiment sans prétention, qui vous permettront de découvrir, les premiers, le parc à l'aube.

Bon marché

▲ *Camping-caravaning International* *(hors plan par D3, 24)* : 31, rue Berthelot. ☎ 01-39-51-23-61. Fax : 01-34-93-02-60. Ouvert du 1er avril au 1er novembre. Juste derrière la gare de Porchefontaine (sur la ligne Paris-Invalides) et pas trop éloigné du château (3 km). Calme et ombragé, et piscine à proximité. Sanitaires nickel. Compter 62 F pour deux avec une tente en haute saison et 100 F pour une caravane. Possibilité de louer un mobil-home ou une tente si vous les avez oubliés ! Accueil sympa.

Prix moyens

▲ *Home Saint-Louis* *(plan B4, 20)* : 28, rue Saint-Louis. ☎ 01-39-50-23-55. Fax : 01-30-21-62-45. En plein cœur du charmant quartier Saint-Louis, un hôtel tranquille, confortable et bien tenu. 25 chambres impeccables, quoique un peu sombres, qui doivent toutes être rénovées dans l'année. Tout confort : double-vitrage, TV (Canal +), téléphone direct. En revanche, salles de bains assez petites. Chambre double avec douche ou bains et w.-c. entre 265 et 295 F. Compter 30 F pour le petit déjeuner. Accueil très charmant et bon rapport qualité-prix.

▲ *Hôtel Richaud* *(plan C1, 21)* : 16, rue Richaud. ☎ 01-39-50-10-42. Fax : 01-39-53-43-36. Sans aucun doute l'établissement le plus calme et le plus central de la ville. Demandez les chambres qui donnent sur les beaux bâtiments de l'hôpital du même nom, situé juste en face. 40 chambres très propres. TV (Canal +) et téléphone direct. Mobilier et déco assez « seventies ». Ils n'ont pas lésiné sur la moquette. Voir le bar, monument kitsch. 220 F pour une simple avec douche et w.-c., double avec douche et w.-c. à 290 F et avec bains à partir de 320 F. Petit déjeuner : 30 F.

Un peu plus chic

▲ *Paris Hôtel* *(plan C2, 22)* : 14, av. de Paris. ☎ 01-39-50-56-00. Fax : 01-39-50-21-83. Repérable à sa jolie devanture en bois. Excellent accueil dans cet hôtel situé à quelques centaines de mètres de la place d'Armes. Au petit déjeuner, le patron vous salue d'une cordiale poignée de main. Chambres spacieuses et propres. Double-vitrage pour celles sur l'avenue, mais nous avons une préférence pour celles qui donnent sur la courette intérieure. TV satellite et sèche-cheveux. Doubles avec douche et w.-c. à 340 F (400 F pour trois), avec bains à 380 F (440 F pour trois). Petit déjeuner à 36 F.

▲ *Hôtel Le Cheval Rouge* *(plan C1, 23)* : 18, rue André-Chénier (place du marché Notre-Dame). ☎ 01-39-50-01-01. Fax : 01-39-50-03-03. Enfin un cheval qui n'est pas blanc ! Très bien situé dans le centre-ville qui est assez animé pendant la journée mais qui retrouve le calme à la nuit tombée. Tout a été récemment retapé dans cet établissement, à la disposition originale en forme de caravansérail, qui est le plus ancien de la ville. Il s'agit d'une ancienne pourvoirie du château, construite en 1676. On y entreposait les victuailles et les primeurs destinées au roi. Candélabres, meubles rustiques et poutres apparentes donnent l'impression de se trouver dans un relais de poste d'antan. Chambres lambrissées confortables, spacieuses et lumineuses. Dommage qu'elles donnent toutes sur le parking. TV satellite, sanitaires impeccables. La double avec douche de 280 à 380 F, avec bains, de 380 à 410 F. Nouveauté, location de studios meublés avec kitchenette pour 4 800 F par mois. Petit déjeuner à 36 F.

Où manger?

Bon marché

|●| *Djurdjura* *(plan B3, 30) :* 5, rue de Satory. ☎ 01-39-50-47-49. À deux pas du château, petite salle couverte de miroirs qui ne paie pas de mine, où le patron, Monsieur Cassus, vous recevra chaleureusement. Une halte idéale pour se refaire une santé après une visite éreintante, autour d'un véritable couscous algérien (à partir de 49 F pour celui aux légumes). Mais non, vous ne rêvez pas! Menu à 60 F avec apéritif et thé à la menthe. Autres formules à 85 et 105 F.

|●| ☏ *Le Café du Palais* *(plan C2, 31) :* 2, rue Georges-Clemenceau. ☎ 01-39-50-01-39. Ouvert tous les jours sauf le dimanche. Café-salon de thé situé, comme son nom l'indique, en face du palais de justice. Cadre un peu clinquant pour cette brasserie classique qui sert des plats simples mais très corrects. Formule minute à 55 F, menu du jour à 69 F. Sinon, salades composées et tartines. Excellent accueil et service sympathique.

|●| *Restaurant Saudade* *(plan B3, 36) :* 20, rue du Général-Leclerc. ☎ 01-39-51-35-91. Le *saudade*, vous savez, c'est ce sentiment proprement portugais, un genre de blues, un mal du pays, une nostalgie qu'exprime mieux que tout le *fado*... Vous y êtes, ce petit resto est une adresse bien portugaise, à l'atmosphère typée, au cadre sombre de boiseries où sont accrochés des posters dédicacés de chanteuses du pays. Cuisine à l'avenant, authentique, un peu rude, comme le service, respectueux mais pas vraiment causant. Façon *saudade*, quoi. Nous, on aime. Excellente et copieuse morue du chef (*gacalhau*, 80 F) et, en dessert, riz au lait complètement gavant. Compter 130 F à la carte; sinon, petit menu du jour genre cuisine familiale à 65 F.

|●| *Le New York* *(hors plan par A4) :* 5, place Saint-Antoine-de-Padoue, 78150 Le Chesnay. ☎ 01-39-54-26-82. Le taxi new-yorkais garé devant? Bien sûr que c'est fait exprès. Déco très yankee, avec ses chromes et ses plaques émaillées multicolores. On mange plutôt bien et copieusement dans ce qui n'est pas une énième pâle copie du genre tex-mex. Une bonne adresse à découvrir en famille ou entre amis. Copieuses salades entre 22 et 48 F, notre préférée étant la Caesar, ou les traditionnels hamburgers (58 à 64 F). Service efficace et drôlement sympathique. Musique autour du piano les mercredi, jeudi, vendredi et samedi soir. Prudent de réserver le week-end.

Prix moyens

|●| *Le Baltika* *(plan B1, 32) :* 6, passage des Deux-Portes. ☎ 01-39-50-21-53. Fermé le lundi. Dans une ruelle piétonne d'un des plus vieux quartiers de la ville. Charme de l'architecture irrégulière d'autrefois. Dommage que la petite salle au décor rustique soit un peu sombre. Service feutré et efficace. Commencez par des tagliatelles au foie gras, avant un bon filet de canard gratin dauphinois, et pour finir, laissez-vous tenter par les profiteroles au chocolat (adieu le régime!). Menus à 85 F et à 125 F. Petit choix de vins. À peine plus cher à la carte. Quelques tables dehors en été.

|●| *La Flottille* *(hors plan par A1) :* au bord du Grand Canal, en plein cœur du parc du château. ☎ 01-39-51-41-58. Ouvert tous les jours toute l'année, de 8 h à 17 h 30 en hiver et de 8 h à 21 h en été (restaurant le midi uniquement, jusqu'à 15 h 30). Indiscutablement l'endroit le plus agréable qui soit, même si ce n'est pas de la grande gastronomie. Le restaurant est situé juste en face d'une location de bicyclettes et de l'embarcadère où, l'été, on peut louer une barque. Service adorable, mais cuisine hasardeuse les jours de grande affluence. Menu à 132 F, suggestions du jour et carte (compter 180 F, boisson non comprise). Sinon, toute la journée, côté brasserie, plats du jour autour de

60 F, salades composées et restauration rapide bon marché. Quant aux pâtisseries maison ou aux crêpes, elles raviront ces chères têtes blondes.

Un peu plus chic

|●| *La Brasserie du Théâtre (plan A1, 34) :* 15, rue des Réservoirs. ☎ 01-39-50-03-21. Ouvert tous les jours jusqu'à 1 h du matin. À deux pas du château et du théâtre. Cadre agréable et plutôt raffiné dans cette brasserie à la clientèle hétéroclite mais à la qualité constante. Pas de grandes surprises, mais des petits plats bien préparés. La palette est large, de la choucroute (82 F) à l'andouillette grillée, même si les desserts sont un peu décevants et si la carte des vins peut encore progresser. À la carte, compter environ 150 F.

|●| *Le Rescatore (plan C2, 33) :* 27, av. de Saint-Cloud. ☎ 01-39-25-06-34. Fermé le samedi midi et le dimanche. A obtenu le prix municipal du ravalement pour sa superbe façade en brique. Déco maritime sobre mais de bon ton. La renommée de Frank Ruez, le chef de file des restaurants de poisson à Versailles, n'est pas usurpée. Au *Rescatore,* on sert une cuisine symbole de la mer et élancée comme un voilier. Le cassoulet de la mer, par exemple, ou les ravioles de langoustes au jus d'étrilles, sont fa-

meux. En dessert, nous vous conseillons la soupe d'agrumes, un délice. Service impeccable. Un seul regret, la musique de fond, vraiment ringarde. Formule à 150 F le midi (entrée + plat ou plat + dessert) et menu à 180 F, servi aussi le soir.

|●| *Brasserie La Fontaine (Hôtel Trianon Palace; hors plan par A1, 35) :* 1, bd de la Reine. ☎ 01-30-84-38-47. Service jusqu'à 22 h 15. Fermé le dimanche et le lundi. En bordure du parc, mais malheureusement pas de vue. Situé dans une dépendance du fameux hôtel, sous la férule de Gérard Vié, et bien plus adapté aux bourses des routards que son fameux restaurant *Les Trois Marches.* Si l'envie de vous baigner dans le luxe vous séduit, cette vaste salle de *La Fontaine,* rehaussée de panneaux peints illustrant les fables de La Fontaine, est pour vous. Vraiment la grande classe dans le style 1900. Carte assez variée, dominée par les fruits de mer et coquillages, les poissons, tous d'excellente qualité. On trouve aussi des plats plus classiques (tartares, salades...) et des spécialités : choucroute façon *La Fontaine* (105 F), souris d'agneau au parmesan, craquant au chocolat pour les amateurs d'or noir. Bonne carte des vins mais éviter celui au pichet. Service rapide mais bâclé. Petit plus, les soirées jazz des mardi, jeudi, vendredi et samedi dans le hall jouxtant la brasserie. À la carte, compter 200-250 F.

Où prendre un thé ? Où déguster une pâtisserie ?

– *Chez Alain Chaminade :* 44, rue de la Paroisse. ☎ 01-39-50-01-63. Juste en face de l'église Notre-Dame. Ouvert le mardi de 12 h à 19 h 30, les mercredi, jeudi et vendredi de 8 h à 19 h 30, ainsi que les samedi et dimanche de 9 h 30 à 19 h. Fermé le lundi et le mardi ma-

tin. Devanture et cadre assez charmants. Les gourmands fréquentent volontiers le salon de thé d'Alain Chaminade pour se délecter d'un « pavé Louis XIV ». Atmosphère et décor un peu compassés, où l'on se carre dans de confortables fauteuils. Très bonnes glaces également.

À voir

★ *LE CHÂTEAU DE VERSAILLES*

Merci à vous, Grand Roi, de nous avoir laissé Versailles, votre œuvre et celle de la France superbe des XVIIᵉ et XVIIIᵉ siècles, car c'est une féerie sans pareille que ce palais, son parc, ses jardins et ses Trianons, créés et décorés par les meilleurs artistes d'alors, dans un luxe inouï et jamais vulgaire, par votre volonté et sous votre tutelle, bon Roi Soleil ! Et les ajouts, les compléments de vos successeurs, n'ont rien dénaturé. Noblesse et majesté des volumes et des formes, des bâtiments, des parterres, des fontaines et des pièces d'eau, des ors et du marbre, des statues, des peintures, du mobilier – de tout. Et ce tout d'une totale harmonie. Voilà pourquoi Versailles a été si souvent imité, jamais égalé, pourquoi quatre millions de visiteurs s'y rendent chaque année et en ressortent émerveillés, et pourquoi une fois encore, cher Louis, tout le monde te remercie.

Comment y aller ?

– Se reporter à Versailles ville, plus haut. Des gares R.E.R. et S.N.C.F., des navettes mènent au château.

Un peu d'histoire

● *Pavillon de chasse et refuge pour Louis XIII*

Pays de bois et de broussailles, marécageux aussi par endroits, le site de Versailles était habité dès le Moyen Âge. Cependant, ce n'est qu'un modeste village lorsque, en 1607, Henri IV y emmène le Dauphin, alors âgé de 6 ans, pour une partie de chasse que celui-ci n'oubliera pas. Et, devenu roi, Louis XIII reviendra bien souvent à Versailles, appréciant ce terrain giboyeux et proche de Saint-Germain-en-Laye, qui est alors l'une des principales résidences royales. Il y fait bâtir en 1623 un premier pavillon, qu'il fera reconstruire de 1631 à 1634 par Philibert de Roy : forme en U et toiture pentue, appareil de pierre et de brique, c'est l'âme de Versailles, le petit château Renaissance que Louis XIV plus tard se défendra d'abattre, et qui restera imbriqué au cœur du palais.

C'est donc de cette passion toute royale, la chasse – à laquelle étaient formés précocement les princes, et d'ailleurs interdite aux roturiers – que Versailles est né. Et c'est encore en tant que chasseur, et chasseur passionné – on dit qu'il n'était pas rare qu'il tirât jusqu'à 250 pièces en une journée ! –, que Louis XIV découvre le site. Mais l'attachement du Roi Soleil pour Versailles vient peut-être d'abord de ce que son père s'y était beaucoup plu lui-même. Car Louis XIII, ce roi mélancolique, s'était aménagé ici un ermitage, un refuge où il pouvait s'isoler de la Cour et de ses contraintes. Le soir, après avoir détourné le cerf toute la journée, et il y avait concert, car la musique était sa seconde passion, que parfois même il composait et interprétait dans l'intimité de quelques amis... On peut supposer que Louis XIV, plus tard, respectera ce jardin secret d'un père qu'il perdit à 5 ans ; il saura, en tout cas, le cultiver de la manière qu'on sait.

● *Folle entreprise*

Cependant lorsqu'il entreprend, dès son accession au pouvoir, c'est-à-dire à la mort de Mazarin, en 1661, de rénover Versailles, et commence à y investir des sommes rondelettes, c'est contre l'avis de tous. Déjà, on s'était un peu gaussé de Louis XIII, de son « chétif château de Versailles, de la construction duquel un simple gentilhomme ne voudrait pas prendre vanité » (marquis de Bassompierre). Saint-Simon estime quant à lui qu'il est aberrant de quitter Saint-Germain pour « Versailles, le plus triste de tous les lieux, sans vue, sans bois, sans eau, sans terre, parce que tout y est sable mouvant ou marécage », et Colbert, le ministre fidèle, dans une *Adresse au Roi* de 1663, s'inquiète : «Si Votre Majesté veut bien chercher dans Versailles où sont plus de cinq cent mille écus qui y ont été dépensés depuis deux ans, elle aura assurément peine à les trouver ».

Et, en effet, pourquoi choisir un lieu pareil, inhospitalier, sans eau – il y a des étangs, mais point d'eau vive, pas assez en tout cas pour alimenter les plantations et les jeux d'eau dont les jardins alors devaient être parés –, sans espace – le château est construit sur une butte : nul moyen d'agrandir ! – oui, pourquoi cette folie alors qu'on trouverait partout ailleurs, s'il fallait, meilleur endroit où bâtir ? Mais justement, Louis XIV est un bâtisseur, de ces hommes qui forcent la nature et les hommes. Il n'y a pas d'eau ? Il y en aura. Le terrain ne s'y prête pas ? Il s'y prêtera. Ainsi s'ouvre un chantier qui durera tout son règne, et sera poursuivi même après...

● *Le Brun, Le Nôtre, Le Vau : l'équipe de Fouquet... sans Fouquet !*

Les travaux débutèrent sous l'égide de l'architecte Le Vau, du jardinier Le Nôtre et du peintre Le Brun, avec, pour ce dernier, mission d'harmoniser les décors, peintures, sculptures, tapisseries et autres créations d'art, dans le château comme dans le parc. Comment Louis XIV les a trouvés, ces trois-là, c'est fort simple. Le 17 août 1661, Fouquet, le surintendant des Finances, donne une fête extraordinaire en son non moins extraordinaire château de Vaux-le-Vicomte, tout juste achevé. Louis XIV n'a jamais rien vu d'aussi beau. Et il en tire aussitôt deux conclusions : *primo,* ce Fouquet en fait trop ; *secundo,* mon château doit être plus beau encore, ou je ne suis pas roi. Trois semaines plus tard, le 5 septembre, d'Artagnan, mousquetaire du roi, arrête le sieur Fouquet, qui sera banni et emprisonné à vie, trouvant sans doute alors la réponse à sa fière devise « Quo non ascendam ? » (« Jusqu'où ne monterais-je pas ? »). Louis XIV n'a plus alors qu'à embaucher pour Versailles l'équipe qui avait conçu, construit et décoré Vaux-le-Vicomte : Le Vau, Le Nôtre, Le Brun. Ainsi, dans cette affaire rondement menée apparaissent déjà les vertus d'un grand souverain : le bon goût, car, c'est vrai, Vaux-le-Vicomte est une réussite ; le sens bien compris de son rang de roi, qu'aucun ministre ou prince ne doit songer à dépasser, ni même égaler ; et une remarquable capacité d'action. Bien joué, Louis !

● *Les étapes de la construction*

Le chantier commence en 1661 ; seules les guerres l'interrompent mais, dès la paix signée, il reprend. De 1661 à 1665, sous la direction de Le Vau, le « château vieux » est d'abord orné de bustes et d'ors, et augmenté de deux communs. Puis Le Vau édifie *l'Enveloppe* (1668-1670) : un château d'un style tout différent, à l'italienne, aux façades de pierre et aux toits en terrasse, vient enrober l'ancien sur trois côtés par l'ouest.

À sa mort, Hardouin-Mansart poursuit l'ouvrage (1670-1685), et crée, toujours dans le grand style classique, la splendide *Galerie des glaces* et les deux imposantes *ailes du Nord et du Midi* ; l'avant-cour est encore prolongée par les *ailes des Ministres,* et les *Petites* et les *Grandes Écuries* ferment la place d'Armes. Dans le parc, il construit le *Grand Trianon* (1687), résidence d'été. La *Chapelle* (1699-1710), qu'il commence et que Robert de Cotte achèvera, est la dernière réalisation du règne de Louis XIV. Les seuls compléments ultérieurs importants seront l'*Opéra* et le *Petit Trianon* sous Louis XV par Gabriel (1770-1772), et enfin le *Hameau de la Reine,* par Mique, pour Marie-Antoinette (1775).

D'autre part, en même temps qu'on élève les bâtiments, et jusqu'en 1700, Le Nôtre réalise ce qui fait pour beaucoup l'originalité de Versailles : des jardins qui sont le chef-d'œuvre des *jardins à la française*. De son côté Le Brun dirige un bataillon d'artistes, orfèvres, ébénistes, peintres et sculpteurs (Giraudon et Coysevox entre autres) ; lui-même décore les plafonds des salons d'apparat.

De ce travail d'équipe naît une harmonie, un style élégant et grandiose qui, se dégageant peu à peu de l'influence italienne, fera école et évoluera pendant plus d'un siècle : ainsi Versailles a donné successivement les styles Louis XIV (première et seconde périodes), Louis XV (Régence et rocaille), Louis XVI enfin, ce dernier annonçant largement le style Empire.

● *Travail de Romains*

Le chantier, colossal, occupe des milliers d'ouvriers. « Pour le calcul que l'on fit de tous les gens qui travaillent présentement ici ou aux environs de Versailles, estime le mémorialiste Dangeau, on trouve qu'il y en avait plus de 36 000 . » Et 5 000 à 6 000 chevaux pour les charrois divers. Les accidents ne sont pas rares, et les victimes sont dédommagées : trente livres pour une jambe cassée, soixante pour un œil crevé, cent « à Martin Catel, garçon plombier, en considération qu'il est perdu de ses membres »; mais pour la mère de ce jeune homme mort d'une mauvaise chute, et qui traita le roi de « putassier, roi machiniste, tyran », le fouet!

Des « remuements » de terre considérables sont nécessaires pour aplanir le terrain, faire de cette butte un plateau, assécher les marais. Les jardins, notamment, demandent un gros travail; en plus des ouvriers, des régiments entiers y sont affectés – ainsi de la pièce d'eau des Suisses... que les gardes suisses ont creusée et terrassée. Mais l'effort titanesque est fourni pour amener l'eau : on draine les plateaux jusqu'à Rambouillet, on construit l'énorme « Machine de Marly » et l'aqueduc de Louveciennes, pour pomper l'eau de « la rivière Seine » et la conduire ici. Mais ça ne suffit pas : on entreprend alors de capter l'Eure à Maintenon, soit à 40 km de là, et 20 000 soldats et 10 000 ouvriers s'y échinent pendant 4 ans! En 1689, la guerre éclate : les troupes rejoignent le front, exténuées, et l'ouvrage ne sera jamais repris. Et c'est le seul échec du roi bâtisseur : l'eau finalement manquera à Versailles, et on ne pourra faire jouer les 1 400 fontaines, les cascades et les jets qu'avec parcimonie.

● *Une France au mieux de sa forme*

On peut s'étonner qu'un effort si énorme, d'un coût estimé à 2 % du budget de l'État pendant 40 ans, ait été consacré à ce qui n'est, malgré tout, qu'un château. Mais il faut se rappeler ce qu'est la France du XVIIe siècle : un géant de 22 millions d'habitants, quand la grande Russie elle-même n'en compte que onze, l'Angleterre, cinq! Quant à l'Allemagne et l'Italie, morcelées en États, elles n'existent pas.

Par ailleurs, durant la première partie de son règne, Louis XIV connaît d'éclatantes victoires militaires (Flandres, Alsace, Franche-Comté, guerres de Dévolution puis de Hollande). À l'intérieur, l'autorité royale est affermie, et les grands travaux, les colonies et la réussite de Colbert aux Finances et ailleurs, dynamisent l'économie. Ainsi, en 20 ans, de 1660 à 1680, la France devient le premier producteur et exportateur européen. Versailles n'est d'ailleurs pas étranger à cette vitalité : pour sa réalisation, les manufactures des Gobelins et de Saint-Gobain, par exemple, sont créées, d'autres sont réorganisées, et des carrières de marbre, inexploitées depuis les Romains, sont remises en activité. Au plan culturel, le pays semble touché par la grâce : Racine, Molière, La Fontaine, Rigaud, Mignard, Charpentier, Couperin font des merveilles – et même un Lully quitte l'Italie pour Versailles... Jamais, en fait, la France et son gouvernement n'ont connu et ne connaîtront meilleure conjoncture que dans ces décennies. S'offrir un palais à l'image de cette suprématie économique, culturelle et militaire était donc naturel.

● *Briller et gouverner*

Oui, naturel, et cela d'autant plus que Louis XIV a pour les « bâtiments » et, d'une façon générale, les Arts, la plus haute estime : par eux l'on mesure la grandeur d'une nation et d'un roi. « Je vous confie la chose la plus précieuse au monde, ma renommée », annonce-t-il sans rire aux membres de l'Académie des Arts et Lettres, nouvellement créée. Ainsi, Versailles doit briller, et brillera; et ses splendeurs, la vie fastueuse qu'on y mène, rayonneront bien vite au-delà des frontières.

VERSAILLES

Mais si Versailles permet d'éblouir le pays et le monde, il est aussi au cœur d'un système de gouvernement. Car le roi n'a pas oublié la Fronde des princes, qu'il a vécue enfant ; la Fronde encore lui a appris à se méfier d'une capitale jamais à l'abri d'une insurrection populaire. Or Versailles, loin de ce Paris imprévisible, lui permet d'avoir les ministres sous la main, et les courtisans à l'œil, qu'il tient en distribuant privilèges et peines – la plus dure étant la disgrâce.

● L'étiquette

Et c'est au sommet de sa gloire, en 1682, que le roi installe la Cour et les ministères à Versailles – dans ce qui n'est encore qu'un gigantesque chantier. C'est une première : jusqu'alors, la Cour était itinérante, restant rarement plus de trois mois au même endroit. Mais surtout aucun souverain n'avait poussé « l'hospitalité » aussi loin : 2 000 courtisans sont logés et nourris au château ! Leurs appartements sont meublés, le bois et les bougies sont fournis aussi. Certes, on est à l'étroit, et de grands seigneurs doivent se contenter d'un deux-pièces. Et se plier à l'étiquette, cérémonial strict et délirant que le roi impose à chacun.

Mais il est sans doute le premier tenu dans cette mise en scène où tous ses actes, du lever au coucher, sont publics, et auxquels on assiste plus ou moins facilement. Ainsi, il y a des degrés dans la faveur et l'intimité : n'importe qui ou presque peut s'adresser au roi à certains moments et en certains lieux, le matin par exemple, quand il traverse la Galerie des Glaces pour se rendre à la Chapelle ; être invité à assister au Lever ou au Souper, est en revanche une faveur très recherchée ; mais, rien ne vaut le « brevet d'affaires », sésame autorisant à voir le Grand Roi sur sa « chaise d'affaires » – sa chaise percée. Un privilège qui se négocie parfois, en coulisses, et vaut alors plus de 50 000 écus !

● Une féerie et un vrai b...!

Mais si l'étiquette est contraignante (« Il n'y a point dans les couvents d'austérités pareilles », déplore la Maintenon), on se rattrape en fêtes. Il y en eut d'immenses, de vraies féeries qui duraient 6 jours, où 150 000 bougies éblouissaient le palais, où feux d'artifices, carrousels, gueuletons interminables, comédies et opéras se succédaient et étourdissaient des milliers de convives. Mais, même en dehors de ces moments forts, la musique et la danse régnaient en permanence ou presque. « On se réjouit à Versailles tous les jours, des plaisirs, des comédies, des musiques, des soupers sur l'eau » (Madame de Sévigné). Les concerts sont donnés soit à l'intérieur, soit dans les « bosquets », véritables salons en plein air. Et, trois fois par semaine, il y a « appartement » – c'est-à-dire que le roi reçoit –, et collations, danses et jeux animent la soirée.

Et, d'une façon générale, il y a un monde fou à Versailles : chacun y entre à condition d'apporter sa canne et son chapeau – qu'on peut louer à l'entrée. Et tout se fait à Versailles, tout s'y traite, s'y trouve. Les aigrefins, les gourgandines, les artistes, les nobliaux s'y pressent. Et Primi Visconti de noter : « Je voudrais que vous vissiez la Cour ; c'est une vraie confusion d'hommes et de femmes. On laisse entrer partout les personnes connues. Comme la nation est de caractère plutôt léger, c'est un mélange de gens et un bruissement continuel, si bien que le duc de Pastrana me dit un soir : Mais, Monsieur, ceci est un vrai bordel ! »

● Louis XV, Louis XVI : le règne des femmes et de l'intimité

Sous Louis XV puis Louis XVI, Versailles s'assagit. Déjà, sur la fin de son règne, le Roi Soleil avait mis de l'eau dans son vin. Les deuils, l'âge et la défaite l'accablent, et, sous l'influence peut-être de Madame de Maintenon, sa dernière maîtresse, qu'il épousa en secret et qui était pieuse, il devient dévot. La Cour s'assombrit.

Louis XV, puis Louis XVI, qui n'auront ni l'un ni l'autre l'étoffe de leur aïeul,

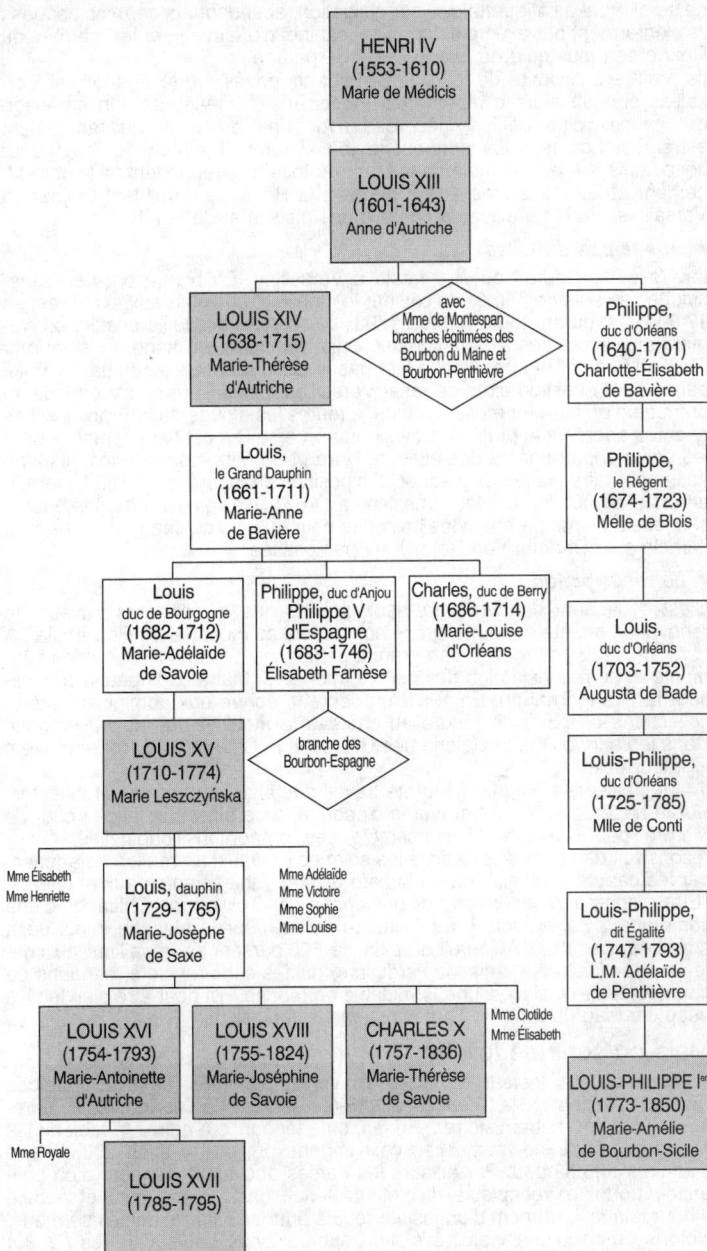

HENRI IV
(1553-1610)
Marie de Médicis

LOUIS XIII
(1601-1643)
Anne d'Autriche

LOUIS XIV
(1638-1715)
Marie-Thérèse
d'Autriche

avec
Mme de Montespan
branches légitimées des
Bourbon du Maine et
Bourbon-Penthièvre

Philippe,
duc d'Orléans
(1640-1701)
Charlotte-Élisabeth
de Bavière

Louis,
le Grand Dauphin
(1661-1711)
Marie-Anne
de Bavière

Philippe,
le Régent
(1674-1723)
Melle de Blois

Louis
duc de Bourgogne
(1682-1712)
Marie-Adélaïde
de Savoie

Philippe, duc d'Anjou
Philippe V
d'Espagne
(1683-1746)
Élisabeth Farnèse

Charles, duc de Berry
(1686-1714)
Marie-Louise
d'Orléans

Louis,
duc d'Orléans
(1703-1752)
Augusta de Bade

LOUIS XV
(1710-1774)
Marie Leszczyńska

branche des
Bourbon-Espagne

Louis-Philippe,
duc d'Orléans
(1725-1785)
Mlle de Conti

Mme Élisabeth
Mme Henriette

Louis, dauphin
(1729-1765)
Marie-Josèphe
de Saxe

Mme Adélaïde
Mme Victoire
Mme Sophie
Mme Louise

Louis-Philippe,
dit Égalité
(1747-1793)
L.M. Adélaïde
de Penthièvre

LOUIS XVI
(1754-1793)
Marie-Antoinette
d'Autriche

LOUIS XVIII
(1755-1824)
Marie-Joséphine
de Savoie

CHARLES X
(1757-1836)
Marie-Thérèse
de Savoie

Mme Clotilde
Mme Élisabeth

LOUIS-PHILIPPE Ier
(1773-1850)
Marie-Amélie
de Bourbon-Sicile

Mme Royale

LOUIS XVII
(1785-1795)

VERSAILLES

LA GÉNÉALOGIE SIMPLIFIÉE DES BOURBONS

ne se plieront à l'étiquette que par obligation, abandonnant certains usages : ils s'enferment par exemple dans un « cabinet d'affaires », et la Chambre du Roi ne sert plus qu'à un Grand Lever de parade.

Ils préfèrent l'intimité de leurs appartements privés, ou le Trianon, et Versailles connaît alors d'importantes modifications intérieures. On aménage des pièces plus petites, décorées avec une grâce et un raffinement extrêmes. Les femmes donnent le ton culturel : Madame de Pompadour sous Louis XV, puis la mélomane Marie-Antoinette. Cependant, si le gouvernement et les ministères – sauf pendant la Régence – résident toujours à Versailles, Paris redevient la capitale des plaisirs et de la fête.

● *Des temps difficiles*

La Révolution aurait pu être fatale à Versailles. Eh bien, non. Les sansculottes se sont contentés de liquider le mobilier : sa vente aux enchères, en 17 000 lots, durera toute l'année 1793 ! Le château accueille ensuite brièvement une école des Arts nationaux. Puis Napoléon envisage d'y séjourner l'été, au Grand Trianon ; il ne le fera pas, mais le réaménage en partie. Puis, rien... Il est question alors de raser Versailles. Louis-Philippe s'y oppose, et propose d'en faire un musée dédié « à toutes les gloires de la France ». Les députés adoptent le projet à six voix près : Versailles est sauvé, mais y perd les petits appartements des ailes du Nord et du Midi, dont on abat les cloisons pour faire place aux galeries d'exposition, inaugurées en 1837. Dernier affront, l'occupation par les Prussiens en 1871. L'hiver est rude, les braves casques à pointe prennent les boiseries pour du bois de chauffage... et c'est miracle si la Chambre du Roi n'y est pas passée !

● *La résurrection*

C'est seulement depuis l'entre-deux-guerres que d'importants travaux de rénovation ont été entrepris, grâce notamment au mécénat de Rockefeller. À partir de 1952 commence une grande campagne de consolidation des bâtiments et de reconstitution des décors intérieurs. Malraux dirigea la rénovation du Grand Trianon. En 1961, un décret ordonne aux administrations et collections de l'État de rendre au château le mobilier qui en proviendrait. Dans les années 80, la Galerie des Glaces et la Chambre du Roi retrouvent tout leur éclat.

Il faut d'ailleurs souligner l'énorme travail des historiens et des architectes. Sur la base des plans et gravures d'époque, on a ainsi surélevé la cour de Marbre pour redonner à l'ensemble ses proportions originelles. On a reconstruit des entresols, retissé des soieries (travail d'art réalisé notamment par les canuts lyonnais) et, au hasard d'improbables ventes aux enchères, l'État reprend possession d'un canapé à Tokyo, à Chicago d'une commode... Sans doute y a-t-il encore du pain sur la planche, mais déjà, quel beau résultat ! Aujourd'hui, plus de 600 personnes travaillent au château – administratifs, artisans, jardiniers, guides-conférenciers, gardiens ou conservateurs –, et c'est une formidable entreprise – et peut-être bien le plus beau château du monde. Tout simplement Versailles.

Mais où sont les toilettes ?

Aujourd'hui, ami lecteur, vous les trouverez, payantes, dans la cour des Princes et la cour de la Chapelle, à la Petite Venise et à Trianon. Mais, autrefois, c'était une autre histoire... En fait, on a tendance à noircir le tableau : le roi ne faisait quand même pas ça n'importe où, et il y avait 200 chaises d'affaires au château. Par ailleurs les dames pouvaient disposer d'un petit urinoir portable, réceptacle discret qui tenait dans la manche, et appelé « bourdaloue », du nom d'un jésuite réputé pour ses interminables sermons. Notons enfin qu'une vraie révolution apparut sous Louis XVI : les *lieux à l'anglaise*, équipés, tenez-vous bien, d'une chasse d'eau ; ni plus ni moins que nos *water-closet*.

Ces histoires de toilettes nous rapprochent d'une certaine région de la per-

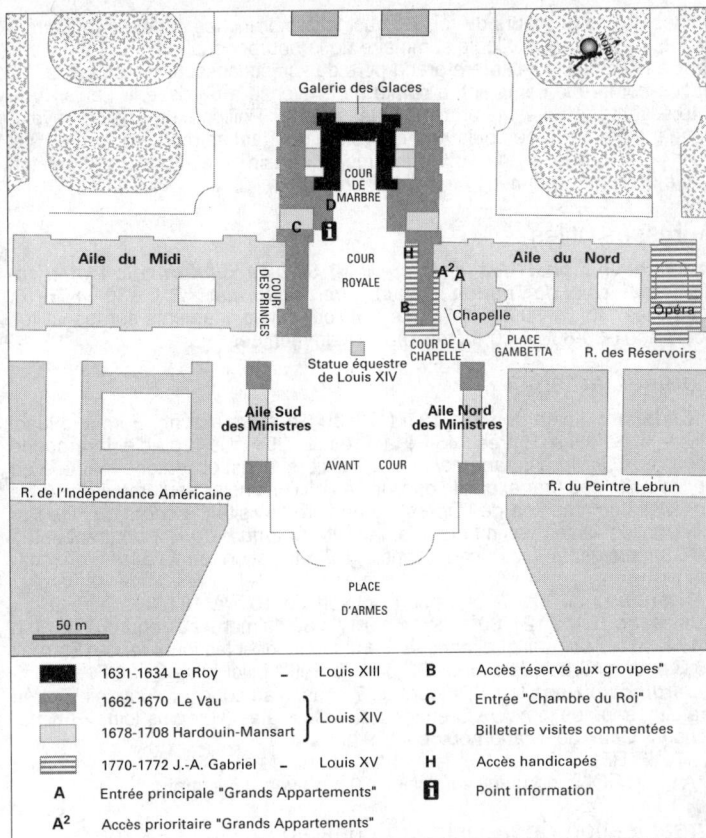

Galerie des Glaces

COUR DE MARBRE

Aile du Midi

COUR ROYALE

Aile du Nord

COUR DES PRINCES

Chapelle

Opéra

COUR DE LA CHAPELLE

PLACE GAMBETTA

R. des Réservoirs

Statue équestre de Louis XIV

Aile Sud des Ministres

Aile Nord des Ministres

AVANT COUR

R. de l'Indépendance Américaine

R. du Peintre Lebrun

PLACE D'ARMES

50 m

▬ 1631-1634 Le Roy – Louis XIII	**B**	Accès réservé aux groupes"
▬ 1662-1670 Le Vau ⎫	**C**	Entrée "Chambre du Roi"
▬ 1678-1708 Hardouin-Mansart ⎬ Louis XIV	**D**	Billeterie visites commentées
▬ 1770-1772 J.-A. Gabriel – Louis XV	**H**	Accès handicapés
A Entrée principale "Grands Appartements"	**ℹ**	Point information
A² Accès prioritaire "Grands Appartements"		

LE CHÂTEAU DE VERSAILLES

sonne royale, son royal fondement. Louis XIV, à bien des égards, n'était guère différent de ses sujets, et devait composer avec tous les tourments. Or il advint en 1686 qu'une fistule anale l'handicapât, allant jusqu'à mettre sa vie en péril. On consulta le barbier-chirurgien Félix Maréchal : il fallait opérer, mais avec un bistouri spécial, sur mesure, qui puisse, introduit comme il faut, atteindre et trancher la fistule sans blesser les chairs : ce *bistouri à la royale* fut d'abord testé sur quelques cobayes, dont quelques-uns, dit-on, trépassèrent, mais pas inutilement puisque le Roi fut opéré avec succès – notez qu'à compter de ce jour, le métier de chirurgien fut enfin reconnu pour lui-même, et détaché de celui de barbier. Mais ce n'est pas tout. Pour fêter l'évènement, Madame de Maintenon organisa une petite fête. La musique, de circonstance et de Lully, plut : « Dieu sauve le Roi ! » en était le thème principal. Or, un Anglais de passage, invité à la fête, rapporta le morceau chez lui – et voici comment d'une fistule anale est né *God Save the Queen !*

Une affaire de famille

Pour s'y retrouver un peu dans la grande saga des Bourbons, qui a vu défiler sept rois de France et un « roi des Français », neuf reines et quelques favorites aussi puissantes qu'elles, et on ne sait plus combien de Dauphins, Dauphines, frères et sœurs du roi, et cousins des branches cadettes toujours à l'affût, voici une généalogie sommaire de la bourbonesque lignée. On y voit que le Roi Soleil est l'arrière-grand-père de son successeur direct, Louis XV, et l'on comprend comment le comte de Provence a pu devenir Louis XVIII. Intéressante aussi est la branche Orléans, avec Philippe, dit Égalité, révolutionnaire et cousin de Louis XVI, qui votera pourtant sa mort – quand on sait qu'il y est passé à une voix près, merci, cousin ! – et donnera le rejeton Louis-Philippe, le fameux « roi des Français ».

Adresses utiles

■ *Musée national des châteaux de Versailles et de Trianon :* 78000 Versailles. ☎ 01-30-84-76-76 (serveur) et 01-30-80-74-00 (hôtesse).

■ *Service d'information et d'action culturelle :* ☎ 01-30-84-76-18. Tous renseignements sur les visites commentées.

Horaires et tarifs

– *Château :* ouvert de 9 h à 18 h (17 h 30 d'octobre à avril). Fermé le lundi et les jours fériés. Entrée : 45 F ; tarif réduit : 35 F. Ce droit d'entrée donne accès aux *Grands Appartements* en visite libre, et est obligatoire même si on ne les visite pas (par exemple dans le cas où l'on choisit seulement de suivre une visite commentée de l'*Opéra*, ou de faire la visite *Chambre du Roi*. Par ailleurs, les visites commentées et la visite *Chambre du Roi* donnent lieu à des suppléments (voir, ci-dessous, « Organisation de la visite au château »).
– *Trianons :* de mai à septembre, ouvert de 10 h à 18 h 30 ; le reste de l'année, de 10 h à 12 h 30 et de 14 h à 17 h 30 du mardi au vendredi, de 10 h à 17 h 30 les samedi et dimanche. Fermé le lundi et les jours fériés. Entrée : 25 F pour le Grand Trianon, 15 F pour le Petit ; billet jumelé : 30 F.
– *Jardins :* ouverts tous les jours de 7 h jusqu'au coucher du soleil. Entrée gratuite, sauf les jours de Grandes Eaux Musicales (voir plus loin, « Animations »). Ceux de Trianon ouvrent à 9 h.
– TARIF RÉDUIT pour tout le monde à partir de 15 h 30.
– ATTENTION : dernière admission 30 mn avant la fermeture.

Organisation de la visite au château

Il y a quatre types de visites au château.

● *Visite libre avec audioguide facultatif*

Circuit *Les Grands Appartements,* entrée A.
Cet intitulé recouvre la partie la plus vaste, comprenant : la *Chapelle royale,* le *Grand Appartement du Roi,* la *Galerie des Glaces,* le *Grand Appartement de la Reine,* et, mais pas tous les jours (uniquement s'il y a assez de personnel), deux galeries historiques : la *galerie du XVIIᵉ siècle* et la *galerie des Batailles.* En option (30 F), un audioguide est proposé : nous le conseillons pour une première visite.

● *Visite libre avec audioguide obligatoire*

Circuit *Chambre du Roi,* entrée C. Supplément : 25 F.
Enfin, obligatoire, pas tout à fait : vous n'êtes pas obligé d'écouter l'audioguide, mais il faudra le payer quand même. Cela dit, comme pour les Grands Appartements, il est pratique et bien fait. Ce circuit comprend les *Appartements de Louis XIV,* dont la mythique *Chambre du Roi,* une (petite) partie de la *Galerie des Glaces,* les *Appartements du Dauphin et de la Dauphine.* Moins de monde que dans les Grands Appartements, et vraiment super (mobilier et tableaux formidables).

● *Les visites commentées habituelles*

6 visites commentées sont programmées au moins une fois par jour (en français et en anglais), menées par des guides-conférenciers des Musées nationaux. Durée : de 1 h à 2 h. Réservation sur place le jour même, entrée D. Supplément : de 25 à 37 F selon la visite.

Ces visites sont : *Les Petits Appartements de Louis XV, Louis XVI et l'Opéra ; Les Petits Appartements de Marie-Antoinette ; Les Petits Appartements de Madame de Pompadour et de Madame du Barry ; L'Opéra et la Chapelle ; Une journée de Louis XIV ; À la découverte des Bosquets* (de mai à septembre uniquement).

● *Les visites commentées ponctuelles*

Sur réservation : ☎ 01-30-84-76-18, ou sur place le jour même, entrée D (dans la limite des places disponibles). Même tarif et même durée que les visites commentées habituelles.

Ces visites se déroulent le week-end *(visites approfondies)* et le mardi *(visites thématiques),* et abordent divers aspects de Versailles : *L'exotisme à Versailles, L'image de Louis XIV : portraits peints et sculptés, Les porcelaines,* etc. Programme sur demande.

Notons enfin qu'il existe un *catalogue de 192 visites conférences*, autour d'autant de thèmes. Pour les groupes uniquement. Catalogue sur demande auprès du service culturel : ☎ 01-30-84-76-18.

Holà, tout ça paraît bien compliqué ! Ça l'est un peu en effet, mais finalement on s'y retrouve. En résumé : *Les Grands Appartements* regroupe une bonne moitié des espaces ouverts au public ; *Chambre du Roi* est un circuit un peu plus court, lui aussi en visite libre, mais avec audioguide, ceci limitant l'affluence au nombre d'appareils disponibles ; les visites commentées, quant à elles, permettent l'accès à des lieux plus intimes et protégés (petits appartements secondaires, Opéra...), ou d'avoir une approche différente, thématique et plus fouillée.

Informations et conseils divers

● *Petite bibliographie*

Nous n'allons pas vous donner ici le détail historique, artistique et architectural de Versailles, et de chacune des salles ouvertes au public (une centaine au château). Pour cela, nous vous recommandons le *Guide du Musée et Domaine national de Versailles et Trianon*, complet et très bien illustré ; plus complet et technique encore, le *Verlet* est la grande référence en matière de bibliographie versaillaise (P. Verlet, *Versailles,* éd. Fayard) ; enfin, le petit *Versailles* (Claire Constans, collection *Découverte,* éd. Gallimard), de lecture facile et agréable, est une très bonne entrée en matière. Ces ouvrages (et d'autres) sont disponibles à la librairie du château.

● *Conseils pratiques*

– Dans la région parisienne, Versailles et le musée d'Orsay sont les seuls musées nationaux ouverts le **mardi :** NE PAS Y ALLER CE JOUR-LÀ, foule considérable.

– Par l'entrée H, accès aux **handicapés** et prêt de fauteuils roulants.

– Prévoir de bonnes **chaussures,** et surtout pas de talons hauts : pavés mortels. Et une tenue correcte : torse nu ou en maillot de bain (bah quoi, j'reviens d'la piscine !), on ne passe pas. Non plus qu'avec des bestiaux, meuuuh !

– Attention : les plafonds peints, c'est magnifique, mais ça se mérite (les Grands Appartements, c'est plus d'une heure la tête à l'envers). Déconseillé si vous souffrez des cervicales.

– Des **guichets d'information** existent au point A et au point I : aller plutôt à ce dernier, il n'y a pas de queue, tandis qu'il y en a souvent une au point A.

● *Les visites guidées*

Conduites par des guides conférenciers des Musées nationaux, elles sont généralement excellentes. Cependant, elles sont meilleures encore quand il y a peu de monde (et au contraire un peu gâchées quand on se bouscule) : renseignez-vous au guichet au moment de prendre le ticket, et, éventuellement, choisissez alors la visite ou l'horaire les moins courus.

Autre avantage des visites guidées (et auquel donne également droit la visite *Chambre du Roi* : l'accès prioritaire, ensuite, aux *Grands Appartements*. En effet, le prix de la visite guidée (ou *Chambre du Roi*) comprend celui de l'entrée au château (c'est-à-dire, en fait, la visite des *Grands Appartements*), et la porte A2 est réservée aux personnes munies d'un ticket *visite guidée* ou *Chambre du Roi*, qui évitent ainsi de faire la queue.

– Parmi les visites guidées habituelles, celle intitulée *Une journée du Roi Soleil* est tout particulièrement indiquée pour les **enfants,** car plus courte (une heure seulement) et faite pour leur plaire. Notez en outre qu'elle passe par la *Chambre du Roi*, absente des *Grands Appartements*.

– *Les Grands Appartements* sont un *must* absolu, on en a largement pour ses 45 F. Mais mieux vaut les faire en fin d'après-midi : c'est moins cher (tarif réduit à partir de 15 h 30), il y a moins de monde, et le soleil éclaire la Galerie des Glaces.

● *Si vous n'avez qu'une journée*

Difficile (et dommage) de visiter Versailles en un jour. Cependant, si vous n'avez pas le choix, voici comment organiser votre journée : commencer par une visite commentée (*Les Petits Appartements de Louis XV et Louis XVI, et l'Opéra* s'impose) ; on peut même en faire deux, ou alors enchaîner par le circuit *Chambre du Roi,* qui est formidable (mobilier époustouflant).

Ensuite, pause-déjeuner (pique-nique autorisé sur la pelouse de la pièce d'eau des Suisses, ou cafétéria au niveau de l'entrée A (cour de la Chapelle), ou resto en ville ou dans le parc, voir plus haut nos adresses « Où manger ? »). Puis visite des jardins en allant aux Trianons ; là, en visiter un, le Grand plutôt (mais le Petit est bien aussi) ; revenir au château (20 mn à pied) pour terminer la journée par *Les Grands Appartements*.

L'arrivée au château

De la place d'Armes, on pénètre dans l'avant-cour par une grille dont le portail est flanqué de groupes sculptés, œuvres de Girardon, Marsy, Tuby et Coysevox : de grands artistes versaillais. Avant de franchir le portail, se retourner pour apprécier l'amplitude de la place d'Armes, et, de part et d'autre de l'avenue de Paris, les Écuries d'Hardouin-Mansart, monumentales. On entre dans l'avant-cour, flanquée par les ailes des Ministres ; au centre, la statue équestre de Louis XIV, réalisée en 1836.

On avance toujours, le pavé est rude, et le faux-plat mène à la cour de Marbre : les bâtiments qui la bordent sont ceux du « château Vieux » de Louis XIII – remaniés par son fils. On accède à cette cour de Marbre par quelques marches. Sur ces marches, au matin du 6 octobre 1789, périt un jeune menuisier, d'une mauvaise chute ou d'un coup tiré par la garde, nul ne sait ; toujours est-il que l'incident mit le feu aux poudres et la foule furieuse investit le château, tuant deux gardes suisses – et un dénommé Coupe-Tête, féroce, décapita ces gardes et ce sont ces deux têtes que l'on voit plantées au bout de piques, sur les images représentant la foule ramenant la famille royale à Paris, en ce jour fameux.

Les visites dans le château

● *Circuit Les Grands Appartements*

– La visite commence par le *vestibule de la Chapelle*, où l'on remarque le haut-relief de marbre *Louis XIV franchissant le Rhin,* des frères Coustou. De là, coup d'œil sur l'intérieur de la *Chapelle*, mais on la verra mieux à l'étage.

On monte : si elle est ouverte, on visite alors une partie (le premier étage) de la *galerie du XVIIe siècle*. Il s'agit d'une des galeries historiques créées par Louis-Philippe. En une enfilade d'une dizaine de salles, tableaux et sculptures évoquent le Grand Siècle, et surtout la famille royale et Versailles. Nombreux chefs-d'œuvre de Le Brun, Mignard, Van der Meulen, Coypel, Rigaud... Et l'occasion de voir quelques hommes illustres (Racine, Colbert, La Fontaine, ou Le Brun lui-même), les résidences royales (Vincennes, Saint-Germain, Marly-le-Roi...), ou encore à quoi ressemblait la Palatine, belle-sœur enrobée de Louis XIV, épistolière infatigable dont les 60 000 lettres sont une précieuse source d'informations sur Versailles et la Cour.

– On quitte la galerie pour arriver au *salon de la Chapelle,* sol de marbre, colonnes corinthiennes, stucs et statues, et qui ouvre sur la tribune royale de la *Chapelle.* Décor formidable, notamment les somptueux plafonds peints (Coypel) ; la décoration sculptée est tout aussi remarquable (Coustou), et nous avons là, dans cette chapelle, un parfait exemple du grand style élégant de la fin du règne de Louis XIV.

– Le *Grand Appartement du Roi* est une suite de sept pièces monumentales, lambrissées de marbre, dédiées chacune à un dieu et un astre, et dont les plafonds peints, très bien mis en valeur par l'éclairage actuel, laissent baba. Les dieux de l'Olympe (Hercule, l'Abondance, Vénus, Diane, Mars, Mercure, Apollon), mis en scène par Le Brun, ou Houasse, La Fosse, Vouet ou encore Le Moyne, y forment un décor grandiose et magnifique ; des sculptures, des bas-reliefs le soulignent, et le mobilier – commode Boulle, pièces d'orfèvrerie admirables, bronzes ciselés – émerveille. Enfin, des toiles de maîtres, Van Loo, Rigaud, ou encore le superbe et géant *Repas chez Simon* de Véronèse, complètent le tableau. Dans le salon de Vénus, un *Louis XIV en costume à l'antique,* par Jean Warin : quelle classe !

– On pénètre ensuite dans le *salon de la Guerre,* dont le dessus de cheminée est orné d'un médaillon géant, *Louis XIV victorieux et couronné par la Gloire,* par Coysevox. Au centre de la coupole, la figure de *La France, portant sur son bouclier le portrait de Louis XIV.* Et de-ci, de-là, des bustes d'empereurs romains en porphyre, marbre et bronze doré...

– La *Grande Galerie,* ou *Galerie des Glaces,* est longue de 73 m et rythmée par 17 fenêtres cintrées répondant à 17 arcades ornées de miroirs ; des lustres étincelants tombent du ciel ; celui-ci est tout peint de tableaux éclatants. Le Brun a réalisé là son chef-d'œuvre : de grandes compositions mouvementées, somptueuses et encadrées de dorures, illustrent les thèmes inscrits en légende : *Le Roy gouverne par lui-même, Le Roy donne ses ordres pour attaquer en même temps quatre des plus fortes places de la Hollande,* etc. Splendide et époustouflant. Remarquez les chapiteaux décorés d'une fleur de lys et de coqs gaulois, motifs inventés par Le Brun, signant « l'ordre français ».

Dans ce décor incomparable se sont inclinées des ambassades prestigieuses – celle du roi de Siam quittant la galerie à reculons, par révérence envers Louis XIV et le saluant tout du long, vaut le coup d'œil – et de grands événements ont eu lieu : le 18 janvier 1871, le roi de Prusse Guillaume Ier y fut sacré empereur ; le 28 juin 1919 y fut signé le traité qui mit fin à la Première Guerre mondiale ; enfin, la Grande Galerie illuminée accueille toujours les chefs d'États étrangers en visite officielle, tels John et Jacqueline Kennedy, reçus par le général de Gaulle en juin 1961, lors d'un mémorable banquet.

– Le *Grand Appartement de la Reine,* symétrique à celui du Roi, s'ouvre à l'autre bout de la galerie ; c'est une même suite de vastes salons, mais qui n'ont pas gardé l'unité et le style louis-quatorziens, Marie Leszczyńska et Marie-Antoinette les ayant beaucoup modifiés. Le *salon de la Paix* ouvre cette enfilade ; lui a conservé le style des salles précédentes : *La France victorieuse offrant un rameau d'olivier aux Puissances qui s'étaient unies contre elle,* par Le Brun, orne modestement le plafond. Ce salon a servi de salon de jeux et de musique aux reines.

– La *Chambre de la Reine,* entièrement restaurée dans le style rocaille, a été créée pour Marie Leszczyńska de 1730 à 1735. Jolis portraits de ses cinq enfants, qu'elle ne voulait pas quitter des yeux. Aux angles du plafond, les stucs ont été réalisés pour Marie-Antoinette. Force dorures et richesse de mobilier et d'ornementation, surcharge même, caractérisent cette pièce. Broderies fabuleuses.

– La *pièce des Nobles* puis l'*antichambre du Grand Couvert* paraissent bien sages en comparaison. Beau damas vert pomme dans la pièce des Nobles, et superbes tapisseries et tableaux (portrait de *Louis XV* d'après Van Loo, divertissements de Boucher...). Dans l'antichambre du Grand Couvert, des bas-reliefs en trompe l'œil qui sont un modèle du genre (Paillet et Vignon). Dans cette salle, au XVIIIᵉ siècle, le roi et la reine soupaient « au grand couvert », et les courtisans, assis ou debout selon leur rang, et même des gens de condition modeste, y assistaient. Beaux portraits de Marie-Antoinette par Vigée-Lebrun. La *salle des Gardes* ensuite vaut surtout pour son plafond, peint par Coypel.

– On arrive alors à des salles réaménagées sous Louis-Philippe : *salle du Sacre* d'abord, avec une réplique du célèbre *Sacre* de Napoléon, où l'empereur couronne lui-même l'impératrice Joséphine (réplique réalisée par David, auteur de l'original tout de même !), puis *salle de 1792,* où figurent des portraits de héros des guerres de la Révolution et de l'Empire, et quelques tableaux, dont un grand *Valmy,* d'Horace Vernet.

– La visite se termine par la *galerie des Batailles* (si elle est ouverte), formidable revue des grandes batailles de l'histoire de France, de Tolbiac (Clovis, 496) à Wagram (Napoléon, 1809) : 35 compositions bien académiques et parfois pompeuses (Baudelaire à propos d'Horace Vernet : « C'est un militaire qui fait de la peinture »), mais avec quelques pièces notables (*Saint-Louis à la bataille de Taillebourg,* de Delacroix). Spectacle plaisant que cette succession de grandes scènes mythiques, qui permet en tout cas de se rafraîchir la mémoire. Marignan, 1515, fastoche ! Mais Bouvines, hein ? Et Fontenoy ? Hop, un petit tour par la *galerie des Batailles* et tout rentre dans l'ordre.

Au bout de la galerie, une *salle de 1830,* avec de grandes toiles à la gloire d'un type dont la tête ne dit rien à personne : des favoris, des bouclettes brunes, des traits quelconques... Pourtant, le voici déclamant, ce personnage, et acclamé comme la Liberté ou la Vérité s'adressant au Peuple. Décidément, Louis-Philippe, le « roi-citoyen », ne doutait de rien et n'avait pas vraiment le sens du ridicule.

● *Circuit Chambre du Roi*

Pour ce circuit, l'audioguide fourni commente assez bien chacune des salles. En voici brièvement les points forts.

– D'abord l'*escalier de la Reine*, aux marbres polychromes, édifié par Mansard (1679), puis le *salon de l'Œil-de-Bœuf*, où les courtisans attendaient de pouvoir assister au Lever ou au Coucher du Roi. Là, jolie et curieuse toile de Nocret, *Les Dieux et les Déesses de l'Olympe sous les traits des membres de la famille royale*. Trois bustes ayant un petit air de famille : Louis XIV, Louis XV, Louis XVI (par Coysevox, Gois et Houdon).

– Dans la fameuse *Chambre du Roi* se déroulaient les cérémonies rituelles du Lever et du Coucher, avec leurs « entrées » comptées. Ici aussi mourut le Grand Roi, le 1ᵉʳ septembre 1715 : « J'ai toujours ouï dire qu'il est difficile de mourir, confie-t-il à Madame de Maintenon le 28 août. Pour moi qui suis sur le point de ce moment si redoutable aux hommes, je ne trouve que cela soit difficile. »

– Dans le *cabinet du Conseil*, Louis XIV réunissait ses ministres, et Louis XV puis Louis XVI y prendront également de grandes décisions (en 1756, renversement des Alliances ; en 1775, participation à la guerre d'Indépendance qui donnerait naissance aux États-Unis d'Amérique). Boiseries et mobilier Louis XV.

– Après un bref crochet par la *Galerie des Glaces*, la visite se poursuit par les *Appartements du Dauphin, de la Dauphine et de Mesdames*. Ici encore tout charme l'œil : nombreux portraits de Louis XV, Philippe d'Orléans, Marie Leszczyńska et ses filles, Victoire, Henriette ou Adélaïde (*Madame Adélaïde faisant des nœuds,* charmant), par Rigaud, Van Loo, Nattier ou Parrocel.

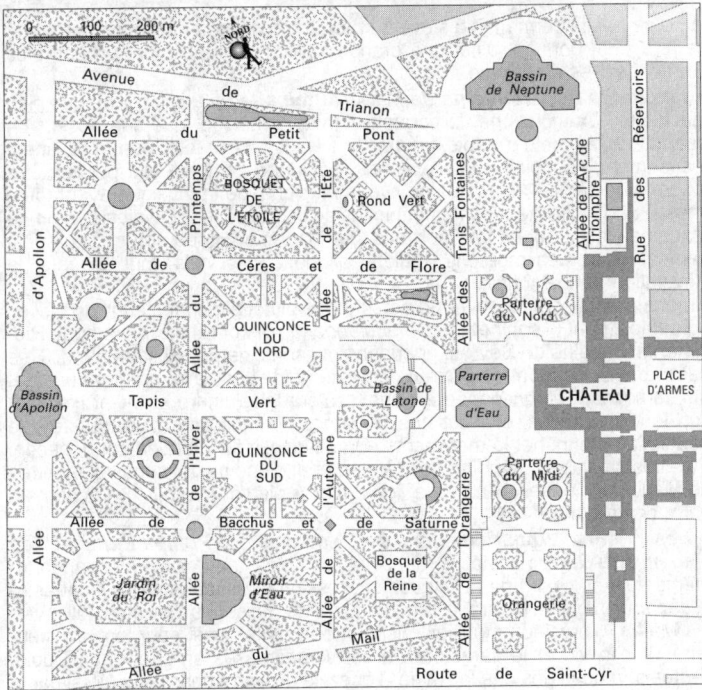

LES JARDINS DE VERSAILLES

Beaux meubles aussi, dont quelques « BVRB » (Bernard Van Rysenburgh), et remarquable *globe terrestre et céleste* de Mancelle (1781).

● *Les visites commentées habituelles*

– *Les Petits Appartements de Louis XV, Louis XVI, et l'Opéra :* cette visite commentée est la plus demandée, ces parties comptant parmi les plus belles du château.

On visite d'abord l'*Appartement intérieur du Roi*, encore plein du souvenir de Louis XV et Louis XVI. Décors et boiseries superbes, pendule exceptionnelle (pendule astronomique de Passemant, réalisée vers 1750, indiquant la date, l'heure réelle, l'heure moyenne, les phases de la lune et le mouvement des planètes d'après Copernic, jusqu'en 9999!), et le meuble le plus célèbre du monde : le secrétaire à cylindre exécuté par Œben et Riesener de 1760 à 1769. Une pièce extraordinaire, valant à elle seule la visite. La *bibliothèque,* la *salle de billard* sont là encore ornées d'un prestigieux mobilier et de belles boiseries. Louis XV, dit le « Bien-Aimé », et Louis XVI sont bien sûr évoqués – et l'on apprend par exemple que Louis XVI n'était pas qu'un serrurier du dimanche, mais avait un niveau d'ingénieur, et que ses cabinets scientifiques étaient au top.

L'*Opéra,* édifié à la fin du règne de Louis XV par Gabriel, fut inauguré pour le mariage du Dauphin et de Marie-Antoinette en 1770 – l'une des dernières grandes fêtes versaillaises. Son acoustique excellente (Gabriel avait voulu que la salle « résonne comme un violon »), son esthétique soignée – beau plan elliptique, colonnades, miroirs où se reflètent des demi-lustres... paraissant ainsi des lustres entiers, délicat plafond peint, marbre en trompe-l'œil (par économie, mais aussi pour l'acoustique) – et ses équipements – un système de treuils permettait d'élever le parterre au niveau de l'amphithéâtre et de la scène, donnant ainsi une grande salle de bal – en font un des plus beaux théâtres du monde.

– **Les Petits Appartements de Marie-Antoinette :** ah, elle n'était pas bien méchante, l'Autrichienne, la coquette Marie-Antoinette, que son noceur de beau-frère, le comte d'Artois, emmenait à Paris faire la fête. Son frère, affectueusement, l'appelait « tête à vent », pour dire combien elle pouvait être légère et superficielle, écervelée. De la musique, de la musique avant toute chose ! Et de jolies tenues (le peuple las de ces dépenses l'avait surnommée Madame Déficit), et de jolis portraits, par Madame Vigée-Lebrun. Et un petit hameau avec des moutons, tout bucolique... Puis voilà, tout se gâte, la Révolution balaye tout...
Durant la visite, on découvre un personnage plutôt attachant, au fil de pièces agréables, dont le *cabinet de la Méridienne,* au décor raffiné. Commode Riesener, porcelaine de Sèvres, guéridons mignons, harpe, bibliothèque... Très belles peintures, dont ce portrait de Madame de Lamballe, sa grande amie, qui, la sachant emprisonnée à Paris, préféra la rejoindre et revint d'exil : à son tour incarcérée, elle eut une fin atroce, lorsque, lors d'un transfert, le peuple la reconnut et la massacra... On dit qu'elle fut littéralement dépecée. Puis ces sauvages brandirent sa tête au bout d'une pique, sous les fenêtres de Marie-Antoinette... « La voilà, ton amie ! À bientôt ton tour ! » Vachement *gore*, comme truc !

– **Les Petits Appartements de Madame de Pompadour et de Madame du Barry :** installés dans les combles, au-dessus des appartements du Roi, c'est une délicieuse succession de pièces parfois exiguës, à la décoration pleine de grâce et de coquetterie. Boiseries délicates, joli « vernis Martin », précieux mobilier. Visite intéressante aussi pour les commentaires sur la vie et le caractère de ces « maîtresses en titre » aussi puissantes et respectées que la Reine. Tenez, la du Barry passa elle aussi par la guillotine : on dit qu'elle fut « donnée » aux révolutionnaires par son *boy*, un jeune Noir qu'elle avait adopté. Quelle ingratitude ! Elle avait engraissé : pour lui trancher le cou, on s'y prit à deux fois.

– **Opéra et Chapelle :** pour l'Opéra, visite comparable à celle incluse dans la visite commentée décrite plus haut *(Les Petits Appartements de Louis XV, Louis XVI, et l'Opéra)* ; en revanche, on voit beaucoup mieux et en détail la *Chapelle* que lors du circuit *Les Grands Appartements,* où l'on se contente d'y jeter un œil depuis le seuil. Là, on y entre, et c'est quand même autre chose.

– **Une journée de Louis XIV :** une visite assez courte, spécialement conçue pour les enfants, mais qui plaira aussi aux parents. *La Chambre du Roi, ses Grands et Petits Appartements, la Galerie des Glaces, la Chapelle :* tous les passages rituels et obligés du Roi Soleil, son emploi du temps, ses hobbies...

– **À la découverte des Bosquets :** une découverte passionnante de la statuaire et de l'esprit des « Bosquets ». Au nombre de neuf, ces salons en plein air, associant plantations, jeux d'eau, sculpture et architecture, sont habituellement fermés au public (sauf pendant les *Grandes Eaux Musicales,* voir plus loin, « Animations »). Ornés de colonnades, de rocailles, de fontaines et d'ensembles sculptés remarquables – le groupe *Apollon servi par les nymphes de Thétys,* réalisé par Girardon et Renaudin, est l'un des joyaux versaillais –, ils donnent bien du plaisir au visiteur.

– **Autres visites commentées :** une bonne part des galeries historiques n'est pas ouverte aux individuels. Ainsi la *salle des Croisades,* la *galerie du XIXe siècle* ou les *salles de la Révolution, du Consulat et de l'Empire,* comportant entre autres le plus important fonds d'hagiographie napoléonienne, ne peuvent se visiter qu'en groupes et sur réservation : ☎ 01-30-84-76-18.

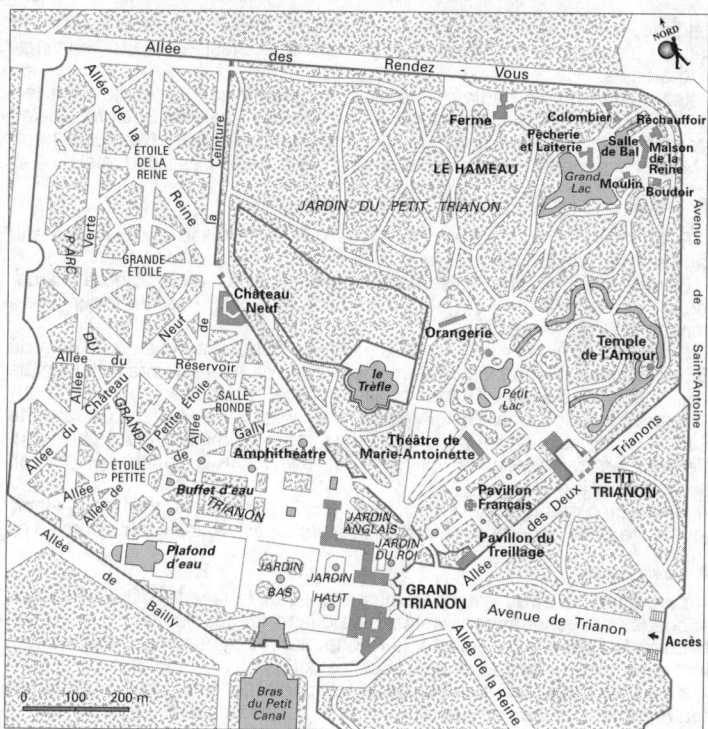

Carte: Le domaine de Trianon avec les allées, bosquets et bâtiments. Étiquettes visibles:
NORD — Allée des Rendez-Vous — Allée de la Reine — ÉTOILE DE LA REINE — Allée Verte du PARC — Allée de Ceinture — Ferme — Colombier — Réchauffoir — Pêcherie et Laiterie — Salle de Bal — Maison de la Reine — LE HAMEAU — Grand Lac — Moulin — Boudoir — JARDIN DU PETIT TRIANON — GRANDE ÉTOILE — Château Neuf — Allée du GRAND Neuf de Petite Étoile — Réservoir — Orangerie — le Trèfle — Temple de l'Amour — Petit Lac — Avenue de Saint-Antoine — SALLE RONDE — Gally — Amphithéâtre — Théâtre de Marie-Antoinette — Trianons — PETIT TRIANON — Allée de la Petite Étoile — ÉTOILE PETITE — Buffet d'eau — TRIANON — Pavillon Français — Allée des Deux — Allée du Château — Plafond d'eau — JARDIN ANGLAIS — JARDIN DU ROI — Pavillon du Treillage — JARDIN BAS — JARDIN HAUT — GRAND TRIANON — Avenue de Trianon — Allée de Bailly — Allée de la Reine — Accès — Bras du Petit Canal — 0 100 200 m

LE DOMAINE DE TRIANON

Les jardins et le parc

Avant la Révolution, le domaine royal de Versailles couvrait plus de 8 000 ha, fermés par une enceinte de 43 km – plus que le boulevard périphérique! Il se décomposait en trois ensembles : le Grand Parc, réservé à la chasse ; le Petit Parc, comprenant la pièce d'eau des Suisses, le Grand Canal, la Ménagerie et le domaine de Trianon ; et les jardins, répartis en parterres et bosquets.

La surface du domaine est aujourd'hui de 815 ha, représentant à peu près le Petit Parc et les jardins. Quelques splendeurs ont disparu : la ménagerie où barrissaient des éléphants et gloussaient des dindons, étranges volailles mexicaines, le fameux bosquet-labyrinthe où « il était presque impossible de ne pas s'égarer », la baroque grotte de Thétis, où « giclures et pissures » arrosaient la rocaille, ou encore l'extravagante *ramasse,* wagonnet à sensation qui dévalait la pente de la ménagerie, ouaaahhh!

Mais il reste tout de même plus de 300 statues, vases et bustes – soit le plus important musée de sculpture en plein air qui soit au monde. Et, dans leurs grandes lignes, les jardins n'ont pas trop changé depuis Le Nôtre. Louis XIV, qui avait participé activement à leur élaboration, les aimait particulièrement et avait même rédigé un guide : *Manière de montrer les jardins de Versailles.*

« 1. En sortant du chasteau par le vestibule de la Cour de marbre, on ira sur la terrasse ; il faut s'arrester sur le haut des degrez pour considérer la situation des parterres des pièces d'eau et les fontaines des Cabinets. 2. Il faut ensuite aller droit sur le haut de Latonne et faire une pause pour considérer

Latonne, les lésars, les rampes, les statues, l'allée royale, l'Apollon, le canal, puis se retourner pour voir le parterre et le chasteau. » Etc., en vingt-cinq articles.

Notez qu'une bonne partie des jardins – la plupart des Bosquets – est fermée au public. On ne peut y accéder que lors des Grandes Eaux Musicales (voir plus bas, « Animations »), ou en visite commentée (voir plus haut, « Visites commentées au château », *À la découverte des Bosquets*).

Transports et locations dans le parc

– *Petit Train :* circuit commenté. Départ de la terrasse nord du château (arrêts Petit Trianon, Grand Trianon et Petite Venise). Assez cher.

– *Barques :* à la Petite Venise (face au château), de mars à octobre uniquement, l'après-midi (de 10 h à 18 h en juillet et août). Barques pour 4 personnes à 72 F l'heure.

– *Calèches :* tous les jours sauf le lundi, de Pâques à novembre. Vont du Grand Canal à Trianon. 50 F l'aller-retour, mais on peut prendre l'aller simple (25 F), histoire d'aller à Trianon « comme dans le temps ».

– *Vélos :* location à la Petite Venise, à la grille de la Reine ou à la porte Saint-Antoine. Ouvert tous les jours de mars à novembre (sauf pluie diluvienne) ; en février, ouvert les mercredi, samedi et dimanche. Fermé en décembre et janvier.

– Notez qu'on peut entrer en *voiture* dans le parc par la grille de la Reine (ouverture : 7 h), la porte des Matelots et la porte Saint-Antoine (ouverture : 9 h).

● *Les jardins*

– *Le parterre d'eau :* deux bassins prolongeant la façade, décorés de personnages allégoriques représentant les quatre grands fleuves du royaume, la Loire, la Garonne, la Seine et le Rhône, accompagnés chacun d'un angelot figurant leur principal affluent. Sur les côtés, huit nymphes des eaux.

– *Le parterre du Midi et l'Orangerie :* du parterre d'eau, partir vers la droite (en regardant le château) pour traverser le *parterre du Midi,* joliment fleuri et encadré d'*Enfants chevauchant des sphinx* ; en face, perspective de la grande *pièce d'eau des Suisses*, longue de 682 m. Vous ne le voyez pas mais, en soutènement des parterres du Midi, sous vos pieds si vous avancez jusqu'au bout de la terrasse, se trouve l'*Orangerie* : on y accède sur le côté par l'*escalier des Cent-Marches*, en marbre de Carrare. Sous Louis XIV, elle abritait 3 000 arbustes ; il y en a aujourd'hui 1 200, dont quelques orangers et palmiers. Magnifique à la belle saison.

– *Le parterre du Nord :* à l'opposé du parterre du Midi (évidemment), ce *parterre du Nord* est peuplé de statues néo-classiques du meilleur goût. Nombreux chefs-d'œuvre, parmi lesquels le *Poème héroïque*, de Drouilly, et *L'Hiver* de Girardon. La *Fontaine de la Pyramide*, au centre du parterre, ne manque pas d'allure (Girardon toujours). Plus bas, toujours vers le nord, le *bassin de Diane*, décoré d'un bas-relief encore de Girardon. Par l'*allée d'Eau*, bordée de 22 fontaines baroques, on arrive au *bassin de Neptune*. Au centre, *Neptune et Amphitrite*, par Sigisberg Adam.

– *Le parterre de Latone :* s'étend face au château, vers l'ouest (*le Grand Canal*) ; on y accède depuis le *parterre d'Eau* par deux rampes bordées de statues, copies d'antiques. *Vénus callipyge, Bacchus, Hercule*... Au centre du *bassin de Latone* se tient debout la mère d'Apollon et de Diane, protégeant ses enfants des injures proférées par la troupe des crapauds infestant les bassins. Très chouette (Marsy frères).

– *L'allée Royale ou Tapis Vert :* allée monumentale menant au *bassin d'Apollon*, bordée de part et d'autre de vases géants, de statues grand format aussi, et prolongée par le *Grand Canal*. Au bout, le bassin, avec *Apollon sur son Char*, exécuté par Tuby d'après un dessin de Le Brun. Vision fantastique du dieu des dieux, semblant sortir des eaux, surfer sur elles, tiré par ses chevaux impétueux et beaux.

– **Les Bosquets :** de part et d'autre de l'allée Royale. Ouverts uniquement pendant les Grandes Eaux Musicales, ou, pendant la saison, en visite commentée (voir description plus haut), les Bosquets sont des petites merveilles de décors extérieurs. Romantiques, antiques, rocailles, charmants, les Bosquets *(salle de Bal, Colonnade, bosquet des Dômes, bosquet du Rond Vert, bosquet d'Encelade ou bains d'Apollon)* ont tous une valeur, un caractère propre. Marsy, Girardon, Coysevox, Le Hongre, en sont quelques-uns des illustres décorateurs. À voir absolument, au hasard d'une pérégrination, pendant *Les Grandes Eaux Musicales* (voir plus loin, « Animations ») – il y a alors du Couperin, du Mozart ou du Lully en fond sonore, et les fontaines chantent – ou, plus didactiquement, en visite commentée (voir plus haut, *À la découverte des Bosquets*).

● **Le parc**

– **Le Grand Canal :** long de 1 500 m, large de 120 m, et coupé au milieu par un bras perpendiculaire de 1 013 m de long. De nombreuses fêtes s'y déroulaient, et chaloupes, galère miniature et gondoles y évoluaient, qu'on empruntait de la Petite Venise (point le plus proche du château) pour aller à Trianon...

– **Le Grand Trianon :** construit par Hardouin-Mansard en 1687, le « petit palais de marbre et de porphyre avec des jardins délicieux » dont parle Saint-Simon est un « hôtel à la française » un peu particulier : simple et long rez-de-chaussée couvert d'un toit en terrasse fermé de balustrades, ouvert sur les jardins, il rappelle plutôt l'Italie.
Les *bâtiments du Nord,* les *bâtiments du Midi* et les *jardins* se visitent librement. Le décor et le mobilier se partagent entre style Louis XIV (les boiseries surtout, et des tableaux), style Louis XV (lui et Marie Leszczyńska ont beaucoup séjourné ici) et style Empire, l'impératrice Marie-Louise y ayant résidé. Une partie appelée *Trianon-sous-Bois,* aile secondaire comportant deux étages, est réservée au chef de l'État ; du temps de François Mitterrand, Jack Lang y reçut les membres de Pink Floyd : ils ont, ensemble, rudement festoyé, bu et fumé (nous a-t-on dit). Enfin, une suite de cinq pièces, le *Petit Appartement de l'Empereur*, avec un très remarquable mobilier Empire, n'est ouvert qu'aux visites accompagnées d'un guide conférencier.
● Dans les *bâtiments du Midi,* remarquable *salon des Glaces,* aménagé sous Louis XIV, au mobilier Empire : pianoforte, travailleuse, table à dessiner... La *chambre* est également belle : coiffeuse, cuvette, pendule, porcelaine de Sèvres de Marie-Louise et grand lit à baldaquin exécuté pour Napoléon, et où mourut Louis XVIII... Dans le *salon de la Chapelle,* notables Van Loo : *Louis XV* et *Marie Leszczyńska.*
● Le *péristyle* joint les bâtiments du Midi à ceux du Nord. C'est une « loggia » aux fines colonnes de marbre rose. Napoléon la fit vitrer des deux côtés, la transformant en vestibule. Bazaine y fut jugé en 1873. Les vitres ont été supprimées en 1910.
● Les *bâtiments du Nord,* plus importants que ceux du Midi, abritent quelques merveilles : dans le *salon Rond,* colonnes corinthiennes, tableaux de Verdier et dessus-de-porte de Desporte (ça tombe bien !), tout d'époque Louis XIV. Dans le *Grand Salon,* canapés et fauteuils sont un rêve d'antiquaire. Le *salon des Malachites* s'orne d'un somptueux mobilier Empire estampillé Jacob-Desmalter, et surtout des meubles en malachite offerts par le tsar Alexandre Ier : joli ! Des toiles de Jouvenet et Houasse décorent le *salon Frais* et le *salon des Sources,* avec là encore un mobilier Premier Empire. Enfin, dans la *galerie,* superbe d'ampleur et de clarté, série des *Vues des jardins de Versailles et Trianon,* peintures de Jean Cotelle présentant les bosquets sous Louis XIV : de précieux et beaux documents !
● Dans les *jardins,* très romantiques, ne pas manquer le *bassin du Plat-Fond,* faisant miroir au péristyle, et décoré de dragons (Hardy), et le *buffet d'Eau* de Jules Hardouin-Mansard. Par le *jardin des Marronniers* on accède

à l'*amphithéâtre*, où l'on trouve des bustes à l'antique ; dans le bassin, belles *Nymphes* de Hardy.

— **Le Petit Trianon :** construit de 1762 à 1768 par Gabriel. De plan carré et de lignes simples et élégantes, c'est le chef-d'œuvre du néo-classicisme français. La *salle à manger de Louis XV* possède un admirable décor sculpté, boiseries et cheminée, et de bucoliques tableaux : *La Chasse, L'Agriculture, Les Vendanges...* En outre, il est équipé de « tables volantes » : un ingénieux système y a été conçu, pour permettre la descente des tables aux cuisines, qui remontent servies ! Mais ça n'a jamais vraiment fonctionné. Dans le *salon de Billard*, superbe commode Riesener. Dans le *salon de Compagnie*, Marie-Antoinette recevait familièrement ses amis et jouait du clavecin. Joli *boudoir* aux glaces mouvantes.

● Dans les *jardins du Petit Trianon* se trouvent plusieurs bâtiments de dimensions modestes et de « fabriques », pour lesquels sont proposées des visites commentées. Le *pavillon du Jardin français,* de style rocaille, est encore l'œuvre de Gabriel. De plan en forme de croix de Saint-André, sa balustrade s'orne de groupes d'enfants et de vases fleuris. Le *théâtre* est celui de Marie-Antoinette (Mique architecte), petit mais avec un décor intérieur raffiné ; le *salon Frais* est une salle à manger d'été, ouverte de grandes portes vitrées. Le *temple de l'Amour,* édifice circulaire de marbre blanc, est de Mique également.

● Dans le *jardin anglo-chinois,* tout en allées sinueuses, cascatelles et buttes, se trouve le *Belvédère,* charmant pavillon de repos dont l'intérieur est décoré d'arabesques, et la *grotte de Marie-Antoinette.*

— **Le Hameau de la Reine :** construit en 1783 par Mique pour Marie-Antoinette, il était initialement constitué d'une douzaine de maisonnettes rustiques aux toits de chaume, hameau d'opérette groupé autour d'un lac, mais qui fonctionnait comme une véritable exploitation agricole. Quelques-unes ont disparu, mais il en reste une petite dizaine, dont la *maison de la Reine,* édifice le plus important. Le moulin a conservé sa roue, le colombier est toujours debout. Charmant comme tout.

Animations

— **Les Grandes Eaux musicales :** de 15 h 30 à 18 h, tous les dimanches de mi-avril à mi-octobre ; tous les samedis en juin, juillet, août ; et le 8 mai, le 21 mai et le 14 juillet. Entrée : de 20 à 30 F. Un formidable moment, avec Bach, Haydn, Mozart et leurs amis, et à fond les jets d'eau. Malheureusement, on est prié de quitter les Bosquets dès 17 h 30, et, en fait, deux heures ne suffisent pas (même au pas de course) à la visite de tous. Très contrariant. Ces Grandes Eaux devraient commencer une heure plus tôt, ou finir une heure plus tard, vraiment. Pas de réservation. Renseignements : ☎ 01-30-83-78-88.

— **Les Fêtes de Nuit :** magique ! Lumières, jeux d'eau, feux d'artifices et chorégraphies rappellent l'atmosphère et les fêtes du temps jadis. Sept ou huit soirées de juin à septembre. Sur réservation uniquement. Renseignements : ☎ 01-30-83-78-88. Réservations : ☎ 01-30-83-78-89. Prix des places : de 70 à 250 F.

— **Le Centre de Musique Baroque de Versailles** organise régulièrement des concerts au château (une centaine par an, dans le cadre des *Jeudis musicaux,* de l'*Automne musical* ou des *Nouveaux plaisirs de Versailles,* au printemps). Super bath. Renseignements : ☎ 01-30-83-78-78.

— **L'orgue de la Chapelle Royale** fait couiner ses tuyaux restaurés tous les samedis. Durée du concert : 1 h 30. Places comptées, vendues le jour même (entrée D) dans la limite des disponibilités. Renseignements : ☎ 01-30-84-76-41.

À voir encore à Versailles

★ *Promenade dans le quartier Notre-Dame :* appelé aussi *Ville Neuve,* ce quartier est le plus animé de Versailles, autour de la rue de la Paroisse et de la rue Foch. Il se signale aussi par le passage des Antiquaires, microquartier où sont installés une cinquantaine de professionnels. Partir de l'intimiste *place Hoche* qui, autrefois place Dauphine, fut la première place construite sur un plan octogonal (au n° 3, jolie maison du XVIIIe siècle). En face, *Notre-Dame,* paroisse royale édifiée par Jules Hardouin-Mansart en 1684, à la noble façade récemment restaurée. Contourner l'église sur la droite et emprunter la *rue Baillet-Réviron* bordée d'immeubles charmants.

Un peu plus loin sur la droite, par le passage de la Geôle, on rejoint le *coin des Antiquaires,* placette partiellement recouverte par un étonnant chapiteau de bois, tel un manège. Assez cher dans l'ensemble, mais de très belles pièces, ça va de soi ; signalons l'intéressante librairie *Édouard Seme,* spécialiste de reliures et de livres d'art. Plus loin, dans le *village des Antiquaires*, quelques devantures plus modestes autour d'un patio : bric-à-brac sans fin d'objets hétéroclites. Enfin voici ensuite le *passage des Antiquaires,* sur la gauche (ouvert les vendredi, samedi et dimanche de 10 h à 19 h), où une trentaine de stands proposent tableaux, meubles et objets décoratifs. Vous pourrez prendre un verre en passant à *L'Ascott,* installé dans les geôles d'autrefois, dont le cachot de la du Barry. Dans l'enceinte du Bailliage où se trouvent quelques spécialistes d'argenterie. Construit en 1724, le Bailliage abritait l'Administration locale et le tribunal. Pour les amateurs de gravures anciennes, voir *Images d'autrefois* (2, rue du Bailliage ; ☎ 01-39-49-03-48), très bien fourni, notamment en vues de Versailles.

Gagner ensuite le *marché Notre-Dame* au pourtour datant du XVIIIe siècle. C'est le centre populaire de l'ancien Versailles. Les halles datent de 1840 ; elles ont bien failli disparaître, mais un plan de sauvetage du quartier les a réhabilitées *in extremis* en 1992.

De là, emprunter la *rue Ducis* (dans une niche, Vierge qui daterait de l'époque de Louis XIII) puis, au bout, le passage des Deux-Portes jusqu'à la rue Carnot. En face de l'angle avec l'avenue de Saint-Cloud, se trouve l'*ancienne brasserie Muller* où Robespierre, Danton et d'autres députés du tiers état se retrouvaient après les séances. Prendre la contre-allée à gauche jusqu'au passage Saladin qui ramène à la place du Marché et au bout de la rue Chénier, à l'*hôtel du Cheval Rouge*, ancienne pourvoirie royale.

★ *Promenade dans le « Vieux Versailles » :* appelé ainsi car érigé à la place de l'ancien village, ce quartier occupe les environs immédiats de la place d'Armes. C'est une véritable « cité administrative », avec d'abord les *Écuries,* de Jules Hardouin-Mansart, en arc de cercle sur la place d'Armes, qui sont, l'air de rien, de véritables chefs-d'œuvre. Il y a les Grandes Écuries au nord, les Petites au sud, de dimensions égales en réalité, mais qu'on appelle ainsi pour les distinguer : les Grandes étaient réservées aux chevaux de selle, les Petites aux chevaux de trait et aux carrosses (s'y trouve d'ailleurs le musée des Carrosses, voir plus bas).

Sur la gauche, dans la *rue de la Chancellerie,* voir l'hôtel du même nom au n° 24, construit en 1670 et qui abrite aujourd'hui le Conservatoire de Musique : fausse brique, pierre de taille, toit en ardoise et jardin, il est typique du « style Versailles ». Derrière, sur la gauche, dans la *rue du Jeu-de-Paume,* la salle où a été prononcé en 1789 le Serment du même nom. Se visite (voir plus bas).

Remontez vers le château par la *rue de l'Indépendance-Américaine.* Au n° 5, voir la *Bibliothèque municipale*. Construite par J.-B. Berthier en 1761, c'est l'ancien hôtel des Affaires étrangères et de la Marine : on y prépara le soutien français à la révolution américaine (c'est une manie !) et on y signa en

1783 l'Indépendance des États-Unis. Au n° 3, l'*hôtel de la Guerre*, jadis ministère, et au n° 1, le *Grand Commun*, construit par Mansart sur le site de l'église de l'ancien village. Transformé en manufacture d'armes pendant la Révolution, c'est devenu un hôpital militaire. Beau porche sculpté et notable fronton orné d'une horloge soutenue par deux angelots.

★ *Promenade dans le quartier Saint-Louis :* ce quartier s'étend au sud de la patte d'oie. On peut commencer la promenade avenue de Paris, dos au château. Au n° 4, l'imposant *hôtel de ville* est du XVIIᵉ siècle, mais il fut remanié en 1899. Joli frontispice sculpté et superbes salons d'apparat. Au n° 22, voici l'*hôtel des Menus-Plaisirs*. On y entreposait, sous Louis XV, le matériel utilisé pour les fêtes royales, d'où son nom suggestif. Mais le lieu est plus connu pour avoir vu sous une tente abriter les réunions des États Généraux en 1789 et le vote de la déclaration des Droits de l'homme. Aujourd'hui s'y trouve le Centre de musique baroque (voir la rubrique « Animations » au château).

Continuer devant les anciens manèges des Écuries jusqu'à l'avenue de Sceaux. Là, au 3, impasse des Chevaux-Légers, dans la contre-allée de l'avenue de Sceaux, se trouve la *salle des ventes,* qui est sans doute la plus intéressante de la région parisienne (☎ 01-39-50-69-82). Bien moins fréquentée que l'hôtel Drouot, on peut y faire quelques affaires, surtout le mercredi à 9 h 30 lors des ventes courantes (exposition le mardi après-midi de 14 h à 18 h). Vente plus classique le dimanche à 14 h (exposition le samedi de 10 h à 12 h et de 14 h à 18 h, et le dimanche de 10 h à 12 h).

Emprunter ensuite la rue Royale jusqu'au site des *Carrés Saint-Louis*. Très harmonieux ensemble de maisons mansardées du XVIIIᵉ siècle, initialement des boutiques, aujourd'hui pas nécessairement. En 1931 les Carrés (au Puits, à la Fontaine, à l'Avoine et à la Terre) ont été classés Monuments historiques, et le caractère spécifique du quartier a pu être sauvegardé. Dans l'une de ces « baraques », la *Librairie des Carrés*, 42, rue Royale (☎ 01-39-20-06-32), où Jean-Pierre et Sue, en bibliophiles avertis, proposent de beaux et rares ouvrages, anciens ou modernes ; y avons remarqué un passionnant *Examen des Préservatifs* de Horne, publié en 1774 !

Poursuivre ensuite à droite par la rue d'Anjou d'où l'on aperçoit déjà la *cathédrale Saint-Louis*, sur la place du même nom. C'est Mansart de Sagonne qui l'édifia de 1743 à 1754. Sous des dehors sévères, elle abrite une nef gothique bien ouvragée et un intéressant mobilier, peintures et objets liturgiques. De ce siècle aussi, voir l'orgue monumental de Clicquot qui ne compte pas moins de 3 130 tuyaux (psst, vous en voulez un ? le 8 dans la 5ᵉ, c'est du béton !). Dans ce vaisseau classique eut notamment lieu en mai 1789 l'ouverture des États Généraux.

★ *Le Potager du Roi (plan A3) :* 6, rue Hardy. ☎ 01-39-24-62-62. Ouvert d'avril à octobre, les samedi et dimanche de 10 h à 18 h ; visite guidée toutes les heures. Le 1ᵉʳ dimanche de chaque mois, dégustation possible. Réservation recommandée.

Le Roi Soleil, dit-on, adorait les figues et les melons. « Que votre volonté soit faite, Sire », lui dit M. de La Quintinye qui créa ce potager en 1678, à deux pas du château, dans les marécages de l'Étang Puant ! Là se côtoyaient poires, fraises, pêches, asperges et, bien sûr, figues et melons. Aujourd'hui le potager existe toujours, on le visite et on y déguste fruits et légumes. À vos papilles aristocratiques ! Potiron bleu de Hongrie, courge de Siam, des dizaines de variétés de pommes, de poires, de kiwis, de groseilles : tout cela pousse à l'ombre de la cathédrale. Modèle de rigueur, sa géométrie qui n'a pas changé depuis trois siècles et se développe autour d'un Grand Carré qui comprend un bassin central. Mais on n'a jamais retrouvé le savoir-faire de ce La Quintinye qui, dit-on, arrivait à faire pousser des fraises en hiver : un prodige toujours inexpliqué, et qu'on attribue, faute de mieux, à un microclimat que provoqueraient les murets ou Dieu sait quoi.

★ ***L'Osmothèque de la Société française des parfumeurs :*** 36, rue du Parc-de-Clagny (rue perpendiculaire au boulevard de la Reine, 1re à gauche après l'hôpital Richaud quand on vient du château). ☎ 01-39-55-46-99. Ouvert à tous mais uniquement sur rendez-vous, le mercredi de 14 h 15 à 17 h, le 1er samedi du mois de 14 h 15 à 16 h 30 et le 3e samedi du mois de 10 h à 12 h. Entrée : 35 F. Louis XIV, dit-on, s'aspergeait de parfum au point d'incommoder ses interlocuteurs. Mais quel genre de parfum ? Vous le saurez en venant ici. En fait, jamais personne n'avait eu l'idée (géniale) de conserver ces créations, les parfums, tandis qu'on garde jalousement livres et sculptures ou peintures. La Société française des parfumeurs l'a eue, et l'a fait. C'est ainsi que depuis 1990, à l'Osmothèque, dite aussi « mémoire vivante des parfums », on peut humer plus de 1 000 fragrances (actuelles, mais aussi environ 200 qu'on ne trouve plus qu'ici) à l'aide de mouillettes ou de touches olfactives. Littéralement grisant. Parmi cette formidable collection de senteurs, notons les parfums signés Paul Poiret, délicieusement rétro, ou encore l'eau de Cologne de Napoléon Ier, impériale. Visite à éviter si l'on est enrhumé !

★ ***Le musée Lambinet*** *(plan B1)* **:** 54, bd de la Reine. ☎ 01-39-50-30-52. Ouvert du mardi au dimanche de 14 h à 18 h. Installé dans un hôtel particulier du XVIIIe siècle, du nom d'un juge versaillais qui en fut le propriétaire au siècle suivant. Intérieur très charmant, boiseries et moulures du tonnerre. Sur trois niveaux, en une petite quarantaine de salles, parfois petites il est vrai, différentes collections sont exposées. Beau mobilier, porcelaines et céramiques du XVIIIe siècle, et quelques thèmes ou personnages célèbres, évoqués par le biais de gravures, toiles ou documents divers : salle Charlotte Corday, où l'on voit que cette meurtrière avait de la personnalité ; salle de la Révolution, où d'éminentes figures et scènes sont représentées (Serment du Jeu de Paume, etc., mais surtout des portraits de la famille royale, ou de royalistes « martyrisés » : un point de vue intéressant, et un peu oublié) ; riche iconographie de Versailles ; ailleurs, peintures de l'école hollandaise et enfin notable fonds Jean-Antoine Houdon (*Voltaire*, buste génial). Une visite bien agréable.

★ ***Le musée des Carrosses*** *(plan B2)* **:** 1, av. Rockefeller (place d'Armes, Grandes Écuries). ☎ 01-30-84-76-18. Pas cher, mais pas grand-chose à voir. Une dizaine de carrosses, du XIXe siècle pour la plupart, de cérémonie, mariages le plus souvent mais aussi enterrements de Charles X ou du dernier des Condé (gros corbillard fleurdelisé), etc. Des traîneaux aussi, qu'on utilisait l'hiver sur le Grand Canal.

★ ***La salle du Jeu de Paume*** *(plan A2)* **:** rue du Jeu-de-Paume. ☎ 01-30-84-76-18. Ouvert le mercredi et le samedi de 14 h à 17 h. Entrée gratuite. Construit en 1686, et conservé en l'état primitif, hauts murs nus pour taper la balle, et filets protégeant les verrières. Les spectateurs pouvaient suivre la partie depuis la galerie. Au mur du fond, grande composition d'après l'œuvre célèbre de David, *Le Serment du Jeu de Paume*.

Où boire un verre ?

|●| 🍸 ***Café En Vogue*** *(plan B4, 50)* **:** 83, rue Royale. ☎ 01-39-50-37-72. Ouvert tous les jours de 9 h à 20 h. Au fond du quartier Saint-Louis, un peu excentré, un endroit vraiment atypique qui vaut le détour. C'est bien simple, ce rendez-vous des amoureux des années 60 est le seul bar qui bouge un peu dans cette ville endormie. On se demande vraiment pourquoi Laurent, le sympathique patron, s'est installé ici. Fêtard amateur de vieilles cylindrées, il a voulu créer un lieu de rencontre. C'est réussi. Mais pas pour les motos qui ont dû partir sous la pression

des riverains. Décor rock'n'roll avec juke-box, fléchettes, affiches et photos rétro. Ambiance chaleureuse, et rythm'n'blues, Northern soul, pop et steady rock. Bières de 24 à 35 F, vins au verre et petite restauration.

Le Bailliage *(plan B1, 51)* : 1, rue de la Pourvoirie. ☎ 01-39-49-03-01. À l'angle avec le passage de la Geôle. Ouvert de 10 h à 2 h du matin. Café dans le style brasserie 1930, installé dans une maison du XVIIIᵉ siècle pleine de charme. Sur trois étages, déco très baroque déclinée sur le thème de la bibine (affiches, plaques émaillées...). Grillades ou crêpes pour les petits creux. Très animé le soir, surtout pendant les week-ends. Fait aussi piano-bar à partir de 21 h. Bières bouteille entre 18 et 30 F.

Sister's Café *(plan B1, 52)* : 15, rue des Réservoirs. ☎ 01-30-21-21-22. Ouvert tous les jours le midi, les jeudi, vendredi et samedi soir jusqu'à minuit et le dimanche toute la journée. Le dernier rendez-vous à la mode de la jeunesse dorée et des autres. Tenu par deux sœurs aux horaires assez erratiques. Dommage, car la déco de ce bar-resto US tout en longueur est plutôt réussie. Vraiment à deux pas du château, ce qui est suffisant pour y faire une halte entre deux photos-souvenirs et plus si affinités. Bières entre 16 et 30 F. Salades (28 à 68 F), burgers (50 F) et desserts hollywoodiens (14 à 40 F). Les samedi, dimanche et jours fériés, *brunch* à 95 F. Petite terrasse très agréable en été.

Où sortir ?

– **Le théâtre Montansier** *(plan A1)* : 13, rue des Réservoirs. Billetterie ouverte du mardi au samedi de 11 h à 13 h et de 15 h à 18 h 30. Renseignements et réservations : ☎ 01-39-24-05-06. Tire son nom d'une intrigante, Marguerite Brunet dite la Montansier, qui obtint de Louis XIV d'ouvrir ce théâtre. Dirigé par Francis Perrin, le prestigieux théâtre a fêté en 1997 ses 220 ans ! Il a retrouvé l'authenticité de sa façade et le décor à la mode à la fin du XVIIIᵉ siècle : blanc, bleu et or, marbres peints, lustres, balcons sculptés et superbe plafond de Boquet. Avec les « Mardis Classiques », découvrez ou redécouvrez les grands auteurs du répertoire qui ne sont pas toujours ceux qu'on pense, si l'on en croit les soirées « Théâtre Découverte » (renseignements au : ☎ 01-39-07-70-65). Réductions intéressantes pour les moins de 25 ans.

Marché

– **Marché Notre-Dame :** sous les halles tous les jours sauf le lundi de 7 h 30 à 13 h 30 et en plein air les mardi, vendredi et dimanche matin de 7 h 30 à 13 h. S'y rendre de préférence le dimanche matin, quand les élégantes se retrouvent entre les 80 stands. Il y règne un aimable désordre comparable à celui des siècles passés. Avec ses couleurs vives, c'est un peu l'âme de la ville depuis trois siècles.

Fête

– **Le mois Molière :** chaque année entre fin mai et fin juin. Hommage rendu à celui qui a animé les grandes fêtes du Roi Soleil. Il est placé sous le double signe de l'histoire de la ville et de l'ouverture à la jeunesse. De quartier en quartier, des représentations de comédies de Molière sont données dans la rue. Cracheurs de feu et jongleurs précèdent le spectacle. Renseignements à la mairie : ☎ 01-30-97-80-00.

Aux environs de Versailles

★ *L'Arboretum de Chèvreloup :* 30, route de Versailles, 78150 Rocquencourt. ☎ 01-39-55-53-80. Ouvert du 1er avril au 15 novembre les samedi, dimanche, lundi et jours fériés de 10 h à 17 h ; groupes toute l'année, uniquement sur rendez-vous. Entrée : 15 F ; tarif réduit : 10 F. C'est en 1699 que Louis XIV acquiert la plaine de Chèvreloup, qui sert alors de terrain de chasse. En 1927, cette portion du domaine royal est offerte au Jardin des Plantes de Paris, et le Muséum national d'Histoire naturelle a fait de cette annexe un musée vivant de l'arbre. Aujourd'hui, sur plus de 200 ha (dont seulement 50 sont ouverts au public), on trouve environ 3 000 sortes d'arbres de toutes provenances. Dépaysement garanti. Idéal pour faire le tour du monde en 80 arbres ou trouver des idées pour votre jardin. Ateliers thématiques proposés pour les scolaires.

★ LE CHESNAY (78150)

L'histoire du Chesnay, ville résidentielle collée à Versailles, est intimement liée à celle de sa voisine. « Endroit où il y a des chênes », c'est d'abord un village de bûcherons avant que ne s'y installe un seigneur qui y fait construire le *château du Parc Aubert.* La légende attribue à Mansart et Le Nôtre ce pavillon du XVIIe siècle, entouré de deux ailes qui forment une cour octogonale. Puis Louis XIV rachète Le Chesnay pour loger ses fournisseurs et ses serviteurs.

Petit à petit le village est emporté dans les tourments de l'urbanisme, et la plaine se remplit d'habitants. Mais demeurent ses jardins, ses rues calmes et ses villas en meulière. Voir, au n° 15 de la rue du Plateau-Saint-Antoine, non loin de la mignonne église du même nom, la *villa Bellevue,* dans le style Renaissance hollandaise, qui date de 1900. Autre curiosité, le rendez-vous de chasse de Napoléon III, dit *château de Bel Air,* qui date du XIXe siècle.

MARLY-LE-ROI (78160) ET LES BORDS DE SEINE

Entre Versailles et Saint-Germain-en-Laye, une banlieue chic, verte et tranquille étale ses villas et flirte avec la Seine. Site agréable, aimé des peintres : Pissarro, Sisley, Monet, Renoir ou de Vlaminck, qu'on retrouve en un itinéraire jalonné de reproductions de leurs œuvres sur plaques émaillées (« Le Chemin des Impressionnistes »). Parfois le décor a changé, parfois moins, ici des arbres ont vieilli et l'on reconnaît telle maison, tel pont, là une nationale, des immeubles ont poussé. On s'amuse à noter ces évolutions, à replacer les perspectives. En outre, Marly-le-Roi, son vieux village et son parc, et, de Croissy à Carrières, les rives aménagées de la Seine, tout cela est fort plaisant – ainsi que le château de Monte-Cristo et le Musée-promenade.

Comment y aller ?

– *En train :* ligne S.N.C.F., gare Saint-Lazare – Saint-Nom-la-Bretèche ; descendre à Marly-le-Roi (pour Louveciennes, arrêt Louveciennes, station précédente).
– *En R.E.R. :* ligne A1, gare de Chatou-Croissy.

LES YVELINES

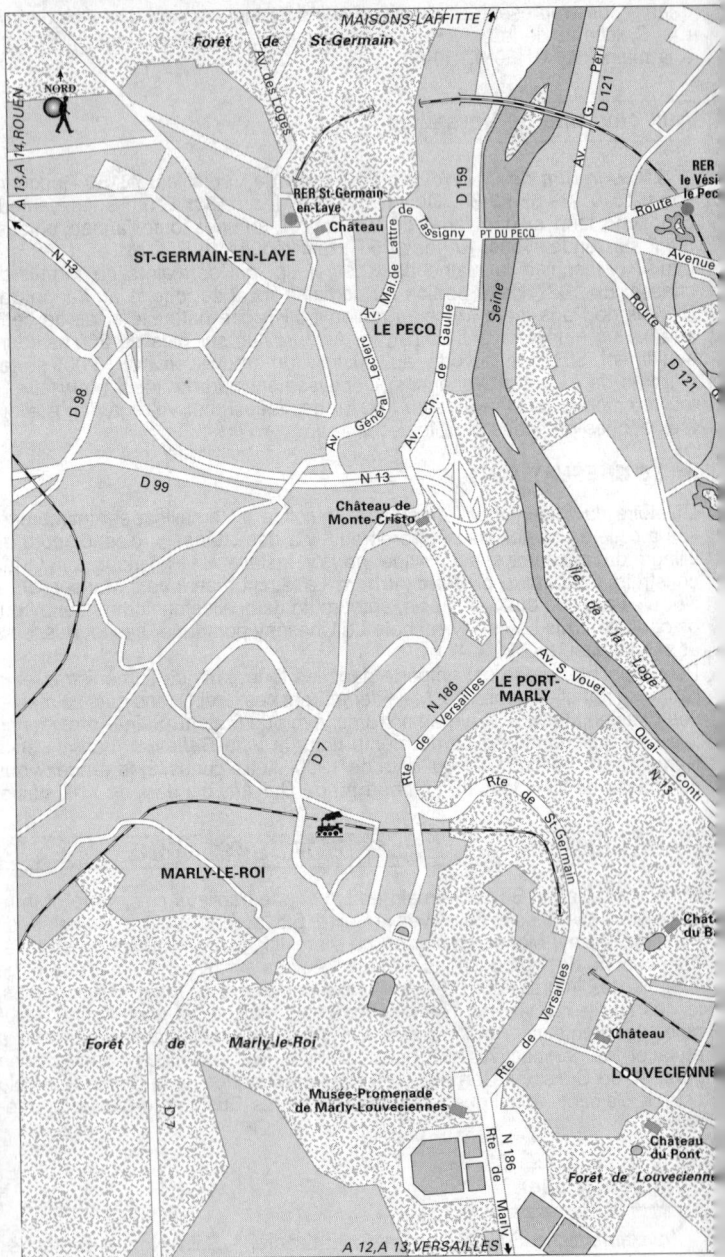

MAISONS-LAFFITTE

Forêt de St-Germain

NORD

A 13,A 14,ROUEN

Av. des Loges

D 159

RER
le Vési
le Pec

Av. G. Péri

D 121

RER St-Germain-
en-Laye

Château

Route

Av. Mal. de Lattre de Tassigny

PT DU PECQ

Avenue

N 13

ST-GERMAIN-EN-LAYE

Route

Av. Général Leclerc

Av. Ch. de Gaulle

Seine

D 121

LE PECQ

D 98

D 99

N 13

Château de
Monte-Cristo

Île de la Loge

Av. S. Vouet

LE PORT-
MARLY

N 186

D 7

Rte de Versailles

Rte de St-Germain

Quai Conti

N 13

MARLY-LE-ROI

Chât
du B

Forêt de Marly-le-Roi

Château

D 7

LOUVECIENNE

Rte de Versailles

Musée-Promenade
de Marly-Louveciennes

N 186

Château
du Pont

Rte de Marly

Forêt de Louvecienn

A 12,A 13,VERSAILLES

MONTESSON
→ ARGENTEUIL
Av. A. Briand   Av. P. Doumer   D 311
Rte du Vésinet
Montesson

D 321
Cartières-sur-Seine

CHATOU

Seine
Île   le Fleuve

NANTERRE

Rue   de

D 186   Avenue
LE VÉSINET   Maréchal   Foch

Maison
Fournaise

A 14   PARIS

A 86

rnot

RER le Vésinet
Centre

PT DE CHATOU   Av.

RER Rueil-
Malmaison

Croissy

RER Chatou-
Croissy

D 321

de

Colmar
N 190

PARIS. LA DÉFENSE

Av. de St-Germain   Av. Gén. de Gaulle
Av. de Verdun

RUEIL-
MALMAISON

CROISSY-SUR-SEINE

A 86

R. des Ponts   D 321

Av. Napoléon   Bonaparte   N 13

PONT DE LATTRE DE TASSIGNY

La
Grenouillère

Île de la Chaussée

Parc de
Bois-Préau

PARIS. LA DÉFENSE

R. Ivan Tourgueniev
nequin   Q. Boissy
em   d'Anglas   Q. Clemenceau

Château de
Malmaison

BOUGIVAL

■ Datcha
Ivan Tourgueniev

Parc de la
Jonchère

Av. de la Drionne

RUEIL-
MALMAISON

Forêt   de   la   Malmaison

D 321

LES YVELINES

LA CELLE-ST-CLOUD
↓ VERSAILLES

500 m

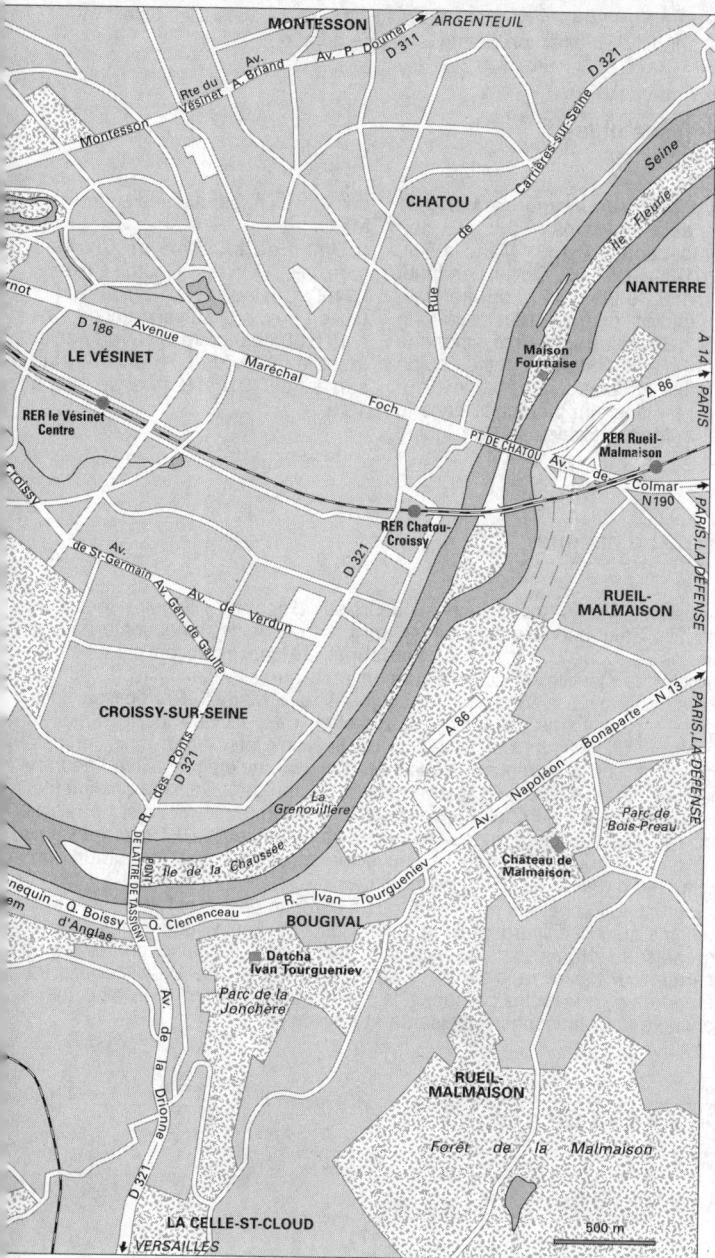

MARLY-LE-ROI ET LA BOUCLE DE LA SEINE

– *En voiture :* de Paris par l'autoroute A13, sortie Versailles-Ouest, puis à droite la RN186 direction Saint-Germain-en-Laye.

Adresses utiles

🛈 *Office du tourisme de Marly et de ses environs :* 2, av. des Combattants, 78160 Marly-le-Roi. ☎ 01-30-61-61-35. Ouvert les lundi et mardi de 9 h à 12 h, du mercredi au vendredi de 9 h à 12 h et de 14 h à 17 h 30, et les samedi et dimanche de 14 h à 17 h 30. Une petite équipe aimable et compétente, bravo ! Propose un itinéraire piétonnier dans le vieux Marly. Également un guide des arbres remarquables en forêt de Marly.

🛈 *Office du tourisme de Chatou :* gare R.E.R. de Chatou-Croissy, 78400 Chatou. ☎ 01-30-71-30-89. Ouvert du mardi au vendredi de 15 h à 18 h 30 (le mercredi, ouvert également le matin, de 10 h à 12 h) et le samedi de 10 h à 12 h, et de 14 h à 18 h.

Un peu d'histoire

Il existait à Marly, Louveciennes ou Croissy d'anciens villages – témoin la chapelle Saint-Léonard de Croissy, en bord de Seine, émouvante bâtisse romane flanquée d'une tourelle, qui aurait été consacrée en présence de Blanche de Castille, et aujourd'hui convertie en salle d'expositions temporaires. Mais c'est à Versailles et Louis XIV que Marly-le-Roi doit sa notoriété – et une partie de son nom. En effet, c'est ici que le Roi Soleil fit construire un château de plaisance, destiné aux fêtes entre amis, et c'est encore ici, sur la commune voisine de Bougival, qu'était installée l'énorme machine dite « machine de Marly » pompant l'eau de la Seine pour alimenter les grandes eaux du château de Versailles. Énorme : le mot n'est pas trop fort. 14 roues à aube, grandes chacune comme une église, 259 pompes puis un aqueduc (toujours debout, à Louveciennes), l'ensemble formait un véritable chef-d'œuvre de génie hydraulique.
Aujourd'hui, du château ne restent qu'un parc, un bassin et l'Abreuvoir, et la machine a aussi disparu. Mais Marly-le-Roi, son vieux village pentu, sa forêt agréable au promeneur et, plus loin, les bords de Seine préservés, le charme du centre ancien de Carrières-sur-Seine et, de-ci, de-là, les demeures pour le moins cossues – la crise ? quelle crise ? –, tout le secteur a conservé une atmosphère plaisante et privilégiée.

Où dormir ? Où manger ?

À MARLY-LE-ROI (78160)

Concentration de restos dans une Grande-Rue à l'atmosphère de village très agréable, en partie piétonnière, et bien coquette avec ses boutiques d'antiquaires et de décorateurs.

Bon marché

🏠 |●| ☂ *Le Rallye :* 29, Grande-Rue. ☎ 01-39-58-47-29. Resto fermé le soir, le dimanche et en août. Bonne ambiance au bar, assez populaire. Des chambres simples et correctes de 140 F la double avec douche (w.-c. à l'étage) à 200 F avec douche, w.-c., TV. Resto bon et copieux, notamment le menu à 69 F avec hors-d'œuvre à volonté et dessert maison. Viande extra. Une cantine toujours très fréquentée.

Prix moyens

|●| *Le Fou du Roi :* 6 *bis,* Grande-Rue. ☎ 01-39-58-80-20 ou 06-07-87-06-84. Fermé le samedi midi et le dimanche. Un petit resto à la déco simple et claire, où l'on va à l'essentiel : l'assiette et son contenu. Deux menus uniquement : le midi à 95 F, quart de vin (ou autre boisson) et café compris, vraiment très bien ; et le soir à 155 F hors boisson, gastronomique (exemple : œufs cocotte aux truffes puis joue de lotte ou ris de veau, parfait au chocolat). Les menus changent tout le temps, en fonction du marché, et sont présentés sur ardoise. Recettes classiques bien balancées, produits frais, service courtois, tarifs honnêtes et bedaine bien remplie, il n'en faut pas plus pour faire une bonne adresse,

l'une de nos préférées du secteur. Réservation recommandée, la salle est petite.

|●| *Le Café Rosa :* 23, Grande-Rue. ☎ 01-39-16-10-70. Fermé le lundi midi, le mardi midi et le lundi soir hors saison. Petit restaurant mexicain à la décoration réussie : affiches de western-spaghetti sur fond rose, chaises *saloon,* ventilateur au plafond, sans oublier les traditionnels cactus. Musique locale en sus. Côté jardin, terrasse et jeux d'enfants. Parfois un peu cher. Bon chili à 54 F. On peut s'en tirer à 110 F à la carte. Le midi en semaine, menu à 80 F (quart de vin compris).

Plus chic

🏠 *Les Chevaux de Marly :* place de l'Abreuvoir. ☎ 01-39-58-47-61. Fax : 01-39-16-65-56. Un 3 étoiles proposant une dizaine de chambres impeccables à 390 F la double, c'est-à-dire relativement bon marché. Certaines donnent sur l'Abreuvoir et les Chevaux de Marly, royal ! Service de haute volée avec voiturier et tout, et resto dans le même genre, sommelier, maître-pâtissier et cuistot chevronné travaillant pour vous. Compter tout de même 300 F par tête de pipe.

À PORT-MARLY (78560)

|●| *Les Danaïdes :* 1, rue Jean-Jaurès (angle de la N13). ☎ 01-39-16-44-88. Jolie salle genre bistrot Art déco et agréable jardin-patio fleuri où l'on oublie la ville pour une cuisine française classique bien exécutée. Menu-carte à 138 F avec, par exemple, un marbré de lapereau au cidre qui fond dans la bouche et des rognons de veau à la normande qui se laissent manger. Le midi, formule plat + dessert ou entrée + plat à 110 F (sauf les week-ends et jours fériés).

|●| *L'Auberge du Relais Breton :* 27, rue de Paris. ☎ 01-39-58-64-33. Fermé le dimanche soir et le lundi, et en août. Ah, qu'elle est bonne, qu'elle est fine et copieuse la cuisine

du *Relais Breton,* ah oui alors, c'est un plaisir non feint, une grande joie que cette cuisine-là. Oh, rien de bien sorcier, mais pour 159 F, un menu de plaisir avec, par exemple, des escargots revenus aux champignons, dans leur petite sauce à la crème fraîche, ensuite (on vous le conseille) un foie de veau poêlé comme il faut (c'est bon, ce truc, on n'en trouve pas assez dans les restaurants), puis un chèvre frais et sa salade, et le dessert, sabayon de fruits rouges bien servi. Et c'est bon. Voilà bien ce qui est l'extraordinaire, c'est non seulement bien servi, en portions généreuses, mais les plats sont bons, cuisinés et à base de produits frais. Pour 159 F, chapeau. Cependant pourquoi obliger les dîneurs à s'installer au jardin (d'ailleurs joli) quand il fait un froid de canard et que la salle est vide ? On a chopé la crève. Mais on a bien mangé, atchoou ! – à nos souhaits. Par ailleurs, service bien réglé. Autre menu à 229 F et carte.

À LOUVECIENNES (78430)

|●| **Le Break :** 5, rue de la Princesse. ☎ 01-30-82-27-45. Fermé le dimanche soir et le lundi, et la 2e quinzaine d'août. Aux Granges du Barry, à côté du club de tennis. Cadre super relax pour ce resto planté dans la verdure, avec terrasse donnant sur une grande clairière bordée d'arbres. Le midi en semaine, menu à 78 F (entrée, plat, dessert) ou formule bistrot à 100 F (entrée ou dessert, plat, quart de vin et café) ; autre menu à 148 F comprenant apéro, vin et café. Cuisine ordinaire, sans surprise, et excellent café glacé. Très agréable aux beaux jours.

À BOUGIVAL (78380)

|●| **Le Chalet Savoyard :** 102, rue du Maréchal-Joffre. ☎ 01-30-82-71-46. Fermé le dimanche, le lundi et en août. Raclette et fondues et poutres apparentes, on s'y croirait. Le midi en semaine, formule originale : un plat à choisir parmi les spécialités maison (de 80 à 128 F) ; le quart de vin, le dessert (glace ou île flottante) et le café sont offerts. À la carte, compter environ 150 F.

À CHATOU (78400)

|●| ▼ **Le Coq Hardi :** 48, rue des Cormiers. ☎ 01-30-71-11-00. Fermé le dimanche soir. Beaucoup de monde dans la petite salle du bar (écran TV géant) ou dans celle à tables nappées et serrées du restaurant à proprement parler, ou encore en terrasse, pour un fameux menu à 60 F le midi : copieuse cuisine nature et familiale (brandade de morue extra, salade de fruits véritable) ; menu légèrement plus cher le soir (75 F), mais amélioré. Le samedi soir, on passe à 90 F, mais attention : foie gras et tout le toutim, c'est Byzance !

Où prendre un *brunch* ? Où boire un thé ?

|●| ▼ **Le Cottage :** 7 *bis*, Grande-Rue, 78160 Marly-le-Roi. ☎ 01-39-16-34-89. Ouvert de 12 h à 18 h (à partir de 11 h le dimanche). Fermé le lundi. *A so, so cosy place !* Dentelles, porcelaines et atmosphère on ne peut plus délicate et bourgeoise, douce et bien éduquée dans cet adorable salon de thé pris d'assaut par le Tout-Marly et ses environs. Et c'est vrai que les patrons sont charmants, que ce qu'ils préparent et servent, tartes ou thés, ne déçoit pas et que leur croustillant aux cerises est à se damner. Une formule plat + dessert à 120 F et, le dimanche, un *brunch* à 135 F (scandinave ou anglais : nous avons préféré le premier). Pour le *brunch*, prudent de réserver. Aux beaux jours, jardin-terrasse à l'arrière.

À voir

★ **Le Musée-promenade de Marly-le-Roi-Louveciennes :** la « Grille Royale », parc de Marly, 78430 Louveciennes. ☎ 01-39-69-06-26. Ouvert de 14 h à 18 h. Fermé les lundi, mardi et jours fériés. Une évocation du Marly des XVIIe et XVIIIe siècles, celui du Roi Soleil. C'est en 1678 que le roi, « lassé du beau et de la foule » (Saint-Simon), commanda un château à Jules Hardouin-Mansard. Ce devait être une simple retraite. Ce fut, comme toujours avec Louis XIV, quelque chose d'assez grandiose : le pavillon du Roi, dit de Jupiter, dominait l'axe central et les bassins ; ceux-ci étaient flanqués de douze pavillons plus modestes et dédiés à d'autres divinités, plus modestes aussi (Bacchus, Mars, Minerve, Diane, Vénus, etc.). Image du souverain dominant ses sujets, et des courtisans gravitant autour, heureux élus conviés pour quelques jours à Marly – honneur et privilège extrêmement disputés. Sauf l'Abreuvoir, la grille royale et les bassins, rien ne subsiste de cet ensemble, de construction d'ailleurs médiocre (fondations peu profondes, murs de moellons ou de brique enduites) et où, par économie, on avait usé de peintures en trompe-l'œil imitant le marbre ou des bas-reliefs. Mais Marly fit date et fut très remarqué : l'architecture éclatée au sein du vaste parc, les bosquets et les plantations un peu désordonnés, les jardins d'eau, les cascades, annonçaient la redécouverte de la nature et le goût des « fabriques » et des théâtres de verdure, qui seraient en vogue au siècle suivant.

Du château, outre les plans et vues diverses, le musée présente quelques-unes des 150 sculptures qui animaient le parc, originaux ou copies : ici, très belle Euterpe, muse de la musique, antique véritable, là un Hippomène joyeux coursant une Atalante effarouchée. De la « machine de Marly », destinée à alimenter les jardins de Versailles en eau, on verra là aussi des plans et des gravures. Maquette de l'extraordinaire ouvrage, visité par toutes les cours d'Europe ébahies. Quelques œuvres d'art complètent ce charmant musée, parmi lesquelles on notera *La Fidélité,* allégorie sculptée de Mme du Barry tenant à la main le cœur de Louis XV, et de belles toiles, dont un Boucher et un ou deux Vigée-Lebrun (qui repose d'ailleurs au cimetière de Louveciennes). Au sous-sol, petite salle avec quelques pièces d'art sacré : superbe *Mise au tombeau* du début du XVIe siècle. Une visite agréable.

À souligner, les *ateliers-enfants* organisés par le musée et qui peuvent l'être sur demande, par exemple pour les anniversaires des chers bambins. Ici, on s'occupe de tout (ateliers proposés : « Danser le menuet », « Parler comme un Roi », « Modeler ou sculpter les statues du parc », etc.) et il y a de la place (15 enfants maximum), et même un parc. Prix démocratique.

– **Le parc de Marly :** s'il ne reste rien du château, des pavillons et des sculptures en extérieur, l'Abreuvoir subsiste, avec ses *Chevaux de Marly,* par Coustou, bêtes puissantes et magnifiques (il s'agit en fait de reproductions, les originaux sont au Louvre). Pourquoi « l'Abreuvoir » ? Parce qu'on y menait boire les chevaux. Les bassins aussi sont restés, et chaque 3e dimanche du mois (en principe), de mai à septembre, le jet d'eau gicle à 37 m, record régional. On pourra, de là, se promener dans la forêt de Marly. Intéressants spécimens d'arbres pluriséculaires. Notez qu'une petite partie de la forêt est fermée et réservée à la présidence de la République, en tant que « parc des chasses présidentielles ». Valéry y tirait volontiers le faisan.

★ **Le château de Monte-Cristo :** à **Port-Marly,** limite Saint-Germain-en-Laye. Fléché sur la RN13. De Marly-le-Roi, prendre l'avenue de Saint-Germain qui se prolonge par l'avenue J.-F.-Kennedy : indiqué sur la droite avant de croiser l'échangeur. ☎ 01-39-16-49-49. Du 1er avril au 1er novembre, ouvert tous les jours sauf le lundi, de 10 h à 12 h 30 et de 14 h à 18 h (les samedi, dimanche et jours fériés, ouvert de 10 h à 18 h sans interruption); du 2 novembre au 31 mars, ouvert le dimanche uniquement, de 14 h à 17 h. Visites commentées le dimanche après-midi, toutes les 20 mn à partir de 14 h 30. Pour les groupes, sur rendez-vous : se renseigner auprès de l'office du tourisme de Marly-le-Roi.

L'édifice fut bâti à grands frais en 1844-1846 par Alexandre Dumas père qui ne put, à cause d'ennuis financiers, le conserver plus de deux ans. L'auteur des *Trois Mousquetaires* gagnait des fortunes mais dépensait plus encore avec ses innombrables maîtresses. « J'ai là la réduction d'un paradis terrestre », disait-il du château. Au milieu du parc à l'anglaise où se cachent grottes, cascades et roseraies, le château en question trône comme une bonbonnière. D'inspiration Renaissance, il a la dimension d'une grosse villa. Des portraits en médaillons sculptés ornent la façade : effigies de Racine, Shakespeare, Sophocle, etc., que Dumas appelait son panthéon personnel. La modestie ne l'étouffant pas (ou est-ce de l'humour ?), il y figure aussi.

À l'intérieur, objets familiers, tableaux, quelques meubles et autographes (dont cette formule d'une lettre à la comédienne Marie Dorval : « Je baise vos belles mains, n'ayant pas le droit d'aller plus haut ni plus bas », à retenir et replacer pour épater les filles). Visite de ces pièces impeccablement restaurées et bien proportionnées rendue très agréable par la liberté qu'on a d'approcher toute chose. Un discret système de vidéo-surveillance le permet.

On appréciera le charme romantique et baroque de l'ensemble, et le superbe *salon mauresque*, entièrement retapé aux frais de Sa Généreuse Majesté le Roi Hassan II du Maroc. Dernière curiosité, le *château d'If*, pavillon bizarre et vaguement gothique que l'écrivain avait fait construire à l'écart, dans le parc, pour s'isoler des nombreux amis qui squattaient le château.

★ *La datcha Tourgueniev :* 16, rue Tourgueniev, 78380 *Bougival.* Indiqué depuis la RN13 en bordure de Seine. ☎ 01-39-18-22-30. Ouvert le dimanche de fin mars à mi-décembre, de 10 h à 18 h. Plutôt une belle maison qu'autre chose, un chalet peut-être, en tout cas pas une datcha. Géré par l'Association des amis d'Ivan Tourgueniev (1818-1883), écrivain russe francophile, défenseur du moujik, embastillé un temps pour son livre *Mémoires d'un chasseur.* Tout sur lui, l'édition originale dudit bouquin, des photos de famille, son piano, sa table de travail, sa chambre vert sombre. Assez barbant. Sauf pour les amis. Amis du monde entier d'Ivan Tourgueniev, venez à la datcha!

★ *La maison Fournaise :* île des Impressionnistes, 78400 *Chatou.* ☎ 01-34-80-63-22. Ouvert du jeudi au dimanche de 11 h à 17 h (18 h les samedi et dimanche). Vers 1860, les époux Fournaise eurent la bonne idée d'ouvrir un hôtel-restaurant sur l'île de Chatou, histoire d'accueillir les Parisiens du dimanche, arrivant nombreux par le train de 11 h en gare de Chatou, halte sur la toute première ligne de chemin de fer française, Paris-Gare-Saint-Lazare – Saint-Germain-en-Laye, créée en 1837. Gros succès. Madame est aux fourneaux, monsieur s'occupe du reste : canotage, joutes, fêtes champêtres auxquelles participent artistes et notables en goguette. Parmi les habitués, Pierre-Auguste Renoir : « J'étais toujours fourré chez Fournaise, j'y trouvais autant de superbes filles à peindre que je pouvais en désirer. » Dont Alphonsine, la fille Fournaise, qu'il prendra souvent pour modèle et qui figure dans l'assemblée joyeuse du *Déjeuner des Canotiers* (avec, au fond, personnage rêveur coiffé d'un haut de forme, le poète Jules Laforgue). Degas, Caillebotte, Maupassant, Tourgueniev ou Nadar apprécieront aussi l'endroit, le grand air et sans doute la grâce naturelle d'Alphonsine, plongeuse et nageuse émérite qui allait chercher les pièces jetées à l'eau par le bourgeois ravi. Elle reprendra l'affaire jusqu'en 1906, puis la maison Fournaise tombera dans l'oubli et en ruine.

Ce lieu mythique revit depuis qu'en 1979 la Municipalité l'a racheté et restauré. Le musée s'y trouve. Pas de Renoir bien sûr, mais des reproductions de ses œuvres, et des originaux d'artistes moins cotés ayant aussi fréquenté l'île dite, depuis, des Impressionnistes. Petite vidéo très bien conçue donnant une bonne idée de l'atmosphère d'alors, cet esprit de guinguette, de canotage et d'éternel printemps des bords de Seine du XIXᵉ siècle finissant. Dans l'autre partie de la maison Fournaise se tient un resto du même nom. Jolie terrasse en fer forgé d'origine et peintures décoratives d'après celles des artistes éméchés de l'époque, un cadre agréable qu'on paie assez cher.

★ *Le Vésinet (78110) :* commune située dans la boucle de Seine, limitrophe de Croissy, Chatou, Montesson et Le Pecq. Accès : gares R.E.R. A Le Vésinet-Centre ou Le Vésinet – Le Pecq ; en voiture, de Paris, porte Maillot, La Défense puis N190 direction Chatou. Plan de la ville à l'office du tourisme de Chatou.

Heureux Vésigondins, vernis Vésigondins ! Il n'y a pas de justice ! Le Vésinet, cher lecteur de condition modeste, moyenne ou même moyenne-supérieure, n'est pas de ce monde, du vôtre ; il est une création merveilleuse, un paradis sur terre, parsemé de clairières et d'étangs, traversé de rivières et d'allées ; et, dans ce décor harmonieux et paisible, les Vésigondins possèdent quelques-unes de ces villas que vous n'aurez jamais (à moins qu'un jour, à force de travail, mais par chance plutôt, vous ne deveniez vous-même verni Vésigondin). De la vraie bicoque de milliardaire, mon frère, avec piscine et tout ! et souvent du XIXᵉ siècle. Car cette ville est née en 1856, à l'initiative d'Alphonse Pallu, qui eut l'idée d'établir ce remarquable ensemble résidentiel à l'emplacement de la forêt du Vésinet ; le comte de Choulot, paysagiste, planta le décor ; puis arrivèrent les premiers habitants, se faisant construire de prestigieuses demeures, dans le style éclectique, exubérant parfois, de la seconde moitié du XIXᵉ siècle. Jeanne Lanvin, Joséphine Baker ont eu leur pied-à-terre ici – respectivement au 9, bd de Belgique, et au 52, av. Georges-Clemenceau –, et l'élégant noceur Robert de Montesquiou recevait en son palais Rose, en bordure du Grand Lac. On s'arrêtera aussi sur la villa Berthe, au 72, route de Montesson, dite aussi « hublotière » (Guimard architecte), ou face au 122, bd des États-Unis, où se trouve le *Wood cottage,* une maison mimi comme tout, on ne vous dit que ça.

La promenade vaut autant pour le charme de ces maisons qui, quoi qu'on en dise, font doucement rêver, que pour le cadre de vastes pelouses, de parterres fleuris, d'arbres plantés comme il faut, où il faut, de cascatelles et de canards traversant les allées. Et il est très remarquable que cette ville ait conservé, depuis sa création, ce caractère paysager : volonté des municipalités successives (et des Vésigondins) qui, toujours, ont empêché le lotissement des propriétés. Non, Le Vésinet ne se rendra pas, et l'esprit mercantile qui anime ce siècle n'y aura jamais, entendez-vous, jamais droit de cité – allez, portons un toast au Vésinet : pour Le Vésinet, hip hip hip, hourra ! hip hip hip, hourra !

À faire

– *Le chemin des Impressionnistes :* une trentaine d'œuvres reproduites sur plaques émaillées, à l'échelle et placées à l'endroit précis où elles furent réalisées, voici un itinéraire bien sympa, à pied ou à vélo, de Port-Marly à Carrières-sur-Seine (sept communes en tout). Dépliant avec parcours et commentaires disponible à l'office du tourisme de Marly-le-Roi, à celui de Chatou et à la maison Fournaise.

Nos tableaux et sites préférés : à **Port-Marly,** *L'Inondation à Port-Marly,* de Sisley, 1876 : une Seine en crue où trempe une grosse maison d'angle, qu'on reconnaît nettement : l'actuel *Brazza.* Même toiture, même porte, mêmes fenêtres... sauf une qui semble élargie : vue de Sisley ou illusion d'optique ? Ciel de pluie. À **Louveciennes,** jolie série : Sisley toujours, avec

L'Aqueduc, 1874, et Pissarro, *Entrée du village de Voisins,* 1872. On retrouve l'aqueduc inchangé, et ce commentaire (un petit texte accompagne chaque plaque) de Sisley à propos des « beaux nuages blancs baladeurs » et de son travail : « Quel mouvement, quelle allure n'est-ce pas ? » Pissarro, sceptique, moins satisfait aussi : « Je ne crois pas au progrès dans l'art. Nous sommes à notre époque plus préoccupés de certains effets que nos aînés n'ont pas cherchés . » À Louveciennes toujours, les mêmes artistes, rue de la Machine : du *Village de Voisins* de Pissarro, notez l'exactitude des proportions et de la perspective : la rampe fuyante, les bornes solides sont bien là, et la vue du *Chemin de la Machine* de Sisley présente sans doute les arbres qu'on voit aujourd'hui épais, jeunes et fluets.

On profitera de ce qu'on est ici pour avancer au bout de cette rue de la Machine, d'où part un chemin descendant le coteau. Panorama et table d'orientation sur la vallée de la Seine. À l'horizon, noyée dans le gaz, la Défense et ses tours. En bas, le charmant Croissy. À droite, le pavillon de Musique de la Du Barry, partie du château offert par Louis XV à sa maîtresse : joli pavillon en effet (une baraque de 1 000 m², oui!), d'architecture classique avec terrasse en promontoire, ça vous dirait d'habiter là ?

À **Bougival,** sur l'île, un *Pont de Bougival* de Monet (1869), qui a été tronqué depuis. Longeant les bords de Seine par la rive droite, on arrive alors à **Croissy-sur-Seine,** dans un secteur entièrement préservé, sans construction aucune. Lui fait face l'extrémité de l'île des Impressionnistes, où se trouvait *La Grenouillère*, café flottant peint la même année par Renoir et Monet qui, ensemble et à cette occasion, ont élaboré la technique des touches parallèles propre à l'impressionnisme. Quatre reproductions d'œuvres des deux maîtres, installées sur l'île même et sur la rive où nous nous trouvons, évoquent cette fameuse *Grenouillère*. Mais elle n'existe plus, et aujourd'hui les joggers foulent un chemin verdoyant le long d'une Seine paisible. Parmi ceux-ci, nous a confié une dame, Jean-Michel Jarre, qui habite dans le coin : « Il est très sympathique ». À Croissy toujours, un peu en amont, adorable petite chapelle Saint-Léonard avec jardin fleuri ouvert au public. S'y tiennent des expos temporaires.

En allant vers **Chatou,** toujours rive droite, on longe une impressionnante série de villas de grand luxe, vrais châteaux pour certaines. Pas mal ! Puis on arrive à l'île des Impressionnistes : franchir le pont pour y découvrir, outre le musée décrit plus haut (la maison Fournaise), quelques toiles reproduites *in situ* : deux Renoir et un Vlaminck, qui vint au début du siècle avec Derain travailler ici mais d'une tout autre manière, là encore innovante puisque les deux artistes ont alors créé le fauvisme. Des toiles représentées à proximité de la maison Fournaise, on ne retrouve pas grand-chose du décor initial : *Le Pont de Chatou* de Vlaminck se voit aujourd'hui doublé ou triplé d'autoponts et les buildings l'environnent. Mais, plus loin sur l'île en aval, derrière le pont de chemin de fer, joli Renoir, dans un cadre de verdure à peu près conservé : *Le Pont de chemin de fer à Chatou* (1881) est en effet toujours environné d'arbres et la rive à ses pieds est toujours en herbe. « Je suis en lutte avec des arbres en fleurs », dit joliment l'artiste.

On finira cette balade par **Carrières-sur-Seine,** dont le centre-ville a conservé un cachet d'antan, et, curiosité, où l'église présente un baromètre en place de l'horloge habituelle. Une bâtisse d'aspect très ancien, bancale et vermoulue, se trouve au bas de la rue Gabriel-Péri, où Vlaminck a posé son chevalet pour saisir *Le Village* (1905). Se décaler au milieu de la chaussée pour retrouver le point de vue (gaffe aux voitures!). Ce Vlaminck avait du talent, parole ! « Il faut peindre avec des cobalt purs, des vermillon purs, des véronèse purs », disait-il; on en a ici une illustration. Dans le joli parc en contrebas, avec bassin, cygnes et toboggan, la toile de Renoir, *Carrières-Saint-Denis,* qui fut réalisée à bord d'un bateau-atelier. C'est donc une vue depuis la Seine, d'un point sans doute proche de la rive opposée, et qui embrasse le village en totalité. On reconnaîtra l'allée de peupliers du parc, et l'église aujourd'hui assez défigurée.

Achats

– **Brocante Emmaüs :** 7, île de la Loge, Bougival. ☎ 01-39-69-12-41. Ouvert de 14 h à 17 h 30 ; le mercredi et le samedi, de 9 h 30 à 11 h 45 en plus. Fermé le dimanche et les jours fériés. Vêtements, vaisselle, bouquins, meubles, on trouve de tout chez Emmaüs, et pas cher !

Manifestations

– **La foire à la Brocante et au Jambon :** à Chatou, sur l'île des Impressionnistes, au mail. Deux fois l'an, en mars et en septembre, pendant une dizaine de jours, antiquaires, brocanteurs et charcutiers mêlent meubles et saucisses. Une foire de grande renommée, connue bien au-delà de nos frontières : Américains ou Japonais s'y approvisionnent en commodes, crapauds et autres buffets de style, sans dédaigner le sifflard et la couenne, qu'ils avalent entre deux gorgeons.
– **La fête des Impressionnistes :** à Chatou, sur l'île des Impressionnistes. À la mi-juin. Une fête à thème : une année les gabares nantaises arrivent toutes voiles dehors, la suivante on se costume façon Belle Époque, etc. L'occasion de faire la fête dans le cadre aimable de l'île de Chatou.

SAINT-GERMAIN-EN-LAYE (78100)   41 710 habitants

Longtemps résidence royale et bien avant Versailles, Saint-Germain-en-Laye jouit d'un cadre de choix : l'une des plus belles et des plus grandes forêts d'Île-de-France borde la ville au nord, et le centre ancien se développe autour du château Renaissance, dont la Grande Terrasse domine la Seine majestueusement. Mais l'originalité de Saint-Germain est d'avoir conservé un ensemble d'immeubles et d'hôtels particuliers des XVIIᵉ et XVIIIᵉ siècles parmi les plus importants et les mieux préservés d'Île-de-France. Une douce harmonie s'en dégage, et les rues du centre-ville, en partie piétonnes et aux nombreuses boutiques de luxe et de bon goût, sont tout indiquées pour la promenade et les longues parties de lèche-vitrines. À cette animation commerçante s'ajoute une jeunesse bien présente, Saint-Germain accueillant quelques grandes écoles haut de gamme (Sup de Vente, Lycée international...).

Un peu d'histoire

Une résidence et une chasse prisées des Capétiens

On a retrouvé des traces d'habitat mérovingien aux alentours de la ville, mais l'acte de naissance de Saint-Germain-en-Laye remonte à l'an mil et quelques (ou, si l'on préfère, « mil et des brouettes »), lorsque Robert le Pieux choisit le site pour y élever un petit monastère en une trouée dans la forêt, une « laye ». Vers 1120, Louis VI le Gros fait édifier un premier « palatium » sur ce coteau contrôlant la Seine, et pouvant protéger Paris à l'ouest. De ce jour, les rois de France jusqu'à Louis XIV, c'est-à-dire la plupart des Capétiens, en feront l'une de leurs résidences préférées, y appréciant particulièrement la forêt giboyeuse, chasse idéale. En 1230, Saint Louis flanque le château d'une chapelle, toujours présente malgré les dommages causés par la guerre de Cent Ans où la forteresse fut dévastée. Charles V la restaure en 1368, mais en 1539 François Ier n'en conserve que les soubassements et le donjon, et fait ériger ce qu'on appellera plus tard le château Vieux – celui qu'on peut voir aujourd'hui. Sous son règne, la ville se développe, acquiert foire et marché.

Le château Neuf

À la fin du XVIe siècle Henri II fait construire un second château, le château Neuf, non loin de l'autre, dans le parc. C'est initialement une « maison de théâtre et de baignerie », une résidence secondaire et privée, réservée aux fêtes et aux amis : un Trianon avant l'heure. Henri IV l'agrandit et fait aménager de superbes terrasses s'étageant jusqu'à la Seine, sous lesquelles, dans des grottes artificielles, des automates mus par un ingénieux système hydraulique figurent des scènes mythologiques. Spectacle extraordinaire auquel le souverain conviait quelques privilégiés, et qu'il aimait terminer par un copieux arrosage de toute l'assistance, faisant jaillir subitement des jets d'eau de tous côtés. Et Henri rigolait !

Du château Neuf, seuls subsistent les rampes des terrasses supérieures, le pavillon Sully au Pecq, et le pavillon Henri IV dans le parc – où naquit Louis XIV le 5 septembre 1638. Saint-Germain sera l'une de ses résidences habituelles, la principale même, avant qu'il ne s'installe définitivement à Versailles, en 1682. Mais s'il réaménagea tant soit peu le château, le Roi Soleil a surtout marqué la ville par la multiplication des hôtels particuliers que s'y fit construire, sous son règne, la haute aristocratie. Les travaux de Le Nôtre, son jardinier attitré, ont été importants aussi : non seulement il traça le parc – avec, entre la ville et le château Neuf, le premier *boulingrin* jamais créé en France – et la Grande Terrasse, splendide, mais il replanta aussi la forêt... de plus de 5 millions de pieds d'arbres !

Une ville toujours agréable

Le départ de la Cour pour Versailles marque la fin d'une certaine magnificence. Peu après, le château Vieux, déserté, est mis à la disposition de Jacques II d'Angleterre, le roi déchu, qui y vit ses dernières années, dans la gêne dit-on (tout étant relatif). En 1776, le château Neuf est rasé – sauf les éléments énoncés plus haut. Le château Vieux connaît ensuite divers avatars (école de cavalerie sous Napoléon Ier, prison militaire sous Louis-Philippe) avant que Napoléon III, en 1867, n'en fasse le musée des Antiquités nationales – ce qu'il est encore aujourd'hui. Mais, pour Saint-Germain, l'événement majeur de ce XIXe siècle est la création de la première ligne de chemin de fer, financée par Émile Pereire et inaugurée le 26 août 1837, en présence de la reine Marie-Amélie. La ligne s'arrêtait alors au Pecq ; elle arrivera à Saint-Germain en 1845. Cela en fait l'une des premières destinations de week-end des Parisiens, qui goûtaient fort le bon air de sa vaste forêt et, déjà, son côté bon chic-bon genre.

Depuis, Saint-Germain-en-Laye n'a rien perdu de son charme et de ses agréments, car les grands chambardements urbains de ce siècle, leurs excès surtout, ne l'ont pas vraiment touchée, et elle a gardé sa forêt intacte. Et l'arrivée du R.E.R. en plein centre-ville, face au château, a contribué encore à en faire l'une des résidences les plus recherchées d'Île-de-France.

Comment y aller ?

– *En bus :* R.A.T.P., ligne 258 depuis La Défense (Grande Arche) ; depuis Versailles, autobus CGEA, ligne 1 ; depuis Marly-le-Roi, autobus CGEA, ligne 10.
– *En R.E.R. :* ligne A1 (25 mn de Charles-de-Gaulle-Étoile). La station, terminus de la ligne, s'ouvre devant le château.
– *En voiture :* de la porte Maillot, direction La Défense puis N13 (arrivé à Nanterre, deux possibilités : suivre la N13 qui fait les bords de Seine et mène au Pecq, limitrophe de Saint-Germain ; ou prendre la D186 vers Le Vésinet, plus court et plus rapide). On peut aussi opter pour l'A13 (autoroute de l'Ouest, porte d'Auteuil), sortie Versailles-Ouest, puis N186 vers Saint-Germain.

Adresse utile

🏠 *Office du tourisme :* maison Claude-Debussy, 38, rue Au-Pain. ☎ 01-34-51-05-12. Fax : 01-34-51-36-01. Ouvert du mardi au vendredi de 9 h 15 à 12 h 30 et de 14 h à 18 h 30, le samedi de 9 h 15 à 18 h 30, le dimanche et les jours fériés de mars à octobre de 10 h à 13 h. Fermé le lundi. Organise d'avril à octobre des visites à thèmes de la ville et de ses sites (sur réservation).

Où dormir ?

Prix modérés

🛏 *Havre Hôtel (hors plan par A2, 10) :* 92, rue Léon-Desoyer. ☎ et fax : 01-34-51-41-05. Petit hôtel propre et central, très bien tenu, proposant la double avec douche, w.-c. et TV à 280 F. Quelques chambres donnent sur le cimetière : ultracalme ! Mais toutes bénéficient du double-vitrage, on est tranquille même côté rue. Accueil aimable et attentionné. Une de nos bonnes vieilles adresses.

Plus chic

🛏 |●| *L'Ermitage des Loges (plan B2, 11) :* 11, av. des Loges. ☎ 01-39-21-50-90. Fax : 01-39-21-50-91. Belle adresse saint-germanoise, chic à souhait. L'avenue des Loges est une large perspective avec contre-allées, allant de la forêt au château. Chambres doubles « 3 étoiles NN », récemment refaites, avec service aux petits oignons à 560 F en janvier, février, mars, juillet, août, et 650 F le reste de l'année. Tout confort évidemment. Le restaurant, *Le Saint-Exupéry*, est excellent (voir « Où manger ? »).

LES YVELINES

A CONFLANS-SAINTE-HONORINE ✈ PONTOISE B

FÔRET DE

POISSY ✈

Avenue des Loges

1

PLACE
LOUIS XIV

Rue de Tourville

Rue

Av. du Maréchal Foch

11
24

Hôtel de Noailles
d'Alsace

2

PLACE
E. DETAILLÉ

10 ✈ 23

PLACE
J. ALAIN

Allée

R. de la République

R. de la Pontoise

R. de la Suzintendance

Hôtel de ville

Rue de Pologne

PL. DE LA VICTOIRE

de

R. des Louviers

RER St-Germain-en-Laye

20

PLACE DU MARCHÉ NEUF

40

PL. CH. DE GAULLE

Château

3

R. de la Grande Fontaine

R. du Vx. Marché

Poissy

St-Germain

RER

PL. A. MALRAUX

Rue

21

R. de la Salle

Hôt. de Villeroy

Hôtel de Conti

R. St-Louis

Rue Hen

R. du Maréchal

Maison natale de Debussy

Hôtel de Maintenon

Hôtel de la Feuillade

R. Hen

R. de Pologne

Joffre

R. Bonnénfant

R. du Vieil de Abreuvoir

Rue

22

R. Greban

R. St-Louis

R. Lyaute

Hôtel Le Grand

PL. MAREIL

de

Paris

Hôtel de Créquy

Hôtel de Rochefort

41

Alexandra Dumas

4

R. de Fourqueux

R. de Mareil

R. Diderot

Musée du Prieuré

A B

ST-GERMAIN

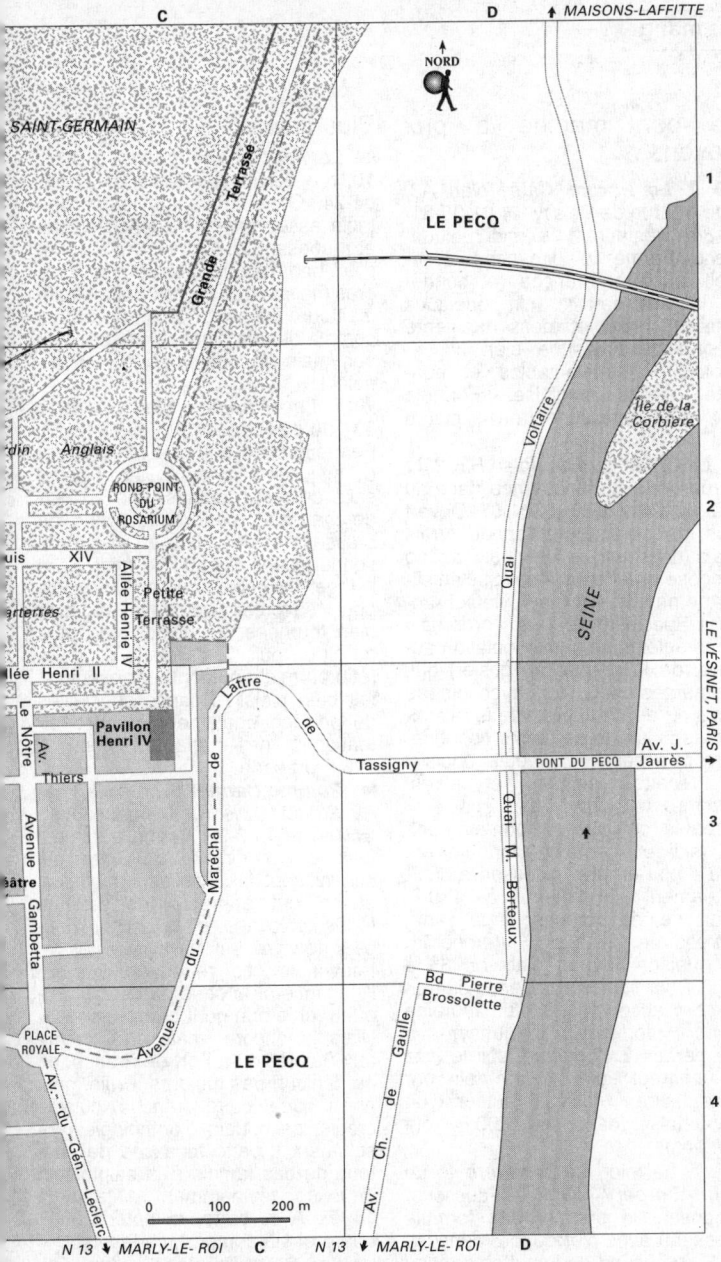

C   D   ↑ *MAISONS-LAFFITTE*

NORD

SAINT-GERMAIN

Grande   Terrasse

LE PECQ

Voltaire

Île de la
Corbière

din   *Anglais*

ROND-POINT
DU
ROSARIUM

uis   XIV

Allée Henri IV

Petite
Terrasse

rterres

Quai

SEINE

llée   Henri II

Le Nôtre

Lattre

LE VÉSINET, PARIS →

**Pavillon
Henri IV**

Av.

Maréchal

de

Thiers

Av. J.
Jaurès →

Tassigny   PONT DU PECQ

Quai M. Berteaux

Avenue

Gambetta

âtre

du

Bd   Pierre
Brossolette

Ch.   de   Gaulle

**PLACE
ROYALE**

Avenue

LE PECQ

Av.

Av.   du   Gén. Leclerc

0   100   200 m

St-GERMAIN

Où manger?

De bon marché à prix moyens

|●| ♟ *Le Forum Café (plan A3, 40)* : 18, rue de Poissy. ☎ 01-30-61-04-84. Restaurant le midi uniquement. Fermé le dimanche. L'endroit jeune et branché (et bondé) de la ville sert le midi quelques entrées, plats et desserts genre cuisine de brasserie bien convenables. Frites véritables et honnête crème anglaise. Formule plat + dessert ou entrée + plat à 70 F.

|●| *Le Chais du Roy (plan B3, 20)* : 3, rue de la Surintendance (face au château). ☎ 01-30-87-01-07. Ouvert tous les jours, toute l'année. Vrais chais du roy que ce chais-là : on suppose en effet qu'il devait s'en siffler de pareils, notre bon vieux François! Spécialité de vins « propres » (sans adjonction ni manipulation aucune, de la grappe au gosier) qui, vraiment, se dégustent avec joie, au verre ou à la bouteille (tarifs raisonnables). Cuisine de même esprit, légère et à base de produits choisis, de recettes simples et sûres. Comme le cadre est spacieux, agréable, on passe un bon moment. Le midi en semaine, formule entrée + plat ou plat + dessert à 65 F. Également un menu à 110 F, quart de vin compris; à la carte, entrées de 30 à 50 F (terrine lapin maison OK) et plats de 65 à 90 F. Pour finir, le « cabécou du moment », accompagné d'un touraine blanc (domaine Delaunay), a été parfait. En principe, soirée jazz le vendredi soir et, une fois par mois, soirée musicale autour d'un vin choisi (dans les 200 F tout compris).

|●| ♟ Le midi, *Le Trouvère* et *Le Saint-Exupéry* (voir ci-dessous) proposent le premier une formule brasserie avec plat du jour dans les 50 F, le second un imbattable menu à 98 F, quart d'eau minérale et café compris.

Plus chic

|●| *La Feuillantine (plan B3, 21)* : 10, rue des Louviers. ☎ 01-34-51-04-24. Ouvert tous les jours. Une table assez fine, au service soigné et proposant un menu-carte à 130 F d'un bon rapport qualité-prix. Foie gras maison très réussi. Salle étroite malheureusement : on est serrés comme des sardines. Des sardines, oui, mais des sardines qui se régalent!

|●| ♟ *Le Trouvère (plan B3, 22)* : 53, rue de Paris. ☎ 01-34-51-12-23. Fermé le mardi soir et le mercredi, et de mi-juillet à mi-août. Bar et petite salle de resto toute simple au rez-de-chaussée, pour une cuisine de brasserie et des plats du jour traditionnels dans les 50 F le midi. Et, à l'étage, aimable cadre bourgeois pour savourer quelques recettes bien tournées. La noisette de porc au citron puis la caissette de poire rôtie au miel nous ont, par exemple, fait bien plaisir. Bonnes spécialités de poisson également. Service attentionné de madame. Menu à 143 F ou carte.

|●| *Pomme Cannelle (hors plan par A2, 23)* : 119 *bis*, rue Léon-Desoyer. ☎ 01-34-51-03-99. Fermé le samedi midi et le dimanche. Ceux qui connaissent les Antilles françaises, et en ont apprécié les saveurs fortes, enlevées, et la grande douceur de vivre, seront ravis de les retrouver ici. Ils retrouveront aussi l'élégance et le sens du détail, la rigueur et le bon goût proprement antillais là encore, mais que, même aux Saintes ou à Fort-de-France, on ne déniche pas toujours. Enfin, quel plaisir que cette franche cuisine créole, ce boudin d'anthologie (absolument!), cette fricassée de chatous ou ces lambis à la saintoise... *Ti-punch* évidemment. Menu à 140 F. À la carte, compter 200 F, apéro et vin compris; ça les vaut.

|●| *Le Saint-Exupéry (plan B2, 24)* : 11, av. des Loges. ☎ 01-39-21-50-90. Le restaurant chic de l'hôtel

L'Ermitage des Loges, chic aussi, est une bien bonne table. Dans un décor contemporain, néo-Art déco si l'on veut, et servi de façon bien académique, on se régale positivement. Il y a notamment le midi en semaine un menu à 98 F, quart d'eau minérale et café compris, qui, compte tenu du cadre et de la qualité du service, détient le record départemental de la catégorie des moins de 100 F (comme il y a, en lutte gréco-romaine, une catégorie des moins de 100 kilos). Enfin, *Le Routard,* juge et arbitre, lui décerne ce titre à l'unanimité : c'est bien simple, c'était si bon, fin et goûteux qu'on a tout avalé sans prendre de notes. Qu'était-ce ? Bah, peu importe, et d'ailleurs ce menu change tous les jours, mais on peut retenir que l'adresse est bonne – et qu'on y trouve, par exemple, au menu à 160 F, des lasagnes de petits gris et des filets de maquereaux pochés très prometteurs. Chouette terrasse d'été.

À voir

★ *Le château :* ouvert de 9 h à 17 h 15. Fermé le mardi. ☎ 01-39-10-13-00. Seule la cour intérieure et la chapelle se visitent gratuitement. Le château tel qu'on le voit aujourd'hui est à peu près celui bâti par François Ier vers 1540, sur les soubassements du château fort élevé quatre siècles plus tôt par le gros Louis VI (on dit aussi Louis VI le Gros). Du moins l'architecte Eugène Millet, en 1862, a-t-il voulu restituer fidèlement l'édifice dont François Ier avait confié la réalisation à Pierre Chambiges, et dont il avait suivi de très près les travaux – au point qu'on a pu dire qu'il en fut le premier maître d'œuvre. Millet a donc supprimé des adjonctions du XVIIe siècle (d'énormes pavillons d'angle notamment, de Jules Hardouin-Mansard) et repris beaucoup du gros œuvre : un important travail qui paraît dans l'aspect général de l'édifice, dont on voit bien, sans trop savoir pourquoi, mais sans doute aux pierres et aux briques trop nettes, trop jeunes et trop bien ajustées, qu'il a été très retapé. De l'origine médiévale ne subsistent donc que le niveau bas – où les fenêtres, hautes et étroites, sont des adaptations des meurtrières féodales – et le donjon. On la retrouve aussi dans la forme irrégulière et pentagonale du bâtiment. Également préservée, la Sainte-Chapelle fut élevée entre 1230 et 1238 par Saint Louis. Attribuée à Pierre de Montreuil, elle aurait servi de modèle pour la Sainte-Chapelle de Paris. Bel exemple d'art gothique, elle ne possède cependant pas les vitraux de sa petite sœur, ni ses deux niveaux. À l'intérieur, notez les têtes sculptées aux clefs de voûte. On a cru y reconnaître la famille royale : l'un d'eux serait ainsi le seul portrait contemporain de Saint Louis.

Hormis le donjon et la Sainte-Chapelle, l'architecture porte la marque de François Ier, avec la salamandre et le chiffre du monarque sculptés dans le décor de la cour intérieure, et un style général typique de la Renaissance : cordons de brique rouge, tourelles d'angle rondes, toiture à l'italienne, en terrasse et bordée de balustres, d'une grande nouveauté alors. Retenons enfin que Louis XIV apprécia beaucoup cette résidence et, avant son départ pour Versailles, y fit donner dans la salle de bal de mémorables représentations : *L'Avare, Le Cid, Britannicus...* Des créations alors, mais depuis, quels classiques !

Mais de tous ces fastes et de cette succession d'hôtes couronnés, que reste-t-il ? Rien. Nul mobilier, nulle tenture, nulle fleur de lys. Les vastes salles abritent désormais le musée des Antiquités nationales (voir ci-dessous), et la préhistoire, la protohistoire et la Gaule romaine semblent avoir englouti les vanités futures...

★ *Les jardins et les terrasses :* ouvert du lever au coucher du soleil. Accès (entre autres) par la grille à gauche du château. Le parterre, dessiné par Le Nôtre, mène à la Petite Terrasse. En passant, remarquez sur la droite, dans les fossés, les mégalithes et les moulages de fragments de colonnes romaines; à l'emplacement de la *colonne de Néron* s'est déroulé en 1547 le dernier des duels judiciaires, qui opposa les sieurs de Jarnac et de la Châtaigneraie : ce dernier, sûr de lui et passant d'ailleurs pour l'une des meilleures lames du pays, fut défait par l'inattendu et depuis très fameux « coup de Jarnac », qui lui trancha net le jarret. La Châtaigneraie, saigné, expira sur place. De la balustrade de la Petite Terrasse, vue majestueuse sur la vallée de la Seine. Le peintre impressionniste Sisley s'en est souvent inspiré.

Au bout de la Petite Terrasse, le rosarium (très joli à la belle saison) et le début de la formidable allée bordée de tilleuls plus de deux fois centenaires, longue de 2 400 m : la *Grande Terrasse,* tracée par Jules Hardouin-Mansard sur des plans de Le Nôtre. Longeant la forêt, elle domine là encore la vallée de la Seine, et offre un long panorama sur la banlieue ouest. Splendide : même Versailles n'a rien de tel !

Cette Petite Terrasse conduit aussi, de l'autre côté (vers la droite en regardant la Seine), au *pavillon Henri IV* (accès par la rue Thiers également). Aujourd'hui hôtel-restaurant de luxe, c'est l'un des derniers éléments du château Neuf (l'autre, le pavillon Sully au Pecq, est privé). Louis XIV y est né, et l'on peut y voir (accès libre, à condition d'être vêtu correctement et de ne pas être fin cuit) l'oratoire d'Anne d'Autriche, sa mère donc, où le Roi Soleil a été ondoyé. Superbe plafond en coupole, décoré d'une allégorie à la gloire de Louis XIV. On peut voir aussi, dans le couloir à droite après la réception, un tour d'ébéniste (en fait, un tour à guillocher, servant à réaliser les moulures) ayant appartenu à Louis XVI, bricolo notoire. Très bel outil. Notez enfin que cet hôtel connut un vif succès dès son ouverture, en 1836, et bien des artistes et du beau monde l'ont fréquenté, dont Thiers, qui y mourut en 1877.

★ *Le musée des Antiquités nationales :* au château. Ouvert de 9 h à 17 h 15. Fermé le mardi. ☎ 01-39-10-13-00. Les mercredi, samedi, dimanche et pendant les vacances scolaires, des visites et des ateliers destinés aux enfants sont organisés, super ! Sans ça, toute l'année, chaque jour, deux ou trois visites-conférences à thème : demandez le programme et réservez. Pas très cher et souvent passionnant.

La variété et la richesse des pièces exposées (le plus important fonds archéologique de France) et une présentation claire (qui, toutefois, gagnerait maintenant à être revisitée, dynamisée) font de ce musée une formidable machine à remonter le temps. Sur deux niveaux, au fil d'une vingtaine de salles, on se refait la suite des siècles et des millénaires : fossiles et ossements (impressionnants bois et crâne de mégacéros), balbutiements de l'humanité, puis son évolution jusqu'à la Gaule mérovingienne. Très nombreuses raretés et splendeurs, dont certaines à elles seules valent le déplacement. Citons, entre autres, la *Dame de Brassempouy,* la plus ancienne représentation connue du visage humain (20 000 ans avant notre ère), le *pied de cheval de Lourdes* (magdalénien, vers 14 000), les formidables collections de l'âge du bronze et du premier âge du fer, avec tasses, gobelets, couronnes et parures en or, l'*urne du tumulus de Courcelles* (deuxième âge du fer) ou encore la grande *mosaïque de Saint-Romain-en-Gal* (Gaule gallo-romaine). Intéressantes maquettes également, dont celle du siège d'Alésia, où l'on voit toute l'efficacité d'une machine de guerre. Vercingétorix vous le dirait... Pour finir, dans la grande salle de bal, dite aussi salle de Mars, archéologie comparée avec environ 6 000 pièces provenant des cinq continents : de quoi faire ! Compter deux bonnes heures pour une visite, même superficielle, de l'ensemble du musée.

★ *Le Musée départemental Maurice-Denis, Le Prieuré :* 2 *bis,* rue Maurice-Denis. ☎ 01-39-73-77-87. Ouvert du mercredi au vendredi de 10 h à 17 h 30 ; les samedi, dimanche et jours fériés de 10 h à 18 h 30. Dans le bâtiment construit en 1678 à l'initiative de Madame de Montespan, favorite de Louis XIV, pour accueillir les déshérités de la ville. Un peu plus tard,

Louis XIV l'agrandit et en fit un Hôpital Général Royal, ce qu'il restera jusqu'en 1803. Très belle bâtisse, à large escalier intérieur et voûtes à croisées d'ogives. En 1910, le peintre Maurice Denis vint y travailler. L'endroit lui plut : il l'achète en 1914, le baptise Prieuré et y installe ses meubles et son atelier. Jusqu'à sa mort, en 1943, il y travaillera et y recevra de nombreux artistes : Bonnard, Maillol, Debussy... Depuis 1980, le Prieuré est un musée départemental.

On peut y voir, sur trois niveaux, des œuvres des principaux symbolistes et nabis (Maurice Denis bien sûr, Sérusier, Vallotton...) et quelques toiles de l'école de Pont-Aven (dont *La Fille du patron* de Gauguin) et postimpressionnistes (Odilon Redon, Eugène Carrière...). L'endroit est harmonieux, spacieux à souhait, et les tons doux, les formats longs de ces coloristes s'y intègrent à merveille. De Sérusier, quelques têtes angoissées. Très beau petit mobilier de salon 1925, tapissé de poissons à bras et d'oiseaux à jambes d'après Jean Hugo. De Denis, quantité d'œuvres où l'on peut apprécier sa maîtrise et son évolution : *L'Échelle dans le feuillage,* grande toile à l'esthétique Art nouveau, *Le Mystère catholique,* vision bien mystique et empreinte de poésie – notez ce tic de l'artiste, les regards voilés des personnages – ou *Les Régates à Perros-Guirec,* plus tardives, aux proportions bizarres et d'une grande liberté de traitement. La chapelle enfin, décorée par le maître, est un vrai bonheur. Impressionnant *Chemin de Croix,* très expressif. Tout ça est vraiment joli, et on se dit qu'on aimerait avoir chez soi un petit Denis, tiens par exemple dans le living, ce serait chouette. À l'extérieur, petit parc envoûtant où déambuler, et quelques sculptures de Bourdelle, pas mal du tout... Tiens, dans le jardin ça ferait bien. En somme, un très bon musée.

★ *Le musée Claude Debussy :* 38, rue Au-Pain (à l'office du tourisme). ☎ 01-34-51-05-12. Ouvert du mardi au samedi de 14 h à 18 h. En sa maison natale, souvenirs et évocations du compositeur. Vous pourrez faire la connaissance d'Arkel, son crapaud fétiche et fidèle compagnon. Ce gros presse-papier en bois a tout vu, tout entendu du musicien qui se confiait à lui et l'aimait profondément. Comme disait Gainsbourg, musicien lui aussi à ses heures, « ouais le génie ça démarre tôt, mais y'a des fois ça rend marteau ». Expos temporaires et concerts de temps en temps, se renseigner.

★ *L'église Saint-Germain :* face au château, fluide et légère comme un tribunal de commerce, voici l'église Saint-Germain, façon temple grec. Une église primitive, puis une seconde, construite sous Louis XIV, l'ont précédée. C'est à Louis XV qu'on doit le projet d'édifier celle-ci, dont la première pierre fut posée en 1766. Mais le chantier, vite interrompu, ne s'est achevé qu'en 1827, sur des plans assez modifiés entre-temps. La restauration de 1848 lui donne son gros porche dorique. L'église est fermée en dehors des offices. Durant la messe donc, on pourra y voir un beau plafond à caissons, imité de Sainte-Marie-Majeur à Rome (décor typiquement du milieu du XIXᵉ siècle) et, dans l'une des chapelles, le mausolée de Jacques II d'Angleterre, réalisé à la Restauration. Une boîte placée à l'intérieur renferme « une portion de la chair et parties nobles » du roi déchu, mort au château en 1701. Nous, nos parties nobles, on préfère les avoir bien au chaud !

★ *Balade dans le vieux Saint-Germain :* voici un petit itinéraire partant de la place Charles-de-Gaulle (face au château), et qui, en une petite heure de marche pépère, passe en revue les principaux hôtels particuliers du vieux Saint-Germain. Tout au long du parcours, jolies boutiques de décoration, d'antiquailles et de vêtements bien coupés (noms de commerces relevés au hasard : *Au Bon Genre, Les Petites Filles Modèles,* et bien sûr l'incontournable *Geneviève Lethu*). Au 14, place Charles-de-Gaulle, la façade imposante de l'*hôtel de Conti,* où vécut le prince de Conti, époux de Mademoiselle de Blois, fille légitimée de Louis XIV et de Mademoiselle de La Vallière : du beau monde ! Juste à côté, au n° 16, l'*hôtel de Rohan,* acheté en 1676 par le prince du même nom.

De la place Charles-de-Gaulle part la rue du Vieil-Abreuvoir, où se trouvent plusieurs hôtels particuliers, dont le plus remarquable est, au n° 23, l'*hôtel de Madame de Maintenon,* acheté par la marquise en 1680, alors gouvernante des enfants de Louis XIV et de Madame de Montespan. Au n° 24, belle façade de l'*hôtel de la Feuillade,* épousant la courbure de la rue.

Au niveau de la place Dauphine (au milieu de la rue de l'Abreuvoir), prendre à droite la rue des Coches qui était, au XVII° siècle, le point d'où partaient les « coches » reliant Saint-Germain aux villes voisines et à Paris. Au n° 8, l'*hôtel de Guise,* résidence du duc Henri II de Lorraine. Cette rue mène à la rue Au-Pain, où se trouve la *Maison Claude Debussy,* qu'on peut visiter (voir plus haut). La prendre à droite jusqu'à la rue de la République, qu'on pourra remonter sur la gauche : tout de suite à gauche, l'*hôtel de la Vrillière,* du XVIII° siècle, qui accueille aujourd'hui la Maison des associations ; on longe ensuite les bâtiments de l'*école Saint-Thomas,* ancien hôtel de Soissons qui devint bien plus tard un couvent pour les sœurs chargées de l'éducation des jeunes filles émigrées... à la suite de Jacques II d'Angleterre : on a les émigrées qu'on peut ! Plus loin, en face, au n° 30, l'entrée de l'ambassade d'Angleterre sous Louis XIII.

Revenir au niveau de l'école Saint-Thomas pour prendre la petite *rue des Louviers,* puis de suite à droite, la *rue des Écuyers* qui passe là encore devant quelques vieilles et nobles bâtisses, dont notamment l'*hôtel des comtes d'Auvergne,* au n° 7. De là, gagner la *rue de Poissy* et la *place du Marché-Neuf* : belles maisons à arcades du XIX° siècle. Cette place du Marché reste assez centrale dans le vieux Saint-Germain, puisque celui-ci se poursuit au sud par quelques rues étroites et, encore, des bâtiments du XVIII° siècle. La *rue Wauthier,* qui part de cette place du Marché, s'est longtemps appelée rue Trompette : très joli portail au n° 6, où se trouvait autrefois l'école-caserne des trompettes du roi. La rue du Maréchal-Joffre croise la rue Wauthier : la prendre à gauche ; au n° 24, l'*hôtel Le Grand,* qui abrite aujourd'hui l'école de musique. Il s'agit là encore d'un bâtiment de l'époque classique, ayant appartenu à une grande famille de notables saint-germanois, les Le Grand, évidemment !

On arrive *place Mareil* (en contrebas, l'excellent musée Maurice-Denis, là encore d'architecture notable). De cette place Mareil, prendre la *rue Saint-Pierre* pour remonter vers la *rue de Paris* : on est alors dans l'un des plus anciens secteurs de la ville. En effet, par le 40, rue de Paris, on accède à la *cour Larcher,* où, sous les maisons, reposent une chapelle et des caves voûtées, vestiges de la maison-Dieu fondée par Régnault, archer du roi Philippe-Auguste, en 1225. Au n° 66 de cette rue de Paris, l'*hôtel de Toulouse,* demeure du troisième fils de Louis XIV et de Madame de Montespan, qui fut, à cinq ans, nommé Grand Amiral de France ! Plus loin, au n° 56, l'*hôtel de Rochefort* : beaux mascarons et balcon de fer forgé.

On a fait là à peu près le tour des rues et des bâtiments les plus intéressants du vieux Saint-Germain. Signalons aussi, dans *le jardin des Arts* (où se trouvent le théâtre Alexandre-Dumas et la bibliothèque, place André-Malraux, sur la droite du château), les vestiges d'une maison Renaissance, en provenance du Val de Loire (Vendôme) : curieux déménagement mais du meilleur effet. Dans la bibliothèque, superbe *apothicairerie* réunissant faïences, pots et boiseries des XVII° et XVIII° siècles (visite sur rendez-vous uniquement, s'adresser à l'office du tourisme). Enfin, plus loin, de part et d'autre de la *rue d'Alsace,* les ailes de l'*ancien hôtel de Noailles,* dont la partie centrale a été rasée lors du percement de la rue.

★ *La forêt domaniale de Saint-Germain :* avec un peu plus de 3 500 ha, la forêt de Saint-Germain est le deuxième massif forestier des Yvelines, et le plus important dans un rayon de 20 km autour de la capitale. Ses atouts ? Un boisement noble de hautes futaies, pour moitié de chênes rouvres, mais aussi hêtres, charmes, érables, frênes, pins sylvestres, sorbiers, merisiers, bouleaux, trembles et châtaigniers. Que d'arbres, que d'arbres ! Et de larges allées, car c'est une autre caractéristique de ce massif que d'être traversé de véritables avenues forestières, héritage des chasses royales. On peut ainsi se promener tranquillement et à l'aise, et qui plus est sans se salir les bottes, car le sol, sablonneux, n'est jamais boueux. Mais le relief est bien plat : les amateurs de grimpette, de panoramas et de vallons pittoresques iront voir ailleurs.

Randonnée

– ***Randonnée pédestre en forêt de Saint-Germain :*** le sentier des oratoires (PR13, réf. : *PR en Yvelines*, éd. FFRP. Carte IGN au 1/25 000, n° 2214). De la Grande Terrasse du château, à environ 800 m de celui-ci (carrefour de la Demi-Lune) commence le sentier des Oratoires, balisé de croix bleues. Il s'enfonce dans la forêt et va d'oratoire en oratoire, niches en bois haut perchées sur les chênes. Il évoque les chasses royales en suivant les carrefours des allées forestières, et l'ombre de l'évêque Germain plane encore sur les oratoires.
Le PR en totalité fait 18 km, soit 5 h de marche ; mais on pourra l'écourter largement en repiquant immédiatement à droite (vers l'est) après avoir dépassé le camp des Loges (le stade municipal, où s'entraîne le PSG) ; l'itinéraire ainsi raccourci conserve les principaux attraits du sentier des Oratoires, mais ne fait plus que 8 km, soit 2 h de marche par sentiers plats et majestueux. Pour pratiquer cette balade, raccourcie ou non, se procurer le guide référencé plus haut, ou, au moins, le petit dépliant fourni par l'office du tourisme.
Quittant la Grande Terrasse, on traverse d'abord le Petit Parc, surnommé ainsi par François Ier qui l'avait clôturé pour protéger ses enfants des brigands et des bêtes sauvages. Plus loin, on pourra méditer au pied du chêne des Anglais, où pria Jacques Stuart, le roi en exil. Le chêne Sainte-Geneviève, la croix Pucelle et le chêne de l'Étoile Sainte-Anne, dont l'oratoire est orné d'une statue style faïence de Quimper, sont les grandes étapes de ce parcours bien agréable que les promeneurs, même du dimanche, peuvent effectuer sans problème. Ajoutons que ce sentier des Oratoires est parfois pratiqué par quelques traditionalistes en mal de symbolique religieuse et royale. Amen.

Où boire un verre ? Où sortir ?

T ***Le Forum Café*** *(plan A3, 40) :* 18, rue de Poissy. ☎ 01-30-61-04-84. Ouvert jusqu'à minuit ou 1 h (2 h les vendredi, samedi et veilles de fête). Fermé le dimanche. Entrée gratuite. Affluence de jeunes gens au *Forum Café* où, au long d'un boyau flanqué d'un bar à gauche, de tables à droite, on aboutit à quelque estomac enfumé, où, là, les tables sont plus nombreuses, plus serrées aussi, comme les clients, dont quelques-uns regardent fixement l'écran géant où défilent des images de MTV ou d'on ne sait quoi, sur fond sonore trashy-techno-pop, « what a strange world ! » Le week-end, parfois, DJ vivant ou orchestre *live*.
T ***Cub'Havana*** *(plan B4, 41) :* rue Alexandre-Dumas. ☎ 01-30-61-90-90. Fermé le dimanche. Entrée gratuite. Petit endroit tendance hispanisante – *tapas,* salsa, déco « ranch de la pampa » underground – où l'on peut prendre une bière pas chère au bar, ou en bas, dans une grotte éclairée faiblement de lueurs orangées ou bleu fluo, un lieu un peu zarbi et pas bien méchant, et où, là encore, sur des écrans défilent des clips MTV (halte à l'impérialisme américain !).

Où écouter de la musique classique ?

– N'oublions pas les petits concerts classiques donnés au *kiosque,* dans le parc du château, tous les dimanches à 15 h de juin à mi-juillet. Gratuit et plaisant.

Fête

– *La fête des Loges :* du 1er juillet à la mi-août, en forêt de Saint-Germain. La « foire aux Loges » était initialement, au XVIIe siècle, un pèlerinage instauré par Louis XIII, sur le lieu d'une antique chapelle édifiée par Saint Louis, où la reine Anne d'Autriche était allée prier en attendant la naissance tant attendue du Dauphin, le futur Louis XIV. Mais très vite le pèlerinage s'est mué en fête populaire où les Parisiens se rendaient nombreux. La tradition s'est perpétuée, et aujourd'hui la fête des Loges est une méga fête foraine attirant chaque année près de 4 millions de visiteurs : classiques grand-huit, grande roue et train-fantôme, et nouveautés ahurissantes, de plus en plus vite, de plus en plus haut, de plus en plus fort. Et, bien sûr, guimauves et barbes à papa.

MAISONS-LAFFITTE (78600)	22 195 habitants

Plus connue des lecteurs de *Paris-Turf* que de ceux des *Nouvelles Littéraires,* Maisons-Laffitte a la particularité d'offrir deux villes pour le prix d'une : la vieille ville d'un côté, commerçante, et d'autre part le parc, vaste poumon vert résidentiel, comprenant l'hippodrome. Deux villes qui vivent en harmonie et fonctionnent selon le principe des vases communicants : les Mansonniens (natifs de Maisons-Laffitte) du parc viennent deux fois par semaine au marché et font leur shopping au quotidien avenue de Longueil, et ceux de la vieille ville profitent au maximum des bienfaits du parc.

Et finalement, Maisons-Laffitte, avec son atmosphère un peu provinciale et où le sport a droit de cité (jogging, V.T.T., équitation...), et que Jean Cocteau, enfant du cru, appelait son « vert paradis », Maisons-Laffitte est bien loin de la banlieue galère. Le blues de la cité-dortoir, faudra le chercher ailleurs. Et puis, une ville qui a donné aux gourmands le paris-brest (en forme de pneu de vélo et créé en 1911 par M. Durand, jeune pâtissier de Maisons, fana de la « petite reine ») a définitivement une autre saveur.

Un peu d'histoire

Longtemps et déjà sous Charlemagne, Maisons ne fut qu'un des villages du vaste domaine de l'abbaye Saint-Germain-des-Prés. Au XIe siècle, il tombe dans l'escarcelle de la puissante famille de Poissy, qui le garde jusqu'à la Renaissance, où la seigneurie passe aux mains d'une riche famille de magistrats parisiens, les Longueil. C'est à l'un d'eux, René, seigneur de 1629 à 1677, que l'on doit la construction du château actuel, œuvre de François Mansart. L'un de ses descendants vendit Maisons en 1777 au comte d'Artois, frère de Louis XVI et futur Charles X ; notons que celui-ci introduisit les courses hippiques à Maisons... et en France, où elles n'existaient pas. À la Révolution, le château est vendu à un fournisseur de chevaux de l'armée, qui le revend au maréchal Lannes, dont la veuve le cède en 1818 au baron Jacques Laffitte. Avec ce dernier, banquier de son état, Maisons va vivre une seconde révolution. Inspiré par le lotissement expérimenté par

Neuilly dans le parc des Sablons ou le parc Saint-James, Laffitte organise la vente du parc de Maisons en 1834. Le tracé du parc est conservé, avec ses allées cavalières et ses places en étoile, complétées par des avenues circulaires. De riches Parisiens issus du monde des affaires et du spectacle investissent la « colonie », y acquérant de vastes lots et s'y faisant construire de somptueuses résidences secondaires.

Mais « Maisons-Laffitte », comme on l'appelait désormais (le nom fut officialisé en 1882), obtint tout d'abord un succès mitigé. Ce n'est qu'à partir de 1843, avec l'ouverture d'une gare sur la ligne Paris-Rouen, que l'essor du lotissement prit sa véritable tournure. Gare autour de laquelle se développa bientôt un quartier nouveau, qui est devenu le centre commerçant de la ville. Enfin, en 1924, l'inauguration du champ de courses – la plus longue ligne droite au monde ! – a façonné l'image de Maisons-Laffitte cité équestre.

Maisons, le « home » du cheval

C'est le comte d'Artois, cadet de Louis XVI et futur Charles X, qui, à 18 ans, en 1775, importa le premier pur-sang d'Angleterre. Deux ans après, propriétaire du château de Maisons, ce passionné de chevaux fit restaurer les écuries et aménager une piste sur les bords de Seine pour entraîner ses 80 bêtes. C'est lui aussi qui introduisit les courses anglaises en France, puisqu'il organisa la première réunion le 20 juillet 1828. Comptant trois épreuves, elle fut gagnée par le hongre de son neveu, et les paris par son gendre, prince de la Moskova ; c'était, on s'en doute, de grosses mises, et Monsieur le comte, endetté, comprit aussitôt le profit qu'il pouvait tirer de ces jeux et organisa une seconde réunion. Il caressa ensuite le projet d'un établissement de courses et d'un hippodrome à Maisons, mais ne put le réaliser.

À sa mort, sa fille vendit le domaine, dont la prairie fut concédée en location à Joseph Ollier, qui reprit l'idée du comte, et créa le Pari Mutuel, avec possibilité d'organiser des courses de chevaux. Il fit édifier des tribunes et organisa, le 6 juin 1878, la première réunion de courses sur ce qui deviendra officiellement en 1886 l'hippodrome. On y trouve la ligne droite la plus longue du monde (2 200 m), et c'est le seul hippodrome de plat parisien où l'on court à main droite et à main gauche. Il y eut jusqu'à 3 000 chevaux dans le parc (actuellement un peu moins de 500). Restent une école de lads réputée, 6 clubs hippiques, une soixantaine d'entraîneurs et 5 maréchaux-ferrants.

Laffitte, l'homme de Maisons

Sans ce banquier républicain, ce qui n'était qu'une bourgade à l'ombre d'un château ne serait pas devenue ce qu'elle est aujourd'hui. Le château qu'il a acheté en 1818 va devenir le rendez-vous de tous ceux qui, par la plume ou la parole, combattent la Restauration. Béranger, Lafayette, Armand Carrel, Thiers, Arago, etc. se retrouvent chez Laffitte, et c'est ici que ces républicains mirent au point la stratégie qui aboutit à la révolution de 1830. Ayant participé activement aux réunions comme au mouvement, Jacques Laffitte fut sauvé de la ruine : nommé président du Conseil et ministre des Finances dans le nouveau gouvernement, il fit consentir 10 millions de prêt à sa banque. On n'est jamais mieux servi que par soi-même. Cela ne dura pas car l'homme, généreux et dépensier (la politique lui coûtait cher, faut en arroser des gens !) mais mauvais gestionnaire (dur pour un banquier !), se vit contraint de morceler la plus grande partie de Maisons. Un mal pour un bien puisque cela permit le décollage de la bourgade. Cet homme qui ne manquait pas d'idées a ainsi lié son nom à la ville.

Comment y aller ?

– *En R.E.R. :* ligne A, direction Paris-Poissy ou Cergy-le-Haut.
– *En train :* de la gare Paris-Saint-Lazare, direction Maisons-Laffitte ou Cergy.
– *En bus :* ligne 272 La Défense – Maisons-Laffitte, ligne 2 Saint-Germain-en-Laye – Maisons-Laffitte. Ligne 12 : ligne de service urbain de Maisons-Laffitte. Ce bus permet au visiteur de faire en 45 mn un parcours de repérage pour moins de 10 F. Il traverse le parc, passe devant le château, à proximité de l'hippodrome, etc.
– *En voiture :* porte Maillot, La Défense et, de là, direction Cergy-Pontoise et l'A14. Avant le péage, la sortie Cergy-Pontoise se trouve sur la gauche. Ensuite prendre l'A86 direction Cergy-Pontoise et sortir à Bezons. Emprunter le pont surélevé et, à partir de ce moment-là, suivre Poissy (D308). Vous arriverez directement sur le château.

Adresse utile

🚩 *Office du tourisme :* 41, av. de Longueil. ☎ 01-39-62-63-64. Ouvert du lundi au vendredi de 9 h à 12 h et de 16 h à 19 h, le samedi de 10 h à 12 h et de 15 h à 18 h et le dimanche de 11 h à 13 h ; hors saison, ouvert uniquement de 9 h à 12 h le samedi et fermé le dimanche. Organise des visites guidées pour les individuels : découverte du vieux Maisons, du château de Maisons et du musée du Cheval, etc.

Où dormir ? Où manger ?

Camping

⛺ *Camping Caravaning International :* 1, rue Johnson. ☎ 01-39-12-21-91. Fax : 01-34-93-02-60. Ouvert toute l'année. Tranquille, en bordure de Seine.

Bon marché

|●| *Crêperie de La Bonne Humeur :* 14, place du Marché. ☎ 01-39-62-84-08. Dans un décor paysan style étable, on fait la fête à la galette et honneur à la crêpe. Le choix est conséquent, galettes charcutières (boudin noir, Francfort...), carnassières (tartare, *burger*...), fromagères (cancoillotte, reblochon, chèvre...), des galettes bien garnies (autour de 50 F) qui font tout un repas. Or, après avoir fait quelques emplettes ou un tour au marché (mercredi et samedi), un arrêt-galette n'est pas à dédaigner.

⛺ |●| *Hôtel-restaurant Au Pur Sang :* 2, av. de la Pelouse. ☎ 01-39-62-03-21. Ouvert de 6 h 30 à 20 h. Fermé le dimanche. Face à l'hippodrome. Apprécié en ville, ce resto est le rendez-vous de tout le petit monde des courses : lads, jockeys, parieurs... La patronne est une brave femme qui tient son établissement avec poigne. Excellent menu à 70 F avec de gentilles petites entrées – œuf mayo, salade de bœuf et tomates... –, des plats du jour copieux – rosbif choux-fleurs gratinés, rognons madère, canard aux navets... – et de classiques desserts – mousse au chocolat, etc. À la carte, des grillades et des plats autour de 85 F. Large terrasse ensoleillée face à l'hippodrome. Quelques chambres simples (TV, douche et w.-c. dans la chambre) mais bien tenues, à 250 F.

|●| 🍴 *Restaurant de la Forêt :* 114, av. du Général-de-Gaulle. ☎ 01-39-12-31-10. Ouvert tous les jours. Resto uniquement au déjeuner. À 1 km du centre-ville par la D308 direction Poissy. À cheval entre le re-

lais routier et le restaurant ouvrier, ce café-resto traditionnel offre un menu à 67 F qui lui permet de jouer à guichet fermé chaque jour. Buffet de hors-d'œuvre (12 au choix), plats du jour du genre langue de bœuf charcutière, pieds panés au vin blanc ou pintade forestière, et un dessert au choix – crème caramel, mousse au chocolat, riz au lait – satisfont grandement les ouvriers, employés et gens de passage à l'heure du casse-croûte. Seul point noir, la circulation intense sur l'avenue, et qui fait du boucan.

Plus chic

|●| *La Vieille Fontaine :* 8, av. Grétry. ☎ 01-39-62-01-78. Jusqu'à 22 h. Fermé le lundi. Niché dans une belle demeure de style Second Empire, ce restaurant fondé en 1926 jouit d'une solide réputation. Il est vrai qu'en dehors de son cadre agréable (la terrasse dans le jardin en été est recommandée), on y trouve une cuisine qui, avec son air de ne pas y toucher, a vite fait de séduire. Cela d'autant plus que le menu carte à 172 F permet de s'en sortir à bon compte (avec du vin, compter environ 230 F). Crépinette de pied de veau et salade de chou blanc, croquant de parmesan piémontaise de bulot, travers de porc caramélisés gratin de macaronis, daurade grise en vapeur de fenouil, paris-brest et tarte chaude au chocolat sauce pistache, voilà ce qui coule de cette *Vieille Fontaine*. Un lieu qui a servi de cadre à deux films : un dont on n'a gardé aucun souvenir, avec Ray Ventura et ses Collégiens, et *La Rupture* de Claude Chabrol, avec Jean Carmet. En outre, ici ont dîné Rita Hayworth, Catherine Deneuve, Cocteau, Depardieu, et même l'amiral Canaris et le maréchal Rommel pendant la Seconde Guerre mondiale.

À voir

★ *Le château de Maisons :* 2, av. Carnot. ☎ 01-39-62-01-49. Ouvert de 10 h à 12 h et de 13 h 30 à 18 h (17 h du 16 octobre au 31 mars). Fermé les 1er janvier, 1er mai, 1er et 11 novembre, et 25 décembre. Payant. Réalisé pour René de Longueil, ambitieux grand commis du royaume, qui voulait une demeure grandiose capable de rivaliser avec celles du roi, mais sans leur gigantisme, le château de Maisons devait en donner totalement l'illusion dans une mise en scène baroque. Sa construction, qui dura dix ans, fut confiée à François Mansart, et il fut inauguré avec faste par Anne d'Autriche en 1651. Entouré d'un petit parc au dessin rigoureux, précurseur des jardins à la française, ce château vaut une merveille de sobriété et d'équilibre. Mais seuls les anciens plans (que l'on peut voir à l'intérieur) rendent compte de la majesté générale des lieux au XVIIe siècle, car beaucoup de choses ont, hélas, disparu. Des portes de l'époque, il ne reste plus que celle ouverte sur la route de Saint-Germain-en-Laye vers la ville, les superbes écuries ont été détruites au XIXe siècle, et le vaste fossé en saut-de-loup, appelé « ahah » tant il produisait un effet bœuf sur les visiteurs, a été comblé pour laisser la place à la circulation automobile. Dernier détail mais qui a son importance, Louis XIV y a séjourné à l'âge de 13 ans, et on pense que Maisons l'a influencé dans sa vision du futur château de Versailles.

À l'intérieur, beau *salon des Captifs* avec l'exemple type d'une cheminée à la française dont le décor, de Gilles Guérin, représente les quatre provinces gagnées à la Couronne par Louis XIII. Puis superbe vestibule d'honneur, aux huit colonnes doriques, ornées des armes parlantes de René de Longueil (quatre aigles au long œil). Escalier d'honneur surmonté d'une coupole et décoré de groupes d'angelots par Philippe de Buyster (qui fut chargé de l'ornementation du Val-de-Grâce), véritablement majestueux, qui n'a besoin d'aucun pilier pour le soutenir. Au 1er étage, l'appartement du Roi aligne des pièces dites à l'italienne où furent tournées certaines scènes de *Ridicule* et des *Liaisons dangereuses* de Stephen Frears. Le cabinet aux Miroirs est réellement superbe avec sa coupole décorée soutenue par des pilastres ioniques entre lesquels sont encastrées des glaces. C'était le cabinet de travail (et de plaisir sans doute) réservé au roi. On remarquera la très belle marqueterie au sol en bois précieux, os, ivoire et étain. Dans l'aile droite, ne pas manquer la chambre du maréchal Lannes, ancienne chambre d'Anne d'Autriche et de Marie Leszczyńska. C'est une pièce agréable, parfait exemple du style Empire avec son lit à double chevet, sa table de jeu en loupe d'orme et son très beau lustre en bronze doré. Dans le couloir menant à la chambre, deux bibliothèques remplies de soldats de plomb représentant la « Grande Armée » : garde impériale à cheval, dragons, chevaux légers, le général Lassalle et le maréchal Lannes, etc. Napoléon, qui aimait rendre visite au maréchal, jouait-il aux petits soldats avec lui ?

★ *Le musée du Cheval de course :* château de Maisons-Laffitte, 2, av. Carnot. ☎ 01-39-62-01-49. Ouvert de 10 h à 12 h et de 13 h 30 à 18 h (17 h l'hiver), et sur demande le dimanche de 14 h à 18 h. Fermé le mardi. Payant. Situé dans les sous-sols du château. Quoique moins impressionnant que le musée du Cheval de Chantilly, il entraîne le visiteur à la découverte du monde du pur-sang et fait revivre l'épopée des courses. Coupes d'époque, casaques, balance personnelle d'un jockey du XIXe siècle, ancien guichet du Pari Mutuel d'Auteuil, photos de jockeys et de chevaux, ainsi que de nombreux panneaux explicatifs sur le métier de jockey, les familles d'entraîneurs, etc. Un musée qui s'avère un bon complément à la visite du château.

★ *Balade sur l'avenue Longueil et coup d'œil sur son passé :* dans les années 30, au n° 7, *Le Café du Soleil* était animé par le boxeur Panama Al Brown dit « l'araignée », champion du monde poids légers, adoré du tout-Paris et ami de Jean Cocteau ; au n° 9, monsieur Durand, pâtissier passionné de vélo, inventa en l'honneur de la populaire course Paris-Brest, en 1911, un gâteau qui est devenu un classique de la pâtisserie ; au n° 15, *Le Café de Paris* (disparu) fut pendant un siècle un lieu de vie et de fête fréquenté par de nombreuses célébrités : Hemingway, Gabin, Marlène Dietrich, etc. C'est là, en 1908, qu'un combat de boxe opposa un jockey de 20 ans et 45 kg à un garçon de moins de 15 ans et 42 kg, Georges Carpentier, qui deviendra à 17 ans, en 1911, le premier champion d'Europe des mi-moyens et en 1920 le champion du monde des mi-lourds. Au n° 28, en lieu et place de l'épicerie *Damoy* fondée en 1880 par un Alsacien, on trouve *La Ferme de Longueil* qui renferme dans ses caves plus de 10 000 flacons. Son propriétaire, Bernard Deshayes, connaît l'histoire de sa ville sur le bout des doigts. C'est l'une des dernières épiceries traditionnelles de France. À l'entrée du parc, *Le Café Anglais,* qui date du XIXe siècle, et où la police pinça l'un des plus gros trafiquants d'héroïne des années 60. Le bonhomme avait exporté aux États-Unis près de 800 kg d'héroïne pure !

★ *Le parc :* déjà sur le plan de Maisons-Laffitte, le parc apparaît comme écrasant de toute la magnificence de son tracé le reste de la ville. Elle paraît tout à la fois riquiqui et rustre devant l'aristocratique géométrie des allées de ce parc-paon qui fait la roue avec ses triangles et ses demi-cercles, mais où l'on s'égare facilement. Fort de ses 389 ha, hippodrome compris, de ses 24 986 arbres et 62 000 fleurs, ainsi que de ses 6 clubs hippiques, c'est un espace privilégié, où l'on respire le bon air à pleins poumons et où il est agréable d'enfourcher son V.T.T. pour pédaler relax d'allée en allée, croisant au détour de l'une d'elles un cavalier, un papy appuyé sur sa canne, un jeune couple en promenade avec ses enfants, des touristes curieux à la recherche de la villa qui abrita les amours de l'Aga Khan et de Rita Hayworth, ou celle de la môme Moineau... Bref, tout un monde profitant au maximum d'une journée de détente, de la verdure et du calme.

Où boire un verre?

Iol Y *Park's Avenue*: 46, av. de Longueil. ☎ 01-39-62-00-16. Ouvert tous les jours. Il n'y a pas grand-chose à faire le soir dans Maisons-Laffitte, à part venir boire une bière dans ce resto-pub parsemé d'écrans télé qui diffusent de la musique ou des matchs. Solitaire, rejoins tes camarades au *Park's Avenue,* la nuit venue, il y a de la bière comme dans une chanson de Brel, la poésie en moins.

SARTROUVILLE (78500)   50 400 habitants

Entre Bezons et Maisons-Laffitte, Sartrouville tente de trouver son équilibre entre ville et campagne le mieux possible. Pas facile quand coexistent la dernière ferme avant Paris et une cité dite « sensible », appelée ici *Les Indes* et qui, à une époque, fit parler d'elle. Tiens, pourquoi « Les Indes »? Pour mieux souligner l'étrangeté, l'exotisme du lieu, ou bien combien ce monde bétonné se révèle loin du nôtre.

Où manger aux environs?

Iol *Le Gambetta*: 41, rue Gambetta, 78800 Houilles. ☎ 01-39-68-52-12. Fermé le dimanche soir et le lundi. Se rendre à la gare S.N.C.F., angle rue du Quatre-Septembre et Gambetta. Resto de bon goût et de charme. Salles spacieuses et joliment décorées. Excellente formule à 150 F (vin en sus). Quelques plats : gros champignon de Paris farci aux petits-gris, pannequets au saumon marinés à l'aneth, magret d'émeu (petite autruche d'Australie à la chair plus tendre) aux baies roses et poivre doux légèrement miellé, foie de veau poêlé au vinaigre de xérès, savoureux desserts. Service efficace.

À voir à Sartrouville

La ville ne possède pas de véritable centre et s'étire en une longue « main street » de la gare à l'église. Il reste peu de ces vieilles demeures de vignerons, témoignages d'un passé viticole triomphant. On en a bien vu une, avec marquée « Tonnellerie » en lettres à moitié effacées, mais elle nichait dans une rangée de maisons murées, à l'avenir incertain. Si la Municipalité n'a pas trop d'idées, pourquoi ne pas aller voir du côté de Nanterre ou de Rueil comment ils ont géré leur vieux centre-ville?

★ Voir la vieille *église Saint-Martin* sur son tertre, avec son pittoresque escalier de 69 marches de guingois. Joliment rénovée, avec l'une des rares flèches de clocher en pierre de la banlieue. Autour, une vigne ancestrale sauvée, d'autres qui ont été replantées. Au pied de l'église, un habitat neuf rappelant les maisons du vieux village. Ça va bien se patiner un jour.

★ Une des grandes réussites de la ville, ce sont les espaces verts : 1 ha en 1959, plus de 72 aujourd'hui, dont le *parc Gagarine* qui en fait 32 à lui tout seul.

★ Flânerie sympa aussi en bord de Seine. Au n° 102 du quai, on croise la *maison de Maupassant*.

★ Au 195, rue de Bezons, la dernière *ferme* de la ville. ☎ 01-39-14-85-86.

LES YVELINES

Ouvert de 8 h 30 à 13 h et de 17 h à 20 h (dimanche et fêtes, le matin seulement). Insolite vision des neuf vaches placides sur fond de HLM. On peut y acheter du lait frais, des œufs et de la volaille.

Où sortir ?

– *Le théâtre de Sartrouville :* ☎ 01-30-86-77-77. Créé en 1963 par Claude Sévenier, il gagna rapidement une audience qui le plaça au niveau des autres prestigieuses scènes de banlieue. Il faut dire que le passage de Patrice Chéreau et de Jean-Pierre Vincent, et l'adhésion de la population à « son » théâtre, y contribuèrent largement.

LE VAL-D'OISE

Le plus petit des départements de la deuxième couronne est aussi le plus proche de la capitale – Argenteuil ne se trouve qu'à 8 km de la porte de Clichy – et se compose de trois pays anciens « pays » : le Vexin français sur la moitié ouest, zone restée très rurale, le Parisis entre la Seine et la butte de Montmorency, et le Pays de France, vaste plaine fertile qui s'étend sur tout l'est du département. Sauf en plaine de France, le relief est assez vallonné, sillonné de cours d'eau (la Seine par endroits en limite méridionale, l'Oise au centre du nord au sud, l'Epte à l'ouest, séparant le Vexin français du Vexin normand) et bosselé de « buttes » boisées : buttes de Cormeilles, de Montmorency, de Carnelle et de L'Isle-Adam.

Ces collines, ces bois et ces rivières composent un paysage harmonieux et varié, où se sont développés, vers Paris et autour de villages ou de villes anciennes, au patrimoine souvent remarquable, tous les types de la banlieue. Allons, camarade, à la rencontre des « quartiers » de Sarcelles, tours et barres confondues, d'Argenteuil, vieille banlieusarde industrielle, d'Enghien-les-Bains, la station thermale chic de la région parisienne, de La Frette-sur-Seine et de ses « meulières », ou de Montmorency, toujours résidentielle... Et, chemin faisant, voici Maurice Utrillo devant son chevalet, peignant et repeignant le moulin de Sannois, voici le Grand Connétable, Anne de Montmorency, l'homme le plus puissant du royaume après le roi, et voici Jean-Jacques Rousseau et Madame d'Épinay bras dessus, bras dessous, herborisant et devisant dans les sous-bois...

Carte d'identité

– **Année de naissance :** 1964, lors de la partition de la Seine-et-Oise.
– **Superficie :** 1 246 km².
– **Nombre d'habitants :** 1 200 000.
– **Préfecture :** Cergy-Pontoise.
– **Sous-préfectures :** Montmorency, Argenteuil, Pontoise.
– **Activités principales :** tertiaire (Cergy-Pontoise, nombreux importants sièges sociaux, université et administrations) ; transport aérien (Roissy, premier aéroport du pays) ; agriculture (blé et betterave en plaine de France).

Adresse utile

◘ **Maison du tourisme du Val-d'Oise :** château de la Motte, rue François-de-Ganay, 95270 Luzarches. ☎ 01-34-71-90-00. Fax : 01-30-29-30-86. Organise différents circuits à thème pour les groupes (Au pays des rois de France, Le Connétable Anne de Montmorency, Les Impressionnistes, La route des Mégalithes, etc.).

Un peu d'histoire

Dolmens et chaussée Jules-César

L'homme occupait déjà le secteur il y a 100 000 ans (paléolithique final). Le nord-ouest du département se signale ensuite par la présence d'allées couvertes, de dolmens et de menhirs, monuments funéraires dressés par les Parisii, qui investissent la région vers le Ve siècle avant J.-C. On relève aussi, à l'âge des métaux, un tumulus en forêt de Montmorency (le camp César). Puis, fameuse, la chaussée Jules-César traverse le département, voie principale de Lutèce à la Manche, et plus court chemin. D'où, longtemps, le transport du poisson par cette chaussée, et le développement de villes-étapes aux marchés importants. C'est ainsi, par exemple, qu'à Pontoise existe encore une foire aux harengs (la foire Saint-Martin) – tradition remontant au haut Moyen Âge. De cette chaussée Jules-César, on retrouve quelques éléments à Eaubonne, et, plus loin, la N14 en reprend le tracé. Notons qu'on ne la doit pas du tout à Jules César, mais à Agrippa, gouverneur des Gaules au Ier siècle après J.-C.; on dit aussi qu'un certain César Jules participa à l'ouvrage, d'où la confusion avec Jules César, dont il était, d'ailleurs, le neveu.

Parisis, Pays de France : des noms qui ont fait carrière

Leur situation et leur rôle déterminant dans la formation du royaume – et aussi les hasards de l'Histoire – ont fait que le Pays de France et le Parisis ont donné leur nom au pays et à sa capitale. Le Parisis doit son nom à la tribu celte des Parisii, qui occupait en fait un territoire bien plus vaste, dont Lutèce. Le Pays de France, quant à lui, était initialement une chasse royale, et il est resté dans le domaine de la Couronne, et sa « chasse gardée » jusqu'à la Révolution; en outre, il occupait une partie centrale du domaine royal : il est donc, physiquement et historiquement, au cœur du royaume.

Mais notons que la distinction géographique entre les deux « pays », est une notion assez récente, apparue au XXe siècle. En effet, on utilisait autrefois Parisis seulement par référence à la tribu celte, Pays de France renvoyant à l'occupation franque plus tardive. Ainsi, certains lieux étaient dits soit « en Parisis », soit « en France », les Celtes et les Francs ayant chacun peuplé largement la région, à quelque mille ans de distance – les Celtes aux alentours du Ve siècle avant J.-C., les Francs à la chute de l'Empire romain.

Terre fertile

Dès le Moyen Âge, le Parisis, d'Argenteuil à Ermont, n'était qu'un vaste vignoble avec, de-ci, de-là, des parcelles de blé. Les châtaigniers et les chênes du bois de Cormeilles et de la forêt de Montmorency servaient à la fabrication d'échalas pour la vigne, et de tonneaux. À partir du XVIIe siècle, les vergers diversifient ces cultures, et la cerise de Montmorency est largement cultivée, comme la poire de Groslay. Quant à la plaine de France, terre fertile, elle a toujours donné un blé abondant, et Gonesse, réputée pour son pain blanc (le meilleur), était la grande boulangerie parisienne, avec des dizaines d'artisans-boulangers – « sept à huit vingts » en 1589, soit de 140 à 160!

Le premier choc agricole s'est produit avec la crise du phylloxéra, vers 1870. Alors que le piccolo arrosait les guinguettes et la capitale, et que le vignoble d'Argenteuil était le plus grand d'Île-de-France, la vigne fut anéantie en quelques années. Maraîchers et vergers la remplacèrent, alimentant Paris. On a déjà cité la cerise de Montmorency, aussi appelée *gobet* ou *gaudriole*, et la poire de Groslay, cette dernière restant très cultivée de nos jours. Mais sait-on qu'à Montmagny poussaient des pommes si bonnes, qu'elles étaient servies à la Cour d'Angleterre? Notre enquête, et les souvenirs d'un Mont-

Découvrez l'Ile-de-France, partez en randonnée !

La forêt de Montmorency (95)

4h 15 • 16,5km

IGN carte N° IGN 2313

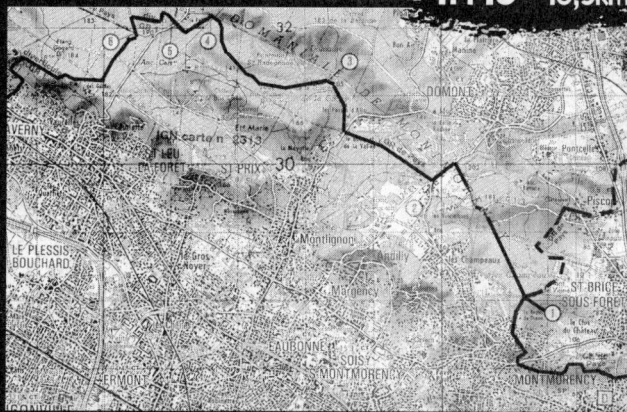

Situation :
Groslay, Domont,
Montmorency,
Montlignon, Taverny

Départ :
gare de Groslay

Arrivée :
gare de Taverny

- **Balisage**
  GR de Pays jaune Rouge,
  GR 1 blanc-rouge

EN CHEMIN :
- Groslay et Montmorency,
- Eglise Sainte Madeleine de Domont,
- Eglise du 13 ème restaurée de Montlignon,
- Autel de bois Louis XV,
- Eglise Notre Dame de Taverny,
- Château de Boissy,
- Prairie de Montbois.

La Région Ile-de-France protège, met en
valeur et ouvre au public de nombreux
espaces verts et sentiers randonnée :
plus 5 000 km de sentiers balisés et
700 km de pistes cyclables vous attendent.

Pour en savoir plus sur les 35 autres randonnées
reportez-vous au Topoguide "Le Val d'Oise à pied"
Réf. 072 de la Fédération Française de la Randonnée
Pédestre (FFRP).

Pour tous
renseignements :

Tél. F F R P :
01 44 89 93 93
et www.cr.ile-de-france.fr

**REGION
ILE-DE-FRANCE**

morencéen, voisin, dans sa jeunesse, des pommiers en question, nous l'ont appris. Nous avons découvert aussi l'existence des artichauts de Paris, des cressonnières du Parisis, de l'asperge d'Argenteuil (connu !) et du haricot de Deuil-la-Barre (confidentiel).

Le second choc, fatal à bien des cultures, s'est produit après-guerre. En 20 ou 30 ans, les vergers et les maraîchers de la plaine du Parisis et de la vallée de Montmorency, qui avaient déjà un peu reculé au début du siècle, ont complètement disparu, ou presque. La ville, pavillons ou immeubles, routes et autoroutes, a relégué le monde rural au rang de souvenir, de vieux clichés couleur sépia. Restent, en Pays de France, de grandes exploitations agricoles – betterave et céréales. L'aéroport de Roissy en a certes occupé une bonne part, mais, par ses nuisances sonores, il met les autres à l'abri de l'urbanisation.

Des villages aux villes nouvelles

En matière d'urbanisme, le Val-d'Oise est exemplaire de cette seconde banlieue, largement construite après-guerre, et où l'on distingue quatre strates urbaines.

Il y a d'abord celle primitive des villages, des bourgs parfois – toujours

LE VAL-D'OISE

modestes, même si Montmorency, par exemple, était fortifiée jusqu'au XVIᵉ siècle. Arrive ensuite la résidence de campagne, la villa de plaisance que les Parisiens fortunés se font construire à partir du XVIIᵉ siècle. Ce sont parfois de véritables châteaux (Montmorency). Le phénomène s'amplifie au XVIIIᵉ siècle (Eaubonne, Deuil-la-Barre, Saint-Gratien) et s'embourgeoise au suivant (Enghien-les-Bains). C'est la vogue des parties de campagne, du canotage (La Frette-sur-Seine), et, quand on en a les moyens, avoir une résidence secondaire sur place, en bordure de Seine ou dans la riante vallée de Montmorency, ce n'est pas plus mal.

Mais le XIXᵉ siècle est aussi le début d'un troisième type d'urbanisation, plus populaire, qui correspond à l'explosion démographique de la capitale : Paris et sa banlieue immédiate ne suffisent plus, et l'ouvrier, l'employé parisien doit se loger toujours plus loin ; près des gares, les pavillons se multiplient, modestes meulières le plus souvent (Argenteuil, Eaubonne, etc.). Le mouvement se poursuit dans la première moitié du XXᵉ siècle à un rythme soutenu : les communes du Parisis, par exemple, qui comptaient en moyenne un millier d'habitants en 1900, en ont 10 000 en 1950.

La quatrième vague arrive après-guerre. Elle continue en fait la précédente, mais avec des moyens nouveaux, accrus, et aussi des impératifs plus forts. C'est la crise du logement. Bidonvilles, immeubles vétustes : il faut construire immédiatement. L'État prend les choses en mains, et lance en 1955 le programme immobilier de Sarcelles. Du jamais vu. Une ville entièrement planifiée, tirée au cordeau et édifiée en moins de 10 ans. On se rend pourtant bientôt compte des limites et des failles du concept qui, s'il répond au besoin, manque sans doute d'humanité. C'est le blues de la ville-dortoir, la « sarcellite ». On réalise aussi que les Sarcelles ne suffisent pas : l'agglomération parisienne étouffe véritablement, est saturée d'immeubles et de voies de communications.

L'idée de « ville nouvelle » apparaît alors, dans les années 70. Des villes à la campagne, à une trentaine de kilomètres de la capitale, nouvelles donc, qui absorberaient le flux migratoire. Le Val-d'Oise là encore est choisi, et Cergy-Pontoise est sans doute le meilleur exemple de ville nouvelle, le plus abouti. Un cadre verdoyant, d'excellentes infrastructures sportives et scolaires, une bonne dynamique (université, nombreux sièges sociaux), l'agglomération de Cergy est en pleine croissance, et sa population est passée de 25 000 à 75 000 habitants depuis les années 80. C'est véritablement la dernière expression de la banlieue, son avancée ultime, et aussi, sans doute, sa fin, car on y a créé des emplois : plus de 35 000 à Cergy-Pontoise même, qui n'est donc plus tout à fait dépendante de la capitale.

ARGENTEUIL (95100)   94 000 habitants

Ce fut longtemps la ville d'Île-de-France la plus peuplée après Paris, mais avec la désindustrialisation, elle perdit quelques milliers d'habitants et doit partager aujourd'hui le leadership avec Nanterre, Saint-Denis, Montreuil, etc. Ville au riche passé historique, dont malheureusement les vicissitudes de l'histoire, son destin industriel, les bombardements de la dernière guerre et une rénovation urbaine un peu rude ont laissé de maigres traces. Comble de malheur, la N311 prive quasiment les habitants de l'accès à la rive de la Seine. Et son dernier vigneron parti en retraite, on ne peut même plus se murger au fameux « piccolo » pour oublier !

Un peu d'histoire

Le site d'Argenteuil révèle une implantation animale et humaine très ancienne. On y a retrouvé des os de mammouth (classique !), mais, surtout, une mâchoire de palaéthérium (genre de tapir) et, datant de 40 millions d'années, une dent de carcharodon, un grand requin préhistorique. Découverte également de deux allées couvertes (tombes collectives) de 2 000 ans avant J.-C., de cimetières gallo-romains et de sarcophages mérovingiens.

Au VIIe siècle, apparition du nom de la ville *(Argentoïalum)* pour la première fois dans une charte du roi Childebert III. Fondation d'un monastère de moniales. Charlemagne nomme prieure sa propre fille, Théodrade. En 800, arrivée de la Sainte Tunique, offerte, dit-on, à Charlemagne par l'impératrice Irène de Byzance. Village se construisant bien sûr autour du monastère. Au XIIe siècle, l'abbesse en est la célèbre Héloïse (d'Abélard). En 1123, Suger, abbé de Saint-Denis, remplace les moniales par des moines. Philippe Auguste déclare le vin d'Argenteuil le meilleur de France.

Au XVIe siècle, fortifications de la ville. Puis le pèlerinage à la Sainte Tunique amène une extension importante de la ville. Jusqu'en 1760, Argenteuil héberge environ 500 Gardes suisses. À la Révolution, 5 000 habitants, mais chiffres gonflés par la Municipalité pour obtenir le titre de chef-lieu.

Construction du premier pont en 1832. Jusqu'à présent, la traversée s'effectuait en bac. Argenteuil devient un port de batellerie important. La ligne de chemin de fer, ouverte en 1837 jusqu'à Asnières, est prolongée jusqu'au pont d'Argenteuil en 1851. Ce n'est qu'en 1861 qu'elle franchira la Seine grâce au pont métallique construit par les établissements Pierre Joly (et que peindra Monet). Ce pont sera détruit deux fois : en 1870 pour couper la route aux Prussiens et pendant la Seconde Guerre mondiale.

Argenteuil... « Impression, industrie naissante... »

Curieusement, en 60 ans, de 1790 à 1850, la population, en majorité vigneronne, est restée au même niveau (certes avec quelques épidémies de choléra et de typhus aidant). Environ 5 000 habitants ! Le vrai décollage démographique se fait avec l'industrialisation. La première entreprise d'importance est celle de Pierre-François Joly, spécialisée dans la charpente métallique. Elle réalisa la charpente métallique des halles de Baltard et de la gare Saint-Lazare. En 1863, 550 personnes y travaillent, les fabriques de plâtre en employant quant à elles 450. Dans le même temps, l'asperge d'Argenteuil truste les médailles aux concours agricoles, Monet y peint (*Le Pont*, bien sûr, *Les Coquelicots*, etc.), après que son ami Gustave Caillebotte (qui habitait à deux pas, à Gennevilliers) l'y a traîné. D'autres peintres flasheront pour Argenteuil : Manet *(Chez le père Lathuille)*, Renoir *(La Seine à Argenteuil)*, Sisley *(La Passerelle)*, Vlaminck, etc.

En 1901, déjà 17 375 habitants ; dix ans plus tard, 24 282. Développement des chantiers navals (petits paquebots, remorqueurs, péniches et toueurs), de l'agro-alimentaire, des industries chimiques et arrivée de Dunlop (caoutchouc), Lorraine-Dietrich (automobiles et moteurs d'avion), etc. Pendant la Première Guerre mondiale, accélération de l'industrialisation et début des lotissements sauvages : habitations précaires, pas de voirie, pas de transport, etc. Le caractère social de la ville change profondément. Elle devient une petite capitale de l'aéronautique. En 1926, chez Lorraine, 3 000 ouvriers... Certains anciens se rappellent encore les essais des hydravions sur la Seine, passant parfois sous les ponts.

La période contemporaine

En 1932, l'élection comme député de Gabriel Péri, candidat du parti communiste, marque ce changement. Elle sera suivie en 1935 de la victoire du Bloc ouvrier et paysan aux municipales. Victor Dupouy devient maire. En 1937, Argenteuil accueille le premier congrès des maisons de la culture qui viennent d'être créées par le Front populaire. Aragon, Gromaire, Jean Cassou, Jean Renoir, Georges Auric, Charles Vildrac, etc., y participent.

Dès l'occupation allemande, à Argenteuil la résistance est vive. Gabriel Péri, arrêté en mai 1941, est fusillé en décembre, ainsi que Lucien Sempaix, rédacteur-en-chef du journal *L'Humanité*. Un des 23 du groupe Manouchian, Rino della Negra, est d'Argenteuil. Dans sa dernière lettre, il écrit : « Faites comme si j'étais au front, soyez tous aussi courageux que moi. J'embrasse tout Argenteuil, du commencement à la fin... » Violents bombardements contre les usines de la ville de 1942 à 1944. Argenteuil se libère le 28 août 44, les FFI locaux y ont été très actifs.

En avril 1945, aux premières élections municipales d'après-guerre, élection d'une liste de gauche dirigée à nouveau par Victor Dupouy (qui fut commandant FFI dans le sud de la France). Les plus grosses immigrations à Argenteuil furent italiennes, maghrébines et portugaises. Les années d'après-guerre doivent faire face à tous les problèmes de reconstruction, de boom des naissances, de crise du logement. La Municipalité s'y attelle : réalisation en 1957 des 1 041 logements de la cité d'Orgemont (à qui l'on donne le nom de Joliot-Curie) et de bien d'autres par la suite. Liquidation des derniers bidonvilles au début des années 70. La destruction des îlots insalubres du centre-ville et leur remplacement par des HLM changent évidemment sa physionomie. Argenteuil y perd son village. On peut regretter que les urbanistes de l'époque n'aient pas été voir un peu à Nanterre comment, dans le même temps, la ville sauvait le sien !

Comment y aller ?

– **En R.E.R. :** ligne C, gare d'Argenteuil.
– **En bus :** n° 140 depuis le métro Asnières-Gennevilliers.
– **En train :** depuis la gare Saint-Lazare.
– **En voiture :** depuis Paris, porte d'Asnières, puis tout droit par la RN309. Par l'autoroute : A86 depuis la porte Maillot ou A1, puis A86 depuis la porte de la Chapelle. Sortie Bois-Colombes.

Adresse utile

■ **Mairie :** 12, bd Léon-Feix. ☎ 01-34-23-41-00.

Où manger ?

|●| **L'Entracte :** 50 *bis,* rue A.-Labrière. ☎ 01-39-47-13-90. Fermé le samedi midi et le dimanche. Petit resto discret, tout en longueur. Accueil sympathique. Le midi, joyeuses bandes d'employés et ouvriers du coin, atmosphère animée. Bonne cuisine traditionnelle dont on peut choisir les plats au tableau noir. Formules à 69 F (entrée et plat), 89 F (avec apéro et quart de rouge), 95 et 140 F (menu gourmet). Quelques plats : filet de loup de mer, *tortellini* au bœuf, cœur de gigot, blanquette de trois poissons, etc.

Plus chic

|●| **Le Moulin d'Orgemont :** 2, rue du Clos-des-Moines. ☎ 01-34-10-21-47. Site assez exceptionnel, avec un superbe panorama sur Paris. Tour du XIIIe siècle (dite de Blanche de Castille), accolée à un vieux moulin du XVIIIe siècle. Une péniche servit de structure à la salle de restaurant. Décor original utilisant, par exemple, de grosses poutres de la chapelle du château de Versailles, des portes du paquebot *Pasteur* style années 40, des éléments de lanterne de phare, etc. Clientèle chic et hommes d'affaires, ça va de soi ! Menu découverte à 160 F (du mardi midi au vendredi soir), menu à 250 F (le midi, du mardi au samedi), brouilly compris. Grand menu spécial hôte également. À la carte, plus cher bien sûr. Ne pas manquer d'aller voir le beau manège datant de 1893, avec ses six carrosses attelés de quatre chevaux.

À voir

★ **Le musée du Vieil Argenteuil :** 5, rue Pierre-Guienne. ☎ 01-39-47-64-97. Ouvert les mercredi, samedi et dimanche de 14 h à 17 h 30. Un des plus riches musées de banlieue qu'on connaisse. Installé dans l'ancien hôpital du XVIIIe siècle. Au rez-de-chaussée, pirogue monoxyle du XIIe siècle, retrouvée dans l'ancien bras de Seine, sarcophages gallo-romain et mérovingien, vestiges de l'abbaye, maquette de la ville de 1781, peintures qui ornaient l'hosto. Au 1er étage, tout sur les activités traditionnelles de la ville, outils de vignerons, costumes, coiffes d'Argenteuil, quelques asperges figurant sans doute au *Guinness Book of Records*. Reconstitution d'une cuisine paysanne. Dans l'ancien séchoir, poutres d'origine. Tonnellerie, botteleuse à asperges, bannières de sociétés de secours locales, témoignages de l'activité des usines Joly, etc. Salle des Impressionnistes avec des souvenirs de Monet et deux jolis petits Caillebotte. Salles de l'ancienne église paroissiale, images de confrérie et importance de la présence janséniste à Argenteuil.

Dans le couloir, intéressantes toiles de Caubert sur le vieux village et affiches sur les premiers meetings aériens.
Petit *musée de la Résistance* attenant (ouvert les mercredi et samedi de 14 h 30 à 17 h 30).

★ Du passé médiéval d'Argenteuil subsistent trois importants témoignages, dans le même secteur en centre-ville : les *vestiges de l'abbaye,* la *chapelle Saint-Jean* et la *cave Dîmière.* Il n'y a pas d'ouverture régulière, ni de personnel sur place pour assurer les visites. Cependant, possibilité de visite sur rendez-vous (15 jours à l'avance). Tous renseignements : Mme Myriam Delval, secteur Animations-Patrimoine. ☎ 01-34-23-43-90. Fax : 01-34-23-69-32. À signaler cependant que la chapelle Saint-Jean est visible pendant les expos (2 à 3 mois au printemps et, en principe, en septembre-octobre) et que la cave Dîmière peut s'admirer lors des concerts qui s'y déroulent.

★ *L'abbaye Notre-Dame :* rue Notre-Dame. Des fouilles en 1989, dans la cour d'une ancienne usine de mécanique, permirent de mettre au jour la crypte d'une des plus importantes abbayes du Moyen Âge. Fondée au VIIe siècle. Accusées de vie scandaleuse, Héloïse la prieure et ses nonnes furent remplacées par des moines au XIIe siècle. À la Révolution, vendue comme bien national, elle sert de carrière de pierre et disparaît. Seules subsistèrent, encastrées dans un mur, deux arcades de la salle du Chapitre (bien visibles aujourd'hui). Crypte montrant un bel appareillage de pierre dans les fondations et les bases des colonnes de travées. On découvrit aussi un superbe carrelage polychrome qui fut démonté pour être préservé. Il est prévu de l'exposer à nouveau.

★ *La chapelle Saint-Jean :* rue du 8-Mai-1945. Construite au XIe siècle, elle dépendait de l'abbaye. Se compose de deux salles superposées. Celle du bas, peut-être la chapelle funéraire, présente un cul-de-four et un plan basilical très simplifié. Harmonieux – bien que rustique – jeu de colonnes et voûtes sur arêtes. Fenêtres fortement ébrasées. Ça en fait l'un des derniers exemples d'art roman primitif d'Île-de-France. La chapelle fut vendue à un laïc au XVIIe siècle, et la salle haute utilisée comme grange ; c'est peut-être cela qui lui permit de ne pas finir en carrière de pierre. Expos temporaires.

★ *La cave Dîmière :* rue Paul-Vaillant-Couturier (en face de la rue de l'Abbé-Fleury). Très belle cave du XIIIe siècle, dépendant également de l'abbaye. C'est là que les abbés entreposaient la dîme, plutôt des barriques de vin que du grain d'ailleurs. Élégant voûtement d'ogive, avec chapiteaux sculptés. Elle accueille aujourd'hui spectacles et concerts.

★ *La basilique Saint-Denis :* de style néo-roman, construite en 1866, elle remplaça la vieille église du XIIIe siècle qui menaçait ruine. On y trouve la Sainte Tunique du Christ, offerte à Charlemagne par l'impératrice de Byzance. Au chevet, la pierre tombale de Victor de Riquetty, le père de Mirabeau (c'est malin, à trois jours près, il loupa la prise de la Bastille).

★ *La mairie :* 12, bd Léon-Feix. Construite il y a quelques années, elle présente un assez séduisante esthétique, s'intégrant, une fois n'est pas coutume, fort bien au parc qui l'environne. À l'intérieur, on est accueilli par la « Rutilante », une voiture sortie en 1910 des usines Lorraine-Dietrich et symbole du passé industriel de la ville. Grand atrium dispensant généreusement la lumière.

★ *La poste :* angle rue Antonin-Georges-Belin et rue de la Poste. Belle architecture des années 30. Intéressant travail sur les balcons et le décor de brique en façade. Noter les lettres de style Art nouveau (Caisse Nationale d'Épargne, Télégraphe, etc.), qui s'estompent tout doucement...

BALADE DANS LE « VIEIL ARGENTEUIL »

Essentiellement, la *rue Paul-Vaillant-Couturier,* qui va de la rue Alfred-Labrière à l'église. Encore que, sur une longue portion, on trouve des constructions modernes. Si vous venez du musée ou partez de la gare, au 27, *rue Karl-Marx,* vous découvrirez la maison où séjourna le grand agitateur en 1882. Belle bâtisse avec double pignon, où sa fille, épouse Longuet, habita plus longtemps. Plus bas, au n° 21 résida quelques années Claude-Monet. Au 20, rue Paul-Vaillant-Couturier, immeuble de style Art nouveau avec de jolies céramiques. Quelques impasses ou ruelles comme au n° 114 (ruelle des Jardins). Au n° 149, bel immeuble de brique (H. Defresne, 1908), avec balcon en avancée, fer forgé, petites céramiques, trois cygnes au-dessus de la porte. Quelques clins d'œil renvoient au passé de vignerons de la ville comme, au n° 134, l'entrepôt des caves Saint-Georges. L'immeuble au n° 157 lui répond avec son décor de raisins sculptés au-dessus des portes. Noter le toit amusant avec les lucarnes rondes.
Le coin *ruelle de l'Église* et Henri-Barbusse évoque bien un bout du vieux Argenteuil ; le tabac a toujours été là. Tiens, ruelle de l'Église, une vénérable usine de pistons. De l'autre côté de l'allée menant au jardin des Impressionnistes, élégante maison de ville. Au milieu de l'ensemble HLM au sud de Vaillant-Couturier, une *place Georges-Braque.* C'est là que s'élevait sa maison natale.
Rue Alfred-Colas, curieuse enseigne « 5ᵉ Bataillon des Mobiles de 1870 ». Dommage, le troquet au rez-de-chaussée a disparu. Boulevard Héloïse s'élève l'élégante façade de l'*ancienne mairie.* Très style IIIᵉ République, avec son clocheton et son fronton sculpté à horloge. Au débouché du pont d'Argenteuil, le *centre culturel,* avec l'œuvre puissante et colorée de Pignon en fronton.
Au 4, *rue Jean-Borderel,* une ancienne maison de vigneron (une des dernières de la ville) abrite la *Maison des Arts Claude-Monet.* Avec la vénérable demeure couverte de lierre au coin et son jardin devant, voilà, là encore, une ultime diapo du vieil Argenteuil.

Marché

– *Marché Héloïse :* bd Héloïse. Les vendredi et dimanche.

Où sortir ?

– *La Cave Dîmière* : 107, rue Paul-Vaillant-Couturier. ☎ 01-34-23-44-72. Spectacles, jazz, musiques contemporaines dans un splendide cadre médiéval. Fait partie de la Fédération des scènes de jazz.

– *Salle Jean-Vilar* : 9, bd Héloïse. ☎ 01-34-23-44-70. Très belle programmation toute l'année. Musiques plurielles, festival de danse, du classique au hip-hop, théâtre, etc.

Fêtes

– Une année sur deux, en alternance, le *Carnaval* (corso fleuri, fête dans le parc) ou la *fête de la Vie associative*. En 1999, c'est cette dernière qui est prévue. Se déroule en général début juin.

BEZONS (95870)   25 790 habitants

La plus ancienne Municipalité communiste de la banlieue (avec Ivry), puisque la grande majorité de ses membres adhéra aux thèses du congrès de Tours en 1920 (et la ville n'eut pas à attendre les élections de 1925 pour changer de couleur). C'est une petite commune des bords de Seine, longtemps très industrielle et qui, comme beaucoup de ses collègues, vit pas mal de ses usines fermer.

Céline, qui travailla au dispensaire de Bezons en 1942-43, écrivit à son sujet des lignes terribles : « Pauvre banlieue parisienne, paillasson devant la ville où chacun s'essuie les pieds, crache un bon coup, passe, qui songe à elle ? Personne. Abrutie d'usines, gavée d'épandages, dépecée, en loques, ce n'est plus qu'une terre sans âme, un camp de travail maudit, où le sourire est inutile, la peine perdue, terne la souffrance... Les avant-gardes du désastre campent à Bezons... » Dur, le sieur Destouches !

Aujourd'hui, les choses ont bien changé. La ville a amorcé depuis longtemps un travail de revitalisation de son centre. Beaucoup de choses encore horizontales, une grand-rue commerçante (Édouard-Vaillant) animée, qui prend des couleurs et possède un rythme encore très villageois ! Le carrefour de la Grâce-de-Dieu rappelle que débutait là une grande forêt et qu'on n'y faisait pas que de bonnes rencontres.

Où manger ?

|●| *Les Belles Vues :* 57, rue de Sartrouville. ☎ 01-39-82-68-34. Fermé le dimanche. Grande réputation pour son couscous et ses grillades à dix lieues à la ronde. C'est vrai que nous n'en avions pas dégusté un comme ça depuis longtemps. Bouillon et légumes parfumés et une semoule bien tendre, dont les grains roulent bien tout à la fois. Pas de doute, ici, on veille au grain ! Patronne adorable et aux petits soins pour les clients.

Fêtes et manifestations

– *La foire de Bezons :* se déroule dans la 2e quinzaine de septembre. Existe depuis le XVIIe siècle. Grande fête populaire, gigantesque vide-grenier qui envahit sympathiquement les rues. De la musique partout, des Bretons de Bezons au rap, en passant par les chants portugais. Rendez-vous des artistes locaux. Championnat des camelots, oscar du bagout, une sacrée atmosphère !

LES BORDS DE SEINE DE CORMEILLES À HERBLAY

Avec ce bout de Val-d'Oise un peu esseulé – de grands espaces cultivés le séparent d'Argenteuil ou de Sartrouville –, on est à la frontière de la banlieue et du monde rural, zone intermédiaire où, d'année en année, les lotissements gagnent sur la campagne, la repoussant toujours plus loin. Les bords de Seine, de La Frette à Herblay, semblent ignorer ces évolutions et font une promenade toujours agréable, entre coteau verdoyant, parfum de lilas et villas mignonnes ou pittoresques.

Comment y aller ?

– **En train :** de Paris-Gare-Saint-Lazare, direction Pontoise-Conflans (toutes les 20 mn) ; arrêt Cormeilles, La Frette-Montigny ou Herblay.
– **En voiture :** de la porte de Clignancourt, direction Cergy-Pontoise par l'A15 ; sortie Montigny-les-Cormeilles (pour Cormeilles) ou Herblay (patte-d'oie d'Herblay).

★ CORMEILLES-EN-PARISIS (95240)

Adossé à sa petite butte boisée, Cormeilles-en-Parisis (17 500 hab.) était il y a peu encore, jusqu'à la fin des années 60, habité principalement d'agriculteurs, dont les fermes bordent toujours la grand-rue (rue Gabriel-Péri). Le maraîchage a quasiment cessé, mais l'autre activité cormeillaise, l'exploitation du plâtre – en fait, du gypse, dont on tire le plâtre – se porte bien, et les carrières Lambert sont l'une des plus importantes d'Europe : immense cratère à ciel ouvert qu'on voit de toute la région.

Louis-Jacques-Mandé Daguerre, décorateur et photographe

Cormeilles s'enorgueillit d'avoir vu naître Louis Daguerre (1787-1851), et des panneaux l'annoncent à l'entrée de la ville : « Cormeilles-en-Parisis, ville natale de Louis Daguerre ». Un appareil photo, sur trépied, est même représenté. C'est à juste titre que Daguerre est ainsi honoré, même s'il partage cette invention avec Nicéphore Niepce. Mais Daguerre était aussi un peintre honorable et un extraordinaire décorateur de théâtre. Il mit au point les dioramas, décors géants animés de jeux de lumières qui produisaient un effet bœuf. Témoin cette lettre de Niepce à son fils, à propos d'un décor représentant les Alpes suisses : « Le prestige est même si grand qu'on serait tenté de sortir de sa loge pour parcourir la plaine et gravir jusqu'au sommet de la montagne. Il n'y a pas, je t'assure, la moindre exagération de ma part » (!) Et tous les commentaires sont unanimes : Monsieur Daguerre est un magicien, ses décors créent l'illusion parfaite.

Mais venons-en au Daguerre photographe. Nombre de nos lecteurs en seront chagrins, mais ils ne doivent pas l'ignorer plus longtemps : c'est un Anglais, Thomas Wedgwoog, qui diffusa les premiers travaux sur le principe de la photographie, à la fin du XVIIIe siècle. Damned ! Toutefois Wedgwoog n'avait pas réussi à mettre la théorie en pratique. En 1816, Niepce, reprenant ses principes, échoue à son tour mais, plus tard, parvient à fixer les images par héliographie, c'est-à-dire par réaction de certaines résines à la lumière... ce qui n'est pas encore la photographie, objectent les défenseurs de Daguerre-inventeur-de-la-photographie. Et, en effet, héliographie n'est pas photographie, et c'est Daguerre, et Daguerre seul, qui, en 1833, fixa une image sur une plaque d'argent, image qu'un peu de mercure révélait ensuite : procédé qu'il breveta sous le nom de *daguerréotype,* et qui est bien celui de la photographie.

Ainsi, si Niepce a effectivement été le premier à réaliser une image avec une chambre noire, il n'a pas la paternité de l'emploi des sels d'argent. Il est sans doute juste alors de dire que Niepce et Daguerre, qui ont d'ailleurs travaillé ensemble, sont les co-inventeurs de la photographie... après Thomas Wedgwoog. Mais si, à Cormeilles, on écrivait sur les panneaux de bienvenue : « Cormeilles-en-Parisis, ville natale de Daguerre, co-inventeur, avec Nicéphore Niepce, de la photographie, bien après que l'Anglais Thomas Wedgwoog leur a dit comment faire », ça prendrait bien trop de place !

Adresse utile

■ *Mairie :* 3, av. Maurice-Berteaux. ☎ 01-34-50-47-00.

Où manger ?

|●| ❢ *La Montagne :* route Straté-gique. ☎ 01-34-50-74-04. Ambiance « routier » et cuisine du même genre dans ce bar-restaurant qui fait le plein tous les midis. Menu du jour à 57 F, type œuf mayo, saucisses-len-tilles et crème caramel ; menu suivant à 100 F, pas révolutionnaire mais honnête : rillettes d'oie, véritables tripoux d'Auvergne et crème brûlée, par exemple. Petite terrasse en été.

À voir

★ *Le musée du Vieux Cormeilles et le musée du Plâtre :* château Lamazière, av. Maurice-Berteaux (à côté de la mairie). ☎ 01-34-50-47-00 (mairie). Ouverts le samedi matin, et parfois le mercredi matin ; mieux vaut téléphoner pour s'en assurer. Dans ce « château », grosse maison du siècle dernier, à tourelles d'angles, sont abordés différents aspects du Cormeilles ancien, au travers d'assez modestes collections. Vie agricole, avec des outils liés au maraîchage ou à la vigne : « truie », herse et râteau en bois, tarare, outils de tonnelier. Ici comme à Argenteuil, le vignoble de l'asperge ont longtemps prospéré, et, jusqu'en 1967, Madame Carle (Madeleine) allait en charrette à cheval au marché de Puteaux, vendre ses salades et ses choux. « Allez hue ! Hue ! », criait-elle au cheval ; et le jeune Robert, qui passait par là, et qui serait plus tard le leader qu'on sait et le premier élu de Montigny-les-Cormeilles, commune voisine, croyait qu'on l'acclamait déjà : « J'arrive, vous z'inquiétez pas ! »
Dans une autre salle, quelques fossiles et débris divers (de crâne, de clous, de pots...). Documents historiques : assignats, laissez-passer de 1870, uniforme du lieutenant Vicario, Cormeillais et pilote d'avion abattu en 1918... la veille de l'armistice ! Autre vaillant Cormeillais, le commandant Kieffer qui, à la tête d'un commando de 177 hommes, fut le premier Français à débarquer sur les côtes normandes en juin 44. Un vrai héros, ce Kieffer, qui y alla à l'escalade le poignard entre les dents, puis au corps à corps. Deux autres Cormeillais notables sont évoqués encore : Cazalis, musicien, poète et docteur (il fut l'un des premiers à recommander la visite prénuptiale, avancée considérable dans le dépistage de toutes les véroles) ; et Louis Daguerre, bien sûr : portraits, daguerréotypes, chambre noire...
● Le *musée du Plâtre* se trouve au 13, rue Thibault-Chabrand, rue perpendiculaire à celle de la mairie. Là, petite pièce où sont exposés quelques schémas et topos didactiques, et des morceaux de gypse qui, selon la cristallisation, prend des aspects divers : gros caillou informe et blanchâtre, ou cristal hérissé de lances translucides, mais qui toujours est un sulfate de calcium. Produit par évaporation – il faut environ 1 000 m d'eau pour donner 40 cm de gypse –, le sulfate de calcium contient encore de l'eau, environ 20 %. Il suffit donc de le chauffer pour évaporer cette eau et obtenir une

poudre blanche : du plâtre. On remet de l'eau, il durcit. C'est bête comme chou et ça marche depuis l'Antiquité. Notez que la carrière de Cormeilles, exploitée dès le Moyen Âge, a toujours fourni un plâtre de grande renommée, connu partout sous le nom de « plâtre de Paris ». Vous en doutez ? Eh bien sachez que lorsque le cosmonaute américain Lovell survola la Lune pour la première fois, en décembre 1968, il s'exclama : « It's like plaster of Paris ! » Rappelons enfin que l'emploi du plâtre dans le staff (plâtre et armature) et le stuc (plâtre et colles et poussière de marbre) a permis une grande liberté de décor, et a donné quelques chefs-d'œuvre de l'art baroque. Mais le musée ne le montre pas trop. Vaut surtout pour les commentaires.
Visite parfois couplée avec celle des *carrières Lambert* (sur rendez-vous, pour les groupes).

★ On accède au centre-ville par la **rue Gabriel-Péri,** étroite et au tracé ancien, typique des villages du Parisis et bordée de maisons dont le plâtre s'écaille. Au n° 103, celle natale de Daguerre, où est maintenant un boulanger-pâtissier, qui vend aussi des assiettes à l'effigie du grand Cormeillais. Plus haut, la petite place de l'Église, et l'**église,** évidemment. Si elle est ouverte, beaux chapiteaux dans la nef (XVe siècle) et crypte d'origine (vers 1150), voûtée d'ogives, rare !

★ On continue de grimper pour arriver à la route Stratégique, qui suit la crête de la butte de Cormeilles et traverse le bois. Joli **parc Schlumberger** tout en pente et paysagé, décoré de Diane chasseresse, Diane guerrière ou Diane tout court, et équipé de jeux d'enfants.

– En face (de l'autre côté de la route Stratégique), petit parc d'attractions, le **Rallye Parc,** avec golf miniature, mini-karting et manèges. ☎ 01-34-50-13-43. Ouvert d'avril à septembre les samedi, dimanche et jours fériés, de 14 h 30 à 19 h. Entrée : 15 F.

★ *LA FRETTE-SUR-SEINE* (95530)

Un site pittoresque, à flanc de coteau en bordure de Seine, des berges aménagées, de charmantes villas accrochées à la pente, et, au printemps, des lilas en fleurs, il n'en faut pas plus pour faire de La Frette (4 138 hab.) une promenade des plus courues du département. L'harmonie du site avait déjà retenu des artistes de renom : l'écrivain Jacques Chardonne, le peintre Albert Marquet ou encore Roger Ikor, prix Goncourt 1955 pour *Les Eaux mêlées,* vécurent ici. Notons enfin que La Frette était, jusqu'en 1920, le « port au plâtre » des carrières de Cormeilles.

Adresse utile

▣ *Office du tourisme :* 94, quai de Seine. ☎ 01-39-31-03-54. Ouvert du mardi au vendredi de 14 h à 18 h et le samedi de 9 h à 12 h et de 14 h à 18 h.

Où dormir ?

L'office du tourisme propose quelques **chambres d'hôte** (260 F pour deux, petit déjeuner compris) et un meublé à la semaine.

Où manger ?

l●l *Aux Marronniers :* 108, quai de Seine. ☎ 01-39-78-04-65. Fermé le lundi. Couleur marine et ambiance aimable et simple dans ce bar-restaurant des bords de Seine, où l'on vous sert des pierrades ou d'hon- nêtes menus sans prétention (à 88 et 130 F). Une halte agréable aux beaux jours, en terrasse au bord de l'eau. Animation musicale le vendredi soir.

À voir. À faire

Il n'y a rien de particulier à voir à La Frette, mais c'est le site dans son ensemble, et ses quelques maisons de caractère, qu'on découvre au hasard de la promenade, qui valent le coup d'œil. On peut se contenter de longer les berges, mais le meilleur aperçu de la ville et de la vallée s'obtient en empruntant les sentes – et notamment celle courant à mi-pente de La Frette à Herblay. Très bien balisé. Demander le plan à l'office du tourisme.

– Le club des **Sports nautiques de La Frette** (94 *ter,* quai de Seine ; ☎ 01-39-97-40-36) permet à ses adhérents de partager les plaisirs de la navigation sur la Seine. École de voile pour les enfants également.

Fête

– *Mise en Seine :* autour du 1er mai. Voile, canotage, croisière au départ de La Frette, expos autour de la batellerie, buvettes, musiciens et foule de quelques milliers de visiteurs. Chouette concours d'élégance de bateaux (neufs et anciens).

HERBLAY (95220)   22 400 habitants

Herblay est sans doute le bourg le plus ancien de cette boucle de Seine, et qui dut être important. Son église en témoigne, assez remarquable et autour de laquelle une nécropole mérovingienne a été découverte dans les années 70. On perçoit aussi cette importance dans la place du Marché, qui a gardé un cachet provincial. Cependant de multiples constructions, un peu anarchiques, et le gros trafic de la N192, de l'échangeur autoroutier ou de la patte-d'oie d'Herblay, amoindrissent le charme de cette petite ville.

Adresse utile

■ *Mairie :* 43, rue du Général-de-Gaulle. ☎ 01-34-50-55-55. Ouvert du lundi au vendredi, de 9 h à 11 h 30 et de 14 h à 17 h (19 h 15 le jeudi).

À voir

★ *L'église Saint-Martin :* en promontoire sur la vallée de Seine (du centre-ville, prendre la rue du Val puis à gauche, c'est indiqué). Un très bel emplacement, un peu à l'écart du centre, dans un quartier préservé, et un édifice assez intéressant. Ne pas hésiter à demander les clefs à la paroisse, juste à côté. Notez qu'on accède aussi à l'église par la promenade des Sentes, depuis La Frette. De construction ancienne (nef en gothique primitif, fin XIIᵉ siècle) et maintes fois retouchée (chœur en gothique flamboyant, début du XVIᵉ siècle) et restaurée, l'église Saint-Martin, longue et basse, paraît d'abord assez rustique. À l'intérieur, mobilier remarquable : superbe *Charité de saint Martin,* terre cuite sur bois du XVIIᵉ siècle (dernière travée à droite dans la nef). Dans le chœur, *Annonciation* peinte par Seghers (fin XVIᵉ siècle, Anvers), tout aussi belle. Dans le chœur toujours, notables vitraux du XVIᵉ siècle, dont celui évoquant la légende de saint Nicolas (au fond du chœur, en biais sur la gauche) : à l'arrière-plan, Nicolas jette un sac d'or à trois jeunes filles pauvres pour les arracher au projet de leur père qui, sans le sou, avait décidé de les prostituer. Juste à côté, *l'Arbre de Jessé,* verrière du XVIᵉ siècle toujours, est sans doute le fleuron de l'église : Jessé, couché, voit en songe un arbre sur lequel fleurissent ses descendants, rois et prophètes de l'Ancien Testament ; parmi eux, le Roi David, avec sa harpe ; en haut, une fleur sur laquelle siègent Marie et l'Enfant Jésus.

Où sortir ?

– *Le Centre culturel d'Herblay :* place de la Halle. ☎ 01-39-97-40-30 ou 01-39-78-93-83. Programmation variée (musique tous styles, théâtre, spectacles divers) et prix abordables, autant de bonnes raisons de passer la soirée au Centre culturel d'Herblay.

SANNOIS (95110) ET SES ENVIRONS

Comme ses voisines Ermont, Eaubonne ou Franconville, entre la butte de Montmorency et celles de Cormeilles et d'Argenteuil, Sannois est de ces villes du Parisis largement urbanisées après-guerre. Assez aérées, partagées entre pavillons modestes, belles « meulières », maisons de caractère parfois et cités jamais démesurées, il reste cependant bien peu de choses de leur passé rural. Et on imagine mal aujourd'hui les petits villages cernés de vignobles que furent Sannois ou Ermont, dont le piccolo arrosait Paris jusqu'à l'arrivée du phylloxéra, à la fin du XIXᵉ siècle, qui anéantit la vigne. Des vergers, des maraîchers la remplacèrent, qui existaient encore dans les années 50.

Cette campagne accueillit bien souvent les résidences, principales ou secondaires – c'était alors des « villas de plaisance » –, de quelques notables, gens de Cour, gens de lettres et d'esprit, gens de guerre aussi, gens de la bonne société en tout cas. C'est notamment le cas d'Eaubonne, où subsistent quelques-unes de ces belles demeures du XVIIIᵉ siècle.

Comment y aller ?

À Sannois

– *En R.E.R. :* ligne C, station Sannois. À 300 m du musée Utrillo ou de l'espace Michel-Berger.
– *En voiture :* de Paris, A15 direction Cergy-Pontoise puis A115 direction Taverny, 1ʳᵉ sortie.

À Ermont

– *En R.E.R. :* ligne C (Porte-Maillot), station Cernay.

– **En train :** de gare du nord, ligne Pontoise ou Persan-Beaumont ; gares Cernay ou Ermont-Halte.
– **En voiture :** A15 direction Pontoise, puis A115 direction Taverny, sortie Ermont-Eaubonne.

À Eaubonne

– **En R.E.R. :** ligne C (Porte-Maillot), gare d'Ermont-Eaubonne.
– **En voiture :** par l'A15 (direction Pontoise), sortie Enghien-Saint-Gratien.

Bibliothèques dynamiques

Il faut souligner, dans ce secteur, la valeur remarquable des bibliothèques, chacune ayant sa spécialité et toutes s'étant regroupées au sein de CIBLE 95, association d'une quinzaine de bibliothèques du Val-d'Oise, principalement du Parisis. Cette association, basée à Ermont, organise chaque année un *festival du Conte* fort intéressant.
– **À Sannois,** on rencontre Christiane et sa landauthèque, qui sillonne les rues et les quartiers en poussant un landau rempli de bouquins, invitant chacun à les découvrir.
– **À Ermont,** la bibliothèque (☎ 01-34-13-05-25 ; ouvert l'après-midi du lundi au samedi), en plus d'accueillir le siège de CIBLE 95, présente une petite collection d'archéologie locale. Fragment d'os de mammouth, toiture gallo-romaine...
– **À Eaubonne** (place du 11-Novembre ; ☎ 01-39-59-06-44 ; fermé le lundi, le jeudi et le dimanche), notable fonds d'histoire d'Île-de-France, d'héraldique et de généalogie. Ouvrages rarissimes et/ou indispensables pour qui s'intéresse au sujet : une *Généalogie des Montmorency*, dans l'édition originale de 1624, une *Histoire de la ville et de tout le diocèse de Paris* de l'abbé Lebœuf (XVIIIᵉ siècle), somme sans pareille et précieuse base de travail, et toutes sortes de revues, études et dictionnaires aidant à la recherche généalogique. Avec ça, on remonte sa lignée jusqu'à la trentième génération, au moins ! À condition de ne pas s'appeler Dupont.

★ SANNOIS (95110)

Sannois (26 000 hab.) s'étire le long de la N14, et l'A15 la traverse. Vroum ! L'A115 y naît. Vroum-vroum ! Le centre-ville, assez disparate, n'a rien de formidable, avec notamment le Centre culturel Cyrano de Bergerac, franchement laid, mais à côté il y a le remarquable musée Utrillo. Sur l'ouest de la commune, le site plus agréable du mont Trouillet, boisé de châtaigniers maigres et dominé par l'ancien moulin à pivot, dont les ailes semblent dire « Coucou, je suis là ! Ne m'oubliez pas ! », ou quelque chose comme ça. Montons-y voir...

Un peu d'histoire

« Cent noix », telle serait l'origine (discutée) du nom Sannois. Pourquoi pas ? Il n'y a en tout cas aucun noyer sur la commune – ou alors, on ne l'a pas vu –, et, de mémoire d'homme, il n'y en eut jamais beaucoup. Mais peu importe, et l'on a coutume ici d'offrir un sac de noix aux hôtes de marque. Le Sannois mérovingien se trouvait sur le domaine primitif de la Couronne. Une terre boisée où Dagobert chassa peut-être... Au IXᵉ siècle, sur le mont Trouillet, on édifia un château fort dont il ne reste rien. L'ordre des Templiers, puis Henri de Condé seront par la suite propriétaires du domaine. Le XVIIIᵉ siècle fut illuminé par Madame d'Houdetot, qui choisit d'habiter Sannois et s'y fit construire une jolie maison où passèrent quantité d'esprits fins et forts : Benjamin Franklin, ou Jean-Jacques Rousseau, à qui elle inspira *La Nouvelle Héloïse*...

Vers 1900, le village, qui s'est étoffé, est une promenade courue des Parisiens. On y guinche, on y respire l'air de la campagne. Colette, Jules Romains sont du voyage. Puis un autre artiste vient plusieurs fois à Sannois, en cure de désintoxication : Utrillo, qui y peint et repeint les moulins, entre 1912 et 1914. Ça lui rappelait Montmartre et *Le Moulin Rouge*. Il aimait les moulins comme l'absinthe, Maurice... Voilà, c'est à peu près tout pour l'histoire de Sannois. Mais où diable est passé Cyrano ?

Cyrano de Bergerac

Le fameux héros de la pièce homonyme créée en 1897 par Edmond Rostand a bel et bien existé et repose à Sannois – comme l'atteste l'acte de décès, enregistré par l'abbé Cochon et conservé aux archives municipales, et qui certifie que Cyrano est « mort et enterré à Sannois » en juillet 1655. Une mort précoce (36 ans) mais naturelle, qui le frappa alors qu'il séjournait chez un sien cousin. L'étonnant est que ce Cyrano ressemble assez au personnage fictif : même nez important – ainsi décrit par un ami : « son nez, large par sa tige et recourbé, représentait celui des perroquets », et lui-même pensait que « le nez est le siège de l'âme » –, mêmes exploits militaires – soldat aux cadets de Gascogne, il fut traversé par une balle de mousquet pendant le siège d'Arras, puis un coup d'épée lui transperça la gorge : il quitta prudemment le métier ensuite –, mêmes frasques et même panache – une troupe de spadassins étant venue appréhender l'un de ses compagnons de ripaille, Cyrano s'y opposa fermement... et laissa deux morts et sept blessés sur le carreau !

Mais le vrai Cyrano avait, en plus, un vrai talent littéraire : auteur notamment de *L'Autre Monde*, œuvre considérée comme le premier ouvrage de science-fiction, où l'on trouve des machines parlantes et des vols interplanétaires, ses pièces ont parfois inspiré les plus grands : ainsi le vers célèbre de Molière « Mais que diable allait-il faire dans cette galère ? » des *Fourberies de Scapin* est en réalité de Cyrano *(Le Pédant Joué)*... Bref, une personnalité hors du commun, ce Cyrano, dont on n'est pas peu fier à Sannois, même s'il n'a fait qu'y mourir. Aussi, quand on a reconstruit l'église en 1934, on a fait appel à un radiesthésiste pour localiser la sépulture du « riposteur du tac au tac » : le pendule est formel, Cyrano est bien là, ici, quelque part, sous la nef droite... Et qui douterait d'un pendule ?

Adresse utile

■ *Mairie de Sannois :* place du Général-Leclerc. ☎ 01-39-98-20-00. Ouvert du lundi au vendredi de 8 h à 12 h et de 13 h 30 à 18 h, et le samedi matin.

À voir

★ *Le musée Maurice Utrillo :* place du Général-Leclerc. Ouvert de 10 h à 17 h (18 h 30 le vendredi). Fermé le lundi. ☎ 01-39-98-21-13. Internet : www.utrillo.com. Petite vidéo de présentation (35 mn), pour faire connaissance avec Utrillo, son œuvre et son milieu. Le bonhomme, alcoolique, a été soigné à Sannois dans la clinique du docteur Révertégat, en 1912, 1913 et 1914. Et, à l'instar d'un Van Gogh quelques années plus tôt et non loin de là, à Auvers, chez le docteur Gachet, il s'y est exprimé. Sur deux niveaux, une trentaine de ses œuvres et quelques-unes de Suzanne Valadon, sa mère.

Superbe. C'est tout simplement le plus bel et le plus important ensemble Utrillo qui soit, et de sa meilleure période, dite « de Montmagny » ou encore « période blanche », car le peintre mêlait alors de la chaux à ses couleurs. À voir notamment, le *paravent* à quatre volets peints : église de Clignancourt, Sacré-Cœur, tour Saint-Jacques et moulin de Montmartre. Ou cette toile, agrémentée d'un poème : « Il est fou vous dira une éhontée gonzesse (...) Or je suis alcoolique et hurle non dingo ! » Sacré Maurice, quel génie ! Les palettes du peintre, « sa » Jeanne d'Arc, des moulins, dont, évidemment, ceux de Sannois, et, souvent, ses obsessionnels et énormes fessiers féminins (de matrones en lourdes robes jusqu'aux chevilles, vues de dos et de loin). Quelques toiles et dessins de sa mère aussi, très bien, et, à l'étage, *association Maurice Utrillo*, où planchent et se retrouvent utrillomanes et utrillologues du monde entier (dont Jean Fabris, le grand spécialiste sannoisien). Un bon musée vraiment, trop méconnu sans doute... sauf des Japonais, aussi nombreux à le visiter que nous autres, misérables Gaulois !

★ *Le moulin de Sannois :* rue des Moulins (autrefois il y en avait deux), tout en haut, sur le mont Trouillet. Ouvert le dimanche après-midi uniquement, visite guidée (15 F). Impressionnant moulin à pivot, tout de chêne bâti. Vraie charpente et vrai bois, vrai vieux mécanisme. Panorama jusqu'à Paris.

Où sortir ?

– *L'espace Michel-Berger (EMB) :* 2, rue Georges-Pompidou. ☎ 01-39-80-01-39. Créée en 1986, année de la disparition de Michel Berger, cette salle de trois ou quatre cents places programme chaque vendredi soir un concert qui n'a pas forcément grand rapport avec ce que faisait le « pianiste debout » : blues, jazz, hardcore, reggae, rock et toutes tendances actuelles et branchées. Programmation de qualité et grosse ambiance certains soirs, où toute la jeunesse du canton rapplique et danse avec les *F.F.F.*, *Human Spirit* et autres *Blankass* à tout casser. Régulièrement, des spectacles pour enfants également. Entrée jamais ruineuse (de 20 à 70 F). Bar ouvert les soirs de concert uniquement, bière pas chère.

★ *ERMONT* (95120)

Les fouilles menées ces dernières décennies ont révélé une très ancienne présence humaine sur le site d'Ermont. Au néolithique moyen, soit environ 3 000 ans avant J.-C., on taillait déjà la pierre ermontoise. Puis des vestiges gallo-romains ont été retrouvés sous l'ancien marché, et, au Moyen Âge, le recensement de 1471 dénombre 8 foyers... soit 40 habitants ! Le vrai bled. Comme tout le secteur, le village se développera ensuite doucement, vivant surtout de la vigne. Rien ne subsiste de ce passé, et le centre d'Ermont (28 100 hab. aujourd'hui), entièrement reconstruit dans les années 60 et 70, est homogène sinon charmant.

À voir

★ *Le musée des Arts et Traditions populaires :* dans le parc de la mairie, ou par le 254, rue Louis-Savoie. ☎ 01-30-72-38-28. Ouvert le mercredi de 9 h 30 à 12 h et de 14 h 30 à 17 h et du jeudi au dimanche de 14 h 30 à 17 h ; le mardi sur réservation pour les groupes. Fermé le lundi et en août. Petite salle proprette où sont présentés les outils agricoles anciens, principalement de viticulture (Ermont, Sannois, Argenteuil étaient autrefois de vineuses communes), mais pas uniquement, asperges, cresson et vergers ayant remplacé la vigne après que le phylloxéra l'eût anéantie vers 1870. De fort belles pièces : araire, tribulum, charrue de gros labour, atelier de tonnelier et nombreux outils oubliés que les explications de Michel Auger, initiateur et conservateur du musée, font revivre (visites commentées sur rendez-vous). Beaucoup de ces objets ont été donnés par des Ermontois, fils et petits-fils des paysans d'hier... Une visite intéressante.

★ À voir aussi, l'extension contemporaine de l'*église Saint-Flaive,* en béton brut de décoffrage, bâtie en 1963 sur un plan circulaire. À l'intérieur, vaste espace dépouillé, douce lumière dispensée par les verrières hautes et discrètes, et grand Christ de métal torturé.

Fête

– À ne pas manquer, fin septembre, la *fête de la Vendange* (il reste quelques pieds de vigne à Ermont) et du battage du blé, qui se tient dans le parc de la mairie, au musée des Arts et Traditions populaires (voir ci-dessus).

★ EAUBONNE (95600)

Avec son agréable marché couvert (les mardi, vendredi et dimanche) et ses quelques « châteaux » du XVIIIe siècle, Eaubonne (22 200 hab.) aurait pu être un endroit charmant. Mais l'avenue de Paris (N328), large sur cette portion et bordée d'immeubles quelconques, ne met pas en valeur les deux ou trois belles demeures qui s'y trouvent. Quant au centre-ville, c'est quelque chose de si éclaté et incohérent qu'on le cherche en vain.

À voir

★ À voir cependant, dans le « centre-ville », l'*hôtel de Mézières* et ses deux *pavillons* (dans l'un d'eux, chouette galerie d'art contemporain), construits vers 1770 (av. de l'Europe, à côté du marché couvert). Ce bâtiment de plan carré, élégant et classique, est sans doute l'œuvre de Claude-Nicolas Ledoux, qui fera plus tard les rotondes de la Villette, ou la cité futuriste d'Arc-et-Senans. Jeune architecte, il travailla beaucoup à Eaubonne, où de grands bourgeois avaient établi leur « campagne ». Le village accueillit ainsi, en cette fin de XVIIIe siècle et par la suite, de grandes propriétés, des « châteaux » qui se côtoyaient en un luxueux ghetto. Cette vocation résidentielle se poursuivit au siècle suivant. C'est si vrai qu'en 1850 Eaubonne ne comptait que 300 habitants, la plupart au service des maisons bourgeoises.

★ Non loin de l'hôtel de Mézières, de la place Aristide-Briand part la rue George-V : à quelque 100 m sur la gauche, façade incongrue aux tristes locaux de la Sécurité sociale, le fronton sauvegardé du *Petit Château,* de Ledoux toujours. De la place Aristide-Briand, prendre l'avenue de l'Europe puis à gauche la rue Cristino-Garcia : au n° 11, le *clos de l'Olive,* bâti en 1780 et restauré par la Ville, abrite aujourd'hui l'école de musique. Classique là encore, et mignon comme tout.

★ Continuant l'avenue Cristino-Garcia, on arrive place du château, sur la N328 : à l'angle gauche, le *château de la Chesnaie,* privé et ceint d'un haut mur. C'est l'un des plus beaux édifices style Louis XV de la région parisienne, paraît-il, mais on ne visite pas... À signaler encore, plus bas vers Paris sur la gauche, le *château des Cèdres,* époque Restauration, tout pimpant et de style troubadour, avec force stucs et décorations (racheté par la commune).

ENGHIEN-LES-BAINS (95880)   10 100 habitants

Enghien-les-Bains, son lac, ses thermes, son champ de courses et son casino : la petite ville d'eau et de jeux d'Île-de-France est exactement comme on imagine, station thermale proprette, cossue et au charme désuet. Fabriquée de toutes pièces au XIXe siècle pour le plaisir et le réconfort des Parisiens fortunés, elle a conservé, malgré de nombreuses constructions récentes et son absorption dans l'agglomération parisienne, une atmosphère de villégiature, un habitat résidentiel et une population relativement aisée.

Mais Enghien est aussi la ville la plus animée de ce coin de la banlieue nord. On y vient pour flâner sur les rives du lac, pour lécher les vitrines de la rue du Général-de-Gaulle ou pour se distraire dans la petite animation du vendredi et du samedi soir. Et on y croise toujours les curistes et les Parisiens attirés par le casino, le seul autorisé dans un rayon de 100 km autour de la capitale.

Aux environs, d'est en ouest, des zones pavillonnaires semées de pâtés d'immeubles occupent le terrain entre Saint-Gratien et Montmagny : un secteur pas trop mal loti dans l'ensemble, mais moins huppé, plus populaire et avec par endroits des quartiers « difficiles » : un caractère qui s'accentue dans le 93, limitrophe d'Enghien au sud (Épinay-sur-Seine). Et de nombreux jeunes, Beurs, Blacks et Blancs parfois (dame, il y en a !), viennent de ces communes en bandes joyeuses et intrépides respirer le bon air d'Enghien-les-Bains... Tremblez, bonnes gens !

Un peu d'histoire

« Ruisseau puant »

C'est en 1767 que le père Louis Cotte, oratorien à Montmorency, adresse à l'Académie Royale des Sciences un rapport sur le « ruisseau puant » qui s'écoule dans l'étang de Montmorency, et dont la qualité sulfureuse serait efficace dans le traitement des ulcères. Intéressant ! se dit aussitôt Louis-Guillaume Le Veillard, pharmacien de son état, qui demande et obtient rapidement une concession du prince de Condé, maître des lieux. En 1779, la commercialisation des bouteilles d'eau d'Enghien est lancée, et les premiers thermes sont créés – au début, simple bassin où l'on vient puiser.

Heure de gloire

Mais c'est au siècle suivant, vers 1820, que l'affaire prend une ampleur considérable avec le docteur Péligot qui, d'abord nommé directeur des thermes, en sera bientôt le propriétaire. Il fait construire un établissement qui peut recevoir les curistes et a la bonne idée, en 1823 et par confrères circonvenus, d'amener Louis XVIII à y venir soigner sa goutte. Tout le monde en parle, le roi fréquente Enghien, la goutte royale a disparu grâce aux eaux d'Enghien, vive Enghien ! Les thermes attirent ainsi de plus en plus de monde, une bonne société charmée de surcroît par le romantisme du site. Puis Péligot fait aménager les berges, et des hôtels, des auberges accueillent bientôt le tout-Paris qui s'y fait parfois construire de somptueuses villas. Fêtes, bals, feux d'artifices se succèdent...

Cette fièvre retombe après la révolution de 1830, mais tout de même la machine est lancée, et l'arrivée du train en 1846 contribue à la maintenir sur les rails. Tant et si bien qu'en 1850, cette ville nouvelle, sortie du néant (pour la construire, on avait asséché l'ancien marécage, d'une superficie trois fois supérieure à celle du lac), est érigée en commune, et prend le nom d'Enghien-les-Bains – un nom venu de loin, de Belgique une fois, il y a bien long-temps...

Histoire belge

Vieille histoire en effet que celle du nom d'Enghien, puisque c'est en 1689 qu'il débarque ici pour la première fois et par le plus grand des hasards. Car il arriva alors que les Condé, héritiers du domaine de Montmorency, voulurent changer ce nom illustre mais honni à la cour – le duc de Montmorency, rappelons-le, avait conspiré contre Louis XIII et Richelieu surtout, qui l'avait fait exécuter. Ils ont alors pensé à le rebaptiser du nom d'un fief du Hainaut (en Belgique) qui leur appartenait : Anguien. Montmorency s'est donc appelée Anguien (Enghien par la suite), au grand dam de ses habitants, qui préféraient le nom d'origine. Pendant la Révolution, elle devint Émile (Mimile pour les intimes) en hommage à l'ouvrage de Jean-Jacques Rousseau ; Napoléon rétablit Montmorency ; Louis XVIII le remplace, préférant Enghien ; mais voici les 100 jours, l'Empereur revient : Montmorency ! 100 jours plus tard : Enghien ! Mais en 1830, après la mort du dernier des Condé, et à la demande de la population, Louis-Philippe rétablit définitivement Montmorency. Et c'est ainsi qu'en 1850, quand on s'est demandé comment appeler la commune nouvelle, on a tout naturellement pensé à Enghien, ce nom dont n'avaient pas voulu les Montmorencéens, et qui, en somme, était à prendre.
Cette longue péripétie illustre assez bien la différence et l'espèce de rivalité, de distance qui existe entre les deux communes, Enghien et Montmorency, celle-ci se sentant plus authentique, plus noble peut-être, plus âgée à coup sûr que sa jeune voisine, et la qualifiant volontiers de bourgeoise et de parvenue – d'artificielle en tout cas. Et Enghien considérant qu'il n'y a rien à faire, aucun commerce, aucune animation « là-haut », à Montmorency.

Les jeux sont faits

Dans la seconde moitié du XIXe siècle, Enghien confirme sa vocation de station thermale. Les analyses chimiques, plus fines, attestent la teneur exceptionnelle de ses eaux en soufre, dont on sait aujourd'hui qu'elles transitent de 2 à 9 ans sous la butte de Montmorency, où elles acquièrent cette qualité. Côté mondanités, des hommes de lettres, tel Alexandre Dumas, et des magnats de la presse fréquentent l'endroit. Parmi ceux-ci, M. de Villemessant, le fondateur du *Figaro*, qui crée le casino en 1872. L'établissement sera le plus important du pays, et l'hippodrome, inauguré en 1879, attire aussi du beau monde.
Au fond, rien n'a vraiment changé depuis. Le casino et les thermes, bien que reconstruits dans l'entre-deux-guerres, et ayant connu bien des vicissitudes et des baisses de régime, voire des arrêts momentanés, sont toujours là. Et si de nouvelles constructions, immeubles de standing, ont souvent pris la place des castels et des villas néo-gothiques ou pseudo-normandes d'antan, l'esprit demeure. Ainsi, bon an mal an, Enghien-les-Bains poursuit sa route pépère, aussi sûre et tranquille qu'un tour en pédalo sur les eaux dormantes de son mini-lac, ou que le cheminement de la petite bille de la roulette anglaise, qui, apparemment très aléatoire, finit toujours par s'arrêter dans l'une des 36 cases du plateau (37 avec le zéro), et par rapporter gros... au casino.

Comment y aller ?

– **En bus :** depuis Saint-Denis-Porte-de-Paris, lignes 154 b (Enghien-Gare, par Épinay) ou 256 (Enghien-Place-Foch, par Villetaneuse).
– **En train :** lignes Paris-Gare-du-Nord – Pontoise ou Paris-Gare-du-Nord – Valmondois. Un train toutes les 15 mn environ.
– **En voiture :** à 15 km de Paris. Sortir porte de Clignancourt, direction Saint-Denis-centre ; à Saint-Denis, carrefour Pleyel, prendre l'A86 direction Nanterre, puis l'A15 vers Pontoise, et 1re sortie (Argenteuil) ; là, à droite par la route d'Enghien, c'est à 3 km.

Adresse utile

▣ *Office du tourisme :* place du Maréchal-Foch. ☎ 01-34-12-41-15. Fax : 01-39-34-05-76. Ouvert du lundi au vendredi de 9 h à 12 h 30 et de 14 h à 18 h.

Où dormir?

▲ *Villa Marie-Louise :* 49, rue de Malleville. ☎ 01-39-64-82-21. Fax : 01-39-34-87-76. Dans une de ces belles villas fin XIXe, un Mansart, et dans une rue assez calme et proche du lac. Des chambres assez simples avec télé et w.-c. et douche ou bains, à 250 et 290 F. Certaines à joli papier peint récent, d'autres moins fraîches, mais, dans l'ensemble, toutes correctes et bien tenues.

▲ |●| ⸮ *Hôtel du Lac :* 89, rue du Général-de-Gaulle (entrée par le 40, rue de Malville). ☎ 01-39-34-11-00. Fax : 01-39-34-11-01. Cet *hôtel du Lac* propose des chambres nettes,

avec mini-bar, salle de bains et w.-c. séparés. Service et confort d'un 3 étoiles moderne qui se respecte, un peu impersonnel mais sans mauvaise surprise. 550 F la double côté jardin, 590 F côté lac (très chouette vue, évidemment). Des suites aussi, et diverses formules (demi-pension en week-end, 440 F par personne). Fait aussi bar et restaurant.

▲ À l'office du tourisme, liste de *meublés* (une vingtaine, du studio au deux-pièces, en général dans de jolies villas). Location à la semaine minimum. S'adresse surtout aux curistes, mais pas uniquement.

Où manger?

Prix moyens

|●| *Le Soleil du Lac :* 70 *bis,* rue du Général-de-Gaulle. ☎ 01-39-64-88-88. Un restaurant asiatique authentiquement toc pour le décor, surchargé de dragons et de chinoiseries diverses (samouraïs en plastique, lampions rouge vif, plafond tout en moulures exotiques), et, aussi, imprégné d'une odeur de cuisine épicée pouvant irriter les yeux et les voies respiratoires. Atmosphère idéale pour un menu vapeur très ordinaire (65 F) ou, mieux, les spécialités thaïes à la carte : délicieux potage aux fruits de mer (36 F) ou gambas au basilic et aux nouilles (72 F) complètement *dong.* Comprendre « très bons » en chinois de chez nous. Et copieux (ce seul plat suffit si l'on n'est pas un ogre). Bref, un chinois recommandable, bien typé, et où l'on cuisine vraiment (pour la carte thaïe).

|●| *Le Chalet Bigourdan :* 6, place du Cardinal-Mercier. ☎ 01-34-28-09-95. Fermé le dimanche soir et le lundi. L'accueil aimable, le cadre poutres-lambris-fausse pierre et terre cuite, la petite mezzanine, les plats honnêtement préparés, pas sorciers sans doute mais qu'on mange sans problème, tout ça fait du *Chalet Bigourdan* une adresse fréquentable. Le midi en semaine, formule à 69 F (entrée + plat ou plat + dessert). Menus à 110 et 152 F et spécialité de raclette (90 F) et de fondue savoyarde (95 F).

Plus chic

|●| *Le Baccara :* au casino. ☎ 01-39-34-13-00. Sert de 20 h à 1 h. Quoi de plus chic qu'un dîner au champagne, smoking et robe de soirée de rigueur (pas de jean pour les dames), au restaurant du casino d'Enghien ? Dans une atmosphère feutrée, un œil en surplomb sur le tapis vert et les joueurs hypnotisés par la bille qui roule et tourne et rebondit avant de distribuer ses joies et ses peines (merde, ma chemise!), nonchalamment et avec élégance vous dégusterez des quenelles de brochet si vous êtes un pauvre (60 F), du foie gras si vous « pesez » plus (120 F), puis un plat classique bien exécuté, dans les 100 F, et un dessert dans les 50 F. Compter 250 F minimum, plus l'accès au casino (80 F ; pièce d'identité demandée ; interdit aux mineurs). Le lundi, menu champagne (220 F), et le samedi, petite formation musicale (réservation très recommandée ce soir-là).

À voir. À faire

★ **Le lac :** d'une quarantaine d'hectares, il n'est pas bien grand, mais tout de même assez pour s'y noyer (de 1 m à 5 m de profondeur) et pour faire un joli paysage, surtout sur ses parties bordées de « châteaux gothiques, villas italiennes, cottages anglais et chalets suisses » (Alexandre Dumas). Mais les choses ont un peu changé depuis : des immeubles de standing, pas spécialement beaux, ont été construits dans les années 70 en bordure du lac, notamment côté Enghien. Il reste cependant de jolis secteurs (le long de l'avenue de ceinture, au nord-ouest, côté Saint-Gratien).
Notez qu'on ne peut pas faire le tour du lac à pied. Sa rive n'est accessible qu'en quelques parties : au *jardin des Roses* (entre le casino et le Pavillon du lac) et, juste à côté, le long de la *jetée du lac,* qui est un peu la Promenade des Anglais locale *(allée Maurice-Berteaux).* En allant vers Saint-Gratien par l'avenue de Ceinture, au 45 *ter* se trouve la Villa du lac : joli jardin public et accès au lac. Un peu plus loin, toujours vers Saint-Gratien, petit ponton de plaisance où mouillent quelques barques, c'est marrant, et promenade possible vers le *bassin de l'Ouest,* petite extension du lac, bordée de pelouse, d'arbres et de jeux d'enfants.
Au milieu du lac, vous verrez, tout là-bas, un mystérieux îlot : *l'île des Cygnes,* accessible seulement aux membres de la Société nautique d'Enghien, qui y est installée. Heureux voileux et canotiers qui peuvent naviguer et ramer en toute liberté, tandis que le touriste, l'étranger devra se contenter du vulgaire *pédalo* (location d'avril à octobre, au bout de l'esplanade, ☎ 01-34-12-04-98). Pour faire partie du club, parrainage souhaité. Le pédalo, cependant, bien qu'affreusement *people,* permet, lui, de faire un vrai tour du lac. Et d'entr'apercevoir quelques villas dont le jardin, privilège fleuri, donne sur les flots... Ô, rêve! Qui vit là? Et comment? Et combien ça coûte? Autant de questions qui ne manqueront pas de vous tarabuster, amis de la pédale et du pédalo!

★ **Le casino :** 3, av. de Ceinture. ☎ 01-39-34-13-00. Ouvert tous les jours de 15 h à 4 h. Entrée : 80 F. Tenue correcte exigée (veste et cravate pour les messieurs, pas de jean pour les dames), pièce d'identité demandée, interdit aux mineurs. Construit en 1909 et relooké en 1934, le casino municipal dispose de tables de baccara et de roulettes anglaises, et d'un *salon des Princes,* réservé aux « joueurs d'exception » (50 F de mieux). Les mordus du rouge, pair et passe s'amuseront ici, mais pas les fanas de bandits-manchots : il n'y en a pas. Cliquetis des plaques, glissement des cartes, sueurs et soupirs des joueurs... Une ambiance bien particulière.

★ **Les thermes :** 87, rue du Général-de-Gaulle. ☎ 01-39-34-12-00. Fermé le dimanche. Grand bâtiment blanc et austère construit dans l'entre-deux-guerres. Deux activités différentes : les soins médicaux, ORL principalement, où les curistes sont traités à l'eau soufrée du pays, et l'hydrothérapie, à l'eau du robinet : douches au jet, bains niagara où maints jets savamment dirigés vous massent, et soins divers (massages, modelage, drainage, manucure, etc.). Tarifs abordables pour une douche (105 F) ou un bain *Niagara* (190 F), et différents forfaits pour des soins répétés.

★ *Balade en ville :* la *rue du Général-de-Gaulle* et la *rue de Mora* sont les deux axes perpendiculaires où sont les boutiques et les badauds. Une galerie d'art, un torréfacteur, un chocolatier et quelques magasins de prêt-à-porter, en font le quartier commerçant le plus « sélect » de la grande vallée de Montmorency. Au bout de la rue de Mora, l'*église Saint-Joseph,* du siècle dernier, est amusante, néo-romano-byzantino-futuriste (sa façade fait penser à une aile delta, avec ses tourelles d'angle comme des réacteurs). Pour ceux qui aiment regarder des villas de luxe et de caractère, on en trouve *boulevard Cotte* (face au n° 61, remarquable châtelet), ou, vers Saint-Gratien, au nord-ouest, le long de l'*avenue de Ceinture.*

Aux environs

★ *SAINT-GRATIEN* (95210)

Limitrophe d'Enghien-les-Bains à l'est, ville de 19 300 hab. Bravo aux urbanistes et politiques responsables du bousillage du centre de Saint-Gratien ! En effet, un ensemble d'immeubles on ne peut plus mornes et rectilignes se dresse au milieu de la ville, par ailleurs plutôt agréable et résidentielle. Ainsi l'église est-elle encastrée dans ces constructions écrasantes.

Où manger ?

|●| *Chez Baber :* 71, bd Pasteur (RN14, limite Sannois). ☎ 01-39-89-64-72. Une délicieuse cuisine pakistanaise et indienne, un cadre et des serveurs de là-bas, et même une musique lointaine, en sourdine, de cithares et de tablas : *Chez Baber* on oublie tout, même la route nationale, vilaine comme tout et qui n'incite vraiment pas à s'arrêter là. Le midi, menus à partir de 55 F ; le soir, à partir de 100 F. Spécialité de *tandoori* (nom d'un four de grande dimension), bonnes sauces (à la banane, hmm !) et bons plats (agneau *tikka,* poisson *magala*). L'addition, toutefois, est un peu moins digeste (compter 160 F à la carte, vin compris).

À voir ou à savoir

★ La *bibliothèque,* face à l'église, se trouve être le château du maréchal *Nicolas de Catinat* (1637-1712), que ses soldats appelaient le « Père la Pensée », tant il gambergeait avant de risquer des vies et d'engager le combat. Grand stratège de Louis XIV, vainqueur à deux reprises du duc de Savoie, il connut la défaite ensuite et tomba en disgrâce. Retiré en son domaine de Saint-Gratien, il y recevait les plus illustres personnes : Bossuet, Madame de Sévigné, La Rochefoucault et Voltaire qui disait de lui : « Catinat réunit par un rare assemblage les vertus du guerrier et les vertus du sage ».

★ La *princesse Mathilde,* fille de Jérôme Bonaparte (frère de Napoléon) est l'autre grande personnalité locale. Son *château,* édifié en 1806 et donnant rue Gabriel, sur le flanc droit de la mairie, a été loti et revendu en appartements. De beaux esprits y défilèrent aussi (Flaubert, Mérimée, Théophile Gautier, Sainte-Beuve, Rossini...) mais ça ne se voit pas.

★ Mathilde Laetitia Wilhelmine Napoléon et Nicolas de Catinat sont visibles en l'*église Saint-Gratien* (XIXe siècle), où ils reposent. Elle en buste de jeune femme immaculée, lui sur son tombeau, tout caparaçonné et chaussé de fortes bottes à bouts carrés, et cependant (et curieusement) dans une pose assez lascive, vautré à la romaine, avec un déhanchement on ne peut plus féminin.

★ À l'ouest de la commune, au bout de l'avenue Paul-Doumer, le **bassin de l'Ouest,** minuscule extension du lac d'Enghien, est un petit endroit charmant pour pique-niquer en regardant les cygnes et, au loin, les thermes et le casino blancs. Ce bassin fut offert à la princesse Mathilde en dédommagement de la perte du lac d'Enghien : elle s'est fait rouler !

★ SOISY-SOUS-MONTMORENCY *(95230)*

Au nord d'Enghien. Ville tranquille et résidentielle (16 620 hab.) où se trouve l'**hippodrome d'Enghien,** qui n'est donc pas vraiment d'Enghien : 1, place André-Foulon. ☎ 01-39-89-00-12. Entrée : 25 F en semaine, 50 F le dimanche. Le premier tiercé s'est couru ici, en 1954. Pas de courses en hiver, et surtout de l'obstacle et du trot. On n'y pense pas toujours, mais il y a de l'ambiance avec les turfistes, et on peut passer un moment agréable, en misant, pourquoi pas, sur le bon cheval.

Où manger ?

|●| ♟ *Le Tabac des Courses :* 34, av. Kellerman. ☎ 01-34-17-25-09. Fermé le dimanche. Restaurant ouvert le midi uniquement. À 100 m de l'hippodrome, de l'autre côté de la voie ferrée. Un bar-tabac-restaurant qui n'a l'air de rien mais où l'on vous sert une cuisine simple et généreuse. Menu à 75 F avec, par exemple, des œufs meurette, des filets de soles à l'oseille, un flan maison, d'une qualité et d'un prix quasi provinciaux. Nous avons remarqué aussi, dans l'assiette du voisin, un colossal steak tartare et des frites sérieuses. Terrasse ombragée, donnant malheureusement sur l'avenue, assez passante.

★ DEUIL-LA-BARRE *(95170)*

Au nord-est d'Enghien, Deuil (19 200 hab.) a conservé un cachet ancien et rural en son centre.

Où manger ?

|●| *Verre chez Moi :* 75, av. de la Division-Leclerc. ☎ 01-39-64-04-34. Fermé le dimanche et le lundi. On a beaucoup aimé ce restaurant façon bouchon lyonnais, improvisé au rez-de-chaussée d'une villa lotie en appartements (tables au jardin aux beaux jours), où l'on vous sert gentiment une cuisine de tradition fort bien tournée. La carte, très courte, change tous les jours ou presque, mais on retrouve des plats comme le coq au vin, le bœuf miroton ou l'andouillette AAA, et des entrées, fromages et desserts basiques mais parfaits (harengs pommes tièdes excellent, charcuteries de qualité, camembert fermier et crème brûlée un peu rustique mais bien dans l'esprit culinaire du lieu). Tout ça dans un cadre *cosy*, une atmosphère aimable, et à prix corrects (compter 120 F, pot lyonnais compris, qui se boit tout seul). Très bien.

À voir

★ *L'église Notre-Dame,* en partie du XIe siècle, est l'une des plus anciennes d'Île-de-France. Si elle est ouverte (c'est rare), on pourra y voir de remarquables chapiteaux romans. Cependant, elle a été presque entièrement reconstruite juste après guerre car, comme le rappelle une plaque commémorative, « ici est tombé un engin V2 le 4 octobre 1944 ». Et qui a tout soufflé, sauf le clocher, et tué 14 personnes. La place de l'Église s'appelle d'ailleurs *place des Victimes-du-V2.*

★ Par ailleurs, sur la commune subsistent de grands *vergers* (à deux pas du centre-ville, au-dessus de la place du Docteur-Martin, ou vers le parc de la Chevrette, chemin de la Tour du Parc).

★ À voir aussi, le petit *musée d'Histoire locale* (ouvert les mercredi et samedi, de 14 h à 17 h en hiver, de 15 h à 18 h en été; ☎ 01-39-84-03-64), sis avec l'école de musique en la *conciergerie de l'ancien château de la Chevrette,* où Madame d'Épinay accueillit Diderot, Grimm ou encore Jean-Jacques Rousseau. Maquettes, cartes postales anciennes, topos divers... Assez brouillon, le musée devrait être réaménagé sous peu.

– Tout à fait par hasard, nous avons découvert à Deuil un *atelier de sculpture* très intéressant : *Atelier Prométhée,* 77, rue Cauchoix. ☎ 01-39-34-27-71. Visite sur rendez-vous. Ici sont reproduites en terre cuite des statues des XVIIe, XVIIIe et XIXe siècles français, réalisées pour la plupart à partir de moules anciens. Finies et retouchées à la main, patinées, ces statues sont superbes, œuvres de grands maîtres (Coustou, Falconnet, Houdon...) et, finalement, pas si chères.

★ *MONTMAGNY* (95360)

À l'est encore d'Enghien-les-Bains, après Deuil-la-Barre, et en limite de la Seine-Saint-Denis (Villetaneuse). À Montmagny (12 000 hab.) sont cultivés quelques-uns des derniers vergers de la vallée de Montmorency, à l'est de la commune, où l'on trouve aussi une longue bande de jardins ouvriers, paysage de banlieue bien typique et devenu rare.
À part ça, un habitat assez récent et quelconque, et une curiosité : l'une des premières églises en béton armé (la *chapelle Sainte-Thérèse,* 1925), qui présente un côté sud intéressant, tout en motifs géométriques un peu arabisants, vitraux qu'on aurait aimé voir de l'intérieur, mais l'église est fermée en dehors des offices. Non loin de l'église, un peu plus bas et donnant sur le trottoir opposé, une *impasse de l'Avenir* : quel nom !

Où prendre un drink? Où boire un thé à Enghien?

|●| ♟ *Le Bar des Impressionnistes :* *hôtel du Lac,* 89, rue du Général-de-Gaulle. ☎ 01-39-34-11-00. Pas désagréable de prendre un *drink* (40 ou 50 F) au bar de l'*hôtel du Lac,* surtout quand le pianiste joue (à partir de 19 h). Sert également des assiettes froides et des crêpes pas trop chères.

|●| ♟ *Pavillon du Lac :* 66, rue du Général-de-Gaulle. ☎ 01-34-12-11-22. Le dimanche après-midi, le *Pavillon du Lac,* formidablement situé et à la belle salle de restaurant 1920, circulaire et donnant sur le lac, fait salon de thé à partir de 16 h. Très agréable pour le cadre et la position. En revanche, service un peu sec et restaurant quelconque.

Où sortir à Enghien et aux environs ?

– *Le Théâtre du Casino :* au casino (entrée sur la gauche de l'entrée principale). ☎ 01-39-34-10-80. Théâtre à l'italienne tout de velours rouge, où se produisent principalement des têtes d'affiche, chanteurs, humoristes ou jazzmen (Gilbert Bécaud, Raymond Devos, Archie Shepp, etc.). Théâtre aussi, ou comédies musicales. De 80 à 210 F la place, et réduction de 10 % pour nos lecteurs (sur présentation du *GDR* au guichet).
– À Saint-Gratien, le *Centre culturel,* place François-Truffaud, se dis-tingue par son *théâtre Jean-Marais* (☎ 01-34-12-26-34) jouant de tout, classiques ou créations, et organisant des « soirées-folies » où la scène appartient au public ; et plus encore par son *cinéma Les Toiles* (☎ 01-39-89-93-89), passant aussi bien les poids lourds (*Titanic* ou *La Belle et le Clochard*) que des documentaires sociaux, des v.o. cubaines *(Plaff! sortilège à Cuba?)* ou de vieux standards noir et blanc. Le rendez-vous des cinéphiles du Val-d'Oise sud, au moins !

MONTMORENCY (95160)   21 000 habitants

« Enfin, dans le lointain, est apparue une colline boisée, premier aperçu, depuis Paris, d'un site d'aspect naturel. » Tirée de *Connaître et aimer Montmorency* (R. Biais, G. et G. Dornier, éd. du Valhermeil), la phrase nous paraît si juste que nous la reprenons telle quelle. Car c'est bien ça, Montmorency adossée à sa butte et à sa forêt : le premier site d'aspect naturel qui se rencontre au nord de Paris. Naturel et charmant, car le relief accidenté – du bas Montmorency, en limite d'Enghien, au quartier des Champeaux, au nord, vers la forêt, on passe de 50 à 170 m d'altitude – confère indéniablement une note pittoresque à la ville, qui a su, par ailleurs, rester verte, sur ses parties les plus pentues notamment qui, sans doute, se prêtent mal à la construction.
Résidentielle donc, avec quantité de villas, de propriétés avec parc ou jardin, pour beaucoup du XIXe siècle, avec aussi un centre ancien en partie préservé, à l'atmosphère un peu provinciale, et une très belle collégiale Saint-Martin, avec enfin de nombreux points de vue, panoramas jusqu'à Paris, Montmorency peut plaire. Elle possède en outre une histoire assez riche, avec l'illustre lignée des Montmorency ou encore le long séjour de Jean-Jacques Rousseau.
Au nord, le massif de Montmorency, vallonné et boisé surtout de châtaigniers, permet d'agréables balades, et se trouve bordé de quelques petites villes de vieille origine, ayant conservé un cachet rural en lisière de forêt, surtout en vallée de Montmorency, sur l'ouest du massif (Andilly, Montlignon, Saint-Prix, Saint-Leu, Taverny), ou au nord, où subsistent d'authentiques villages : Bouffemont ou Chauvry, qu'elle est loin, la banlieue !...

Un peu d'histoire

L'illustre lignée des Montmorency

Un certain Maurencius aurait habité ce site escarpé : d'où « Mont Maurencius », puis Montmorency, nom déjà mentionné en 996. On sait aussi qu'un fort rudimentaire, en bois, se dressait sur la motte dès le IXe siècle. Mais l'histoire montmorencéenne ne commence vraiment qu'avec Bouchard le Barbu, peu après l'an 1000. Retenez ce nom, il est à l'origine d'une des plus grandes dynasties du pays. Ce Bouchard, petit baron installé sur l'île Saint-Denis, avait pour habitude d'aller dépouiller les pèlerins en plaine de France, sur la route de Saint-Denis. Il regagnait ensuite son île et sa baronnie. Mais ce brigandage finit par contrarier Robert le Pieux, qui lui accorda la seigneurie de Montmorency, mais en le priant d'y rester sagement. Ainsi fit Bouchard le Barbu.

Ses premiers descendants, d'instinct belliqueux, causèrent à leur tour bien du souci à la Couronne, mais finirent par lui être ses plus fidèles et plus braves vassaux, introduits à la Cour, en échange, là encore, de terres venant agrandir leur domaine. Parmi ceux-ci, *Matthieu Ier,* qui épousa la reine de France, veuve de Louis VI (ce Matthieu, pour le coup, était très introduit !), et plus encore *Matthieu II,* vainqueur à Bouvines, aux côtés de Philippe Auguste, de l'empereur Othon en 1214.

Mais *Anne de Montmorency* (1493-1567) – Anne était alors un prénom mixte, qu'il tenait pour sa part de sa marraine, Anne de Bretagne – reste le plus fameux représentant du nom. Compagnon d'armes de François Ier, Henri II et Charles IX, il fut pendant près de 50 ans l'homme le plus puissant du royaume après le roi. Son fief est érigé en duché-pairie (distinction rarissime : en le faisant pair, le roi le reconnaît son égal) et le Grand Connétable se fait construire les châteaux de Chantilly et d'Écouen dans le meilleur goût Renaissance. Sa fortune est colossale, il possède 600 fiefs, plus de 130 châteaux et seigneuries, des hôtels à Paris, et, lorsqu'il se rend à la Cour, c'est avec une garde de 300 cavaliers.

L'homme pourtant ne fait pas l'unanimité. Michelet, par exemple, juge qu'il « encombrait l'histoire d'une fausse importance, toujours fatale à son pays ». On lui reproche aussi sa cruauté en diverses campagnes. Mais sa fidélité au roi et son talent de négociateur au plus haut niveau dans une Europe alors divisée entre l'Espagne, l'Angleterre et la France, sa valeur militaire aussi – ce stratège assez fourbe remporta plusieurs victoires en faisant le mort ou en pratiquant la terre brûlée, épuisant l'ennemi sans coup férir –, lui permirent de faire taire les jaloux. Enfin, le Grand Connétable eut une fin héroïque, contre les protestants, pendant la bataille de Saint-Denis, où, avant de s'effondrer, ce vieux lutteur âgé de 75 ans reçut cinq coups d'épée au visage, deux coups de masse sur le crâne et une décharge d'arquebuse dans la colonne vertébrale !

Plus tard, sa petite-fille *Charlotte de Montmorency* fit à 15 ans des ravages d'un autre ordre. Henri IV lui-même, le *Vert-Galant,* alors quinquagénaire, s'était épris de la demoiselle – et pour l'installer à la Cour, lui fit épouser son neveu, le prince de Condé, dont il espérait quelque complaisance. Mais celui qu'il prenait pour un benêt fila avec la belle, se réfugiant à Bruxelles sous la protection de Charles-Quint. Colère, supplices et menaces n'y font rien, et le roi va jusqu'à demander l'intervention du pape ! Ravaillac mit un terme imprévu à cette passion contrariée.

Avec *Henri II de Montmorency,* exécuté à Toulouse en 1632 pour avoir conspiré, à l'instigation de Gaston d'Orléans, contre Louis XIII et surtout Richelieu, s'éteint la lignée des Montmorency. Le domaine échoit alors aux Condé, précisément à Charlotte et son prince de mari qui, finalement, aura fait une bien bonne affaire en mariant la petite.

Ravages, cerises et marché aux cochons

Mais si les Montmorency ont brillé et compté dans l'histoire de la ville, ils n'y ont pas résidé du temps de leur splendeur, s'étant installés à Écouen puis Chantilly au XVe siècle. Et de la fin du Moyen Âge à la Renaissance, Montmorency garde surtout le souvenir des ravages causés par les jacqueries, la guerre de Cent Ans – un certain Robert Knoles, capitaine anglais, massacra les habitants en 1358 –, puis les guerres de Religion.

Entre ces mauvais coups, Montmorency était un bourg au marché animé, réputé pour son poisson – comme Pontoise un peu plus haut, la ville était une étape sur la route de Paris – et ses porcs arrivant par troupeaux du Beauvaisis – d'où, aujourd'hui, en forêt de Montmorency, une *fontaine aux cochons* : celle-là même où on les lavait avant de les vendre. Et, bientôt, pour son fameux *gobet,* la cerise de Montmorency, aigrelette et croquante, largement cultivée à partir du XVIIe siècle.

Le grand Jean-Jacques

À la même époque apparaît la vocation résidentielle de Montmorency. Charles Le Brun, peintre officiel de Louis XIV, y fait construire vers 1675 une « maison », petit château classique avec jardins à la française. Au début du siècle suivant, Pierre Crozat, financier richissime (qu'on appelait Crozat le Pauvre, par opposition à son frère, plus riche encore !), reprend la maison de Le Brun mais, s'y trouvant à l'étroit, fait bâtir à côté un « vrai » château, monumental : le Grand Château. Un peu plus tard, le maréchal de Luxembourg l'occupera et y accueillera Jean-Jacques Rousseau.

Le séjour du philosophe à Montmorency, de 1756 à 1762, a durablement marqué la ville. Il faut dire qu'il y produisit ses œuvres majeures : *La Nouvelle Héloïse, Du Contrat social, Émile.* Et qu'il sera bientôt reconnu comme l'un des précurseurs des Lumières, de la Révolution et tout ce qui s'ensuit. Admiré, adulé, idéalisé, Jean-Jacques, le promeneur solitaire qui trouvait tant de charme à la châtaigneraie de Montmorency et à ses asiles, « l'Hermitage » puis le Mont-Louis, dut pourtant quitter précipitamment les lieux, après que le Parlement eut décrété sa prise de corps, suite à la publication de l'*Émile.* Revanche posthume : quelques années plus tard, pendant la Révolution, Montmorency s'est appelée... Émile !

Montmorency, charmant séjour

Mais le goût des Parisiens, plus exactement de la bourgeoisie et la grande bourgeoisie parisiennes pour Montmorency, ne s'est pas démenti depuis ce XVIIIe siècle. Jusqu'à la Belle Époque, on y venait un jour ou plus, s'y reposer, s'y recevoir entre gens du monde. L'arrivée du train à Enghien, puis la liaison Enghien-Montmorency en 1866 par une curieuse ligne appelée *Refoulons* parce que la loco poussait les wagons, rapproche encore Montmorency de la capitale. Sur la place du Marché, on loue des ânes pour aller en forêt, on loue des cerisiers aussi, à la journée, pour le plaisir de la cueillette, et la reine Hortense, la duchesse de Berry ou Napoléon III se réjouissent de ces parties de campagne. D'illustres personnalités séjournent ici : *Heine,* le poète allemand ; *Michelet,* le grand historien ; *Richard Wagner,* qui avait fui la Prusse pour raisons politiques... et son épouse par la même occasion, pour raisons personnelles ; *Rachel,* l'exceptionnelle actrice ; ou *Camille Pissarro,* qui croquait la campagne montmorencéenne... Sans oublier cette étonnante et nombreuse colonie polonaise, insurgés ayant fui la répression du tsar Nicolas Ier en 1831, aristocrates, militaires et sympathisants – dont *Frédéric Chopin* –, et qui, attirés, dit-on, par le souvenir de Jean-Jacques Rousseau, ont choisi de venir à Montmorency.

Résidentielle toujours

Quoi de neuf depuis ? Les guerres sont passées, les vergers ont quasiment disparu, et le Refoulons s'est éteint en 1954, laissant une étrange place de la Gare... sans gare. Montmorency n'a donc pas de liaison ferroviaire avec la capitale et s'en trouve apparemment très bien. En effet, c'est sans doute à ce prix qu'elle préserve sa tranquillité et son atmosphère de petite ville de province. Quelques grandes propriétés ont été loties en résidences de standing, une partie du centre ancien a été amochée dans les années 70, mais on s'est arrêté à temps... Bref, Montmorency, sous-préfecture du Val-d'Oise, se porte bien, merci.

Comment y aller ?

– **En train :** il n'y a pas de gare à Montmorency, il faut prendre le train pour Enghien (gare du Nord, direction Ermont-Eaubonne), puis le bus n° 615 pour Mairie-de-Montmorency ou le n° 13, arrêt Rey-de-Foresta.
– **En R.E.R. :** ligne C, direction Ermont ; descendre à Saint-Gratien puis bus n° 615, arrêt Mairie-de-Montmorency.
– **En voiture :** à 15 km de la porte de la Chapelle. Direction Saint-Denis-centre, puis la N328 vers Épinay-sur-Seine et Enghien ; à Enghien, à droite la N311 vers Montmorency.
– Pour les villes indiquées plus loin, en vallée de Montmorency (Saint-Prix, Saint-Leu, Taverny), liaisons par train depuis la gare du Nord, direction Val-mondois ; en voiture, A15 direction Cergy-Pontoise puis A115 direction Taverny.

Adresses utiles

🛈 **Office du tourisme :** 1, av. Foch. ☎ 01-39-64-42-94. Ouvert du lundi au samedi de 8 h 30 à 17 h et le dimanche de 10 h à 12 h. Édite un petit topoguide gratuit des *Sentes et chemins balisés* de Montmorency, 7 circuits pédestres de 1,5 à 4 km environ, faisant découvrir les différents aspects de la ville et empruntant souvent d'agréables sentes. Plans très pratiques mais commentaires succincts.

■ **Mairie :** 2, av. Foch. ☎ 01-39-34-98-00.

Où manger ?

Bon marché

|●| ❡ **Le Plongeoir :** 3, rue Henri-Dunant (sur la gauche de la piscine). ☎ 01-34-42-98-31. Fermé le lundi, le mercredi soir, le samedi soir et le dimanche soir. Et pendant les vidanges ! (deux semaines par an). Un très bon plan que ce bar-restaurant jouxtant la piscine : grande baie vitrée donnant sur le bassin et ses superbes nageurs, salle bien propre mais ne sentant pas le chlore, et petite terrasse aux beaux jours. Plat du jour à 40 F, copieux et cuisiné, salades variées et desserts maison toujours bon marché. Spécialité de brouillades : brouillade-frites, ou provençale avec lardons, champignons et tomate. Pas mal de monde le midi, trouvant la cantine assez bonne.

Prix moyens

|●| **La Paimpolaise :** 30, rue Gallieni. ☎ 01-34-28-12-05. Fermé les dimanche et lundi, en août, à Noël et pendant les vacances de février. La Bretagne comme si vous y étiez, la mer en moins. Déco bien fraîche inspirée du pays (marines ou Bretons encadrés, bouquins sur le mobilier breton, la cuisine bretonne, les Bretons bretons, etc.), et une *paimpolaise* au poêlon, qui vous prépare des galettes vraies de vraies (de 30 à 50 F). Bonne *trégoroise* (andouillette-moutarde), formidable galette au maroilles et far aux poires et à la chantilly spécial gourmands (35 F). Bon cidre bouché également. Et même, de temps en temps, du lait ribot : rare en Île-de-France ! Terrasse tranquille aux beaux jours.

|●| **Restaurant Le Saint-Julien (ex-Hôtel de France) :** 2, av. Georges-Clemenceau. ☎ 01-39-89-73-05. Nouvellement repris, ce vénérable établissement dispose d'une salle somptueuse, tout en rondeurs et volumes Art déco, avec mezzanine pour l'orchestre. Malheureusement, aux étages, les chambres d'hôtel de

ce lieu de musette autrefois ont été aménagées et vendues en appartements : plus d'orchestre donc, qui réveillerait les morts, mais, toujours, un superbe décor de paquebot décadent avec, aux murs, d'amusantes illustrations, photos et autres, sur le thème du jeu et de son enfer (joueur se brûlant la cervelle, actions d'un casino de la Côte d'Azur, etc.). Cuisine correcte, genre bouchon lyonnais, avec quelques entrées et plats du jour présentés sur ardoise, et des spécialités (les tartes notamment). Service aimable. Compter 150 F, vin compris.

Où manger aux environs?

Prix moyens

|●| *Chez Aurélie :* 68, rue du Général-Leclerc (rue de Paris, limite Taverny), 95320 Saint-Leu. ☎ 01-34-18-05-98. Fermé le dimanche midi et à Noël. Il n'y a pas beaucoup de place chez Aurélie, mais beaucoup de monde, car on apprécie la fraîcheur du cadre, la tarte au Chauvry (fromage de chèvre de Chauvry) ou les plats du jour (quand on est passé, un formidable rôti de porc à la marocaine, en fait, accompagné d'une semoule façon couscous amélioré, une réussite vraiment) ou encore les sandwiches au pain Poilâne, spécialité maison. Le midi, formule à 65 F (entrée + plat ou plat + dessert) ; le soir, à la carte (de 150 à 200 F, vin compris). Accueil souriant.

À voir

★ *La collégiale Saint-Martin :* rue de l'Église. Perchée sur son balcon panoramique, la collégiale Saint-Martin est une petite merveille de gothique flamboyant. Édifiée à la place d'une première collégiale romane, elle a été commencée par Guillaume de Montmorency de 1515 à 1530 (chœur) ; son fils Anne, le Grand Connétable, la termine de 1558 à 1563, faisant appel à l'architecte Jean Bulland. Superbe portail nord à vantaux d'origine. On remarque l'absence de transept, le bâtiment n'étant constitué que d'une triple nef et d'une abside polygonale – plan peut-être repris à l'édifice roman primitif.
Nécropole des Montmorency, la collégiale abritait les tombeaux des ducs et barons. Ils ont été détruits à la Révolution – sauf les gisants du mausolée du Grand Connétable, conservés au Louvre –, mais curieusement les vitraux ont été épargnés. Quatorze des vingt-deux verrières sont ainsi du XVIe siècle, ensemble superbe et exceptionnel. Il faut faire la visite par une journée ensoleillée : c'est alors splendide, éclatant. Y figurent les principaux membres de la Maison de Montmorency, accompagnés de leurs saints patrons : Guillaume, Henri, Anne, leurs épouses et leurs enfants (Madeleine de Savoie et ses sept filles). Les autres verrières, du XIXe siècle, ne sont pas ridicules (grand vitrail de la *bataille de Bouvines* en façade).
Remarquable aussi est l'architecture intérieure, notamment les voûtes et clefs de voûtes très travaillées. À celles de la nef centrale, les armes des Montmorency et leur devise : APLANOS (« sans faute », « sans dévier »). Belles stalles sculptées.
À voir aussi, les cénotaphes et deux gisants (sénateur Niemcawicz et général Kniaziewicz), témoins de l'émigration des insurgés polonais en 1831. En juin, chaque année, cette présence polonaise à Montmorency est commémorée lors d'une manifestation très officielle, avec ambassadeur et tout, où l'on se recueille à la collégiale, puis au cimetière des Champeaux.
★ *Le Mont-Louis et le musée Jean-Jacques Rousseau :* 5, rue Jean-

Jacques-Rousseau. ☎ 01-39-64-80-13. Ouvert de 14 h à 18 h. Fermé le lundi. Visite guidée (1 h). Situé au Mont-Louis, le musée lui-même se trouve dans la maison qu'occupèrent le philosophe et sa compagne et gouvernante et bonniche Thérèse Levasseur, de 1757 à 1762 ; la maison a été agrandie depuis, comme on le voit lors de la visite, où seule la partie ancienne a été reconstituée telle qu'elle était quand Jean-Jacques y vivait : mobilier rustique, pièces étroites. Dans les autres pièces, bustes (l'un par Houdon), documents divers, éditions originales, manuscrits, et expos temporaires autour du philosophe. On passe aussi par le petit jardin romantique, en terrasse, où il recevait les visiteurs, et le « donjon », comme il disait, pavillon minuscule où il a rédigé ses plus grandes œuvres.

À côté du Mont-Louis, la *maison des Commères* abrite le Centre d'études rousseauistes et diverses archives. Deux jansénistes l'occupaient du temps de Jean-Jacques, et celui-ci se méfiait de leurs ragots... Aussi Thérèse les appelait « les commères ». Le nom est resté.

C'est avec Madame d'Épinay, qui le recevait souvent au château de la Chevrette, à Deuil-la-Barre, que le philosophe connut Montmorency. Un jour, s'y promenant ensemble, il remarqua une petite maison : « Ah, Madame, quelle habitation délicieuse. Voici un asile fait pour moi. » *(Les Confessions)*. Mme d'Épinay, généreuse, lui fit bientôt la surprise de mettre cette maison à sa disposition, non sans l'avoir presque entièrement reconstruite, « à très peu de frais », précise Jean-Jacques on ne sait trop pourquoi, par reconnaissance sans doute. « Mon ours, lui dit-elle, voilà votre asile ; c'est vous qui l'avez choisi ; c'est l'amitié qui vous l'offre ; j'espère qu'elle vous ôtera la cruelle idée de vous éloigner de moi. » C'est ainsi que le philosophe vint à *l'Hermitage* (curieusement, l'auteur lui met un « h »). « Je n'ai commencé à vivre que le 9 avril 1756 », écrira-t-il plus tard, évoquant son installation. Jean-Jacques remerciera sa bienfaitrice en s'entichant assez scandaleusement de Madame d'Houdetot, jeune belle-sœur de Madame d'Épinay. Les deux amis se brouillèrent, notre auteur dut quitter l'Hermitage. Un notable local lui propose alors de venir au Mont-Louis. Jean-Jacques accepte, s'y installe avec sa compagne.

Mais on ne peut évoquer Rousseau sans parler de l'homme et de ses contradictions. Botaniste émérite, compositeur aussi, cet esprit fort, ce génie même selon un avis assez partagé, était aussi d'un caractère difficile, et d'humeur chagrine. Et son culte de la nature et de la réflexion s'associait volontiers à une méfiance, un rejet de la société frisant la misanthropie, aggravée de paranoïa. Ainsi, s'il aimait les plantes, c'est qu'elles le sauvaient, le temps d'herboriser, de la méchanceté, la bassesse, la vilenie humaines. Et, dans ses écrits, truffés de plaintes et de jérémiades, il dénonce en toute occasion ces gens qui le persécutent, ce monde hypocrite, futile et acharné contre lui, Jean-Jacques Rousseau. On peut aussi s'étonner que l'auteur de l'*Émile*, où sont exposés les préceptes de bonne éducation, ait abandonné les cinq enfants qu'il eut de Thérèse Levasseur. C'étaient, sans doute, de futurs hypocrites.

Jean-Jacques fut arraché à ses rêveries lorsque le Parlement, à la publication de l'*Émile,* décréta la prise de corps à son encontre. Ce libre penseur en avait trop dit, trop fait, et son mythe du « bon sauvage » ou le concept démocratique développé dans le *Contrat social* ne plaisaient pas à tout le monde. Son ami le maréchal de Luxembourg, prévenu du décret, avertit Jean-Jacques qui se réfugia précipitamment chez lui ; le lendemain, 9 juin 1762, le philosophe en cavale quitta le château par une porte dérobée, qu'on peut encore voir aujourd'hui, rue Saint-Denis. Il gagna la Suisse et ne revint jamais à Montmorency.

PETIT TOUR DU PROPRIÉTAIRE, À PIED OU EN VOITURE

Utile de se procurer un plan à l'office du tourisme, ou ailleurs. Venant d'Enghien, ne manquez pas d'emprunter l'***avenue Charles-de-Gaulle*** : sur deux ou trois kilomètres, époustouflante succession de mansarts, castels à colombages, villas à l'italienne ou résidences de luxe. À mi-parcours, le *château de Dino*, assez m'as-tu-vu mais pas vilain, construit vers 1890 dans le parc du Grand Château (qui avait été rasé en 1817). Si vous ne montez pas par l'avenue Charles-de-Gaulle, prenez la ***rue des Chesneaux*** : même profusion de « villas ça-m'suffit ».

Au bout de la rue des Chesneaux, la ***place Charles-Le-Brun*** : en angle sur la droite, longeant la rue du Temple, l'ancienne *orangerie* du Grand Château, qui abrite aujourd'hui l'école de musique. Assez remanié, cet important bâtiment en arc de cercle donne une petite idée de ce que fut le Grand Château. On est alors en contrebas de la motte où se dressait jadis le château féodal de Bouchard le Barbu (se garer dans le secteur ou un peu plus haut : le centre ancien, aux rues et maisons pittoresques, se fait plutôt à pied). Par la rue du Temple puis la rue Luxembourg, on grimpe vers la *collégiale* ; sur la gauche, la courte rue Saint-Martin y mène ; mais si l'on poursuit cette rue Luxembourg, un peu plus loin sur la gauche monte l'étroite *rue Saint-Victor* qu'une arche ancienne enjambe et qui mène à la minuscule *place au Pain*. Prendre la rue de la Charrette, qui donne place de l'Auditoire : là, accès aux ***jardins de l'Observance***, terrasses s'étageant entre les vestiges de l'enceinte médiévale (panoramas du tonnerre et recoins charmants, bien pour les amoureux).

En haut des jardins, prendre la rue du Mont-Louis puis, au bout, la *rue Jean-Jacques-Rousseau* (le musée s'y trouve) pour arriver place des Cerisiers. On est à deux pas de la ***place Roger-Levanneur***, du nom d'un jeune résistant torturé à mort pendant l'Occupation, mais qu'on appelle plus souvent *place du Marché*. Endroit plutôt agréable, avec quelques cafés en terrasse. La *rue Carnot*, commerçante et en partie piétonnière, y donne.

De la place du Marché, par l'avenue Émile, on arrive au ***parc de l'hôtel de ville***. Aux grilles de fer forgé, les lettres RF : République Française, pensez-vous, mais pas du tout ; ce sont les initiales de *Rey de Foresta*, propriétaire du château (aujourd'hui mairie) au XIXe siècle. Celui-ci, maire de la ville et homme entreprenant, eut l'idée du Refoulons (la ligne Enghien-Montmorency) ; il eut aussi celle de lotir la majeure partie de son parc, créant ainsi, vers 1860, un quartier neuf prisé d'une clientèle aisée, qui s'y fit bâtir de superbes demeures toujours présentes *(av. Émile, av. Marie, av. Rey-de-Foresta...).* L'hôtel de ville, construit vers 1790 par un notable parisien, est un élégant petit château classique. À l'intérieur, vestibule décoré de peintures en trompe l'œil, et bel escalier à double révolution. À l'autre bout du parc de la mairie, à l'anglaise, au croisement de l'avenue Émile et de l'avenue Rey, un rond-point avec au centre un socle vide : celui de la *statue disparue de Jean-Jacques-Rousseau*, victime d'un tout-droit (une voiture l'a explosée il y a quelques années).

À pied toujours, ou en voiture, de la mairie descendre l'avenue Émile : au bout, la ***place Franklin-Roosevelt***. Cette *ancienne place de la Gare* a gardé la physionomie de son ancienne fonction : les rues y mènent en étoile, il y a une *Pharmacie de la Gare*, et un déblaiement subsiste où se trouvaient la gare, désaffectée en 1954, et la voie ferrée. De petits immeubles les ont remplacées. Et une horloge saugrenue, accrochée à un réverbère à l'emplacement de la gare fantôme, semble dire : « ici-gît la gare de Montmorency ». De là, monter l'avenue Georges-Clemenceau sur 150 m, puis à gauche la rue Gallieni, où se trouve le *cimetière des Champeaux* : sépultures polonaises par dizaines.

On finira cette balade en continuant la rue Gallieni : au premier carrefour, prendre à droite la rue Deberny ; au bout, la sente de la Châtaigneraie qui mène, bien sûr, à *la Châtaigneraie.* Étonnant et beau petit parc pentu planté de très larges et très vieux châtaigniers. Jean-Jacques Rousseau aimait particulièrement cet endroit, propice à la méditation.

Les plus courageux quitteront le parc en continuant par la sente de la Châtaigneraie, qui ressort du parc par le haut, menant alors à l'avenue Baratier, qui conduit au chemin de la Mare. Nous sommes aux *Champeaux,* quartier haut perché, où se trouvent, un peu plus loin, les HLM montmorencéennes : bâtiments de quatre étages, petits volets de bois, c'est pas *La Haine* ! Là, une *mare aux canards* où se pressent les pêcheurs du dimanche. Cette mare est un peu étonnante : située au faîte de la colline, aucune eau de pluie ne peut s'y écouler, sauf les gouttes qui tombent dedans, évidemment ; elle est cependant toujours pleine, en toutes saisons, sans que personne ne s'en occupe. Mystérieuse petite mare ! Il faut croire qu'une source l'alimente par le fond. Après longue réflexion, c'est, semble-t-il, la seule explication.

En face, *mini-jardin public* avec toboggan, belvédère, *table d'orientation* et panorama à 180° : à gauche, Romainville ; au centre, la tour Eiffel ; à droite, La Défense. En contrebas, deux *réservoirs d'eau.* Des panneaux explicatifs nous apprennent qu'il s'agit de relais entre l'Oise et le château d'eau de Domont, que ce réseau alimente des dizaines de milliers de foyers et qu'il est géré par un Centre du contrôle des eaux basé à La Défense. Ainsi, sans qu'on s'en doute, quand on prend un bain, quand on se lave les mains, le débit en est perçu, pris en compte par ce formidable réseau de régulation automatisé, dont le cerveau se trouve à La Défense. Un de ces quatre, le Centre de contrôle pourra vous dire, par la tuyauterie : « Eh, sortez de votre douche, on n'a plus beaucoup d'eau ! » ou « Ça réveille, hein ? » Vachement au point, ce truc !

À voir. À faire aux environs

★ *Le château d'Écouen, le Musée national de la Renaissance :* à Écouen, une dizaine de kilomètres au nord-est de Montmorency. ☎ 01-34-38-38-50. Ouvert de 9 h 45 à 12 h 30 et de 14 h à 17 h 15. Fermé le mardi. On quitte un peu Montmorency et le massif, mais Écouen, au-dessus de Sarcelles, en plaine de France, n'en est quand même pas très éloigné et s'y rattache par son histoire, puisque le château est l'œuvre – et le chef-d'œuvre – d'Anne de Montmorency, qui y fit travailler les meilleurs artistes et artisans. Édifié rapidement, de 1538 à 1550, il est exemplaire du style Renaissance, avec toutefois des innovations (plan carré, pavillons d'angle, décor très inspiré de l'Antiquité). À l'intérieur, le Musée national de la Renaissance est installé depuis 1977, et expose les chefs-d'œuvre d'orfèvrerie, tapisseries et mobiliers divers. Nombreuses pièces époustouflantes : citons, entre autres, la tenture de l'*Histoire de David et Bethsabée,* la collection d'émaux limousins, les rares cuirs peints, les meubles estampillés, parfois extrêmement travaillés, et, joyaux du musée, les cheminées peintes. À voir absolument !

★ *La forêt de Montmorency :* la forêt de Montmorency recouvre la plus vaste « butte » d'Île-de-France, colline oblongue de 12 km sur 4 km environ, orientée du nord-ouest au sud-est, culminant à 195 m et assez vallonnée. Plantée principalement de châtaigniers en taillis, qui servaient autrefois à la confection d'échalas pour les vignobles du Parisis, elle a été longtemps exploitée sans souci de régénération et ne présente guère de haute futaie. Mais depuis 1980, l'Office national des Forêts a entrepris d'y réintroduire le chêne et, d'ici 100 ou 150 ans, on en verra de très beaux.

Le site du *château de la Chasse,* au milieu de la forêt (accès par la N309, route de Montlignon à Domont) est le plus couru. Le château, modeste construction moyenâgeuse de plan carré et flanquée de quatre grosses tours rondes qui ont été tronquées de biais au XVIIIᵉ siècle, forme un tableau assez romantique, entouré d'une pièce d'eau.

Dans son ensemble la forêt, traversée de nombreux sentiers, est une promenade agréable, avec par endroits un aspect bien sauvage et perdu, et des vallons humides où pousse l'osmonde royale, une fougère rare. Quelques hardes de sangliers y vivent, des renards aussi (nous en avons vu un, énorme). Notons que les vététistes apprécient beaucoup le massif pour ses parcours accidentés. Mais il faut déplorer, parfois (château de la Chasse, aire de la Croix-Jacques), que certains promeneurs parsèment le site de sacs plastique, canettes et détritus divers. C'est dégueulasse, et nous sommes d'avis de leur infliger de lourdes amendes – ou qu'ils acceptent, à titre punitif et pour qu'ils comprennent, de recevoir le contenu d'un camion-poubelle dans leur salon. Bonne idée, non?

AUTOUR DE LA FORÊT DE MONTMORENCY

Depuis Montmorency, voici un itinéraire faisant le tour de la forêt en commençant par l'ouest, c'est-à-dire la vallée de Montmorency, qui est, de loin, le versant le plus agréable, car bien orienté (sud-ouest ensoleillé), escarpé par endroits et bordé de centres anciens qui ont parfois gardé un air de village.

★ De Montmorency, monter aux Champeaux (le plateau) et gagner *Andilly* par le boulevard du même nom (qui devient boulevard Aristide-Briand à Andilly), en corniche sur la vallée de Montmorency. On rencontre alors d'élégantes demeures : d'abord, sur la gauche, le *château du Gaz,* en appareil de brique rouge (XIXᵉ siècle), qui doit son curieux nom à son propriétaire, EDF-GDF (aujourd'hui maison de retraite des employés) ; puis, sur la droite, le blanc *château de Belmont,* du XVIIIᵉ siècle, qui abrita, en 1827, la retraite de Talleyrand. Au centre du village, la place de l'Église est charmante, avec sa petite mairie de campagne. Si l'on veut, un peu plus haut sur la route de Domont, sur la droite en montant, halte sur la *pelouse de la Châtaignerie* : pique-nique possible, bancs et chouette panorama. Là, s'il fait beau, pourquoi ne pas fredonner cette chanson des années 60, créée et interprétée dans les « crochets » d'alors par M. Vijoux, Andillois véritable : « J'ai deux amours – Andilly et Paris ! – Par eux toujours – Mon cœur est ravi ! – La ville est bien belle – Mais à quoi bon le nier ? – Ce qui m'ensorcelle – C'est Andilly et ses châtaigniers ! », etc.

★ Poursuivons la route pour arriver à *Montlignon,* qui s'étire le long du ru de Corbon, en un site verdoyant et encaissé, une gorge : le canyon de Montmorency ! Dans le bourg, à l'orée du bois, on trouve une *rue de la Marée* : par ce chemin détourné passaient les chars à bœufs chargés de poisson, pour éviter la « barre », le péage de la chaussée Jules-César. Autre nom d'antan, la *rue des Briqueteries,* nombreuses à Montlignon au XIXᵉ siècle. Du bourg, possibilité de prendre la route de Domont, qui traverse la forêt : accès au *château de la Chasse* à 2 km.

★ Si l'on continue, toujours par la route à flanc de coteau, on arrive à *Saint-Prix.* Saint-Prix village faut-il préciser, car la commune descend jusqu'à Eaubonne et Ermont, bien différente alors de la partie haute, qui en est d'ailleurs séparée. Entretenu, bichonné, restauré, et situé en balcon sur la vallée de Montmorency, ce village est sans doute le plus mignon du circuit. Victor Hugo, qui y séjourna un été, l'évoque ainsi : « Connaissez-vous, sur la colline – Qui joint Montlignon à Saint-Leu – Une terrasse qui s'incline – Entre un bois sombre et le ciel bleu ? » On y voit une petite école communale d'antan, avec une cour de récré dominant la vallée, ça fait rêver. Vraiment, on ne se croirait pas à 15 km de Paris.

Jolie petite église, ancienne mais assez retouchée, avec en contrebas quelques pieds de vigne, et, au centre du village, la fontaine et la chapelle abritant la statue de saint Pry, aux tons vifs, reproduction « colorisée » (à la mode médiévale, paraît-il) de l'original conservé au *Musée municipal* (à la mairie, 45, rue d'Ermont ; ouvert le 1er samedi du mois, de 14 h à 18 h ; ☎ 01-34-27-44-44). Jusqu'au XVIIe siècle, cette fontaine faisait l'objet d'un important pèlerinage, où boiteux et paralytiques s'aspergeaient et invoquaient saint Pry dans l'espoir de guérir. On a même lu quelque part que les culs-de-jatte s'y rendaient aussi !

★ On arrive ensuite à *Saint-Leu-la-Forêt,* ville assez animée et commerçante, charmante aussi. Sa rue principale est la N328, mais ici non élargie (contrairement à Eaubonne, par exemple), et bordée d'étroites maisons de ville. C'est l'ancienne route de Paris, au tracé inchangé depuis des lustres – sauf qu'aujourd'hui on y circule en sens unique... vers Pontoise, et non Paris. Au centre-ville, *place de la Forge,* une fontaine ornée d'un paysan buveur (d'eau on suppose) et son petit bassin circulaire où de nombreuses personnes s'arrêtent pour remplir des bouteilles. C'est que cette eau, minérale, est bonne... et gratuite ! La source – source Méry – était encore exploitée il y a quelques années. Aujourd'hui chacun peut en profiter, mais uniquement du lundi au vendredi, de 8 h à 20 h. En dehors de ces horaires, robinet fermé.
Un peu plus loin sur la droite, l'église Saint-Leu-Saint-Gilles, construite en 1851 pour le prince-président, futur Napoléon III, abrite le tombeau de Louis Bonaparte, roi de Hollande, et de ses deux fils. Derrière l'autel, grand monument funéraire de marbre blanc, académique et pompeux, avec un Louis Bonaparte vêtu d'une espèce de toge, drap ou tenture – un rideau ? Jolies fresques restaurées.
Hortense expulsée, Condé suicidé : rien ne va plus, dans la haute ! Cela nous rappelle que Louis, roi de Hollande donc et frère de Napoléon Ier, vécut à Saint-Leu, avec sa femme la reine Hortense (Hortense de Beauharnais : on reste en famille). Mais à la Restauration, Louis XVIII expulsa la reine Hortense et restitua le château au duc de Bourbon, prince de Condé. Or, quelques années plus tard, en 1830, on retrouva le cadavre du prince, pendu par un mouchoir à l'espagnolette de la fenêtre de sa chambre. Le suicide étrange de ce septuagénaire, pas spécialement dépressif et par ailleurs à demi paralysé, se comprend mieux quand on sait que Louis-Philippe venait de s'asseoir sur le trône, et pouvait redouter, de la part du dernier des Condé, héritier présomptif de la Couronne, quelque protestation légitime : Holà monsieur, ce fauteuil est à moi ! Un mystère certain et une grosse suspicion entourent donc ce suicide – même si, comme dans les meilleurs policiers, quand on a trouvé le pendu la porte était fermée de l'intérieur.

★ De Saint-Leu, possibilité d'emprunter la *route de Chauvry,* qui traverse la forêt : beau parcours de bout en bout. Attaquant la côte et la forêt, on tombe sur deux ou trois virages en épingle : dans l'un d'eux, sur la droite, la *maison d'Aristide Pastoglou,* sculpteur sur métal, dont des œuvres décorent le jardin. On en retrouve aussi en ville, devant la bibliothèque municipale ou square Leclerc (fillette poussant une valise sur patins à roulettes), ainsi qu'à Enghien-les-Bains. Autre Saint-Loupien notable, dont tout le monde connaît la voix mais pas le nom (même nous) : Mr Buggs Bunny, version française. Absolument !

★ Après Saint-Leu vient *Taverny,* dont on ignore généralement qu'elle a vu naître le compositeur *Benjamin Godard,* auteur, à la fin du XIXe siècle, de « Do, do, l'enfant do... ». On sait en revanche qu'elle abrite le QG de la force nucléaire française, et l'abri antiatomique présidentiel et gouvernemental. On ne visite pas, évidemment (périmètre fermé, en forêt). C'est pourquoi chaque année, à Taverny, Théodore Monod, l'infatigable et bientôt centenaire chercheur du désert, homme sage à coup sûr, marche à la tête d'une manifestation de quelques militants antinucléaires : à bas le QG! À bas la bombe H!

À voir, la remarquable *église Notre-Dame,* construite au début du XIIIe siècle par Matthieu II de Montmorency. Bien qu'assez modifiée depuis, avec des fenêtres et un clocher du XVe siècle, gothique flamboyant, et une importante restauration au XIXe, elle conserve son bel et imposant aspect, et sa porte du Roi Jean, ainsi nommée en souvenir de Jean le Bon qui, de passage au château de Taverny (disparu de longue date) en 1335, y était tombé malade. À l'intérieur, remarquer le triforium à claire-voie (galerie courant à mi-hauteur) : l'un des tout premiers qui soient. Deux dalles funéraires du XIVe siècle, dont celle superbe d'un certain Mahieu de Montmorency, enfant puîné dont on sait peu de choses, mais preux chevalier à en croire les glorieux motifs gravés là. Sur la gauche de l'autel, chapelle de Notre-Dame de Taverny : belle Vierge à l'Enfant, statue de bois du XIVe siècle, toujours très honorée. L'autel aussi est remarquable, offert par le Grand Connétable. Beau buffet d'orgue en bois (XVIe siècle).

★ De Taverny, on peut continuer le tour de la forêt, par la D106 (rue de l'Église), direction Béthemont puis *Chauvry,* vrai village. Itinéraire charmant, entre taillis serré de châtaigniers, échappées agrestes et vallons. À Chauvry, au 2, Grande-Rue, la ferme de M. Ribiollet. ☎ 01-34-69-26-07. Ouvert le vendredi de 15 h à 19 h, le samedi de 9 h à 12 h et de 15 h à 19 h et le dimanche de 16 h à 19 h. Grand et typique corps de ferme. Volailles, lapins et chèvres ; vente de fromage de chèvre. En dehors des horaires d'ouverture, distributeur automatique (!) : 40 F le lot de 4 fromages, sélectionnés frais, demi-sec, sec ou panaché. Inhumain mais pratique.

★ Au sud-est du massif, en redescendant vers Montmorency, le **fort de Domont** (à Domont, prendre la route d'Andilly, puis à gauche vers le stade, et 1re à gauche) est un bel exemple de la ceinture de forts édifiés après la guerre de 1870 pour protéger Paris. Comme il est démilitarisé, vous pouvez vous en approcher, et même franchir sa première enceinte. Les aboiements de chiens fous furieux (des molosses) vous feront fuir à toutes jambes : n'ayez crainte, ils sont, en principe, enfermés ou tenus en laisse, le fort abritant un centre canin de dressage pour chiens et maîtres-chiens. Bonjour l'ambiance!

★ La route du fort de Domont à Piscop, appelée *route Stratégique,* n'est pas bien longue mais traverse l'un des plus beaux coins de cette forêt de Montmorency. À **Piscop,** pas grand-chose en dehors de la placette toute campagnarde (mais abîmée par un haut bâtiment, en chantier et à l'abandon), et Saint-Brice-sous-Forêt puis Groslay, tournés vers la plaine de France, très urbanisés et traversés par la nationale 1, ont sans doute moins de charme que les villes précédemment rencontrées. À **Groslay** cependant, célèbre pour sa poire (nombreux vergers encore exploités), l'*église Saint-Martin* retient l'attention pour son chœur, élevé au début du XVIe siècle aux frais d'Anne de Montmorency – Groslay était la paroisse primitive de Montmorency – et ses vitraux de la même époque.

À faire

Avec la balade à pied ou à vélo, l'équitation est une activité praticable en forêt de Montmorency. Plusieurs clubs, dont celui-ci :
– **Cercle hippique de la forêt de Montmorency :** 23, chemin des Claies, 95320 Saint-Leu-la-Forêt. ☎ 01-39-60-01-13. Pour ses tarifs, guère plus élevés qu'ailleurs, son excellent niveau, son cadre (chouette environnement arboré, et on est à 30 m de la forêt) et sa bonne ambiance, on peut recommander le club hippique de Saint-Leu-la-Forêt. Poneys, dressage, promenade et cours tous niveaux.

Où sortir ? Où danser à Montmorency et aux environs ?

▼ *Tribal Café :* 84, av. Charles-de-Gaulle, 95160 Montmorency. ☎ 01-39-64-43-01. Ouvert de 20 h à 2 h (de 21 h à 4 h en fin de semaine). Fermé le lundi. Mi-bar minight-club, le *Tribal Café* organise des soirées folles et endiablées : gogos dancers, concerts, nuit de la bière, du whisky ou du bonbon, une jeunesse un peu dorée fréquente ce petit lieu de fête, aux tons orangés et vite enfumé, et où le serveur, par exemple, a le cheveu court et décoloré.

|●| ▼ *Au Rendez-vous de la Forêt, la Guinguette à Dédé :* place de la Mairie, 95350 Piscop. ☎ 01-39-90-19-17. C'est dimanche, vous vous baladez en forêt de Montmorency, et subitement vous prend l'irrésistible envie de guincher, d'entendre une bonne vieille chanson de variété française (allez, un petit Michèle Torr, ça dégaze !) ou une rengaine accordéonesque, une éternelle *Java Bleue*. Or, il est bientôt 16 h, l'heure où s'ouvre et s'anime *la Guinguette à Dédé,* chaque dimanche. Sauvé ! 40 F l'entrée, gratuit pour les femmes, et deux salles riquiqui ; on pousse les tables, cadre archi-populo. Déjeuner possible : menus à 60 F en semaine, 80 F le dimanche.

Fêtes et manifestations

– *La Journée des Sentes :* en septembre (date précise à l'office du tourisme). Par les sentes de Montmorency, nombreuses et secrètes, un cross le matin et, l'après-midi, un *rallye*. Ambiance familiale et bon chic durant ce rallye, où l'on rivalise de perspicacité et d'adresse (devinettes, questionnaires, jeux divers).
– Dans la collégiale, *concert d'orgue* chaque 3e dimanche du mois, à 17 h, de la mi-septembre à avril. Entrée gratuite.

SARCELLES (95200)   57 525 habitants

> *Sarcelles tend à s'accroître, la facilité des transports par deux voies ferrées qui longent son territoire, l'une au levant, l'autre au couchant, en feront un centre important...*
> Abbé Gallet ; en 1880, curé de la ville visionnaire.

La ville emblématique de la banlieue et de l'urbanisme des années 60, celle qui fait appel à tous les clichés, toutes les métaphores, qui laisse dire sur elle les bobards les plus délirants. À l'évocation de ce seul nom, ça va de la moue condescendante aux cheveux qui se dressent sur la tête... Fut, paraît-il, à l'origine d'une nouvelle maladie, la *sarcellite*, dite « maladie des grands ensembles » ou des « cités-dortoirs ».
STOP ! Y'a des trucs historiquement vrais là-dedans, mais en plus de 40 ans, beaucoup de choses ont changé... De plus, les 57 525 personnes qui y vivent ne peuvent pas avoir foncièrement tort. C'est une ville, une vraie et drôlement étonnante même. Pour les jeunes, légitime motif de fierté, c'est l'une des trois capitales du rap en France ! Au fait, il y a deux Sarcelles, le vieux village et le grand ensemble, vous voyez qu'il faut faire cesser l'amalgame tout de suite et commencer par le début...

Un peu d'histoire

D'abord, il y eut des Gallo-Romains, comme en témoigne la découverte en 1972 des vestiges d'un hypocauste (système de chauffage par le sol, déjà!) du IIIe siècle après J.-C., au lieu-dit Haut-du-Roi. Découverte d'une petite nécropole mérovingienne près de l'église. Ensuite, Moyen Âge normal. Le village s'organise autour de sa motte féodale et de ses gentils seigneurs. Intermède anglais de 1420 à 1436. Les habitants (ceux du village) n'en conservent guère de souvenirs (mais les psy locaux relèvent que les jeunes de la ville préfèrent le rap à Elton John!).

En 1567, le village est ravagé par les troupes protestantes, l'église incendiée. À la fin du XVIe siècle, la seigneurie passe aux mains de la famille de Neufbourg, puis au XVIIIe dans celles des Hautefort. Louis XV appréciait le charme de Sarcelles puisqu'il y vint souvent pour de galants rendez-vous avec la du Barry. L'assemblée du Tiers-État, en 1789, pour rédiger les cahiers de doléances, révèle que plus des deux tiers des votants sont des vignerons (la mévente du vin pour cause de surproduction fut l'une des causes du mécontentement populaire). Pendant la Révolution, exactions normales. L'abbé Grégoire y habitait à l'époque. Lors de la Terreur, un noble sarcellois, le marquis de Sanguin de Livry, pour échapper à la guillotine, ouvre une maison de jeu, épouse une danseuse, s'encanaille avec les sans-culottes. Ces derniers sont ravis!

XIXe siècle peinard. En 1824, 1 327 habitants. Premier important événement depuis très longtemps : l'arrivée du chemin de fer en 1877, sur la ligne du Tréport. Il dynamise les cultures maraîchères en permettant le transport rapide des fruits et légumes vers les Halles et les conserveries. Quelques petites industries apparaissent également. Sarcelles devient même l'une des villes spécialistes de la culture des ananas en serres. En 1892, une épidémie de choléra fait 80 victimes. Le docteur Galvani s'y distingue en soignant sans relâche la population.

En 1911, Sarcelles compte 5 032 habitants. Ça commence à se lotir en douceur. En 1926, dernière crue du Petit Rosne qui veut jouer les grands. La ville sous les eaux. De 1943 à 1945, résident sarcellois célèbre, le prince Ioussoupov! Eh oui, celui qui assassina Raspoutine vécut au 7, av. Victor-Hugo, chez un ami, le docteur Artin.

Une stèle à la mairie rappelle l'héroïsme des FFI de la ville. En mars 1944, un commando de résistants sarcellois réussit un coup de main audacieux : brûler le local de la mairie d'Enghien où se trouvaient déposées toutes les listes des jeunes gens de la région susceptibles de partir au Service du Travail obligatoire (STO).

Population augmentant toujours modérément : en 1936, elle était montée à 7 083 habitants; en 1954, à 8 397. Et en 1962, elle passa à... 35 912! Damned, que s'était-il donc passé?

L'aventure du grand ensemble

Après la Seconde Guerre mondiale, immense crise du logement. Beaucoup de raisons à cela : déficit de la construction entre les deux guerres (gros retard de la France par rapport à nombre de ses voisins), centaines de milliers de logements détruits par les bombardements, et puis nombreux bidonvilles et logements insalubres sur le territoire (un grand pourcentage d'entre eux ne possèdent ni salle d'eau, ni w.-c., ni chauffage central...). La reconstruction du pays, la relance de l'industrie, le boom économique amènent de nombreuses personnes sur le marché du travail. L'exode rural jette de nombreux paysans dans les grandes villes, on va chercher dans l'Atlas et les Aurès les centaines de milliers d'OS dont les usines automobiles ont besoin. Et il faut résorber taudis et bidonvilles, la honte du système! Et vite, beaucoup et le moins cher possible.

Création en 1954, par la Caisse des Dépôts et Consignations, de la SCIC *(Société centrale immobilière),* organisme étatique qui se fixe pour but la construction de 100 000 logements sociaux. Une demande de prêt par les Castors du Bois de Lochères à Sarcelles joue comme un révélateur : il y a là, à 10 km de Paris, d'immenses terrains disponibles, bon marché et avec un chemin de fer tout proche. Octobre 1955, premier coup de pioche au lieu-dit Les sablons d'un programme de 440 logements, c'est *Sarcelles I,* suivi en mai 1956 de *Sarcelles II,* au lieu-dit Les Lochères, livrés respectivement en 57 et 58. Architecture longitudinale et à angle droit sévère. Elle suit le « chemin des grues » montées sur rails. Immeubles de quatre étages maximum au début. Bravo, direz-vous ; en fait, ça évitait d'avoir à installer un ascenseur. Les premiers locataires, évadés des logements insalubres parisiens, fonctionnaires logés par leurs administrations, se révèlent de vrais pionniers, pataugeant dans la boue pour rentrer chez eux, sans infrastructures ni commerces, mais heureux de bénéficier du confort pour la première fois de leur vie. On laisse les bottes à la gare, on se regroupe pour les courses.

Dans les années 60, les médias, la presse, les sociologues s'intéressent à l'expérience. Et puis tout passe, tout lasse. Sarcelles n'est plus à la mode et, au fond, bon an mal an, ses 1 000 logements sortent de terre. De nouvelles populations arrivent, pieds noirs d'Algérie, nombreux juifs séfarades de Tunisie, du Maroc, fonctionnaires antillais, guyanais, etc. Au début des années 80, ce seront Asiatiques, Africains, Assyro-Chaldéens. En 20 ans, on y a créé plus de 12 000 logements, un genre de record ! Sarcelles, première ville nouvelle de France, est passée, de 1954 à 1975, de 8 400 à 54 225 habitants (ce chiffre évoluera peu par la suite). Et alors, la « sarcellite » ?

La maladie des grands ensembles

Les sociologues et autres bobologues vinrent aussi étudier un nouveau phénomène : la *sarcellite* ! Passé la fièvre, l'enthousiasme des premières années, vint le temps des bilans. Sarcelles se construisit vite, trop vite, imposant bien sûr une standardisation des immeubles, avec une qualité de construction « cheap » qui va se révéler à terme fragile, voire parfois défectueuse. Dans cet environnement de barres et de cubes, sans courbes, dénué de toute fantaisie architecturale, source inévitable d'ennui et de monotonie, dans cette ambiance de chantiers interminables, de ville inachevée, va s'installer ce qu'une certaine presse baptisa la *sarcellite,* maladie ou malaise typiques des grands ensembles (grosse déprime, comportement dépressif, neurasthénie, tâches ménagères obsessionnelles ou laisser-aller total, etc.), combattus par leurs victimes à coup de psychotropes, de lampées d'alcool et de paquets de cigarettes... L'absence d'équipements collectifs, de lieux de rencontre et d'animation culturelle renforcèrent en outre cette impression de cloisonnement, d'atomisation de Sarcellois(es) ne pouvant échapper par leur travail à leur milieu. Mais est-ce vraiment si noir que ça ?

Sarcelles, un extraordinaire *melting-pot* !

Cette ville, c'est aussi une cité jeune : 20 000 personnes dans la tranche d'âge 6-19 ans (35 % des habitants) et seulement 8 % au-dessus de 65 ans. Rééquilibrage entre le grand ensemble, qui compta jusqu'à 80 % de la population totale, et le vieux village qui en compte aujourd'hui, par l'apport de nouveaux quartiers, 35 %. En 1990, il y avait 92 nationalités différentes (dont 16 dépassant les 200 membres) : Assyro-Chaldéens, Maghrébins, Africains, Haïtiens, Espagnols, Vietnamiens, Pakistanais, etc. À cela, il faut ajouter 5 000 personnes provenant des DOM-TOM. Sarcelles se révèle donc d'une richesse ethnique exceptionnelle et profondément ancrée. Si 18 % des élèves au lycée sont étrangers, 55 % sont d'origine étrangère par au moins l'un des grands-parents. C'est l'une des villes de France où l'on devient le plus français.

Quarante ans après le premier coup de pioche, qu'est-elle devenue ? Pour la grande majorité des habitants, il ne faut plus parler de *sarcellite*. Un énorme effort de réhabilitation des logements a été effectué, la vie associative se révèle d'une grande richesse, beaucoup de jeunes fréquentent les maisons de quartier. Ce n'est plus objectivement une cité-dortoir, elle a gagné définitivement le titre de ville. La preuve, le nombre de jeunes et d'adultes entre 20 et 40 ans qui nous ont déclaré être fiers d'être sarcellois, exprimant un solide sentiment d'appartenance, quasiment identitaire. Une autre preuve, la ville n'a pas flambé lors des dernières révoltes de banlieues... Symbole de cette évolution, le nouveau maire, François Pupponi, 35 ans, né à Sarcelles et ayant passé son adolescence au lycée de la ville.

S'il faut nécessairement demeurer positif, il ne faut pas non plus sombrer dans l'angélisme. Le bâti a beaucoup vieilli, et tout ayant été quasiment construit en même temps, tout doit être réparé ou rénové en même temps. Ces dernières années, des gens plus pauvres ont rejoint la ville, le chômage très violent ici a introduit une grande précarité dans beaucoup de familles. Si la vie associative est riche, si les travailleurs sociaux se dépensent sans compter, même si une vraie conscience du collectif se développe, elle se fait le plus souvent sur des bases ethniques pouvant mener à une certaine ghettoïsation. Intolérance et intégrismes divers pointent leur nez. Qu'on le veuille ou non, la ville est divisée socialement, le territoire est partagé. Il y a les bons et de moins bons quartiers. Celui du Leader Price, où réside une grande partie de la communauté juive est, par exemple, très coté.

Enfin, il y a une catégorie de gens qu'il convient de saluer : ce sont les centaines d'habitants impliqués bénévolement dans des activités d'animation et de solidarité. Ils effectuent vraiment un formidable travail pour la cohésion sociale et culturelle du grand ensemble. Des milliers d'autres se battent aussi au quotidien pour briser l'indifférence, oser la rencontre, partager quelque chose. Les plus conscients des Sarcellois connaissent bien l'enjeu des années à venir. Certes, il y aura toujours le risque de se cogner un jour, quelque part, à un voyou ou à un pittbull (dans quelle ville de France, dans quel quartier de Paris ce risque n'existe-t-il pas ?), mais le vrai débat est ailleurs. Sarcelles, après avoir été le labo de l'habitat collectif, après avoir créé le concept de ville nouvelle, saura-t-elle inventer celle du XXIe siècle ?

La langue du Christ à Sarcelles !

Parmi les nombreuses et sympathiques communautés de la ville, il y en a une de particulièrement curieuse et touchante : les *Assyro-Chaldéens*. Ils sont environ 15 000 en France et 4 000 à Sarcelles, leur bastion en région parisienne. C'est l'un des plus vieux peuples de la terre, ancien peuple autochtone de Mésopotamie, descendant des Assyriens et Chaldéo-Babyloniens. La preuve, il a fêté l'an 6748 (d'après le calendrier babylonien). Son territoire s'étend dans le sud montagneux de la Turquie, au nord de l'Irak et de la Syrie et sur un petit bout de l'Iran. Les Assyro-Chaldéens sont chrétiens depuis le Ier siècle et parlent l'*araméen*, la langue du Christ. À la différence des Kurdes, ils n'ont jamais revendiqué d'État. Cela ne les a pas empêchés d'être massacrés par les troupes turques, en même temps que les Arméniens, à partir de 1915. Puis d'être persécutés en Irak, avec un grand massacre en 1933, près de Mossoul.

La France eut à leur égard, entre les deux guerres, une attitude d'aide et de protection. Nul ne sera donc étonné que lorsqu'ils furent coincés dans le conflit turco-kurde et que l'armée turque commença à raser les villages chaldéens, au début des années 80, c'est vers la France que beaucoup se tournèrent pour se réfugier. Par le passé, longue émigration vers les États-Unis également, où l'on en compte plus de 200 000. Bien accueillis et parce qu'un noyau était déjà installé à Sarcelles, des villages entiers vinrent les rejoindre. Aujourd'hui, c'est l'une des communautés les plus soudées et les plus dynamiques et, en même temps, un modèle d'intégration à la société française.

Tout en bataillant ferme, bien sûr, pour la préservation de son identité culturelle et la préservation de la langue araméenne.

Sarcelles, l'une des grandes capitales du rap et de la musique !

Nul ne sera étonné qu'avec Marseille (IAM) et Saint-Denis (NTM), Sarcelles soit l'un des phares de la musique rap et du mouvement hip-hop. Tout poussait les jeunes ici à exprimer à travers le rap, avant tout une musique de mots, leur colère, leurs galères, l'oppression et le harcèlement policiers, les contrôles sans cesse au faciès, le chômage, l'horizon désespérément bouché... C'est d'ici que vient le groupe *Minister Amer* (500 000 albums vendus) et ses célèbres chanteurs : *Doc Gynéco, Passy, Stomy Bugsy*. Minister Amer a créé aussi une maison de production, Secteur A, basée aux *Flanades,* qui labellise de petits groupes. À la maison de quartier Watteau s'est monté un atelier de rap pour les ados de 10 à 15 ans. Plus de 200 groupes joueraient dans la région de Sarcelles. Parmi eux, *Deblé-Men, Driver,* les *Eléments, Kalibra* et tant d'autres qui travaillent leurs textes avec acharnement et dont certains commencent à être connus. En outre, il n'y a pas que la musique rap, d'autres formes de musique et groupes se développent aux franges, comme *Neg'Marrons* qui fait du raggamuffin (mélange de reggae et zouk), *Rico* (raggamuffin aussi), les *Sneakers* qui chantent du sixties' et *Black Toubab* qui se fait un nom en reggae. Quant à *Acajou,* basé dans l'ancienne caserne de pompiers au vieux village, il s'est spécialisé dans la salsa.

Beaucoup répètent et enregistrent leurs maquettes au studio REC, situé dans le foyer des jeunes travailleurs, lieu incontournable, temple de la diversité et de la créativité musicales sarcelloises. Enfin, une mention spéciale au groupe les *Chérubins*. Basés à Sarcelles, ils sillonnent la France et enchantent par leurs voix magnifiques et leur gospel qui font vibrer cœur et âme...

Comment y aller ?

– *En R.E.R. :* ligne D, arrêt Sarcelles-Garges.
– *En train :* depuis la gare du Nord, arrêt Sarcelles-Saint-Brice.
– *En voiture :* depuis la porte de la Chapelle, autoroute du Nord, puis sortie Pierrefitte et N1.

Adresse utile

■ *Mairie :* 3, rue de la Résistance. ☎ 01-39-90-54-56.

Où manger ?

|●| *Le Chanteclerc :* 3, place du Souvenir-Français (14, rue Pierre-Brossolette). ☎ 01-39-90-00-87. Ouvert tous les midis et le vendredi soir et samedi soir ; sur réservation du mardi soir au jeudi soir. Fermé le dimanche soir et le lundi soir. Une institution à Sarcelles. Des années que Jean-Claude et Nicole Impens régalent leur monde dans un cadre frais et accueillant. Les marionnettes de Nicole égaient la salle, et sa bonne cuisine de marché les assiettes. Spécialité de sole farcie, sans oublier le steak de lotte aux pleurotes,

le tartare de lotte et saumon, et la choucroute aux trois poissons. Noter que les viandes ne sont pas en reste, du *T-bone* au pavé d'autruche, en passant par l'escalope de foie gras de canard. Excellentes glaces. Menus à 75, 95, 130 et 180 F. Aux beaux jours, tous en terrasse !

|●| *Soleil Levant :* centre commercial de la Gare. ☎ 01-34-53-61-78.

Ouvert tous les jours midi et soir 22 h 30. Excellente réputation, d'ailleurs ce *Soleil* a obtenu la « Baguette d'Or », distinction recherchée. Spécialités chinoises et thaïlandaises. Menus à 51, 68 et 72 F.

|●| *Trattoria San Filippo :* marché des Flanades. ☎ 01-34-19-96-35. Appréciés des employé(es) du coin, surtout pour ses bonnes viandes (tournedos extra !).

À voir

★ *L'église Saint-Pierre-et-Saint-Paul :* dans le vieux village. Oubliez le prétentieux ensemble immobilier à côté (et qui dénature le site), pour cette belle église qui existait bien avant la construction de Notre-Dame. Majestueux clocher avec flèche de pierre du XIIe siècle. C'est Jean Bulland, architecte du château d'Écouen, qui sculpta le grand portail. Le petit, sur le flanc de l'église, est de style flamboyant. Porte en anse de panier et beau décor floral. Dans les médaillons, les seigneurs de Hautefort. Élégant chevet. Noter la partie en meulière, signe de la réfection effectuée après les bombardements de la guerre de 70. À l'intérieur, belle ampleur de la nef, harmonieuses voussures avec feuillages et rinceaux.

★ *La mairie :* elle occupe l'ancien manoir de Miraville, datant du XVIe siècle. Passa en de nombreuses mains et subit au long des siècles tant d'altérations qu'elle ne possède plus du tout d'éléments d'origine. Ce fut une demeure d'évêque, une maison de rendez-vous, une école, avant de devenir la mairie. Style complètement éclectique avec ses lucarnes façon villa de Deauville, ses colombages et son porche en pierre pastiche Renaissance. À l'intérieur, vaste et majestueuse cage d'escalier en bois sculpté, de style victoriano-hitchcockien.

★ *La maison Giraudon :* appelée autrefois château de Sarcelles ou château de Giraudon, elle non plus, après de nombreux remaniements, ne possède plus rien d'origine. Ce qu'on voit date essentiellement du XIXe siècle. Architecture massive. En 1810, le savant et philosophe Volney l'acheta pour se reposer de ses longs voyages. Grande chapelle de style néo-roman (ne se visite pas). Aujourd'hui, c'est une maison de retraite de la Ville de Paris. Dans le parc de 8 ha, quelques beaux arbres comme les cèdres et les tulipiers d'Amérique bicentenaires.

★ *Le Musée naval :* 27, bd de Gaulle. Près de la gare de Sarcelles-Saint-Brice. Ouvert le samedi de 14 h à 18 h. Dans le bâtiment derrière la maison. Souvenirs de la mer et maquettes pour se rappeler ses vacances en Bretagne (à quand un musée de la Banlieue à Locquirec ?).

★ *Le musée d'Histoire :* 6, place de la Libération, au 1er étage du centre médico-psychologique. Ouvert le lundi de 14 h à 17 h 30, le mercredi et le samedi de 10 h à 12 h 30. C'est un petit musée en cours de formation, grâce aux efforts de R. Cornet qui veut reconstruire la mémoire de la ville. Il essaye de récupérer vieilles photos, objets, témoignages s'y rapportant. Si quelques Sarcellois retrouvaient des « trésors » dans leur grenier, M. Cornet serait ravi qu'ils enrichissent son musée. Tous renseignements au 4, rue du Moulin-à-Vent. ☎ 01-39-90-06-81.

★ Entre le vieux village et le grand ensemble, deux agréables lieux de promenade et de détente : le **parc des Prés-sous-la-Ville** avec son paysage vallonné, ses étangs, pelouses, grands arbres, BBQ, etc. Rendo favori des familles et des amoureux, bien sûr, mais aussi des... astaciculteurs. Eh oui, on pêche dans ses eaux moult écrevisses (2 tonnes annuellement, dit-on !). Un peu plus à l'est, le petit **lac du Haut-du-Roi**, dans un tranquille quartier résidentiel et arboré. Poules d'eau, canards, parfois des oiseaux migrateurs, et une petite grotte qui fut autrefois une attraction locale.

★ Le **grand ensemble** ne se visite nullement comme un site touristique, c'est clair. En revanche, on vient aisément des alentours (et parfois de Paris) pour son grand marché du dimanche. On peut en profiter pour flâner autour, faire quelques pas dans le parc Kennedy, aller observer les joueurs de boules de la place André-Gide. Pour humer l'air de la Méditerranée, boire un verre au milieu des tapeurs de carton et entendre les accents de là-bas, aller faire un tour au *café des Sablons* (de l'autre côté des Castors). Animation assurée. Peut-être, ce jour-là, y aura-t-il des brochettes ? Au centre commercial des *Flanades*, c'est la foule le samedi. Parking gratuit incitatif, bien entendu !

Allez, sa riche programmation culturelle vous amènera bien un jour aussi à Sarcelles. Nul doute qu'à cette occasion quelques clichés se liquideront d'eux-mêmes...

Marché

– **Le marché du dimanche** : dit le *marché de Lochères,* av. Frédéric-Joliot-Curie. Se tient aussi les mardi et vendredi. Pas loin de 10 000 visiteurs chaque dimanche pour tenter de démêler tous les bons effluves sééchappant de chaque étal d'épices, de légumes ou fruits exotiques, de s'y retrouver parmi tous les tissus multicolores et vêtements aux prix miraculeux, dans le frou-frou des boubous, des survêt's fluo, des tuniques de soie brodées et des maillots Marcel... Toutes ethnies, couches sociales confondues et convaincues d'y faire de bonnes affaires sans attentat au portefeuille !

Où sortir ?

– Le *forum des Cholettes* étant fermé provisoirement pour travaux, suivre attentivement la programmation de la **salle André-Malraux,** de l'**auditorium du conservatoire,** du **Ciné-forum,** le **cinéma des Flanades,** les expos à l'**École municipale des Arts plastiques,** etc. Tous renseignements à l'**Office culturel municipal :** ☎ 01-34-38-20-50.
– Prodigieuses **expériences théâtrales ou musicales** aussi, comme la venue d'Armand Gatti qui monta avec une cinquantaine de jeunes de la ville un opéra, *L'Inconnu n° 5.* Quant à la comédie musicale *Teenagers,* créée en 1989 par le chanteur Jean-Luc Salmon avec des mômes de la ville, remaniée et enrichie chaque année, elle continue à tourner. Une autre, *Le Premier Grand Spectacle,* vient d'être montée dans la foulée du succès précédent.
– Surtout, très intéressantes activités culturelles dans les **maisons de quartier,** notamment à celles des *Vignes Blanches* et de *Watteau.* Aux *Vignes Blanches,* tous les mois, sympathique café-concert pour 10 F. Espace-bar sans alcool. ☎ 01-39-93-29-30.

Fêtes et manifestations

– *La fête du Soleil :* fin juin-début juillet. Pendant toute une journée, artistes de rue, grande scène avec spectacles, espace enfance, stands typiques pour découvrir les cuisines et artisanats du monde, etc. Toutes les musiques, du hip-hop aux mélodies assyro-chaldéennes. Véritables jonctions inter-culturelles.

– *La fête de la Musique* prend à Sarcelles une résonance et une ampleur particulières. Véritable fête des musiques plurielles.

– *La brocante :* le 3e dimanche de septembre. Dans le vieux village, toute la journée, le grand « vide-grenier » ou « garage sale ».

LE GUIDE DU ROUTARD ET VOUS

Nous souhaitons mieux vous connaître. Vous nous y aiderez en répondant
à ce questionnaire et en le retournant à :

Hachette Tourisme - Service Marketing
43, quai de Grenelle - 75905 Paris cedex 15
Chaque année, le 15 décembre, un tirage au sort sélectionnera
les 500 gagnants d'un Guide de Voyage.

NOM : .... Prénom : ....

Adresse : ....

.... **Routard Fr.**

1 - VOUS ÊTES :

a - ❏ 1 Un homme   ❏ 2 Une femme

b - Votre âge : _____ ans

c - Votre profession : _____

d - Quels journaux ou magazines lisez-vous ?
Indiquez les titres.

....

....

e - Quelles radios écoutez-vous ? *Précisez.*

....

2 - VOUS ET VOTRE GUIDE :

a - Dans quel guide avez-vous trouvé ce questionnaire ? *Précisez le titre exact du guide.*

....

b - Où l'avez-vous acheté ?

❏ 1 Librairie   ❏ 2 Fnac/Virgin/Grands mag.   ❏ 3 Maison de la Presse   ❏ 4 Hypermarchés
❏ 5 Relais H : ○ aéroport ○ gare   ❏ 6 Ailleurs   ❏ 7 On vous l'a offert

c - Combien de jours avant votre départ ? _____ jours

Pour un séjour de quelle durée ? _____ jours

d - Quels sont, d'après vous, les points forts du GDR : ....

....

- Quels sont, d'après vous, les points faibles du GDR : ....

....

e - Que pensez-vous du Guide du Routard ?
Notez les points suivants de 1 à 5 *(5 = meilleure note).*

Présentation	1	2	3	4	5	Adresses	1	2	3	4	5
Couverture	1	2	3	4	5	Cartographie	1	2	3	4	5
Informations culturelles	1	2	3	4	5	Rapport Qualité / prixdu livre	1	2	3	4	5

Précisez vos réponses ....

....

f - Depuis quelle année utilisez-vous le Guide du Routard ? ....

g - Pensez-vous que le guide vous propose un nombre suffisant d'adresses ?

d'hôtels ?	tous prix confondus	< 200 F la nuit	200 à 280 F la nuit	> 280 F la nuit
suffisamment				
pas assez				
trop				

de restos ?	tous prix confondus	< 100 F le repas	100 à 149 F le repas	> 150 F le repas
suffisamment				
pas assez				
trop				

3 - VOUS ET LES VOYAGES :

a - Dans le cadre de vos voyages, utilisez-vous :

☐ Le GDR uniquement

☐ Le GDR et un autre guide   lequel ? ....

☐ Le GDR et 2 (ou +) autres guides   lesquels ? ....

Cochez, par destination, les voyages de 3 jours au moins, que vous avez effectués au cours de ces 3 dernières années et précisez les guides que vous avez utilisés (tous éditeurs confondus).

	Vous êtes allé...	avec quel(s) guide(s) ?		Vous êtes allé...	avec quel(s) guide(s) ?
FRANCE			**AMÉRIQUE**		
Tour de France			Canada Est		
Alsace			Canada Ouest		
Auvergne			Etats-Unis Est		
Bretagne			Etats-Unis Ouest		
Corse			Argentine		
Côte-d'Azur			Brésil		
Languedoc-Roussillon			Bolivie		
Midi-Pyrénées			Chili		
Normandie			Equateur		
Paris - Ile de France			Mexique - Guatemala		
Pays de la Loire			Pérou		
Poitou - Charentes			Autres :		
Provence					
Sud-Ouest					
Autres :			**ASIE / OCÉANIE**		
			Australie		
EUROPE			Birmanie		
Allemagne			Cambodge		
Autriche			Chine		
Belgique			Hong-Kong		
Bulgarie			Inde		
Danemark			Indonésie		
Espagne			Japon		
Finlande			Laos		
Grande-Bretagne			Macao		
Grèce			Malaisie		
Hongrie			Népal		
Irlande			Sri Lanka		
Islande			Thaïlande		
Italie			Tibet		
Norvège			Vietnam		
Pays-Bas			Singapour		
Portugal			Autres :		
Rép.Tchèq./Slovaquie					
Russie					
Suède			**ILES**		
Suisse			Antilles		
Autres :			Baléares		
			Canaries		
AFRIQUE			Chypre		
Maroc			Crète		
Tunisie			Iles anglo-normandes		
Afrique Noire			Iles grecques		
Autres :			Maurice		
			Madagascar		
PROCHE-ORIENT			Maldives		
Egypte			Malte		
Israël			Nlle Calédonie		
Jordanie			Polynésie-Tahiti		
Liban			Réunion		
Syrie			Sardaigne		
Turquie			Seychelles		
Yemen			Sicile		
Autres :			Autres :		

Le plein de campagne.

1 560 adresses dont 140 inédites de fermes-auberges, chambres d'hôtes et gîtes sélectionnés dans toute la France. Un certain art de vivre qui renaît.

Le Guide du Routard.
La liberté pour seul guide.

Hachette Tourisme

attention
touristes

Le tourisme est en passe de devenir la première industrie mondiale. Ce sont les pays les plus riches qui déterminent la nature de l'activité touristique dont les dégâts humains, sociaux ou écologiques parfois considérables sont essuyés par les pays d'accueil et surtout par leurs peuples indigènes minoritaires. Ceux-ci se trouvent particulièrement exposés: peuples pastoraux du Kenya ou de Tanzanie expropriés pour faire place à des réserves naturelles, terrain de golf construit sur les sites funéraires des Mohawk du Canada, réfugiées karen présentées comme des "femmes-girafes" dans un zoo humain en Thaïlande... Ces situations, parmi tant d'autres, sont inadmissibles. Le tourisme dans les territoires habités ou utilisés par des peuples indigènes ne devrait pas être possible sans leur consentement libre et informé.

Survival s'attache à promouvoir un "tourisme responsable" et appelle les organisateurs de voyages et les touristes à bannir toute forme d'exploitation, de paternalisme et d'humiliation à l'encontre des peuples indigènes.

Soyez vigilants, les peuples indigènes ne sont pas des objets exotiques faisant partie du paysage !

Survival est une organisation mondiale de soutien aux peuples indigènes. Elle défend leur volonté de décider de leur propre avenir et les aide à garantir leur vie, leurs terres et leurs droits fondamentaux.

Survival
pour les peuples indigènes

✄ ....

Oui, je veux soutenir l'action de Survival International
A retourner à Survival 45 rue du Faubourg du Temple 75010 Paris.

❏ **Envoyez-moi d'abord une documentation sur vos activités et votre fiche d'information « Tourisme et peuples indigènes »**

❏ **J'adhère à Survival : ci-joint un chèque de 250 F (membre actif)**

❏ **J'effectue un don :** ❏ 150 F ❏ 250 F ❏ 500 F ❏ 1000 F ❏ autre ....

(L'adhésion ou le don vous permettent d'être régulièrement tenus au courant de nos activités, de recevoir les Bulletins d'action urgente et les Nouvelles de Survival.*)*

Nom ....

Adresse ....

Ville ....Pays..

Guides Bleus : 60 titres pour voyager avec intelligence.

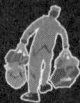

Hachette Tourisme
l'esprit Vacances!

INDEX DES VILLES, DES MUSÉES ET DES SITES

INDEX

les **Routards** *parlent aux* **Routards**

Faites-nous part de vos expériences, de vos découvertes, de vos tuyaux pour que d'autres routards ne tombent pas dans les mêmes erreurs. Indiquez-nous les renseignements périmés. Aidez-nous à remettre l'ouvrage à jour. Faites profiter les autres de vos adresses nouvelles, combines géniales... On adresse un exemplaire gratuit de la prochaine édition à ceux qui nous envoient les lettres les meilleures, pour la qualité et la pertinence des informations. Quelques conseils cependant :
– N'oubliez pas de préciser sur votre lettre l'ouvrage que vous désirez recevoir.
– Vérifiez que vos remarques concernent l'édition en cours et notez les pages du guide concernées par vos observations.
– Quand vous indiquez des hôtels ou des restaurants, pensez à signaler leur adresse précise et, pour les grandes villes, les moyens de transport pour y aller. Si vous le pouvez, joignez la carte de visite de l'hôtel ou du resto décrit.
– N'écrivez si possible que d'un côté de la lettre (et non recto verso).
– Bien sûr, on s'arrache moins les yeux sur les lettres dactylographiées ou correctement écrites !

Le Guide du Routard : 5, rue de l'Arrivée, 92190 Meudon

36-15, *code* **Routard**

Les routards ont enfin leur banque de données sur Minitel : 36-15, code ROUTARD. Vols superdiscount, réductions, nouveautés, fêtes dans le monde entier, dates de parution des G.D.R., rancards insolites et... petites annonces.

Routard Assistance *99*

Vous, les voyageurs indépendants, vous êtes déjà des milliers entièrement satisfaits de Routard Assistance, l'Assurance Voyage Intégrale sans franchise que nous avons négociée avec les meilleures compagnies, Assistance complète avec rapatriement médical illimité. Dépenses de santé, frais d'hôpital, pris en charge directement sans franchise jusqu'à 2 000 000 F + caution + défense pénale + responsabilité civile + tous risques bagages et photos + 500 000 F. Assurance personnelle accidents. Très complet ! Le tarif à la semaine vous donne une grande souplesse. Chacun des *Guides du Routard* pour l'étranger comprend, dans les dernières pages, un tableau des garanties et un bulletin d'inscription. Si votre départ est très proche, vous pouvez vous assurer par fax : 01-42-80-41-57, mais vous devez, dans ce cas, indiquer le numéro de votre carte bancaire. Pour en savoir plus : ☎ 01-44-63-51-00 ; ou, encore mieux, Minitel : 36-15, code ROUTARD.

Imprimé en France par Aubin n° L56793
Dépôt légal n° 9856
Collection n° 13 - Édition n° 01
24/2846/4
I.S.B.N. 2.01.242846.0
I.S.S.N. 0768.2034